Wilfried Staudt

Kraftfahrzeugmechatronik

Lehrbuch
Grund- und Fachwissen

1. Auflage

Bestellnummer 04850

Bildungsverlag EINS
a Wolters Kluwer business

Haben Sie Anregungen oder Kritikpunkte zu diesem Buch?
Dann senden Sie eine E-Mail an 04850@bv-1.de.
Autoren und Verlag freuen sich auf Ihre Rückmeldung.

www.bildungsverlag1.de

Bildungsverlag EINS
Sieglarer Straße 2, 53842 Troisdorf

ISBN 978-3-8237-**04850**-1

Inhaltsverzeichnis

Quellenverzeichnis

Den nachfolgend aufgeführten Firmen danken wir für die Überlassung von Informationsmaterial, Fotos, Vorlagen und fachlicher Beratung:

Adam Opel AG, Rüsselsheim
Adolf Würth GmbH & Co.KG, Künzelsau
AEG AG Regensburg
Akademie des Deutschen Kraftfahrzeuggewerbes GmbH, Bonn
Allgäuer Autoglas, Kempten
Aluminium-Zentrale e. V., Nürnberg
Aral AG, Bochum
Ate GmbH, Frankfurt
Audi AG, Ingolstadt
Automeister, Langen
Automotive Lighting, Reutlingen
BASF AG, Ludwigshafen
Bayrische Motoren Werke, München
BBS Kraftfahrzeugtechnik AG, Schiltach
Behr GmbH & Co.KG, Stuttgart
Bewag AG & Co.KG, Berlin
Blaupunkt/Bosch, Karlsruhe
BMW AG, München
BMW Group (TIS), München
Boge GmbH, Eitorf
Bosch GmbH, Karlsruhe
Conrad Electronic GmbH, Hirschau,
Continental AG, Hannover
Continental Deutschland GmbH, Hannover
DABAG GmbH, Zürich
Daimler-Benz, Stuttgart
J. Eberspächer, Esslingen
ELMAG Entwicklungs- und Handels-GmbH, Ried im Innkreis
Fluke Deutschland GmbH, Kassel
Ford-Werke AG, Köln
Freudenberg Simrit KG, Weinheim
Hazet – Werk, Remscheid
Heinrich Klar Schilder- und Etikettenfabrik GmbH & Co. KG, Wuppertal
Hella KG, Hueck & Co. KG, Lippstadt
Henkel Loctite Deutschland GmbH, München
IT-PEAK-NETWORKS GmbH, Darmstadt
ITT Automotiv Europe GmbH, Frankfurt am Main
KAMAX – Werke, Osterode am Harz
Landesbetrieb Verkehr (LBV), Kathrin Fechner, Hamburg
LuK-Aftermarket Service oHG, Langen
MEV Bildarchiv
Müller Gerätebau GmbH, Höfendorf
Phillips GmbH, Hamburg
Pirelli Reifenwerke GmbH & Co. KG, Höchst
Rad and learn Hefte: Technischer Verkaufsbereich, Braunschweig
Robert Bosch GmbH, Gerlingen-Schillerhöhe
Robert Bosch GmbH, Stuttgart
Rothenberger Werkzeuge GmbH, Kelkheim
Straßenverkehrsamt, Siegburg
TÜV Nord Gruppe, Pressestelle, Hannover
Uniroyal, Hannover
Varta AG, Hannover
Volkswagen AG, Wolfsburg
Webasto, Stockdorf
Zahnradfabrik Friedrichshafen AG, Friedrichshafen
ZF Sachs AG, Schweinfurt
Zippo Beissbarth Automotive Group, München

1 Das Autohaus und seine Organisation

1.1 Aufbauorganisation des Autohauses

Fachwissen der Mitarbeiter allein reicht heute nicht mehr aus, um als Autohaus erfolgreich auf dem Markt zu bestehen. Von gleichrangiger Bedeutung ist die Kommunikationsfähigkeit der Mitarbeiter mit Kollegen und Kunden.
Das Fachwissen und die Kommunikationsfähigkeit der Mitarbeiter machen die Service-Qualität eines Betriebes aus. Damit sich alle Mitarbeiter im Autohaus kundengerecht verhalten und entsprechend handeln, muss jeder u. a. Kenntnisse darüber haben, wie das Unternehmen aufgebaut ist, um Ansprechpartner für bestimmte Fragen zu finden oder den Kunden an die richtige Stelle zu leiten.
Die Aufbauorganisation stellt den betrieblichen Rahmen dar. Sie regelt Aufgabenbereiche innerhalb des Betriebes und ordnet Mitarbeitern bestimmte Aufgaben zu. Weiterhin legt sie fest, wer welche Anweisungen geben darf und die Verantwortung dafür trägt. Der Aufbau eines Autohauses kann mithilfe eines Organigramms dargestellt werden.

Aufbau eines Autohauses

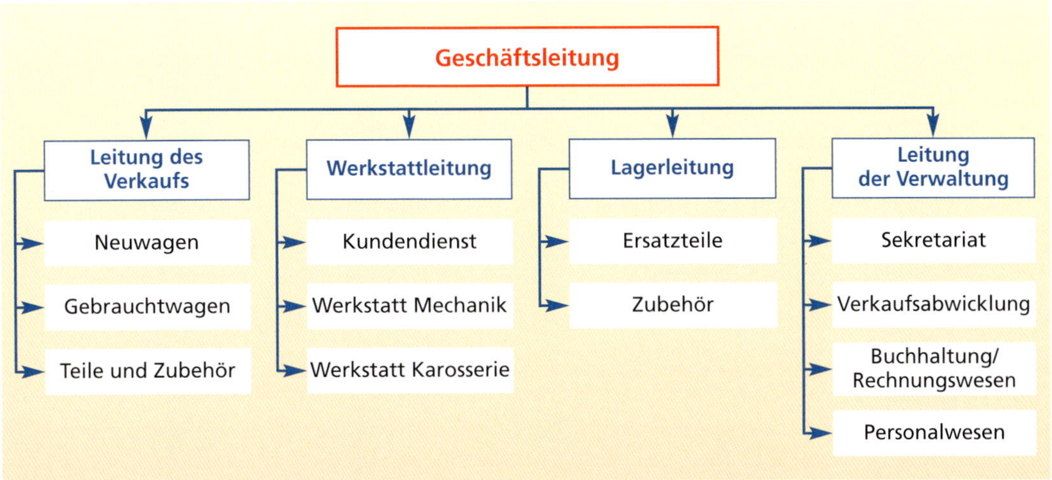

Die Gesamtaufgabe des Betriebes wird in Teilaufgaben oder Funktionen zerlegt und Geschäftsbereichen, Abteilungen, Teams, Gruppen und Stellen zugeordnet.

Geschäftsbereiche und Funktionen

Geschäftsbereich	Funktionen
Geschäftsleitung	Legt die Zielsetzung des Autohauses fest und bestimmt die Geschäftspolitik. Wesentliche Aufgaben sind: • Betriebsführung • Planung und Organisation • Kontrolle
Verkauf	Größtmöglicher Umsatz von Fahrzeugen: • Neuwagen, einschließlich Leasing • Jahres- und Gebrauchtwagen • Fahrzeugauslieferung und -übergabe
Kundendienst	Hauptschnittstelle zum Kunden einerseits und zur Werkstatt andererseits: • Reparaturannahme und technische Beratung des Kunden • Fahrzeugübergabe an den Kunden *Anm.: Der KD-Berater hat großen Einfluss auf die Kundenbindung und Neukundengewinnung*

Geschäftsbereich	Funktionen Fortsetzung
Kfz-Werkstatt	Mangelfreie und termingerechte Durchführung aller Werkstattarbeiten: • Reparatur, evtl. auch Karosseriearbeiten • Wartung • Fahrzeugveränderungen (Tuning, Einbau von Zubehör u. Ä.)
Teilelager	Verwaltung eines Ersatzteile- und Zubehörsortiments: • Bevorratung, Bestellung, Einlagerung und Überwachung • Ausgabe von Ersatzteilen und Zubehör an die Werkstatt • Verkauf von Ersatzteilen und Zubehör an Kunden
Verwaltung/ Planung	Abwicklung aller kaufmännischen Aufgaben: • Buchhaltung, einschließlich Betriebsanalyse • Abwicklung mit der Händlerorganisation • Lohn- und Gehaltsabrechnung • Zusammenarbeit mit dem Steuerberater

1.2 Geschäftsprozesse im Autohaus

Unter einem Geschäftsprozess versteht man die zusammenhängende, logische Abfolge von Arbeitsschritten vom Auftrag des Kunden, sein Fahrzeug zu warten oder zu reparieren, bis zur Übergabe des gewarteten bzw. reparierten Fahrzeuges an den Kunden.

An dem Geschäftsprozess Wartung und Instandsetzung sind viele Mitarbeiter des Autohauses beteiligt:

- der Kundendienstberater zur Annahme des Auftrages und Beratung des Kunden
- der Werkstattmeister zur Organisation der entsprechenden Arbeiten und Betreuung der Mitarbeiter
- der Kfz-Mechatroniker zur Durchführung der Wartung
- der Automobilkaufmann zur Erstellung der Rechnung, Buchhaltung usw.

Die am Geschäftsprozess beteiligten Mitarbeiter sprechen verschiedene Fachsprachen. Die Techniker sehen die Wartung unter anderen Gesichtspunkten als die Kaufleute. Beide müssen sich jedoch verständigen, wenn sie gemeinsam an dem Geschäftsprozess Wartung arbeiten. Dies erfolgt über die Datenverarbeitung, die ein wichtiges Mittel zur Abwicklung des Geschäftsprozesses darstellt.

1.2.1 Geschäftsprozess Wartung und Instandsetzung

Im Annahmegespräch legt der Kundendienstberater den Umfang der Wartung und Instandsetzung und die vertraglich auszuführenden Leistungen mit dem Kunden fest.

Bei neuen Kunden wird er die kunden- und fahrzeugbezogenen Daten erfassen. Die Stammdaten werden aus dem Fahrzeugschein oder Serviceheft ermittelt und in das EDV-System eingegeben. Sind die Daten des Kunden bereits gespeichert, können sie über den Namen des Kunden, das Kennzeichen oder die Fahrgestellnummer auf den Bildschirm aufgerufen und in den Auftrag eingedruckt werden.

Durch die Unterschrift des Kunden wird der Vertrag rechtskräftig. Der Kunde erkennt gleichzeitig die Kfz-Reparaturbedingungen des Betriebes an. Der Kunde erhält eine Kopie des Auftrages, die ihm gleichzeitig als Abholnachweis dient. Weitere Kopien erhalten das Ersatzteillager und der Werkstattmeister.

Er beauftragt den Kfz-Mechatroniker mit der Wartung und Instandsetzung des Fahrzeugs. Die für die Wartung benötigten Betriebsstoffe bzw. Ersatzteile werden vom Ersatzteillager ausgegeben und in einem Materialschein vermerkt.

Der Kfz-Mechatroniker trägt Beginn und Ende der Arbeit in den Auftrag ein und dokumentiert damit die angefallene Arbeitszeit. Nach Ausführung des Auftrages kennzeichnet er weiterhin die Arbeitspositionen mit seiner Namenskurzform und übergibt das gewartete Fahrzeug dem Werkstattmeister, der nach der Qualitätskontrolle Fahrzeug und Auftrag an den Kundendienstberater weiterleitet.

Der Kundendienstberater übermittelt den Auftrag mit allen Arbeits- und Kundeninformationen an die Rechnungsabteilung, die die Rechnung erstellt.

Zum vereinbarten Termin übergibt der Kundendienstberater das Fahrzeug an den Kunden. Hierbei ist eine umfassende Rechnungserläuterung von großer Bedeutung, damit der Kunde das Gefühl hat, dass Preis und Leistung in einem richtigen Verhältnis stehen.

Den gesamten Geschäftsprozess und die Verarbeitung der Daten mithilfe einer branchenspezifischen Software zeigen die folgenden Darstellungen.

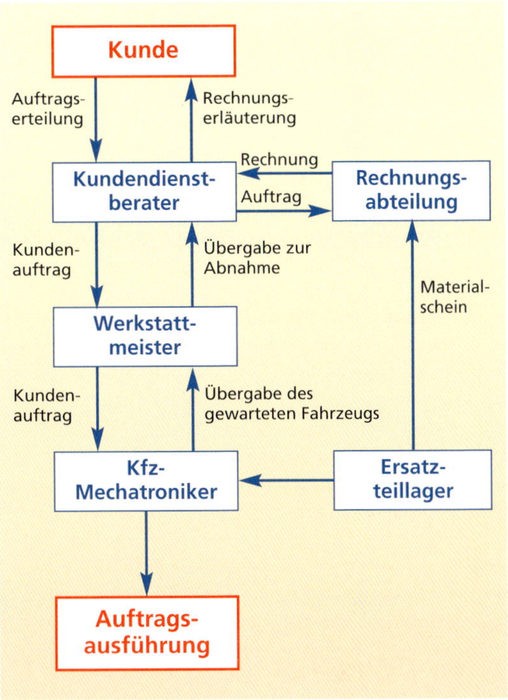

Aufbauorganisation eines Autohauses

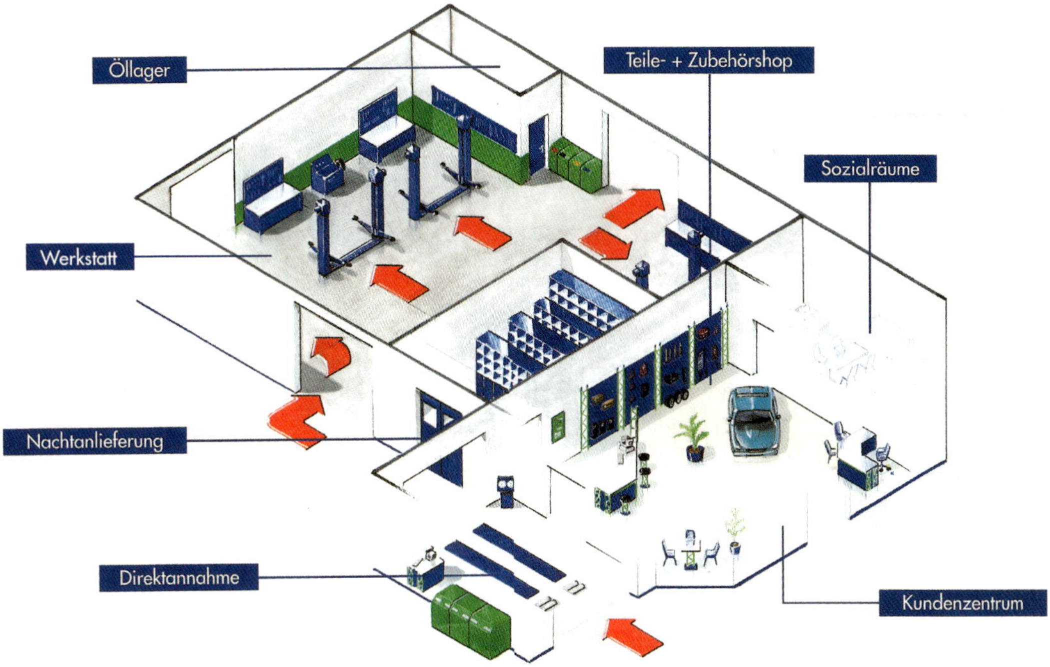

1.2.2 Elektronische Datenverarbeitung EDV

Vergleicht man ein Autohaus vor zwanzig Jahren mit dem von heute, so benötigte man damals lange Regalwände mit Ordnern für Aufträge, Rechnungen, Teilebestellungen u.v.m. sowie Reparaturhandbücher. Heute werden diese Daten größtenteils in Form von Dateien in Computern verwaltet und gespeichert. Für das Kfz-Gewerbe bietet der EDV-Markt eine große Anzahl branchenspezifischer Software, mit der der komplette Kfz-Betrieb verwaltet werden kann. Der steigende Konkurrenzdruck und zunehmende Kosten bei sinkendem Ertrag zwingen das Unternehmen dazu, zu rationalisieren. Die Hauptaufgabe der EDV liegt darin, immer wiederkehrende Vorgänge zu vereinfachen.

Kfz-Software, oft modular aufgebaut, kann mit allen Computerarbeitsstationen vernetzt von den Mitarbeitern je nach Aufgabengebiet und Berechtigung genutzt werden. Der Kfz-Mechatroniker nutzt das Teile-Informations-System und das Reparatur-Informations-System.

Branchenspezifische Kfz-Software

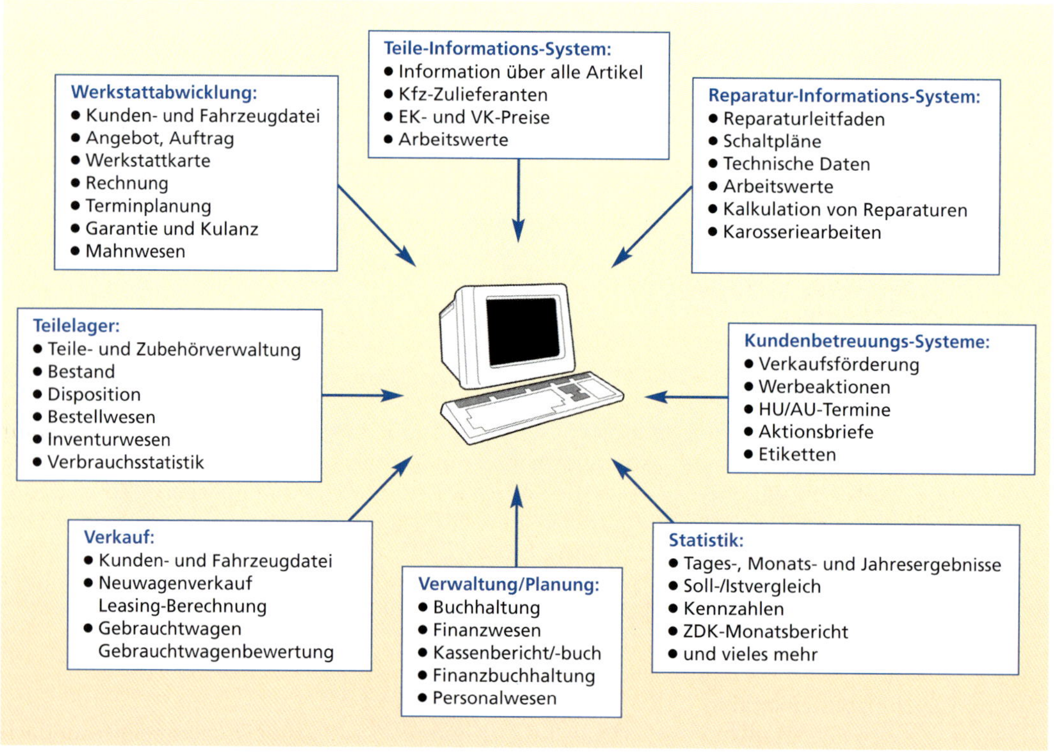

1.2.3 Ersatzteile

Ersatzteilarten

Ersatzteile sind alle Teile, die zur Grund- und Serienausstattung eines Fahrzeugs gehören. Im Unterschied dazu bezeichnet man als Zubehör alle Teile, die zusätzlich zur Grundausstattung eingebaut wurden. Typisches Zubehör sind z. B. Radio, Winterreifen usw. Die Ersatzteile werden unterschiedlich bezeichnet:

Originalteile	Die Teile sind vom Fahrzeughersteller bei der Serienproduktion (Eigenkonstruktionsteile) bzw. von Zulieferern nach den Vorgaben der Fahrzeughersteller gefertigt (Kaufteile). Diese Teile unterliegen einer Qualitätskontrolle. Markengebundene Fahrzeughändler sind durch Vertrag an die Verwendung von Originalteilen gebunden.
Austauschteile	Austauschteile sind im Herstellerwerk aufbereitete Altteile, die in ihrer Qualität den fabrikneuen Teilen gleichzusetzen sind.
Gebrauchtteile	Diese Teile werden z. B. aus Unfallfahrzeugen ausgebaut und werden ohne Aufbereitung wieder verwendet. Ausgenommen sind sicherheitsrelevante Teile der Bremsanlage und Lenkung.
Fremdteile	**Identteile** Identteile sind von Zulieferern hergestellte Teile, die über die Bestellung des Herstellers hinaus produziert werden. Sie werden unter dem Markennamen des Zulieferers vertrieben. **Nachbauteile** Nachbauteile sind Teile, die unabhängig vom Fahrzeughersteller oder Zulieferer gefertigt werden. Sie unterliegen nicht dem Anforderungskatalog der Fahrzeughersteller.

Bei Ersatzteilen ist zu beachten:

- Sie sind durch Teilenummern des Herstellers gekennzeichnet:
  Die Teilenummer enthält die Kennzahl für das Modell bzw. Aggregat, die Haupt- und Untergruppen und die Nummer des Teils.
  Beispiel: Starterbatterie 12 V 44 Ah 360 A, Teilenummer 0180654 41 N
  180: Kennzahl für das Aggregat
  654: 6 = Hauptgruppe, 54 = Untergruppe
  41: Nummer des Teils

- Sie benötigen eine Betriebserlaubnis:
  Die StTVZO schreibt eine Betriebserlaubnis für jedes Fahrzeug vor. Die Fahrzeughersteller erhalten für Serienfahrzeuge eine Allgemeine Betriebserlaubnis (ABE) vom Kraftfahrt-Bundesamt in Flensburg. Auch für Teile des Fahrzeugs kann eine Betriebserlaubnis, bei Serienteilen eine Allgemeine Betriebserlaubnis erteilt werden. Auch für Teile, die im freien Teilehandel angeboten werden, ist eine ABE notwendig. Die ABE muss auf dem Teil selbst, auf dem Teile-Etikett oder auf der Verpackung vermerkt sein.
  Durch den Einbau von Teilen ohne Betriebserlaubnis erlischt die Betriebszulassung für das ganze Fahrzeug.

Elektronischer Ersatzteilkatalog

Im elektronischen Ersatzteilkatalog sind alle Informationen über Ersatzteile anwenderfreundlich aufbereitet. Ersatzteile sind z. B. in der ESItronic, dem Werkstatt-Informationssystem der Firma Bosch, in zwei Arten zu finden:

- Auswahl des Fahrzeugs
  Nach der Auswahl des Fahrzeugs werden durch Klicken auf „Ausrüstung" in der Navigationsspalte alle Ersatzteile des Fahrzeugs angezeigt. Die Ersatzteile werden durch Eingabe der „Gruppe", „Alle", „Sortiment" begrenzt.

- Markenspezifische Bestellnummer des Teils oder Aggregats
  Nach Eingabe der Bestellnummer wird das Teil/Aggregat angezeigt.

  Weitere Infomationen lassen sich aufrufen:
  - Durch Klicken auf das gewünschte Ersatzteil bzw. Aggregat und/oder Aufrufen der Informationsart „Ersatzteile" werden die Explosionszeichnung, die Ersatzteile mit ihrer Bestellnummer und Zusatzinfos für die Bestellung angezeigt.
  - Durch Klicken auf Arbeitswerte werden die Zeit und die Preise in Euro angegeben.
  - Über die Funktionstasten werden weitere Informationen zur Verfügung gestellt:
    F 2: Informationen zu den Abkürzungen,
    F 6: Wenn die Schaltfläche aktiv ist: Abbildungen der markierten Ersatzteile,
    F 8: Informationen über das Ersatzteil.

2 Kundenorientierung

Definition Kundenorientierung

Kundenorientierung ist die Ausrichtung allen Denkens und Handelns auf den Kunden und seine Bedürfnisse sowie auf die spezifischen Bedingungen des Marktes, in dem ein Unternehmen agiert.

→

Sie ist gültig für alle im Unternehmen, von der Unternehmensleitung bis zum einzelnen Mitarbeiter und stellt eine bereichsübergreifende Verpflichtung für jeden Einzelnen dar.

Quelle: Rapp, Kundenzufriedenheit durch Servicequalität, Wiesbaden

2.1 Kundenwünsche

Der Kunde ist die wichtigste Person im Autohaus, denn er ist der Garant für die Arbeitsplätze der Mitarbeiter. Jedem Mitarbeiter muss klar sein, dass wir dem Kunden keinen Gefallen tun, wenn wir ihn bedienen, sondern er tut uns einen Gefallen, wenn er uns Gelegenheit gibt, für ihn zu arbeiten. Die Bedeutung, die dem Kunden heute zugemessen wird, zeigt das Volkswagen/Audi Kundenversprechen.

Der Kunde bringt uns seine Wünsche. Aufgabe des Betriebes ist es, die Wünsche und Erwartungen zu erfüllen.

2.2 Kundenbindung

Die Beziehung zwischen Kunden und Autohaus beginnt zum Beispiel mit dem Kauf eines Neuwagens. Im Anschluss muss das gesamte Denken und Handeln darauf ausgerichtet sein, mit dem Kunden langfristige Geschäftsbeziehungen aufzubauen. Diese müssen darauf abzielen, den Kunden zufrieden zu stellen. Kundenzufriedenheit entsteht durch die wahrgenommenen Qualitäten der Leistungen des Autohauses. Eine Kundenzufriedenheit führt gegenüber dem Unternehmen zur Loyalität (Treue), die sich in der Absicht ausdrückt, das Produkt Auto weiterhin hier zu kaufen und die Leistungen der Kfz-Werkstatt sowie sonstige Dienstleistungen in Anspruch zu nehmen. Zusätzlich wird ein zufriedener Kunde Freunden, Bekannten und Kollegen „sein Autohaus" weiterempfehlen.

Die Bedeutung und der Stellenwert des Services für das gesamte Geschäft im Autohaus haben sich wesentlich verändert. Dieser geht heute weit über den technischen Kundendienst wie Wartung, Reparatur u. Ä. hinaus. Kundenorientierter Service ist die Summe aller Dienstleistungen, die dem Kunden einen Nutzen bringen. Daher ist zu überlegen, wie Kunden an das Autohaus langfristig gebunden und neue Kunden hinzugewonnen werden. Es steht nicht mehr das Produkt im Mittelpunkt, sondern die Erfüllung eines Kundennutzens.

So trägt die kundenorientierte Dienstleistung dazu bei, Kundenerwartungen zu erfüllen oder sogar zu übertreffen, um auf diesem Weg den Unternehmenserfolg zu sichern und zu steigern. Gleichzeitig können trotz kürzerer Verweildauer der Fahrzeuge und einer ständigen Fluktuation (Wechsel) von Kunden Arbeitsplätze im Kfz-Handwerk gesichert werden.

„Der Kunde kommt zuerst"

Kunden begeistern
ist unser Ziel

Deshalb verpflichten wir uns ...

1. ... Sie freundlich und hilfsbereit bei uns zu empfangen und Ihren Besuch so angenehm wie möglich zu gestalten.
2. ... uns Zeit zu nehmen. Sie umfassend, fachlich kompetent und verbindlich zu beraten.
3. ... Ihre Wünsche zu unserer Arbeit zu machen und dabei größte Sorgfalt und Professionalität zu gewährleisten.
4. ... alle Aufgaben auftrags- und termingerecht fertigzustellen und Ihnen im Detail zu erläutern.
5. ... ehrlich und fair zu sein bei der Abrechnung unserer Leistungen.
6. ... als Team gemeinsam für die Qualität unserer Arbeit einzustehen und durch First-class-Service das in uns gesetzte Vertrauen zu bestätigen.
7. ... stets ein offenes Ohr für die Wünsche und Anregungen unserer Kunden zu haben.
8. ... als Marke rund um die Uhr zur Verfügung zu stehen, um aktiv Sorge zu tragen, dass Sie Ihr Auto frei von Problemen genießen können.
9. ... ständig an uns zu arbeiten, um Ihre Erwartungen nicht nur zu erfüllen, sondern zu übertreffen.

Quelle: Audi, VW

Rangfolge der Kundenwünsche

sehr wichtig

- Die gute und fachgerechte Ausführung
- Vertrauen der Mitarbeiter
- Sofortige Erledigung von Reklamationen
- Nur Benötigtes wird verkauft
- Einhalten der Termine
- Fachgerechte Beratung
- Schneller reibungsloser Ablauf
- Preis-Leistungs-Verhältnis stimmt
- Sehr freundliche Bedienung
- Als Kunde willkommen sein
- Ausrüstung neuester Stand der Technik
- Bevorzugte Bedienung bei Reparaturen
- Umweltschutz beachten
- Die ganze Mannschaft hilft
- Moderner professioneller Eindruck
- Angenehme Atmosphäre
- Saubere Räume
- Sauberkeit des Fahrzeuges bei der Abholung
- Alles leicht zu finden und übersichtlich
- Immer gleicher Ansprechpartner
- Inhaber kümmert sich persönlich um Kunden
- Große Zubehörauswahl
- Sitzen/Lesen/Kaffee beim Warten

weniger wichtig

Der Wartungs- und Reparaturbedarf wird sich in den kommenden Jahren drastisch verringern. Verlängerte Serviceintervalle, z. B. 30 000 km (Dieselmotoren) und 50 000 km (Ottomotoren) bzw. alle zwei Jahre erfordern in den nächsten Jahren für den Service eine Neuorientierung. Deshalb ist es erforderlich, dass die Automobilhersteller gemeinsam mit den Händlern Servicekonzepte entwickeln, um Kunden langfristig an das Autohaus zu binden. Mithilfe von Kundenkontakt- und Kundenbindungsprogrammen kann der Kunde komplett mit seinem Fahrzeug betreut werden, gleichzeitig kann das Autohaus zusätzliche Geschäftsfelder aufnehmen.

Das Konzept auf der folgenden Seite stellt Möglichkeiten dar, Kunden zu halten und neue Kunden zu gewinnen.

Servicekonzept

Elemente zur Kundenbindung

Kunden halten	Kunden gewinnen
Kunden kontinuierlich und systematisch betreuen. Zum Beispiel: • Komplettes Dienstleistungsangebot (Verkauf, Wartung, Reparatur, Leasing, Versicherungen u. v. m.) • Zielgruppenprogramme für Privat-, Geschäfts- und Großkunden • Werbung und spezielle Werbeprogramme • Gewährleistung und Kulanz • Mobilitätsgarantie • Hol- und Bringservice • Kundenklub	**Preisgünstige und attraktive Angebote für ältere Fahrzeuge. Zum Beispiel:** • Zeitwertgerechte Reparatur, evtl. Verwendung von Gebrauchtteilen • Ersatzteilpreisgestaltung mit reduzierter Marge (Gewinnspanne) für – Blechteile, Bremsenteile, Abgasanlagen, Stoßdämpfer • Junge-Leute- und Senioren-Service • Gezielte Werbung für Marktsegmente – ältere Fahrzeuge – junge Leute – Senioren

Beispiele für Serviceprogramme

• **Flexible und verlängerte Öffnungszeiten:** – für Reparaturannahme, Reparatur und Verkauf – abgestimmt auf die Kundenwünsche und Marktsituation in der Region	• **Ersatzfahrzeug für den Kunden während des Werkstattaufenthaltes:** – Kunden können oder möchten nicht auf das Auto verzichten – Ersatzfahrzeug wird zu günstigen Konditionen zur Verfügung gestellt
• **Fahrzeug-Direktannahme:** – bietet den Vorteil, den Reparaturumfang im Beisein des Kunden zu bestimmen und evtl. zu erweitern – getrennte Hebebühne mit allen erforderlichen Prüfgeräten ist notwendig – Mitarbeiter muss fachlich und kommunikativ kompetent mit dem Kunden umgehen können	• **Hol- und Bringservice:** – Kunden haben Probleme während des Werkstattaufenthaltes zur Arbeitsstelle oder nach Hause zu kommen und umgekehrt – für andere Kunden ist es bequem, wenn das Fahrzeug geholt und gebracht wird – dieser Service kommt vielen Kundenerwartungen entgegen
• **Programme für Fahrzeuge über vier Jahre:** – speziell in diesem Servicesegment unterstützen die Hersteller die Autohäuser mit preiswerten Ersatzteilpaketen und Austauschteilen – günstige Festpreisangebote – breit angelegte Werbemaßnahmen für diese Zielgruppe	• **Pannen- und Notfallhilfe:** – jeden Tag ist die Pannenhilfe-Rufnummer 24 Stunden erreichbar – Pannenhilfe wird vor Ort organisiert, z. B. Abschleppen, Ersatzfahrzeug – sonstige Hilfen, z. B. Reservierung eines Hotelzimmers
• **Fixdienst:** – nach dem Motto „rein – rauf – runter – raus" kann der Kunde auf die Reparatur warten – z. B. Reparatur der Auspuffanlage, Reifenmontage	• **sonstige Dienstleistungen** – Gebrauchtwagengütesiegel mit Garantie und Rückgaberecht – Kreditkarte
• **Verkaufsargumente für Neufahrzeuge** – geringe Betriebskosten durch geringeren Kraftstoffverbrauch – geringer Wertverlust des Fahrzeugs im Vergleich zu Konkurrenzprodukten – günstige Versicherungseinstufung in Haftpflicht, Voll- und Teilkasko – jeder Verkauf eines Fahrzeuges erhöht die Auslastung der Werkstatt	• **Finanzierungsservice:** – günstige Finanzierung zur Verkaufsförderung – Leasingangebote für Privat- und Geschäftskunden – Verkauf aller zum Fahrzeug gehörenden Versicherungen – Flottenmanagement – Komplettbetreuung für Firmen

2.3 Die Verantwortung des Kfz-Mechatronikers im Geschäftsprozess

Der Mechatroniker ist für den gesamten Teilprozess des Geschäftsprozesses Instandsetzung (= Arbeitsprozess) verantwortlich. Hierzu gehören das Planen des Instandsetzungauftrages, die Materialbeschaffung, die fachkompetente Ausführung der Instandsetzung, die Überprüfung der Arbeitsqualität, die ordnungsgemäße Entsorgung der Betriebsstoffe und Altteile in die Sammelbehälter, die Beachtung der Unfallverhütungsvorschriften und die Dokumentation der wichtigen Daten des Arbeitsprozesses. Die Durchführung der Arbeit bestätigt der Kfz-Mechatroniker durch seine Unterschrift auf der Checkliste bzw. dem Wartungsplan. Mit der Unterschrift ist er verantwortlich für die einwandfreie Arbeitsqualität.

Der Betrieb hat damit eine rechtliche Handhabe, die u. U. Abmahnungen bzw. Lohnkürzungen zur Folge haben kann.

Grundsätzlich muss dem Kfz-Mechatroniker bewusst sein:

- **100 % Arbeitsqualität und Kundenfreundlichkeit sichert Arbeitsplätze**
  Das Bild, das die Kunden von einem Autohaus haben, wird u. a. durch das Service-Image des Betriebes bestimmt. Das Service-Image setzt sich aus verschiedenen Teilleistungen des Betriebes zusammen: Reparaturqualität, Kundenbehandlung, Preisgestaltung, Termingestaltung und Service-Angebote. An einem guten Service-Image des Betriebes arbeiten alle Mitarbeiter, d. h. auch als Auszubildender durch qualifizierte Arbeit und Kundenfreundlichkeit mit. Nur der rundum zufriedene Kunde wird sein Fahrzeug in Zukunft wieder in diesem Autohaus warten und reparieren lassen bzw. dort einen neuen Wagen kaufen. Grundsätzlich muss auch Ihnen bewusst sein, dass nur 100 % Arbeitsqualität Zufriedenheit beim Kunden und Vertrauen zum Autohaus schafft und letztendlich die Arbeitsplätze aller Mitarbeiter, auch die der Auszubildenden sichert.

  Welche Folgen unzufriedene Kunden haben, zeigt die Darstellung:

- **Der Werkstattmeister bzw. der Geselle ist ein interner Kunde.**
  Neben dem Kunden, dem externen Kunden gibt es den internen Kunden. Im Arbeitsprozess sind alle betrieblichen Mitarbeiter selbst interne Kunden aller miteinander kooperierenden Abteilungen eines Betriebes. Für Sie als Auszubildenden bedeutet dies, dass auch der Meister bzw. der Geselle ein interner Kunde ist, der ihm Arbeitsaufträge gibt und erwartet, dass sie mit größter Sorgfalt durchgeführt werden.

- **Der Kunde will wissen, wer seinen Wagen repariert.**
  Durch Veränderungen in den Geschäftsprozessen wird der Kfz-Mechatroniker verstärkt direkten Kontakt zum Kunden haben. In Zukunft wird ein Kfz-Service-Team die Wartungs- und Instandsetzungsarbeiten von der Auftragsannahme bis zur Übergabe des gewarteten bzw. reparierten Wagens an den Kunden vollständig übernehmen und mit dem Kunden die erforderlichen Gespräche führen. Dies hat den Vorteil, dass der Kunde weiß, wer seinen Wagen wartet bzw. repariert und fördert das vertrauensvolle Zusammenspiel zwischen Kunde und Autohaus.

2.4 Einstellung und Verhalten

Die Kunden haben die Wahl, zu welchem Autohaus sie mit ihren Wünschen gehen. Mehr denn je wird der Erfolg des Unternehmens von der Kundenzufriedenheit bestimmt. Ein unfreundlicher Kundendienstberater, ein mürrischer Ersatzteilverkäufer oder ein Kraftfahrzeugmechaniker, der seine „öligen Fingerabdrücke" am Lenkrad, auf den Sitzen oder der Lackoberfläche hinterlässt, trägt nicht zu einer dauerhaften Kundenbindung bei.

Eine wesentliche Voraussetzung für eine erfolgreiche Zusammenarbeit und Kommunikation ist eine positive persönliche Einstellung. Oft ist es nicht der Mangel an Kommunikationsfähigkeit, der den Umgang mit anderen Menschen so schwer macht, sondern es sind negative Einstellungen, Erwartungen und Vorstellungen, die Gespräche und die gemeinsame Arbeit scheitern lassen.

Positives Denken führt zu einer positiven inneren Einstellung. Wo das Positive erwartet wird, wird es sich einstellen. Die Einstellung erfolglos zu sein, lässt die Arbeit schon scheitern, bevor sie begonnen hat. Die vier folgenden Grundeinstellungen, wie man über sich und über andere denkt, lassen Rückschlüsse über ein erfolgreiches Wirken zu:

Ich bin O. K. – Du bist O. K.	Ich bin O. K. – Du bist nicht O. K.
• Ein solcher Mensch denkt und entscheidet realistisch. Er weiß, was er will, übernimmt gerne Verantwortung und setzt sich für seine Ziele ein. • Menschen mit einer solchen Einstellung vertrauen anderen, solange man ihr Vertrauen nicht in massiver Weise missbraucht. • Diese Einstellung bedeutet auch, dass der Andere so akzeptiert wird, wie er ist.	• Dahinter verbirgt sich die Einstellung, die man als selbstgefällig, überheblich und besserwisserisch bezeichnen kann. • Wenn etwas nicht klappt, sind immer andere schuld und verantwortlich. • Von den anderen Menschen wird aber Lob und Bewunderung erwartet.
Ich bin nicht O. K. – Du bist O. K.	**Ich bin nicht O. K. – Du bist nicht O. K.**
• Diese Menschen fühlen sich gegenüber den anderen immer unterlegen und handeln entsprechend. • Sie trauen sich wenig zu und besitzen ein nur schwach ausgeprägtes Selbstwertgefühl. • Eine ausgewogene Kommunikation und Zusammenarbeit kommt nicht zustande.	• Der Misserfolg ist mit einer solchen Einstellung vorprogrammiert. • Diese Menschen sind immer negativ eingestellt und dies wirkt sich auf die gesamte Arbeitshaltung aus. • Eine ausgewogene Kommunikation und Zusammenarbeit ist mit Sicherheit nicht zu erwarten.

Aus positivem Denken mit einer entsprechenden Einstellung ergeben sich Verhaltensweisen, die Kundenorientierung fördern und die Freude an der Arbeit erhöhen.

Beispiele von Verhaltensweisen

• freundlicher und guter Umgang mit Kunden und Mitarbeitern	• sich in die Betriebshierarchie einordnen und mit den Kollegen verantwortungsvoll und offen zusammenarbeiten
• Arbeiten ordentlich, verantwortungsbewusst, selbstständig und termingerecht durchführen	• die Bereitschaft, eigene Ideen einzubringen und Arbeitsabläufe zu gestalten
• auf neue Anforderungen eingehen und sich ständig fortbilden	• auf Sauberkeit und Pünktlichkeit achten

2.5 Kommunikation mit Kunden und Mitarbeitern

Kommunikation ist die Verständigung zwischen Menschen auf verbaler (sprachlicher) und nonverbaler (nichtsprachlicher) Ebene. Diese kann bewusst oder unbewusst geschehen. Eine positive Ausstrahlung als Grundlage der bestmöglichen Beziehung zu Kunden und Mitarbeitern wird durch das körperliche Erscheinungsbild, die Körpersprache und den Klang der Stimme erreicht.

Grundgesetz der Kommunikation

Es ist NICHT möglich, NICHT zu kommunizieren! *(Paul Watzlawick)*

Selbst wenn eine Person stillschweigend neben jemandem sitzt, drückt sie im Moment aus: „Ich möchte nicht kommunizieren."
Eine zwei- oder mehrseitige Kommunikation hat einen Sender und einen oder mehrere Empfänger. Damit die Kommunikation erfolgreich verlaufen kann, müssen eine ganze Reihe von Regeln eingehalten werden und zwar muss der

- **Sender**
  - klar senden,
  - glaubwürdig sein,
  - sprechen und überzeugen.
- **Empfänger**
  - genau empfangen,
  - verstehen, was der Sender gemeint hat,
  - sich in die Gedankenwelt des Senders hineinversetzen,
  - richtig zuhören,
  - Rückmeldungen geben.

Die vier Seiten einer Nachricht

Ein und dieselbe Nachricht enthält stets viele Botschaften. Das ist eine Grundtatsache und macht den Vorgang der zwischenmenschlichen Kommunikation oft so schwierig. Man ordnet die Vielfalt der Botschaften vier Ebenen zu (Friedemann Schulz von Thun, Miteinander reden, Rowohlt Verlag, Hamburg 1994).

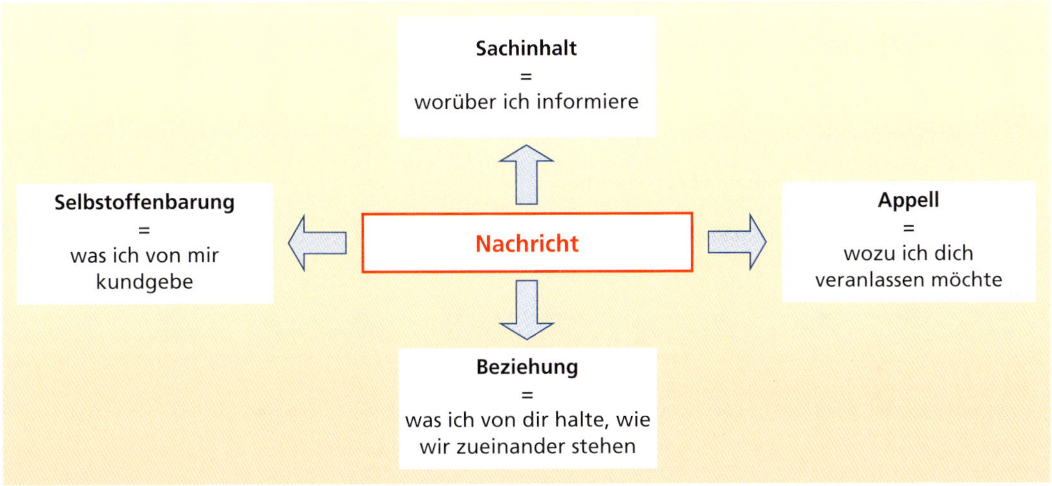

Sachinhalt oder: Worüber ich informiere
- Vermittlung von Fakten, Sachinhalten und Informationen
- Beispiel: „Der Unfallwagen hat aufgrund des Gutachtens einen wirtschaftlichen Totalschaden."

Appell oder: Wozu ich dich veranlassen möchte
- Die Nachricht wird benutzt, um auf den Empfänger Einfluss zu nehmen.
- Beispiel: „Die Reparatur ist aber sehr teuer." Ziel: Geht es nicht billiger?

Beziehungsebene oder: Was ich von dir halte und wie wir zueinander stehen
- Gefühlsebene; es geht um die Art und Weise, wie man miteinander spricht.

Selbstoffenbarung oder: Was ich von mir selbst kundgebe
- Der Sender teilt im Gespräch Informationen über sich mit, ohne diese verbal zu nennen.
- Er gibt z. B. preis, dass er sich in der Technik von Fahrzeugen gut auskennt.
- Beispiel: „Kann das Schaltgeräusch durch verschlissene Synchronringe verursacht werden?"

Kommunikative Grundregel

Wahr ist nicht, was der Sender sagt, sondern was der Empfänger versteht!

Körpersprache
Die Körpersprache ist ein wesentlicher Bestandteil des Kontaktes mit Kunden und Mitarbeitern. Während eines Gesprächsverlaufes werden eine Menge körperliche Signale ausgetauscht, die einen positiven oder negativen Einfluss auf die Begegnung haben können. Mimik, Gestik und Blickkontakt sind drei Elemente der Körpersprache, die deutliche Informationen über Kunden oder Gesprächspartner geben. Auch der Abstand der Menschen, die ein Gespräch führen, und die Körperhaltung haben als körpersprachliche Signale eine wesentliche Bedeutung.

- **Mimik** ist die Sprache des Gesichtes und entsteht durch die Bewegung der mimischen Gesichtsmuskeln. Gesichter vermitteln Freude, Ärger, Unlust oder auch Unschlüssigkeit.
- **Gestik** ist die Sprache der Hände, Gesten und Gebärden. Sie spielt in der Körpersprache eine wesentliche Rolle. Offen gezeigte Handflächen vermitteln Kontaktbereitschaft und Offenheit, geballte Fäuste weisen auf Anspannung und Aggression hin.
- **Blick**kontakt ist ein Eröffnungssignal für einen Kundenkontakt. Er sollte während eines Gespräches aufrechterhalten werden, allerdings ohne den Gesprächspartner anzustarren.
- **Abstand/Distanz** zum Gesprächspartner gibt Aufschluss über die Beziehung. Je kleiner der Abstand, desto persönlicher ist der Kontakt. Für Kundengespräche liegt die typische Distanz bei circa zwei Meter.
- **Körperhaltung** vermittelt ein Bild über die Stimmung eines Menschen. Verschränkte Arme vor der Brust deuten auf Abschottung hin. Eine lockere Kreuzung der Arme kann durchaus Wohlbefinden und Entspannung ausdrücken.

Ein **Beratungsgespräch** verlangt, dass man sich auf die Persönlichkeit des Kunden einstellt, sich in seine Lage versetzt und seine Wünsche erkennt. Es gilt, den Kunden mit sachlich fundierten Vorschlägen zu überzeugen. Ziel muss es sein, dass der Kunde das Autohaus mit Angeboten oder Vorschlägen verlässt, die seinen Erwartungen entsprechen.

Für eine gute Verständigung sind förderlich:

Aktives Zuhören und nicht im Satz unterbrechen bedeutet, dass man nicht nur zuhört, sondern gleichzeitig versucht, die Gefühlslage des Kunden zu erkennen, um entsprechende Rückmeldungen geben zu können. Hierzu gehören:
- Schweigen und nicht im Satz unterbrechen,
- Körpersprache, Blickkontakt halten,
- Kopfnicken,
- Interessierte angemessene Mimik.

Zustimmung und Verstehen signalisieren gibt dem Kunden das Gefühl der Anerkennung und erzeugt eine positive Atmosphäre.
- Beispiel: „Sie haben Recht, das Profil der Winterreifen ist noch ausreichend."

Denkanstöße dienen dazu, den Gesprächspartner in eine bestimmte Richtung zu lenken.
- Beispiel: „Der Allradantrieb besitzt für Sie wesentliche Vorteile, weil ..."

Nachfragen und zum Reden ermuntern zeigt Interesse für den Kunden und erfordert eine angemessene Fragetechnik. Verschiedene Arten der Frageformen werden je nach Ziel eingesetzt:
- Die offene Frage (Informationsfrage) veranlasst den Gesprächspartner, sich zu äußern und Informationen zu geben.
  Beispiel: „Unter welchen Bedingungen tritt der Fehler am Fahrzeug auf?"
- Bei geschlossenen Fragen (Kontrollfragen) wird eine kurze und knappe Antwort erwartet.
  Beispiel: „Möchten Sie, dass die Lackschäden ausgebessert werden?"
- Bei der Alternativfrage hat der Gesprächspartner nur die Wahl zwischen zwei Antwortmöglichkeiten.
  Beispiel: „Möchten Sie herkömmliches Motorenöl oder ein synthetisches?"
- Die Suggestivfrage (Lenkungsfrage) legt die Antwort „in den Mund" und kann positiv gesehen nur zu einem „Ja" führen.
  Beispiel: „Ihnen gefällt doch dieser Sportwagen?"

Für eine gute Verständigung sind hinderlich:

Killerphrasen, die ein Gespräch erschweren oder sogar stoppen.

- Beispiel: „Das haben wir schon immer so gemacht" oder „Ich bin der Fachmann, Sie wollen mir doch nicht ... ."

Überreden bewirkt oft das Gegenteil. Der Kunde soll entscheiden, ob er eine Reparatur durchführen lässt oder einen Neuwagen kauft.

- Beispiel: „Wenn Sie lange zögern, ist der Wagen morgen bestimmt verkauft."

Kundenerwartungen dämpfen verunsichert den Kunden und gibt ihm das Gefühl, dass seine eventuell realistischen Wünsche nicht erfüllt werden.

- Beispiel: „Können Sie sich das überhaupt leisten?"

Vorwürfe bringen den Kunden in eine Konfliktsituation.

- Beispiel: „Das habe ich mir gleich gedacht, dass Sie kein Auto fahren können.

Befehle nimmt niemand gerne entgegen, erst recht nicht der Kunde.

- Beispiel: „Fällen Sie endlich eine Entscheidung!"

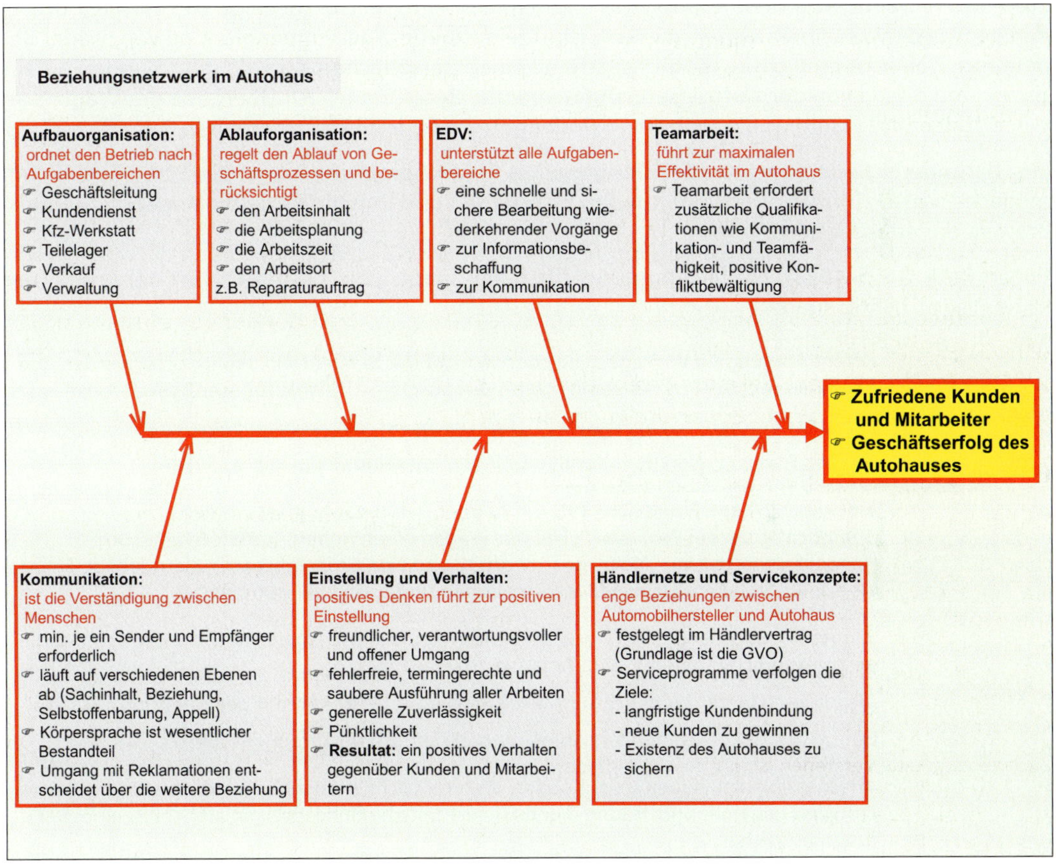

2.6 Kundenberatung

Der erste Kontakt zum Kunden findet in der Regel aufgrund eines Problems mit dem Fahrzeug im Autohaus statt.
Kundenberatung ist der wesentliche Inhalt der Auftragsabwicklung. Das Beratungsgespräch besteht aus drei Abschnitten:

- Kontaktaufnahme
- Beratung
- Beratungsabschluss

Alle Phasen der Kundenberatung verlangen Systemkenntnis, Produktkenntnis, gute Gesprächsführung und Kundenorientierung.

2.6.1 Kontaktaufnahme

Die Kontaktaufnahme beginnt mit der Begrüßung, bei der sich der Kfz-Mechatroniker mit Namen vorstellt. Der Name des Kunden wird höflich erfragt. Im Folgenden ist der Kunde mit Namen anzusprechen. Damit wird dem Kunden das Interesse an seiner Person gezeigt. Der erste Eindruck, den der Kunde von seinem Gegenüber hat, ist für eine zukünftige Kundenbindung von großer Bedeutung. Daher ist es wichtig, möglichst schnell einen persönlichen Kontakt zum Kunden aufzubauen und diesen von der Auftragsannahme über die Beratung bis zur Übergabe des Wagens an den Kunden und während der weiteren Kundenbetreuung aufrecht zu erhalten.

Von besonderer Bedeutung für die Führung eines Beratungsgespräches ist die Fragetechnik, um möglichst viele Informationen vom Kunden zu erhalten und ihm ein gezieltes Angebot zu unterbreiten, das er akzeptiert.

Eugen Roth (1895–1976), ein bekannter Schriftsteller, sagte: „Die beste Antwort der erhält, der seine Fragen richtig stellt."

Offene Fragen	Offene Fragen sind W-Fragen. Sie können nicht mit Ja oder Nein beantwortet werden und beginnen mit wer?, was?, wann?, wie?, warum?, wozu?, welche?, wen? usw. *„Welches Problem hat Ihr Wagen?" „Wie macht sich das Problem bemerkbar?"* Offene Fragen geben dem Kunden Gelegenheit seine Gedanken zu äußern.
Geschlossene Fragen	Eine geschlossene Frage kann nur mit Ja oder Nein beantwortet werden. *„Hat Ihr Wagen ein Problem?"„Hat der Wagen einen hohen Kraftstoffverbrauch?"* Hat der Kunde erst mit „Nein" geantwortet, wird eine Gesprächsbarriere aufgebaut. Selbst eine Ja-Antwort enthält keine Informationen und bringt Sie nicht weiter.
Suggestiv-fragen	Suggestivfragen legen dem Kunden die Antwort praktisch in den Mund. Sie lassen wie die geschlossenen Fragen nur eine Antwort zu, meist Ja. *„Sind Sie nicht der Meinung, dass diese Reifen für Sie am besten geeignet sind?"* Häufig reagieren Kunden mit Ablehnung, da sie sich bevormundet fühlen.
Alternativ-fragen	Alternativfragen zeigen dem Kunden Wahlmöglichkeiten auf, die für die Lösung seines Problems geeignet sind. Häufig dienen sie der Entscheidungsfindung am Schluss eines Beratungsgespräches. *„Wünschen Sie Reifen der Marke Continental, Dunlop oder Pirelli?"* Die Aufmerksamkeit des Kunden wird auf die verschiedenen Möglichkeiten konzentriert und erleichtert ihm die Entscheidung.
Rhetorische Fragen	Auf eine rhetorische Frage wird keine Antwort erwartet. Sie enthält die Frage und gibt die Antwort zugleich. *„Warum braucht der Wagen zu viel Kraftstoff? Weil der Kühlmittelsensor oder das Drosselklappen-Potenziometer defekt sind."*

Motivierungsfragen	Sie zeigen, dass der Kfz-Mechatroniker die Kompetenz des Kunden anerkennt und für die Problemlösung als wertvolle Unterstützung ansieht. *„Das ist eine gute und interessante Idee, woher haben Sie das Spezialwissen?"*
Kontrollfragen	Kontrollfragen dienen der Absicherung, dass alle anstehenden Fragen und Probleme angesprochen wurden und von beiden Gesprächspartnern gleich aufgefasst worden sind. Kontrollfragen schließen eine Verhandlung ab.
Gegenfragen	Durch Gegenfragen kann Zeit gewonnen werden, bevor eine Antwort gegeben wird. Sie fordern den Kunden auf, seine Darstellung zu präzisieren. Frage des Kunden: *„Wann kann ich den Wagen frühestens abholen?"* *Gegenfrage: „Wann brauchen Sie ihn denn?"* Jetzt muss der Kunde antworten und gibt die Information, was er unter „frühestens" versteht.

Ein Kundengespräch sollte in erster Linie mit offenen Fragen (W-Fragen) eingeleitet werden. Die Antworten auf offene Fragen ergeben Anknüpfungspunkte für die Weiterführung des Gesprächs und bieten in der Regel neue Gelegenheiten, den Kunden in das Gespräch einzubinden und zusätzliche Informationen einzuholen. Aktives Zuhören motiviert den Kunden, sein Problem ausführlich darzulegen. Der Kfz-Mechatroniker lässt den Kunden aussprechen, nickt mit dem Kopf, hält Blickkontakt und macht durch bestätigende Worte deutlich, dass er aufmerksam zuhört. Ist der Kunde mit seinen Ausführungen am Ende, geht der Kfz-Mechatroniker auf das Gesagte ein. Er bedankt sich beim Kunden für die wertvollen Hinweise und vermeidet überhebliche Ratschläge.

2.6.2 Beratung

Der Kunde kann in den meisten Fällen den wirklichen Nutzen der angebotenen Produkte und Dienstleistung nur unzureichend werten. Er braucht daher Beratung vom Fachmann, um Entscheidungen zu treffen.

Zur Beratung ist eine gute Vorbereitung erforderlich. Sie umfasst einmal das Zusammenstellen aller notwendigen Informationsunterlagen, zum anderen Überlegungen über die Gesprächsführung, die Nutzenargumentation und die Behandlung möglicher Einwände des Kunden.

Der Kunde darf nicht überredet, er muss überzeugt werden. Hat der Kunde den Eindruck, dass bei der Beratung der Vorteil des Betriebes vor dem des Kundens steht, wird er skeptisch oder gar ablehnend. Der Berater sollte den Kunden immer spüren lassen, dass er mit seinen Problemen ernst genommen wird und er durch den Betrieb Unterstützung bei der Lösung seiner Probleme findet.

Die Beratung in der Kfz-Werkstatt umfasst folgende Bereiche:

- *Beratung über den Umfang der Wartung bzw. Instandsetzung*
  Sinnvoll ist es, dem Kunden eine Direktannahme anzubieten. Während der Direktannahme kann dem Kunden eine erste Aussage über die Art und den Umfang der Arbeiten gemacht werden. Dem Kunden wird das Gefühl gegeben, dass nur Reparaturen ausgeführt werden, die notwendig sind.
- *Beratung über den Einbau von Aggregaten oder Zubehör*
  Bei der Instandsetzung werden meist schadhafte Bauteile oder Aggregate gegen neue ausgetauscht. Da die Automobilfirmen und Zulieferer ständig an der Optimierung ihrer Produkte arbeiten, stehen neben den normalen Ersatzteilen bzw. Aggregaten, z. B. wartungsfreie Batterien, verbesserte Produkte, z. B. absolut wartungsfreie Batterien, für den Einbau zur Verfügung. Bei der Beratung muss dem Kunden bewiesen werden, dass die besseren Produkteigenschaften ihm einen erkennbaren Nutzen bieten. Dies gelingt nur, wenn der Kfz-Mechatroniker über die Produkte bestens informiert ist und deren Vorteile kurz und eindrucksvoll nennen kann. Wenn möglich, ist dem Kunden Gelegenheit zu geben, das Produkt anzusehen bzw. anzufassen.

Mithilfe der Nutzenargumentation können vor der Beratung die Besonderheiten der Dienstleistung bzw. des Produktes dargestellt und formuliert werden.

Nutzenargumentation im Ersatzteilbereich

Ersatzteil	Winterreifen
Produkteigenschaften	Profilrillen mit zahnartigen Lamellen, auf tiefe Temperaturen abgestimmte Gummimischungen
Kundeneinwände	Die alten Winterreifen reichen diesen Winter noch. Die Reifen sind teuer.
Nutzenargument	Unter 4 mm Profiltiefe sind Winterreifen nicht wintertüchtig. Fahren mit Winterreifen bei Schnee und Matsch ergibt eine höhere Sicherheit. Ein Unfall wird teurer als neue Winterreifen.

Das Gleiche gilt für den Einbau von Zubehör. Hier spielen neben den Produkteigenschaften die technische Ausstattung und die gesetzlichen Vorgaben der StVZO eine Rolle. Eine zusätzliche Außenbeleuchtung ist z. B. abhängig von der Leistungsfähigkeit der Spannungsversorgungsanlage und den gesetzlichen Bestimmungen der StVZO. Alle diese Punkte gehören zum Beratungsspektrum des Kfz-Mechatronikers.

☞ *Beratung über das Fahrverhalten bzw. Verhalten im Notfall*
Aus Schäden am Fahrzeug, z. B. Stoßbrüchen im Reifenunterbau kann der Fachmann schließen, dass sie ihre Ursache im Überfahren von Bordsteinen haben. Er wird den Kunden höflich und sachlich ohne überhebliche Ratschläge informieren, dass damit seine Sicherheit gefährdet wird und durch höheren Reifenverschleiß mehr Kosten entstehen. Als Ratschlag wird dem Kunden mitgegeben, dass Bordsteine möglichst nicht und wenn beim Parken notwendig mit einem möglichst stumpfen Winkel und geringer Geschwindigkeit überfahren werden sollten. Eine Beratung des Kunden über Notfälle, z. B. wenn der Motor nicht startet, erhöht die Zufriedenheit mit dem Autohaus und stärkt die Kundenbindung.

2.6.3 Abschlussgespräch

Häufig sind die Kunden nach der Beratung noch skeptisch und erheben Einwände. Sie zeigen, dass sich der Kunde mit dem Problem beschäftigt hat. Es kann aber auch sein, dass der Kunde einen Rabatt oder eine umfangreichere Serviceleistung haben möchte. Die Kundeneinwände müssen auf jeden Fall ernst genommen und nicht einfach vom Tisch gefegt werden. Der Kfz-Mechatroniker sollte dem Kunden bestätigen, dass sein Einwand seine Berechtigung hat. Das zeigt dem Kunden, dass man ihn verstanden hat. Mit der Umwandlung des Einwandes in eine Frage können häufig die Bedenken aufgehoben werden:

Kundeneinwand: „Die Reifen sind sehr teuer."
Kfz-Mechatroniker: „Ist ein billiger Reifen wichtiger als Ihre Sicherheit?"

Bei Kundeneinwänden gegen das Produkt ist auch ein Alternativangebot nützlich.

Wenn der Kunde sich am Schluss der Beratung immer noch nicht entscheiden kann, sollte ihm die Entscheidung durch Hilfestellung des Kfz-Mechatronikers erleichtert werden, indem er die Auswahl einengt und nochmals auf die nutzbringenden Vorteile hinweist. Auch Suggestivfragen *„Diese Reifen mit den Alufelgen passen doch wirklich gut zu ihrem Wagen?"* helfen bei der Entscheidungsfindung.

Nach Abschluss der Beratung wird der Kunde freundlich unter Nennung seines Namens verabschiedet. Der Kfz-Mechatroniker hält auch während der Verabschiedung Blickkontakt zum Kunden und wünscht ihm gute Fahrt.

2.7 Kundenreklamation

Die Art und Weise, wie mit **Kundenreklamationen** umgegangen wird, entscheidet über die weitere Geschäftsbeziehung und muss daher in jedem Autohaus einen hohen Stellenwert einnehmen. Reklamationen enthalten auch positive Aspekte, die in einem Unternehmen genutzt werden müssen.

- Durch Reklamationen können Fehler, die bei einer Reparatur entstanden sind und erkannt werden, als Verbesserungsmöglichkeit genutzt werden.
- Durch Reklamationen können bisher unentdeckte Probleme mit Kunden erfasst werden.
- Reklamationen können eine Chance zur Verbesserung der innerbetrieblichen Abläufe sein.
- Schnell bearbeitete Reklamationen können den Kunden eventuell noch fester an das Unternehmen binden.
- Erfolgreich bewältigte Reklamationen können Kunden vielleicht dazu veranlassen, für das Unternehmen zu werben.

Konflikte im **Umgang mit Reklamationen** sind unter dem Gesichtspunkt der Kundenorientierung unter allen Umständen zu vermeiden. Im Folgenden werden einige Regeln aufgeführt, die den Umgang mit Reklamationen erleichtern:

- Den Kunden freundlich und höflich begrüßen und mit seinem Namen ansprechen
- Die Gefühle des Kunden (Frustration, Zorn, Enttäuschung) ernst nehmen
- Aktiv und sorgfältig zuhören, den Kunden ermuntern, mehr zu erzählen und ihm die Möglichkeit geben, „Dampf abzulassen"
- Für die Situation des Kunden Verständnis zeigen, nicht rechtfertigen und widersprechen
- Um die Reklamation möglichst gründlich zu erfassen, Fragen stellen und alle wichtigen Informationen notieren
- Reklamationen nochmals wiederholen und sich bestätigen lassen, dass alles richtig verstanden wurde
- Gegebenenfalls beim Kunden entschuldigen, falls der Fehler beim Autohaus lag
- Gemeinsame Lösung erarbeiten und erklären, was zur Beseitigung des Problems unternommen wird
- Reklamationsbearbeitung zusagen und Probleme schnell beseitigen
- Sich bedanken, dass der Kunde auf den Fehler aufmerksam gemacht hat

Ein Kunde, der reklamiert, ist noch am Autohaus interessiert und möchte ihm die Gelegenheit geben, das Problem zu beseitigen.

Die Folgen unbefriedigender Leistungen

- Einer von 26 Kunden, die eine Beschwerde haben, trägt diese auch vor
- Beschwerdeführer sind überwiegend Meinungsführer
- 54 % bis 70 % der Beschwerdeführer werden zu Dauerkunden; wenn schnell reagiert wird, sind es sogar bis zu 95 %
- Unzufriedene Kunden erzählen ihr Frusterlebnis 9 bis 15 weiteren Personen
- 96 % der unzufriedenen Kunden wechseln wortlos zur Konkurrenz

2.8 Arbeitsqualität

Qualität ist die Erfüllung von (vereinbarten) Anforderungen zur dauerhaften Kundenzufriedenheit. Dienstleistungsqualität ergibt sich aus der Arbeitsqualität der Teilfaktoren:

- Technische Qualität, d. h. die technische Ausstattung der Werkstatt mit modernen Prüfgeräten, Werkzeugen und technischen Einrichtungen.
- Arbeitsprozessqualität, insbesondere die Fachkompetenz und Qualifikation der Mitarbeiter aber auch die Organisation des Betriebes.
- Soziale Qualität, einmal wie die Mitarbeiter mit dem Kunden umgehen, zum anderen auch, wie die Kollegen miteinander kommunizieren und zusammenarbeiten

Welche Forderungen stellt der Kunde?

- Schnelligkeit von Wartung und Reparatur, Einhalten der Termine,
- Höflichkeit, Freundlichkeit, Berücksichtigung der Wünsche,
- gute und fachgerechte Ausführung der Arbeiten,
- Kompetenz und Fachwissen der Mitarbeiter,
- Sicherheit einer ordnungsgemäßen Reparatur,
- Glaubwürdigkeit, Richtigkeit der Aussagen,
- Sauberkeit des Wagens bei der Abholung.

Welchen Beitrag kann der Kfz-Mechatroniker leisten, um den Forderungen des Kunden gerecht zu werden?

- Arbeitsqualität als ständige Arbeitsaufgabe im täglichen Arbeitsverhalten betrachten.
- Jede Arbeit fachkompetent, sorgfältig und exakt durchführen.
- Sich als seinen eigenen Qualitätskontrolleur betrachten, d. h. Fremdkontrolle durch Selbstkontrolle ersetzten.
- Eine kontinuierliche Verbesserung der Arbeitsvorgänge im eigenen Arbeitsbereich anstreben und zur Fehlervermeidung statt Fehlerbehebung beitragen.
- Umweltgesetze und Unfallverhütungsvorschriften beachten.
- Eine Dienstleistung abliefern, damit der Kunde wiederkommt und nicht die Ware oder ein Beschwerdebrief.
- Den Kunden in den Mittelpunkt seines Handelns stellen.
- Erkennen, dass die Produktionsfaktoren „Arbeitsqualität“, „Freundlichkeit“ und „Höflichkeit“ den eigenen Arbeitsplatz sichern.
- Jeden im eigenen Betrieb als Kunden und Lieferanten ansehen. (Auch der Meister ist Kunde.)
- Dem Kunden zuhören und keine Diskussionen führen, um Recht zu haben.
- Wissen, dass der Kunde auch im Unrecht immer Recht behält, spätestens dann, wenn er den Betrieb wechselt.
- Verantwortung spüren gegenüber Kunden, Kollegen, dem Unternehmen und der Umwelt.
- Bereit sein, im Team zu arbeiten.
- Für die eigene Weiterbildung mitverantwortlich sein.

Übertragen in die tägliche Praxis heißt das,

▶ auf den Kunden bezogen:

- den Kunden uneingeschränkt in den Mittelpunkt stellen,
- den Kunden als einen gern gesehenen Menschen betrachten,
- dem Kunden zu dienen,
- dem Kunden bei jedem Besuch einen positiven Eindruck vermitteln,
- dem Kunden mehr bieten als gute Produkte und Dienstleistungen,
- vom Kunden her denken und handeln,
- zum Kunden enge und dauerhafte Beziehungen pflegen,
- den Kunden auch nach der Wartung beraten und betreuen,
- den Kunden so behandeln, dass er nach jedem Werkstattbesuch gerne wiederkommt.

▶ auf die Arbeit bezogen:

- die Arbeit gut zu planen, durchzuführen und zu kontrollieren,
- bei auftretenden Problemen den Meister oder die Kollegen fragen,
- für Sauberkeit im Fahrzeug durch Fußmatten und Schonbezüge zu sorgen,
- nach Beendigung der Arbeit kontrollieren, ob alle Arbeitspositionen entsprechend den Absprachen mit dem Kunden und der Checkliste durchgeführt wurden,
- alle anfallenden Abfallstoffe ordnungsgemäß entsorgen,
- die Arbeitsergebnisse dokumentieren und den Kunden darüber informieren,
- den Arbeitsprozess überdenken und verbessern und eventuelle Fehler in Zukunft vermeiden.

3 Arbeitstechniken

3.1 Teamarbeit

Teamarbeit – Einzelarbeit

Unter einem Team versteht man eine Arbeitsgruppe, die gebildet wird, um einen Auftrag zu erledigen, den ein Einzelner schlechter lösen kann. Teamarbeit ist eine besondere Form der Zusammenarbeit in einer Gruppe, die für einen ganzen, geschlossenen Lern- oder Arbeitsprozess verantwortlich ist und die das Ergebnis ihrer Arbeit als Produkt oder Dienstleistung an einen Kunden liefert.

Ein Instandsetzungsauftrag kann in Einzelarbeit oder in Teamarbeit gelöst werden.

Einzelarbeit	Teamarbeit
• Der Einzelne muss sich informieren, planen, entscheiden, durchführen und kontrollieren • Der Einzelne ist allein verantwortlich für alle Entscheidungen • Keine langen Diskussionen, schnelle Entscheidungen • Es besteht keine Möglichkeit der Unterstützung durch Kollegen • Risiko von Fehlentscheidungen ist groß • Fremdkontrolle statt Selbstkontrolle am Schluss der Arbeit	• Gegenseitige Ergänzung hinsichtlich Können und Wissen der Teammitglieder • Geringerer Erhebungsaufwand für Informationsbeschaffung • Größere Kreativität und Produktivität: Eine Idee bringt oft eine weitere hervor • Selbstständige und eigenverantwortliche Arbeit ergibt größere Leistungsbereitschaft • Selbstkontrolle statt Fremdkontrolle • Besseres Urteilsvermögen und Entscheidungskompetenz aufgrund der breiten Informationsbasis

Da im Laufe der Ausbildung die Wartungen und Instandsetzungen immer komplexer werden, sind Problemlösungen im Team um so sinnvoller und notwendiger
- je komplexer das Problem ist,
- je risikoreicher eine Entscheidung ist.

Die Aufgaben, die das Team im Zusammenhang mit dem Wartungsvertrag durchzuführen hat, zeigt die folgende Darstellung.

3.1.1 Teamarbeit im Kfz-Betrieb und in der Berufsschule

Teams arbeiten sowohl im Betrieb als auch in der Berufsschule bzw. den Ausbildungs- und Fortbildungsstätten. In ihrem Arbeitsablauf und in der Gruppenbildung unterscheiden sich Teams häufig in Betrieb und Schule.

Kfz-Betrieb

In kleineren und mittleren Betrieben bilden Kundendienstberater, Werkstattmeister, Gesellen und Auszubildende ein Team. Der Prozess der Teambildung ist meist vorgegeben. Der Kundendienstberater spielt eine wichtige Rolle für eine erfolgreich verlaufende Teamarbeit. Er arbeitet einmal mit dem Qualitätsmanagement des Kfz-Betriebes zusammen, zum anderen ist er ein wichtiges Mitglied im Werkstatt-Team. Er ist weiterhin die Schnittstelle Kunde/Betrieb. Der Werkstattmeister übernimmt Führungsverantwortung hinsichtlich Teambesprechungen, Terminplanung, Überwachung der Arbeitsabläufe und der Qualität der Arbeit.

Aufbau eines teamorientierten Autohauses

Berufsschule

In der Berufsschule ist der Prozess der Teambildung ein anderer. Hier müssen sich die Teams erst finden. Soll ein Team längere Zeit zusammenarbeiten, müssen sich die Teammitglieder erst „zusammenraufen". Dabei ist zu berücksichtigen, dass jeder Mensch einen eigenen Arbeitsstil hat, d. h. seine persönliche Art der Informationsverarbeitung, der Organisation seiner Arbeit, die Art der Entscheidungsfindung und der Umgang mit anderen Menschen. Ziel einer Teambildung ist nicht, die individuellen Eigenschaften eines Teammitglieds zu verändern, sondern ein Team so optimal zusammenzustellen, dass die Teammitglieder sich hinsichtlich ihrer Arbeitsstile ergänzen.

Teambildung in einer Klasse

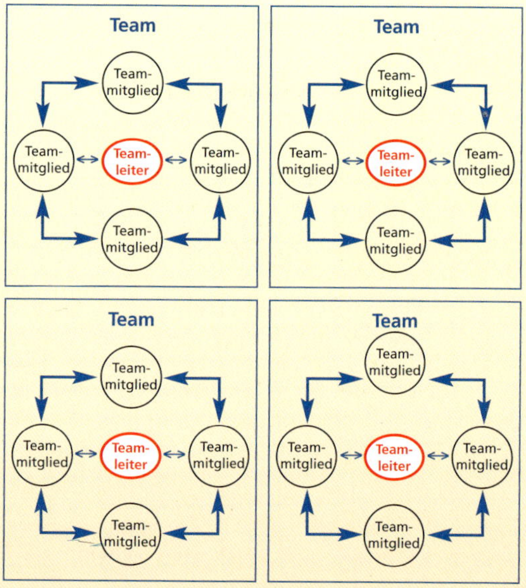

3.1.2 Teambildung

Ein Team besteht aus vier bis sechs Mitgliedern,

- die eine gemeinsame Aufgabe: Wartung und Instandsetzung von Kraftfahrzeugen,
- mit einem festgelegten Ziel: den Auftrag zur Zufriedenheit des Kunden zu erfüllen,

bearbeiten.

Die Mitglieder eines Teams sollten sich hinsichtlich Arbeitsstil, Fähigkeiten, Fertigkeiten, Erfahrungen und Entscheidungsfindung ergänzen.

Die Teambildung erfolgt in vier Phasen:

Phase 1: Orientierungsphase
Zu Beginn der Teamarbeit sind die Teammitglieder auf der Suche nach ihrer Rolle im Team. Es erfolgt die erste Orientierung hinsichtlich Aufgabe, Zielen, geeigneten Arbeitsmethoden.

Phase 2: Konfrontationsphase
Es treten Konflikte zwischen den Teammitgliedern und Widerstand gegen Aufgaben und Methoden auf. Pessimistische Grundhaltung von Mitgliedern erschwert das Vorankommen.

Phase 3: Organisationsphase
Diese Phase ist geprägt von Konsens, Kompromissen, Kooperationen. Es tritt Entspannung ein und es wird offen kommuniziert. Es werden Arbeitsregeln für die gesamte Arbeit aufgestellt.

Arbeitsregeln	• Alle Teammitglieder begegnen sich mit Respekt. • Alle Meinungen werden zugelassen. • Kritik wird in jeder Situation zugelassen. • Alle Teammitglieder lassen sich gegenseitig ausreden. • Die Teammitglieder leisten sich gegenseitig Hilfestellung. • Persönliche Angriffe sind nicht erlaubt. • Konflikte werden gemeinsam diskutiert und gelöst. • Ziele und Vorgehensweise werden gemeinsam festgelegt. • Jedem Mitglied stehen alle Informationen zur Verfügung. • Zur Gestaltung der Zusammenarbeit werden Moderations- und Präsentationstechniken eingesetzt. Eine sorgfältige Dokumentation ermöglicht den Vergleich von geplantem und realisiertem Arbeitsverlauf.
Teamleitung	Ein Team braucht eine klare Führung. Teamleiter ist derjenige, der zur erfolgreichen Bewältigung der momentan anstehenden Aufgabe mit den besten Kompetenzen ausgestattet ist. Der Teamleiter dominiert nicht, die Lösung der Aufgabe steht im Vordergrund. Er steht nicht über, sondern inmitten seiner Teammitglieder.

Phase 4: Arbeitsphase
In dieser Phase kommt es zu einer konstruktiven und zielgerichteten Arbeitsweise. Die Teammitglieder sind ideenreich, hilfsbereit, solidarisch, flexibel und offen.
Wichtig für die Teamarbeit ist, dass
- alle Beiträge dicht am Thema bleiben,
- der Einzelne in der Gruppe nicht untergeht,
- das Ziel nicht aus den Augen verloren wird.

3.1.3 Teamkonflikte

Zur Arbeit im Team muss jedes Teammitglied eine große Teamfähigkeit aufweisen. Allen muss bewusst sein, dass ihr eigenes Verhalten die Teamarbeit fördern und stärken, aber auch schwächen kann, dies gilt insbesondere für die hinderlichen Einflüsse.

Für Teamarbeit förderlich

- „Wir-Gefühl" kann es nur dort geben, wo das Betriebsklima stimmt.
- Ziele werden von jedem Teammitglied verstanden und akzeptiert.
- Es wird viel unter Beteiligung aller Mitarbeiter diskutiert.
- Alle hören einander zu, jeder Beitrag wird gewürdigt.

Für Teamarbeit förderlich

Fortsetzung

- Entscheidungen werden durch Übereinstimmung herbeigeführt.
- Jeder Einzelne ist für seine Arbeit und ein gutes Betriebsklima verantwortlich.
- Vertrauen zueinander: Worte und Taten stimmen überein.
- Zuverlässigkeit heißt, Vereinbarungen jeder Art werden eingehalten.
- Gleichwertigkeit, d. h. der Mitarbeiter wird als Partner geachtet.
- Gegenleistung kann nur bei entsprechender eigener Leistung erwartet werden.

Für Teamarbeit hinderlich

- Lob und Anerkennung für gute Leistungen werden nicht ausgesprochen.
- Egoismus, Abteilungsdenken: Jeder sieht nur sich selbst bzw. nur den eigenen Bereich.
- Konkurrenzdenken behindert gemeinsames Arbeiten.
- Ängste der unterschiedlichsten Art, z. B. Angst, die eigene Meinung zu äußern.
- Besserwisserei und Überheblichkeit statt einer sachlichen Auseinandersetzung.
- Empfindlichkeiten (Mimosentum).
- „Radfahren", d. h. andere anschwärzen.
- Killerphrasen (siehe Kommunikation).
- Die Existenz von Konflikten unter den Teppich kehren.
- Beim Treffen von Entscheidungen immer den Chef heranziehen.
- „Parkplatzkommentare" meiden, d. h. Teammitglieder müssen sich davor hüten, auf dem „Parkplatz" über Teamprobleme zu reden, die sie vor dem gesamten Team nicht ansprechen wollen.

Teamkonflikte handhaben

In einem Team wird es immer wieder zu Konflikten kommen, dies lässt sich einfach nicht vermeiden. Die rechtzeitige Auseinandersetzung mit dem Konflikt ist eine Voraussetzung dafür, dass dieser die Teamarbeit nicht behindert. Eine positive Konfliktbewältigung kann sogar zur Stärkung des Teams führen. In einer Teamumgebung gibt es unzählige Arten von Konflikten, zu denen zum Beispiel folgende zählen können:

- Ein Teammitglied steckt in einem Konflikt mit einem anderen Mitglied.
- Ein Teammitglied hat Probleme mit dem gesamten Team.
- Der Konflikt besteht zwischen mehreren Teammitgliedern.
- Das Team als Ganzes trägt einen Konflikt mit einem anderen Team aus.
- Das gesamte Team oder ein einzelnes Teammitglied erlebt einen Konflikt mit einem Außenstehenden, z. B. mit einem Kunden.

Unabhängig von der Art des Konfliktes kann das folgende Verfahren zur Konfliktlösung nützlich sein:

- **1. Schritt:** Mut haben, den existierenden Konflikt zu benennen. Teams arbeiten am besten, wenn sich alle verpflichten, Konfliktsituationen anzuerkennen und gemeinsame Lösungen zu finden.
- **2. Schritt:** Eine gemeinsame Grundlage für die Konfliktlösung finden. Wenn sich alle Teammitglieder dem Hauptziel verpflichten, die Kundenwünsche optimal zu erfüllen, sollten sie gewillt sein, Probleme anzugehen, die das Erreichen des Zieles bedrohen.
- **3. Schritt:** Versuchen den Konflikt aus dem Blickwinkel anderer zu verstehen. Es ist wichtig, sich die Konfliktsituation vor Augen zu führen, um evtl. den Anderen besser zu verstehen.

- **4. Schritt:** Zur Konfliktlösung das Problem und nicht andere Teammitglieder angreifen. Es geht nicht darum, aus einem Konflikt als Sieger hervorzugehen, sondern der Konflikt soll zur Zufriedenheit aller gelöst werden.
- **5. Schritt:** Einen Aktionsplan entwickeln. Der letzte Schritt besteht darin, festzulegen, was die einzelnen Teammitglieder tun, um das Problem zu lösen.

3.2 Problemlösungsmethoden

Die Kommunikation im Team erfordert neue Methoden. Die traditionelle Besprechung im Sinne von „Einer redet, alle anderen hören zu“, ist nicht mehr gefragt. Eine Beteiligung aller Teammitglieder am Lösungsprozess bringt mehr Ideen, mehr Vorschläge und bessere Lösungen, als von einer Person geleistet werden kann. Alle Teammitglieder werden aktiv an der Problemlösung beteiligt. Um eine aktive Beteiligung zu erreichen, setzt man Problemlösungsmethoden ein, bei denen das Gesagte bildhaft dargestellt (visualisiert) wird.

Brainstorming

Brainstorming ist das Sammeln von spontanen Ideen zur Lösung eines Problems.

Arbeitsweise:

- Wahl eines Moderators (neutraler Leiter).
- Moderator erklärt Spielregeln:
  - Jede Idee wird zugelassen
  - Keine Kritik oder Bewertung von Beiträgen
  - Alle Ideen, auch unsinnige, werden aufgeschrieben
  - Ideen anderer werden aufgegriffen und weiterentwickelt
- Ideen werden vom Moderator gesammelt (10 bis 15 Minuten) und von ihm an eine Pinnwand geheftet.
- Anschließend werden die Ideen unter Oberbegriffe geordnet, auf ihre Verwertbarkeit geprüft und nach ihrer Bedeutung in eine Reihenfolge gebracht.

Beispiel: Das Abblendlicht brennt nicht

Von den Teammitgliedern werden Ursachen genannt (Ideen):

- Batterie ist leer
- Lampe ist durchgebrannt
- Fahrer hat Schalter falsch bedient
- Fahrer hat keine Wartung durchgeführt
- Leitungen sind unterbrochen
- Kontakte im Schalter sind korrodiert
- Lampen sitzen locker
- Sicherung ist durchgebrannt oder locker

Übersichtsplan

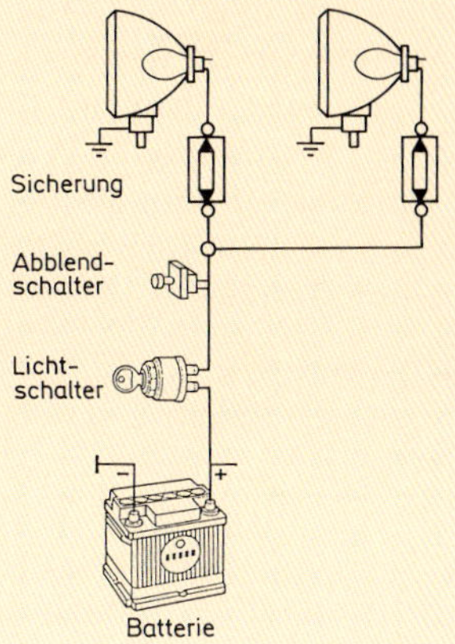

Die Teammitglieder ordnen die oben genannten Ursachen den Oberbegriffen zu. Das hieraus abgeleitete Ergebnis dient als Arbeits- und Entscheidungsgrundlage für das weitere Vorgehen. Brainstorming wird häufig im Vorfeld des Ursache-Wirkungs-Diagramms bzw. von Mind-Maps verwendet.

Ursache-Wirkungs-Diagramm (Ishikawa-Diagramm)

Mithilfe des Ursache-Wirkungs-Diagramms (UWD), auch nach seinem Erfinder Ishikawa-Diagramm genannt, lassen sich die verschiedenen Einflussgrößen bzw. Ursachen eines Problems geordnet und anschaulich darstellen. Es eignet sich auch bei der Suche nach Voraussetzungen zur Erreichung eines Zieles. Ein Ziel ist z. B. festzustellen, welche Ursachen dazu führen, dass das Abblendlicht nicht brennt. Hierzu werden mögliche Hauptursachen festgelegt. Diese lassen sich dann in Einzelursachen unterteilen. Die Erstellung eines UWD ist am wirkungsvollsten, wenn sie im Team erfolgt.

Arbeitsweise:
- Problem festlegen
- Mögliche Ursachen sammeln (Brainstorming)
- Hauptursachen zuordnen
- UWD mit Hauptursachen zeichnen
- Einzelursachen zuordnen
- Evtl. Gewichtung der Einzelursachen durchführen

Beispiel: Das Abblendlicht brennt nicht

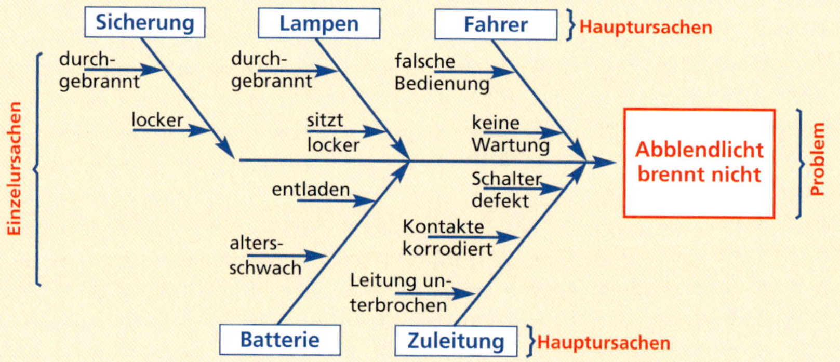

Mind-Map

Mind-Maps sind bildhafte Darstellungen von Gedankengängen und dienen der Strukturierung von Sachverhalten. Überblicke, Zusammenhänge oder Faktensammlungen erhalten im Mind-Map ein Gefüge und stehen als Protokoll und Ausgangspunkt für weitere Handlungen zur Verfügung.
Es eignet sich gut für die Ideenfindung einer Einzelperson, aber auch als Protokollierverfahren für eine Gruppe.

Arbeitsweise:
- Das Kernthema bzw. die Aufgabenstellung wird in die Mitte eines Blattes (Pinnwand, Tafel, Flip-Chart) geschrieben.
- Vom Zentrum gehen Äste aus, die eine Grobgliederung des Themas darstellen.
- Die Hauptäste verzweigen wiederum in Zweige und Nebenzweige. Sie stellen eine weitere Unterteilung bis zur Detailinformation dar.
- Die Äste und Zweige werden mit entsprechenden Stichworten versehen.

Beispiel: Das Abblendlicht brennt nicht

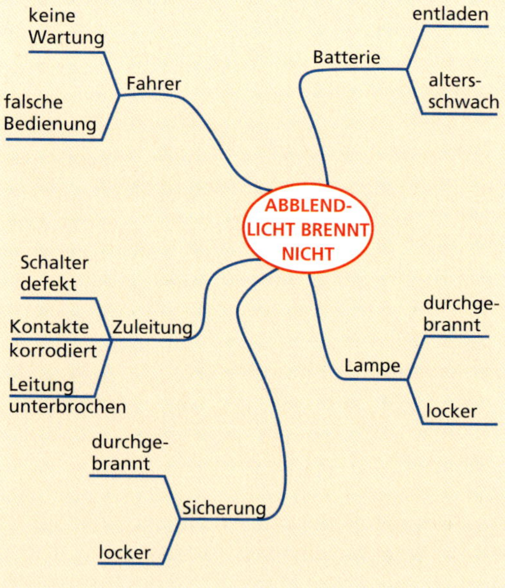

Programmablaufplan

Der Programmablaufplan ist eine bildliche Darstellung von aufeinanderfolgenden Schritten zur Beschreibung eines Arbeitsablaufes.
Von einem Startpunkt werden alle Schritte durch Symbole bis zum Endpunkt festgelegt:

Arbeitsaufgabe (Start und Ende)

Arbeitsprozess

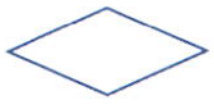
Entscheidung, ob in Ordnung (i. O.) mit „ja" oder „nein". Bei „ja" geht es weiter in Flussrichtung, bei „nein" gibt es eine Abzweigung entweder mit Rückkopplung zu einem davorliegenden Arbeitsschritt oder nach einem weiteren Arbeitsprozess in Flussrichtung weiter.

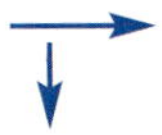
Die Flusslinien geben die Richtung an

Wiederholungsschritte:

Bedienungsprüfung vor der Verarbeitung (kopfgesteuerte Schleife)

oder:

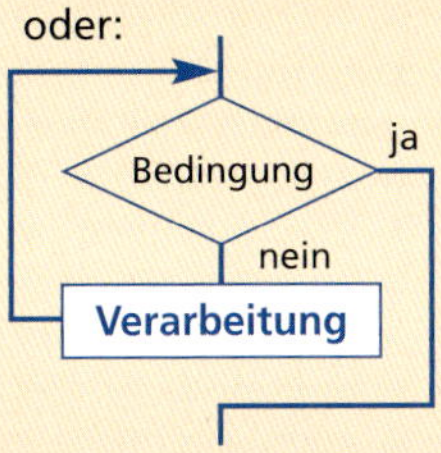

Die Verarbeitung wird wiederholt, solange die Bedingung z. B. nicht erfüllt ist (nein).
Ist die Bedingung schon bei der ersten Abfrage erfüllt (ja), erfolgt keine Verarbeitung.

Bedienungsprüfung nach der Verarbeitung (fußgesteuerte Schleife)

oder:

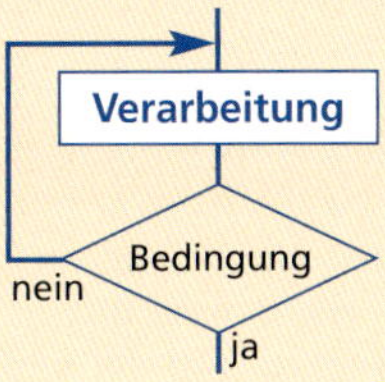

Die Verarbeitung wird wiederholt, solange die Bedingung z. B. nicht erfüllt ist (nein).
Ist die Bedingung schon vor der ersten Verarbeitung erfüllt (ja), erfolgt die Verarbeitung trotzdem.

Verzweigung: bedingte Verarbeitung

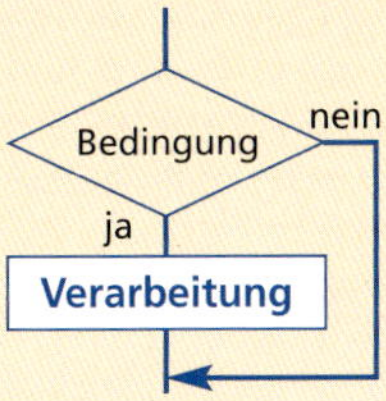

Die Verarbeitung erfolgt in diesem Beispiel nur, wenn die Bedingung erfüllt ist (ja).

Beispiel: Fehlersuche mit einem Spannungsmesser (Multimeter) in einer Beleuchtungsanlage

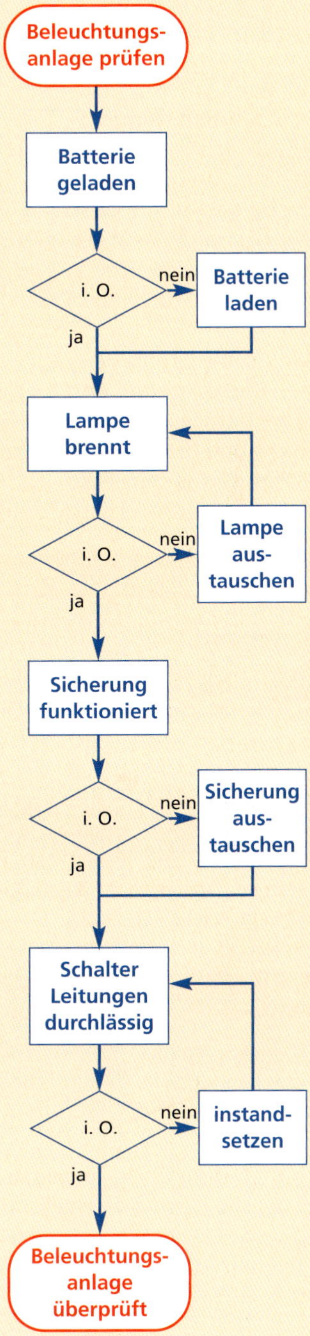

3.3 Präsentation der Ergebnisse

Die Arbeitsergebnisse der Teamarbeit werden den internen Kunden im Rahmen einer Präsentation vorgestellt.
Jede Präsentation setzt sich aus drei Phasen zusammen:

Vorbereitung

1. **Genaue Zielformulierung:** Durchführung des Wartungsauftrages
2. **Zielgruppe:** Interne Kunden (Werkstattmeister, Kundendienstberater, Klassenkameraden)
3. **Inhaltliche Vorbereitung:**
   - Auswahl der für die Präsentation in Frage kommenden Inhalte
   - Reduzieren der ausgewählten Inhalte auf das Wesentliche
   - Sachliche und systematische Gliederung der Inhalte. Die Gliederungspunkte müssen einen Zusammenhang zum Gesamtziel des Vortrages haben.
   - Auswahl der optischen Darstellung
     Eine wichtige Stütze der Präsentation ist die optische Darstellung, auch Visualisierung genannt.
     Durch Visualisierung werden Sachaussagen, Funktionen, Prozesse in Form von Bildern, grafischen Darstellungen und Texten sichtbar gemacht. Hierdurch wird die Aufmerksamkeit der Zuhörer gefördert, die Informationen werden leichter fassbar, das Wesentliche wird verdeutlicht und die Redezeit verkürzt. Zur Visualisierung kann man die unten dargestellten Informationsträger einsetzen.
   - Ein Präsentationsmanuskript erarbeiten, in dem der Ablauf für den Vortragenden festgelegt ist.

Pinnwand und Papier

Die Pinnwand besteht aus einer Weichfaserplatte, auf der Papierbögen mit Stecknadeln befestigt werden können. Die Pinnwand ist meist 1,25 m x 1,5 m groß und bietet vielfältige Möglichkeiten der Darstellung. Die Darstellungen werden meist erst während der Teamarbeit oder eines Vortrages entwickelt.

Flip-Chart

Ein Flip-Chart besteht aus dem Ständer und einem Schreibblock (0,7 m x 1 m), auf dem die Ergebnisse einer Teamarbeit notiert, skizziert oder grafisch dargestellt werden können. Die Darstellungen werden häufig erst während der Teamarbeit entwickelt. Flip-Charts haben den Vorteil, dass auch beschriebene Blätter durch Zurückblättern wieder zur Verfügung stehen.

Overhead-Projektor

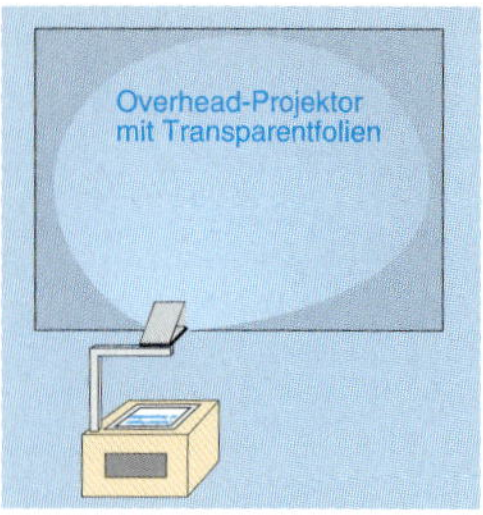

Mit dem Overhead-Projektor können Abbildungen, Zeichnungen, Pläne usw. vorbereitet und projiziert werden. Hierzu müssen die Informationen mit Folienstiften oder durch Kopieren auf eine Folie übertragen werden. Durch Abdecken und Übereinanderlegen der Folien ergeben sich interessante Darstellungsmöglichkeiten.

PC und Beamer

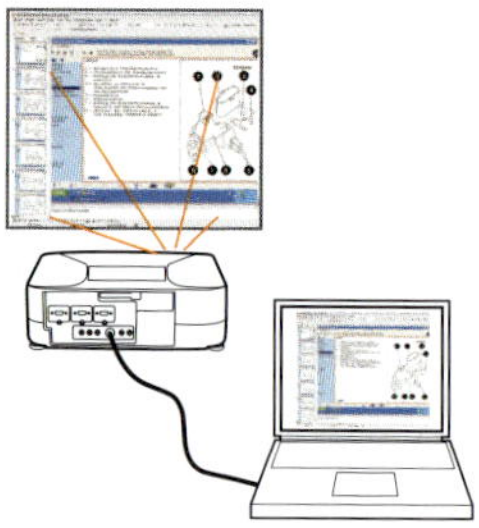

Mit dem PC lassen sich Power-Pointdateien erstellen, die mit einem Beamer (Digitalprojektor) auf Leinwände projiziert werden können. So können Präsentationen gut vorbereitet und untermalt werden.

2. Phase: Durchführung der Präsentation

Bei der Durchführung der Präsentation sollten einige Punkte beachtet werden:

Grundbedingungen für gute Verständlichkeit

- Sprechen Sie möglichst frei.
- Sprechen Sie laut und deutlich und nicht zu schnell.
- Verwenden Sie kurze, unverschachtelte Sätze.
- Verwenden Sie den normalen Wortschatz.
- Zeigen Sie freundliche und offene Mimik.
- Nutzen Sie die Gestik zum Unterstreichen von Sätzen, Gegenständen und zum Unterstreichen des Gesagten.
- Stehen Sie ruhig und schaukeln bzw. wippen nicht.
- Spielen Sie nicht mit Gegenständen.
- Nehmen Sie Blickkontakt zu den Zuhörern auf.
- Sprechen Sie immer den Zuhörern zugewandt und nicht zum Medium.
- Bieten Sie die Möglichkeit, Fragen zu stellen.
- Nutzen Sie die visuellen Hilfsmittel.

3. Phase: Nachbereitung

Bei der Nachbereitung sollten folgende Fragen gestellt werden:

- Ist das Ziel erreicht worden?
- War die Präsentationsart der Zielgruppe angepasst?
- Welche Rückmeldungen haben die Zuhörer gegeben?
- War die Organisation, der Medieneinsatz gelungen?
- Wie kann die nächste Präsentation verbessert werden?

3.4 Informationsbeschaffung

3.4.1 Checklisten und Werkstatthandbücher

Zur Wartung, Inspektion und Instandsetzung eines Fahrzeugs benötigt der Kfz-Mechatroniker umfassende Unterlagen.

Die sorgfältige und ständige Beachtung der Vorgaben der Hersteller ist Voraussetzung für die Erhaltung der Verkehrs- und Betriebssicherheit der Fahrzeuge. Neben den Grundinformationen durch Fachbücher gibt es eine Vielzahl von Informationssystemen der Automobilhersteller, der Komponenten- und Systemlieferanten, der Hersteller der Betriebs- und Hilfsstoffe und Organisationen aus dem Kfz-Bereich.

Wartungs-Checkliste

Die Wartungs-Checkliste enthält alle Prüfpunkte, die bei einer Wartung zu berücksichtigen sind. Voraussetzung für einen 100 %-igen Wartungsservice ist die sorgfältige Erledigung aller Prüfpositionen. Für die Wartungsarbeit gilt:

- Abarbeiten
- Abhaken
- Abzeichnen

Wer Arbeitsschritt für Arbeitsschritt vorgeht, vermeidet Fehler.

Fortsetzung Inspektions Service

		Motorraum	i. O.	i. O.	behoben
♦		Kühlsystem, Kühlmittelstand und Frostschutzprüfen/Sollwert: – 25 °C, Istwert (gemessener Wert): ____ °C			
♦		Staub- u. Pollenfilter: Filtereinsatz ersetzen (bei Sharan zusätzlich Wasserkästen reinigen)			
	♦	Zahnriemen ersetzen: Mkb.-AHH, ALH mit Automatikgetriebe, AJM Modelljahr 2000 (Y)*, ANU*, AUY (nur Sharan)* * zusätzlich Spannrolle für Zahnriemen ersetzen/Zusatzarbeit!			
→	→	Zahnriemen ersetzen: Mkb, AFN, AGP, AGR, AHF, AHU, AOM, ASV, AVG, ALH mit Schaltgetriebe, AJM 2001 ➤ (1 ➤)*), ARL*), ASZ*), ATD*), ATJ*), AUY (nicht Sharan)*), AVB*), AVF*) * zusätzlich Spannrolle für Zahnriemen ersetzen/gesamte Position Zusatzarbeit alle 90 000 km			
→	→	Zahnriemen für Nockenwellenantrieb und Zahnriemen für Einspritzpumpe ersetzen (V6 TDI)/Zusatzarbeit alle 120 000 km			
♦		Zahnriemen für Nockenwellenantrieb und Einspritzpumpe: Zustand prüfen (V6 TDI)			
♦		Zahnriemen und Spannrolle für Nockenwellenantrieb: Prüfen (Mkb, AHH, ALH mit Automatikgetriebe)			
♦		Zahnriemen: Verschleiß prüfen (4 Zyl.-TDI/SDI Motoren Modelljahr 2000)			
→	→	Luftfilter: Gehäuse reinigen und Filtereinsatz ersetzen (Golf, Bora, New Beetle alle 4 Jahre* oder alle 60 000 km, Passat alle 2 Jahre* oder alle 60 000 km*, Sharan alle 3 Jahre* oder alle 90 000 km* * je nachdem, was zuerst eintritt			
♦		Kraftstofffilter: Ersetzen (V6 TDI)			
	♦	Kraftstofffilter: Ersetzen (4-Zylinder-Motoren)			
♦		Kraftstofffilter: Entwässern (4-Zylinder-Motoren)			
	♦	Kurbelgehäusedruck prüfen (V6 TDI) Mkb. AFB bis Morot-Nr. 154 591, AKN bis Motor-Nr. 031 889			
	♦	Automatisches Getriebe: ATF-Stand prüfen			
	♦	Servolenkung: Ölstand prüfen			
→	→	Bremsflüssigkeit alle 2 Jahre wechseln/Zusatzarbeit!			

Werkstatthandbücher

Werkstatthandbücher der Automobilhersteller enthalten alle Service- und Reparaturanleitungen, die zur Wartung, Inspektion und Instandsetzung erforderlich sind:

- Arbeitsschritte
- Werkzeuge
- Ersatzteile
- Betriebsmittel
- Hilfsmittel

Neben dem Informationsmaterial der Automobilhersteller gibt es Verlage, die Reparaturanleitungen herausgeben. Die Werkstatthandbücher werden allerdings immer mehr durch elektronische Informationssysteme verdrängt.

Fehlerspeicher aller Systeme mit dem Fehlerauslesegerät V.A.B 1551 abfragen:

Benötigte Spezialwerkzeuge, Prüf- und Messgeräte sowie Hilfsmittel

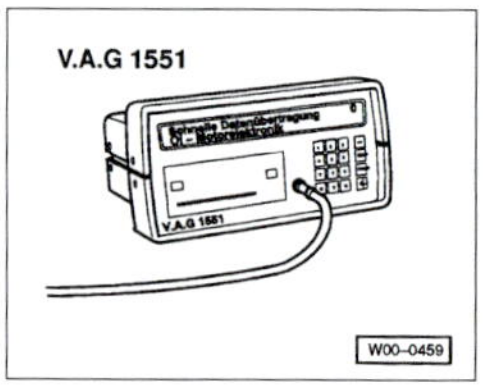

V.A.G 1551
Fehlerauslesegerät

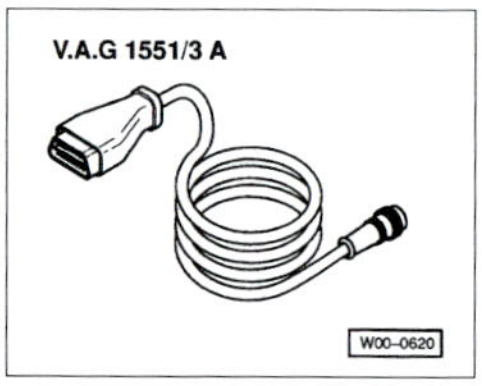

V.A.G 1551/3 A
Adapterkabel

Führen Sie bitte folgenden Arbeitsablauf durch:

Fehlerauslesgerät V.A.G 1551 anschließen

- Handbremse anziehen.
- Automatisches Getriebe: Wählhebel in Stellung „P" oder „N" bringen.
- Schaltgetriebe: Schalthebel in Leerlaufstellung.

Schließen Sie bitte das V.A.G 1551 bei ausgeschalteter Zündung wie folgt an:

- Abdeckung –1– des Diagnoseanschlusses über dem Ascher öffnen.
- Fehlerauslesegerät V.A.G 1551 bei ausgeschalteter Zündung mit Adapterkabel V.A.G 1551/3 A anschließen.

Fehlerspeicher abfragen:

- Motor anlassen und im Leerlauf laufen lassen.
- Drucker mit der Print-Taste einschalten (Kontrolllampe in der Taste leuchtet).
- Anzeige am Display
- Taste 1 für die Betriebsart „Schnelle Datenübertragung" drücken.

3.4.2 Werkstatt-Informationssysteme

Werkstatt-Informationssystem (ESItronic der Firma Bosch)

Das Informationssystem ermöglicht über eine bedienerfreundliche Oberfläche einen einfachen und schnellen Zugriff auf alle Informationen. Es ist auf jedem PC anwendbar und enthält u. a.

- Informationen zur Fahrzeug-Identifizierung
- Ausrüstung
- werkstattgerechte Fehlersuchanleitungen mit der Möglichkeit zur abgestimmten Fahrzeugdiagnose mit den Testgeräten
- Technische Fahrzeugdaten, z. B. Radeinstelldaten, Wartungspläne, Daten und Informationen zum Zahnriemenwechsel.

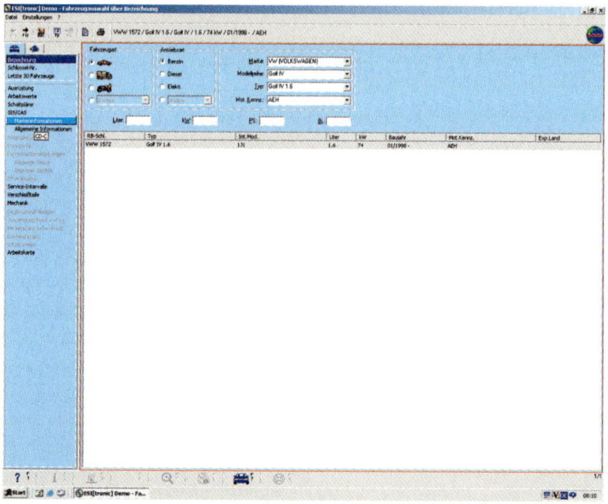

Werkstatt-Informationssysteme der Volkswagen AG

VW: www.erwin.volkswagen.de
Fahrzeugbezogene Dokumente mit Reparaturleitfäden, Technische Merkblätter, Stromlaufpläne, modellbezogene Dokumente mit Instandhaltungs- und Wartungsvorschriften, Karosserie-Instandsetzung, Arbeitspositionen zur Kalkulation der Reparaturleistungen. Weitere Dokumente mit Selbststudienprogrammen, Abgasuntersuchung.

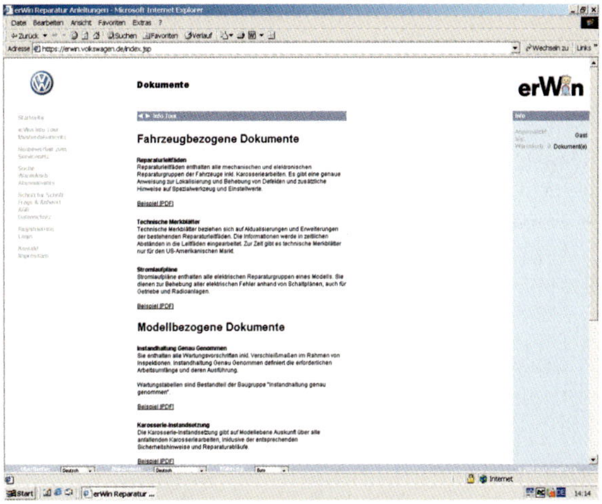

3.4.3 Internet

Das Internet bietet dem Nutzer eine umfassende Möglichkeit der Informationsbeschaffung.

Suchen im Internet über Suchmaschinen

Bei bekannten Adressen wird die Domain-Adresse in die Adressleiste des Browsers eingetragen und die Eintragung mit der Eingabetaste bestätigt. Die gesuchte Homepage erscheint.

Wenn die Adressen nicht bekannt sind, kann sich die Suche nach Informationen sehr mühsam gestalten. Das Internet ist eine chaotische Sammlung von unterschiedlichen Informationen. Hier helfen Suchmaschinen, die das WWW Tag und Nacht selbstständig durchsuchen und die Suchergebnisse in einer Datenbank speichern. Auf diese Datenbank kann der Anwender über die Homepage der Suchmaschine zugreifen. Hierzu gibt er Begriffe ein und erhält nach einer kurzen Wartezeit die Adressen der passenden Webseiten.

Suchen mit Suchmaschinen

Suchmaschinen: Google: www.google.de, Yahoo: www.yahoo.de, Lycos: www.lycos.de, Altavista: www.altavista.de, Fireball: www.fireball.de, Dino: www.dino.de, Web: www.web.de

Um Informationen z. B. über die Straßenverkehrsordnung zu erhalten, sind folgende Schritte erforderlich:

- Herstellen einer Internetverbindung.
- Eingabe der Adresse, z. B. www.google.de.
- Bestätigen der Eingabe mit der Eingabetaste.
- Es erscheint die Homepage von Google.
- Eingabe des Begriffs „Straßenverkehrsordnung" in das Eingabefeld und auf „Suchen" klicken.
- Es erscheint die Anzeige der gefundenen Dokumente mit entsprechenden Beschreibungen.
- Die ersten 10 Dokumente werden angezeigt.
- Durch Anklicken von „Straßenverkehrszulassungsordnung (StVZO)" erscheint die Homepage von „Verkehrportal.de"
- Auf der Startseite befindet sich das Inhaltsverzeichnis der StVZO. Durch Anklicken des entsprechenden Paragrafen ist der Gesetzestext sichtbar.

Suchen mit Suchmaschinen

Fortsetzung

Häufig findet die Suchmaschine Tausende von Treffern. Dann ist es sinnvoll durch Eingabe von Verknüpfungen genauere Angaben zu machen: Und: +, and; Oder: or; Nicht: -, not.

Es werden Informationen zu Schmierstoffen gesucht:

- Eingabe: Schmierstoffe
  Ergebnis bei Yahoo: 21 100 Treffer
- Eingabe: Schmierstoffe+Motor
  Ergebnis bei Yahoo: 2 250 Treffer
- Eingabe: Schmierstoffe+Motor+Leichtlauföl
  Ergebnis bei Yahoo: 31 Treffer

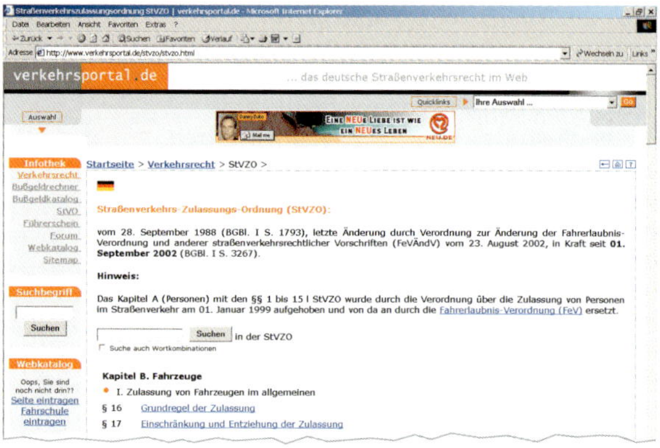

Webangebote von Unternehmen aufrufen

Homepage, Webseiten, Links

Die Homepage ist die Startseite, die erscheint, wenn ein Unternehmen im Internet besucht wird. Sie ist immer die erste Seite eines Internetangebots. Alle anderen Seiten des Internetangebots sind die Webseiten. Sie enthalten Daten und Informationen, die das Unternehmen (oder Privatpersonen) dem Nutzer zur Verfügung stellen.
Webseiten, die thematisch zusammengehören, bilden eine Website.

Die Webseiten sind über Links verbunden. Links verbergen sich hinter unterschiedlichen Elementen: Bildern, Grafiken, Text in einer anderen Farbe oder unterstrichen oder durch den Hinweis „weiter" bzw. „oder mehr" usw.

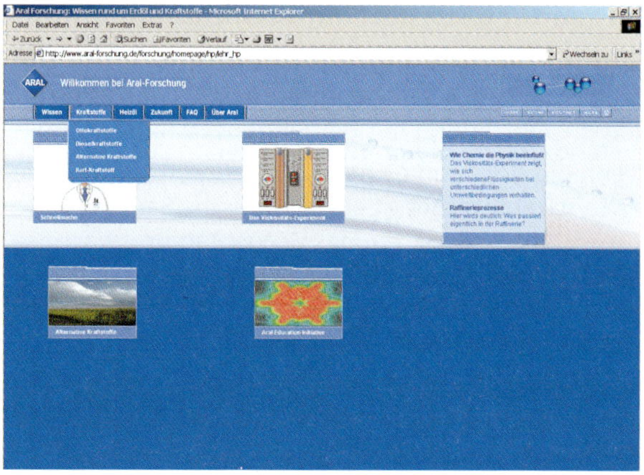

Links sind daran zu erkennen, dass sich der Mauszeiger in eine zeigende Hand mit ausgestrecktem Finger ändert, wenn er auf dem Link steht. Um Links auf einer Start- oder Webseite zu erkennen, gibt es folgende Möglichkeiten:

- Über Bilder mit dem Mauszeiger fahren.
- Den Mauszeiger über einen Text bewegen.
- Den Mauszeiger am Ende eines Textes auf „mehr" ziehen.
- Werbebanner am oberen oder unteren Rand einer Internetseite sind häufig Links.

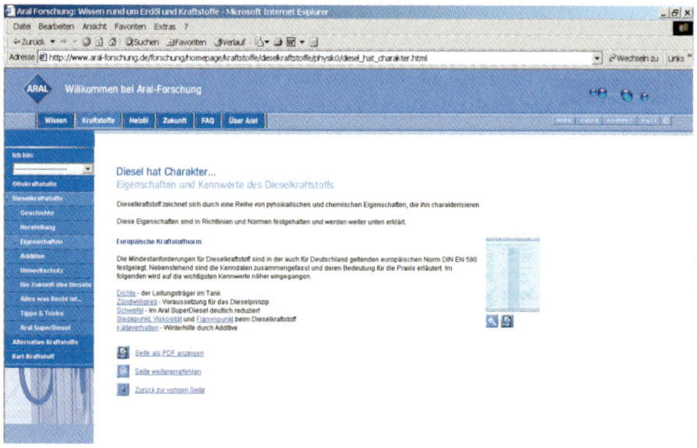

4 Betrieblicher Umweltschutz, Arbeitsschutz

4.1 Gesetzliche Vorgaben für den Kfz-Betrieb

Der Kfz-Betrieb und seine Mitarbeiter spielen beim Umweltschutz eine wesentliche Rolle. Der Betrieb ist zuständig für:

- Umweltschutz am Auto, durch Abgasuntersuchung und umweltorientierte Wartungs- und Instandsetzungsarbeiten.
- Betrieblichen Umweltschutz, der sich auf Gefahrstoffe, Abwasser, Lärmminderung, Entsorgung von Gefahrstoffen bezieht.
- Arbeitsschutz, der eng mit dem Umweltschutz verzahnt ist.

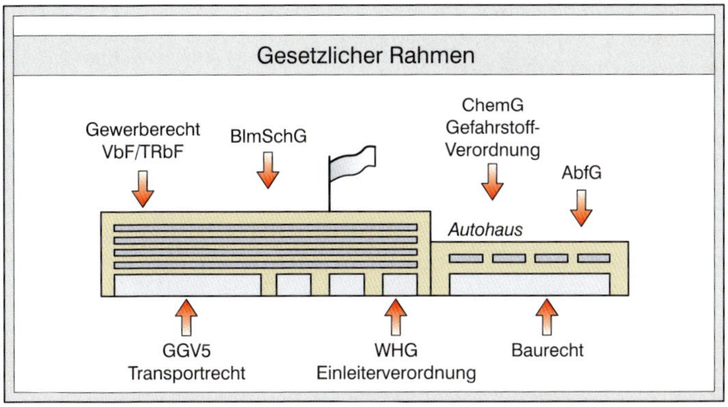

Jeder Kfz-Betrieb hat daher eine Vielzahl von gesetzlichen Vorgaben im Rahmen des Umwelt- und Arbeitsschutzes zu beachten.

- Bundes-Immissionsschutzgesetz (BImSchG)
  Gesetz zum Schutz der Natur und Umwelt vor schädlichen Umwelteinwirkungen durch Luftverunreinigung, Lärm, Erschütterungen und ähnliche Vorgänge.
- Gefahrstoffverordnung (GefStoffV)
  Sie soll den Menschen vor arbeitsbedingten und sonstigen Gesundheitsgefahren, die Umwelt vor stoffbedingten Schädigungen schützen.
- Kreislaufwirtschafts- und Abfallgesetz (KrW/AbfG)
  Das Gesetz fordert die Kreislaufwirtschaft auf, natürliche Vorkommen zu schonen und Abfälle umweltverträglich zu beseitigen.
- Wasserhaushaltsgesetz (WHG)
  Es dient dem Schutz vor Verunreinigungen und dem sparsamen Umgang mit Wasser. Landeswassergesetze und Verordnungen enthalten Vorschriften über Anlagen zum Umgang mit wassergefährdenden Stoffen.
- Verordnung über brennbare Flüssigkeiten (VbF)
  Sie gilt für die Lagerung und Abfüllung brennbarer Flüssigkeiten.
- Technische Regeln für brennbare Flüssigkeiten (TRbF)
  Sie enthalten sicherheitstechnische Anforderungen für den Umgang mit brennbaren Stoffen.
- Sprengstoffgesetz
  Das Gesetz regelt den Umgang, Lagerung und Entsorgung von Airbag- und Gurtstraffereinheiten.

Diese Gesetze und Verordnungen sind vom Kfz-Betrieb vor Ort umzusetzen und einzuhalten. Jeder einzelne Mitarbeiter ist ebenfalls in die Pflicht genommen, sich exakt an die geltenden Vorschriften zu halten. Im Folgenden werden einige Gesetze kurz kommentiert.

4.2 Kreislaufwirtschafts- und Abfallgesetz

Kreislaufwirtschafts- und Abfallgesetz (KrW/AbfG) (Auszug)

Zweck des Gesetzes

Zweck des Gesetzes ist
- die Förderung der Kreislaufwirtschaft (Recyclingfirmen) zur Schonung der natürlichen Ressourcen,
- Sicherung der umweltverträglichen Beseitigung von Abfällen.

Die Vorschriften gelten für
- die Vermeidung,
- die Verwertung,
- die Beseitigung von Abfällen.

Abfälle

Abfälle sind nach dem Gesetz
- in erster Linie zu vermeiden,
- in zweiter Linie stofflich zu verwerten oder zur Gewinnung von Energie zu nutzen.

Abfälle, die sich nicht vermeiden oder ordnungsgemäß verwerten lassen, sind umweltverträglich zu beseitigen.

Abfälle sind nach dem Gesetzt unterteilt in
- besonders überwachungsbedürftige Abfälle ❶,
- überwachungsbedürftige Abfälle ❷,
- überwachungsbedürftige Abfälle zur Beseitigung ❸,
- nicht überwachungsbedürftige Abfälle zur Verwertung ❹.

Zuordnung der Abfallstoffe im Kfz-Betrieb

Abfälle	Überwachungsverfahren			
	❶	❷	❸	❹
Altbatterien	•			
Altöl	•			
Batteriesäure	•			
Bremsflüssigkeit	•			
Dichtungen				•
Kaltreiniger	•			
Keilriemen				•
Kraftstoffe, verunreinigt	•			
Kraftstofffilter	•			
Kühlmittel	•			

Abfälle	Überwachungsverfahren			
	❶	❷	❸	❹
Lacke	•			
Luftfilter				•
Ölbinder, gebraucht			•	•
Ölfilter	•			
Papier, Kartonagen				•
Putzlappen	•			
Reifen		•		
Reinigungsmittel	•			
Waschbenzin		•		
Wischergummi				•

Konsequenzen für den Betrieb

Oberste Grundsätze sind:

1. Vermeiden
- Optimaler Einsatz umweltfreundlicher Betriebs- und Hilfsstoffe,
- Mitarbeiter an eine vermeidungsorientierte Einstellung heranführen.

2. Verwerten
- Der Kfz-Betrieb kann nicht selbst verwerten, sondern muss durch Sammeln, Sortieren, Lagern die Abfallstoffe einem Recycling-Betrieb zuführen, der die Abfallstoffe verwertet.

Die Entsorgung beginnt mit der getrennten Sammlung der Abfälle im Betrieb. Die Sammelbehälter, farblich unterschiedlich und mit Aufklebern versehen, erleichtern den Mitarbeitern die getrennte sortenreine Sammlung.
Für eine ordnungsgemäße Entsorgung ist der Abfallerzeuger, der Kfz-Betrieb, verantwortlich und haftet entsprechend

Konsequenzen für die Mitarbeiter

Die Mitarbeiter des Kfz-Betriebes müssen ein vermeidungsorientiertes Verhalten akzeptieren und anstreben.

Sie müssen:
- Abfälle möglichst vermeiden.
- Sorgfältig mit den Betriebsstoffen umgehen, z. B.
  - Altöl sorgfältig auffangen,
  - Altöl, Kühlerflüssigkeit, Bremsflüssigkeit nicht verschütten,
  - verschüttete Flüssigkeiten sofort beseitigen.
- Die o. a. Flüssigkeiten getrennt in die entsprechenden Sammelbehälter entsorgen.
- Grundsätzlich Mülltrennung durchführen.
- Gebinde gut verschließen, damit nichts verschüttet werden kann bzw. keine Dämpfe in die Luft gelangen.

4.3 Gefahrstoffverordnung

Gefahrstoffverordnung (GefStoffV) (Auszug)

Die Gefahrstoffverordnung soll den Menschen vor arbeitsbedingten und sonstigen Gesundheitsgefahren und die Umwelt vor stoffbedingten Schädigungen schützen.
Gefahrstoffe sind mit einem Symbol sowie mit standardisierten R-Sätzen (R = Risiko), S-Sätzen (S = Sicherheitsratschläge) und E-Sätzen (E = Entsorgung) gekennzeichnet, die auf den Verpackungen der Gefahrstoffe angegeben werden müssen.

R-Sätze (Auszug)
- R 10 Entzündlich
- R 16 Explosionsgefährlich in Mischung mit brennbaren Stoffen
- R 20 Gesundheitsschädlich beim Einatmen
- R 21 Gesundheitsschädlich bei Berührung mit der Haut
- R 22 Gesundheitsschädlich beim Verschlucken
- R 23 Giftig beim Einatmen
- R 24 Giftig bei Berührung mit der Haut
- R 25 Giftig beim Verschlucken
- R 35 Verursacht schwere Verätzungen
- R 36 Reizt die Augen
- R 45 Kann Krebs erzeugen

S-Sätze (Auszug)
- S 1 Unter Verschluss aufbewahren
- S 2 Darf nicht in die Hände von Kindern gelangen
- S 3 Kühl aufbewahren
- S 7 Behälter dicht geschlossen halten
- S 8 Behälter trocken halten
- S 15 Vor Hitze schützen
- S 20 Bei der Arbeit nicht essen und trinken

E-Sätze (Auszug)
- E 1 Verdünnen, in den Ausguss geben
- E 3 In den Hausmüll geben
- E 8 Der Sondermüllbeseitigung zuführen
- E 12 Nicht in die Kanalisation gelangen lassen

Gefahrensymbole und Kennzeichnung gefährlicher Stoffe

Gefahrstoffe im Kfz-Bereich

Abfallbezeichnung	Gefahrklasse nach VbF	Wassergefährdungsklasse nach VwVwS	Gefahrstoffkennzeichnung nach: GefStoffV
Akku-Säure	–	WGK 1	C
Altfarben, Altlacke	A II–A III (je nach Inhalt)	WGK 2	F, Xn
Altöl bekannter Herkunft	A III	WGK 3	F, Xn
Altöl unbekannter Herkunft	A I	WGK 3	F+, Xn
Altreifen	–	–	–
Autobatterien	–	WGK 1	C
Betriebsmittel, ölverschmutzt	A I–A III (je nach Inhalt)	WGK 3	F, Xn
Bremsflüssigkeit	–	WGK 1–2	Xn
Kaltreiniger, halogenfrei	A I–A III (je nach Inhalt)	WGK 2–3 (je nach Inhalt)	F, Xn
Kraftstoffe, verunreinigt	A I	WGK 2–3 (je nach Inhalt)	F+, T
Kühlflüssigkeit	–	WGK 1	Xn
Lösemittelgemische	A I–A III (je nach Inhalt)	WGK 2–3 (je nach Zusammensetzung)	F+, Xn
Nitroverdünner	A II	WGK 2	F, Xn
Ölbinder, verbraucht	–	WGK 3	O
Ölfilter	A III	WGK 3	F+, Xn
Trockenbatterien	–	WGK 2	Xn
Waschbenzin	A I	WGK 2	F+, Xn

VbF: Verordnung über brennbare Flüssigkeiten
VwVwS: Verwaltungsvorschrift wassergefährdende Stoffe
GefStoffV: Gefahrstoffverordnung

Gefahrstoffe im Kfz-Bereich

Fortsetzung

Sicherheitsdatenblatt

Die Gefahrstoffverordnung schreibt dem Lieferanten eines Gefahrstoffes vor, dass er dem gewerblichen Abnehmer ein Sicherheitsdatenblatt übermittelt.
Hierin sind u. a. Daten/Vorschriften/Hinweise für Inverkehrbringen/Umgang nach Gefahrstoffrecht/Befördern nach Gefahrgutrecht und Lagerung brennbarer Flüssigkeiten aufgeführt.

ARAL	Aral-Sicherheitsdatenblatt gemäß 91/155/EWG **SDB 1001**	Datenblatt-Nr. 1001. 006 Ausgabe 06 vom 12. 09. 2002 Druckdatum: 17. 09. 2002 Seite 2 von 7 Seiten

4.4 **Nach Augenkontakt:** Gründlich mit Wasser ausspülen. Arzt konsultieren.

4.5 **Nach Verschlucken:** Auf keinen Fall Erbrechen hervorrufen, da dabei flüssiger Kraftstoff in die Lunge gelanen kann (Aspiration). Eine erbrechende, auf dem Rücken liegende Person auf die Seite wenden. Sofort Arzt zu Rate ziehen. Bei größeren Mengen: Möglichkeit der Methanolintoxikation (anteilig max. 3 v. H. der Aufnahmemenge).

4.6 **Hinweise für den Arzt:** Symptome: Folgende Symptome können auftreten: Bewusstlosigkeit, Atemnot, Kopfschmerzen, Übelkeit, Benommenheit, Schwindel, Magen-Darm-Beschwerden.
Gefahren: Gefahr von Kreislaufkollaps. Gefahr von Atemstörungen. Die größte potenzielle Gefahr für die Gesundheit ist jedoch eine schwere, potenziell tödliche Lungengewebsschädigung durch Aspiration auch kleiner Benzinmengen.
Behandlung: Symptomatisch behandeln; ggf. Sauerstoffbeatmung. Magenspülungen dürfen nur nach vorheriger Intubation durchgeführt werden.

5. **Maßnahme zur Brandbekämpfung**

5.1 **Geeignete Löschmittel:** Schaum; Kohlendioxid; Trockenlöschmittel; Wassernebel.

5.2 **Aus Sicherheitsgründen ungeeignete Löschmittel:** Wasser, niemals scharfen Wasserstrahl verwenden.

5.3 **Besondere Gefährdung durch den Stoff, seine Verbrennungsprodukte oder entstehende Gase:** Ottokraftstoff verdunstet leicht bei der Umgebungstemperatur. Die Dämpfe sind hoch entzündlich und schwerer als Luft.
Brand- und Explsionsschutz: Von Zündquellen fernhalten, nicht rauchen, Maßnahme gegen elektrostatische Aufladung treffen.
Brandklasse nach DIN EN 2: B.
Verbrennungsprodukte: Ruß und andere organische Produkte, Kohlenmonoxid, Kohlendioxid.

5.4 **Besondere Schutzausrüstung:** Unabhängiges Atemschutzgerät (Isoliergerät) verwenden. Bei starker Rauch- oder Dampfentwicklung Vollschutzanzug tragen.

5.5 **Zusätzliche Hinweise:** Kontaminiertes Löschwasser muss entsprechend den behördlichen Vorschriften entsorgt werden.

6. **Maßnahmen bei unbeabsichtigter Freisetzung**

6.1 **Personenbezogene Vorsichtsmaßnahmen:** Arbeitshygiene: Häufigen, längeren, intensiven Hautkontakt vermeiden; ggf. persönl. Schutzausrüstung tragen; für Hautreinigung und -pflege sorgen. Benzingetränkte Kleidungsstücke umgehend ablegen. Vorsicht vor statischer Aufladung der Kleidung. Einatmen von Benzindämpfen soweit wie möglich vermeiden.

6.2 **Umweltschutzmaßnahmen:** Beim Auslaufen einer nicht nur unbedeutenden Menge in oberirdisches Gewässer, Entwässerungsnetz oder in den Untergrund ggf. die zuständige Behörde benachrichtigen. Nicht in die Kanalisation gelangen lassen, Kanalisation abdecken. Auslaufende Flüssigkeit mit Erde und/oder anderem geeigneten Material eindämmen.

6.3 **Verfahren zur Reinigung/Aufnahme:** Nach Verschütten oder Auslaufen mit flüssigkeitsbindendem Material aufnehmen und Material vorschriftsmäßig beseitigen.

6.4 **Zusätzliche Hinweise:** Zündquellen beseitigen.

7. **Handhabung und Lagerung**

7.1 **Handhabung:** Hinweise zum sicheren Umgang: Verschütten und Aerosolbildung vermeiden.
Persönliche Schutzausrüstung: Atemschutz bei höheren Konzentrationen, Augenschutz, Schutzbrille, antistatische Stiefel.
Handschutz: Produktbeständige Schutzhandschuhe, z. B. aus NBR, verwenden.
Hinweise zum Brand- und Explosionsschutz: Von Zündquellen fernhalten, nicht rauchen, Maßnahme gegen elektrostatische Aufladung treffen.

Betriebsanweisung

Der Arbeitgeber hat nach der Gefahrstoffverordnung eine arbeitsbereichs- und stoffbezogene Betriebsanweisung zu erstellen mit folgenden Angaben:

- Gefahren für Mensch und Umwelt,
- Schutzmaßnahmen,
- Verhaltensregeln,
- sachgerechte Entsorgung,
- Erste-Hilfe-Maßnahmen.

Firma	**BETRIEBSANWEISUNG** gem. § 20 Gefahrstoffverordnung	Nr.: Datum: Verantwortlich:
	Otto-Kraftstoff	

ANWENDUNGSBEREICH

Arbeitsbereich: Werkstatt — Tätigkeit: Arbeiten an der Kraftstoffanlage

GEFAHREN FÜR MENSCH UND UMWELT

- Hochentzündlich.
- Kann Krebs erzeugen
- Giftig beim Einatmen, Verschlucken oder Berührung mit der Haut.
- Dämpfe bilden mit Luft explosionsfähige Gemische.
- Dämpfe sind unsichtbar und sinken zu Boden.

SCHUTZMASSNAHMEN UND VERHALTENSREGELN

- Von Zündquellen fernhalten. Feuer, offenes Licht und Rauchen verboten.
- Nicht in die Kanalisation gelangen lassen – Explosionsgefahr!
- Kontakt mit Augen, Haut oder Kleidung vermeiden.
- Raum in Bodennähe gut lüften.

VERHALTEN IM GEFAHRENFALL

Ausgetretenes Material mit Universalbinder aufnehmen.

Für gute Raumlüftung sorgen.

Vorgesetzten informieren.

ERSTE HILFE

- Verunglückte Personen an die frische Luft bringen.
- Verunreinigte Kleidung entfernen.
- Betroffene Hautpartien mit viel Wasser und Seife gründlich reinigen.
- Nach Augenkontakt Augen unter fließendem Wasser ausspülen (Augenlid offen halten, unverletztes Auge schützen, Kontaktlinsen entfernen). Augenarzt aufsuchen.
- Bei Verschlucken Arzt aufsuchen.

SACHGERECHTE ENTSORGUNG

Verunreinigte Kraftstoffe in einem dicht verschlossenen, für A 1-Flüssigkeiten zugelassenen Behälter sammeln und separat entsorgen.

Konsequenzen für den Betrieb

Der Arbeitgeber erstellt aus dem Sicherheitsdatenblatt eine arbeits- und stoffbezogene Betriebsanweisung, die im Betrieb aufgehängt werden muss.
Jeder Mitarbeiter in der Kfz-Werkstatt muss vor der Beschäftigung und später mindestens einmal jährlich mündlich im Umgang mit Gefahrstoffen unterwiesen werden.

Ein Auszubildender darf mit Gefahrstoffen nicht umgehen, wenn er unter 16 Jahre ist. Wenn es zur Ausbildung gehört, darf der Auszubildende unter Aufsicht eines Fachkundigen mit Gefahrstoffen arbeiten.

Konsequenzen für den Mitarbeiter

Der Mitarbeiter ist verpflichtet

- die Betriebsanweisung zu beachten,
- mit Gefahrstoffen sorgfältig umzugehen,
- die Gefahrstoffe nur bestimmungsgemäß zu verwenden,
- unverzüglich bei Gefahr für Sicherheit und Gesundheit Meldung zu erstatten.

4.4 Verordnung über brennbare Flüssigkeiten

Verordnung über brennbare Flüssigkeiten (VbF) (Auszug)

Die Verordnung bezieht sich auf Anlagen zur Lagerung, Abfüllung und zum Betrieb von brennbaren Flüssigkeiten. Die brennbaren Flüssigkeiten werden in Abhängigkeit von Flammpunkt und Wasserlöslichkeit in Gefahrenklassen eingeteilt.

Gefahrenklasse	Flammpunkt	Beispiele
A I	< 21 °C	Ottokraftstoffe, Lösemittel
A II	21 bis 55 °C	Petroleum, Kaltreiniger
A III	55 bis 100 °C	Dieselkraftstoff, Leichtes Heizöl
B	< 21 °C in Wasser löslich bei 15 °C	Alkohol, Spiritus

Konsequenzen für den Betrieb

- Feuerlöscher
- Objektabsaugungen
- Getrennte Lagerräume für brennbare Flüssigkeiten
- Betriebsanweisung erstellen
- Mitarbeiter schulen

Konsequenzen für die Mitarbeiter

- Rauchverbot
- Umgang mit offener Flamme vermeiden
- Gebinde von brennbaren Stoffen geschlossen halten
- Keine brennbaren Stoffe in Arbeitsräumen lagern

Bei Arbeiten am Kraftstoffsystem

- Rauchverbot
- Zündquellen vermeiden
- Ausgelaufenes Benzin sofort aufnehmen
- Entstehende Dämpfe absaugen

4.5 Gesetz und Verordnungen zum Schutz des Wassers

Wasserhaushaltsgesetz

Das Wasserhaushaltsgesetz ist ein Rahmengesetz des Bundes. Einzelheiten regeln die Länder, u. a. durch Landeswassersatzungen und die Gemeinden durch eine Entwässerungssatzung und eine Abwassersatzung.
Die Verwaltungsvorschrift wassergefährdende Stoffe (VwVwS) bestimmt wassergefährdende Stoffe und Stoffgruppen und stuft sie entsprechend der Gefährlichkeit in Wassergefährdungsklassen ein.

Wassergefährdungsklasse	Bedeutung	Beispiele
WKG 3	Stark wassergefährdende Stoffe	Altöle, Kaltreiniger
WKG 2	Wassergefährdende Stoffe	Dieselkraftstoff, Ottokraftstoff
WKG 1	Schwach wassergefährdende Stoffe	Kühlflüssigkeit, Batteriesäure
WKG 0	Nicht wassergefährdende Stoffe	Bestimmte Reinigungsmittel Kochsalz

Konsequenzen für den Kfz-Betrieb

Um Abwassergrenzwerte einzuhalten, bestehen für den Kfz-Betrieb folgende Möglichkeiten:

- Vermeiden: Durch den sparsamen Einsatz von umweltfreundlichen Produkten wird die Abwasserbelastung verhindert.
- Organisation: Trennung von Sanitär- und Regenwasser und betrieblichem Abwasser. Regenwasser von Hof- und Dachflächen und Sanitärwasser kann direkt in die Kanalisation geleitet werden.
- Technische Mittel: Behandlung von betrieblichem Abwasser in Abwasseranlagen

Konsequenzen für die Mitarbeiter

- Möglichst wenig wasserschädliche Chemikalien verwenden.
- Sparsamer Umgang mit Wasser bei der Wagenreinigung.
- Verwendung von Reinigern, die auf die örtliche Wasserhärte abgestimmt sind und die sich schnell abbauen.
- Sorgfältiger Umgang mit wassergefährdenden Flüssigkeiten, d. h. Flüssigkeiten sorgfältig auffangen und nicht verschütten.
- Verschüttete Flüssigkeiten binden und sofort beseitigen.

4.6 Arbeitssicherheit – Unfallverhütungsvorschriften (UVV)

Das Arbeitsschutzgesetz verpflichtet den Arbeitgeber, „die erforderlichen Maßnahmen des Arbeitsschutzes unter Berücksichtigung der Umstände zu treffen, die Sicherheit und Gesundheit der Beschäftigten bei der Arbeit beeinflussen" (§ 3). Er hat „die Beschäftigten über Sicherheit und Gesundheitsschutz bei der Arbeit während ihrer Arbeitszeit ausreichend und angemessen zu unterweisen" (§ 12).

„Die Beschäftigten sind verpflichtet, nach ihren Möglichkeiten sowie gemäß der Unterweisung und Weisung des Arbeitgebers für ihre Sicherheit und Gesundheit bei der Arbeit Sorge zu tragen. Entsprechend Satz 1 haben die Beschäftigten auch für die Sicherheit und Gesundheit der Personen zu sorgen, die von ihren Handlungen oder Unterlassungen betroffen sind" (§ 15).
„Die Beschäftigten haben dem Arbeitgeber oder dem zuständigen Vorgesetzten jede von ihnen festgestellte unmittelbare erhebliche Gefahr für die Sicherheit und Gesundheit sowie jeden an den Schutzsystemen festgestellten Defekt unverzüglich zu melden" (§ 16).

Die Berufsgenossenschaften sind als Träger der gesetzlichen Unfallversicherung verpflichtet, Unfallverhütungsvorschriften und Sicherheitsregeln zu entwickeln und zu erlassen. Jeder Kfz-Betrieb ist Mitglied der Süddeutschen Metall-Berufsgenossenschaft, Mainz. Die Gewerbeaufsichtsämter überwachen als staatliche Kontrollorgane die Einhaltung der Unfallverhütungsvorschriften. Sie können bei Verstößen gegen die Arbeitsschutzvorschriften Geldbußen verhängen.

Auszüge aus den Unfallverhütungsvorschriften „Allgemeine Vorschriften":

- Bestimmungsgemäße Verwendung von Einrichtungen
  Die Versicherten dürfen Einrichtungen nur zu dem Zweck verwenden, der vom Unternehmer bestimmt oder üblich ist.
- Unbefugte Benutzung von Einrichtungen
  Versicherte dürfen Einrichtungen und Arbeitsstoffe nicht unbefugt benutzen. Einrichtungen dürfen sie nicht unbefugt betreten.

4.7 Arbeitssicherheit – Gesundheitsschutz

Die Innungskrankenkasse IKK hat für das Kfz-Handwerk die häufigsten Unfallgefahren und Gesundheitsbelastungen zusammengetragen und veröffentlicht.

Die häufigsten Unfall- und Verletzungsrisiken sind:

- Schnittverletzungen durch Werkzeuge oder andere Materialien.
- Quetschungen oder Verstauchungen, die durch Maschinen oder anderes Werkzeug verursacht werden.
- Ausrutschen oder Stolpern, oftmals verursacht durch rutschigen Werkstattboden (z. B. durch Öl).
- Verbrennungen, die beim Schweißen oder Löten der Karosserie entstehen.
- Herunterfallende Materialien oder Werkzeuge, die z. B. auf Hebebühnen liegen.

Weiterhin hat die IKK Schadstoffbelastungen festgestellt durch

- Abgase von Otto- und Dieselmotoren,
- sämtliche Betriebsstoffe wie z. B. Motoröl, Getriebeöl, Brems- und Kühlflüssigkeit und Batteriesäure,
- Hilfsmittel wie Kontaktspray, Mittel zum Lösen von Rost, Bremsenreiniger, Verdünner, Lösemittel, Hohlraumkonservierer, Spachtelmasse und jegliche Reinigungsmittel,
- Staub, der durch Schleif- und Karosseriearbeiten verursacht wird.

Hinzu kommen noch Belastungen durch eine falsche Arbeitshaltung.
Um die Gesundheitsbelastungen zu verringern, hat die IKK Informationen zum Arbeits- und Gesundheitsschutz für den Kfz-Mechatroniker entwickelt.

Weitere umfassende Informationen zum Arbeitsschutz und Gesundheitsschutz zu den u. g. Gebieten findet man im Internet unter www.ikk.de. → Service + Beratung → Broschüren → den entsprechenden Suchbegriff eingeben und anklicken.

- Wie Sie Konflikte am Arbeitsplatz lösen?
- Lärm: Schützen Sie sich richtig.
- Gefahrstoffe: Schützen Sie sich richtig.
- So vermeiden Sie Allergien.
- So beugen Sie Rückenschmerzen vor.

4.8 Straßenverkehrszulassungsordnung (StVZO)

Die StVZO besteht aus drei Kapiteln:

Kapitel A
Kapitel A wurde mit den §§ 1 bis 15 durch die Verordnung über die Zulassung von Personen im Straßenverkehr 1999 aufgehoben und durch die „Fahrerlaubnis-Verordnung" ersetzt.

Kapitel B
Kapitel B befasst sich mit den Fahrzeugen.
Es enthält die Paragraphen, die für die Arbeit des Kfz-Mechatronikers von Bedeutung sind.
Es besteht aus folgenden Abschnitten:

I. Zulassung von Fahrzeugen im allgemeinen

II. Betriebserlaubnis und Entziehung der Zulassung
§§ 16 bis 22a Betriebserlaubnis, Bauartgenehmigung
§ 29 Untersuchung der Kraftfahrzeuge und Anhänger

III. Bau- und Betriebsvorschriften
§ 36 Bereifung und Laufflächen
§ 38 Lenkanlagen
§ 40 Scheiben, Scheibenwischer, Kontrollleuchten und Anzeigen
§ 41 Bremsen
§ 46 Kraftstoffleitungen
§ 47 Abgas
§ 47a AU
§ 49 Schalldämpferanlage
§ § 49a bis 54 Lichttechnische Einrichtungen
§ 55 Schallzeichen

Kapitel C
Kapitel C umfasst die Durchführungs-, Bußgeld- und Schlussvorschriften.

Hinweis: Weitergehende Informationen www.verkehrsportal.de

5 Systemtechnik

5.1 Das Kraftfahrzeug als technisches System

Ein Kraftfahrzeug besteht aus ca. 7 000 Teilen. Ein Aufzählen dieser Teile und Angabe ihrer Funktion sagt nichts aus über ihren Beitrag zur Funktion des Fahrzeugs. Erst das Zusammenwirken der Bauteile ergibt die Gesamtfunktion eines Kraftfahrzeuges.

Betrachten wir die Kühlung eines Motors, so ist uns deren Aufgabe bekannt, nämlich die bei der Verbrennung des Kraftstoff-Luftgemischs im Motor entstehende Wärme abzuführen. Dies besagt allerdings nichts über die Bauteile, deren Funktion und ihr Zusammenwirken.

Mithilfe von grafischen Darstellungen ist es möglich, z. B. die Motorkühlung übersichtlich in ihre Bauteile zu zerlegen und das Zusammenwirken zu zeigen. Diese Betrachtung erleichtert dem Kfz-Mechatroniker das Verständnis für die Baugruppe und hilft ihm bei der Fehlersuche.

5.1.1 Systemtechnische Grundlagen

Systembegriff

Grundlage für die oben dargestellten Betrachtungen ist das „Denken in Systemen". Die Motorkühlung ist ein technisches System. Auch das Kraftfahrzeug, der Motor, die Motorschmierung, die Gemischbildung, die Zündung usw. sind technische Systeme. Ein technisches System hat folgende Eigenschaften:

- Das System grenzt sich von seiner Umgebung ab.
- Das System hat eine Funktion.
- Das System hat eine Struktur.

Abgrenzung des Systems

Ein System muss durch Systemgrenzen von dem getrennt werden, was nicht zum System gehört. Außerhalb der Systemgrenze befindet sich die Systemumgebung, die aber im Zusammenhang mit dem System steht. Für genauere Untersuchungen ist es sinnvoll, auch die Umgebung abzugrenzen.

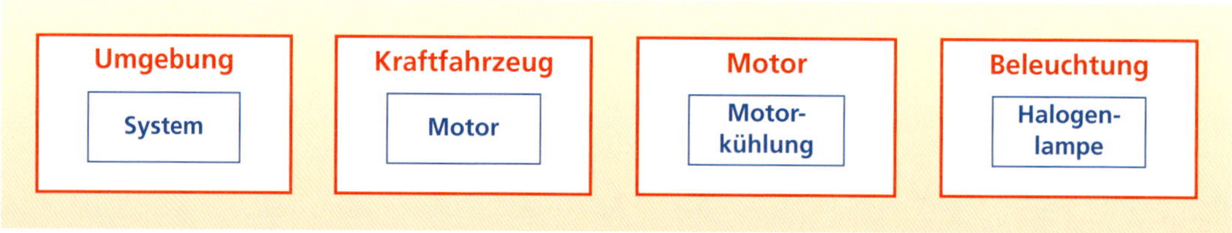

Funktion des Systems

Zur Untersuchung der Funktion wird das System als „black box" (schwarzer Kasten) angesehen, dessen innerer Aufbau unbekannt ist. Dem System werden technische oder physikalische Größen (Eingangsgrößen, Input) eingegeben und die Ausgangsreaktionen (Ausgangsgrößen, Output) beobachtet und registriert. Beim Motor ist die Eingangsgröße die chemische Energie im Kraftstoff-Luftgemisch, die Ausgangsgröße die Drehbewegung der Kurbelwelle (mechanische Energie) und die Wärmeenergie der Abgase.

Struktur des Systems

Teilsysteme/Teilfunktionen

Um festzustellen, was im Innern eines Systems passiert, muss man es in Teilsysteme zerlegen. Der Motor besteht aus den Teilsystemen Kurbelbetrieb, Motorsteuerung, Schmiersystem, Kühlsystem, Gemischbildung, Zündung.

Beispiel Kurbeltrieb:

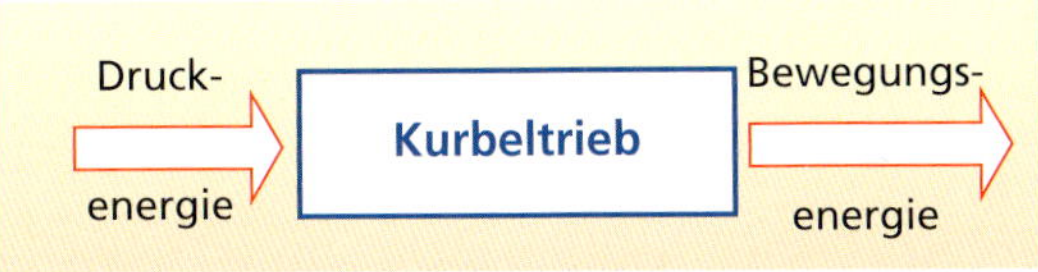

Jedes Teilsystem übernimmt eine bestimmte Teilfunktion und leistet einen Beitrag zur Gesamtfunktion. Das Teilsystem Kurbeltrieb wandelt die geradlinige Kolbenbewegung in eine Drehbewegung der Kurbelwelle um.

Systemelemente/Grundfunktionen

Die Teilsysteme sind noch weiter zerlegbar in Systemelemente. Das Teilsystem Kurbeltrieb besteht aus den Systemelementen Kolben, Kolbenringe, Kolbenbolzen, Pleuelstange, Kurbelwelle, Kurbelwellenlager.

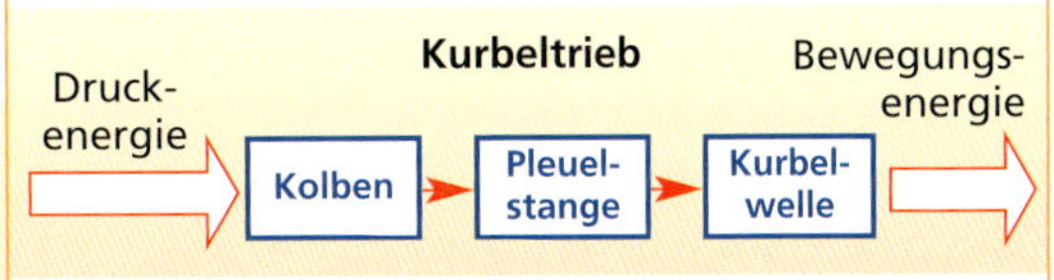

Jedes Systemelement übernimmt eine bestimmte Grundfunktion. Das Systemelement Kolben übernimmt die Grundfunktionen Übertragen von Kräften, Ableiten der Verbrennungswärme, Abdichten. Die Pleuelstange und Kurbelwelle wandeln die geradlinige Kolbenbewegung in eine Drehbewegung um und übertragen Kräfte und Drehmomente.

Blockschaltbild

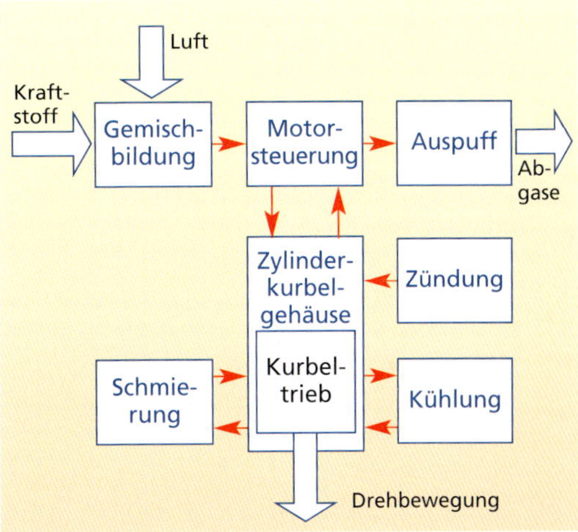

Zur Darstellung der Struktur des Motors werden Rechtecke und Pfeile verwendet. Die Rechtecke stellen die unterschiedlichen Teilsysteme dar, die Pfeile verdeutlichen die Beziehungen und Verknüpfungen. Es entsteht ein Blockschaltbild, das gelesen werden muss: Im Gemischbildungssystem entsteht das Kraftstoff-Luftgemisch. Es strömt über die Motorsteuerung (Pfeil nach unten) in den Zylinder. Das Zündsystem zündet das Gemisch. Der Verbrennungsdruck wird im System Zylinder/Kurbeltrieb in mechanische Energie umgewandelt. Die verbrannten Gase werden über die Motorsteuerung in den Auspuff (Pfeil nach oben) geleitet. Das Kühlwasser fließt zur Abfuhr der Motorwärme in den Motor, zur Abfuhr der Wasserwärme in das Kühlsystem zurück (Pfeile nach innen und außen). Das Schmiersystem versorgt den Motor zur Schmierung der Funktionselemente mit Motoröl.

Systeme zur Energie-, Stoff- und Informationsumsetzung

In technischen Systemen werden drei Größen umgesetzt:

- Energie
- Stoff
- Information

Bei der Umsetzung steht eine dieser Größen im Vordergrund. Sie wird als die eigentliche Aufgabe eines Systems, als Hauptfunktion, angesehen. Entsprechend gibt es

- Systeme zum Energieumsatz,
- Systeme zum Stoffumsatz,
- Systeme zum Informationsumsatz.

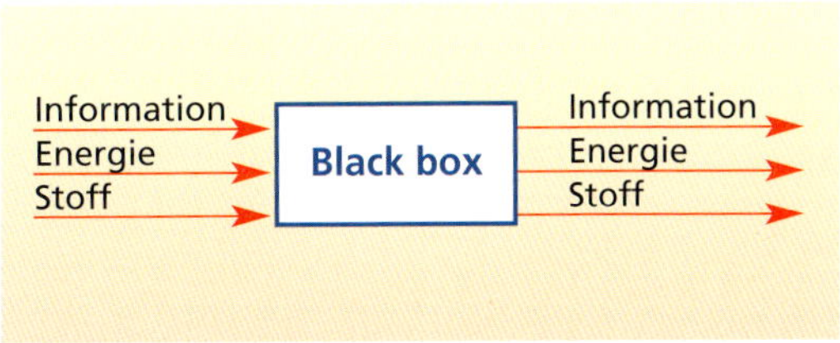

Systeme zum Energieumsatz

Unter Energie versteht man die in einem Stoff gespeicherte Arbeitsfähigkeit. In der Natur gibt es
- chemische Energie in Brennstoffen,
- Energie im strömenden Wasser und Wind,
- Sonnenenergie,
- Kernenergie.

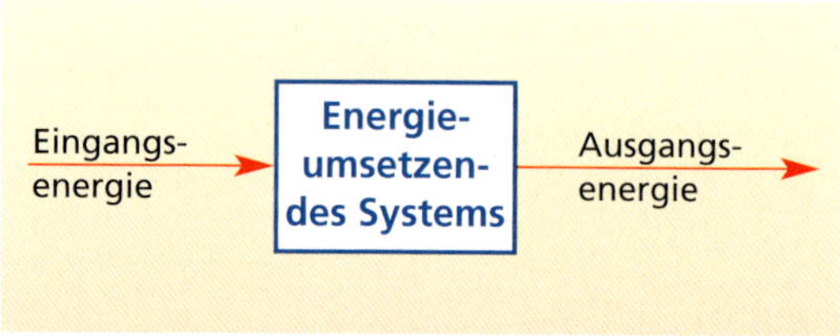

Energie kann nicht erzeugt werden und kann nicht verloren gehen (Satz von der Erhaltung der Energie). Es kann nur die in der Natur vorkommende Energie (Primärenergie) in eine andere vom Verwendungszweck abhängige Energieform (Sekundärenergie) umgewandelt werden:
- Bewegungsenergie (mechanische Energie),
- Wärmeenergie,
- elektrische Energie.

Die Umwandlung erfolgt mithilfe von Kraftmaschinen:
- Wärmekraftmaschinen wie Ottomotor, Dieselmotor, Gas- und Dampfturbine,
- Wasserkraftmaschinen,
- Windkraftmaschinen,
- elektrische Maschinen.

Elektromotoren wandeln dabei Sekundärenergie (elektrische Energie) in mechanische Energie um, eine andere Form von Sekundärenergie.

Systeme zum Stoffumsatz

Zu den Systemen zur Stoffumsetzung zählen vor allem Maschinen, die eine Form- und Lageveränderung von Stoffen bewirken. Die Maschinen werden als Arbeitsmaschinen bezeichnet.

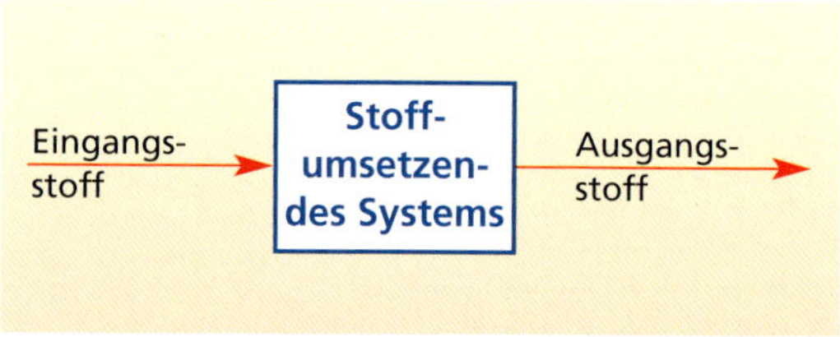

Zu den Arbeitsmaschinen gehören:
- Werkzeugmaschinen
  Sie verändern die Form von Werkstücken.
- Fördermaschinen
  Sie verändern die Lage von festen, flüssigen oder gasförmigen Stoffen:
  - Maschinen zum Fördern von Stückgut, z. B. Hebebühne, Gabelstapler, Hebezeuge,
  - Maschinen zum Fördern von Flüssigkeiten, z. B. Pumpen,
  - Maschinen zum Fördern von Gasen, z. B. Verdichter, Lüfter.

Systeme zum Informationsumsatz

Alle elektronischen Systeme im Kfz sind informationsverarbeitende Systeme. Messwertaufnehmer, sogenannte Sensoren, ermitteln physikalische Größen wie Temperatur, Druck, Drehfrequenz usw. und wandeln sie in elektrische Signale um. Im Steuergerät werden die von den Sensoren gelieferten Daten ausgewertet. Das Steuergerät bildet Signale und steuert Stellglieder, sogenannte Aktoren, an.

Die Informationsverarbeitung besteht aus drei Grundfunktionen:
- Eingabe der Informationen durch Sensoren.
- Verarbeitung der Informationen durch einen Mikrocomputer im Steuergerät.
- Ausgabe der verarbeiteten Informationen in Form von Signalen an die Aktoren.

Die Eingabe – Verarbeitung – Ausgabe wird kurz als EVA-Prinzip bezeichnet.

5.1.2 Systeme zur Energieumsetzung

5.1.2.1 Verbrennungsmotor

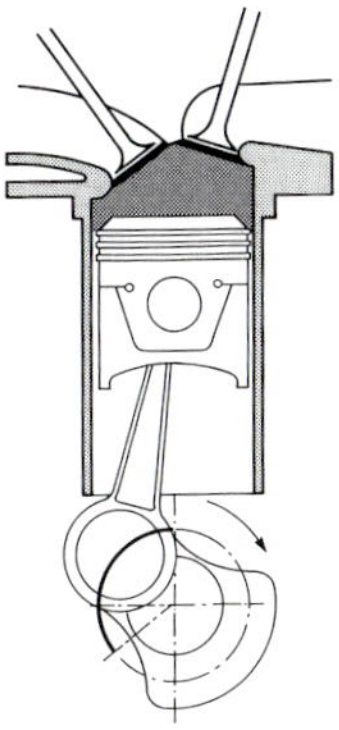

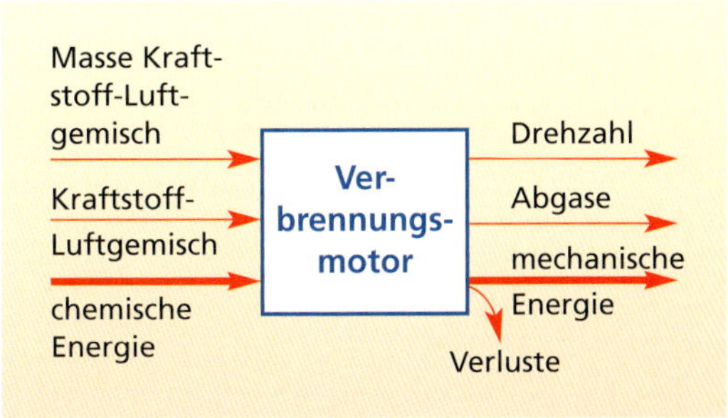

Die Hauptfunktion des Verbrennungsmotors ist der Umsatz von Energie. Die im Kraftstoff gebundene chemische Energie wird in mechanische Energie der Kurbelwelle umgewandelt. Ein Teil der chemischen Energie des Kraftstoffes wird nicht in Nutzenergie umgewandelt und geht für den Antrieb verloren. Diese Energie verschwindet jedoch nicht, sondern wird in eine andere Energieform (Wärmeenergie) umgewandelt. Die Nutzenergie ist daher geringer als die zugeführte Energie. Das Verhältnis von Nutzenergie zur zugeführten Energie bezeichnet man als Wirkungsgrad. Der Wirkungsgrad beträgt bei Ottomotoren $\eta = 0{,}24$, bei Dieselmotoren $\eta = 0{,}32$.
Im Verbrennungsmotor wird Stoff umgesetzt. Dem Motor wird ein Kraftstoff-Luftgemisch zugeführt, Abgase werden abgeführt.
Zum Betrieb benötigt der Motor Informationen. Eingangsinformation ist die Masse des Kraftstoff-Luftgemischs. Sie beeinflusst die Ausgangsinformation Drehzahl.

Arbeitsdiagramme (p-V-Diagramm, p-α-Diagramm)
Das p-V-Diagramm zeigt den Druckverlauf im Zylinder während der 4 Takte eines Arbeitsspieles über dem Zylindervolumen V bzw. Kolbenweg (Hub) s. Das p-α-Diagramm zeigt den Druckverlauf über 2 Kurbelwellenumdrehungen.

1–2 Ansaugen
Die Drucklinie liegt unter der Atmosphärenlinie. Es herrscht ein negativer Überdruck von –0,1 bis –0,2 bar.

2–3 Verdichten, Entzünden
Der Druck steigt bis zum Verdichtungsenddruck an. Kurz vor OT erfolgt die Zündung (3), die Verbrennung des verdichteten Gemischs wird eingeleitet. Es kommt zu einem Druckanstieg (4).

4–6 Verbrennen, Arbeiten
Der Arbeitstakt besteht aus 2 Abschnitten: Verbrennen und Arbeiten. Während der Verbrennung steigt der Druck bis zum Verbrennungshöchstdruck p_{max}. Die verbrannten Gase dehnen sich aus und drücken den Kolben nach unten. Der Druck fällt bis zum Verbrennungsenddruck von 3–5 bar.

6–1 Ausstoßen
Mit einem Druck von 3–5 bar strömen die verbrannten Gase mit hoher Geschwindigkeit durch den Auslass.

p-V-Diagramm

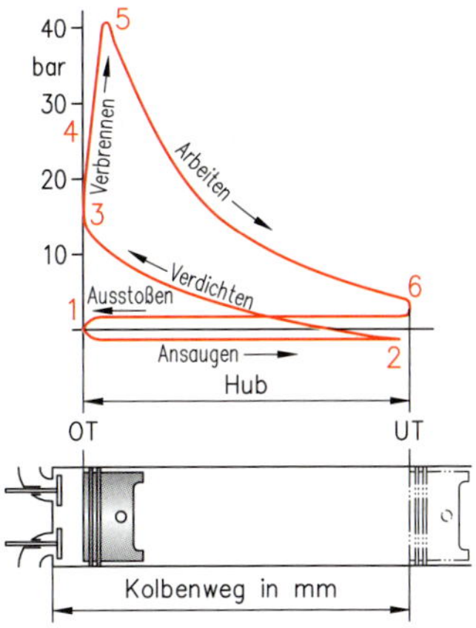

p-α-Diagramm

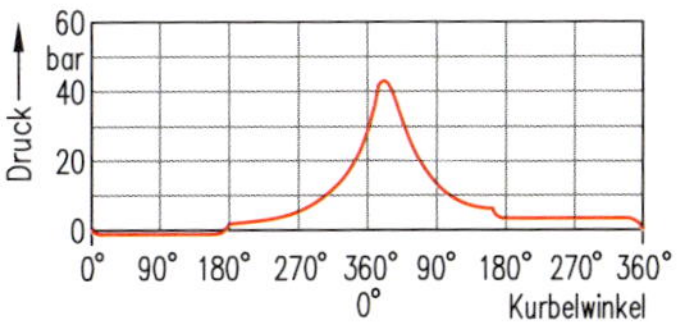

Otto-Viertaktmotor

1. Takt: Ansaugen

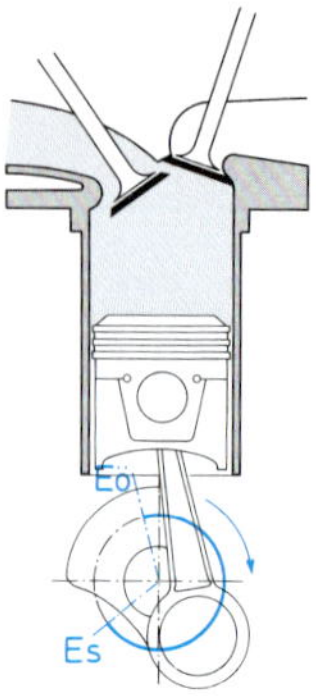

Der Kolben bewegt sich von OT nach UT. Das Einlassventil ist geöffnet, das Auslassventil geschlossen. Infolge der Raumvergrößerung entsteht ein negativer Überdruck (Unterdruck) von 0,1 bis 0,2 bar, der bewirkt, dass das Kraftstoff-Luftgemisch (Frischgase) aus dem Saugrohr in den Zylinder gesaugt werden.

2. Takt: Verdichten

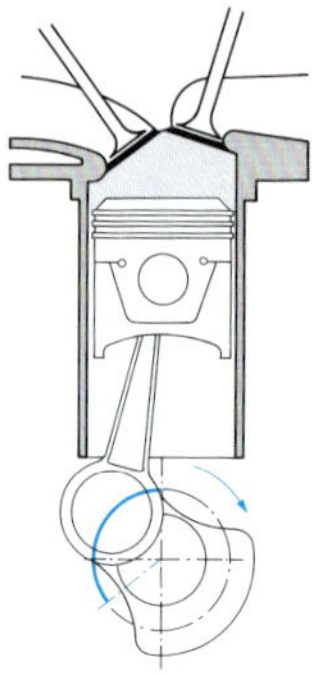

Der Kolben bewegt sich vom UT zum OT, Einlass- und Auslassventil sind geschlossen. Der Kolben drückt das Kraftstoff-Luftgemisch auf den Verdichtungsraum V_c zusammen. Der Druck steigt auf 15 bis 20 bar, die Temperatur auf 400 bis 500 °C. Die hohe Temperatur unterstützt die restlose Vergasung des Kraftstoffs.

3. Takt: Arbeiten

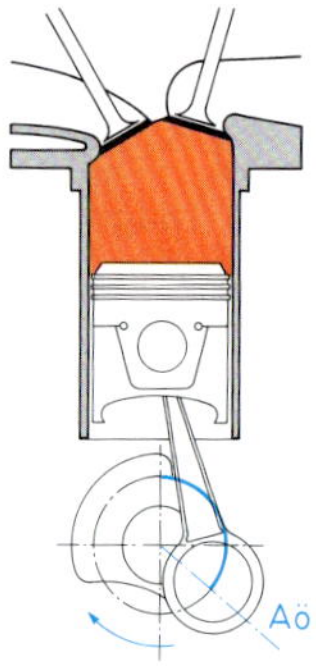

Einlass- und Auslassventile sind geschlossen. Die Verbrennung des verdichteten Kraftstoffs wird durch den Zündfunken eingeleitet. Bis zur vollständigen Verbrennung sind ca. 2/1000 Sekunden erforderlich. Daher muss das Gemisch schon vor OT gezündet werden. Der Verbrennungshöchstdruck beträgt 40 bis 60 bar, die Höchsttemperatur 2000 bis 2500 °C.

4. Takt: Ausstoßen

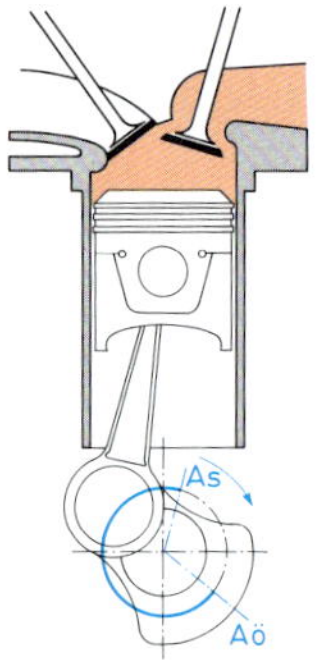

Das Auslassventil öffnet 40° bis 60° vor UT. Die unter 4 bis 7 bar Druck stehenden Gase strömen mit hoher Geschwindigkeit aus dem Zylinder. Die Motorabgase bestehen aus den unschädlichen Stoffen Kohlenstoffdioxid und Wasser und den Schadstoffen Kohlenstoffmonoxid, Stickstoffoxid und Kohlenwasserstoff.

Dieselmotor

Das Viertakt-Prinzip ist beim Dieselmotor das gleiche wie beim Ottomotor. Im Gegensatz zum Ottomotor saugt der Dieselmotor reine Luft an, die hoch verdichtet wird. In die verdichtete heiße Luft wird Kraftstoff eingespritzt und mit der Luft verwirbelt. Die Bildung des Luft-Kraftstoffgemischs erfolgt also im Zylinder. Man spricht von einer inneren Gemischbildung.

1. Takt: Ansaugen	2. Takt: Verdichten	3. Takt: Arbeiten	4. Takt: Arbeiten
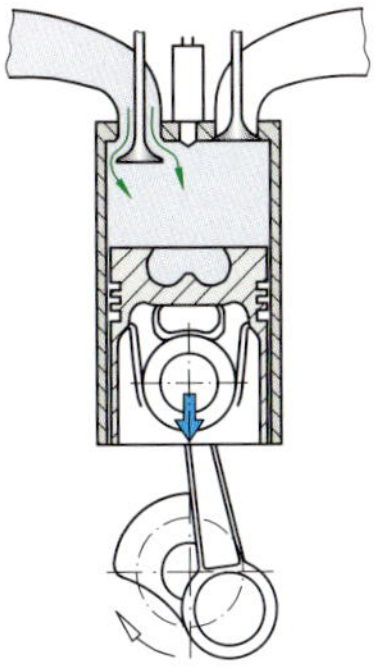	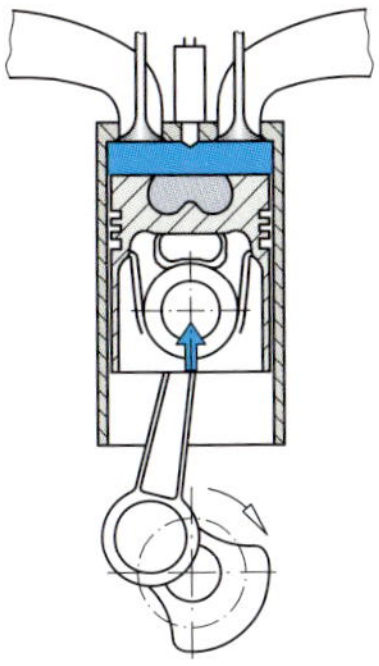	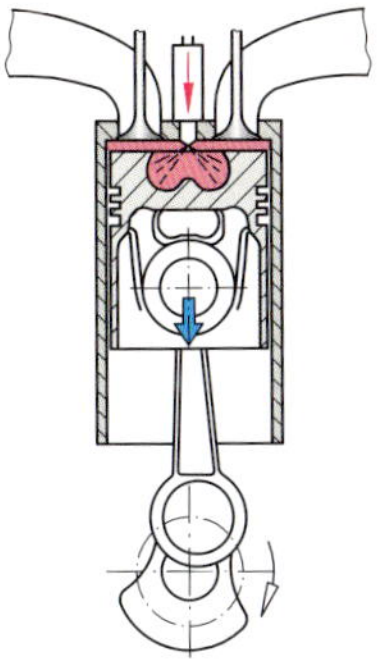	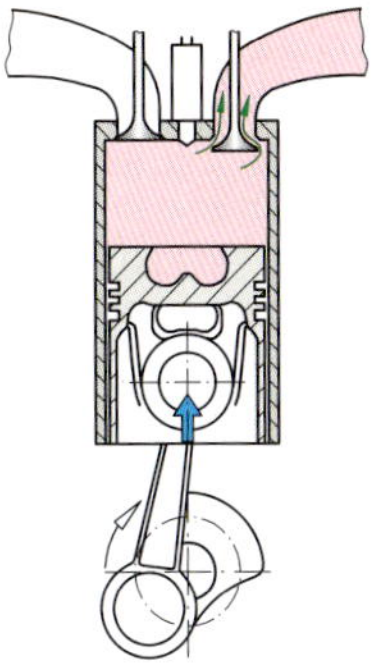
Der Kolben bewegt sich vom OT zum UT. Durch das geöffnete Einlassventil wird reine Luft angesaugt. Der Unterdruck beträgt etwa 0,1 ... 0,2 bar, die Ansaugtemperatur 70 ... 100 °C.	Die Luft wird im Verhältnis 14 : 1 ... 24 : 1 verdichtet. Der Druck steigt auf 40 ... 65 bar an, die Luft erwärmt sich auf 700 ... 900 °C. Die hohe Verdichtung verbessert den thermischen Wirkungsgrad des Dieselmotors.	Kurz vor OT wird Kraftstoff fein zerstäubt in die heiße Luft eingespritzt. Der Kraftstoff verdampft und entzündet sich von selbst. Bei der Verbrennung steigt der Druck auf 70 ... 120 bar, die Temperatur auf 2000 ... 2500 °C.	Kurz vor UT öffnet das Auslassventil, die Abgase puffen mit großer Geschwindigkeit aus dem Zylinder. Die Abgastemperaturen liegen im Leerlauf bei 200 ... 300 °C, bei Volllast bei 500 ... 600 °C. Die Restgase werden vom aufwärtsgehenden Kolben ausgestoßen.

Arbeitsdiagramm

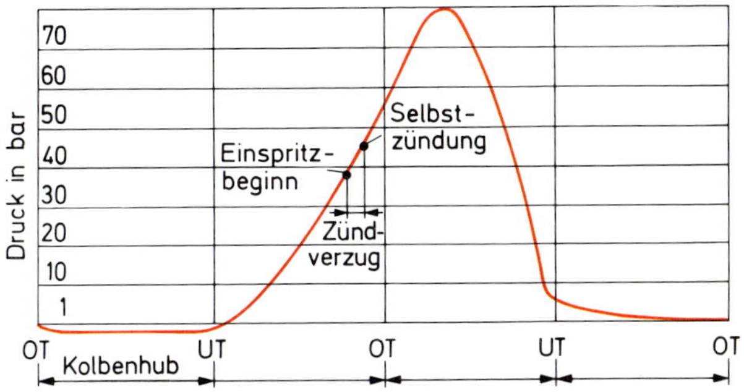

Bevor Selbstzündung eintreten kann, müssen erst einige Kraftstoffteilchen verdampfen. Die Zeit zwischen Einspritzbeginn und Selbstzünden bezeichnet man als Zündverzug. Ein normaler Zündverzug beträgt 0,001 ... 0,0015 s. Beim Dieselmotor ist ein kleiner Zündverzug erwünscht. Der Zündverzug ist umso kürzer,

- je heißer die Luft, d. h. je höher sie verdichtet ist,
- je feiner der Kraftstoff zerstäubt wird,
- je inniger die Luft und der Kraftstoff vermischt werden.

Bei zu großem Zündverzug sammelt sich eine große Kraftstoffmenge im Verbrennungsraum an, die plötzlich zündet und schlagartig verbrennt. Der Motor läuft hart. Dieser Zustand ist mit dem Klopfen des Ottomotors vergleichbar und wird als „Nageln" bezeichnet.

5.1.2.2 Kraftübertragung

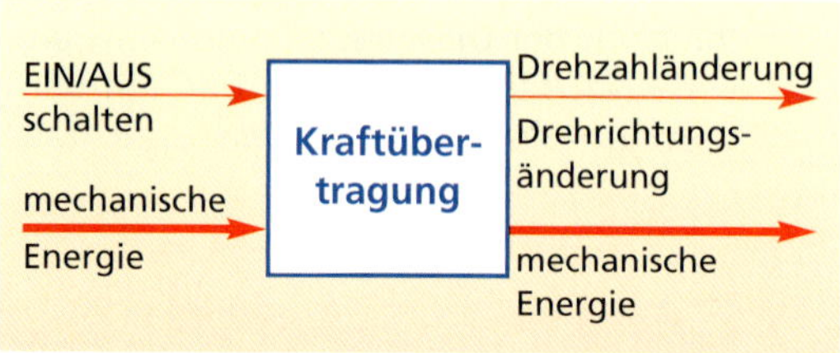

Die Funktionseinheiten Kupplung, Getriebe und Achswellen übertragen die mechanische Energie der Antriebseinheit auf die Antriebsräder. Die dem Kfz zugeführte Antriebsenergie muss den Anforderungen angepasst werden:

- Kupplung
  Die Kupplung muss den Energiefluss beim Wechseln der Gänge unterbrechen.
- Getriebe
  Durch Schalten der Gänge bleibt der Motor im leistungsfähigen Drehzahlbereich.
- Gelenkwellen verbinden das Getriebe mit dem Hinterachsgetriebe.
- Achswellen
  - verbinden das Getriebe mit den Antriebsrädern,
  - gleichen durch Verschiebegelenke Abstandsänderungen der Anschlussflansche beim Einfedern der Antriebsräder aus,
  - gleichen Lenkbewegungen der Antriebsräder durch Gelenke aus.

Antriebsarten

Standardantrieb

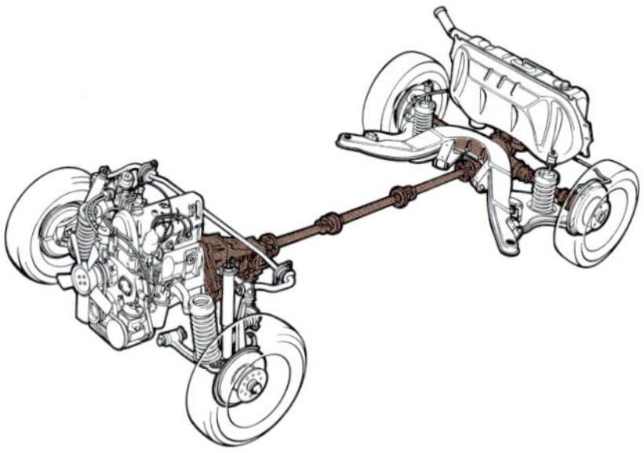

Beim Standardantrieb, Motor vorn, Antriebsräder hinten, überträgt eine Gelenkwelle das Drehmoment vom Wechselgetriebe auf das Achs- und Ausgleichsgetriebe und von hier über Achswellen auf die Räder.

Blockschaltplan

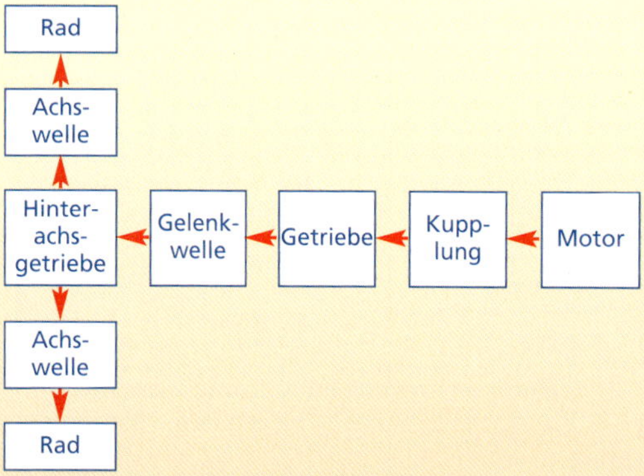

Vorderradantrieb

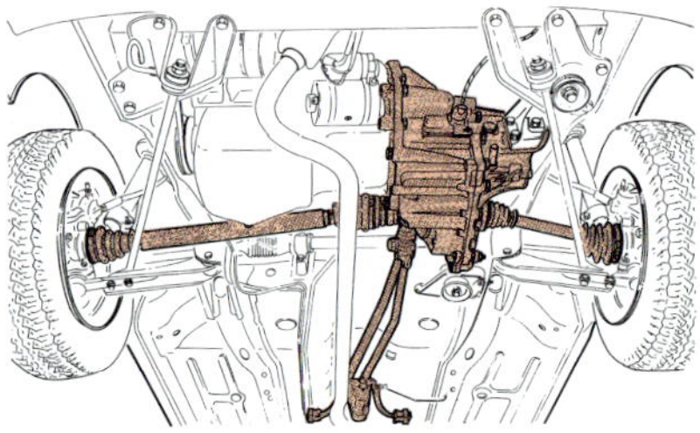

Beim Vorderradantrieb bilden Motor, Kupplung, Getriebe, Achs- und Ausgleichgetriebe eine kompakte Einheit. Von hier wird das Drehmoment über Achswellen auf die Räder übertragen.

Blockschaltplan

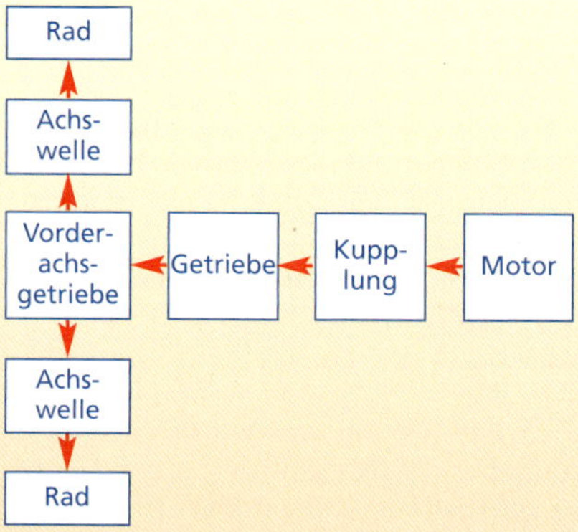

5.1.2.3 Fahrwerk/Lenkung

Vorderachse

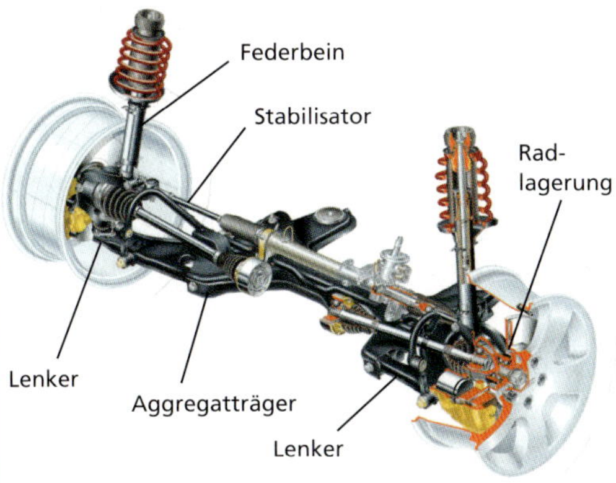

Die Vorderachse umfasst folgende Funktionsgruppen:

Lenker
- verbinden die Räder mit dem Aufbau,
- sind drehbewegliche Teile,
- führen die Räder beim Lenken und Einfedern,
- nehmen die Radkräfte auf.

Radlager
- lagern die Räder leicht drehbar auf dem Achsschenkel und führen die Räder,
- nehmen Radkräfte auf.

Federbein mit Schraubenfedern
- fangen die Fahrbahnstöße ab,
- sorgen für die Bodenhaftung der Räder.

Schwingungsdämpfer
- haben die Aufgabe, die von der Fahrbahn angeregten Schwingungen der Räder und Achsen schnell zum Abklingen zu bringen.

Stabilisator
- verbindet die beiden Räder,
- verringert bei Kurvenfahrt die Neigung des Fahrzeugaufbaus,
- verhindert das Flattern der Vorderräder.

Servolenkung

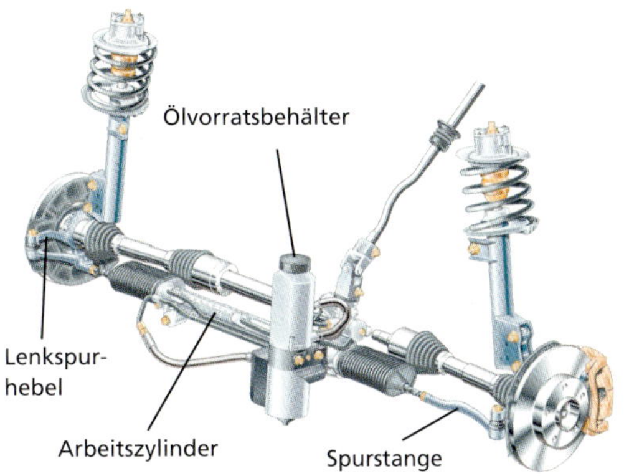

Die Servolenkung, bestehend aus Lenkrad, Lenksäule, Lenkgetriebe mit Hydraulikzylinder, Hydraulikpumpe, Steuerventil, Spurstange und Spurstangenhebel,
- schlägt die Vorderräder in der gewünschten Richtung ein,
- unterstützt die Lenkbewegung des Fahrers durch eine hydraulische Einheit und verringert die Handkraft am Lenkrad,
- gewährleistet bei Ausfall der Hilfskraft eine Lenkmöglichkeit wie ein mechanisches Lenkgetriebe über Zahnstange und Antriebsritzel.

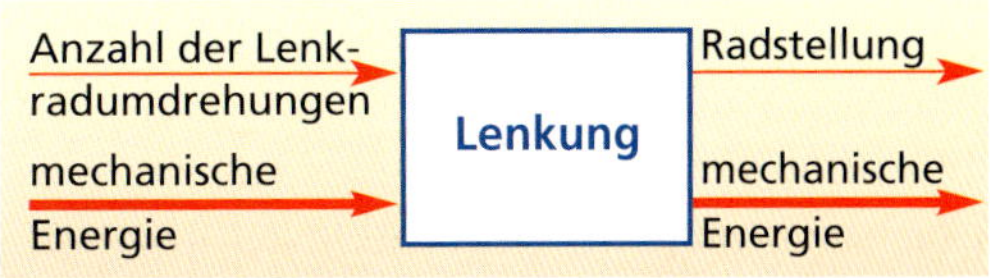

Blockschaltplan

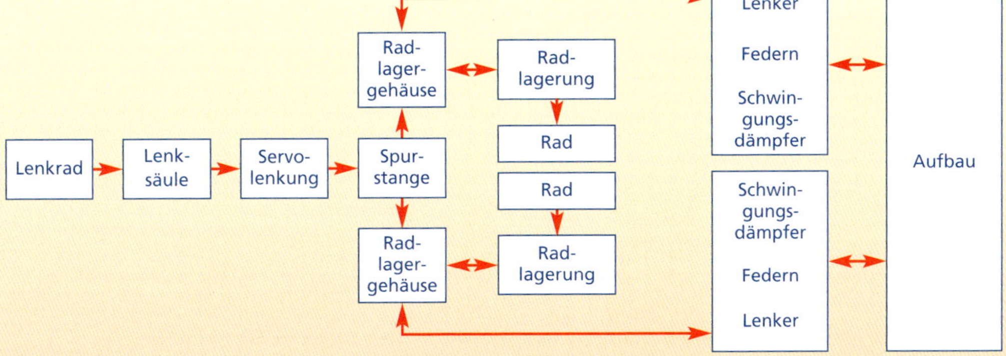

5.1.2.4 Bremssystem

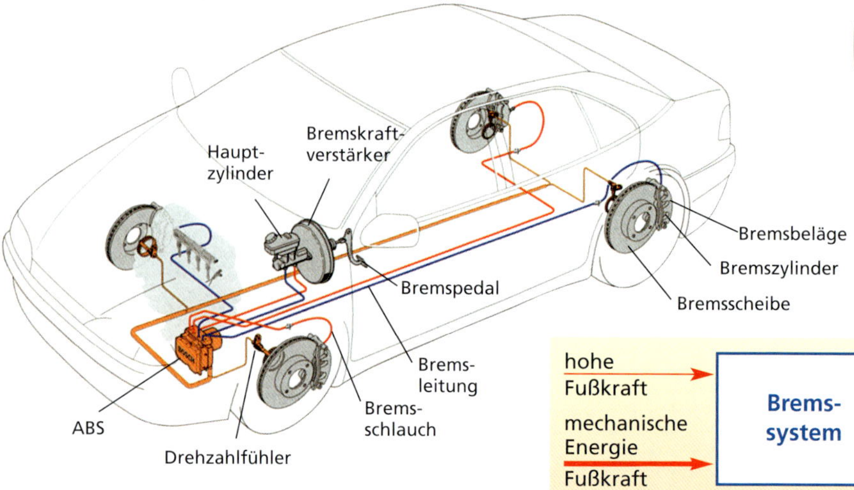

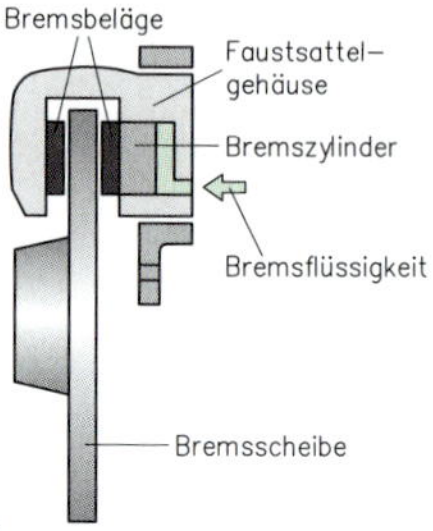

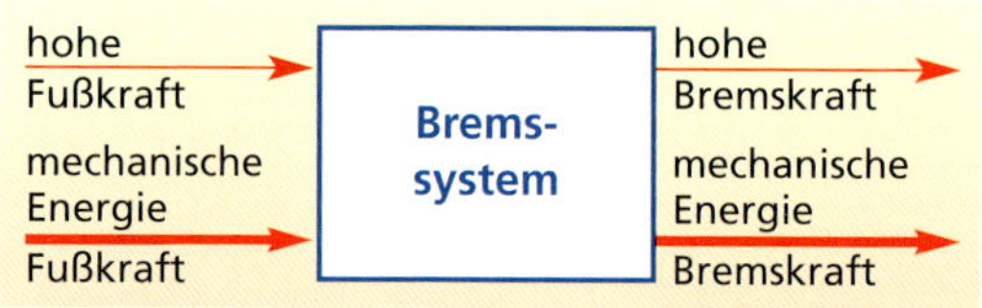

Das Prinzip der hydraulischen Bremsanlage beruht auf der Grundlage des Pascal'schen Gesetzes. Es besagt:
In einer eingeschlossenen Flüssigkeit pflanzt sich der Druck nach allen Seiten gleichmäßig fort.
Beim Betätigen des Bremspedals mit der Fußkraft F_F wird im Hauptbremszylinder ein hydraulischer Druck p_L erzeugt, der sich über die Bremsleitungen und -schläuche bis in die Bremszylinder gleichmäßig fortpflanzt. Dort wird der hydraulische Druck in eine Spannkraft F_S umgewandelt, der die Bremsbeläge gegen die Bremsscheibe presst.

Das Bremssystem besteht aus folgenden Baueinheiten:

- Tandem-Hauptbremszylinder
  Im Hauptzylinder wird über das Bremspedal der Druck für die Bremskreise aufgebracht. Der Bremsflüssigkeitsbehälter ist über dem Hauptbremszylinder angeordnet und versorgt das Bremssystem mit Bremsflüssigkeit.
- Bremskraftverstärker
  Der Bremskraftverstärker speichert einen Teil des vom Motor erzeugten Unterdrucks, durch den beim Bremsen die Pedalkraft verstärkt wird. Bei Dieselmotoren wird der Unterdruck durch eine Vakuumpumpe erzeugt.
- Scheibenbremse
  Die Scheibenbremsen sind häufig Faustsattelbremsen, d. h. es wird nur ein Kolben benötigt, um beide Bremsbeläge gegen die Bremsscheibe zu drücken.
- Anti-Blockier-System (ABS)
  Das ABS verhindert beim scharfen Bremsen das Blockieren der Bremsen, sodass das Fahrzeug lenkbar bleibt. Ein Steuergerät nimmt die Signale der Drehzahlfühler auf, wertet sie aus und errechnet den für eine optimale Bremsung erforderlichen Bremsdruck in den Bremszylindern.

Blockschaltplan

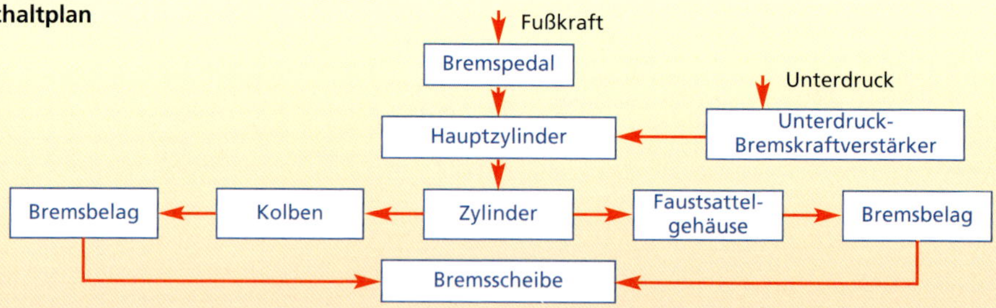

5.1.2.5 Energieversorgung

Drehstromgenerator

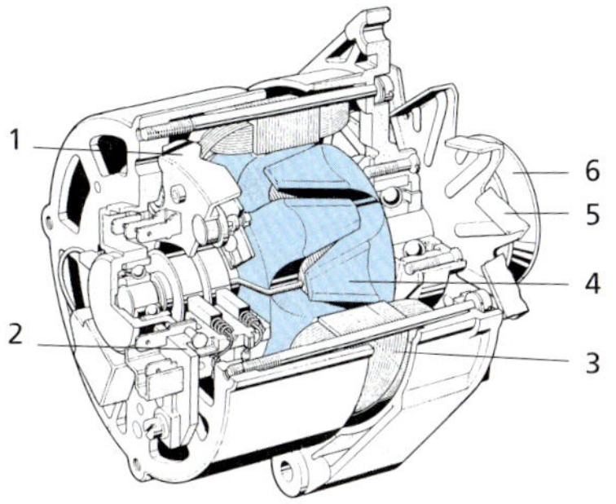

1 Gleichrichter
2 Kohlebürsten
3 Ständer
4 Läufer
5 Lüfter
6 Riemenscheibe

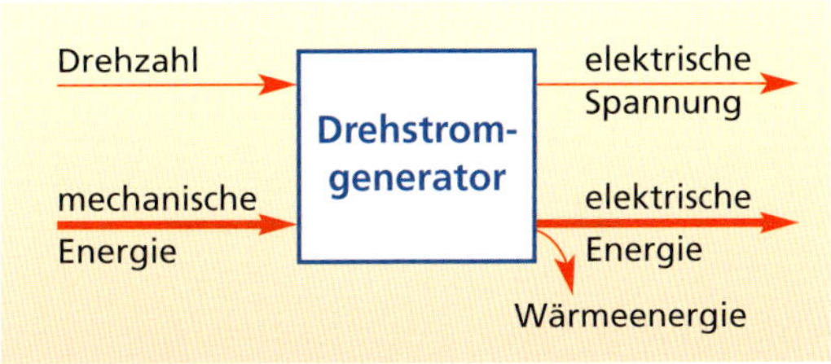

Der Drehstromgenerator wird über einen Keilriemen vom Motor angetrieben. Er erzeugt einen Drehstrom, der in einer Gleichrichtereinrichtung (Dioden) in Gleichstrom umgewandelt wird.
Während der Ottomotor die in der Natur vorkommende Primärenergie (Kraftstoff) in eine Sekundärenergie (mechanische Energie) umwandelt, setzt der Drehstromgenerator die Sekundärenergie (mechanische Energie) in eine andere Energieform (elektrische Energie) um.
Die Eingangsinformation Drehzahl beeinflusst die Ausgangsinformation Spannungsstärke.

Starterbatterie

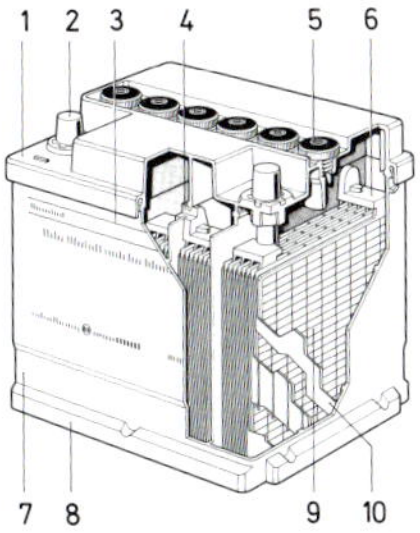

1 Blockdeckel
2 Endpole
3 Säurestandmarke
4 Direkt-Zellenverbinder
5 Verschlussstopfen
6 Polbrücken
7 Blockkasten
8 Bodenleiste
9 Plus- und Minusplatten
10 Kunststoff-Separatoren

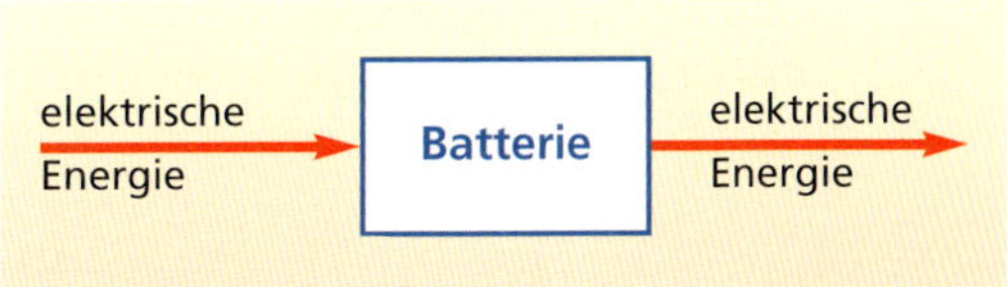

Die Starterbatterie ist ein Energiespeicher, in dem beim Laden elektrische Energie in chemische Energie umgewandelt und beim Entladen – nach Anschluss eines Stromverbrauchers – die chemische Energie in elektrische Energie zurückgewandelt wird.

Solange der Verbrennungsmotor mit genügend hoher Drehzahl läuft, steht die vom Drehstromgenerator gelieferte Energie zur Verfügung. Bei stillstehendem Motor oder beim Starten muss die Batterie die Stromversorgung übernehmen.

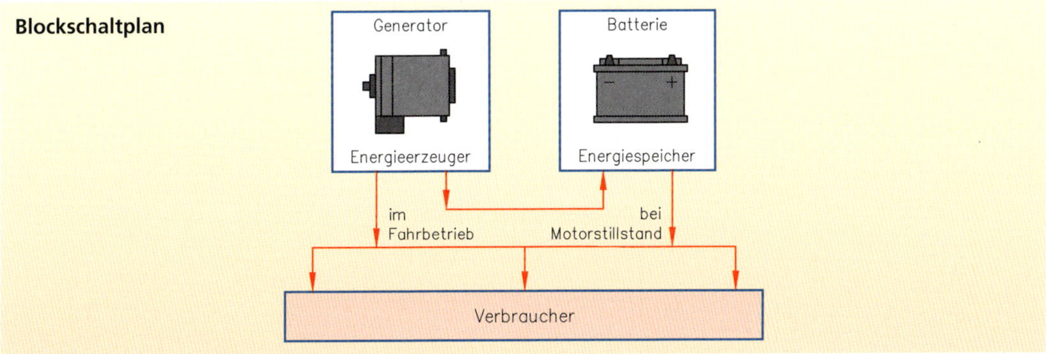

5.1.3 Systeme zur Stoffumsetzung

5.1.3.1 Motorschmierung

Schmiersystem

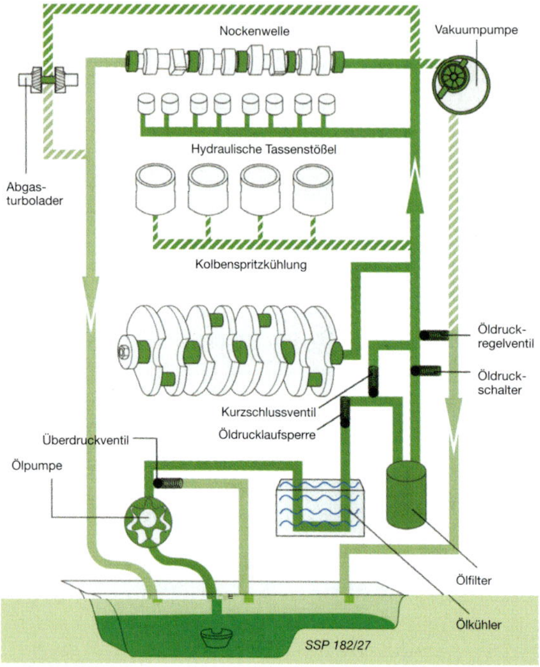

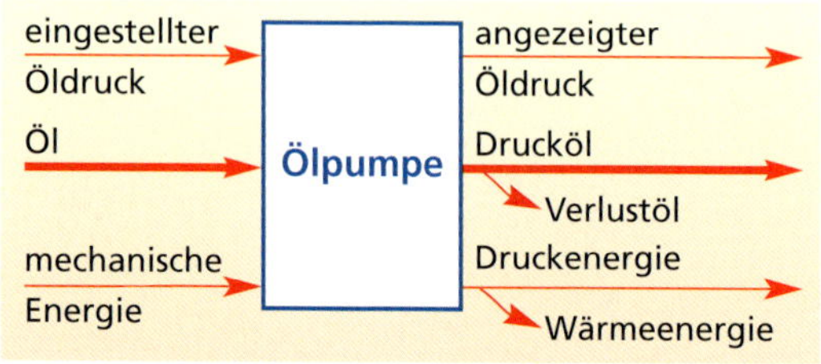

Bei einer Motorschmierung sorgt eine Innenzahnradpumpe für den Stoffumsatz. Sie saugt das Öl in der Ölwanne an und fördert es unter erhöhtem Druck über den Ölkühler und einen Ölfilter zu den Schmierstellen. Die Ölpumpe wird von der Kurbelwelle entweder direkt oder über eine Kette angetrieben.

Die Höhe des Öldrucks bestimmt ein Überdruckventil. Dieses Ventil öffnet bei Überdruck im System den Zufluss zur Ölwanne. Der Öldruck wird über den Öldruckschalter durch die Öldruckleuchte signalisiert. Ein Kurzschlussventil gewährleistet bei verstopftem Filter, dass das Öl direkt zu den Schmierstellen fließen kann. Bei einem TDI-Motor wird zusätzlich der Abgasturbolader geschmiert.

Die Vakuumpumpe erzeugt den Unterdruck für den Bremskraftverstärker (gestrichelte Linie).

Blockschaltbild

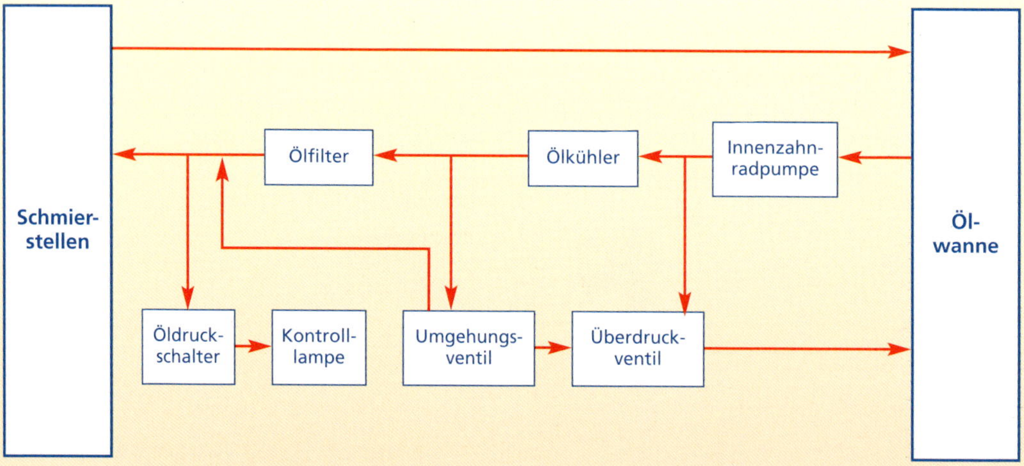

5.1.3.2 Motorkühlung

Kühlsystem

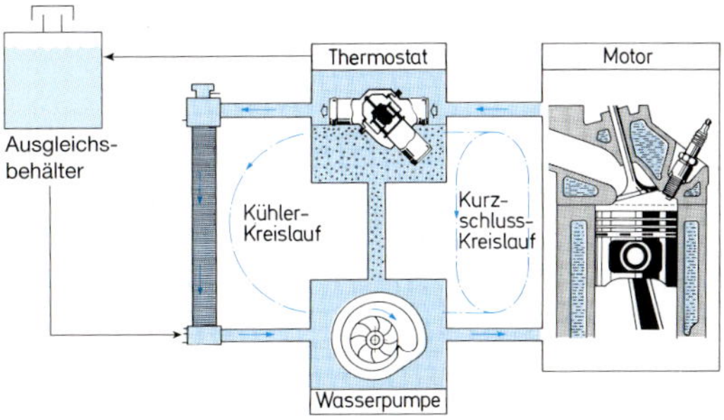

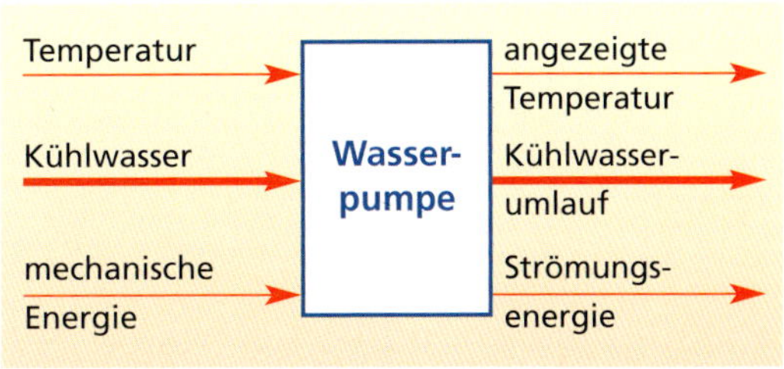

Bei einer Wasserkühlung wird die überschüssige Verbrennungswärme vom Motor zunächst an das Kühlsystem und dann über den Kühler an die Umgebungsluft abgegeben.

Die Wasserpumpe ist im Rücklauf angeordnet und saugt die Kühlflüssigkeit aus dem unteren Wasserkasten des Kühlers an und fördert sie zum Motor. Das Kühlwasser steigt bei Erwärmung nach oben und strömt in den oberen Wasserkasten des Kühlers. Die Wasserpumpe wird über Keilrippenriemen von der Kurbelwelle angetrieben.

Das Kühlsystem wird von einem Kühlwasserthermostat gesteuert. Bei kaltem Motor ($t < 80$ °C) schließt der Thermostat den Zufluss zum Kühler und öffnet den Kurzschlusskreislauf (Motor-Wasserpumpe-Motor). Das Wasser wird nicht gekühlt, der Motor erreicht schnell seine Betriebstemperatur. Bei warmem Motor ($t > 80$ °C) öffnet der Thermostat den Kühlerkreislauf (Motor-Kühler-Wasserpumpe-Motor) und schließt den Kurzschlusskreislauf.

Ein im Kühlwasser angeordneter Thermoschalter steuert das Ein- und Ausschalten des Lüftermotors.

Bei hoher Kühlmitteltemperatur und Druckanstieg im Kühlsystem fließt Kühlmittel in den Ausgleichsbehälter. Im Behälter entsteht ein Überdruck. Die Luft kann über das Überdruckventil im Verschlussdeckel entweichen. Bei Normalisierung der Kühlmitteltemperatur wird durch den entstehenden Unterdruck im Kühlsystem Kühlmittel aus dem Behälter abgesaugt. Der im Behälter entstehende Unterdruck wird durch das Unterdruckventil im Verschlussdeckel ausgeglichen.

Blockschaltbild

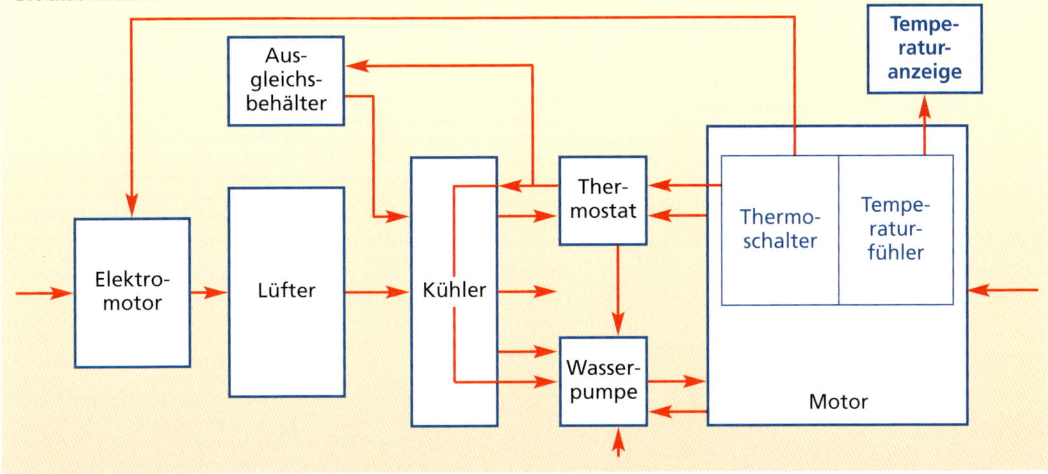

Energiefluss   Informationsfluss   Stofffluss

5.1.4 Systeme zum Informationsumsatz

5.1.4.1 Motormanagementsystem

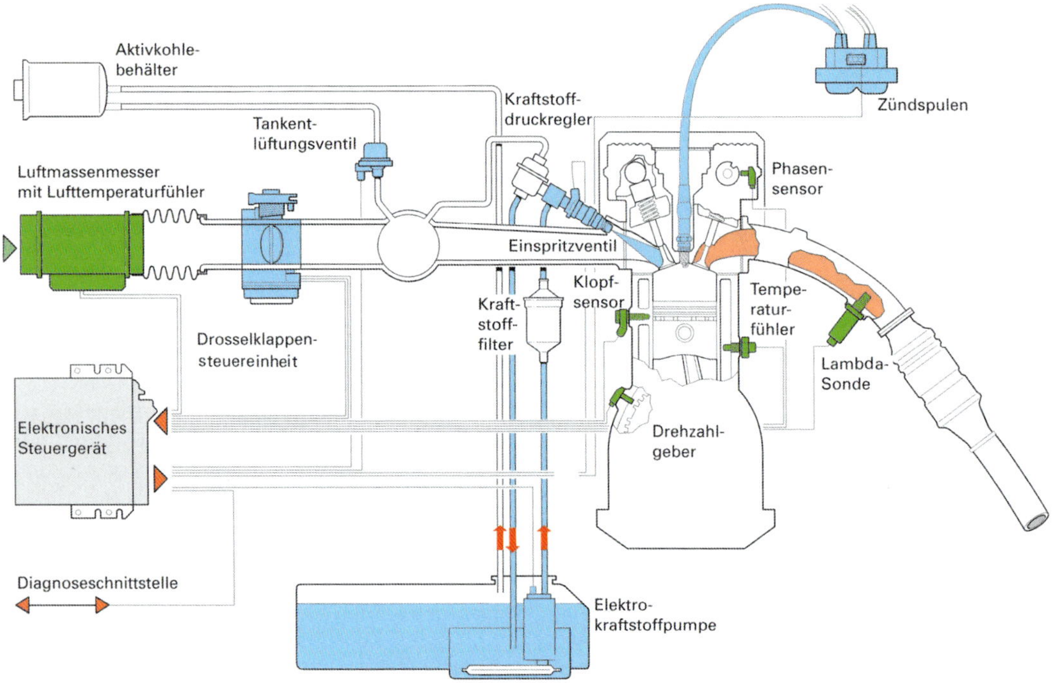

Motormanagementsysteme fassen die Einzelsysteme Benzineinspritzung und Zündung zu einer kompletten Motorsteuerung zusammen. Sie sind informationsverarbeitende Systeme. Jedes informationsverarbeitende System besteht im Wesentlichen aus drei Grundfunktionen:

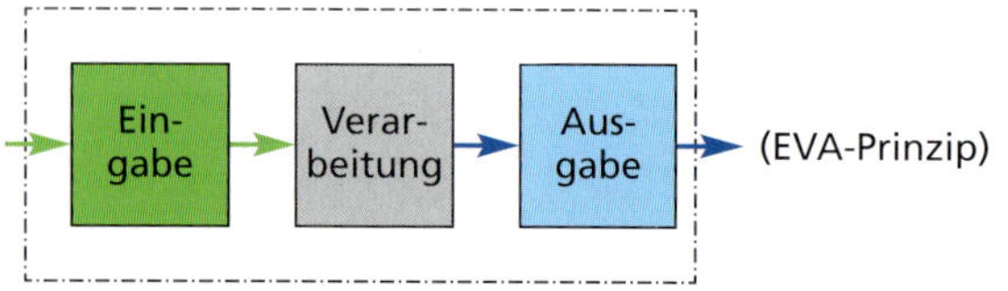

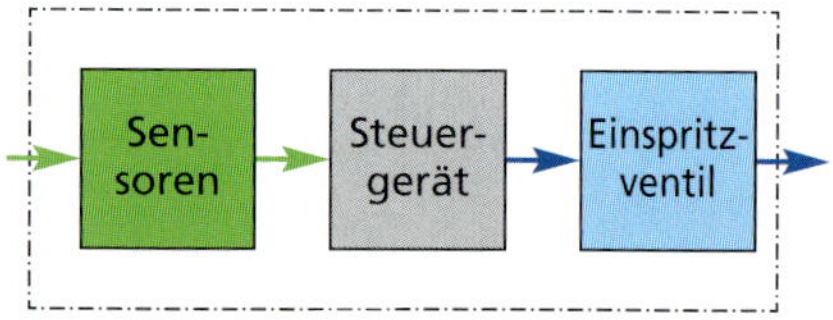

Sensoren, Geber und Schalter erfassen den Betriebszustand des Motors. Sie wandeln die physikalischen Größen Luftmasse, Temperatur, Drehzahl, Stellung der Nockenwelle (Hallgeber), Stellung der Drosselklappe und Klopfsignale des Motors in elektrische Signale um. Das Steuergerät wertet die Eingangssignale der Sensoren aus, berechnet die einzuspritzende Kraftstoffmenge und den Zündzeitpunkt und bildet die Steuerimpulse für die Aktoren.

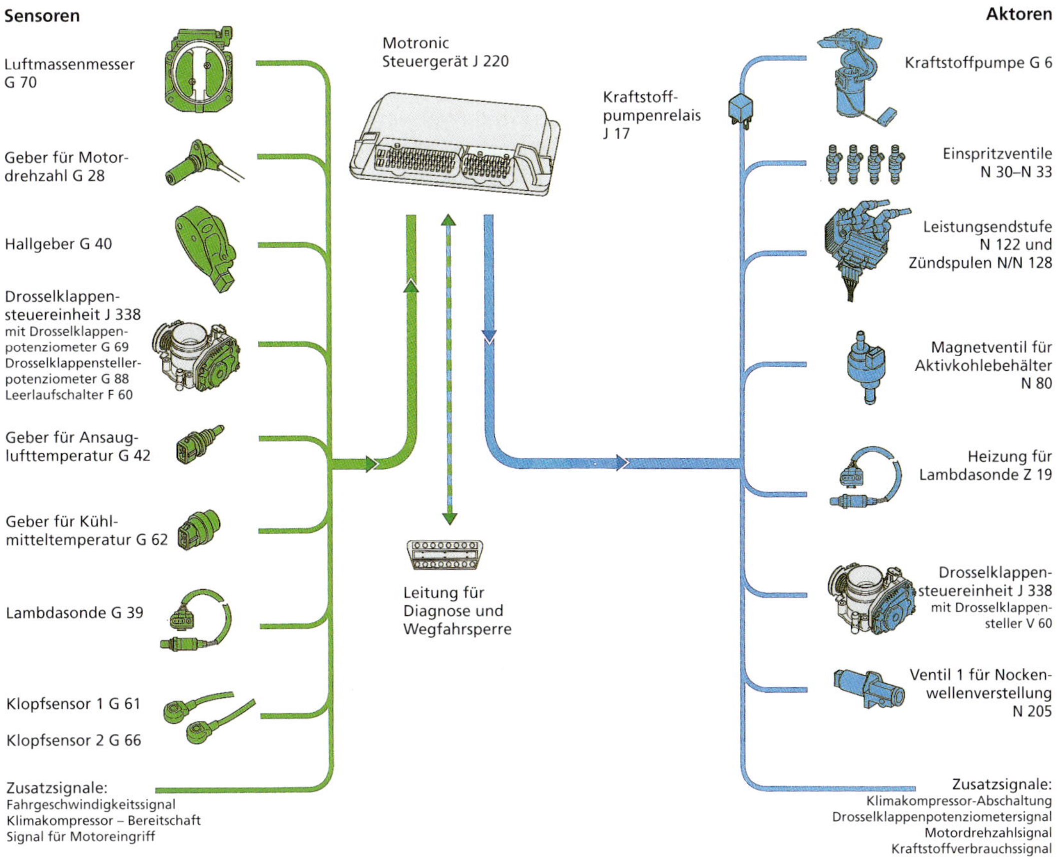

Blockschaltbild

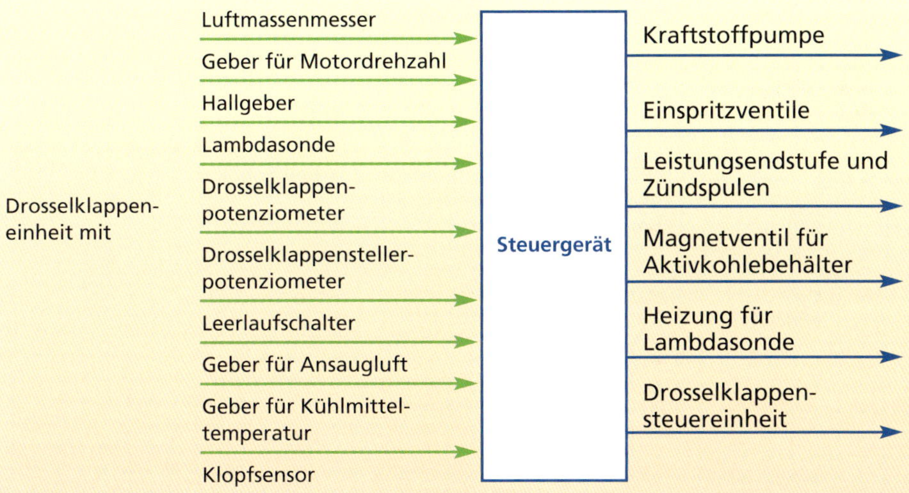

6 Werkstofftechnik

Funktionselemente werden mechanisch durch Kräfte, thermisch durch Wärme und chemisch durch Flüssigkeiten und Gase beansprucht. Vor einer Wiederverwendung müssen sie auf Funktionsfähigkeit untersucht werden. Bei Beschädigungen ist es nicht nur erforderlich, die Funktionsteile zu ersetzen, sondern auch die Ursachen zu finden. Hierzu benötigt der Kfz-Mechatroniker Kenntnisse über die wirkenden Beanspruchungen und die eingesetzten Werkstoffe, um sich ein Urteil zu bilden.

6.1 Beanspruchung von Funktionselementen im Kraftfahrzeug

6.1.1 Mechanische Beanspruchung

Beanspruchungsarten	Äußere Kräfte/Wirkungen	Beanspruchungen im Motor
Zug 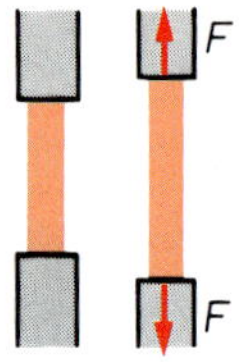	Zugkräfte wirken in Richtung der Stabachse. Der Stab dehnt sich und wird länger. Bei Entlastung nimmt der Stab die ursprüngliche Form an.	Zylinderkopfschrauben 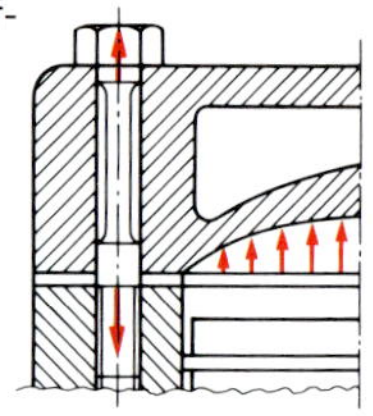
Druck 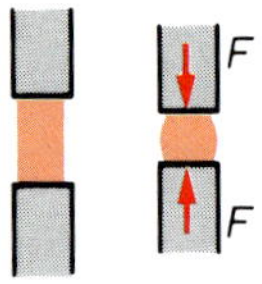	Druckkräfte wirken in Richtung der Stabachse. Sie sind im Richtungssinn den Zugkräften entgegengesetzt. Der Stab verkürzt sich.	Kolben 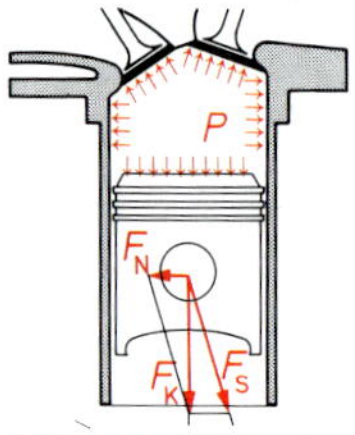
Knickung 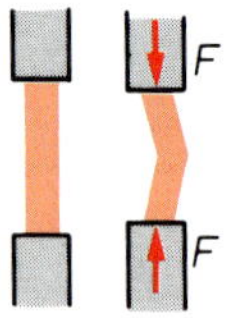	Druckkräfte wirken in Richtung der Stabachse. Ein langer, schlanker Stab knickt aus.	Pleuelstange 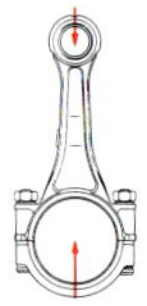
Abscheren 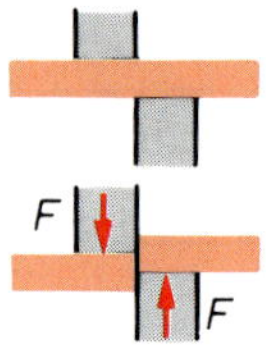	Die Scherkräfte wirken senkrecht zur Stabachse. Das Bauteil, der Stab wird abgeschert.	Kolbenbolzen 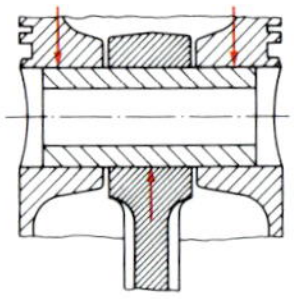
Biegen 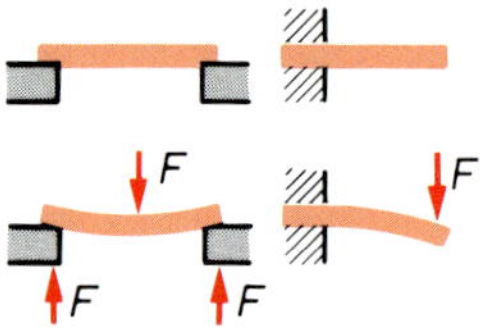	Die Biegekräfte wirken senkrecht zur Stabachse. Der Stab verbiegt sich.	Kurbelwelle 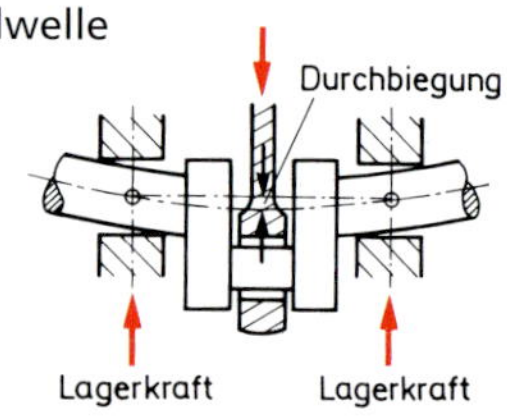

Fortsetzung

<table>
<tr><th>Beanspruchungsarten</th><th>Äußere Kräfte/Wirkungen</th><th>Beanspruchungen im Motor</th></tr>
<tr><td>Verdrehung
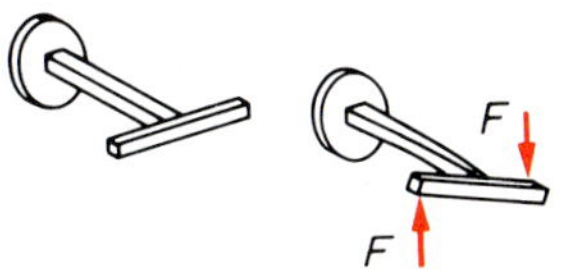
</td><td>Die Verdrehkräfte (Torsionskräfte) versuchen in einer Ebene senkrecht zur Stabachse die einzelnen Querschnitte gegeneinander zu verdrehen.</td><td>Kurbelwelle
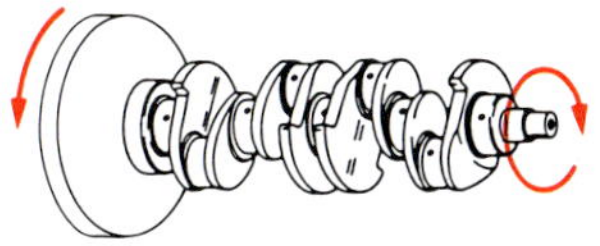</td></tr>
<tr><td>Reibung
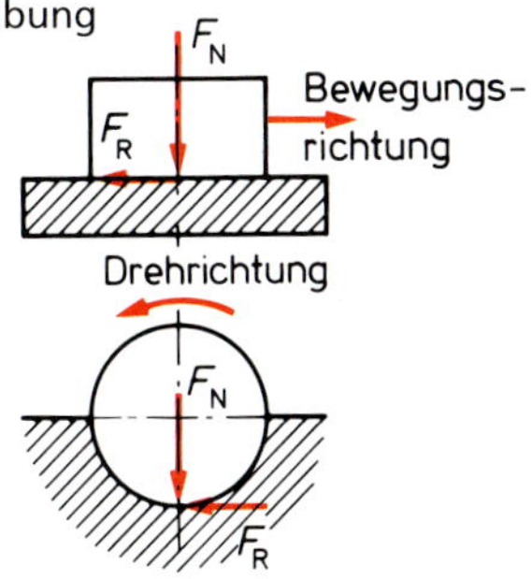
</td><td>Reibungskräfte entstehen zwischen den Flächen sich berührender und bewegter Bauteile. Die Reibkraft ist bestrebt, die Bewegung zu verhindern. Durch Reibung entsteht Verschleiß.</td><td>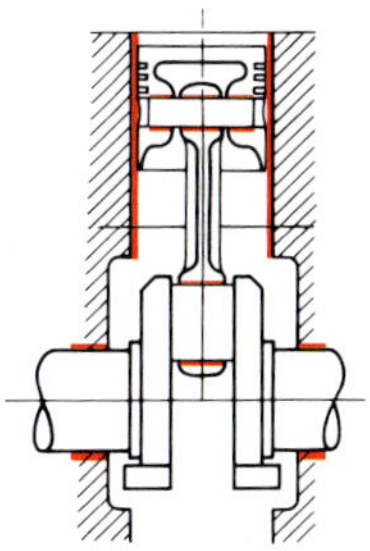</td></tr>
</table>

6.1.2 Chemische Beanspruchung

Bei Kraftfahrzeugen erfolgt die chemische Beanspruchung durch Korrosion.

Elektrochemische Korrosion

Elektrochemische Korrosion tritt immer dann auf, wenn ein „edleres" Metall mit einem „unedleren" Metall in Berührung kommt und beide von einem Elektrolyt benetzt werden. Das Elektrolyt ist eine Flüssigkeit, die durch gelöste Salze oder Säure leitend wird, z. B. Regenwasser. Es kommt zu einem Stromfluss, durch den das unedlere Metall zersetzt wird. Die Fahrzeugbatterie arbeitet nach einem ähnlichen Prinzip.

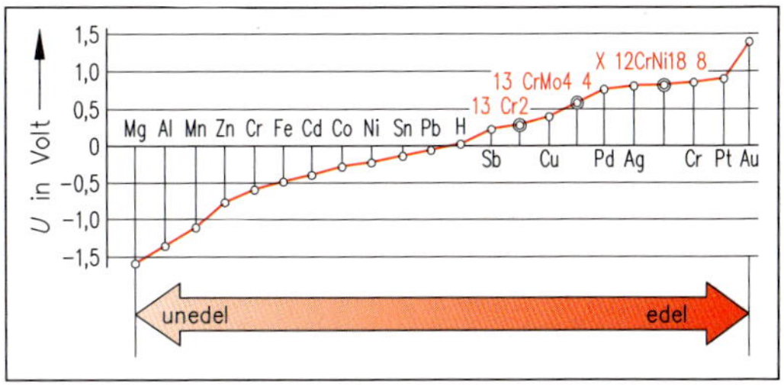

Zersetzt sich ein Metall leicht, so bezeichnet man es als ein unedles Metall, zersetzt es sich schwerer, so nennt man es edel. Ordnet man die Metalle in einer Reihe vom unedlen bis zum edlen, erhält man die elektrochemische Spannungsreihe der Metalle. Je weiter die Metalle in der Spannungsreihe voneinander entfernt sind, desto größer ist der Stromfluss, desto größer ist die Zersetzung des unedlen Metalls.

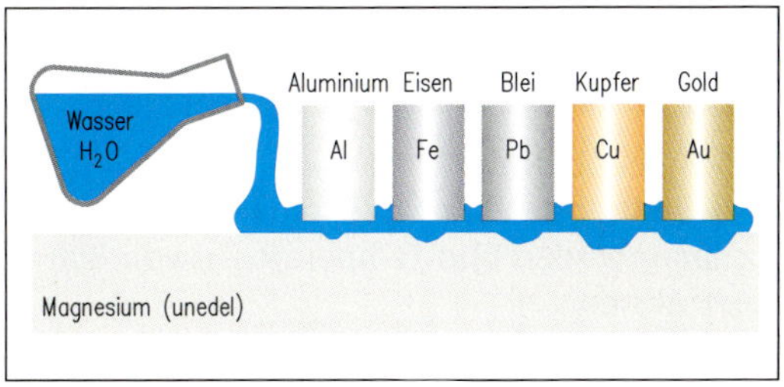

Unedle Metalle sind fast immer durch Spuren edlerer Metalle „verunreinigt". Diese Spuren ermöglichen eine elektrochemische Korrosion, wenn eine Berührung mit Wasser erfolgt.

Flächige Korrosion

Korrosion, die parallel zur Oberfläche entsteht, wenn sich der Sauerstoff der Luft und Luftfeuchtigkeit z. B. mit Eisen verbinden. Es bildet sich eine poröse Rostschicht, durch die der Luftsauerstoff und die Luftfeuchtigkeit zur darunterliegenden Eisenschicht dringen kann, sodass die Rostschicht wächst. Es kommt zum gleichmäßigen Abtragen der Metalloberfläche.

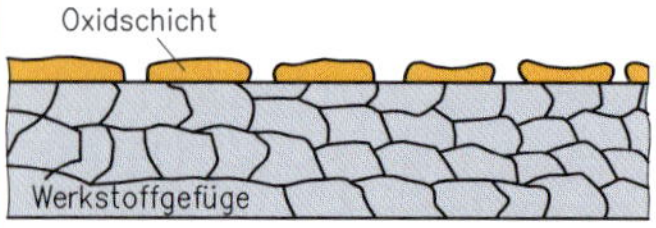

Kontaktkorrosion

Werden Bauteile aus unterschiedlichen Werkstoffen gefügt, die in der Spannungsreihe weit auseinanderliegen, entsteht Korrosion, wenn Feuchtigkeit hinzukommt. Verbindungselemente wie Schrauben und Nieten sollten daher aus dem gleichen Material sein wie die zu verbindenden Teile oder durch eine Isolierschicht geschützt sein.

Beispiel: Getriebegehäuse aus einer Magnesium-Legierung mit Stahlschrauben.

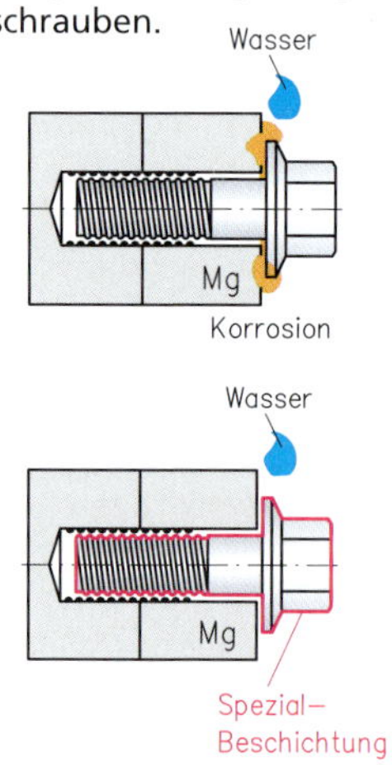

Lochkorrosion

Lochkorrosion entsteht z. B. an einer verzinkten Stahlblechkarosserie, wenn durch Steinschlag die Zinkschicht zerstört wird. Das Regenwasser wirkt als Elektrolyt. Es entsteht ein Lokalelement, bei dem das unedlere Zink zersetzt wird.

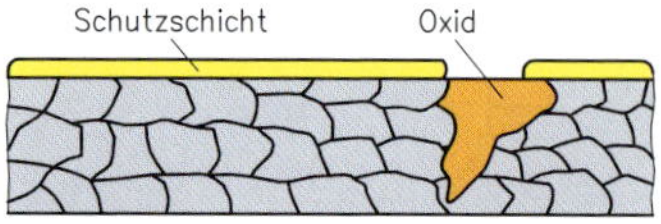

6.1.3 Thermische Beanspruchung

Im Fahrzeug werden drei Funktionseinheiten besonders durch hohe Temperaturen belastet:

- Motor
  Im Verbrennungsraum entstehen je nach Arbeitstakt Temperaturen von 250 °C bis 2500 °C, die Zylinder, Zylinderkopf, Ventile und Kolben thermisch belasten.
- Abgasanlage
  Die Abgase erwärmen die Auspuffanlage auf 800 °C am Anfang und 500 °C am Ende.
- Scheibenbremse
  Beim Bremsen kann die Bremsscheibe rotglühend werden und Temperaturen von 800 °C erreichen.

Durch thermische Überbeanspruchung, insbesondere bei Ausfall der Wärmeabfuhr können die Funktionsteile an überhitzten Stellen durchbrennen, z. B. Kolbenboden oder ihre Gefügestruktur verändern und Ausglühen, z. B. Bremsbeläge. Grundsätzlich dehnen sich alle Funktionsteile bei Erwärmung aus.

Längenausdehnung der Funktionselemente

Bauteile dehnen sich bei Erwärmung und schrumpfen bei Abkühlung. Die Längenzunahme ist umso größer

- desto größer die ursprüngliche Länge des Bauteils,
- desto größer die Temperaturzunahme,
- desto größer die Längenausdehnungszahl ist.

Längenausdehnungszahl α	
Stahl, niedrig legiert	0,000011
Stahl, hoch legiert	0,000017
Stahl, unlegiert	0,000011
Alu-Legierung	0,000022
Grauguss, unlegiert	0,0000105

Die Längenzunahme ist

$$\Delta l = l_1 \cdot \alpha \cdot (t_2 - t_1)$$

Endlänge = Anfangslänge + Längenzunahme

$$l_2 = l_1 + \Delta l$$

Größe	Formelzeichen	Einheit
Länge	l	mm
Ausdehnungszahl	α	1/K
Temperatur	t	°C oder K

Die Temperaturdifferenz $(t_2 - t_1)$ bzw. die Längendifferenz $(l_2 - l_1)$ bzw. $(d_2 - d_1)$ werden häufig durch den griechischen Buchstaben Δ (Delta) dargestellt.

Es gilt dann

$$\Delta l = l_2 - l_1$$
$$\Delta t = t_2 - t_1$$

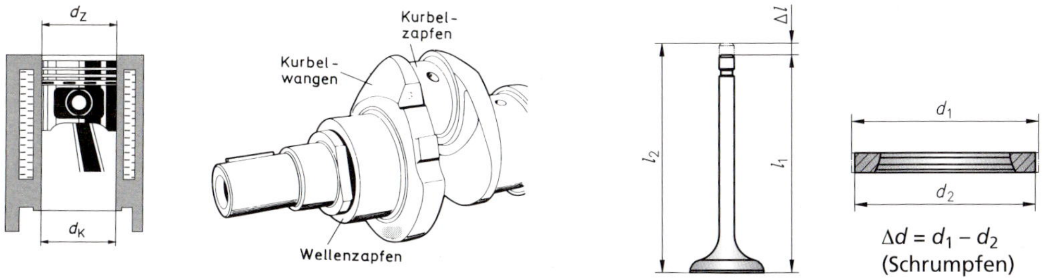

Spiel $S = d_Z - d_K$ | $\Delta d = d_2 - d_1$ | $\Delta l = l_2 - l_1$ | $\Delta l = l_2 - l_1$ | $\Delta d = d_1 - d_2$ (Schrumpfen)

Beispiel:

Gegeben: $d = l_1 = 74$ mm
$t_1 = 20$ °C
$t_2 = 250$ °C
$\alpha = 0{,}000022$ 1/K

Gesucht: l_2 in mm

Lösung:
$l_2 = l_1 + l_1 \cdot \alpha\,(t_2 - t_1)$
$l_2 = 74\text{ mm} + 74\text{ mm} \cdot 0{,}000022\text{ 1/K}\,(250 - 20)$
$\underline{\underline{l_2 = 74{,}37\text{ mm}}}$

6.2 Wiederverwendbarkeit von Funktionselementen

Die mechanischen, chemischen und thermischen Beanspruchungen führen zu Schäden an den Funktionselementen. Sind Schäden an einem Funktionselement vorhanden, muss festgestellt werden,

- was die Ursache für den Schaden ist,
- ob sich eine Instandsetzung lohnt,
- ob eine Instandsetzung erlaubt ist,
- ob das Teil verschlissen oder beschädigt ist.

Es muss geprüft werden, welcher Kategorie das Funktionselement angehört:

- **Risikoteile**
  Risikoteile sind Funktionsteile, denen eine erhöhte Aufmerksamkeit geschenkt werden muss, da deren Ausfall schwerwiegende Folgen haben könnte. Hierzu gehören Komponenten der Bremsanlage, die zu den sicherheitsrelevanten Bauteilen gehören. Diese Komponenten dürfen nicht instand gesetzt werden. Das Reparaturverbot gilt für Hauptbremszylinder, Bremskraftverstärker, Bremskraftregler, Bremskraftbegrenzer, Radzylinder mit integriertem Bremskraftbegrenzer. Diese Komponenten müssen bei Defekt komplett durch ein Neuteil ersetzt werden.
  Auch Schrauben, z. B. für den Zylinderkopf, Schwungrad, Kurbelwellen-Riemenscheibe, Auspuffkrümmer, Muttern für die Radnabe vorn und hinten sind durch neue Schrauben bzw. Muttern zu ersetzen. Hinweise gibt der Hersteller.
  Bei Nichtbeachtung kann der Instandsetzungsbetrieb für daraus entstandene Schäden haftbar gemacht werden. Grundsätzlich müssen alle Altteile verschrottet werden, um eine Wiederverwendung auszuschließen.

- **Verschleißteile**
  Die Hersteller bezeichnen bestimmte Teile als Verschleißteile. Diese Teile sind bei der Reparatur zu ersetzen.

- **Wiederverwendbare Teile**
  Diese Teile müssen durch eine
  - Sichtprüfung,
  - Maßprüfung,
  - Verschleißprüfung

  auf Wiederverwendbarkeit überprüft werden.

Beurteilung der Komponenten

Die Überprüfung auf Wiederverwendbarkeit umfasst folgende Punkte:

- Mechanische Überbeanspruchung durch Kräfte
  - Risse, Brüche, Verformung,
  - Riefen, Schleifspuren, Fresser,
  - übermäßiger oder abnormaler Verschleiß,
  - Leichtgängigkeit,
  - Alterung.
- Thermische Überbeanspruchung durch Wärme
  - Risse,
  - Ausglühen,
  - Ausschmelzungen,
  - Verglasung.
- Chemische Beanspruchung
  - Korrosion, Rostnarben.

Zur Beurteilung der Funktionsteile auf Wiederverwendbarkeit und zur Bestimmung der Ursache der Beschädigungen sind neben Kenntnissen über die wirkende Beanspruchungen auch Werkstoffkenntnisse erforderlich.

6.3 Werkstoffe im Kraftfahrzeug

Stahl

Stahl ist eine Eisen-Kohlenstoff-Legierung mit 0,05 bis 2,06 % Kohlenstoff. Der Kohlenstoff liegt nicht in reiner Form vor, sondern ist mit einem Teil des Eisens chemisch zu Eisenkarbid (Fe_3C) verbunden. Der Kohlenstoffgehalt bestimmt die

- mechanischen und
- technologischen Eigenschaften des Stahles.

Mit steigendem C-Gehalt

- erhöhen sich Zugfestigkeit, Härte und Sprödigkeit,
- verringern sich Zähigkeit, Umformbarkeit, Zerspanbarkeit und Schweißbarkeit.

Baustahl	Einsatzstahl	Vergütungsstahl	Legierte Stähle
0,1 ... 0,5 % C gut umformbar, schweißbar	0,1 ... 0,15 % C oberflächenhärtbar	0,25 % ... 0,6 % C Festigkeitsverbesserung durch Vergüten	Eigenschaftsverbesserung durch Legieren mit Chrom, Nickel, Vanadium, Molybdän usw.
Beispiel: Karosserie	Beispiel: Zahnräder	Beispiel: Pleuelstange	Beispiel: Ventile

Gusswerkstoffe

Gusswerkstoffe sind Eisen-Kohlenstoff-Legierungen mit einem Kohlenstoffgehalt von 2 bis 5 %. Gusseisen besteht aus einem Grundgefüge, in das der Kohlenstoff in Form von lamellenförmigem, kugelförmigem oder flockenförmigem Graphit eingelagert ist.
Grundgefüge und Art der Graphitausscheidung bestimmen die mechanischen und technologischen Eigenschaften des Gusswerkstoffes. Lamellenförmig eingelagerter Graphit schwächt das Grundgefüge stärker als flockenförmiger oder kugelförmiger Graphit. Die Lamellen wirken wie Kerben, von denen Risse ausgehen können.

Grauguss	Gusseisen mit Kugelgraphit	Tempergus	Stahlguss
lamellenförmiger Graphit: spröde, druckfest, korrosionsfest, schwingungsdämpfend, gut gießbar und zerspanbar	kugelförmiger Graphit: hohe Festigkeit, dehnbar	flockenförmiger Graphit: zäh und dehnbar	Kohlenstoff chemisch gebunden
Beispiel: Motorblock	Beispiel: Kurbelwelle	Beispiel: Nockenwelle	Beispiel: Radnabe

Wärmebehandlung von Stahl

Vergüten: Härten mit nachfolgendem Anlassen bei hohen Temperaturen.
Oberflächenhärten: Erwärmen der Oberfläche und anschließendes Abschrecken.

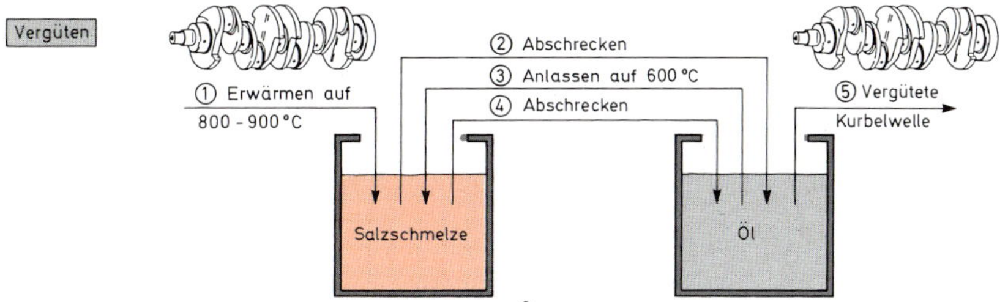

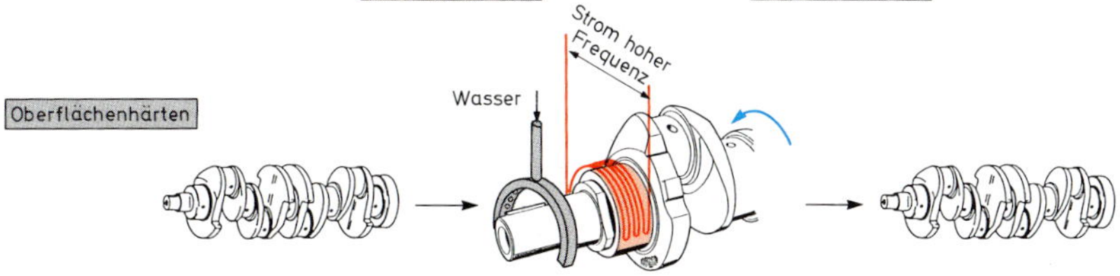

NE-Metalle

Durch Legierungszusätze zum reinen Material lassen sich die Eigenschaften – insbesondere Festigkeit und Härte – verbessern und den jeweiligen Ansprüchen anpassen. Hauptlegierungselemente sind Magnesium (Mg), Silizium (Si), Kupfer (Cu), Zink (Zn), Mangan (Mn).

<table>
<tr><th colspan="3">Aluminium, Aluminiumlegierungen</th></tr>
<tr><th>Physikalische Eigenschaften</th><th>Chemische Eigenschaften</th><th>Technologische Eigenschaften</th></tr>
<tr><td>⊕ geringe Dichte (2,7 kg/dm^3)
⊕ niedriger Schmelzpunkt (660 °C)
⊕ gute elektrische Leitfähigkeit
⊕ gute Wärmeleitfähigkeit
⊖ hohe Wärmeausdehnung
⊖ geringe Festigkeit
⊖ geringe Härte</td><td>⊕ korrosionsbeständig,
Alu überzieht sich unter Einwirkung des Luftsauerstoffs mit einer dünnen Oxidschicht, die das darunter liegende Material schützt
⊕ ungiftig</td><td>⊕ gut kalt und warm umformbar
⊕ gut zerspanbar
⊕ gut gießbar</td></tr>
<tr><td colspan="3">Alu-Gusslegierung (Al + Si + Mg, in Formen gegossen): Pkw-Räder, Faust-Bremssattel, Schwenklager und Achsträger. Alu-Knetlegierung (Al + Mg + Mn, geschmiedet, gewalzt): Pkw-Räder, Karosserieteile.</td></tr>
<tr><th colspan="3">Magnesium, Magnesium-Legierung</th></tr>
<tr><td>⊕ sehr geringe Dichte (1,74 kg/dm)
⊕ niedriger Schmelzpunkt (650 °C)
⊖ geringe Festigkeit
⊖ weich</td><td>⊖ nicht korrosionsbeständig gegen Säuren und Salzlösungen
⊖ reines Magnesium ist leicht entflammbar
⊖ kann nicht mit Wasser gelöscht werden sondern nur mit Sand oder Pulverlöschmittel</td><td>⊕ gut gießbar
⊕ sehr gut zerspanbar
⊖ nur mäßig verformbar
⊖ aufgrund der Brennbarkeit bei höheren Temperaturen schlecht verarbeitbar</td></tr>
<tr><td colspan="3">Durch Legieren mit Aluminium, Zink, Mangan wird Magnesium korrosionsbeständig, fest und schweißbar. Magnesium-Legierungen werden aufgrund des geringen Gewichts in der Kfz-Technik z. B. für Getriebegehäuse verwendet.</td></tr>
<tr><th colspan="3">Kupfer, Kupferlegierungen</th></tr>
<tr><td>⊕ sehr gute elektrische Leitfähigkeit
⊕ sehr gute Wärmeleitfähigkeit
⊕ weich und zäh
⊖ bedeutend geringere Festigkeit als Stahl</td><td>⊕ korrosionsbeständig
Kupfer bildet eine grüne, dichte Oxidschicht mit der Kohlensäure der Luft (Patina). Sie schützt das Material vor weiterer Oxidation
⊖ Kommt Kupfer mit Essigsäure in Berührung, entsteht der giftige Grünspan</td><td>⊕ gut umformbar
⊕ gut lötbar
⊖ schlecht zerspanbar
⊖ schlecht gießbar
⊖ schlecht lötbar, schlecht schweißbar</td></tr>
<tr><td colspan="3">Kupferlegierungen
• Kupfer-Zink-Legierung (Messing)
Kupfer-Zink-Legierungen mit mindestens 50 % Kupfer und dem Haupt-Legierungsbestandteil Zink werden als Messing bezeichnet. Je höher der Zinkgehalt, desto schlechter sind die Messingsorten umformbar, desto besser sind sie gießbar und zerspanbar.
Beispiel: Synchronring
• Kupfer-Zinn-Legierung (Zinnbronze)
Kupfer-Zinn-Legierungen mit mindestens 60 % Kupfer und dem Haupt-Legierungsbestandteil Zinn werden Zinnbronzen genannt. Zinn erhöht die Korrosionsbeständigkeit, verbessert die Zugfestigkeit und Verschleißfestigkeit.
Beispiel: Lenkrolle einer Schneckenrollenlenkung
• Kupfer-Zinn-Blei-Legierung (Bleibronze)
Kupfer-Zinn-Blei-Legierungen bis 30 % Blei und 10 % Zinn bezeichnet man als Bleibronzen. Blei erhöht die Notlaufeigenschaften, da es schmierend wirkt, wenn die Schmierung kurzzeitig aussetzt.
Beispiel: Laufschicht eines Gleitlagers</td></tr>
</table>

Kunststoffe

Kunststoffe werden durch chemische Verfahren aus Erdöl gewonnen. Grundbausteine sind Kohlenstoffatome, die Verbindungen mit Wasserstoff, Sauerstoff, Stickstoff, Chlor oder Fluor eingehen können.

Thermoplaste	Duroplaste	Elaste
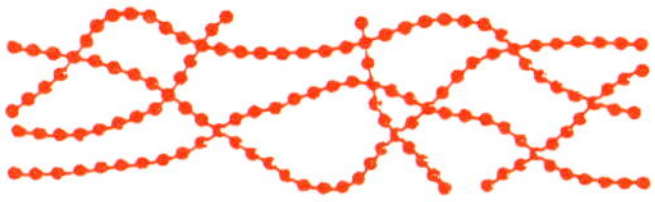	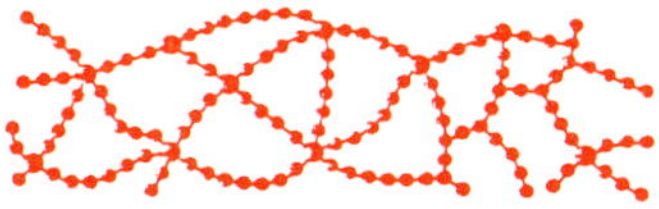	
Bei thermoplastischen Kunststoffen sind die Moleküle (Makromoleküle = Riesenmoleküle) unvernetzt. Bei Temperaturen über 100 °C werden sie weich und plastisch verformbar. ⊕ Wiederholt umformbar, ⊕ bei Wärmezufuhr umformbar und schweißbar, ⊕ gut klebbar, ⊖ bei Temperaturen um 70 °C weich, ⊖ bei geringen Temperaturen glasig hart.	Bei Duroplasten sind die Makromoleküle engmaschig vernetzt. Duroplaste härten nach einer Erwärmung auf über 170 °C aus und sind danach nicht mehr umformbar. ⊕ Bleiben auch bei hohen Temperaturen hart und fest, ⊕ gut zerspanbar, ⊕ klebbar, ⊖ nicht schweißbar.	Elaste sind Kunststoffe, die aus weitmaschig vernetzten Makromolekülen bestehen. Sie zeigen gummiartige Eigenschaften. Nach Abschluss der Vernetzung sind sie nicht mehr schmelzbar. ⊕ Gummiartiges Verhalten, ⊖ in Wärme nicht umformbar.

Gemeinsame Eigenschaften der Kunststoffe

Physikalische Eigenschaften	Chemische Eigenschaften	Technologische Eigenschaften
⊕ Geringe Dichte, ⊕ hohes elektrisches Isoliervermögen, ⊕ schlecht wärmeleitend, ⊖ geringe Temperaturbeständigkeit, ⊖ hohe Wärmeausdehnung.	⊕ Korrosionsfest gegen Säuren, Laugen, Wasser, Sauerstoff, ⊖ unbeständig gegenüber Lösungsmitteln, z. B. Benzol.	Die technologischen Eigenschaften werden im Wesentlichen durch den Aufbau der Kunststoffe bestimmt.

Anwendungsbeispiele

Thermoplaste		Duroplaste
Lüfter: Polypropylen (PE) Radkappen: Polyurethan (PUR) Faltenbälge: Polyethylen (PE) Seitenverkleidung: Polycarbonat (PC) Wasserkasten: Polyamid (PA) Abdeckung für Leuchten: Polystyrol (PS) Kabelisolierungen: Polyvinylchlorid (PVC)	Kühlergrill: Acrylnitril-Butadien-Styrol (ABS) Lichtabdeckungen: Acrylglas (PMMA)	Glasfaserverstärkte Karosserieteile: Epoxidharz (EP) Verteilerkappen: Melaminformaldehyd (MF) Dichtungen aus Schichtpressstoffen: Phenolformaldehyd (PF) Spachtelmasse: ungesättigter Polyester (UP)

Sinterwerkstoffe

Bei der Herstellung von Sinterwerkstoffen werden metallische und/oder nichtmetallische Werkstoffe zu Pulver zerkleinert und daraus Rohlinge unter hohem Druck hergestellt. Durch anschließendes Glühen unterhalb des Schmelzpunktes verbinden sich die Pulverteilchen zu einem festen Gefüge, dem Sinterwerkstoff. Mit dem Sintern können

- schwierig zu schmelzende Metalle z. B. Wolfram für Glühwendeln von Lampen verbunden werden,
- metallische und nichtmetallische Werkstoffe z. B. Kupfer und Kohle zu Kohlebürsten von Motoren und Generatoren verbunden werden.
- Unter hohem Druck und Nachverdichten können sehr genaue Teile ohne Nachbearbeitung hergestellt werden, z. B. Zahnriemenräder.

Weitere Beispiele: Lagerschalen aus Sinterbronze, Filter aus Phosphorbronze mit großem Porenraum, Außen- und Innenzahnrad einer Ölpumpe oder Kupplungsteile aus Sinterstahl.

6.4 Verfügbarkeit von Rohstoffen

Die Grafik zeigt die Materialien, die im Audi verwendet werden:

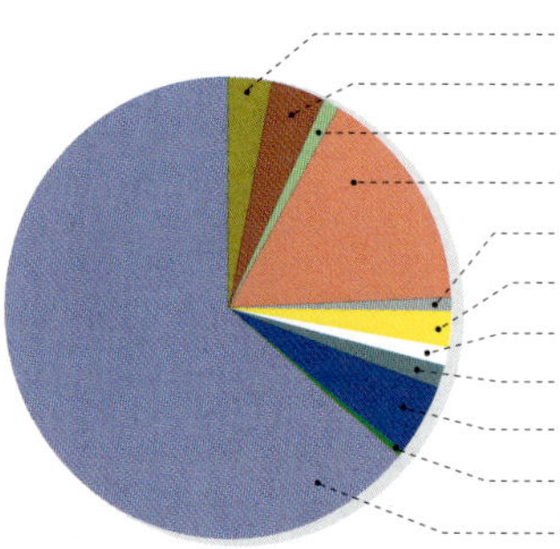

34 kg	Glas	3,1 %
44 kg	Gummi	4,0 %
12 kg	**Dämmstoff**	**1,1 %**
174 kg	Kunststoff	16,0 %
10 kg	Lack	0,9 %
27 kg	Leichtmetall	2,5 %
14 kg	Elektrik/Kabel	1,3 %
17 kg	Nichteisenmetall	1,6 %
58 kg	Benzin/Öl/Fett	5,3 %
2 kg	Sonstiges	0,2 %
696 kg	Stahl/Eisen	64,0 %
1088 kg	**Gesamtgewicht**	

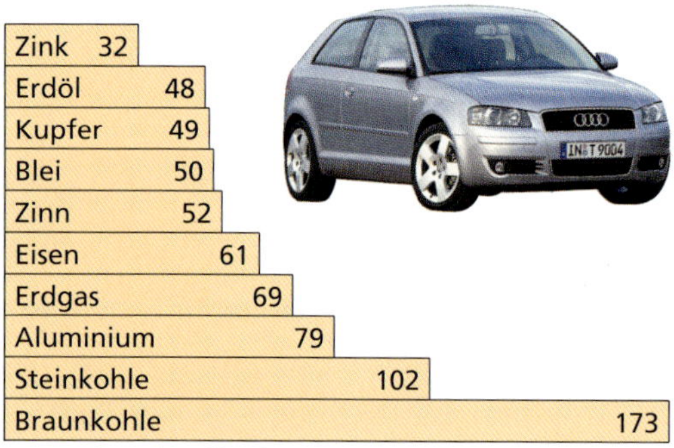

Vorrat der Rohstoffvorkommen in Jahren

In einem einzigen großen Automobilwerk werden bei einer Tagesproduktion von 12000 Fahrzeugen täglich folgende Mengen verarbeitet:

- 11000 Tonnen Stahl,
- 11720 Tonnen NE-Metalle,
- 13000 Tonnen Nichtmetalle

Dem großen Werkstoff- und damit Rohstoffbedarf stehen begrenzte Rohstoffreserven gegenüber:

- Aluminium wird in rund 79 Jahren zur Neige gehen,
- die Bleivorräte der Erde reichen noch etwa 50 Jahre,
- die Zinkreserven sind in 32 Jahren erschöpft,
- die Kupfervorräte reichen noch 49 Jahre
- Zinn wird es in 52 Jahren nicht mehr geben.

Die zunehmende Verknappung insbesondere der NE-Metalle führt zu steigenden Rohstoffpreisen. Entscheidend für die Rohstoffkosten sind aber auch die Energiekosten. Für die Aufbereitung der Rohstoffe benötigt man Energie. Kupfer z. B. muss aus immer ärmeren Erzen gewonnen werden. Abbau, Zerkleinerung und Anreicherung des Erzes kosten mehr und mehr Energie pro Mengeneinheit Kupfer. Hinzu kommt, dass auch die Erdöl- und Erdgasreserven begrenzt sind und damit diese Kosten ebenfalls steigen werden.

Recycling

Aufgrund der knapper werdenden Rohstoffreserven und steigenden Energiepreise ist es erforderlich, Werkstoffe wieder aufzubereiten und zu verwenden. Der Fachausdruck hierfür heißt Recycling. Durch Recycling werden

- die Rohstoffreserven geschont,
- Energiekosten eingespart.

In der Bundesrepublik werden jährlich ca. 1,8 Millionen Kraftfahrzeuge stillgelegt und müssen beseitigt werden. Die dabei anfallende Metall-Schrottmenge beläuft sich auf über 1 Million Tonnen.

Die 22 Millionen Altreifen, die nicht mehr runderneuert werden können, haben sich als Kohlenstoff- und Energieträger bei der Zementherstellung bewährt. Ein Altreifen hat den gleichen Heizwert wie 10 kg Kohle. Die Schadstoffe – so die Versuchsergebnisse – werden im Zement gebunden. Die anfallenden Abgase sind weitgehend schadstofffrei.

Auch aufarbeitungsfähige Altöle aus dem Motor und dem Getriebe können durch eine erneute Raffination wieder in hochwertige Schmieröle umgewandelt werden.

Beim Recycling von Katalysatoren werden die Edelmetalle Platin und Rhodium wiedergewonnen.

Altautoentsorgung

Seit dem 1. 4. 1998 ist die Altautoverordnung in Kraft, die den Letztbesitzer eines Kraftfahrzeuges verpflichtet, sein Altauto einer anerkannten Annahmestelle oder einem Verwertungsbetrieb zur endgültigen Stilllegung zuzuführen. Der Letztbesitzer wird je nach Alter, Typ und Zustand seines Altautos entweder eine Vergütung erhalten oder einen Betrag für die Entsorgung zu entrichten haben. Die Annahmestelle händigt den Verwertungsnachweis im Auftrag und Namen eines nachgeschalteten Verwertungsbetriebes an den Letztbesitzer aus und leitet das Altauto zur weiteren Entsorgung an den anerkannten Verwerter weiter.

Im Verwertungsbetrieb wird das Altauto trockengelegt und demontiert. Verwertbare Teile stehen als gebrauchte Ersatzteile den Kfz-Betrieben für eine Reparatur zur Verfügung. Das vorbehandelte Auto (Restkarosse) wird dann zur weiteren Verwertung und zur Rückgewinnung von Metallen einer Schredderanlage überlassen. Die anfallenden Werkstoffe fließen in den Stoffkreislauf für die Neuproduktion von Kraftfahrzeugen zurück. Mit dem Altfahrzeuggesetz vom 1. 7. 2002 haben Letztbesitzer grundsätzlich die Möglichkeit, ihr Fahrzeug unentgeltlich an den Hersteller/Importeur zurückzugeben. Für vor dem Juli 2002 bereits im Verkehr befindliche Fahrzeuge gilt dies ab dem Jahre 2007.

Das Gesetz schreibt u. a. vor, dass ab dem Jahre 2006 mindestens 85 % des durchschnittlichen Gewichts eines Altfahrzeuges zu verwerten und mindestens 80 % stofflich zu verwerten oder wiederzuverwenden sind. Ab 2015 sind es mindestens 95 % bzw. 85 %.

6.5 Korrosionsschutz

6.5.1 Korrosionsschutz der Karosserie

Um Karosserien über einen langen Zeitraum vor Korrosion zu schützen, verzinkt man alle Karosserieteile. Sie werden entweder feuer- oder elektrolytisch verzinkt. Feuerverzinkt werden alle Teile, die nach außen nicht sichtbar sind, elektrolytisch verzinkt werden die Außenhautbleche. Durch die Lackierung wird der Korrosionsschutz zusätzlich erhöht.

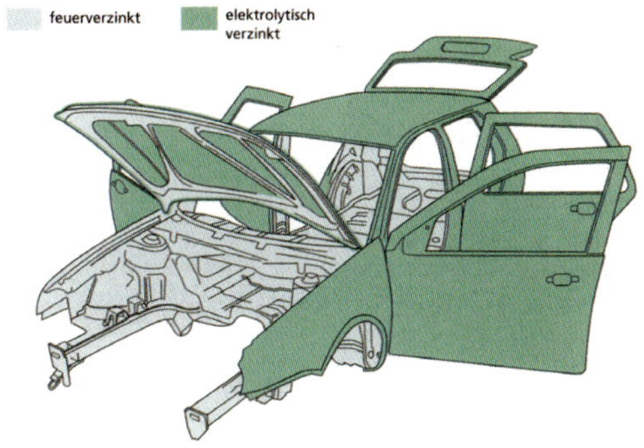

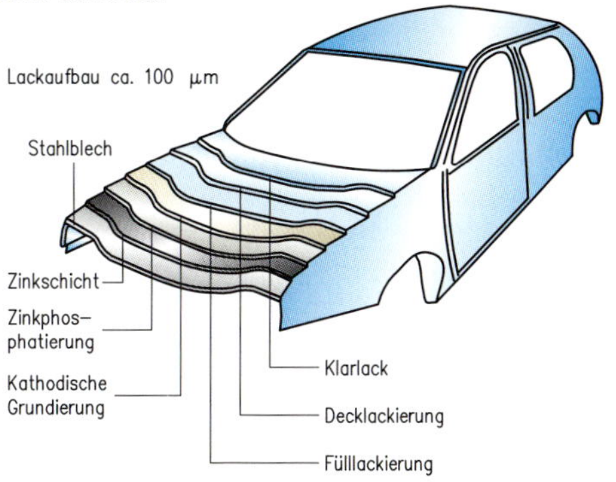

6.5.2 Unterbodenschutz

Vom Automobilhersteller wird der Unterbodenschutz als Steinschlagschutz aufgebracht. Er besteht aus einer kunststoff-, kautschuk- oder bitumenhaltigen Masse, die über einen längeren Zeitraum elastisch bleibt. Im Laufe der Zeit können durch Versprödungen Risse auftreten. Daher muss der Unterbodenschutz einer jährlichen Sichtprüfung unterzogen werden. Beschädigte Stellen müssen instand gesetzt werden.

6.5.3 Hohlraumversiegelung

Hohlräume an Trägern, Holmen, Türen usw. sind durch Spritzwasser und Kondenswasser stark korrosionsgefährdet. Sie werden daher durch eine Hohlraumkonservierung gegen Korrosion geschützt. Als Sprühmittel werden Öle, Wachse, Rosthemmer und Lösungsmittel verwendet, die ein großes Haft- und Kriechvermögen besitzen. Nach Karosserieinstandsetzungsarbeiten muss immer eine Hohlraumkonservierung durchgeführt werden.

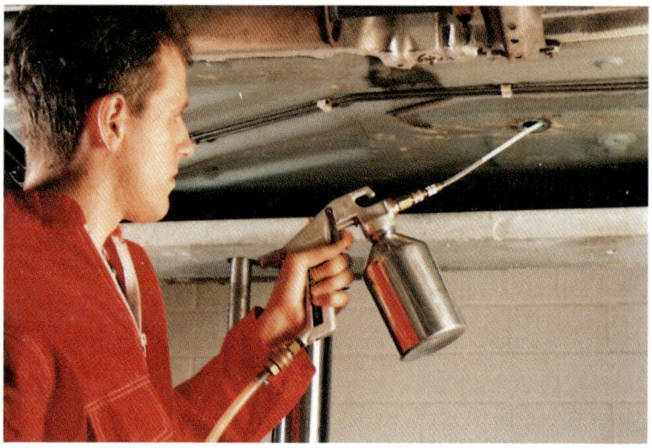

6.5.4 Korrosionsschutz an Funktionselementen

Beschichtungen

Kontakt-Korrosion bei Getriebegehäuse

Bei Getrieben mit einem Gehäuse aus Magnesium werden zum Fügen Schrauben aus Stahl eingesetzt. Wird die Berührungsfläche mit Wasser benetzt, kommt es zu einem Stromfluss zwischen beiden Metallen. Das Magnesium wird dabei zersetzt.

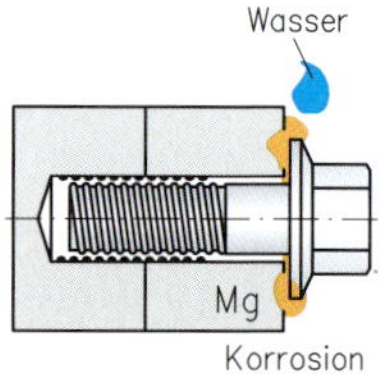

Schrauben mit Spezialbeschichtung

Die Kontakt-Korrosion wird verhindert, indem der Stromfluss zwischen beiden Metallen unterbunden wird.
Dies wird erreicht, indem die Schraube mit einer elektrisch nicht leitenden Isolierschicht versehen wird.

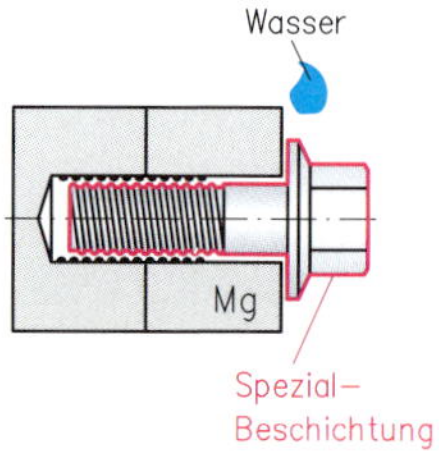

Bremsleitungen

Die Bremsleitungen bestehen aus biegbaren Stahlrohren, die vielschichtig gegen Korrosion geschützt sind.

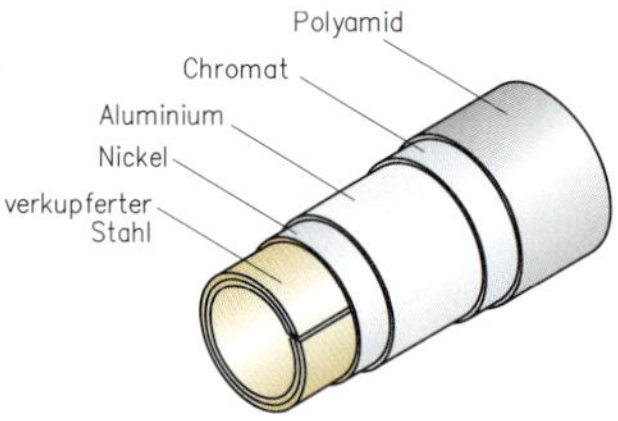

Dacromierte Schrauben

Alle außen liegenden Schrauben der Bremsanlage sind dacromiert, d. h. ein zink-alu-staubhaltiger Überzug schützt vor Korrosion.

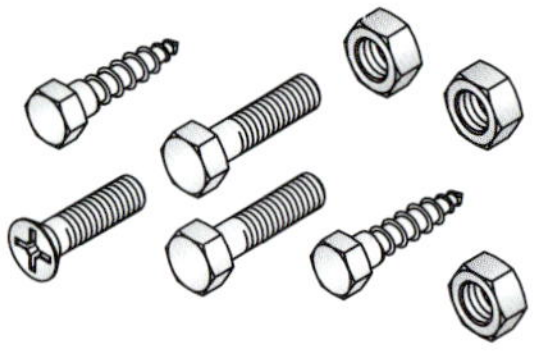

7 Fertigungstechnik

7.1 Verbindungstechniken im Kraftfahrzeug

Motor, Getriebe, Fahrwerk und Bremsanlage bestehen aus einer Vielzahl von Einzelteilen, die durch unterschiedliche Verbindungstechniken miteinander verbunden sind. Das unten dargestellte Ausgleichsgetriebe mit den Achswellen besteht aus über 70 Einzelteilen, die durch unterschiedliche Verbindungselemente gefügt sind:

- Schraubenverbindungen
- Kerbzahnverbindungen
- Stiftverbindungen
- Sicherungsringe
- Klemmverbindungen

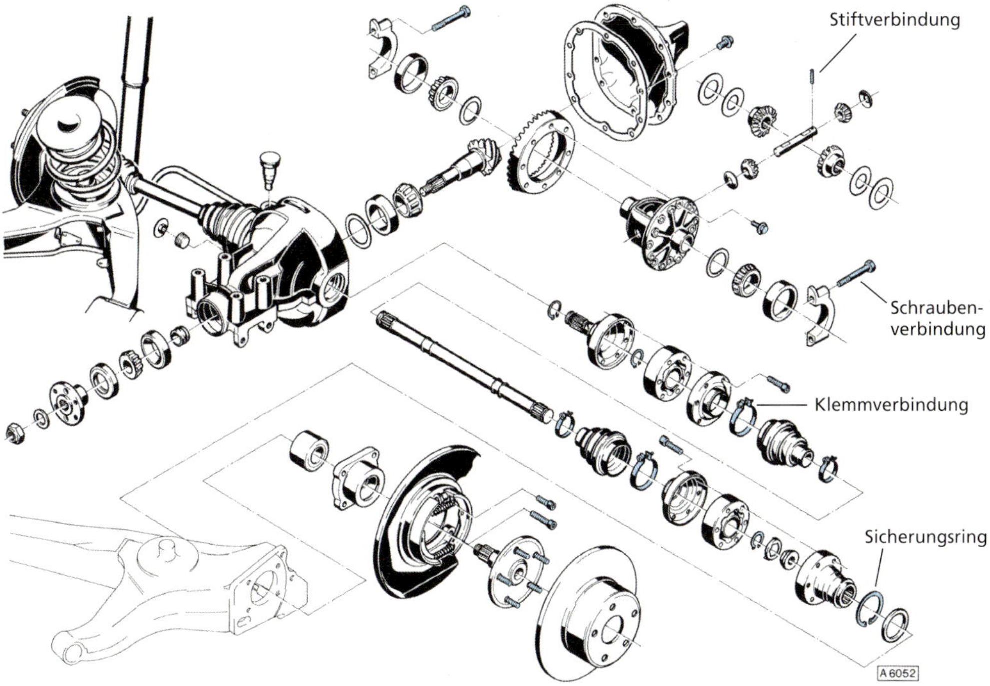

Der Zusammenhalt der Funktionsteile erfolgt auf unterschiedliche Art:

Kraftschlüssige Verbindungen	Formschlüssige Verbindungen
Beim Anziehen der Schraube werden die Werkstücke durch die Spannkraft F_V der Schraube gegeneinander gepresst. Belastet nun eine Kraft F die Verbindung, so verhindern die zwischen den gepressten Flächen wirkenden Reibungskräfte ein Verschieben der Teile. Die Kraft wird durch Kraftschluss (Reibschluss) übertragen. 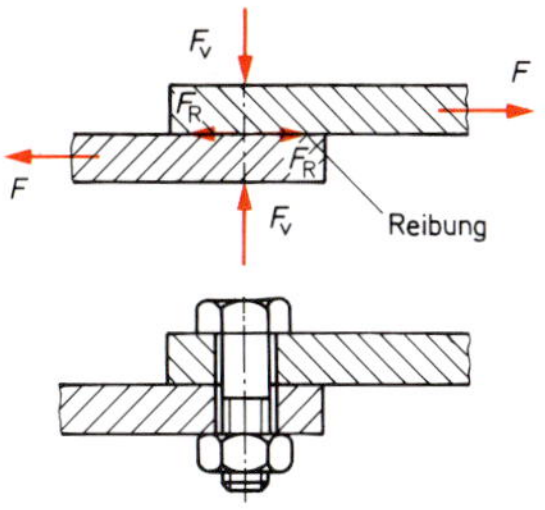	Ein Stift dient als Verbindungselement der beiden Werkstücke. Wird die Verbindung durch eine Kraft F belastet, so verhindert der in beiden Teilen steckende Stift durch seine Form ein Verschieben der Teile. Die Kraft wird durch Formschluss übertragen. 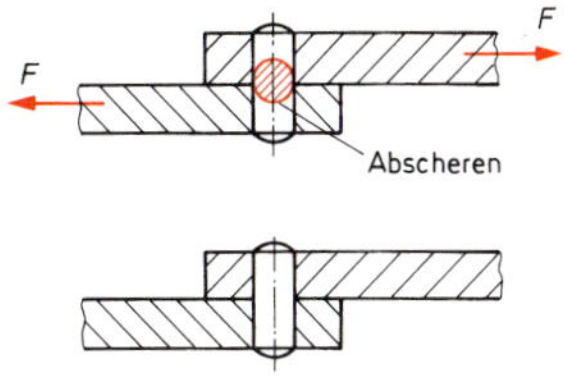

7.1.1 Kraftschlüssige Verbindungen

7.1.1.1 Schraubverbindung

Schrauben ist eine Verbindungstechnik, bei der im Gewinde zwischen Schraube und Mutter eine Kraft erzeugt wird, die die Bauteile aufeinander presst, so dass die Reibungskraft zwischen beiden Teilen ein Verschieben verhindert. Wichtigstes Konstruktionsmerkmal der Schraube und Mutter ist das Gewinde. Als Gewinde wird bei Schraubverbindungen Spitzgewinde verwendet. Das Gewinde ist durch folgende Größen gekennzeichnet:

- Außen- und Nenndurchmesser (*D*, *d*),
- Flankendurchmesser (D_2, d_2),
- Kerndurchmesser (D_1, d_3),
- Flankenwinkel,
- Steigung (*P*).

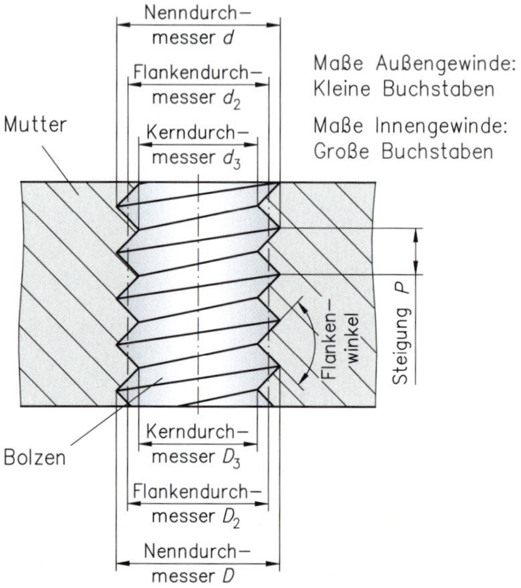

Das Gewinde ist genormt:

- Metrisches ISO-Gewinde: Der Flankenwinkel beträgt 60°. Gewindekurzzeichen: M.
  M 10: Metrisches Gewinde mit einem Nenndurchmesser von 10 mm. Alle anderen Größen können über Tabellenbücher ermittelt werden.

Schrauben und Muttern

Schrauben

Sechskantschrauben

Sechskantschrauben werden eingesetzt als

- Durchsteckschrauben mit Mutter bei Werkstücken mit Durchgangslöchern,
- Einziehschrauben ohne Mutter, wenn das Muttergewinde in das Werkstück geschnitten ist.

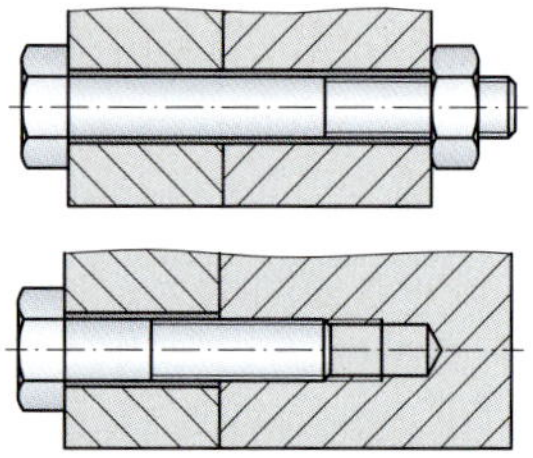

Zylinderschraube mit Innensechskant

Bei Zylinderschrauben mit Innensechskant kann der Zylinderkopf der Schraube im Werkstück versenkt werden. Mit einem Winkelschraubendreher kann die Zylinderschraube an Stellen noch angezogen werden, wo z. B. ein Ringschlüssel nicht mehr verwendet werden kann.

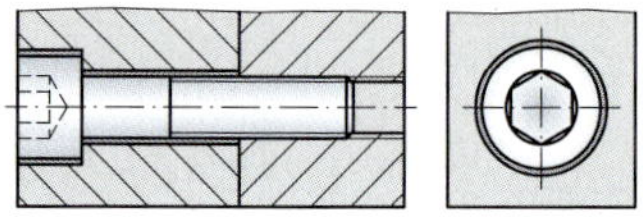

Die Schraubenverbindungen erzeugt große Reibungskräfte zwischen den Fügeflächen der Werkstücke, wodurch ein Verschieben der beiden Werkstückteile verhindert wird. Da der Durchmesser der Werkstückbohrung etwas größer ist als der Schaftdurchmesser der Schraube, kann die Schraube aufgrund des Spiels nicht auf Abscheren beansprucht werden und die Lage der Teile zueinander nicht genau einhalten.

Passschrauben

Passschrauben haben einen geschliffenen Schaft, dessen Außendurchmesser etwas größer ist als der Gewindedurchmesser. Die Passschraube passt ohne Spiel in eine genaue (aufgeriebene) Bohrung.

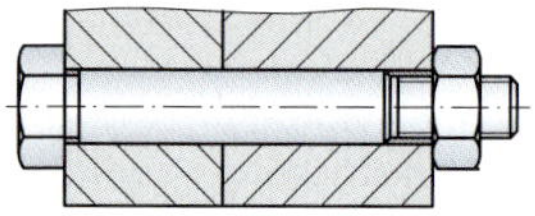

Die Passschraube

- sichert die genaue Lage der Werkstücke zueinander,
- kann an den Fügeflächen große Reibungskräfte übertragen,
- kann auf Abscheren beansprucht werden.

Schrauben

Fortsetzung

Stiftschrauben

Stiftschrauben werden eingesetzt,

- wo kein Platz für den Schraubenkopf vorhanden ist,
- wenn eine Schraubenverbindung häufig gelöst werden muss,
- wenn das Innengewinde im Werkstück beschädigt werden kann.

Die Stiftschraube wird mit einem Stiftsetzer eingeschraubt und im Allgemeinen nicht mehr herausgedreht.

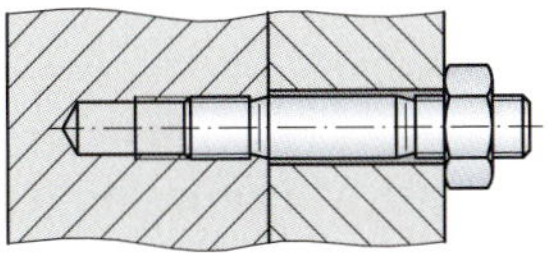

Dehnschrauben

Bauteile, die Schwell- und Wechselbeanspruchungen ausgesetzt sind, z. B. Pleuelstange oder Zylinderkopf, werden mit Dehnschrauben gefügt. Der Schaftdurchmesser der Dehnschraube ist auf 90 % des Gewindekerndurchmessers verringert, bis auf Stellen, wo die Schraube an der Bohrwandung anliegen soll. Die Schaftoberfläche ist glatt, der Übergang zum Gewinde gerundet. Die Dehnschraube wird mit dem Drehmomentschlüssel auf ein vorgeschriebenes Drehmoment angezogen und so weit vorgespannt, dass die Vorspannkraft größer ist als die im Betrieb auftretenden Zugkräfte. Daher benötigen Dehnschrauben keine Schraubensicherung.

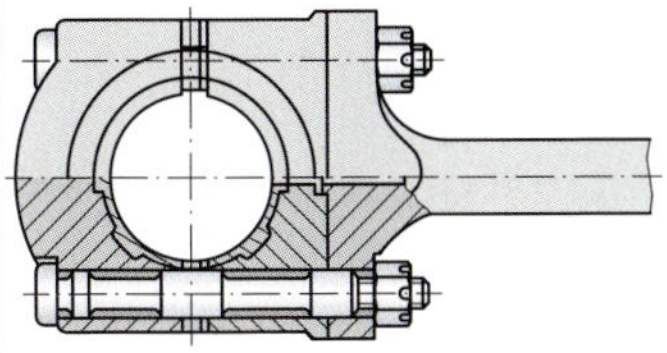

Schlitz- und Kreuzschlitzschrauben

Schlitz- oder Kreuzschlitzschrauben werden als Zylinder-, Senk-, Linsenzylinder- und Linsensenkschrauben mit Schlitz oder Kreuzschlitz eingesetzt.

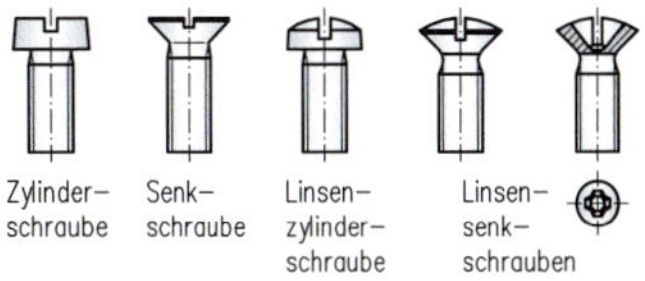

Blechschrauben

Zum Verbinden von Blechen verwendet man Blechschrauben. Sie schneiden sich beim Einschrauben das Muttergewinde selbst in das vorgebohrte Blech oder es werden vorgestanzte Bleche als Mutter verwendet.

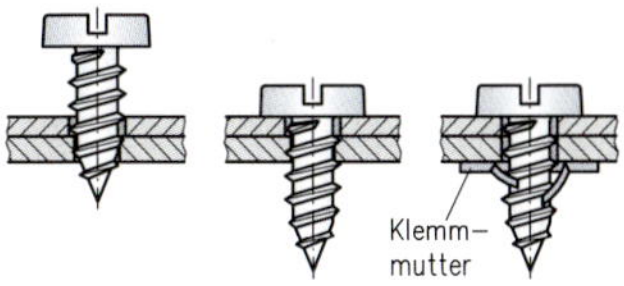

Besondere Schraubenköpfe und Warenzeichen

Symbol	Benennung	Symbol	Benennung	Symbol	Benennung
	Außen-Torx®-Schraube[1]		Innen-Torx®-Schraube[1]		Innen-Torx®-Schraube mit Zapfenführung[1]
	POZIDRIVE®[2]		Innenvielzahnschraube XZN[3]		Innenvielzahnschraube mit Zapfenführung XZN[4]
	PHILLIPS-RECESS-Kreuzschlitzschraube		Innenkeilprofilschraube RIBE CV[5]		5-Stern-Sonderprofil

1) Torx® ist das eingetragene Warenzeichen der CAMCAR TEXTRON INC.
2) POZIDRIVE® ist das geschützte Warenzeichen der European Industrial Services Ltd.
3) Anwender sind z. B. Mercedes-Benz, Ford, Renault.
4) Anwender sind z. B. Opel (Frontera), Audi A4, A6.
5) Anwender ist z. B. Ford.

Gewindeeinsätze

Gewindeeinsätze werden bei Leichtmetall-Bauteilen eingesetzt, wenn das Muttergewinde beschädigt bzw. ausgerissen ist und seine Funktion nicht erfüllt, z. B. beim Zündkerzengewinde in Leichtmetall-Zylinderköpfen. Die Gewindeeinsätze sind mit einem Außen- und Innengewinde versehen und besitzen am Einschraubende Schneidschlitze. Sie sind gehärtet. Das defekte Gewinde wird zuerst ausgebohrt. Danach wird der Gewindeeinsatz mit einem Eindrehwerkzeug in die Bohrung eingedreht.

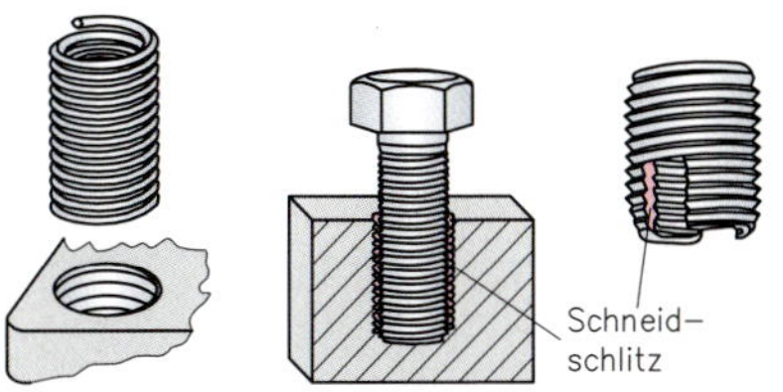

Muttern

Sechskantmutter	Sechskantmutter mit Flansch	Radmutter	Kronenmutter	Hutmutter
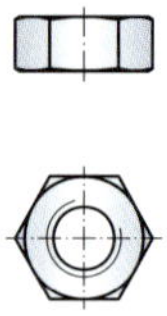	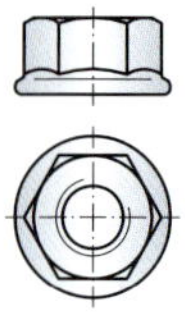	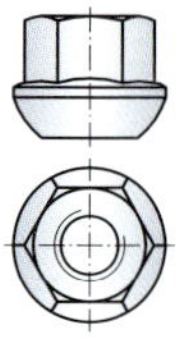	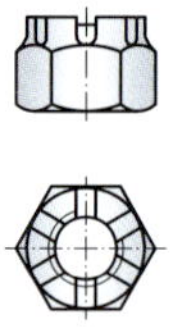	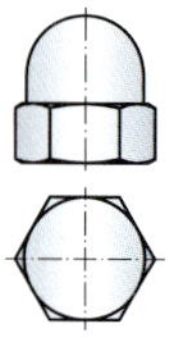

7.1.1.2 Werkstoffe

Im Kraftfahrzeug werden Schrauben und Muttern aus unlegierten und legierten Stählen verwendet, die nach DIN in Festigkeitsklassen eingeteilt sind. Hochfeste Schrauben sind mit dem Herstellerzeichen und der Festigkeitsklasse gekennzeichnet.

Die Festigkeitsklasse besteht aus zwei Zahlen mit einem Punkt dazwischen. Mithilfe dieser Zahlen kann

- die Mindestzugfestigkeit R_m
- und die Mindeststreckgrenze R_e

bestimmt werden (s. S. 81).

Festigkeitsklasse: 10.9

$R_m = \mathbf{100} \cdot 10$
$R_m = 1000\ \text{N/mm}^2$

$R_e = \mathbf{10} \cdot 10 \cdot 9$
$R_e = 900\ \text{N/mm}^2$

Mutter 10 belastbar wie Schraube 10.9

Muttern werden nur durch eine Festigkeitskennzahl gekennzeichnet. Diese Muttern sind belastbar wie eine Schraube der gleichen Festigkeitsklasse.

7.1.1.3 Schraubensicherungen

Schraubensicherungen sollen das selbsttätige Lösen der Schraubverbindung verhindern.

Formschlüssig

Kronenmutter mit Splint

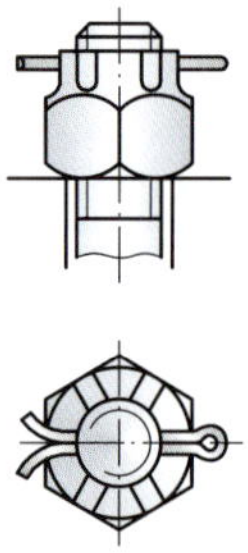

Sicherungsblech

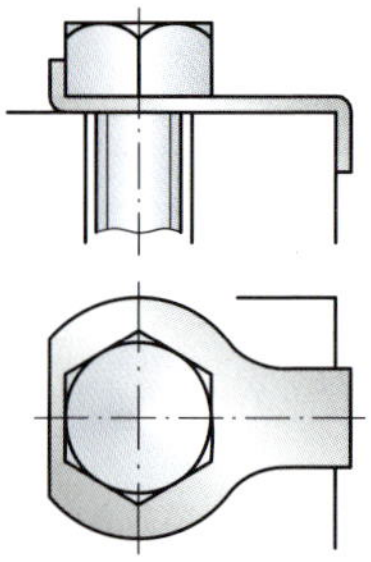

Kraftschlüssig

Federscheibe

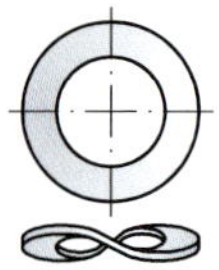

Zahnscheibe

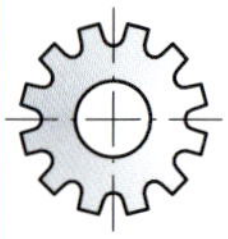

Federring

selbstsichernde Verbindung

Stoffschlüssig

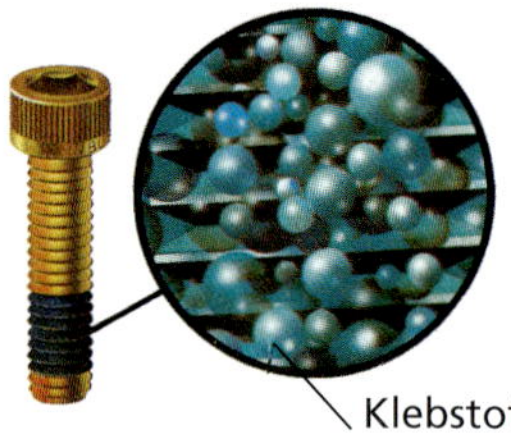

Klebstoff in Kapseln

Beim Einschrauben platzen die winzig kleinen Mikrokapseln auf. Klebstoff und Härter vermischen sich und benetzen das Gewinde.

7.1.1.4 Einschraubtiefen

Stoffe mit einer geringeren Dichte haben eine geringere Festigkeit. Der Festigkeitsverlust muss ausgeglichen werden. Um dies zu erreichen, muss bei Gehäusen aus Aluminium- oder Magnesium-Legierungen die Einschraubtiefe erhöht werden.

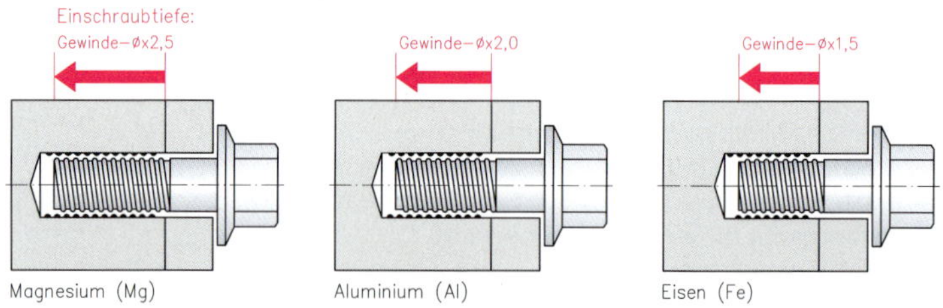

7.1.1.5 Kräfte in Schraubverbindungen

Die Schraube ist die Anwendung der schiefen Ebene. Der Gewindegang einer Schraube entsteht, wenn man eine schiefe Ebene um einen Zylinder wickelt. In der Schraubverbindung werden die zum Kraftschluss notwendigen großen Kräfte erreicht durch

- die Hebelübersetzung der Handkraft,
- die Kraftverstärkung im Gewindegang.

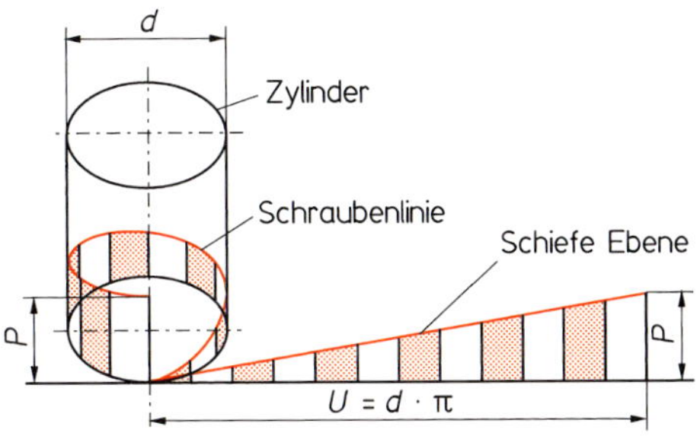

Drehmoment/Anzugsmoment

Allgemein

Ein drehbar gelagerter Körper, z. B. die Kurbelwelle, an dem außerhalb des Drehpunktes eine Kraft angreift, beginnt zu drehen. Die Drehwirkung bezeichnet man als Drehmoment.
Das Drehmoment ist umso größer

- desto größer die Kraft F,
- desto größer der Hebelarm r.

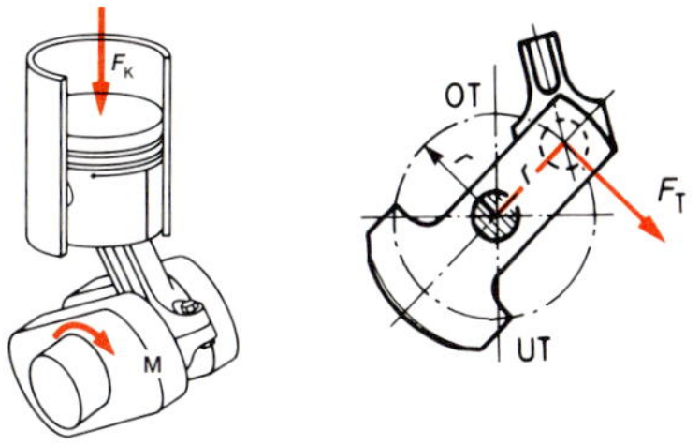

Es gilt: $M = F \cdot r$

Größe	Formelzeichen	Einheit
Drehmoment	M	Nm
Kraft	F	N
Hebelarm	r	m

Ein Drehmoment bezeichnet man als

- rechtsdrehend, wenn es im Uhrzeigersinn dreht,
- linksdrehend, wenn es entgegen dem Uhrzeigersinn dreht.

Beispiel: An einem Hebelarm von 300 mm Länge wirkt eine Kraft von 120 N. Wie groß ist das Drehmoment?

Gegeben: $F = 120$ N; $r = 300$ mm $= 0{,}3$ m
Gesucht: Drehmoment M
Lösung: $M = F \cdot r = 120\ \text{N} \cdot 0{,}3\ \text{m}$
$M = 36$ Nm

Schraubverbindung

Die Funktionsfähigkeit der Schraubverbindung ist abhängig von der Kraft mit der die Schraube angezogen bzw. vorgespannt wird. Die notwendige Vorspannkraft wird durch ein bestimmtes Drehmoment erreicht.
Das mit dem Schraubenschlüssel erzeugte Drehmoment (Anzugsmoment M_{AN}) ist

$$M_{AN} = F_H \cdot l$$

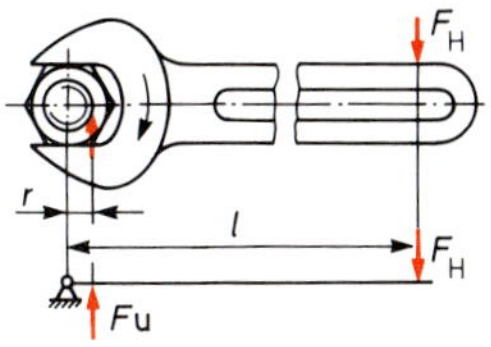

Beispiel: Eine Schraubverbindung M 8 wird von Hand mit einer Kraft $F_H = 200$ N angezogen. Der Schraubenschlüssel hat eine Länge von $l = 140$ mm. Wie groß ist das Anzugsmoment M_{AN}?

Gegeben: $F_H = 200$ N, $l = 140$ mm
Gesucht: M_{AN}
Lösung: $M_{AN} = F_H \cdot l = 200\ \text{N} \cdot 0{,}14\ \text{m}$
$M_{AN} = 28$ Nm

Anziehmomente in der Praxis

In der Praxis werden die Anziehmomente von den Automobilherstellern festgelegt oder können Tabellen entnommen werden. Das Anziehmoment lässt sich auch vereinfacht über eine Faustformel berechnen:

$$M_{AN} \approx 0{,}2 \cdot F_V \cdot d_2$$

F_V Vorspannkraft (siehe Seite 78) in N
d_2 Flankendurchmesser des Gewindes in mm

Reibung

Allgemein

Ein Körper setzt seiner Verschiebung auf einer Unterlage eine Widerstandskraft entgegen. Die Widerstandskraft wird als Reibungskraft F_R bezeichnet. Die Reibungskraft ist abhängig von der

- Normalkraft (Anpresskraft) F_N in N,
- Reibungszahl μ

$$F_R = F_N \cdot \mu$$

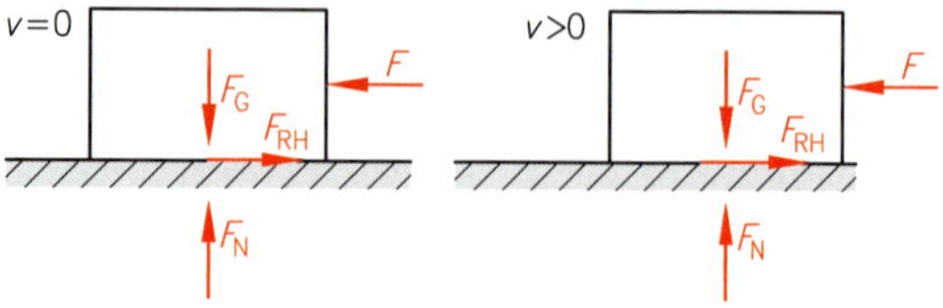

Die Reibungszahl ist abhängig von

- der Reibungsart
  Haftreibung: Körper und Unterlage sind in Ruhe,
  Gleitreibung: Körper bewegt sich auf der Unterlage,
- der Werkstoffpaarung,
- der Oberflächengüte der Bauteile,
- dem Schmierzustand (trocken, flüssig).

Beispiel: Stahl auf Stahl
Haftreibung:
trocken: $\mu_H = 0{,}15$ geschmiert: $\mu_H = 0{,}12$
Gleitreibung:
trocken: $\mu_G = 0{,}1$ geschmiert: $\mu_G = 0{,}08$

Beispiel:
Ein Stahlteil der Masse m = 600 kg wird auf einer Stahlunterlage verschoben. Es ist die Kraft zur Überwindung der Haftreibung und der Gleitreibung zu berechnen.

Gegeben: $m = 600$ kg, $\mu_H = 0{,}15$, $\mu_G = 0{,}1$
Gesucht: F_{RH}, F_{RG}
Lösung: Zuerst muss die Kraft berechnet werden, mit der die Masse m = 600 kg aufgrund der Erdanziehungskraft g = 9,81 m/s (abgerundet 10 m/s) auf die Unterlage drückt.

$F_N = m \cdot g = 600 \cdot 10 = 6000$ N

$F_{RH} = F_N \cdot \mu_H = 6000 \text{ N} \cdot 0{,}15 = \underline{\underline{900 \text{ N}}}$

$F_{RG} = F_N \cdot \mu_G = 6000 \text{ N} \cdot 0{,}1 = \underline{\underline{600 \text{ N}}}$

Schraubverbindung

Beim Anziehen der Schraube bzw. Mutter werden die Werkstücke durch die Vorspannkraft F_V der Schraube gegeneinander gepresst. Es entsteht Haftreibung zwischen den Flächen. Bei Belastung der Verbindung verhindern die zwischen den Flächen wirkenden Haftreibungskräfte ein Verschieben der Teile. Die übertragbaren Kräfte sind abhängig von der Vorspannkraft F_V und der Reibungszahl μ.

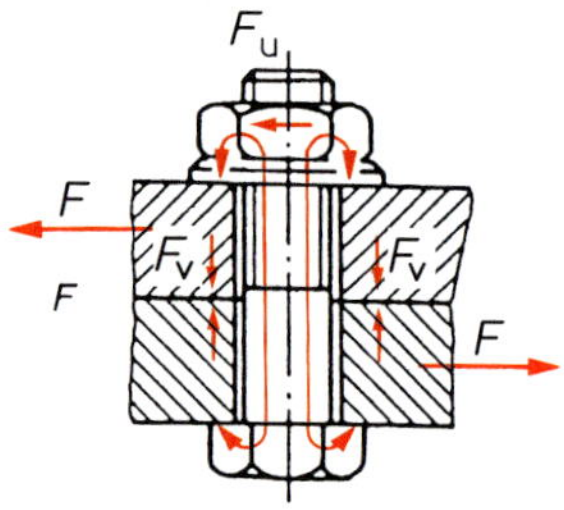

Es gilt: $$F_R = F = F_V \cdot \mu$$

Die Vorspannkraft F_V entspricht der Kraft, die die Schraube auf Zug beansprucht.

Beispiel:
Mit einer Schraube M 8 werden zwei Bleche verbunden.

Gegeben: $F_V = 7000$ N, $\mu_H = 0{,}15$ (Stahl auf Stahl)
Gesucht: Übertragbare Kraft F
Lösung: $F = F_V \cdot \mu = 7000 \text{ N} \cdot 0{,}15$
$\underline{\underline{F = F_R = 1050 \text{ N}}}$

Mechanische Arbeit

Allgemein

Mechanische Arbeit *W* wird verrichtet, wenn ein Körper unter Einwirkung einer Kraft *F* einen Weg *s* zurücklegt.

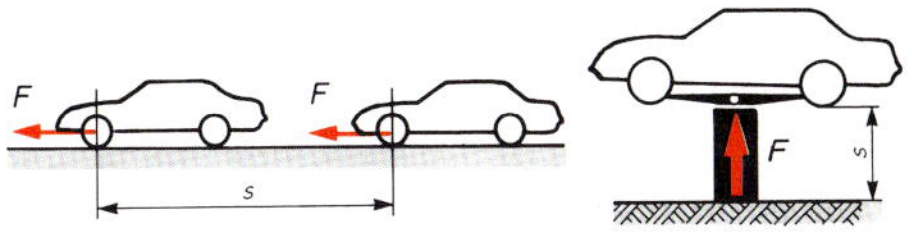

Es gilt:

Arbeit = Kraft · Weg
$$W = F \cdot s$$

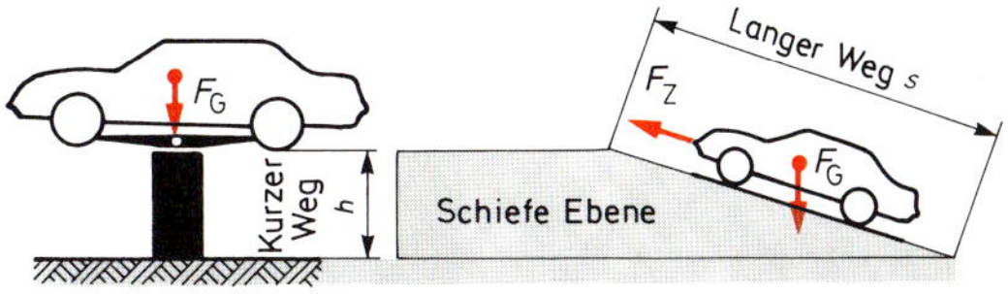

Die Einheit der Arbeit ist
- Newtonmeter (Nm) oder
- Joule (J) oder
- Wattsekunde (Ws).

Größe	Formelzeichen	Einheit
Arbeit	W	Nm
Kraft	F	N
Weg	s	m

Ein Fahrzeug kann auf unterschiedliche Weise auf eine höhere Ebene gebracht werden:

Hebebühne: Die Kraft F_G ist groß, der Weg h ist kurz.
Schiefe Ebene: Die Kraft F_Z ist klein, der Weg s aber größer.
Das Produkt aus Kraft und Weg ist immer gleich.

$$F_Z \cdot s = F_G \cdot h$$

Beispiel:
Eine Hebebühne hebt ein Fahrzeug mit einem Gewicht von 1700 kg 1,5 m hoch. Welche Arbeit ist notwendig, um den Wagen zu heben.

Gegeben: $m = 1700$ kg, $h = 1{,}5$ m
$g \approx 9{,}81$ m/s² (Erdbeschleunigung)
abgerundet $g \approx 10$ m/s²
Gesucht: W
Lösung: $F_G = m \cdot g = 1700 \cdot 10 = 17000$ N
$W = F_G \cdot h = 1700$ N $\cdot$ 1,5 m
$\underline{\underline{W = 25500 \text{ Nm} = 25500 \text{ Ws}}}$

Schraubverbindung

Das Anziehen oder Lösen einer Schraubverbindung entspricht dem Hinaufschieben oder Herunterziehen des Fahrzeugs auf der schiefen Ebene.

Die Schraube ist die Anwendung der schiefen Ebene. Die Umfangskraft F_U verschiebt die Mutter, die mit der Vorspannkraft F_V auf die schiefe Ebene drückt, entlang der schiefen Ebene, bei einer Umdrehung um die Steigung *P*.

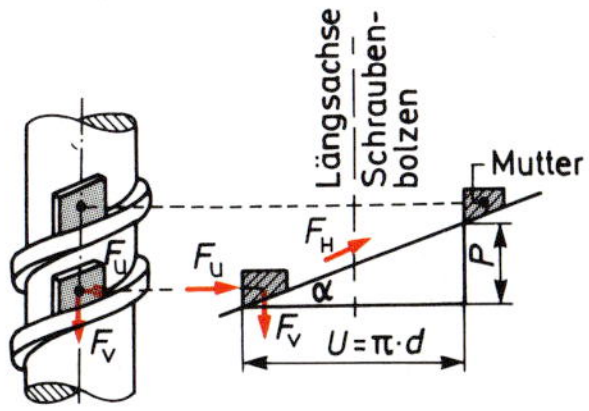

Es gilt die goldene Regel der Mechanik:

Kleine Kraft bei großem Weg ergibt eine große Kraft bei kleinem Weg.

- Kleine Kraft bei großem Weg: Handkraft mal dem Handweg
  $$W_2 = F_H \cdot 2\,l \cdot \pi$$
- Große Kraft bei kleinem Weg: Schraubenkraft mal der Steigung
  $$W_1 = F_V \cdot P$$

Setzt man die Arbeit W_1 und W_2 gleich, gilt:

$$F_H \cdot 2\,l \cdot \pi = F_V \cdot P$$

Beispiel:
Die im Beispiel auf Seite 77 angezogene Schraube M 8 hat eine Steigung von 1,25 mm, $\mu_H = 0{,}15$ (Stahl auf Stahl). Wie groß ist die Vorspannkraft?

Gegeben: Handkraft $F_H = 200$ N, $\mu_H = 0{,}15$,
Steigung $P = 1{,}25$ mm
Gesucht: Spannkraft F_V

Lösung:
$$F_V = \frac{F_H \cdot 2\,l \cdot \pi}{P} = \frac{200 \text{ N} \cdot 2 \cdot 0{,}14 \text{ m} \cdot 3{,}14}{1{,}25}$$
$\underline{\underline{F_V = 7000 \text{ N}}}$

7.1.1.6 Verhalten der Schraubverbindung beim Anziehen

Die Widerstandskraft der Werkstoffe gegen die Beanspruchung durch äußere Kräfte bildet ihre mechanischen Eigenschaften: die Festigkeit, Elastizität, Plastizität, Zähigkeit, Sprödigkeit. Beim Anziehen der Zylinderkopfschrauben ist das Verhalten der Werkstoffe zu berücksichtigen, um Schaden zu vermeiden.

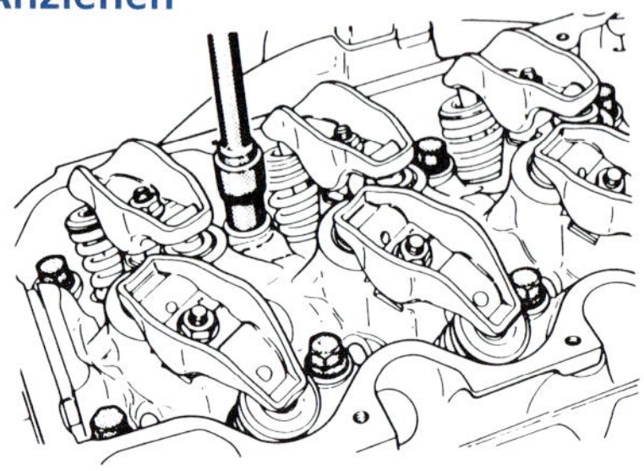

Festigkeit

Der Zylinderkopf wird durch Zylinderkopfschrauben am Zylinderkurbelgehäuse befestigt. Beim Anziehen der Zylinderkopfschraube entsteht eine in Achsrichtung wirkende äußere Kraft, die den Schraubenschaft auf Zug beansprucht. Der Zusammenhalt der kleinsten Werkstoffteilchen – der Atome und Moleküle – erfolgt durch innere Kräfte, den Zusammenhangskräften, auch Kohäsionskräfte genannt. Sie verhindern die Trennung der Werkstoffteilchen. Damit die Zylinderkopfschraube nicht abreißt, müssen die äußeren Kräfte und die Kohäsionskräfte im Gleichgewicht sein. Steigen die äußeren Kräfte über die Kohäsionskräfte, werden die Werkstoffteilchen getrennt, die Schraube reißt ab.

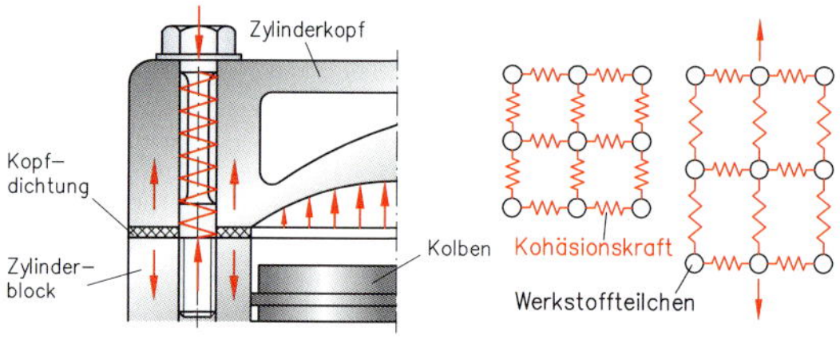

Den inneren Widerstand des Werkstoffs gegen Verformungen oder Zerstörungen durch äußere Kräfte bezeichnet man als Festigkeit.

Die äußeren Kräfte rufen im Schraubenwerkstoff gleich große, entgegengesetzt wirkende innere Kräfte hervor, die sich als Widerstand gegen die Verformung bemerkbar machen. Die inneren Kräfte im Werkstoff bezeichnet man als Spannung. Die Spannung wird mit dem Formelzeichen σ (sprich Sigma) gekennzeichnet. Ein Maß für die im Schraubenwerkstoff herrschende Spannung ist der Kraftanteil, der auf die Flächeneinheit des Querschnitts (1 mm², 1 cm²) wirkt.

Es gilt:

$$\text{Spannung} = \frac{\text{Kraft}}{\text{Querschnitt}} \qquad \sigma = \frac{F}{S}$$

Elastizität, Plastizität, Zähigkeit

Beim Anziehen der Mutter ruft die in Achsrichtung wirkende Kraft eine Verlängerung des Schraubenschaftes hervor. Nach dem Lösen der Schraube nimmt sie ihre ursprüngliche Länge wieder an. Diese Eigenschaft nennt man Elastizität.

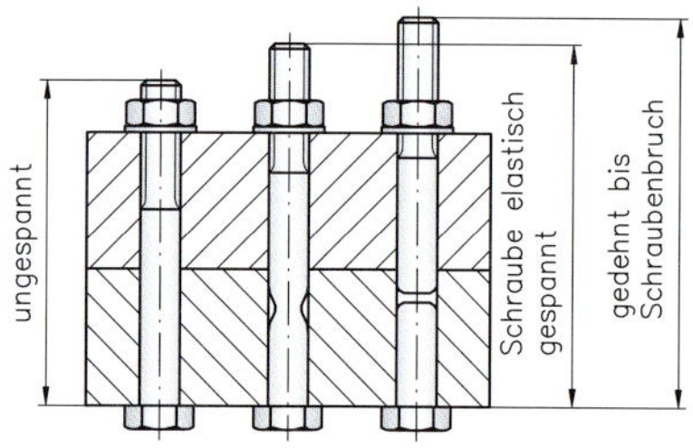

Die Elastizität ist bei den Zylinderkopfschrauben von besonderer Bedeutung. Eine elastisch gedehnte Schraube hat das Bestreben, auf ihre Ursprungslänge zurückzugehen. Da die Schraube durch den Zylinderkopf daran gehindert wird, übt sie eine Spannkraft auf die zu verbindenden Teile Zylinder/Zylinderkopf aus. Die Verbindung ist dann gasdicht, wenn die Vorspannkraft größer ist als die ihr entgegenwirkenden Betriebskräfte (Verbrennungsdruck). Ist die Spannkraft geringer, hebt die Verbindung ab und ist undicht.

Wird das Anziehen der Schraube über eine bestimmte Grenze fortgesetzt – man nennt sie Dehngrenze – beginnt sich die Schraube bleibend zu dehnen. Beim Lösen der Schraubverbindung nimmt die Schraube nicht mehr ihre Ursprungslänge an. Sie hat sich plastisch verformt. Das Vermögen des Werkstoffs, sich zu verformen, ohne sofort zu Bruch zu gehen, bezeichnet man als Zähigkeit.

Stellt man das Verhalten einer Schraube in einem Spannungs-Dehnungs-Diagramm dar, so zeigt sich am Anfang eine stetige Zunahme der Dehnung bei steigender Belastung bis zur Dehngrenze R_p. Die Schraube dehnt sich elastisch, d. h. sie nimmt nach der Entlastung wieder die ursprüngliche Länge ein. Wird sie über die Dehngrenze R_p hinaus belastet, wird sie plastisch verformt, d. h. sie nimmt bei Entlastung nicht mehr ihre Ausgangslänge ein. Im Bereich der Streckgrenze R_e gibt der Werkstoff ruckartig nach und es kommt zu stärkeren Längenänderungen. Die Schraube streckt sich, der Werkstoff fließt.
Durch die Verspannungen der Kristalle entsteht Kaltverfestigung. Daher nimmt mit weiterer Dehnung die Zugkraft bis zur Höchstzugkraft F_m zu.

Im Spannungs-Dehnungs-Diagramm dient der höchste Punkt der Kurve zur Berechnung der Zugfestigkeit.
Die Zugfestigkeit R_m ist die höchste Spannung des Werkstoffs vor dem Zerreißen.

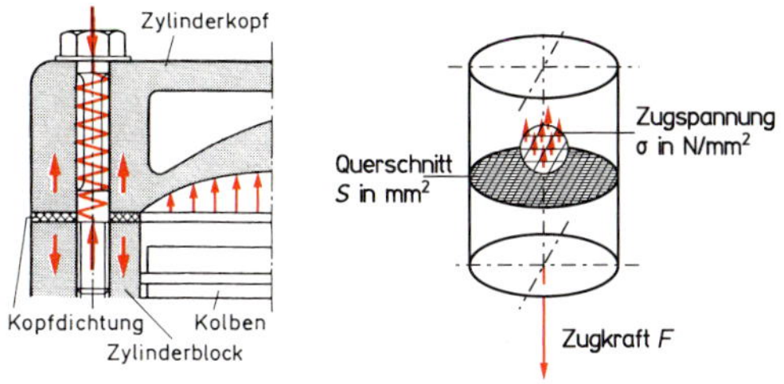

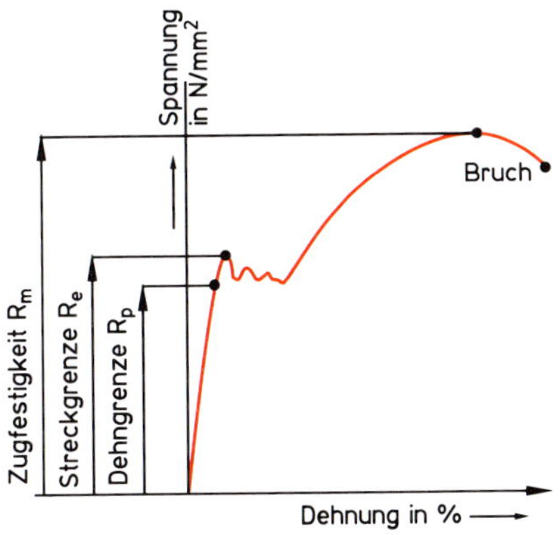

Spannungs-Dehnungs-Diagramm

Es gilt:

$$\textbf{Zugfestigkeit} = \frac{\textbf{höchste Zugkraft}}{\textbf{Anfangsquerschnitt}} = \frac{F}{S_o}$$

Größe	Formelzeichen	Einheit
Spannung	σ, σ_{zul}	N/mm²
Kraft	F	N
Querschnitt	S, S_o	mm²
Zugfestigkeit	R_m	N/mm²
Sicherheit	ν	–

Damit keine Schäden an den Bauteilen entstehen, dürfen die auftretenden Spannungen nur einen Bruchteil der Höchstspannung erreichen. Diesen Bruchteil der Spannung nennen wir zulässige Spannung σ_{zul}. Das Verhältnis von Zugfestigkeit R_m zur zulässigen Spannung σ_{zul} ergibt die Sicherheit ν (sprich ny):

$$\nu = \frac{R_m}{\sigma_{zul}}$$

Für die zulässige Zugkraft $F_{zul} = \sigma_{zul} \cdot S$ gilt mit $\sigma_{zul} = \frac{R_m}{\nu}$

$$F_s = \frac{R_m}{\nu} \cdot S$$

Beispiel: Die 4 Schrauben eines Zylinderkopfes werden durch eine Kraft, die durch den Verbrennungshöchstdruck hervorgerufen wird, von 24000 N belastet. Die Zylinderkopfschrauben M 8 haben eine Zugfestigkeit von R_m = 800 N/mm².
Es ist zu prüfen, ob die Schrauben überbelastet sind, wenn eine vierfache Sicherheit gefordert wird.

Gegeben: $R_m = 800\ \text{N/mm}^2$

$\nu = 4$

$$F = \frac{24000\ \text{N}}{4} = 6000\ \text{N/Schraube}$$

Gewinde M 8:
Bei Festigkeitsberechnungen von Schrauben wird mit dem Kerndurchmesser gerechnet. Kerndurchmesser: d_3 = 6,466 mm (aus Tabellenbuch).

Gesucht: σ_{zul}, σ

Lösung:

$$\sigma_{zul} = \frac{R_m}{\nu} = \frac{800\ \text{N/mm}^2}{4}$$

$$\sigma_{zul} = 200\ \text{N/mm}^2$$

$$S = \frac{d_3^2 \cdot \pi}{4} = \frac{6{,}466^2\ \text{mm}^2 \cdot 3{,}14}{4} = 32{,}82\ \text{mm}^2$$

$$\sigma = \frac{F}{S} = \frac{6000\ \text{N}}{32{,}82\ \text{mm}^2}$$

$$\sigma = 182{,}8\ \text{N/mm}^2$$

$$\sigma \le \sigma_{zul}$$

$$\underline{\underline{182{,}8\ \text{N/mm}^2 \le 200\ \text{N/mm}^2}}$$

7.1.1.7 Arbeitsregeln zum Lösen und Anziehen von Schraubverbindungen

Arbeitsregeln

- Schlüsselweiten der Schraubenschlüssel sind den Größen der Schrauben anzupassen. Bei zu großer Schlüsselweite besteht die Gefahr des Abrutschens und der Beschädigung der Schraube.
- Schraubenschlüssel haben eine bestimmte Hebellänge, die der Festigkeit der Schraube entspricht. Verlängerungen können zur Überbeanspruchung der Schraube beim Anziehen führen.
- Schraubenschlüssel richtig ansetzen. Bei schrägem Ansetzen kann die Schraube beschädigt werden.
- Durchsteckschrauben mit einem zweiten Schlüssel festhalten. Möglichst nur die Mutter drehen.
- Bei schlecht zugänglichen Stellen mit Steckschlüssel arbeiten.
- Beim Eindrehen von Schrauben passende Schraubendreher verwenden.
- Richtige Schraubendreher-Größe verwenden: Klingenbreite = Durchmesser des Schraubenkopfes, Klingendicke = Schlitzbreite des Schraubenkopfes.
- Schraubendreher senkrecht zur Schraube führen.

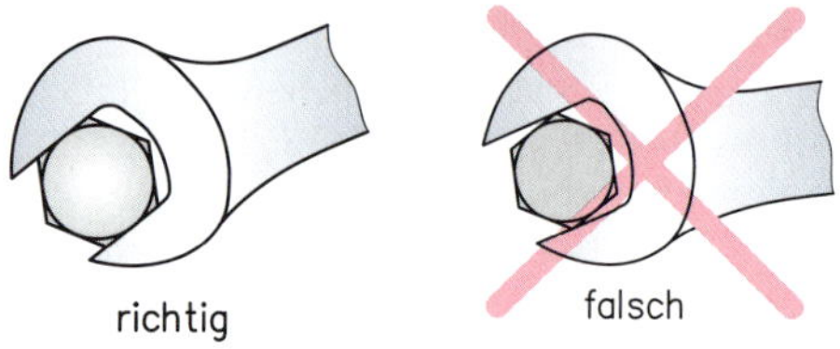

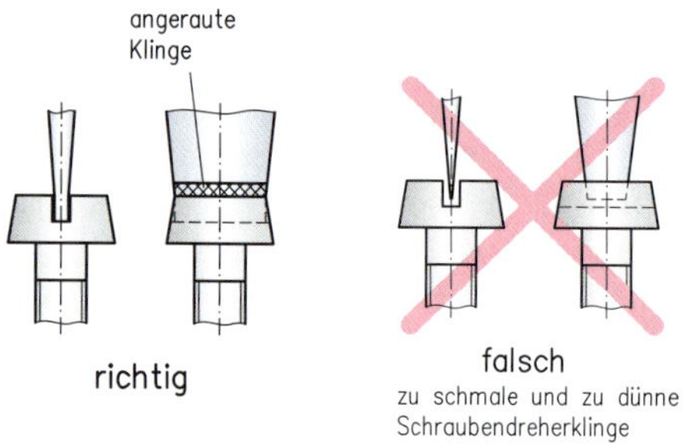

Lösen von Schrauben

Lösen korrodierter oder beschädigter Muttern

Vor dem Lösen einer festgerosteten Schraube oder Mutter sind folgende Vorbereitungen zu treffen:

- Gewinde mit Drahtbürste säubern,
- Gewinde mit Rostlöser besprühen,
- einige Zeit warten und dann lösen.

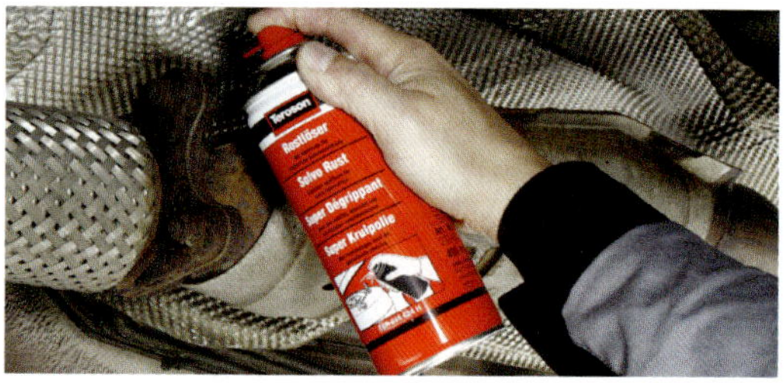

Lösen von beschädigten Muttern

Eine beschädigte Mutter kann auf folgende Arten gelöst werden:

- Die Mutter mit einer Gripzange fest greifen und losdrehen oder
- Mutter mit einem Meißel aufmeißeln oder
- Mutter mit Hilfe eines Muttersprengers aufsprengen.

Lösen von Innensechskant- und Innenvielzahnschrauben

Vor dem Lösen der Schraubverbindung ist das Einstechloch von Schmutz zu säubern.

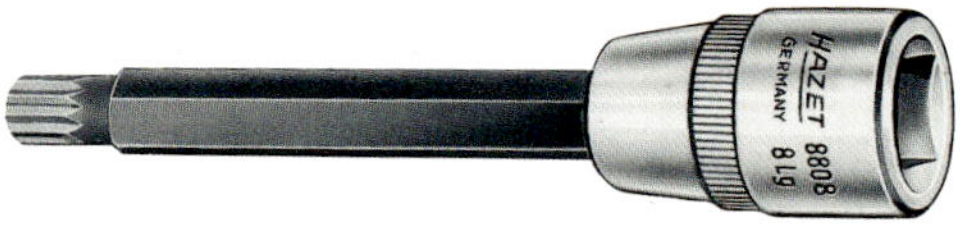

- Am besten eignen sich Steckeinsätze mit langen Sechskant- bzw. Vielzahn mit Umschaltknarre.
- Wenn die Schraube sehr fest sitzt, kann ein leichter Schlag mit dem Kunststoffhammer auf die Adapterseite oder direkt auf den Schraubenkopf den Sitz der Schraube etwas lockern und das Lösen ermöglichen.

Lösen von Schlitz- und Kreuzschlitzschrauben

Bei festsitzenden Schrauben mit Schlitz- oder Kreuzschlitzkopf dreht sich häufig der Schraubendreher heraus und beschädigt die Schraube.

- Wenn die Schraube sich nicht losdrehen lässt, einen kräftigen Schraubendreher ansetzen und mit einem kräftigen Schlag auf das Griffende versuchen, den festen Sitz zu lockern.
- Lässt sich die Schraube immer noch nicht lösen, ist die Verwendung eines Schlagschraubers sinnvoll. Mit jedem Schlag auf den Kopf des Schlagschraubendrehers dreht dieser den Einsatz etwas weiter und löst die Schraube.

7.1.2 Formschlüssige Verbindungen

7.1.2.1 Verbindungen von Wellen und Naben

Diese Verbindungen übertragen Drehmomente durch Ineinandergreifen von Welle und Nabe mit besonderem Profil. Profilformen sind das Keilwellenprofil und die Kerbverzahnung.

Keilwellenverzahnung

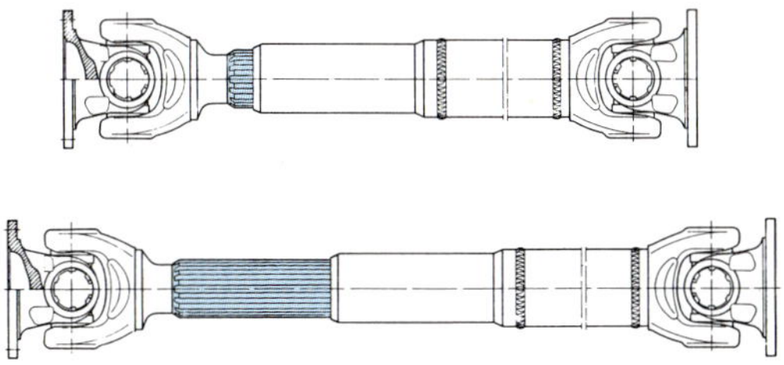

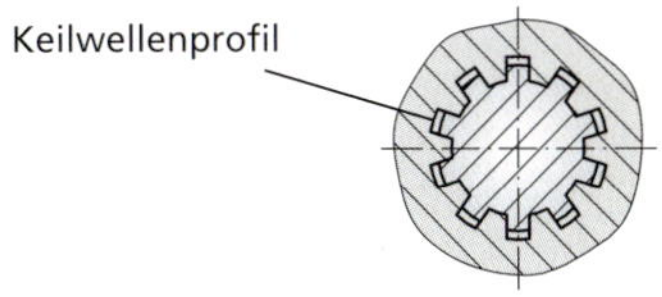

Keilwellenverbindungen werden überwiegend für längsbewegliche Verbindungen eingesetzt, z. B. Gelenkwelle mit Schiebestück, Kupplungsscheibe und Getriebewelle.

Kerbverzahnung

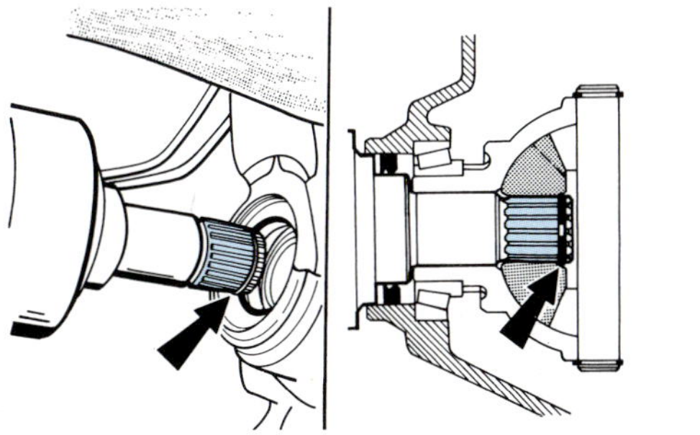

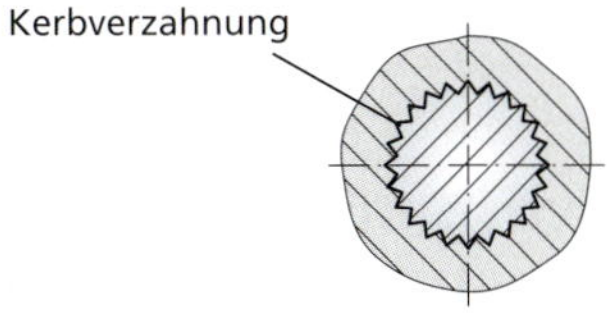

Kerbverzahnungen werden bei festen Verbindungen eingesetzt, z. B. Gelenkwelle und Achswellenflansch bzw. Achswellenräder des Ausgleichgetriebes.

7.1.2.2 Sicherungsringe und Sicherungsscheiben

Sicherungsringe und Sicherungsscheiben sichern die Lage von Bauteilen, z. B. des Kolbenbolzens in der Kolbenbohrung, des Radlagers im Radlagergehäuse oder Gleichlaufgelenk auf der Gelenkwelle.

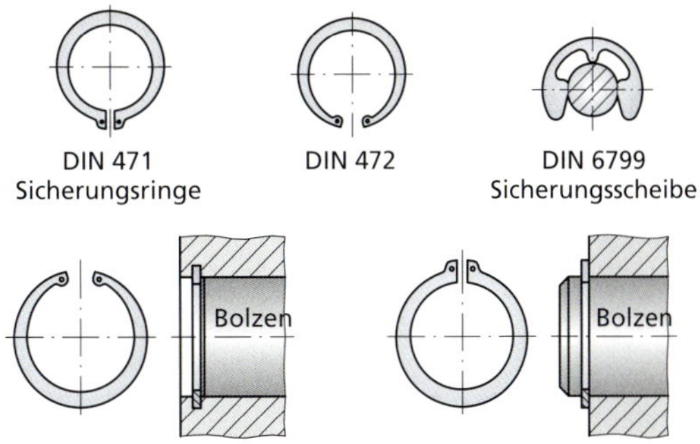

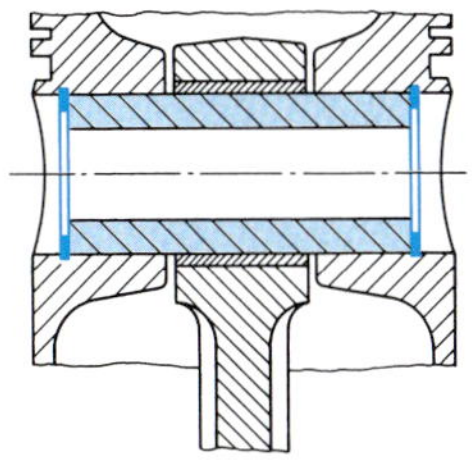

7.1.2.3 Stiftverbindungen

Die Stiftverbindung ist eine formschlüssige, lösbare Verbindung. Stifte werden unterschieden in

- Passstifte
  Sie legen zwei Bauteile lagegenau zueinander fest (Fixierung).
- Befestigungsstifte
  Beim Eintreiben entsteht durch den dickeren Stift eine Pressung zwischen Stift und Bohrung. Der Stift ist damit kraftschlüssig gegen Lösen gesichert.
- Abscherstifte
  Sie dienen als Überlastsicherung. Bei Überbeanspruchung wird der Stift abgeschert.

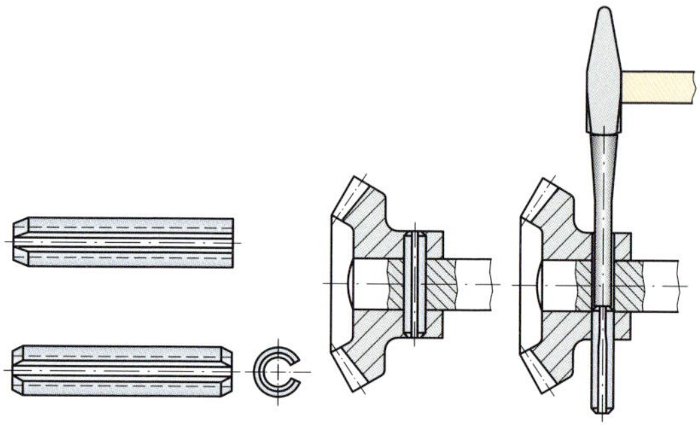

Ausgleichskegelrad

Stiftarten			
Zylinderstifte	Kegelstifte	Kerbstifte	Spannhülen
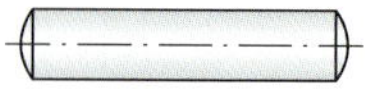	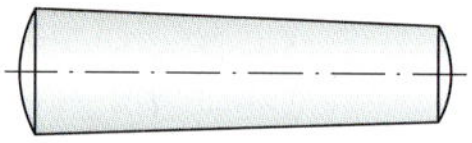	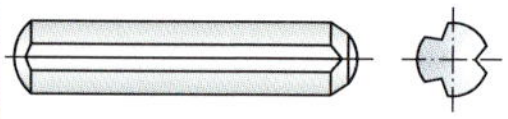	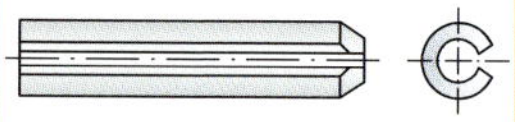
Sie werden mit unterschiedlichen Passungen hergestellt. Die Bohrung wird mit der Reibahle aufgerieben.	Sie haben ein Kegelverhältnis von 1 : 50. Die Bohrung wird mit der Kegelreibahle aufgerieben.	Sie besitzen am Umfang drei Kerben. Beim Einschlagen werden die Wulste eingedrückt.	Der Durchmesser ist 0,3 bis 0,5 mm größer als die Bohrung. Durch die Spannung des Federstahls entsteht die Anpressung.

7.2 Werkstoffbearbeitung von Hand

7.2.1 Spanende Werkstoffbearbeitung

Spanende Werkstoffbearbeitung von Hand

Meißeln

Der Meißel ist ein einschneidiges Werkzeug.

Der Keilwinkel des Meißels hängt von dem zu bearbeitenden Werkstoff ab:

Werkstoff	Keilwinkel
Alu, Cu	40 … 50°
Baustahl	50 … 60°
hochfester Stahl	65 … 75°

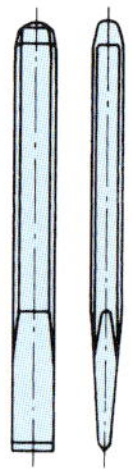

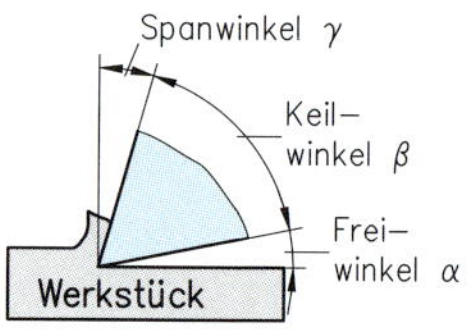

Span- und Freiwinkel werden von der Meißelhaltung bestimmt.

Meißel bestehen aus unlegiertem Werkzeugstahl. Im Bereich der Schneide ist der Meißel gehärtet. Zum Schaft hin nimmt die Härte ab, der Kopf ist weich.

Wir unterscheiden:

- Flachmeißel zur Flächenbearbeitung

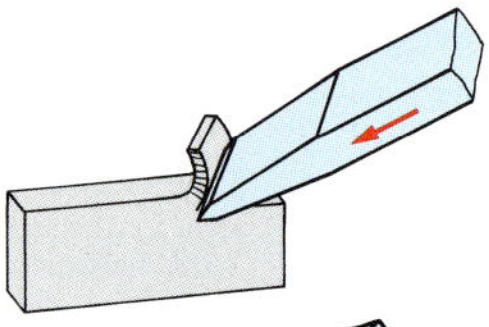

- Kreuzmeißel zum Herstellen schmaler Nuten

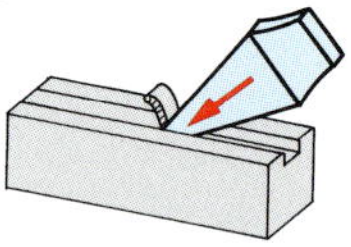

Spanende Werkstoffbearbeitung von Hand

Fortsetzung

Meißeln

Unfallverhütung:
- Der Meißelkopf muss gratfrei sein.
- Beim Spanen mit dem Meißel ist eine Schutzbrille zu tragen.
- Zum Schutz anderer Personen gegen wegfliegende Späne ist ein Schutzschild aufzustellen.

Feilen

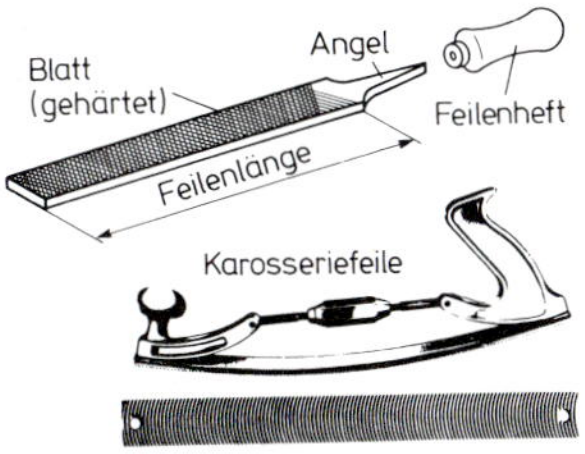

Die Feile ist ein mehrschneidiges Werkzeug. Feilen werden unterschieden nach:

- Herstellung

Gefräste Feilen	Gehauene Feilen
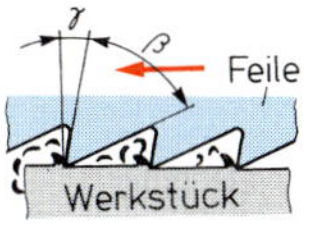	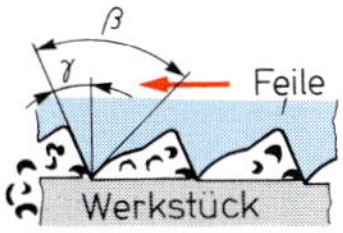
Positiver Spanwinkel – schneidende Wirkung Kleiner Keilwinkel – weiche Werkstoffe	Negativer Spanwinkel – schabende Wirkung Großer Keilwinkel – harte Werkstoffe

- Hiebteilung

Als Hiebteilung bezeichnet man den Abstand zweier aufeinanderfolgender Zähne. Je mehr Zähne pro cm Feilenlänge, desto feiner ist die Feile (Schlicht-, Feinschlichtfeile), desto sauberer wird die gefeilte Oberfläche.

- Hiebanordnung

Damit die Späne gut abfließen, verläuft der Feilenhieb schräg oder rund zur Feilenachse.

Einhiebige Feilen	Feile mit Kreuzhieb
	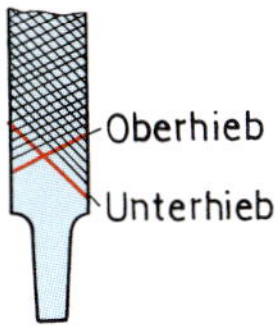
Einhiebige Feilen nehmen einen breiten Span ab. Sie eignen sich für weiche Werkstoffe.	Bei einer Feile mit Kreuzhieb werden die Späne gebrochen. Sie eignet sich für harte Werkstoffe.

- Feilenform

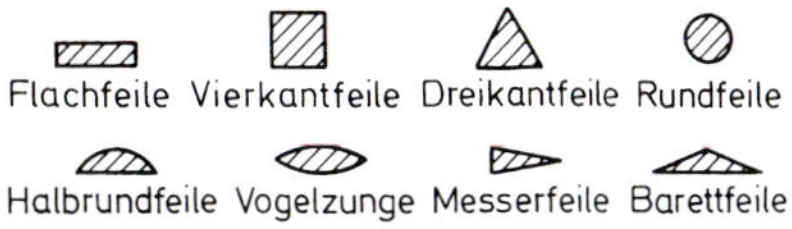

Unfallverhütung:
- Das Feilenheft muss festsitzen.
- Nie ohne Feilenheft arbeiten.

Je weniger Zähne pro cm Feilenlänge, desto gröber ist die Feile (Schruppfeile), desto mehr Riefen hat die Oberfläche des gefeilten Werkstücks.

Sägen

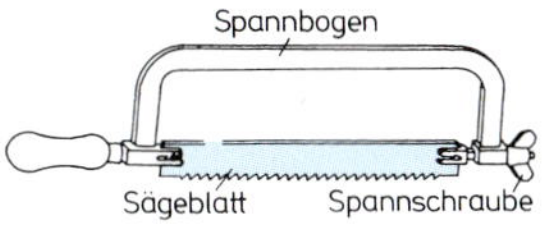

Die Säge ist ein mehrschneidiges Werkzeug mit vielen hintereinander angeordneten Keilen.

Damit die Säge einwandfrei arbeitet, müssen zwei Bedingungen erfüllt werden:
- Freischneiden des Sägeblattes
- Große Spanräume

Freischneiden des Sägeblattes

Freischnitt durch Schränken	Freischnitt durch Wellen
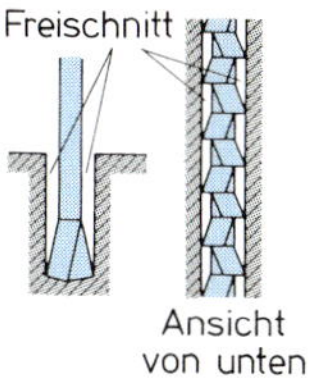	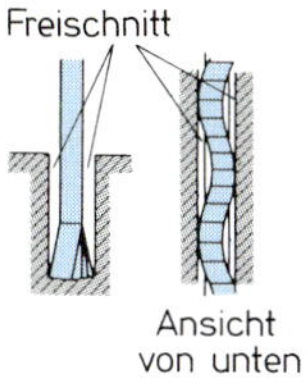

Spanende Werkstoffbearbeitung von Hand

Fortsetzung

Um Klemmen des Sägeblattes (durch Erwärmung und Ausdehnung) zu vermeiden, muss die Fuge breiter sein als das Sägeblatt. Man erreicht dies durch Schränken der Zähne oder Wellen des Sägeblattes.

Große Spanräume
Da die Späne nicht seitlich abfließen können, werden sie in den Spanräumen gesammelt und aus der Schnittfuge transportiert.

Maßgebend für die Auswahl des Sägeblattes ist die Zahnteilung. Von ihr ist die Spanraumgröße abhängig:

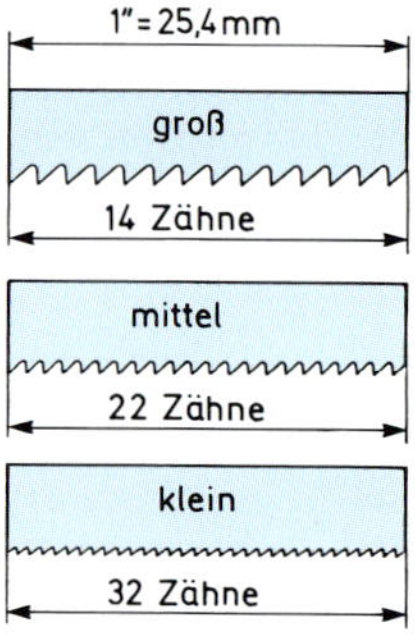

Weiche Werkstoffe ergeben einen großen Spananfall und fordern Sägeblätter mit großer Zahnteilung. Bei harten Werkstoffen fallen nur wenig Späne an, sodass ein Sägeblatt mit kleiner Zahnteilung geeignet ist. Auch bei dünnwandigen Werkstücken ist immer ein Sägeblatt mit feiner Zahnteilung zu verwenden, damit das Sägeblatt nicht hakt und die Zähne ausbrechen.

Unfallverhütung:
- Das Sägeblatt muss fest eingespannt werden.
- Das Werkstück ist nahe der Schnittstelle zu spannen.

7.2.2 Zerteilende Werkstoffbearbeitung

Keilschneiden

- mit dem Flachmeißel

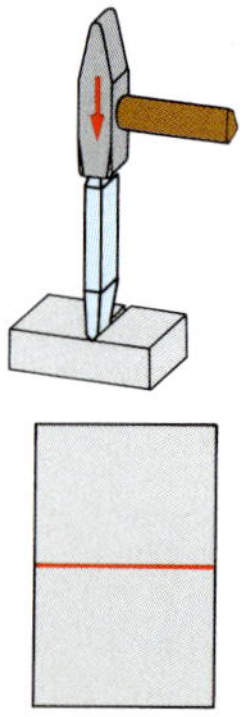

Der Flachmeißel eignet sich zum Zerteilen von Blechen mit geraden Schnittlinien.

Bleche bis 5 mm

- mit dem Aushaumeißel

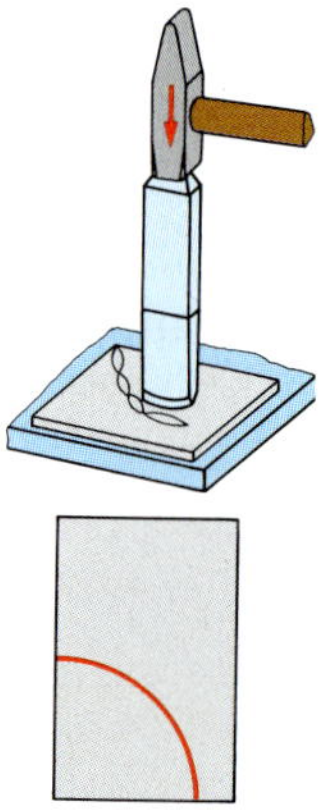

Der Aushaumeißel hat eine gerundete Schneide und eignet sich zum Zerteilen beliebig geformter Schnittlinien.

Bleche bis 3 mm

Scherschneiden

- mit Durchlaufschere

Die Durchlaufschere eignet sich für lange Schnitte.

- mit Figuren- oder Lochschere

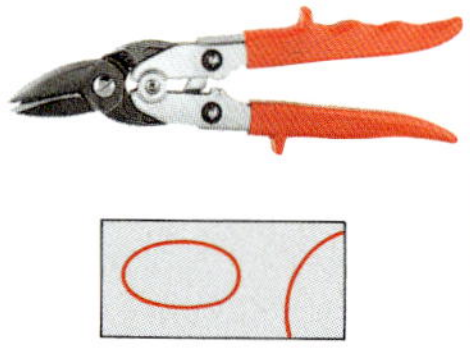

Die Figurenschere eignet sich für gekrümmte Schnitte und Lochausschnitte.

Bleche bis 1,5 mm

- mit der Handhebelschere

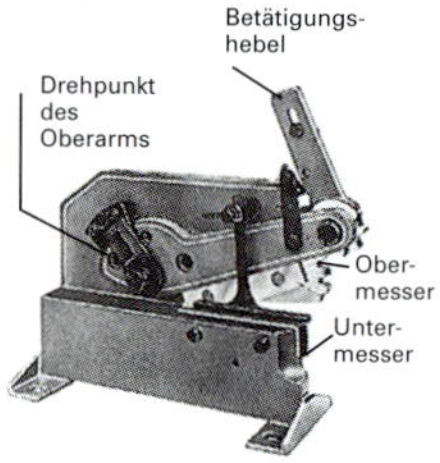

- mit Knabber-Blechschere

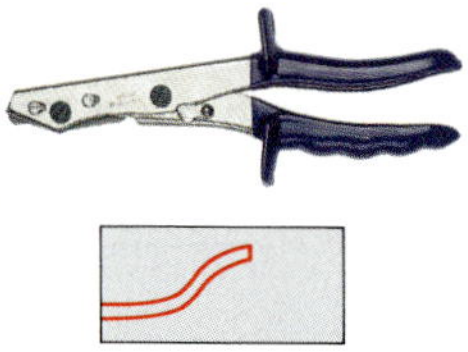

Die Knabber-Blechschere schneidet knabbernd Aussparungen in jeder gewünschten Form und Größe.

Handhebelschere bis 8 mm
Knabber-Blechschere bis 1,2 mm

7.3 Bohren, Senken, Gewindeschneiden

7.3.1 Bohrvorgang

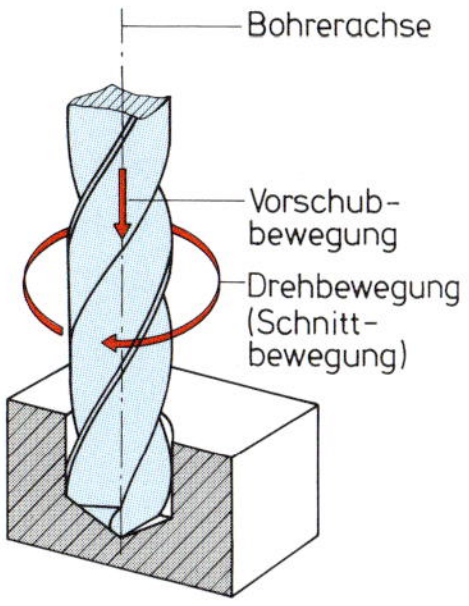

Beim Bohren erfolgt die Spanabnahme durch das Zusammenwirken von zwei Bewegungen:

- Drehbewegung des Bohrers = Schnittbewegung
  Der Elektromotor erzeugt eine Drehbewegung, die über Keilriemen auf die Bohrspindel und den Bohrer übertragen wird.
- Geradlinige Bewegung des Bohrers = Vorschubbewegung
  Die Vorschubbewegung wird über das Handrad auf die Bohrspindel übertragen.

7.3.2 Bohrer

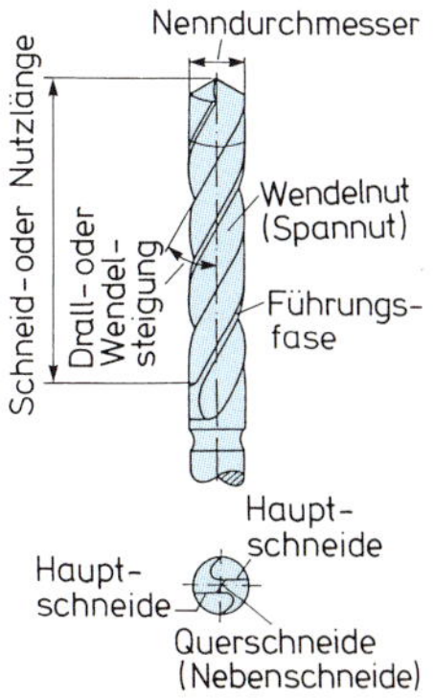

Der Bohrer ist ein zweischneidiges Werkzeug. Die zwei Hauptschneiden entstehen durch den kegelförmigen Anschliff der Bohrerspitze. Die Spannuten transportieren die Späne aus der Bohrung. Bohrerfasen führen den Bohrer im Bohrloch. Die beiden Hauptschneiden werden durch die Querschneide verbunden. Die Querschneide hat eine schabende Wirkung.

Winkel an der Bohrerschneide

Freiwinkel	Keilwinkel	Spanwinkel
Der Freiwinkel entsteht durch Hinterschleifen der Freifläche. Der Freiwinkel beträgt 6–8°. 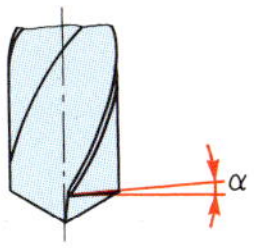	Den Winkel zwischen Freifläche und Spanfläche bezeichnet man als Keilwinkel. 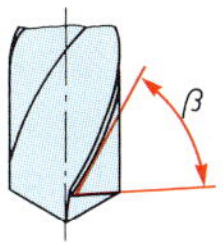 Es gilt: • weiche Werkstoffe – kleiner Keilwinkel, • harte Werkstoffe – großer Keilwinkel.	Der Winkel zwischen Spanfläche und Bohrerlängsachse wird Drallwinkel genannt. 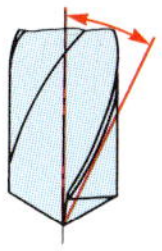 Der Drallwinkel entspricht dem Spanwinkel γ. Es gilt: • weiche Werkstoffe – großer Spanwinkel, • harte Werkstoffe – kleiner Spanwinkel.

Bohrerarten

Bohrertyp	Spanwinkel	Spitzenwinkel	Werkstoffe
Typ W 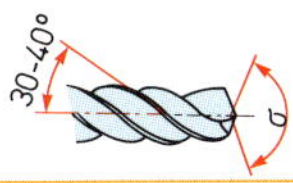	30 ... 40°	140°	Weiche und zähe Werkstoffe: Cu, Al, Al-Legierungen
Typ N 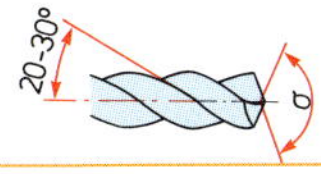	20 ... 30°	118°	Normale Werkstoffe: Stahl, Grauguss
Typ H 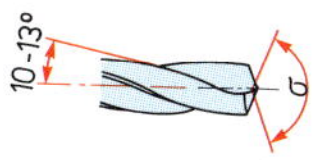	10 ... 13°	140° 118° 80°	Harte Werkstoffe: hochfester Stahl Messing Kunststoffe, Pressstoffe

7.3.3 Senken

Durch Senken werden Bohrungen entgratet und zylindrische bzw. kegelige Aufnahmen für Schraubenköpfe hergestellt. Senker sind ein- oder mehrschneidige Werkzeuge, die der Form der jeweiligen Senkung entsprechen. Die Schnittgeschwindigkeit wird etwa halb so groß gewählt wie für das Bohren.

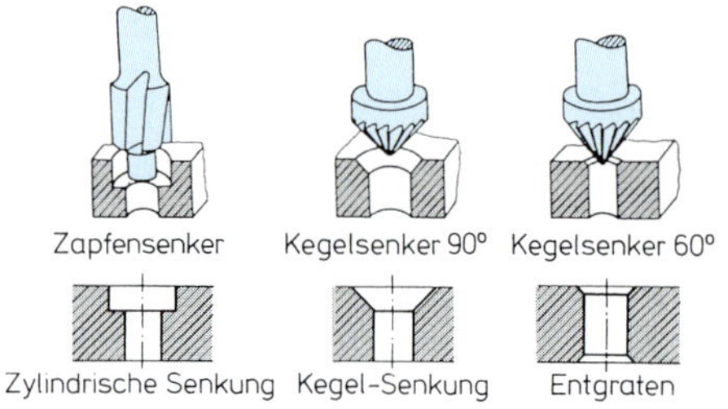

7.3.4 Säulenbohrmaschine

Die Bohrmaschine besteht aus folgenden Funktionseinheiten:

- Elektromotor,
- Hauptgetriebe,
- Vorschubgetriebe,
- Bohrspindel,
- Bohrtisch,
- Maschinengestell.

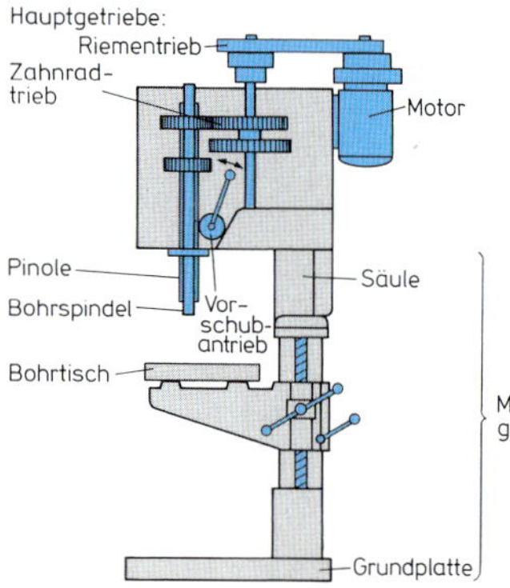

Funktionseinheiten

Bohrspindel/ Vorschubgetriebe

Die Bohrspindel führt die Schnitt- und Vorschubbewegung durch. Sie wird durch den Elektromotor über das Hauptgetriebe angetrieben. Die Bohrspindel besteht aus der eigentlichen Spindel für die drehende Bewegung und der Bohrspindelhülse (Pinole) für die Vorschubbewegung. Die Bohrspindelhülse besitzt eine Zahnstange, in die ein Ritzel eingreift. Das Ritzel wird über ein Handrad betätigt.

Die Bohrspindel besitzt einen Innenkegel zur Aufnahme des Bohrfutters oder des kegeligen Schaftes des Bohrers. Durch einen Auswerferdurchbruch kann mithilfe eines Austreibers das Bohrfutter oder der Bohrer aus der Spindel gelöst werden.

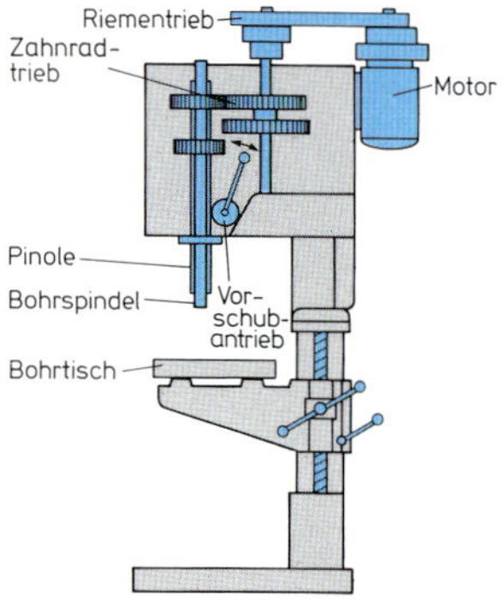

Hauptgetriebe

Mithilfe des Hauptgetriebes kann die Drehzahl stufenweise oder stufenlos verstellt werden.

Stufengetriebe
Auf der Motorwelle und auf der Bohrspindel befinden sich mehrere Keilriemenscheiben. Durch Umlegen der Keilriemen erreicht man verschiedene Drehzahlen.

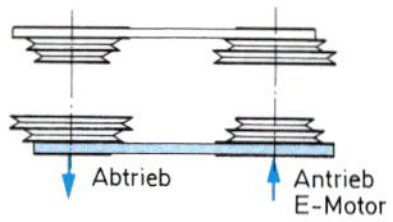

Stufenloses Getriebe
Stufenlose Getriebe besitzen zweiteilige Kegelscheiben, zwischen denen ein Keilriemen geführt wird. Mittels Rechts- und Linksgewinde der Stellspindel kann der Abstand der Kegelscheiben verändert werden. Hierdurch verlagert sich der Keilriemen und es ergeben sich andere Laufdurchmesser auf den Kegelscheiben.

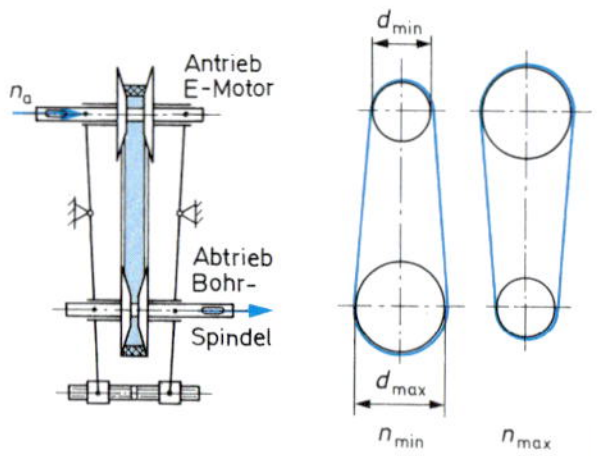

Funktionseinheiten	Fortsetzung
Spannmittel	Bohrer mit zylindrischem Schaft werden in ein Bohrfutter eingespannt, Bohrer mit kegeligem Schaft werden entweder direkt in den Innenkegel der Bohrspindel gesteckt oder durch Aufstecken von Reduzierhülsen dem Innenkegel angepasst. Kleine Werkstücke werden in einen Maschinenschraubstock eingespannt. Mit den Prismenbacken ist das Spannen zylindrischer Teile möglich. Der Maschinenschraubstock kann durch Spannschrauben auf dem Maschinentisch befestigt werden. Große Werkstücke werden mit Spannelementen auf dem Tisch direkt befestigt. Beim Bohren dünner Bleche wird ein Feilkloben verwendet und das Blech auf eine Holzunterlage gelegt.

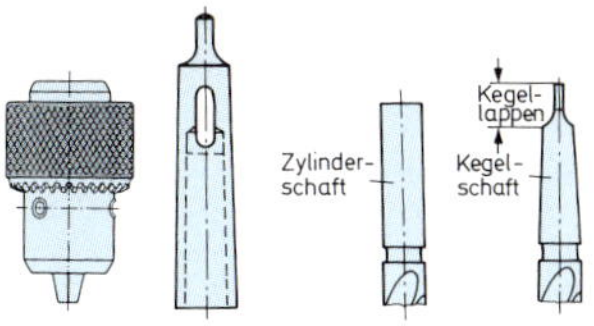

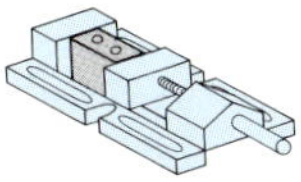

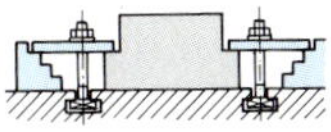

7.3.5 Handbohrmaschine

Die elektrische Handbohrmaschine wird überwiegend in der Montage eingesetzt und eignet sich für Arbeiten an großen und sperrigen Werkstücken. Die Genauigkeit und die Oberflächengüte der Bohrung ist allerdings nicht hoch.
Die elektrische Handbohrmaschine hat häufig ein Zweigang-Getriebe, die Drehzahl lässt sich elektronisch stufenlos regeln. Das Dreibackenfutter kann Bohrer bis 13 mm Durchmesser aufnehmen. Meist haben die Handbohrmaschinen eine Schlagbohreinrichtung zum Bohren von Beton.

7.3.6 Umfangsgeschwindigkeit, Drehzahl, Schnittgeschwindigkeit

Die Umfangsgeschwindigkeit ist abhängig von

- der Drehzahl n,
- dem Kreisdurchmesser d.

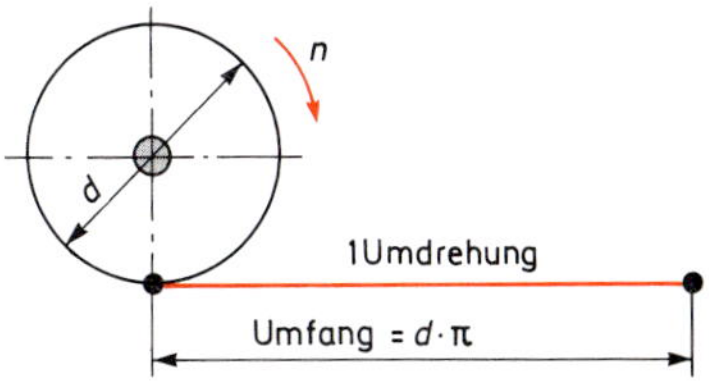

Unter Drehzahl oder Umdrehungsfrequenz versteht man die Anzahl der Umdrehungen in einer bestimmten Zeit (z. B. in einer Minute, Schreibweise: 1/min).

Die Umfangsgeschwindigkeit v des Körpers ist der Weg $s = d \cdot \pi$, den er am Kreisumfang in 1 Sekunde zurücklegt. Für die Umfangsgeschwindigkeit gilt dann:

$$v = d \cdot \pi \cdot n$$

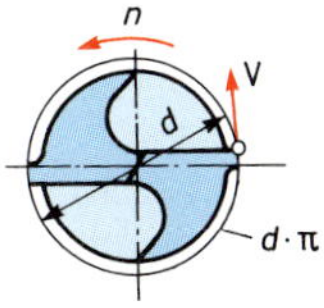

Die Umfangsgeschwindigkeit v eines Bohrers bezeichnet man in der Fertigungstechnik als Schnittgeschwindigkeit. Sie entspricht dem Weg, den ein Punkt der Schneide am Umfang des Bohrers in der Minute zurücklegt.
Es gilt:

$$v = d \cdot \pi \cdot n \quad \longrightarrow \quad n = \frac{v}{d \cdot \pi} \qquad d = \frac{v}{n \cdot \pi}$$

Drehzahl/Umdrehungsfrequenz

$$= \frac{\text{Anzahl der Umdrehungen}}{\text{Zeit}} \qquad n = \frac{z}{t}$$

Größe	Formelzeichen	Einheit
Schnittgeschwindigkeit	v	m/min
Durchmesser	d	m
Drehzahl	n	1/min

Beispiel:
Ein Werkstück aus Grauguss bis 260 N/mm² soll gebohrt werden. Berechnen Sie die an der Bohrmaschine einzustellende Drehzahl, wenn der Bohrerdurchmesser 20 mm beträgt.

Gegeben: $d = 20\text{ mm} = 0{,}02\text{ m}$
v für Grauguss aus Tab.: 15–25 m/min
$v = 20\text{ m/min}$ (gewählt)

Gesucht: n in 1/min

Lösung: $v = d \cdot \pi \cdot n$

$$n = \frac{v}{d \cdot \pi}$$

$$n = \frac{20\text{ m/min}}{0{,}02\text{ m} \cdot 3{,}14}$$

$$\underline{\underline{n = 318{,}5\text{ 1/min}}}$$

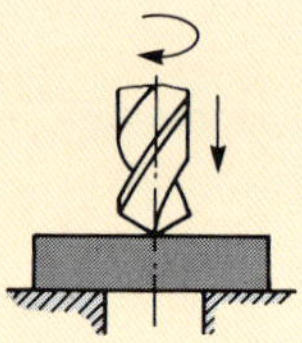

Damit der Bohrer den Beanspruchungen des Zerspanungsvorganges – Wärme, Verschleiß, Zerspankräfte – standhält, darf die zulässige Schnittgeschwindigkeit nicht überschritten werden. Die Werte für die Schnittgeschwindigkeit werden durch Versuche ermittelt und in Tabellen zusammengefasst.

Zulässige Schnittgeschwindigkeit beim Bohren in m/min

Werkstoff	Bohrer aus SS-Stahl
Stahl bis 500 N/mm²	30–40
Stahl bis 700 N/mm²	25–35
Grauguss bis 260 N/mm²	15–25
Grauguss über 260 N/mm²	12–16
Alu-Legierung (bis 11 % Si)	40–50
Messing	30–50
Kunststoff mit Füllstoffen (Glasfaser)	16

7.3.7 Bohrarbeiten

Abgebrochene Schrauben entfernen

Beim Anziehen von Schrauben reißt manchmal die Schraube ab und es besteht keine Möglichkeit, sie aus dem Gewindeloch zu entfernen. Sie muss ausgebohrt werden. In das ausgebohrte Loch wird ein Ausdrehstift eingeschlagen, der mit einer Ausdrehmutter die Schraube aus dem Loch löst. Folgende Vorgehensweise ist erforderlich:

- Vorbohren
- Nachbohren
- Ausdrehstift einschlagen
- Ausdrehen

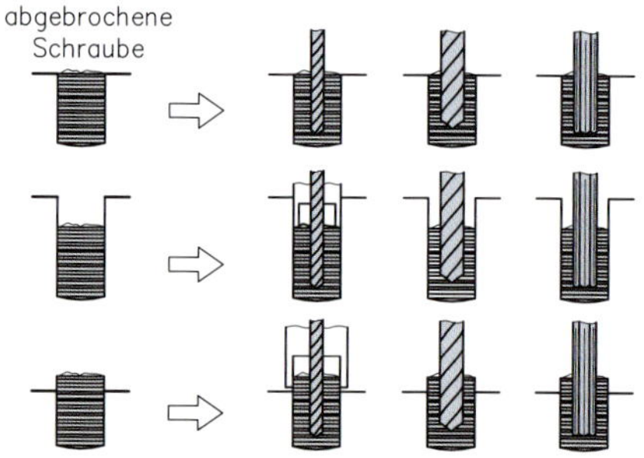

Beispiel:
Gegeben: Eine Schraube M 10 ist beim Anziehen abgerissen. Die Schraube besteht aus einem Stahl bis 700 N/mm². Die Schraube wird mit einem Bohrer von 4,6 mm Durchmesser vorgebohrt und einem Bohrer von 6,4 mm nachgebohrt.

Gesucht: Drehzahl, mit der gebohrt wird.

Lösung: Die zulässige Schnittgeschwindigkeit wird aus der vorhergehenden Tabelle ermittelt: Stahl bis 700 N/mm² → v = 25–30 m/min.

Gewählt: 30 m/min.
Die Schnittgeschwindigkeit beim Bohren errechnet sich aus der folgenden Formel:

$$v = d \cdot \pi \cdot n$$

Durch Umstellen der Formel kann man die an der Bohrmaschine einzustellenden Drehzahlen berechnen:

Gegeben:
$v = 30$ 1/min

$d = 4{,}6\text{ mm} = 0{,}0046\text{ m}$; $d = 6{,}4\text{ mm} = 0{,}0064\text{ m}$

$$n = \frac{v}{d \cdot \pi} = \frac{30}{0{,}0046 \cdot 3{,}14} = 2077\ \frac{1}{\text{min}}$$

$$n = \frac{v}{d \cdot \pi} = \frac{30}{0{,}0064 \cdot 3{,}14} = 1493\ \frac{1}{\text{min}}$$

Verschlissene und ausgerissene Gewinde erneuern

Bei Leichtmetallen reißt manchmal das Gewinde aus. Dies gilt z. B. für das Zündkerzengewinde im Leichtmetall-Zylinderblock. In solch einem Fall setzt man in die Bohrung eine Gewindebuchse aus Stahl ein. Das defekte Zündkerzenloch wird ausgebohrt und anschließend die Gewindebuchse mit einem Eindrehwerkzeug eingedreht. Die Buchse ist selbstschneidend.

Eindrehwerkzeug

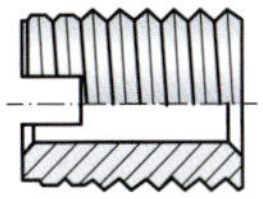

Gewindebuchse

Für hochbelastbare Gewinde in metallischen Werkstoffen geringer Festigkeit, z. B. Alu-Legierungen werden Gewindeeinsätze aus präzisionsgeformten, rhombischen Stahldraht verwendet. Hierzu wird ein Kernloch gebohrt und mit einem Gewindebohrer ein Aufnahmegewinde für den Gewindeeinsatz geschnitten. Der Gewindeeinsatz wird mit einem Einbauwerkzeug unter Vorspannung in das Kernloch eingedreht.

Eindrehwerkzeug

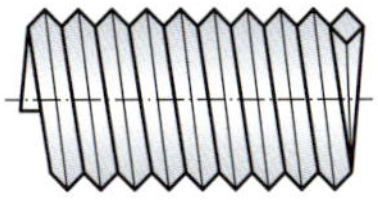

Gewindeeinsatz (HeliCoil®)

Beispiel:

Gegeben: Das Zündkerzengewinde M 14 im Leichtmetall-Zylinderkopf ist ausgerissen. Der Bohrer hat einen Durchmesser von 17 mm.

Gesucht: Drehzahl, mit der gebohrt wird.

Lösung: Die zulässige Schnittgeschwindigkeit wird aus der Tabelle ermittelt: Alu-Legierung → $v = 40–50$ m/min.

Gewählt: 45 m/min

Gegeben: $v = 45$ m/min

$d = 17$ mm $= 0{,}17$ m

$$n = \frac{v}{d \cdot \pi} = \frac{45}{0{,}017 \cdot 3{,}14} = 843 \frac{1}{\text{min}}$$

7.3.8 Gewindeherstellung

Innengewinde

Das Schneiden eines Innengewindes von Hand erfolgt mit Gewindebohrern, die mit einem Windeisen in das Kernloch eingedreht werden. Die Zerspanarbeit wird auf drei Gewindebohrer verteilt. Sie werden durch Ringe gekennzeichnet.

Vorschneider (1 Ring)	Mittelschneider (2 Ringe)	Fertigschneider (3 Ringe oder ohne Ringe)
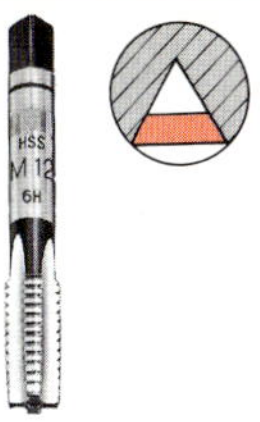	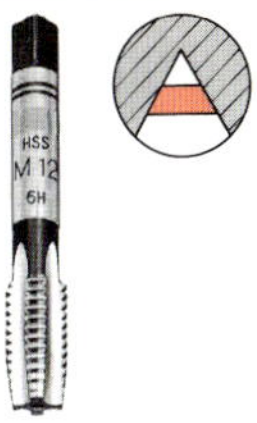	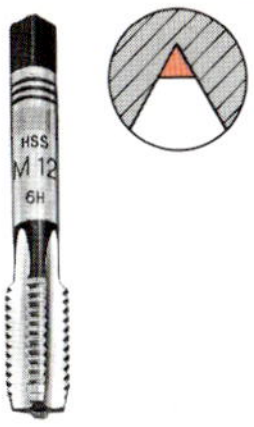

Der Kernlochdurchmesser muss etwas größer als der Kerndurchmesser des fertigen Gewindes sein, da beim Gewindeschneiden nicht nur Werkstoff abgetrennt, sondern gleichzeitig plastisch verformt wird und Werkstoffaufwerfungen entstehen.

Gewinde	Kernloch-Bohrerdurchmesser in mm
M 4	3,3
M 5	4,2
M 6	5,0
M 8	6,8
M 10	8,5
M 12	10,2

Außengewinde

Außengewinde werden mit dem Schneideisen hergestellt. Das Gewinde wird in einem Arbeitsgang geschnitten.

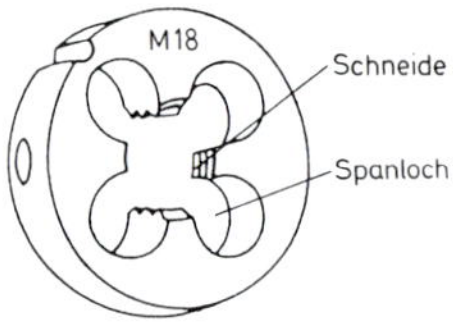

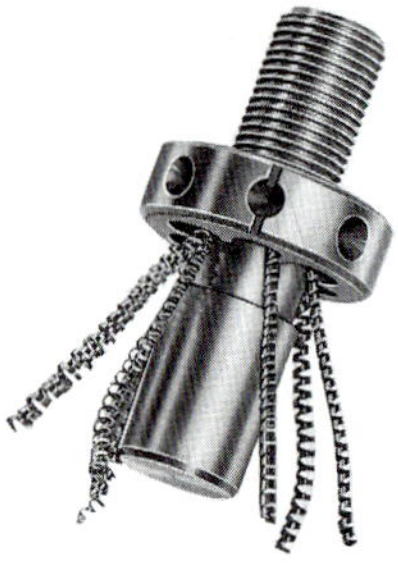

Gewinde	Bolzendurchmesser in mm
M4	3,9
M5	4,9
M6	5,9
M8	7,9
M10	9,85
M12	11,85

Der Außendurchmesser des Bolzens muss etwas kleiner als der Außendurchmesser des Gewindes sein, da auch hier Werkstoffaufwerfungen entstehen. Eine Fase erleichtert das Ausschneiden.

Je nach Werkstoff werden Schneidöle oder Kühlschmiermittel (Mischung von Wasser und Öl) als Schmiermittel verwendet. Hierdurch wird die Reibung beim Schneidvorgang verringert und die Oberflächengüte der Gewindeflanken verbessert.

Innengewinde schneiden

1. Bohren des Kernloches: Durchmesser entweder aus Tabelle oder über Näherungsformel: Kernlochdurchmesser ≈ 0,8 · Gewindenenndurchmesser.
2. Kernloch ansenken.
3. Gewindebohrer zum Vorschneiden in das Windeisen einspannen und mit dem Anschnitt in die Kernbohrung setzen.
4. Gewindebohrer unter gleichmäßigem Druck ein bis zwei Gewindegänge eindrehen.
5. Rechtwinkliges Anschneiden mit dem Flachwinkel überprüfen.
6. Gewindebohrer eindrehen:
   - Ein halber Gewindegang in Schneidrichtung,
   - Gewindebohrer etwas zurückdrehen, damit die Späne brechen,
   - Kühlschmiermittel verwenden.
7. Nach dem Vorschneiden Mittel- und Fertigschneider jeweils von Hand eindrehen und dann mit dem Windeisen fertigschneiden.

Außengewinde herstellen

1. Bolzen kegelig anfasen.
2. Schneideisen rechtwinklig ansetzen.
3. Zum Anschneiden des ersten Ganges leicht andrücken.
4. Gewinde schneiden:
   - Eine halbe Umdrehung in Schneidrichtung drehen,
   - Schneideisen etwas zurückdrehen, um die Späne zu brechen,
   - auch hier gegebenenfalls Kühlschmiermittel verwenden.

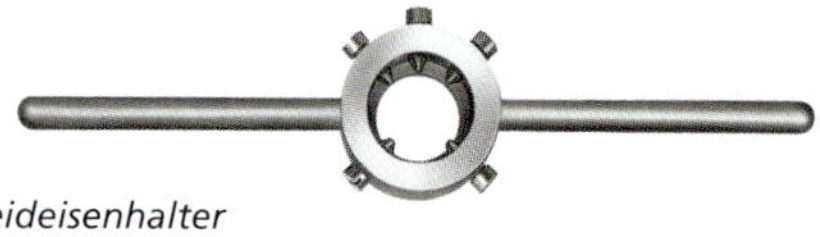

Schneideisenhalter

Verstellbares Windeisen

7.4 Biegeumformen

Biegen ist ein spanloses Fertigungsverfahren, das beim Umformen von Blechen, Halbzeugen und Rohren angewendet wird.

7.4.1 Biegevorgang

Beim Biegen z. B. eines Stabes treten folgende Veränderungen auf:

- Die äußeren Werkstofffasern werden gedehnt.
- Die inneren Werkstofffasern werden gestaucht.

- In der Mitte des Stabes befindet sich eine Faserschicht, die weder gedehnt noch gestaucht wird. Diese Faserschicht wird als „neutrale Faser" bezeichnet. Sie bleibt in ihrer Länge unverändert und wird deshalb zur Berechnung der gestreckten Länge verwendet.
- Durch das Dehnen und Stauchen entsteht eine Querschnittveränderung. Im Bereich der Werkstoffstreckung wird der Querschnitt verkleinert, im Bereich der Werkstoffstauchung wird der Querschnitt vergrößert.

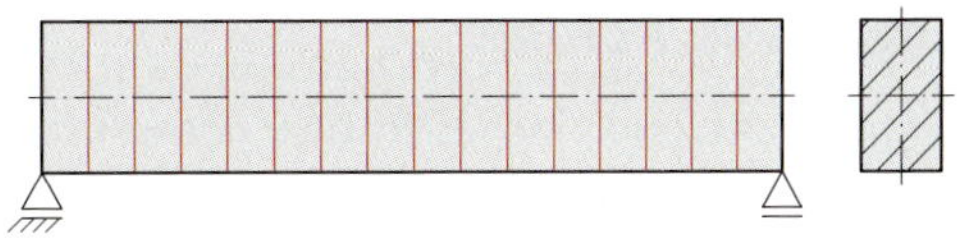

Stab vor dem Biegen

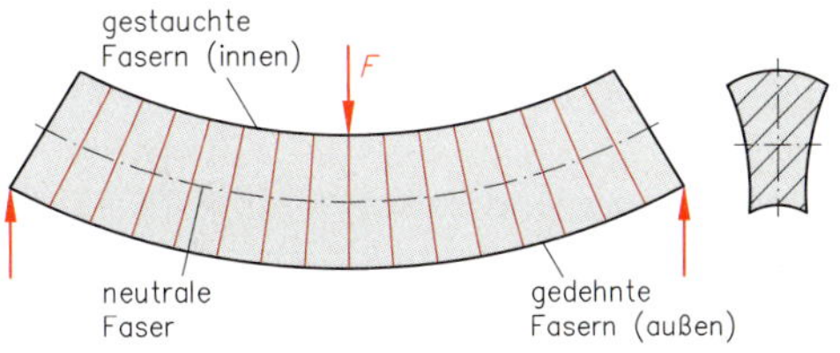

Stab durch Biegekraft F belastet

Gut verformbar sind: Stähle niedriger Festigkeit, weiches Messing, Kupfer, Zink, Aluminium.

Schlecht verformbar sind: hochfeste, legierte Stähle, harte Aluminiumlegierungen, Magnesiumlegierungen.

Nicht verformbar sind: Grauguss, Temperguss, harter Stahl (siehe Kap. Werkstoffe).

7.4.2 Biegen von Profilen, Blechen und Rohren

Beim Biegen eines Flachstahles sind zu berücksichtigen:

Biegewinkel und Biegeradius	Größe und Lage des Querschnitts
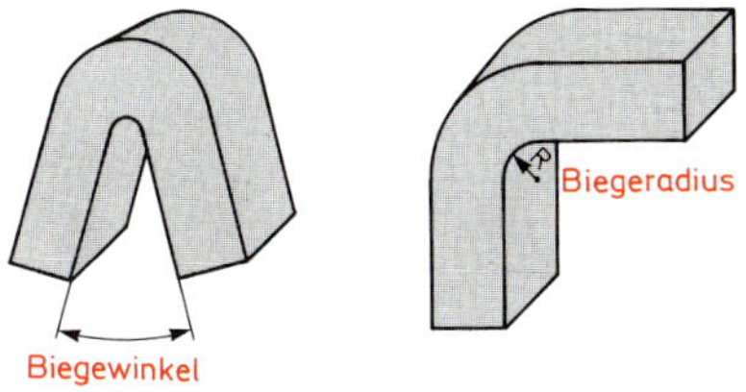	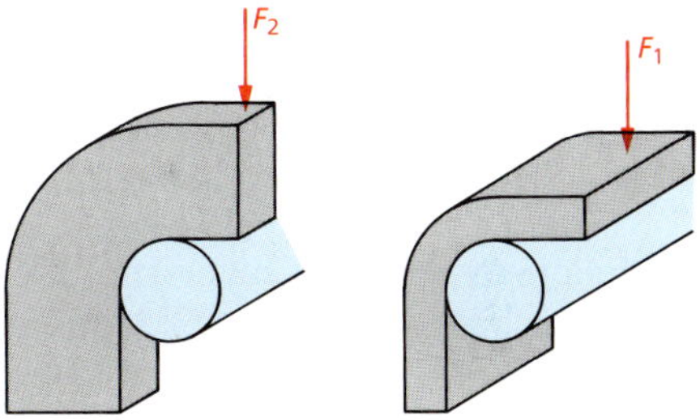
Großer Biegeradius – geringe Verformung der äußeren und inneren Fasern – geringe Biegekraft. Kleiner Biegeradius – große Verformung der äußeren und inneren Fasern – große Biegekraft.	Flachstab hochkant – Fasern stärker gedehnt und gestaucht – große Biegekraft. Flachstab flachkant – Fasern geringer gedehnt und gestaucht – kleine Biegekraft.

Biegen von Blechen

Durch Walzen von Blechen werden die Werkstoffkörner in Walzrichtung gestreckt. Der Zusammenhalt der nebeneinanderliegenden Walzfasern ist geringer als der Zusammenhalt in Walzrichtung. Daher müssen Bleche quer zur Walzrichtung gebogen werden oder mit einem größeren Biegeradius versehen werden.

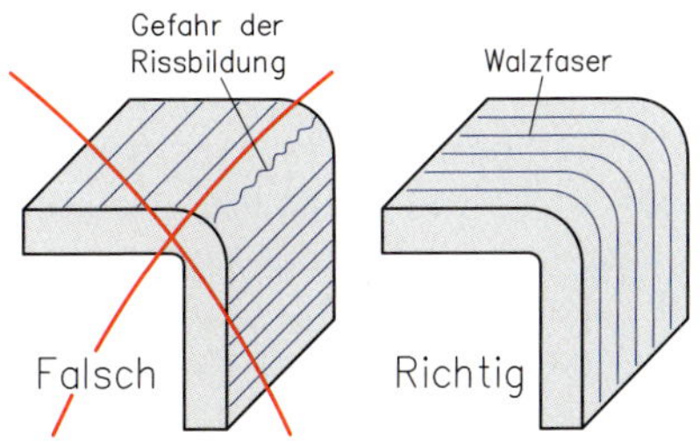

Biegen von Rohren

Im Kraftfahrzeug sind es insbesondere Bremsleitungen, die aus Stahl bestehen. Sie sind vielschichtig gegen Korrosion geschützt. In Biegungen und Bögen dürfen keine Verengungen sein. Biegungen und Bögen dürfen nicht zu eng sein. Rohrkrümmungen < 5-mal Außendurchmesser sind zu vermeiden.

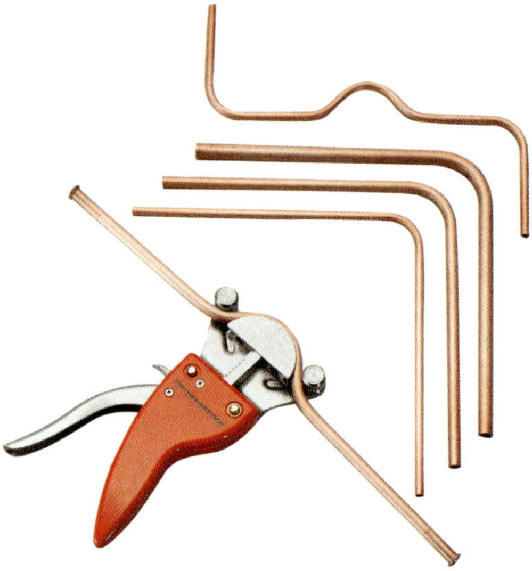

Bremsleitungen und Rohre werden am einfachsten in einer Rohrbiegevorrichtung gebogen, um eine Faltenbildung und ein Einknicken am äußeren Rand zu vermeiden.

Schweißnähte von Rohren sollten möglichst in der neutralen Zone liegen, um ein Aufplatzen der Nähte zu verhindern.

7.5 Teilereinigung

Die demontierten Bauteile sind meist verschmutzt und verölt. Um beurteilen zu können, ob die Bauteile für eine Wiederverwendung (siehe Kap. Wiederverwendbarkeit) taugen, müssen sie gereinigt werden. Die übliche Reinigung erfolgt in Teilereinigungsgeräten mit der Pinselmethode.

Das Reinigungsgerät besteht aus einer Arbeitsfläche mit Spritzschutz und einem 200-Liter-Fass mit Reinigungsflüssigkeit. Eine selbstansaugende Pumpe fördert das Reinigungsmittel nahezu drucklos durch einen Hohlpinsel. Während des manuellen Reinigungsvorganges fließt stetig Flüssigkeit nach. Hierdurch wird der Pinsel gespült und es bleiben keine Schmutzteilchen an den Borsten hängen. Siebe und Filter halten die Schmutzteilchen aus der Reinigungsflüssigkeit zurück, bevor sie wieder in den Kreislauf gelangt.

Als Reinigungsflüssigkeit werden kohlenwasserstoffhaltige Spezialreiniger, meist Kaltreiniger verwendet. Kaltreiniger gehören zu den besonders überwachungsbedürftigen Abfällen, sind stark wassergefährdend, gesundheitsschädlich und leicht entzündlich. Verbrauchte Kaltreiniger werden daher vom Lieferanten bei Lieferung eines neuen Fasses kostenlos zurückgenommen und von einem zertifizierten Entsorgungsbetrieb weiterverarbeitet.

Nach dem Waschvorgang werden die gereinigten Teile mit Putzwolle oder nicht faserndem Vliespapier abgetrocknet. Von der Verwendung der Druckluftpistole ist abzuraten, da durch den gerichteten Luftstrahl die Gefahr besteht, das Schmutzteilchen oder Metallabrieb aufgewirbelt wird. Ist der Gebrauch von Druckluft notwendig, z. B. zum Ausblasen von Düsen, ist es erforderlich, eine Schutzbrille zu tragen.

BTA Nr.: 9 2001-12-06	**BETRIEBSANWEISUNG** gemäß § 20 GEFSTOFFV **Geltungsbereich und Tätigkeiten** **Werkstatt**	Unterschrift

GEFAHRSTOFFBEZEICHNUNG

Kohlenwasserstoffhaltige Kaltreiniger

Kohlenwasserstoffhaltige Kaltreiniger in Teilereinigungsgeräten und zur Aggregatereinigung

GEFAHREN FÜR MENSCH UND UMWELT

Xn – Gesundheitsschädlich

- R10 Entzündlich.
- R21/22 Gesundheitsschädlich bei Berührung mit der Haut und beim Verschlucken.
- ACHTUNG: Beim Reinigen von kraftstoff- bzw. ölverschmutzten Teilen kann der Flammpunkt sinken bzw. Bildung explosionsfähiger Dampf-Luft-Gemische.

SCHUTZMASSNAHMEN UND VERHALTENSREGELN

- S16 Von Zündquellen fernhalten – Nicht rauchen.
- S24/25 Berührung mit den Augen und der Haut vermeiden.
- S37/39 Bei der Arbeit geeignete Schutzhandschuhe und Schutzbrille/Gesichtsschutz tragen.

VERHALTEN IM GEFAHRENFALL

- Ausgetretenes Material mit Universalbinder aufnehmen.

ERSTE HILFE — **Notruf** 112

Bei jeder Erste-Hilfe-Maßnahme: Selbstschutz beachten und umgehend Arzt aufsuchen!

- Verunreinigte Kleidung wechseln.
- Betroffene Hautpartien mit viel Wasser und Seife gründlich abwaschen.
- Augen bei gespreizten Lidern unter fließendem Wasser gründlich ausspülen (unverletztes Auge schützen! Kontaktlinsen entfernen! Augenarzt!)
- Nach Verschlucken sofort Mund ausspülen und reichlich Wasser nachtrinken.
- Arzthilfe!

SACHGERECHTE ENTSORGUNG

A

- Reststoffe getrennt sammeln und einer Wiederverwertung zuführen.
- Ölverschmutzte Fraktionen oder Putzlappen nicht in den Hausmüll geben.

7.6 Unfallverhütung beim Umgang mit Werkzeugen

Wählen Sie das richtige Werkzeug.
Benutzen Sie das Werkzeug laut Gebrauchsanweisung.
Tragen Sie eine Schutzbrille.

- Lesen Sie die Gebrauchsanweisung vor der Benutzung.
- Tragen Sie eine Schutzbrille.
- Tragen Sie Gehörschutz.
- Verlängerung des Hebelarmes durch Aufsetzen von Rohren bleibt grundsätzlich den speziellen Werkzeugen vorbehalten.
- Handwerkzeuge sollten mit der Hand betätigt werden – nicht mit dem Hammer.
- Falsches Schlagen führt zu Absplitterungen und bedroht Ihr Augenlicht (grundsätzlich Schutzbrille tragen).
- Schraubendreher sind diffizile Handwerkzeuge, die nicht als Brecheisen oder Meißel verwendet werden dürfen.
- Schrauben verlangen nicht nur einen maßgerechten Schraubendreher – sondern auch senkrechtes Zuführen.

Halten Sie das Werkzeug sauber.
Benutzen Sie isolierte VDE-Werkzeuge an elektrischen Anlagen.

- Werkzeuge tragen ihre Maßbezeichnung, damit sie richtig zugeordnet werden.
- Nur der vollständig gut sitzende Werkzeug-Kraftschluss sichert lange Lebensdauer für Werkzeug und Schraube.
- Nachträgliches Bearbeiten von Werkzeugen z. B. mit Schleifgeräten führt zu Rissbildung und Bruchstellen – das erhöht die Unfallgefahr.
- Handbetriebene Einsätze und Betätigungswerkzeuge nicht auf Schlagschrauben verwenden.
- Niemand kann in alle Schubladen zugleich schauen – darum immer nur eine herausziehen und Kippen vermeiden.
- Treten Sie nicht auf die Schubladen.
- Ziehen Sie nicht den Werkstattwagen hinter sich her.
- Alle Dinge dieser Welt sind endlich. Das gilt auch für Werkzeuge. Verbrauchte Teile sollten entsorgt werden.

8 Prüf- und Messtechnik

8.1 Maßsysteme

Längen und Winkel

Heute sind in der Welt zwei Längenmaßsysteme üblich:

- Zollmaßsystem in den angelsächsischen Ländern z. B. USA, GB
- Metrisches Maßsystem in den übrigen Ländern

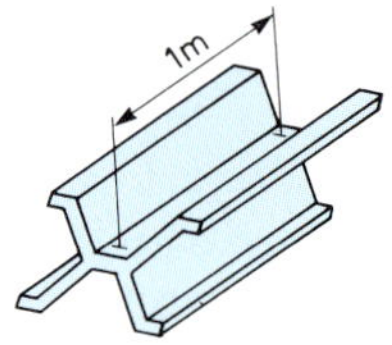

Die gesetzliche Längeneinheit des metrischen Längenmaßsystems ist das Meter. Es wurde 1889 als der 40-millionste Teil eines Erdmeridians festgelegt. Um den heutigen Genauigkeitsansprüchen zu genügen, hat man 1960 das Meter neu definiert. Man nutzt hierbei die Eigenschaften von Stoffen, bei Erwärmung Licht verschiedener Wellenlängen auszusenden.

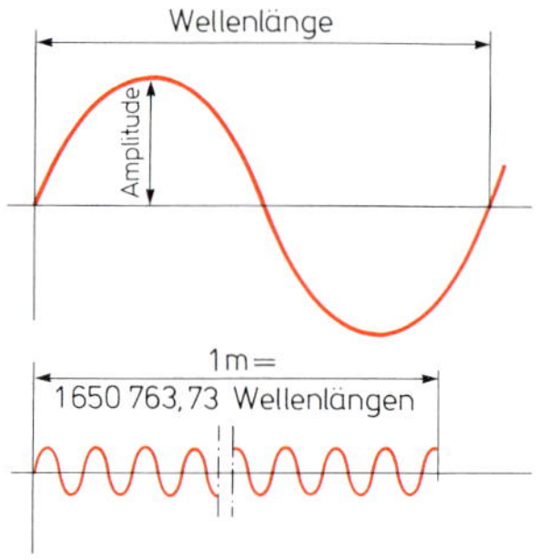

Bisher galt: Ein Meter ist das 1650763,73-fache der Wellenlänge des orangefarbenen Lichts, das vom Edelgas Krypton ausgesendet wird. Heute gilt: Ein Meter ist die Länge der Strecke, die Licht im Vakuum während der Zeit von 1/299792458 Sekunden durchläuft.

In angelsächsischen Ländern ist der Zoll gesetzliche Längeneinheit. Das Zollmaßsystem hat als Grundlage die Daumenbreite.

Winkel werden in der Kfz-Technik in Grad angegeben. Ein Grad ist der 360. Teil eines Vollkreises. Die Einheit Grad (°) kann in Minuten (') und Sekunden (") unterteilt werden.

Längeneinheiten
1 m = 10 Dezimeter = 10 dm
1 m = 100 Zentimeter = 100 cm
1 m = 1000 Millimeter = 1000 mm
1 m = 1 Mill. Mikrometer = 1000000 µm
1 " = 1 Zoll
1 " = 25,4 mm

Winkeleinheiten
1° = 60 Minuten = 60'
1° = 3600 Sekunden = 3600"

8.2 Maßabweichungen, Maßtoleranz

Kurbelwelle, Pleuelstange, Lager usw. werden einzeln gefertigt und dann zusammengebaut. Dabei ist wichtig, dass keine Nacharbeit erforderlich ist. Daher muss jedes Bauelement seine vorgeschriebenen Maße besitzen. Die Genauigkeit der Fertigung wird dabei von der Funktion der Bauelemente bestimmt. Da mit zunehmender Genauigkeit die Fertigungskosten enorm steigen, gilt der Grundsatz:

Die Fertigung erfolgt so genau wie nötig und nicht so genau wie möglich.

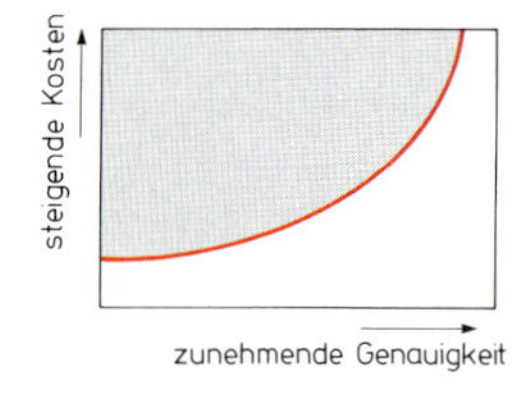

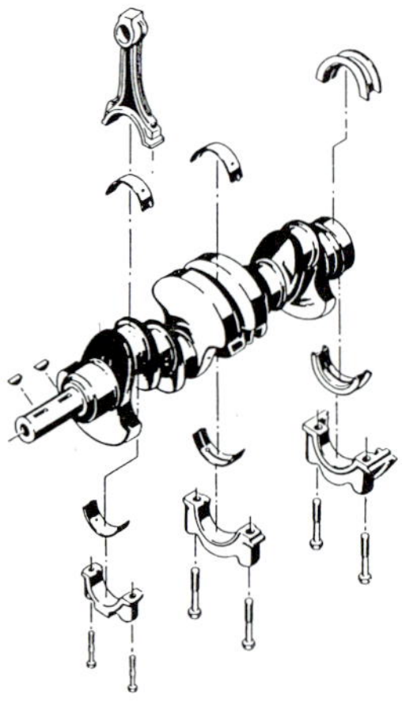

Bei der Fertigung werden bestimmte Abweichungen vom angegebenen Maß zugelassen. Wir unterscheiden:

- **Nennmaß** *N*
  Das Nennmaß ist die eigentliche Größenangabe z. B. 58 mm.
- **Grenzabmaße Welle:** *es, ei,* **Bohrung:** *ES, EI*
  Die Grenzabmaße geben die zulässigen Abweichungen vom Nennmaß an. Die obere zulässige Abweichung vom Nennmaß ist das obere Grenzabmaß *es* bzw. *ES*, die untere Abweichung ist das untere Grenzabmaß *ei* bzw. *EI*.
- **Höchstmaß** G_o, **Mindestmaß** G_u
  Aus den Nennmaßen und den Grenzabmaßen lässt sich das größte zugelassene Maß ≙ Höchstmaß G_o und das kleinste zugelassene Maß ≙ Mindestmaß G_u ermitteln.
- **Passmaß**
  Ein Maß mit zulässigen Maßabweichungen bezeichnet man als Passmaß.
- **Maßtoleranz**
  Der Unterschied zwischen Höchstmaß G_o und Mindestmaß G_u ergibt die Maßtoleranz *T*.
- **Istmaß**
  Das tatsächlich am Werkstück gemessene Maß nennt man Istmaß. Das Istmaß muss zwischen Höchst- und Mindestmaß liegen.

Kurbelwellenzapfendurchmesser	Hauptlagerschalendurchmesser
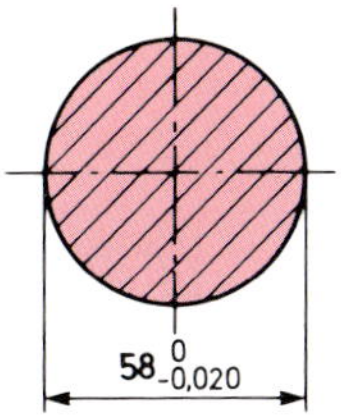	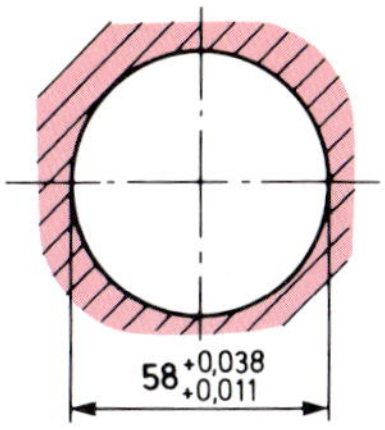
N = 58 mm	N = 58 mm
es = 0	EI = + 0,011 mm
ei = – 0,020 mm	ES = + 0,038 mm
$G_o = N + es$ = 58 + 0 = 58 mm	$G_o = N + ES$ = 58 + 0,038 = 58,038 mm
$G_u = N + ei$ = 58 – 0,02 = 57,98 mm	$G_u = N + EI$ = 58 + 0,011 = 58,011 mm
$T = G_o - G_u$ = 58 – 57,98 = 0,02 mm	$T = G_o - G_u$ = 58,038 – 58,011 = 0,027 mm

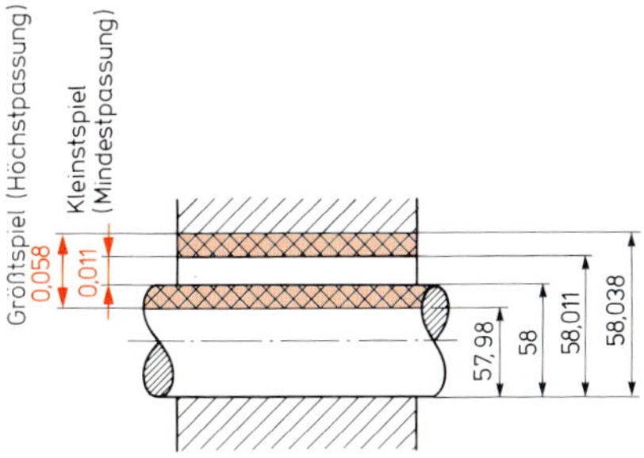

Spielpassung

Wenn Kurbelwelle, Pleuelstange und Lager zusammengebaut werden, muss nach dem Paaren der Teile ein Lagerspiel vorhanden sein. Dies ist dann der Fall, wenn das Istmaß der Welle kleiner als das Istmaß der Bohrung ist.

8.3 Prüfen, Messen, Lehren

Durch Prüfen wird festgestellt, ob ein Werkstück den geforderten Maßen und/oder der vorgeschriebenen Form entspricht. Das Prüfen kann durch Messen oder Lehren erfolgen.

Messen

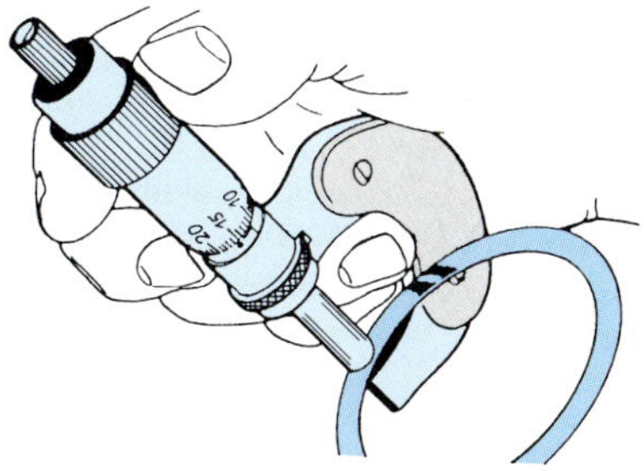

Die Dicke des Kolbenringes wird mit einer Bügelmessschraube gemessen und das Maß in vollen und hundertstel Millimeter ermittelt.
Messen ist das Vergleichen einer Länge an einem Werkstück mit einem Messgerät. Das Ergebnis des Messens ist das Istmaß in Form eines Zahlenwertes. Der Zahlenwert mit der entsprechenden Einheit multipliziert, ergibt den Messwert.

Lehren

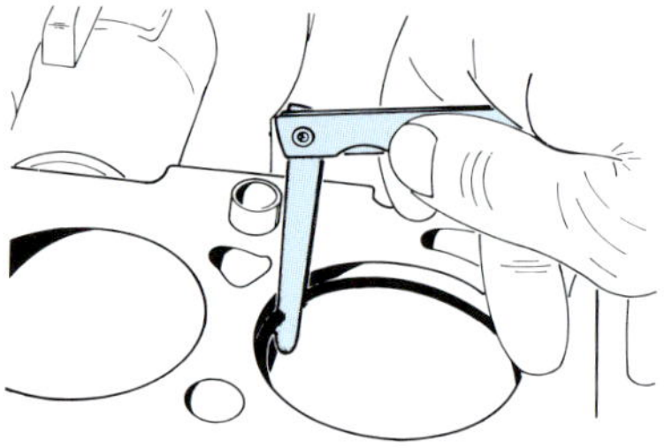

Mit der Fühllehre wird festgestellt, ob genügend Stoßspiel beim Kolbenring vorhanden ist, damit er sich bei Erwärmung ungehindert ausdehnen kann. Beim Lehren wird ein Prüfling mit einer Lehre verglichen. Sie stellt das Sollmaß oder die Sollform dar. Mit den Lehren wird festgestellt, ob das Istmaß oder die Istform von dem Sollmaß oder der Sollform abweicht. Ein Zahlenwert wird nicht ermittelt.

Bezugstemperatur

Nach DIN 102 ist für jede Prüfung eine Bezugstemperatur von 20 °C für das Prüfgerät und das zu prüfende Werkstück festgelegt.

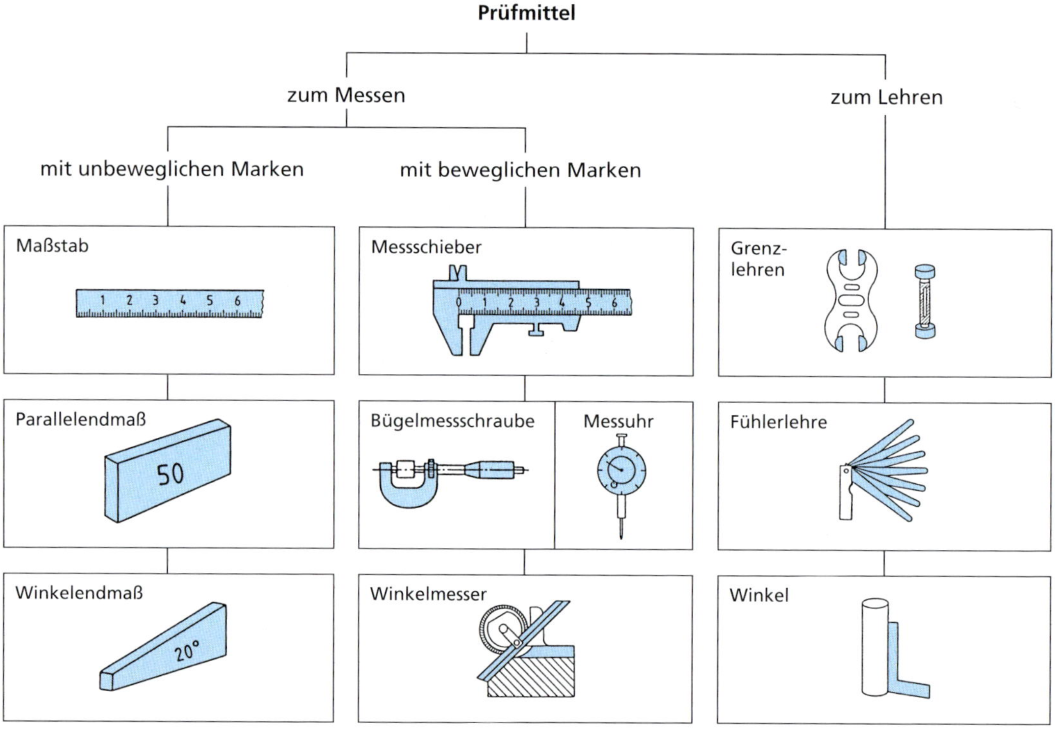

8.4 Verfahren der Längenprüftechnik

Direktes Messen

Beim direkten oder unmittelbaren Messen wird die Länge eines Prüflings mit der Skala des Längenmessgerätes verglichen.

Indirektes Messen

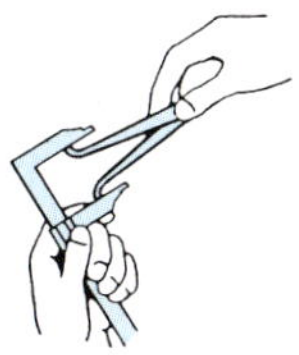

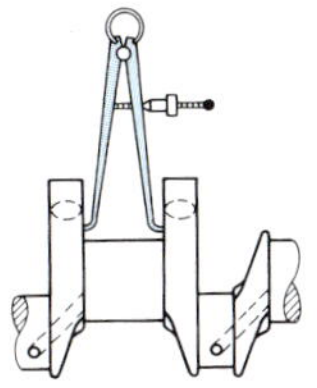

An Stellen eines Werkstücks, die für ein Messgerät nur schwer zugänglich sind, wird ein Messhilfsmittel, z. B. ein Innen- oder Außentaster zwischengeschaltet.

Unterschiedsmessung

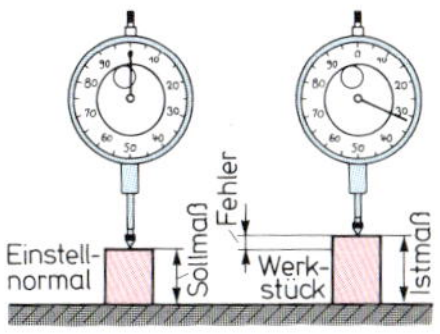

Zum Unterschiedsmessen werden Messuhren verwendet. Die Messuhr wird mithilfe eines Einstellnormals auf das Sollmaß eingestellt und anschließend mit dem Istmaß des Werkstücks verglichen. Die Messuhr zeigt den Unterschied zwischen Soll- und Istmaß an.

Beim Einbau neuer Kolben ist der Kolbenstand im OT zu prüfen, um eine entsprechende Zylinderkopfdichtung auszuwählen.

Hierzu wird die Messuhr zuerst auf die Planfläche des Zylinderkurbelgehäuses und dann auf die Kolbenoberfläche eingestellt und die Differenz abgelesen. Sie entspricht der Mindeststärke der Dichtung.

Formlehren

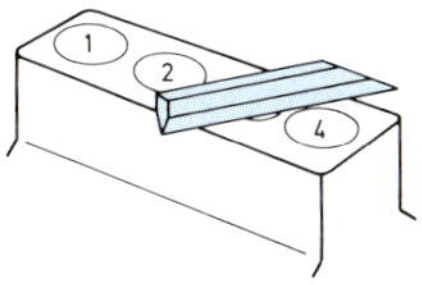

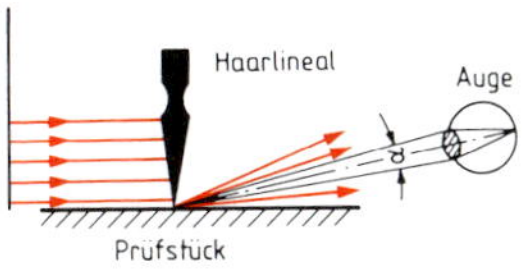

Formlehren dienen zum Überprüfen von Flächen, Winkeln, Radien usw. Mit dem Haarlineal wird die Ebenheit der Planfläche des Zylinderkopfes durch Lichtspaltprüfung kontrolliert.

Maßlehren

Fühllehre

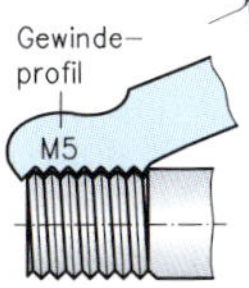

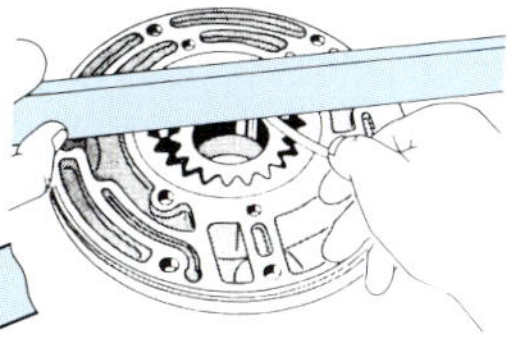

Maßlehren dienen dazu, ein bestimmtes Maß zu prüfen. Die Fühllehre besitzt mehrere Blattlehren von unterschiedlicher Stärke. Die Nennmaße sind auf den Blattlehren aufgetragen. Bei richtigem Spiel muss sich die Fühllehre gerade noch zwischen den zu prüfenden Teilen bewegen lassen.

Grenzlehren

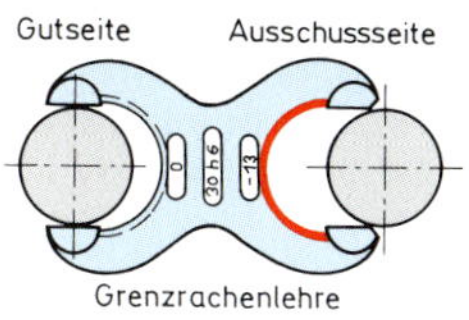

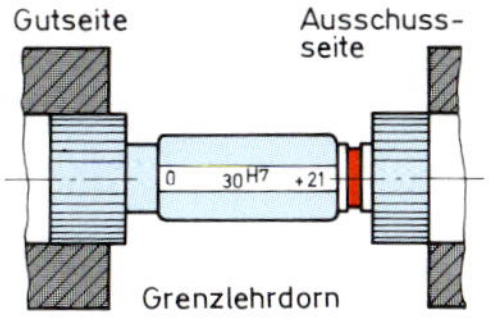

Durch Grenzlehren überprüft man, ob das Istmaß eines Werkstücks im vorgeschriebenen Toleranzbereich liegt. Grenzrachenlehren verwendet man zum Lehren von Wellen, Grenzlehrdorne zum Lehren von Bohrungen. Die Lehren besitzen eine Gut- und eine Ausschussseite. Die Gutseite verkörpert bei Wellen das Höchstmaß, bei Bohrungen das Mindestmaß, die Ausschussseite bei Wellen das Mindestmaß und bei Bohrungen das Höchstmaß. Das Istmaß des Werkstücks liegt zwischen Höchst- und Mindestmaß, wenn

- die Gutseite durch das Eigengewicht der Lehre über die Welle bzw. in die Bohrung gleitet,
- die Ausschussseite nur anschnäbelt.

8.5 Maßverkörperungen

Zu den Maßverkörperungen gehören Strichmaßstäbe, da sie durch den Abstand von Strichen die Längeneinheit verkörpern. Die Strichmaßstäbe haben einen Teilstrichabstand von 1 mm. Die Ablesegenauigkeit entspricht dem Abstand der Teilstriche.

Strichmaßstäbe

Benennung	Werkstoff	Nenngrößen	Benennung	Werkstoff	Nenngrößen
Stahlmaßstab 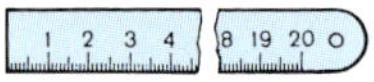	Federstahl Stahl	300 mm 500 mm 0,5 m, 1,2 m	Bandmaße 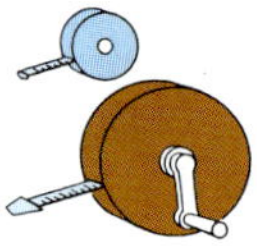	Stahlband	1 m, 2 m, 10 m, 20 m, 30 m, 50 m
Gliedermaßstab 	Holz Stahl Aluminium	1 m 2 m			

8.6 Anzeigende Messgeräte

8.6.1 Messschieber und Bügelmessschraube

Aufbau und Funktion

Messschieber

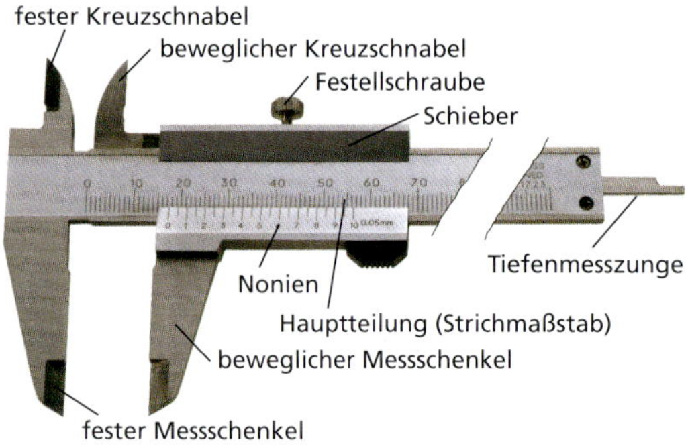

Der Messschieber besteht aus

- dem festen Schenkel mit dem Strichmaßstab in Millimeterteilung und
- dem beweglichen Schenkel mit dem Schieber, auf dem der Nonius aufgetragen ist.

Der Nonius ist z. B. 19 mm lang. Die Länge von 19 mm ist in 10 gleiche Teile unterteilt. Der Abstand von Teilstrich zu Teilstrich beträgt 1,9 mm. Der Abstand zum „2 mm"-Teilungsstrich des Strichmaßstabes beträgt 0,1 mm.

Wird der Schieber nach rechts so verschoben, dass der 1. Teilstrich des Nonius mit dem 2. Teilstrich (2 mm) des Strichmaßstabes übereinstimmt, so haben sich die Messschenkel um 2 mm – 1,9 mm = 0,1 mm geöffnet.

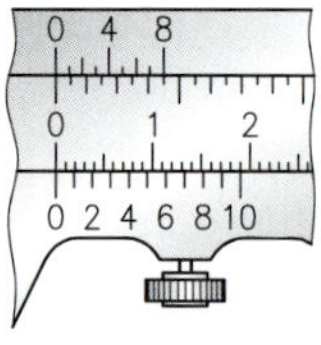

Die Messgenauigkeit des Messschiebers beträgt 0,1 mm = 1/10 mm.

Bügelmessschraube

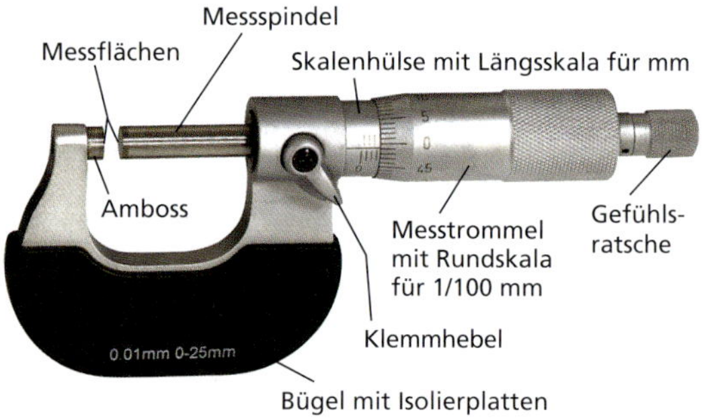

Die Bügelmessschraube besteht aus folgenden Funktionselementen:

- Bügel mit dem Amboss und der Skalenhülse
  Auf der Skalenhülse sind die ganzen und halben Millimeter aufgetragen. Im Innern befindet sich ein Innengewinde mit einer Steigung von 0,5 mm.
- Messspindel mit Messtrommel
  Die Messspindel hat ein Außengewinde mit einer Steigung von 0,5 mm und ist mit dem Innengewinde der Messtrommel verbunden. Die Messtrommel besitzt eine Skala mit 50 Teilen. Eine Gefühlsratsche sorgt für einen gleichmäßigen Messdruck.

Bei einer Umdrehung der Messtrommel verschiebt sich die Messspindel um 0,5 mm in Längsrichtung. Dreht man die Messtrommel um einen Skalenteil, so bewegt sich die Messspindel in Achsrichtung um 1/50 von 0,5 mm = 1/100 mm

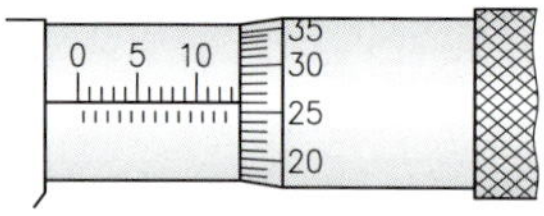

Die Messgenauigkeit der Messschraube beträgt 0,01 mm.

Aufbau und Funktion

Fortsetzung

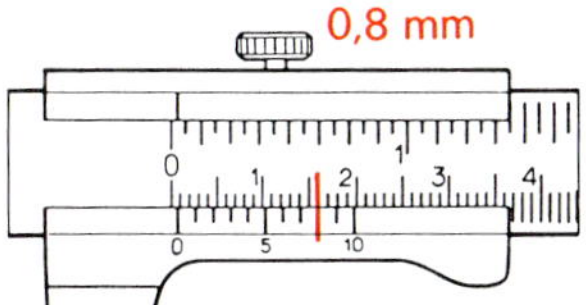

- Ganze Millimeter werden auf dem Strichmaßstab links vom Nullstrich des Nonius abgelesen.
- Die zehntel Millimeter werden rechts vom Nullstrich auf dem Nonius abgelesen. Der Strich am Anfang des Nonius gilt als 0-Strich. Der Strich des Nonius, der mit dem Teilstrich auf der Hauptteilung übereinstimmt, gibt die zehntel Millimeter an.
- Die Addition der einzelnen Ablesungen ergibt den Messwert.

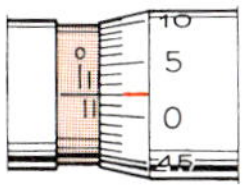
2,02 mm

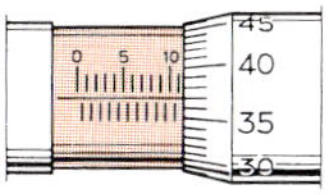
11,37 mm

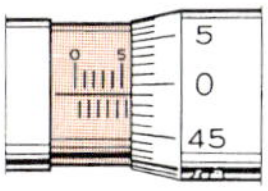
5,99 mm

- Ganze und halbe Millimeter werden vor der kegeligen Kante der Messtrommel auf der Skalenhülse abgelesen.
- Die hundertstel Millimeter werden auf der Messtrommel abgelesen. Markierung ist der waagrechte Strich auf der Skalenhülse.
- Die Addition der einzelnen Ablesungen ergibt den Messwert.

Mit der Bügelmessschraube lassen sich Außenmessungen durchführen.

Messen mit dem Messschieber

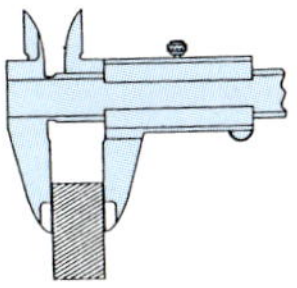
Außenmessung

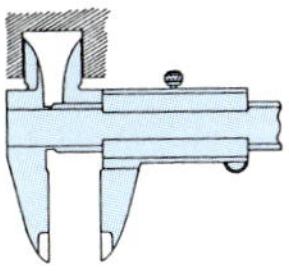
Innenmessung

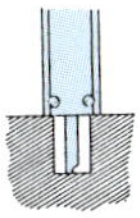
Tiefenmessung

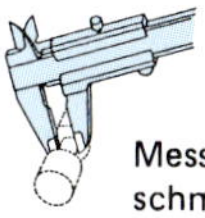
Messen von schmalen Stellen

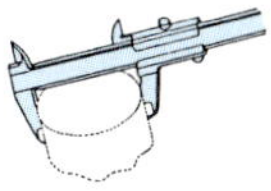
Durchmesser messen

Messen mit der Bügelmessschraube

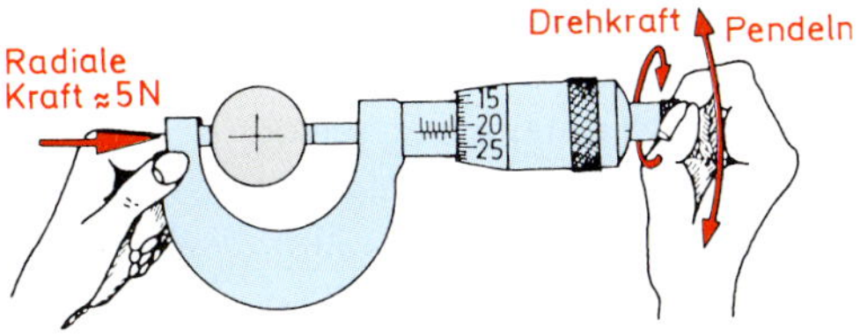

Das Arbeiten mit der Bügelmessschraube erfordert einige Übung. Es ist zweckmäßig, mit zwei Händen zu arbeiten. Während die eine Hand die Messschraube hält und den Amboss fest an das Werkstück drückt, dreht die andere Hand nur die Messspindel.
Der größte Durchmesser der Welle kann durch leichtes Pendeln um den Amboss als Drehpunkt ermittelt werden.

Weitere Ausführungen

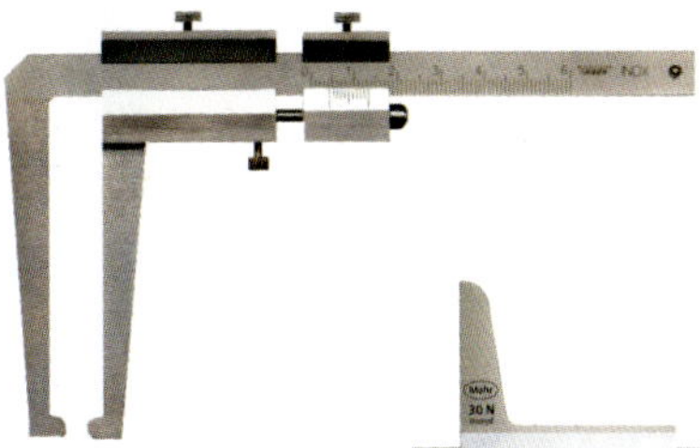
Messschieber für Bremsscheiben

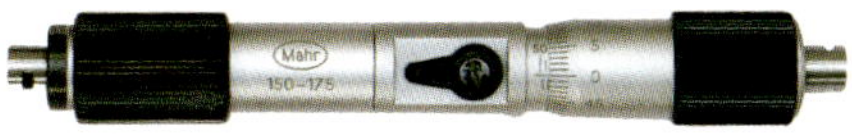
Innenmessschraube

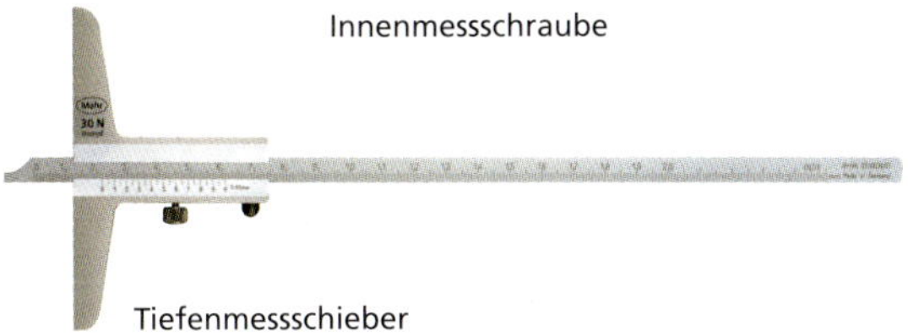
Tiefenmessschieber

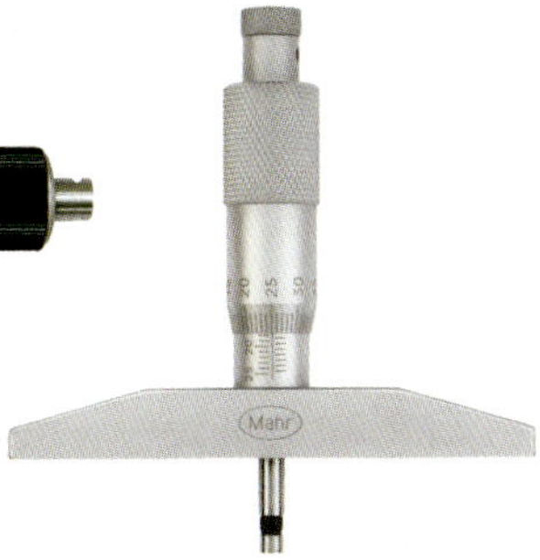
Tiefenmessschraube

8.6.2 Winkelmesser

Der einfache Winkelmesser besteht aus einem festen Messschenkel mit einer Gradeinteilung und einem beweglichen Messschenkel mit einem Zeiger. Der Messbereich geht von 0° bis 180°, die Ablesegenauigkeit liegt bei 1°. Beim Ablesen des Winkels ist die Lage des Werkstücks zu berücksichtigen. Der Ablesewert entspricht nur dann dem Messwert, wenn das Werkstück rechts vom Zeiger angelegt wird.

Der Universalwinkelmesser besitzt einen Nonius, der die Ablesegenauigkeit erhöht. Die vollen Grade werden am Nullstrich auf der Hauptskala abgelesen, die Winkelminuten auf der Noniusskala. Je nachdem, wie die Messschenkel angelegt sind, ist die Ableserichtung rechts- oder linksdrehend.
Messbereich: 360°
Ablesegenauigkeit: 5 Winkelminuten

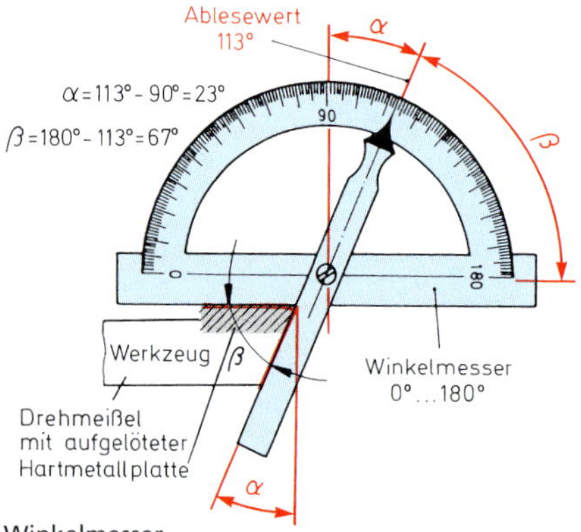

Winkelmesser

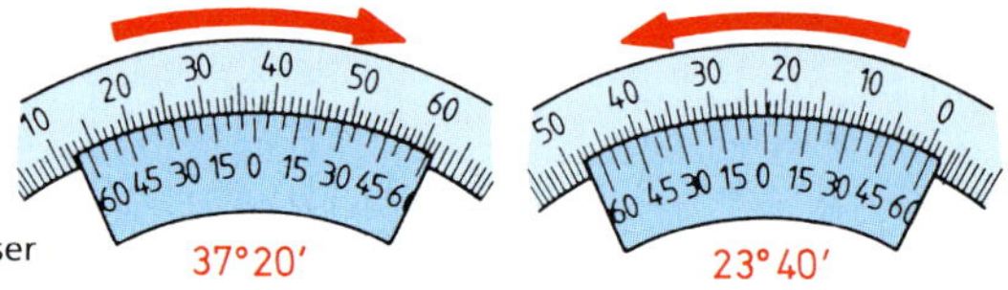

Universalwinkelmesser

8.6.3 Messuhren

Messuhren sind Längenmessgeräte, bei denen der Weg des Messbolzens über ein Zahnradgetriebe auf den Zeiger übertragen wird. Verschiebt sich der Messbolzen um 1 mm in Längsrichtung, so dreht sich der Zeiger um 360°.

Die Messuhr besitzt ein drehbares Ziffernblatt, das mit der Null unter die jeweilige Zeigerposition gestellt werden kann. Das Ziffernblatt ist in 100 Teile eingeteilt. Der Weg des Zeigers von einem Teilstrich zum anderen entspricht damit einer Verschiebung des Messbolzens um 1/100 mm.

Neben dem großen Ziffernblatt gibt es ein zweites kleines Ziffernblatt, auf dem die Anzahl der Umdrehungen des großen Zeigers, d. h. die vollen Millimeter angezeigt werden.

Toleranzmarken an der Skala dienen der Markierung des Kontrollbereichs, innerhalb dessen Grenzen sich der Zeiger bei der Prüfung des Werkstücks bewegen darf. Für jede Messung benötigt die Messuhr Haltevorrichtungen:

- Außenmessungen
  Für Außenmessungen wird die Messuhr in einen Messständer eingespannt.
- Innenmessungen
  Zum Innenmessen verwendet man ein selbstzentrierendes Innenmessgerät, das mit einer Messuhr bestückt ist.

Messen mit der Messuhr in der Kfz-Technik

Plan- und Rundlaufprüfung

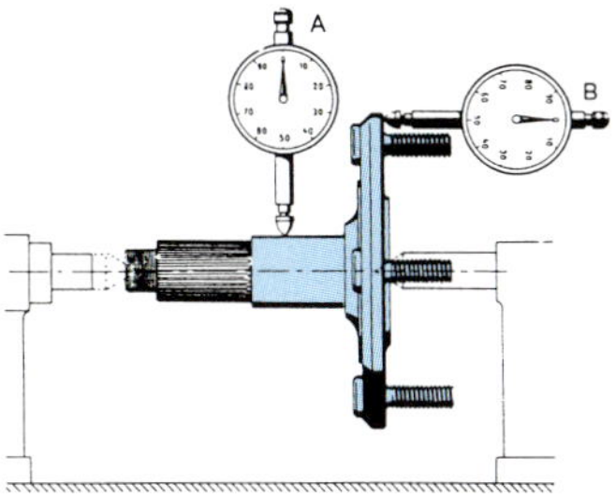

Zur Ermittlung des Rund- oder Planlaufs wird die Messuhr an einer beliebigen Stelle auf den Prüfling eingestellt und die Null des Ziffernblattes unter die Zeigerposition gedreht. Durch Drehen des Prüflings lassen sich die Rundlauf- bzw. Planabweichungen feststellen. Für Plan- und Rundlaufprüfungen werden die ausgebauten Prüflinge zwischen Spitzen gespannt oder – bei Wellen – in Prismen gelagert.

Die Abbildungen zeigen jeweils die Planprüfung

- der Kupplungsscheibe,
- der Bremsscheibe,
- des Radzapfenflansches.

Der Radzapfenschaft wird zusätzlich auf Rundlauf geprüft.

Unterschiedsmessung

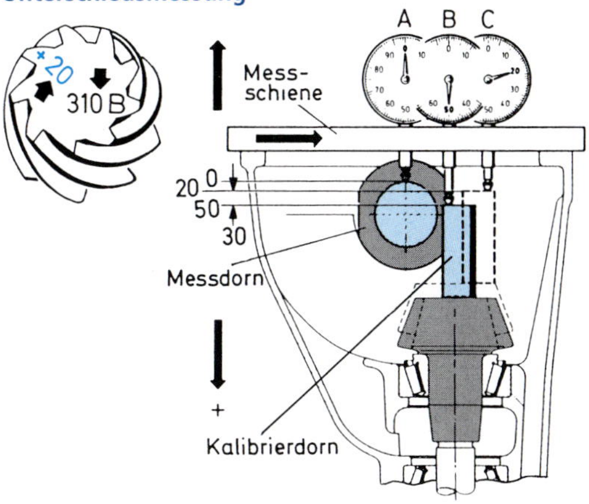

Nach Instandsetzung des Ausgleichsgetriebes muss die Höhe des Antriebskegelrades kontrolliert werden. Die vom Hersteller auf das Kegelrad gravierte Zahl + 20 gibt an, um wie viel hundertstel Millimeter das Antriebskegelrad – von einer Nulllinie gemessen – tiefer stehen muss. Die Nulllinie wird durch einen Messdorn dargestellt, der in die Lagerung des Tellerrades eingeführt wird.

Die Messuhr wird auf den höchsten Punkt des Messdornes auf „0" eingestellt. Dann wird die Messuhr mit der Messschiene verschoben, bis der Messbolzen auf einem Kalibrierdorn aufsitzt:

Messwert 50/100 mm.

Entsprechend der o. a. Kontrollzahl + 20, muss der äußere Laufring des inneren Lagers durch Ausgleichsscheiben von 0,30 mm Dicke höher gesetzt werden.

Innenmessung

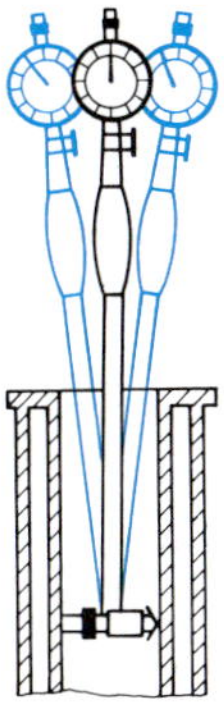

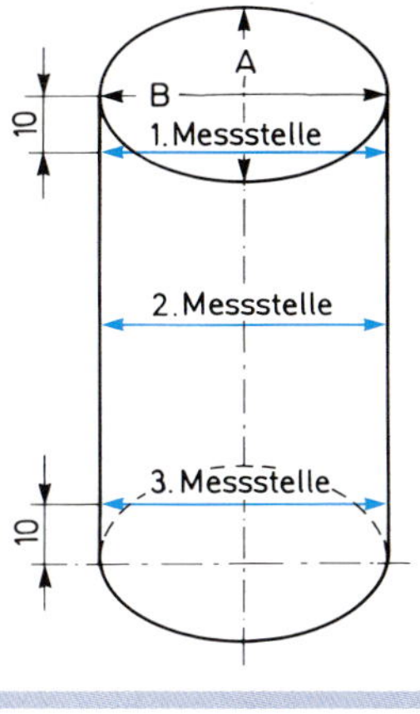

Zylinderverschleiß entsteht durch Reibung und Korrosion. Durch genaue Messung des Zylinders wird nachgewiesen, ob der Zylinder nachgearbeitet werden muss.

Zur Vermessung eines Zylinders werden drei Messebenen festgelegt. Die Messung wird in der gleichen Ebene längs und quer zur Arbeitsrichtung des Kolbens vorgenommen.

Vor der Messung wird das Innenmessgerät auf den vom Hersteller angegebenen Zylinderdurchmesser mit einer Messschraube eingestellt.

Durch Verschieben des Innenmessgerätes in die einzelnen Messebenen lassen sich die Abweichungen unmittelbar ablesen. Ein Verdrehen des Innenmessgerätes im Zylinder ergibt ein Maß für die Unrundheit der Zylinderbohrung.

9 Elektrotechnik

9.1 Zusammenhänge im elektrischen Stromkreis

9.1.1 Einfacher Stromkreis

Der einfache Gleichstromkreis für eine Beleuchtung besteht aus:

- Spannungsquelle: Batterie,
- Verbraucher: Glühlampe,
- Schalter,
- Verbindungsleitungen.

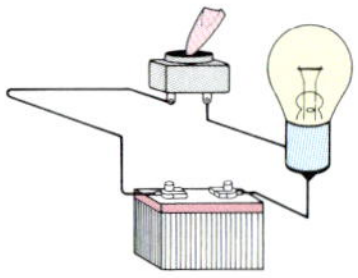

Die einzelnen Funktionselemente und ihr Zusammenwirken werden in einem Schaltplan durch Schaltzeichen dargestellt. Die Schaltzeichen sind nach DIN EN 60617 genormt. Der Schaltplan wird grundsätzlich im stromlosen und mechanisch nicht betätigten Zustand gezeichnet.

Geräte	Batterie 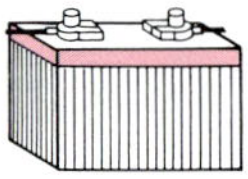	Lampe 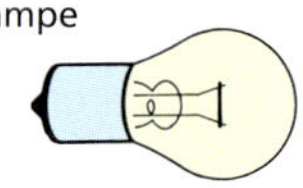	Schalter 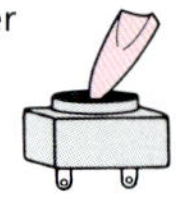	Leitung 
Schalt-symbol	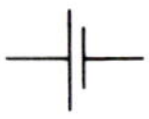	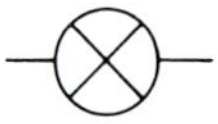		

Stromlaufpan

Der Stromlaufplan ist die ausführliche Darstellung einer Schaltung in ihren Einzelheiten. Er zeigt durch eine übersichtliche Darstellung der Stromwege die Wirkungsweise einer Schaltung. Für die Anordnung gibt es folgende Darstellungsarten:

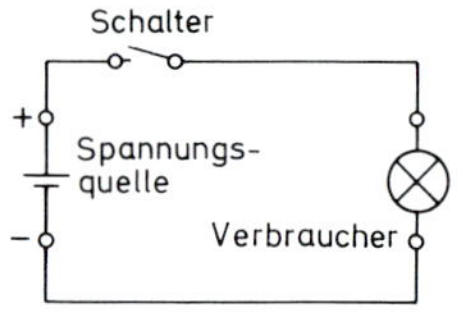

Stromlaufplan in zusammenhängender Darstellung

Beim Stromlaufplan in zusammenhängender Darstellung werden alle Schaltzeichen eines elektrischen Gerätes ihrer Lage entsprechend zusammenhängend gezeichnet. Die mechanische Wirkverbindung wird durch unterbrochene Verbindungslinien dargestellt.

Stromlaufplan in aufgelöster Darstellung

Beim Stromlaufplan in aufgelöster Darstellung werden die Schaltzeichen getrennt, ohne Rücksicht auf die räumliche Lage und den mechanischen Zusammenhang der Schaltelemente, angeordnet. Hauptzweck dieser Anordnung ist das Erkennen der Funktion einer Schaltung. Jeder Stromweg verläuft möglichst geradlinig.

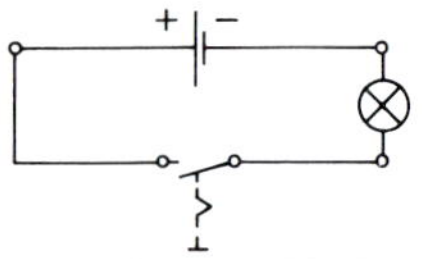

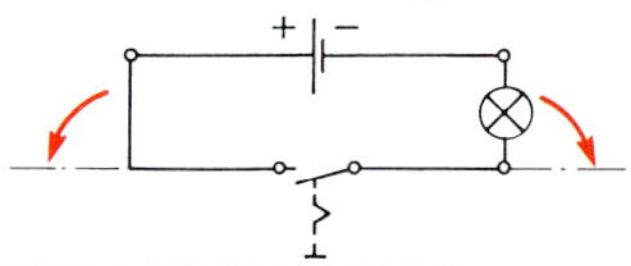

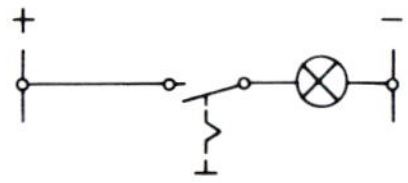

9.1.2 Elektrische Grundgrößen

Spannung

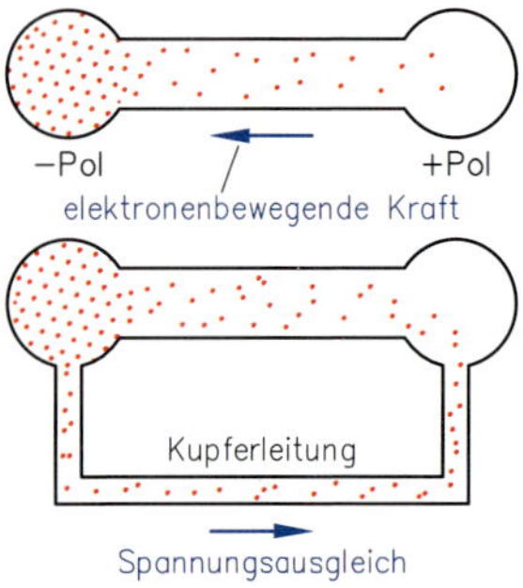

Eine elektrische Spannung entsteht durch einen Spannungserzeuger, z. B. eine Batterie. Durch Energieeinsatz (z. B. Laden der Batterie) transportiert der Spannungserzeuger viele Elektronen zu einer Anschlussklemme. Dort entsteht ein Elektronenüberschuss. Da die Elektronen eine negative Ladung haben, ist die Klemme negativ geladen. Sie wird als Minuspol bezeichnet. An der anderen Klemme entsteht Elektronenmangel. Ein Mangel an Elektronen ist gleichbedeutend mit positiver Ladung. Die Klemme ist daher positiv geladen und heißt Pluspol. Die unterschiedlichen Ladungszustände an Plus- und Minuspol haben das Bestreben, sich auszugleichen. Dieses Bestreben zum Ladungsausgleich wird als Spannung bezeichnet. Ein Ladungsausgleich ist zwischen den Polen einer Spannungsquelle nur bei geschlossenem Stromkreis möglich.

Spannung

Die elektrische Spannung wird in Volt gemessen.

Formelzeichen: *U*
Einheitenkurzzeichen: V

Im Schaltzeichen kennzeichnet die lange Linie der Batterie den positiven Pol.

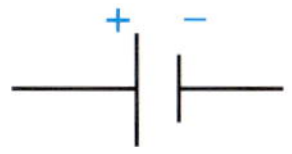

Gleichspannungen haben stets die gleiche Größe und Polarität. Gleiche Polarität heißt, dass der Pluspol positiv, der Minuspol der Spannungsquelle negativ gepolt bleibt, z. B. bei der Batterie.
Bei einer Wechselspannung ändern sich die Höhe der Spannung und ihre Polarität ständig.
Gleichspannungen erzeugen einen Gleichstrom, Wechselspannungen einen Wechselstrom.

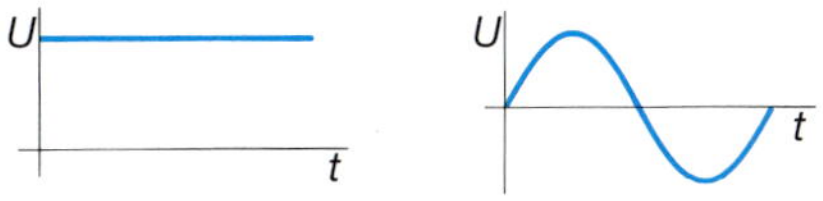

Fortsetzung

Elektrisches Potenzial

Unter Potenzial versteht man die elektrische Spannung zwischen dem Pluspol und einem Bezugspunkt. Beispiel:

- Die Spannung der Batterie beträgt 12 Volt. Zwischen dem Pluspol der Batterie und der Fahrzeugmasse als Bezugspunkt besteht ein elektrisches Potenzial von 12 Volt.
- Lädt der Generator mit 14 Volt die Batterie von 12 Volt auf, ist der Bezugspunkt die Batteriespannung von 12 Volt.
  Es besteht ein elektrisches Potenzial von 2 Volt, der Ladespannung zwischen den beiden Pluspolen.

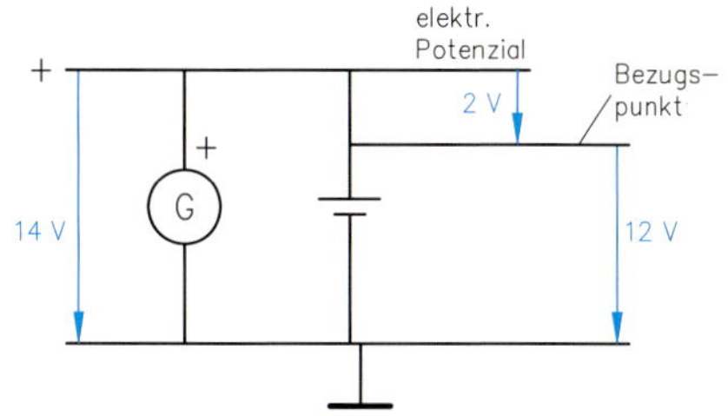

Strom

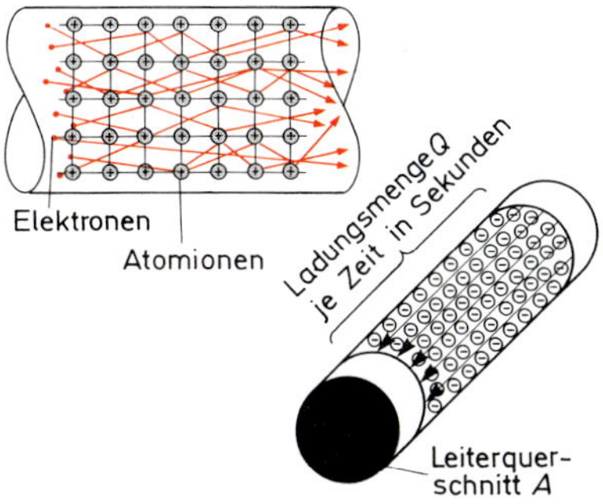

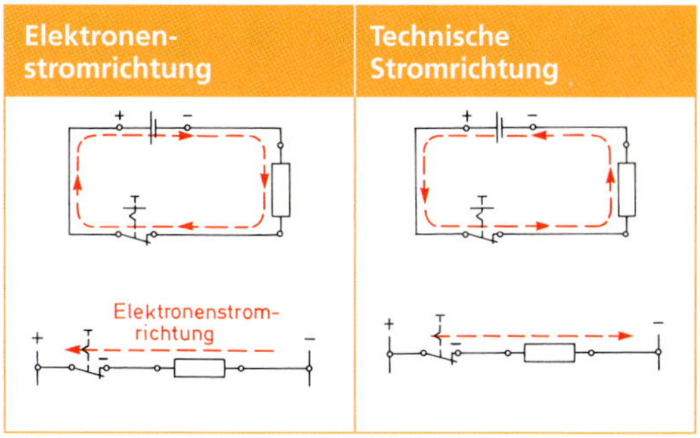

Metalle haben freie Elektronen, die im Innern eines Leiters frei beweglich sind. Die Elektronen bewegen sich nur dann fort, wenn Kräfte auf die Elektronen wirken, d. h. wenn eine Spannung auf sie wirkt. In einem geschlossenen Stromkreis treibt die Spannung die freien Elektronen vom Minuspol der Spannungsquelle über die Leitungen und den Verbraucher zum Pluspol.

Im vorigen Jahrhundert hat man die Stromrichtung vom Pluspol zum Minuspol festgelegt, da man die Elektronenbewegung nicht kannte. Diese einmal festgelegte Stromrichtung hat man in der Technik beibehalten. Die elektrische Stromstärke gibt an, wie viele Elektronen in einer bestimmten Zeit durch den Leiterquerschnitt fließen. Die elektrische Stromstärke wird in Ampere gemessen.

Formelzeichen: *I* Einheitenkennzeichen: A

Fließt Strom stets in die gleiche Richtung und in gleicher Höhe durch den Leiter, so heißt er Gleichstrom.

Verändert der Strom in gleichen Zeitabständen seine Richtung und seine Größe, so wird er als Wechselstrom bezeichnet.

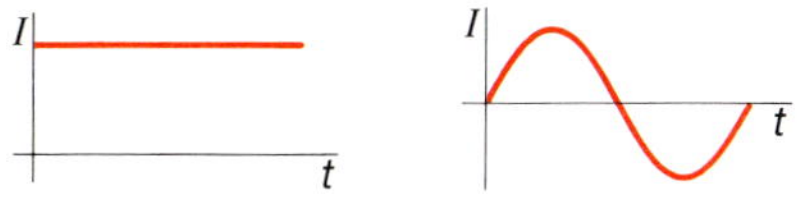

Eine negative und eine positive Halbwelle stellen eine Periode der Wechselspannung dar. Die Anzahl der Perioden pro Sekunde (Schwingungen/Sekunde) bezeichnet man als Frequenz. Die Maßeinheit der Frequenz ist nach dem deutschen Physiker Hertz benannt: Hertz (Hz).

Strom

Fortsetzung

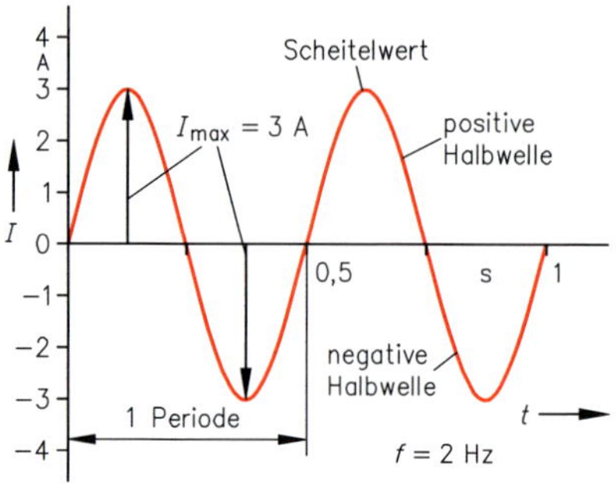

Drehstrom setzt sich aus 3 Wechselspannungen zusammen, die um 120° gegeneinander verschoben (phasenverschoben) sind.

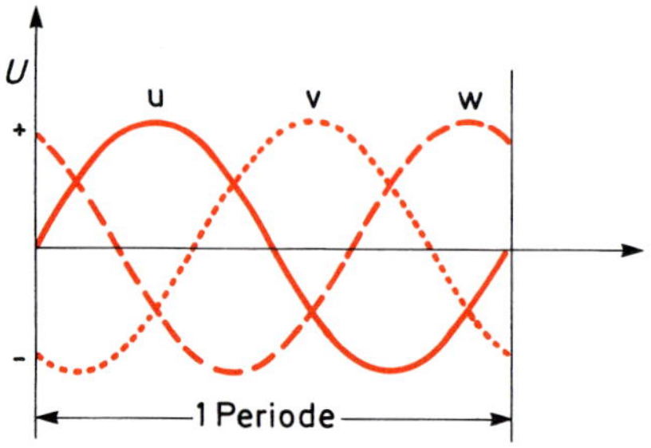

Widerstand

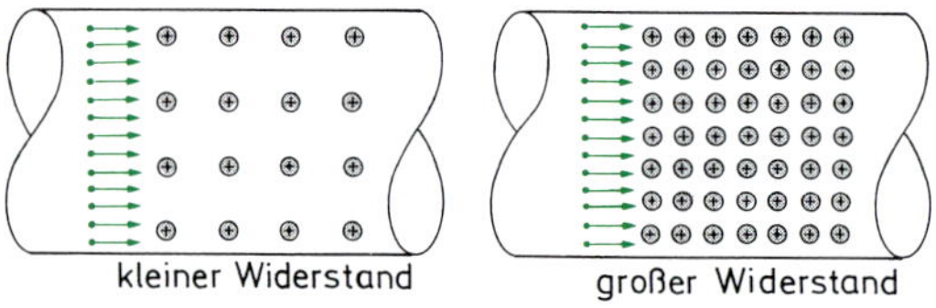

Auf ihrem Weg durch den Leiter bewegen sich die Elektronen zwischen den Atomionen hindurch. Dabei stoßen sie gegen die Atomionen und werden in ihrer Bewegung behindert. Diese Behinderung des elektrischen Stromes wird als Widerstand bezeichnet.

Der Widerstand wird in Ohm gemessen.

Formelzeichen: R
Einheitenzeichen: Ω (Omega)

Der Widerstand des Leiters ist abhängig von folgenden Größen:

- Werkstoff des Leiters
  Jeder Werkstoff hat einen arteigenen Widerstand, der als spezifischer Widerstand ϱ bezeichnet wird.
- Querschnittsfläche des Leiters
  Der Widerstand nimmt mit wachsendem Leitungsquerschnitt A ab.
- Länge des Leiters
  Der Widerstand eines Leiters wächst mit dessen Länge l.

Dieser Zusammenhang wird in der folgenden Gleichung mathematisch dargestellt:

$$R = \frac{\varrho \cdot l}{A}$$

ϱ in Ωmm²/m
l in m
A in mm²
R in Ω

Um übersichtliche Werte des spezifischen Widerstandes zu erhalten, wird häufig mit der elektrischen Leitfähigkeit κ gerechnet.

$$\varrho = \frac{l}{\kappa} \qquad R = \frac{l}{\kappa \cdot A}$$

l Leiterlängen in m
A Querschnitt in mm²

Werkstoff	Spezifischer Widerstand	Elektrische Leitfähigkeit
	ϱ $\frac{\Omega \cdot mm^2}{m}$	κ $\frac{m}{\Omega \cdot mm^2}$
Silber	0,0165	60
Kupfer	0,0178	56
Alu	0,028	36
Konstantan	0,5	2,04

Die Werkstoffe werden nach ihrem elektrischen Widerstand eingeteilt:

- Leiter
  Leiter sind Werkstoffe wie Metalle, Grafit usw., die den Strom gut leiten.
- Nichtleiter
  Nichtleiter sind Werkstoffe wie Kunststoffe, Gummi, Keramik usw., die den elektrischen Strom nicht leiten.
- Halbleiter
  Halbleiter sind Werkstoffe wie Germanium, Silizium usw., deren elektrische Leitfähigkeit verhältnismäßig gering ist. Durch das Einsetzen kleinerer Mengen an Fremdstoffen in das reine Material kann man die Leitfähigkeit vom Isolator bis zum Leiter beliebig variieren. Halbleiter sind das Kernstück der Elektronik.

9.1.3 Ohmsches Gesetz

Der Zusammenhang zwischen den Grundgrößen des elektrischen Stromkreises Spannung U, Stromstärke I und Widerstand R wurde von dem Physiker Ohm mathematisch formuliert:

- Je höher die Spannung bei konstantem Widerstand ist, desto höher ist der Strom.
- Je höher der Widerstand bei gleichbleibender Spannung, desto geringer ist der Strom.

Mit dem Begriff Widerstand werden in der Elektotechnik zwei Aspekte beschrieben:

- Widerstand beim Stromfluss durch einen Werkstoff, z. B. Leitungen,
- Widerstand als Bauteil.

Da jeder Verbraucher einen Widerstand besitzt, werden in Darstellungen häufig Widerstandssymbole an die Stelle des Verbrauches gesetzt.

$$\text{Stromstärke } I = \frac{\text{Spannung } U}{\text{Widerstand } R}$$

$$I = \frac{U}{R}$$

Größe	Formelzeichen	Einheit
Stromstärke	I	Ampere (A)
Spannung	U	Volt (V)
Widerstand	R	Ohm (Ω)

Beispiel:
Eine Halogenlampe H 4 hat eine Nennspannung von $U = 12$ Volt. Der Widerstand der Glühwendel beträgt 2,4 Ω. Welcher Strom fließt durch die Glühwendel?

Gegeben: $U = 12\ \text{V}$, $R = 2{,}4\ \Omega$

Gesucht: Stromstärke I

Lösung: $I = \frac{U}{R} = \frac{12\ \text{V}}{2{,}4\ \Omega}$

$I = 5\ \text{A}$

Umrechnungen:

1 Ampere = 1 000 Milliampere   1 A = 1 000 mA

1 Kiloohm = 1 000 Ohm   1 kΩ = 1 000 Ω

Beispiel:

$I = 6{,}53\ \text{mA} = 0{,}653\ \text{A}$ $I = 3\ \text{A} = 3\,000\ \text{mA}$

$R = 3{,}4\ \text{k}\Omega = 3\,400\ \Omega$ $R = 400\ \Omega = 0{,}4\ \Omega$

9.1.4 Elektrische Leistung, elektrische Arbeit

Elektrische Leistung

In einer Halogenlampe wird elektrische Energie in Licht- und Wärmeenergie umgesetzt. Je größer der Strom und je größer die Spannung ist, desto mehr wird geleistet. Die elektrische Leistung ist damit das Produkt aus Spannung und Stromstärke:

$$\text{Elektrische Leistung} = \text{Spannung} \cdot \text{Stromstärke}$$

$$P = U \cdot I$$

Setzt man $U = I \cdot R$ bzw. $I = U/R$ in die obige Formel ein, ergeben sich folgende Formeln:

$$P = I^2 \cdot R \qquad P = \frac{U^2}{R}$$

Die Einheit der elektrischen Leistung ist das Watt (W).

1 Watt = 1 VA   1 000 Watt = 1 kW

Größe	Formelzeichen	Einheit
Leistung	P	Watt (W)
Stromstärke	I	Ampere (A)
Spannung	U	Volt (V)

Elektrische Arbeit

Brennt die Halogenlampe mehrere Stunden, so hat sie dem Bordnetz eine bestimmte Energie entnommen und eine bestimmte Arbeit verrichtet. Die verrichtete Arbeit ist umso größer, je größer die Leistung des Verbrauchers und je länger die Einschaltdauer ist. Die elektrische Arbeit errechnet sich daher wie folgt:

$$\text{Elektrische Arbeit} = \text{Leistung} \cdot \text{Zeit}$$

$$W = P \cdot t$$

Setzt man für $P = U \cdot I$ ein, so erhält man folgende Formel:

$$W = U \cdot I \cdot t$$

Die elektrische Arbeit wird in Wattsekunden (Ws) oder in Kilowattstunden (kWh) angegeben. Es gilt

3 600 Ws (Wattsekunden) = 1 Wh (Wattstunde)

1 000 Wh (Wattstunden) = 1 kWh (Kilowattstunde)

Größe	Formelzeichen	Einheit
Arbeit	W	Ws kWh
Leistung	P	Watt (W), Kilowatt (kW)
Zeit	t	Sekunden (s), Stunden (h)

Beispiel: Auf dem Sockel der Halogenlampe steht 12 V/60 W.
Die Lampe brennt 4 Stunden.
Gegeben: 12 V: Nennwert der Spannung
60 W: Nennwert der Leistung in Watt, Zeit $t = 4$ Stunden
Gesucht: Stromstärke I in A, Arbeit W in kWh

Lösung:

$I = \frac{P}{U} = \frac{60\ \text{W}}{12\ \text{V}} = \underline{\underline{5\ \text{A}}}$

$W = P \cdot t = 60\ \text{W} \cdot 4\ \text{h}$

$W = 240\ \text{Wh} = \underline{\underline{0{,}240\ \text{kWh}}}$

9.2 Elektrische Bauelemente, Grundschaltungen

9.2.1 Sicherungen, Leitungen

Sicherungen

Jede Leitung kann nur mit einer bestimmten Dauerstromstärke belastet werden. Zu hohe Ströme, z. B. bei einem Kurzschluss, erwärmen die Leitungen so stark, dass Brandgefahr besteht. Zum Schutz der Leitung werden Schmelzsicherungen eingebaut. Die Sicherung besitzt einen Schmelzleiter, der so dünn ist, dass er bei einer bestimmten Stromstärke schmilzt und dadurch den Stromkreis unterbricht. Der Draht wird entweder über einen Keramikzylinder gespannt oder bei Flachsicherungen als Drahtbrücke in Kunststoff eingebettet.
Die Sicherungen befinden sich in einem Sicherungskasten. Die Sicherungsbelegung ist von der Ausstattung und vom Baujahr des Fahrzeuges abhängig. Eine Übersicht ist meist auf dem Deckel des Sicherungskastens dargestellt.
Bei Austausch müssen die neuen Sicherungen die gleiche Sicherungsstärke haben. Die Nennstromstärke ist durch eine Farbcodierung oder durch einen Aufdruck auf der Sicherung gekennzeichnet.
Schaltungen zwischen Batterie, Generator, Anlasser und Zündschloss sind nicht abgesichert.
Zum Auswechseln werden die Sicherungen mit einer kleinen Kunststoffzange aus dem Steckplatz herausgezogen.

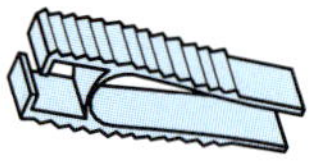

Prüfen und Messen:
Bei Fehlern in der elektrischen Anlage ist immer zuerst eine Sichtprüfung der Sicherungen durchzuführen. Ist eine Sicherung durchgebrannt, ist sie durch eine neue Sicherung mit gleicher Nennstromstärke zu ersetzen.
Wenn eine Sicherung nach dem Auswechseln wieder durchbrennt, ist der Stromkreis zu überprüfen.

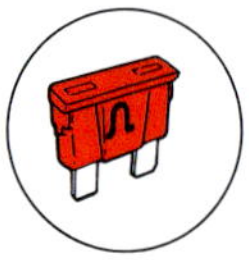

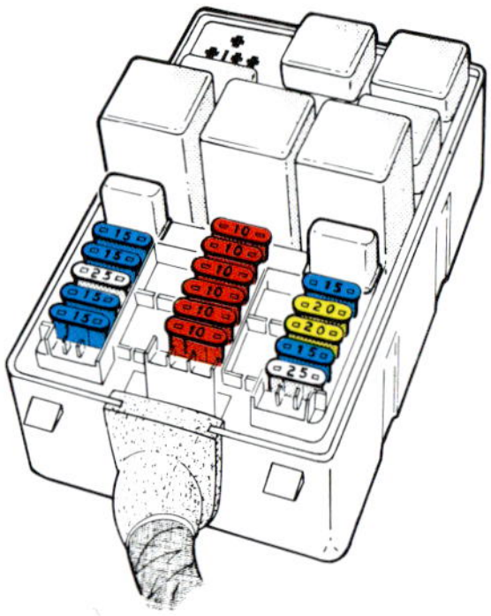

Schaltzeichen:

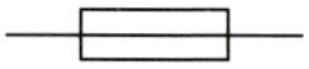

Kennfarben der Sicherungen

Keramiksicherung		Flachsicherung			
Kennfarbe	Nennstrom	Kennfarbe	Nennstrom	Kennfarbe	Nennstrom
Gelb	5 A	Violett	3 A	Hellblau	15 A
Weiß	8 A	Rosa	4 A	Gelb	20 A
Rot	16 A	Hellbraun	5 A	Weiß	25 A
Blau	25 A	Braun	7,5 A	Hellgrün	30 A
		Rot	10 A		

Leitungen

Die Versorgung der Verbraucher mit elektrischer Energie erfolgt über Leitungen. Sie werden zusammengefasst in Kabelbäumen verlegt. Teilkabelbäume führen zu den unterschiedlichen elektrischen und elektronischen Systemen. Teilkabelbäume, elektrische und elektronische Bauelemente werden über Steckverbindungen verbunden.
Elektrische Leitungen werden nach dem Verwendungszweck zur besseren Unterscheidung nach DIN durch Farben gekennzeichnet. Durch die Farbkennzeichnung wird die systematische Fehlersuche im Bordnetz wesentlich vereinfacht, da aus der Farbe auch der Verwendungszweck des Leiters hervorgeht.
Jede Leitung hat eine Grundfarbe. Sie ist die überwiegende Farbe der Leitung. Zur weiteren Unterteilung der Leitungen mit gleicher Grundfarbe dienen zwei Kennfarben:

1. Kennfarbe: Sie wird als Längsfäden eingeflochten.
2. Kennfarbe: Sie wird als fortlaufende Ringmarkierung dargestellt.

Wird in einem Schaltplan die Leitungsfarbe angegeben, so steht die Grundfarbe vor dem Schrägstrich und hinter ihm die Kennfarbe. Die Farbkennzeichnung ist mit dem Querschnitt der Leitung verbunden.
Grundfarbe nach DIN IEC 304 (Klammer → Kurzzeichen der englischen Wörter):
Weiß (WH), gelb (YE), grau (GY), grün (GN), rot (RD), violett (VT), braun (BR), blau (BU), schwarz (BK), orange (OG).
Alte Grundfarben und Kurzzeichen nach DIN ECE 757:
Weiß (ws), gelb (ge), grau (gr), grün (gn), rot (rt), blau (bl), violett (vi), braun (br), schwarz (sw), orange (or).

Leitungen

Fortsetzung

Kennfarben Beleuchtung

Leitung	Grund-/Kennfarbe
Masseleitung	br
Kabel Kl. 15	sw oder sw/Streifen
Kabel Kl. 30	rot oder rot/Streifen
Batterie Plus – Lichthauptschalter	rt
Lichthauptschalter – Abblendschalter	ws/sw
Abblendschalter – Fernlicht	ws
Lichthauptschalter – Abblendlicht	ge
– Stand-, Schlusslicht li	gr/sw
– Stand-, Schlusslicht re	gr/rt

Prüfen und Messen

Leitungen können beschädigt bzw. unterbrochen werden durch

- scharfkantige Karosserieteile,
- Korrosion,
- lockere oder korrodierte Steckverbindungen.

Bei Störungen von Bauelementen ist daher zu überprüfen, ob die Stromzufuhr durch die Leitungen gewährleistet ist. Dies erfolgt durch eine Durchgangsprüfung mit der Prüflampe oder eine Messung des Leitungswiderstandes mit einem Multimeter.

Bei zu hohem Leitungswiderstand steht dem Verbraucher nicht genügend Spannung zur Verfügung und es kommt zu Fehlfunktionen. Der Spannungsfall einer Leitung darf daher nicht zu groß sein.

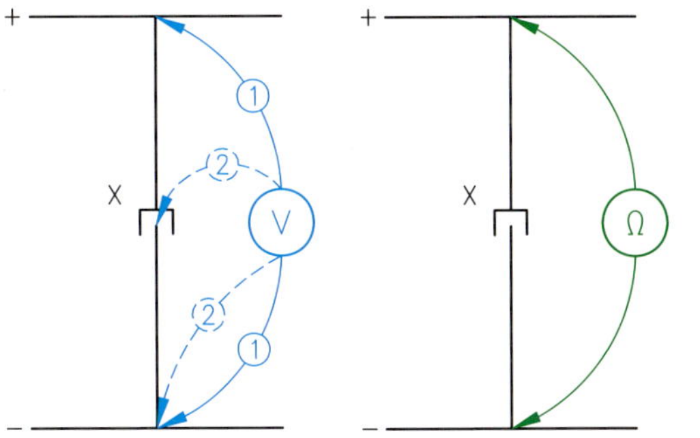

Reparatur von Leitungen

Abgeschirmte Leitungen zu Sensoren (z. B. Drehzahlgeber) dürfen nicht repariert werden. Dies gilt auch für Leitungen zum Airbagsystem. Reparaturleitungen werden durch gelbes Isolierband gekennzeichnet.

Abisolieren

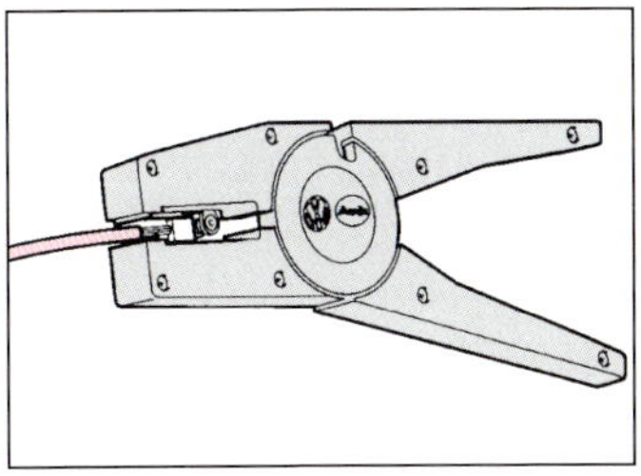

Quetschverbinder mit Zange zusammendrücken

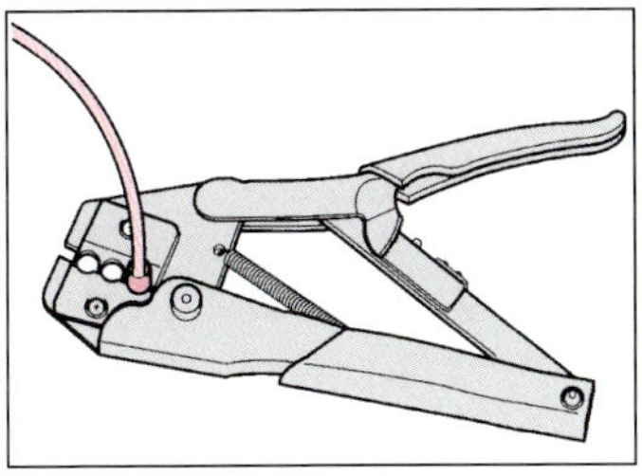

Isolierung mit Heißluftgebläse

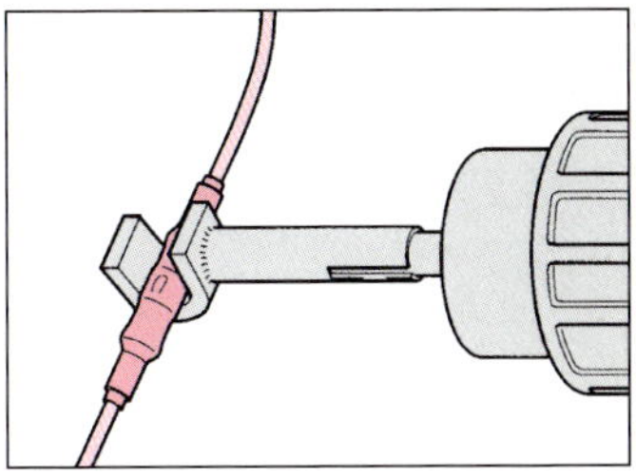

Spannungsverlust/Spannungsfall

Die elektrische Energie der Spannungsquelle, der Batterie, wird den Verbrauchern wie Lampen, Starter usw. durch elektrische Leitungen zugeführt. Durch den Leitungswiderstand R_L, dem Übergangswiderstand $R_Ü$ an Sicherungen, Schaltern und Steckkontakten geht ein Teil der elektrischen Energie verloren. Der Übergangswiderstand an Schaltern und Steckkontakten wird z. B. durch Oxidation der Kontakte hervorgerufen.

Die dem Verbraucher zur Verfügung stehende Spannung U_V ist daher um eine Teilspannung geringer als die Batteriespannung U_B. Den Unterschied zwischen der Spannung der Spannungsquelle und der Verbraucherspannung bezeichnet man als Spannungsfall.

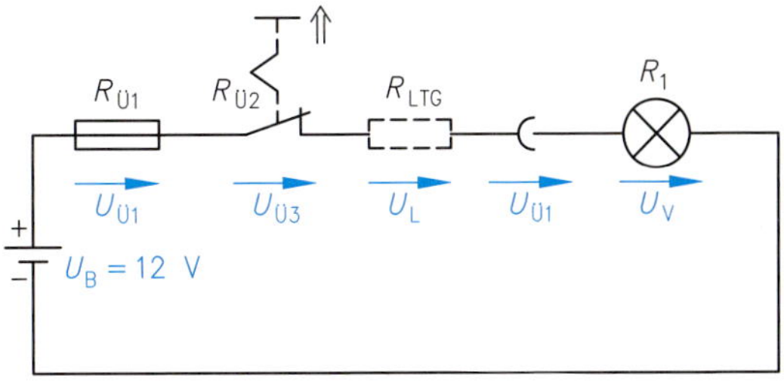

Der Spannungsfall darf einen bestimmten Wert nicht übersteigen, damit dem Verbraucher genügend Spannung zur Verfügung steht und seine Funktionsfähigkeit gewährleistet ist. Der zulässige Spannungsfall ist daher für Kraftfahrzeuge in der Norm DIN 72 551 festgelegt.

Beispiel:

Gegeben: Spannungsfall an Steckkontakt: $U_{Ü1} = 0{,}2$ V
Sicherung: $U_{Ü2} = 0{,}1$ V Schalter: $U_{Ü3} = 0{,}2$ V
Leitung: $U_L = 0{,}1$ V Batteriespannung: $U_B = 12$ V
Gesucht: Wie groß ist die Verbraucherspannung U_V?

Lösung:
$U_v = U_B - U_{Ü1} - U_{Ü2} - U_{Ü3} - U_L$
$U_V = 12\text{ V} - 0{,}2 - 0{,}1 - 0{,}2 - 0{,}1$
$\underline{\underline{U_V = 11{,}4\text{ V}}}$

Spannungsfall in Leitungen, Leiterquerschnitt

Leitungen im Bordnetz werden vom Fahrzeughersteller dimensioniert.

Bei Erneuerungen, Umrüstungen, Erweiterungen müssen die Querschnitte neu festgelegt werden. Dabei muss der zulässige Spannungsfall und die zulässige Stromdichte berücksichtigt werden.

Der Spannungsfall darf einen bestimmten Wert nicht übersteigen, damit dem Verbraucher genügend Spannung zur Verfügung steht.

Der Querschnitt der Leitung muss so bemessen sein, dass die Stromdichte die zulässigen Werte nicht überschreitet, da sonst die Leitungen zu warm werden und Brandgefahr besteht.

Spannungsfall U_V

$$U_V = R \cdot I$$
$$U_V = \frac{I \cdot \varrho \cdot l}{A} \quad [\text{V}]$$

Leiterquerschnitt A

$$A = \frac{I \cdot \varrho \cdot l}{U_V} \quad [\text{mm}^2]$$

Stromdichte J

$$J = \frac{I}{A} \quad \left[\frac{\text{A}}{\text{mm}^2}\right]$$

Elektrische Kupferleitungen, einadrig, PVC-isoliert

Normquerschnitt mm²	Max. Widerstand je Meter bei 11520 °C mΩ/m	Max. Leiterdurchmesser mm	Max. Leitungsdurchmesser (mit Isolation) mm	Zulässiger Dauerstrom (Richtwert) bei + 30 °C A	bei + 50 °C A	Zulässige Stromdichte Dauerbetrieb A/mm²
1	18,5	1,4	2,7	19	13,5	10
1,5	12,7	1,6	3,0	24	17,0	10
2,5	7,6	2,1	3,7	32	22,7	10
4	4,71	2,7	4,5	42	29,8	10
6	3,14	3,4	5,2	54	38,3	6
10	1,82	4,3	6,6	73	51,8	6
16	1,16	6,0	8,1	98	69,6	6
25	0,743	7,5	10,2	129	91,6	4
35	0,824	8,8	11,5	158	112	4
50	0,368	10,3	13,2	198	140	4

Zulässiger Spannungsfall

Art der Leitung	Zul. Spannungsfall der Plus-Leitung U_{vl}	Zul. Spannungsfall im gesamten Stromkreis U_{vg}
Lichtleitungen von Lichtschalter Klemme 30 bis Leuchten < 15 W bis Anhängersteckdose von Anhängersteckdose bis Leuchten	0,1 V –	0,6 V
von Lichtschalter Klemme 30 bis Leuchten > 15 W bis Anhängersteckdose	0,5 V	0,9 V
von Lichtschalter Klemme 30 bis Scheinwerfer	0,3 V	0,6 V
Ladeleitung von Drehstromgenerator Klemme B + bis Batterie	0,4 V bei 12 V 0,8 V bei 24 V	– –
Steuerleitungen von Drehstromgenerator bis Regler (Klemmen D +, D –, DF)	0,1 V bei 12 V 0,2 V bei 24 V	– –

Zulässiger Spannungsfall		Fortsetzung
Art der Leitung	Zul. Spannungsfall der Plus-Leitung U_{vl}	Zul. Spannungsfall im gesamten Stromkreis U_{vg}
Starterhauptleitung	0,5 V bei 12 V 1,0 V bei 24 V	– –
Startersteuerleitung von Startschalter bei Starter Klemme 50 Einrückrelais mit Einfachwicklung Einrückrelais mit Einzug- und Haltewicklung	1,4 V bei 12 V 2,0 V bei 24 V 2,4 V bei 12 V 2,8 V bei 24 V	1,7 V bei 12 V 2,5 V bei 24 V 2,8 V bei 12 V 3,5 V bei 24 V
Sonstige Steuerleitungen von Schalter bis Relais, Horn usw.	0,5 V bei 12 V 1,0 V bei 24 V	1,5 V bei 12 V 2,0 V bei 24 V

Beispiele für verschiedene Spannungsfälle

Starterleitung

Gegeben: $l = 1{,}5$ m, $P = 1{,}5$ kW,
$\varrho = 0{,}0178\ \Omega\text{mm}^2/\text{m}$, $U_V = 0{,}5$ V
(laut Tabelle)

1. Stromstärke

$$I = \frac{P}{U_B} = \frac{1\,500\ \text{W}}{12\ \text{V}} = \underline{\underline{125\ \text{A}}}$$

2. Leitungsquerschnitt

$$A = \frac{I \cdot \varrho \cdot l}{U_V} = \frac{125\ \text{A} \cdot 0{,}0178\ \Omega\text{mm}^2 \cdot 1{,}5\ \text{m}}{0{,}5\ \text{mm}^2\ \text{m}}$$

$$\underline{\underline{A = 6{,}675\ \text{mm}^2}}$$

3. Querschnitt aus Tabelle: 10 mm²

4. Stromdichte

$$J = \frac{I}{A} = \frac{125\ \text{A}}{10\ \text{mm}^2} = \underline{\underline{12{,}5\ \frac{\text{A}}{\text{mm}^2}}}$$

Bei Kurzzeitbetrieb:
$S_{zul} < 30$ A/mm²

5. Tatsächlicher Spannungsfall

$$U_V = \frac{I \cdot \varrho \cdot l}{A} = \frac{125\ \text{A} \cdot 0{,}0178\ \Omega\text{mm}^2 \cdot 1{,}5\ \text{m}}{10\ \text{mm}^2\ \text{m}}$$

$$\underline{\underline{U_V = 0{,}3\ \text{V}}}$$

Leitung zur Beleuchtung

Gegeben: $l = 2{,}5$ m, $P = 60$ W,
$\varrho = 0{,}0178\ \Omega\text{mm}^2/\text{m}$, $U_V = 0{,}5$ V
(laut Tabelle)

1. Stromstärke

$$I = \frac{P}{U_B} = \frac{600\ \text{W}}{12\ \text{V}} = \underline{\underline{5\ \text{A}}}$$

2. Leitungsquerschnitt

$$A = \frac{I \cdot \varrho \cdot l}{U_V} = \frac{5\ \text{A} \cdot 0{,}0178\ \Omega\text{mm}^2 \cdot 2{,}5\ \text{m}}{0{,}3\ \text{V m}}$$

$$\underline{\underline{A = 0{,}74\ \text{mm}^2}}$$

3. Querschnitt aus Tabelle: 1 mm² (Leitungsquerschnitte unter 1 mm² werden wegen zu geringer mechanischer Festigkeit nicht verwendet.)

4. Stromdichte

$$J = \frac{I}{A} = \frac{5\ \text{A}}{1\ \text{mm}^2} = \underline{\underline{12{,}5\ \frac{\text{A}}{\text{mm}^2}}}$$

5. Tatsächlicher Spannungsfall

$$U_V = \frac{I \cdot \varrho \cdot l}{A} = \frac{5\ \text{A} \cdot 0{,}0178\ \Omega\text{mm}^2 \cdot 2{,}5\ \text{m}}{1\ \text{mm}^2\ \text{m}}$$

$$\underline{\underline{U_V = 0{,}22\ \text{V}}}$$

Leitung für Kühlergebläse

Gegeben: $l = 2$ m, $P = 200$ W,
$\varrho = 0{,}0178\ \Omega\text{mm}^2/\text{m}$, $U_V = 0{,}5$ V
(laut Tabelle)

1. Stromstärke

$$I = \frac{P}{U_B} = \frac{200\ \text{W}}{12\ \text{V}} = \underline{\underline{16{,}7\ \text{A}}}$$

2. Leitungsquerschnitt

$$A = \frac{I \cdot \varrho \cdot l}{U_V} = \frac{16{,}7\ \text{A} \cdot 0{,}0178\ \Omega\text{mm}^2 \cdot 2\ \text{m}}{0{,}5\ \text{V m}}$$

$$\underline{\underline{A = 1{,}2\ \text{mm}^2}}$$

3. Querschnitt aus Tabelle: 1,5 mm²

4. Stromdichte

$$J = \frac{I}{A} = \frac{16{,}7\ \text{A}}{1{,}5\ \text{mm}^2} = 11{,}1\ \frac{\text{A}}{\text{mm}^2}$$

laut Tabelle $J = 10\ \frac{\text{A}}{\text{mm}^2}$

Neuwahl des Querschnitts:

$A = 2{,}5$ mm²

$$J = \frac{I}{A} = \frac{16{,}7\ \text{A}}{2{,}5\ \text{mm}^2} = \underline{\underline{6{,}68\ \frac{\text{A}}{\text{mm}^2}}}$$

5. Tatsächlicher Spannungsfall

$$U_V = \frac{I \cdot \varrho \cdot l}{A} = \frac{16{,}7\ \text{A} \cdot 0{,}0178\ \Omega\text{mm}^2 \cdot 2\ \text{m}}{2{,}5\ \text{mm}^2\ \text{m}}$$

$$\underline{\underline{U_V = 0{,}24\ \text{V}}}$$

9.2.2 Widerstände

Widerstände werden in Schaltungen eingesetzt, um z. B. hohe Spannungen und Ströme zu begrenzen bzw. bestimmte Spannungen zu erreichen.

Festwiderstand	Verstellbare Widerstände
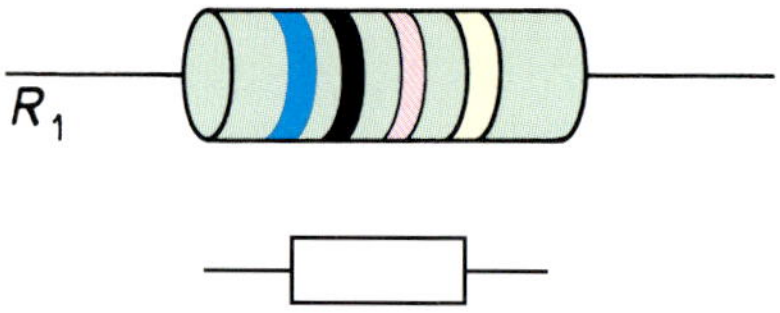	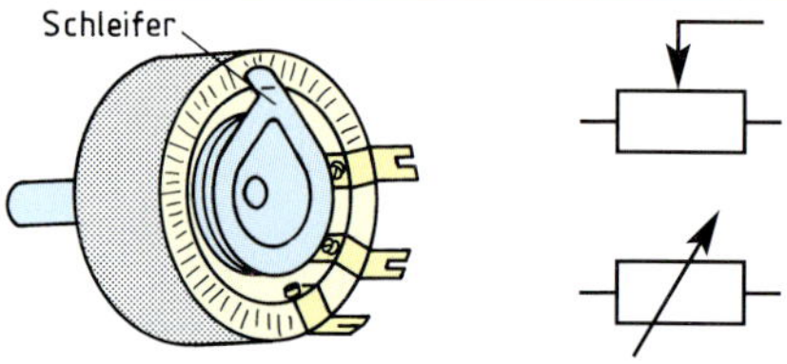
Festwiderstände besitzen einen genau festgelegten Widerstandwert. Sie bestehen aus einem zylindrischen Keramikkörper, auf dem eine Widerstandschicht aufgedampft ist. Sie werden daher auch als Schichtwiderstände bezeichnet. Zur Identifizierung werden die Widerstände mit einem vier Ringe umfassenden Code gekennzeichnet.	Ein verstellbarer Widerstand, auch Potenziometer genannt, besitzt eine Widerstandsbahn und einen Schleifkontakt, mit dem stufenlos ein Widerstandswert von Null bis zum Nennwert abgegriffen werden kann. Der Schleifkontakt bewegt sich • linear – Schiebewiderstand, • drehend – Drehpotenziometer.

Anwendung

Vorwiderstand

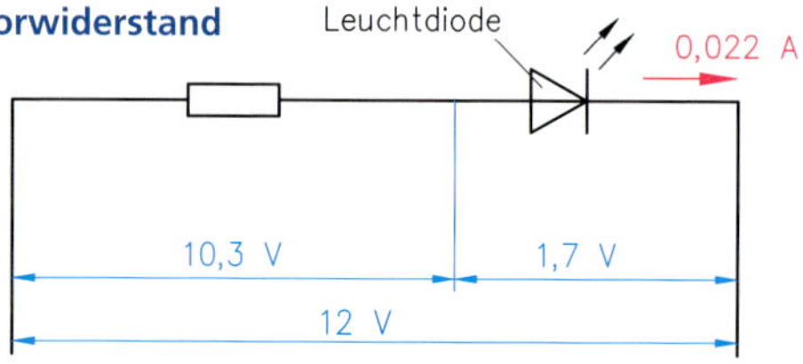

Elektronische Bauteile sind für kleinere Spannungen als die Batteriespannung im Kfz ausgelegt. Bei Anschluss an die volle Batteriespannung würden diese Bauteile zerstört. Um die hohe Stromstärke zu verringern, wird ein Vorwiderstand in Reihe mit dem elektronischen Bauteil geschaltet.

Helligkeitsregler

Für die Armaturenbeleuchtung werden Potenziometer zum stufenlosen Regeln der Helligkeit eingesetzt.
Weitere Anwendungen: Luftmengenmesser, Drosselklappenschalter.

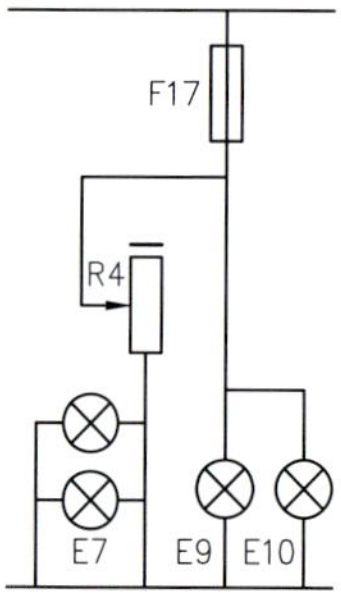

Füllstandsanzeige

Die drei Geber sind in Reihe geschaltet und gewährleisten eine genaue Füllstandsanzeige. Die einzelnen Geberwiderstände werden zu einem Gesamtwiderstand addiert. Die Informationen werden im Mikroprozessor verarbeitet.

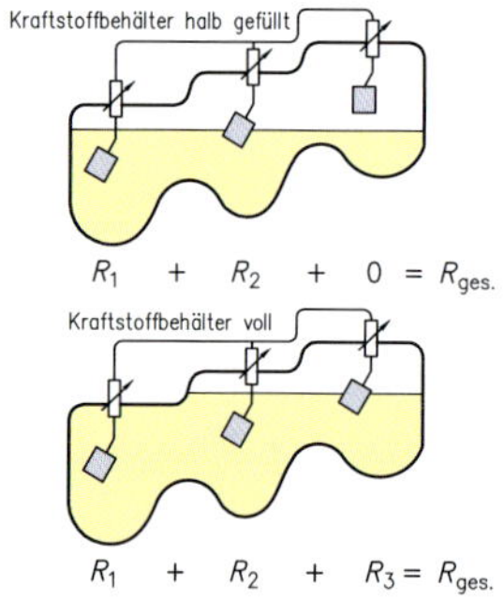

Prüfen und Messen: Spannungsmessung am Verbraucher

Jeder elektrische Verbraucher hat einen Widerstand. Der Verbraucher wird daher als Widerstand dargestellt.

Stromkreis geschlossen

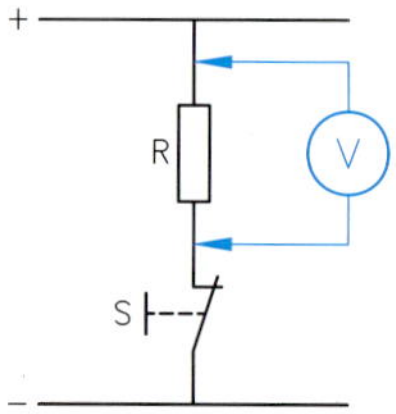

Bei geschlossenem Stromkreis ist die Verbraucherspannung U_2 um den Spannungsfall an der Leitung und am Schalter kleiner als die Batteriespannung U_1 = 12 V.

Stromkreis geöffnet

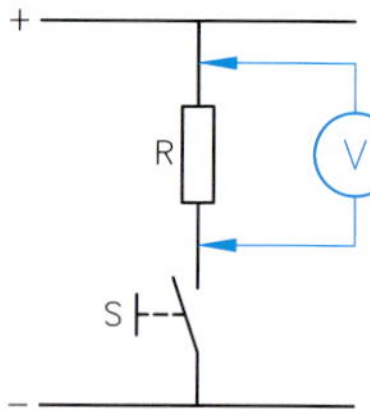

Bei geöffnetem Stromkreis wird die Verbraucherspannung U_2 = 0 Volt gemessen, da die Verbindung zum Pluspol der Batterie unterbrochen ist.

9.2.2.1 Reihen-, Parallel- und gemischte Schaltung von elektrischen Bauelementen

Reihenschaltung

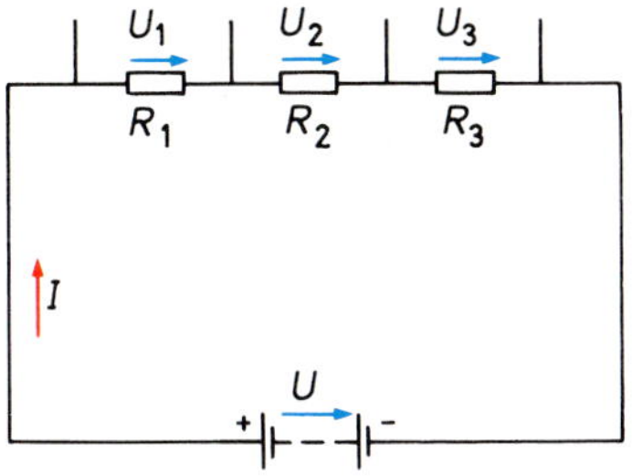

In einer Reihenschaltung gelten folgende Gesetzmäßigkeiten:

- Durch alle Widerstände fließt der gleiche Strom.

$$I = I_1 = I_2 = I_3 = \dots$$

- Die Gesamtspannung ist gleich der Summe der Teilspannungen.

$$U = U_1 + U_2 + U_3 + \dots$$

- Der Gesamtwiderstand ist gleich der Summe der Teilwiderstände.

$$R_{ges} = R_1 + R_2 + R_3 + \dots$$

Bei einer Reihenschaltung wird bei Ausfall eines Verbrauchers der gesamte Stromfluss unterbrochen.

Anwendungen im Kfz:
mehrstufiges Kühl- und Heizungsgebläse, Vorwiderstände zur Strombegrenzung, Spannungsaufteilung.

Beispiel:

Gegeben:

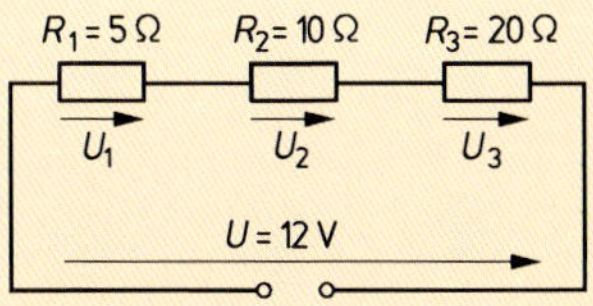

Gesucht: a) Gesamtwiderstand
b) Stromstärke
c) Teilspannungen

a) Gesamtwiderstand:

$R_{ges} = R_1 + R_2 + R_3 = 5\ \Omega + 10\ \Omega + 20\ \Omega$

$R_{ges} = \underline{\underline{35\ \Omega}}$

b) Stromstärke:

$I = \frac{U}{R_{ges}} = \frac{12\ \text{V}}{35\ \Omega}$

$I = \underline{\underline{0{,}343}}\ \text{A} = I_1 = I_2 = I_3$

c) Teilspannung:

$U_1 = R_1 \cdot I = 5\ \Omega \cdot 0{,}343\ \text{A}$

$U_1 = 1{,}715\ \text{V}$

$U_2 = R_2 \cdot I = 10\ \Omega \cdot 0{,}343\ \text{A}$

$U_2 = 3{,}43\ \text{V}$

$U_3 = R_3 \cdot I = 20\ \Omega \cdot 0{,}343\ \text{A}$

$U_3 = \underline{\underline{6{,}86\ \text{V}}}$

Parallelschaltung

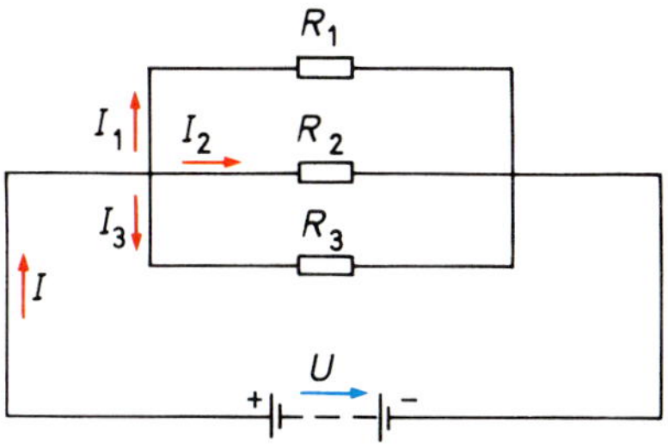

In einer Parallelschaltung gelten folgende Gesetzmäßigkeiten:

- Der Gesamtstrom ist gleich der Summe der Teilströme.

$$I = I_1 + I_2 + I_3 + \dots$$

- An allen Widerständen liegt die gleiche Spannung.

$$U = U_1 = U_2 = U_3 = \dots$$

- Der Gesamtwiderstand ist gleich der Summe der Kehrwerte der Teilwiderstände.

$$\frac{1}{R_{ges}} = \frac{1}{R_1} + \frac{1}{R_2} + \frac{1}{R_3} + \dots$$

Der Gesamtwiderstand (Ersatzwiderstand) ist immer kleiner als der kleinste Einzelwiderstand.

Bei einer Parallelschaltung hat der Ausfall eines Verbrauchers keinen Einfluss auf die Funktionsfähigkeit der anderen Verbraucher.

Anwendung im Kfz:
Glühlampen der Beleuchtung, Drähte der heizbaren Heckscheibe, Glühstiftkerzen in Dieselmotoren.

Parallelschaltung

Fortsetzung

Beispiel:

Gegeben:

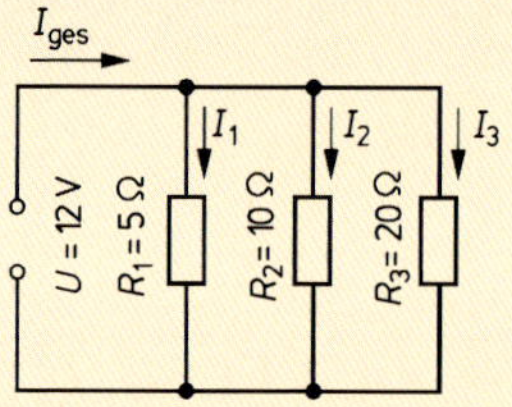

Gesucht: a) Teilstromstärken
b) Stromstärke
c) Gesamtwiderstand

a) Spannung:

$U = U_1 = U_2 = U_3 = \underline{\underline{12\,V}}$

b) Stromstärke:

$$I_1 = \frac{U}{R_1} = \frac{12\,V}{5\,\Omega} = 2{,}4\,A$$

$$I_2 = \frac{U}{R_2} = \frac{12\,V}{10\,\Omega} = 1{,}2\,A$$

$$I_3 = \frac{U}{R_3} = \frac{12\,V}{20\,\Omega} = 0{,}6\,A$$

$$I_{ges} = I_1 + I_2 + I_3 = 2{,}4\,A + 1{,}2\,A + 0{,}6\,A$$

$$I_{ges} = \underline{\underline{4{,}2\,A}}$$

c) Gesamtwiderstand:

$$\frac{1}{R_{ges}} = \frac{1}{R_1} + \frac{1}{R_2} + \frac{1}{R_3} = \frac{1}{5\,\Omega} + \frac{1}{10\,\Omega} + \frac{1}{20\,\Omega}$$

$$R_{ges} = \underline{\underline{2{,}86\,\Omega}}$$

Gemischte Schaltungen

Eine gemischte Schaltung ist eine Kombination von Reihen- und Parallelschaltungen. Zur Berechnung wird die gemischte Schaltung in Einzelschaltungen – Parallel- oder Reihenschaltung – aufgelöst und die Ersatzwiderstände werden bestimmt.

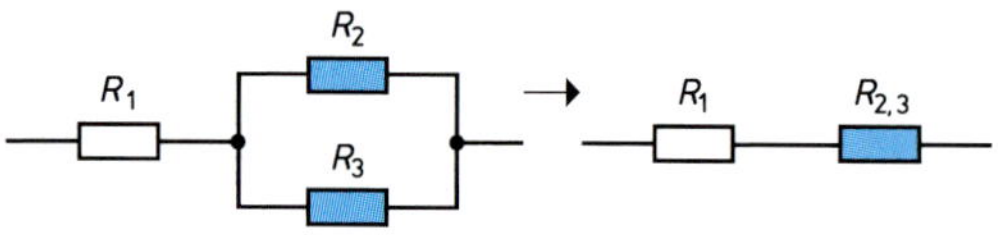

$$R_{2,3} = \frac{R_2 \cdot R_3}{R_2 + R_3}$$

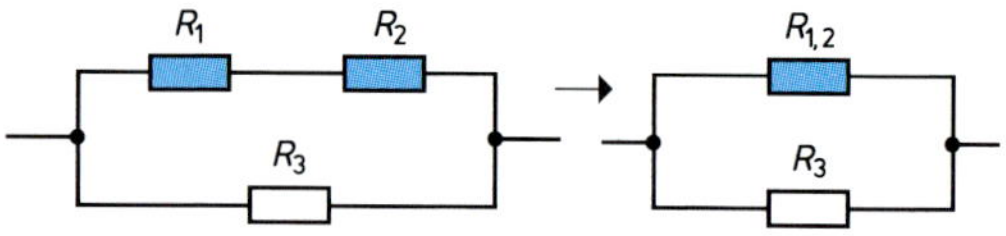

$$R_{1,2} = R_1 + R_2$$

Anwendung

Reihenschaltung

Der Gebläsemotor ermöglicht 4 Drehzahlen durch Vorschalten von 3 Widerständen.

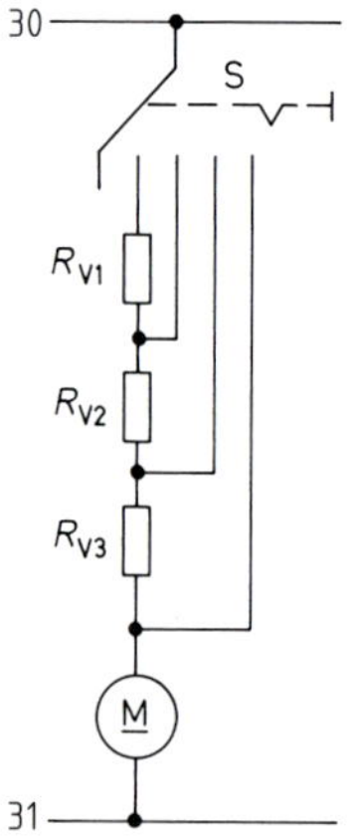

S Stellschalter
R_V Vorwiderstand

Stromverlauf:

niedrigste Drehzahl:
⊕ – Stellschalter S – Vorwiderstand R_{V1} – Vorwiderstand R_{V2} – Vorwiderstand R_{V3} – Gebläsemotor – ⊖

höchste Drehzahl:
⊕ – Stellschalter S – Gebläsemotor – ⊖

Parallelschaltung

Die Lampen der Beleuchtung sind parallel geschaltet.

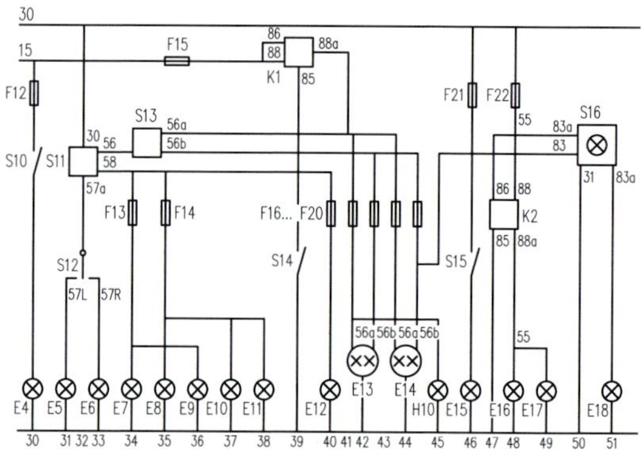

Spannungsteiler

Durch zwei hintereinander geschaltete Widerstände wird eine angelegte Spannung geteilt. Diese Anordnung heißt Spannungsteiler. Mit der Spannung U_1 oder U_2 kann jeweils ein Verbraucher mit einer anderen Spannung versorgt werden.
Wenn die Aufteilung nicht fest, sondern durch einen Schleifkontakt (Potenziometer) verstellbar ausgeführt wird, kann eine sich stetig veränderbare Spannung erzeugt werden.
Spannungsteiler haben besonders in elektronischen Schaltungen eine Bedeutung.

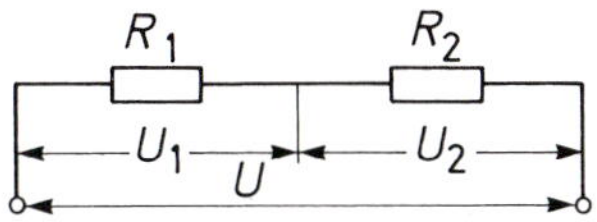

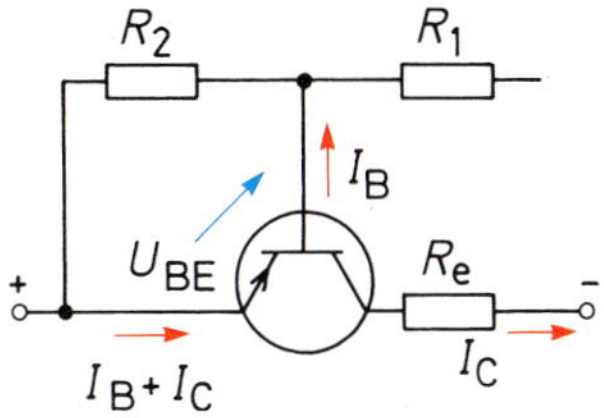

Gemischte Schaltung

Die drei Anzeigegeräte des Kombi-Instruments sollen beleuchtet werden.
Die Instrumentenbeleuchtung erfolgt durch 3 Glühlampen. Die Helligkeit der Armaturenbeleuchtung soll für Nachtfahrten um mehr als die Hälfte verringert werden.
Die Leistung pro Lampe beträgt 2 W. Um die Helligkeit der Instrumentenbeleuchtung bei Dunkelheit herabzusetzen, werden Parallel- und Reihenschaltung kombiniert

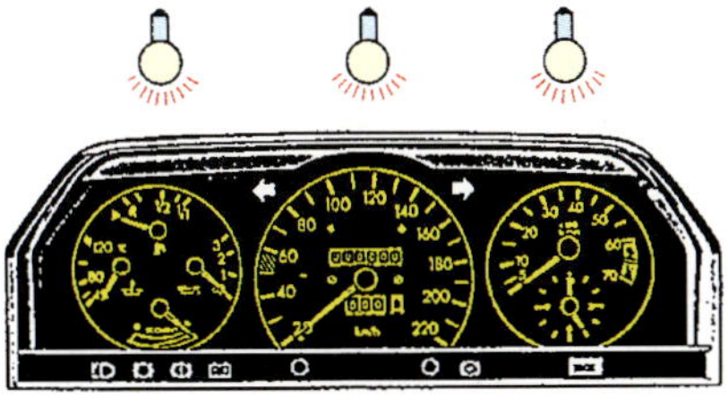

Parallelschaltung

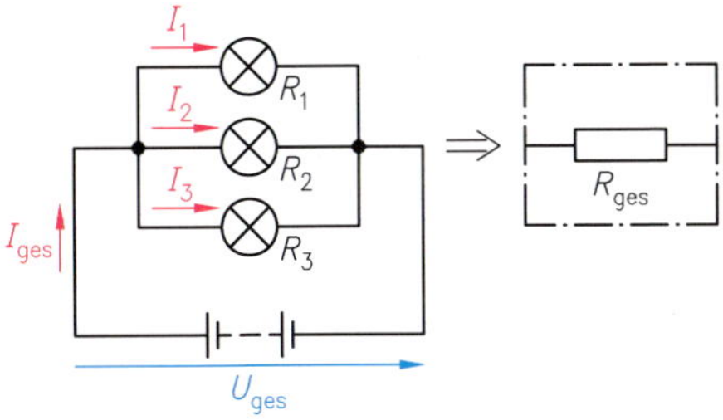

Die Glühlampen werden parallel geschaltet. An allen Glühlampen liegt die gleiche Spannung von 12 V.
Die Leistungsaufnahme beträgt 2 W pro Lampe. Die Stromstärke errechnet sich aus der Gleichung $P = U \cdot I$:

$$I = \frac{P}{U} = \frac{2\ \text{W}}{12\ \text{V}} = \frac{1}{6}\ \text{A}$$

Für die Parallelschaltung gilt:

- $U_{ges} = U_1 = U_2 = U_3 = 12\ \text{V}$
- $I_{ges} = I_1 + I_2 + I_3 = \frac{1}{6} + \frac{1}{6} + \frac{1}{6} = \frac{1}{2}\ \text{A}$
- $R_1 = R_2 = R_3 = \frac{U}{I} = \frac{12}{1/6} = 72\ \Omega.$

Die Teilwiderstände der Glühlampen können durch einen Gesamt- oder Ersatzwiderstand ersetzt werden:

- $\frac{1}{R_{ges}} = \frac{1}{R_1} + \frac{1}{R_2} + \frac{1}{R_3} = \frac{1}{72} + \frac{1}{72} + \frac{1}{72} = \frac{3}{72}\ \Omega$

  $R_{ges} = 24\ \Omega$

Reihenschaltung

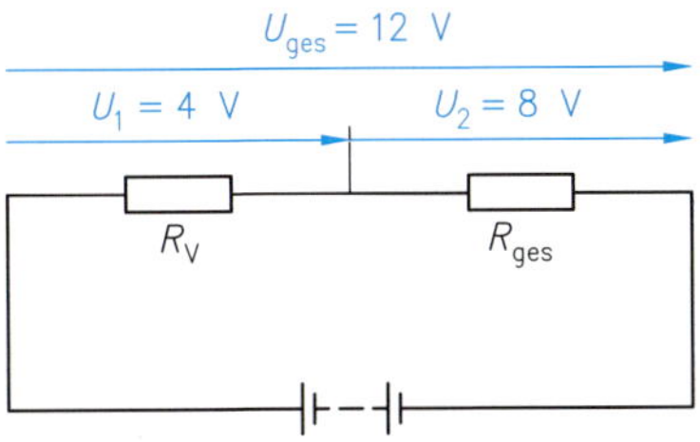

Zu den parallel geschalteten Lampen wird ein Widerstand in Reihe geschaltet. Der Widerstand soll so bemessen werden, dass an den Glühlampen 8 V anliegen.

Für die Reihenschaltung gilt:

- $U_{ges} = U_1 + U_2 = 4\ \text{V} + 8\ \text{V} = 12\ \text{V}$
- $I_{ges} = I_1 = I_2 = \frac{U}{R_{ges}} = \frac{8\ \text{V}}{24\ \Omega} = \frac{1}{3}\ \text{A}$
- $R_{ges} = 24\ \Omega$
- $R_v = \frac{Uv}{I_{ges}} = \frac{8\ \text{V}}{1/3\ \text{A}} = 24\ \Omega.$

Die Leistungsaufnahme pro Lampe beträgt:

- $P = \frac{U^2}{R} = \frac{(8\ \text{V})^2}{72\ \Omega} = \frac{64}{72} = 0{,}88\ \text{W}$

Die Lichtausbeute ist damit geringer.

Parallelschaltung/Reihenschaltung

Fortsetzung

Um die Instrumentenbeleuchtung von hell auf dunkel bzw. umgekehrt schalten zu können, ist ein Schalter erforderlich:
Schaltstellung 1:
An jeder Lampe liegen 12 Volt an. Die Lampen leuchten hell.
Schaltstellung 2:
An jeder Glühlampe liegen 8 Volt an. Die Helligkeit der Lampen ist verringert.

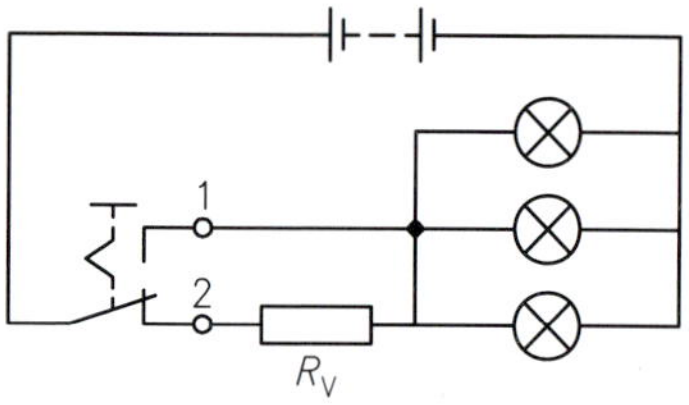

9.2.3 Schalter

Schalter öffnen und schließen die elektrischen Stromkreise und schalten damit die Verbraucher ein bzw. aus. Schalter werden von Hand, durch Nocken, Wärme, Druck (hydraulisch oder pneumatisch) betätigt. Sie unterscheiden sich nach Funktion und Betätigung.
Die Schalter sind nach DIN EN 60 617 genormt.

Funktion

Öffner	Schließer	Wechsler	Mehrstellenschalter
Er unterbricht den Stromkreis.	Er schließt den Stromkreis.	Er öffnet einen Stromkreis und schließt einen anderen.	Er schließt oder öffnet Stromkreise gleichzeitig.
	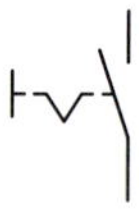	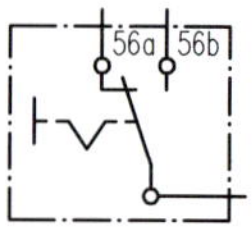 Abblendschalter	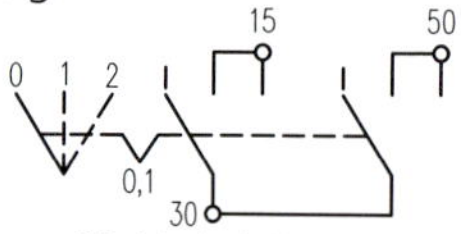 Zündstartschalter

Betätigung von Hand

Allgemein	Drücken	Ziehen	Drehen	Kippen	Fußantrieb	Raste	Schlüsselbetätigung
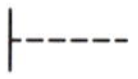	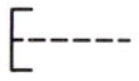	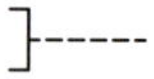	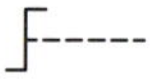	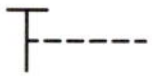			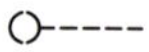

Anwendung in der Beleuchtungsanlage

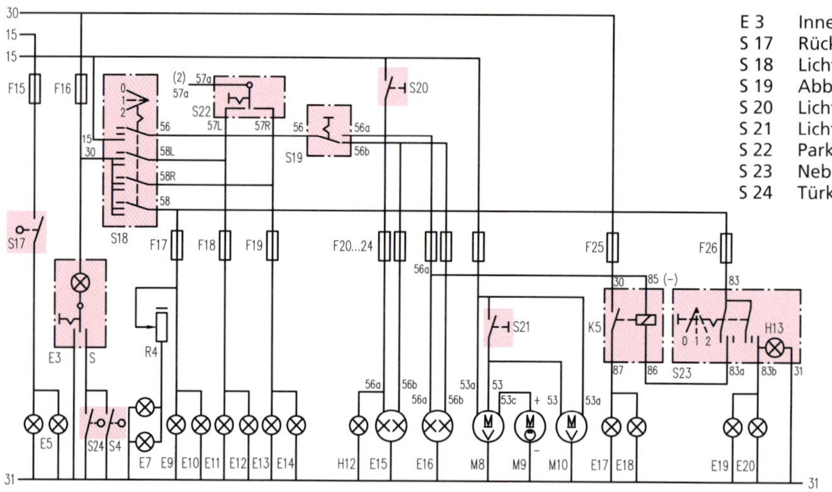

E 3 Innenleuchte mit Schalter
S 17 Rückfahrlichtschalter
S 18 Lichtschalter
S 19 Abblendschalter
S 20 Lichthupentaster
S 21 Lichtwischerschalter
S 22 Parklichtschalter
S 23 Nebellichtschalter
S 24 Türkontaktschalter

Thermozeitschalter

Der Thermozeitschalter besitzt einen elektrisch beheizten Bimetallstreifen. Der Bimetallstreifen besteht aus zwei zusammengewalzten Metallen unterschiedlicher Wärmeausdehnung. Bei Erwärmung krümmt sich das Bimetall in Richtung des Metallstreifens der kleineren Wärmedehnung. Hierdurch öffnet der Kontakt. Der Thermozeitschalter bestimmt z. B. die Einschaltdauer des Kaltstartventils.

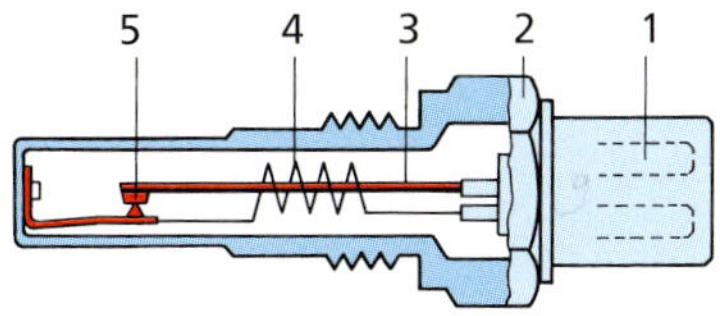

1 elektr. Anschluss 2 Gehäuse 3 Bimetall 4 Heizwicklung 5 Schaltkontakt

Prüfen und Messen: Schalter auf Durchgang prüfen

Spannungsmessung

1. Prüfen, ob Spannung am Eingang anliegt.
2. Prüfen, ob Spannung am Ausgang anliegt.
3. Anzeige: U = Batteriespannung → Schalter i. O.

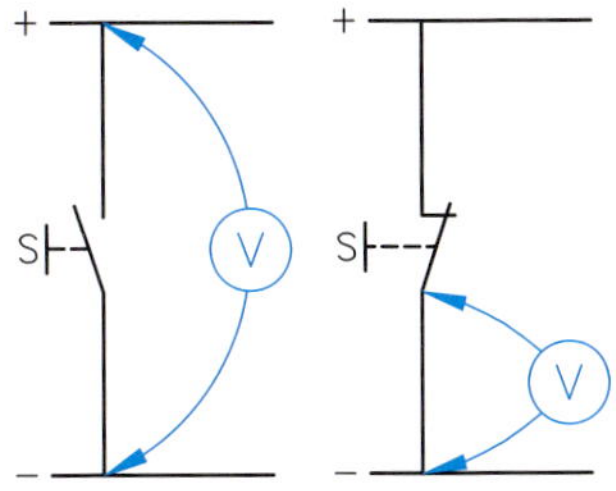

Widerstandsmessung

1. Schalter ausbauen.
2. Messgerät parallel zum Schalter anschließen.
3. Anzeige: $R < 2\,\Omega$ → Schalter i. O. $R > 2\,\Omega$ → Kontaktschwierigkeiten.

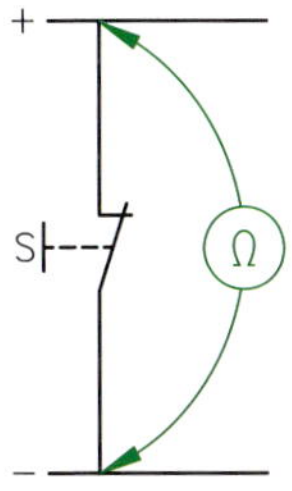

9.2.4 Relais

9.2.4.1 Grundlagen: Magnetismus

Dauermagnete

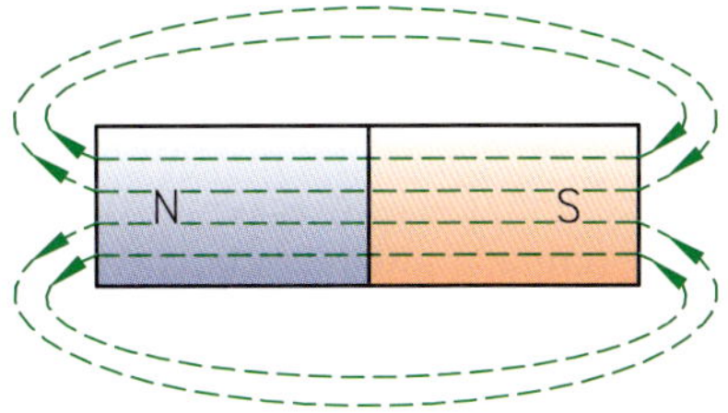

Dauermagnete (z. B. aus einer AlNiCo-Legierung) sind Magnete, die über einen längeren Zeitraum eine magnetische Wirkung haben. Sie werden auch als Permamentmagnete bezeichnet und üben auf eisen-, nickel- und kobalthaltige Werkstoffe eine Anziehungskraft aus.

Die Magnete haben einen Nord- und Südpol. Den Raum um einen Magneten, in dem magnetische Kräfte wirken und den man sich durch magnetische Feldlinien durchsetzt denkt, nennt man magnetisches Feld. Die magnetischen Feldlinien treten am Nordpol aus und beim Südpol ein. Innerhalb des Magneten verläuft das Feld vom Süd- zum Nordpol. Die magnetische Wirkung ist an den Polen am größten.

Elektromagnetismus

Magnetfeld eines stromdurchflossenen Leiters

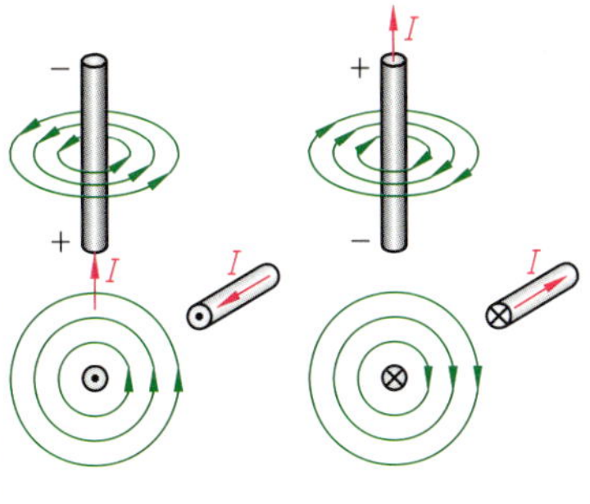

Stromdurchflossene Leiter sind von einem Magnetfeld umgeben. Die Feldlinien verlaufen ringförmig um den Leiter. Der Richtungssinn der Feldlinien ist von der Stromrichtung abhängig. Die Feldrichtung erhält man über die Schraubenregel: Wird eine Schraube in den Leiter in Richtung des Stromes eingeschraubt, so gibt die Drehrichtung der Schraube die Richtung der Feldlinien an.
Die Richtung des Stromes im Leiter wird durch einen Punkt ⊙ – der Strom fließt auf den Betrachter zu – oder ein Kreuz ⊗ – der Strom fließt vom Betrachter weg – gekennzeichnet.

Elektromagnetismus		Fortsetzung
Magnetfeld einer Spule	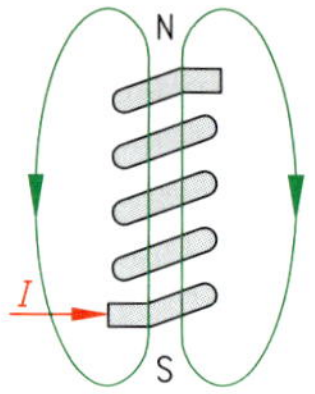	Beim Stromfluss bildet sich um jeden einzelnen Leiter der Spule ein ringförmiges Magnetfeld. Durch Überlagerung entsteht ein Gesamtfeld, bei dem die magnetischen Feldlinien an einer Stirnseite gebündelt austreten und an der entgegengesetzt liegenden Seite wieder eintreten. Die Spule hat damit zwei Magnetpole. Der Nordpol liegt dort, wo die Feldlinien austreten, der Südpol, wo sie eintreten.
Elektromagnet	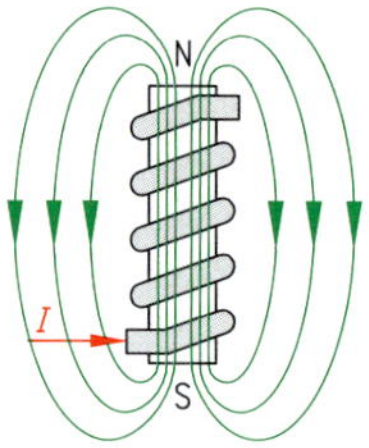	Eine stromdurchflossene Spule mit Eisenkern verstärkt die Wirksamkeit des magnetischen Feldes. Spule und Eisenkern bilden einen Elektromagneten. Die magnetischen Kraftwirkungen können durch Öffnen und Schließen des Stromkreises unterbrochen werden. Die Stärke des Magnetfeldes ist abhängig • vom Werkstoff des Spulenkerns, • von der Windungszahl der Spule, • von der Stromstärke.

9.2.4.2 Anwendung des Elektromagnetismus beim Relais

Relais als elektromagnetischer Schalter

Ein Relais besteht aus einem Elektromagneten, einem Anker und Schaltkontakten. Bei geschlossenem Stromkreis zieht der Eisenkern den Anker an, der die Schaltkontakte betätigt. Dabei können die Kontakte geöffnet, geschlossen oder umgeschaltet werden.

In einer Relaisschaltung unterscheidet man den Steuerstrom- und den Arbeitsstromkreis. Der Strom des Steuerstromkreises fließt durch die Spule und erzeugt ein Magnetfeld. Dadurch wird der Anker angezogen, der die Schaltkontakte des Arbeitsstromkreises schließt. Das Relais schaltet mit einer geringen Steuerstromstärke von z. B. 0,2 A eine große Arbeitsstromstärke von z. B. 8 A.

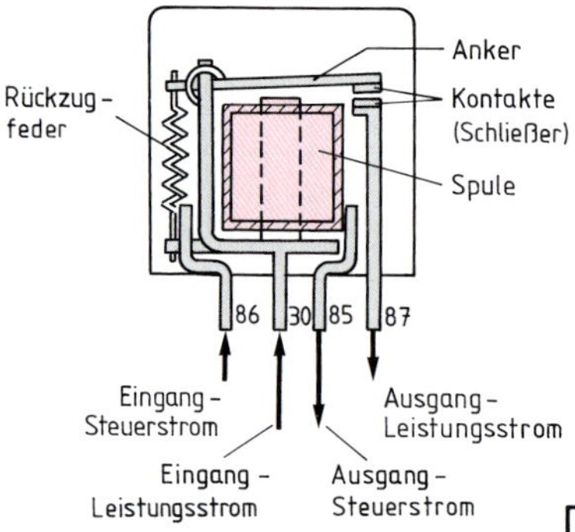

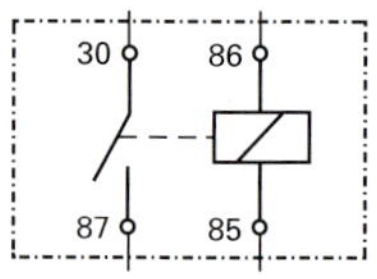

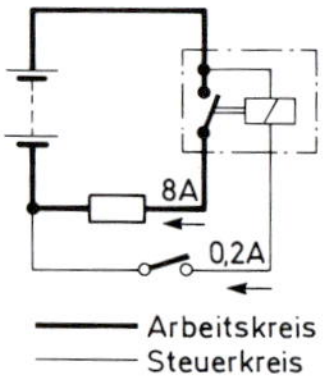

Reedrelais

Das Reedrelais besteht aus einem mit Gas gefüllten Glasrohr, in dem ein federnder Zungenkontakt aus magnetischem Werkstoff eingeschmolzen ist. In einem Magnetfeld werden die Kontaktzungen magnetisch und ziehen sich gegenseitig an. Die Kontakte schließen.

Wird das Magnetfeld entfernt, werden die Kontaktzungen unmagnetisch und öffnen. Das Magnetfeld zum Schalten des Reedrelais kann von einem Elektromagneten oder Permanentmagneten erzeugt werden.

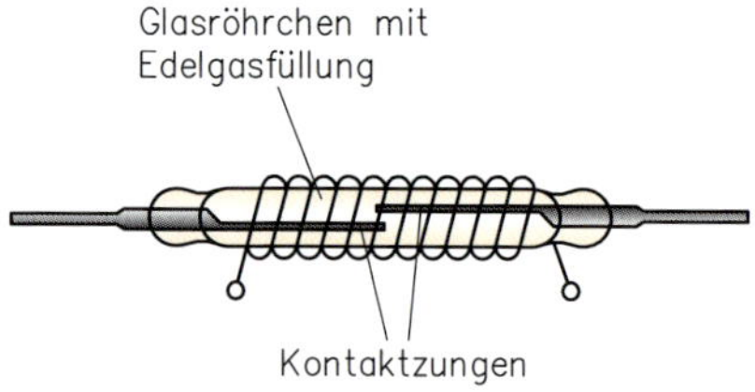

9.2.4.3 Relais im Kfz

Relais sind in vielen Stromkreisen integriert:

- Schaltrelais für Hupe, Nebelscheinwerfer, Kühlerlüfter, Kraftstoffpumpe.
- Funktionsrelais: Blinkrelais, Wisch-Wasch-Intervallrelais.
- Relais arbeiten als Schließer, Öffner oder Wechsler.

Relais als Schließer

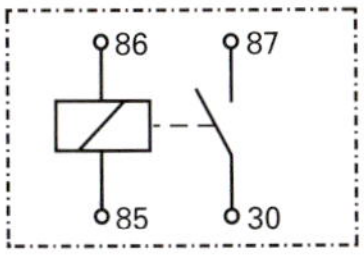

Schalt-zeichen

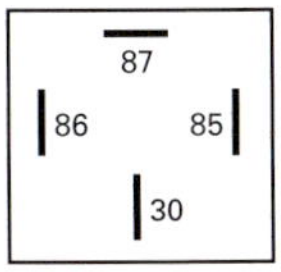

An-schluss-bild

Relais als Öffner

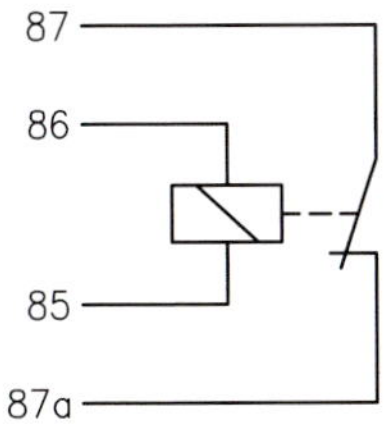

Relais als Wechsler

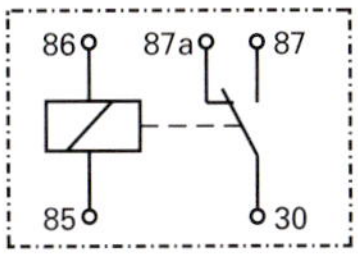

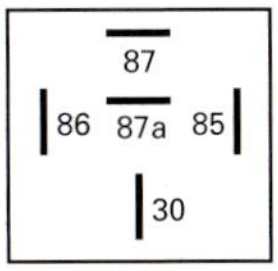

Klemmenbezeichnung nach DIN 72552

Bezeichnung	neu	alt	Bezeichnung	neu	alt	Bezeichnung	neu	alt
Steuerstromkreis (–)	85	85	Steuerstromkreis (–)	85	85	Steuerstromkreis (–)	85	85
Steuerstromkreis (+)	86	86	Steuerstromkreis (+)	86	86	Steuerstromkreis (+)	86	86
Eingangsklemme Laststromkreis	88	30/51	Eingangsklemme Laststromkreis	87	30/51	Eingangsklemme Laststromkreis	87	30/51
Ausgangsklemme Laststromkreis	88a	87	Ausgangsklemme Laststromkreis	87a	87a	Ausgangsklemme Laststromkreis	88a 87a	

9.2.4.4 Praktische Anwendung von Relais im Kfz

Relais zur Entlastung der Klemme 15

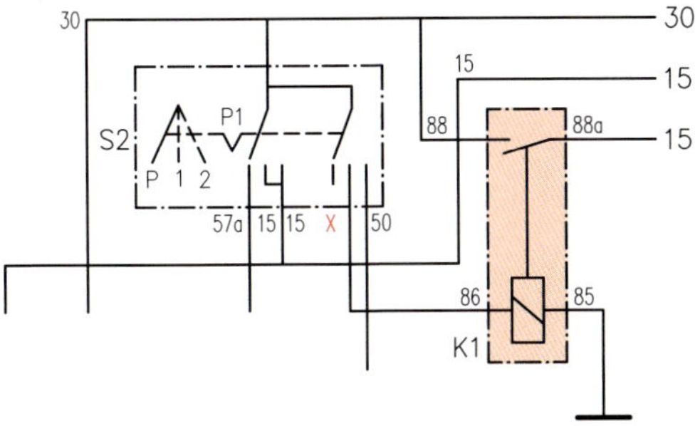

Die Klemme x des Zündstartschalters führt nur bei eingeschalteter Zündung Strom und schaltet das Entlastungrelais K1 für Klemme 15. Alle größeren Stromverbraucher, z. B. das Abblend- und Fernlicht liegen in diesem Stromkreis. Dieser wird unterbrochen, wenn der Anlasser betätigt wird, um während des Startvorgangs der Zündanlage die volle Batteriespannung zur Verfügung zu stellen.

Füllstandsüberwachung

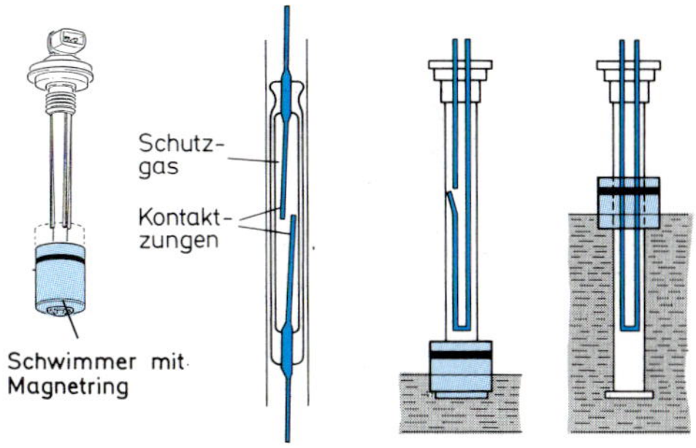

Zur Überwachung von Füllständen werden u. a. Reedrelais eingesetzt. Der Geber zur Bestimmung des Füllstandes besteht aus einem Schwimmer mit Magnetring und dem Reedrelais. Liegt der Schwimmer am oberen Anschlag, so wirkt das magnetische Feld auf die Kontaktzungen. Sie werden magnetisch und ziehen sich an. Der Zungenkontakt schließt. Bei Flüssigkeitsverlust sinkt der Schwimmer, das Magnetfeld verliert an Wirkung. Der Zungenkontakt öffnet. In einem Auswertemodul wird das Öffnen des Kontaktes und damit ein geringer Füllstand dem Fahrer signalisiert.

9.2.4.5 Prüfen und Messen: Relais

1. Sichtprüfung:
   - Zündung einschalten,
   - Schalter für Relais betätigen,
   - Relais muss hörbar arbeiten.
2. Spannungsversorgung prüfen mit dem Multimeter:
   - Zündung ausschalten,
   - Relais aus der Relaisplatte ziehen,
   - Spannung zwischen Klemme 30 (88) des Relaishalters und Masse prüfen, → Batteriespannung.
   - Zündung einschalten,
   - Spannung zwischen Klemme 86 und Masse prüfen, → Batteriespannung.
3. Relais auf Funktion prüfen:
   - Batterie abklemmen,
   - Widerstand zwischen den Relaisklemmen 30 (88) und 87 (88a) messen → Widerstand ∞.
   - Batteriespannung an die Klemmen 86 (+) und 85 (–) anschließen.
   - Widerstand zwischen den Relaisklemmen 30 (88) und 87 (88a) messen → Widerstand 0.

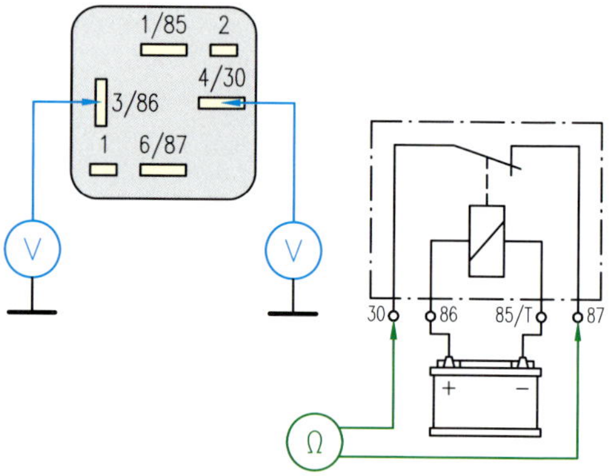

9.3 Elektronische Bauelemente, Grundschaltungen

9.3.1 Halbleiterbauelemente

P- und N-Leiter

Halbleiter sind Stoffe, die in ihrer Leitfähigkeit zwischen den Leitern und Nichtleitern liegen. Halbleiterwerkstoffe sind Silizium, Germanium oder Selen.

Durch Zusammenfügen von P-Leitern (positiver Leiter) und N-Leitern (negativer Leiter) entstehen Halbleiterbauelemente.

Diode	Transistor	Thyristor
Die Diode besteht aus 2 Halbleiterschichten. 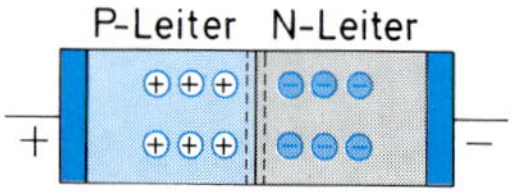	Der Transistor besteht aus 3 Halbleiterschichten. 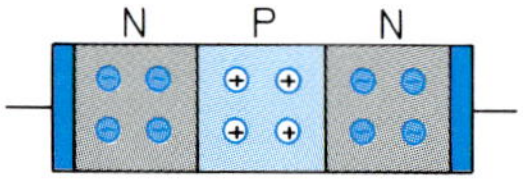	Der Thyristor besteht aus 4 Halbleiterschichten. 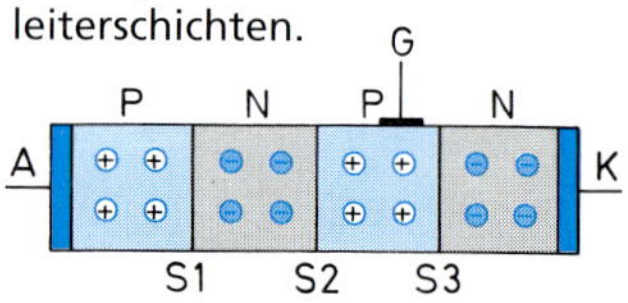

9.3.2 Diode

Die Diode hat die Eigenschaft, den Strom im Stromkreis nur in einer Richtung (Pfeilrichtung des Schaltsymbols) durchzulassen, in Gegenrichtung aber zu sperren.

Zum Abbau der Sperrschicht in Durchlassrichtung benötigt die Silizium-Diode eine Spannung von 0,7 V (Schwellenspannung), bevor der Strom zu fließen beginnt. In Sperrrichtung wird die Sperrschicht durchschlagen, wenn die Sperrspannung zu groß wird. Es fließt ein großer Durchbruchstrom, der die Diode zerstören kann.

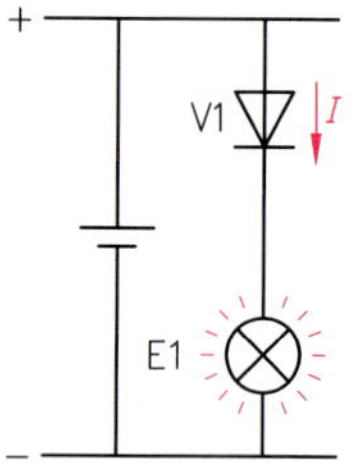

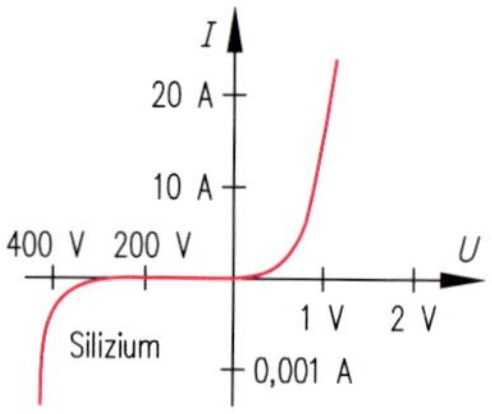

Z-Diode

Die Zenerdiode wird in Sperrrichtung betrieben. In Durchlassrichtung verhält sie sich wie eine normale Diode. In Sperrrichtung sperrt sie den Strom bis zu einer Durchbruchspannung, der so genannten Zenerspannung. Bei dieser Spannung, z. B. 10 V, wird die Z-Diode schlagartig leitend. Unterschreitet die Spannung die Zenerspannung, sperrt die Diode wieder.

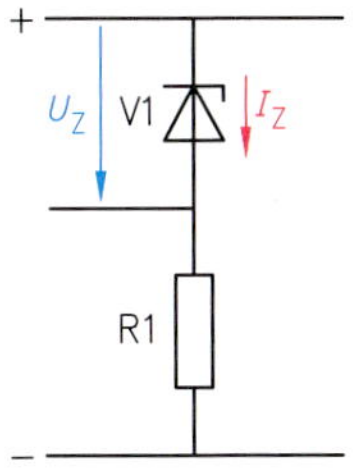

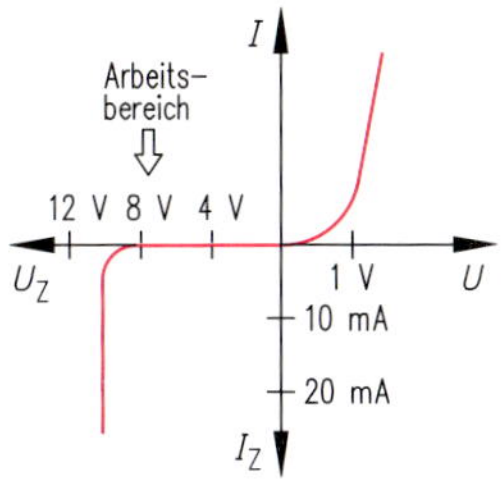

Anwendung im Kfz

Gleichrichtung einer Wechselspannung

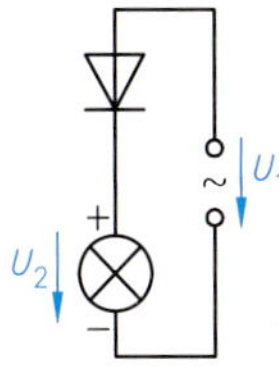

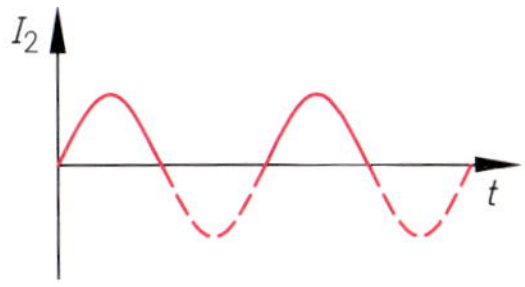

Bei der Einweggleichrichtung wird die Diode nur leitend, wenn die positive Halbwelle der Wechselspannung anliegt. Es entsteht ein stark pulsierender, unterbrochener Gleichstrom.

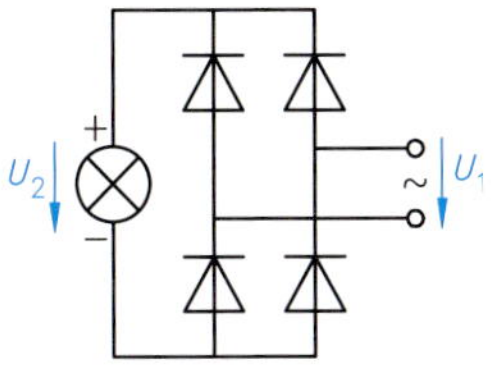

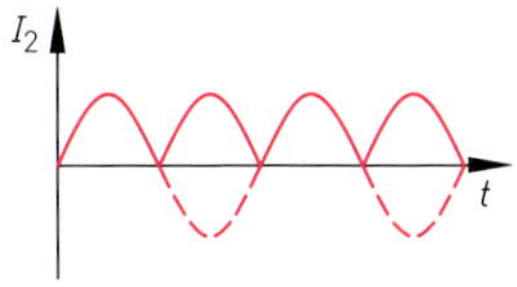

Bei der Zweiweggleichrichtung werden beide Halbwellen gleichgerichtet. Im Stromkreis fließt ein nichtunterbrochener, stark pulsierender Gleichstrom.

Spannungsstabilisierung

Elektronische Steuergeräte benötigen eine konstante Gleichspannung. Die Spannung im Kfz schwankt, z. B. beim Starten zwischen 9,6 und 12 V. Die zum Steuergerät parallel geschaltete Z-Diode wird z. B. bei 5 V leitend. Das Steuergerät erhält eine gleichbleibende Spannung von U = 5 V. Die Differenzspannung zwischen Batterie- und Zenerspannung fällt am Vorwiderstand ab.

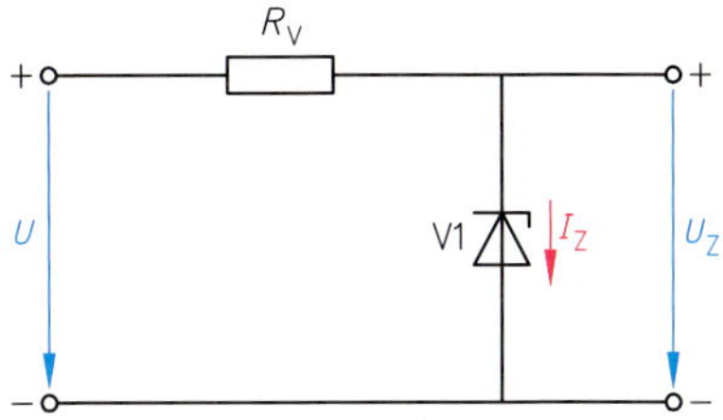

Verpolungsschutz

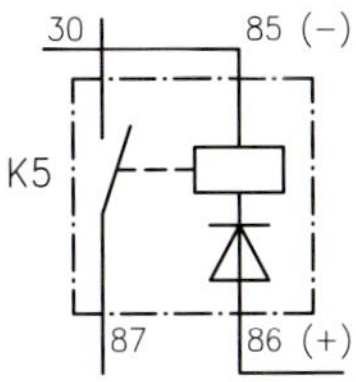

Um ein Relais vor Vertauschen der Klemmen zu schützen, wird in den Steuerstromkreis eine Diode eingebaut.

Sollwertgeber

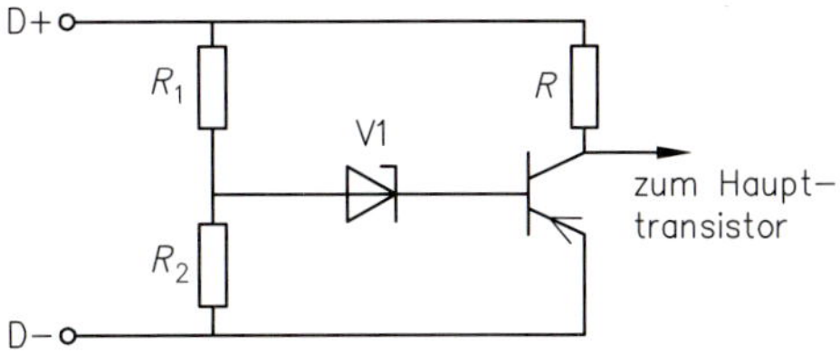

Die Z-Diode gibt ein Signal erst dann weiter, wenn die Zenerspannung erreicht ist. Die Zenerspannung entspricht dem Sollwert.

Prüfen und Messen von Dioden

Widerstandsmessung

Mit dem Ohmmeter können die Dioden geprüft werden. Eine einwandfreie Diode hat, je nach Baugröße, in Durchlassrichtung einen Widerstand von einigen Ohm bis einigen hundert Ohm, in Sperrrichtung von einigen Kiloohm bis einigen Megaohm.

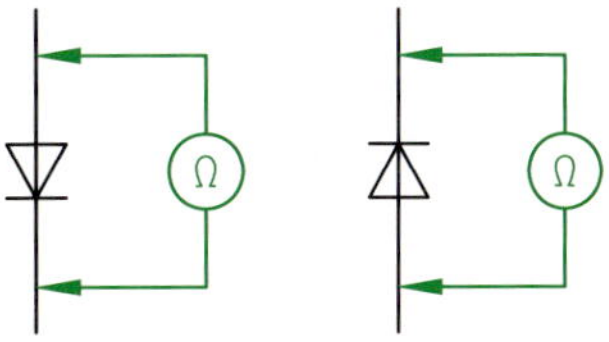

Prüfen und Messen von Dioden

Fortsetzung

Spannungsmessung

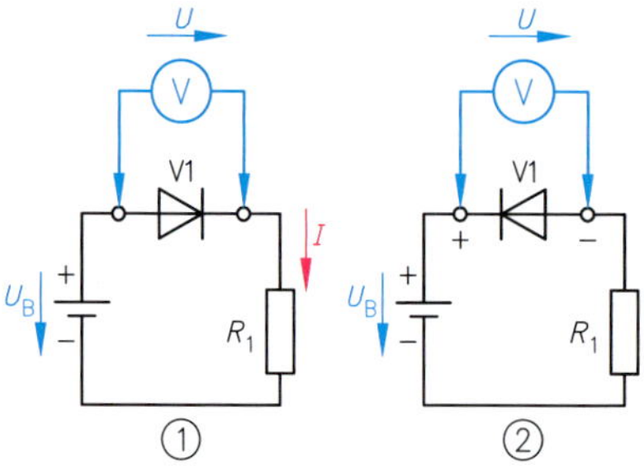

Bei einer in Durchlassrichtung betriebenen Siliziumdiode (Abb. ①) fällt an den Anschlüssen der Diode eine Spannung von ~ 0,7 Volt an.
Bei einer in Sperrrichtung betriebenen Diode (Abb. ②) fließt kein Strom. An den Anschlussstellen der Diode wird die Batteriespannung U = 12 Volt gemessen.

Diodenprüfung

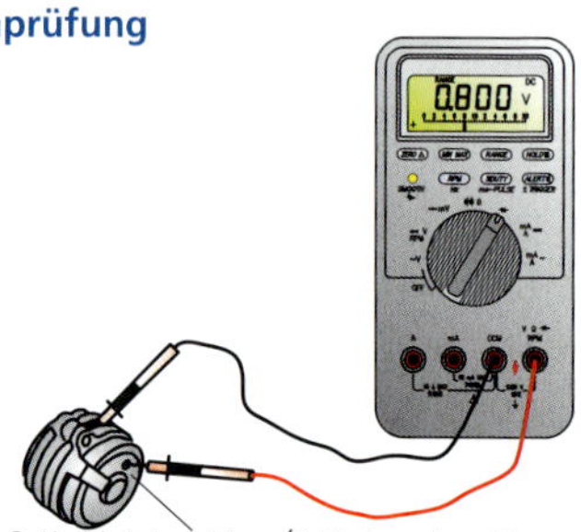

Batteriekabelanschluss (Batterie vorher abtrennen)

Die Widerstandsmessung ergibt keine genaue Prüfung der Diode, was mit dem Kennlinienknick der Diode zusammenhängt. Je nach Messbereich werden unterschiedliche Widerstände ermittelt. Daher haben Multimeter eine Diodenprüfeinrichtung, die mit einem konstanten Messstrom arbeitet.

9.3.3 Optoelektronische Bauelemente

Leuchtdiode (LED)

Leuchtdioden senden bei Stromfluss in Durchlassrichtung Licht in den Farben grün, gelb, rot, orange und blau aus. Die LEDs haben eine Betriebsspannung zwischen 1,5 und 3 V. Sie werden daher mit einem Vorwiderstand betrieben. Bei Anschluss an die volle Batteriespannung würden sie sonst zerstört.

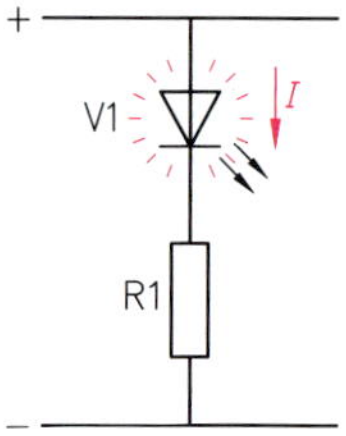

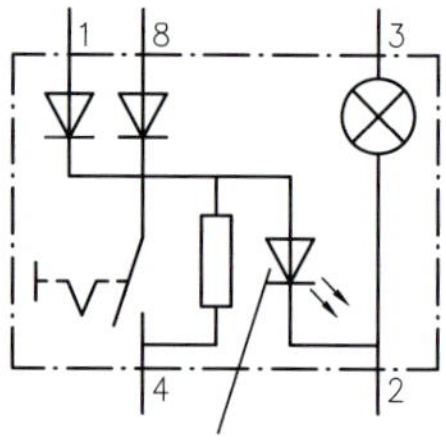

Kontroll- und Warnleuchte

Anwendung: Kontroll- und Warnlampe, Leuchten am Heck.

Fotodiode

Fotodioden sind Halbleiterbauelemente, die bei Lichteinwirkung eine Spannung abgeben. Sie werden in Sperrrichtung betrieben und als lichtelektrische Wandler in Steuerungen eingesetzt.

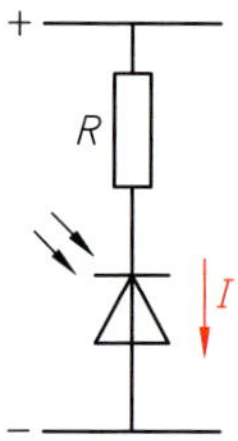

Anwendung: Regensensor

Der Regensensor sendet über Leuchtdioden einen Lichtstrahl aus. Bei trockener Scheibe wird der gesamte Lichtstrahl von der Scheibenoberfläche reflektiert. Ist die Scheibe nass, ändert sich die Lichtbrechung. Es wird weniger Licht von der Scheibenoberfläche in die Fotodiode reflektiert. Sie sendet ein Signal an das Relais für die Wisch-Wasch-Intervallautomatik und die Scheibenwischer werden eingeschaltet.

Scheibe trocken
= starke Lichtreflektion

Scheibe nass
= geringe
Lichtreflektion

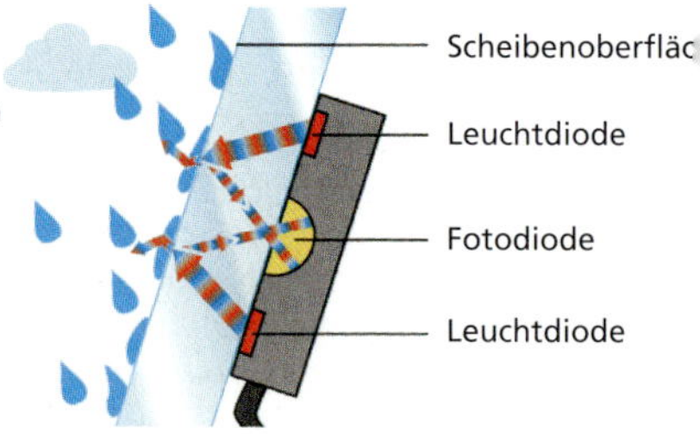

Fotowiderstand

Fotowiderstände sind elektronische Bauelemente mit höchster Lichtempfindlichkeit. Sie verringern bei Beleuchtung ihren Widerstandswert. Bei einer einfachen Dämmerungsschaltung steuert das Tageslicht über einen Fotowiderstand (LDR) und ein Relais das Parklicht. Das Tageslicht wird von dem Fotowiderstand in eine elektrische Größe umgesetzt. Ohne Lichteinwirkung hat der LDR einen hohen Widerstand. Der geringe Steuerstrom ist nicht in der Lage, das Relais zum Anzug zu bringen. Die Parkleuchte brennt. Trifft Licht auf den LDR, sinkt der Widerstandswert, der Steuerstrom erhöht sich. Das Relais zieht an und unterbricht den Stromkreis für die Parkleuchte.

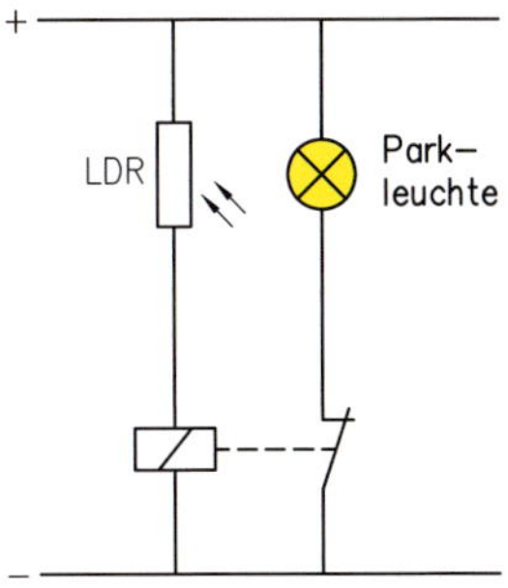

9.3.4 Transistor, Grundschaltungen

Ein Transistor besteht aus 3 Halbleiterschichten. Jede Schicht hat einen elektrischen Anschluss. Die Anschlüsse heißen:

- Emitter E: Er sendet Ladungsträger aus.
- Basis B: Sie steuert die Aussendung der Ladungsträger.
- Kollektor C: Er sammelt die Ladungsträger ein.

Je nach der Reihenfolge der Halbleiterschichten unterscheidet man

- PNP-Transistoren,
- NPN-Transistoren.

Davon werden NPN-Transistoren am häufigsten verwendet.

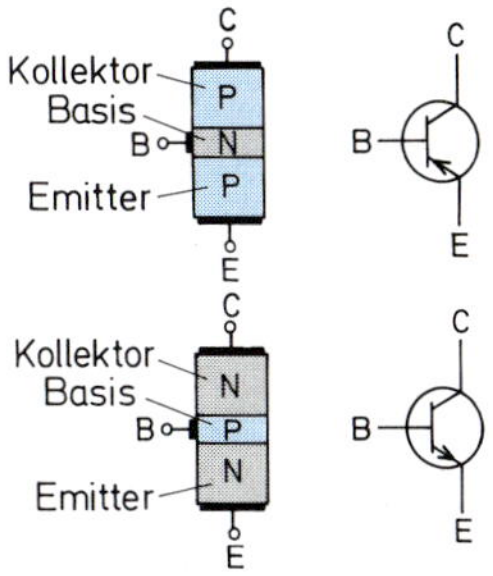

NPN-Transistor als Schalter

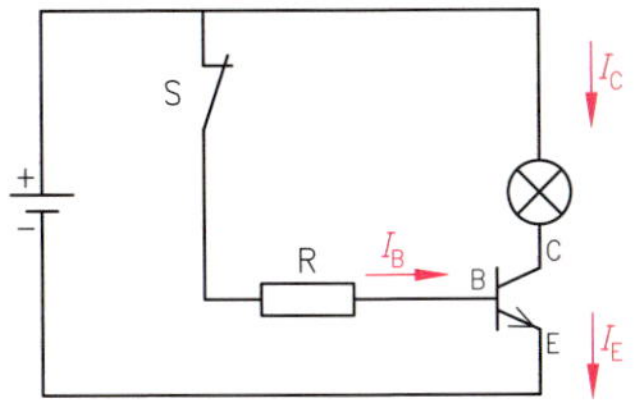

Wird der Schalter S geschlossen, ist die Basis gegenüber dem Emitter positiv gepolt. Es fließt ein Basisstrom I_B in die Basis des Transistors. Das Schalten des Transistors erfolgt über die Basis. Die Sperrschicht zwischen Basis und Emitter wird aufgehoben, wenn die Spannung bei einem Silizium-Transistor etwa 0,7 Volt (Schwellenspannung) beträgt. Der Transistor wird leitend, d. h. er schaltet durch und der Emitter-Kollektor-Strom I_C kann fließen.

NPN-Transistor als Verstärker

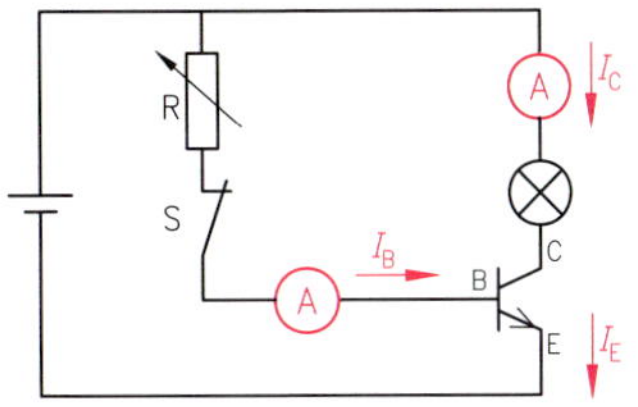

Wird der Schalter S geschlossen, fließt ein Strom I_B in die Basis. Der Transistor wird leitend. Wird der Basisstrom mit dem Potenziometer erhöht, steigt der Kollektorstrom an. Eine kleine Erhöhung führt zu einem starken Anstieg des Kollektorstromes. Das Verhältnis von Kollektorstrom zum Basisstrom bezeichnet man als Stromverstärkung.

PNP-Transistor als Schalter

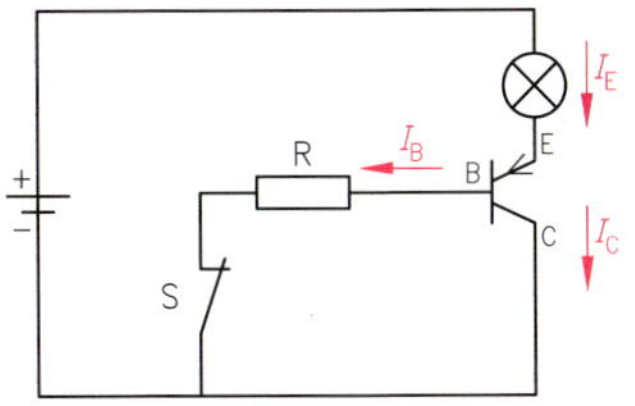

Beim Betrieb eines PNP-Transistors sind Basis und Kollektor negativ gegen den Emitter gepolt. Bei geschlossenem Schalter S fließt der Basisstrom vom Emitter kommend durch die Basis über den Widerstand R zum Minusanschluss.

PNP-Transistor als Verstärker

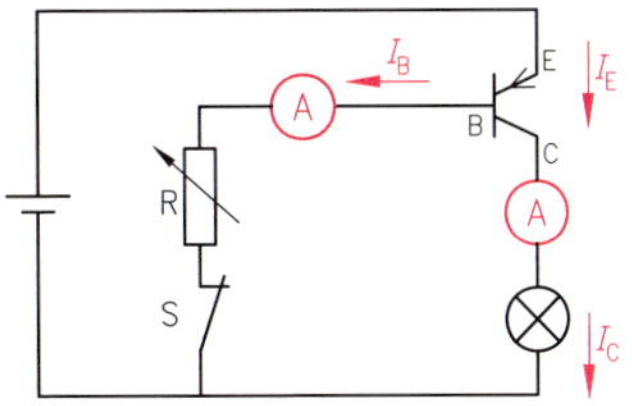

Der Basisstrom I_B wird über ein Potentiometer eingestellt. Eine kleine Änderung des Basisstromes hat eine große Änderung des Kollektorstromes zur Folge.

Darlington-Schaltung

Einzeltransistoren besitzen für hohe Schaltleistungen eine zu geringe Stromverstärkung. Durch zwei hintereinander geschaltete Transistoren erreicht man mit geringen Steuerstromstärken eine hohe Stromverstärkung. Durch Verstärkung Transistors V1 gelangt ein stärkerer Basistrom an die Basis von Transistor V2, der durchschaltet. Die Darlington-Schaltung wird für das Schalten des Primärstromes in der Zündanlage und der Öffnungsströme der Einspritzventile angewendet.

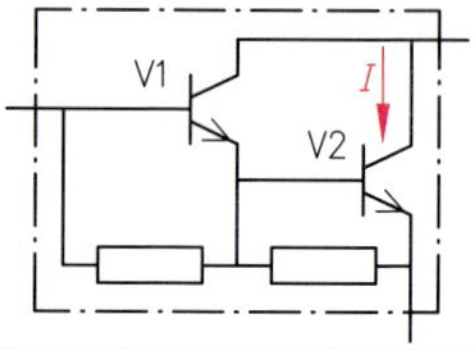

Anwendung im Kfz

Einspritzventile mit Darlington-Schaltung

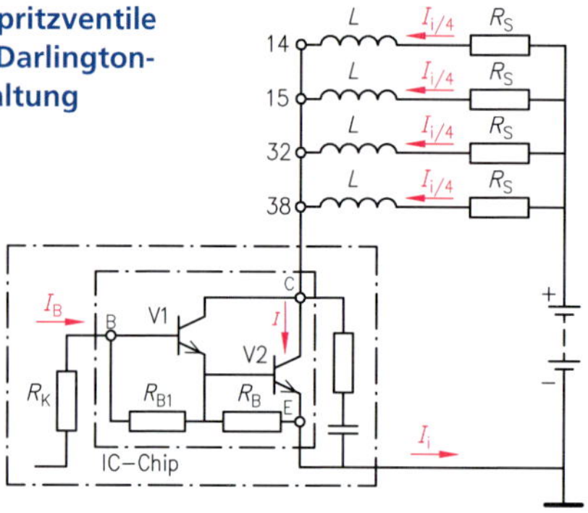

Die vom Steuergerät einer elektronischen Benzineinspritzung gelieferten Einspritzimpulse haben eine Stromstärke von 10 mA. Zur Öffnung eines Einspritzventils ist eine Stromstärke von 1,5 A erforderlich, für einen Vierzylinder-Motor also insgesamt 6 A.

Die Einspritzimpulse müssen daher verstärkt werden.

Da die Verstärkung eines Transistors nicht ausreicht, muss eine zweite Stufe hinzugeschaltet werden. Es entsteht eine Darlington-Schaltung, die in den Endstufen der Steuergeräte Verwendung findet. Der Einspritzimpuls in Form des Steuerstroms I_B veranlasst den Transistor V1 zum Durchschalten. Hierdurch wird auch der Transistor V2 durchgeschaltet und es fließt für die Dauer des Einspritzimpulses ein Strom durch die Magnetventile.

Parklichtschaltung

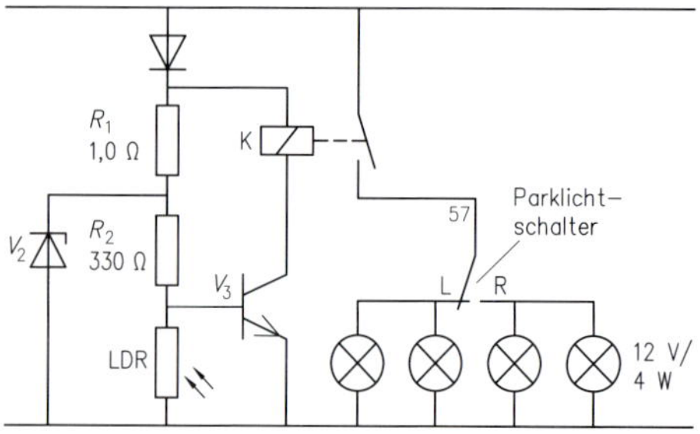

Die Schaltung hat die Aufgabe, das Parklicht in Abhängigkeit von der Helligkeit automatisch ein- und auszuschalten. Die Diode dient als Verpolungsschutz. Die Z-Diode begrenzt die Gesamtspannung und wirkt als Überspannungsschutz. Der Fotowiderstand (LDR) bildet zusammen mit dem Widerstand R_1 und R_2 einen Spannungsteiler.

Bei geringer Lichteinwirkung hat der LDR einen hohen Widerstand. An R_2 fällt eine hohe positive Spannung an, die in die Basis des Transistors wirkt. Wenn U_{BE} größer als 0,7 Volt ist, schaltet der Transistor durch. Das Relais schließt und die eingeschalteten Parkleuchten geben Licht ab.

Bei starker Lichteinwirkung hat der LDR einen niedrigen Widerstand. Die Basis-Emitter-Spannung sinkt unter 0,7 Volt. Der Transistor sperrt, das Relais schaltet ab und die Parkleuchten erlöschen.

Prüfen und Messen: Transistor

Transistor schaltet durch

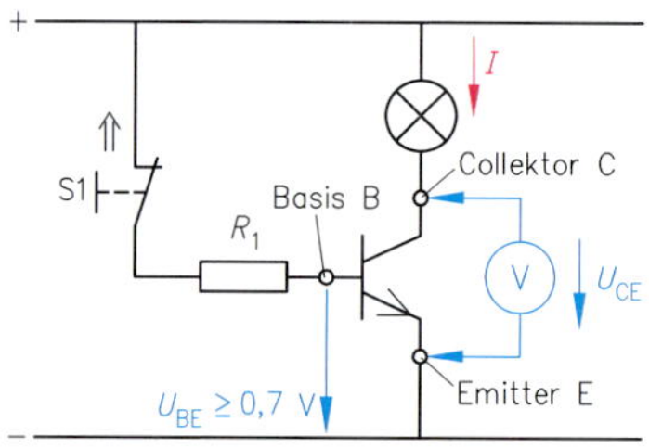

Bei geschlossenem Schalter S1 und einer Basis-Emitter-Spannung von $U_{BE} \approx 0,7$ Volt schaltet der Transistor durch. Es fließt ein Strom vom Pluspol über die Lampe vom Kollektor zum Emitter weiter zum Minuspol der Batterie. Während bei einem mechanischen Schalter kein Spannungsfall besteht, wird beim Transistor zwischen Kollektor und Emitter ein Spannungsfall von z. B. $U_{CE} \approx 0,03$ V gemessen.

Transistor sperrt

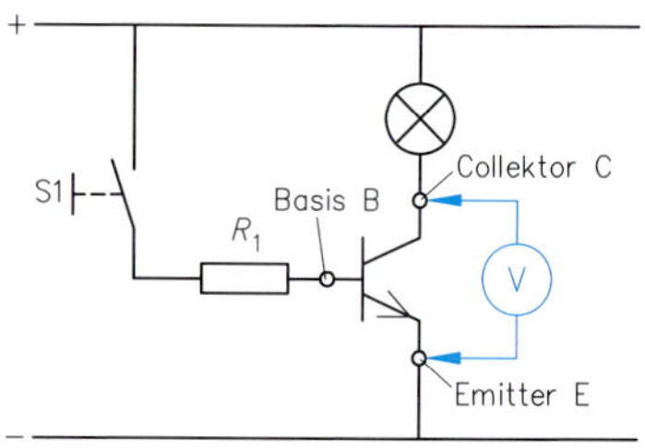

Ist der Schalter geöffnet, sperrt der Transistor, es fließt kein Strom. An den Anschlussstellen des Transistors wird ein Spannungsfall von U_{CE} = 12 Volt (= Batteriespannung) gemessen.

9.3.5 Halbleiterwiderstände

NTC-Widerstand (Heißleiter)

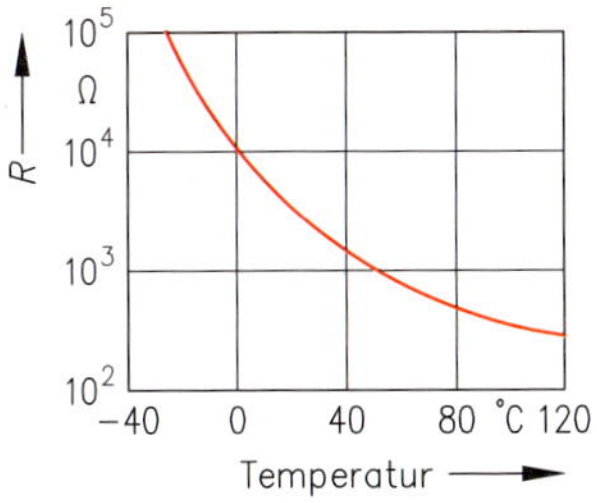

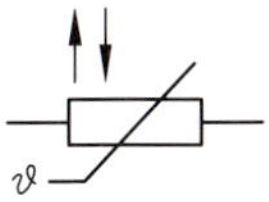

NTC-Widerstände (negative temperature coefficient) sind Halbleiterwiderstände, deren Widerstandswerte mit zunehmender Temperatur abnehmen.

PTC-Widerstand (Kaltleiter)

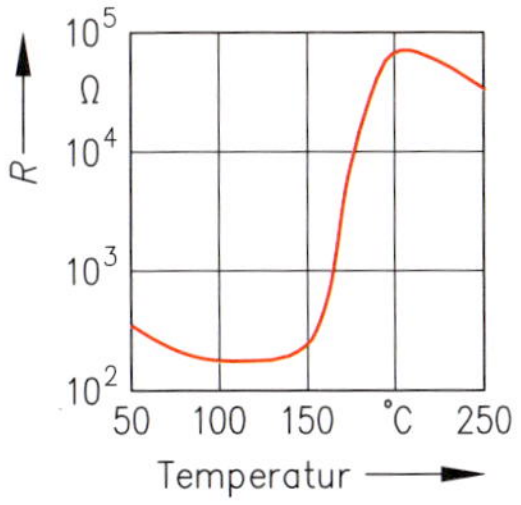

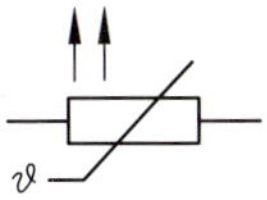

PTC-Widerstände (positive temperature coefficient) sind Halbleiterwiderstände, deren Widerstandswerte sich mit zunehmender Temperatur stark erhöhen. PTC-Widerstände sind als Heizelemente geeignet, da sie ihre Heizwirkung selbstständig regeln: Steigt die Temperatur, steigt auch der Widerstand. Bei gleichbleibender Spannung wird der Stromfluss kleiner, die Heizwirkung lässt nach.

Anwendung im Kfz

NTC-Widerstand zur Kühlmittel-Temperaturanzeige

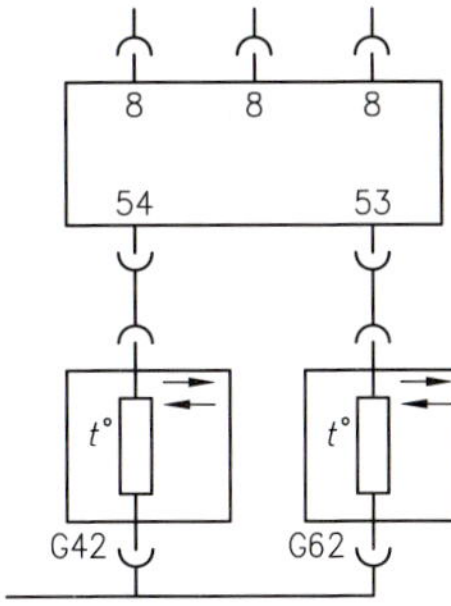

Die NTC-Widerstände werden als Sensoren eingesetzt. Der Widerstand wird mit einer konstanten Spannung versorgt. Der Strom bewirkt am NTC einen Spannungsfall. Mit zunehmender Temperatur des Kühlmittels und Erwärmung des Temperaturfühlers sinkt der Widerstand. Der Spannungsfall verringert sich entsprechend der Abnahme des Widerstandes. Das Steuergerät errechnet aus dem Spannungsfall u. a. die Einspritzmenge.
Weitere Anwendungen: Temperatursensor von Ansaugluft, Öl-, Außen- und Innentemperatur usw.

PTC-Widerstand zur Scheibenwaschdüsen-Heizung

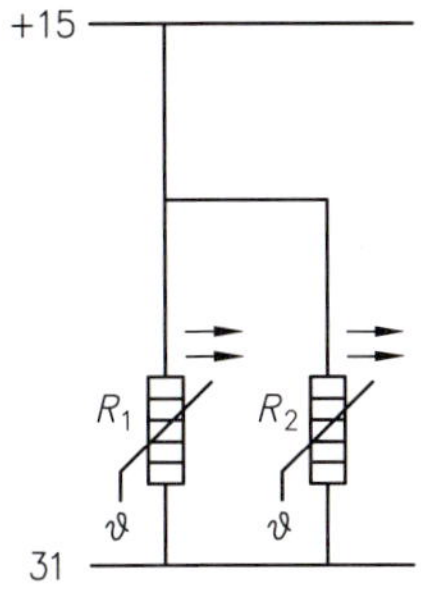

R_1 Heizwiderstand für die linke Waschdüse
R_2 Heizwiderstand für die rechte Waschdüse

PTC-Widerstände werden als Aktoren eingesetzt.
Bei Erwärmung nimmt der Widerstand pro 1 Grad durchschnittlich um 2 W zu. Der PTC-Widerstand wird z. B. als Überlastungsschutz eingesetzt. Übersteigt der Strom einen zulässigen Wert, erwärmt sich der PTC-Widerstand, erhöht den Widerstandswert und begrenzt damit den Strom.
Weitere Anwendungen: Heckscheibenheizung, Stiftglühkerzen vom Dieselmotor, Lambdasonden-Heizung, Außenspiegelheizung.

Prüfen und Messen: Temperaturabhängige Widerstände, NTC-Widerstand

Die Messseite des ausgebauten Kühlmittel-Temperaturfühlers wird in ein Wasserbad mit vorgeschriebener Temperatur getaucht, der Widerstand gemessen und der Messwert (Istwert) mit dem Sollwert verglichen:
10 °C: 3 530 bis 4 100 Ω, 20 °C: 2 350 bis 2 670 Ω,
60 °C: 540 bis 615 Ω.

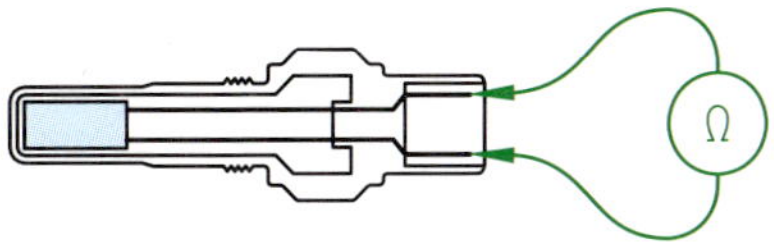

9.3.6 Kondensator

Der Kondensator speichert elektrische Ladungen. Er besteht aus zwei Leiterschichten, die durch eine Isolierschicht (Dielektrikum) voneinander getrennt sind. Die Leiterschichten sind nach außen über Anschlüsse elektrisch anbindbar.

Wir unterscheiden

- Schichtkondensatoren,
- Wickelkondensatoren,
- Elektrolytkondensatoren.

Symbol: 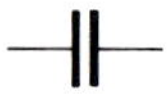

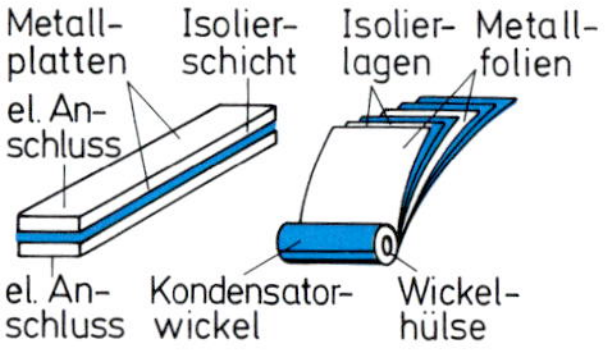

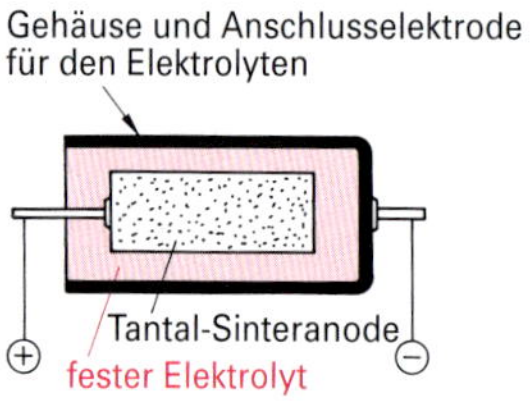

Arbeitsweise

Ladevorgang

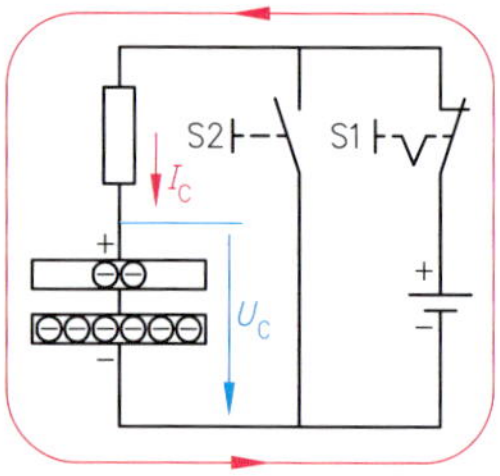

Wird der Schalter S_1 geschlossen, fließt ein Ladestrom. Der Ladestrom bewirkt, dass Elektronen von einer Leiterschicht abgezogen und zur anderen Leiterschicht transportiert werden. Die Spannung am Kondensator nimmt ständig zu, bis sie der Batteriespannung entspricht. Die Aufladung dauert um so länger, je größer der Vorwiderstand und je größer die Kapazität ist.

Speichern

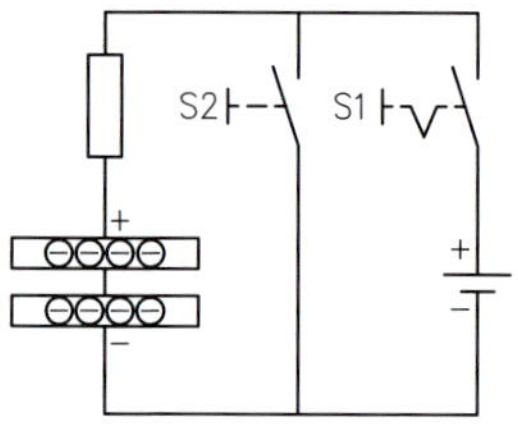

Wird nach dem Laden der Ladestromkreis unterbrochen, bleibt die Spannung am Kondensator erhalten. Das Speichervermögen an Ladungen wird als elektrische Kapazität des Kondensators bezeichnet. Die Einheit der Kapazität ist das Farad (F). Das Formelzeichen der Kapazität ist *C*.

Entladevorgang

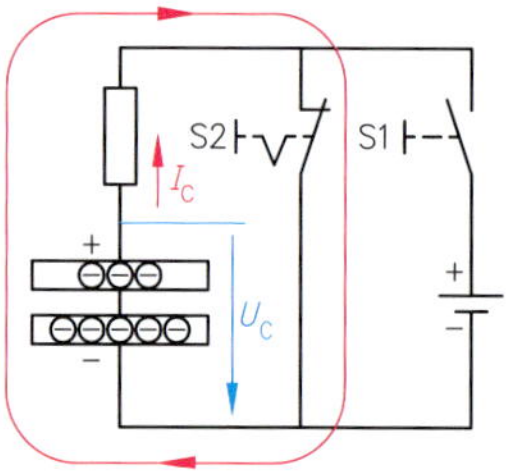

Wird der Schalter S2 geschlossen, so werden Elektronen von der negativen Ladeschicht (mit Elektronenüberschuss) zur positiv geladen Ladeschicht (mit Elektronenmangel) transportiert. Es fließt ein Entladestrom, der der Ladestromrichtung entgegengesetzt gerichtet ist.

Anwendung im Kfz

Ausschaltverzögerung

Beim Schließen der Fahrzeugtür soll die Innenbeleuchtung eine kurze Zeit noch brennen und dann selbstständig abschalten. Zur Ausschaltverzögerung setzt man Kondensatoren ein. Beim Öffnen der Fahrertür schließt der Kontakt S. Der Kondensator lädt sich auf. Gleichzeitig wird die Basis des Transistor V1 gegenüber dem Emitter positiv angesteuert und schaltet durch. Im gleichen Augenblick schaltet der Transistor V2. Das Relais schließt den Stromkreis für die Innenleuchte. Beim Schließen der Fahrertür entlädt sich der Kondensator über den Transistor V1, der mit dem Transistor V2 solange durchgeschaltet bleibt, bis der Kondensator entladen ist.

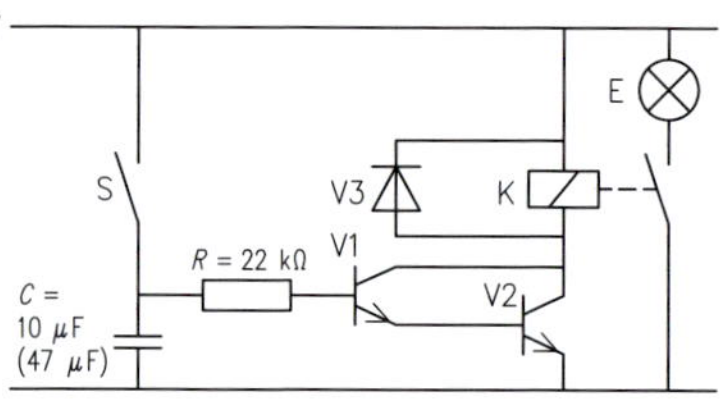

Entstörung

Im Kraftfahrzeug entstehen durch Funken der Zündanlage, Funken an den Kohlebürsten der Elektromotoren und des Drehstromgenerators, Wechselstöme I_S hoher Frequenz, die den Radioempfang, die Telefonanlage und die Steuergeräte beeinträchtigen können. Die Störungen werden durch Entstörkondensatoren beseitigt.

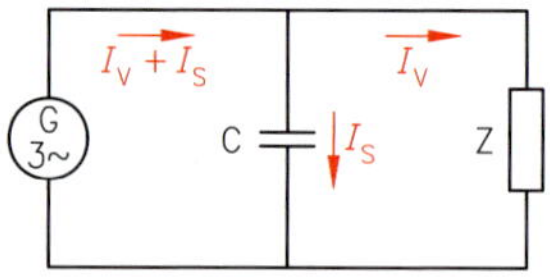

Überspannungsschutz

Halbleiter können durch Überspannungen zerstört werden, z. B. bei Wackelkontakten in der Zündanlage. Zum Schutz der Bauelemente wird ein Kondensator parallel geschaltet, der sich bei Spannungsspitzen auflädt.

9.4 Schaltpläne

Schaltpläne zeigen durch eine übersichtliche Darstellung der Stromwege die Wirkungsweise einer elektrischen Schaltung. Ein Schaltplan muss enthalten:

- Schaltung mit Schaltzeichen nach DIN EN 60617,
- Gerätekennzeichnung nach DIN EN 61346-2,
- Klemmenbezeichnung nach DIN 72552 in der Kfz-Technik oder Anschlusskennzeichnung nach DIN EN 60445 in der Elektrotechnik.

9.4.1 Schaltzeichen

Die Schaltzeichen sind die Bauelemente eines Schaltplanes. Sie stellen die vereinfachte Form der Bauelemente dar. Die Schaltzeichen werden grundsätzlich im stromlosen und mechanisch nicht betätigten Zustand gezeichnet.

Betätigung

- Handantrieb: allgemein
- durch Drücken
- durch Ziehen
- durch Drehen
- durch Kippen
- Fußantrieb
- Raste
- Schlüsselbetätigter Schalter
- Verzögerte Betätigung
- Bewegung nach rechts
- Bewegung nach links und rechts
- thermische Betätigung

Schalter

- Schließer, mit selbsttätigem Rückgang
- Schließer, mit nicht selbsttätigem Rückgang
- Öffner, mit selbsttätigem Rückgang
- Öffner, mit nicht selbsttätigem Rückgang
- Wechsler, mit Unterbrechung schaltend
- Wechsler, ohne Unterbrechung schaltend
- Stellschalter, mit drei Schaltstellungen
- Stellschalter, mit drei Schaltstellungen (0 1 2; 53e, 53a, 53, 53b)
- Thermoschalter
- Öffner, schließt verzögert
- Thermokontakt

Relais

- Relais oder Schütz
- Antrieb mit einer Wicklung
- Antrieb mit zwei gegensinnig wirkenden Wicklungen
- Thermorelais
- Magnetventil

Widerstände

- Widerstand
- veränderbarer Widerstand (Drehwiderstand)
- veränderbarer Schiebewiderstand mit Abschaltstellung
- Heizwiderstand, Glühkerze, Heizung allgemein

Induktivitäten, Wicklungen

- Wicklung
- Transformator mit Kern, z. B. Zündspule

Kondensatoren

- Kondensator
- Kondensator, gepolt
- Elektrolytkondensator, gepolt

Drehstrommaschinen

- Drehstromgenerator mit Gleichrichter und Regler

Gleichstrommaschinen

- Scheibenwischermotor
- Kraftstoff-, Scheibenspülerpumpe
- Lüfter
- Druckluftpumpe

Halbleiterbauelemente

Halbleiterwiderstände

- Temperaturabhängiger Widerstand
- PTC-Widerstand
- NTC-Widerstand

Dioden, Thyristoren

- Diode
- Z-Diode
- Thyristor

Transistoren

- NPN-Transistor
- PNP-Transistor

Optoelektronische Bauelemente

- Fotowiderstand
- Fotodiode
- Leuchtdiode (LED)

Sensoren

- Luftmengenmesser
- Induktionsgeber
- Widerstandsstellungsgeber
- Widerstandsthermometer
- Lambda-Sonde
- Klopfsensor
- Thermofühler

9.4.2 Gerätekennzeichnungen

Alle elektrischen und elektronischen Bauelemente sind in den Schaltplänen mit Kennbuchstaben und einer Zahl angegeben. Der Kennbuchstabe bleibt für das Bauelement, z. B. einen Schalter (S5), immer derselbe, nur die Zahl kann eine andere sein.

Bezeichnung der Bauelemente		Bezeichnung der Bauelemente	
A	Baugruppen, Empfänger, Sender	P	Messgerät
B	Geber, Sensoren	R	Widerstände
C	Kondensator	S	Schalter
D	binäres Element, z. B. Impulszähler, CD-ROM	T	Zündspulen
E	Glühlampen	W	Massestellen
F	Sicherungen	U	Umsetzer, z. B. Analog-Digital-Umwandler
G	Stromquellen	V	Halbleiter, z. B. Diode, Transistor
H	Signaleinrichtungen	W	Leitung, z. B. Leitungsbaum, CAN-BUS
K	Relais	X	Stecker, Leitungsverbinder
L	Spulen, Induktivgeber	Y	Ventile
M	Motoren	Z	elektrische Filter, z. B. Entstörglied
N	Steuergeräte		

9.4.3 Klemmenbezeichnungen

Klemmenbezeichnungen an Bauelementen sollen verhindern, dass beim Anklemmen von Leitungen Verwechslungen entstehen. An Anschlüssen, wo eine Verwechslung keine Folgen hat, kann auf Klemmenbezeichnungen verzichtet werden. Die Klemmenbezeichnungen nach DIN werden durch Bezeichnungen nach VDE-Norm ergänzt.
Die Bezeichnungen nach VDE-Norm sind fortlaufende Zahlen, z. B. am Steuergerät. Die einzelne Zahl hat im Gegensatz zu den Klemmenbezeichnungen keine Bedeutung. Die Anschlüsse an die Bezeichnungen nach VDE-Norm erfolgen aufgrund des Schaltplanes.

Klemme	Bedeutung
1	Zündspule, Zündverteiler, Niederspannung
	Zündverteiler mit zwei getrennten Stromkreisen
1 a	zum Zündunterbrecher I
1 b	zum Zündunterbrecher II
2	Kurzschließklemme (Magnetzündung)
	Zündspule, Zündverteiler,
4	Hochspannung
	Zündverteiler mit zwei getrennten Stromkreisen
4 a	von Zündspule I, Klemme 4
4 b	von Zündspule II, Klemme 4
15	Geschaltetes Plus hinter Batterie [Ausgang Zünd-(Fahrt)-Schalter]
15 a	Ausgang an Vorwiderstand zur Zündspule und Starter
	Glühstartschalter
17	Starten
19	Vorglühen

Klemme	Bedeutung
30	Eingang von Batterie Plus, direkt
	Batterieumschaltrelais 12/24 V
30 a	Eingang von Batterie II Plus
31	Rückleitung an Batterie Minus oder Masse, direkt
31 b	Rückleitung an Batterie Minus oder Masse über Schalter oder Relais (geschaltetes Minus)
	Batterieumschaltrelais 12/24 V
31 a	Rückleitung an Batterie II Minus
31 c	Rückleitung an Batterie I Minus
	Elektromotoren
32	Rückleitung[1]
33	Hauptanschluss[1]
33 a	Endabstellung
33 b	Nebenschlussfeld
33 f	für zweite kleinere Drehzahlstufe
33 g	für dritte kleinere Drehzahlstufe
33 h	für vierte kleinere Drehzahlstufe
33 L	Drehrichtung links
33 R	Drehrichtung rechts

[1] Polaritätswechselklemme 32/33 möglich

Klemme	Bedeutung
	Starter
45	Getrenntes Startrelais, Ausgang; Starter: Eingang (Hauptstrom)
	Zwei-Starter-Parallelbetrieb Startrelais für Einrückstrom
45 a	Ausgang Starter I
	Eingang Starter I und II
45 b	Ausgang Starter II
48	Klemme am Starter und am Startwiederholrelais Überwachung des Startvorgangs
	Blinkgeber (Impulsgeber)
49	Eingang
49 a	Ausgang
49 b	Ausgang zweiter Blinkkreis
49 c	Ausgang dritter Blinkkreis
	Starter
50	Startersteuerung (direkt)
50 a	Batterieumschaltrelais, Ausgang für Startersteuerung
50 b	Startersteuerung, Parallelbetrieb von zwei Startern mit Folgesteuerung

Fortsetzung

Klemme	Bedeutung
	Startrelais für Folgesteuerung des Einrückstroms bei Parallelbetrieb von zwei Startern
50 c	Eingang in Startrelais für Starter I
50 d	Eingang in Startrelais für Starter II
	Startsperrrelais
50 e	Eingang
50 f	Ausgang
	Startwiederholrelais
50 g	Eingang
50 h	Ausgang
	Wechselstromgenerator
51	Gleichspannung am Gleichrichter
51 e	Gleichspannung am Gleichrichter mit Drosselspule für Tagfahrt
	Anhänger-Signale
52	weitere Signalgebung vom Anhänger zum Zugwagen
53	Wischermotor, Eingang (+)
53 a	Wischer (+), Endabstellung
53 b	Wischer (Nebenschlusswicklung)
53 c	elektr. Scheibenspülerpumpe
53 e	Wischer (Bremswicklung)
53 i	Wischermotor mit Permanentmagnet und dritter Bürste (für höhere Geschwindigkeit)
	Anhänger-Signale
54	Anhänger-Steckvorrichtungen und Leuchtenkombinationen, Bremslicht
54 g	Druckluftventil für Dauerbremse im Anhänger, elektromagnetisch betätigt
55	Nebelscheinwerfer
56	Scheinwerferlicht
56 a	Fernlicht und Fernlichtkontrolle
56 b	Abblendlicht
56 d	Lichthupenkontakt
57	Standlicht für Krafträder (im Ausland auch für Pkw, Lkw usw.)
57 a	Parklicht
57 L	Parklicht, links
57 R	Parklicht, rechts
58	Begrenzungs-, Schluss- Kennzeichen- und Instrumentenleuchten
58 b	Schlusslichtumschaltung bei Einachsschleppern

Klemme	Bedeutung
58 c	Anhänger-Steckvorrichtung für einadrig verlegtes und im Anhänger abgesichertes Schlusslicht
58 d	regelbare Instrumentenbeleuchtung, Schluss- und Be-
58 L	grenzungsleuchte, links
58 R	rechts, Kennzeichenleuchte
	Wechselstromgenerator (Magnetzünder-Generator)
59	Wechselspannung, Ausgang, Gleichrichter, Eingang
59 a	Ladeanker, Ausgang
59 b	Schlusslichtanker, Ausgang
59 c	Bremslichtanker, Ausgang
61	Generatorkontrolle
	Tonfolgeschaltgerät
71	Eingang
71 a	Ausgang zu Horn 1 + 2 tief
71 b	Ausgang zu Horn 1 + 2 hoch
72	Alarmschalter (Rundumkennleuchte)
75	Radio, Zigarettenanzünder
76	Lautsprecher
77	Türventilsteuerung
	Schalter
	Öffner und Wechsler
81	Eingang
81 a	erster Ausgang, Öffnerseite
81 b	zweiter Ausgang, Öffnerseite
	Schließer
82	Eingang
82 a	erster Ausgang
82 b	zweiter Ausgang
82 z	erster Eingang
82 y	zweiter Eingang
	Mehrstellenschalter
83	Eingang
83 a	Ausgang, Stellung 1
83 b	Ausgang, Stellung 2
83 L	Ausgang, Stellung links
83 R	Ausgang, Stellung rechts
	Stromrelais
84	Eingang, Antrieb und Relaiskontakt
84 a	Ausgang, Antrieb
84 b	Ausgang, Relaiskontakt

Klemme	Bedeutung
	Schaltrelais
	Ausgang, Antrieb (Wicklungs-
85	ende Minus oder Masse)
	Eingang, Antrieb
	Wicklungsanfang
86	Wicklungsanfang oder erste
86 a	Wicklung
86 b	Wicklungsanzapfung oder zweite Wicklung
	Relaiskontakt bei Öffner und Wechsler
87	Eingang
87 a	erster Ausgang (Öffnerseite)
87 b	zweiter Ausgang
87 c	dritter Ausgang
87 z	erster Eingang
87 y	zweiter Eingang
87 x	dritter Eingang
	Relaiskontakt bei Schließer
88	Eingang
	Relaiskontakt bei Schließer und Wechsler (Schließerseite)
88 a	erster Ausgang
88 b	zweiter Ausgang
88 c	dritter Ausgang
	Relaiskontakt bei Schließer
88 z	erster Eingang
88 y	zweiter Eingang
88 x	dritter Eingang
	Generator und Generatorregler
B+	Batterie Plus
B–	Batterie Minus
D+	Dynamo Plus
D–	Dynamo Minus
DF	Dynamo Feld
DF 1	Dynamo Feld 1
DF 2	Dynamo Feld 2
	Drehstromgenerator
U, V, W	Drehstromklemmen
	Fahrtrichtungsanzeige
C	(Blinkgeber)
C 0	Erste Kontrolllampe
	Hauptanschluss für vom Blinkgeber getrennte Kontrolllampe
C 2	Zweite Kontrolllampe
C 3	Dritte Kontrolllampe (z. B. beim Zwei-Anhänger-Betrieb)
L	Blinkleuchten, links
R	Blinkleuchten, rechts

9.4.4 Gleichstromkreislauf im Kfz

Im Kfz wird die elektrische Anlage als Einleiteranlage ausgeführt, d. h. zu den Verbrauchern führt nur eine Leitung, die Hinleitung. Als Rückleitung wird die Karosserie (Masse) als leitende Verbindung zwischen dem Minuspol der Spannungsquelle und dem Minuspol der Verbraucher benutzt.
Die Kennzeichnung der Masse erfolgt durch das Masseschaltzeichen (⊥). Sämtliche Teile, die ein Massezeichen erhalten, müssen elektrisch leitend auf der Fahrzeugmasse montiert sein (Massepunkte).

Im Schaltplan führt die Klemme 31 zur Masse. Die Masseleitungen sind in der Regel braun.
An der Klemme 30 liegt immer die Batteriespannung an. Die Leitungen sind meist rot oder rot mit Farbstreifen.
Die Klemme 15 erhält ihre Spannung vom Zündschloss.
Die Leitungen führen nur bei eingeschalteter Zündung Strom. Die Leitungen sind meist grün oder grün mit Farbstreifen.
Die Klemme 15 führt nur bei eingeschalteter Zündung Strom. Sie wird jedoch unterbrochen, wenn der Anlasser betätigt wird. In diesem Stromkreis liegen alle größeren Stromverbraucher, z. B. Abblend- und Fernlicht.

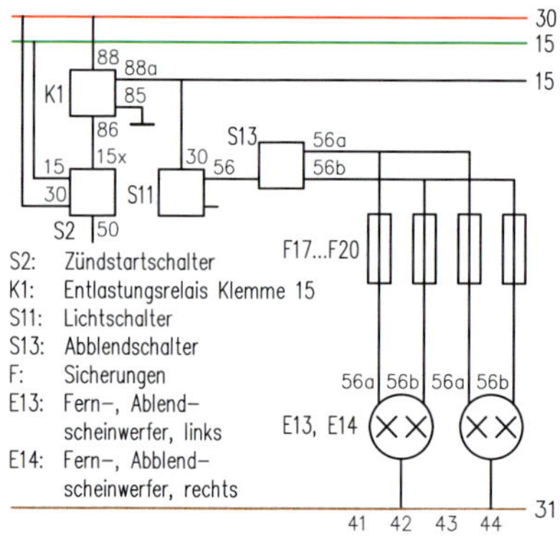

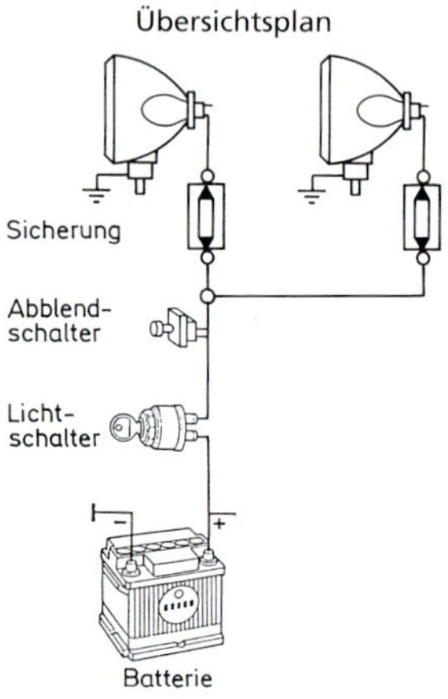

9.4.5 Schaltplanarten

Wirkschaltplan (Übersichtsschaltplan)

Der Wirkschaltplan stellt vereinfacht Aufbau, Gliederung und Funktion einer elektrischen Anlage dar. Er dient dem schnellen Überblick und enthält nur die wesentlichen Teile und ihre Verbindungen.
Die Geräte werden als Quadrate, Rechtecke oder Kreise dargestellt. Häufig enthalten sie Symbole nach DIN EN 60617.

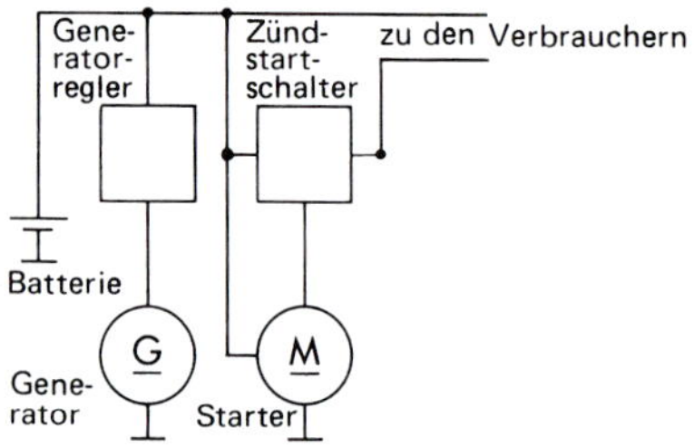

9.4.5.1 Stromlaufplan

Der Stromlaufplan ist die ausführliche Darstellung einer Schaltung mit ihren Geräten. Hauptzweck des Stromlaufplanes ist das Erkennen der Funktion einer Schaltung.

Stromlaufplan in zusammenhängender Darstellung	Stromlaufplan in aufgelöster Darstellung
Beim Stromlaufplan in zusammenhängender Darstellung werden alle Schaltzeichen eines elektrischen Gerätes ihrer Lage entsprechend zusammenhängend gezeichnet. Die mechanische Wirkverbindung wird durch unterbrochene Verbindungslinien dargestellt. 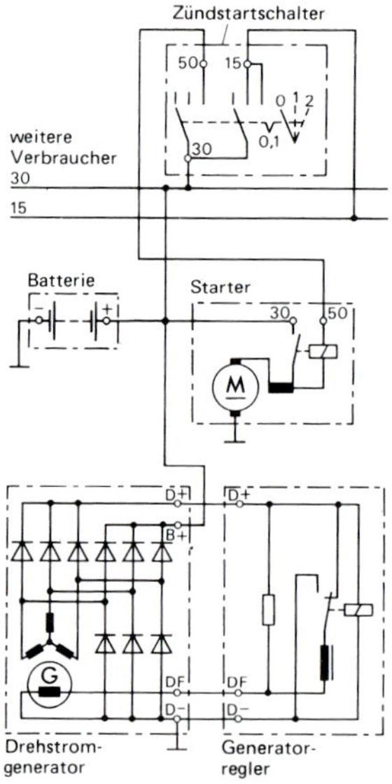	Beim Stromlaufplan in aufgelöster Darstellung werden die Schaltzeichen getrennt und ohne Rücksicht auf die räumliche Lage und den mechanischen Zusammenhang der Schaltelemente angeordnet. Jeder Stromweg verläuft möglichst geradlinig. Sie werden von links nach rechts oder von oben nach unten gezeichnet. 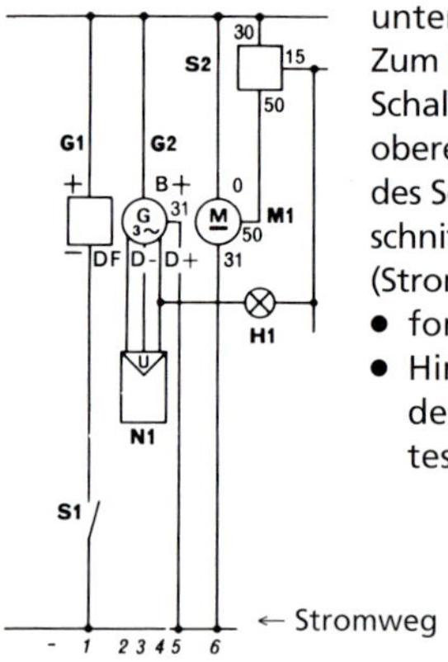 Zum besseren Auffinden von Schaltungsteilen wird am oberen oder unteren Rand des Schaltplanes eine Abschnittskennzeichnung (Stromweg) angegeben durch • fortlaufende Zahlen oder • Hinweise auf den Inhalt des Schaltungsabschnittes. G1 Batterie G2 Drehstromgenerator N1 Generatorregler M1 Starter S2 Zündschalter

9.4.5.2 Anschlussplan

Im Anschlussplan werden die einzelnen Geräte durch Quadrate, Rechtecke oder Kreise mit Schaltzeichen (DIN EN 60617) dargestellt. Er enthält die Anschlusspunkte der elektrischen Geräte und die daran angeschlossenen äußeren Leitungen. Die Geräte werden gekennzeichnet.

Anschlussplan in zusammenhängender Darstellung

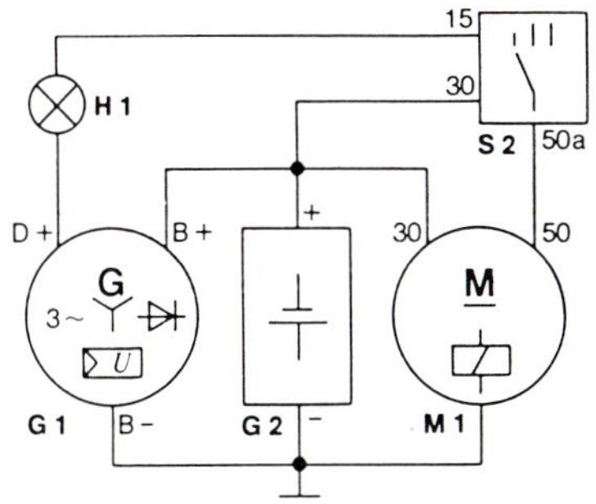

G1 Drehstromgenerator mit Regler
G2 Batterie
M1 Starter
S2 Zündstartschalter

Anschlussplan in aufgelöster Darstellung

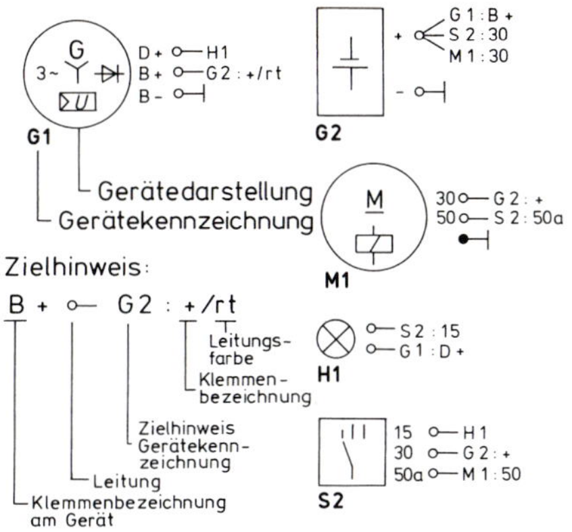

9.4.6 Lesen von Schaltplänen

9.4.6.1 Aufbau

Um einen Fehler in der elektrischen Anlage zu ermitteln, ist ein Schaltplan erforderlich, der Auskunft über den Stromverlauf, die Bauelemente und die Kabelverbindungen gibt. Zur besseren Übersicht sind die Strompfade senkrecht nebeneinander angeordnet und nummeriert. Die Strompfade beginnen oben an zwei waagerechten Linien, die die plusseitigen Anschlüsse, die Klemmen 30 und 15 des Stromkreises darstellen, und münden unten in einer waagerechten Linie, die den Masseanschluss, die Klemme 31 symbolisiert. Die Masseverbindung wird normalerweise direkt über die Karosserie oder über eine Leitung zu einem Massepunkt hergestellt. Alle Bauelemente haben an den einzelnen Kontakten Klemmenbezeichnungen, damit sie richtig angeschlossen werden können. Der elektrische Stromkreis muss immer geschlossen sein, da sonst kein Strom fließen kann.
Das Lesen des Stromlaufplanes erfolgt vom plusseitigen Anschluss zum Massenanschluss.

Beispiel:
Beleuchtung des Schalttafeleinsatzes Strompfad 317 (siehe Zeichnung auf der folgenden Seite)
Klemme 30 – Lichtschalter – Sicherung F21 → Potenziometer S2.3 – Leuchten in Parallelschaltung E11 – Masse,
↳ Kontrollleuchte Licht H41 – Masse.

Leitungen: Klemme 30 bis Lichtschalter: rot, 2,5 mm²
Lichtschalter bis Leuchten: grau/grün, 0,75 mm²
Leuchten bis Massenanschluss: braun, 0,75 mm²

Die elektrischen Bauelemente sind in den Schaltplänen mit Kennbuchstaben und Ziffern angegeben:

Bezeichnung der Bauelemente		Bezeichnung der Bauelemente	
S5.4	Parklichtschalter	E4	Standlicht, rechts
S2.1	Lichtschalter	E5	Schlusslicht, rechts
S2.3	Potenziometer für Instrumentenbeleuchtung	E6	Motorraumleuchte
F1, F2, F21	Sicherungen	E11	Leuchten für Schalttafeleinsatz
E1	Standlicht, links	E12	Leuchte für Wählhebel
E2	Schlusslicht, links	H41	Kontrollleuchte für Licht
E3	Kennzeichenleuchte	X	Steckkontakte

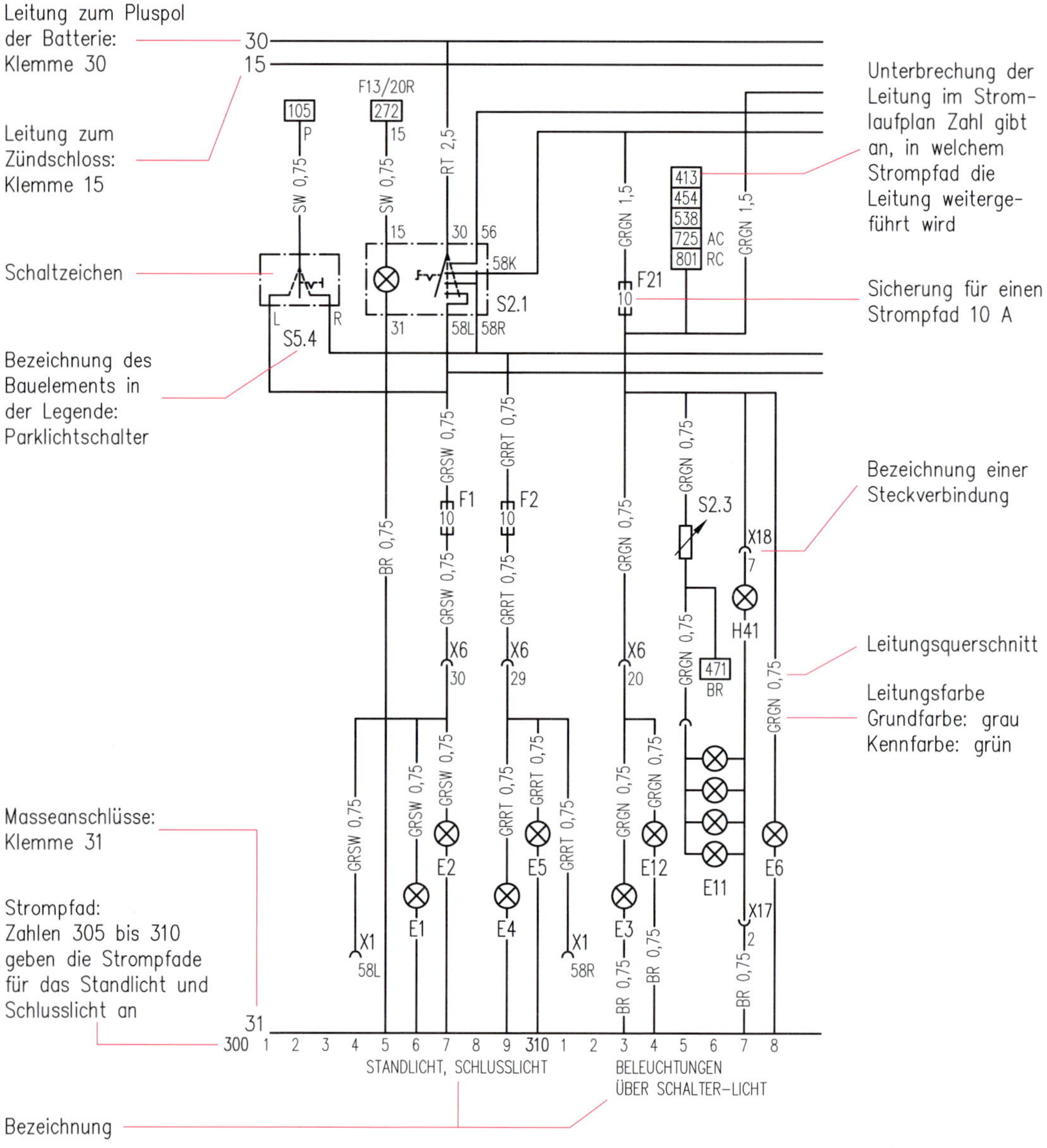

Hinweis: Beispiel und Bezeichnungen zum Schaltplan siehe vorherige Seite.

9.4.6.2 Stromlaufplan für einen Pkw

Den Gesamtschaltplan eines Pkws zeigt der folgende Schaltplan. Die gesamten Schaltpläne eines modernen Fahrzeuges sind umfangreicher und füllen zwei DIN-A4-Ordner. Die Kfz-Werkstätten arbeiten meist mit Teilschaltplänen, die einen abgegrenzten Teil der elektrischen/elektronischen Anlage darstellen, z. B. Außenbeleuchtung oder Motormanagement.

Gesamtschaltplan

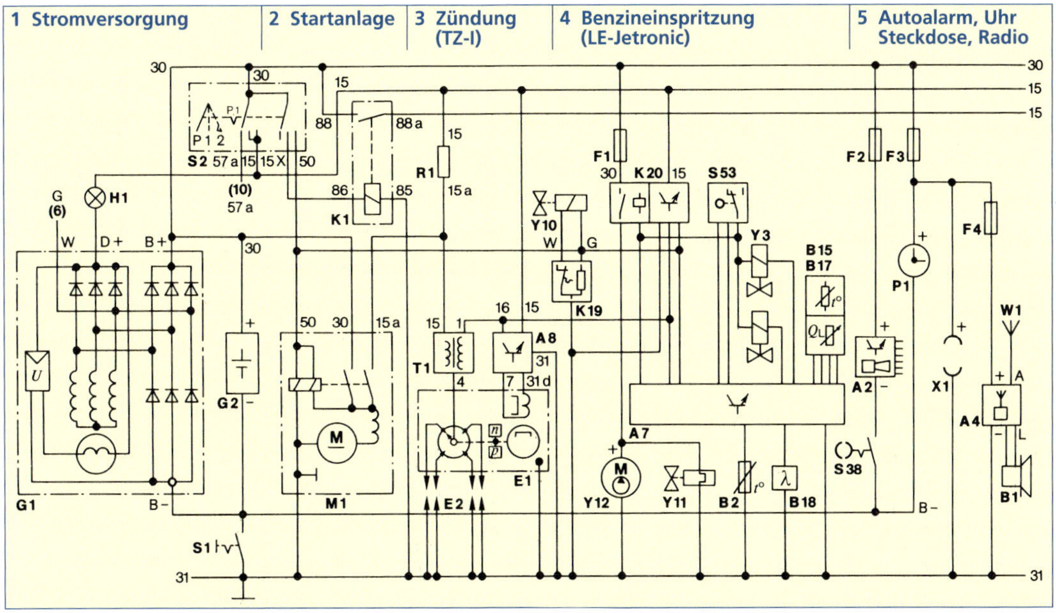

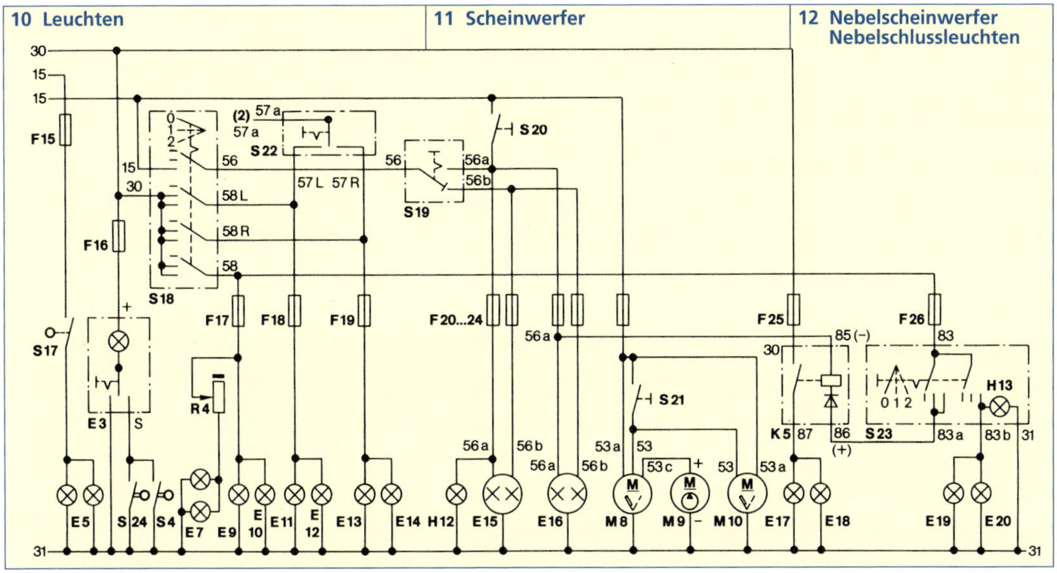

Gerätekennzeichnungen zu den Stromlaufplänen

A1	Glühzeitsteuergerät
A2	Alarmgerät
A4	Autoradio
A7	Steuergerät
A8	Schaltgerät – Zündung
B1	Lautsprecher
B2	Kühlmittel-Temperatursensor
B3	Signalton
B4	Starkstrom
B13	Drehzahlgeber
B14	Bezugsmarkengeber
B15	Lufttemperaturfühler
B16	Temperaturschalter
B17	Luftmengenmesser
B18	Lambda-Sonde
E1	Zündverteiler
E2	Zündkerzen
E3	Innenleuchte
E4	Heckscheibenheizung
E5	Rückfahrleuchten
E7	Instrumentenbeleuchtung
E9, E10	Kennzeichenleuchten
E11, E13	Begrenzungsleuchten
E12, E14	Schlussleuchten
E15, E16	Fern- und Abblendscheinwerfer
E17, E18	Nebelscheinwerfer
E19, E20	Nebelschlussleuchten
F1...F26	Sicherungen
G1	Generator
G2	Batterie
H1	Generatorkontrollleuchte
H2	Heckscheibenheizungs-kontrollleuchte
H3	Öldruckwarnleuchte
H4	Warnblinkkontrollleuchte
H5	Blinkkontrollleuchte
H6...H9	Blinklampen
H10, H11	Bremsleuchten
H12	Fernlichtkontrollleuchte
H13	Nebelschlusslichtkontrolle
K1	Entlastungrelais für Klemme 15
K2	Wischintervallrelais
K3	Hornrelais
K4	Blink- und Warnblinkgeber

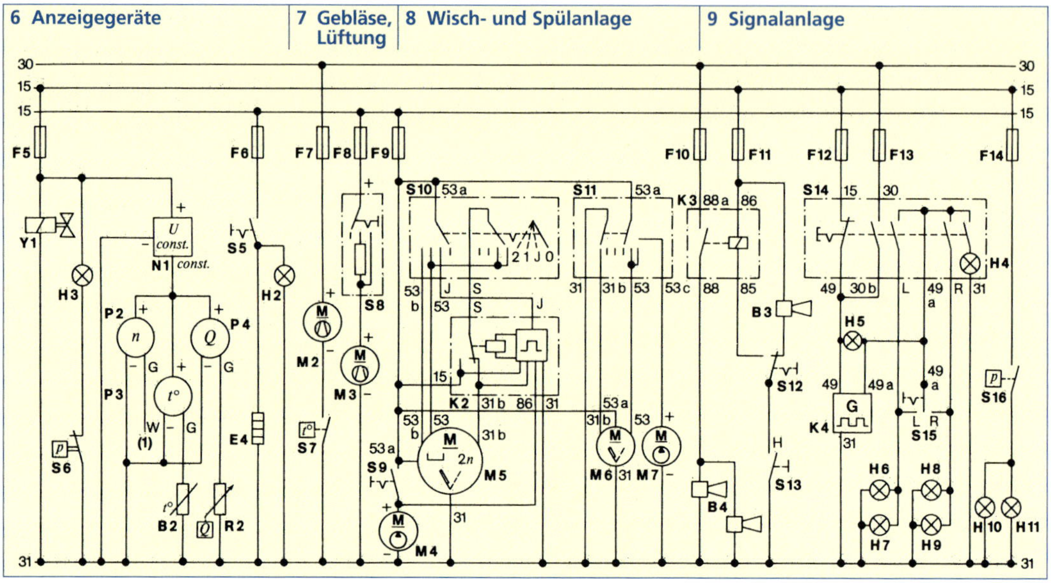

Alternative Stromlaufplanabschnitte

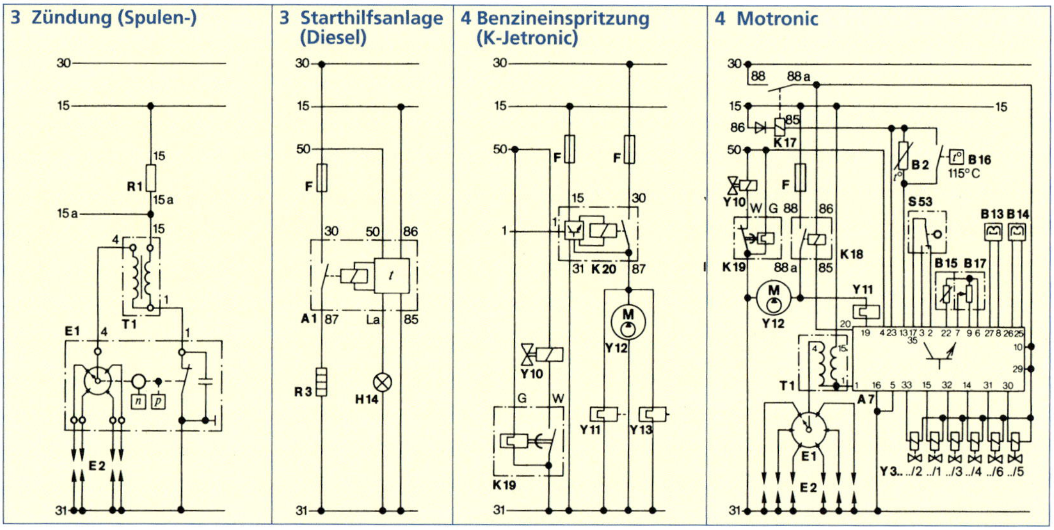

Gerätekennzeichnungen zu den Stromlaufplänen

K5	Relais für Nebelscheinwerfer	R1	Vorwiderstand	S19	Abblendschalter
K17	Hauptrelais	R2	Kraftstoffstandgeber	S20	Lichthupentaster
K18	Kraftstoffpumpenrelais	R3	Glühkerze	S21	Scheinwerferwischertaster
K19	Thermozeitschalter	R4	Potenziometer	S22	Parklichtschalter
K20	Steuerrelais	S2	Zündstartschalter	S23	Nebellichtschalter
M1	Startermotor	S5	Heckscheibenheizungsschalter	S24	Türkontaktschalter
M2	Kühlgebläsemotor	S6	Öldruckschalter	S38	Alarmschalter
M3	Frischluftgebläsemotor	S7	Temperaturschalter (Kühlung)	S53	Drosselklappenschalter
M4	Scheibenspülermotor	S8	Lüfterschalter	T1	Zündspule
M5	Wischermotor	S9	Spüler-Wäscherschalter	W1	Autoantenne
M6	Heckwischermotor	S10	Wischerschalter	X1	Steckdose
M7	Heckscheibenspülermotor	S11	Heckwischer-Spülerschalter	Y3	Einspritzventile
M8, M10	Scheinwerferwischermotor	S12	Hornumschalter	Y3/1	… für Zylinder 1
M9	Spülermotor für M8 und M10	S13	Horntaster	Y10	Kaltstartventil
N1	Spannungskonstanthalter	S14	Warnblinkschalter	Y11	Zusatzluftschieber
P1	Zeituhr	S15	Blinkerschalter	Y12	Elektrokraftstoffpumpe
P2	Drehzahlmesser	S16	Bremslichtschalter	Y13	Warmlaufregler
P3	Kühlmitteltemperaturanzeige	S17	Rückfahrlichtschalter		
P4	Kraftstoffanzeige	S18	Lichtschalter		

9.5 Messen von Spannung, Strom, Widerstand und Signalen

9.5.1 Prüfen und Messen mit dem Vielfachmessgerät (Multimeter)

Vielfachmessgeräte sind Messgeräte, mit denen Spannungen, Stromstärken und Widerstände gemessen werden.

Analog anzeigende Messgeräte

Zeigermessgeräte sind analog anzeigende Messgeräte. Sie wandeln den Messwert einer Messgröße in einen entsprechenden, analogen Zeigerausschlag um. Analog anzeigende Messgeräte (Analogmultimeter) sind für Spannungs- und Strommessungen geeignet. Bei Widerstandsmessungen wird der Strom gemessen, der durch den Widerstand fließt. Hierzu ist eine Spannungsversorgung durch eine Batterie erforderlich. Je größer der Widerstand ist, umso geringer ist der Strom. Bei einem unendlich großen Widerstand erfolgt kein Ausschlag, bei einem Widerstandswert Null ein Vollausschlag. Die Widerstandsskala verläuft daher entgegengesetzt zur Stromskala.
Das Messgerät hat mehrere Messbereiche, die mit einem Messbereichs-Wahlschalter eingestellt werden können.
Den Messwert erhält man nach folgender Formel:

$$\text{Messwert} = \frac{\text{angezeigte Skalenteile} \cdot \text{Messbereich}}{\text{Skalenendwert}}$$

Beispiel: Messbereich: 2,5 Volt
angezeigte Skalenteile: 30
Skalenendwert: 50

$$\text{Messwert} = \frac{30 \cdot 2{,}5}{50} = \underline{\underline{1{,}5\ \text{Volt}}}$$

Digital anzeigende Messgeräte

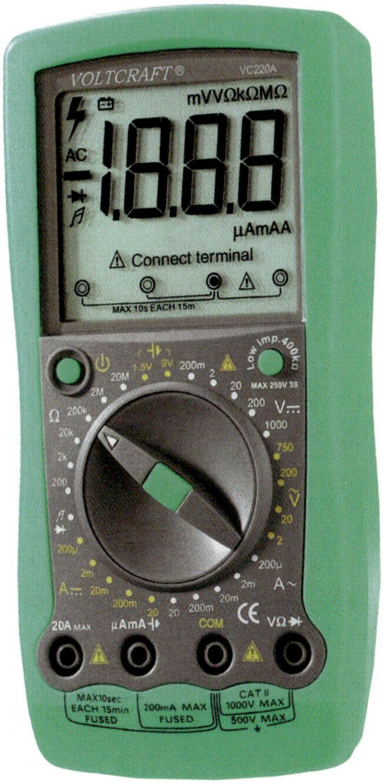

Messgeräte mit Ziffernanzeige sind digital anzeigende Messgeräte. Der Messwert einer Messgröße wird direkt als Ziffernfolge angegeben. Vorteil dieser Digitalmultimeter ist die Robustheit, die relativ gute Genauigkeit und die leichte Ablesbarkeit. Sie eignen sich für Spannungs-, Strom- und Widerstandsmessungen.
Messgrößen und Messbereiche werden mit einem Drehschalter eingestellt. Bei vielen Geräten erfolgt die Umschaltung automatisch. Häufig ist eine Analoganzeige durch Segmente integriert.

Kennzeichnung der Messbuchsen

Masse
Gleichspannung/ Wechselspannung Stromstärken < 100 mA Stromstärken > 1A
Gleichspannung bis 1000 V
Widerstand

Kennzeichnung der Messbuchsen

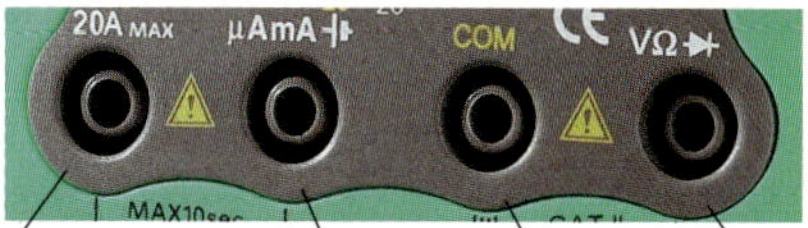

Stromstärke über 1 A
Stromstärke bis 200 mA
Masse
Spannung

Spannungsmessung	Strommessung	Widerstandsmessung
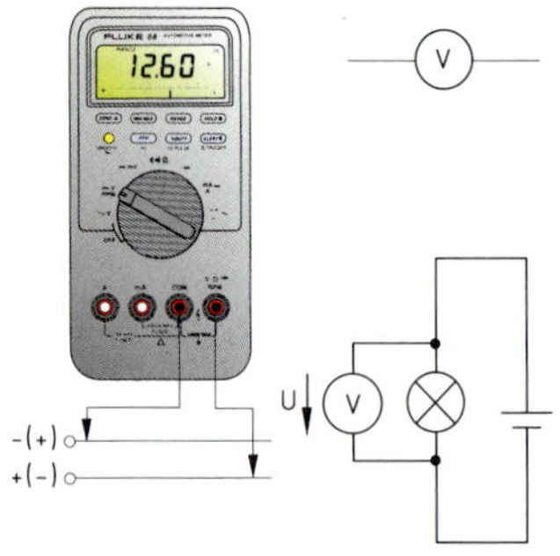	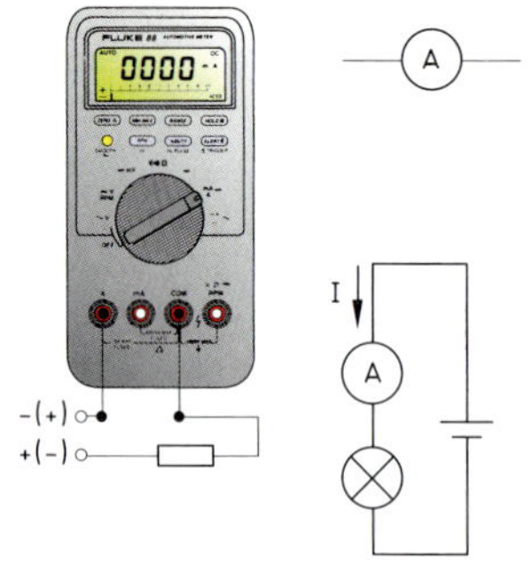	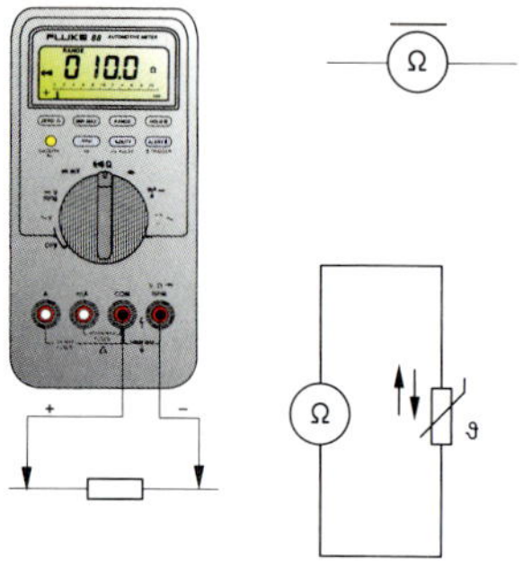
Das Multimeter wird parallel zum Messobjekt geschaltet. Beispiele: Batteriespannung, Generator-Ladespannung, Spannung an der Glühlampe, Spannung am Anlasser.	Das Multimeter wird in Reihe zum Messobjekt geschaltet. Beispiele: Lampenstrom, Entladestrom der Batterie. Große Ströme (Anlasser- und Generator-Ladestrom) werden mit der Strommesszange gemessen.	Das Multimeter wird parallel zum ausgebauten Messobjekt geschaltet. Beispiele: Durchgangsprüfungen, Temperaturfühler, Einspritzventil, Zündspule, Zündkabel.

Messen mit dem Digital-Multimeter

Spannungsmessung

- Geeigneten Messbereich wählen: Messungen im Bordnetz des Kfz: DCV 20
- Messkabel zuerst am Messgerät anschließen
- COM-Buchse: schwarzes Kabel
- V-Buchse: rotes Kabel
- Messgerät in Betrieb nehmen
- Schwarzes Kabel: Minuspol des Verbrauchers
- Rotes Kabel: Pluspol des Verbrauchers

Strommessung

- Geeigneten Messbereich wählen: größtmöglichen Messbereich einstellen
- Messkabel zuerst am Messgerät anschließen
- COM-Buchse: schwarzes Kabel
- V-Buchse: rotes Kabel
- Messgerät in Betrieb nehmen
- Schwarzes Kabel: Minuspol bzw. Stromausgang
- Rotes Kabel: Pluspol bzw. Stromeingang in das Messgerät

Widerstandsmessung

- Das Messobjekt muss ausgebaut und spannungsfrei sein.
- Für das Messen von Widerständen unbekannter Größe ist der größte Messbereich zu wählen.
- Bei gepolten Messobjekten wie Dioden und Transistoren auf Polarität der Anschlusskabel achten.
- Bei ungepolten Messobjekten wie Glühlampen, Widerständen, Leitungen ist die Polarität nicht von Bedeutung.

Widerstandsmessungen an Bauteilen sind nur dann sinnvoll, wenn der Sollwert der Bauteile bekannt ist und ein Vergleich möglich ist.

Messen mit der Stromzange

Bei Strommessungen muss der Stromkreis getrennt werden, was im Fahrzeug nicht immer möglich ist. Mit einer Stromzange kann man berührungslos und ohne den Stromkreis zu trennen Ströme in einem weiten Bereich messen. In Verbindung mit dem Digitalmultimeter mit einem 200-mV-Messbereich lassen sich Strommessungen z. B. von 0,1 A bis 1 000 A berührungslos durchführen. Die Stromzange wird direkt an den Eingangsbuchsen des Multimeters angeschlossen.
Während der Messung umfasst die Stromzange die Leitung. Das Magnetfeld des durch den Leiter fließenden Stromes wirkt auf einen Hallgenerator in der Stromzange, der das Signal zur Auswertung an das Multimeter weiterleitet. Die Stromzange darf bei der Messung nur eine einzelne Leitung umfassen.

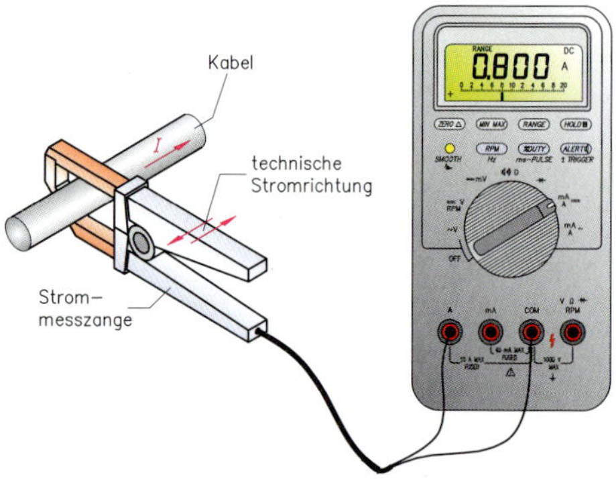

9.5.2 Messen mit dem Oszilloskop

Das Multimeter ist zum Prüfen von Stromkreisen im statischen Zustand geeignet. Bei dynamischen Prüfungen, z. B. bei laufendem Motor und bei der Diagnose von intermittierenden (zeitweilig aussetzenden) Fehlern, kann nur noch mit dem Oszilloskop gearbeitet werden.

Das Oszilloskop stellt Schwingungen, Amplituden, Frequenzen und Impulsbreiten des empfangenen Signals dar. Es zeichnet auf dem Bildschirm einen Graphen aus Spannung (y-Achse) in Abhängigkeit von der Zeit (x-Achse) auf.

Mit dem Oszilloskop können einmal intermittierend auftretende Fehler diagnostiziert, zum andern die Auswirkungen bei Eingriffen auf Bauelemente, z. B. durch Abziehen des Mehrfachsteckers, beobachtet werden.

Das Oszilloskop wird gewöhnlich durch zwei Kabel angeschlossen. Um Fehlmessungen zu vermeiden, dürfen an ein Oszilloskop nur auf das Gerät abgestimmte Messleitungen verwendet werden. Diese werden auch als Tastköpfe bezeichnet.

Eingesetzt werden heute überwiegend Zweikanal-Oszilloskope. Sie besitzen einen Kanal 1 und einen Kanal 2 und ermöglichen, auf dem Bildschirm gleichzeitig zwei verschiedene Spannungsverläufe in Abhängigkeit von der Zeit darzustellen. Jeder Kanal kann auch eigenständig für eine Messung benutzt werden.

Motortester besitzen ein eingebautes Digital-Oszilloskop, mit dem der Kfz-Mechatroniker Signale von Stromkreisen bzw. Bauelementen auf dem Bildschirm sichtbar machen kann:

- Zündung, Normaloszillogramme und Fehlerbilder des Zündvorgangs.
- Generator, Normaloszillogramme, Fehlerbilder der Dioden.
- Sensor- und Aktorsignale.
- Motormechanik, Zylindervergleich, dynamischer Kompressionstest.

9.5.2.1 Bedienungselemente am Oszilloskop

Einstellung am Oszilloskop

Bei der Messung von Wechselspannung ist die Einstellung AC, bei der Messung von Gleichspannungen die Einstellung DC vorzunehmen. Bei der Einstellung GND werden die Eingänge des Y-Verstärkers intern auf Masse gelegt.

Mit dieser Einstellung wird die Lage der Nulllinie auf dem Bildschirm überprüft und u. U. neu durchgeführt, ohne dass die Messleitung vom Messobjekt abgeklemmt werden muss.

Einstellung Y-Achse

Auf der Y-Achse wird die Größe der Spannungsskala festgelegt. Sie entscheidet darüber, in welcher Größe das Signal abgebildet wird.

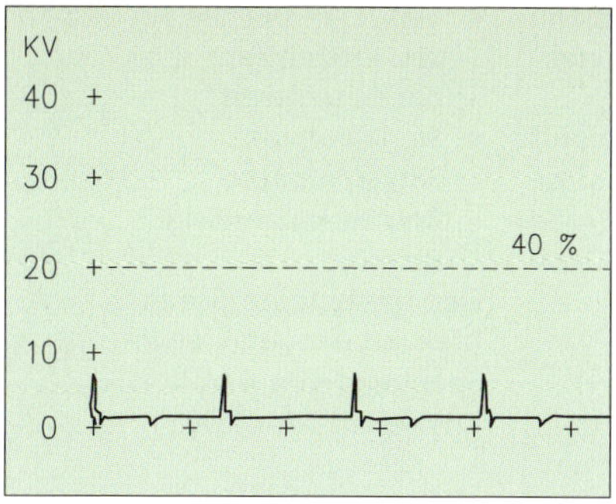

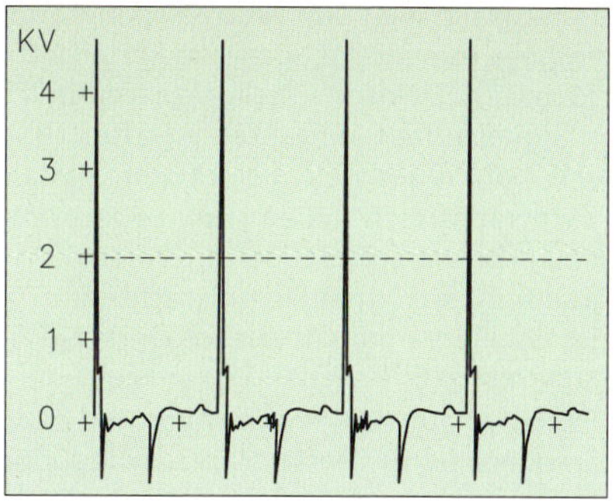

Einstellung X-Achse

Auf dieser Achse wird die Größe der Zeitskala festgelegt. Die Zeitintervalle werden in Sekunden (s) oder Millisekunden (ms; 1/1000 s) angegeben. Die Zeitachse entscheidet, in welcher Breite das Messsignal dargestellt wird.

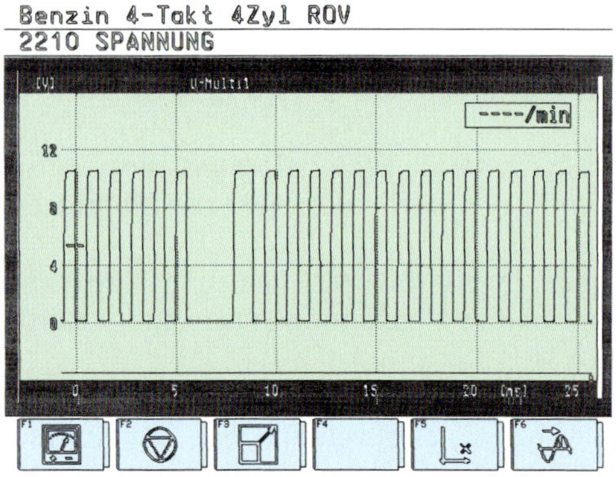

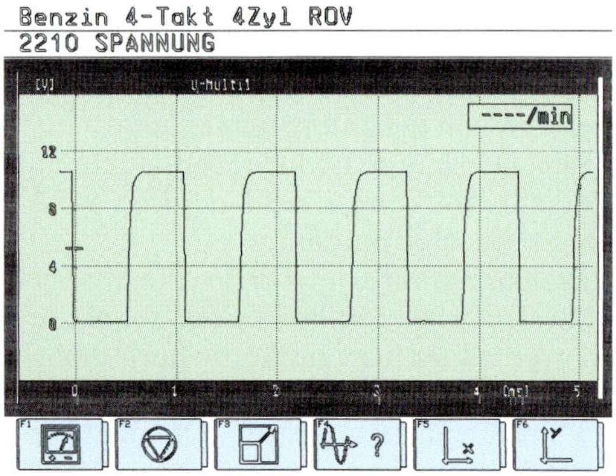

Einstellung des Triggers

Zweck des Triggers ist die Erzeugung eines stehenden Bildes. Der Triggerpegel bestimmt die Spannungsschwelle ab der das Bild auf dem Bildschirm dargestellt wird. Mithilfe der Triggerflanke kann entweder die ansteigende (positive) oder die abfallende (negative) Flanke des Messsignals benutzt werden.

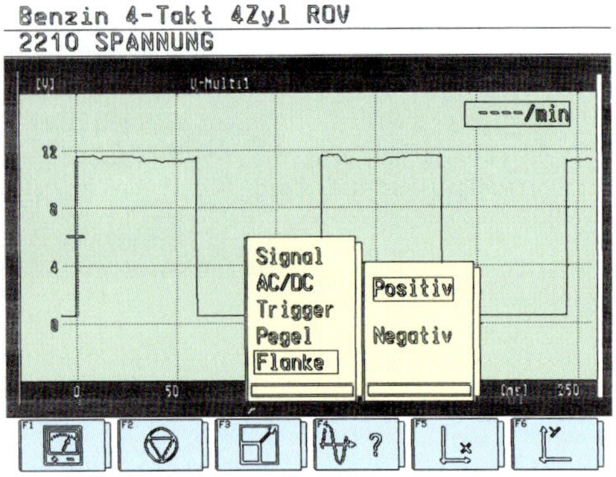

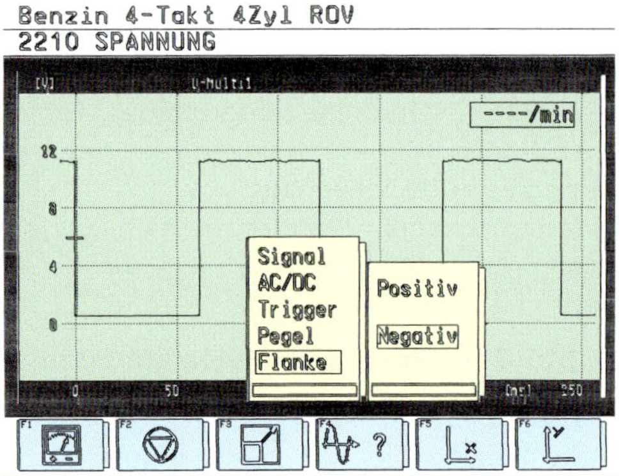

9.5.2.2. Interpretation der Oszillogramme

Oszillogramme

Die Fehlerdiagnose erfolgt durch Vergleich der empfangenen Oszillogramme mit den typischen Signalverläufen. (Oszillogramme von Bauteilen mit Gleichspannungssignalen und Wechselspannungssignalen: www.hella.com/produktion/Hella Portal/Web Site/Internet Spezial_d/Elektronik_Rallye/content/tm01.pdf)

Der Signalverlauf eines fehlerhaften Bauelements oder Schaltkreises weicht stark vom Signalverlauf eines einwandfreien Systems ab, sodass eine Störung gut zu erkennen ist. Bei der Interpretation von Oszillogrammen ist Folgendes zu beachten:

Jedes Oszillogramm enthält folgende Größen:

- Spannung (V)
- Signalverlauf zu einem bestimmten Zeitpunkt
  Frequenz in 1/s (Hertz, Hz): Schwingungen pro Sekunde
- Impulsbreite – Tastrate in %
  Impulsdauer, in der die Signalspannung anliegt, ausgedrückt als Prozentsatz (%) der Gesamtzeit
- Zeit (*t*) in der die Signalspannung angezeigt wird als Prozentsatz (%) der Gesamtzeit
- Signalverlauf
  Sinusspannung, Rechteckspannung usw.

Der dargestellte Schaltkreis arbeitet mit einer Spannung von 4 Volt in Intervallen von ca. 50 ms.

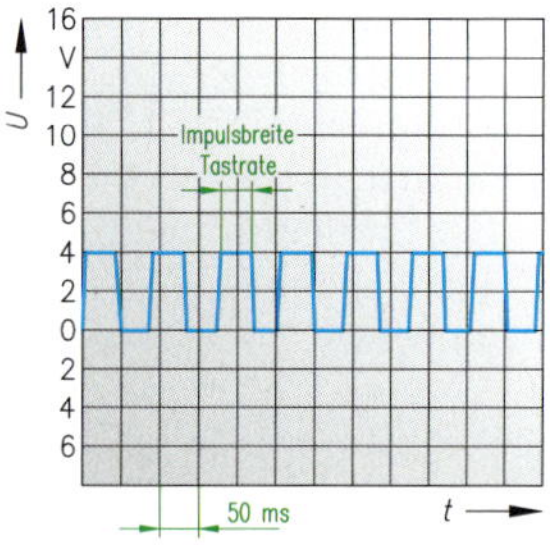

Oszillogramme

Fortsetzung

Digitales Oszillogramm

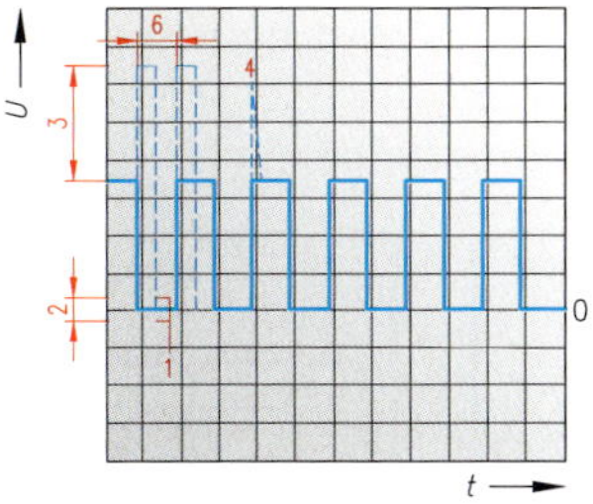

Analoges Oszillogramm

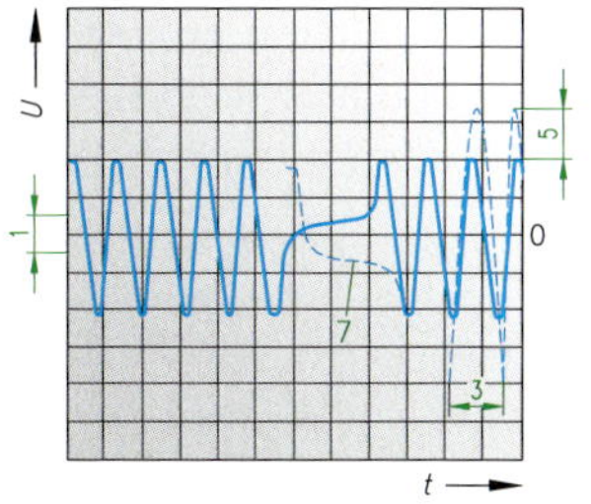

Langsame Vorgänge misst man mit dem digitalen, höherfrequente Signale mit dem analogen Teil des Oszilloskops.

Spannung

- Die Spannung bzw. die Amplitude ist von der Betriebsspannung des Stromkreises abhängig (3 bzw. 5).
- Die Spannung hängt ab
  - bei Gleichspannungskreisen vom Schaltkreis. Sie ist bei Bauteilen wie z. B. Leerlaufregeleinrichtungen konstant, d. h. sie ändert sich nicht mit der Drehzahl;
  - bei Wechselspannungskreisen von der Geschwindigkeit des Spannungserzeugers. So steigt z. B. die Ausgangsspannung des induktiven Kurbelwinkelsensors mit der Drehzahl.
- Der Spannungsbreich ist zu vergrößern, wenn der Signalverlauf zu hoch über den Bildrand hinaus geht, zu verkleinern, wenn der Signalverlauf zu klein ist.
- Typische Oszillogramme stellen die ungefähre Lage des Grafen zur Nullachse dar (1). Der Signalverlauf des prüfenden Bauelements kann aber innerhalb des Nullbereichs liegen (2).
- Spannungsspitzen (4) können entstehen, wenn ein Bauteil, z. B. ein Magnetventil ausgeschaltet oder abgesteuert wird. Die Spannungsspitzen können in der Regel ignoriert werden.

Frequenz

- Die Frequenz ist abhängig von der Betriebsgeschwindigkeit des Schaltkreises.
- Bei Gleichspannungskreisen hängt der eingestellte Zeitmessbereich von der Geschwindigkeit ab, mit der der Stromkreis geschaltet wird (6). So ändert sich die Frequenz einer Leerlaufeinrichtung mit der Motorlast.
- Bei Wechselspannungskreisen ist der einzustellende Zeitmessbereich von der Geschwindigkeit des Signalerzeugers abhängig (3). So steigt die Frequenz des Kurbelwinkelsensors mit der Drehzahl.
- Ist das Oszillogramm stark zusammengedrückt, dann ist der Zeitmessbereich zu verkleinern, ist es stark auseinandergezogen, ist er zu vergrößern.
- Wird das Signal in umgekehrter Richtung wie das Normaldiagramm dargestellt (7), ist das Bauteil in entgegengesetzter Polarität angeschlossen .

Prüfen der Bauteile

Moderne Werkstatt-Oszilloskope haben nur zwei Prüfleitungen mit verschiedenen auswechselbaren Prüfsonden. Das rote Pluskabel wird üblicherweise an den Steuergeräte-PIN, das schwarze Minuskabel an eine geeignete Masse angeschlossen.

9.5.3 Prüflampe, LED-Prüflampe

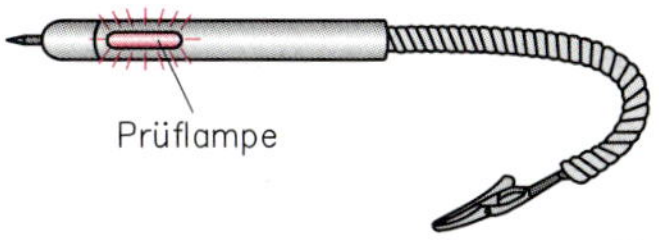

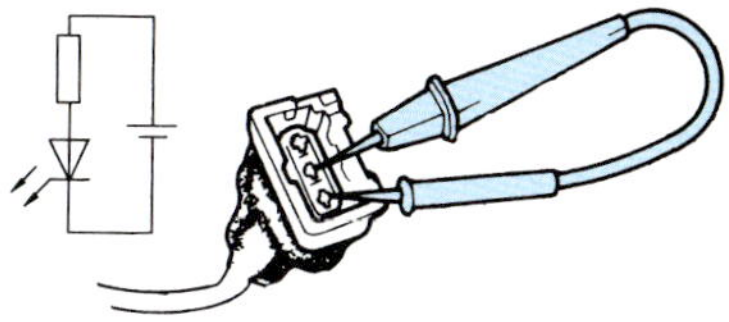

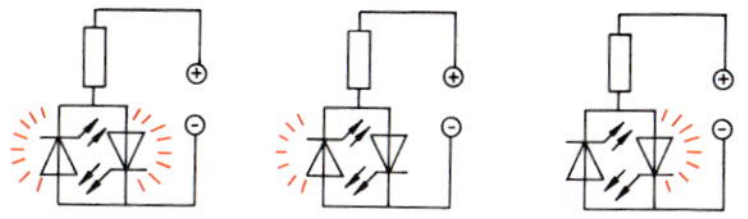

Mit der Prüflampe, bestehend aus der eigentlichen Lampe (12 Volt, 2 Watt) und zwei Prüfspitzen, lassen sich Prüfungen einfach und schnell durchführen.

Zum Prüfen der Stromversorgung von Funktionselementen elektronischer Systeme darf die herkömmliche Prüflampe nicht verwendet werden. Die hohe Stromaufnahme dieser Prüflampe kann zur Zerstörung der elektronischen Funktionselemente führen.

Als Spannungsprüfer eignet sich die Leuchtdioden-Prüflampe, die eine sehr geringe Stromaufnahme hat. Durch Verwendung von zwei Leuchtdioden kann gleichzeitig die Spannungsart und bei Gleichspannung die Polarität der Messstelle bestimmt werden.

9.5.4 Fahrzeugdiagnose-, Mess- und Informationssystem

Das Fahrzeugdiagnose-, Mess- und Informationssystem von VW ist eine Kombination von Messgerät und Computer. Es besteht aus der Systemeinheit, einem drucksensitiven Farbdisplay zur Bedienung, einer integrierten Diagnose- und Messtechnik-Baugruppe, einem integrierten CD-ROM-

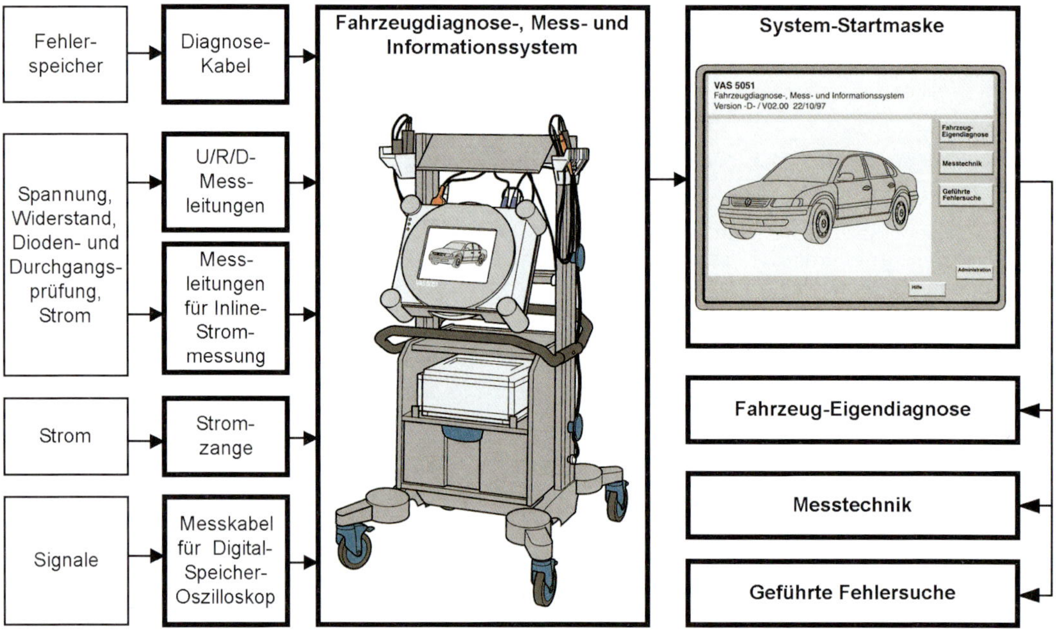

9.5.5 Prüf- und Messgeräte

Steuergeräte-Diagnose-Tester (KTS)

Das Testsystem besteht aus KTS-Modulen, die an Laptop oder PC über die serielle oder eine USB-Schnittstelle angeschlossen werden. Über eine serielle Schnittstelle wird das Modul direkt über ein Adapterkabel mit dem Diagnosestecker verbunden. Automatisch erkennt das System das Steuergerät und liest die Ist-Werte, Fehlerspeicher und weitere steuergerätespezifische Daten aus. In das System sind Multimeter und Oszilloskop je nach Ausstattung integriert.

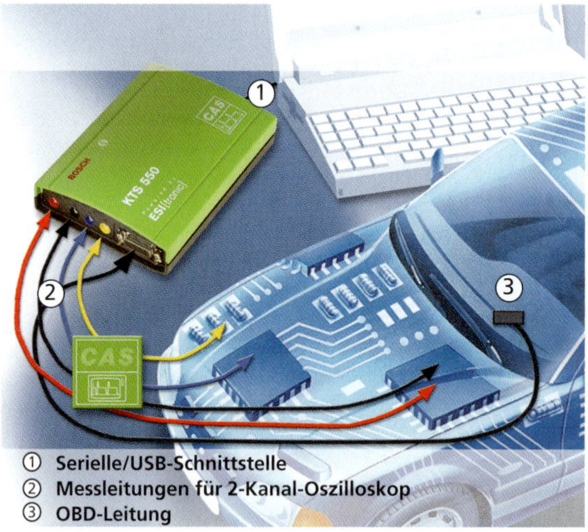

① Serielle/USB-Schnittstelle
② Messleitungen für 2-Kanal-Oszilloskop
③ OBD-Leitung

Das System wird durch das Werkstatt-Informationssystem ESItronic unterstützt, das den Anwender durch alle Prüfschritte führt und Informationen für das zu prüfende System oder die jeweiligen Arbeitsschritte liefert. Die Steuergeräte-Diagnose-Daten werden mit den Daten des „Service-Informations-Sytems“ (SIS) durch den „Computer-Aided-Service“ (CAS) verknüpft.

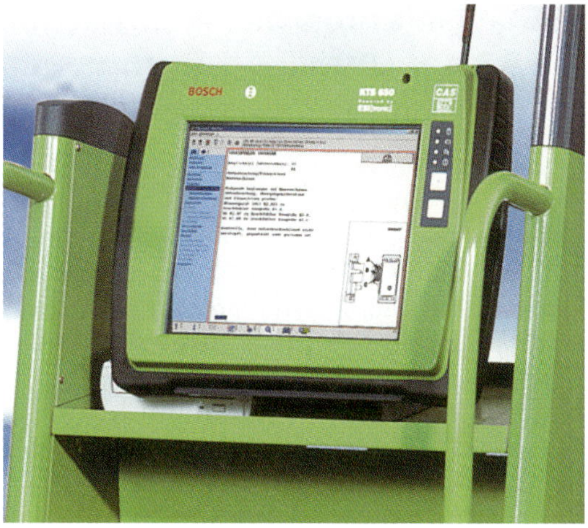

9.5.6 Prüfbox

Zum Prüfen der Steuergeräte-Signale vereinfacht eine Prüfbox die Fehlersuche. Die Prüfbox ermöglicht, Prüfgeräte, ohne direkten Zugang zum Mehrfachstecker, an die Steuergeräte-Pins anzuschließen. Sie wird über ein Adapterkabel zwischen Steuergerät und Kabelbaum angeschlossen. Zum einfachen, sicheren Anschließen der Prüfgeräte besitzt die Prüfbox Anschlüsse, die durch Zahlen gekennzeichnet sind.
Der Vorteil einer Prüfbox ist, dass die Gefahr verringert wird, spannungsführende Pins an Masse oder ein anderes Bauteil kurzzuschließen und dadurch Leitungen oder Bauteile zu beschädigen.

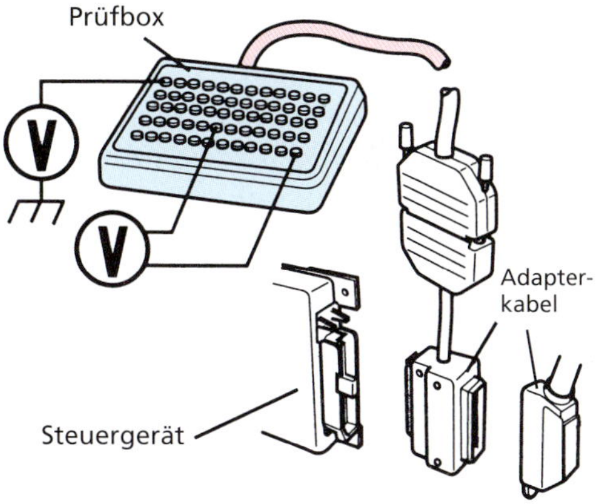

9.5.7 Prüfung am Steuergeräte-Mehrfachstecker

Wenn eine Prüfbox nicht zur Verfügung steht, werden die Messungen an der Kabelbaumseite des Steuergerät-Mehrfachsteckers durchgeführt. Hierzu muss die Schutzabdeckung vom Mehrfachstecker abgenommen werden, um Zugang zu den Pins zu erhalten. Zum Messen ist die Pinbelegung des Steuergeräte-Mehrfachsteckers erforderlich.
Zum Prüfen sind sehr feine Prüfspitzen erforderlich, um die Signale zwischen Pin und Masse bzw. zwischen zwei Steuergerätepins abzugreifen.

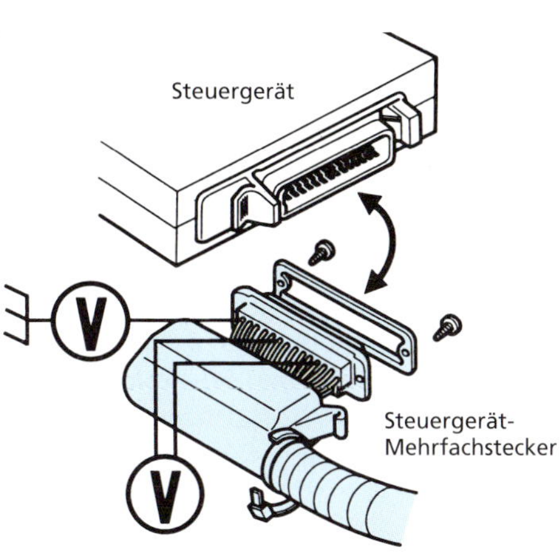

9.6 Gefahren des elektrischen Stroms – Maßnahmen der Unfallverhütung

9.6.1 Elektrische Geräte und Anlagen in der Kfz-Werkstatt

In jeder Kfz-Werkstatt wird mit einer Vielzahl von elektrischen Geräten und Anlagen gearbeitet. Solange sie fachmännisch behandelt, gepflegt und gewartet werden, besteht für den Menschen keine Gefahr.

Tritt trotzdem ein Defekt z. B. an der Isolation auf, so fließt bei Berührung eines spannungsführenden Leiters durch den Menschen über den Körper ein Strom zur Erde. Der Strom wird als Fehlerstrom bezeichnet. Dieser Fehlerstrom kann lebensgefährlich sein. Nach den Sicherheitsvorschriften darf der Mensch kurzzeitig einer Stromstärke von 40 mA und einer Spannung, die geringer als 42 Volt ist, ausgesetzt werden.

Die höchstzulässige Berührungsspannung für den Menschen beträgt nach VDE 50 Volt.

Beim Überschreiten der Grenzwerte besteht die Gefahr, dass für den Menschen gefährliche Wirkungen entstehen:

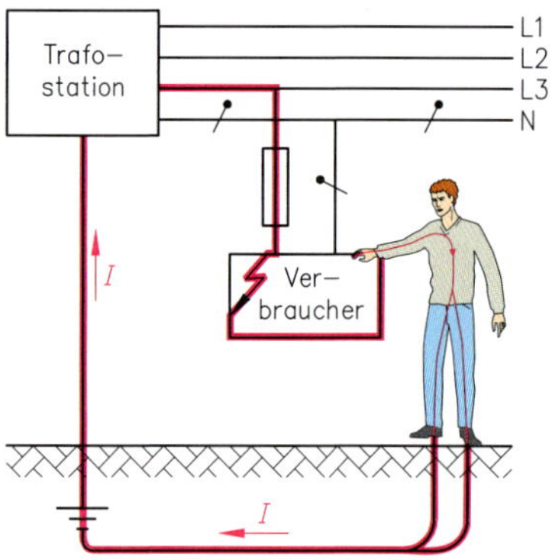

- Muskelkrampf,
- Herzkammerflimmern, Herzstillstand und Tod,
- Verbrennungen,
- Vergiftungserscheinungen durch Zersetzen der Körperflüssigkeit. Bei einem Stromunfall muss durch erste Hilfe dem Verletzten so schnell wie möglich geholfen werden:
- Der Stromkreis muss sofort unterbrochen oder der Verletzte mit einem nichtleitenden Gegenstand (z. B. Holz) von der Spannung getrennt werden. Der Helfer darf dabei den Verletzten nicht berühren, um nicht selbst zu verunglücken.
- Als erste Hilfe sollten ausgebildete Helfer bei Kreislaufstillstand eine Wiederbelebung mit Atemspende und Herzmassage durchführen.
- Ein Brand ist mittels Decken zu ersticken.
- Liegt kein Atem- oder Kreislaufstillstand vor, ist der Verletzte in eine stabile Seitenlage zu bringen.

Der Arzt ist möglichst früh zu benachrichtigen.

Schutz durch Sicherheitsregeln

Beim Umgang mit elektrischen Geräten und Anlagen sind folgende Regeln zu beachten:

- Alle spannungsführenden Teile müssen isoliert sein. Beschädigte Kabel, Stecker und Betriebsmittel mit defekten Isoliergehäusen dürfen nicht verwendet werden.
- Eine Steckerverbindung darf nur durch Ziehen am Stecker gelöst werden.
- Arbeiten an unter Spannung stehenden Anlagen sind verboten.
- Arbeiten an elektrischen Anlagen dürfen nur von autorisierten Fachkräften durchgeführt werden.

Schutzmaßnahmen gegen gefährliche Körperströme

Elektrogeräte nach den Bestimmungen des VDE (Verband Deutscher Elektrotechniker) tragen das VDE-Zeichen. In den Bestimmungen des VDEs sind u. a. die Schutzmaßnahmen gegen gefährliche Körperströme festgelegt.

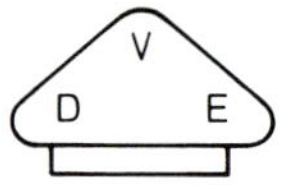

9.6.2 Vorschriften zur Prüfung elektrischer/elektronischer Systeme im Kfz

Im Lichtnetz wie in elektrischen Anlagen von Kraftfahrzeugen treten gefährliche Spannungen auf. Bei der Berührung von Teilen, an denen Spannung anliegt (z. B. Zündspule), besteht durch Spannungsüberschläge aufgrund beschädigter Isolationen (z. B. Marderbiss an Zündleitungen) die Gefahr eines Stromschlages. Dies gilt für die Sekundär- und Primärseite der Zündanlage, den Kabelbaum mit Steckverbindungen, Lichtanlagen (Xenon) sowie für die Anschlüsse von Testgeräten.

Sicherheitsmaßnahmen:

- Testgeräte nur an vorschriftsmäßig geerdete Schutzkontaktsteckdose anschließen.
- Nur die den Testgeräten beiliegende Netzschlussleitung verwenden.
- Nur Verlängerungsleitungen mit Schutzkontakten verwenden.
- Leitungen mit beschädigter Isolation austauschen (z. B. Netzanschluss- oder Zündleitungen).
- Testgerät zuerst ans Lichtnetz anschließen und einschalten bevor es ans Fahrzeug angeschlossen wird.
- Testgerät vor dem Einschalten der Zündung mit der Motormasse oder Batterie (B-) verbinden.
- Eingriffe an der elektrischen Anlage von Fahrzeugen nur bei ausgeschalteter Zündung vornehmen. Eingriffe sind z. B. der Anschluss von Testgeräten, Austausch von Teilen der Zündanlage, Ausbau von Aggregaten (z. B. Generatoren), Anschluss von Aggregaten auf einem Prüfstand usw.
- Prüf- und Einstellarbeiten möglichst nur bei ausgeschalteter Zündung und stehendem Motor durchführen.
- Bei Prüf- und Einstellarbeiten mit eingeschalteter Zündung oder laufendem Motor keine spannungsführenden Teile berühren. Dies gilt für sämtliche Anschlussleitungen der Testgeräte und die Anschlüsse von Aggregaten auf Prüfständen.
- Prüfanschlüsse nur mit passenden Verbindungselementen vornehmen (z. B. Prüfkabel-Set oder fahrzeugspezifische Adapterleitungen).
- Prüfsteckverbindungen richtig einrasten und auf einen festen Sitz der Verbindung achten.

(Auszug aus „Hinweise zu Ihrer Sicherheit, zum Schutz von Geräten und Fahrzeugkomponenten", Maschinenbau und Metall-Berufsgenossenschaft)

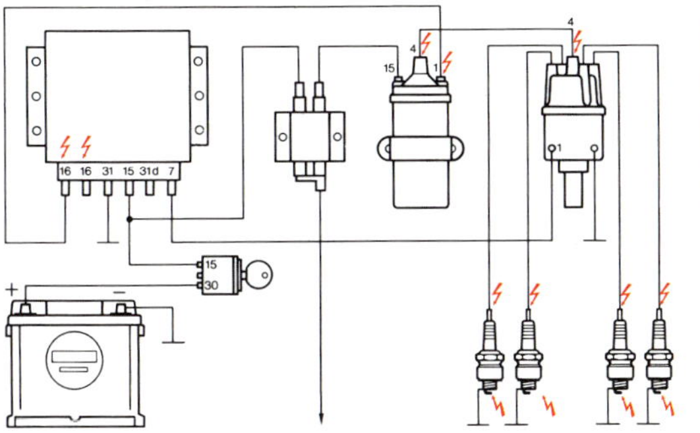

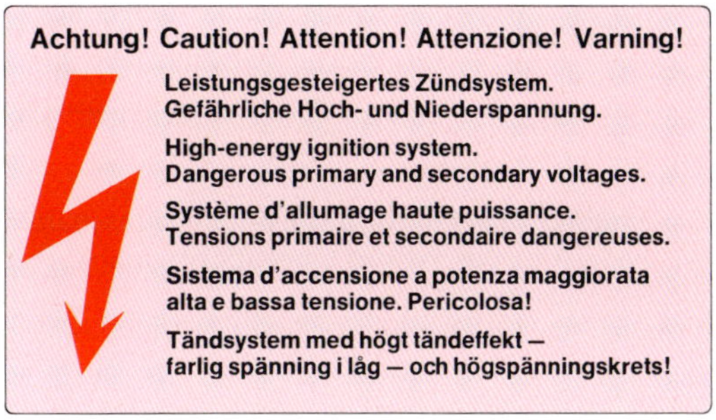

10 Steuerungs- und Regelungstechnik

10.1 Steuern und Regeln

Steuern

Dämmerungsschaltung

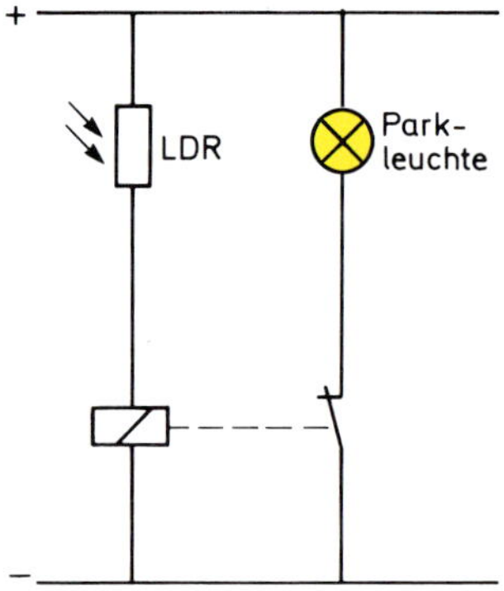

Bei einer einfachen Dämmerungsschaltung steuert das Tageslicht über einen Fotowiderstand (LDR) und ein Relais das Parklicht. Das Tageslicht wird von dem Fotowiderstand in eine elektrische Größe umgesetzt. Ohne Lichteinwirkung hat der LDR einen hohen Widerstand. Der geringe Steuerstrom ist nicht in der Lage, das Relais zum Anzug zu bringen. Die Parkleuchte brennt. Trifft Licht auf den LDR, sinkt der Widerstandswert, der Steuerstrom erhöht sich. Das Relais zieht an und unterbricht den Stromkreis für die Parkleuchte.

Informationsfluss

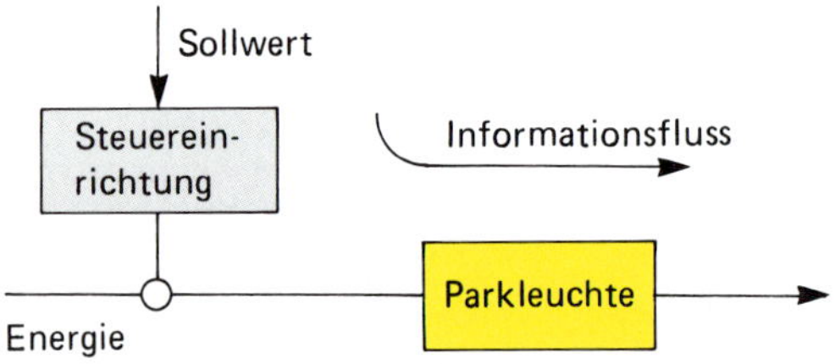

Das Tageslicht beeinflusst das Ein- oder Ausschalten des Parklichts. Das Parklicht beeinflusst umgekehrt das Tageslicht nicht.
Merkmal für den Vorgang des Steuerns ist der offene Wirkungsablauf.
Steuern ist nach DIN 19 226 ein Vorgang in einem System, bei dem eine oder mehrere Größen als Eingangsgrößen andere Größen als Ausgangsgrößen beeinflussen.
Abweichungen vom eingestellten Wert, die infolge von Störungen eintreten (Störgrößen), werden nicht erfasst, um zu einer Korrektur ausgenutzt zu werden. Man spricht von einer Steuerkette.

Regeln

Fahrzeuginnenraumheizung

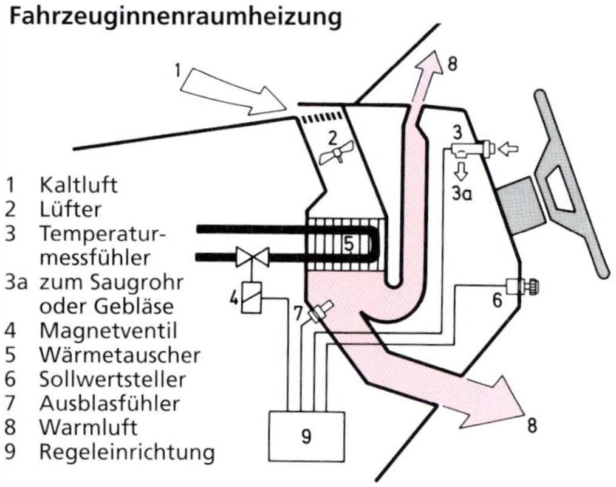

Temperaturmessfühler messen die Temperatur des Fahrzeuginnenraumes und die der Ausblasluft. Die Signale der beiden Temperaturmessfühler (Istwerte) werden vom Regler mit dem eingestellten Sollwert verglichen. Der Sollwert wird durch ein Potenziometer (verstellbarer Widerstand) an der Instrumententafel eingestellt. Bei z. B. niedriger Temperatur im Fahrzeuginnenraum liefert der Regler Impulse an das im Warmwasserkreislauf liegende Elektromagnetventil. Das Elektromagnetventil öffnet und erhöht den Durchfluss der Warmwassermenge und damit die Wärmeenergie, die im Wärmetauscher an die Ausblasluft abgegeben wird.

Informationsfluss

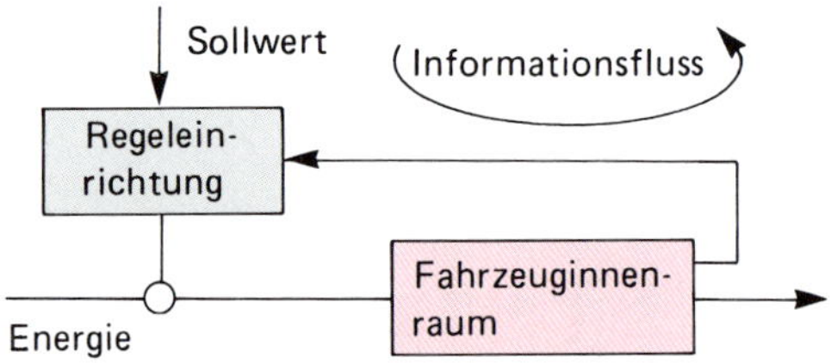

Die Fahrzeuginnentemperatur wird zur Regeleinrichtung ständig zurückgemeldet. Der Regler reagiert auf Temperaturabweichungen und sorgt für eine Temperaturanpassung.
Merkmal für den Vorgang des Regelns ist der geschlossene Wirkungsablauf.
Regeln ist nach DIN 19 226 ein Vorgang, bei dem die zu regelnde Größe fortlaufend erfasst wird, mit einer anderen Größe, der Führungsgröße, verglichen und abhängig vom Ergebnis dieses Vergleichs im Sinne einer Angleichung an die Führungsgröße beeinflusst wird. Man spricht von einem Regelkreis.

10.2 Steuerkette, Regelkreis

Steuerkette

Eine Steuerung besteht aus folgenden Funktionseinheiten:

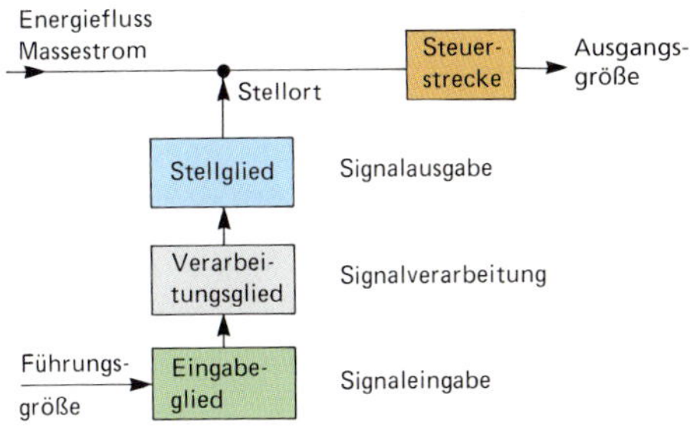

Die Steuerstrecke ist der Teil der Anlage, welcher aufgabengemäß beeinflusst werden soll.
Über das Eingabeglied wird die Führungsgröße (Eingangsgröße) als Signal an die Steuerkette eingegeben. Das Verarbeitungsglied verknüpft oder verarbeitet die Signale nach bestimmten logischen Gesetzen. Stellglied ist das am Eingang der Strecke liegende Glied, das am Stellort in den Massestrom oder Energiefluss eingreift.
Die Steuerglieder sind in Kettenstruktur aneinander gereiht und werden nacheinander durch Signale angesteuert.
Überträgt man dies auf die Dämmerungsschaltung, so erhält man:

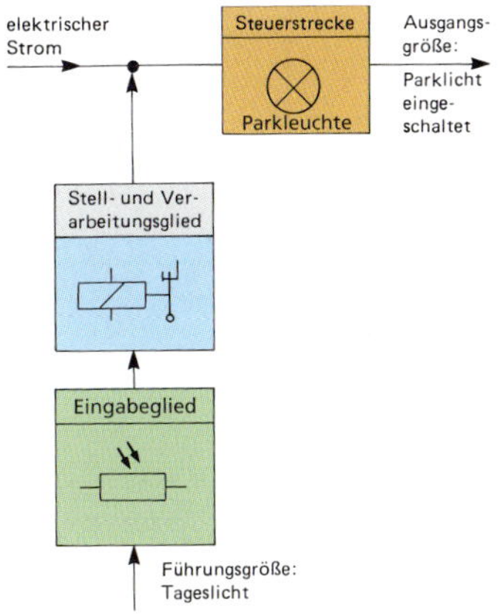

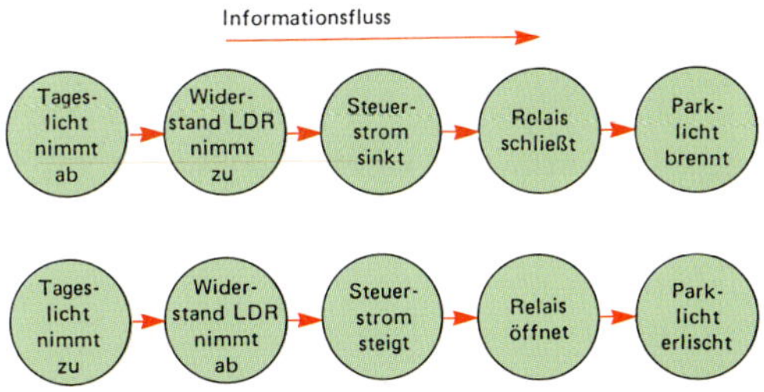

Regelkreis

Eine Regelung besteht aus folgenden Funktionseinheiten:

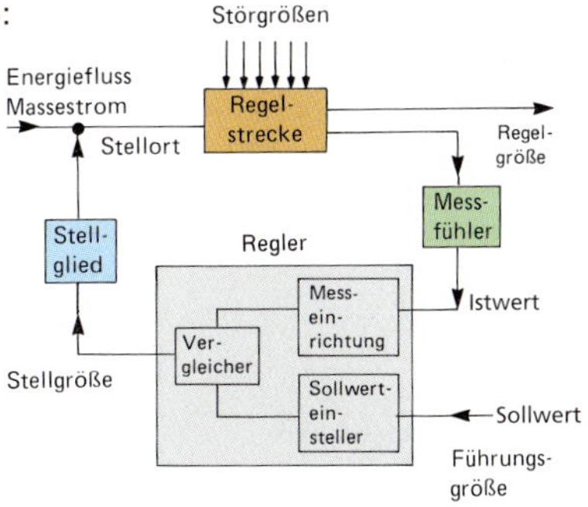

Die Regelstrecke ist der Teil der Anlage, welcher aufgabengemäß beeinflusst werden soll.
Die Regelgröße wird durch Messfühler fortlaufend erfasst. Die Signale werden von der Messeinrichtung des Reglers verarbeitet. Der Sollwerteinsteller wird auf den Sollwert, die Führungsgröße, eingestellt. Im Vergleicher erfolgt ein Vergleich des über die Messeinrichtung gelieferten Istwertes und der im Sollwerteinsteller fest eingestellten Führungsgröße. Der Vergleicher bildet die Regelabweichung und gibt, wenn sie nicht null ist, Spannungssignale an das Stellglied. Das Stellglied greift in den Massestrom ein.
Überträgt man dies auf die Innenraumheizung, so erhält man:

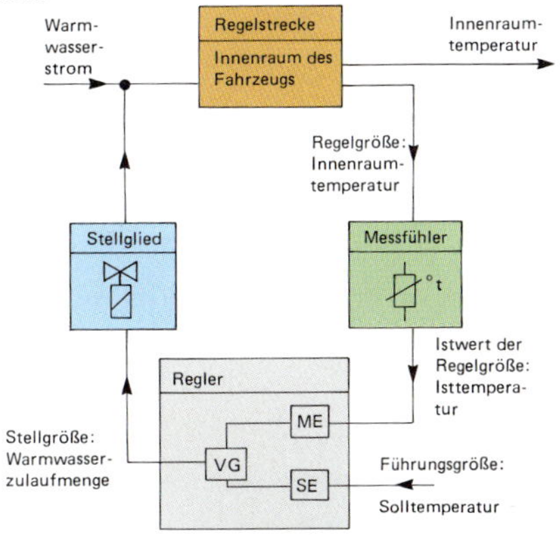

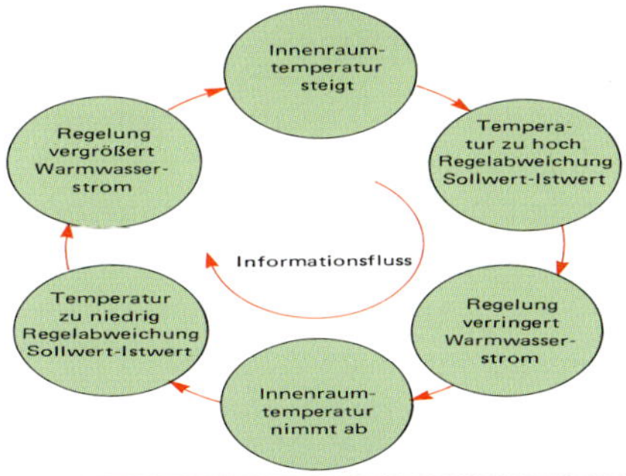

10.3 Steuerungsarten, Signalformen

Analoge Steuerungen

Bei einer Helligkeitssteuerung in einer Instrumentenbeleuchtung ändert sich durch Verschieben des Widerstandes die Helligkeit der Lampen. Der Lampenstrom ändert sich stufenlos analog der Stellung des Widerstandes ohne dass Lücken auftreten.

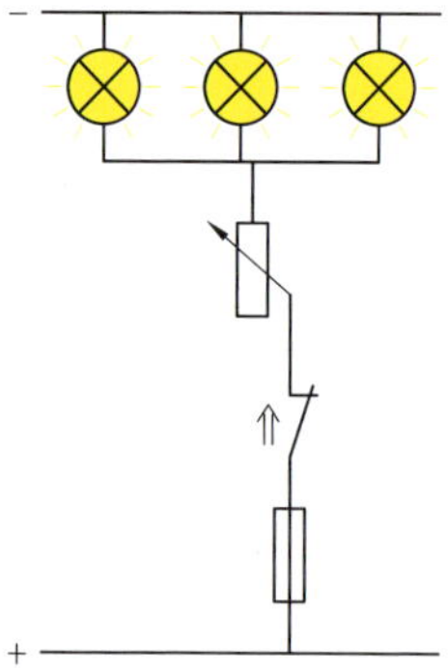

Signale analoger Steuerungen

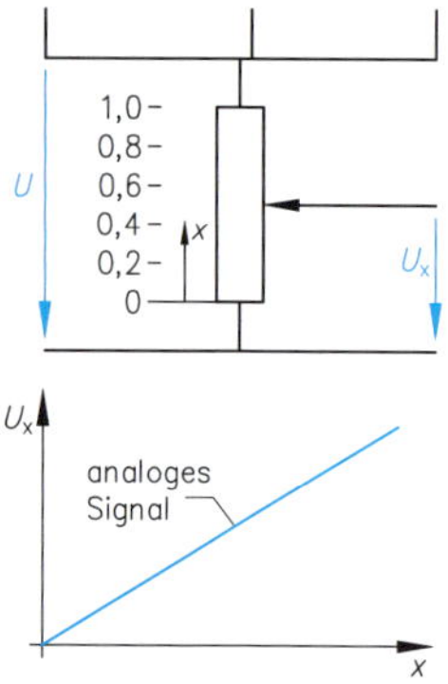

Binäre Steuerungen

In der Schaltung besitzt der Schalter nur zwei Betriebszustände:

- EIN → Spannung vorhanden (1)
- AUS → Spannung nicht vorhanden (0)

Man ordnet diesen beiden Zuständen die Ziffern „0" und „1" zu. Diese Eigenschaft der Zweiwertigkeit wird mit dem Begriff binär bezeichnet. Auch die Signalausgabe erfolgt binär. Die Lampe hat zwei Betriebszustände: EIN oder AUS.

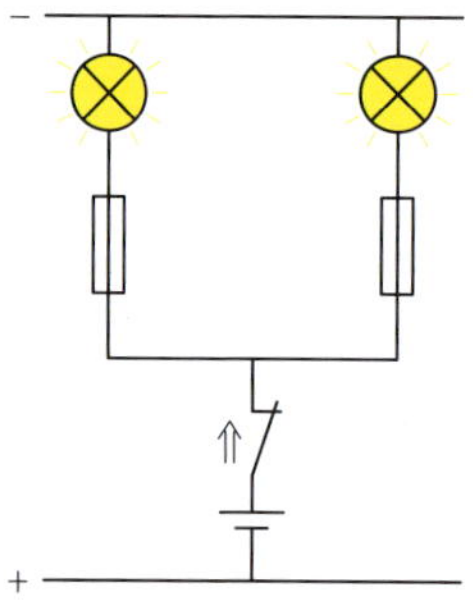

Signale binärer Steuerungen

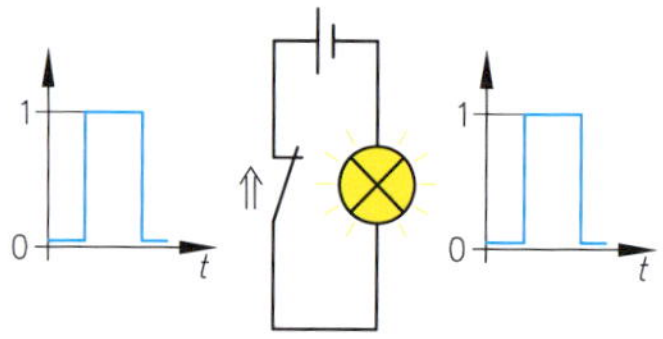

Digitale Steuerungen

In digitalen Steuerungen werden die Signale in festgelegten Schritten angegeben, ohne dass es Zwischenwerte gibt. Die Digitalanzeige der Fahrgeschwindigkeit in der Instrumenteneinheit ändert ihren Anzeigewert nur dann, wenn die Geschwindigkeit um 1 km/h steigt oder fällt. Die Anzeige folgt der Fahrzeuggeschwindigkeit in Zählschritten (1 Zählschritt = 1 Digit).

1 Drehzahlmesser
2 Tachometer
3 Batteriespannungsanzeige
4 Öldruckanzeige
5 Bedienschalter
6 Anzeige Wählhebelstellung
7 Wegstreckenzähler
8 Kraftstoffanzeige
9 Temperaturanzeige
10 Bedienschalter

Signale digitaler Steuerungen

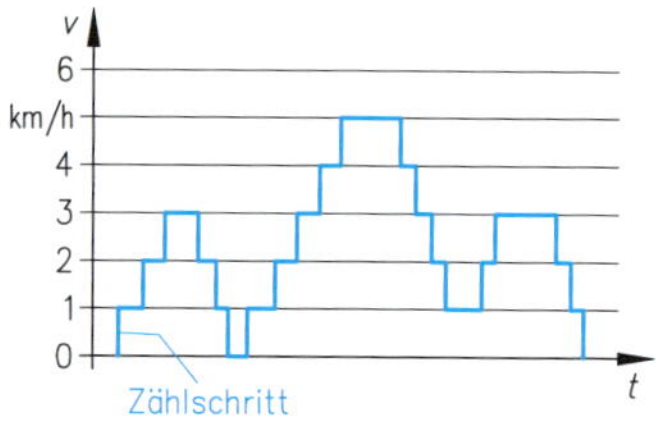

10.4 Signalfluss

Das folgende Beispiel zeigt den Signalfluss anhand einer digitalen Anzeige in einem Kfz. Dabei werden die gefahrenen Kilometer durch eine Digitalanzeige angezeigt.

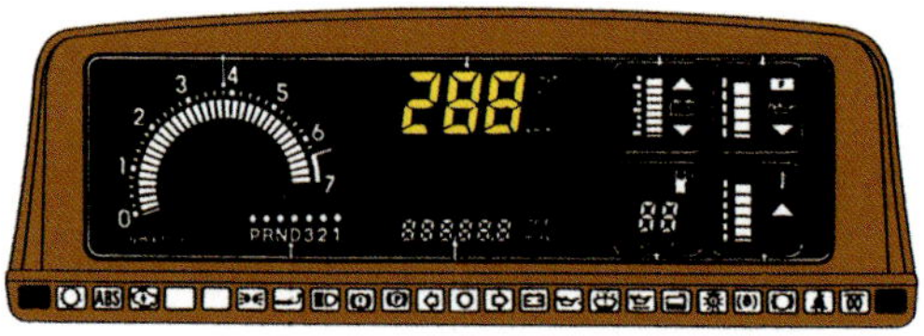

10.4.1 Eingabeglied

Als Eingabeglied verwendet man z. B. einen Weggeber nach dem Induktionsprinzip, der die Radumdrehungen in elektrische Signale umsetzt.
Wird ein Leiter in einem Magnetfeld so bewegt, dass die magnetischen Feldlinien geschnitten werden, wird in ihm eine Spannung erzeugt. Sie wird als Induktionsspannung bezeichnet.

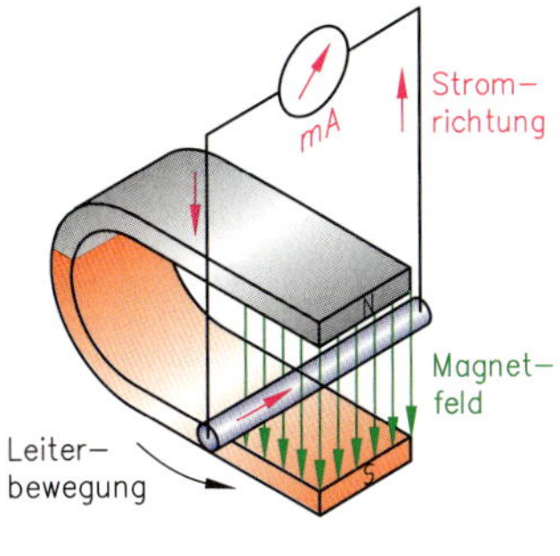

Die Induktionsspannung besteht nur so lange, wie die Feldlinien geschnitten werden. Sie wechselt bei Änderung der Bewegungsrichtung des Leiters ebenfalls ihre Richtung. Wegen ihrer wechselnden Richtung wird die induzierte Spannung Wechselspannung genannt.

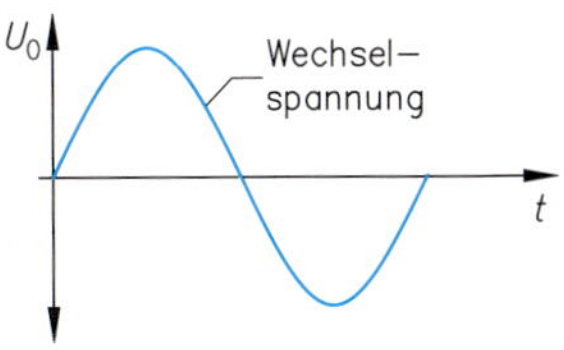

Bei der induktiven Drehzahl- bzw. Wegmessung dreht sich eine mit einer Nut versehene Welle durch das Feld eines Dauermagneten. Bei jeder Umdrehung wird beim Durchgang der Nut die vom Magneten erzeugte Flussdichte verändert. Durch die Flussänderung wird in der den Dauermagneten umfassenden Spule eine Spannung induziert. Pro Umdrehung wird ein positiver und ein negativer Impuls erzeugt.

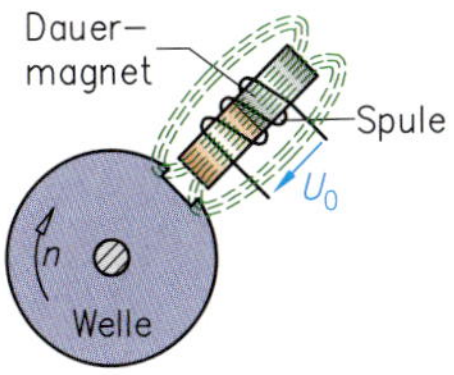

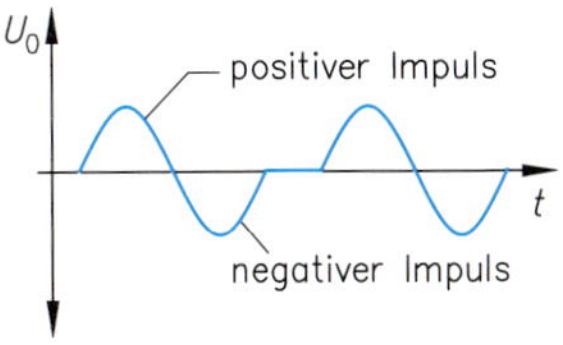

10.4.2 Signalverarbeitungsglieder

Analog-Digital-Wandler

Da die weiteren elektronischen Verarbeitungsglieder nur mit binären Signalen arbeiten können, muss das analoge Signal des Induktionsgebers in ein binäres Signal umgewandelt werden. Die Spannungsimpulse werden von einer elektronischen Schaltung in Rechteckimpulse gleicher Frequenz umgewandelt. Die Baugruppe heißt Analog-Digital-Wandler.

Mit einer einfachen Relaisschaltung lässt sich die Signalumwandlung vergleichen. Das Relais benötigt zum Schalten eine bestimmte Anzugsspannung U_A. Es schließt erst dann den Lampenstromkreis, wenn der Momentanwert der Wechselspannung die benötigte Anzugsspannung U_A überschritten hat. Der Stromkreis bleibt so lange geschlossen, bis der Momentanwert der Wechselspannung die Haltespannung U_H des Relais unterschreitet. Durch die Diode wird die Verarbeitung des negativen Signals verhindert.
Aus dem analogen Signal ist ein binäres Signal geworden:

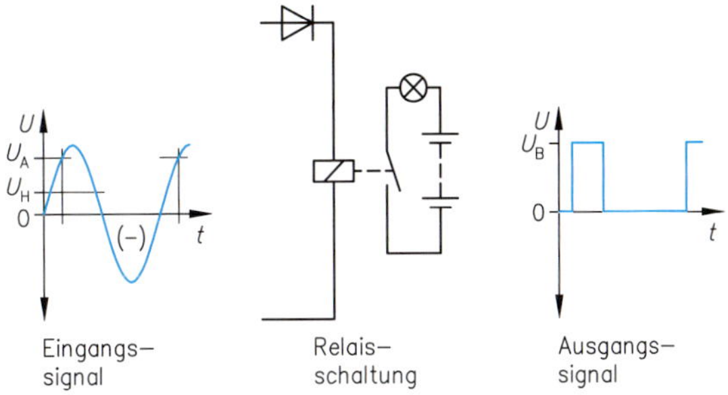

Lampe leuchtet: 1-Signal ≙ U_B
Lampe leuchtet nicht: 0-Signal ≙ 0 V

10.4.3 Zähler

Die ankommenden Impulse werden in elektronischen Zählerbausteinen addiert. Sie werden wie die Logikbausteine als IC gefertigt. Jeder Zählerbaustein besteht aus mehreren Zählstufen. Jede Zählstufe kann nur von 0 bis 1 zählen (binär).

So können z. B. vier hintereinandergeschaltete Zählstufen von 0 bis 9 zählen (dezimal). Beim 10. Zählimpuls schaltet jede Zählstufe in die Nullstellung zurück.

Zähler mit 4 Zählstufen

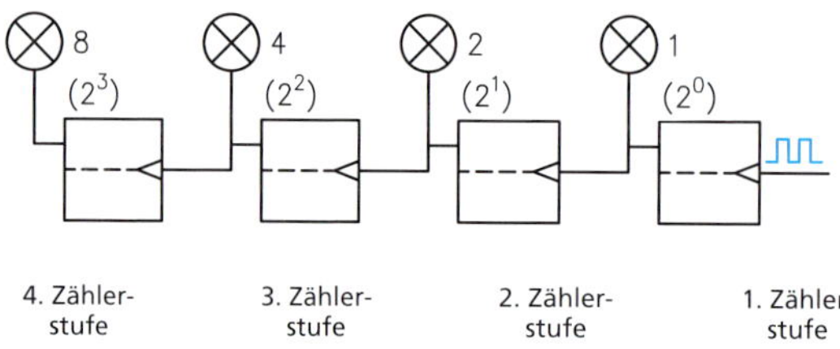

Die erste Zählstufe wird von den Zählimpulsen direkt angesteuert. Jede Zählstufe gibt erst dann einen Übertragungsimpuls an die nächste Zählstufe, wenn sie von 1 auf 0 schaltet. Die Lampen zeigen die Binärzahlen an.

Dezimalzahl	4. Zählerstufe	3. Zählerstufe	2. Zählerstufe	1. Zählerstufe	Zählimpulse	
0	0	0	0	0		Kein Zählimpuls, die Zählstufen stehen auf 0.
1	0	0	0	1	⎍	Beim ersten Zählimpuls springt die erste Zählstufe von 0 auf 1.
2	0	0	1	0	⎍	Beim zweiten Zählimpuls springt der erste Zähler von 1 auf 0 und gibt einen Übertragungsimpuls an den zweiten Zähler. Er schaltet von 0 auf 1.
3	0	0	1	1	⎍	Der erste Zähler springt mit dem dritten Zählimpuls von 0 auf 1. Die zweite Zählstufe behält ihren Zustand bei.
4	0	1	0	0	⎍	Beim dritten Zählimpuls springt der erste Zähler von 1 auf 0. Er gibt einen Übertragungsimpuls an den zweiten Zähler, der ebenfalls von 1 auf 0 schaltet. Er gibt einen Übertragungsimpuls an die dritte Zählstufe, die von 0 auf 1 schaltet.
4	0	1	0	1	⎍	Beim vierten Zählimpuls schaltet die erste Zählstufe von 0 auf 1. Der Zustand der zweiten und dritten Zählstufe bleibt bestehen.

10.4.4 Signalausgabe

Für die Anzeige der Ziffern stehen 7 Segmente (a–g) zur Verfügung. Jedes Segment besteht aus einer Lumineszenzdiode (Leuchtdiode), bei welcher der Effekt der Fotodiode umgekehrt wird, d. h. elektrische Energie wird in Lichtenergie umgewandelt. Lumineszenzdioden werden auch als LED (light emitting diode) oder Licht aussendende Dioden bezeichnet.

Zur Umwandlung der Binärsignale der Zählstufen auf die Sieben-Segment-Anzeige ist ein Codewandler (Decoder) erforderlich. Über eine entsprechende Schaltung des Festwertspeichers werden die einzelnen Leuchtsegmente angesteuert.

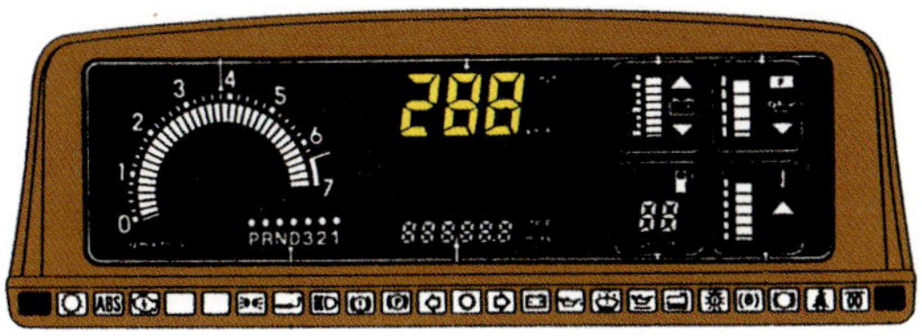

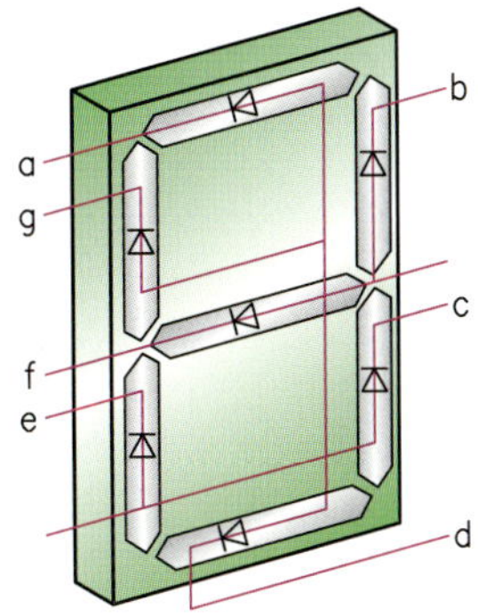

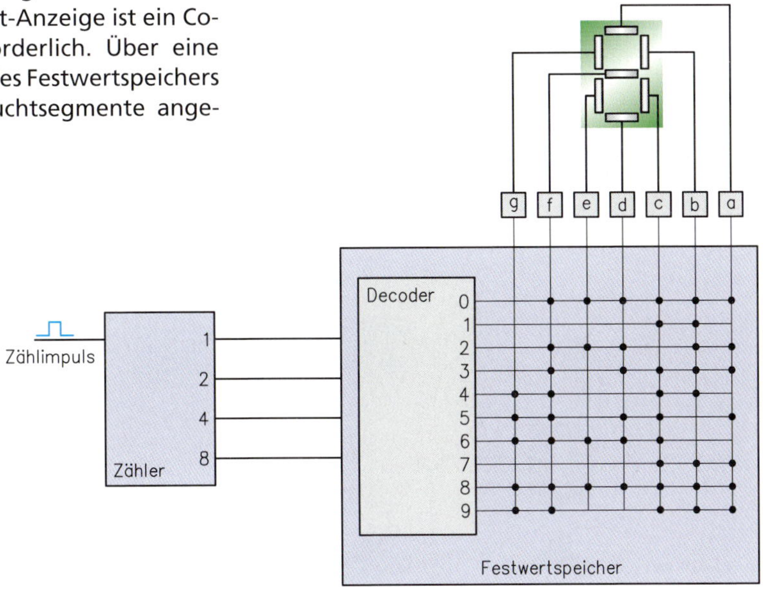

10.5 EVA-Prinzip

Jedes informationsverarbeitende System des Kraftfahrzeugs besteht im Wesentlichen aus drei Funktionsbereichen. Beispiel Motorsteuerung:

- Sensoren, Geber, Schalter wandeln die physikalischen Größen Luftmasse, Drehzahl, Temperatur, Stellung der Drosselklappe usw. in elektrische Signale um.
- Das Steuergerät berechnet die einzuspritzende Kraftstoffmenge (Einspritzzeit) sowie den Zündwinkel und bildet die Steuerimpulse.
- Die Aktoren setzen die Steuerimpulse um:
  - Die Einspritzventile öffnen und schließen die Kraftstoffzufuhr entsprechend den Steuerimpulsen und zerstäuben den Kraftstoff.
  - Die Zündkerze zündet im Zündzeitpunkt das Kraftstoff-Luftgemisch.

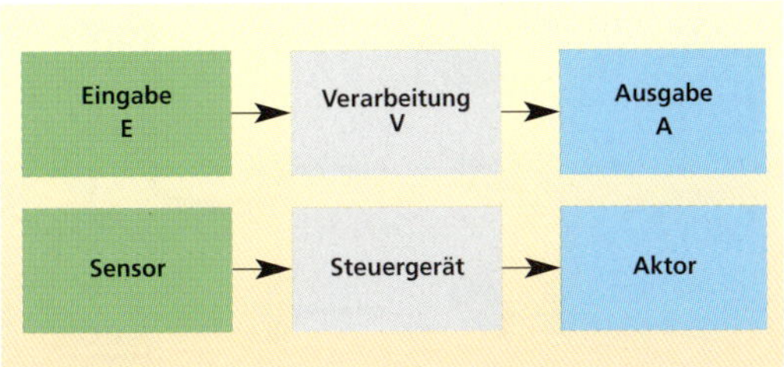

Dieses Eingabe-Verarbeitung-Ausgabe-Prinzip wird als EVA-Prinzip bezeichnet. Wir finden es bei allen Steuerungs- und Regelungssystemen des Kraftfahrzeuges, z. B. beim Motormanagementsystems eines Ottomotors, ABS, Getriebesteuerung usw.

10.6 Motormanagementsystem

10.6.1 Systemübersicht: Motormanagementsystem

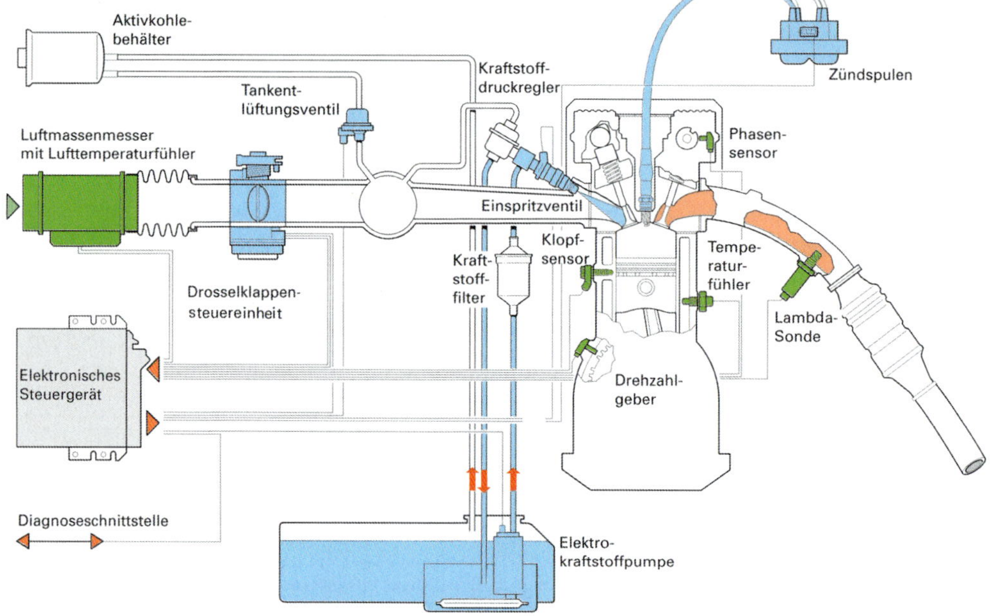

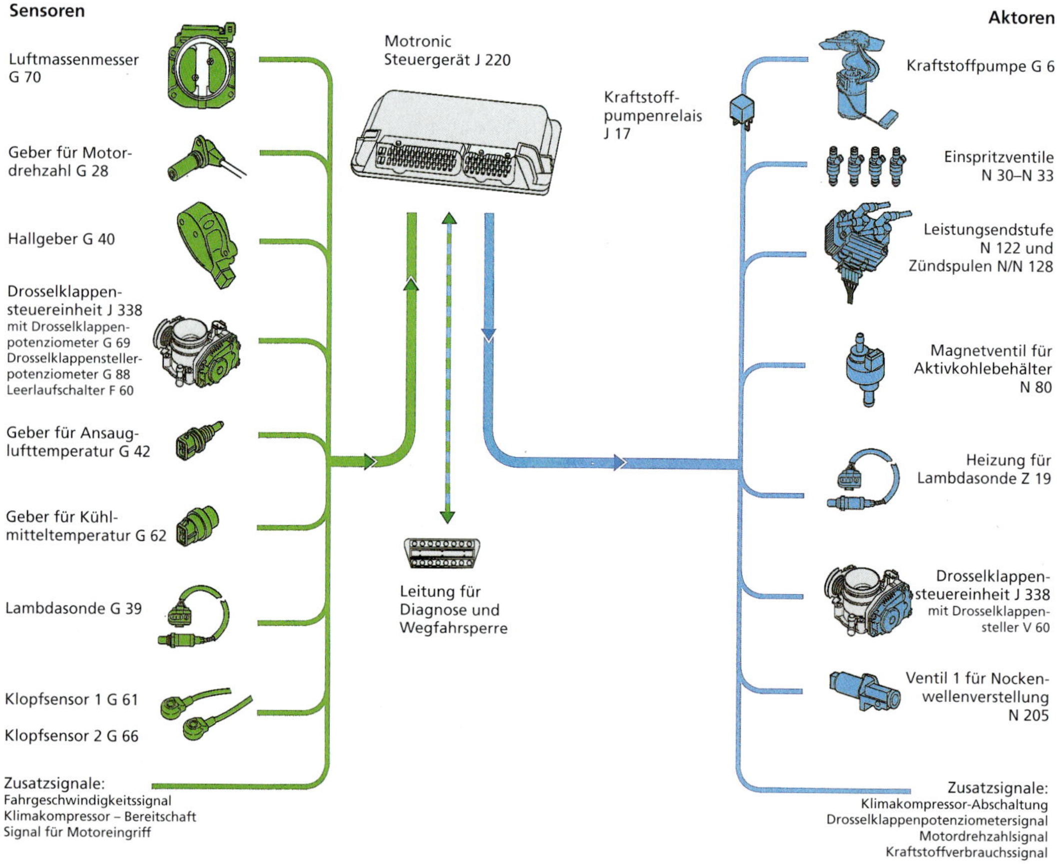

Das Motormanagementsystem besteht aus folgenden Teilsystemen:

Kraftstoffversorgung

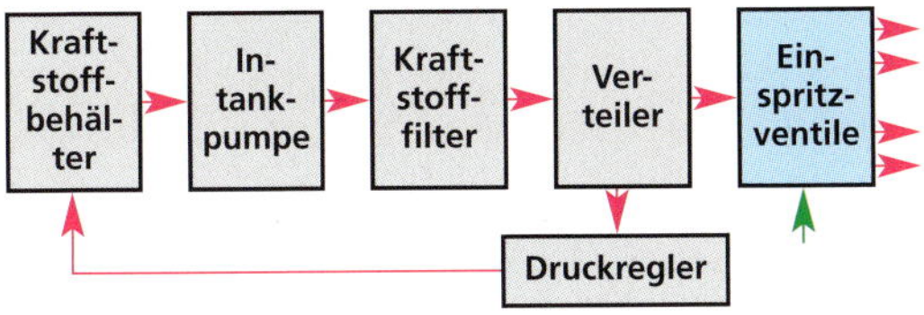

Eine im Tank eingebaute Elektro-Kraftstoffpumpe fördert den Kraftstoff über einen Kraftstofffilter zum Kraftstoffverteiler mit den Einspritzventilen. Ein Druckregler regelt den Kraftstoffdruck. Der nicht verbrauchte Kraftstoff fließt über den Druckregler zum Kraftstoffbehälter zurück. Die Einspritzventile werden durch elektrische Impulse des Steuergeräts angesteuert. Sie spritzen den Kraftstoff in die Einzelsaugrohre der Zylinder vor die Einlassventile.

Vollelektronische Zündung

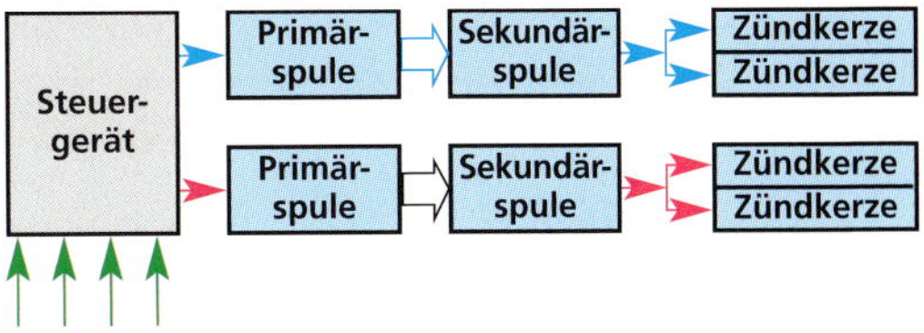

Der Motor besitzt ein Zündsystem mit Zweifunken-Zündspulen. Die beiden Zündspulen sind mit den Zündungsendstufen zu einem kompakten Zündmodul zusammengefasst. Ein Nockenwellensensor gibt die Information, welcher Zylinder angesteuert werden muss.

Da bei der sequenziellen Einspritzung der Zeitpunkt der Einspritzung individuell angepasst wird, ist die Information der Nockenwellenstellung notwendig.

Klopfregelung

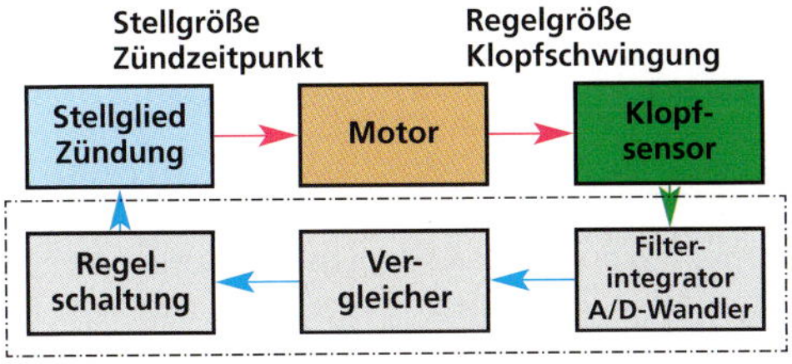

Bei der Klopfregelung erfassen Klopfsensoren die vom Verbrennungsraum ausgehenden Schwingungen und liefern Signale an das Steuergerät. Das Steuergerät erkennt den betroffenen Zylinder und verstellt den Zündzeitpunkt der nächstfolgenden Zündung nach „spät“. Bei einmaligem Klopfen wird der Zündwinkel nach kurzer Zeit schrittweise an den im Zündkennfeld gespeicherten Wert zurückgeführt.

Lambda-Regelung

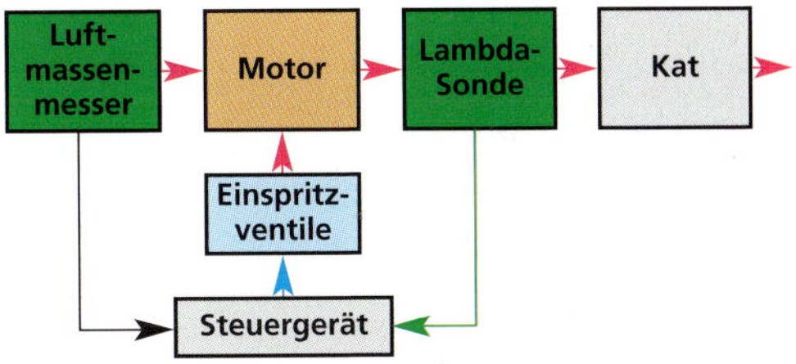

Ein in allen Betriebszuständen konstantes Luftverhältnis von $\lambda = 1$ wird nur über eine ständige Gemischregelung erreicht. Bei Abweichungen vom Sollwert liefert die Lambda-Sonde ein Signal an das Steuergerät, das solange mit einer Änderung der Einspritzzeit der Ventile reagiert bis die Gemischzusammensetzung das Luftverhältnis von $\lambda = 1$ hat.

Kraftstoffverdunstungs-Rückhaltesystem

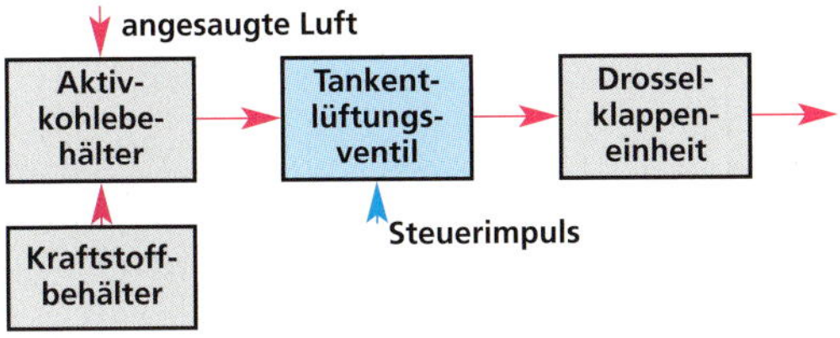

Die im Kraftstoffbehälter entstehenden Kraftstoffdämpfe werden über eine Leitung in den Aktivkohlebehälter geführt und dort gespeichert. Das Tankentlüftungsventil öffnet, wenn es vom Motorsteuergerät angesteuert wird. Der Unterdruck im Saugrohr bewirkt, dass Luft durch die Aktivkohle strömt und die zwischengespeicherten Benzindämpfe mitreißt und über die Drosselklappeneinheit der Verbrennung zugeführt wird.

Nockenwellensteuerung

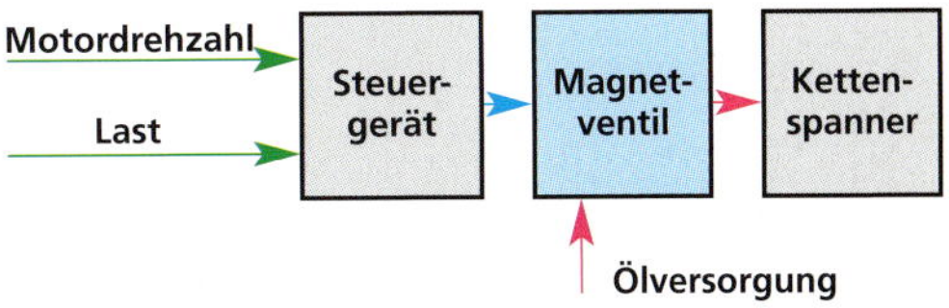

Die variable Ventilsteuerung ermöglicht die Verstellung von Einlass- und Auslassnockenwelle. Dies erfolgt über den Kettenmechanismus, der das Längenverhältnis der Antriebskette zwischen den beiden Nockenwellen verändert. Die Einlassnockenwelle kann gegenüber der Auslassnockenwelle um bis zu 30° verdreht werden. Die Verstellung durch das Steuergerät erfolgt in Abhängigkeit von der Motordrehzahl und dem Lastzustand.

10.6.2 Funktionsgruppen der elektronischen Steuerung

10.6.2.1 Sensoren

Luftmassenmesser

Prinzipbild

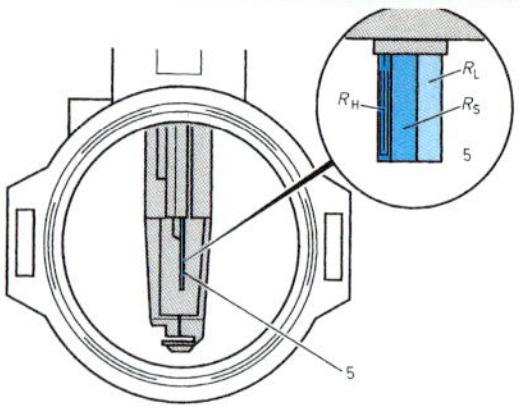

R_H Heizwiderstand
R_L Temperaturwiderstand
R_S Sensorwiderstand

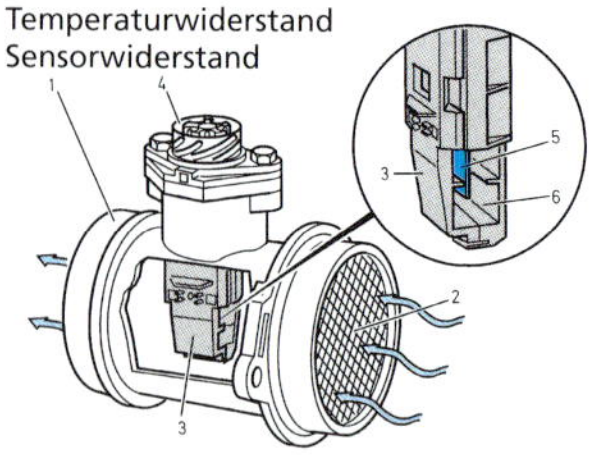

1 Gehäuse
2 Schutzgitter
3 Elektronikgehäuse
4 elektrischer Anschluss
5 Heißfilm-Sensor
6 Messkanal

Schaltbild

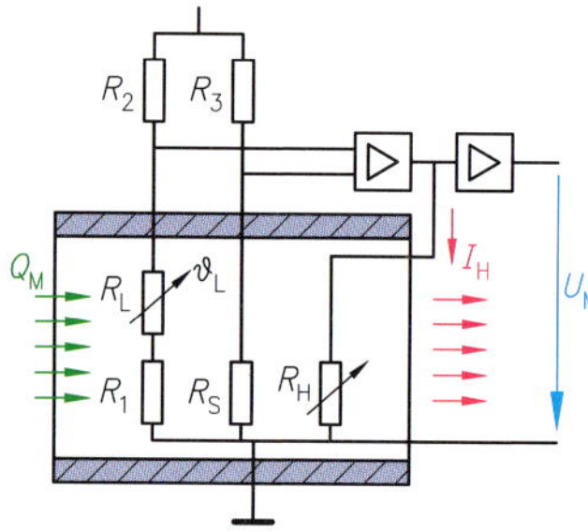

R_K Temperatur-Kompensationssensor
R_H Heizwiderstand
R_1, R_2, R_3 Brückenwiderstände
U_M Messspannung
I_H Heizstrom
t_L Lufttemperatur
Q_M einströmende Luftmasse pro Zeiteinheit

Signal

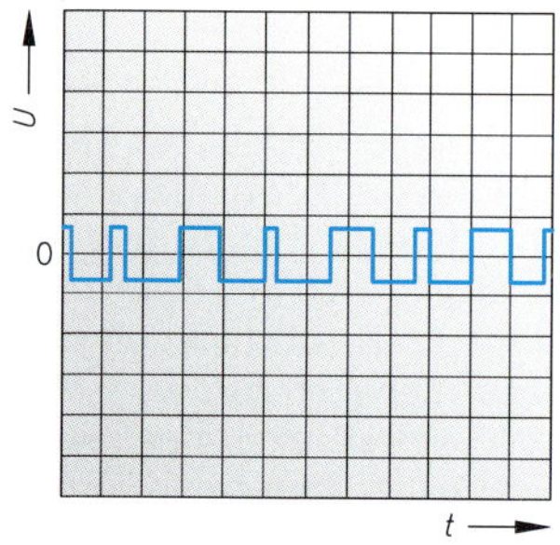

Funktionsweise

Beim Heißfilm-Luftmassenmesser wird anstelle eines Hitzdrahtes ein auf einer Keramikplatte aufgebrachter Heißfilm erwärmt. Der Heißfilm-Luftmassenmesser besitzt drei Widerstände:

- Heizwiderstand (R_H) • Temperaturwiderstand (R_L) • Sensorwiderstand (R_S)

Eine Elektronik im Luftmassenmesser regelt über eine veränderliche Spannung die Temperatur des Heizwiderstandes (R_H) so, dass seine Temperatur 160 °C über der durch den Temperaturwiderstand (R_L) erfassten Ansauglufttemperatur liegt. Der Sensorwiderstand (R_S) erfasst die Temperatur des Heizwiderstandes. Bei Temperaturänderungen aufgrund eines geringeren oder höheren Luftdurchsatzes regelt die Elektronik die Spannung am Heizwiderstand nach, bis die Temperaturdifferenz wieder erreicht ist. Die Größe der Regelspannung dient als Maß für die angesaugte Luftmasse.
Eingangssignal E: Luftmasse; Ausgangssignal A: Spannungssignal

Temperaturfühler

Prinzipbild

Motortemperatursensor
1 Elektrischer Anschluss
2 Gehäuse
3 NTC-Widerstand

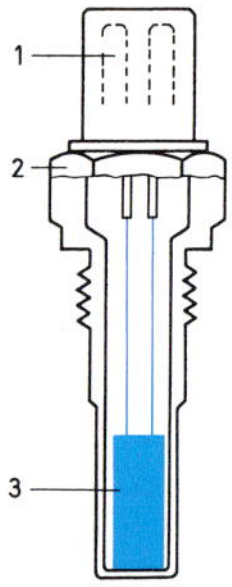

Schaltbild

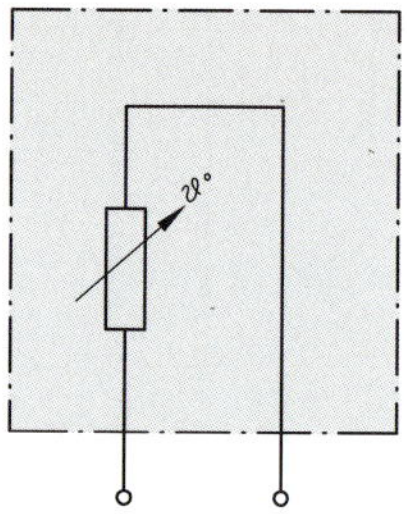

Signal

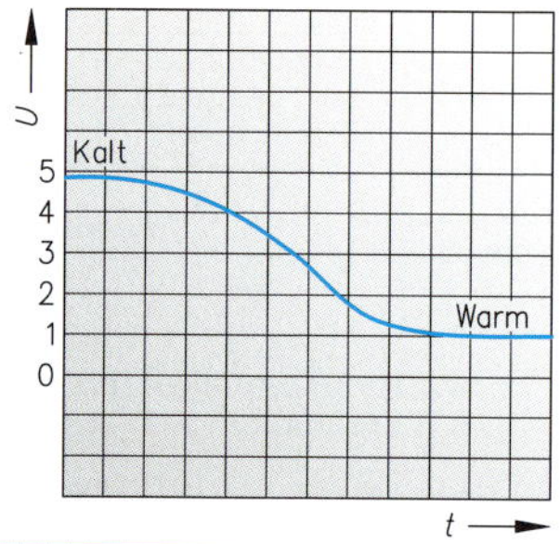

Funktionsweise

Wesentliches Element ist ein NTC-Widerstand. Er verringert bei steigender Temperatur seinen elektrischen Widerstand. Die Widerstandsänderung dient zur Bestimmung der Temperatur. Bei Temperaturfühlern mit einem PTC-Widerstand erhöht sich der Widerstand mit steigender Temperatur.
Eingangssignal E: Temperatur; Ausgangssignal A: Widerstandsänderung

Motordrehzahlgeber

Prinzipbild

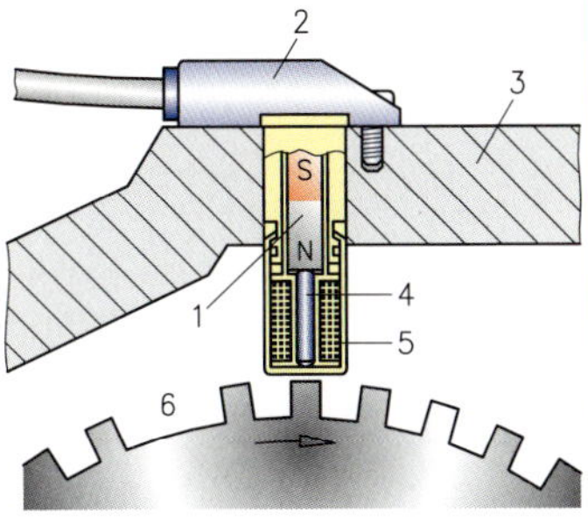

1 Dauermagnet
2 Gehäuse
3 Motorgehäuse
4 Weicheisenkern
5 Wicklung
6 Zahnscheibe mit Bezugsmarke (Zahnlücke)

Schaltbild

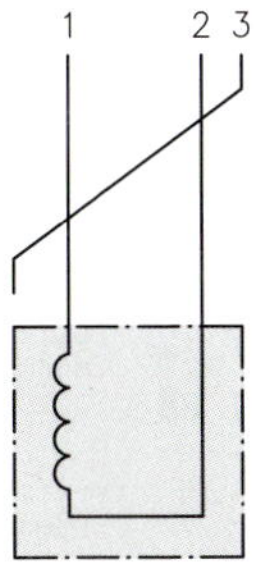

Anschlüsse:
1 Ausgangsspannung
2 Masse
3 Schirmung

Signal

Drehzahlsensor (ohne Zahnlücke)

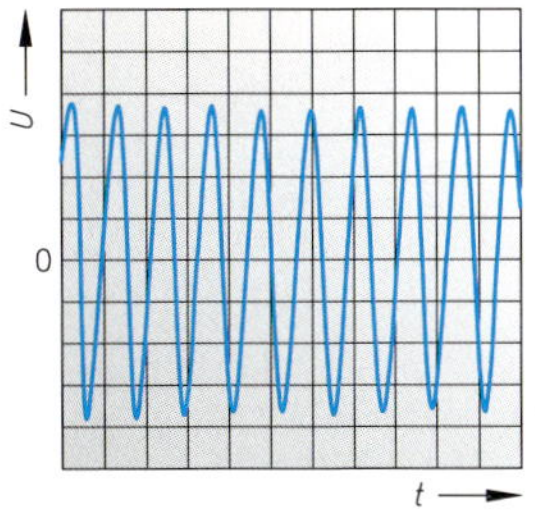

Kurbelwinkelsensor (mit Zahnlücke)

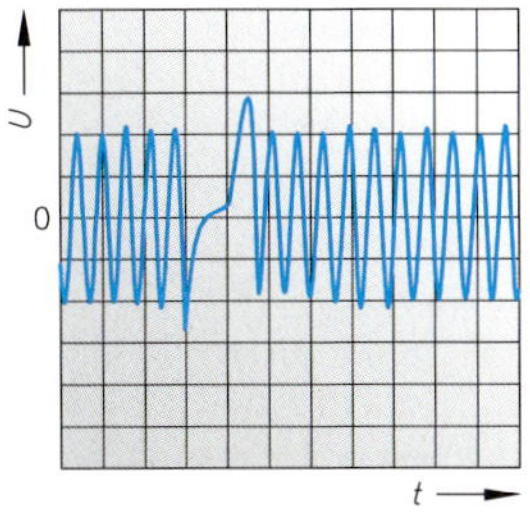

Funktionsweise

Zur Erfassung der Drehzahl und der Kurbelwellenstellung ist an der Kurbelwelle ein Impulsgeberrad mit Zähnen und im Motorgehäuse der Induktionsgeber anordnet. Ein Permanentmagnet im Induktionsgeber erzeugt einen magnetischen Fluss. Bei Drehung des Geberrades ändert sich der magnetische Fluss durch die Zähne. Die Flussänderung bewirkt in der Wicklung des Induktionsgebers eine Wechselspannung. Aus der Frequenz der Wechselspannung errechnet das Steuergerät die Drehzahl.
Zur Erfassung der Kurbelwellenstellung besitzt das Impulsgeberrad eine Zahnlücke. Dreht sich die Zahnlücke am Induktionsgeber vorbei, wird durch die größere magnetische Flussänderung eine höhere Spannung erzeugt. Aus dem Signal erkennt das Steuergerät die Kurbelwellenstellung.
Eingangssignal E: Drehzahl; Ausgangssignal A: Wechselspannung

Klopfsensor

Prinzipbild

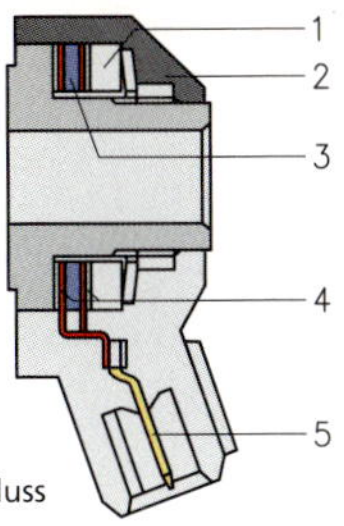

1 Seismische Masse
2 Vergussmasse
3 Piezokeramik
4 Kontaktierung
5 elektrischer Anschluss

Schaltbild

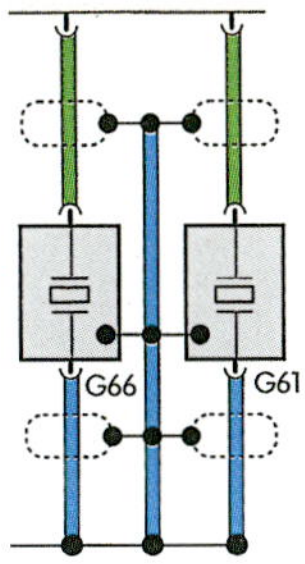

G66/G61: Klopfsensoren

Signal

a Druckverlauf im Zylinder
b gefiltertes Drucksignal
c Signal des Klopfsensors

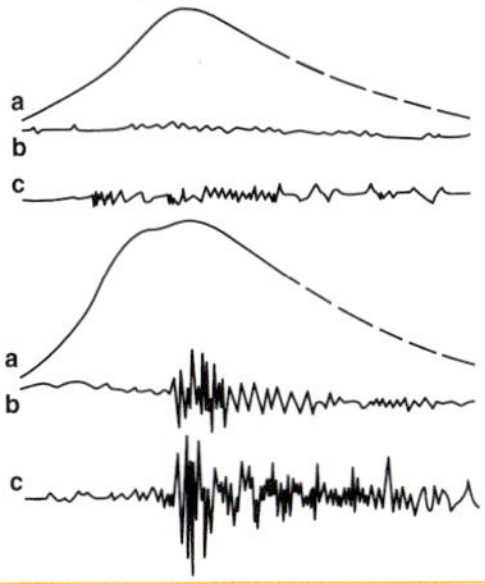

Funktionsweise

Klopfen entsteht, wenn sich das Kraftstoff-Luftgemisch, neben der durch den Zündfunken ausgelösten Verbrennung, selbst entzündet und die beiden Flammenfronten aufeinander treffen. Die dabei entstehenden Schwingungen werden von druckempfindlichen Piezoelementen gemessen. Ein Piezoelement besteht aus einem Kristall (z. B. Quarz), bei dem Druck oder Zug eine elektrische Spannung erzeugt. Der Klopfsensor enthält eine piezokeramische Scheibe, die Druckschwingungen während der Verbrennungsvorgänge in Wechselspannungen umwandelt. Eingangssignal E: Druck; Ausgangssignal A: Spannungssignal

Hallgeber

Prinzipbild

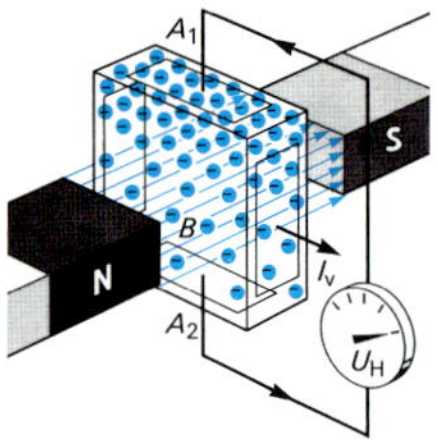

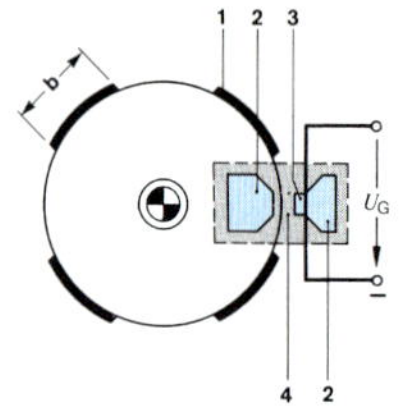

A_1, A_2	Hallschicht
U_H	Hallspannung
B	Magnetfeld (Flussdichte)
I_V	konstanter Versorgungsstrom

1	Blende mit Breite b
2	Weichmagnetische Leitstücke
3	Hall-IC
4	Luftspalt
U_G	Geberspannung

Schaltbild

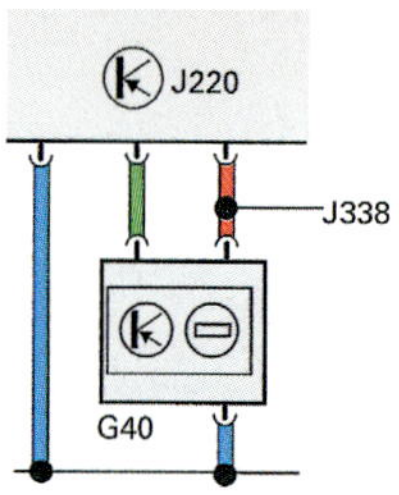

J220: Steuergerät
J338: Drosselklappensteuereinheit
G40: Hallgeber

Signal

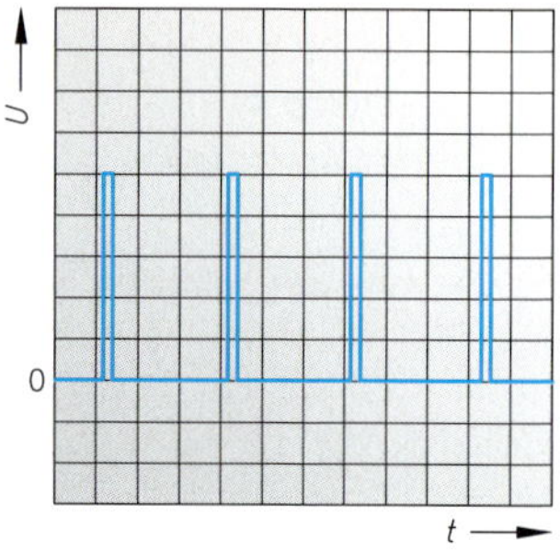

Funktionsweise

Die Information über die Position der Nockenwelle liefert der Hallgeber. Das Signal wird zur Erkennung des 1. Zylinders im OT benötigt. Danach legt das Steuergerät die Einspritzreihenfolge fest. Weiterhin wird das Signal zur Klopfregelung der einzelnen Zylinder benötigt.

Der Hallgeber arbeitet nach dem Halleffekt. Der Halleffekt beruht darauf, dass man einen Versorgungsstrom I_V durch eine Halbleiterschicht (Hallschicht) schickt und diese einem Magnetfeld aussetzt. Die Elektronen werden senkrecht zur Magnetfeldrichtung und senkrecht zur Stromrichtung abgelenkt. An den Querseiten der Halbleiterschicht entsteht eine elektrische Spannung, die Hallspannung U_H.

Beim Hallgeber taucht ein Rotor mit Blenden (Geberrad mit Segment) in den Luftspalt zwischen Dauermagnet und Hall-IC ein. Der Hall-IC besteht aus einer Hallschicht mit einem angeschlossenen elektronischen Schaltverstärker. Sperrt die Blende den Weg des Magnetfeldes zum Hall-IC, so entsteht keine Hallspannung. Der Hall-IC sperrt den Signalstrom. Gibt die Blende den Luftspalt frei, durchsetzt das Magnetfeld die Hallschicht, der Hall-IC schaltet den Signalstrom ein. Die Hallspannung EIN bzw. AUS dient als Signal für das Steuergerät.

Eingangssignal E: Drehzahl; Ausgangssignal A: Hallspannung

Lambda-Sonde

Prinzipbild

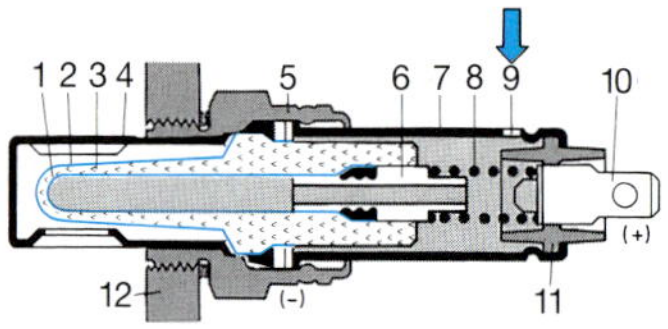

1 Elektrode (+)
2 Elektrode (–)
3 Sondenkeramik
4 Schutzrohr (abgasseitig)
5 Gehäuse (–)
6 Kontaktbuchse
7 Schutzhülse (luftseitig)
8 Kontaktfeder
9 Belüftungsöffnung
10 elektrischer Anschluss
11 Isolierteil
12 Abgasrohrwand

Schaltbild

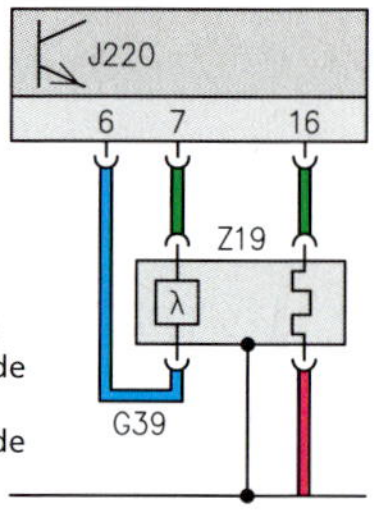

J220: Steuergerät
G39: Lambdasonde
Z19: Heizung Lambdasonde

Signal

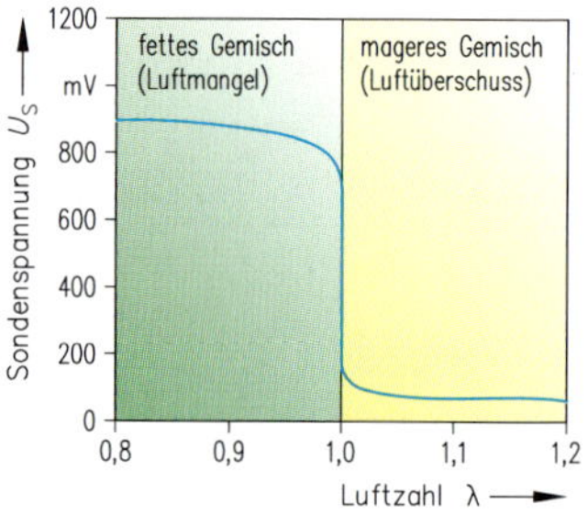

Funktionsweise

Die Lambda-Sonde misst den Restsauerstoffgehalt des Abgases und liefert ein Sondensignal. Die Spannung der Sonde hängt vom Sauerstoffgehalt der Elektrode luftseitig bzw. der Elektrode abgasseitig ab. Ändert sich das Verhältnis der Sauerstoffanteile, so ändert sich auch die elektrische Spannung. Die Sonde erzeugt beim Luftverhältnis $\lambda = 1$ einen Spannungssprung und liefert so ein Signal, das anzeigt, ob das Gemisch fetter oder magerer als $\lambda = 1$ ist. Das Signal wird im Steuergerät mit einem Sollwert verglichen und das Gemisch entweder angereichert oder abgemagert.

Eingangssignal E: Sauerstoffgehalt; Ausgangssignal A: Spannungssignal

10.6.2.2 Potenziometer und Schalter in der Drosselklappensteuereinheit

Bei kaltem Motor entstehen erhöhte Reibungswiderstände.
Zur Überwindung der größeren Reibungswiderstände muss der kalte Motor im Leerlauf ein höheres Drehmoment abgeben, um einen stabilen Leerlauf zu gewährleisten. Dies wird erreicht, indem die Drosselklappe soweit geöffnet wird, dass der Motor mehr Luft erhält. Da die Mehrluft vom Luftmassenmesser gemessen und bei der Kraftstoffzuteilung berücksichtigt wird, erhält der Motor mehr Gemisch.
Die Drosselklappensteuereinheit besteht aus den Sensoren

- Leerlaufschalter,
- Drosselklappenpotenziometer,
- Drosselklappensteller-Potenziometer und dem Aktor,
- Drosselklappensteller.

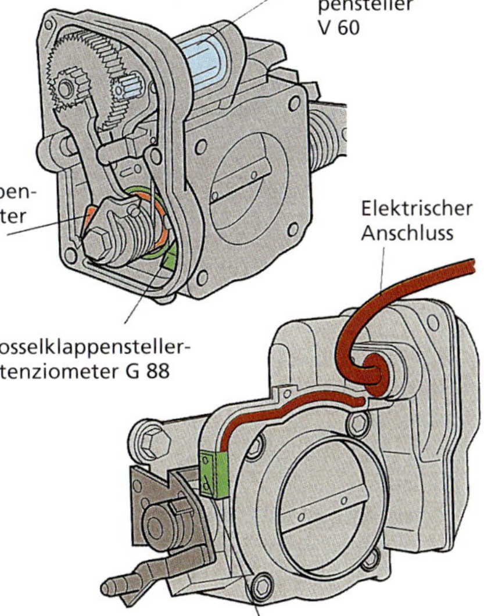

Leerlaufschalter

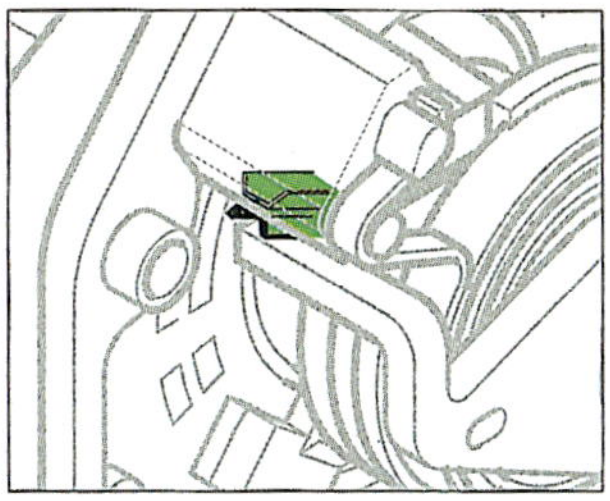

Elektrische Schaltung

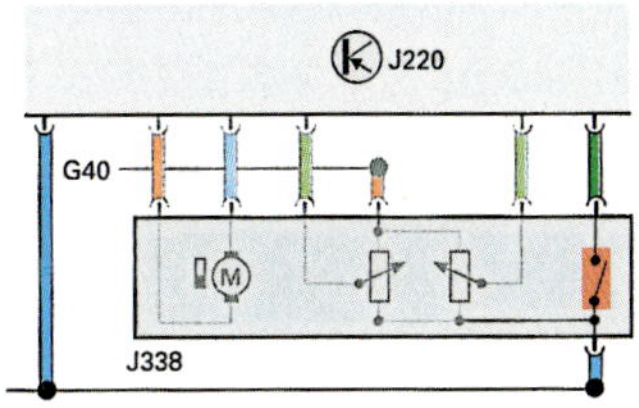

J220: Steuergerät
J338: Drosselklappensteuereinheit
G40: Hallgeber

Der geschlossene Leerlaufschalter (rot) signalisiert dem Steuergerät, dass sich der Motor im Leerlauf befindet.

Drosselklappenpotenziometer

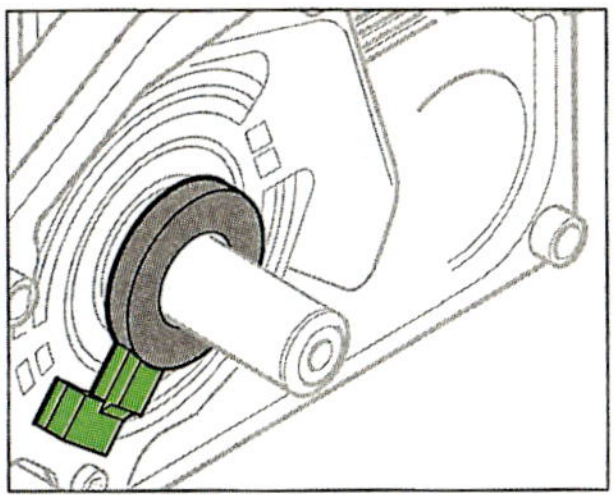

Elektrische Schaltung

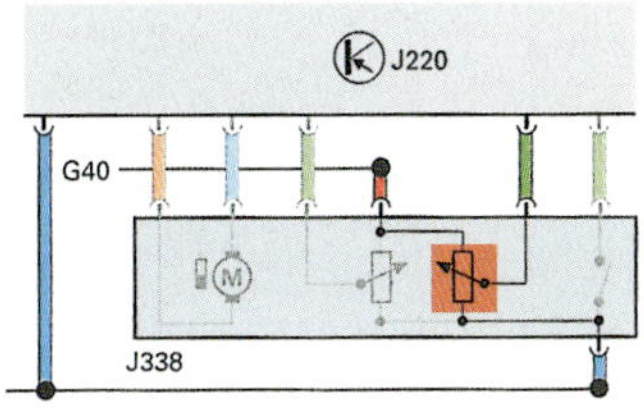

Das Drosselklappenpotenziometer (rot) meldet dem Steuergerät die Stellung der Drosselklappe.

Drosselklappensteller-Potenziometer

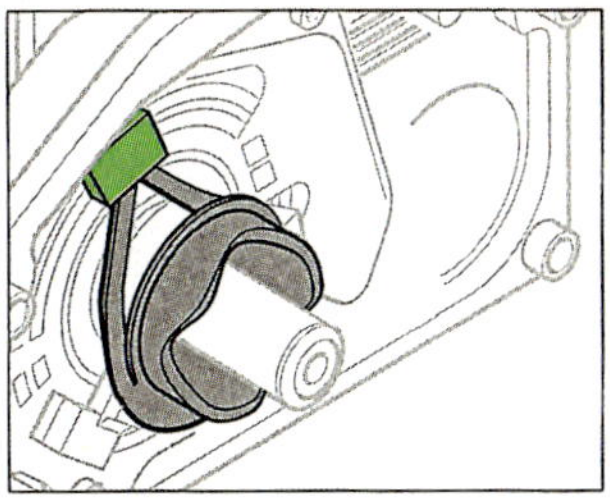

Elektrische Schaltung

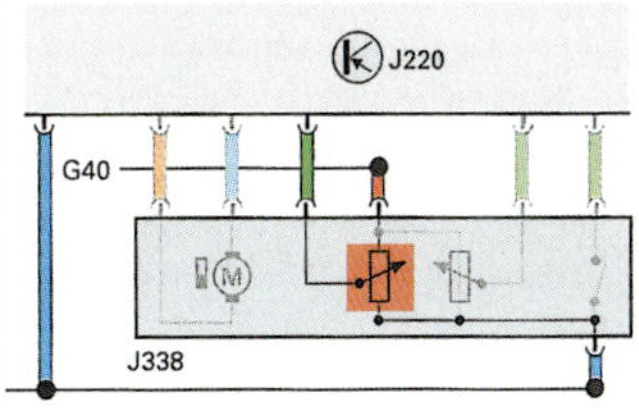

Das Drosselklappensteller-Potenziometer (rot) meldet dem Steuergerät die Stellung des Drosselklappenantriebes.

10.6.2.3 Signalverarbeitung im Steuergerät

Steuergerät

Signalaufbereitung in den Eingangsstufen
Der Mikrocomputer arbeitet rechenintern mit elektronischen Schaltern, die nur die Schaltzustände „EIN" oder „AUS" kennen. Diesen Schaltzuständen werden die Symbole „1" und „0" zugeordnet. Für die Signalaufbereitung besteht die Hauptaufgabe darin, die Informationen und Daten in eine recheninterne Form umzuwandeln.

ANALOG-DIGITAL-WANDLER (A/D)	IMPULSFORMER (IF)
Analog-Digital-Wandler wandeln analoge Signale in digitale Signale um.	Impulsformer machen aus den beliebig geformten Eingangssignalen ein Rechtecksignal.

Mikrocomputer

Eingabe

Mikroprozessor (CPU) Zentraleinheit

Die drei Hauptbestandteile einer Zentraleinheit sind:

- **Steuerwerk:**
  Das Steuerwerk kontrolliert und steuert alle Funktionen des Mikrocomputers:
  - ordnet den Ablauf der Arbeit,
  - ruft die erforderlichen Daten ab,
  - steuert die Ein- und Ausgabe.
- **Rechenwerk:**
  Das Rechenwerk führt alle logischen und arithmetischen Grundoperationen durch: Arithmetische Operationen sind Addieren, Subtrahieren, Multiplizieren, Dividieren. Die logischen Operationen werden zum Steuern des Programmablaufs verwendet. Hierzu werden die Daten miteinander logisch verknüpft. Die erforderlichen Programme und Solldaten liefert der Festwertspeicher, die Istwerte (Betriebsdaten) der Betriebsdatenspeicher.
- **Register:**
  Das Register dient der kurzzeitigen Zwischenspeicherung von Ergebnissen.

Der CPU holt die Istwerte aus dem Betriebsdatenspeicher, die Solldaten aus dem Festwertspeicher und berechnet:

- den Zündwinkel aus den Sensorinformationen Last und Drehzahl, indem er den zugehörigen Wert aus dem gespeicherten Kennfeld entnimmt.
- die Einspritzgrundmenge aus dem Luftmassen- und Drehzahlsignal.

Der CPU korrigiert für einzelne Betriebszustände über den Kennfeldwert, die Einspritzgrundmenge in Abhängigkeit von Motoransauglufttemperatur und Drosselklappenstellung.

Festwertspeicher (ROM)

Der Festwertspeicher speichert die vom Hersteller vorgegebenen

- Programme,
- Kennlinien,
- Kennfelder,
- Solldaten usw.

Die Daten lassen sich nur lesen, aber nicht verändern. Auch nach dem Abschalten der Stromversorgung behält der Speicher seinen Inhalt.
Kennfelder:

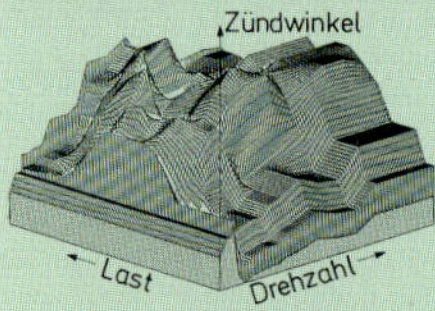

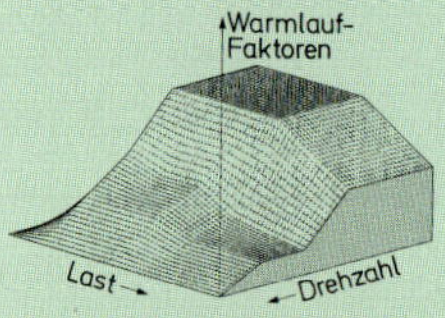

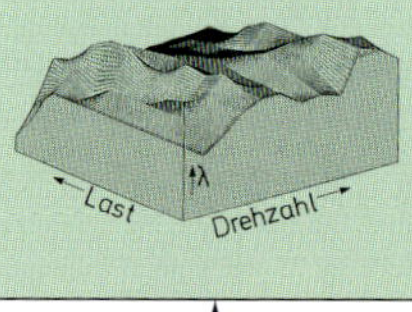

Betriebsdatenspeicher (RAM)

Der Betriebsdatenspeicher speichert alle von den Sensoren gelieferten Daten bis sie der Mikroprozessor abruft. Die Daten werden während des Betriebs ständig durch aktuelle Daten ersetzt.
Nach dem Abschalten der Stromversorgung sind alle Daten gelöscht. Außerdem werden Rechenergebnisse zur späteren Weitererarbeitung zwischengespeichert.

Taktgeber: Erzeugt Impulse, die alle elektronischen Bauelemente zwingen, im gleichen Takt zu arbeiten.

Bus: Gemeinsame Sammelleitungen (Busse) verbinden Mikroprozessor, interne Speicher und Eingabe-Ausgabe-Einheit.

Ausgabe

Signalaufbereitung in den Endstufen

Die vom Mikroprozessor ausgegebenen Signale sind für die Stellglieder zu schwach. Zum Ansteuern müssen sie in der jeweiligen Endstufe verstärkt werden.

10.6.2.4 Aktoren

Aktoren sind Bauelemente, die durch die Ausgangssignale des Steuergeräts veranlasst werden zum

- Öffnen/Schließen: Ventile, Relais,
- Drehen: Elektromotoren, Stellmotoren.

Einspritzventile

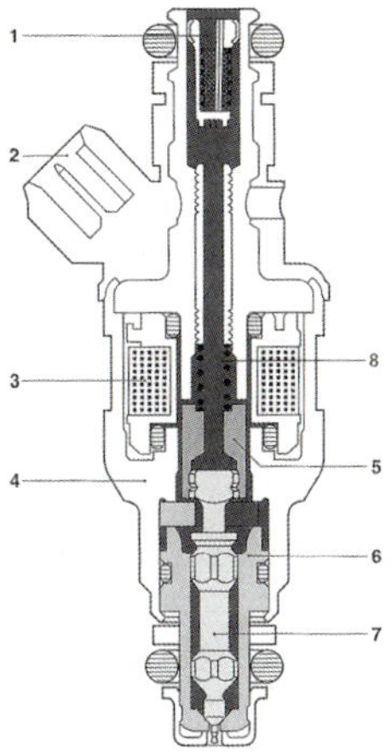

1 Filtersieb im Kraftstoffzulauf
2 elektrischer Anschluss
3 Magnetwicklung
4 Ventilgehäuse
5 Anker
6 Ventilkörper
7 Ventilnadel
8 Schraubenfeder

Das elektromagnetische Einspritzventil besitzt eine Ventilnadel mit aufgesetztem Magnetanker und eine Magnetwicklung. Eine Schraubenfeder drückt die Ventilnadel im Ruhezustand auf den Ventilsitz und verschließt die Kraftstoffaustrittsöffnung zum Saugrohr des Motors. Wird die Magnetwicklung des Ventils vom Steuergerät angesteuert, hebt der Magnetanker die Ventilnadel an. Kraftstoff kann durch die Öffnung austreten.

Kraftstoffpumpenrelais

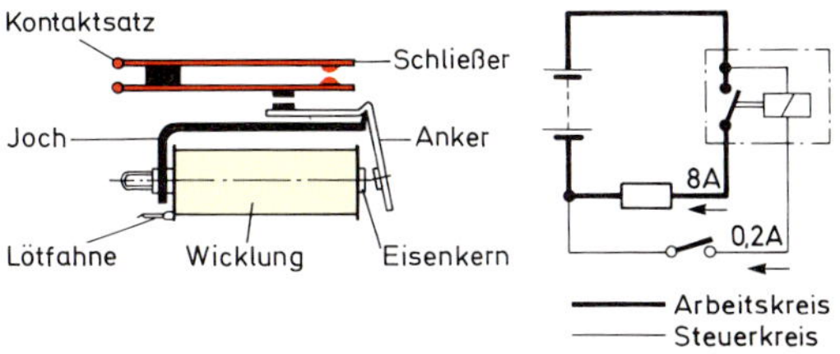

Ein Relais besteht aus einem Elektromagneten, einem Anker und Schaltkontakten. Bei geschlossenem Stromkreis zieht der Eisenkern den Anker an, der die Schaltkontakte betätigt. Dabei können die Kontakte geöffnet, geschlossen oder umgeschaltet werden. Relais werden zum Schalten von z. B. Kraftstoffpumpen eingesetzt. In einer Relaisschaltung unterscheidet man den Steuerstrom- und den Hauptstromkreis. Der Strom des Steuerstromkreises fließt durch die Spule und erzeugt ein Magnetfeld. Dadurch wird der Anker angezogen, der die Schaltkontakte des Hauptstromkreises schließt.

Elektromotoren

Eine stromdurchflossene Spule ist ein Elektromagnet mit Nord- und Südpol. Wird die Spule in das Magnetfeld eines Magneten gebracht, wirken Kräfte auf die Spule.
Gleichnamige Pole von Spule und Magnet stoßen sich ab, ungleichnamige Pole ziehen sich an. Die Kräfte bewirken ein Drehen der Spule. Sie dreht sich nur so lange, bis die Richtung ihres Magnetfeldes mit der des Magneten übereinstimmt. Das sind 180°. Damit sich die Spule weiterdreht, muss die Stromrichtung umgekehrt werden. Beim Gleichstrommotor übernimmt ein Stromwender (Kommutator) diese Aufgabe.
Schrittmotoren werden dort eingesetzt, wo gesteuerte Bewegungen bzw. Positionierungen verlangt werden. Der Schrittmotor besteht aus einem Stator mit z. B. vier Feldwicklungen und einem drehbar gelagerten Dauermagneten als Rotor. Die Statorwicklung erhält Stromimpulse in einer bestimmten Reihenfolge. Die Antriebswelle des Motors dreht sich bei jedem Impuls um einen bestimmten Schritt, im dargestellten Fall um 90°. Die Schrittwinkel liegen je nach Bauart im Bereich von 1,8 ... 15°.
Der Drosselklappensteller ist ein Elektromotor, der die Drosselklappe über den gesamten Drosselklappenbereich betätigen kann.

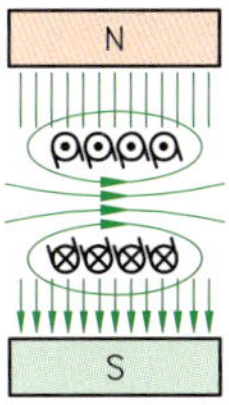

Stromdurchflossene Spule

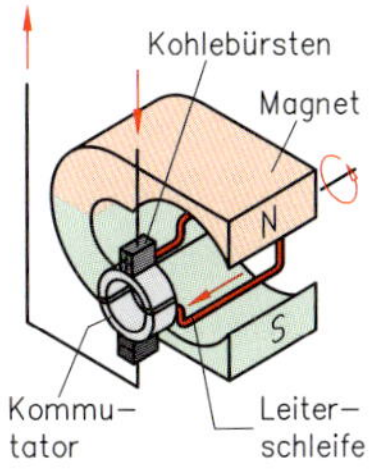

Gleichstrommotor

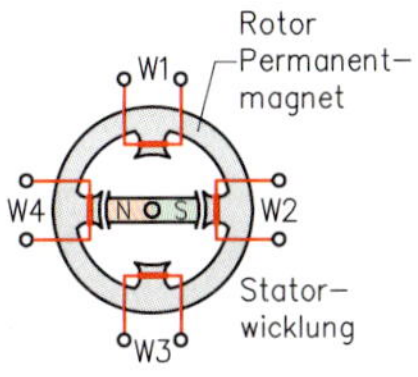

Schrittmotor

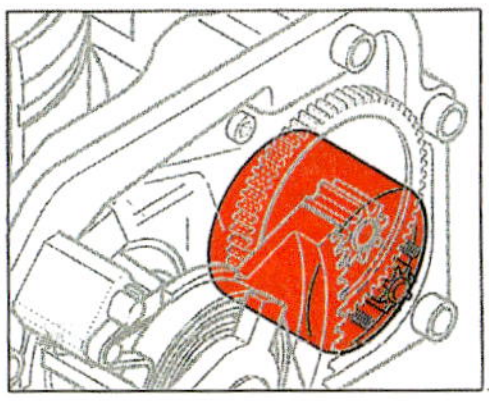

Drosselklappensteller

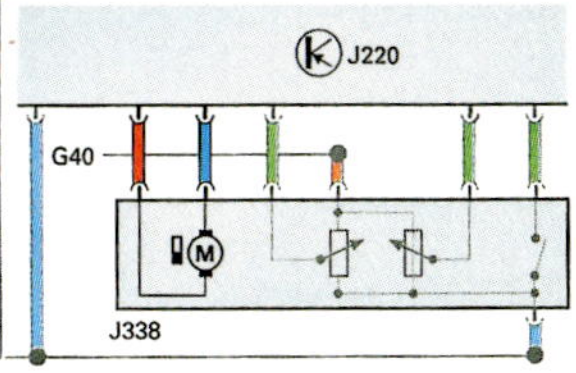

Elektrische Schaltung

Zündspule

Bauelement zur Speicherung, Übertragung der Zündenergie und Erzeugung der Hochspannung ist die Zündspule.

Die Zündspule besteht aus folgenden Bauelementen:
- Eisenkern,
- Primärwicklung mit wenigen Windungen (100 ... 200) dicken Kupferdrahtes (0,4 ... 0,6 mm Ø),
- Sekundärwicklung mit vielen Windungen (10 000 ... 20 000) dünnen Drahtes (0,05 ... 0,1 mm Ø).

Bei geschlossenem Primärstromkreis fließt ein Primärstrom, ein Magnetfeld baut sich auf.

Im Zündzeitpunkt öffnet der Leistungsschalter den Primärstromkreis und unterbricht den Primärstrom. Das schlagartig zusammenbrechende Magnetfeld induziert in der Sekundärwicklung eine Spannung. Da die Sekundärwicklung etwa 100-mal mehr Windungen hat als die Primärwicklung, ist die Sekundärspannung etwa 100-mal größer als die Primärspannung. Die Sekundärspannung ist eine Hochspannung.

Der dargestellten Zweifunken-Zündspule sind 2 Zündkerzen zugeordnet. Der Zündfunke springt gleichzeitig an den Zündkerzen von 2 Zylindern über; bei einem Zylinder im Verdichtungstakt, beim anderen Zylinder im Ausstoßtakt.

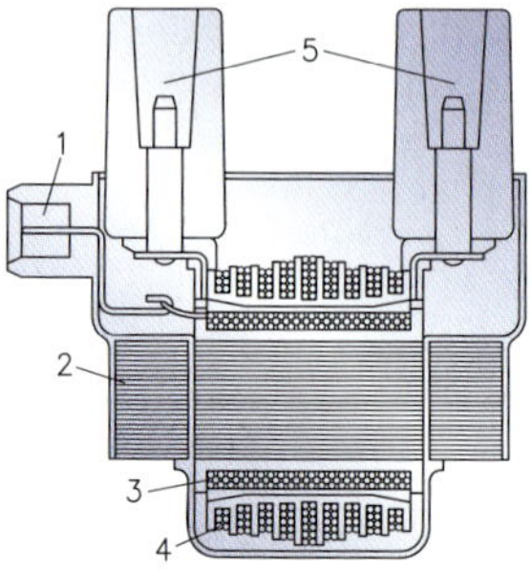

1 Niederspannungsanschluss, außen
2 lamellierter Eisenkern
3 Sekundärwicklung
4 Primärwicklung
5 Hochspannungsanschlüsse

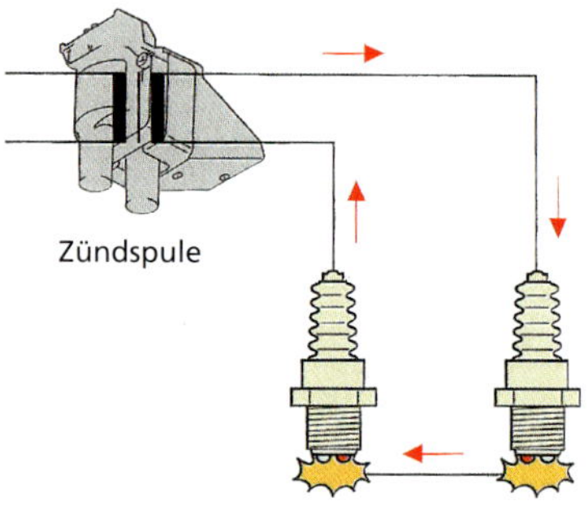

10.6.3 Regelungssysteme

10.6.3.1 Lambda-Regelkreis

Die Kraftstoffzufuhr zum Motor wird durch die Gemischaufbereitungsanlage entsprechend der Gemischzusammensetzungs-Information der Lambda-Sonde so geregelt, dass ein Luft-Kraftstoff-Verhältnis von $\lambda = 1$ erreicht wird.

Die Sonde misst den Restsauerstoffgehalt des Abgases und liefert ein Sondensignal. Die Spannung der Sonde hängt vom Sauerstoffgehalt der Elektrode luftseitig bzw. der Elektrode abgasseitig ab. Ändert sich das Verhältnis der Sauerstoffanteile, so ändert sich auch die elektrische Spannung.

Ein elektronisches Regelgerät verarbeitet das von der Lambda-Sonde kommende Signal. Als Ergebnis der Regelung erhält das Stellglied den Befehl zur Änderung des Kraftstoff-Luftverhältnisses in Richtung auf $\lambda = 1$.

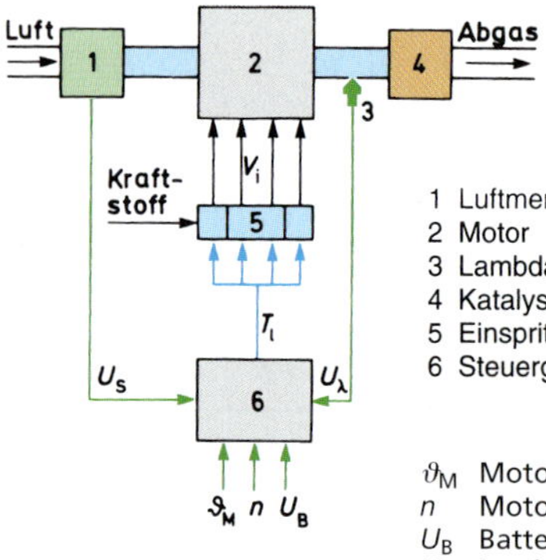

1 Luftmengenmesser
2 Motor
3 Lambda-Sonde
4 Katalysator
5 Einspritzventile
6 Steuergerät mit Regler

ϑ_M Motortemperatur
n Motordrehzahl
U_B Batteriespannung
U_λ Lambda-Sondensignal
U_S Luftmengensignal
T_i Einspritzzeit
V_i Einspritzmenge

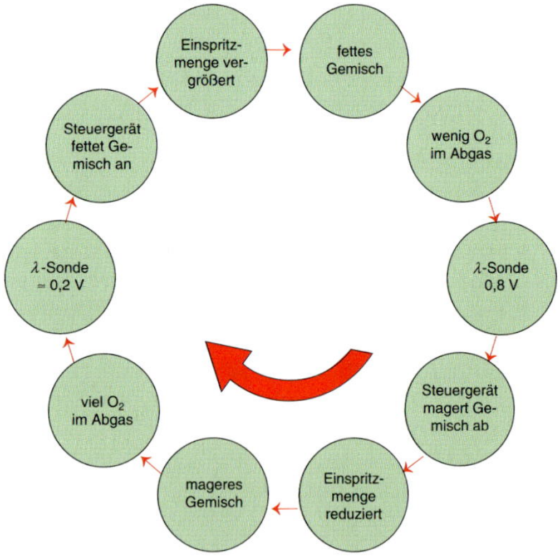

Schadstoffemission

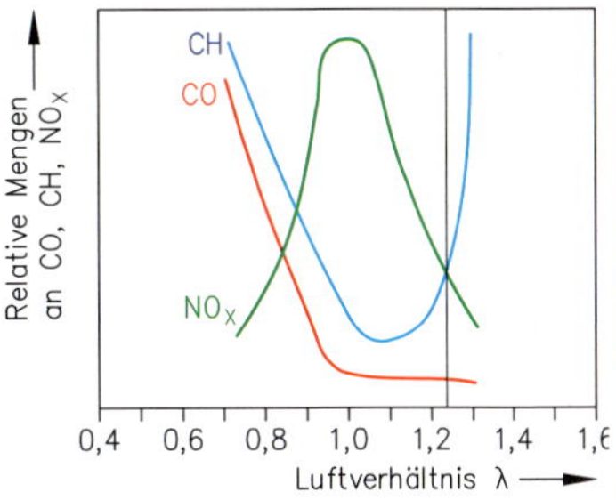

CO nimmt mit steigendem Luftverhältnis ab, CH fällt bis ca. $\lambda = 1,1$ ab, steigt im mageren Bereich wieder an. NO_x steigt im fetten Bereich an und fällt im mageren Bereich ab.

Sondensignal

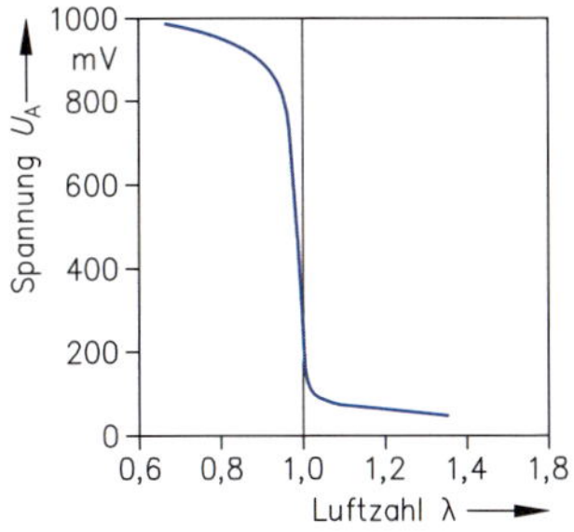

Die Lambda-Sonde erzeugt exakt bei dem Luftverhältnis $\lambda = 1$ einen Spannungssprung und liefert so ein Signal, das anzeigt, ob das Gemisch fetter oder magerer als $\lambda = 1$ ist.

Wirksamkeit des Katalysators

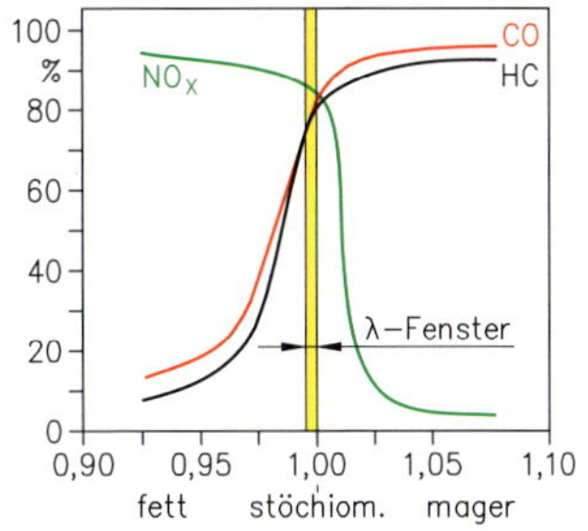

Der Katalysator baut die Schadstoffe bis zu 90 % ab, wenn die Lambda-Sonde das Kraftstoff-Luftgemisch durch einen geschlossenen Regelkreis ständig innerhalb des λ-Fensters hält.

10.6.3.2 Klopfregelung

Bei einem zu großen Zündwinkel tritt eine klopfende Verbrennung auf, die die Lager stark belastet, durch die der Motor schnell heiß, die Motorleistung geringer und der Kraftstoffverbrauch höher wird. Die Klopfneigung wird zusätzlich begünstigt durch Kraftstoff mit niedriger Oktanzahl, durch hohes Verdichtungsverhältnis, Ablagerungen im Brennraum, bei Volllast und bei mangelnder Kühlung. Die Nachteile der klopfenden Verbrennung lassen sich durch eine Klopfregelung vermeiden. Aus Gründen der Kraftstoffreduzierung erfasst die Klopfregelung ständig die Klopfgrenze und legt den Zündzeitpunkt möglichst nahe an die Klopfgrenze. Zur Klopferkennung sind am Motorblock Klopfsensoren befestigt.

Klopfregelsystem

Bei der Klopfregelung ist am Motorblock ein Klopfsensor zwischen dem zweiten und dritten Zylinder oder zwei Klopfsensoren zwischen zwei Zylindergruppen (selektive Klopfregelung) befestigt. Der Klopfsensor enthält eine piezokeramische Scheibe, die Druckschwingungen während des Verbrennungsvorganges in Signale umwandelt und an das Steuergerät meldet. Das Steuergerät wählt aufgrund der Eingangssignale einen im Zündkennfeld abgespeicherten Zündwinkel und steuert die Zündungsendstufe an. Das Steuergerät kann den klopfenden Zylinder ermitteln, wenn das System eine Zylindererkennung besitzt.

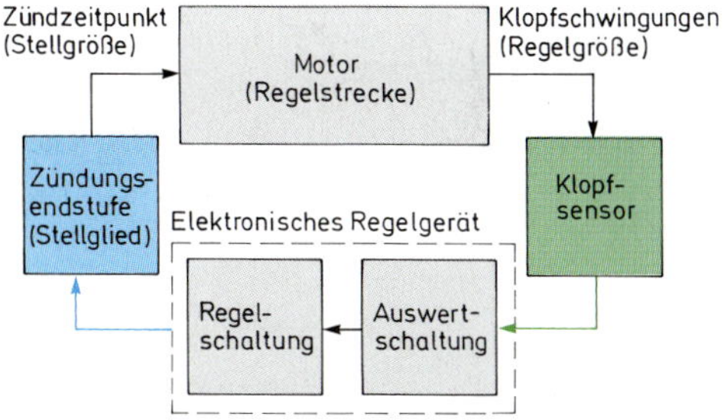

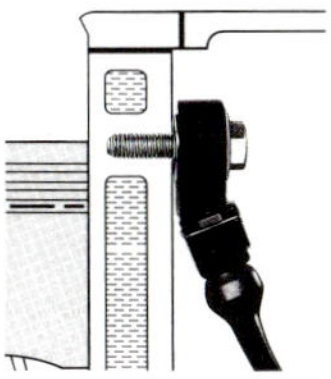

Regelungsverlauf

Sobald Klopfen auftritt, wird der Zündwinkel zurückgenommen, d. h. die Regelung verschiebt den Zündwinkel in Richtung „spät“. Tritt mehrmaliges Klopfen auf, wird der Zündzeitpunkt solange zurückgenommen, bis vom Klopfsensor keine Klopfsignale gemeldet werden. Nach Wegfall des Klopfens wird der Zündwinkel wieder dem im Zündkennfeld gespeicherten Wert schrittweise angenähert. Bei der zylinderselektiven Klopfregelung wird die Zündverstellung getrennt für jeden einzelnen Zylinder durchgeführt. Welcher Zylinder von einer klopfenden Verbrennung betroffen ist, ermittelt das Steuergerät durch das Signal des Klopfsensors in Verbindung mit dem erfolgten Zündsignal, dem OT-Signal und dem Drehzahlsignal.

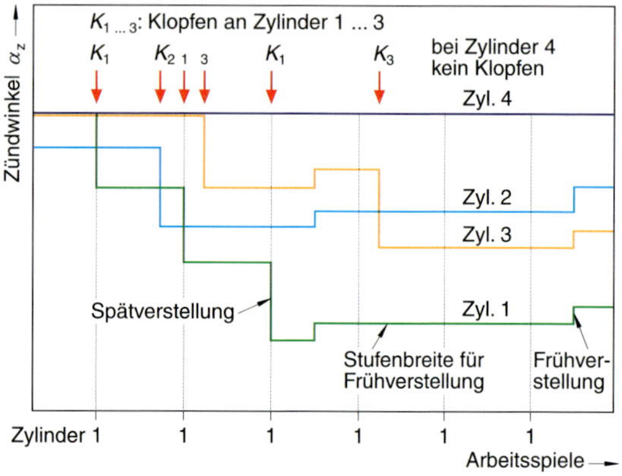

10.6.3.3 Leerlaufregelung mit Leerlaufsteller

Bei Einspritzsystemen mit Leerlaufsteller wird zur Leerlaufstabilisierung eine Umgehungsleitung parallel zur Drosselklappe angeordnet, um mehr Luft anzusaugen. Da diese zusätzliche Luft (Mehrluftmenge) vom Luftmengenmesser gemessen und bei der Kraftstoffzuteilung berücksichtigt wird, erhält der Motor mehr Gemisch. Dadurch erreicht man bei kaltem Motor eine Leerlaufstabilisierung. Die Leerlaufstabilisierung kann durch eine Steuer- oder Regeleinheit erfolgen.
Neben der Leerlaufstabilisierung durch die Drosselklappensteuereinheit wird die Regelung durch den Leerlaufsteller vorgenommen.

Leerlauffüllungsregelung

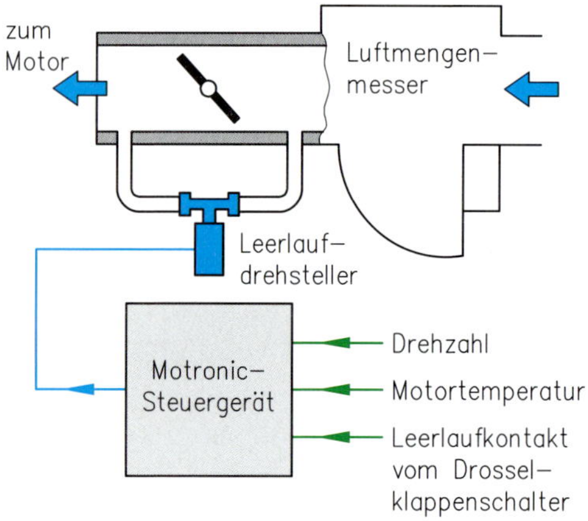

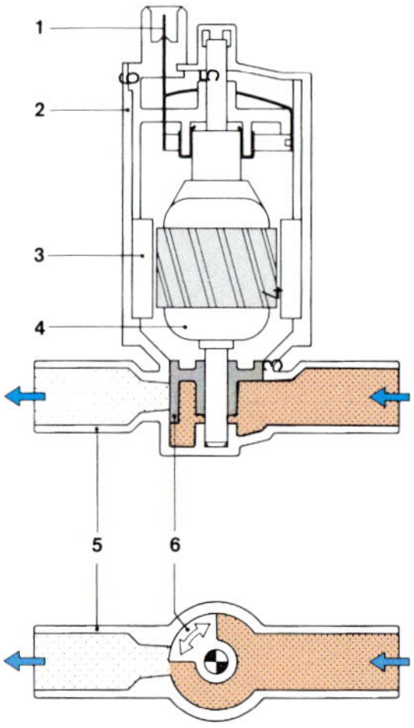

1 elektrischer Anschluss
2 Gehäuse
3 Dauermagnet
4 Anker
5 Luftkanal als Bypass zur Drosselklappe
6 Drehschieber

In die Umgehungsleitung ist ein Leerlaufdrehsteller eingebaut, der aus einem Elektromotor und einem Drehschieber besteht. Der Drehschieber vermindert den Querschnitt der Umgehungsleitung.
Die Regelung der Leerlaufdrehzahl erfolgt durch ein Regelgerät. Es erhält seine Informationen über die Ist-Drehzahl von der Zündanlage. Im Regelgerät wird die programmierte Soll-Drehzahl mit der Ist-Drehzahl verglichen. Bei Abweichungen bildet das Regelgerät ein Signal für den Leerlaufdrehsteller.
Weitere Informationen (Temperatur, Drosselklappenstellung) sorgen dafür, dass unter speziellen Bedingungen, z. B. bei tieferen Temperaturen oder Gasgeben ein Fehlverhalten vermieden wird.

10.7 Hydraulische und pneumatische Steuerungen

10.7.1 Grundaufbau der Steuerungen

Hydraulische Steuerungen finden wir insbesondere im Pkw, pneumatische Steuerungen mehr im Nkw. Im Nkw wird die Druckluftversorgung der Druckluftbremsanlage als Energiequelle für Steuerungsanlagen genutzt. Ein Vergleich der unterschiedlichen Steuerungen zeigt, dass in allen dargestellten Anlagen gleiche Funktionsgruppen und Funktionselemente verwendet werden:

- Antriebszylinder als Stellglieder,
- Wegeventile als Signal- und Steuerglieder,
- Hydropumpen oder Verdichter zum Bereitstellen der Druckenergie.

In allen gesteuerten Anlagen unterscheiden wir zwischen einem Arbeits- und Steuerteil bzw. Regelteil. Der Arbeitsteil besteht aus einer Energiequelle (Elektromotor), die die Energie bereitstellt. In einem Energieumformer (Pumpe) wird die bereitgestellte Energie in die gewünschte Energieform umgewandelt. Über Energieübertragungselemente wird der Energieträger (Hydrauliköl oder Druckluft) zum Antriebsglied (Arbeitszylinder) geleitet, das die zugeführte Energie in die gewünschte Energieform umwandelt. Zur Steuerung des Arbeitsteils wird unmittelbar vor dem Antriebsglied ein Stellglied (Wegeventil) in den Energiefluss eingebaut. Das Stellglied ist das letzte Glied einer Steuerkette oder eines Regelkreises. Es erhält seine Informationen über ein Steuerglied von einem Signalglied oder vom Regelglied.

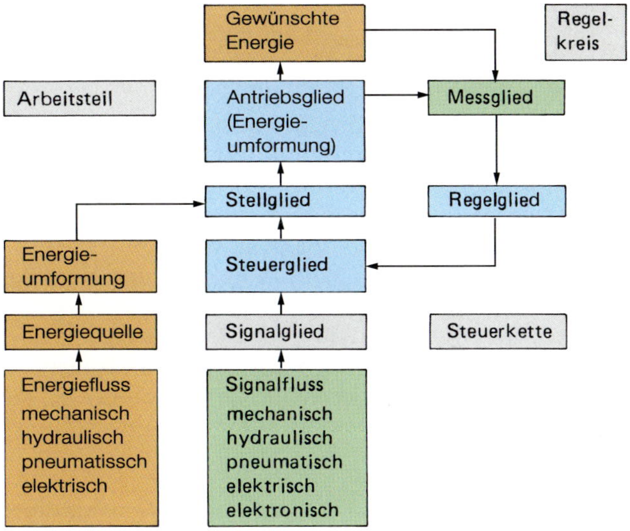

10.7.2 Energieträger – Druck

Druckflüssigkeiten, Druckluft

In den unterschiedlichen hydraulischen Systemen des Kraftfahrzeuges kommen unterschiedliche Druckflüssigkeiten zum Einsatz.

- Motoröl: Motorschmierung, hydraulisches Spielausgleichselement der Ventilsteuerung, Nockenwellenverstellung;
- Getriebeöl: Schalt- und Achsgetriebe;
- ATF-Öl: Automatic-Transmission-Fluids für automatische Getriebe;
- Bremsflüssigkeit: Bremsanlagen, hydraulische Kupplung;
- Kühlflüssigkeit: Kühlsystem;
- Kraftstoffe: Otto- und Dieselmotoren;
- Hydrauliköl: hydraulische Kraftübertragung in Laderampen, Hebesysteme usw.

Für pneumatische Systeme muss die Druckluft aufbereitet werden, bevor sie in die Ventile und Arbeitseinheiten eintritt. Daher wird eine Wartungseinheit vorgeschaltet, bevor die Luft zum Verbraucher gelangt. Sie besteht aus

- Filter: Er reinigt die Luft von Fremdteilchen, z. B. Staub.
- Druckregler: Er hält den Arbeitsdruck konstant, unabhängig vom schwankenden Netzdruck.
- Öler: Er zerstäubt Öl, um die Pneumatik-Geräte ausreichend mit Schmiermittel zu versorgen.

Mit der angesaugten Luft gelangt Wasserdampf über den Verdichter in die Druckluft. Kondensatabscheider sammeln das Wasser, das regelmäßig abgelassen werden muss.

Druckgrößen und Einheiten

Die Einheit des Druckes ist Pascal (Pa)

$$1 \text{ Pascal} = 1 \text{ Pa} = 1 \frac{\text{N}}{\text{m}^2}$$

Pascal ist eine sehr kleine Einheit. Deshalb verwendet man in der Kfz-Technik Bar (bar):

$$1 \text{ bar} = 100000 \text{ Pa} = 10 \frac{\text{N}}{\text{cm}^2}$$

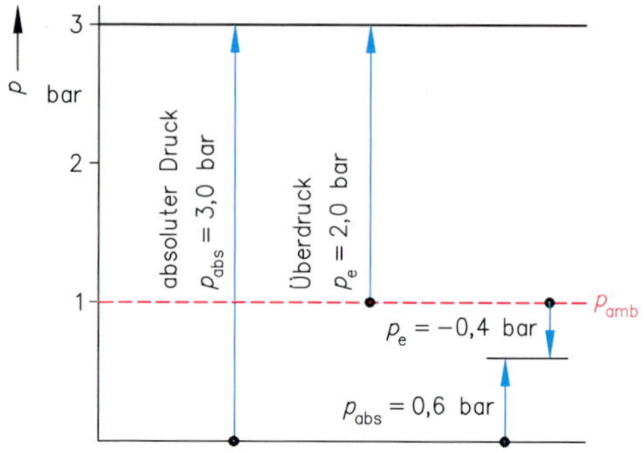

Wir unterscheiden folgende Druckgrößen:

- Absoluter Druck p_{abs}
  Der absolute Druck p_{abs} ist der in einem Behälter herrschende Druck gegenüber dem Druck 0 bar im Vakuum.
- Atmosphärendruck p_{amb}
  Der Atmosphärendruck p_{amb} ist der in der Atmosphäre herrschende Luftdruck gegenüber dem Druck 0 bar im Vakuum. In der Technik gilt: $\mathbf{p_{amb} = 1\ bar}$
- Überdruck p_e
  Der Überdruck p_e ist der Druckunterschied zwischen dem absoluten Druck und dem Atmosphärendruck. $\mathbf{p_e = p_{abs} - p_{amb}}$

Der Begriff „Unterdruck" darf als Bezeichnung eines Zustandes verwendet werden. Bei exakter Angabe heißt es:

- p_e positiv: positiver Überdruck, z. B. p_e = 3 bar
- p_e negativ: negativer Überdruck, z. B. p_e = – 0,4 bar

In der Hydraulik interessieren nur die Überdrücke p_e, sodass hier meist nur das Formelzeichen p benutzt wird.

Hydraulikflüssigkeit

Für hydraulische Steuerungen verwendet man als Hydraulikflüssigkeit Mineralöl. In Bremsanlagen befindet sich als Bremsflüssigkeit eine Polyglykolverbindung.

Hydraulikflüssigkeit ist nicht kompressibel.

Wirkt eine Kraft F über eine Kolbenfläche A auf eine eingeschlossene Hydraulikflüssigkeit, so entsteht ein Druck p. Der Druck p pflanzt sich nach allen Seiten gleichmäßig fort (Gesetz von Pascal):

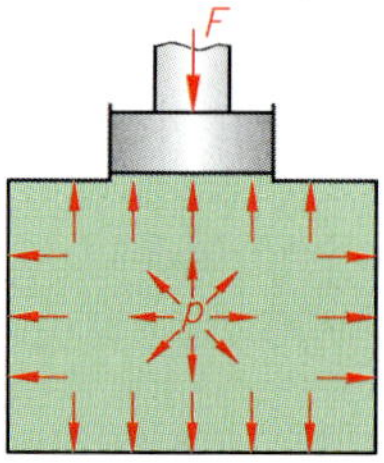

$$p = \frac{\text{Kraft}}{\text{Fläche des Kolbens}}$$

$$p = \frac{F}{A}$$

p Druck in N/cm²
F Kraft in N
A Fläche in cm²

Die gleichmäßige Druckausbreitung in Flüssigkeiten wird in der hydraulischen Presse ausgenutzt.
Die hydraulische Presse besteht aus zwei Zylindern mit unterschiedlich großen Durchmessern, die durch eine Leitung miteinander verbunden sind. Die hydraulische Presse ermöglicht eine Kraftübersetzung.

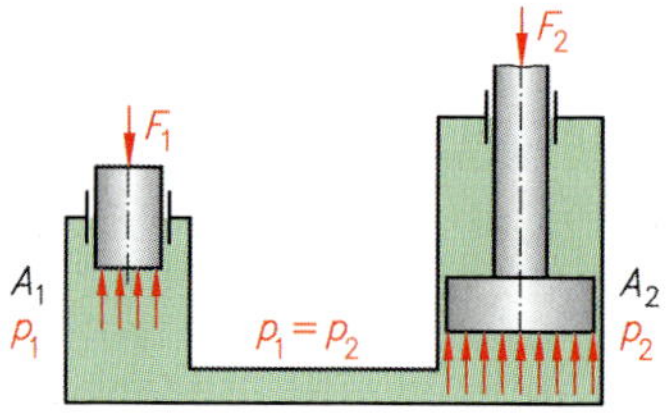

Da im System überall der gleiche Druck herrscht, gilt:

$$p_e = \frac{F_1}{A_1} = \frac{F_2}{A_2} \rightarrow \frac{F_1}{A_1} = \frac{F_2}{A_2}$$

Beispiel:

Gegeben: d_1 = 20 mm; d_2 = 100 mm; F_1 = 150 N; Gesucht: p_e; F_2

Lösung: $p_e = \frac{F_1}{A_1} = \frac{150 \text{ N}}{\frac{2^2 \text{ cm}^3 \cdot 3{,}14}{4}} = 47{,}7 \text{ bar}$ $\quad F_2 = p_e \cdot A_2 = 47{,}7 \text{ bar} \cdot \frac{10^2 \text{ cm}^2 \cdot 3{,}14}{4} = \underline{\underline{3\,750 \text{ N}}}$

Luft

Druckluft ist verdichtete atmosphärische Luft. Die angesaugte Luft enthält eine bestimmte Menge Wasserdampf. Beim Abkühlen der verdichteten Luft wird Wasser ausgeschieden und fällt als Kondensat in der Anlage an.

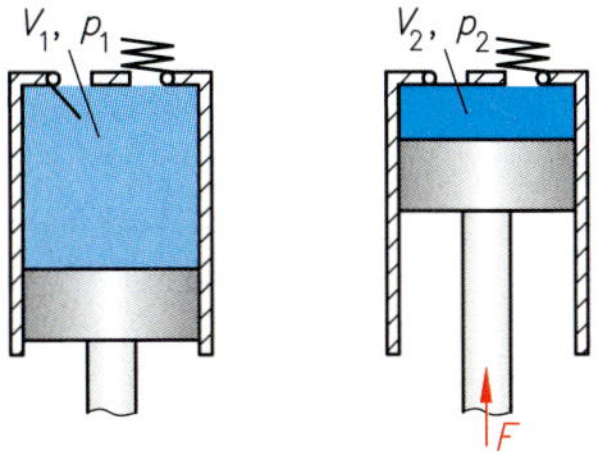

Luft ist kompressibel.
Beim Verdichten der Luft ändert sich ihr Zustand. Wird ein vorhandenes Ansaugvolumen V_1 mit dem Anfangsdruck p_1 verdichtet, so entsteht ein Volumen V_2 und ein hoher Druck p_2.

Der Druck verfünffacht sich, wenn sich das Volumen auf ein Fünftel verringert. Danach ist

$$p_1 \cdot V_1 = 500\ \text{cm}^3 \cdot 1\ \text{bar}$$
$$p_2 \cdot V_2 = 100\ \text{cm}^3 \cdot 5\ \text{bar}$$

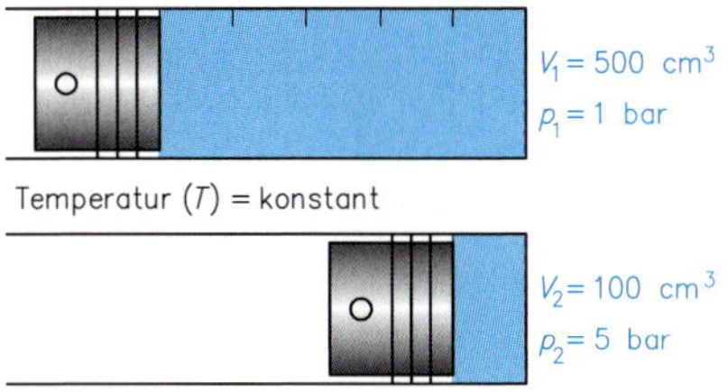

Daraus ist ersichtlich, dass das Produkt $p_1 \cdot V_1 = p_2 \cdot V_2$ in einem abgeschlossenen System bei konstanter Temperatur gleichbleibend ist (konstant). Das Gesetz von Boyle-Mariotte ist:

$$p_1 \cdot V_1 = p_2 \cdot V_2$$

p Druck in N/m²
V Volumen in m³

Beispiel:

Gegeben: In einem Vorratsbehälter der Druckluftbremse mit einem Volumen von 100 l beträgt der Druck 5 bar.

Gesucht: Wieviel l Luft sind das bei atmosphärischem Druck?

Lösung:

$$V_2 = \frac{p_1 \cdot V_1}{p_2} = \frac{5\ \text{bar} \cdot 100\ \text{l}}{1\ \text{bar}} = \underline{\underline{500\ \text{l}}}$$

10.7.3 Grundaufbau hydraulischer und pneumatischer Steuerungen

Ähnlich wie in der Elektrotechnik werden die Zusammenhänge in der hydraulischen bzw. pneumatischen Steuerung durch einen Schaltplan dargestellt. Mithilfe des Schaltplanes ist es möglich,

- die Bauelemente und ihr Zusammenwirken zu analysieren,
- die Fehlersuche bei Störungen zu erleichtern.

Hydraulische Steuerung

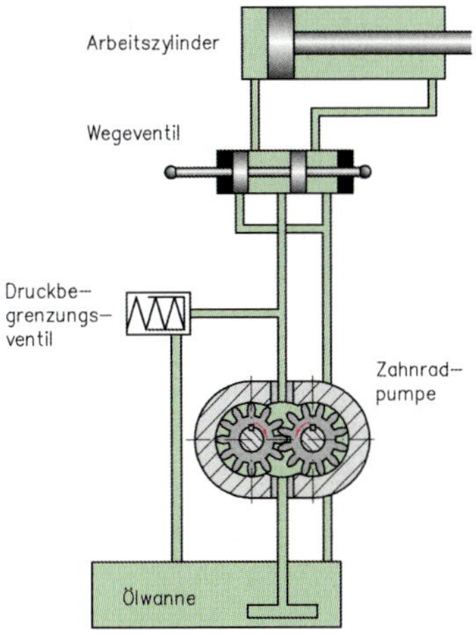

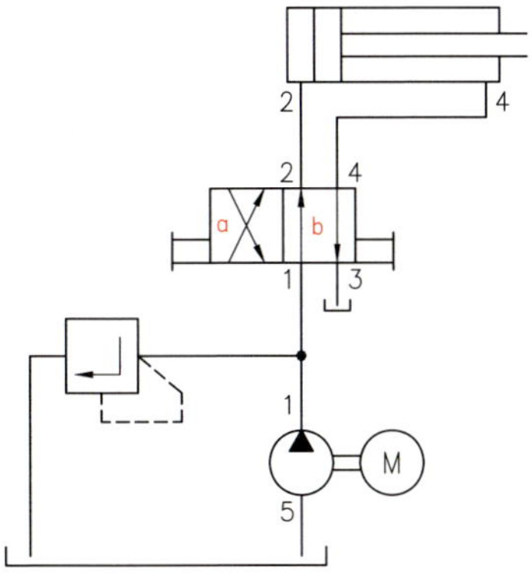

Das Ventil hat 4 Anschlüsse. Das Ventil-Symbol ist in 2 Felder (Quadrate) geteilt. Jedes Teil stellt eine Schaltstellung (a und b) dar. Das Ventil und der Arbeitskolben werden grundsätzlich in Ruhestellung (b) dargestellt. Bei dieser Ventilstellung fährt der Arbeitskolben aus. Wird das Ventil in die andere Schaltstellung (a) geschoben, wird der Arbeitszylinder von rechts mit Drucköl versorgt, der Kolben fährt ein. Das Öl im Arbeitszylinder auf der linken Seite wird verdrängt und fließt in die Ölwanne zurück.

Pneumatische Steuerung

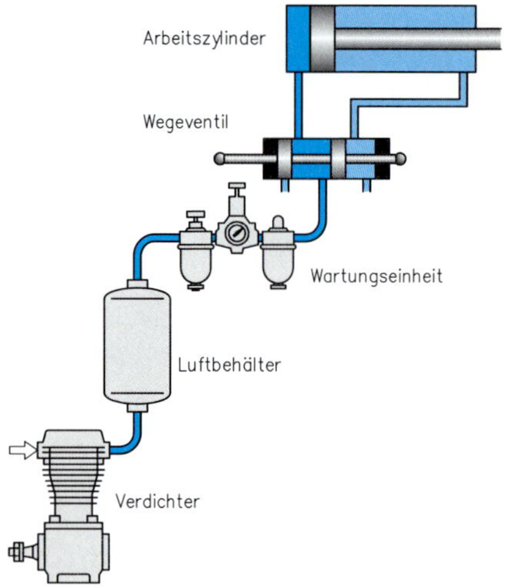

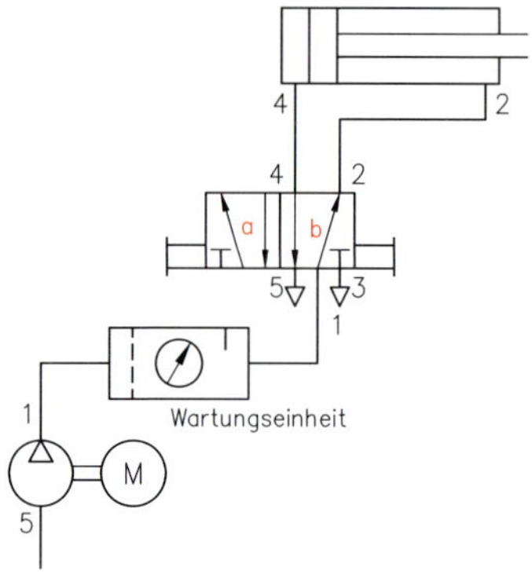

Das Ventil hat 5 Anschlüsse und 2 Schaltstellungen (a und b). In der Ruhestellung (b) wird der Kolben von rechts mit Druckluft beaufschlagt. In Schaltstellung (a) wird der Weg für die Druckluft zum Arbeitszylinder frei gemacht. Der Kolben fährt aus. Er verdrängt die Luft auf der anderen Seite des Kolbens, die über das Ventil ins Freie abgeleitet wird.

Der Unterschied zwischen beiden Steuerungen besteht in der Darstellung der Druckversorgungsanlage und in der Ableitung der Abluft bzw. des Hydrauliköls.

10.7.4 Geräte zur Energieumformung

10.7.4.1 Arbeitszylinder

Die Arbeitszylinder formen die pneumatische oder hydraulische Energie in mechanische Energie um. Druckluft- und Hydraulikzylinder gleichen sich in ihrem grundsätzlichen Aufbau und in ihrer Funktion.

Einfach wirkender Zylinder	Doppelt wirkender Zylinder
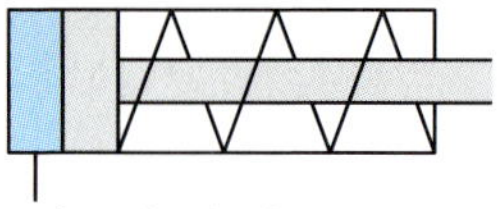	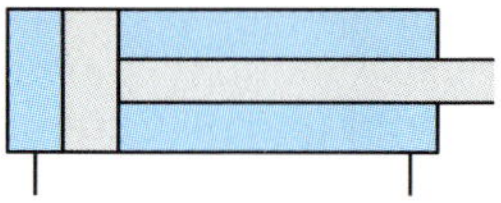
Einfach wirkende Zylinder besitzen nur einen Anschluss. Sie verrichten nur in einer Richtung Arbeit. Die Rückbewegung erfolgt durch eine eingebaute Feder.	Der doppelt wirkende Zylinder besitzt zwei Anschlüsse, je einen auf den beiden Kolbenseiten. Er kann daher in beiden Bewegungsrichtungen Arbeit verrichten.

10.7.4.2 Hydropumpen und Verdichter

Hydropumpen

Zahnradpumpe

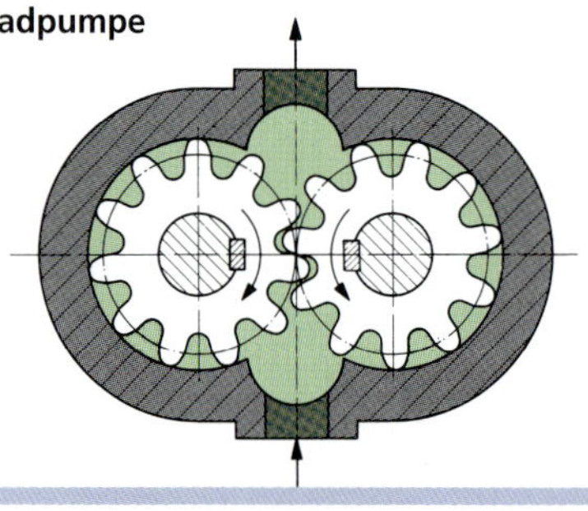

Eine einfache, robuste und preiswerte Hydropumpe ist die Zahnradpumpe. Die zwei ineinander eingreifenden Zahnräder laufen mit hohen Drehzahlen um. Die Zahnräder bilden außen mit der Gehäusewand Kammern, in denen das Öl vom Saug- zum Druckraum gefördert wird. Im Druckraum wird das Öl durch die einlaufenden Zähne des Gegenrades aus den Zahnlücken verdrängt. Durch den Zahneingriff wird ein Rücklauf des Öles vom Druck- zum Saugraum verhindert. Die Pumpe ist selbstansaugend.

Hydropumpen

Fortsetzung

Flügelzellenpumpe

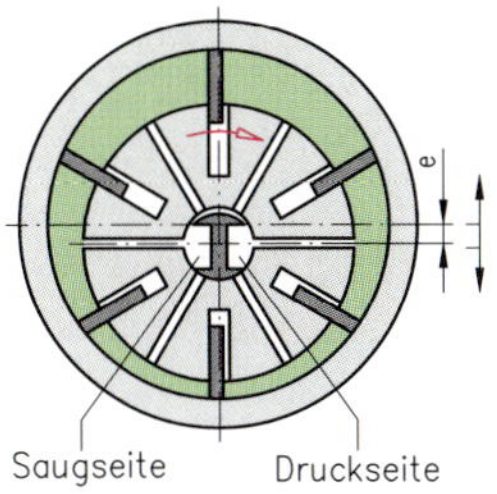

Radialkolbenpumpe

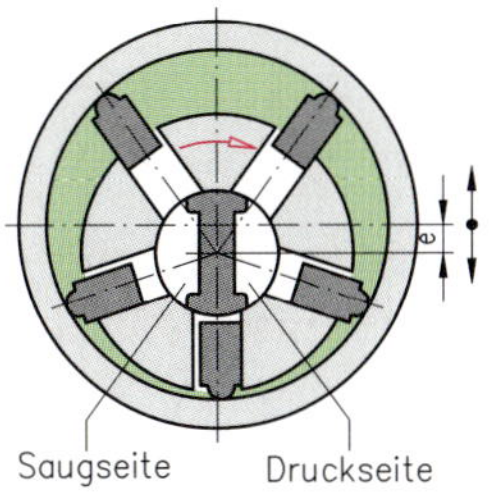

Bei der Flügelzellenpumpe werden die im Rotor angeordneten Flügel durch die Fliehkräfte an die Innenwand des Laufringes gedrückt. Da der Laufring exzentrisch gelagert ist, vergrößert bzw. verkleinert sich bei der Drehung des Rotors das Volumen. Das Öl wird tangential von der Saug- zur Druckseite gefördert.

Bei der Radialkolbenpumpe führen die Kolben beim Drehen des exzentrisch gelagerten Rotors eine Hubbewegung aus. Bei beiden Pumpen kann durch Exzentrizitätsverstellung (e) eine Volumenveränderung und eine Förderrichtungsumkehr erreicht werden.

Verdichter (Luftkompressor)

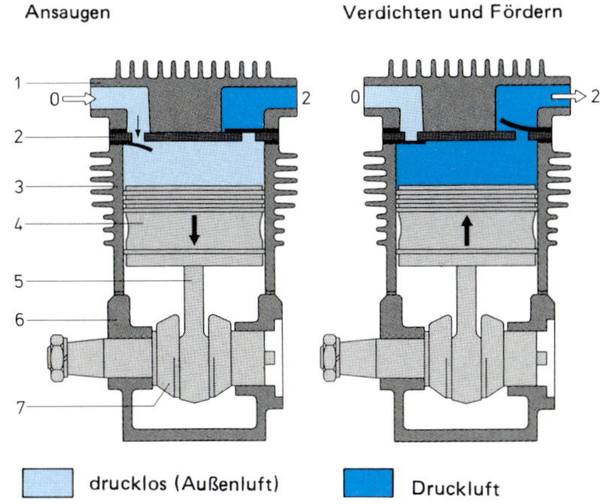

1 Zylinderkopf
2 Zwischenplatte (mit Ein- und Auslassventil)
3 Zylinder
4 Kolben
5 Pleuelstange
6 Kurbelgehäuse
7 Kurbelwelle

Die Druckluftversorgung der Druckluftbremsanlage wird im Lkw zur Steuerung weiterer pneumatischer Anlagen verwendet.
Ein Verdichter saugt über einen Luftfilter atmosphärische Luft an und verdichtet sie. Sobald ein bestimmter Druck erreicht ist, öffnet das Auslassventil und die verdichtete Luft strömt zum Druckregler. Der Druckregler leitet die Druckluft, die bei laufendem Motor ständig vom Luftkompressor zuströmt, entweder in die Luftbehälter oder ins Freie und regelt dadurch den Vorratsdruck der Druckluftbremsanlage. Ein Zweikreis-Schutzventil verteilt die Druckluft von einer Energiequelle auf zwei voneinander getrennte Vorratskreise. Der Luftbehälter dient zum Speichern der verdichteten Luft. Ein Entwässerungsventil ermöglicht das Ablassen des Kondenswassers aus den Luftbehältern.

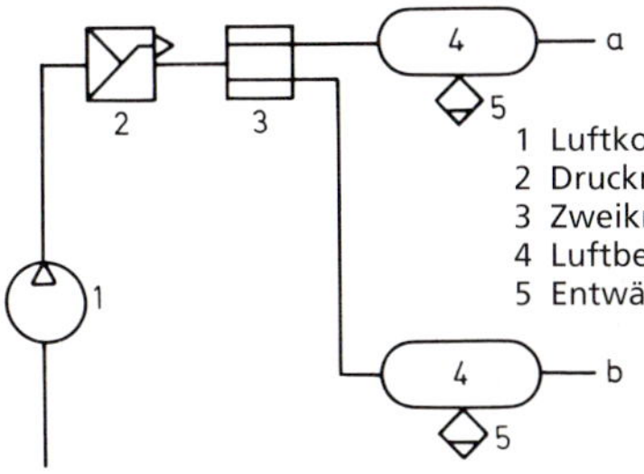

1 Luftkompressor
2 Druckregler
3 Zweikreis-Schutzventil
4 Luftbehälter
5 Entwässerungsventil

In anderen pneumatischen Anlagen schließt sich an den Verdichter eine Wartungseinheit zur Aufbereitung der Luft (Filtern, Betriebsdruck, Regeln, Ölen) an.

10.7.4.3 Ventile

Wegeventile

Wegeventile steuern den Beginn und das Ende sowie die Richtung des Ölstromes bzw. der strömenden Druckluft. Wegen der gleichartigen Funktion verwendet man für Hydraulik- und Pneumatikventile die gleichen Bildzeichen.

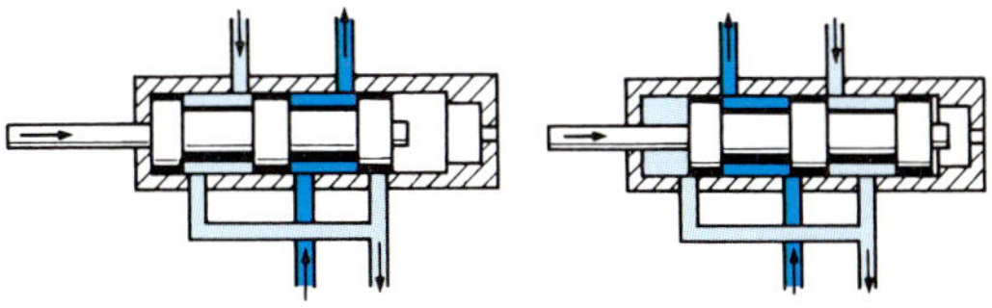

Wegeventile werden zeichnerisch durch Quadrate dargestellt. Pfeile und Linien innerhalb der Quadrate geben die Leitungen und die Durchflussrichtung an. Eine Sperrung wird durch ein „T" gekennzeichnet.

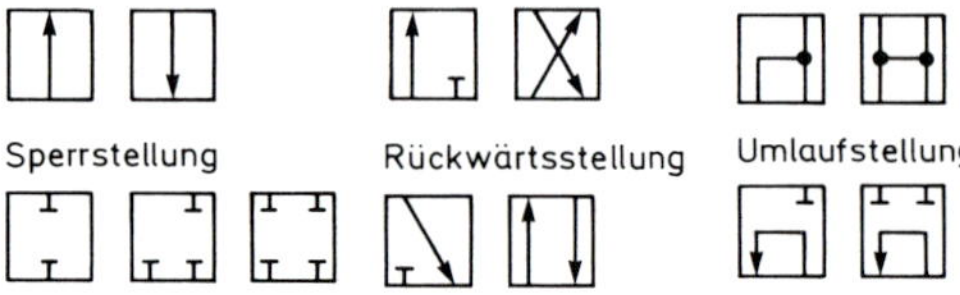

Für jede Schaltstellung wird ein Quadrat gezeichnet: 3 Quadrate = 3 Schaltstellungen. Die Leitungsanschlüsse werden an das Quadrat Ausgangsstellung bzw. Nullstellung herangezogen. Wegeventile werden nach der Anzahl der Leitungsanschlüsse und der Anzahl der Schaltstellungen bezeichnet. Das nebenstehende Ventil hat 4 Leitungsanschlüsse und 3 Schaltstellungen. Es wird daher als 4/3-Wegeventil bezeichnet. Folgende Schaltstellungen sind möglich:

- Sperrnullstellung
- Schaltstellung a (Vorwärtsstellung)
  Quadrate werden über die Anschlussleitungen nach rechts verschoben
- Schaltstellung b (Rückwärtsstellung)
  Quadrate werden über die Anschlussleitungen nach links verschoben

Die Betätigungsart wird waagerecht an die Quadrate herangezogen.

Schaltstellungen eines 4/3-Wegeventils

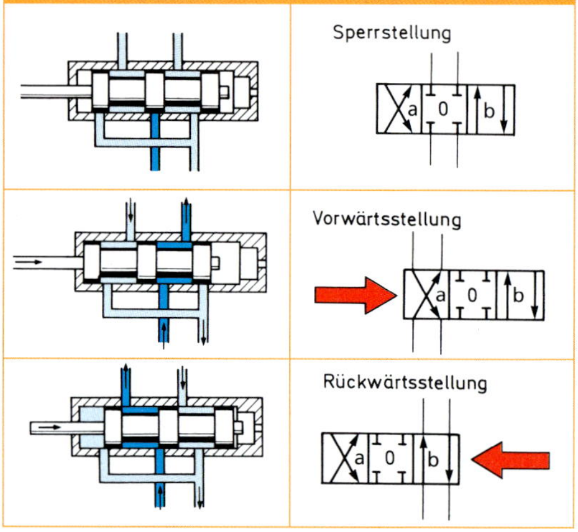

Beispiel:
4/3-Wegeventil mit Umlaufnullstellung, federzentriert, elektromagnetisch betätigt
Anschlüsse:

1	Druckanschluss
2, 4,	Arbeitsanschluss
7	Rücklaufanschluss

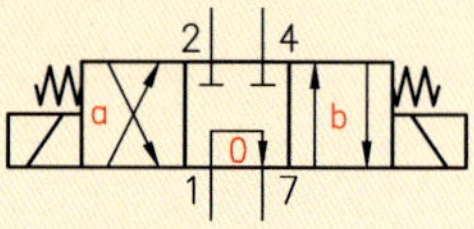

0 Umlaufnullstellung
a Schaltstellung
b Schaltstellung

Wegeventile

Symbol	Benennung
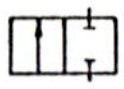	2/2-Wegeventil
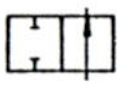	2/2-Wegeventil
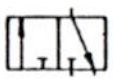	3/2-Wegeventil
	3/2-Wegeventil
	4/2-Wegeventil
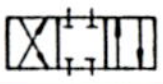	4/3-Wegeventil
	5/2-Wegeventil

Betätigungsarten

Mechanische Betätigung		Elektrische Betätigung	
	– durch Stößel oder Taster		– durch Elektromagnet
	– durch Feder	**Pneumatische Betätigung**	
	– durch Rolle	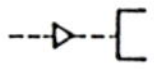	– durch Druckbeaufschlagung
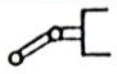	– durch Rolle, nur in einer Richtung	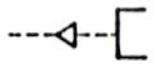	– durch Druckentlastung
Muskelkraftbetätigung		**Hydraulische Betätigung**	
	– allgemein		
	– durch Druckknopf		
	– durch Hebel		
	– durch Pedal		

Druckbegrenzungsventil

Das Druckbegrenzungsventil begrenzt den Druck im System auf einen bestimmten Maximalwert. Das Druckbegrenzungsventil dient als Sicherheitsventil vor Überlastungen einer Anlage. Wird der Maximalwert überschritten, öffnet das Ventil und das Öl fließt in den Vorratsbehälter zurück.
Druckventile werden durch ein Quadrat dargestellt. Sie haben einen Zu- und Ablauf und einen internen Steueranschluss für das Steueröl. Der Steuerdruck wird dem eigenen Zu- oder Ablauf entnommen. Eine Feder stellt den Kolben in die Ausgangsstellung. Ein Pfeil durch die Feder gibt an, dass der Druck, bei dem das Ventil schaltet, einstellbar ist.
Haupteinsatzgebiet der Druckventile ist die Hydraulik.

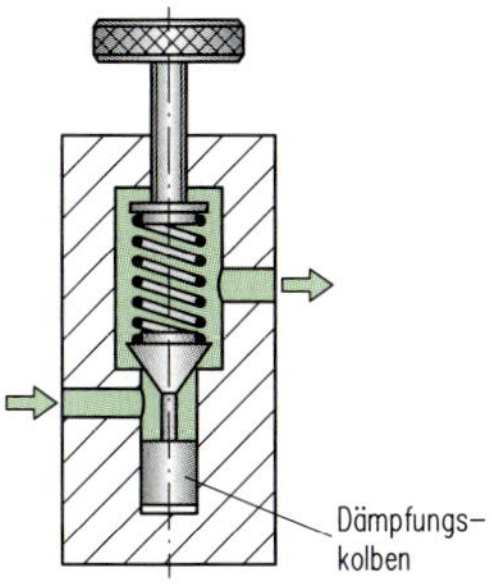

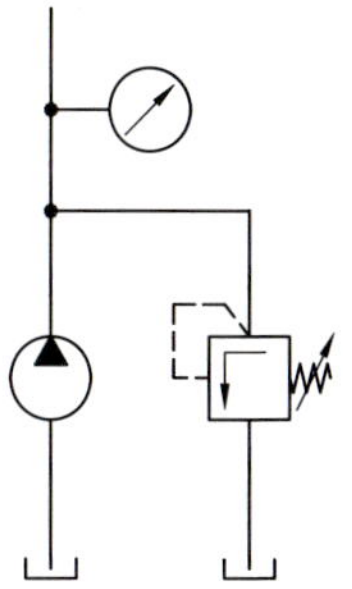

Sperrventile

Rückschlagventil

Das Rückschlagventil erlaubt den Durchfluss in einer Richtung und sperrt in Gegenrichtung. Das Ventil öffnet, sobald der Eingangsdruck in der freien Richtung eine größere Kraft aufbringt als die eingebaute Feder. Sperrventile finden bei Motorschmierung bzw. Motorkühlung Anwendung. Parallel zum Ölfilter (1) bzw. zum Kühler (2) ist ein Rückschlagventil einbaut. Steigt der Druck im System an, z. B. durch Verschmutzung, öffnet das Rückschlagventil, der Druck kann sich abbauen bzw. die Druckflüssigkeit wird ungefiltert weitergefördert.
Weiterhin findet das Sperrventil bei Hebebühnen (3) Anwendung. Bei abgeschalteter Pumpe (1) und geschlossenem 2/2-Wegeventil (4) bleibt der Kolben in seiner Halteposition. Zum Ablassen des Kolbens muss das 2/2-Wegeventil geöffnet werden. Das Druckbegrenzungsventil (5) sichert das System gegen einen zu hohen Druck, wenn der Kolben seine Endposition erreicht hat.

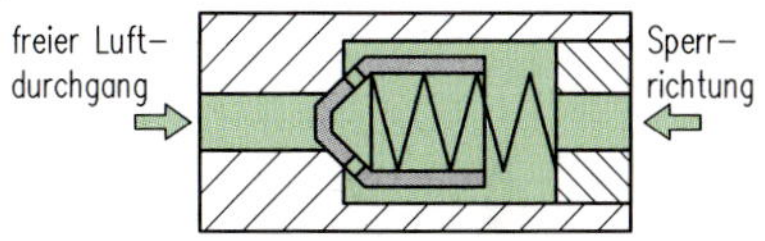

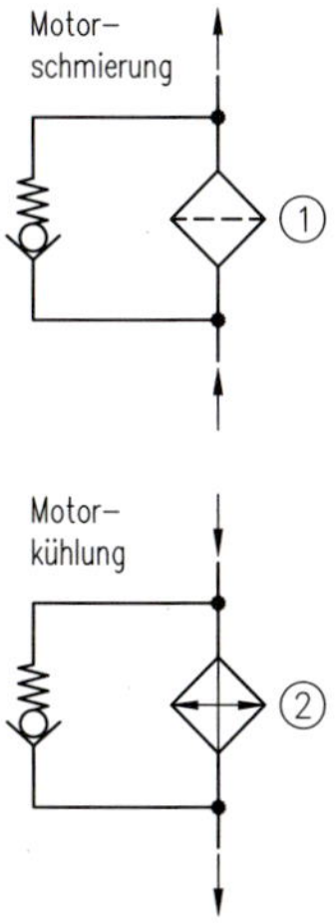

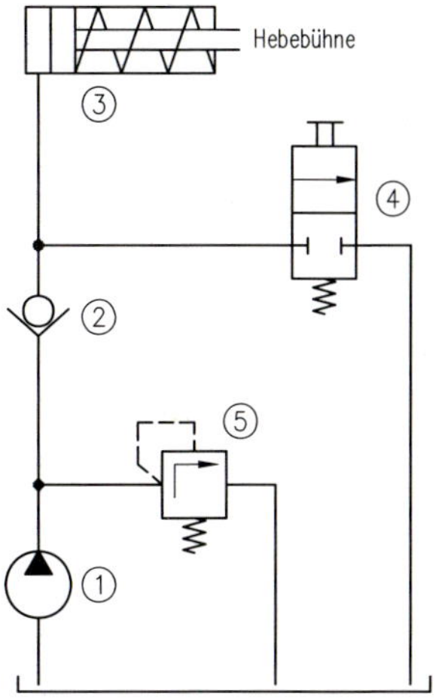

Wechselventil

Das Wechselventil hat 2 Zuflüsse und einen Abfluss. Der Zufluss mit dem höheren Druck p_1 ist mit dem Abfluss A verbunden, während der andere Zufluss gesperrt ist. Wechselventile werden dort eingesetzt, wo ein Steuerglied (Ventil) oder Antriebsglied (Zylinder) von zwei, auch räumlich getrennten Stellen aus, betätigt werden sollen. Z. B. Steuerung einer Bustür.

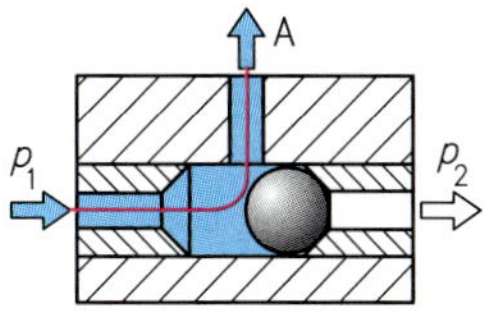

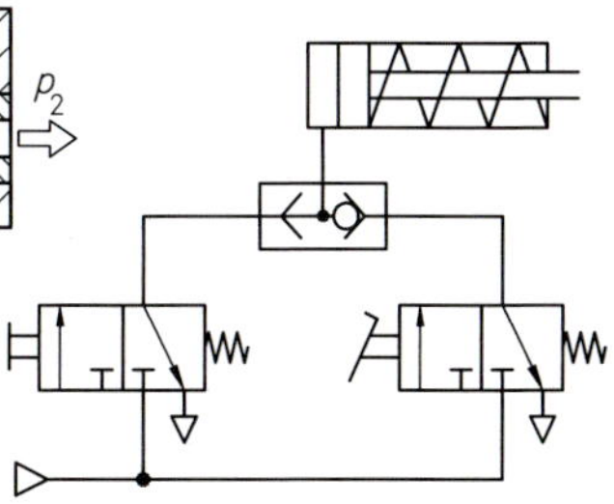

Stromventil, Drosselrückschlagventil

Die Stromventile verändern bzw. begrenzen die Durchflussmenge des Druckmediums. Durch die Beeinflussung des Volumenstromes durch Verengung oder Erweiterung des Durchflussquerschnitts wird die Kolbengeschwindigkeit von Zylindern verändert.

Das Drosselrückschlagventil besteht aus einer Drosselstelle und einem Sperrventil.

Die Drosselwirkung besteht nur in einer Richtung, in entgegengesetzter Richtung besteht ein freier Durchgang über das Rückschlagventil.

Die Regelung der Kolbengeschwindigkeit ist beim Ausfahren und/oder Einfahren möglich.

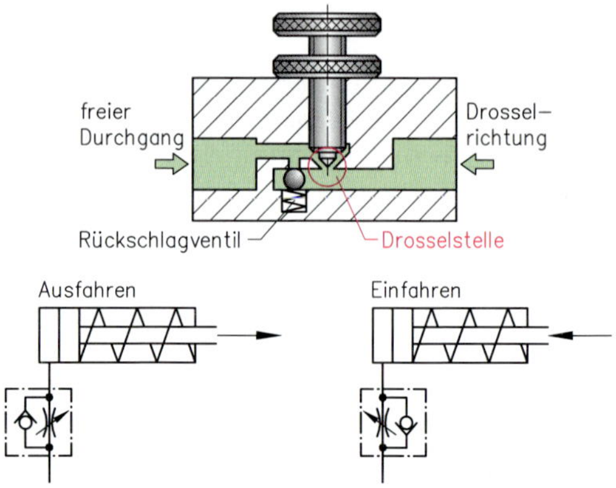

10.7.4.4 Hydrospeicher

Hydrospeicher
- speichern die Druckflüssigkeit,
- mindern Druckstöße im System,
- kompensieren Leckölverluste.

Hydrospeicher bestehen aus einem Behälter, der einen Flüssigkeits- und einen Gasteil besitzt. Die Trennung erfolgt durch einen Kolben, eine Membran oder eine Gummiblase. Das zusammendrückbare Gas übernimmt die Druckspeicherung.

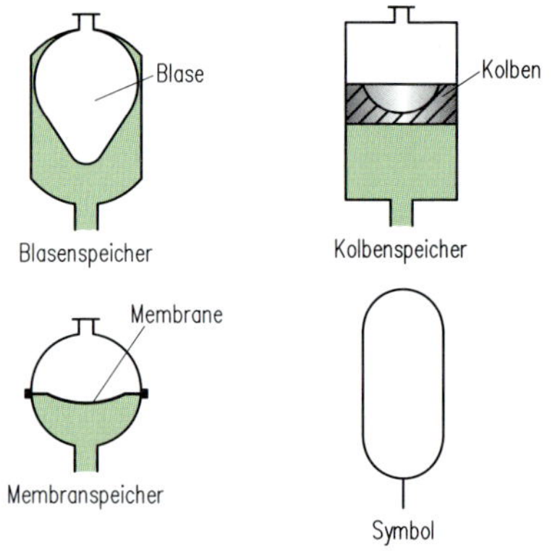

10.7.4.5 Rohrleitungen

Als Leitungen werden in der Hydraulik und Pneumatik meist nahtlose Präzisionsstahlrohre verwendet. Als flexible Leitungen finden Schläuche aus elastischen Materialien mit Gewebe- oder Drahtgeflechten Anwendung. Dabei ist zwischen Hochdruck- und Höchstdruckschläuchen zu unterscheiden. Zur Verbindung der Rohre bzw. Schläuche werden Schneidringverschraubungen bei Metallrohren und Klemmverschraubungen für Kunststoffrohre verwendet.

Scheidringverschraubungen

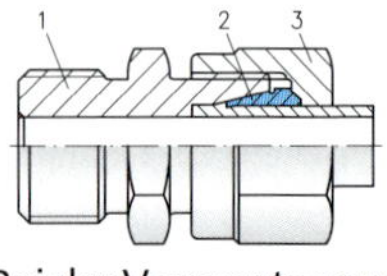

1 Einschraubteil
2 Schneidring
3 Überwurfmutter

Bei der Vormontage wird ein harter Schneidring mit der Überwurfmutter in das Rohrende gesteckt. Beim Anziehen der Überwurfmutter drückt sich der Schneidring in das Rohrende ein und wirft dabei einen Bund auf.

Klemmverschraubungen

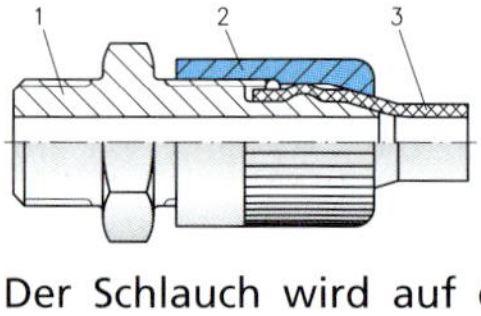

1 Einschraubteil mit Aufstecktülle
2 Überwurfmutter mit Klemmkonus
3 Kunststoffschlauch

Der Schlauch wird auf das Einschraubteil mit Aufstecktülle gezogen. Beim Anziehen der Überwurfmutter mit Klemmkonus wird der Schlauch eingespannt.

10.7.5 Wartung und Druckmessung

Hydraulische Systeme

Hydraulische Systeme müssen überprüft werden auf:
- Druckflüssigkeitsstand
- Undichte Leitungen und Verbindungen
- Undichte Geräte
- Geknickte Schläuche und scharfe Rohrbiegungen
- Luftblasen in der Druckflüssigkeit
- Wasser in der Druckflüssigkeit durch Kondensation oder Diffusion durch die Schläuche
- Verschmutzte Druckflüssigkeit aufgrund unzureichender Druckflüssigkeitswechsel
- Druckflüssigkeit entspr. den Angaben des Herstellers
- Spezielle Wartung der Anlage oder einzelner Geräte nach Angabe des Herstellers

Pneumatische Systeme

Pneumatische Systeme müssen überprüft werden auf:
- Undichte Leitungen und Verbindungen
- Knickstellen in Schläuchen
- Leckverluste an Ventilen
- Kolbenstangenführungen auf Verschleiß
- Auf Funktionsfähigkeit der Ventile für automatische Kondensatentleerer
- Funktionsfähigkeit der Filter
- Spezielle Wartung der Anlage oder einzelner Geräte nach Angabe des Herstellers

Zur Messung von Drücken in Hydrauliksystemen werden Manometer eingesetzt. Der Druck wird mechanisch über elastische Platten oder flachgedrückte Rohre mit Hebel- und Zahnstangenübersetzung auf den Zeiger übertragen.
Die Druckskala gibt den Druck in bar an. Zur Wartung und Fehlerdiagnose sind in den Hydrauliksystemen des Kfz Messstellen vorgesehen, an die die Druckmessgeräte über Kupplungen oder Adapter angeschlossen werden können.

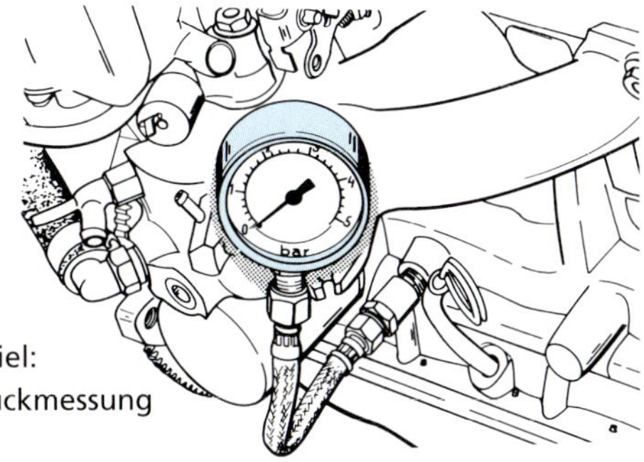

Beispiel:
Öldruckmessung

10.7.6 Schaltpläne

Da hydraulische und pneumatische Anlagen ähnlich aufgebaut sind, werden für die Schaltpläne die gleichen Schaltzeichen entsprechend DIN ISO 1219 verwendet.
Der Schaltplan ist nach folgenden Kriterien aufgebaut:
- Energiequellen unten links angeordnet.
- Steuerungselemente werden von unten nach oben entsprechend dem Signalfluss angeordnet: Energieversorgung – Signaleingabe – Signalverarbeitung – Signalausgabe – Energieumwandlung.
- Antriebszylinder oben, von links nach rechts wirkend.
- Die Bauelemente werden mit Schaltkreisnummer, Bauteilkennbuchstaben und fortlaufender Bauteilnummer gekennzeichnet:

  P Pumpen und Kompressoren
  A Antriebe
  M Antriebsmotoren
  V Ventile
  S Signalaufnehmer
  Z andere Bauteile

  Die Kennzeichnung ist mit einem Rahmen versehen.

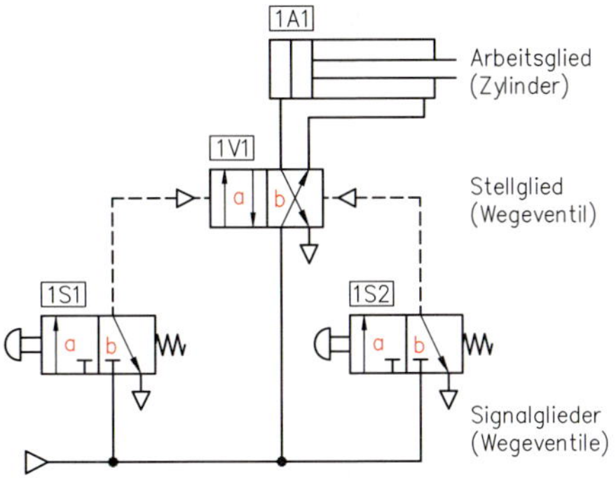

Kennzeichnungsbeispiel:

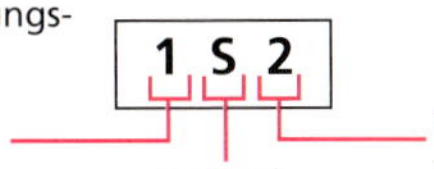

- Die Bauelemente werden in der Hydraulik in der Ruhestellung (Ausgangsstellung), in der Pneumatik in der Ruhestellung mit Druckbeaufschlagung dargestellt.

Schaltzeichen

Grundschaltzeichen					
Symbol	Benennung	Erklärung	Symbol	Benennung	Erklärung
———	Linie	hydraulische Leitung	(Symbol)	Linienverbindung mit Punkt	Leitungsverbindung
– – – –	lang gestrichelte Linie	Steuerleitung	(Symbol)	Linienkreuz	keine Verbindung
-------	kurz gestrichelte Linie	Leckölleitung			

Hydraulische Schaltzeichen

Symbol	Benennung	Erklärung	Symbol	Benennung	Erklärung
	Behälter	sammelt Druckflüssigkeit		Drosselventil	drosselt den Ölstrom
	Hydraulikpumpe	fördert Druckflüssigkeit		Stromregelventil	hält Ölstrom konstant
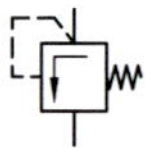	Druckbegrenzungs-ventil	begrenzt Druck im Zulauf	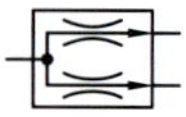	Stromteiler	teilt Ölstrom auf
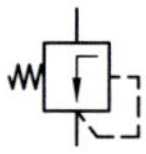	Druckreduzierventil	hält Druck im Ablauf konstant		2/2-Wegeventil	2 Anschlüsse 2 Schaltstellungen
	Rückschlagventil	sperrt Ölstrom in eine Richtung		3/2-Wegeventil	3 Anschlüsse 2 Schaltstellungen
	Rückschlagventil (federbelastet)		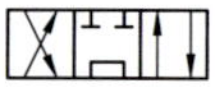	4/3-Wegeventil	4 Anschlüsse 3 Schaltstellungen
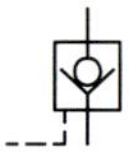	entsperrbares Rückschlagventil	wird durch Steuer-signal entsperrt	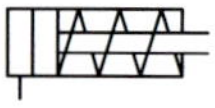	einfach wirkender Zylinder	in eine Richtung wirkend
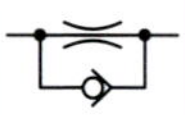	Drossel-rückschlagventil	Kombination	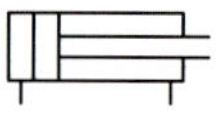	doppelt wirkender Zylinder	in zwei Richtungen wirkend
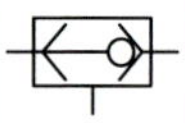	Wechselventil	sperrt Ölstrom je nach Druckverhältnis	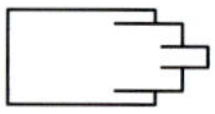	Teleskopzylinder	in eine Richtung wirkend in Stufen ausfahrbar
	Filter			Kühler	
	Hydrospeicher ohne Vorspannung			Manometer	zur Druckmessung
	Hydrospeicher mit Vorspannung	Gasvorspannung			

Hydraulische Grundschaltung

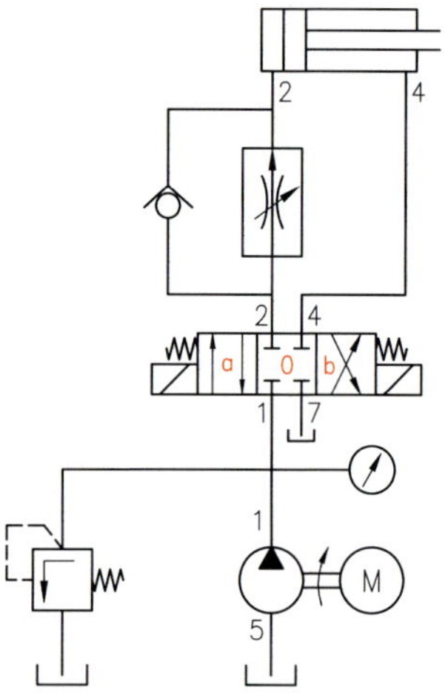

Die Pumpe fördert Drucköl. Das Druckbegrenzungsventil ist auf Systemdruck eingestellt. Das 4/3-Wegeventil wird elektromagnetisch angesteuert, ist federzentriert, besitzt drei Schaltstellungen: Sperrstellung, eine Vorwärts- und eine Rückwärtsstellung. Das Drosselventil ist verstellbar und verändert den Volumenstrom nur beim Ausfahren des Kolbens. Bei Rückwärtsstellung des 4/3-Wegeventils fährt der Kolben ein.
Das Öl fließt über das Sperrventil und das Wegeventil in den Ölbehälter zurück.

Steuerkette

Signalglied, Steuerglied, Stellglied } → 4/3-Wegeventil
Antriebsglied: Arbeitszylinder

Pneumatische Grundschaltung

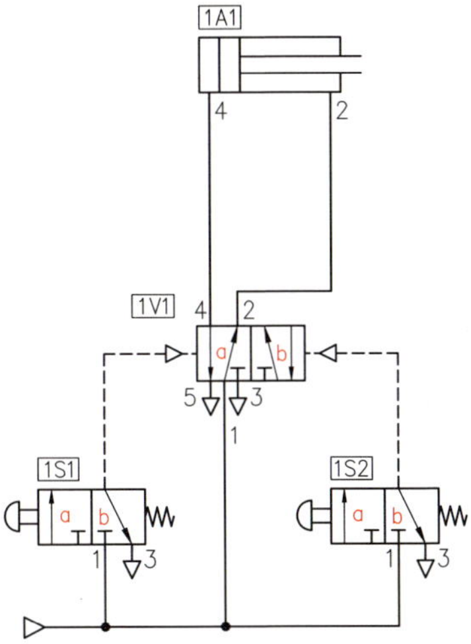

Der Kolbenverdichter saugt Luft an und verdichtet sie. Das 5/2-Wegeventil 1V1 hat zwei Schaltstellungen, eine Vorwärts- und eine Rückwärtsstellung. Es wird von beiden Seiten durch Druckluft angesteuert.
Die 3/2-Wegeventile 1S1, 1S2 werden von Hand betätigt und haben eine Federrückstellung. Mit dem Ventil 1S2 kann das Ventil 1V1 in die Stellung geschaltet werden, damit der Kolben ausfährt. Zum Einfahren des Kolbens 1A1 wird das Ventil 1S1 betätigt, das das 5/2-Wegeventil in die Ausgangsstellung schaltet.
Die Druckluft strömt ins Freie.

Steuerkette
Signalglieder: 3/2-Wegeventile 1S1 und 1S2
Steuerglied, Stellglied: 5/2-Wegeventil 1V1
Antriebsglied: Arbeitszylinder

10.7.7 Hydraulische und pneumatische Systeme im Kfz

10.7.7.1 Hydraulische Kupplung

Aufbau und Wirkungsweise

Das Prinzip der hydraulischen Kupplung beruht auf dem Pascalschen Gesetz. Es besagt:
„In einer eingeschlossenen Flüssigkeit pflanzt sich der Druck nach allen Seiten gleichmäßig fort."
Die gleichmäßige Druckausbreitung wird in der hydraulischen Kupplungsbetätigung ausgenutzt. Sie besitzt zwei Zylinder:

- Geberzylinder,
- Nehmerzylinder,

mit unterschiedlich großen Durchmessern, die durch eine Leitung miteinander verbunden sind. Da im System überall der gleiche Druck p_L herrscht, gilt

$$p_L = \frac{F_1}{A_1} = \frac{F_2}{A_2}$$

$$\boxed{\frac{F_1}{A_1} = \frac{F_2}{A_2}}$$

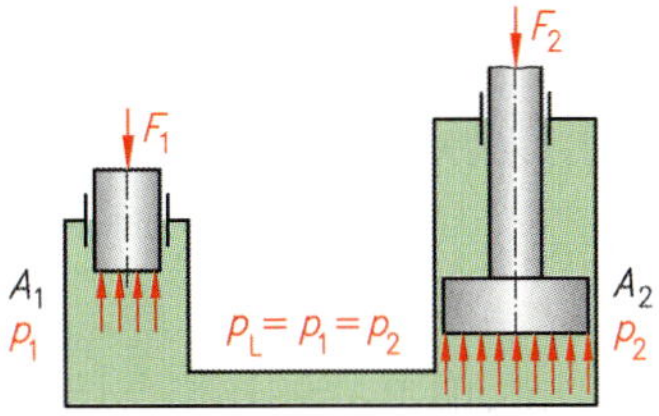

Übersetzung: $i = \frac{F_2}{F_1} = \frac{A_2}{A_1}$

Beim Betätigen des Kupplungspedals wird die Fußkraft über eine Druckstange auf den Kolben im Geberzylinder übertragen. Der im Geberzylinder erzeugte Druck pflanzt sich über eine Leitung fort und wirkt auf den Kolben des Nehmerzylinders. Der Kolben drückt mit einem Stößel über den Ausrückhebel und den Ausrücker gegen die Membranfederzungen. Die Kupplungsscheibe löst sich von den Reibflächen und läuft frei.

Beim Einkuppeln drücken die Membranfeder und die Rückholfedern im Geber- und Nehmerzylinder die Kolben in den beiden Zylindern in die Ausgangsstellung zurück.

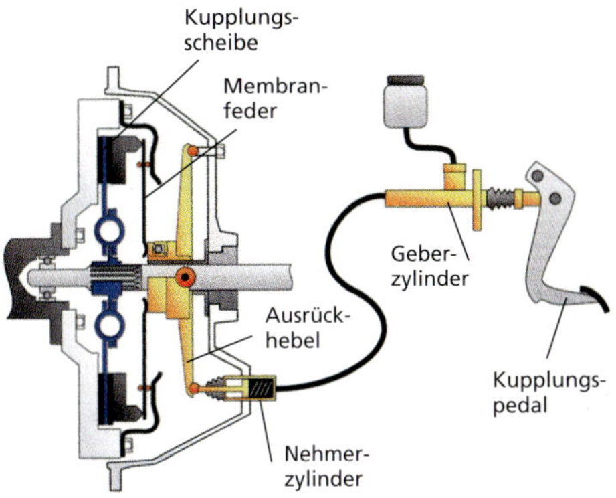

Blockschaltbild Hydraulische Kupplung

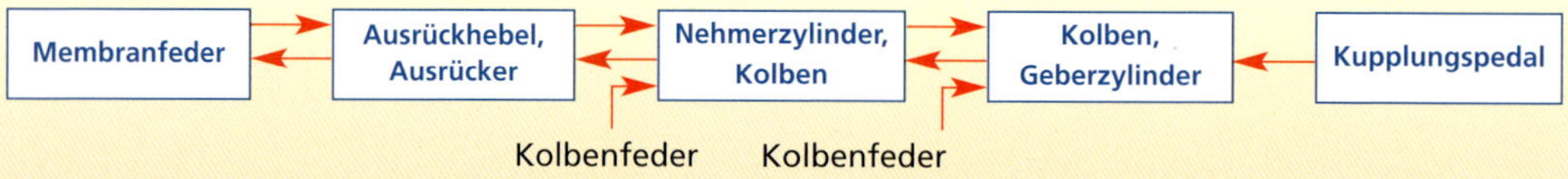

Beispiel:

Der Geberzylinder einer Kupplung mit hydraulischer Kraftübertragung hat einen Durchmesser von d_1 = 18 mm, der Nehmerzylinder am Ausrückhebel einen Durchmesser von d_2 = 24 mm.
Wie groß ist die Ausrückkraft F_A, wenn die Fußkraft F_1 = 120 N beträgt?

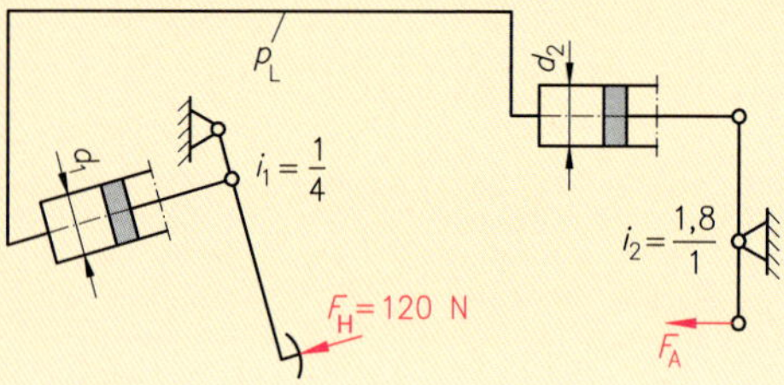

Lösung:

$$i = \frac{F_1}{F}$$

$$F_1 = i_1 \cdot F_H = 4 \cdot 120\ \text{N} = 480\ \text{N}$$

$$A_1 = \frac{d_1^2 \cdot \pi}{4} = \frac{1{,}8^2 \cdot 3{,}14}{4} = 2{,}54\ \text{cm}^2$$

$$p_L = \frac{F_1}{A_1} = \frac{480\ \text{N}}{10 \cdot 2{,}52\ \text{cm}^2} = 19\ \text{N/cm}^2$$

$$A_2 = \frac{d_2^2 \cdot \pi}{4} = \frac{2{,}4^2 \cdot 3{,}14}{4} = 4{,}52\ \text{cm}^2$$

$$F_2 = p_L \cdot A_2 = 19\ \text{N} \cdot 10 \cdot 4{,}52\ \text{cm}^2 = 858{,}8\ \text{N}$$

$$F_A = i_2 \cdot F_2 = 1{,}8 \cdot 858{,}8\ \text{N} = 1538{,}3\ \text{N}$$

10.7.7.2 Hydraulische Bremse

Aufbau und Wirkungsweise

Die hydraulische Bremsanlage besteht aus dem Tandem-Hauptzylinder, den Bremsleitungen und den Radbremsen.
Betätigt man den Fußbremshebel (Bremspedal) mit der Fußkraft F_F, so wird im Hauptbremszylinder ein hydraulischer Druck p_L erzeugt. Dieser Druck pflanzt sich über die Bremsleitungen und -schläuche bis in die Radzylinder gleichmäßig fort. Dort wird der hydraulische Druck in die Spannkraft F_S umgewandelt, durch die die Bremsbacken/Bremsklötze an die Bremstrommeln bzw. Bremsscheiben angepresst werden. Durch unterschiedliche Kolbenquerschnitte und ein entsprechendes Übersetzungsverhältnis des Bremspedals kann die Fußkraft F_F klein gehalten werden.

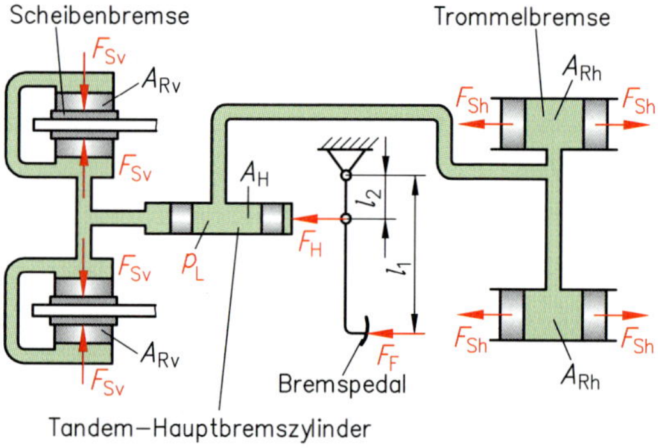

Hinweis: Index v bedeutet vorne, Index h bedeutet hinten.

Mechanische und hydraulische Kraftverstärkung

Um die erforderlichen Bremskräfte zu erzeugen, muss die Fußkraft verstärkt werden. Dies geschieht

- mechanisch,
- hydraulisch und/oder
- pneumatisch.

Größe	Formelzeichen	Einheit
Kräfte	F_F, F_H, F_S	N
Hebelarme	l_1, l_2	m
Druck	p_L	bar
Flächen	A_H, A_R	cm²
Übersetzung	i_m	–

Mechanische Kraftverstärkung

Die Fußkraft wird mechanisch über das Bremspedal auf den Hauptzylinder übertragen. Das Bremspedal stellt einen einseitigen (selten: zweiseitigen) Hebel dar. Es gilt das Hebelgesetz

$$F_F \cdot l_1 = F_2 \cdot l_2$$

Daraus ergibt sich die Hauptzylinderkolbenkraft:

$$F_2 = \frac{F_F \cdot l_1}{l_2}$$

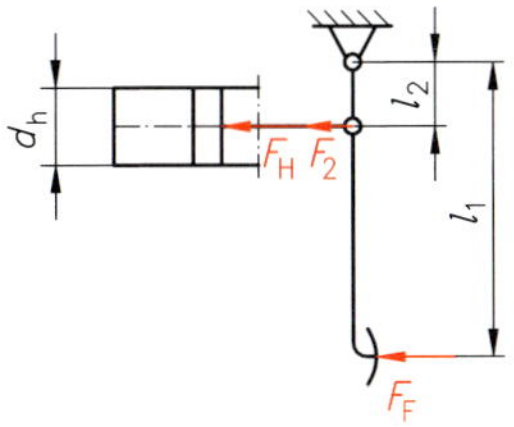

Mechanische Übersetzung

Als mechanische Übersetzung bezeichnet man das Verhältnis aus Fußkraft und Hauptzylinderkolbenkraft bzw. das Verhältnis aus den beiden Hebelarmen.

$$i_m = \frac{F_F}{F_2} = \frac{l_2}{l_1}$$

Hydraulische Kraftverstärkung

Der Kolben im Hauptzylinder wirkt mit der Kolbenkraft F_H auf die Bremsflüssigkeit. Der entstehende Druck pflanzt sich über die Bremsleitungen gleichmäßig fort. Der Leitungsdruck ist das Verhältnis von Kolbenkraft F_H zu Hauptzylinderkolbenfläche A_H

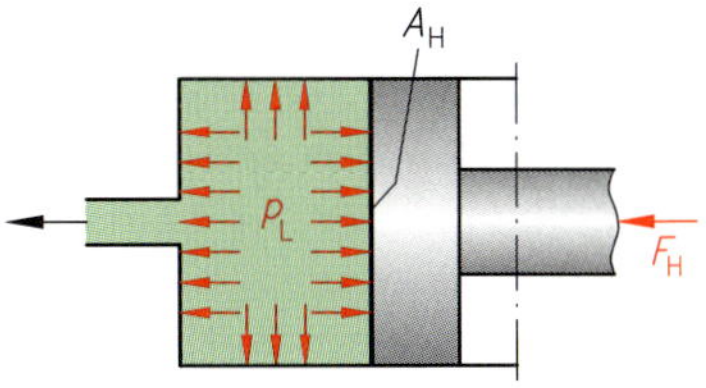

$$p_L = \frac{F_H}{A_H}$$

Der Leitungsdruck p_L wirkt auf die Flächen A_R der Radzylinderkolben und erzeugt die Spannkräfte, die die Bremsklötze an die Bremsscheibe bzw. die Bremsbacken an die Bremstrommel pressen.

$$F_S = p_L \cdot A_R$$

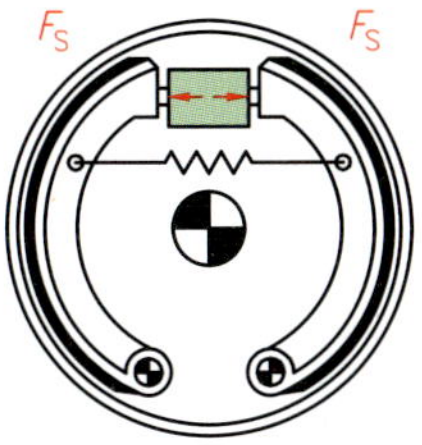

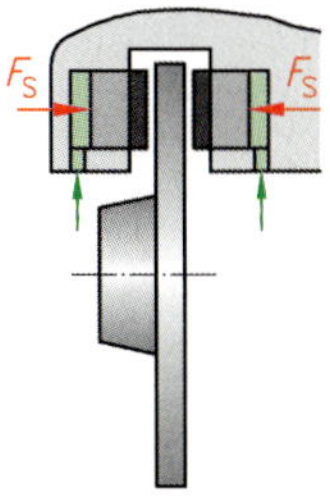

Als Hydraulische Übersetzung gilt:

$$i_h = \frac{F_H}{F_S} = \frac{A_H}{A_S}$$

Beispiel:

Für die dargestellte Bremsanlage ist die Spannkraft des Radzylinderkolbens zu berechnen

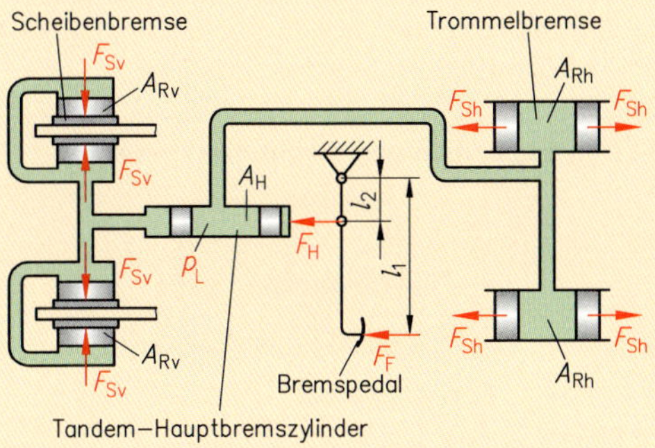

Gegeben: $F_F = 400$ N, $l_1 = 240$ mm, $l_2 = 80$ mm
Hauptzylinder $d_H = 22$ mm,
Radzylinder $d_R = 38{,}1$ mm, $d_{Rh} = 40$ mm

Gesucht: F_H, p_L, F_{Sv}, F_{Sh}

Lösung:

$$F_H = \frac{F_F \cdot l_1}{l_2} = \frac{400\ \text{N} \cdot 240\ \text{mm}}{80\ \text{mm}} = \underline{\underline{1200\ \text{N}}}$$

$$A_H = \frac{d_H^2 \cdot \pi}{4} = \frac{2{,}2^2\ \text{cm}^2 \cdot 3{,}14}{4} = 3{,}8\ \text{cm}^2$$

$$p_L = \frac{F_H}{A_H} = \frac{1200\ \text{N}}{3{,}8\ \text{cm}^2} = 315{,}8\ \frac{\text{N}}{\text{cm}^2} = \underline{\underline{31{,}6\ \text{bar}}}$$

$$A_{Rh} = \frac{d_{Rh}^2 \cdot \pi}{4} = \frac{3{,}8^2\ \text{cm}^2 \cdot 3{,}14}{4} = 11{,}34\ \text{cm}^2$$

$$A_{Rv} = \frac{d_{Rv}^2 \cdot \pi}{4} = \frac{4^2\ \text{cm}^2 \cdot 3{,}14}{4} = 12{,}56\ \text{cm}^2$$

$$F_{Sh} = p_L \cdot A_{Rh} = 315{,}8\ \frac{\text{N}}{\text{cm}^2} \cdot 11{,}34\ \text{cm}^2 = \underline{\underline{3581{,}7\ \text{N}}}$$

$$F_{Sv} = p_L \cdot A_{Rv} = 315{,}8\ \frac{\text{N}}{\text{cm}^2} \cdot 12{,}56\ \text{cm}^2 = \underline{\underline{3966{,}5\ \text{N}}}$$

Zweikreisbremssystem

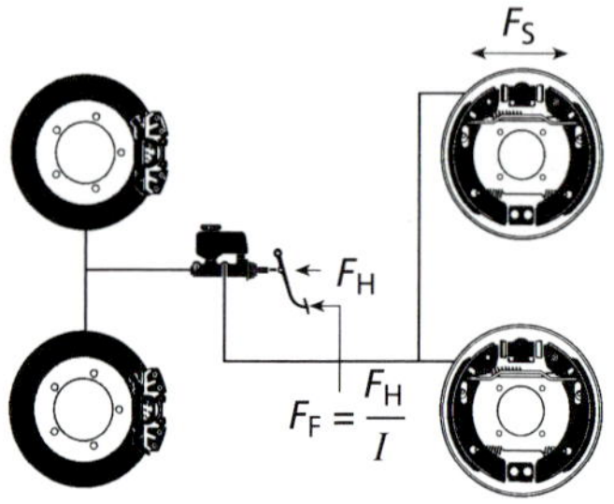

Das Bremssystem wird in zwei Druckräume unterteilt. Vorderachse und Hinterachse bilden je einen Bremskreis. Bei Betätigung der Fußbremse werden die Räder jedes Bremskreises getrennt von dem anderen Bremskreis abgebremst. Der hydraulische Druck wird in einem Tandem-Hauptzylinder erzeugt. Bei Ausfall eines Bremskreises kann das Fahrzeug mit dem anderen intakten Bremskreis angehalten werden.

Tandemhauptzylinder

Der Tandemhauptzylinder besteht aus zwei hintereinander geschalteten Zylindern in einem Gehäuse. Durch die beiden Kolben – Druckstangenkolben und Zwischenkolben – bilden sich zwei Druckräume. Der Druckstangenkolben wird direkt über das Bremspedal betätigt. Der aufgebaute Druck wirkt auf den schwimmend gelagerten Zwischenkolben, sodass bei gleichen Kolbenflächen in beiden Druckräumen der gleiche Druck aufgebaut wird. Die Kolben werden durch Manschetten abgedichtet: Primär-, Sekundär-, Trennmanschetten.
Ausgleichsbohrungen verbinden die Ausgleichsbehälter mit den beiden Druckräumen.

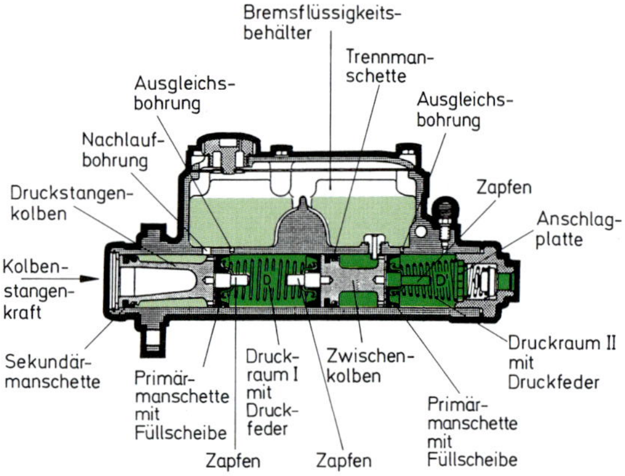

Wirkungsweise

Ruhestellung

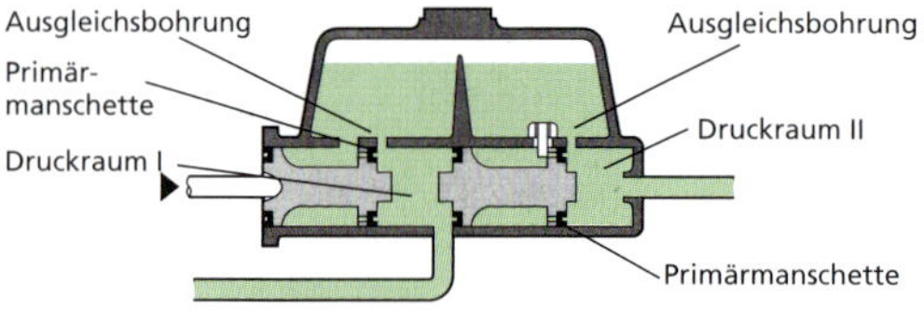

In der Ruhestellung geben die Primärmanschetten die Ausgleichsbohrungen frei, sodass Ausgleichsbehälter und Druckräume verbunden sind. Damit ist der Ausgleich der Bremsflüssigkeit bei Erwärmung bzw. Abkühlung gewährleistet.

Bremsstellung

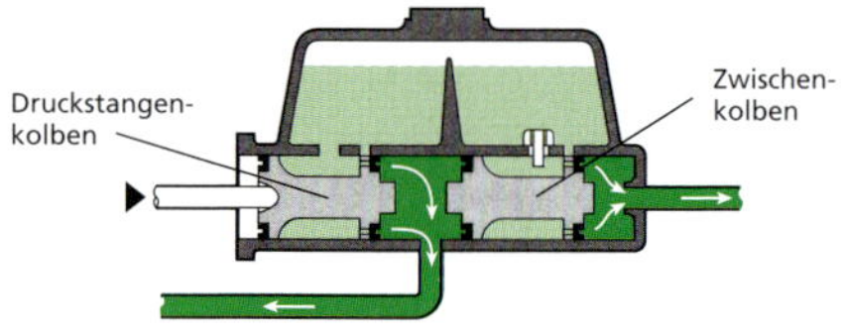

Beim Betätigen des Druckstangenkolbens wird gleichzeitig der Zwischenkolben über die vorgespannte Feder verschoben. In dem Moment, in dem die Primärmanschetten der beiden Kolben die Ausgleichsbohrungen überfahren haben, beginnt der Druckaufbau für beide Bremskreise.

Ausfall des Druckstangenkolben-Bremskreises

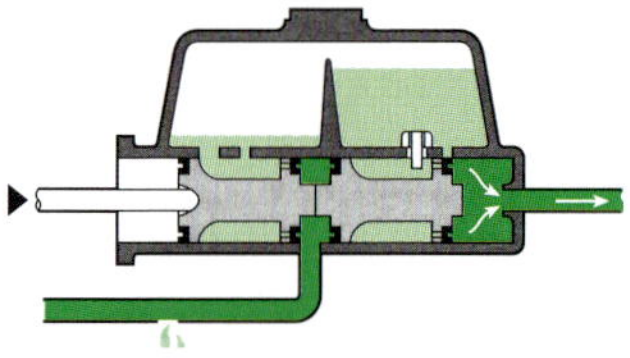

Tritt im Druckstangenkolben-Bremskreis eine Leckstelle auf, so kann sich beim Betätigen des Bremspedals im Druckraum kein Druck aufbauen. Der Druckstangenkolben wirkt mechanisch auf den Zwischenkolben, der im Zwischenkolben-Bremskreis den Druck aufbaut.

Ausfall des Zwischenkolben-Bremskreises

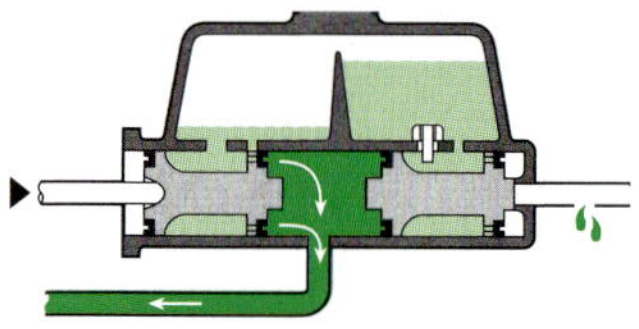

Tritt im Zwischenkolben-Bremskreis eine Leckstelle auf, wird der Zwischenkolben durch den Druck, den der Druckstangenkolben erzeugt, bis zum Anschlag verschoben. Er dichtet den intakten Bremskreis vom schadhaften Bremskreis ab. Der Druckstangenkolben-Bremskreis bleibt wirksam.

Unterdruck-Bremskraftverstärker

Der Unterdruck-Bremskraftverstärker hat die Aufgabe, den für das Bremsen nötigen Kraftaufwand zu verringern, ohne dabei das Gefühl für das Maß der Bremsung zu beeinträchtigen. Dabei wird der Druckunterschied zwischen dem Luftdruck und dem im Ansaugrohr des Motors herrschenden Druck (Unterdruck) als Kraftquelle ausgenutzt.

Bei Ausfall des Unterdrucks bleibt die Bremsanlage voll funktionsfähig. Allerdings ist eine größere Fußkraft erforderlich.

Beim mechanisch gesteuerten Unterdruck-Bremskraftverstärker ist der Unterdruckteil mit dem Hauptzylinder zusammengebaut. Er wird durch das Bremspedal betätigt. Bei Motoren mit elektronischen Gemischbildungssystemen ohne Drosselklappe, z. B. Dieselmotoren, sind zusätzlich Unterdruckpumpen am Motor erforderlich, um den nötigen Unterdruck zu erzeugen.

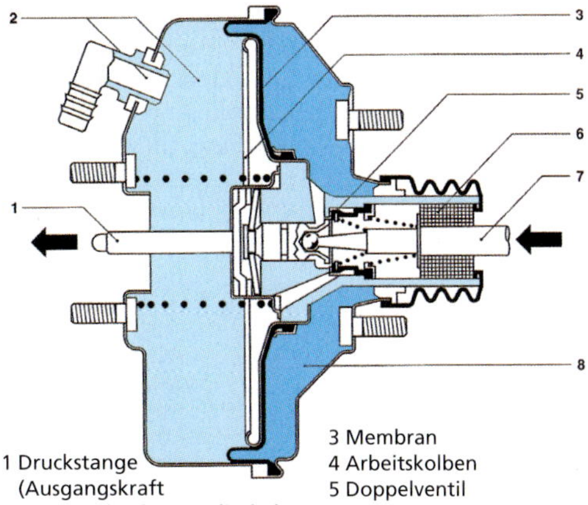

1 Druckstange (Ausgangskraft zum Tandemhauptzylinder)
2 Unterdruckkammer mit Unterdruckanschluss
3 Membran
4 Arbeitskolben
5 Doppelventil
6 Luftfilter
7 Kolbenstange (Fußkraft)
8 Arbeitskammer

Wirkungsweise

Bremskraftverstärker in Ruhestellung

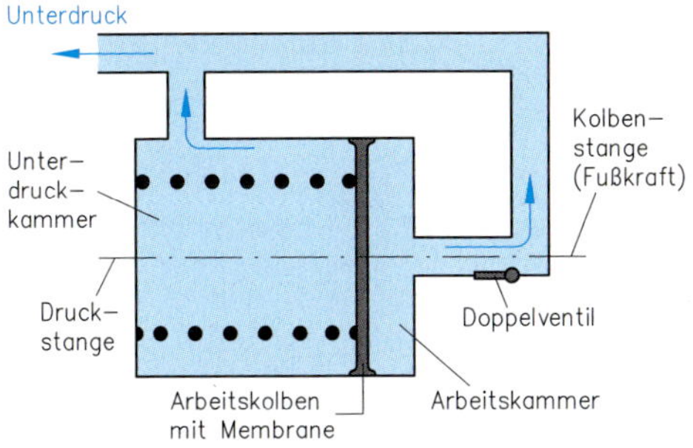

In Ruhestellung ist das Doppelventil (Unterdruck- und Außenluftventil) geschlossen. In beiden Räumen des Zylinders herrscht der gleiche Unterdruck. Die Kolbenfeder hält den Arbeitskolben in seiner Ruhestellung.

Bremskraftverstärker in Arbeitsstellung

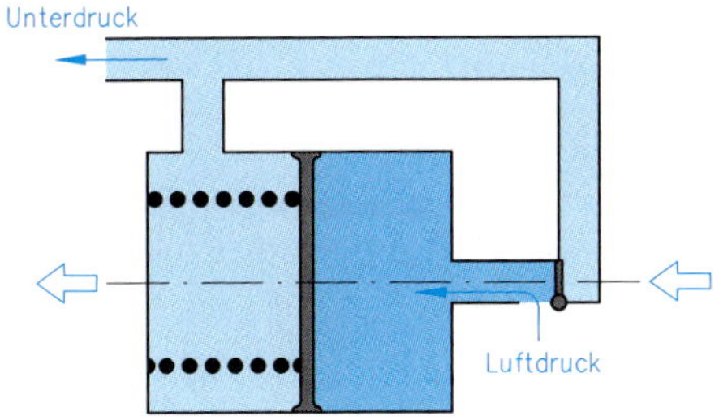

Beim Bremsen öffnet das Doppelventil je nach Größe der Fußkraft mehr oder weniger und atmosphärischer Druck gelangt in die rechte Kammer. Aufgrund des Druckunterschiedes zwischen beiden Kammern wirkt die größte Verstärkerkraft auf den Arbeitskolben und Druckstange und unterstützt die Fußkraft des Fahrers.

Pneumatische Kraftunterstützung

Die Anwendung der pneumatischen Verstärkung erfolgt im Unterdruck-Bremskraftverstärker. Der vom Ansaugrohr entnommene Unterdruck p_{abs} wirkt in die Unterdruckkammer und der etwas höhere atmosphärische Druck (Luftdruck) p_{amb} in die Arbeitskammer. Die Kraftunterstützung ist abhängig von

- der Druckdifferenz $p_e = p_{abs} - p_{amb}$
- der Größe der Membranfläche A_M.

Der Druck errechnet sich nach der Formel $p = \frac{F}{A}$, die Kraft nach $F = p \cdot A$.

Es gilt dann auf den Unterdruck-Bremskraftverstärker bezogen $F_B = p_e \cdot A_M$. Die Kraft auf den Hauptzylinder F_H ergibt sich als die Summe der verstärkten Fußkraft F_2 und der Kraftunterstützung F_B durch den Bremskraftverstärker: $F_H = F_2 + F_B$

Die pneumatische Übersetzung ist $i_p = \frac{F_H}{F_2}$.

Die Gesamtübersetzung der hydraulischen Bremsanlage mit Unterdruck-Bremskraftverstärker ergibt sich aus $i_{ges} = i_m \cdot i_h \cdot i_p$.

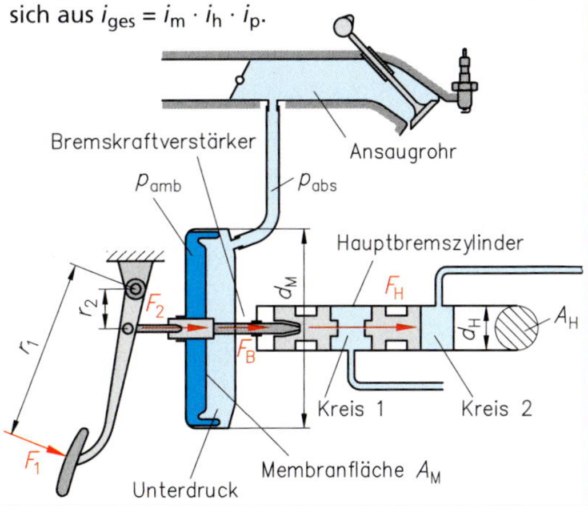

Radbremsen

Trommelbremse

Der Flüssigkeitsdruck im Radzylinder erzeugt die Spannkraft zum Anpressen der Bremsbacken mit den Bremsbelägen an die innere Oberfläche der Bremstrommel. Für Pkw finden Trommelbremsen nur noch an den Hinterrädern Anwendung. Durch die Reibung wird ein Drehmoment erzeugt, das die auflaufende Backe (links) in die Trommel hineinzieht und die Bremswirkung verstärkt.

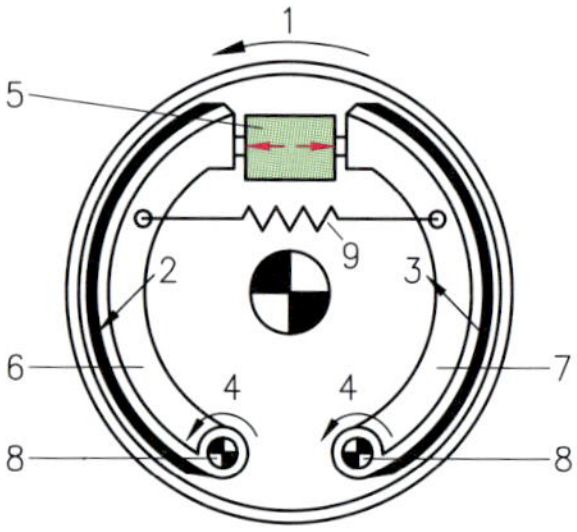

1 Drehrichtung der Bremstrommel
2 Selbstverstärkung der Bremskraft
3 Selbstverringerung der Bremskraft
4 Drehmoment
5 Radzylinder
6 auflaufende Bremsbacke
7 ablaufende Bremsbacke
8 Stützlagen
9 Federn

Faustsattel-Scheibenbremse

Bei der Faustsattel-Scheibenbremse wirkt der Flüssigkeitsdruck in einen Zylinder, dessen Kolben den inneren Bremsbelag gegen die Bremsscheibe drückt. Die Reaktionskraft verschiebt das bewegliche Faustsattelgehäuse mit dem äußeren Belag gegen die Bremsscheibe.

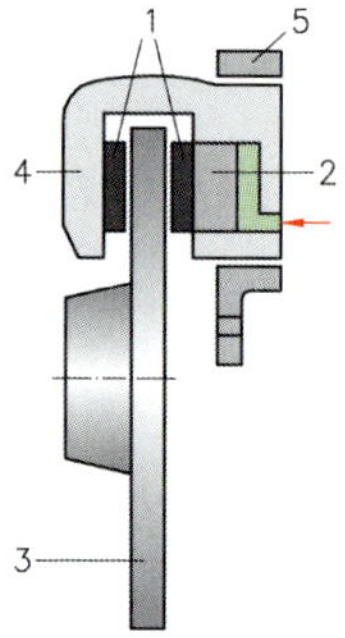

1 Bremsbeläge
2 Kolben
3 Bremsscheibe
4 Faustsattelgehäuse
5 Träger

Blockschaltbild Hydraulische Bremse (Faustsattel-Scheibenbremse)

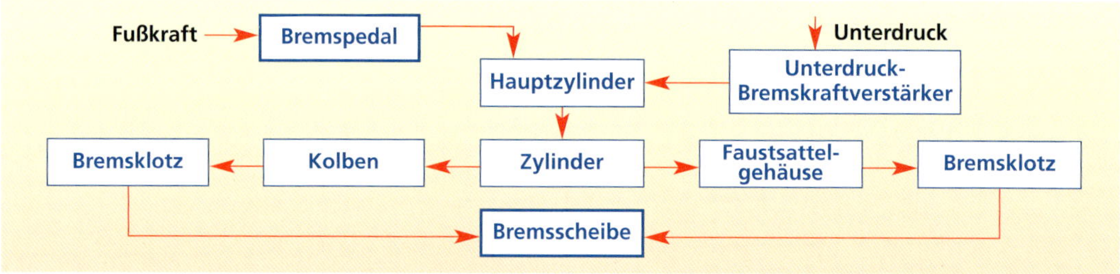

10.7.7.3 Ladedruckregelung beim Dieselmotor

Das Drehmoment eines Motors kann gesteigert werden, wenn die Ansaugluft vor Eintritt in den Zylinder verdichtet wird. Die Vorverdichtung erfolgt mit einem Abgasturbolader. Abgasturbine und Verdichter sind auf einer gemeinsamen Welle angeordnet. Die Turbine nutzt die im Abgas enthaltene Energie zum Antrieb des Verdichters aus. Ein ungeregelter Abgasturbolader verdichtet bei hohen Drehzahlen die Luft stärker als erforderlich, bei niedrigen Drehzahlen wird sie nicht genügend verdichtet. Er wird daher so ausgelegt, dass er bei großen Abgasmasseströmen nicht überlädt. Ein Teil der Abgase wird über ein Bypass-Ventil (Waste Gate) an der Turbine vorbei in die Abgasanlage abgeleitet.
Ein Ladedruckregelventil öffnet oberhalb des zulässigen Ladedrucks und der Abgasmassestrom teilt sich. Ein Teil geht über die Turbine, ein anderer Teil geht ungenutzt über das Ladedruckregelventil zum Auspuff.

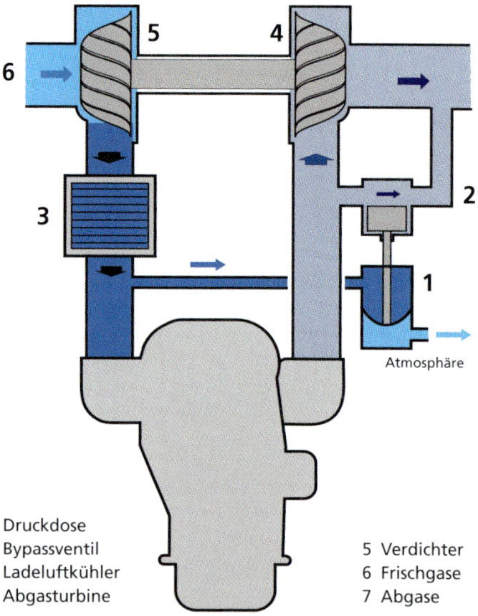

1 Druckdose
2 Bypassventil
3 Ladeluftkühler
4 Abgasturbine
5 Verdichter
6 Frischgase
7 Abgase

10.7.8 Verknüpfungssteuerungen

Eine Steuerung, deren Steuersignale (Ausgangssignale) durch Verknüpfung (Kombination) mehrerer Eingangssignale entstehen, nennt man Verknüpfungssteuerung oder kombinatorische Steuerung. Die Innenbeleuchtung eines Kfz gehört zu den Verknüpfungssteuerungen.

10.7.8.1 Elektrische/elektronische Verknüpfungssteuerungen

Innenbeleuchtung eines Kfz

Situation:
Die Innenbeleuchtung eines Pkw wird eingeschaltet, wenn die Fahrer- oder Beifahrertür geöffnet wird.

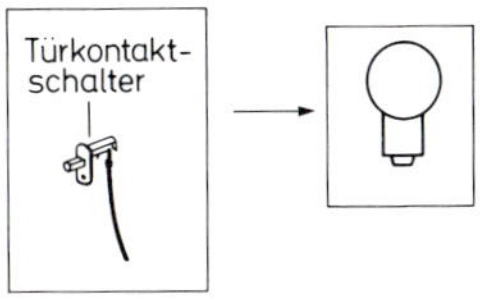

Elektrische Schaltung
Die Steuerung der Innenbeleuchtung besteht aus:
- Eingabeglied
- Verarbeitungsglied
- Signalglied

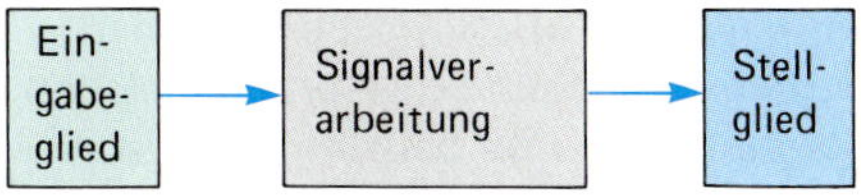

Eingabeglieder sind
- der Türkontakt S1,
- der Türkontakt S2.

Stellglied ist ein Relais, das die Innenbeleuchtung ein- und ausschaltet.

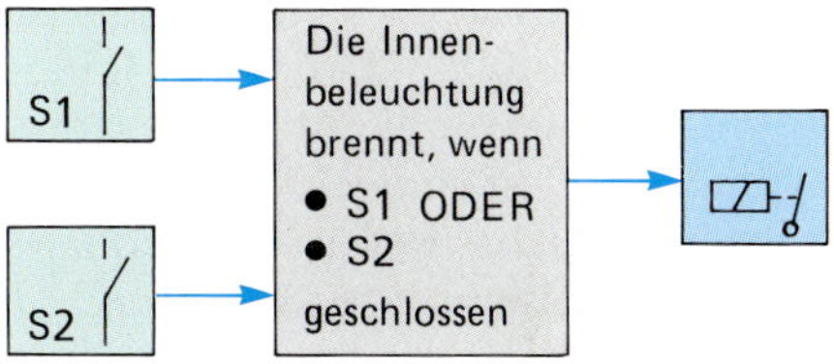

In der Signalverarbeitung werden die Eingabeglieder so verknüpft, d. h. verdrahtet, dass folgende Funktion entsteht:
Die Innenbeleuchtung wird eingeschaltet, wenn
- die rechte Tür geöffnet wird und der Schalter S1 den Stromkreis zum Relais schließt ODER
- die linke Tür geöffnet wird und der Schalter S2 den Stromkreis zum Relais schließt,
- beide Türen geöffnet sind.

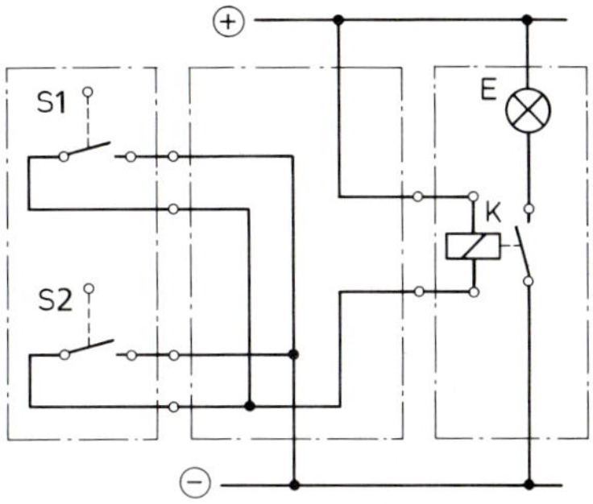

Mithilfe einer Funktionstabelle, auch Wahrheitstabelle genannt, wird die Wirkungsweise der Schaltung überprüft. In der Funktionstabelle werden die Ausgangszustände in Abhängigkeit von den Eingängen dargestellt.
Für die Funktion der Schaltung gilt folgende Festlegung:
Spannung vorhanden → 1-Signal,
keine Spannung vorhanden → 0-Signal.

Eingangszustände		Ausgangszustand
Türkontakt S1	Türkontakt S2	Lampe E
AUS	AUS	AUS
EIN	AUS	EIN
AUS	EIN	EIN
EIN	EIN	EIN

S1	S2	E
0	0	0
1	0	1
0	1	1
1	1	1

In der dargestellten Steuerung „Innenbeleuchtung" ist die logische Grundfunktion ODER enthalten, d. h. die Schaltung stellt eine ODER-Verknüpfung dar. In einer ODER-Verknüpfung führt der Ausgang dann ein 1-Signal, wenn mindestens an einem Eingang ein 1-Signal anliegt. Nur wenn alle Eingänge 0-Signal führen, liegt auch am Ausgang ein 0-Signal an.

Die zeichnerische Darstellung der logischen Grundfunktion erfolgt im Logik- oder Funktionsplan. Hierzu verwendet man Logiksymbole, die aus einem Quadrat bestehen mit eingetragenem Zeichen für die Art der Verknüpfung. Die Eingänge bezeichnet man mit dem Buchstaben S (Schalter), den Ausgang mit dem Buchstaben E.

Der Übersichtsplan berücksichtigt nur die wesentlichen Teile einer Schaltung. Er gibt einen schnellen Überblick über Aufgabe, Aufbau, Gliederung und Funktion einer Verknüpfungsschaltung. Die Schaltzeichen sagen nichts über die schaltungstechnische Verwirklichung durch Kontakte oder Halbleiterbauelemente aus.

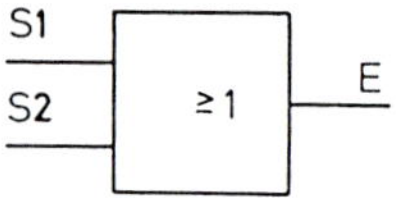

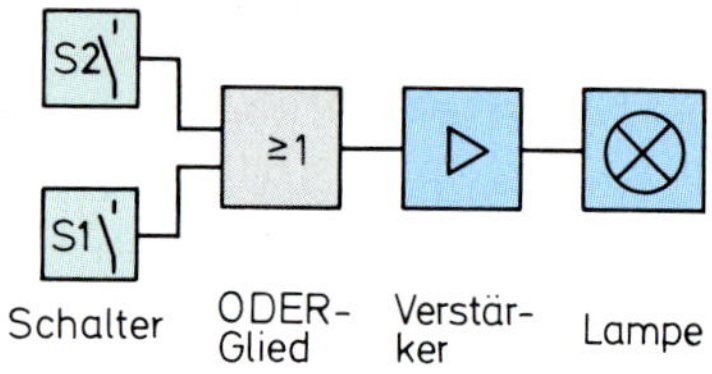

Logikbaustein als Verarbeitungsglied

Die elektronischen Schaltungen werden in der Praxis in sogenannten Logikbausteinen ausgeführt. Diese Bausteine sind meist integrierte Schaltungen (IC). Im IC sind auf einer Fläche von nur wenigen Quadratmillimetern eines Siliziumkristalls (Chip) viele Transistoren, Dioden und Widerstände untergebracht und durch gezielte Verknüpfung, z. B. zu einer ODER-Schaltung verwirklicht.

Ein solcher Logikbaustein wird in großen Stückzahlen gefertigt und ist dadurch preisgünstig.

Im Standard-Logikbaustein werden vier separate ODER-Verknüpfungen zu einer Betriebseinheit zusammengefasst. Der Baustein besitzt 14 Anschlüsse, auch PIN genannt. Am Anschluss 14 liegt die Betriebsspannung U_B, der Anschluss 7 liegt an Masse.

Mit einem IC-Baustein kann die logische Schaltung für die Innenbeleuchtung aufgebaut werden. Der Baustein sitzt in einem IC-Stecksockel, an dem die einzelnen Anschlüsse herausgeführt sind.

Die vom Logikbaustein ausgehenden Signale sind für die Stellglieder zu schwach. Zum Ansteuern müssen sie in einer Endstufe verstärkt werden.

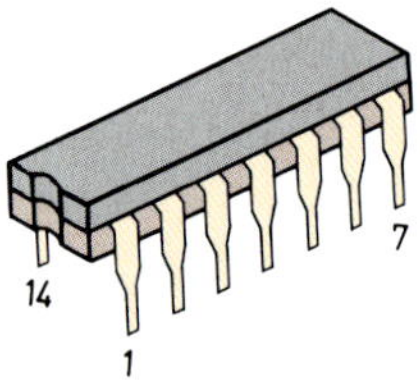

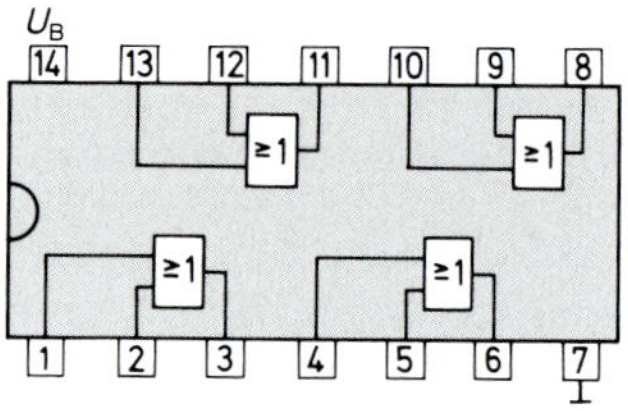

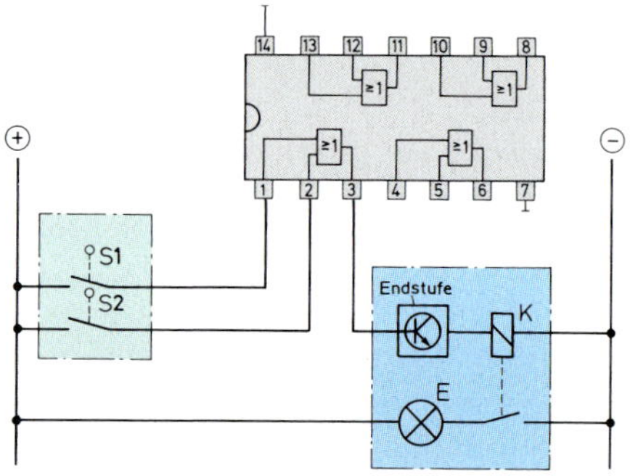

Signalpegel

Ein Schalter hat zwei eindeutige Betriebszustände:
EIN → 1-Signal, AUS → 0-Signal.

Diese Betriebszustände werden auch als Logik-Werte bzw. Logik-Zustände bezeichnet.

In elektronischen Schaltungen sind nicht nur die Logikzustände von Interesse, sondern auch Spannungen, die diesen Logikzuständen entsprechen. Folgende Zuordnung ist üblich:

- 0-Signal ≙ 0 Volt,
- 1-Signal ≙ 12 Volt.

Elektronische Bauteile weisen jedoch Toleranzen auf, sodass auch für die binären Spannungszustände Toleranzen festgelegt werden müssen. In einer Schaltung mit Transistoren gilt:

- 0-Signal ≙ 0 ... 2 Volt,
- 1-Signal ≙ 6 ... 12 Volt.

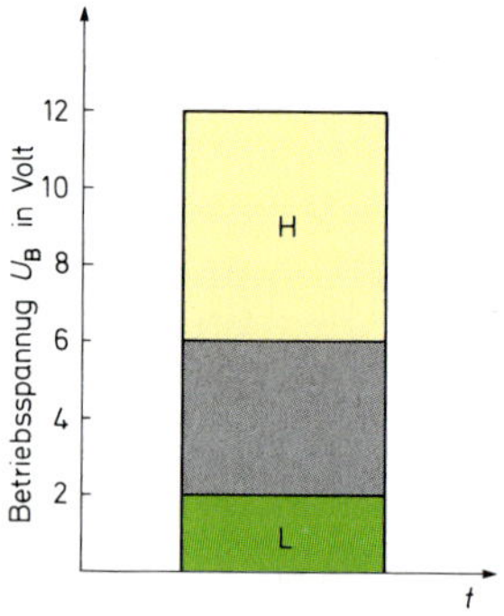

Diese Spannungen werden auch mit Pegeln gleichgesetzt:

- höhere Spannung ≙ hoher Pegel ≙ H (High)
- niedere Spannung ≙ niedriger Pegel ≙ L (Low)

Die Tabelle zeigt, dass die binären Größen 0 und 1 leicht zu unterscheiden sind. Allerdings muss man dafür sorgen, dass Spannungen zwischen 2 und 6 Volt nicht auftreten.

Signalpegel

Signal	Symbol	Pegelbereich	Spannung	Abweichung
AUS	0	L	0 V	0–2 V
EIN	1	H	12 V	6–12 V

Logische Grundfunktionen

Zu den logischen Grundfunktionen, mit denen Verknüpfungssteuerungen aufgebaut werden, gehören:

- UND-Funktion,
- ODER-Funktion,
- NICHT-Funktion.

Die Verknüpfungen lassen sich mithilfe von Schaltkontakten verwirklichen. Für die Signalzustände gilt:

0-Signal → Spannung nicht vorhanden, 1-Signal → Spannung vorhanden.

In einer Funktionstabelle werden die Ausgangssignale in Abhängigkeit zu den Eingangssignalen dargestellt.

<table>
<tr><th>Verknüpfung</th><th colspan="2">Stromlaufplan – Logiksymbol – Beschreibung</th><th>Funktionstabelle</th></tr>
<tr>
<td>UND-Funktion
Der Ausgang einer UND-Funktion führt dann ein 1-Signal, wenn alle Eingänge ein 1-Signal führen.</td>
<td>
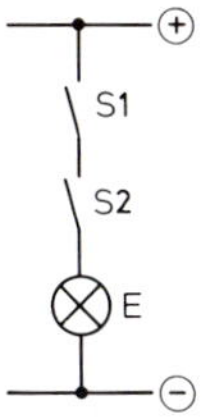

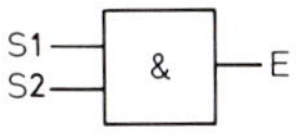

</td>
<td>Die Lampe E ist nur dann eingeschaltet, wenn alle in Reihe geschalteten Kontakte S1 und S2 gleichzeitig geschlossen sind.</td>
<td>
<table>
<tr><th>S1</th><th>S2</th><th>E</th></tr>
<tr><td>0</td><td>0</td><td>0</td></tr>
<tr><td>0</td><td>1</td><td>0</td></tr>
<tr><td>1</td><td>0</td><td>0</td></tr>
<tr><td>1</td><td>1</td><td>1</td></tr>
</table>
</td>
</tr>
<tr>
<td>ODER-Funktion
Am Ausgang einer ODER-Funktion liegt nur dann ein 1-Signal an, wenn mindestens ein Eingang ein 1-Signal führt.</td>
<td>
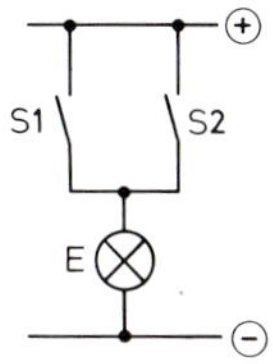

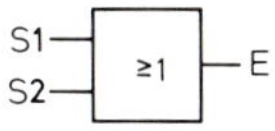

</td>
<td>Die ODER-Funktion ist mit einer Parallelschaltung von Kontakten vergleichbar.
Die Lampe E ist dann eingeschaltet, wenn mindestens einer der beiden parallel geschalteten Kontakte S1 oder S2 oder beide Kontakte geschlossen sind.</td>
<td>
<table>
<tr><th>S1</th><th>S2</th><th>E</th></tr>
<tr><td>0</td><td>0</td><td>0</td></tr>
<tr><td>0</td><td>1</td><td>1</td></tr>
<tr><td>1</td><td>0</td><td>1</td></tr>
<tr><td>1</td><td>1</td><td>1</td></tr>
</table>
</td>
</tr>
<tr>
<td>NICHT-Funktion
Am Ausgang einer NICHT-Funktion liegt dann ein 1-Signal an, wenn der Eingang ein 0-Signal führt.</td>
<td>
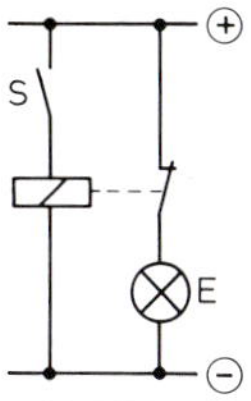

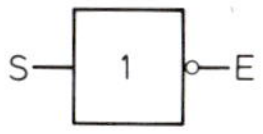

</td>
<td>Die NICHT-Funktion ist mit einem Öffnerkontakt vergleichbar.
Die Lampe E ist dann eingeschaltet, wenn der Kontakt S nicht betätigt wird.</td>
<td>
<table>
<tr><th>S1</th><th>E</th></tr>
<tr><td>0</td><td>1</td></tr>
<tr><td>1</td><td>0</td></tr>
</table>
</td>
</tr>
</table>

10.7.8.2 Pneumatische Verknüpfungssteuerungen

Auch in der Pneumatik lassen sich logische Verknüpfungssteuerungen herstellen.

UND-Schaltung

Wenn beide 3/2-Wegeventile (1.4 **UND** 1.6) gedrückt sind, erhält das 4/2-Wegeventil 1.1 einen Steuerimpuls und schaltet in die Durchgangsstellung. Der Kolben fährt aus.

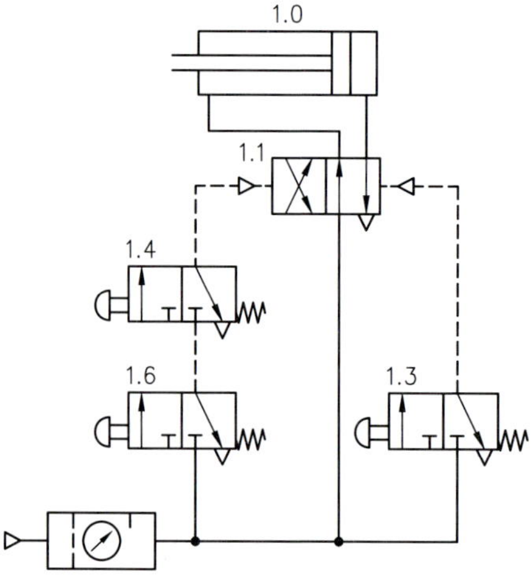

Schaltstellung der Ventile 1.4	1.6	1.3	1.1	Arbeitszylinder 1.0
0	0	0	0	eingefahren
1	0	0	0	eingefahren
1	1	0	1	ausgefahren
0	0	0	1	ausgefahren
0	0	1	0	eingefahren

ODER-Schaltung

Das 4/2-Wegeventil 1.1 kann entweder durch das 3/2-Wegeventil 1.4 **ODER** das 3/2-Wegeventil 1.6 betätigt werden, damit der Arbeitskolben ausfährt.

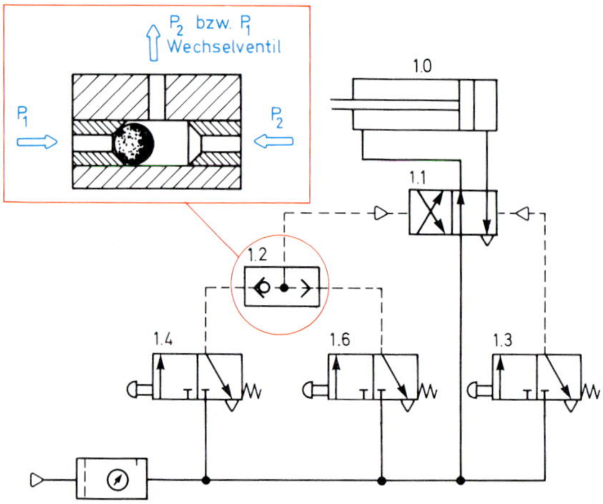

Schaltstellung der Ventile 1.4	1.6	1.3	1.1	Arbeitszylinder 1.0
0	0	0	0	eingefahren
1	0	0	1	ausgefahren
0	0	1	0	eingefahren
0	1	0	1	ausgefahren

11 Motormechanik

11.1 Funktionsgruppen und Funktionselemente des Motors

Der Ottomotor besteht aus einer Vielzahl von unterschiedlichen Funktionsgruppen und Funktionselementen.

- Motorgehäuse
  - Zylinderkopf
  - Zylinderkurbelgehäuse
- Ventilsteuerung
  - Nockenwelle
  - Baueinheit Ventil
- Kurbeltrieb
  - Baueinheit Kolben
  - Pleuelstange
  - Kurbelwelle
  - Pleuellager und Kurbelwellenlager

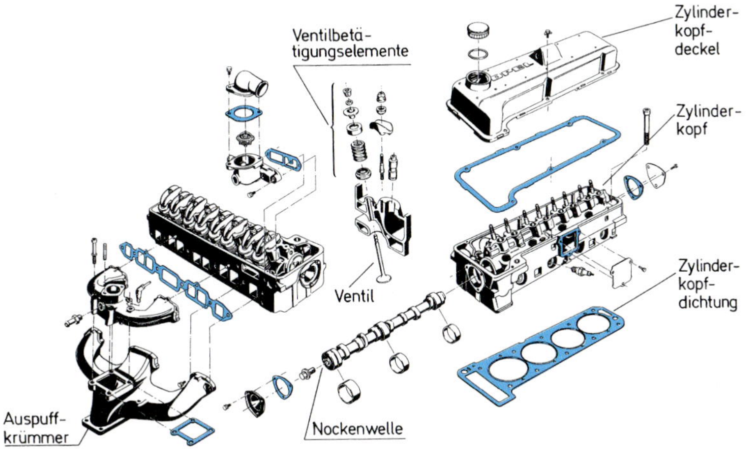

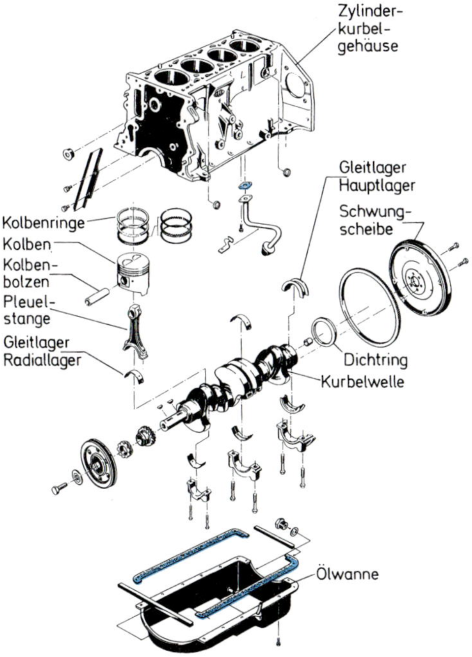

11.2 Aufbau und Kenndaten eines Motors

Aufbau und Eigenschaften eines Motors werden durch folgende Daten bestimmt:

- Konstruktive Daten – Bauart, Zylinderzahl, Lage der Nockenwelle
- Technische Kenndaten
- Hubraum in cm^3
- Hub in mm
- Bohrung in mm
- Verdichtungsverhältnis
- Hubverhältnis
- Nutzleistung in kW bei einer bestimmten Drehzahl
- Drehmoment bei einer bestimmten Drehzahl
- Ventilöffnungs- und Ventilschließzeiten in °KW
- Leistungs- und Drehmomentkurven
- Zündfolge
- Motorgewicht in kg bzw. Haubraumleistung in kW/l

Welche Bedeutung diese Werte haben, wird im Folgenden erklärt.

11.2.1 Zylindernummerierung, Zünd- und Arbeitstaktfolgen

Die Bezeichnung der Zylinder ist genormt. Die Zählung beginnt bei der Seite, die der Kraftabgabe gegenüberliegt. Bei Boxermotoren und V-Motoren beginnt man dabei mit der linken Zylinderreihe und zählt die Reihe durch.

Zylindernummerierung

Reihenmotoren

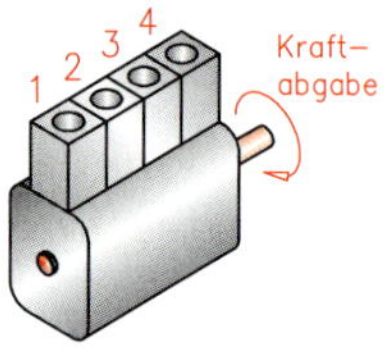

V-Motoren

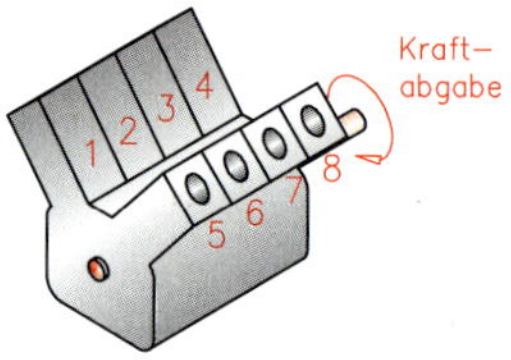

Boxermotoren

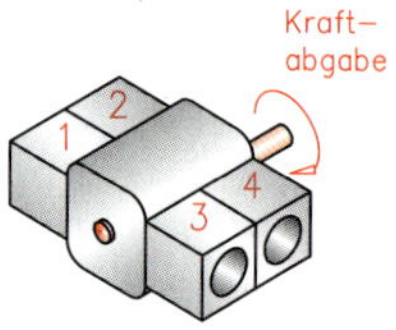

Die Arbeitstakte werden durch ein Balkendiagramm dargestellt.

Die Reihenfolge, in der gezündet wird, heißt Zündfolge. Der Zündabstand ist der Kurbelwinkel °KW, den die Kurbelwelle zwischen zwei aufeinanderfolgenden Zündungen zurücklegt. Er ergibt sich aus dem Verhältnis von 720° zur Zylinderzahl des Motors:

Zyl. 1	Arbeiten	Ausstoßen	Ansaugen	Verdichten
Zyl. 2	Ausstoßen	Ansaugen	Verdichten	Arbeiten
Zyl. 3	Verdichten	Arbeiten	Ausstoßen	Ansaugen
Zyl. 4	Ansaugen	Verdichten	Arbeiten	Ausstoßen
	Zündabstand 180° KW			

1 Arbeitsspiel = 720° KW

$$\textit{Zündabstand} = \frac{720°\ \text{KW}}{\textit{Zylinderzahl}}$$

Beispiel: Zündabstand 180°
Zündfolge 1-3-4-2

Der Zündabstand wird durch die Zylinderanordnung und die Kröpfung der Kurbelwelle bestimmt.

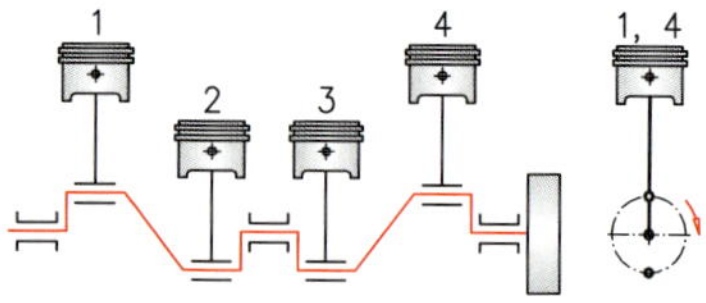

11.2.2 Verdichtungsverhältnis

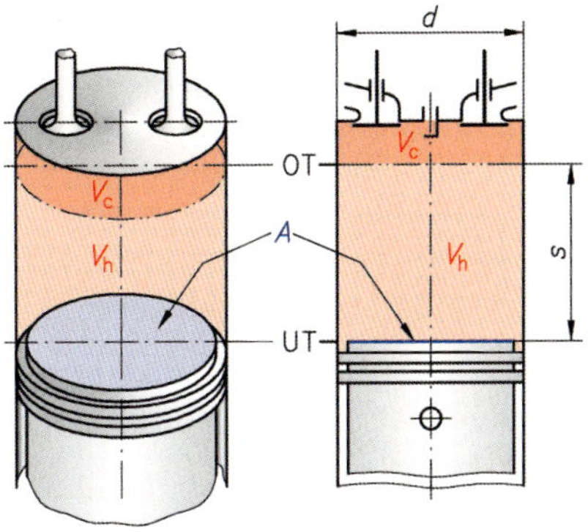

Der Zylinderhubraum ist das vom Zylinder, Kolben und Zylinderkopf eingeschlossene Volumen. Der Verdichtungsraum umfasst das Volumen über dem oberen Totpunkt.
Befindet sich der Kolben im unteren Totpunkt, dann gilt:
Zylinderhubraum = Hubraum + Verdichtungsraum

$$V = V_h + V_c$$

Gesamthubraum = Hubraum · Zylinderzahl

$$V_H = V_h \cdot i$$

Das Verdichtungsverhältnis ε (Epsilon) gibt an, wie oft der Verdichtungsraum V_c im Zylinderhubraum ($V_h + V_c$) enthalten ist. Es gilt

$$\varepsilon = \frac{V_h + V_c}{V_c}$$

Durch Umstellen der Formel: $\varepsilon = \frac{V_h + V_c}{V_c} \rightarrow V_c(\varepsilon - 1) = V_h$

$\rightarrow \varepsilon \cdot V_c - V_c = V_h$

erhalten wir: $V_c = \frac{V_h}{\varepsilon - 1}$

Richtwerte für das Verdichtungsverhältnis:
- Ottomotoren: $\varepsilon = 9:1$ bis $11:1$
- Dieselmotoren: $\varepsilon = 20:1$ bis $24:1$

Beispiel:
Gegeben: Zylinderbohrung $d = 86$ mm
Hub $s = 86$ mm
Verdichtungsverhältnis $\varepsilon = 10{,}5$

Gesucht: Hubraum eines Zylinders V_h in dm^3
Verdichtungsraum V_c in dm^3

Lösung:

$$V_h = \frac{d^2 \cdot \pi}{4} \cdot s \qquad V_c = \frac{V_h}{\varepsilon - 1}$$

$$V_h = \frac{0{,}86^2\ dm^2 \cdot 3{,}14}{4} \cdot 0{,}86\ dm \qquad V_c = \frac{0{,}449\ dm^3}{10{,}5 - 1}$$

$$V_h = \underline{\underline{0{,}499\ dm^3}} \qquad V_c = \underline{\underline{0{,}053\ dm^3}}$$

11.2.3 Hubverhältnis

Das Hubverhältnis Hub : Bohrung ist ein Motorkennwert. Hubkolben-Verbrennungsmotoren werden nach dem Hub-Bohrverhältnis eingeteilt.

Langhuber	Quadrathuber	Kurzhuber
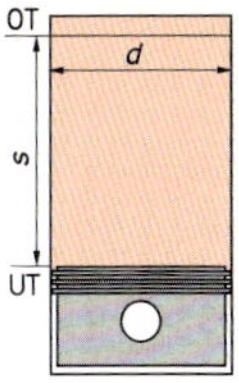 *s* größer *d*; $\frac{s}{d} > 1$	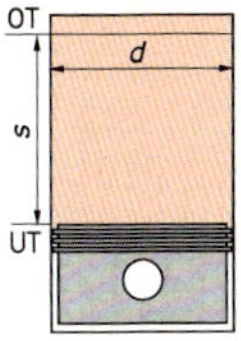 *s* gleich *d*; $\frac{s}{d} = 1$	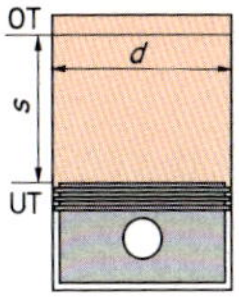 *s* kleiner *d*; $\frac{s}{d} < 1$

Hubverhältnis

$$k = \frac{s}{d}$$

Größe	Formelzeichen	Einheit
Hubverhältnis	k	–
Hub	s	mm
Bohrung	d	mm

11.2.4 Kolbengeschwindigkeit

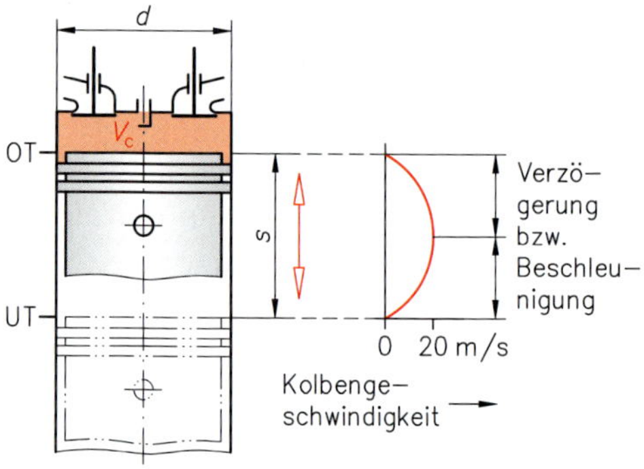

Der Kolben eines Hubkolbenmotors führt eine ungleichförmige hin- und hergehende Bewegung durch. Bei jedem Hub des Kolbens wird er von der Geschwindigkeit null (im Totpunkt) bis zu einem Höchstwert beschleunigt und wieder auf null (im anderen Totpunkt) verzögert.

Die mittlere Kolbengeschwindigkeit ist die Geschwindigkeit einer angenommenen gleichförmigen Bewegung des Kolbens. Sie ist damit eine Durchschnittsgeschwindigkeit.

Die mittlere Kolbengeschwindigkeit ist abhängig von
- dem Weg des Kolbens während einer Umdrehung,
- der Motordrehzahl n.

Entsprechend der Formel $v = s/t$ gilt für die Kolbengeschwindigkeit

$$v_m = 2 \cdot s \cdot n$$

Wird die Drehzahl n in 1/min und der Hub s in mm eingesetzt, gilt für die mittlere Kolbengeschwindigkeit

$$v_m = \frac{2 \cdot s \cdot n}{1000 \cdot 60}$$

$$v_m = \frac{s \cdot n}{30\,000}$$

Größe	Formelzeichen	Einheit
Kolbengeschwindigkeit	v_m	m/s
Hub	s	mm
Motordrehzahl	n	1/min

Richtwerte für die mittlere Kolbengeschwindigkeit:
- Ottomotoren: 7 bis 21 m/s
- Dieselmotoren: 6 bis 16 m/s

Beispiel:

Gegeben: Hub $s = 86$ mm
Drehzahl bei Nennleistung $n = 6\,000$ 1/min

Gesucht: Kolbengeschwindigkeit v_m

Lösung:
$$v_m = \frac{2 \cdot s \cdot n}{1000 \cdot 60}$$

$$v_m = \frac{2 \cdot 86\text{ mm} \cdot 6\,000\text{ 1/min}}{1\,000\text{ mm/m min } 60\text{ s/min}}$$

$$v_m = 17{,}2\text{ m/s}$$

11.2.5 Druck

Wirkt eine Kraft F_K durch einen Kolben der Fläche A_K auf eine in einem Zylinder eingeschlossene Gasmenge, so wird im Gas ein Druck erzeugt. Druck ist die Kraft, die auf eine Flächeneinheit wirkt.

$$\text{Druck} = \frac{\text{Kraft}}{\text{Fläche des Kolben}}$$

$$p = \frac{F_K}{A_K}$$

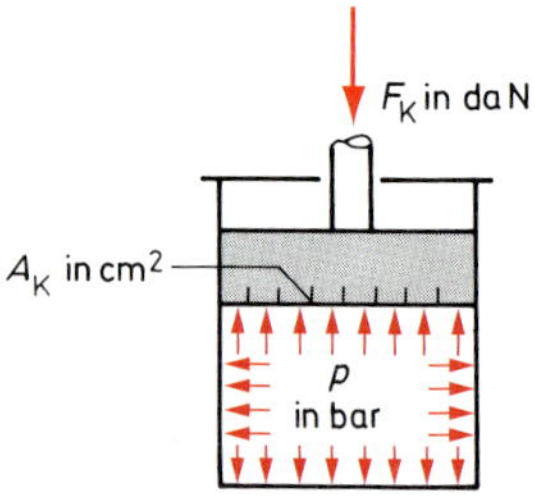

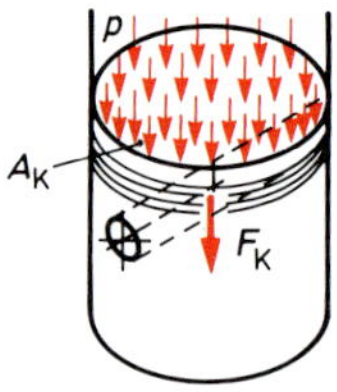

Durch Umstellung der Formel lässt sich bei den bekannten Größen Druck und Kolbenfläche, die Kolbenkraft berechnen:

$$F_K = p \cdot A_K$$

Größe	Formelzeichen	Einheit
Kolbenkraft	F_K	N
Druck	p, p_{max}	bar
Kolbenfläche	A_K	cm^2
Umrechnungszahl	10	$\frac{N}{cm^2\ bar}$
Kolbendurchmesser	d_K	cm

Um die Kolbenkraft in N (Newton) zu erhalten, den Druck in bar einzusetzen, muss die Kolbenfläche in cm² angegeben und mit 10 multipliziert werden. Die Formel ergibt sich wie folgt:

$$\text{Kolbenkraft } F_K = 10 \cdot p \cdot A_K$$

Betriebsdaten

Motor	Verbrennungshöchstdruck p_{max}
Ottomotor	40 … 65 bar
Dieselmotor	70 … 120 bar

Beispiel:

Gegeben: Verbrennungshöchstdruck p_{max} = 40 bar
Kolbendurchmesser d_K = 86 mm

Gesucht: Maximale Kolbenkraft

Lösung:

$$A_K = \frac{d_K^2 \cdot \pi}{4}$$

$$A_K = \frac{8{,}6^2 \cdot 3{,}14}{4}$$

$$A_K = 58{,}1\ cm^2$$

$$F_{Kmax} = 10 \cdot p_{max} \cdot A_K$$

$$F_{Kmax} = 10 \cdot 40\ bar \cdot 58{,}1\ cm^2$$

$$\underline{\underline{F_{Kmax} = 23\,240\ N}}$$

11.2.6 Drehmoment

Ein drehbar gelagerter Körper, z. B. die Kurbelwelle, an dem außerhalb des Drehpunktes eine Kraft angreift, fängt an zu drehen. Die Drehwirkung bezeichnet man als Drehmoment. Das Drehmoment ist umso größer

- desto größer die Kraft F,
- desto größer der Hebelarm r ist. Es gilt:

$$\text{Drehmoment} = \text{Kraft} \cdot \text{Hebelarm}$$

$$M = F \cdot r$$

Größe	Formelzeichen	Einheit
Drehmoment	M	Nm
Kraft	F	N
Hebelarm	r	m

Ein Drehmoment bezeichnet man als

- rechtsdrehend, wenn es im Uhrzeigersinn dreht,
- linksdrehend, wenn es entgegen dem Uhrzeigersinn dreht.

Die Drehrichtung wird durch die Vorzeichen angegeben.

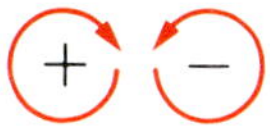

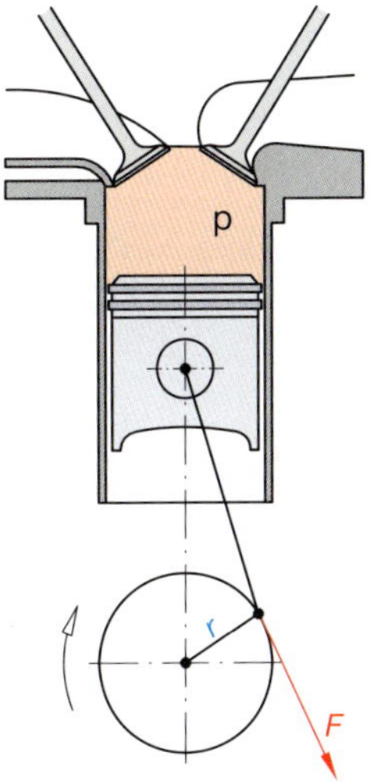

Beispiel:

Gegeben: $F = 24800\ N$
$s = 80\ mm$
$r = \frac{80}{2} = 40\ mm = 0{,}04\ m$

Gesucht: Motordrehmoment M

Lösung:

$$M = F \cdot r$$

$$M = 24800\ N \cdot 0{,}04\ m$$

$$\underline{\underline{M = 992\ Nm}}$$

11.2.7 Motorleistung, Wirkungsgrad

Innenleistung (indizierte Leistung)

Die Innenleistung (indizierte Leistung) ergibt sich durch die Einwirkung des Gasdruckes auf die Kolben in den Zylindern.

Größe	Formelzeichen	Einheit
Innenleistung	P_i	kW
Kolbenfläche	A_K	cm^2
mittlerer innerer Kolbendruck	p_{mi}	bar
Hub	s	cm
Motordrehzahl	n	1/min
Zylinderzahl	z	–
1 200 000	Umrechnungszahl, Viertaktmotor	

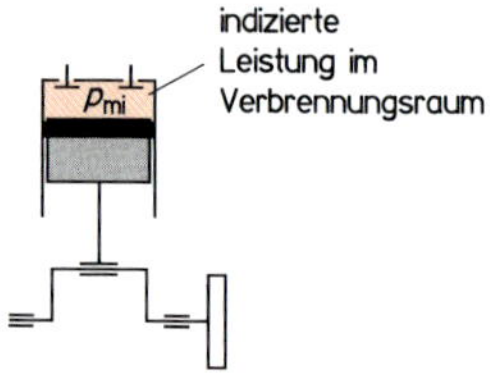

Viertaktmotor:

$$P_i = \frac{A_K \cdot p_{mi} \cdot z \cdot s \cdot n}{1\,200\,000}$$

Nutzleistung (effektive Leistung)

Die Nutzleistung (effektive Leistung) ist die Leistung, die nach Abzug von Verlusten (Reibung, Antrieb von Zusatzaggregaten) an der Schwungscheibe abgenommen wird.

Größe	Formelzeichen	Einheit
Nutzleistung	P_{eff}	kW
Drehmoment	M	Nm
Motordrehzahl	n	1/min
9550	Umrechnungszahl	

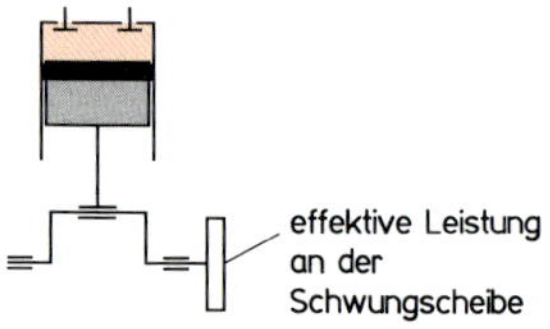

$$P_{eff} = \frac{M \cdot n}{9550}$$

Beispiel:

Gegeben:
- Bohrung $d = 86$ mm
- Hub $s = 86$ mm
- mittlerer Kolbendruck $p_{mi} = 13{,}7$ bar
- Drehzahl $n = 4800$ 1/min
- Drehmoment $M = 196$ Nm

Gesucht:
- Innenleistung P_i
- Nutzleistung P_{eff}

Lösung:

$$P_i = \frac{A_k \cdot p_{mi} \cdot z \cdot s \cdot n}{1\,200\,000}$$

$$P_i = \frac{58{,}1\ cm^2 \cdot 13{,}7\ bar \cdot 4 \cdot 8{,}6\ cm \cdot 4800\ 1/min}{1\,200\,000}$$

$$P_i = \underline{\underline{109{,}5\ kW}}$$

$$P_{eff} = \frac{M \cdot n}{9550}$$

$$P_{eff} = \frac{196\ Nm \cdot 4800\ 1/min}{9550}$$

$$P_{eff} = \underline{\underline{98{,}51\ kW}}$$

Mechanischer Wirkungsgrad

Am Schwungrad steht nur ein Teil der Innenleistung zur Verfügung. Leistungsverluste durch Reibung und Leistungsabgaben für Nebenaggregate wie Ölpumpe, Kühlflüssigkeitspumpe, Motorsteuerung usw. verringern die Innenleistung.
Der mechanische Wirkungsgrad η_m ist das Verhältnis von Nutzleistung zu Innenleistung.

$$\eta_m = \frac{P_{eff}}{P_i}$$

Richtwerte

- Ottomotor η_m = 0,8 ... 0,92
- Dieselmotor η_m = 0,75 ... 0,86

Beispiel:

Gegeben: P_{eff} = 110 kW
η_m = 0,91

Gesucht: P_i

Lösung:

$$P_i = \frac{P_{eff}}{\eta_m}$$

$$P_i = \frac{110\ \text{kW}}{0{,}91}$$

$$P_i = \underline{\underline{120{,}88\ \text{kW}}}$$

11.2.8 Hubraumleistung

Die Hubraumleistung P_H ist ein Kennwert, um Motoren mit unterschiedlichen Hubraumgrößen zu vergleichen. Er gibt an, welche größte Nutzleistung ein Motor je Liter Hubraum hat. Er wird daher auch als Literleistung bezeichnet.

$$P_H = \frac{P_{eff}}{V_H}$$

Größe	Formelzeichen	Einheit
Hubraumleistung	P_H	kW/l
effektive Leistung	P_{eff}	kW
Gesamthubraum	V_H	l

Richtwerte

- Ottomotor Pkw: 30 bis 70 kW/l
- Dieselmotor Pkw: 20 bis 50 kW/l
- Dieselmotor Lkw: 15 bis 40 kW/l
- Ottomotor Krad: 30 bis 100 kW/l

Beispiel:

Gegeben: größte Nutzleistung
P_{eff} = 110 kW
Gesamthubraum
V_H = 1,998 l

Gesucht: Hubraumleistung P_H

Lösung:

$$P_H = \frac{P_{eff}}{V_H}$$

$$P_H = \frac{110\ \text{kW}}{1{,}998\ \text{l}}$$

$$P_H = \underline{\underline{85\ \text{kW/l}}}$$

11.3 Kennlinien und Diagramme des Motors

Ermitteln der Motorkennlinien über einen Leistungsprüfstand

Motordrehmoment und Nutzleistung werden mithilfe einer elektrischen Leistungsbremse, einer Wirbelstrombremse, ermittelt. Die Wirbelstrombremse ist mit dem Verbrennungsmotor verbunden. Sie erzeugt Wirbelströme, die den Motor abbremsen. Das gleich große Gegenmoment wird an einer Skala angezeigt.

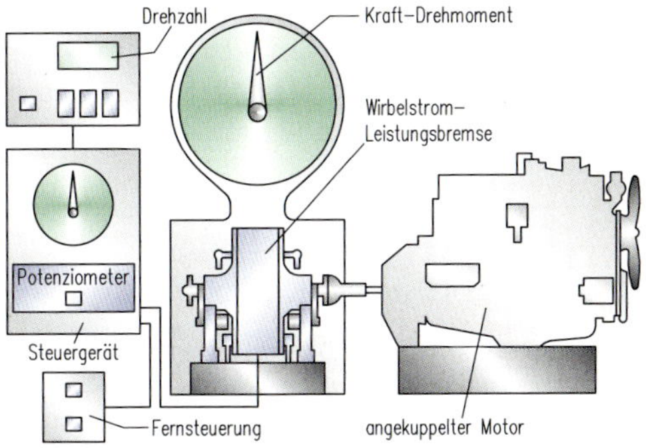

Die Nutzleistung oder die effektive Leistung P_{eff} von Verbrennungsmotoren wird nach DIN 70 020 ermittelt. Die Messungen werden unter folgenden Bedingungen durchgeführt:

- Außenluftdruck von p = 1,013 bar,
- Temperatur 20 °C,
- serienmäßiger Verbrennungsmotor mit Ansaug- und Auspuffanlage, Kraftstoffpumpe und unbelastetem Generator.

Ermittlung der Volllastkennlinie: Drosselklappe voll geöffnet.

1. Messwerte für Motordrehmoment
   Das Motordrehmoment wird an der Skala der Bremse direkt abgelesen.
2. Errechnete Werte für die Nutzleistung
   Die Leistung wird mithilfe der Leistungsgleichung errechnet.

$$P_{eff} = \frac{M \cdot n}{9550}$$

M Motordrehmoment in Nm
n Motordrehzahl in 1/min
P_{eff} Leistung in kW

3. Motor- und Drehmomentkennlinien in Diagramm einzeichnen.

n 1/min	1000	1300	1600	1900	2200	2500	2650
M Nm	350	358	352	330	316	296	290

n 1/min	1000	1300	1600	1900	2200	2500	2650
M Nm	350	358	352	330	316	296	290
P_{eff} kW	36,6	48,7	59	65,6	72,8	77,4	80,5

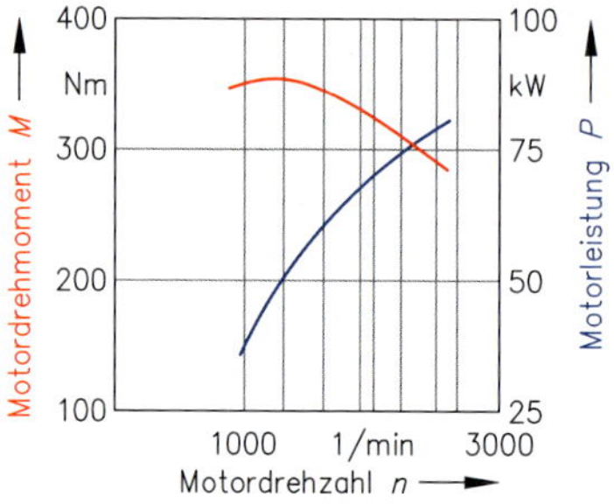

Motorkennlinien auswerten

Die Abhängigkeit der Nutzleistung P_{eff} von der Drehzahl wird in Kennlinien dargestellt. Meist wird sie in Verbindung mit der Drehmomentkennlinie gezeigt.

Die Kennlinien zeigen:
Bis ca. 1000 1/min ergibt sich kein Drehmoment und keine Nutzleistung. Die Ursachen liegen in den Reibungs- und Wärmeverlusten des Motors.

Mit zunehmender Drehzahl steigen Nutzleistung und Drehmoment an. Die angesaugte Masse des Kraftstoff-Luftgemischs nimmt ständig zu.

Bei maximaler Füllung des Zylinders mit Kraftstoff-Luftgemisch wird das maximale Drehmoment erreicht. Mit zunehmender Drehzahl steigt die Nutzleistung noch an, die zunehmenden Strömungswiderstände und die kurzen Ventilöffnungszeiten führen zu einer Verschlechterung der Füllung. Das Drehmoment fällt ab.

Aus den Kennlinien lassen sich das maximale Drehmoment und die maximale Leistung sowie die zugehörigen Drehzahlen ablesen:
P_{max} = 55 kW bei einer Drehzahl von 5 000 1/min;
M_{max} = 140 Nm bei einer Drehzahl von 2 500 1/min.

Zwischen maximalem Drehmoment und maximaler Nutzleistung liegt der elastische Bereich des Motors.

Höchstleistung
P = 55 kW
bei
n = 5000 1/min

Höchstes Drehmoment
M = 140 Nm
bei
n = 2500 1/min

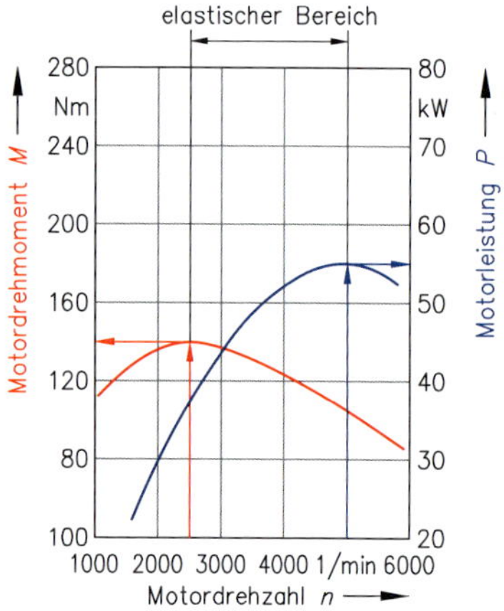

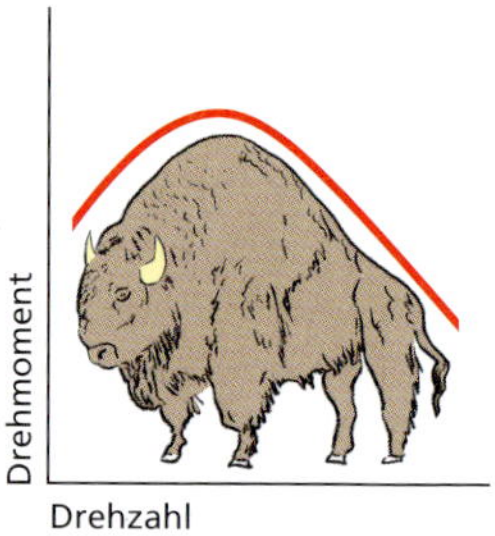

Motoren mit „Büffel-Charakteristik" liefern hohes Drehmoment schon bei niedrigen Drehzahlen

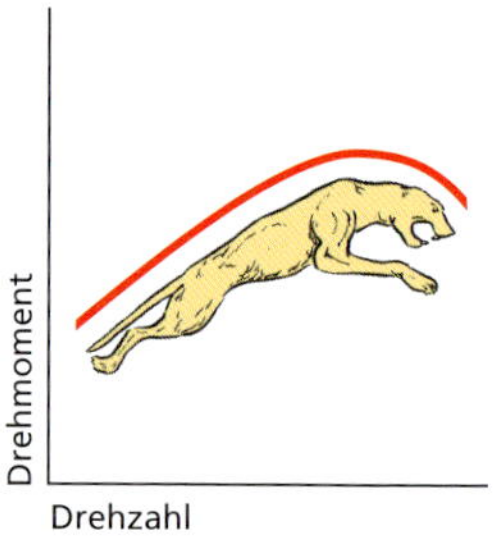

Bei sportlicher Auslegung mit hoher Literleistung liegt das maximale Drehmoment bei höheren Drehzahlen

Sankey-Diagramm

Der Otto-Viertaktmotor bzw. der Dieselmotor wandelt die im Kraftstoff gebundene chemische Energie in mechanische Energie der Kurbelwelle um. Ein Teil der chemischen Energie des Kraftstoffes wird nicht in Nutzenergie umgewandelt und geht für den Antrieb verloren. Diese Energie verschwindet nicht, sondern wird in eine andere Energie umgewandelt, z. B. Wärmeenergie. Die Nutzenergie ist daher geringer als die zugeführte Energie.

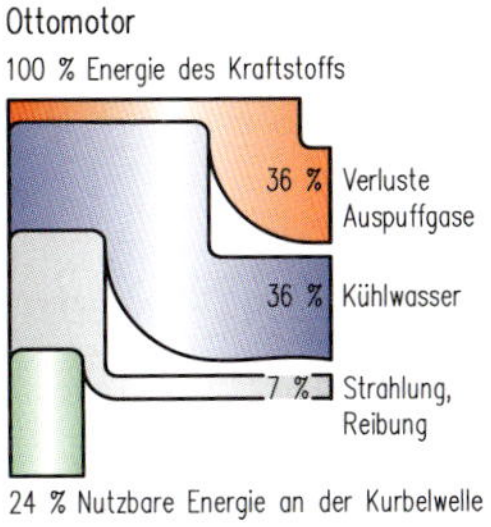

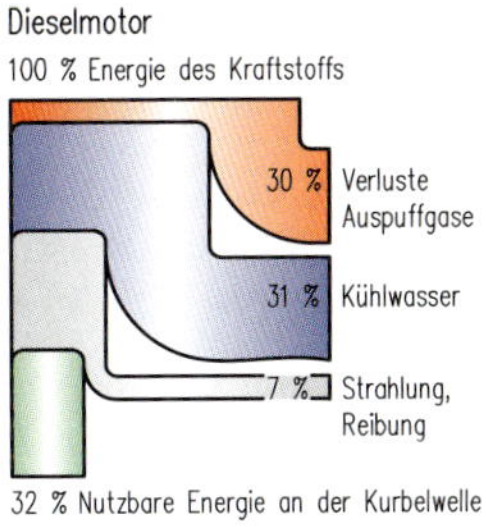

Das Verhältnis von zugeführter Energie zu nutzbarer Energie wird als Wirkungsgrad η bezeichnet. Die prozentualen Energieverluste zeigt das Sankey-Diagramm. Danach gehen von der im Ottomotor umgesetzten Energie des Kraftstoffes (= 100 %) ca. 76 % verloren.

11.4 Motorgehäuse und Zubehör

11.4.1 Zylinderkopf

Der Zylinderkopf schließt den Zylinder gasdicht nach oben ab. Er besteht aus folgenden Funktionsgruppen und Funktionselementen:

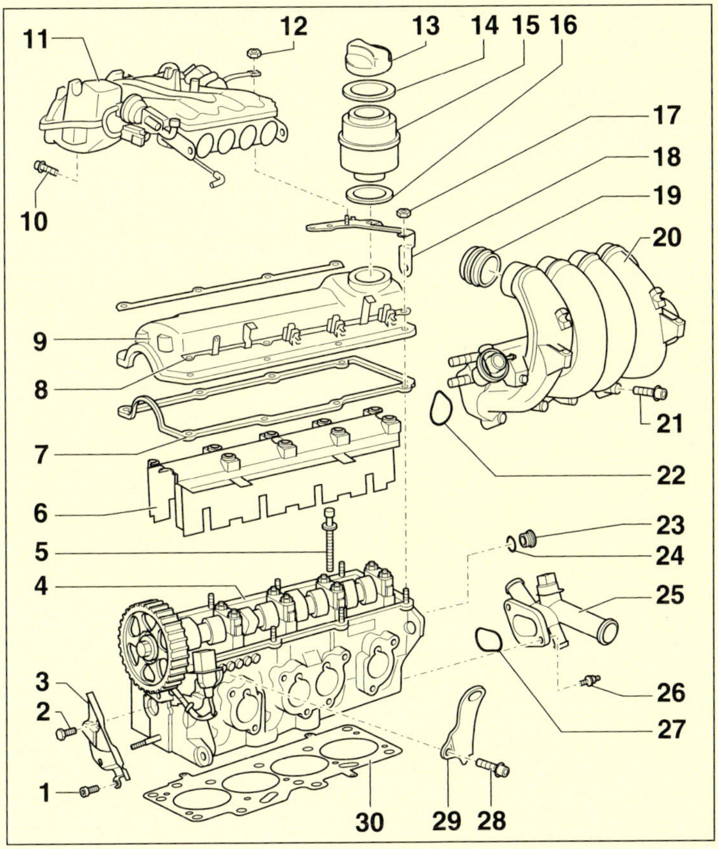

1 Schraube
2 Schraube
3 Zahnriemenschutz hinten
4 Zylinderkopf
5 Zylinderkopfschrauben
6 Ölabweiser
7 Dichtung für Zylinderkopfdeckel
8 Verstärkungsleiste
9 Zylinderkopfdeckel
10 Schraube
11 Sammelsaugrohr-Oberteil
12 Mutter
13 Öleinfülldeckel
14 Dichtring
15 Entlüftungsgehäuse
16 Dichtung
17 Mutter
18 Halter
19 Dichtung
20 Saugrohr-Unterteil
21 Schraube
22 Dichtung für Ansaugrohr
23 Verschlussschraube
24 Dichtring
25 Flansch
26 Bolzen
27 Dichtung
28 Schraube
29 Aufhängeöse
30 Zylinderkopfdichtung

Von der optimalen Brennraumgestaltung hängt die Qualität der Verbrennung, das Lauf- und das Leistungsverhalten des Motors ab.

An den Brennraum werden folgende Anforderungen gestellt:

- Kompakt und glatt
  Der Brennraum soll ein kompakter Raum mit kleiner Oberfläche sein. Kompakte Brennräume verlangen eine kleine Bohrung im Verhältnis zum Hub (Langhuber).
- Zentrale Zündkerzenlage
  Die zentrale Zündkerzenlage ermöglicht eine ungehinderte Flammenausbreitung und kurze Flammwege.
- Verlustarme Frischgaseinströmung
  Große Einlassventile ermöglichen eine gute Füllung.
- Gute Gemischverwirbelung
  Die Gemischverwirbelung wird durch Quetschflächen verbessert. Im oberen Totpunkt verengt sich der Abstand der Quetschflächen auf einen Spalt von wenigen Zehntelmillimetern. Das Gemisch wird schussartig aus der Quetschzone herausgepresst und trägt zur Turbulenz im Brennraum bei. Die Gemischverwirbelung bewirkt eine weiche Verbrennung und sorgt dafür, dass auch eine hohe Verdichtung nicht zu Klopferscheinungen führt.

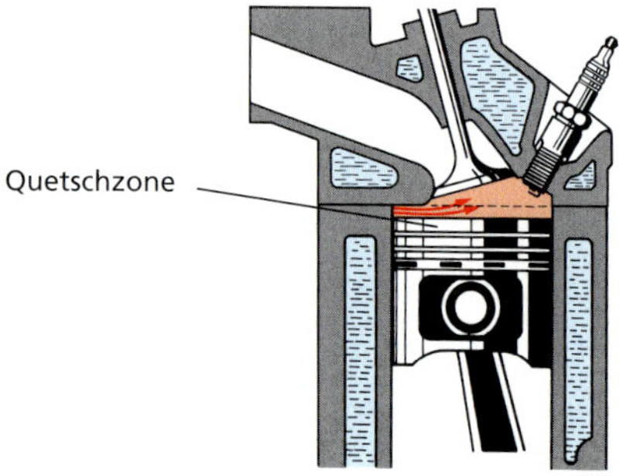

Brennraumgestaltung

Wannenförmiger Brennraum	Keilförmiger Brennraum	Heron-Brennraum
	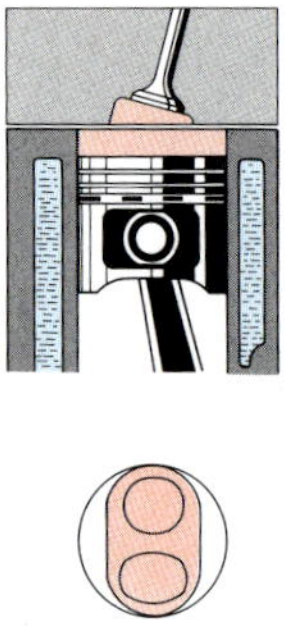	
Wannenförmiger Brennraum im Zylinderkopf, 2 Ventile, große Quetschfläche.	Keilwanne im Zylinderkopf, 2 Ventile, große Quetschfläche.	Mulde im Kolbenboden, 2 Ventile, ringförmige Quetschfläche.

Dachförmiger Brennraum	Kugelförmiger Brennraum	Dachförmiger Brennraum
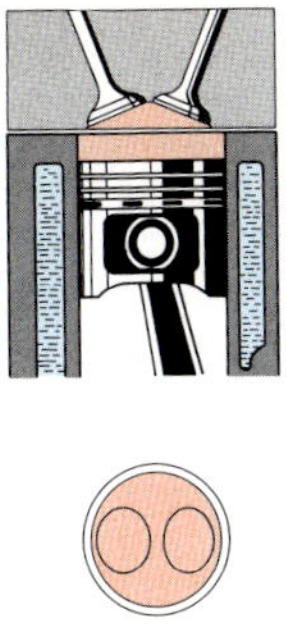	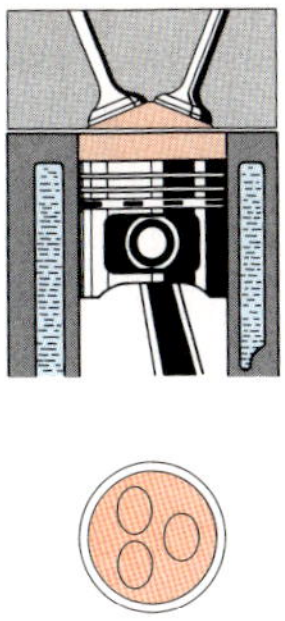	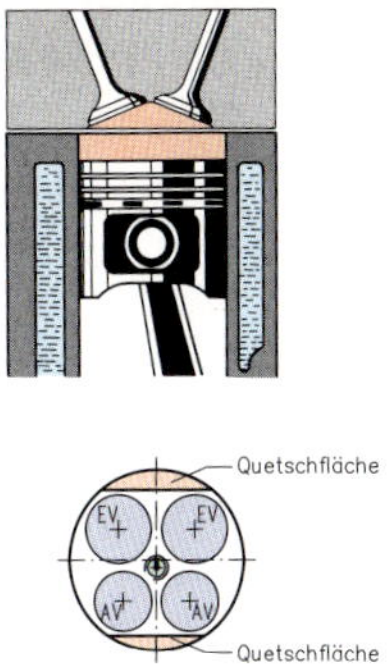
Dachförmiger Brennraum im Zylinderkopf, 2 Ventile, ringförmige Quetschfläche.	Kugelförmiger Brennraum im Zylinderkopf, 2 Ventile oder 3 Ventile, ringförmige Quetschfläche.	Dachförmiger Brennraum im Zylinderkopf, 4 und 5 Ventile, Quetschflächen, zentrale Zündkerzenlage.

Betriebsbedingungen

Beanspruchung	Betriebsbedingungen	Folgen
Kräfte und Wärme 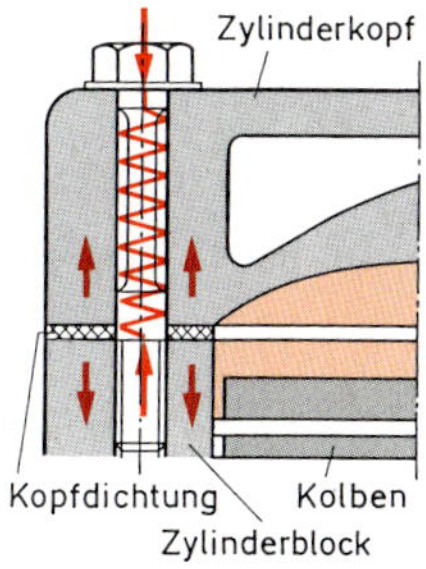 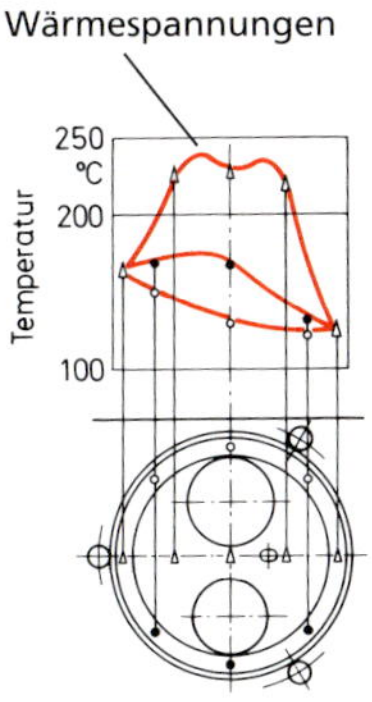	Im Betrieb ist der Zylinderkopf vor allem folgenden Einflüssen unterworfen: • Das Anziehen der Zylinderkopfschrauben führt zu hohen Einspannkräften. • Der Zylinderkopfboden wird durch den Verbrennungshöchstdruck von 40 bis 60 bar stark belastet. • Durch die hohen Temperaturen und sehr unterschiedlichen Wärmebelastungen (siehe Skizze) entstehen Wärmespannungen.	Beim Anziehen der Zylinderkopfschrauben sind die Vorgaben des Herstellers zu beachten. Unsachgemäßes Anziehen führt zu Formveränderungen am Zylinderkopf und zu Undichtigkeiten im Betrieb. Anziehreihenfolge: 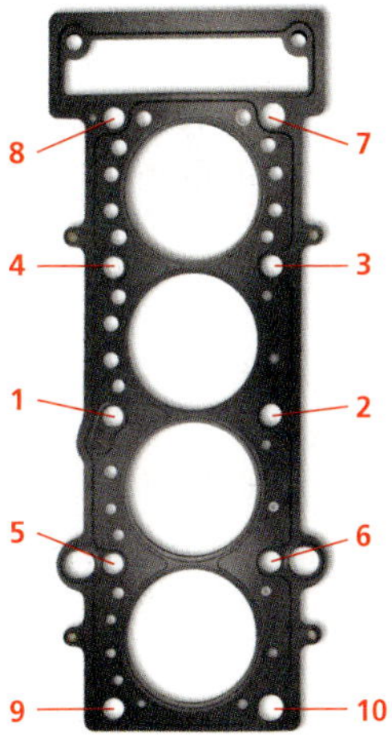

11.4.2 Zylinderkopfdichtung

Die Zylinderkopfdichtung soll die metallischen Flächen von Zylinderkopf und Zylinderblock so abdichten, dass

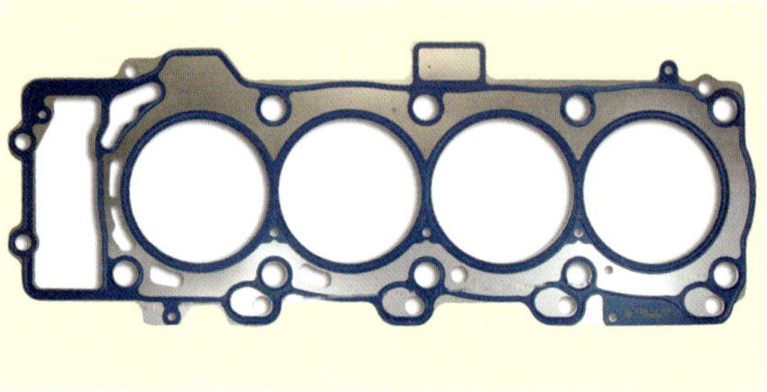

- keine Falschluft während des Ansaugtaktes angesaugt wird,
- keine Druckverluste während des Verdichtungs- und Arbeitstaktes entstehen,
- kein Kühlwasser bzw. Motoröl nach außen und/oder in den Zylinder eintritt.

Die Dichtung muss dabei den hohen Beanspruchungen durch Druck und Temperatur und den chemischen Einwirkungen von Kraftstoff, Abgas, Motorenöl und Kühlmittel standhalten. Dazu kommt noch, dass sich die Dichtung dauerelastisch den Dichtflächen anpasst. Die Anpassungsfähigkeit ist notwendig, um die durch die Bearbeitung gegebenen Unregelmäßigkeiten der Dichtflächen sowie stufenförmig ausgebildete Abdichtpartien, z. B. eingesetzte Zylinderlaufbuchsen, auszugleichen. Das elastische Verhalten, d. h. Rückstellvermögen, der Dichtung ist erforderlich, um eine Abdichtung des durch den Verbrennungsdruck sich ändernden Dichtspalts zu gewährleisten. Für die heutigen Motoren werden Metall-Elastomer-Zylinderkopfdichtungen verwendet.

Die Metall-Elastomer-Zylinderkopfdichtung besteht aus folgenden Funktionselementen:

- Trägerlage
  Sie bestimmt mit der Brennraumsicke die Einbaudicke und die Gasabdichtung. Je nach Motoranforderungen werden korrosionsgeschützte Stähle, metrolegierte Stähle, Edelstähle oder Federstähle eingesetzt.
- Vollsicke
  Sie erzeugt längs des Brennraumrands eine gleichmaßige Dichtpressung.
- Brennraumunterlage
  Sie dient als Konstruktionselement zur Dichtpressungserhöhung am Brennraum. Die Schraubenkraft wird so um den Brennraumbereich verlagert.
- Blende
  Zur Steuerung der Kühlmittelströme können die Strömungsquerschnitte über eine vulkanisierte Blende gesteuert werden.

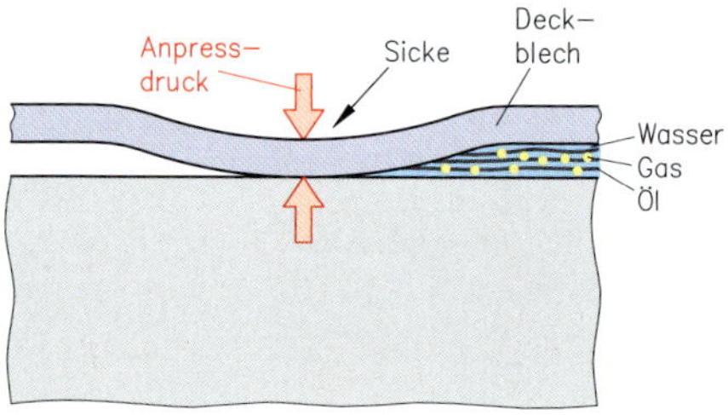

Makroabdichtung durch kontrollierten Anpressdruck

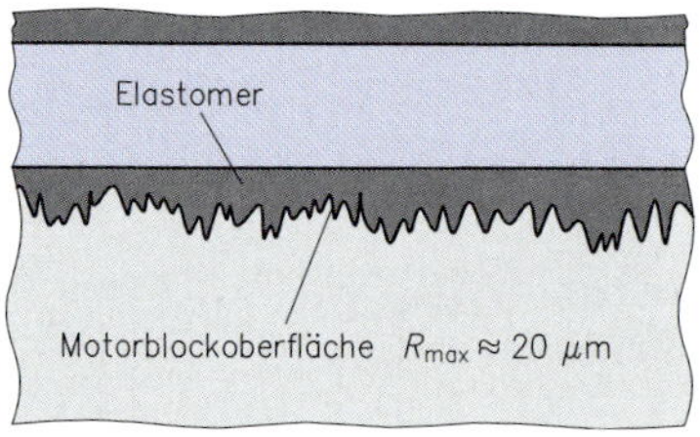

Mikroabdichtung durch Füllen der Rillen mit Elastomer

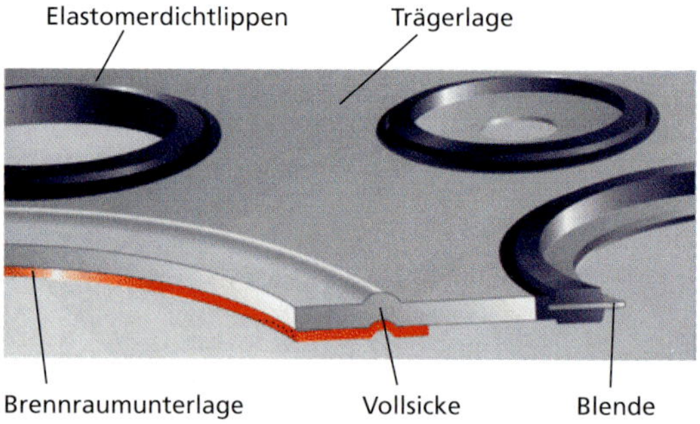

Betriebsbedingungen

<table>
<tr><th>Beanspruchung</th><th>Folgen</th></tr>
<tr><td>

- **Verbrennungsdruck:**
Stark wechselnde Verbrennungsdrücke beanspruchen die ZKD:
Ottomotoren bis 95 bar, Dieselmotoren von 90 bis 120 bar, bei aufgeladenen Dieselmotoren zwischen 130 und 180 bar.
- **Temperaturen:**
Während die Temperaturen im Brennraum 2 600 °C erreichen, erwärmen sich die Brennraumabdichtungskanten auf Temperaturen von 180 bis 240 °C. An ungekühlten Stegbereichen im Zylinderkopf bzw. Motorblockbereich können die Temperaturen 300 °C erreichen.
- **Chemische Beanspruchung:**
Die ZKD wird chemisch durch Motoröl, Kühlmittel, Verbrennungsgase und Reaktionsprodukte aus der Verbrennung von Kraftstoff und Schmiermittel beansprucht.
- **Wärmeausdehnung:**
Der Zylinderkopf aus Aluminium ist auf einem Zylinderkurbelgehäuse aus Grauguss mit Zylinderkopf-Schrauben aus Stahl montiert. Alle Stoffe haben ein unterschiedliches Wärmeausdehnungsverhalten.

</td><td>

Überhitzung, hohe Verbrennungsdrücke, insbesondere bei klopfender Verbrennung, fehlerhafter Anzug führen zu Undichtigkeiten einer Zylinderkopfdichtung

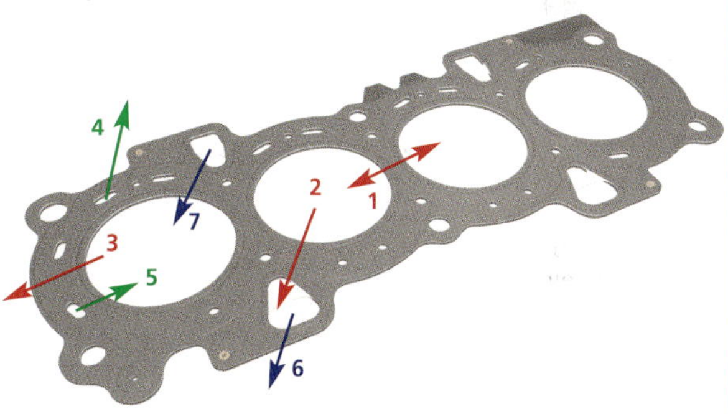

1 gasundicht von Brennraum zu Brennraum
2 gasundicht von Brennraum zu Kühlkreislauf
3 gasundicht nach außen
4 ölundicht nach außen
5 ölundicht in den Kühlkreislauf
6 wasserundicht nach außen
7 wasserundicht in den Ölkreislauf

Vor einer Demontage der Zylinderkopfdichtung ist immer erst die Leckagestelle festzustellen und die Ursache der Leckage zu ermitteln, bevor die Zylinderkopfdichtung durch eine neue Dichtung ersetzt wird.

</td></tr>
</table>

11.4.3 Zylinderkurbelgehäuse

Der Zylinder
- bildet zusammen mit dem Zylinderkopf den Verbrennungsraum,
- nimmt den Verbrennungsdruck auf,
- führt den Kolben,
- dient der Ableitung der Verbrennungswärme.

Die Zylinder sind in einem Block, dem Zylinderblock zusammengefasst. Der Zylinderblock ist doppelwandig ausgeführt und wird von Kühlkanälen durchzogen. Meist bestehen Zylinderblock und Kurbelgehäuseoberteil aus einem Stück. Man nennt diese Bauform Zylinderkurbelgehäuse.

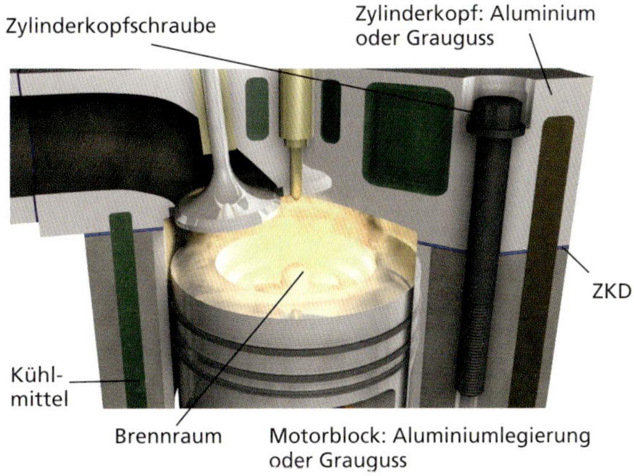

Bei den meisten Otto-Viertaktmotoren besteht nur der Zylinderblock aus Grauguss. Grauguss eignet sich als Werkstoff besonders für Zylinderlaufbahnen wegen des Grafit-Gehaltes und der hierdurch gegebenen guten Gleiteigenschaften. Im modernen Motorenbau bestehen Zylinderblöcke aus Normalguss und Zylinderlaufbuchsen aus Spezialguss.

Zylinderblock

mit eingearbeiteten Bohrungen

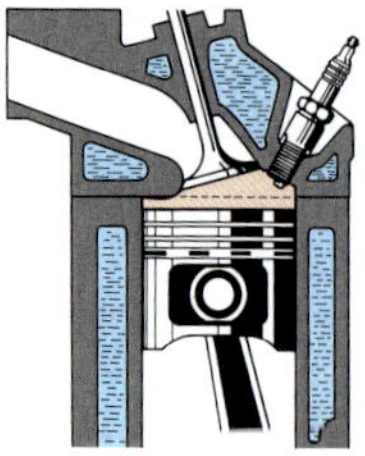

Die Bohrungen sind in den Zylinderblock eingearbeitet. Der Zylinderblock wird in einem Stück gegossen. Als Werkstoff verwendet man Gusseisen mit Lamellengrafit oder legierten Grauguss.

mit nassen Zylinderlaufbuchsen

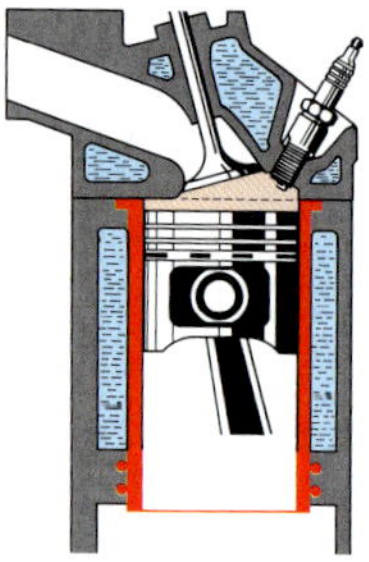

In den Zylinderblock sind Zylinderlaufbuchsen eingesetzt. Die Laufbuchse wird vom Kühlwasser direkt umspült. Sie hat an ihrem Ende einen Bund. Die Abdichtung erfolgt durch die Zylinderkopfdichtung. Am unteren Ende schließen Dichtringe den Kühlmantel gegen das Kurbelgehäuse ab. Die Laufbuchse besteht aus hochwertigem Schleuderguss.

mit trockenen Laufbuchsen

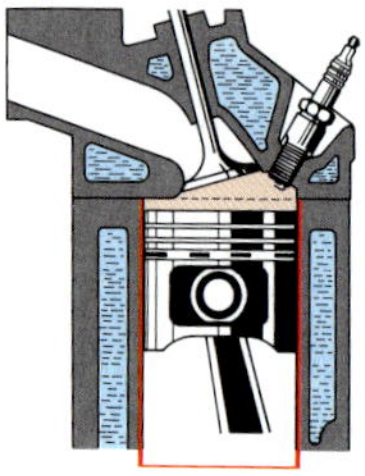

Die Zylinderlaufbuchse wird in die Zylinderbohrung eingepresst. Sie wird nicht direkt vom Kühlwasser umspült. Die Laufbuchse hat eine Wandstärke von 1 ... 2 mm. Sie wird eingesetzt in Zylindern aus Leichtmetalllegierungen und Zylindern aus Gusseisen, deren Wandstärke infolge wiederholten Aufbohrens zu einer weiteren Überarbeitung nicht mehr ausreicht (Reparaturbuchse).

Betriebsbedingungen

Beanspruchung	Betriebsbedingungen	Folgen
Temperatur	Die Temperatur schwankt im Zylinderraum zwischen 100 und 2500 °C.	Die Zylinderwände nehmen • bei wassergekühlten Motoren Temperaturen von 80 ... 120 °C, • bei luftgekühlten Motoren Temperaturen von 100 ... 200 °C an.
Druck	Der Druck schwankt zwischen einem Unterdruck von 0,8 bar und einem Verbrennungshöchstdruck von 40 ... 60 bar.	Durch den hohen Verbrennungsdruck werden die Kolbenringe besonders im Bereich des OT an die Zylinderwand gepresst.
Reibung 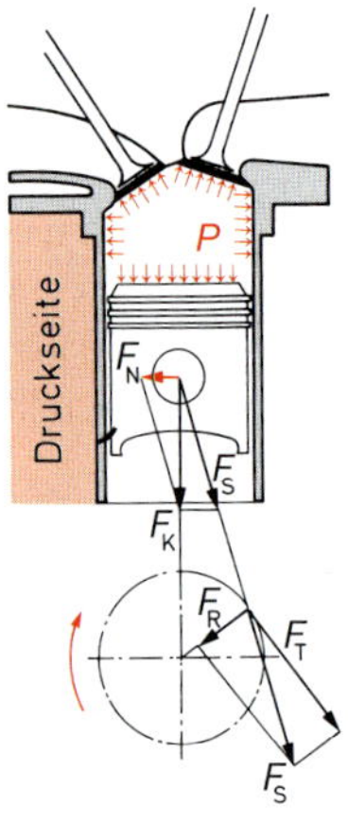	Starke Reibung tritt vor allem in Richtung der Seitenkraft F_N auf. Durch die schräg stehende Pleuelstange wird der Kolben besonders in der Mittelstellung stark an die Zylinderwandung gepresst. Die Reibung ist infolge des hohen Verbrennungsdruckes im Bereich des OT groß (siehe bei Druck). Die Schmierung ist im oberen Zylinderteil schlechter, da weniger Öl an diese Stelle gelangt und z. T. noch verbrennt. Beim Kaltstart wird besonders bei tiefen Temperaturen der Ölfilm durch den sich niederschlagenden Kraftstoff abgewaschen. Das bei der Verbrennung entstehende Schwefeldioxid bildet mit dem Wasserdampf schwefelige Säure.	Der Durchmesser senkrecht zur Kolbenbolzenachse wird mit zunehmender Betriebsdauer größer, d. h., die Zylinderbohrung wird unrund. Die Zylinderbohrung wird im Bereich des OT größer, d. h. die Zylinderbohrung wird kegelig. 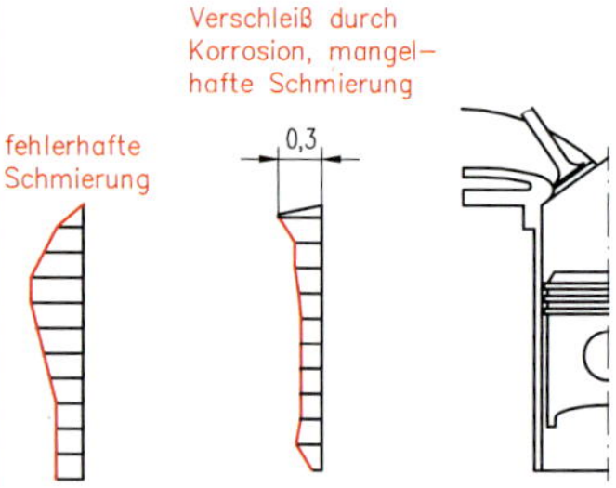

11.4.4 Kolben und Zubehör

11.4.4.1 Kolben

Aufgabe des Kolbens ist es,

- den bei der Verbrennung entstehenden Gasdruck aufzunehmen und über den Kolbenbolzen auf die Pleuelstange zu übertragen,
- die Verbrennungswärme über die Kolbenringe an die Zylinderwand abzuleiten,
- den Verbrennungsraum gasdicht und beweglich gegen das Kurbelgehäuse abzudichten.

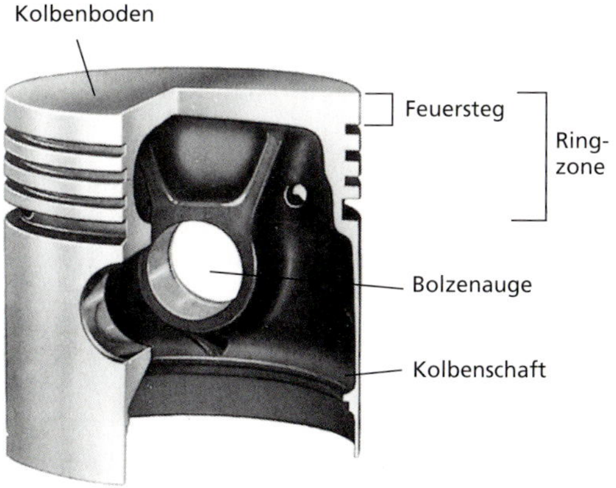

Bestandteile des Kolbens

Der Kolben besteht aus folgenden Teilen:

- **Kolbenboden**
  Die Stärke des Kolbenbodens ist vom Verbrennungsdruck abhängig. Der Kolbenboden ist bei Ottomotoren flach oder leicht gewölbt. Es gibt aber auch Kolben mit Erhöhungen und Aussparungen zur besseren Verwirbelung des Gemischs.
- **Feuersteg und Ringzone**
  Der Feuersteg ist der Teil zwischen Kolbenboden und erstem Kolbenring. Er dient dem Schutz des ersten Kolbenringes. Die Kolbenringzone ermöglicht die bewegliche Abdichtung. Ihre Höhe richtet sich nach der Zahl und Höhe der Kolbenringe.
- **Kolbenschaft**
  Der Kolbenschaft übernimmt die Führung des Kolbens im Zylinder und überträgt bei Schräglage der Pleuelstange die Seitenkräfte auf die Zylinderwand.
- **Bolzenauge**
  Die Bolzenaugen leiten die Kräfte vom Kolben auf den Kolbenbolzen. Sie sind daher gut gegen den Kolbenboden und den Schaft abgestützt.

Bei Erwärmung dehnt sich der Kolben aus der Alu-Legierung mehr als der Zylinder aus Grauguss aufgrund der unterschiedlichen Längenausdehnungszahlen. Um bei allen Betriebstemperaturen möglichst geringe Laufspiele zu erreichen, sind bauliche Maßnahmen am Kolben erforderlich.

Im Verbrennungsraum entstehen Temperaturen bis 2 500 °C. Am Kolben eines Ottomotors ergeben sich bei Volllast Temperaturen von ca. 120 °C am Kolbenschaft, ca. 240 °C im Bereich des Feuerstegs, ca. 280 °C in der Mitte des Kolbenbodens. Die Wärmedehnung ist am Kolbenboden infolge höherer Temperatur und Materialanhäufung größer als am Kolbenschaft.

Werkstoff	Längenänderung	Längenaudehnungszahl α
GG		$0{,}000009\ \frac{1}{K}$
Al		$0{,}000024\ \frac{1}{K}$
Al-Si-Legierung		$0{,}000017\ \frac{1}{K}$

GG Grauguss, Al Aluminium, Si Silizium

Kolbenabmessungen

Kolbendurchmesser: Er wird am unteren Schaftende senkrecht zur Bolzenachse gemessen.

Kompressionshöhe: Sie bestimmt die Höhe der Verdichtung.

Einbauspiel: Das Einbauspiel ist der Unterschied zwischen größtem Kolbendurchmesser und kleinstem Zylinderdurchmesser bei 20°. Seine Größe wird auf dem Kolbenboden eingeschlagen.

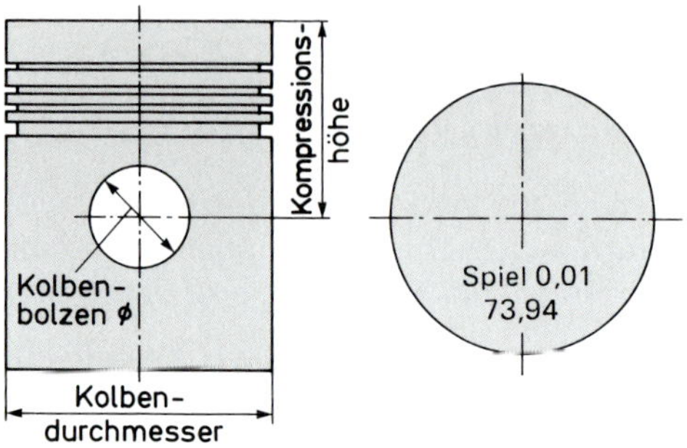

Laufspiel: Das Laufspiel ist das Spiel im betriebswarmen Zustand. Es soll möglichst klein sein, ohne dass es zum Kolbenklemmen führt.
Spiel = Durchmesser Zylinder – Kolbendurchmesser

Betriebsbedingungen

Beanspruchung	Betriebsbedingungen	Folgen
Druck	Der Kolbenboden wird durch den Verbrennungshöchstdruck bei Ottomotoren von 40 bis 60 bar, bei Dieselmotoren bis 100 bar stark belastet. 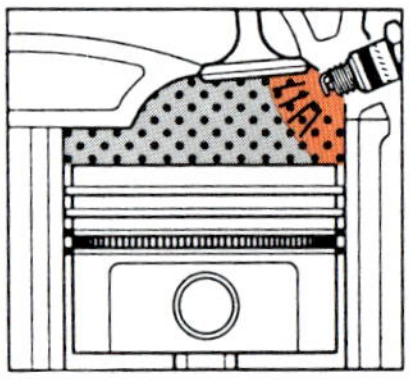	Die auf den Kolben wirkenden Kräfte verformen den Kolben. 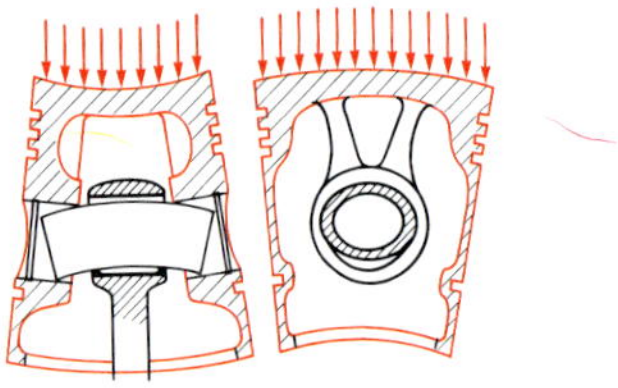
Wärme	Im Verbrennungsraum entstehen Temperaturen bis 2 500 °C. Am Kolben eines Ottomotors ergeben sich bei Volllast Temperaturen von ca. 120 °C am Kolbenschaft, ca. 240 °C im Bereich des Feuerstegs, ca. 280 °C in der Mitte des Kolbenbodens. 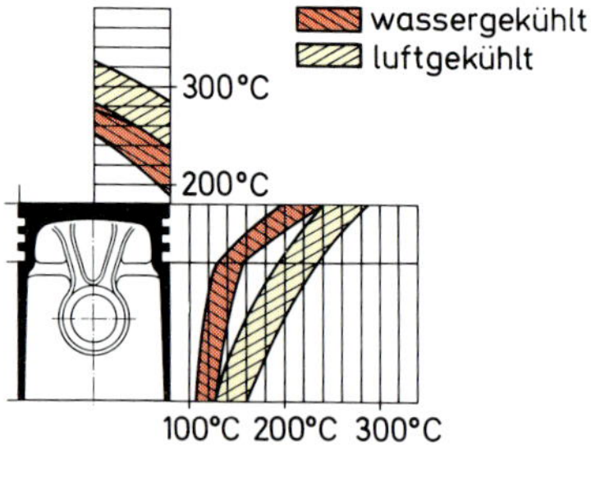	Die Wärmeausdehnung ist am Kolbenboden infolge höherer Temperatur und Materialanhäufung größer als am Kolbenschaft. Daher ist ein ausreichendes Kolbeneinbauspiel erforderlich. Ist das Spiel zu klein, kann die Ausdehnung des Kolbens zum Kolbenklemmen führen. Es kommt zur Riefenbildung und zum Materialabtrag am Kolben und an der Zylinderwand. 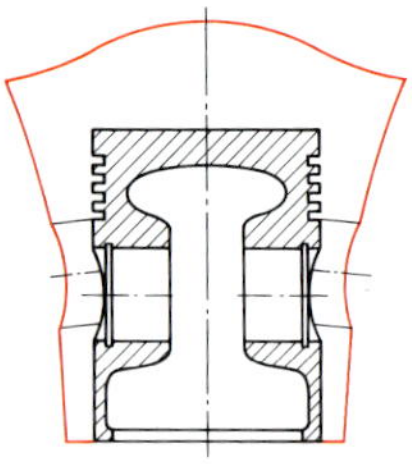

Betriebsbedingungen

Fortsetzung

Beanspruchung	Betriebsbedingungen	Folgen
Massenkräfte und Drehmomente	Bei jedem Hub des Kolbens wird er von der Geschwindigkeit null bis zu einem Höchstwert beschleunigt und wieder auf null verzögert. 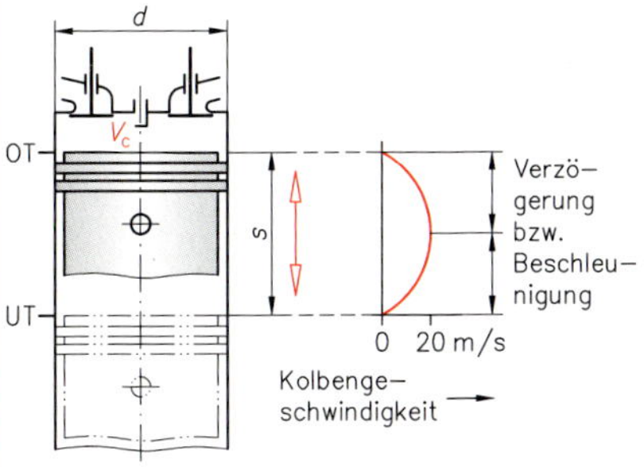	Durch das Beschleunigen und Verzögern des Kolbens entstehen im oberen und unteren Totpunkt Massenkräfte, die den Motor in senkrechter Richtung zum Schwingen bringen, und Drehmomente, die ihn um den Schwerpunkt drehen oder kippen. Die Massenkräfte führen zu Vibrationen und zu Brummgeräuschen, wenn kein Massenausgleich stattfindet. Die Massenkräfte bzw. Drehmomente sind umso größer, je größer die Masse des Kolbens ist. Die nicht ausgeglichenen Momente versetzen den Motor in eine Taumelbewegung. Das Taumeln kann durch eine Ausgleichswelle verhindert werden (s. Seite 204). 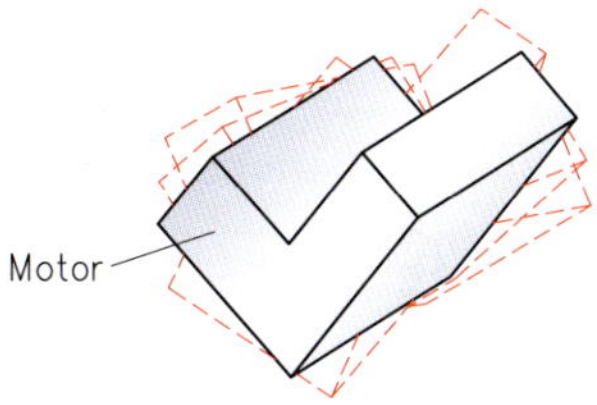
Reibung	Kolbenschaft und Kolbenringnuten werden durch Reibung beansprucht. Am Kolbenschaft verursacht die bei Schräglage der Pleuelstange wirkende Seitenkraft F_N Verschleiß.	Bei ungünstigen Schmierverhältnissen – Kaltstart oder Überlastung – besteht die Gefahr der metallischen Berührung und damit des Fressens und starken Verschleißes der Ringnuten.

Kolbenbauarten

Einmetallkolben

Die unterschiedliche Wärmeausdehnung von Kolbenboden und Kolbenschaft wird durch eine besondere Kolbenform ausgeglichen:

- Der Kolbenkopf ist konisch.
- Der Kolbenschaft ist verkürzt und hat nach innen versetzte Lager für den Kolbenbolzen.

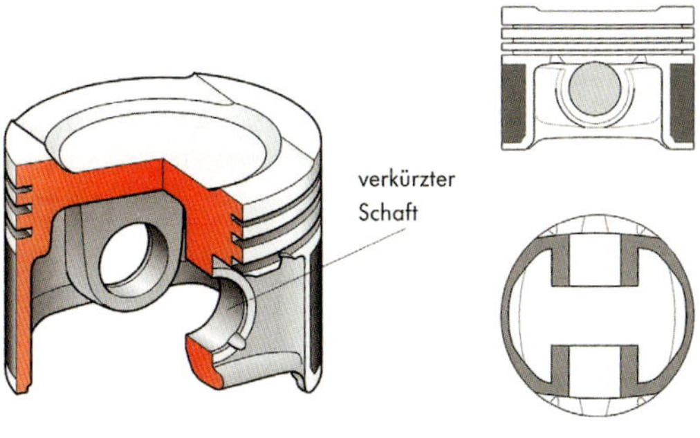

Regelkolben (Bimetallkolben)

Bei Regelkolben wird die Schaftausdehnung

- durch im unteren Schaftteil eingegossene Stahlringe,
- durch Stahlblechstreifen im Bereich der Bolzenaugen

so beeinflusst, dass in der Laufrichtung eine etwa gleich große Wärmeausdehnung wie bei Graugusszylindern erzwungen wird.

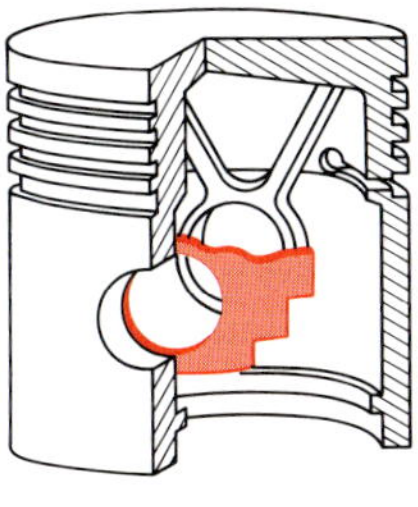

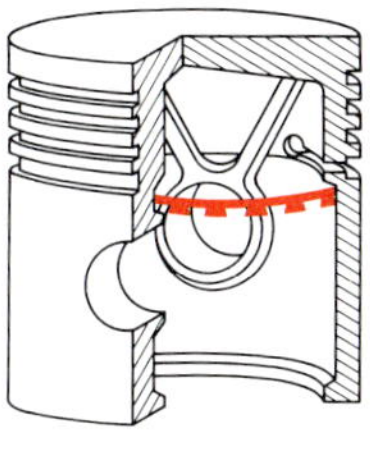

Kolbendesachsierung

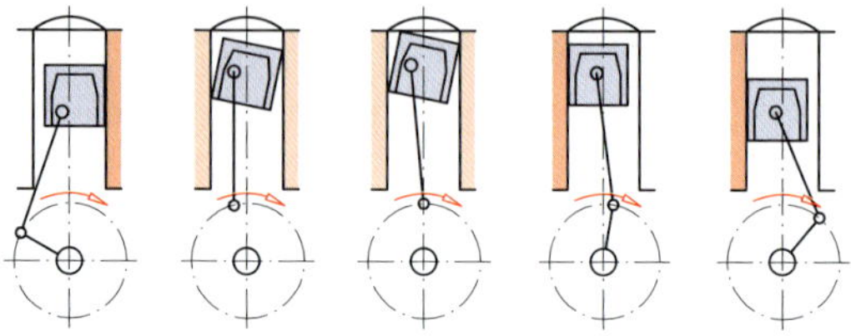

Der Kolben wird wechselseitig durch die Seitenkraft an die Wand gedrückt. Dies führt zum Kolbenkippen mit den dazu enstehenden Geräuschen.
Die Geräuschbildung wird durch den Kolben mit versetzter Bolzenachse (Desachsierung) vermieden. Die Bolzenmitte wird etwa 1 bis 2 mm nach der Druckseite des Kolbens verschoben. Hierdurch findet der Anlagenwechsel des Kolbens kurz vor OT statt, die Kippbewegung ist weniger geräuschvoll.

11.4.4.2 Kolbenringe

Die Kolbenringe sollen

- den Verbrennungsraum nach unten gegen das Kurbelgehäuse feinabdichten, um so das Durchblasen von Luft und Verbrennungsgasen zu verhindern,
- einen Teil der Wärme vom Kolben zum gekühlten Zylinder ableiten,
- überschüssiges Öl abstreifen und in den Ölsumpf zurückführen.

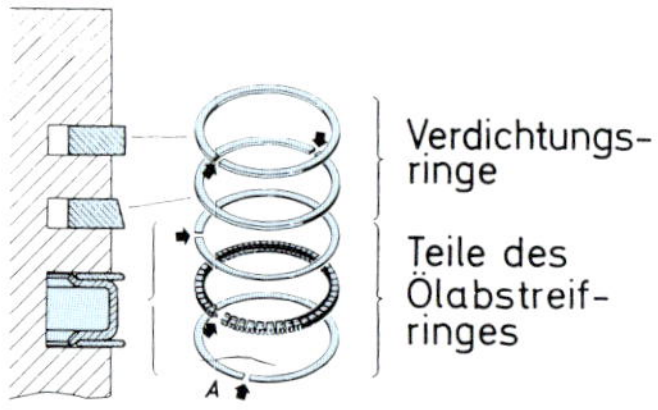

Entsprechend den Aufgaben unterscheiden wir:

- Verdichtungsringe,
- Ölabstreifringe.

Kolbenringarten

Verdichtungsringe

Die Verdichtungsringe haben zylindrische und konische Laufflächenformen. Sie haben die Form einer offenen Ringfeder und liegen durch die Vorspannung an der Zylinderwand an. Beim Ausbau des Kolbens springen sie auf. Im eingebauten Zustand muss ein Stoßspiel vorhanden sein, damit die Ringe sich ausdehnen können. Es beträgt etwa 0,3 bis 0,6 mm. Auch das Höhenspiel darf einen bestimmten Wert nicht überschreiten, da sonst die Ringe Öl in den Verbrennungsraum pumpen.

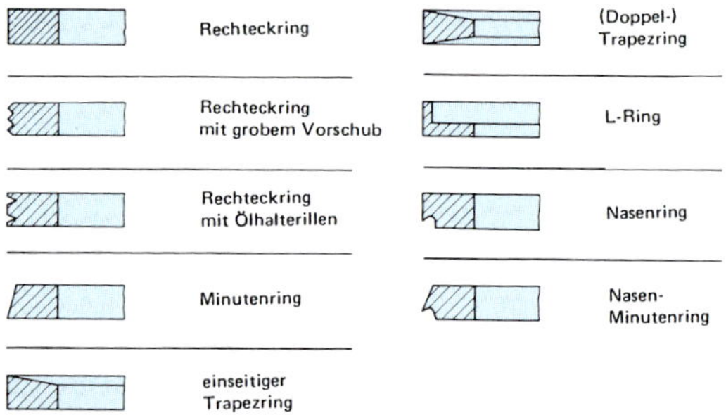

Ölabstreifringe

Ölabstreifringe besitzen in der Mitte ihrer zylindrischen Gleitfläche eine umlaufende Rille, die das überschüssige Öl über gefräste Schlitze oder Bohrungen zum Nutengrund und von hier durch Rückführungsöffnungen zum Kolbeninnern leitet.
Durch Spannfederelemente, die sich gegen den Grund der Ringnut abstützen, lässt sich der Anpressdruck erhöhen. Bei anderen Bauarten sind die Spannfederelemente in den Ölschlitzring eingebettet.

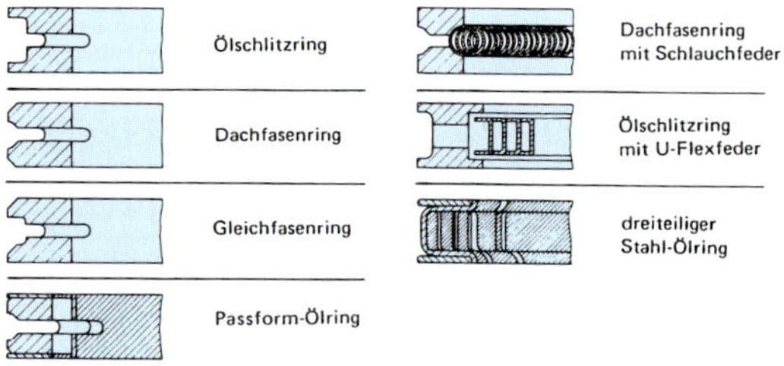

Um die Verschleißgefahr zu verringern, den Einlaufvorgang zu beschleunigen, dem Entstehen von Brandflecken vorzubeugen, werden die Kolbenringe oberflächenbehandelt. Die Lauffläche oder der gesamte Kolbenring wird

- verzinnt, phosphatiert, verkupfert oder
- verchromt oder
- ferrooxidiert oder
- mit Molybdän überzogen.

Die mechanisch, thermisch und chemisch besonders hoch beanspruchten Ringe der obersten Kolbennut benötigen in den meisten Fällen eine Bewehrung der am Zylinder gleitenden Lauffläche. Metallische Schichten, die im Flammspritzverfahren, oder keramische Schichten, die im Plasmaverfahren aufgebracht werden, ersetzen immer mehr die bisher übliche Verchromung. Der Vorteil dieser Schichten liegt in dem höheren Schmelzpunkt und einer gewissen Porosität.

Die beiden oberen Ringe (bei 3 Verdichtungsringen) sind auf einer Seite mit dem Wort „Top“ oder „Oben“ gekennzeichnet. Diese Seite muss nach dem Aufsetzen der Ringe von oben lesbar sein.

Betriebsbedingungen

<table>
<tr><th>Beanspruchung</th><th>Betriebsbedingungen</th><th>Folgen</th></tr>
<tr><td>Reibkräfte</td><td>Die Kolbenringe werden durch die mechanische Vorspannung an die Zylinderwand gedrückt. Durch die Gaskräfte hinter den Ringen wird der Anpressdruck an die Zylinderwand verstärkt. Durch das Höhenspiel wechselt während des Arbeitsspiels der Kolbenring seine Anlage von der unteren zur oberen Ringnutflanke und zurück.

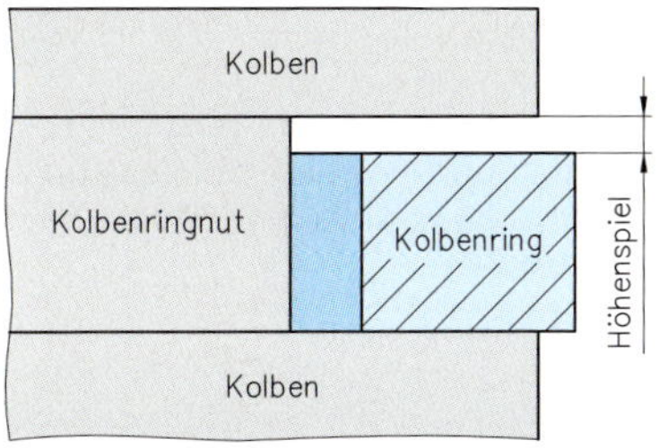

Damit die Federwirkung des Kolbenrings bei betriebswarmem Motor nicht behindert wird, ist ein Stoßspiel erforderlich.

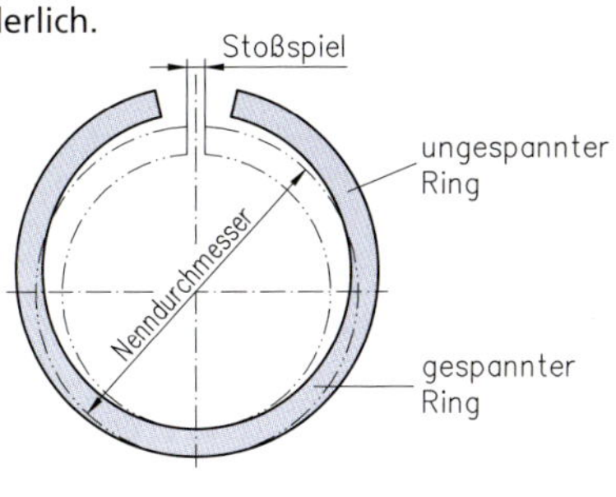
</td><td>Durch die wechselnde Anlage des Kolbenrings an der oberen bzw. unteren Kolbenringnut, durch Korrosion, Staub, Ölkohle im Nutengrund entsteht Verschleiß. Das Höhenspiel nimmt zu. Zu großes Höhenspiel (mehr als 0,025 mm) führt zu:
• Pumpeffekt der Kolbenringe
Durch die ausgeschlagenen Ringnuten wird bei der Aufwärtsbewegung Öl in den Verbrennungsraum transportiert und dort verbrannt. Das verbrannte Öl lagert sich als Ölkohle im Verbrennungsraum ab.
• Verkanten des Kolbenrings und Verschleiß der Zylinderwand.

Bei verschlissenen Kolbenringen wird das Stoßspiel größer. Die Folgen sind
• Leistungsverlust,
• erhöhter Ölverbrauch,
• Ölkohleablagerung im Verbrennungsraum,
• schlechte Abgaswerte.
Zu geringes Stoßspiel führt bei betriebswarmem Motor zu Ringbruch.</td></tr>
<tr><td>Wärme</td><td>Der oberste Kolbenring wird durch heiße Gase thermisch stark beansprucht. Weiterhin ist die Schmierung im Bereich des OT schlechter.</td><td>Durch örtliche Überhitzung der Kolbenringe bzw. Schmierölmangel entstehen Brandflecken, die zum Ringfressen führen.</td></tr>
</table>

11.4.4.3 Kolbenbolzen

Der Kolbenbolzen

- verbindet den Kolben mit der Pleuelstange,
- überträgt die Kolbenkraft auf die Pleuelstange.

Er übt zusammen mit den Lagerstellen im Pleuel und in den Bolzenaugen die Funktion eines Gelenkes aus.

Für einen einwandfreien Lauf des Kolbens ist eine exakte Passung des Bolzens in den Bolzenaugen von Bedeutung. Bei Ottomotoren beträgt das Spiel zwischen Kolbenbolzen und Bolzenauge ca. 0,003 mm. Um dieses kleine Spiel zu erreichen, werden die Kolbenbolzen vom Hersteller nach der entsprechenden Passung ausgewählt und zur Vermeidung von Fehlkombinationen mit dem gleichen Farbzeichen wie der dazugehörige Kolben markiert.

Der Kolbenbolzen muss gegen seitliches Verschieben gesichert werden, um eine Beschädigung der Zylinderwände zu vermeiden.

Kolbenbolzenlagerung

Schwimmende Lagerung

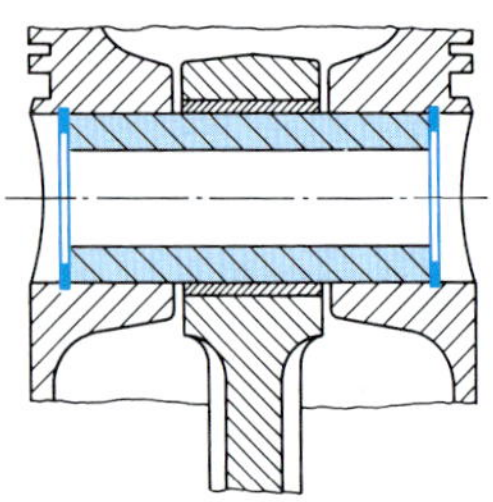

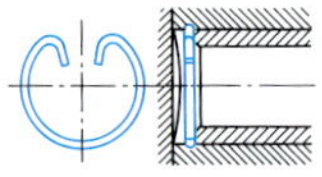

Runddrahtsicherung

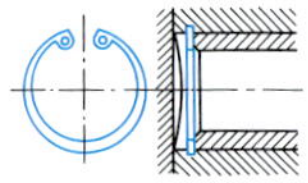

Stahlblech-Profilring (Seeger-Sicherung)

Der Kolbenbolzen kann sich in den Bolzenaugen des Kolbens oder in der Pleuelbuchse drehen. Er wird auf beiden Seiten durch Sicherungsringe (Seegerring) oder Drahtsprengringe gesichert. Der Kolbenbolzen wird über eine Bohrung im Pleuelkopf durch Tropföl vom Kolbenboden geschmiert.

Klemmpleuel

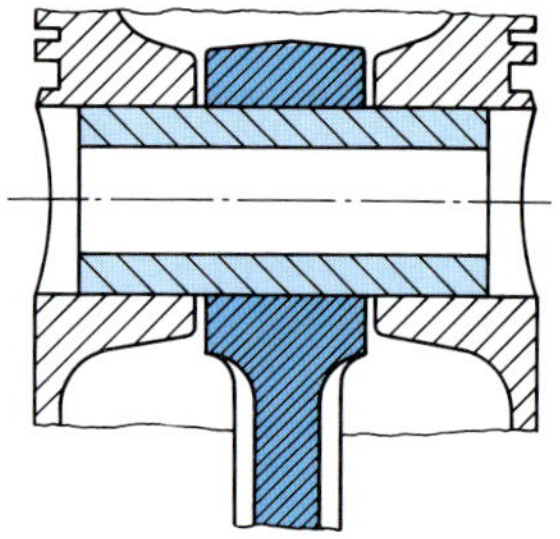

Der Kolbenbolzen sitzt im Schrumpfsitz im Pleuelkopf und hat eine Spielpassung im Bolzenauge des Kolbens. Sicherungsringe und Pleuelbuchse entfallen.

Betriebsbedingungen

Beanspruchung	Betriebsbedingungen	Folgen
Gaskraft und Massenkraft	Durch die auf den Kolben wirkenden Gas- und Massenkräfte verformt sich der Kolbenbolzen. Er biegt sich durch und sein Querschnitt wird oval. 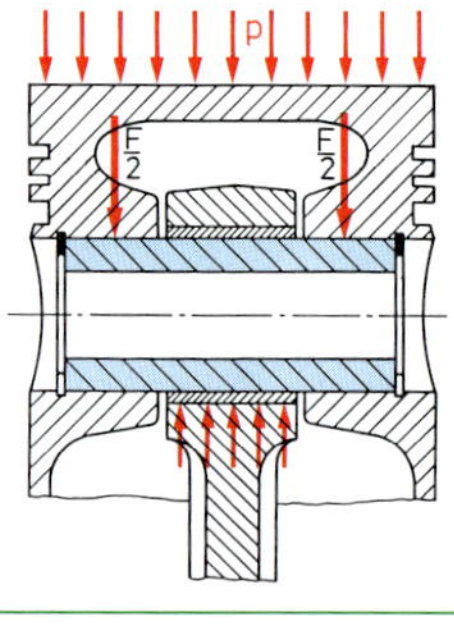	Bei zu starker Ovalverformung und Durchbiegung des Kolbenbolzens kann es unter ungünstigen Verhältnissen zur Rissbildung im Bereich des Bolzenauges kommen. 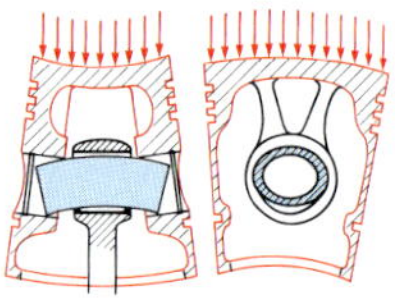

Betriebsbedingungen Fortsetzung

Beanspruchung	Betriebsbedingungen	Folgen
Reibung	Der Kolbenbolzen wird in den Lagerflächen durch schlagartige Belastungen aus wechselnden Richtungen beansprucht. Eine Schmierung durch die Pleuelstange ist nur eingeschränkt möglich. Seine Gleitbewegung im Pleuellager ist klein und langsam.	Aufgrund der ungünstigen Schmierverhältnisse und der Gleitbewegung bei hoher Flächenpressung kommt es zu Verschleiß.

11.4.5 Pleuelstange

Die Pleuelstange

- verbindet den Kolben mit der Kurbelwelle,
- überträgt die Kolbenkraft auf die Kurbelwelle,
- erzeugt an der Kurbelwelle ein Drehmoment,
- wandelt die geradlinige Bewegung des Kolbens in eine Drehbewegung der Kurbelwelle um.

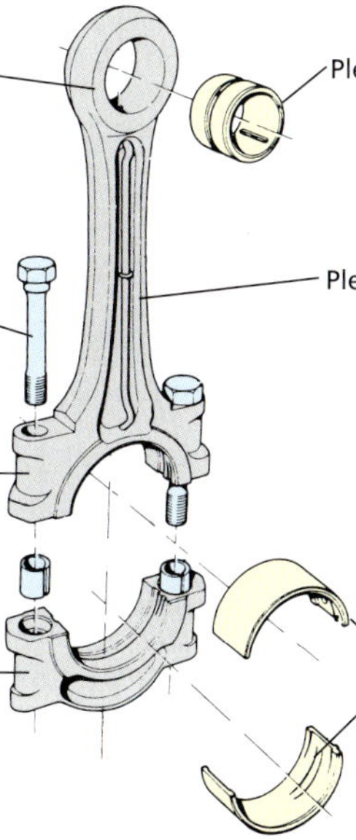

Die Pleuelstange besteht aus den Teilen

- **Pleuelkopf**
  Im Pleuelkopf ist der Kolbenbolzen gelagert.
- **Pleuelschaft**
- **Pleuelfuß und Pleueldeckel**
  Pleuelfuß und Pleueldeckel umschließen das Pleuellager. Der Pleueldeckel wird mit Dehnschrauben befestigt. Sie zentrieren als Passschrauben den Pleueldeckel.

Die Pleuelstange ist hohen, ständig wechselnden Beanspruchungen ausgesetzt. Am Pleuelkopf führt sie die Längsbewegung des Kolbens, am Pleuelfuß die Drehbewegung der Kurbelwelle aus.

Pleuelfuß und Pleueldeckel haben zum Teil unterschiedliche Trennstellen:

- **Pleuel mit bearbeiteter Fügestelle**
  Die Trennstelle zwischen Pleuelfuß und Pleueldeckel wird spanend hergestellt.
- **Pleuel mit Bruchstelle**
  Die Trennstelle zwischen Pleuelfuß und Pleueldeckel wird durch Bruch erreicht und nicht weiter bearbeitet. Damit wird bei der Montage ein unverwechselbarer Sitz erreicht.

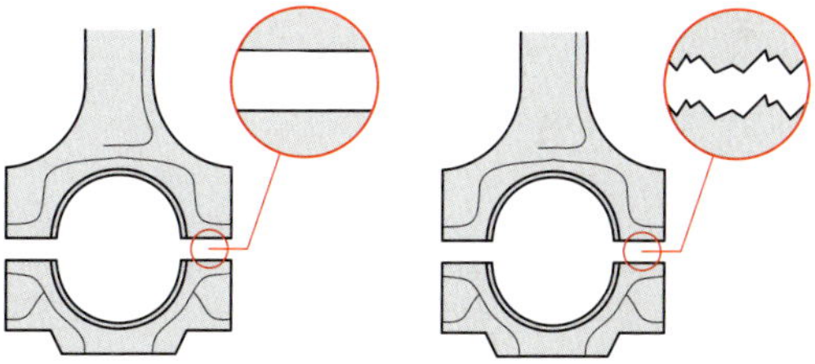

Betriebsbedingungen

Beanspruchung	Betriebsbedingungen	Folgen
Druck und Zug	Die hohe Kolbenkraft F_k erzeugt große Druckkräfte in Längsrichtung der Pleuelstange. Die hohe Massenkraft F_m des Kolbens verursacht Zugkräfte.	Die Kräfte können die Pleuelstange verdrehen oder verbiegen, wodurch die Parallelität der Pleuellagerbuchsen und der Pleuellagerbohrung nicht gewährleistet ist. Dies gilt auch, wenn die Pleuellagerbuchse schief gebohrt ist. Der Kolben wird nicht parallel zur Zylinderwand geführt. Es entsteht Verschleiß am Kolben, den Kolbenringen, der Zylinderwand und in den Pleuellagern. Durch die Beanspruchung kann die Ausbildung eines Schmierfilms in den Lagern gefährdet und die Lager beschädigt werden.

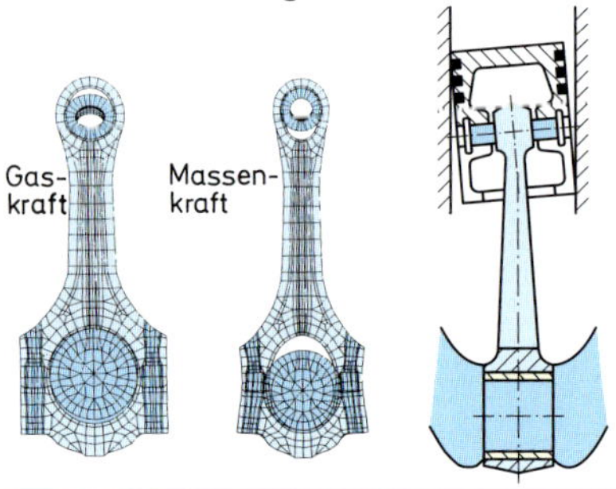

11.4.6 Kurbelwelle und Zubehör

Die Kurbelwelle

- wandelt die geradlinige Kolbenbewegung in eine Drehbewegung um,
- wandelt die von der Pleuelstange wirkende Drehkraft in ein Drehmoment um,
- überträgt das Drehmoment auf die Kupplung,
- treibt die Ventilsteuerung, den Zündverteiler, die Ölpumpe, die Wasserpumpe, den Lüfter und andere Nebenaggregate an.

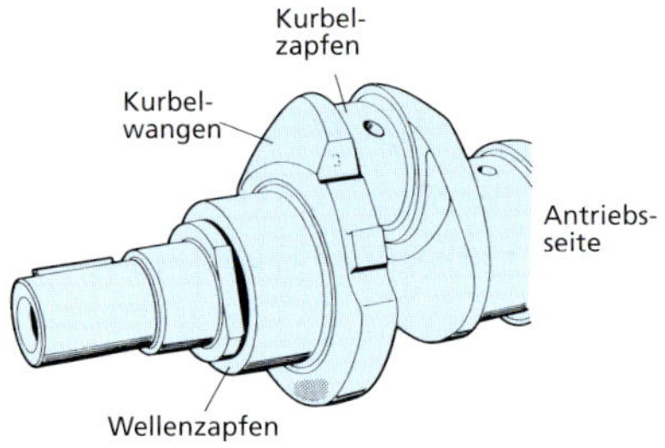

Die Kurbelwelle besteht aus folgenden Teilen:

- Wellenzapfen für die Lagerung im Kurbelgehäuse,
- Kurbelzapfen zur Aufnahme der Pleuellager,
- Kurbelwangen, die Kurbelzapfen und Wellenzapfen verbinden.

Auf der Abtriebsseite der Kurbelwelle wird das Schwungrad befestigt, auf der gegenüberliegenden Seite sitzen auf dem Wellenzapfen das Zahnrad oder die Zahnriemenscheibe für den Nockenwellenantrieb, das Schraubenrad für den Verteiler- und Ölpumpenantrieb, die Riemenscheibe für den Lüfter-, Wasserpumpenantrieb und den Antrieb anderer Nebenaggregate.

Die Form der Kurbelwelle ist abhängig von

- der Zylinderzahl,
- der Anordnung der Zylinder,
- der Zahl der Kurbelwellenlager,
- der Größe des Hubes und
- der Zündfolge.

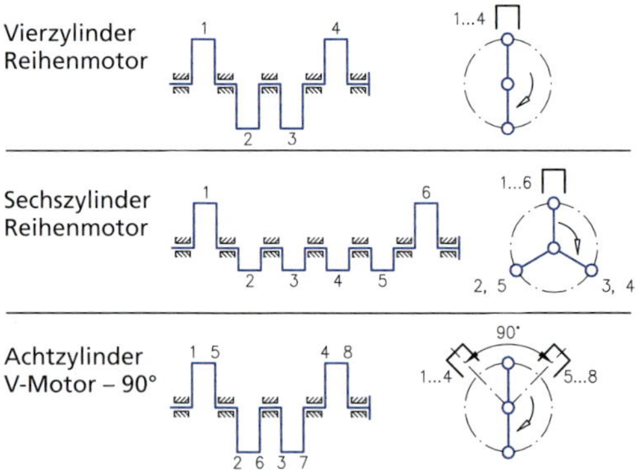

Die Kurbelwelle muss bei jedem Hub den Kolben und die Pleuelstange beschleunigen und verzögern.

Betriebsbedingungen

Beanspruchung	Betriebsbedingungen	Folgen
Biegung	Durch die Auf- und Abwärtsbewegung der Kolben wirken Kolben- und Massenkräfte über die Pleuelstange auf die Kurbelwelle und biegen sie durch.	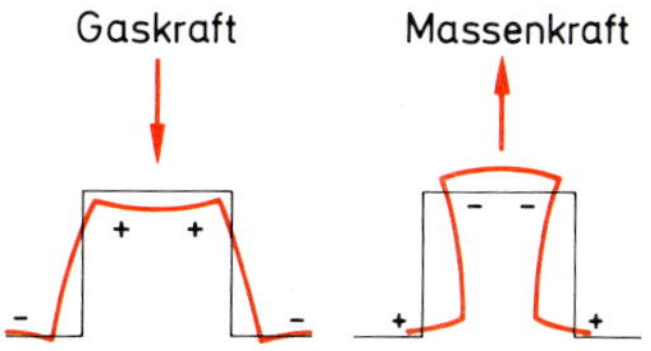
Verdrehung	Die Kurbelwelle wird aufgrund der Elastizität des Werkstoffs durch die Kolbenkraft verdreht.	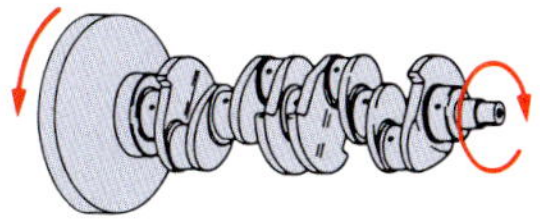
Dreh-schwingungen	Die Biege- und Verdrehbeanspruchung überlagern sich. Die stoßartig wirkende Kolbenkraft verdreht die Kurbelwelle. Nachdem die Kraft im Leerhub aufhört, schwingt die Kurbelwelle zurück. Hierdurch entstehen Drehschwingungen.	Bei einer bestimmten Drehzahl überlagern sich die durch die Kolbenkraft verursachten Drehschwingungen mit den Eigenschwingungen der Kurbelwelle. Diese Drehzahl verursacht einen äußerst unruhigen Lauf des Motors. Im ungünstigen Fall können sich die Schwingungen so aufschaukeln, dass die Kurbelwelle bricht.
Drehmomente	Da Kolben und Massenkräfte an unterschiedlichen Hebelarmen zum Mittelpunkt der Kurbelwelle wirken, erzeugen sie Drehmomente. Diese Momente versuchen die Kurbelwelle um den Mittelpunkt zu drehen. Bei einem 4-Zylinder-Motor wirken von je zwei Kolben die Kräfte nach oben und nach unten, sodass sich die Drehmomente gegenseitig aufheben. Bei einem 6-Zylinder-V-Motor wirken die Kräfte in Richtung des V-Winkels, sodass sie sich nicht ausgleichen können. Der Motor wird in eine Taumelbewegung versetzt.	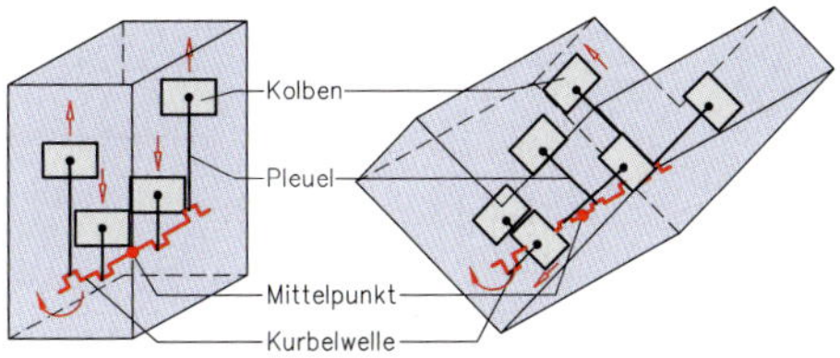 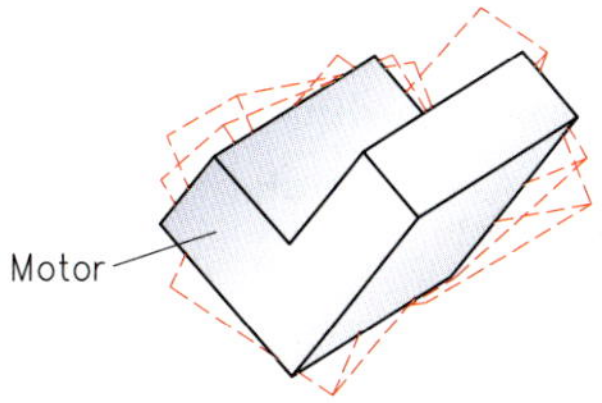
Reibungskräfte	**Verschleiß** An allen Lagerstellen der Kurbelwelle entsteht Reibung. 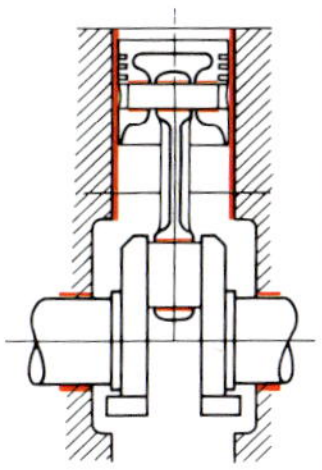	Das Lagerspiel wird größer, was zu einem kapitalen Lagerschaden führen kann. Lagerschäden kündigen sich durch Klopfgeräusche an.

11.4.6.1 Schwingungsdämpfer, Ausgleichwelle

Maßnahmen zur Verhinderung von Drehschwingungen und Taumelbewegungen des Motors

Schwingungsdämpfer

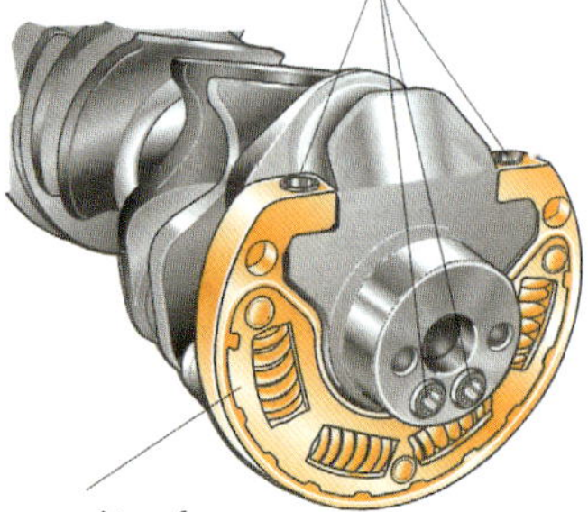

Der Schwingungsdämpfer dämpft die Drehschwingungen.
Er ist anstelle des ersten Gegengewichtes mit vier Schrauben an die Kurbelwelle angeschraubt.
Die Dämpfung erfolgt durch Kunststoffreibelemente über den gesamten Last- und Drehzahlbereich.

Ausgleichswelle

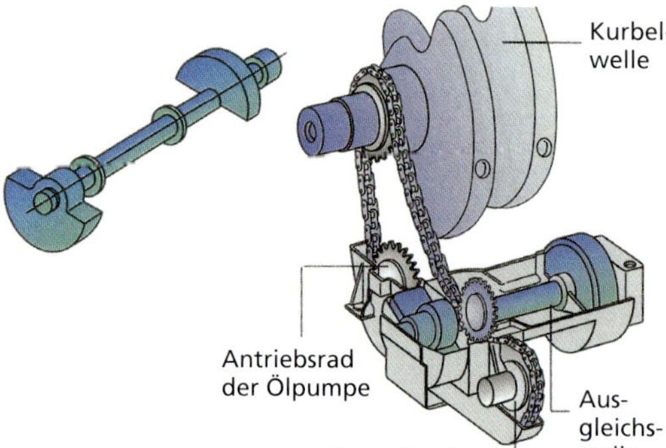

Zum Ausgleich der durch die Massenkräfte von Kolben und Pleuelstange verursachten Drehmomente dient eine Ausgleichswelle. Sie besitzt zwei Ausgleichsgewichte, die um 180° zueinander versetzt angeordnet sind. Sie wird von der Kurbelwelle durch eine Kette angetrieben und dreht sich entgegengesetzt zur Kurbelwelle. Durch die entgegengesetzte Drehrichtung und die Ausgleichsgewichte werden die Drehmomente des Motors ausgeglichen. Eine Taumelbewegung findet im Betrieb nicht statt.

11.4.6.2 Kurbelwellenlager

Aufgabe der Kurbelwellenlager ist es,

- die Kurbelwelle zu führen,
- Radial- und Axialkräfte aufzunehmen.

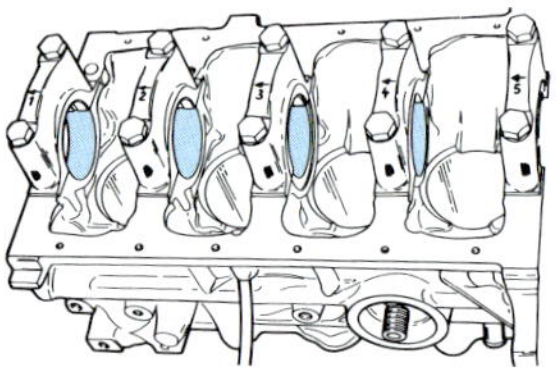

Als Pleuel- bzw. Kurbelwellenlager werden geteilte Dreischicht- oder Dreistoff-Lager verwendet. Ein Lager besteht aus:

- Stahlschützschale
- Tragschicht aus Bleibronze (0,5 mm) (75 % Cu, 23,5 % Pb, 1,5 % Sn)
- Laufschicht aus Weißmetall (0,02 mm)

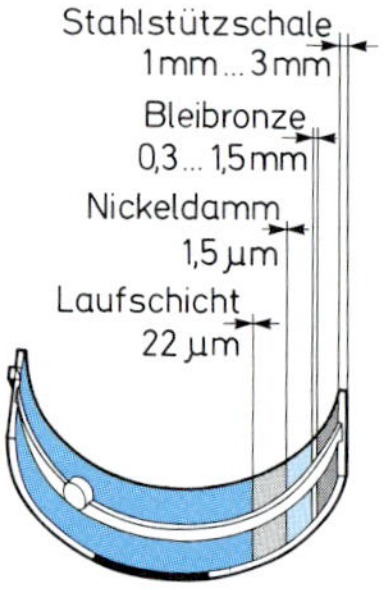

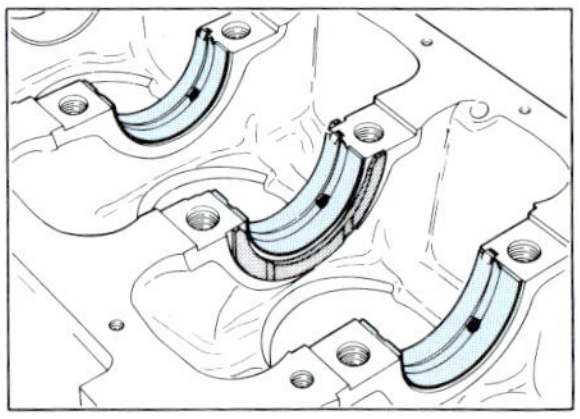

Zwischen Trag- und Laufschicht befindet sich ein Nickeldamm (0,001 mm), der verhindert, dass das Zinn aus der Weißmetall-Laufschicht in die darunter liegende Bleibronze abwandert. Die Tragschicht besitzt Notlaufeigenschaften bei Abnutzung der Laufschicht.

Die Kurbelwelle besitzt ein Passlager (auch Führungslager genannt), das die beim Betätigen der Kupplung auftretenden Längskräfte aufnehmen und ein Verschieben der Kurbelwelle in Längsrichtung verhindern soll.

Passlager

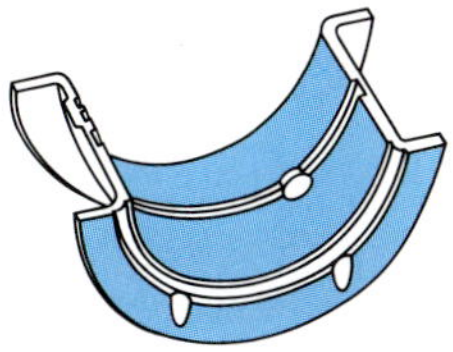

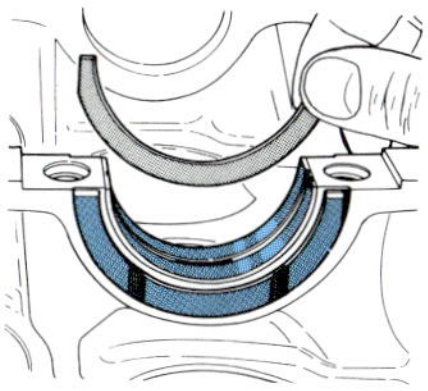

Das Passlager wir in zwei Ausführungen gebaut:

- Das Gleitlager besitzt auf beiden Seiten einen Bund, der ebenfalls wie die Lauffläche beschichtet ist.
- In Aussparungen des Zylinderblockes sitzen Anlaufhalbringe.

Jede Kurbelwelle besitzt nur ein Passlager. Es ist entweder an der Kraftabgabeseite oder in der Kurbelwellenmitte angeordnet.

Radiallager

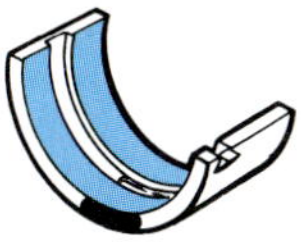

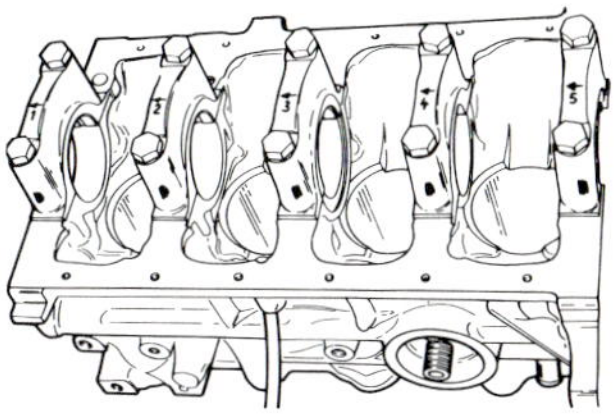

Die Lagerschalen ohne Bund nehmen nur Radialkräfte auf. Die Lager sind geteilt. Lagerstuhl im Kurbelgehäuse und Lagerdeckel bilden die Grundbohrung, in welche die Lagerschalen eingelegt werden. Zur Ölaufnahme besitzt das Lager Ringrillen. Haltenasen sichern das Lager gegen Verdrehen und Verschieben. Die Lager haben seitliches Spiel, damit sich die Kurbelwelle bei Erwärmung ungehindert in der Länge ausdehnen kann.

Betriebsbedingungen

Anlauf	steigende Drehzahl	volle Drehbewegung
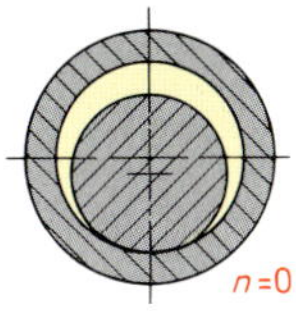	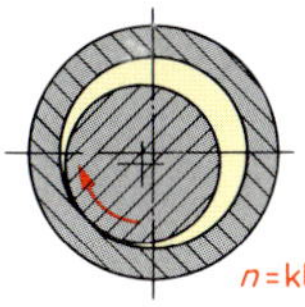	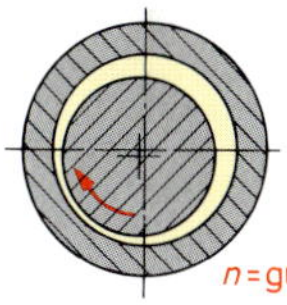
Im Stillstand ruht die Welle infolge ihres Eigengewichts auf dem tiefsten Punkt der Lagerschale. Beim Anlaufen wandert die Welle infolge Reibung in Richtung des Drehsinns in eine seitliche Lage. Zwischen den Gleitflächen ist noch kein Schmierfilm aufgebaut.	Das an der Welle haftende Öl wird mitgenommen und in den Keilraum hineingezogen. Eine vollkommene Trennung ist noch nicht vorhanden. Es entsteht teilweise trockene und flüssige Reibung.	Bei höherer Drehzahl entsteht im Keilraum ein starker Öldruck, der die Welle von der Lagerschale abhebt. Die Welle schwimmt auf einem Ölfilm.
Folgen: Es herrscht trockene Reibung. Hierdurch entsteht Verschleiß.	**Folgen:** Die Welle läuft im Gebiet der Mischreibung.	**Folgen:** Es besteht flüssige Reibung. Die Reibkräfte sind sehr gering.

11.4.6.3 Wellendichtringe

Das Abdichten von drehenden Funktionsteilen, z. B. Nockenwelle, Kurbelwelle, Getriebewellen erfolgt mit Radial-Wellendichtringen. Der Dichtring besteht aus PTFE (Poly-Tetra-Fluor-Ethylen), auch unter dem Namen Teflon bekannt. Der Kunststoff ist hitzebeständig und verschleißfest. Der mit Rippen am Außendurchmesser versehene Dichtring wird mit einem Presssitz in das Gehäuse eingesetzt. Hierdurch

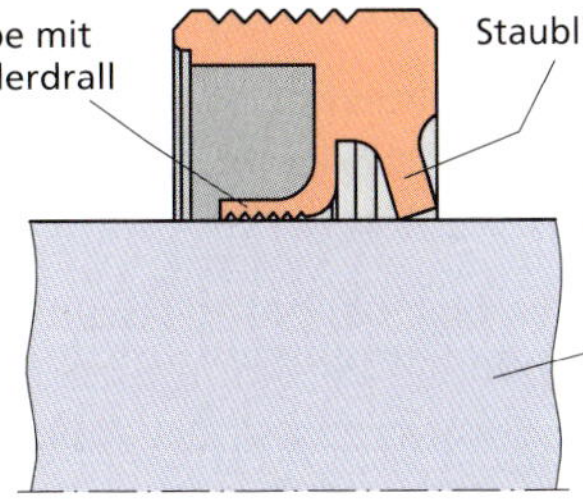

und durch eine Schlauchfeder wird die Dichtlippe an die Wellenoberfläche angepresst. Durch die Drehbewegung der Welle entsteht an der Dichtlippe ein Dichtspalt von 1 µm, in den Öl eindringt und die Dichtlippe schmiert. Die Dichtlippe besitzt einen richtungsgebundenen Rückförderdrall, sodass kein Öl austritt. Bei Radial-Wellendichtringen mit Feder presst eine Feder die Dichtlippe an die Wellenoberfläche.

Abdichtung der Kurbelwelle PTFE-Dichtring

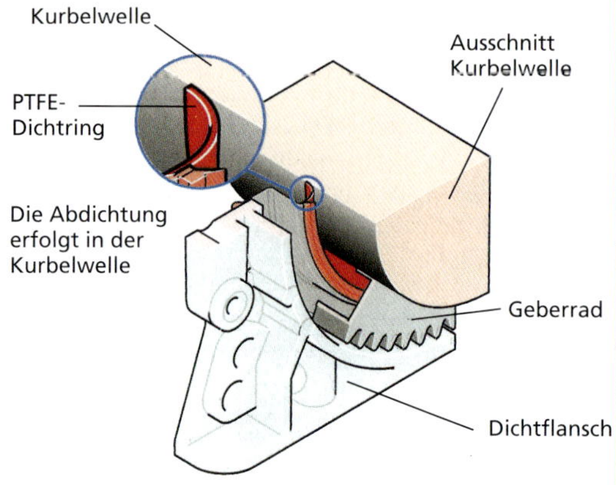

Abdichtung der Kurbelwelle mit Federring

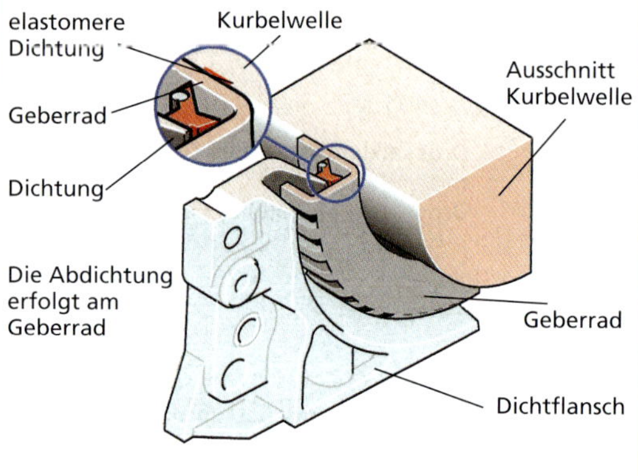

11.4.7 Motorlagerung

Die Motorlager haben die Aufgabe

- die Gewichtskraft und Drehmomente aufzunehmen und auf die Karosserie bzw. den Rahmen zu übertragen,
- Schwingungen des Motors und Erschütterungen der Fahrbahn zu dämpfen.

Die Lagerung des Motors erfolgt meist mit Gummi-Metall-Elementen an der Karosserie bzw. am Rahmen des Fahrzeugs.

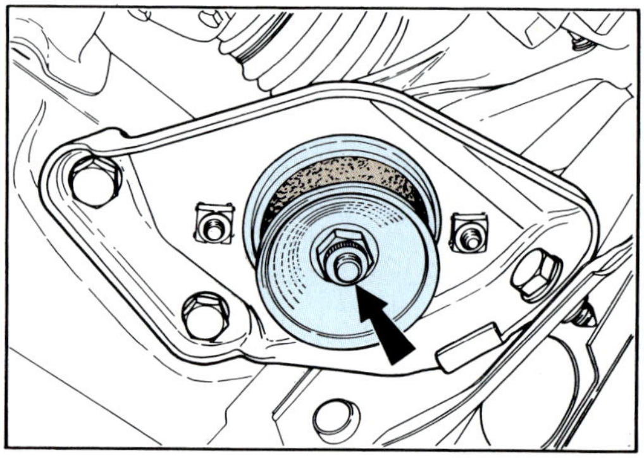

11.4.8 Prüfen, Messen und Fehlerdiagnose

11.4.8.1 Prüfen des Verbrennungsraumes

Kompressionsdrucktest

Die Prüfung des Kompressionsdruckes erfolgt mit dem Kompressionsdruckschreiber. Er ermöglicht den Vergleich des Kompressionsdruckes der einzelnen Verbrennungsräume.

Die Prüfung erfolgt bei betriebswarmem Motor. Dabei sind alle Zündkerzen auszubauen und bei Einspritzanlagen die Verbindungen zu den Vorwiderständen zu trennen, um zu verhindern, dass Kraftstoff eingespritzt wird. Der Anlasser wird bei voll geladener Batterie ca. 4 Sekunden betätigt. Der Kompressionsdruckschreiber zeichnet den Kompressionsdruck auf ein Diagrammblatt.

Bei Abweichungen von den Normalwerten liegt ein mechanischer Fehler vor. Um den Fehler einzugrenzen, wird Motoröl durch die Zündkerzenbohrung des betreffenden Zylinders eingefüllt. Der Motor wird anschließend durchgedreht, um das Öl zu verteilen. Das Öl dichtet zwischen Kolben und Zylinderwand. Nimmt bei einer zweiten Messung der Kompressionsdruck zu, besteht ein Schaden an der Zylinderwand, an den Kolbenringen oder am Kolben.

normaler Kompressionsdruck	Verschleißgrenze
9 bis 14 bar	7 bis 8 bar
Max. Druckunterschied zwischen den einzelnen Zylindern: 1 bar	

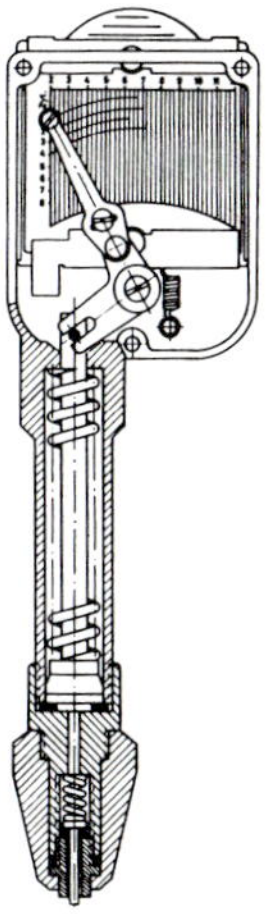

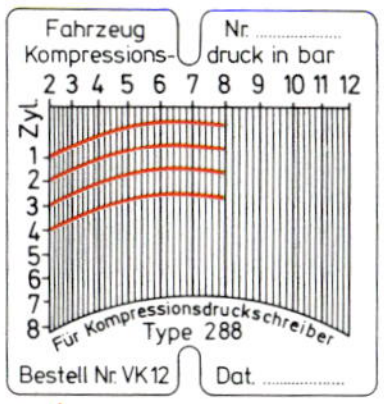

gut

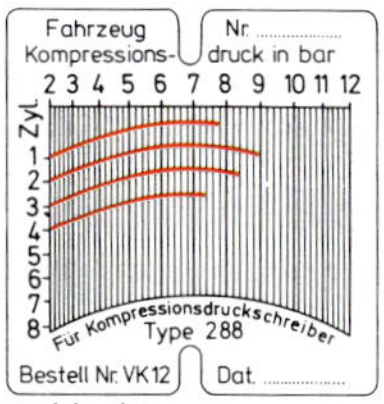

schlecht

Druckverlusttest

Eine Kompressionsdruckprüfung gibt nur einen Überblick über den mechanischen Zustand des Verbrennungsraumes. Sie ermöglicht keine Lokalisierung des Fehlers. Eine Druckverlustprüfung wird dann durchgeführt, wenn z. B. durch den Kompressionsdrucktest Undichtheiten im Verbrennungsraum festgestellt wurden.

Bei dem Druckverlusttest wird der zu prüfende Zylinder mit Druckluft gefüllt. Der Betriebsdruck soll im Allgemeinen zwischen 5 und 15 bar liegen. Vor der Prüfung ist die Anzeigenadel auf den in der Betriebsanleitung festgelegten Ausgangswert einzuregeln. Die Prüfung erfolgt bei betriebswarmem Motor. Weiterhin müssen alle Zündkerzen herausgeschraubt, der Luftfilter abgebaut, der Ölmessstab herausgezogen und der Kühlerdeckel abgeschraubt werden.

Der Tester zeigt den durch Undichtheiten entstehenden Druckverlust in Prozent an. Der Druckverlust soll in der Regel 40 % nicht überschreiten. Unterschiede zwischen den einzelnen Zylindern bis zu 20 % sind ohne Bedeutung. Undichtheiten lassen sich durch das Geräusch der ausströmenden Luft lokalisieren:

Geräuschstellen	mögliche Fehlerstellen
Ansaugkrümmer Auspuffkrümmer	Einlassventil Auslassventil
Öleinfüllstutzen	Kolben, Kolbenringe
Kühlwasser-Einfüllstutzen	Zylinderkopfdichtung

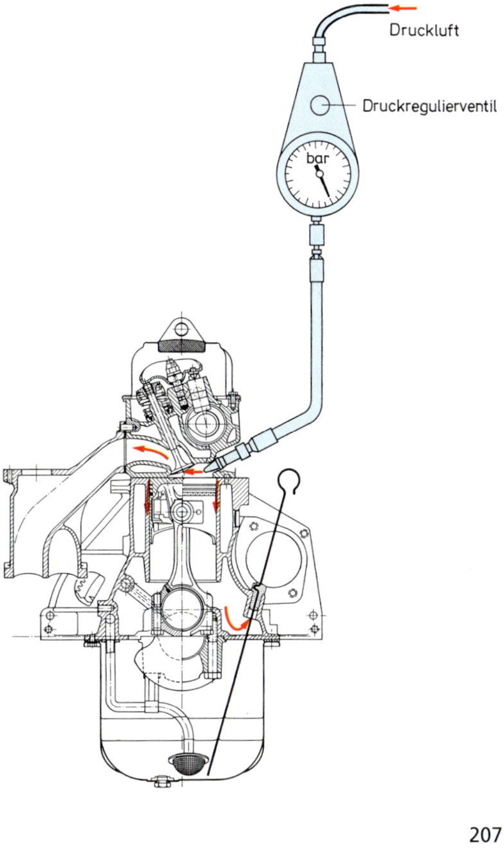

Bei größerem Druckverlust wird die Messung wiederholt, nachdem etwas Öl in den Zylinder gespritzt wurde. Stellt sich ein geringerer Druckverlust als bei der ersten Messung ein, ist mit Undichtheiten an Kolben und Kolbenringen zu rechnen.

Zylindereinzelanalyse mit dem Motortester

Mithilfe des Zylindervergleichs oder des dynamischen Kompressionstests kann auf den mechanischen Zustand der Zylinder geschlossen werden.

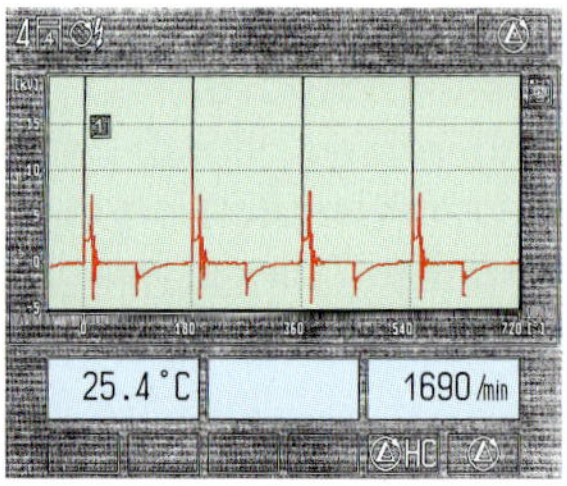

Einstieg in den Zylindervergleich
Anzeige:
- Motortemperatur: 25,4 °C
- Drehzahl: 1690 min⁻¹

Zylindervergleich

Bei der Durchführung der Messung wird die Zündung jeweils für einen Zylinder elektronisch außer Funktion gesetzt. Durch diese Zündspannungsunterdrückung wird das im Verbrennungsraum komprimierte Luft-Kraftstoff-Gemisch dieses Zylinders nicht verbrannt.
Die Drehzahl des Motors sinkt, da die Gesamtleistung des Motors um die Leistung des blockierten Zylinders vermindert wird.

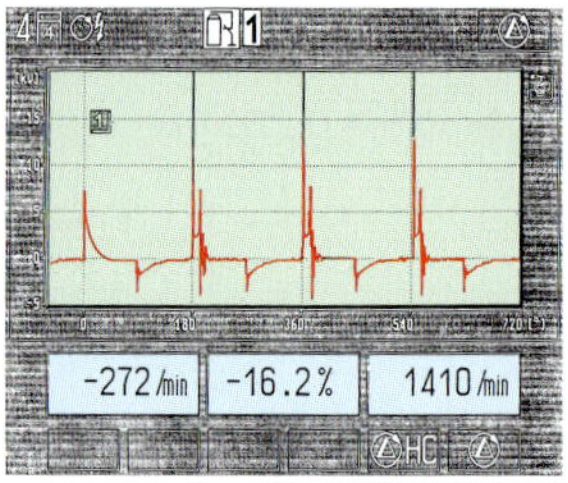

Zylindervergleich: Zündimpuls für Zylinder 1 wird unterdrückt
- Drehzahlabfall 272 min^{-1}
- Drehzahlabfall in %: 16
- Drehzahl: 1410 min^{-1}

Dynamischer Kompressionstest

Zum Komprimieren von Luft im Zylinder ist eine gewisse Energie erforderlich. Durch Messung der Anlasserstromaufnahme kann der Energieaufwand der einzelnen Zylinder verglichen und daraus auf den Kompressionszustand der einzelnen Zylinder geschlossen werden. Die Zündimpulse werden während des Startvorgangs unterdrückt.

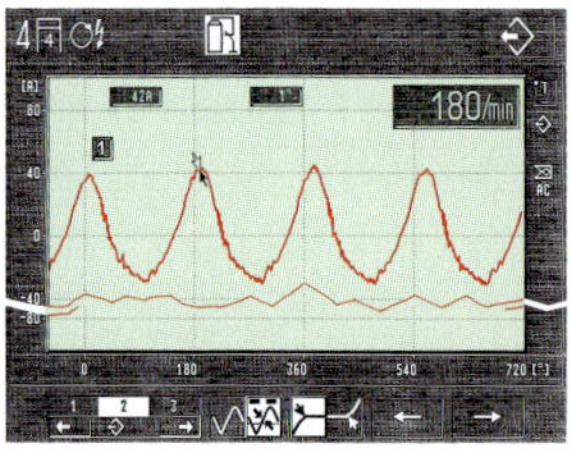

Während jeder Kompressionsphase steigt die Stromaufnahme des Anlassers. Das Maximum wird im oberen Totpunkt erreicht. Die Kraft der komprimierten Luft unterstützt in der Dekompressionsphase die Bewegung des Anlassers. Für die Auswertung liefert die Dekompressionsphase die besten Ergebnisse.

11.4.8.2 Störungsdiagnose Motormechanik

Motorgeräusche lassen sich manchmal nur schwer zuordnen. Motorgeräusche haben ihre Ursache meist im Verschleiß von Bauteilen. Hydrostößel, Kolben, Lager, Kupplung, Schwingungsdämpfer. Zur Lokalisierung kann ein Stethoskop helfen. Klopfgeräusche aus dem Motorraum treten bei kaltem Motor häufig auf und sind kein Grund zur Sorge. Im Gegensatz dazu deuten Geräusche bei betriebswarmem Motor meist auf einen Lagerschaden hin.

Störung	Ursache	Abhilfe
Helles Klopfgeräusch im Leerlauf	• Kolbenbolzen im Kolben hat zu viel Spiel • Kolbenkippen durch Verschleiß oder zu großes Einbauspiel	Evtl. Motorinstandsetzung
Stärkeres dunkles Klopfgeräusch im Leerlauf und während der Fahrt, drehzahlabhängig	• Gut hörbar, wenn Gas gegeben und wieder zurückgenommen wird: Pleuellager eines Kolben defekt	Lager austauschen

Störung	Ursache	Abhilfe Fortsetzung
Drehzahlabhängiges dunkles Klopfen	• Hörbar im unteren Geschwindigkeitsbereich beim Beschleunigen, beim Anfahren aus dem Stand, Gasgeben und wieder zurücknehmen: Kurbelwellenlager defekt • Unregelmäßiges Auftreten bei schnellen Drehzahländerungen: Kupplungsdruckplatte läuft nicht zentrisch, Schwingungsdämpfer defekt, • Schwungscheibe locker	Evtl. Motorinstandsetzung Instandsetzen Instandsetzen
Unregelmäßiges Quietschen	• Beim Beschleunigen: Loser oder verschlissener Keilriemen	Keilriemen ersetzen
Klappergeräusche	• Zu großer Verschleiß an Ventilbetätigungsteilen wie Kipphebel, Schlepphebel, Ventilschaft, Nocken, Nockenwellenlager	System Ventilsteuerung instandsetzen

11.4.8.3 Störungsdiagnose Zylinderkopfdichtung

Bei einer schadhaften Zylinderkopfdichtung ist eine sofortige Reparatur erforderlich, um einen größeren Motorschaden zu vermeiden. Vorher ist allerdings die Ursache genau festzustellen.

Störung	Ursache
Schleichender Kühlmittelverlust	Kühlmittel gelangt aufgrund der defekten Zylinderkopfdichtung in den Brennraum.
Großer Kühlmittelverlust, weißer Abgasschleier aus dem Auspuff	Größere Mengen Kühlmittel dringen in den Brennraum, verdampfen und entweichen als weiße Schwaden aus dem Auspuff.
Luftblasen bei geöffnetem Ausgleichsbehälter steigen aus der Kühlflüssigkeit	Verbrennungsgase werden in das Kühlsystem gedrückt. Es riecht nach Abgas.
Die Oberfläche des Kühlmittels ist buntschillernd	Öl aus dem Schmierkreislauf gelangt in das Kühlsystem.
Am herausgezogenen Ölpeilstab befindet sich eine gräulich aussehende Emulsion Öl ist von Wasserblasen durchsetzt	Kühlflüssigkeit gelangt in den Ölkreislauf.

11.4.8.4 Wiederverwendung von Funktionselementen

Bei Reparaturarbeiten im Bereich der Motormechanik dürfen bestimmte Bauteile nicht wiederverwendet werden, sondern müssen erneuert werden:

- Zylinderkopfschrauben
- Zylinderkopfdichtung

Bei Schäden der Motormechanik muss der Kfz-Mechatroniker abwägen, ob eine Instandsetzung oder ein Austausch für den Kunden billiger ist.

Eine Instandsetzung des Zylinderkurbelgehäuses einschließlich des Kurbeltriebs wird im Allgemeinen von Motorinstandsetzungsbetrieben mit entsprechenden Maschinen durchgeführt und ist nicht Aufgabe der Kfz-Werkstatt.
Bei einer Instandsetzung des Zylinderkopfes ist eine Nutzenargumentation erforderlich.

Mit einem CO-Lecktester ist das Aufspüren von feinen Rissen im Zylinderkopf möglich, die oft nur bei Erwärmung und gleichzeitiger Belastung auftreten. Im Tester wird blaue Flüssigkeit durch Kohlenstoffmonoxidanteile im Kühlsystem gelb. Der Tester wird auf den Kühlerverschluss gesetzt und Luft aus dem Kühlsystem angesaugt. Färbt sich die Flüssigkeit gelb, so hat der Zylinderkopf Risse oder die Zylinderkopfdichtung ist undicht.

Testen mit dem CO-Lecktester

Risse bei demontierten Zylinderkopf können festgestellt werden, in dem spezielle Abdeckplatten mit den Zylinderkopfschrauben befestigt werden. Der so abgedichtete Zylinderkopf wird anschließend mit Druckluft (ca. 4,5 bar) abgedrückt. Bei Druckverlust wird der Zylinderkopf in ein Wasserbad gelegt und auf Risse geprüft.

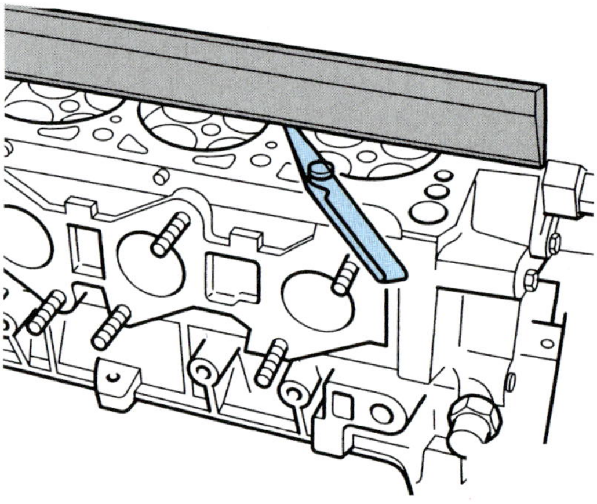

Ein Zylinderkopf kann unter folgenden Bedingungen wiederverwendet werden:

- Risse, bevorzugt am Ventilsitz, Risse zwischen den Ventilsitzen oder zwischen dem Ventilsitz und dem ersten Gewinde der Zündkerzenbohrung dürfen nicht breiter als 0,3 mm sein.
- Verformungen dürfen auf eine Länge von 100 mm 0,03 mm nicht übersteigen. Über die gesamte Kopflänge ist eine Abweichung von < 0,05 mm zulässig.

Werden die Dichtflächen plan geschliffen, darf die Mindesthöhe des Zylinderkopfs (Herstellerangabe) nicht unterschritten werden. Die Mindesthöhe wird von Dichtfläche zu Dichtfläche gemessen.

11.5 Ventilsteuerung

11.5.1 Zahnriementrieb

Die Kraftübertragung erfolgt über Zahnriemenräder und dem Zahnriemen. Er überträgt große Drehmomente und verhindert mit seinen Zähnen ein Überspringen. Der Zahnriementrieb ist leiser als der Kettenantrieb. Er muss nicht geschmiert werden und kann daher außerhalb des Motorgehäuses angeordnet werden. Der Zahnriemen muss seitlich geführt werden, um ein Ablaufen zu verhindern, z. B. durch ein Führungsbord an den Zahnriemenrändern, die Spannrolle oder eine Führungsrolle. Da er mit einer geringen Vorspannung aufgelegt wird, benötigt er eine Spannvorrichtung.

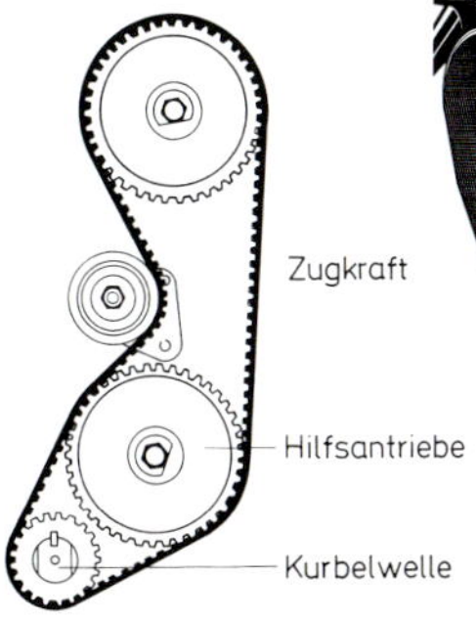

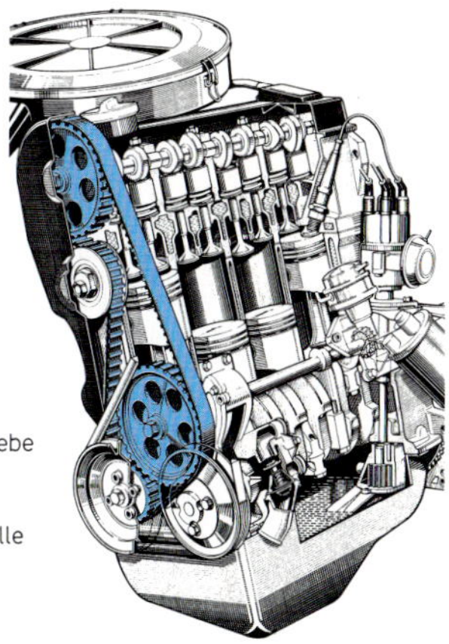

Funktionselemente und Funktionsgruppen

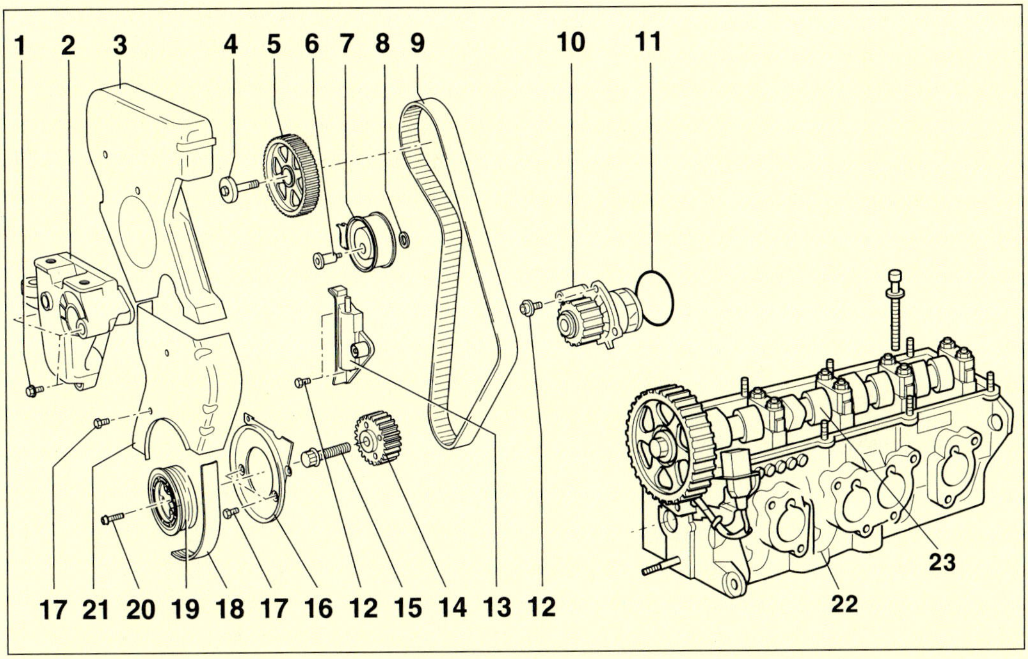

1 Schraube
2 Motorstütze
3 Zahnriemenabdeckung, oben
4 Schraube
5 Nockenwellenrad
6 Schraube
7 Spannrolle
8 Scheibe
9 Zahnriemen
10 Kühlmittelpumpe
11 O-Ring
12 Schraube
13 Spannvorrichtung für Zahnriemen
14 Zahnriemenrad Kurbelwelle
15 Schraube
16 Zahnriemenabdeckung, mittig
17 Schraube
18 Keilrippenriemen
19 Kurbelwellen-Riemenscheibe/Schwingungsdämpfer
20 Schraube
21 Zahnriemenabdeckung, unten
22 Zylinderkopf
23 Nockenwelle

Betriebsbedingungen

Beanspruchung

Der Zahnriemen ist höchsten Beanspruchungen ausgesetzt:
- hohe Drehzahlen,
- starke Schwingungen,
- große Temperaturunterschiede.
- Der Zahnriemen wird auf Zug beansprucht. Weiterhin muss er in der Lage sein, in enger Biegung um das Zahnriemenrad zu laufen. Auf die Zähne wirken Biegekräfte. Durch den Formschluss zwischen Zähnen und Zahnriemenrad unterliegen die Zähne einem Verschleiß.

Vorteile des Zahnriemens:
- geringe Masse,
- geräuscharmer Lauf,
- geringe Herstellerkosten,
- keine Schmierung.

Nachteile:
- der Zahnriemen darf nicht geknickt und
- muss ölfrei gehalten werden.

Durch Verschleiß ist ein regelmäßiger Wechsel nötig.

Zahnriemen werden aus einem faserverstärkten Verbundwerkstoff hergestellt.

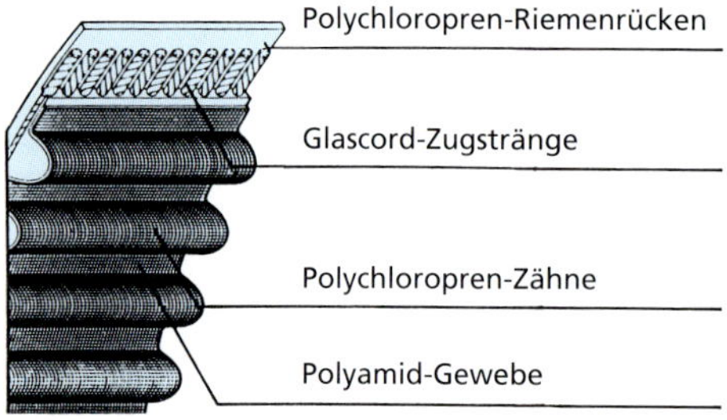

Folgen

Durch die Beanspruchung entstehen
- Risse,
- Ausfransungen,
- Verschleiß,
- seitliches Anlaufen.

Veränderungen des Zahnriemens führen dazu, dass die OT-Stellungen von Nockenwelle und Kurbelwelle nicht mehr stimmen. Der Riss eines Zahnriemens kann zu schweren Motorschäden führen.

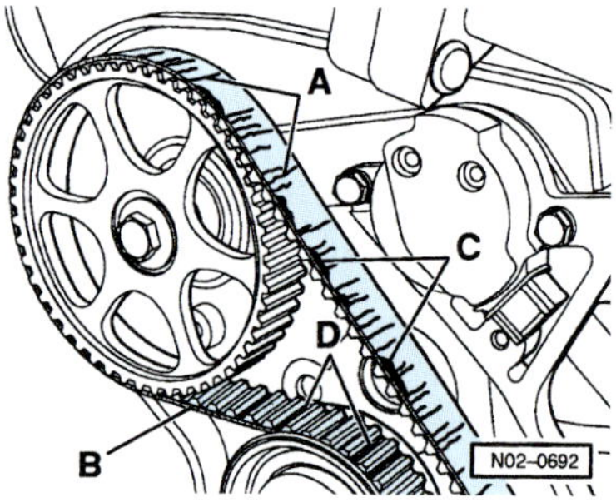

11.5.2 Kettenantrieb

Der Kettenantrieb eignet sich für größere Abstände zwischen Kurbelwelle und Nockenwelle sowie gleichzeitigem Antrieb von zwei Nockenwellen. Zur Dämpfung von Kettengeräuschen muss die Kette in Führungsschienen aus Kunststoff geführt werden. Die Kettenspannung wird durch einen Kettenspanner (mechanisch durch Federn oder hydraulisch) aufgebracht. Für sehr hohe Drehzahlen ist die Kette nicht geeignet. Nach längeren Betriebszeiten verändert die Kette ihre Länge, was zu Änderung der Steuerzeiten führt.

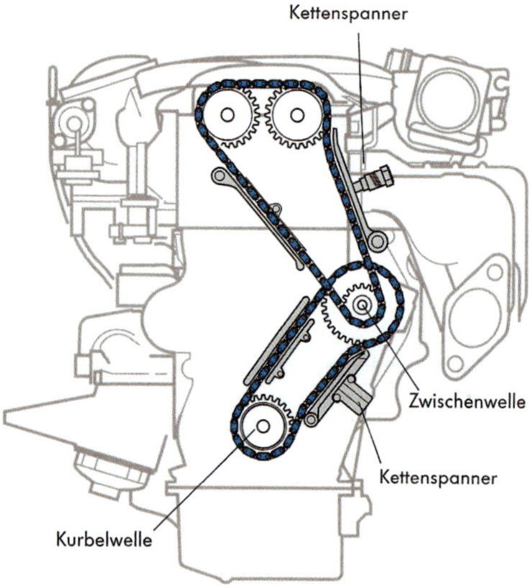

Funktionselemente und Funktionsgruppen

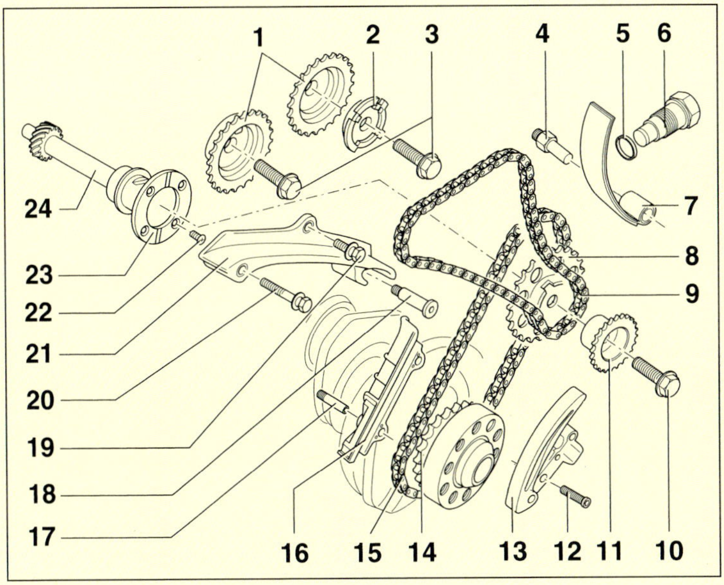

1 Nockenwellenkettenrad
2 Geberrad
3 Schraube
4 Lagerbolzen
5 Dichtring
6 Kettenspanner
7 Spannschiene
8 Kettenrad
9 Rollenkette
10 Schraube
11 Kettenrad
12 Schraube
13 Kettenspanner mit Spannschiene
14 Antriebszahnrad
15 Einfachrollenkette
16 Gleitschiene
17 Bolzen ohne Bund
18 Bolzen mit Bund
19 Schraube
20 Schraube
21 Gleitschiene
22 Schraube
23 Anlaufscheibe
24 Zwischenwelle

11.5.3 Nockenwelle

Die Nockenwelle hat die Aufgabe, die Ventile

- zum richtigen Zeitpunkt zu öffnen und zu schließen,
- um das richtige Maß zu heben und
- eine bestimmte Zeit offen zu halten.

Die Nockenwelle besitzt für jedes Ventil einen Nocken. Die Nockenform bestimmt den Bewegungsablauf der Ventile.

Flacher Nocken		Steiler Nocken	
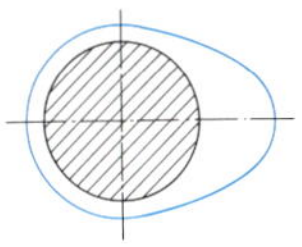	Der Nocken öffnet das Ventil langsamer und hält es kürzere Zeit offen. Einsatz: Gebrauchsmotoren	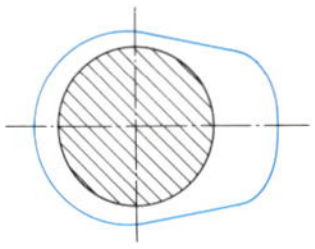	Der Nocken öffnet das Ventil schnell und hält es längere Zeit offen. Die Zylinderfüllung wird verbessert. Einsatz: Hochleistungsmotoren, Sportmotoren

Aufgabe der Nocken der Nockenwelle ist es, die Ventile

- möglichst rasch,
- möglichst weit,
- möglichst stoßfrei

zu öffnen und zu schließen.

Die Schließkraft für die Ventile wird dabei durch die Ventilfedern aufgebracht, die auch für den Kraftschluss zwischen Nocken und Kipphebel sorgen. Die jeweilige Stellung eines Nockenpaares richtet sich nach der Zündfolge. Die Nockenwelle wird von der Kurbelwelle angetrieben. Die Übersetzung ist 2:1, d. h. die Ventile werden beim Viertaktmotor nach je zwei Kurbelwellenumdrehungen geöffnet bzw. geschlossen. Die Nockenwelle dreht sich deshalb mit halber Kurbelwellendrehzahl:

$$n_{NW} = 1/2\ n_{KW}$$

Bewegungsabläufe und Beanspruchung

Die Ventilerhebungskurve zeigt die Öffnungshöhe des Ventils vom Öffnen bis zum Schließen über dem Nockenwinkel.
Die Öffnungsgeschwindigkeit nimmt am Anfang zu und geht bei voller Öffnung des Ventils auf null bevor der Schließvorgang beginnt.
Beim Öffnen und Schließen treten hohe Beschleunigungskräfte auf. Diese Kräfte erzeugen eine hohe Flächenpressung zwischen Nocken und Kipp-/Schlepphebel/Tassenstößel. Die entstehenden Reibungskräfte führen zu Verschleiß.

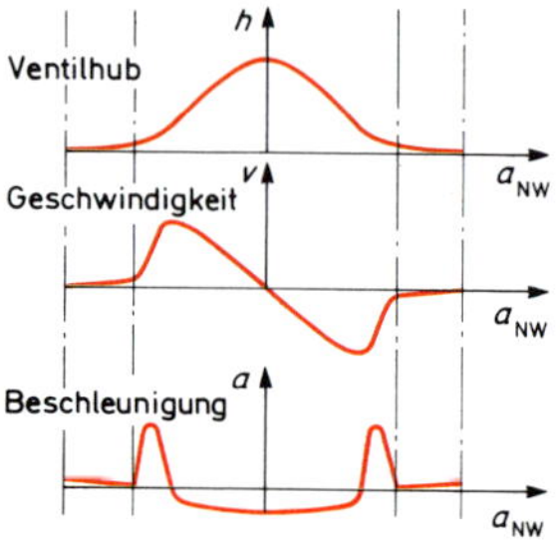

Die Nockenwelle wird in geteilten Gleitlagern gelagert. Die Lager müssen nach einer Demontage wieder an derselben Stelle montiert werden, da NW-Lager und NW sich aufeinander eingelaufen haben.

1 Lagerdeckelmutter
2 Scheibenfeder
3 Öldichtring
4 Nockenwellensteuerrad
5 Schraube für Steuerrad
6 Nockenwellenlagerdeckel

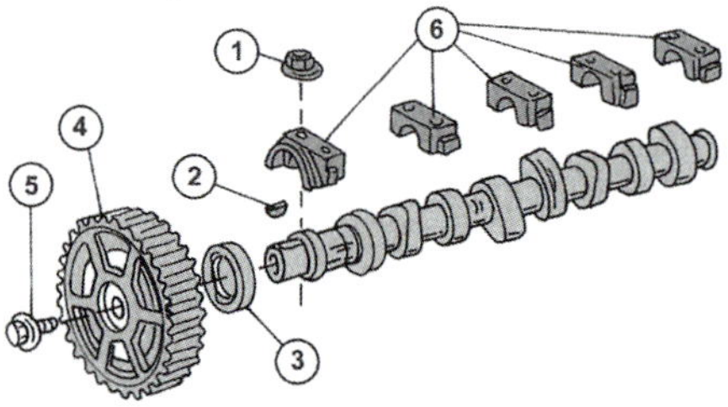

Lage der Nockenwelle

OHV-Motor

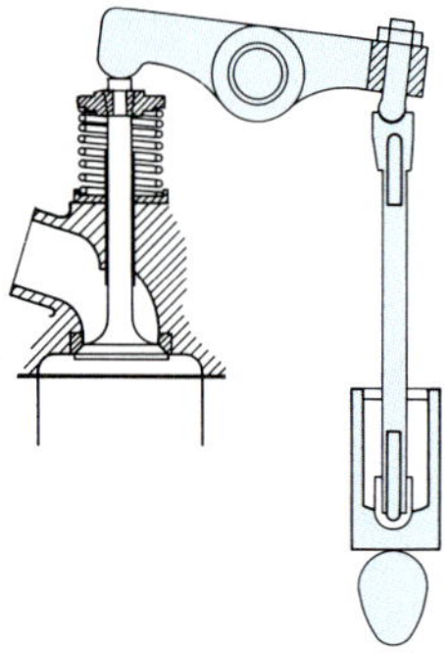

OHV bedeutet:
Over-head-valve (Über-Kopf-Ventile)
Die Nockenwelle liegt unten im Kurbelgehäuse. Die Ventile werden über Stößel, Stößelstangen und Kipphebel betätigt.

⊖ große Massenkräfte, da die Masse der bewegten Teile groß ist
⊖ Drehzahl begrenzt

OHC-Motor

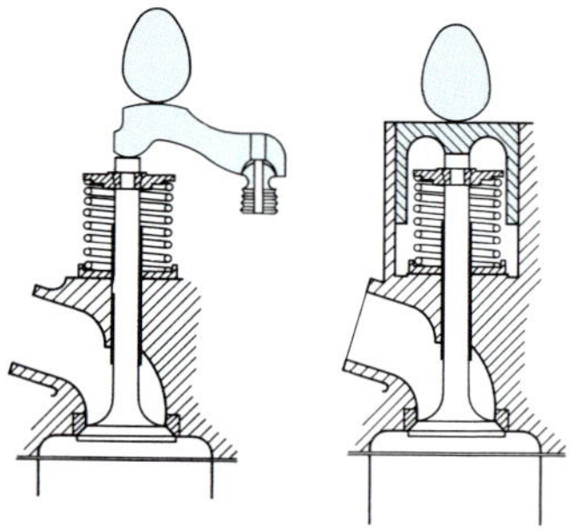

OHC bedeutet:
Over-head-camshaft (Über-Kopf-Nockenwelle)
Die Nockenwelle liegt über oder zwischen den Ventilen. Die Ventile werden durch

- Schwinghebel oder
- Tassenstößel

betätigt.

⊕ Einsatz von hydraulischen Stößeln möglich
⊕ geringe Massenkräfte
⊕ günstige Brennraumform möglich

Lage der Nockenwelle Fortsetzung

CIH-Motor

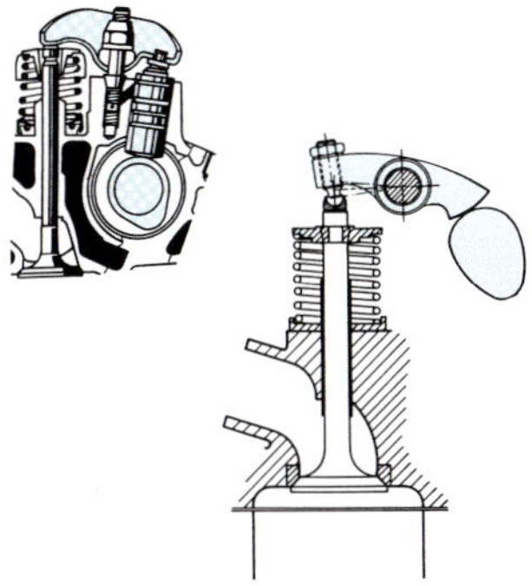

CIH bedeutet:
Camshaft-in-head (Nockenwelle im Kopf)
Die Nockenwelle liegt im Zylinderkopf. Die Ventile werden über kurze Stößel und Kipphebel oder nur über Kipphebel betätigt.
⊕ geringere Massenkräfte
⊕ Einsatz von hydraulischen Stößeln möglich

DOHC-Motor

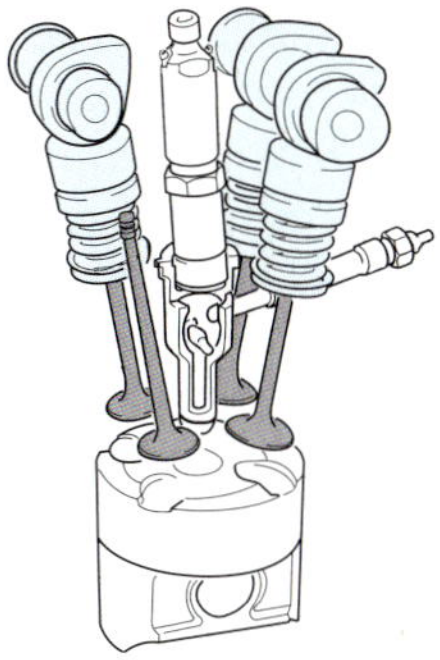

DOHC bedeutet:
Double Over-head-camshaft (Doppel Über-Kopf-Nockenwelle)
Zwei Nockenwellen liegen über den Ventilen. Die Ventile werden durch Tassenstößel betätigt.
Durch die zwei oben liegenden Nockenwellen können pro Zylinder vier bzw. fünf Ventile angeordnet werden.

11.5.4 System Ventil

11.5.4.1 Ventilbetätigung

Die Öffnungsbewegung der Ventile erfolgt über Kipphebel, Tassenstößel oder Rollenschlepphebel. Die Schließbewegung der Ventile bewirkt die Ventilfeder. Sie sorgt für den Kraftschluss zwischen den Betätigungselementen. Die Betätigung der Ventile erfolgt auf unterschiedliche Weise:

Kipphebel

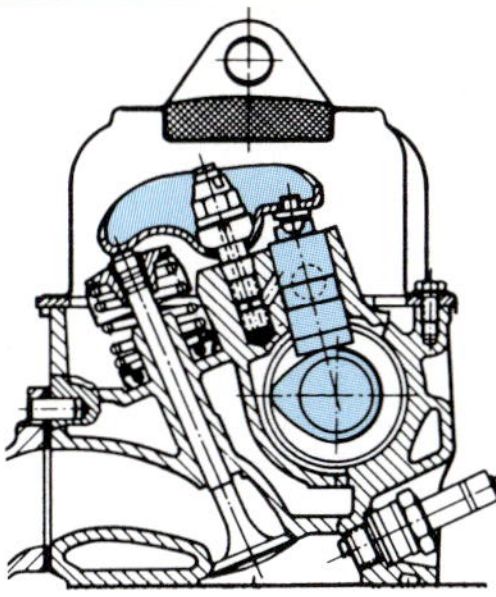

Der Kipphebel ist ein zweiarmiger Hebel. Der Drehpunkt liegt in der Mitte. Die Bewegungsrichtung wird umgelenkt.

Tassenstößel

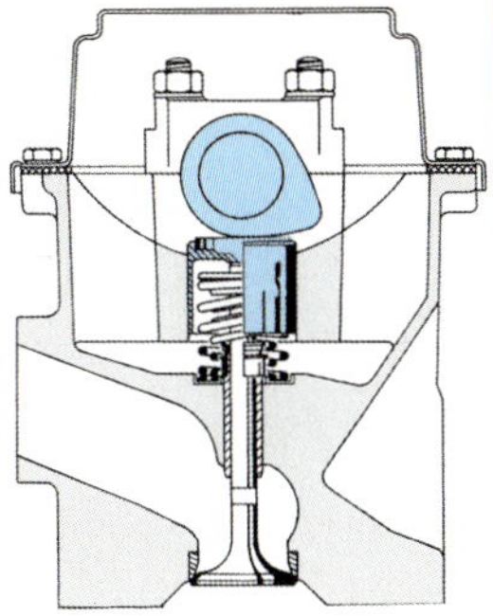

Beim Tassenstößel wirkt der Nocken direkt auf den Stößel.

Rollenschlepphebel

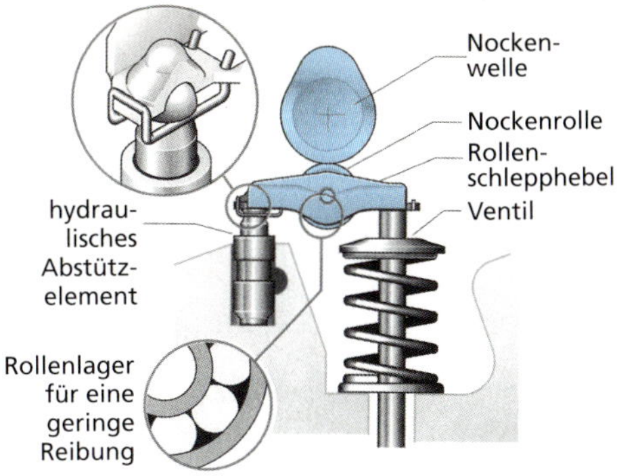

Schlepp- bzw. Schwinghebel sind einarmige Hebel und werden von der Nockenwelle direkt betätigt.

11.5.4.2 Ventile

Das Ventil besteht aus dem Ventilteller und dem Ventilschaft. Das Schaftende besitzt einen Einstich, in den die Ventilkegelstücke eingelegt werden, die den Federteller halten. Der Federteller überträgt die Schließkraft der Ventilfeder über die Ventilkegelstücke auf das Ventil. Die Ventilfeder hat die Aufgabe, das Ventil schnell zu schließen. Häufig werden zwei Ventilfedern verwendet, um zu verhindern, dass bei Bruch der äußeren Feder das Ventil in den Zylinder fällt bzw. frühzeitiges Ventilflattern entsteht. Die Ventilführung führt das Ventil und leitet die Wärme an den Zylinderkopf ab. Bei Grauguss-Zylindern werden die Ventile direkt im Zylinder geführt. Bei Zylinderköpfen aus Aluminium-Legierung werden auswechselbare Ventilführungen aus Sondergusseisen oder Cu-Sn-Legierung in den Zylinderkopf eingepresst. Ventilschaftabdichtungen verhindern einen zu hohen Ölverbrauch.

Der Ventilsitz wird bei Grauguss-Zylindern direkt eingefräst. Bei Leichtmetall-Zylinderköpfen werden Ventilsitzringe aus Sondergusseisen oder Cr-Mn-Stahl eingepresst oder eingeschrumpft.

Die Korrekturwinkel legen Lage und Breite der Ventilsitze fest und sorgen für gute Strömungsverhältnisse der ein- und ausströmenden Gase.

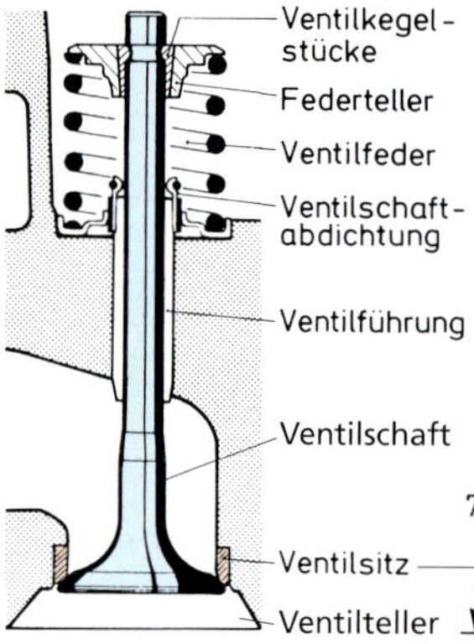

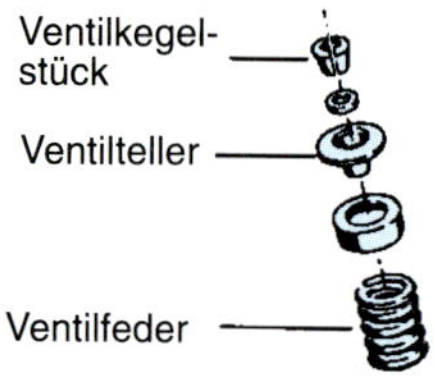

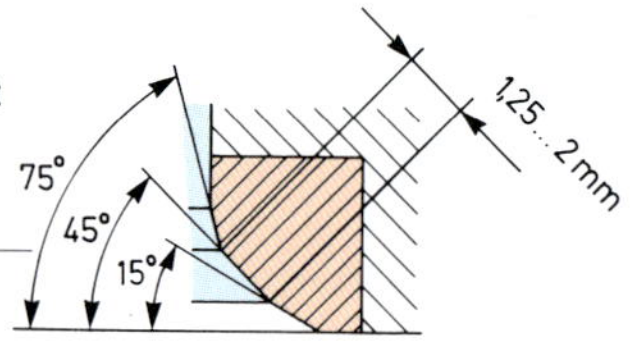

Korrekturwinkel 1: 15°
Korrekturwinkel 2: 75°
Ventilsitzwinkel: 45°

Betriebsbedingungen

Beanspruchung

Die Ventile sind einer hohen mechanischen, thermischen und chemischen Beanspruchung ausgesetzt. Das Einlassventil erreicht Betriebstemperaturen bis 550 °C, das Auslassventil erhitzt sich auf über 800 °C. Die Wärme wird über den Ventilschaft bzw. den Ventilsitz an den Zylinderkopf abgeführt. Durch die hohen Temperaturen dehnen sich die Ventile. Damit die Ventile auch im heißen Zustand einwandfrei schließen, muss ein ausreichendes Ventilspiel vorgesehen werden.
Das Auslassventil ist zusätzlich durch heiße Verbrennungsgase einer hohen chemischen Korrosion ausgesetzt.

Zu der Wärmebelastung kommt eine schlagartige mechanische Dauerbeanspruchung. Bei einer Drehzahl von 6 000 1/min schlägt der Ventilteller in jeder Minute 3 000-mal auf den Ventilsitz.

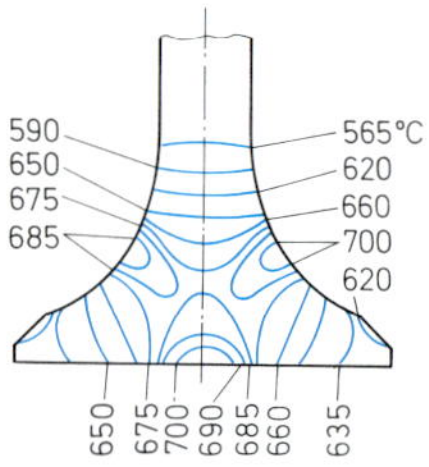

Folgen

Wenn das Ventil nicht richtig aufsitzt bzw. die Dichtung nicht einwandfrei ist, heizt sich das Ventil hoch auf und verbrennt. Das Gleiche gilt für den Ventilsitz im Zylinderkopf.

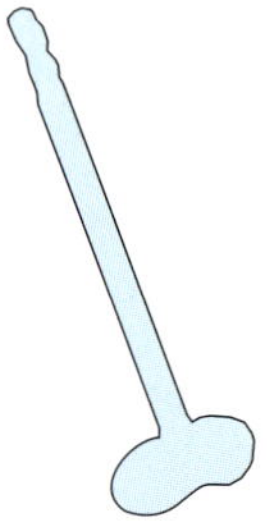

Verschleiß entsteht am Schaftende, am Ventilschaft und am Ventilsitz des Ventils und des Zylinderkopfes.

Ventilarten

Einmetallventile	Bimetallventile	Hohlventile
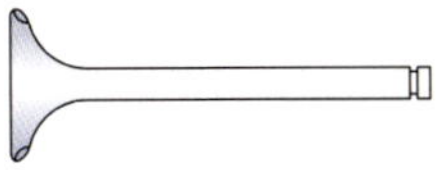	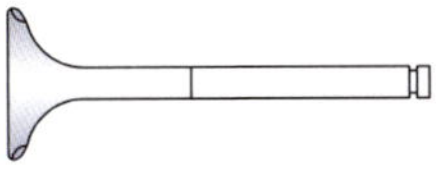	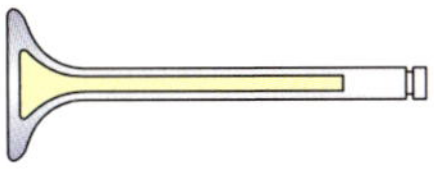
Einlassventile sind meist Einmetallventile aus Chrom-Silizium-Stahl. Die Lebensdauer des Ventils wird durch Beschichten oder Härten von Sitz und Schaftende verbessert.	Auslassventile werden als Bimetallventile ausgeführt. Das Kopfstück besteht aus Cr-Mn-Stahl (hohe Warmfestigkeit), das Schaftstück aus Cr-Si-Stahl (gute Gleiteigenschaften).	Der Hohlraum des Ventils ist teilweise mit metallischem Natrium gefüllt, das bei ca. 100 °C schmilzt. Durch die Ventilbewegung wird es im Schaft hin- und hergeschleudert und führt die Wärme vom Ventilteller ab.

11.5.4.3 Ventildrehvorrichtung

Eine Ventildrehvorrichtung vermeidet durch Drehen des Ventils eine ungleichmäßige Erwärmung des Ventiltellers, Verzug und Undichtigkeiten sowie Hochtemperatur-Korrosion an den heißen Stellen und abblätternde Verbrennungsrückstände.

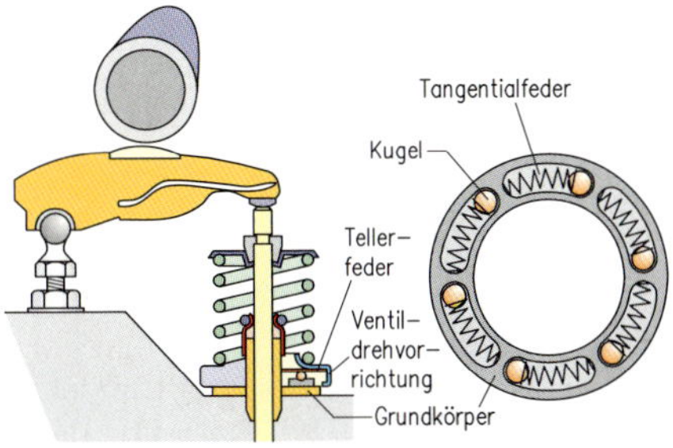

Öffnen des Ventils

Öffnet das Ventil, so drückt die Tellerfeder auf die Kugeln und zwingt sie zum Abrollen auf den schrägen Laufbahnen. Mit der Tellerfeder verdreht sich das gesamte Ventil.

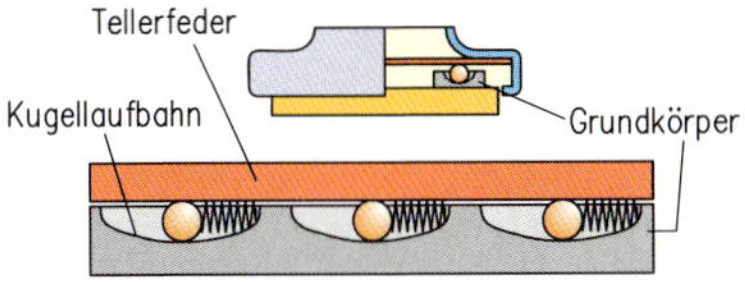

Tangentialfeder gespannt Ventil geöffnet

Schließen des Ventils

Beim Schließen des Ventils wird die Tellerfeder entlastet und damit auch die Kugeln. Die Tangentialfedern schieben die Kugeln in ihre Ausgangslage zurück.

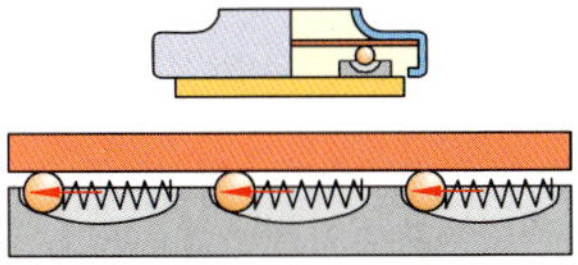

Tangentialfeder entspannt Ventil geschlossen

11.5.4.4 Steuerung mit Ventilspiel

Alle Teile der Motorsteuerung dehnen sich im Betrieb durch die Temperatursteigerung aus und verändern ihre Länge. Eine weitere Längenänderung tritt durch Verschleiß auf. Diese Längenänderungen werden durch

- Ventilspiel oder
- hydraulische Spielausgleichselemente

aufgefangen. Damit ist ein sicheres Schließen des Ventils bei jedem Betriebszustand gewährleistet.

Damit das Ventil auch im warmen Zustand einwandfrei schließt, ist zwischen den Übertragungsteilen ein Spiel vorgesehen. Da sich auch Zylinderkopf und Zylinderblock durch Wärme ausdehnen, bewirkt die Längenänderung je nach Ventilkonstruktion eine Verkleinerung oder Vergrößerung des Ventilspiels. Das Ventilspiel ist daher je nach Fabrikat und Typ unterschiedlich und wird vom Hersteller vorgeschrieben.

Ventilspiel: EV 0,1 bis 0,25 mm, AV 0,1 bis 0,4 mm

Ventilspiel

Ventilspiel zwischen Ventilschaft und Kipphebel	Ventilspiel zwischen Nocken und Ausgleichsscheibe	Ventilspiel zwischen Nocken und Schwinghebel
Einstellung durch Verstellschraube am Kipphebel.	Einstellung durch Ausgleichsscheiben zwischen Nocken und Tassenstößel.	Einstellung über Ventilschraube am Auflager des Schwinghebels.
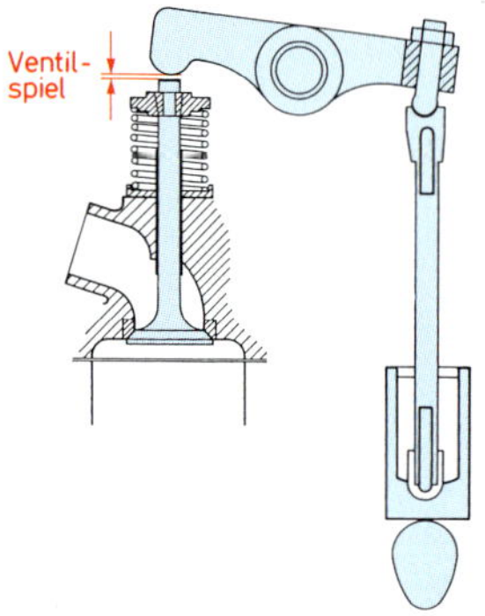	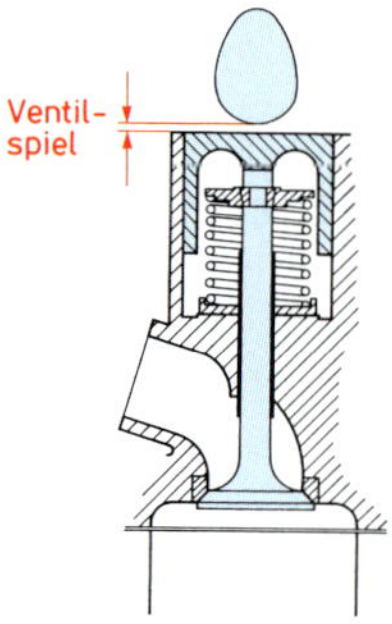	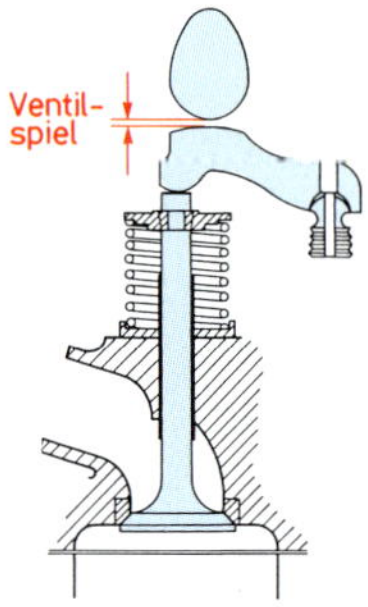

Ventilspiel zu klein

Das Ventil öffnet früher und schließt später. Die Ventile sitzen nicht auf dem Ventilsitz auf, ein kleiner Spalt bleibt offen.

⊖ Wärmeabfuhr unterbrochen, übermäßige Erwärmung des Ventiltellers, insbesondere des AV, Rissgefahr
⊖ Gasverluste, Leistungsverluste
⊖ Zurückschlagen der heißen Abgase durch das geöffnete Einlassventil

Ventilspiel zu groß

Das Ventil öffnet spät und schließt zu früh. Die Ventile geben nicht den vollen Einlassquerschnitt frei.

⊖ kürzere Öffnungszeiten, kleinere Öffnungsquerschnitte
⊖ schlechte Zylinderfüllung, Leistungsverluste
⊖ Ventilgeräusche
⊖ erhöhter Verschleiß im Ventiltrieb

11.5.4.5 Spielfreie Ventilsteuerung

Eine spielfreie Ventilsteuerung wird durch Spielausgleichselemente ermöglicht. Sie sichern ein spielfreies Arbeiten der Steuerung unter allen Betriebsbedingungen und kompensieren auch Längenänderungen, die durch Verschleiß hervorgerufen werden.

Ein häufig verwendetes Spielausgleichselement ist das hydraulische Abstützelement (Hydroelement). Es besteht im Wesentlichen aus einem Zylinder, einem Kolben und einem Kugelventil mit Druckfeder. Bei laufendem Motor fließt Öl vom Ölkreislauf des Motors über ringförmige Öl-Sammelnuten und Bohrungen in das Kolbeninnere und den Zylinder.

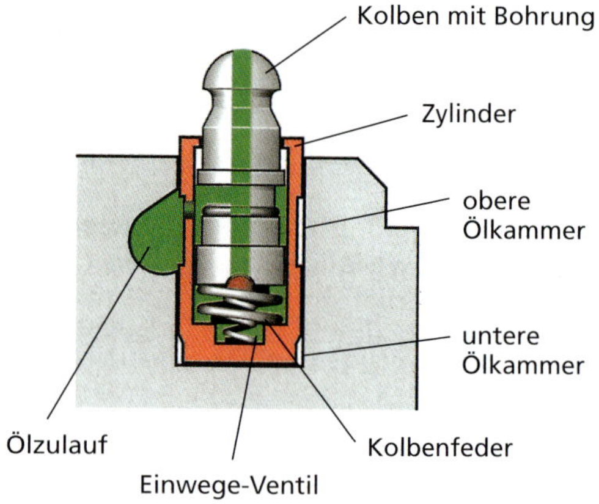

Ventilspielausgleich	Ventilbetätigung
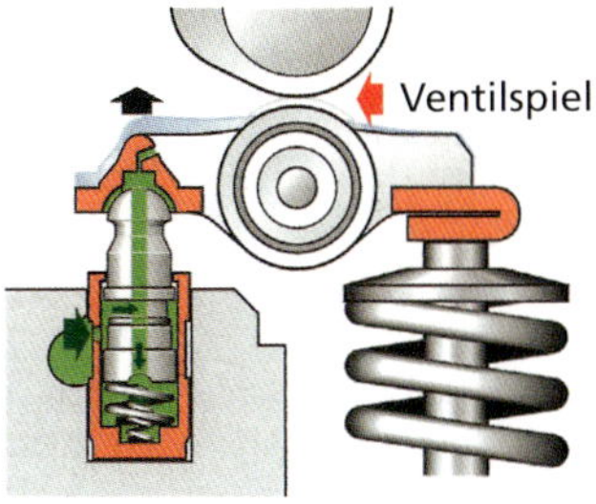	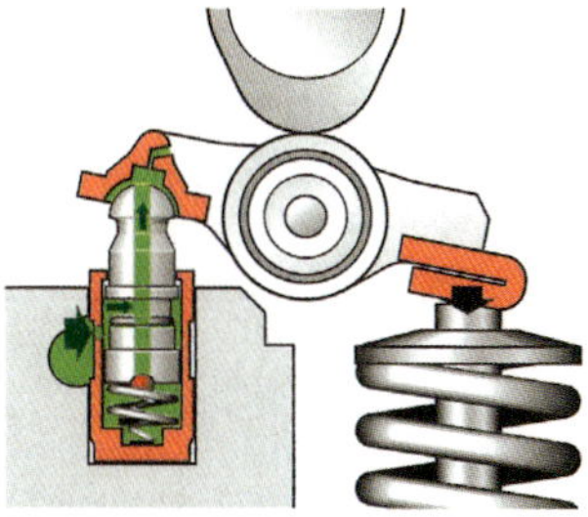
Bei einem Ventilspiel wird der Kolben von der Kolbenfeder aus dem Zylinder des Spielausgleichselementes herausgedrückt, bis die Nockenrolle des Schlepphebels am Nocken anliegt. Dadurch vergrößert sich der Druckraum unter dem Kolben, der Druck fällt. Das Kugelventil (Einwege-Ventil) öffnet und Öl strömt in die untere Ölkammer. Das Ventil schließt, wenn der Druck zwischen der unteren und oberen Kammer ausgeglichen sind.	Sobald der Nocken auf das Rollenlager des Schlepphebels aufläuft, wird der Kolben belastet und im unteren Druckraum entsteht eine Druckerhöhung. Sie bewirkt das sofortige Schließen des Kugelventils. Da sich die Ölfüllung des Druckraumes nicht verdichten lässt, wirkt das Abstützelement als „hydraulisch starre Verbindung".

Abstützelemente werden bei Kipp- und Schlepphebelbetätigungen eingesetzt. Beim Tassenstößel liegt der hydraulische Stößel im Tassenstößelelement. Er hat die gleiche Wirkung wie das Abstützelement (siehe Abb.).

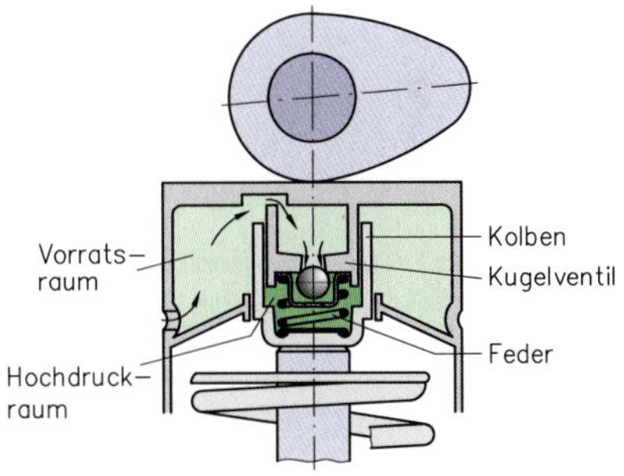

11.5.5 Steuerdiagramm

Um einen optimalen Gaswechsel – Frischgaszufuhr und Abgasabfuhr – im Motor zu ermöglichen, müssen zu einem bestimmten Zeitpunkt Einlass- und Auslassventile geöffnet oder geschlossen werden. Die Gaswechselvorgänge haben einen wesentlichen Einfluss auf Leistung, Drehmoment und Schadstoffausstoß. Die Steuerzeiten werden auf den Drehwinkel der Kurbelwelle bezogen. Die Angabe Eö 5° vor OT bedeutet: **E**inlassventil **ö**ffnet 5° vor dem oberen Totpunkt.

Die Öffnungs- und Schließzeiten des Einlass- und Auslassventils werden im Steuerdiagramm als Drehwinkel der Kurbelwelle in Grad dargestellt.

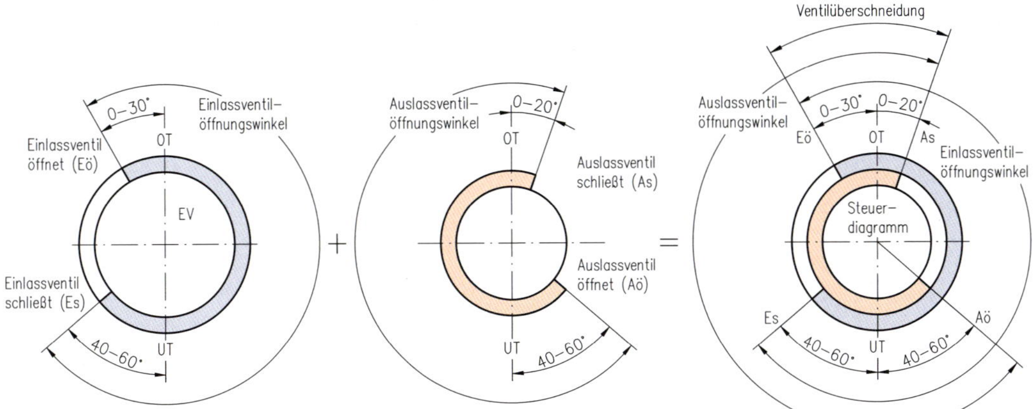

Öffnungs- und Schließzeiten des Einlass- und Auslassventils

Voreinlass: Einlassventil öffnet vor OT:
Für eine gute Füllung des Zylinders mit Frischgas ist es notwendig, dass während des gesamten Saughubs der größtmögliche Einlassquerschnitt zur Verfügung steht. Da es eine bestimmte Zeit dauert, bis der volle Ventilquerschnitt erreicht ist, muss das EV vor OT öffnen.

Vorauslass: Auslassventil öffnet vor UT:
Öffnet das Auslassventil erst im UT, entsteht beim Ausschieben ein Gegendruck. Daher öffnet das Auslassventil schon vor UT, sodass sich die Gase auf den Atmosphärendruck entspannen können und beim Ausschieben der Abgase kein zusätzlicher Widerstand entsteht.

Nacheinlass: Einlassventil schließt nach UT:
Beim Ansaugen wird die vorher ruhende Frischgassäule in Bewegung gesetzt. Diese Bewegung hält aufgrund der Trägheit der Gassäule noch an, wenn der Kolben den UT erreicht hat. Daher bleibt das EV noch eine gewisse Zeit offen. Die Füllung des Zylinders wird verbessert.

Nachauslass: Auslassventil schließt nach OT:
Hinter den ausströmenden Abgasen entsteht ein Sog, der die Frischgase durch das gleichzeitig offene EV ansaugt. Der Verbrennungsraum wird auf diese Art von den Restgasen gut ausgespült. Frischgasverluste treten nicht auf, da beide Gassäulen entgegengesetzte Strömungsrichtungen haben.

Ventilüberschneidung
Einlass- und Auslassventil sind eine bestimmte Zeit gleichzeitig offen. Durch die Ventilüberschneidung entleert sich der Zylinder besser von Abgasen, wird der Zylinder besser ausgespült und die Frischgassäule durch Sog der abströmenden Abgase beschleunigt.

11.5.6 Ventilsteuerzeiten

Im Steuerdiagramm werden die Öffnungs- und Schließpunkte des Einlass- und Auslassventils in Grad Kurbelwinkel auf die Totpunkte bezogen angegeben z. B.:

- Eö 20° KW v. OT
- Aö 60° KW v. UT
- Es 72° KW n. UT
- As 32° KW n. OT

Die Öffnungs- und Schließpunkte der Ventile können zur Einstellung der Steuerzeiten auf dem Schwungscheibenumfang markiert werden.

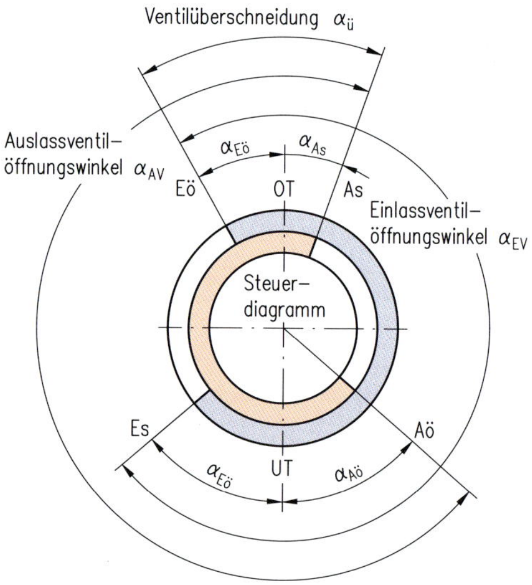

Ventilöffnungswinkel

Der Ventilöffnungswinkel α_{EV} bzw. α_{AV} gibt an, wie viel Grad Kurbelwinkel das Einlass- und Auslassventil geöffnet ist.

$\alpha_ü$ gibt die Ventilüberschneidung an.

$\alpha_{EV} = \alpha_{Eö} + 180° + \alpha_{Es}$ $\quad\alpha_{AV} = \alpha_{Aö} + 180° + \alpha_{As}$ $\quad\alpha_ü = \alpha_{Eö} + \alpha_{As}$

Ventilsteuerzeiten

Die Ventilsteuerzeiten geben an, wann sich Einlass- bzw. Auslassventile öffnen bzw. schließen. Das Einstellen der Steuerzeiten erfolgt mithilfe von Markierungen, z. B. am Schwungrad. Sind keine Markierungen vorhanden, errechnet man über den Öffnungswinkel Eö des Einlassventils das Bogenmaß auf dem Schwungrad und bringt eine Markierung an. Es gilt

- Kreisumfang $U = d \cdot \pi \mathrel{\hat{=}} 360°$
- Bogenlänge für 1° Kurbelwinkel

$$l_B = \frac{U}{360°} = \frac{d \cdot \pi}{360°}$$

- Bogenlänge für α Kurbelwinkel

$$l_B = \frac{d \cdot \pi \cdot \alpha}{360}$$

Größe	Formelzeichen	Einheit
Bogenlänge	l_B	mm
Schwungscheiben-durchmesser	d	mm
Kurbelwinkel	α	Grad

Ventilöffnungszeiten

Die Ventilöffnungszeit gibt die Zeit an, die das Einlassventil bzw. das Auslassventil zum Ein- bzw. Ausströmen der Gase geöffnet ist. Die Ventilöffnungszeit ist vom Öffnungswinkel α und der Motordrehzahl n abhängig. Es gilt

- Zeit für 1 Kurbelwellenumdrehung in s:

$$t = \frac{60\ \text{s/min}}{n\ \text{1/min}} = \frac{60}{n}$$

- Zeit für 1° Kurbelwellenumdrehung in s:

$$t = \frac{60}{n \cdot 360}$$

- Zeit für α Kurbelwellenumdrehung in s:

$$t = \frac{60 \cdot \alpha}{n \cdot 360} = \frac{\alpha}{n \cdot 6}$$

Größe	Formelzeichen	Einheit
Ventilöffnungszeit	t	s
Drehzahl	n	1/min
Kurbelwinkel	α	Grad

Beispiel:

Gegeben: Eö 20° KW v. OT; Aö 60° KW v. UT; Es 72° KW n. UT; As 32° KW n. OT; Schwungscheibendurchmesser d = 320 mm; Drehzahl bei Nennleistung n = 6000 1/min

Gesucht: Ventilöffnungswinkel, Ventilsteuerzeiten, Ventilöffnungszeiten

Lösung:

Ventilöffnungswinkel

$\alpha_{EV} = 20° + 180° + 72° = 272°$

$\alpha_{AV} = 60° + 180° + 32° = 272°$

Ventilüberschneidung

$\alpha_{ü} = \alpha_{Eö} + \alpha_{As}$

$\alpha_{ü}\ 20° + 32°$

$\underline{\underline{\alpha_{ü} = 52°}}$

Bogenlänge des Ventilöffnungswinkels

$$l_B = \frac{d \cdot \pi \cdot \alpha}{360}$$

$$l_B = \frac{320\ \text{mm} \cdot 3{,}14 \cdot 272}{360}$$

$l_B = 759{,}2$ mm

Bogenlänge Eö – OT

$$l_B = \frac{320\ \text{mm} \cdot 3{,}14 \cdot 20}{360}$$

$\underline{\underline{l_B = 55{,}8\ \text{mm}}}$

Ventilöffnungszeit

$$t = \frac{\alpha}{n \cdot 6}$$

$$t = \frac{272}{6000 \cdot 6}$$

$\underline{\underline{t = 0{,}0075\ \text{s}}}$

11.5.7 Variable Ventilsteuerung

11.5.7.1 Herkömmlicher Ventiltrieb

Die Zylinderfüllung ist von der Drehzahl abhängig. Nur bei einer bestimmten Drehzahl erreicht der Motor seine beste Füllung und entwickelt damit das höchste Drehmoment und die größte Zugkraft. Steigt die Drehzahl weiter an, erhöht sich zwar die Leistung bis zu einem Höchstwert, das Drehmoment fällt aber ab, da die Zylinderfüllung schlechter wird.

Eine bessere Zylinderfüllung wird durch Ventilüberschneidung erreicht.

Bei hoher Drehzahl erreicht man durch das späte Schließen des Einlassventiles eine Verbesserung der Zylinderfüllung und damit eine höhere Motorleistung, bei niedriger Drehzahl aber große Spülverluste und damit eine geringere Motorleistung, da der Kolben einen Teil der Füllung wieder ausschiebt. Gleichzeitig führt dies zu einem größeren Schadstoffausstoß.

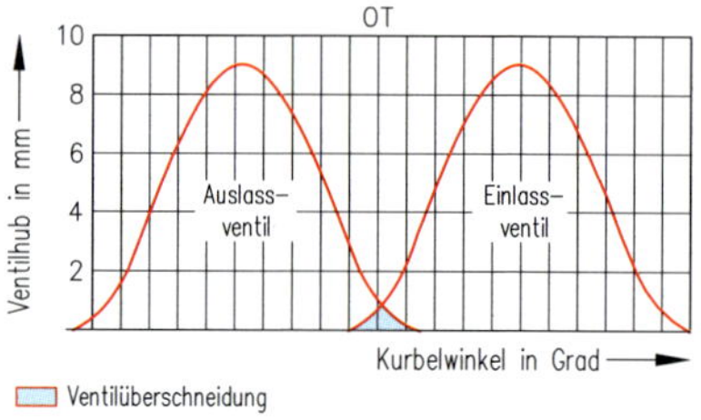

11.5.7.2 Änderung der Ventilsteuerzeiten durch Nockenwellenverstellung

Durch eine Nockenwellenverstellung kann die Ventilüberschneidung an verschiedene Drehzahlen angepasst und die Zylinderfüllungen über den gesamten Drehzahlbereich verbessert werden.

Verstellung der Einlassnockenwelle

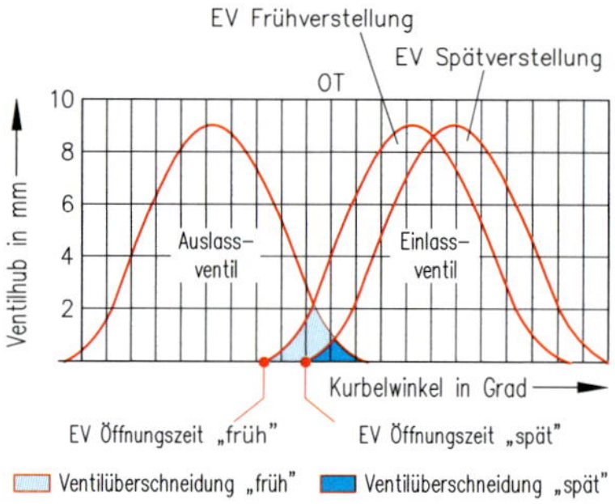

Verstellung der Einlass- und Auslassnockenwelle

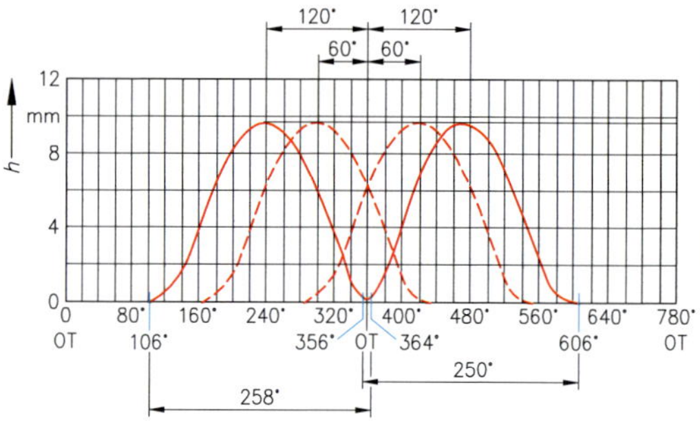

Die Nockenwellenverstellung verändert die Ventilöffnungs- und -schließzeiten drehzahlabhängig:

- Bei niedrigen Drehzahlen (< 2000 1/min) wird die Einlassnockenwelle nach „spät" verstellt. Die Spätverstellung führt zu einem späten Öffnen des Einlassventils. Die Ventilüberschneidung wird geringer bzw. geht gegen Null. Die Rückströmung der verbrannten Abgase in das Saugrohr sinkt. Der geringere Restgasanteil im angesaugten Gemisch bewirkt einen besseren Verbrennungsablauf und eine ruhigere Leerlaufdrehzahl. Hierdurch wird das Leerlauf-Drehmoment verbessert.
- Bei hohen Drehzahlen (> 5000 1/min) wird die Einlassnockenwelle ebenfalls nach „spät" verstellt. Durch das späte Schließen des Einlassventils weit nach UT wird aufgrund der hohen Strömungsgeschwindigkeit der Frischgase eine Nachladung und damit eine gute Zylinderfüllung und ein besseres Drehmoment erreicht.

- Bei mittleren Drehzahlen ist aufgrund der geringen Strömungsgeschwindigkeit der Frischgase ein Nachladeeffekt nicht vorhanden. Die Einlassnockenwelle wird nach „früh" verstellt. Durch die Frühverstellung wird die Ventilüberschneidung vergrößert. Das Einlassventil schließt kurz nach UT, sodass der Kolben keine Frischgase in das Saugrohr schieben kann. Noch nicht ausgestoßene Abgase werden über das Einlassventil in das Saugrohr gedrückt. Diese Abgase werden danach wieder angesaugt und steigern den Restgasanteil der Zylinderfüllung. Das Motordrehmoment wird verbessert. Die innere Abgasrückführung verringert die Temperatur während der Verbrennung und damit den Anteil von Stickstoffoxid im Abgas.
- Durch die zusätzliche Verstellung der Auslassnockenwelle lassen sich die Gaswechselvorgänge noch besser beeinflussen.

Nockenwellenverstellsysteme

Verstellbarer Kettenspanner Variocam (Audi, VW, Daimler Chrysler)

Bei dieser Nockenwellenverstellung wird nur die Einlassnockenwelle verstellt. Sie wird über eine Rollenkette von der Auslassnockenwelle angetrieben, die wiederum von der Kurbelwelle über Zahnriemen oder Rollenkette angetrieben wird. Die Auslassnockenwelle kann sich nicht verdrehen, da sie vom Zahnriemen bzw. von der Rollenkette festgehalten wird.

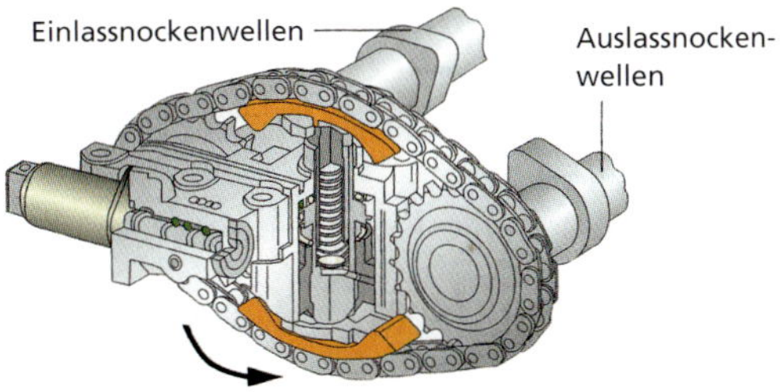

Zwischen den Nockenwellen befindet sich ein Kettenspanner, der die Kettenelemente anheben und absenken kann. Die Verstellung erfolgt durch einen elektrisch gesteuerten Hydraulikzylinder. Die Steuerung der Nockenwellenverstellung übernimmt das Motorsteuergerät.

Leistungsstellung:
Der Nockenwellensteller wird durch den Öldruck in die Grundstellung gedrückt. Eine Verstellung findet nicht statt. Der Umlenkpunkt der Steuerkette liegt vor der Einlassnockenwelle.

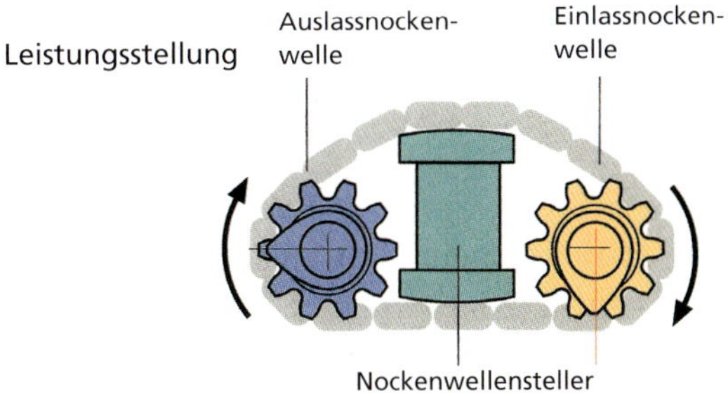

Drehmomentstellung:
Der Kettenspanner wird durch den Öldruck nach unten gedrückt. Bei der Verschiebung verkürzt sich das obere Kettenstück, das untere wird verlängert. Der Umlenkpunkt liegt nun nach der Einlassnockenwelle. Die Verlängerung des unteren Kettenstückes, die Verkürzung des oberen Kettenstückes ist nur möglich, weil sich die Einlassnockenwelle gegenüber der Auslassnockenwelle verdrehen kann. Die Nockenwelle wird in Richtung „früh" verstellt, das Einlassventil schließt früher.

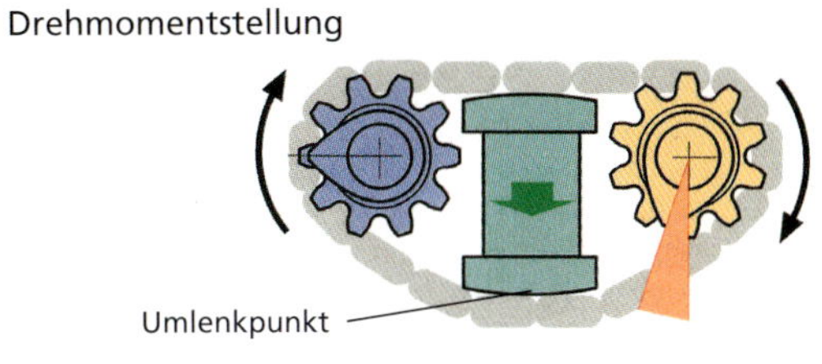

Variable Nockenwellensteuerung Vanos (BMW)

Beim System „Vanos" erfolgt die Verstellung der Einlassnockenwelle über einen Hydraulikkolben, der mit einer schräg- und geradeverzahnten Zahnwelle verbunden ist. Die Schrägverzahnung greift in die Innenverzahnung des Kettenrades, die Geradverzahnung in die Zahnhülse der Nockenwelle ein. Die optimale Stellung der Nockenwelle wird aus den Signalen des Drosselklappenpotenziometer- und des Motordrehzahlgebers vom Motorsteuergerät berechnet. Gleichzeitig wird die Iststellung der Nockenwelle ermittelt und mit den Sollwerten verglichen. Das Steuergerät gibt Stellsignale an Magnetventile, die den Ölstrom zum Hydraulikzylinder steuern.

Beim Verstellen in Richtung „früh" wird der Hydraulikkolben in der Zahnhülse axial verschoben. Das Zahnwellenrad bewirkt durch die Schrägverzahnung einer Verstellung der Nockenwelle in Richtung „früh".

Bei Verstellung in Richtung „spät" bewegt sich der Kolben im Hydraulikzylinder nach links und verdreht die Einlassnockenwelle in Richtung „spät".

Bei niedrigen Drehzahlen kann die Einlassnockenwelle bis zur Ventilüberschneidung null, bei hohen Drehzahlen bis zu 30° verdreht werden.

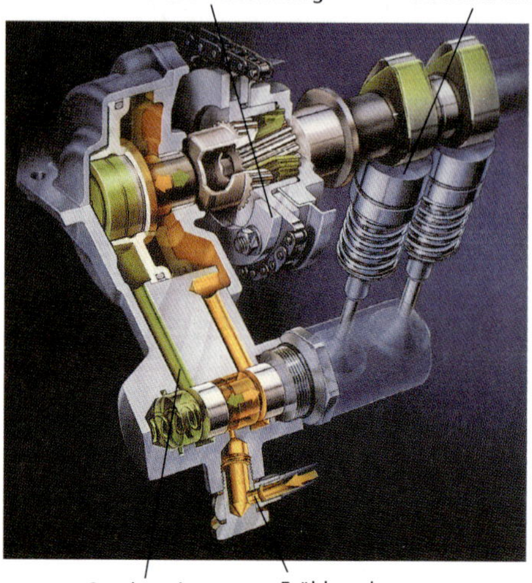

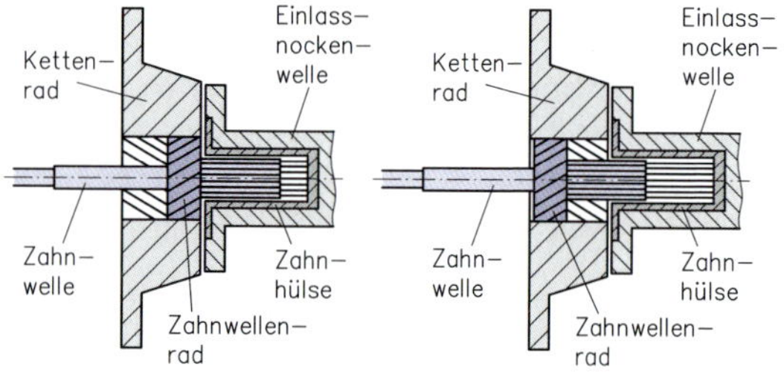

Beim System Doppelvanos werden Einlass- und Auslassnockenwelle stufenlos in ihrer Position zum Kettenrad verdreht.

Verstellung der Nockenwellen mit Flügelzellenverstellern

Neuere Motoren nutzen Flügelzellenversteller für Einlass- und Auslassnockenwelle. Der Flügelzellenversteller besitzt in einem Gehäuse mit Zahnkranz einen Innenrotor. Das Gehäuse ist mit dem Antrieb, der Innenrotor mit der Nockenwelle verbunden. Je nachdem, von welcher Seite der Öldruck in die Kammern wirkt, verdreht es den Innenrotor in Richtung „früh" oder „spät". Der Verstellwinkel der Einlassnockenwelle beträgt z. B. 52° KW, der Auslassnockenwelle z. B. 22° KW. Das Motorsteuergerät ermittelt anhand der Signale eines Nockenwellengebers die aktuelle Position der Nockenwelle. In Abhängigkeit von einem im Steuergerät gespeicherten Kennfeld werden die Nocken verstellt.

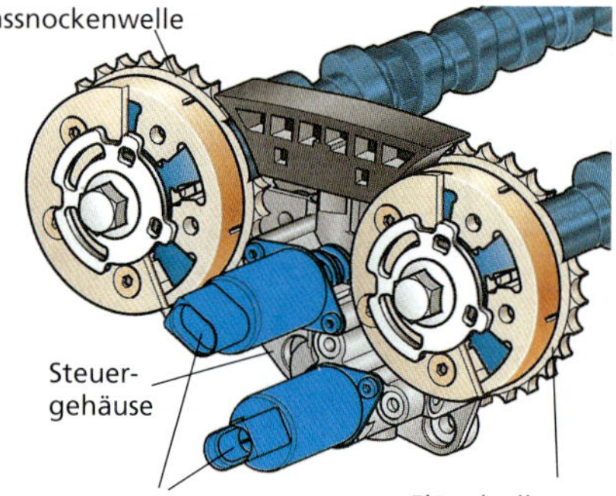

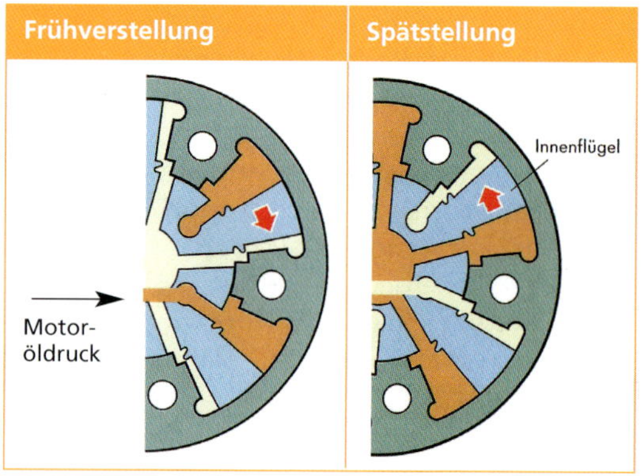

11.5.7.3 Variabler Ventiltrieb mit Ventilsteuerzeiten- und Ventilhubänderung

Beim variablen Ventiltrieb werden sowohl Ventilhub und damit Ventilöffnungsquerschnitt als auch die Ventilöffnungszeiten und damit die Ventilüberschneidungen den Betriebsbedingungen des Motors angepasst.
Der Ventilhub wird von 0 bzw. 3 mm bis ca. 10 mm verändert.

Ein kleiner Ventilhub führt bei Leerlauf in Verbindung mit einer geringen Ventilüberschneidung (Spätstellung) zu einer hohen Einströmgeschwindigkeit mit einer optimalen Zerstäubung des Kraftstoffs, ruhiger und gleichmäßiger Verbrennung. Durch extrem verkürzte Öffnungszeiten gelangen nur wenig Restgase in den Brennraum. Ein großer Ventilhub vergrößert den Ventilöffnungsquerschnitt und führt bei hohen Drehzahlen zu einer besseren Zylinderfüllung.

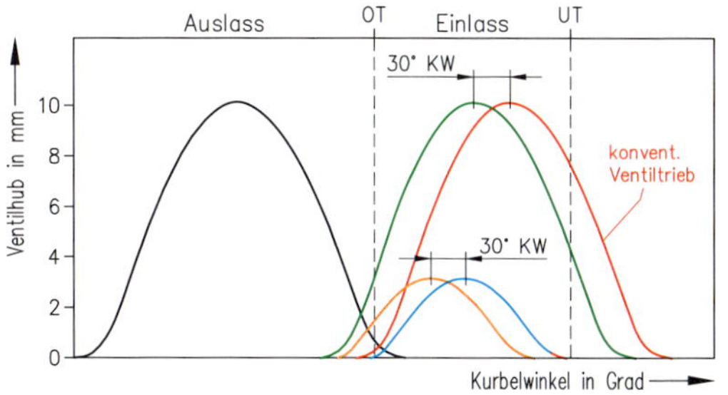

Valvetronic (BMW)

Beim System Valvetronic übernimmt der variable Ventilhub die Aufgabe der Drosselklappe. Die Nockenwelle wirkt über einen Zwischenhebel auf den Rollenschlepphebel. Das untere Ende des Zwischenhebels sitzt auf der Rolle des Schlepphebels, das obere Ende stützt sich über eine zweite Rolle auf einer Exzenterwelle ab. Der Zwischenhebel besitzt an seiner unteren Seite eine Linie, die zur Hälfte parallel zum Schlepphebel, zur anderen Hälfte unter einem Winkel verläuft. Das Ventil öffnet sich erst dann, wenn der abgewinkelte Teil auf die Schlepphebelrolle wirkt und den Schlepphebel nach unten drückt.

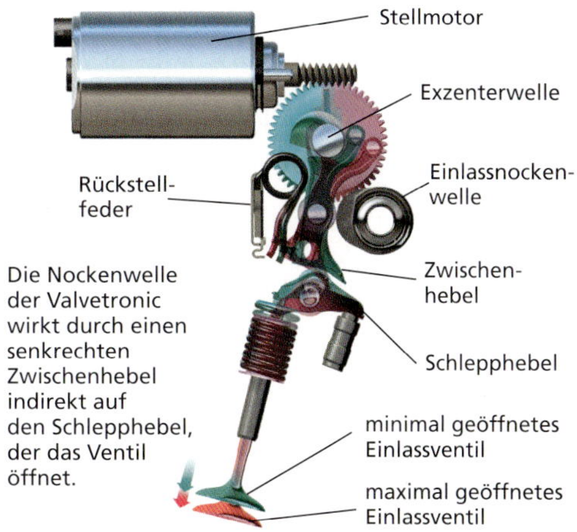

Die von einem Elektromotor angetriebene Exzenterwelle wirkt auf die obere Rolle des Zwischenhebels. Wenn sie in Richtung Nockenwelle drückt, verändert sich der Hebeldrehpunkt und damit die wirksame untere Kontur des Zwischenhebels.

Der Ventilhub lässt sich stufenlos von 0 bis 9,7 mm verändern. Die Verstellzeit von Minimal- zu Maximalhub beträgt 300 Millisekunden (0,3 s). Hinzu kommt die Verstellung der Ventilsteuerzeiten über das System Vanos, bei dem sich Einlass- und Auslassnockenwelle bis zu jeweils 60° zur Kurbelwellenposition verdrehen.

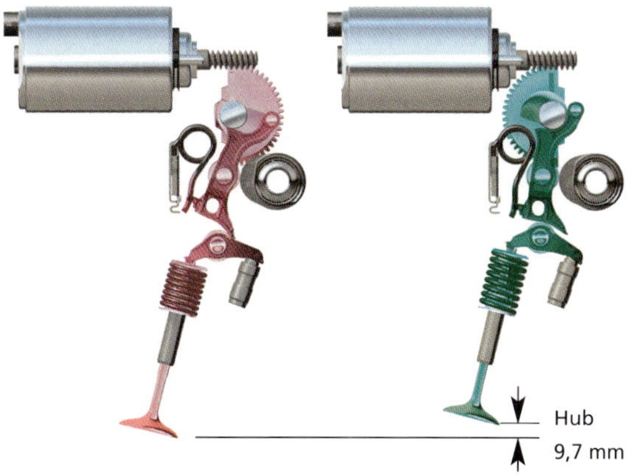

Variocam-Plus (Porsche)

Das System Variocam-Plus besteht aus einem öldruck-beaufschlagten Flügelzellenversteller zur Verstellung der Nockenwelle und umschaltbaren Ventilstößeln. Zentraler Bestandteil ist der schaltbare Tassenstößel. Auf der Nockenwelle befinden sich ein innerer kleiner Nocken für einen Ventilhub von z. B. 3 mm und zwei äußere Nocken für z. B. 10 mm Ventilhub.

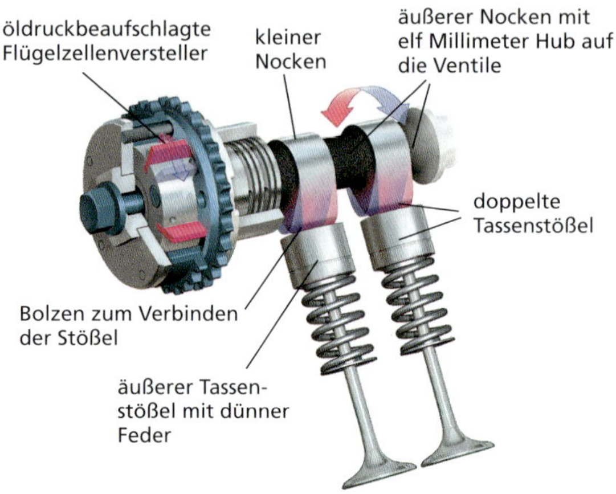

Bei großem Hub wird der äußere Stößel mit dem inneren Stößel form- und kraftschlüssig über einen federbelasteten Verriegelungsbolzen verriegelt.

Bei kleinem Hub werden innerer und äußerer Kolben entriegelt, der innere kleine Nocken wirkt auf den inneren Stößel. Der äußere Stößel bewegt sich entsprechend der Differenz der beiden Nockenerhebungen. Eine Hubfeder sorgt für den Kontakt zum Nocken.

kleiner Hub

großer Hub

Der Porsche 911 Turbo hat vier Schaltpositionen:

- Einlassventilhub 3 mm, Spätverstellung der NW
- Einlassventilhub 3 mm, Frühverstellung der NW
- Einlassventilhub 10 mm, Spätverstellung der NW
- Einlassventilhub 10 mm, Frühverstellung der NW

11.5.8 Prüfen, Messen und Fehlerdiagnose

Zahnriemenprüfgerät zur Messung der Zahnriemenspannung

Die Messung erfolgt durch Einspannen des Zahnriemens in einen Sensor. Der Sensor wird, wenn nicht anders vom Hersteller angegeben, in der Mitte des längsten freien Stückes vom Zahnriemen positioniert. Der Messwert wird mittels einer beigefügten Tabelle in Newton umgerechnet und ist dann mit den jeweiligen Herstellerangaben zu vergleichen.

Störungsdiagnose Ventilsteuerung

Wenn Klappergeräusche aus dem Bereich Zylinderkopf zu hören sind, sind meistens Hydrostößel die Ursache. Hydrostößel können nicht instandgesetzt werden. Sie müssen ersetzt werden.

Fehler	Ursache	Abhilfe/Maßnahmen
Hydrostößel Klickgeräusche, zeitweise auftretend	Funktion des Hydrostößels durch Schmutzteilchen im Ventilsitz gestört, Ventilsitz ausgeschlagen	Wenn Ölwechsel nicht hilft, Hydrostößel ersetzen
Klopfgeräusche im Leerlauf nach schneller Fahrt	Zu niedriger Ölstand Öl verschmutzt und gealtert	Öl nachfüllen Öl und Ölfilter austauschen
Starkes Klopfgeräusch	Hydrostößel klemmt durch Verharzung, Verkohlung und Verschmutzung des Öls	Öl und Ölfilter austauschen
Mäßiges Klopfgeräusch	Sitz des Ventils im Hydrostößel ist undicht	Hydostößel ersetzen
System Ventil Ölleckagen	Leckstellen in der Nähe der Nockenwellenlager deuten auf Verschleiß des Öldichtrings hin.	Öldichtring ersetzen
Blaue Ölfahne beim Lastwechsel von Volllast auf Schiebebetrieb	Blaurauch deutet auf defekte Ventilschaftabdichtungen hin. Durch die Ventilführung wird Öl in den Zylinder gesaugt und dort verbrannt. Die Wirkung des Katalysators wird beeinträchtigt.	Ventilschaftdichtungen erneuern
Starke Geräusche im Zylinderkopf	Federbruch	Zylinderkopfinstandsetzung
Leistungsverlust beim Beschleunigen	Undichtigkeiten, schadhafte Ventile, ausgeschlagene Ventilführungen	Zylinderkopfinstandsetzung
Ventilesteuerung ohne Ventilspielausgleich: • Leistungsverlust • Ventilgeräusche	Ventilspiel zu groß	Ventilspiel einstellen
• Leistungsverlust • Zurückschlagen der Abgase • Verbrannte Ventilteller bzw. Ventilsitze	Ventilspiel zu klein	Ventilspiel einstellen, evtl. Ventile ersetzen, Ventilsitz bearbeiten

Entsorgung: Hohlventile mit Natriumfüllung müssen gesondert entsorgt werden.

12 Motorkühlung

12.1 Pumpenumlaufkühlung

12.1.1 Aufgabe der Kühlung

Die Motorkühlung soll die Betriebstemperatur in dem vorgesehenen Temperaturbereich halten, damit

- die Wärmebelastung der Motorteile wie Kolben, Zylinder in Grenzen gehalten wird und keine Werkstoffschäden entstehen,
- das Schmieröl nicht an den heißen Motorteilen verdampft oder verbrennt und durch zu hohe Temperaturen seine Schmierfähigkeit verliert,
- der Kraftstoff sich nicht an den heißen Teilen selbst entzündet.

Damit die Betriebsfähigkeit erhalten bleibt, müssen rund 30 % der Verbrennungswärme abgeführt werden. Sie wird zum überwiegenden Teil durch Außenkühlung, zum kleineren Teil durch Innenkühlung entzogen.

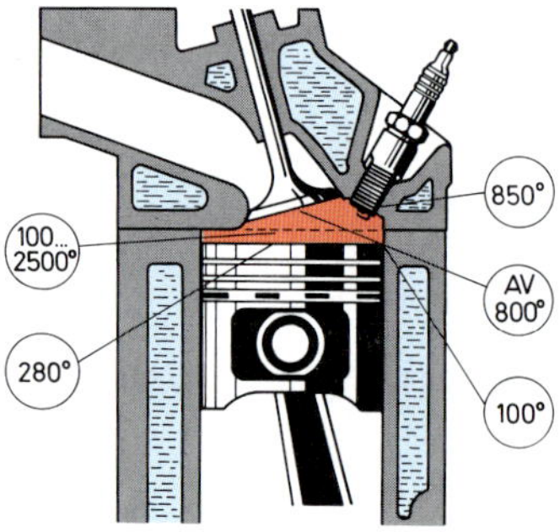

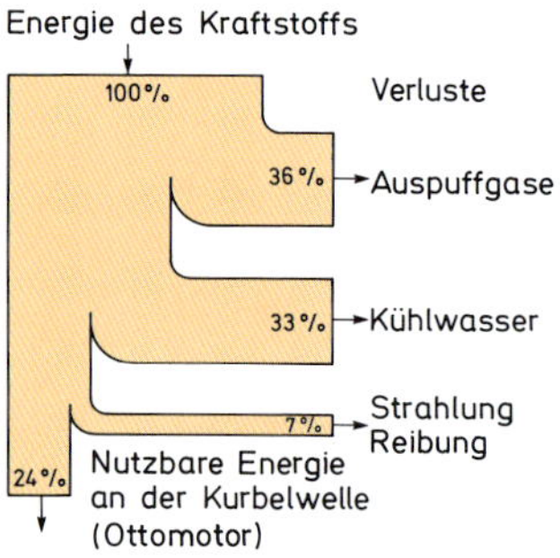

Außenkühlung

Bei der Außenkühlung wird die überschüssige Wärme an die Umgebungsluft abgeführt. Die Außenkühlung erfolgt entweder durch Luft- oder Wasserkühlung.

Innenkühlung

Der Kraftstoff benötigt beim Übergang vom flüssigen in den gasförmigen Zustand Wärme (Verdampfungswärme). Sie wird den Zylinderwänden entzogen.

12.1.2 Prinzip der Pumpenumlaufkühlung

Zylinder und Zylinderkopf sind doppelwandig ausgeführt. Der Hohlraum wird vom Kühlwasser durchströmt. Das Kühlwasser steigt bei Erwärmung im Motor nach oben, da es eine geringere Dichte (= leichter) als kaltes Wasser hat. Es strömt in den oberen Wasserkasten des Kühlers. Im Kühler gibt es seine Wärme an die Kühlluft ab. Da das kühlere Wasser schwerer ist, sinkt es in den unteren Wasserkasten des Kühlers ab. Die Wasserpumpe saugt das Wasser aus dem unteren Wasserkasten des Kühlers an und fördert es zum Motor.

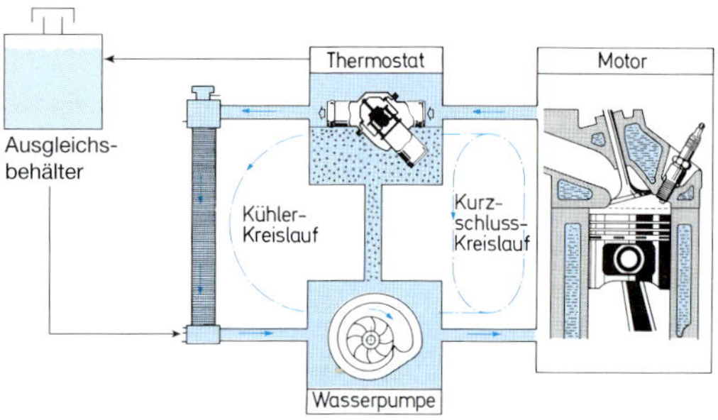

In die obere Kühlwasserleitung zwischen Motorblock und dem oberen Wasserkasten ist ein Thermostat-Ventil eingebaut. Von ihm zweigt eine Kurzschlussleitung direkt zur Wasserpumpe ab.

Kurzschlusskreislauf: Motor – Wasserpumpe – Motor

Solange der Motor seine Betriebstemperatur von 80 °C nicht erreicht hat, versperrt das thermostatisch gesteuerte Ventil den Weg zum Kühler. Das Kühlwasser strömt vom Motor direkt zur Wasserpumpe und von hier wieder zum Motor. Das Wasser wird nicht gekühlt und erreicht schnell seine Betriebstemperatur.

Kühlerkreislauf: Motor – Kühler – Wasserpumpe – Motor

Bei Temperaturen über 80 °C öffnet das Ventil langsam den Kühlerkreislauf und schließt den Kurzschlusskreislauf. Bei 103 °C ist das Ventil vollständig geöffnet. Das Kühlwasser fließt nun über den Kühler.

12.1.3 Funktionsgruppen

12.1.3.1 Kühler

Der Kühlerblock besteht aus

- dünnen Metallröhren, durch das Kühlmittel fließt,
- gewellten Metallrippen, die die Kühlfläche vergrößern,
- den Rohrböden, mit denen die Metallröhren mechanisch gefügt oder verlötet sind,
- den Wasserkästen, die mit einem Dichtring und einer Umbördelung das gesamte System abdichten.

Das Rohr-/Rippensystem und die Rohrböden bestehen aus einer Kupfer-Zink-Legierung oder Aluminium, die Wasserkästen aus glasfaserverstärktem Polyamid.

Der Kühler ist mit Gummi-Metall-Elementen elastisch an der Karosserie oder am Fahrgestell befestigt.

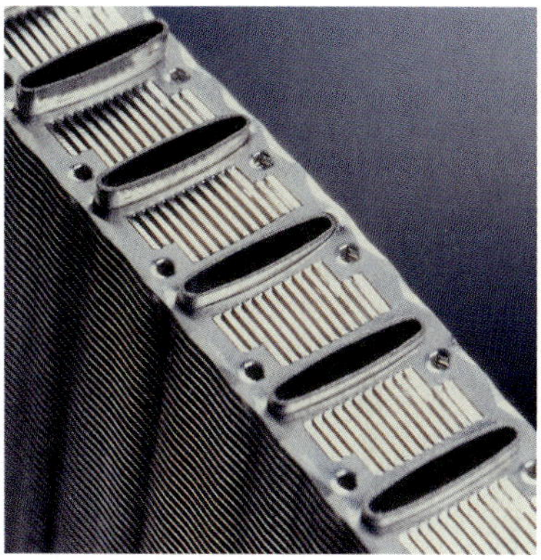

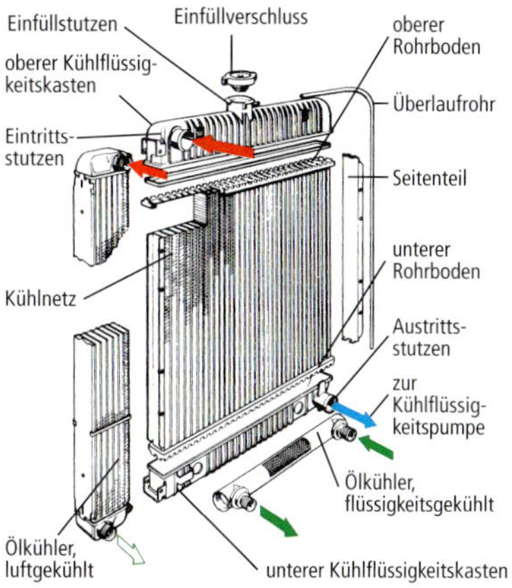

Fallstromkühler

Das vom Motor strömende Kühlmittel tritt durch den oberen Stutzen des Wasserkastens ein, fließt durch die Kühlrohre und tritt am unteren Wasserkasten wieder aus. Am oberen Wasserkasten ist ein Einfüllverschluss und ein Überlaufrohr angeordnet. Häufig ist der Kühler mit einem luftgekühlten oder flüssigkeitsgekühlten Ölkühler für das Motor- oder Getriebeöl kombiniert.

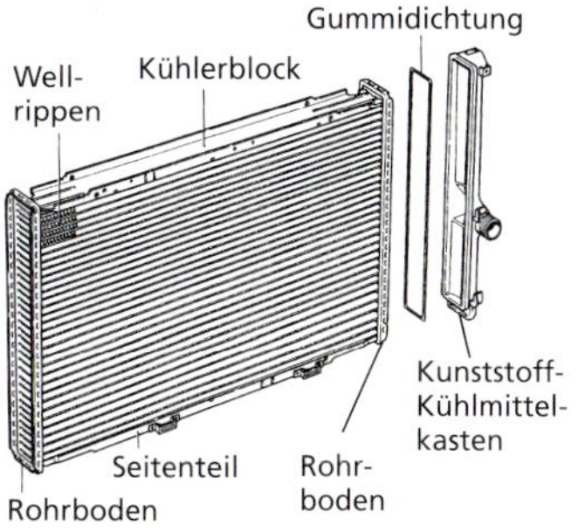

Querstromkühler

Die Wasserkästen sind seitlich angeordnet. Das Kühlmittel strömt horizontal von einer Seite zur anderen. Sind Einlauf und Auslauf auf der gleichen Seite, so ist der Wasserkasten auf dieser Seite unterteilt. Das Kühlmittel fließt im oberen Teil zur einen Seite, im unteren Teil zur anderen Seite. Querstromkühler haben eine geringe Einbauhöhe.

Querstromkühler mit Hoch- und Niedertemperaturteil
Dieser Kühler ermöglicht zwei unterschiedliche Temperaturzonen durch unterschiedliche Strömungsgeschwindigkeiten. Mit dem gedrosselten Kühlmittelstrom im Niedertemperaturbereich wird eine wesentlich höhere Temperaturabsenkung als im oberen Kühlbereich erzielt. Mit dem kühleren Wasser wird z. B. die Temperatur des Öls eines Automatikgetriebes oder die Ladeluft eines Ladeluftkühlkreislaufes gekühlt.

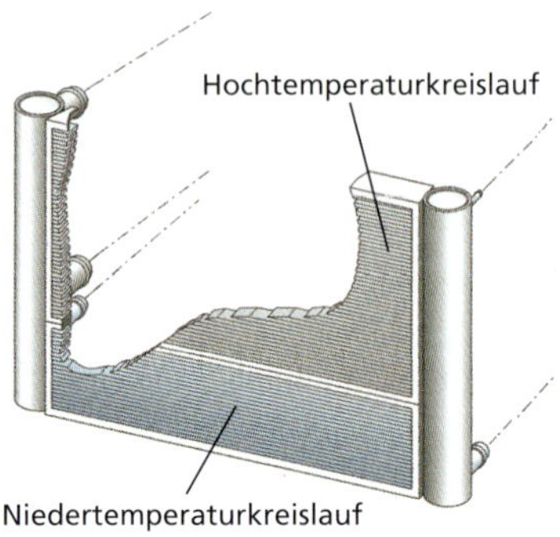

12.1.3.2 Kühlmittelpumpe

Die Pumpe ist eine einbaufertige Einheit mit Antriebswelle, Lagerung und Schaufelrad. Wichtiges Element der Kühlmittelpumpe ist das Schaufelrad mit gekrümmten oder geraden Schaufeln, die entweder radial oder tangential angeordnet sind. Die Antriebswelle nimmt auf der Förderseite das Schaufelrad, auf der Antriebswelle das Pumpengehäuse mit Flansch und die Zahnriemenscheibe auf. Zwischen Förder- und Antriebsseite ist die Wellendichtung angeordnet, die für Dichtheit zwischen Gehäuse und Lagerwelle sorgt. Von ihrer Funktion hängt die Lebensdauer der Pumpe im Wesentlichen ab.

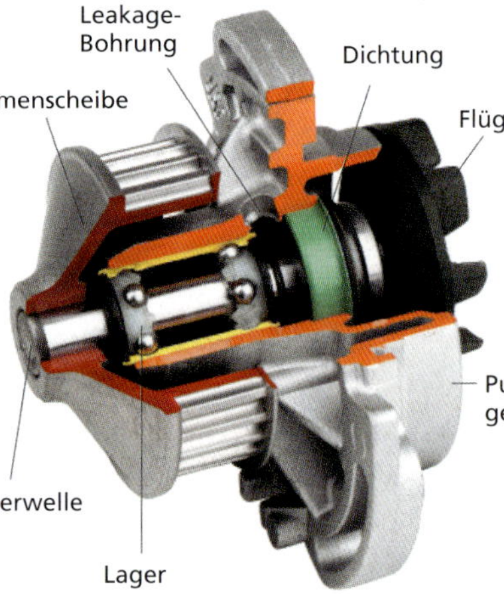

12.1.3.3 Einfüllverschluss

Der Einfüllverschluss schließt das Kühlsystem ab und öffnet, wenn in der Kühlanlage ein Über- oder Unterdruck entsteht. Er sitzt entweder direkt auf dem oberen Wasserkasten oder als Verschlussdeckel auf dem Ausgleichsbehälter. Der Einfüllverschluss ist mit einem Überdruck- und Unterdruckventil ausgestattet.

Überdruckventil	Unterdruckventil
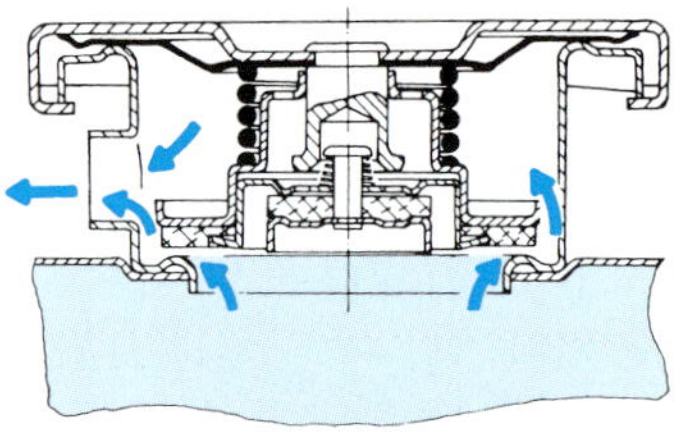	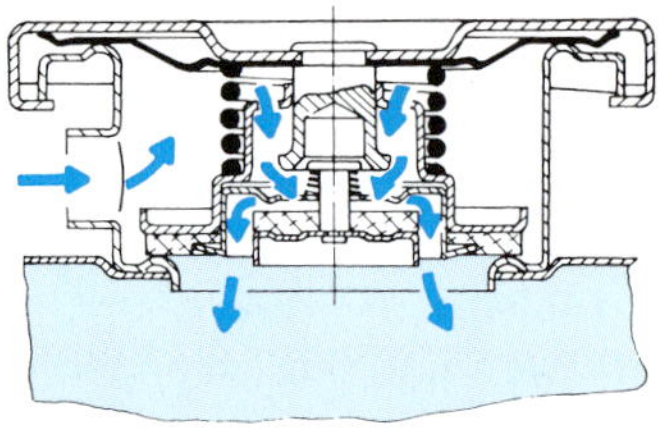
Das Überdruckventil hält einen Überdruck von 0,8 bar im Kühlsystem. Die Siedetemperatur der Kühlflüssigkeit wird auf 104 bis 108 °C erhöht. Die Kühlwirkung wird damit verbessert, bei höherem Druck öffnet das Ventil und lässt den Überdruck ins Freie entweichen.	Beim Abkühlen des Wasses entsteht ein Unterdruck im Kühlsystem. Das Unterdruckventil öffnet und lässt Luft von außen einströmen. Damit wird vermieden, dass sich Kühlmittelschläuche zusammenziehen.

12.1.3.4 Thermostat als Kurzschlussregler

Der Kühlwasserthermostat besteht aus dem Dehnstoffelement und einem Doppelventil. Das Dehnstoffelement setzt sich aus einer mit Wachs gefüllten Metalldose und einem Doppelventil zusammen. In die Wachsfüllung ist eine Gummimembran mit einem Arbeitskolben eingebettet.

$t \geq 80\ °C$

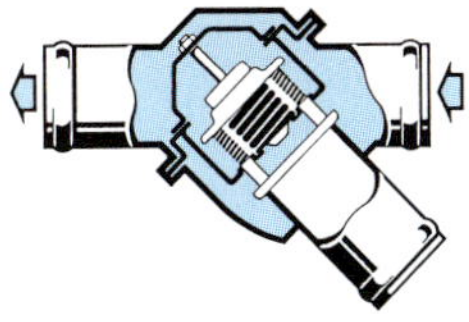

Bei der Erwärmung über 80 °C schmilzt die Wachsfüllung. Durch die Volumenzunahme des Wachses verschiebt sich die Metalldose auf dem Arbeitskolben. Der Thermostat öffnet den Kühlerkreislauf und schließt gleichzeitig den Kurzschlusskreislauf.

$t \leq 80\ °C$

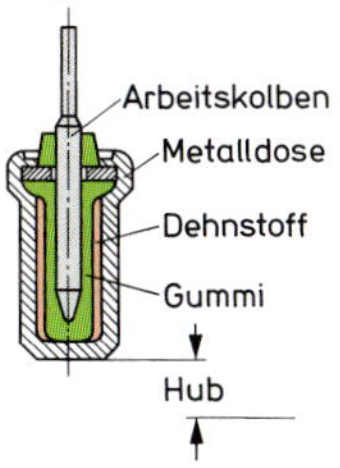

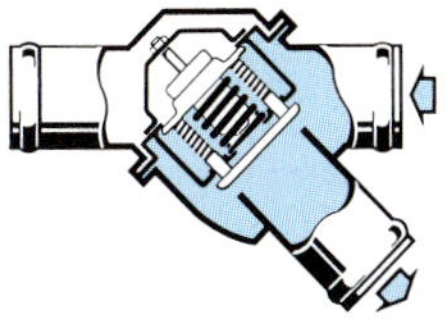

Bei Temperaturabnahme unter 80 °C erstarrt die Wachsfüllung. Eine Rückstellfeder drückt die Metalldose in die Ausgangsstellung zurück. Der Thermostat schließt den Zufluss zum Kühler. Das Kühlwasser fließt über die Kurzschlussleitung direkt zum Motor zurück.

Ausgleichsbehälter

Hohe Kühlmitteltemperatur

Hohe Kühlmitteltemperatur führt zu einem Druckanstieg im Kühlsystem, da sich die Kühlmittelflüssigkeit ausdehnt. Kühlmittel wird in den Behälter gepresst. Der Druck im Behälter steigt an. Das Überdruckventil im Verschlussdeckel öffnet und lässt Luft entweichen.

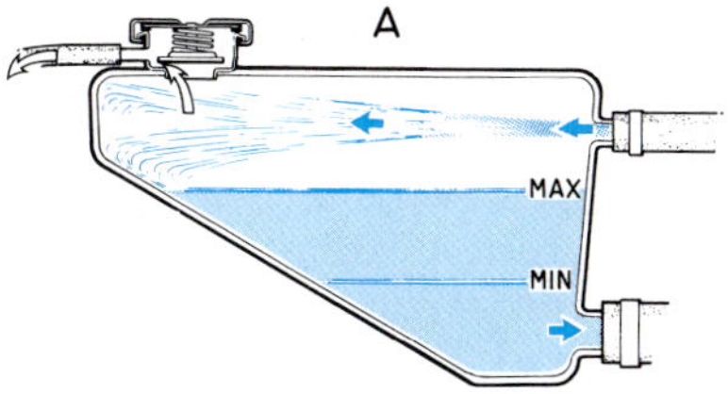

Normalisierung der Kühlmitteltemperatur

Bei Normalisierung der Kühlmitteltemperatur entsteht ein Unterdruck im Kühlsystem. Kühlmittel wird aus dem Behälter abgesaugt. Hierdurch entsteht im Behälter ebenfalls ein Unterdruck. Als Folge öffnet das Unterdruckausgleichs-Ventil im Verschlussdeckel des Behälters. Luft strömt in den Behälter, bis Druckausgleich erreicht ist.

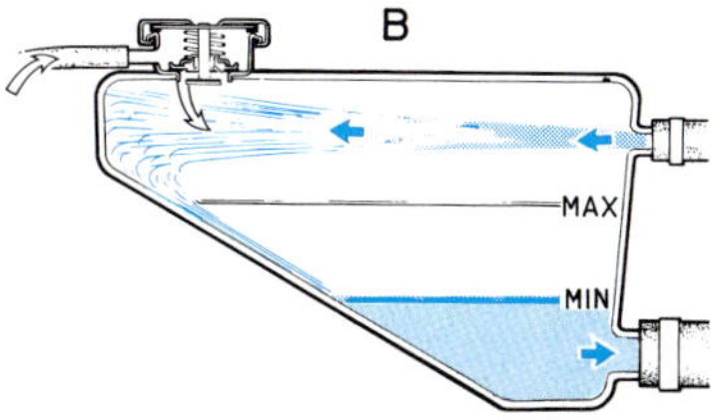

12.1.3.5 Temperaturanzeige, Warnleuchte, Kühlmittelstand

Die Kühlmitteltemperatur wird durch Temperaturanzeigegeräte überwacht. Die Temperatur des Kühlmittels wird mit einem NTC-Widerstand gemessen und an ein Temperaturanzeigegerät weitergegeben.

Der Kühlmittelstand wird von einem Widerstandsgeber ermittelt. Hier wird der Widerstand zwischen zwei Metallstiften gemessen. Bei normalem Kühlmittelstand liegen die Metallstifte voll im Kühlmittel. Der elektrische Widerstand zwischen den Spitzen ist gering. Wenn der Kühlmittelstand sinkt, steigt der Widerstand zwischen den Stiften. Die Elektronik des Schalttafeleinsatzes schaltet die Warnlampe an.

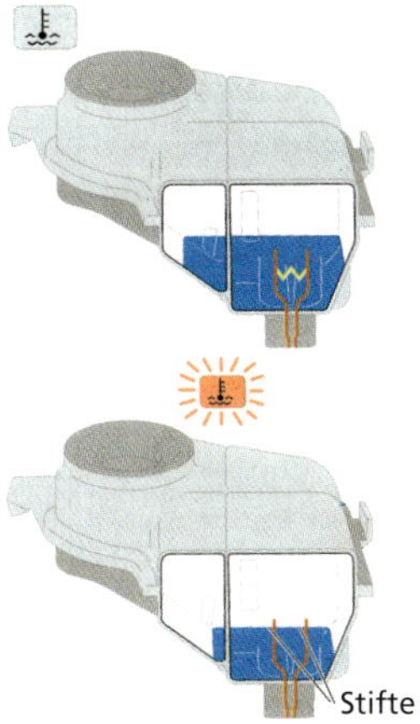

12.1.3.6 Lüfter

Der Lüfter sorgt für eine ausreichende Kühlluftmenge, wenn das Fahrzeug steht und der Motor läuft bzw. wenn die Fahrgeschwindigkeit sehr gering ist.

Aufbau und Funktion

Zuschaltbare Lüfter

Der Lüfter wird nur dann zugeschaltet, wenn die Betriebstemperatur überschritten wird.

⊕ Schnelleres Erreichen der Betriebstemperatur
⊕ Leistungsgewinn bzw. Kraftstoffersparnis

Elektrisch angetriebener Lüfter

Der Elektromotor treibt den Lüfter direkt an. Ein im Kühlwasser angeordneter Thermoschalter steuert das Ein- und Ausschalten des Elektromotors.

⊕ Kein zusätzlicher Keilriementrieb
⊕ Einbau des Kühlers unabhängig vom Motor
⊖ Begrenzte Leistung des E-Motors

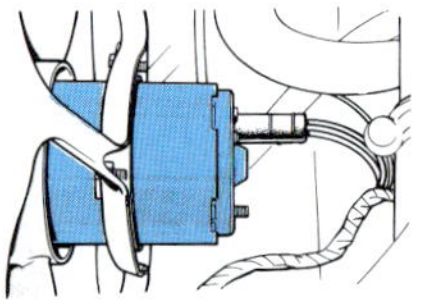

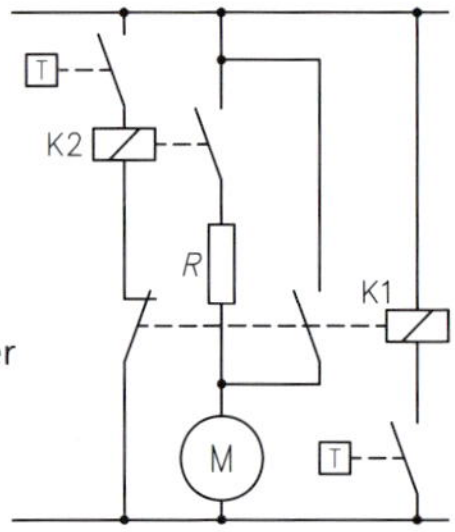

T Thermoschalter
K Relais
M Motor
R Widerstand

Drehzahlbegrenzter Lüfterantrieb

Die Kupplung überträgt das Drehmoment bis zu einer bestimmten Drehzahl ohne Schlupf. Bei höherer Drehzahl des Motors nimmt die Drehzahl des Lüfters ab, wobei eine bestimmte Höchstdrehzahl des Lüfters nicht überschritten wird.

⊕ geringere Lüftergeräusche ⊕ Leistungsgewinn im oberen Motordrehzahlbereich

Magnetkupplung

Der Lüfter bewegt sich frei auf der Antriebswelle, der Rotor ist fest mit ihr verbunden. Auf dem Lüfterflansch ist ein Dauermagnet angeordnet. Durch das magnetische Kraftfeld zwischen Lüftermagnet und Rotor ist der Lüfter mit der Antriebswelle verbunden.

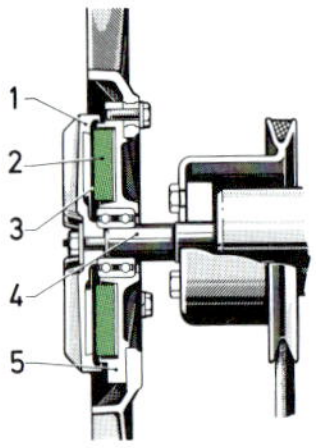

1 Rotor
2 Magnet
3 Luftspalt
4 Antriebswelle
5 Lüfterflansch

Hydraulische Lüfterkupplung

Die Lüfterkupplung ist mit einer konstanten Menge Öl gefüllt. Im Öl läuft die Antriebsscheibe um, die starr mit der Keilriemenscheibe verbunden ist. Der Lüfter wird aufgrund der inneren Reibung des Öls und dessen Haftung an den Wänden mitgenommen.

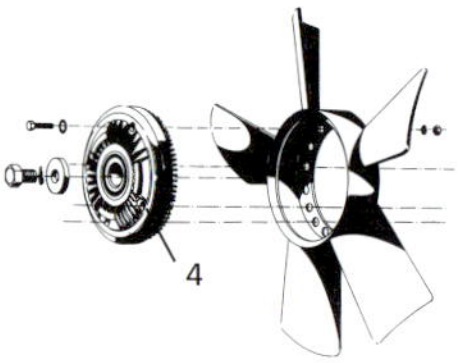

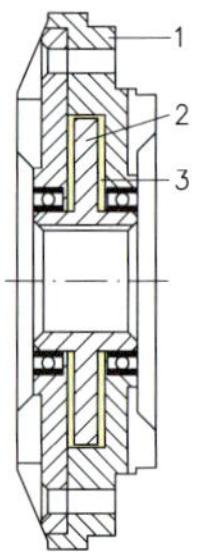

1 Rotor
2 Antriebsscheibe
3 Öl
4 hydraulische Lüfterkupplung

Thermostatisch geregelte Lüfterkupplung (Visco-Lüfterkupplung)

Der mit Silikonöl gefüllte Kupplungsinnenraum ist durch eine Zwischenscheibe in einen Vorrats- und Arbeitsraum unterteilt. Im Arbeitsraum läuft die Antriebsscheibe um, die starr mit der Keilriemenscheibe verbunden ist. Ein Bimetall, das von der aus dem Kühler austretenden Luft beaufschlagt wird, steuert über einen Ventilhebel den Zufluss des Silikonöls vom Vorrats- in den Arbeitsraum. Ein an der Zwischenscheibe angebrachter Pumpenkörper sorgt für eine Zirkulation des Öls vom Arbeitsraum zum Vorratsraum. Je nach Bimetalltemperatur und Ölfüllung im Arbeitsraum stellen sich unterschiedliche Lüfterdrehzahlen ein. Bei gelöster Kupplung beträgt die Mindestdrehzahl noch etwa 25 % der Antriebsdrehzahl.

Kupplung voll zugeschaltet

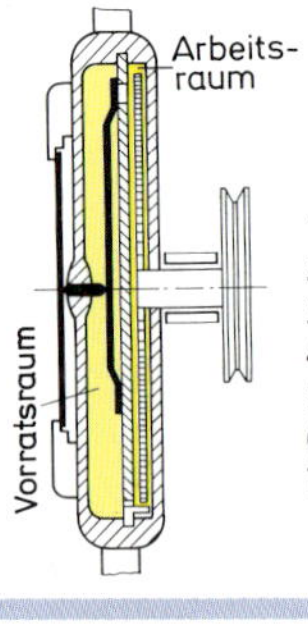

1 Antriebsscheibe
2 Deckel
3 Zwischenscheibe
4 Ventilhebel
5 Bimetall
6 Pumpkörper
7 Schaltstift

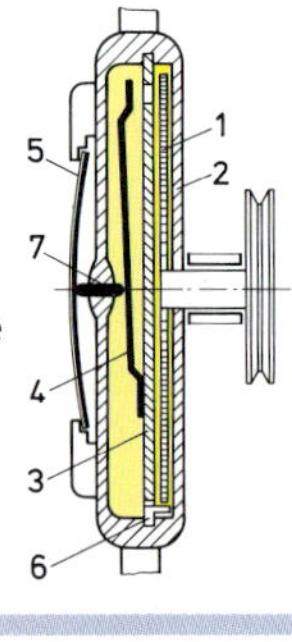

Kupplung abgeschaltet

12.1.3.7 Keilrippenriemenantrieb

Viele Nebenaggregate, wie Wasserpumpe, Drehstromgenerator, Servolenkungspumpe, Klimakompressor usw., werden von der Kurbelwelle über Keilrippenriemen angetrieben. Der Keilrippenriemen besitzt an seiner Unterseite ein Keilrippenprofil. Er ist sehr biegeelastisch und ermöglicht beim Serpentinenantrieb die nötigen Umschlingungswinkel. Die Riemenspannung erfolgt entweder durch eine feste Spannvorrichtung, z. B. Spannung durch Einstellung am Generator, oder durch eine automatische Spannvorrichtung, z. B. eine Zugfeder und einen parallel eingebauten Dämpfer.

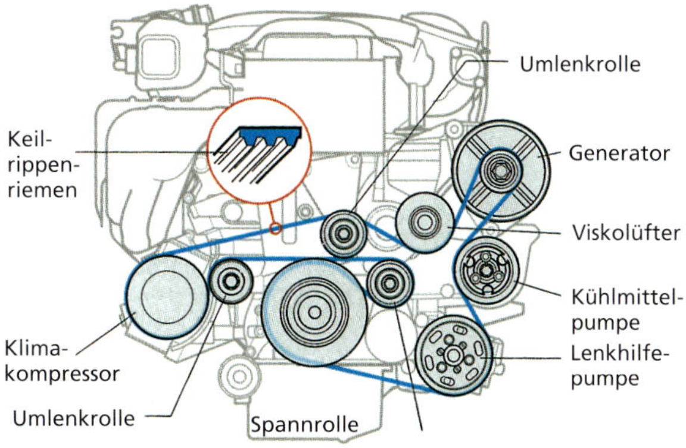

Die Lebensdauer des Keilrippenriemens wird beeinflusst durch Schwingungen, Lastwechsel, Temperatur, Benzin, Öl usw. Wichtig ist daher die Prüfung der Riemenspannung und des Keilrippenriemens auf Verschleiß bzw. Anbrüche.

Mit Zugmittelgetrieben wird die Drehzahl durch Zugmittel – Keilriemen, Keilrippenriemen, Zahnriemen, Rollenkette – von einem treibenden Rad (Index 1) auf ein getriebenes Rad (Index 2) übertragen. Zugmittelgetriebe finden Anwendung zum Antrieb von z. B. Nockenwelle, Ölpumpe, Wasserpumpe, Lüfter, Drehstromgenerator und sonstigen Nebenaggregaten.

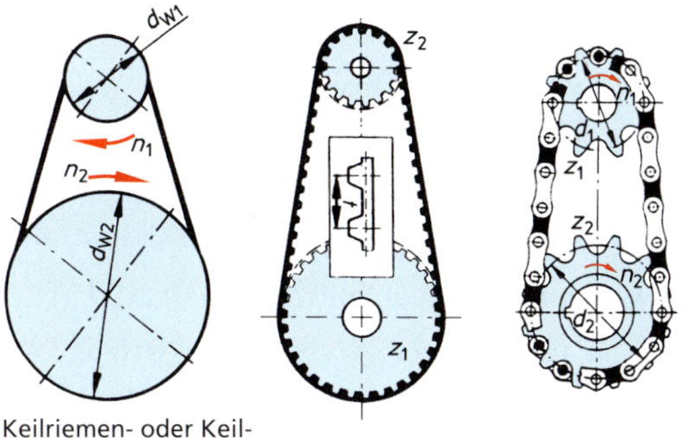

Keilriemen- oder Keilrippenriementrieb Zahnriementrieb Rollenkettentrieb

Einstufige Getriebe

Die Umfangsgeschwindigkeit der Räder ist abhängig von
- der Drehzahl n,
- dem Raddurchmesser d.

Die Umfangsgeschwindigkeit v eines Rades ist der Weg $s = d \cdot \pi$, den ein Punkt am Kreisumfang in 1 Minute zurücklegt. Für die Umfangsgeschwindigkeit gilt dann:

$$v = d \cdot \pi \cdot n$$

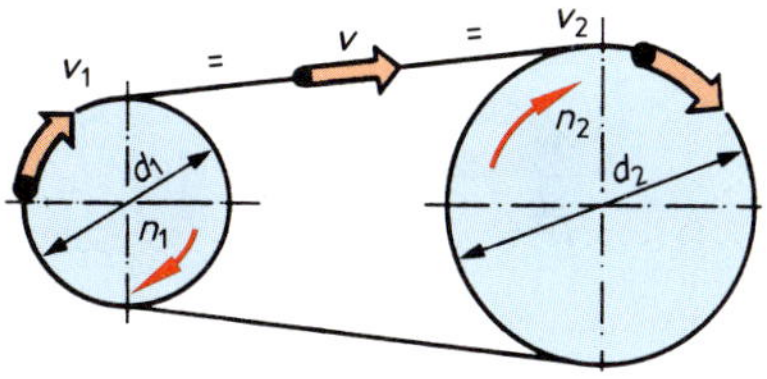

treibende Riemenscheibe getriebene Riemenscheibe

Das Zugmittel läuft mit gleichbleibender Geschwindigkeit über beide Räder. Zugmittelgeschwindigkeit und Umfangsgeschwindigkeit beider Räder sind gleich groß.

$$v_1 = v_2 = v$$

Wir erhalten die Grundformel für den Zugmitteltrieb:

$$v_1 = d_1 \cdot \pi \cdot n_1 \qquad v_2 = d_2 \cdot \pi \cdot n_2$$
$$d_1 \cdot \pi \cdot n_1 = d_2 \cdot \pi \cdot n_2$$

$$\mathbf{d_1 \cdot n_1 = d_2 \cdot n_2}$$

Bei den unterschiedlichen Zugmitteltrieben sind jeweils die wirksamen Durchmesser einzusetzen.

Beispiel:

Gegeben: $d_1 = 115$ mm
$n_1 = 4\,500$ 1/min
$d_2 = 55$ mm

Gesucht: n_2

Lösung:
$n_1 \cdot d_1 = n_2 \cdot d_2$

$$n_2 = \frac{n_1 \cdot d_1}{d_2}$$

$$n_2 = \frac{4\,500 \text{ 1/min} \cdot 115 \text{ mm}}{55 \text{ mm}}$$

$n_2 = \underline{\underline{9\,409 \text{ 1/min}}}$

Doppelstufige Getriebe

Wird dem Riemenscheibenpaar ein weiteres in Reihe zugeschaltet, entsteht eine doppelte Übersetzung. Die Gesamtübersetzung ist das Produkt der Einzelübersetzungen:

$$i_{ges} = i_1 \cdot i_2$$

$$i_{ges} = \frac{n_1}{n_2} \cdot \frac{n_3}{n_4}$$

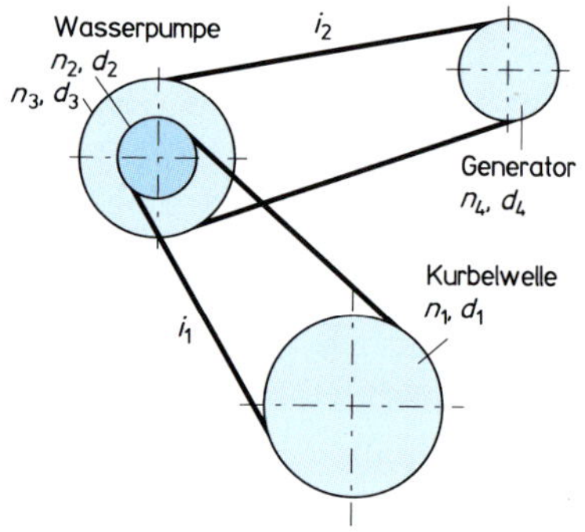

Die Riemenscheiben mit den Durchmessern d_2 und d_3 sitzen auf derselben Welle und haben daher die gleiche Drehzahl:

$$n_2 = n_3$$

Die Gesamtübersetzung bestimmt sich daher wie folgt:

$$i_{ges} = \frac{n_1}{n_4}$$

12.2 Zweikreis-Kühlsystem

Im Zweikreis-Kühlsystem wird die Kühlmittelführung in zwei Kreisläufe getrennt.

- Ein Drittel des Kühlmittels strömt zu den Zylindern im Zylinderblock.
- Zwei Drittel des Kühlmittels strömen zu den Brennräumen im Zylinderkopf.

Hierzu sind zwei Thermostate erforderlich, die bei unterschiedlichen Temperaturen öffnen.
Das elektrische Abgasrückführungsventil ist in den Kühlmittelkreislauf integriert. Es wird damit vor zu hohen Temperaturen geschützt.

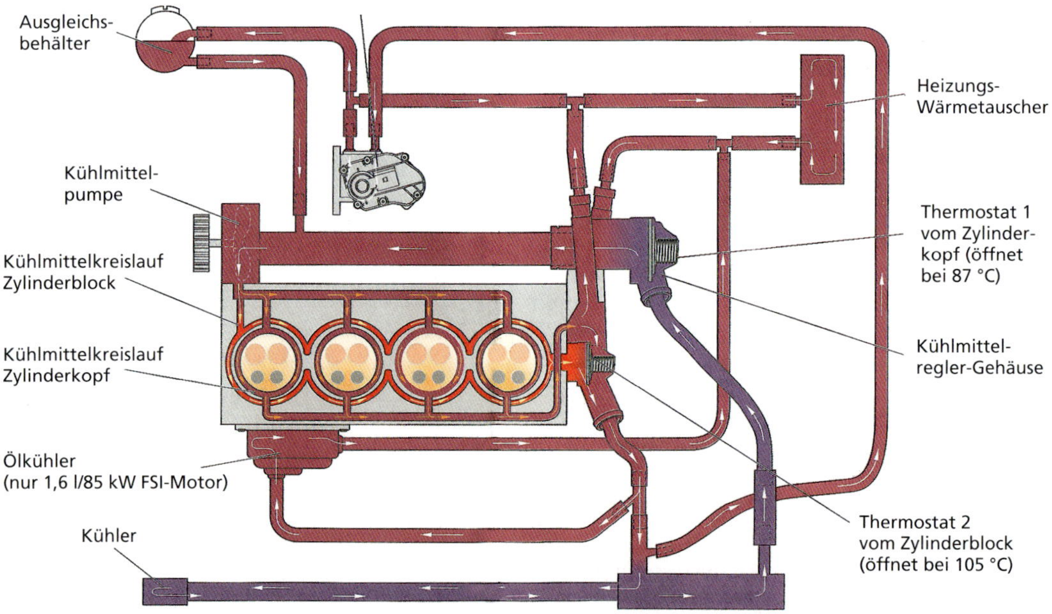

<table>
<tr><th>Temperatur bis 87 °C</th><th>Temperatur von 87 °C bis 105 °C</th><th>Temperatur über 105 °C</th></tr>
<tr>
<td>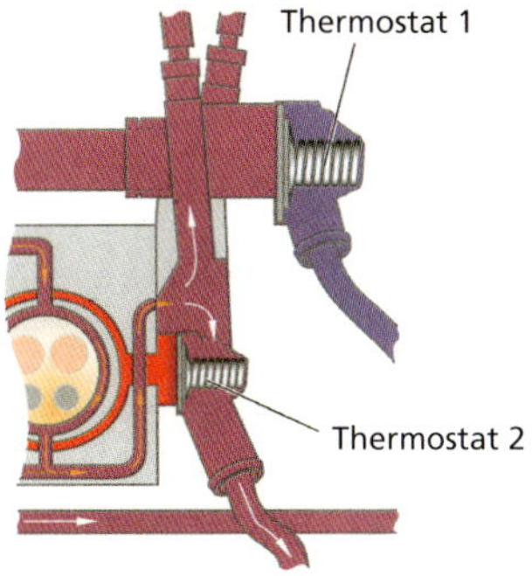
</td>
<td>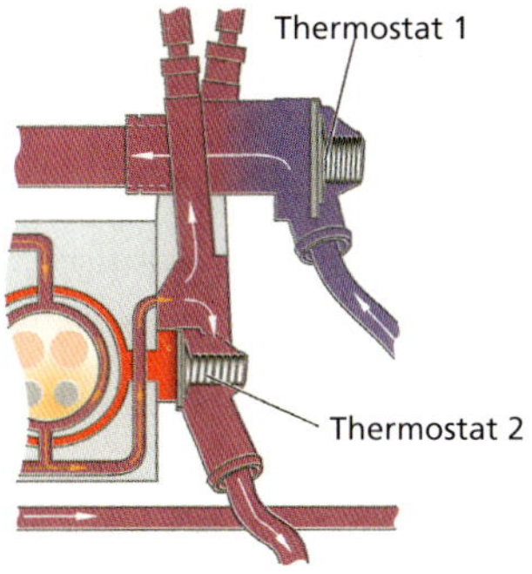
</td>
<td>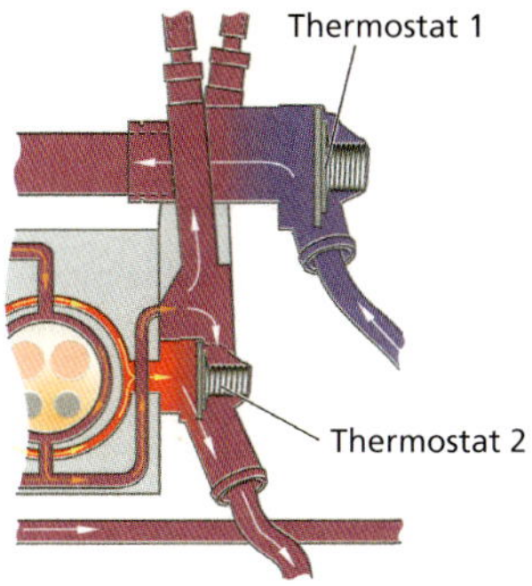
</td>
</tr>
<tr>
<td>Beide Thermostate sind geschlossen. Der Motor erwärmt sich schneller.</td>
<td>Der Thermostat 1 ist geöffnet, der Thermostat 2 ist geschlossen. Die Temperatur im Zylinderkopf wird auf 87 °C geregelt, die Temperatur im Zylinderblock steigt weiter an.</td>
<td>Beide Thermostate sind geöffnet. Im Zylinderkopf wird die Temperatur auf 87 °C, im Zylinderblock auf 105 °C geregelt.</td>
</tr>
<tr>
<td>Das Kühlmittel strömt von der Kühlmittelpumpe zum Zylinderkopf (Brennraum) zum Kühlmittelregler-Gehäuse 2:
→ Heizungswärmetauscher
→ Ölkühler
→ Abgasrückführungsventil + Ausgleichsbehälter
→ zur Kühlmittelpumpe</td>
<td>Das Kühlmittel strömt von der Kühlmittelpumpe zum Zylinderkopf (Brennraum) zum Kühlmittelregler-Gehäuse 2:
→ Heizungswärmetauscher
→ Ölkühler
→ Abgasrückführungsventil + Ausgleichsbehälter
→ Kühler
→ zur Kühlmittelpumpe</td>
<td>Das Kühlmittel strömt von der Kühlmittelpumpe zum Zylinderkopf zum Kühlmittelregler-Gehäuse 2:
→ Heizungswärmetauscher
→ Ölkühler
→ Abgasrückführungsventil + Ausgleichsbehälter
→ Zylinderkopf + Kühler + Kühlmittelregler-Gehäuse 1
→ zur Kühlmittelpumpe</td>
</tr>
</table>

Vorteile des Zweikreis-Kühlsystems sind:

- Der Zylinderblock wird schneller aufgeheizt.
- Durch die höhere Temperatur im Zylinderblock wird die Reibung im Kurbeltrieb niedriger.
- Durch die niedrigere Temperatur im Zylinderkopf werden die Brennräume besser gekühlt.
- Die bessere Kühlung im Zylinderkopf führt zu einer besseren Füllung bei niedrigerer Klopfgefahr.

12.3 Elektronisch geregeltes Kühlsystem

Durch das elektronisch geregelte Kühlsystem ist eine Anpassung der Kühlmittel-Temperatur an den momentanen Betriebszustand möglich:

Teillastbereich: 95 °C bis 110 °C

Volllastbereich: 85 °C bis 95 °C

Die höheren Temperaturen im Teillastbereich ergeben ein günstigeres Leistungsniveau, was sich auf Verbrauch und Schadstoffe im Abgas günstig auswirkt.

Durch niedrigere Temperaturen im Volllastbereich erhöht sich die Leistung, da die angesaugte Luft weniger erwärmt wird.

Das elektronisch geregelte Kühlsystem hat die Aufgabe, die Betriebstemperatur des Motors je nach Lastzustand auf einen Sollwert zu regeln. Hierzu besitzt das Kühlsystem einen kennfeldgesteuerten Thermostaten, der in ein Kühlmittel-Verteilergehäuse integriert ist. Im Motorsteuergerät sind zusätzliche Kennfelder gespeichert, nach denen über das elektrisch beheizte Thermostat und die Kühllüfterstufen die optimale Betriebstemperatur eingeregelt wird.

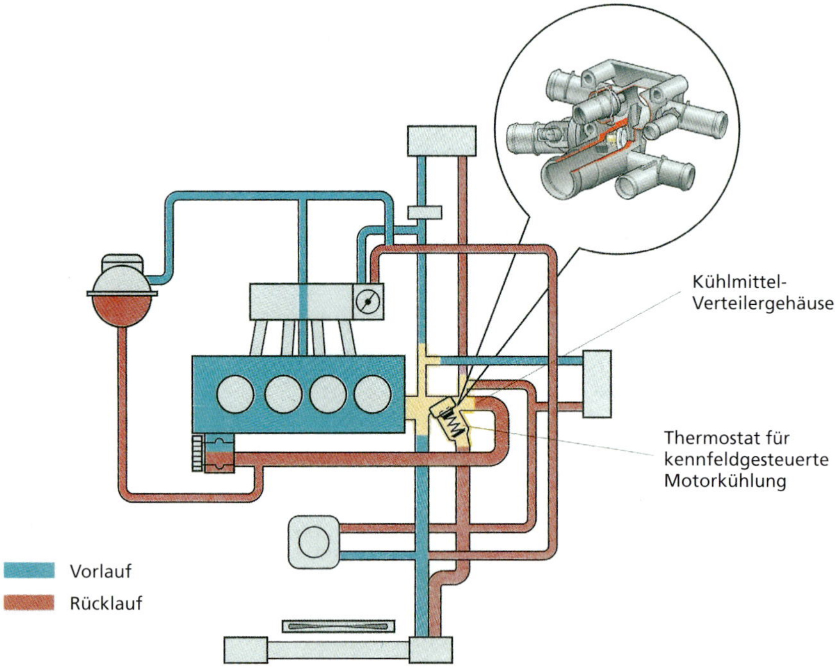

Kühlkreislauf elektronisch geregelt – Schema

12.3.1 Systemübersicht

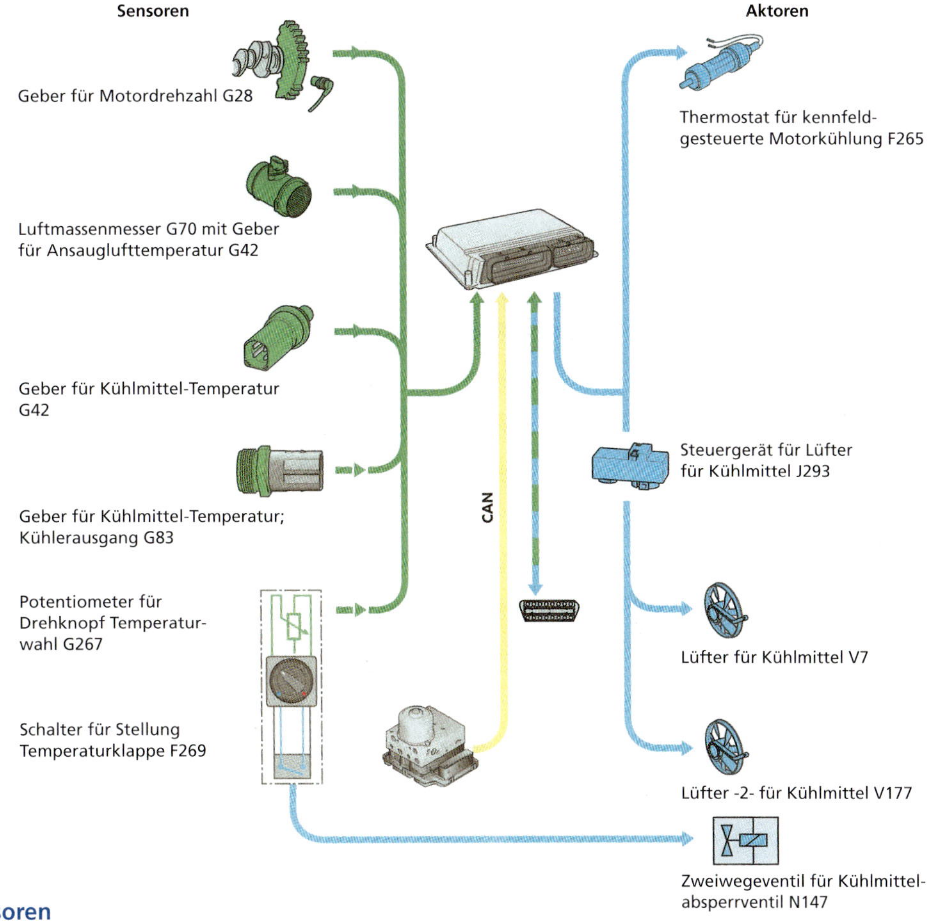

Sensoren

Zur Steuerung der Kühlmitteltemperatur werden die Motordrehzahl, die Motorlast und die Kühlmittel-Isttemperatur benötigt.
Die Drehzahl wird durch den Drehzahlgeber, die Last durch den Luftmassenmesser ermittelt. Die Istwerte der Kühlmitteltemperatur werden im Kühlkreislauf an zwei verschiedenen Stellen abgenommen:

- Kühlmittel-Istwert 1 unmittelbar am Austritt des Kühlmittels am Motor im Kühlmittelverteiler,
- Kühlmittel-Istwert 2 am Kühler vor dem Austritt des Kühlmittels aus dem Kühler.

Verarbeitung

Im Motorsteuergerät sind die Kennfelder gespeichert:
Aus dem Vergleich zwischen den in den Kennfeldern abgelegten Solltemperaturen mit dem Kühlmittel-Istwert 1 ergibt sich die elektrische Energiezufuhr zum Heizwiderstand des Thermostaten. Entscheidend ist die Motorlast.
Der Vergleich zwischen den Kühlmittel-Istwerten 1 und 2 dient der Ansteuerung der elektrischen Lüfter.

Aktoren

Im Ergebnis der Berechnungen wird die Systemregelung eingeleitet:

- Beheizung des Heizwiderstandes im Thermostaten zum Öffnen des großen Kühlerkreislaufes und damit Regeln der Kühlmitteltemperatur
- Ansteuerung der Kühlerlüfter zur Unterstützung der schnellen Kühlmitteltemperatursenkung.

12.3.2 Kennfeldgesteuerter Thermostat

Der kennfeldgesteuerte Thermostat entspricht im Prinzip dem ungesteuerten Thermostat. Durch die Kühlmitteltemperatur wird das Wachs flüssig und dehnt sich aus. Die Ausdehnung bewirkt einen Hub des Hubstiftes. Zusätzlich ist im Dehnstoffelement ein Heizwiderstand eingebettet. Wenn ihm durch das Motorsteuergerät elektrische Energie zugeführt wird, erwärmt sich das Wachselement zusätzlich. Die Verstellung des Hubstiftes erfolgt nun nicht allein durch die Kühlmitteltemperatur, sondern nach den entsprechenden Kennfeldern.

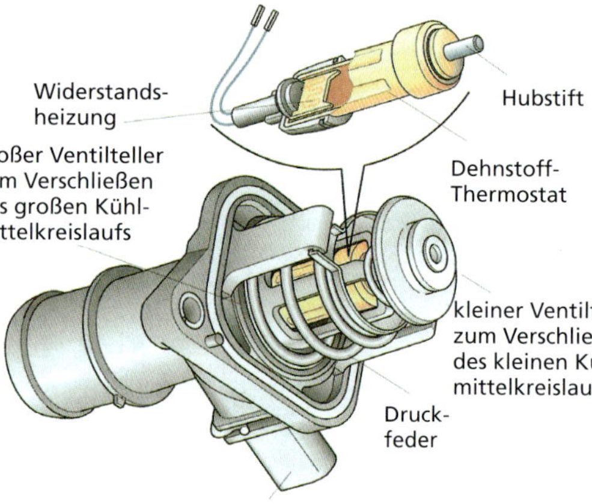

Kurzschlusskreislauf

Beim Kurzschlusskreis nimmt der Thermostat folgende Stellung ein:

- Der großer Ventilteller ist geschlossen:
  Der Kühlerrücklauf ist geschlossen
- Der kleiner Ventilteller ist geöffnet:
  Das Kühlmittel strömt über die Kühlmittelverteilereinheit zur Kühlmittelpumpe

Die kennfeldgesteuerte Motorkühlung wirkt noch nicht. Bei etwa 110 °C öffnet der Kennfeldthermostat ohne Regeleingriff. Der Kurzschlusskreislauf dient dem Aufwärmen sowie den unteren und oberen Teillastbereichen von 95 °C bis 110 °C.

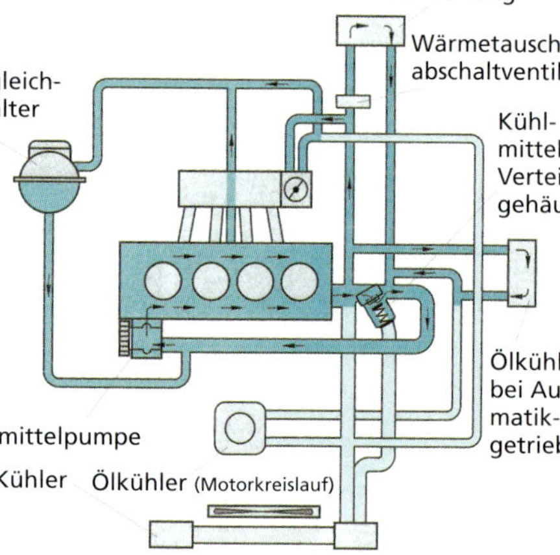

Großer Kühlkreislauf

Der große Kühlkreislauf wird entweder durch den Thermostaten im Kühlmittelregler nach Erreichen von ca. 110 °C geöffnet oder je nach Last durch das Kennfeld geöffnet.

- Der große Ventilteller ist geöffnet:
  Der Rücklauf vom Kühler zur Kühlmittelpumpe ist geöffnet.
- Der kleine Ventilteller ist geschlossen.
  Die Direktverbindung vom Motor zur Kühlmittelpumpe ist geschlossen.

Durch die Beheizung des Dehnstoffelements öffnet der Thermostat bereits für Volllast bei geringeren Kühlmitteltemperaturen von 85 °C bis 95 °C. Zur Unterstützung der Kühlung werden Elektrolüfter nach Bedarf eingeschaltet.

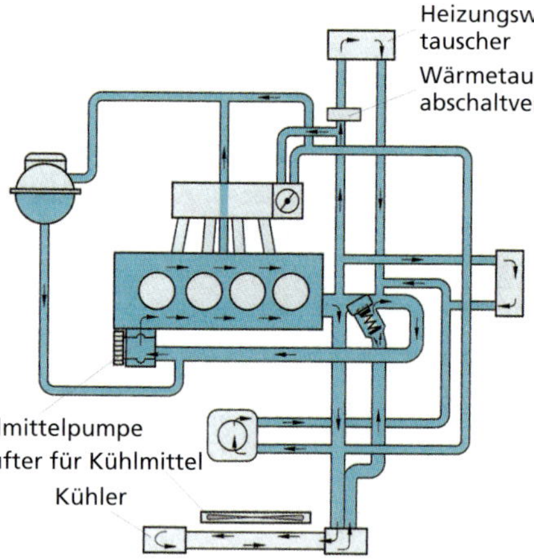

12.3.3 Funktionsplan

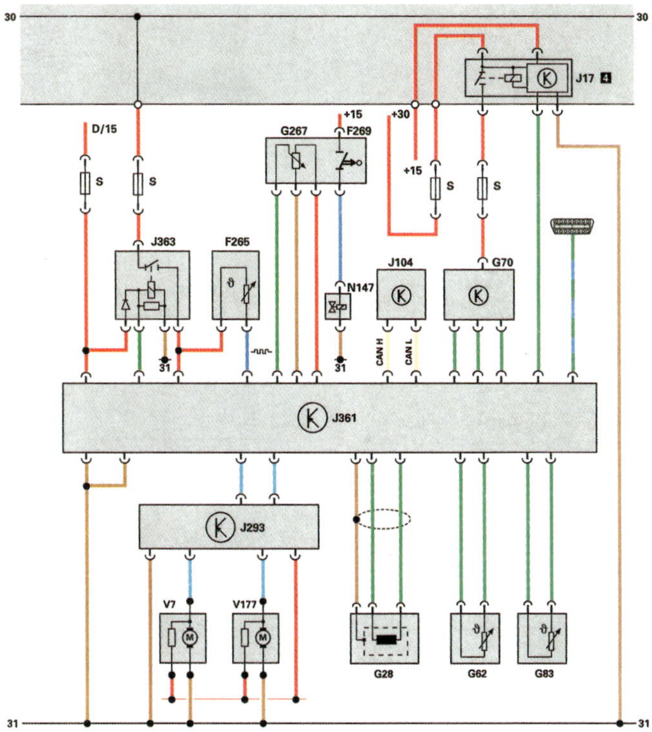

D/15 Zündanlassschalter, Klemmen 15
F265 Thermostat für kennfeldgesteuerte Motorkühlung
F269 Schalter für Stellung Temperaturklappe (nicht bei Climatronic)
G28 Geber für Motordrehzahl
G62 Geber für Kühlmitteltemperatur
G70 Luftmassenmesser
G83 Geber für Kühlmitteltemperatur Kühlerausgang
G267 Potenziometer für Drehknopf Temperaturwahl (nicht bei Climatronic)
J17 Kraftstoffpumpenrelais
J104 Steuergerät für ABS
J293 Steuergerät für Lüfter für Kühlmittel
J361 Steuergerät für Simos
J363 Stromversorgungsrelais für Simos-Steuergerät
N147 Zweiwegeventil für Kühlmittelabsperrventil
S Sicherung
V7 Lüfter für Kühlmittel
V177 Lüfter -2- für Kühlmittel

Ausgangssignal
Eingangssignal
Plus
Masse
bidirektional
PWM-Signal
Diagnoseanschluss
+15 Spannungsversorgung Ausgang Zündanlassschalter
+30 Spannungsversorgung von Batterie

12.4 Kühlmittel

Das Kühlmittel hat folgende Aufgaben:

- Korrosionsschutz
- Frostschutz
- Schutz vor Ablagerungen
- Siedepunkterhöhung (das Kühlmittel verdampft nicht so schnell)

Das Kühlmittel setzt sich aus folgenden Komponenten zusammen:

Kühlmittel		
Kühlerschutzmittel		Wasser
Basisflüssigkeit Ethandiol (Ethylenglykol) Ethandiol setzt den Gefrierpunkt herab und erhöht den Siedepunkt.	**Additive** Sie geben Schutz vor • Korrosion, • Ablagerungen (Kesselstein), • Schaumbildung, • Überhitzung.	Das Wasser muss sauber und nicht zu hart, der Salzgehalt möglichst gering sein. Die Wasserhärte sollte unter 20° deutscher Härte liegen. Auskunft über die Härte des Wassers geben die Wasserwerke.

Kühlmittel	Fortsetzung
Empfehlenswert ist folgende Mischung:	40 : 60 ergibt einen Frostschutz bis – 25 °C. 50 : 50 ergibt einen Frostschutz bis – 37 °C. 55 : 45 ergibt einen Frostschutz von – 45 °C.
Vorschriften der Automobilhersteller	
Allgemeingültige Klassifikationen, wie sie z. B. bei den Motorölen bestehen, gibt es nicht. Aufgrund der z. T. sehr abweichenden Anforderungen sind die Angaben der Motorenhersteller unbedingt zu beachten. Es dürfen nur Kühlerschutzmittel verwendet werden, die die Freigabe des Automobilherstellers besitzen. Regelmäßiger Wechsel des Kühlmittels ist mindestens alle 2 bis 4 Jahre notwendig, da durch die hohe Wärmebelastung im Kühlkreislauf des Motors die Korrosionsschutzzusätze abgebaut werden.	

Beim Nachschütten oder Wechseln von Kühlerschutzmittel ist auf die Farbe der Betriebsflüssigkeit zu achten. Es sollte immer Kühlerschutzmittel der gleichen Farbe nachgefüllt werden. Kühlerschutzmittel ist in Deutschland in drei Farben erhältlich: grün, blau, rot. Rot verwenden die französischen Hersteller wie Renault. Kühlerschutzmittel sollten nicht gemischt werden. Dies gilt insbesondere für silikathaltige Produkte, z. B. Glysantin Protect Plus oder VW Kühlerschutzmittel G 11 mit silikatfreien Produkten, z. B. Glysantin Alu Protect oder VW Kühlerschutzmittel G 12.

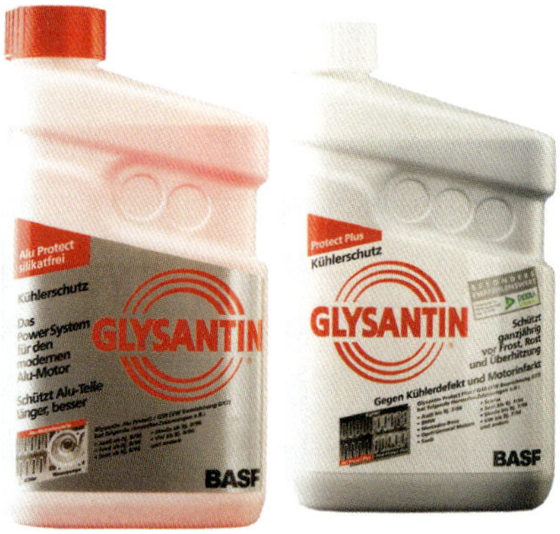

Richtlinien

Umweltschutz

Kühlflüssigkeit gehört nach dem Kreislaufwirtschafts- und Abfallgesetz zu den besonders überwachungsbedürftigen Abfällen. Es ist eine wassergefährdende Flüssigkeit nach dem Wasserhaushaltsgesetz und gehört in die Gruppe der schwach wassergefährdenden Stoffen. Es darf daher nicht in die Kanalisation entsorgt, sondern muss gesammelt werden.

Kühlerschutzmittel müssen nach der Gefahrstoff-Verordnung gekennzeichnet sein.

Arbeitssicherheit

Folgende Vorsichtsmaßnahmen sind zu beachten:

- Hautkontakt ist zu vermeiden,
- persönliche Schutzausrüstung tragen,
- für Hautreinigung und Pflege sorgen,
- getränkte Kleidungsstücke umgehend ablegen.

Erste Hilfe

- nach Hautkontakt: Benetzte Haut mit Wasser und Seife abwaschen und gut nachspülen,
- nach Augenkontakt: Augen bei geöffnetem Lidspalt mehrere Minuten unter fließendem Wasser spülen,
- nach Verschlucken: Sofort Mund ausspülen und reichlich Wasser nachtrinken. Sofort Arzt hinzuziehen.

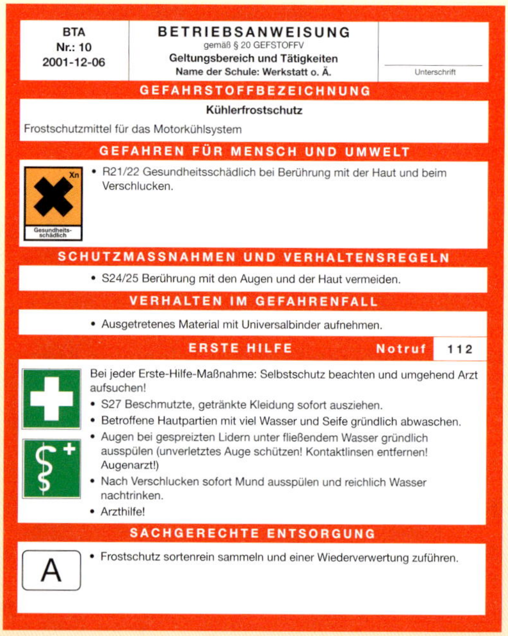

BTA
Nr.: 10
2001-12-06

BETRIEBSANWEISUNG
gemäß § 20 GEFSTOFFV
Geltungsbereich und Tätigkeiten
Name der Schule: Werkstatt o. Ä.

Unterschrift

GEFAHRSTOFFBEZEICHNUNG

Kühlerfrostschutz

Frostschutzmittel für das Motorkühlsystem

GEFAHREN FÜR MENSCH UND UMWELT

Xn
Gesundheitsschädlich

- R21/22 Gesundheitsschädlich bei Berührung mit der Haut und beim Verschlucken.

SCHUTZMASSNAHMEN UND VERHALTENSREGELN

- S24/25 Berührung mit den Augen und der Haut vermeiden.

VERHALTEN IM GEFAHRENFALL

- Ausgetretenes Material mit Universalbinder aufnehmen.

ERSTE HILFE — Notruf 112

Bei jeder Erste-Hilfe-Maßnahme: Selbstschutz beachten und umgehend Arzt aufsuchen!

- S27 Beschmutzte, getränkte Kleidung sofort ausziehen.
- Betroffene Hautpartien mit viel Wasser und Seife gründlich abwaschen.
- Augen bei gespreizten Lidern unter fließendem Wasser gründlich ausspülen (unverletztes Auge schützen! Kontaktlinsen entfernen! Augenarzt!)
- Nach Verschlucken sofort Mund ausspülen und reichlich Wasser nachtrinken.
- Arzthilfe!

SACHGERECHTE ENTSORGUNG

A

- Frostschutz sortenrein sammeln und einer Wiederverwertung zuführen.

Entsorgung

Gebrauchte Kühlmittel dürfen nicht mehr verwendet werden, da die vor Korrosion schützenden Zusätze zerstört sind. Sie müssen entsorgt werden. Kühlmittel werden sortenrein in entsprechend gekennzeichneten Behältern gesammelt. Die Behälter werden in Sammelstationen abgestellt, die mit einer Auffangwanne ausgestattet sind. Die Sammelstationen sind anfahrgeschützt und abschließbar, so dass unbefugte Personen keinen Zugriff haben. Die gesammelten Kühlmittel werden über eine Entsorgungsfirma dem Recyclingunternehmen zugeführt und dort aufbereitet.

Die BASF (Badische Anilin- und Soda-Fabrik) ist ein Kühlerschutzmittelhersteller, der einen geschlossenen Recyclingkreislauf anbietet. Damit werden Resourcen und die Umwelt geschont. Das Sammeln und Aufbereiten von gebrauchten Kühlerschutzmitteln lohnt sich nach Angabe der BASF: Bei 5 Litern ergibt sich insgesamt eine Energieeinsparung mit einem vergleichbaren Heizwert von ca. 3,5 Litern Heizöl. Diese Energie bringt einen Diesel-Pkw 75 km weit.

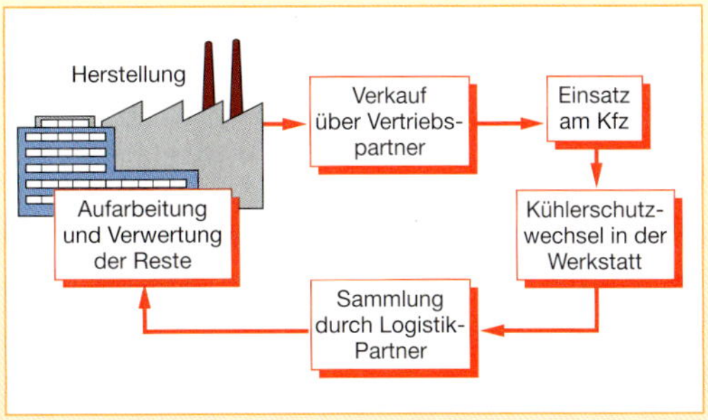

12.5 Prüfen und Messen

Drucktester

Mithilfe des Drucktesters wird im Kühlsystem ein Druck von 1 bar erzeugt. Dieser Druck wird 10 s lang beibehalten. Fällt der Druck innerhalb dieser Zeit ab, ist das System undicht.

CO-Testgerät

Mit dem CO-Testgerät wird Luft aus dem Kühlsystem angesaugt. Färbt sich die blaue Flüssigkeit im Testgerät gelb, so ist der Zylinderkopf bzw. die Zylinderkopfdichtung undicht.

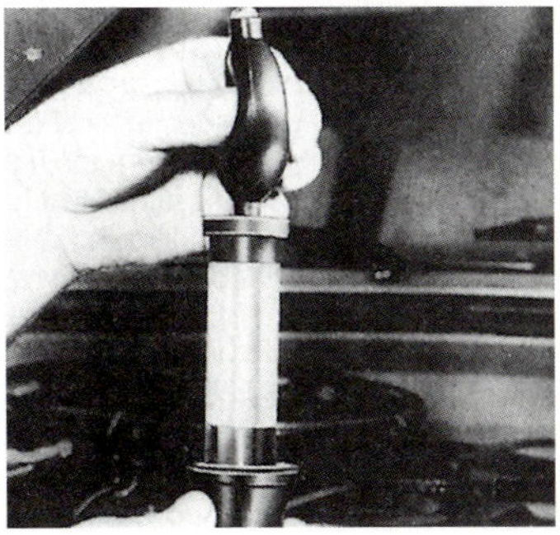

Frostschutzspindel

Kühlwasser wird mithilfe des Saugballs aus der Kühlanlage abgesaugt, sodass der Schwimmkörper frei schwimmen kann. Auf der Temperaturskala wird die Kühlmitteltemperatur, auf der Schwimmerskala der Volumenanteil des Frostschutzmittels in Prozent abgelesen. Die Gefriersicherheit wird mithilfe einer Tabelle ermittelt.

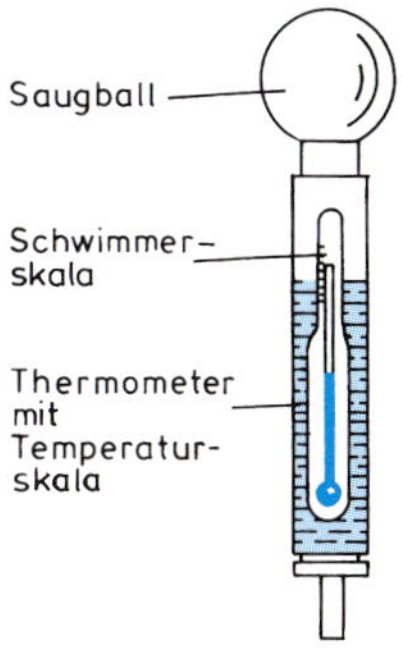

12.6 Bestimmen der Anteile Kühlerschutzmittel/Wasser

Auswerten von Diagrammen

Bei einem Gefrierschutz bis $t = -15$ °C gilt:

- Wasservolumen 75 % ≙ 3 Anteile
- Volumenkühlerschutzmittel 25 % ≙ 1 Anteil

Das Diagramm zeigt die Abhängigkeit des Gefrierpunktes vom Kühlerschutzmittelanteil: Bis zu einem Volumenanteil von 60 % Kühlerschutzmittelanteil und 40 % Wasser nimmt der Frostschutz bis – 56 °C zu. Bei größeren Volumenanteilen Kühlerschutzmittel nimmt der Frostschutz ab.

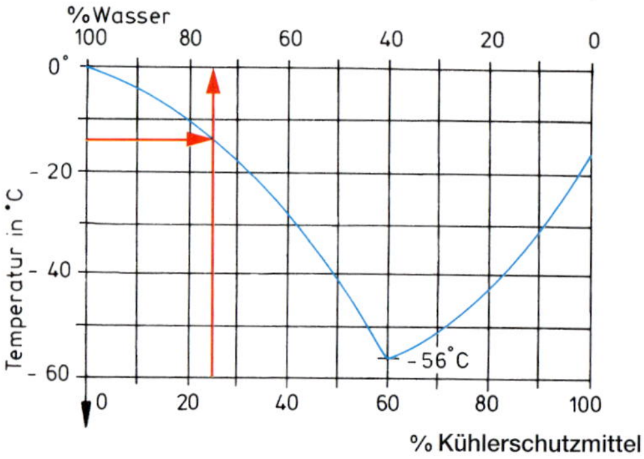

Berechnen der Kennwerte

Das Kühlerschutzmittelvolumen V_G ist abhängig

- vom Volumen des Kühlsystems V_K,
- vom Anteil des Kühlerschutzmittels A_G,
- von der Summe der Anteile von Kühlwasser und Kühlerschutzmittel $A_G + A_W$.

$$V_G = \frac{V_K \cdot A_G}{A_G + A_W}$$

Das Mischungsverhältnis in % errechnet sich wie folgt:

$$\frac{\text{Wassermenge } V_W \cdot 100}{\text{Wassermenge } V_W + \text{Kühlerschutzmittelmenge } V_G}$$

Beispiel:

Das Flüssigkeitsvolumen eines Kühlers beträgt $V = 9$ Liter. Die Kühlflüssigkeit soll bis zu einer Temperatur von – 15 °C Gefrierschutz haben.

$$V_G = \frac{9\,\text{l} \cdot 1}{3 + 1}$$

$$V_G = 2{,}25\,\text{l}$$

$$V_W = 9\,\text{l} - 2{,}25\,\text{l}$$

$$V_W = \underline{\underline{6{,}75\,\text{l}}}$$

$$\text{Mischungsverhältnis in \%} = \frac{V_W \cdot 100}{V_W + V_G}$$

$$\text{Mischungsverhältnis in \%} = \frac{6{,}75 \cdot 100}{6{,}75 + 2{,}25} = 75\ \%$$

Mischungsverhältnis 75 % zu 25 % ≙ 3 : 1

13 Motorschmierung

13.1 Druckumlaufschmierung

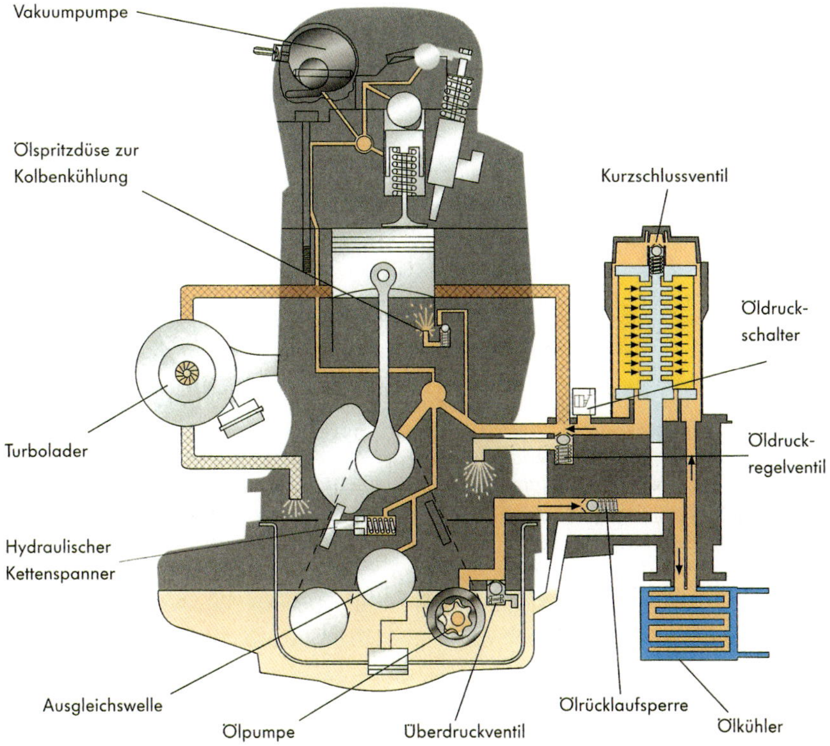

Bei der Druckumlaufschmierung saugt die Ölpumpe das in der Ölwanne befindliche Öl über eine Saugglocke an und drückt es über einen Ölkanal und den Ölkühler in den Ölfilter. Das Überdruckventil in der Ölpumpe ist ein Sicherheitsventil. Es verhindert, dass Bauteile des Motors durch zu hohen Ölkdruck beschädigt werden. Die Regulierung des Öldrucks erfolgt durch ein Öldruckregelventil innerhalb des Ölfiltergehäuses. Dieses Ventil öffnet den Zufluss zur Ölwanne, sobald der Öldruck den maximal zulässigen Druck erreicht hat.

Ein Kurzschlussventil im Verschlussdeckel sorgt für eine zuverlässige Ölversorgung auch bei verstopftem Filter.

Rücklaufsperren verhindern das Leerlaufen des Ölfilters bei Motorstillstand. Der Öldruckschalter signalisiert dem Fahrer über die Öldruckanzeige, ob der Öldruck aufgebaut ist (Leuchte geht aus) oder der Mindestöldruck unterschritten wird (Leuchte geht an).

Vom Ölfilter gelangt das gefilterte Öl in den Hauptölkanal und von dort über Kanäle bzw. Bohrungen zu den Funktionselementen. Die einzelnen bewegten Teile werden entweder mit Druck- oder Spritzöl geschmiert:

Drucköl: Hauptlager der Kurbelwelle, Pleuellager, hydraulische Tassenstößel, Nockenwellenlager, Kettenspanner, Turbolader

Spritzöl: Kolbenboden, durch eine Bohrung im Pleuelkopf zum Kolbenbolzen
Zylinderlaufbahnen

13.2 Funktionsgruppen und Funktionselemente

13.2.1 Ölpumpen

Zahnradpumpe	Sichelpumpe	Innenzahnradpumpe
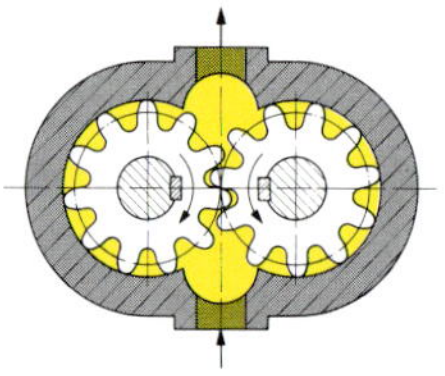	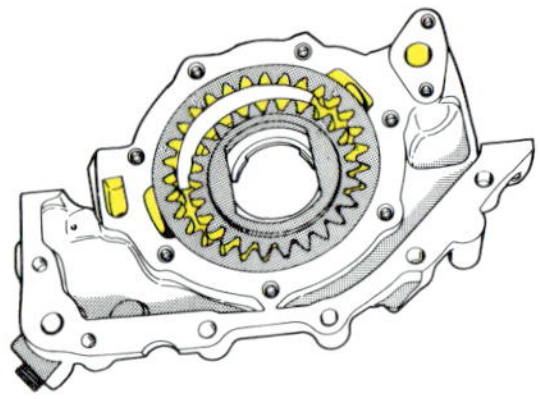	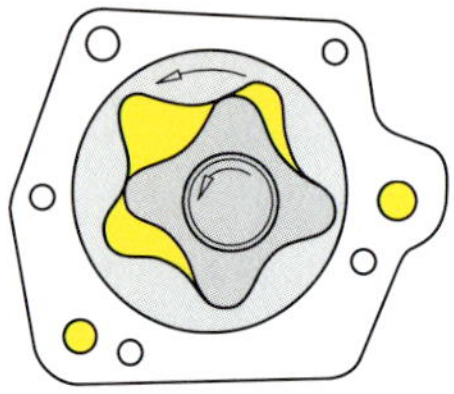
Die zwei miteinander im Eingriff stehenden Zahnräder laufen mit hohen Drehzahlen um. Die Zahnräder bilden außen mit der Gehäusewand Kammern, in denen das Öl vom Saug- zum Druckraum gefördert wird. Im Druckraum wird das Öl durch die einlaufenden Zähne des Gegenrades aus den Zahnlücken verdrängt. Durch den Zahneingriff wird ein Rücklauf des Öles vom Druck- zum Saugraum verhindert. Die Pumpe ist selbstansaugend. Um ihre Wirkung zu erhöhen, wird sie an der tiefstmöglichen Stelle angebracht.	Die Sichelpumpe besitzt ein Innenzahnrad und ein exzentrisch angeordnetes Außenzahnrad. Ein sichelförmiger Körper trennt den Saugraum vom Druckraum. Die Kurbelwelle treibt das Innenzahnrad an. Das Öl wird in den Zahnlücken entlang der Ober- und Unterseite der Sichel gefördert. Der Eingriff von Innen- und Außenzahnrad verhindert den Öldurchfluss vom Druck- zum Saugraum. ⊕ gute Förderleistung bei niedriger Motordrehzahl ⊕ geräuscharm	Die Innenzahnradpumpe besitzt einen Außen- und Innenrotor. Der angetriebene Innenrotor ist exzentrisch im Gehäuse gelagert und besitzt einen Zahn weniger als der Außenrotor. Drehen sich Innen- und Außenrotor, so vergrößern sich die Pumpenräume auf der Saugseite und die Pumpe saugt an. Verkleinern sich die Pumpenräume auf der Druckseite, wird das Öl zu den Schmierstellen gefördert. ⊕ sehr geräuscharm ⊕ hohe Drücke

13.2.2 Ölfilter

Wechselfilter

Bei den Wechselfiltern bilden das Gehäuse und das Filterelement eine Einheit. Sie werden bei der Wartung als Ganzes ausgetauscht. Der Filter besitzt einen sternförmig gefalteten Filtereinsatz aus Papier. Zwei Ventile sind integriert:

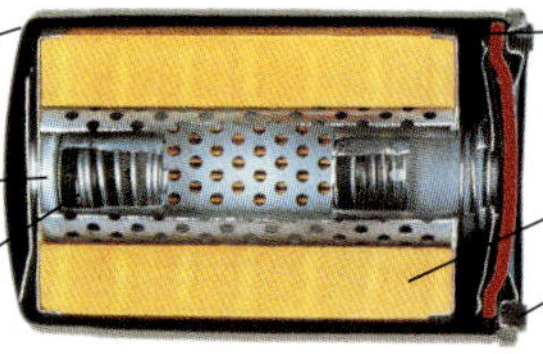

- Umgehungsventil (Kurzschlussventil): Es öffnet bei verstopftem Filter, bei Kaltstart, niedrigen Außentemperaturen den Weg direkt zu den Schmierstellen.
- Rücklaufsperrventil: Es verhindert bei Motorstillstand das Leerlaufen des Ölfilters.

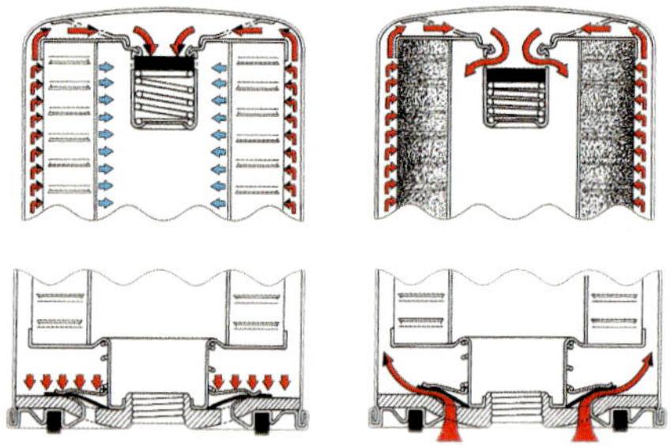

Filterlemente

Ölfilterelemente befinden sich entweder in einem eigenen Gehäuse oder sind direkt in den Ölkreislauf im Motor integriert. Bei der Wartung wird ausschließlich das Filterelement ausgetauscht. Gehäuse und Ventile verbleiben im Motorblock.

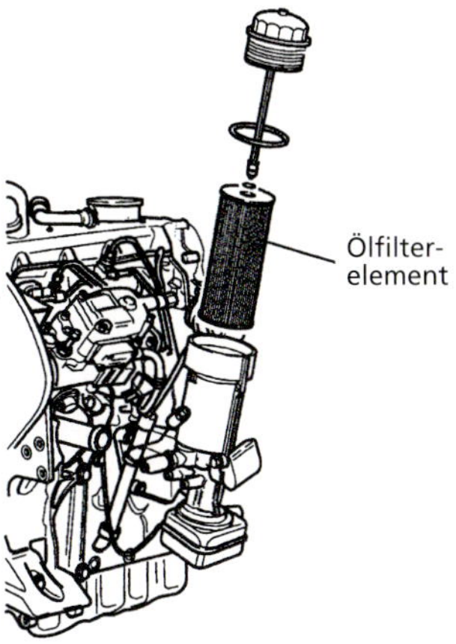

13.2.3 Ölfilterschaltung

Ölfilter reinigen den Ölstrom von mechanischen Verunreinigungen (Metallabrieb, Staub, Ruß) und Verbrennungsrückständen. Weiterhin verbessern sie die Kühlung des Öles. Nach dem Einbau des Filters in den Ölkreislauf unterscheiden wir:

Hauptstromfilterung

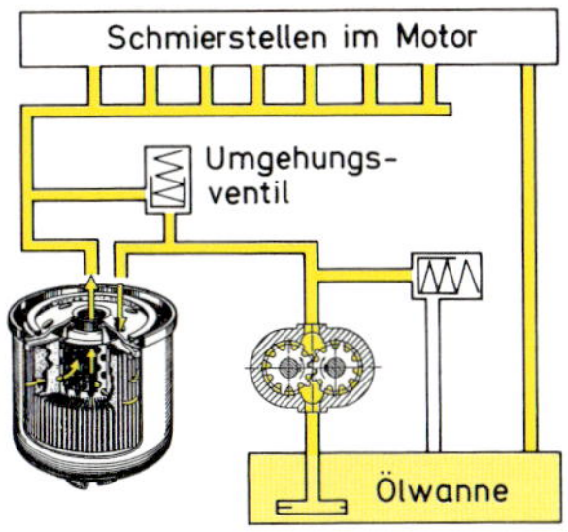

Das gesamte von der Ölpumpe geförderte Öl wird durch den Filter gepresst und gelangt erst dann zu den Schmierstellen. Ein Umgehungsventil im Filter gewährleistet bei verstopftem Filter, dass das Öl zu den Schmierstellen fließen kann.

⊕ Verunreinigungen werden sofort aus dem Öl herausgefiltert

⊖ Die große durchfließende Ölmenge erfordert große Poren beim Filtereinsatz

Einsatz: Heute übliche Schmierölfilterung beim Pkw

Nebenstromfilterung

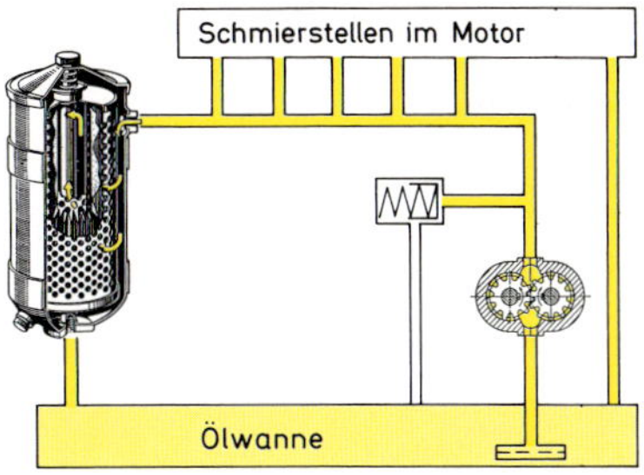

Nur etwa 5 bis 10 % der Gesamtölmenge fließt zum Filter, wird gereinigt und fließt in die Ölwanne zurück. Der überwiegende Teil des Öles gelangt direkt zu den Schmierstellen. Das gesamte Öl wird mehrmals in der Stunde durch den Filter gepumpt. Der Ölfilter liegt im Nebenstrom, d. h. parallel zum Hauptstrom. Damit das gesamte Öl nicht den Weg des geringsten Widerstandes durch den Filter nimmt, ist der Ausgang des Nebenstromfilters mit einer Drosselbohrung versehen. Ein Umgehungsventil kann entfallen.

⊕ Gute Reinigung aufgrund größerer Filterfeinheit

⊖ Verschmutztes Öl gelangt zu den Schmierstellen

Haupt- und Nebenstromfilterung

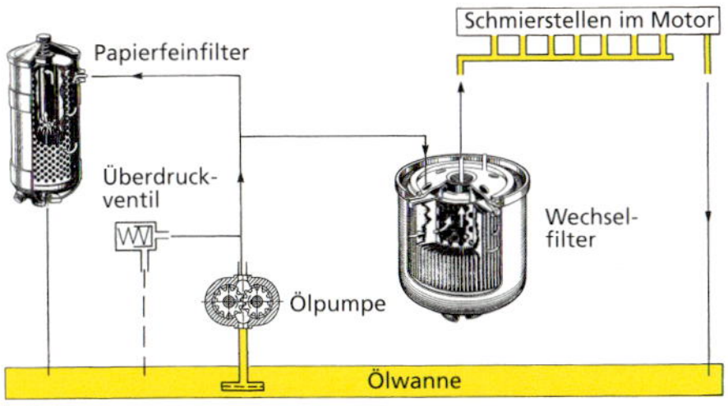

Durch die Kombination von Haupt- und Nebenstromfilter wird das Öl rasch und fein gefiltert.

13.2.4 Öldruckanzeige

Der Öldruck wird dem Fahrer durch eine Kontrollleuchte für Öldruck signalisiert. Sie erhält ihre Informationen von einem Öldruckschalter (F1), der in die Druckleitung des Ölkreislaufes eingebaut ist. Sobald bei laufendem Motor der Öldruck (3 bis 6 bar) erreicht ist, unterbricht der Öldruckschalter den Stromkreis und die Öldruckleuchte erlischt. Der Öldruckschalter signalisiert nur das Unterschreiten eines Mindestöldruckes (Mindestöldruck bei Leerlauf 2 bar).

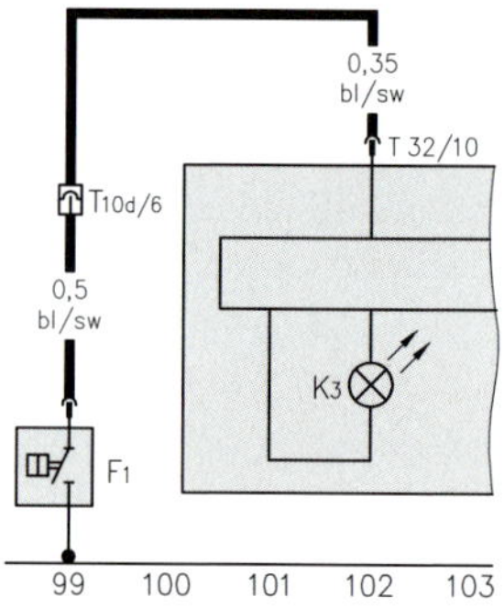

13.3 Wartungsintervall-Verlängerung

In der Wartungsintervall-Verlängerung wird der Ölwechselzeitpunkt fahrzeugindividuell bewertet. Ein Rechner befindet sich im Schalttafeleinsatz. Er berechnet die Restfahrstrecke bis zum nächsten fälligen Inspektionsservice anhand der Eingangsinformationen.

Bei Ottomotoren wird

- in Abhängigkeit vom Kraftstoffverbrauch, der Wegstrecke und der Öltemperatur ein Maß für den Verschleiß des Motors durch thermische Belastung ermittelt.

Bei Dieselmotoren wird durch

- Vergleich der Eingangsgrößen Öltemperatur und Motordrehzahl mit dem Kennfeld „Thermische Ölbelastung" ein Fahrstreckenvergleichswert „Thermische Belastung" in Meter gebildet,
- Vergleich der Eingangsgrößen Motordrehzahl und Motorlast mit dem Kennfeld „Rußbelastung" ein Fahrstreckenvergleichswert „Rußbelastung" in Meter gebildet.

Sind die Bedingungen für das Auslösen der Service-Vorwarnung bzw. des Service erreicht, erfolgt im Display die Anzeige.

Systemübersicht bei Benzinmotoren

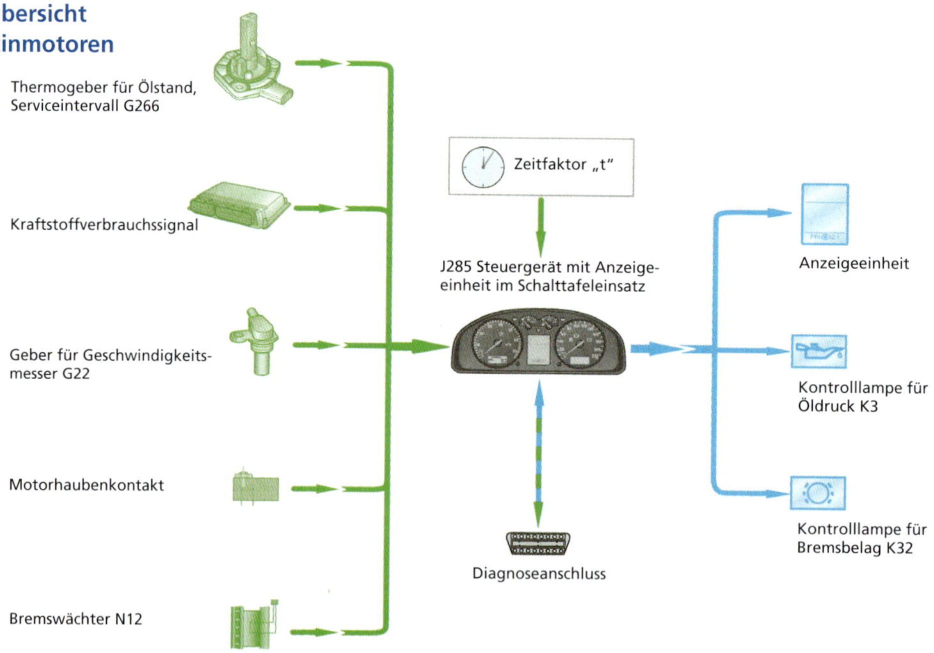

Messung des Ölstandes und der Öltemperatur

Die Informationen zur Berechnung des Ölstandes und der Ölqualität werden von einem Sensor für Ölstand und Öltemperatur ermittelt.

Die Öltemperatur wird von einem Temperatursensor erfasst. Der Sensor für den Ölstand arbeitet auch mit der Temperaturmessung. Er wird von der Elektronik kurzzeitig auf eine Temperatur über der aktuellen Öltemperatur erwärmt. Nach Abschalten der Heizspannung wird der Sensor vom Motoröl wieder auf die Öltemperatur abgekühlt. Aus der Länge der Abkühlzeit wird der Ölstand berechnet. Je mehr Öl sich in der Ölwanne befindet, desto schneller kühlt der Sensor wieder ab.

Es gilt:

- lange Abkühlzeit → Unterbefüllung
- kurze Abkühlzeit → Normal

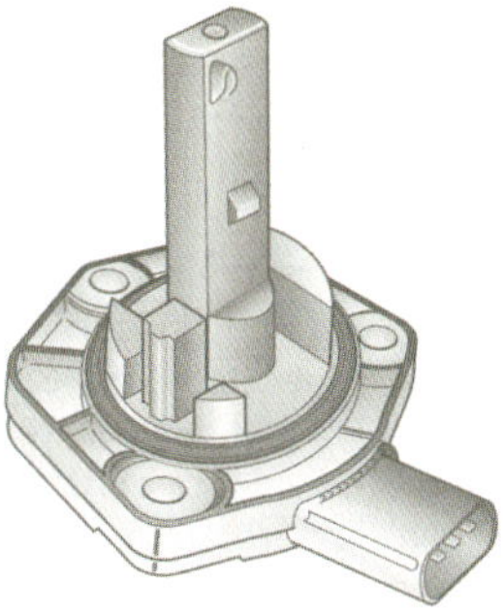

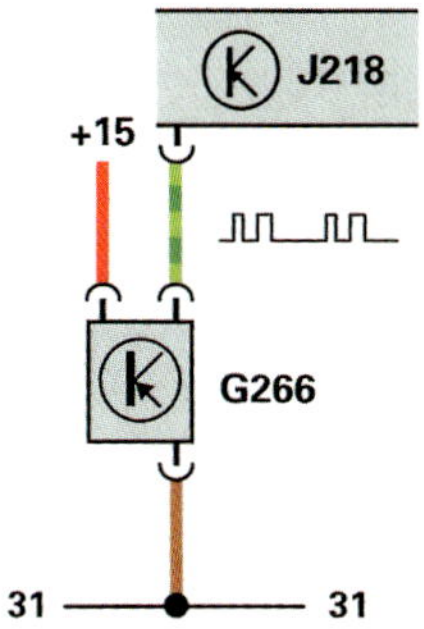

Bestandteil der Wartungsintervall-Verlängerung ist die Verwendung eines Long-Life-Öles, das die längeren Service-Intervalle ohne Schäden an der Motormechanik ermöglicht. Die Long-Life-Öle gewährleisten noch stabileren Motorschutz bei langer Einsatzdauer. Die speziellen Leichtlaufeigenschaften tragen zur Reduzierung des Kraftstoffverbrauches bei.

Das Long-Life-Motoröl ist ein synthetisches Motoröl, das als Ganzjahresöl gefahren werden kann. Es ist hochwertiger als herkömmliches Motoröl.

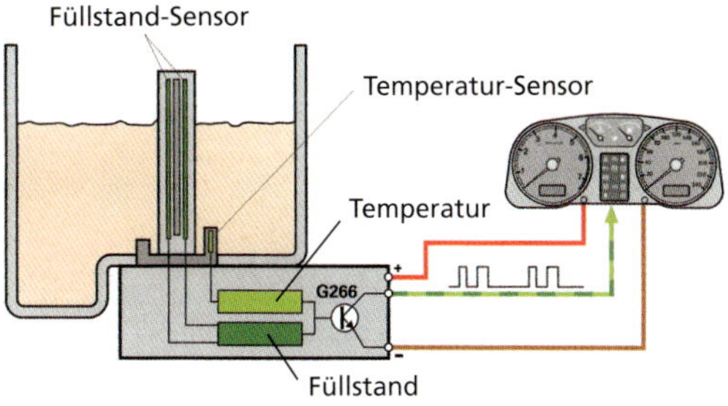

13.4 Motoröl

Aufgabe

Das Motorenöl soll

- die Reibung vermindern, damit möglichst wenig Motorleistung verloren geht,
- den Verschleiß verringern,
- die in Lagern und Gleitflächen entstehende Reibungswärme ableiten,
- den Verbrennungsraum und das Kurbelgehäuse durch den Schmierfilm zwischen Zylinderwand und Kolben fein abdichten,
- Verunreinigungen aus den Gleitflächen abführen und
- die Motorenteile vor Korrosion schützen.

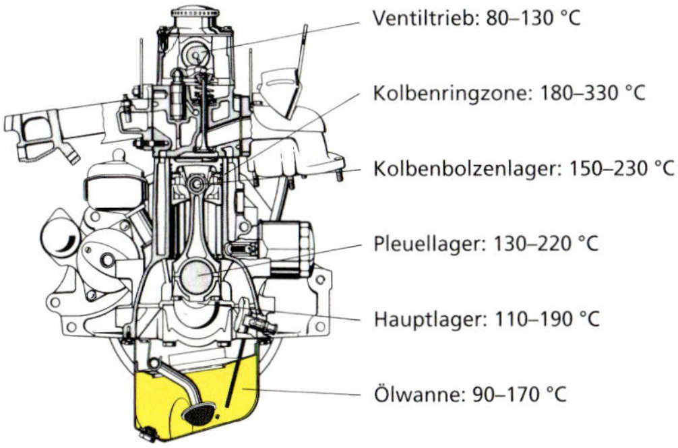

Anforderungen an das Motorenöl

Das Öl muss über einen großen Temperaturbereich einen tragfähigen und zerreißfesten Ölfilm bilden. Um die Schmierung im Motor zu gewährleisten, darf das Öl bei tiefen Temperaturen nicht zu dickflüssig, bei hohen Temperaturen nicht zu dünnflüssig sein.

Das Öl muss einen niedrigen Stockpunkt haben, damit es auch bei niedrigen Temperaturen seine Schmierfähigkeit behält. Das Motorenöl muss alterungsbeständig und schlammsicher sein.

Eigenschaften des Motorenöls

Die Schmierfähigkeit des Öls beruht auf der geringen Reibung der Ölmoleküle untereinander. Die Schmierfähigkeit hängt von der Zähflüssigkeit des Schmieröls ab. Diese Zähflüssigkeit wird als Viskosität bezeichnet. Die Viskosität ändert sich mit der Temperatur. Mit zunehmender Temperatur wird das Öl dünnflüssiger, mit abnehmender Temperatur dickflüssiger. Ab einer bestimmten Temperatur (Stockpunkt) fließt das Öl überhaupt nicht mehr.

Mineralöl/Erdöl

Grundöle: Sie werden durch Erhitzen, Verdampfen und Kondensieren hergestellt. (Destillation).	Hydrocracköle: Ausgangspunkt sind Destillate aus den Rückständen der Grundölherstellung, die in mehreren Verfahrensschritten zu Grundöl verarbeitet werden.	Syntheseöle: Ausgangspunkt ist Rohbenzin, das in mehreren Schritten zu Grundölen aufgearbeitet – synthetisiert – wird.
Verwertung von Altölen (Zweitraffinate)		
Preiswert, normale Altersstabilität, Viskositätsindex 90 bis 100, hoher Verdampfungsverlust, mäßiges Kälteverhalten, (Einbereichsöl)	Teuer, gleichmäßige Zusammensetzung, höhere Altersstabilität, Viskositätsindex 130 bis 150, geringes Verdampfungsverhalten, sehr gutes Kälteverhalten	Teuer, gleichmäßige Zusammensetzung, höhere Altersstabilität, Viskositätsindex 130 bis 150, geringes Verdampfungsverhalten, sehr gutes Kälteverhalten

Molekularer Aufbau: Kohlenstoff (C) + Wasserstoff (H)

Motorenöl-Additive

Den Grundölen werden Wirkstoffe (Additive) zugemischt, um im Motorenöl Eigenschaften zu erzielen, die für die Schmierung erforderlich, im Grundöl aber nicht enthalten sind. Additive verlieren im Laufe der Zeit an Wirkung oder werden vollständig verbraucht. Daher muss von Zeit zu Zeit das Öl gewechselt werden.

Die Zusätze

- verringern die Temperaturabhängigkeit,
- setzen den Stockpunkt herab,
- verbessern die Schmierfilmfestigkeit,
- verhindern die Schaumbildung,
- schützen die Motorenteile vor Ablagerungen, indem sie die Verunreinigungen im Öl in Schwebe halten,
- verzögern die Oxidation (Alterung) des Öles,
- vermindern die Korrosion.

13.4.1 Einteilung der Motorenöle

Viskositätsklassen

Wichtigste Kenngröße des Motoröls ist die Viskosität. Viskosität ist ein Maß für die innere Reibung eines Öles beim Fließen. Ist das Öl kalt, ist die innere Reibung groß (hohe Viskosität). Je wärmer das Öl wird, desto dünnflüssiger wird es, desto geringer ist die innere Reibung (geringe Viskosität).

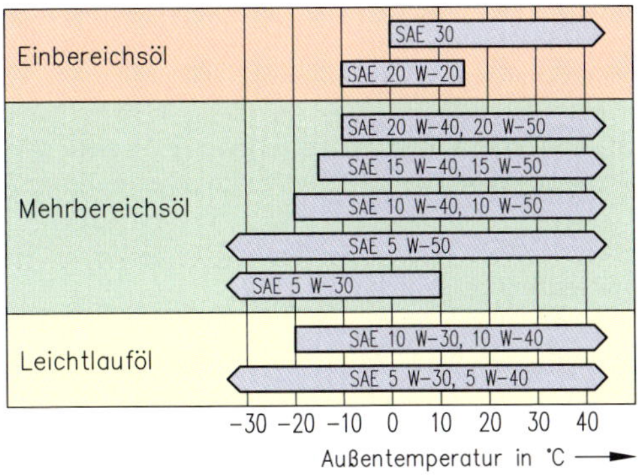

Klassifikation der Motorenöle

Angaben für die Qualität und das Leistungsvermögen der Öle werden durch verschiedene Prüfmethoden (Klassifikationen) ermittelt.

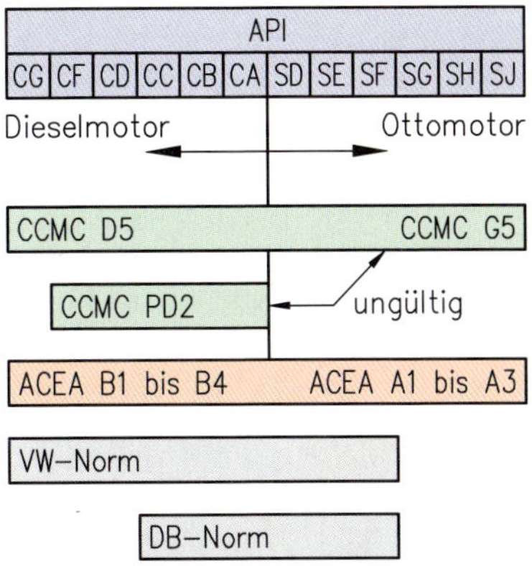

SAE-Viskositätsklassen

Die amerikanische Society of Automotive Engineers (SAE) hat die Motorenöle in Viskositätsklassen eingeteilt, die in die DIN 51511 übernommen und ergänzt wurden. Die SAE-Klassen geben keine Auskunft über die Schmierfähigkeit eines Öles, sondern über den Temperaturbereich, in dem das Öl zum Einsatz kommen kann. Erfüllt das Öl nur die Anforderungen einer SAE-Klasse, so ist es ein Einbereichsöl, z. B. 10 W, 30, 50 bei Motorölen oder SAE 80 W, 90, 140 bei den Getriebeölen.

Mehrbereichöle erfüllen die Viskositätsanforderungen mehrerer SAE-Klassen. Beispiel: 15 W-50 erfüllt die Forderung an SAE 15 W bei –18° und die Forderungen an SAE 50 bei +100°.

Leichtlauföle sollen die Reibung im Motor verringern und damit Kraftstoff sparen. Dies wird auf zwei Arten erreicht:

- Absenkung der Viskosität,
- reibungsmindernde Additive.

Da im Motor überwiegend Flüssigkeitsreibung besteht, hat die Absenkung der Viskosität den größten Einfluss auf einen geringen Kraftstoffverbrauch:

- Ottomotor: Volllast 3–5 %, Teillast 11–18 %
- Dieselmotor: Volllast 7–9 %, Teillast 13–14 %

Bezeichnung für Leichtlauföle:
SAE 5 W – X, SAE 0 W – X
X kann 20, 30, 40, 50, 60 sein.

API-Klassen (USA)

API-Klassen werden vom American Petroleum Institut zusammen mit anderen Organisationen (ASTM, SAE) festgelegt. API teilt die Motorenöle nach ihrem Leistungsvermögen ein:
S-Klassen für Ottomotoren: SH, SJ
C-Klassen für Dieselmotoren: CF-4, CF, CG 4.
Die früheren SE-, SF-, SG-Klassen, die CC-, CD-, CE-Klassen wurden durch die o. a. Klassen mit verschärften Anforderungen ersetzt.

CCMC/ACEA-Klassen (EU)

Die europäischen Motorenhersteller haben vom Comité des Constructeurs d'Automobiles du Marché Commun (CCMC) Testverfahren zur Prüfung von Motoren entwickeln lassen. 1996 wurde die CCMC-Vereinigung in Association des Constructeurs Européens d'Automobiles (ACEA) umbenannt. Zur Prüfung werden Fahrzeugmotoren und Einzylinder-Prüfmotoren nach genau festgelegten Bedingungen gefahren. Nach der Prüfung werden die Motoren zerlegt und alle wichtigen Bauteile (z. B. Kolben, Zylinderlaufbahn, Lager, Ventiltrieb, Ölwanne) bewertet.
ACEA teilt das Motoröl in 3 Klassen entsprechend den ACEA-Testsequenzen ein:
Ottomotoren: A1-96, A2-96, A3-96
Dieselmotoren: B1-96, B2-96, B3-96
Die Zahl gibt die Leistungsstufe innerhalb der Gruppen an, 96 ist das Einführungsjahr der Festlegung.

13.4.2 Ölverschlechterung

Ölverdünnung	Beim Kaltstart eines Ottomotors kondensiert ein Teil des Kraftstoffes an den noch kalten Zylinderwänden. Durch die unverbrannten Benzinbestandteile kommt es zu einer erheblichen Motorölverdünnung. Hierdurch wird die Viskosität und die Schmierfähigkeit des Motoröls herabgesetzt. Erreicht das Motoröl die Betriebstemperatur, so dampft das Benzin zum Teil wieder aus. Höhersiedende Benzinbestandteile bleiben im Motoröl.
Ölverdickung	Ölverdickung tritt bei Dieselmotoren durch Rußaufnahme des Motoröls auf. Ein Teil des bei der Verbrennung entstehenden Rußes gelangt als Durchblasegas (über Spalten zwischen Kolben, Kolbenringen und Zylinderlaufflächen) in die Ölwanne. Ölverdickung führt in der kalten Jahreszeit zu Kaltstartschwierigkeiten.
Ölverschlammung	Durch Schwarzschlamm werden Ölsieb, Ölpumpe und Ölleitungen ganz oder teilweise zugesetzt. Es entsteht eine Mangelschmierung. Schwarzschlamm kann entstehen durch • mangelnde Ölqualität, • mangelhafte Wartung, lange Ölwechselintervalle, • Verbrennung von Kraftstoff und Motoröl im Brennraum. Die Verbrennungsrückstände gelangen mit dem Durchblasegas in die Ölwanne.

Vorschriften der Automobilhersteller

Aufgrund der Ölverschlechterung muss das Motoröl von Zeit zu Zeit gewechselt werden.
Für Pkw werden die Intervalle für den Ölwechsel in der Betriebsanleitung für maximale Kilometerleistung oder maximale Zeit angegeben. Moderne Fahrzeuge besitzen einen Wartungsrechner, der verschiedene Faktoren berücksichtigt. Damit werden flexible Ölwechselintervalle möglich, die zur Zeit bis 30000 km für Ottomotoren, bis 50000 km für direkteinspritzende Dieselmotoren oder maximal zwei Jahre Ölverweilzeit erlauben. Die Motorenhersteller prüfen die Motorenöle speziell auf Eignung in ihren Motoren. Daher dürfen nur zugelassene Motorenöle verwendet werden, die meist einer Testsequenz nach CCMC/ACEA entsprechen müssen.

Richtlinien

Umweltschutz

Motoröl gehört nach dem Kreislaufwirtschafts- und Abfallgesetz zu den besonders überwachungsbedürftigen Abfällen. Es ist eine wassergefährdende Flüssigkeit nach dem Wasserhaushaltsgesetz und gehört in die Gruppe der stark wassergefährdenden Stoffe.

Motoröl darf nicht in oberirdische Gewässer, Kanalisation oder in den Untergrund gelangen. Auslaufende Flüssigkeiten sind mit Erde oder anderem geeigneten Material einzudämmen. Verschüttetes Motoröl muss sofort mit einem Universalbinder aufgenommen werden. Daher sollte nur über flüssigkeitsdichten Flächen gearbeitet werden.

Motoröl ist entzündlich und muss von Zündquellen ferngehalten werden.

Arbeitssicherheit

Verletzungen durch Ausrutschen!
Einwirkungen auf die Haut kann zur Entfettung und Hautreizungen führen, daher Hautkontakt vermeiden und, wenn möglich, Schutzhandschuhe tragen. Hautschutz- und Hautpflegemittel verwenden. Getränkte Kleidung und Schuhe sind sofort zu wechseln.

Erste Hilfe:
Nach Einatmen: Frischluft, im Normalfall sind keine weiteren Maßnahmen erforderlich.
Nach Hautkontakt: Benetzte Haut mit Wasser und Seife abwaschen.
Nach Augenkontakt: Gründlich mit Wasser, mindestens 10 Minuten, ausspülen, danach unverzüglich Augenarzt aufsuchen.
Nach Verschlucken: Kein Erbrechen hervorrufen, sofort Arzt zu Rate ziehen.

Entsorgung

Altöl, Ölfilter und Öldichtungen gehören zu den besonders überwachungsbedürftigen Abfällen und müssen getrennt gesammelt werden. Die Entsorgung von Altöl hat einige Besonderheiten: Altöle bekannter Herkunft werden in betrieblichen Altölsammelanlagen zwischengelagert und unterliegen einer ständigen Kontrolle. Das Altöl muss sortenrein sein, d. h. es dürfen keine Fremdstoffe beigefügt sein, z. B. Bremsflüssigkeit, Kühlflüssigkeit usw.

Altöle unbekannter Herkunft, das sind Altöle, die im Rahmen des Frischölverkaufs vom Kunden angenommen werden müssen, sind aufgrund möglicher Vermischungen mit anderen Substanzen gesondert zwischenzulagern.

Der Altölabgeber hat dem Abholer eine Erklärung zu übergeben, dass das Altöl keine Fremdstoffe enthält.

Altölabholer müssen bei der Übernahme eine Probe entnehmen. Eine Teilmenge wird jeweils vom Betrieb und vom Altölabnehmer solange aufbewahrt, bis eine Untersuchung durch den Altölverwerter feststellt, dass das Altöl ordnungsgemäß entsorgt werden kann. Die Altöle werden vom Altölverwerter wieder aufgearbeitet.

BTA Nr.: 2 2001-12-06	**BETRIEBSANWEISUNG** gemäß § 20 GEFSTOFFV **Geltungsbereich und Tätigkeiten** **Name der Schule: Werkstatt o. Ä.**	Unterschrift

GEFAHRSTOFFBEZEICHNUNG

Schmieröle und Fette

Motoröle, Getriebeöle, sonstige Schmiermittel und Schmierfette

GEFAHREN FÜR MENSCH UND UMWELT

- R10 Entzündlich
- R21/22 Gesundheitsschädlich bei Berührung mit der Haut und beim Verschlucken.

SCHUTZMASSNAHMEN UND VERHALTENSREGELN

- S16 Von Zündquellen fernhalten – Nicht rauchen.
- S24/25 Berührung mit den Augen und der Haut vermeiden.

VERHALTEN IM GEFAHRENFALL

- Ausgetretenes Material mit Universalbinder aufnehmen.

ERSTE HILFE — **Notruf** 112

Bei jeder Erste-Hilfe-Maßnahme: Selbstschutz beachten und umgehend Arzt aufsuchen!

- S27 Beschmutzte, getränkte Kleidung sofort ausziehen.
- S28 Bei Berührung mit der Haut sofort abwaschen mit viel Wasser und Seife.
- Augen bei gespreizten Lidern unter fließendem Wasser gründlich ausspülen (unverletztes Auge schützen! Kontaktlinsen entfernen! Augenarzt!)
- Nach Verschlucken sofort Mund ausspülen und reichlich Wasser nachtrinken.

SACHGERECHTE ENTSORGUNG

A

- Altöl bekannter Herkunft getrennt sammeln und einer Wiederverwertung zuführen.
- Ölverschmutzte Fraktionen oder Putzlappen nicht in den Hausmüll geben.

13.5 Prüfen, Messen und Fehlerdiagnose

Störungdiagnose Motorschmierung

Störung	Ursache	Abhilfe/Maßnahmen
Ölkontrollleuchte leuchtet nicht nach Einschalten der Zündung	Kontrollleuchte defekt Öldruckschalter defekt Kabelverbindung unterbrochen, Steckverbindungen korrodiert	Leuchte ersetzen Schalter ersetzen Elektrische Leitungen überprüfen
Kontrollleuchte erlischt nicht nach Anspringen des warmen Motors	Öl sehr warm	Unbedenklich, wenn Kontrollleuchte beim Gasgeben erlischt
Ölkontrollleuchte geht erst bei höheren Drehzahlen aus	Umgehungsventil (Bypassventil) im Ölhauptstrom klemmt	Öldruck prüfen, Ventil evtl. auswechseln
Ölkontrollleuchte erlischt nicht beim Gasgeben und leuchtet während der Fahrt	Zu wenig Öl im Motor Ölansaugsieb in der Ölwanne zugesetzt	Öl nachfüllen Ölwanne ausbauen, Ansaugsieb reinigen
	Öldruck zu gering Elektrische Leitung zum Öldruckschalter hat Masseschluss Öldruckschalter defekt	Ölstand und Öldruck prüfen Leitung überprüfen Schalter auswechseln
Ölverbrauch zu hoch	Zylinder, Kolben, Kolbenringe verschlissen Ventilführungen, Ventilführungsdichtringe Kurbelwellen-, Nockenwellendichtringe undicht	Ölleckagen aufspüren, Instandsetzung durchführen
Öldruck im unteren Drehzahlbereich zu niedrig	Überdruckventil klemmt im offenen Zustand durch Verschmutzung	Ventil ausbauen und prüfen, evtl. ersetzen
Öldruck bei Drehzahlen über 2000 1/min zu hoch	Überdruckventil öffnet nicht wegen Verschmutzung	Ventil ausbauen und prüfen, evtl. ersetzen

14 Energieversorgungs- und Startsysteme

14.1 Das 14-Volt-Bordnetz

Das heute noch übliche 14-Volt-Bordnetz besteht aus

- dem Energiespeicher: eine 12-Volt-Batterie,
- dem Energieumwandler: ein Drehstromgenerator,
- den Energieverbrauchern: Starter, Beleuchtung, Steuerungs- und Regelungssysteme usw.

Solange der Verbrennungsmotor mit genügend hoher Drehzahl läuft, steht die vom Drehstromgenerator gelieferte Energie den Verbrauchern und zum Laden der Batterie zur Verfügung. Bei still stehendem Motor oder beim Starten muss die Batterie die Stromversorgung übernehmen.

Während 1960 der mittlere Leistungsbedarf bei ca. 300 Watt lag, kommt ein Kleinwagen heute auf über 1 000 Watt, ohne Startanlage. Der Energiebedarf nimmt durch die Zahl der installierten Verbraucher ständig zu.

Die elektrischen Verbraucher sind unterschiedlich lang eingeschaltet. Man unterscheidet daher zwischen

- Dauerverbrauchern: z. B. Zündung, Kraftstoffeinspritzung,
- Langzeitverbrauchern: z. B. Beleuchtung, heizbare Heckscheibe,
- Kurzzeitverbrauchern: z. B. Blinklicht, Bremslicht.

Die Sicherheit von Mensch und Fahrzeug hängt in hohem Maß von der elektrischen Energieversorgung ab.

Die Fahrzeuge sind heute „Computer auf Rädern". Türverriegelung, Klimaanlage, ABS, Alarmsysteme, Sitzheizung, Beleuchtung, Motor und Abgassystem werden mittlerweile ausschließlich elektrisch versorgt und elektronisch gesteuert.

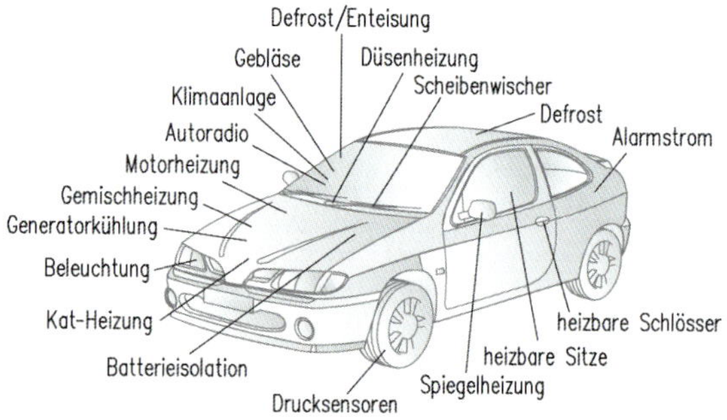

Selbst bei geparktem Auto müssen elektronische Steuer- und Speicherchips mit Strom versorgt werden, den sie aus der Batterie beziehen. Die Batterie liefert ebenfalls die Energie für die sogenannten Komfortverbraucher, wie Stereoanlage und Telefon, die der Fahrzeughalter auch im Stand nutzt. Die Energieversorgungsanlage muss in der Lage sein, den Verbrauchern im Fahrzeug im Stand, bei Leerlauf oder während der Fahrt ausreichend und zuverlässig elektrische Energie zur Verfügung zu stellen. Den Basisanteil zur sicheren Versorgung trägt die Batterie. Wichtig ist eine wirkungsvolle und schnelle Ladung der Batterie durch den Generator in einem abgestimmten Bordnetzsystem.

Die Annehmlichkeiten, die durch die elektrischen Verbraucher erzeugt werden, führen zu einem erhöhten Spritverbrauch, denn der Motor muss den Generator antreiben. Die Kosten betragen nach Angaben der Batterie-Firma Varta:

Fünf Minuten Scheiben wischen kosten einen Cent, 0,2 l Benzin halten eine Stunde lang die Heckscheibe frei, Musikgenuss ist mit 1 Cent/h anzusetzen. Eine eingeschaltete Klimaanlage verbraucht auf 100 km 1,5 l Benzin – im Stadtverkehr sogar 1,8 l. Bei einer Jahresleistung von 15 000 km verbraucht ein Mittelklassewagen mit allem Komfort nach Schätzungen der Fachleute für rund 50 € Strom.

14.2 Leistungsbedarf der Stromverbraucher im Kraftfahrzeug

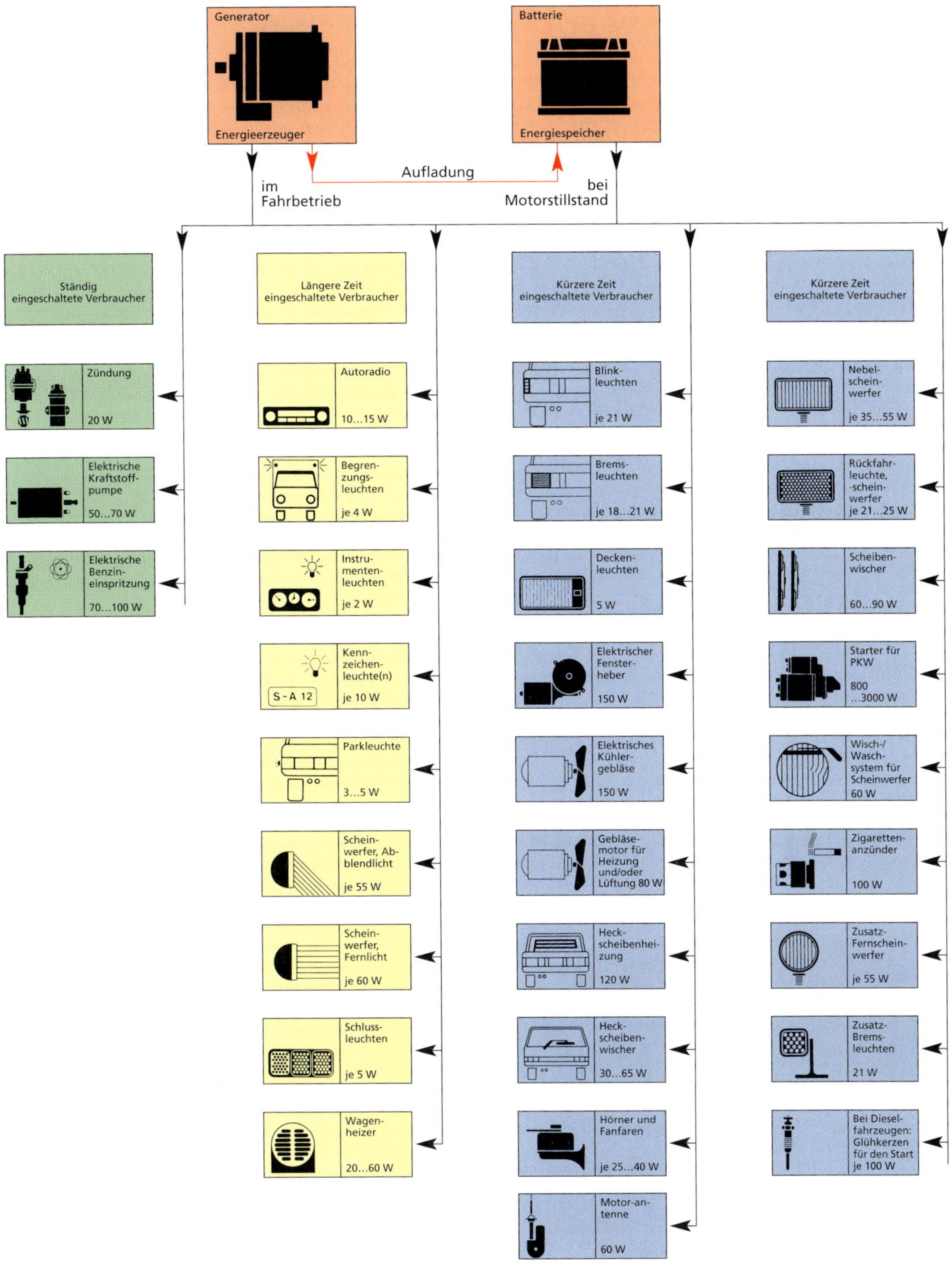

14.3 Starterbatterie

14.3.1 Elektrochemische Grundlagen

Werden zwei Metalle in eine leitende Flüssigkeit (Elektrolyt) getaucht, entsteht eine elektrische Spannung. Die Spannung ist umso größer, je weiter die Metalle in der Spannungsreihe voneinander entfernt sind. Werden z. B. Kupfer und Zink in ein Elektrolyt getaucht, wird eine Spannung von 1,1 Volt gemessen. Dabei wird das unedlere Metall zersetzt – in unserem Beispiel das Zink. Die Fahrzeugbatterie arbeitet nach dem gleichen Prinzip.

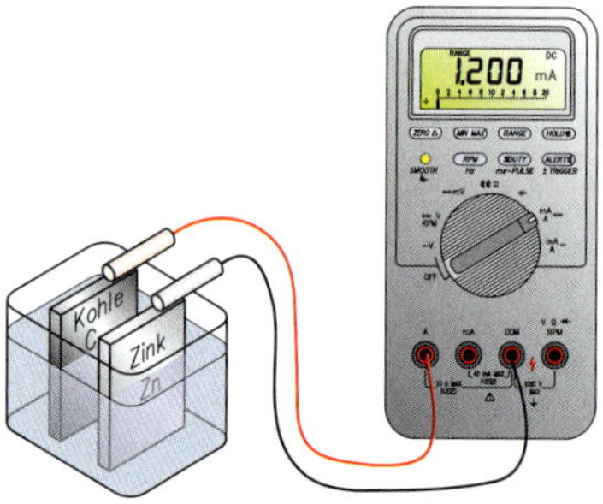

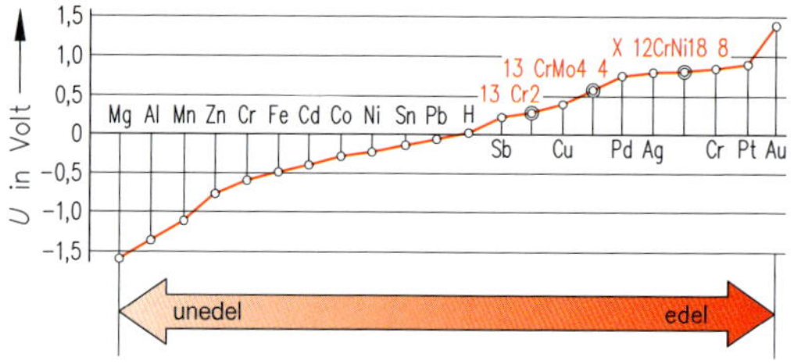

14.3.2 Aufbau der Starterbatterie

Eine 12-V-Starterbatterie besteht aus einem Blockkasten (Gehäuse), der durch Trennwände in Zellen unterteilt ist. Jede Zelle enthält einen Plattenblock mit 5 negativen und 4 positiven Platten. Die Platten bestehen aus einem Bleigitter, in das die aktive Masse eingestrichen ist.

- Plusplatten: Sie enthalten als aktive Masse Bleidioxid (PbO_2).
- Minusplatten: Sie enthalten als aktive Masse reines Blei (Pb) in Form von Bleischwamm.

Jeweils eine Plus- und eine Minusplatte sind durch eine Polbrücke verbunden. Die Anzahl und die Oberfläche der Platten bestimmen die Kapazität der Zelle.

Zwischen den Plus- und Minusplatten sind Scheidewände, die sogenannten Separatoren, angeordnet, damit sich die Platten nicht berühren und Kurzschlüsse entstehen. Die Separatoren trennen die Platten elektrisch voneinander, sind aber für die Ionenwanderung (siehe Kapitel Funktion) durchlässig.

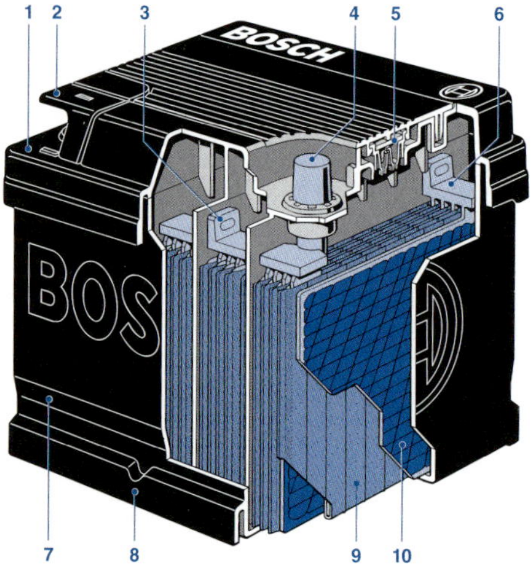

1 Blockdeckel
2 Polabdeckkappe
3 Direktzellenverbinder
4 Endpol
5 Verschlussstopfen
6 Plattenverbinder
7 Blockkasten
8 Bodenleiste
9 Plusplatten in Folienseparatoren
10 Minusplatten

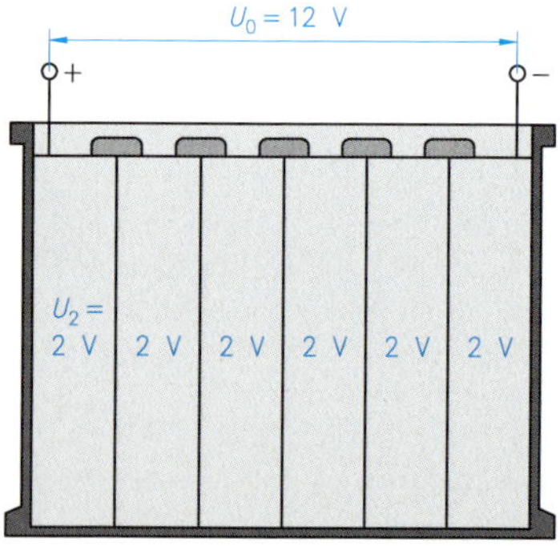

Die Zellen sind mit den Plattenblöcken durch einen gemeinsamen Blockdeckel verschlossen. Bei Standardbatterien befindet sich im Blockdeckel für jede Zelle eine Öffnung zum Einfüllen der Batteriesäure bzw. des destillierten Wassers zur Wartung. Die Öffnung ist durch einen Verschlussstopfen mit Entgasungsöffnung verschlossen. Die Entgasung der Zellen erfolgt über den zentralen Entgasungskanal.

Die Zellen sind mit einem Elektrolyt – einer leitenden Flüssigkeit – gefüllt. Als Elektrolyt wird verdünnte Schwefelsäure (H_2SO_4) verwendet: 37,5 % konzentrierte Schwefelsäure, 62,5 % destilliertes Wasser.

Jede Zelle liefert eine Spannung von 2 Volt. Durch Zellenverbinder zwischen den Polen der einzelnen Zellen werden sie in Reihe geschaltet. Aus 6 Zellen entsteht eine 12-Volt-Batterie.

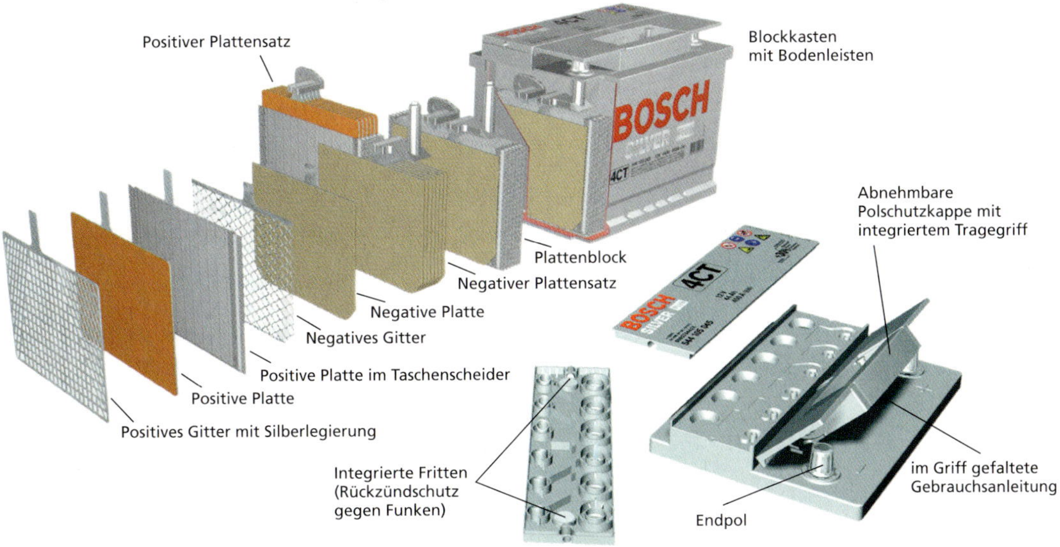

14.3.3 Funktion der Starterbatterie

14.3.3.1 Entladevorgang

Stromentnahme

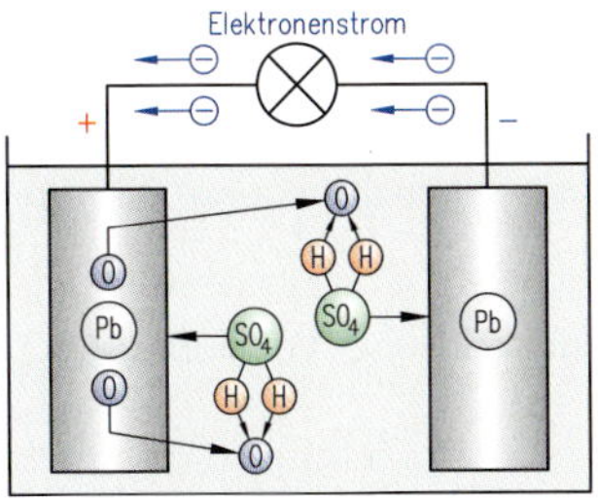

Zelle entladen

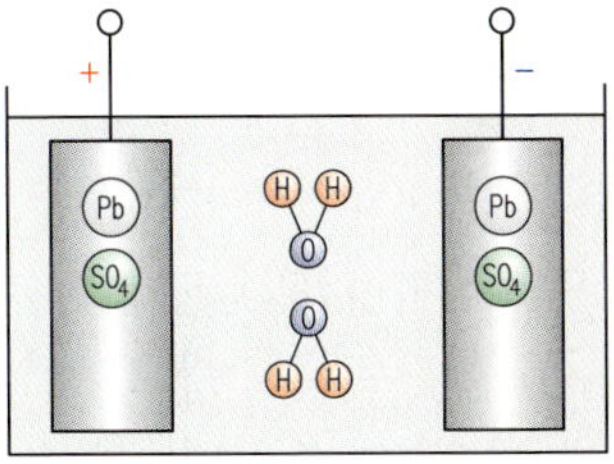

$$PbO_2 + 2\,H_2SO_4 + Pb \longrightarrow 2\,PbSO_4 + 2\,H_2O$$

Bleidioxid + Schwefelsäure + Blei → Bleisulfat + Wasser

Werden die Pole der Zelle über einen Verbraucher miteinander verbunden, so fließt ein Strom vom Minuspol über den Verbraucher zum Pluspol.
Die Schwefelsäure zersetzt sich in Wasserstoff (H_2) und einen Säurerest (SO_4). Die Plusplatten geben Sauerstoff (O_2) ab, der sich mit dem freigewordenen Wasserstoff zu Wasser (H_2O) verbindet. Der Säurerest (SO_4) verbindet sich mit dem Blei der Minus- und Plusplatten zu Bleisulfat ($PbSO_4$).

An beiden Platten ist die aktive Masse in Bleisulfat umgewandelt. Außerdem hat sich Wasser gebildet. Die Schwefelsäure des Elektrolyts wird verdünnt, d. h. es ist nicht mehr soviel Säure im Elektrolyt enthalten. Die Säuredichte ist auf 1,12 kg/l abgesunken. Die Spannung liegt bei 1,75 Volt.

14.3.3.2 Ladevorgang

Zelle laden

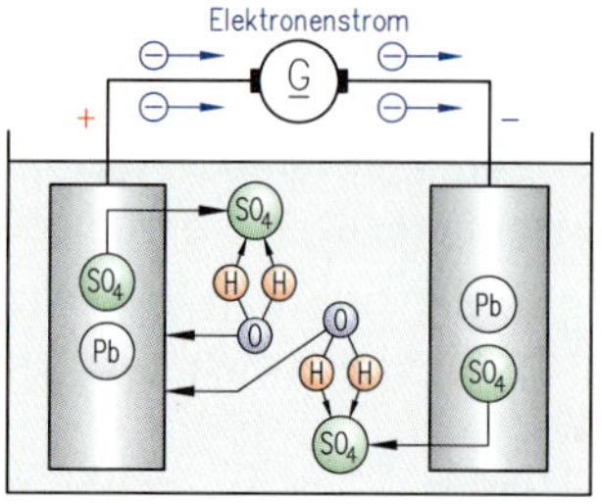

Zelle geladen

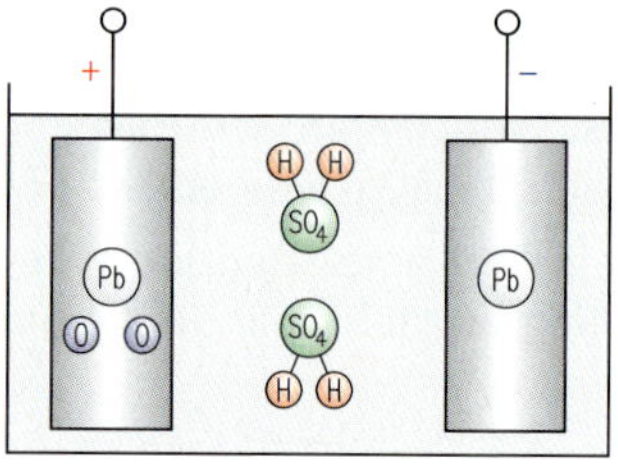

$2\,PbSO_4 + 2\,H_2O \longrightarrow PbO_2 + 2\,H_2SO_4 + Pb$

Bleisulfat + Wasser ⟶ Bleidioxid + Schwefelsäure + Blei

Beim Laden fließt der Strom vom Pluspol zum Minuspol. Das Bleisulfat ($PbSO_4$) beider Platten wird durch die angelegte Ladespannung elektrochemisch in Blei (Pb) und den Säurerest (SO_4) gespalten. Der Säurerest (SO_4) verbindet sich mit dem Wasserstoff (H) des Elektrolyten zu Schwefelsäure (H_2SO_4). An der Minusplatte entsteht metallisches Blei (Pb). Das Blei der Plusplatte verbindet sich mit dem freiwerdenden Sauerstoff (O) zu Bleidioxid (PbO_2).

Die aktive Masse der Plusplatte besteht aus Bleidioxid, die aktive Masse der Minusplatte aus metallischem Blei. Wenn die Zellenspannung 2,4 Volt erreicht hat, fängt die Batterie an zu gasen, d. h. es entsteht das gefährliche Knallgas (Explosionsgefahr). Die entsprechende Spannung wird als Gasungsspannung bezeichnet. Durch weiteres Laden = Überladen steigt die Zellenspannung bis auf 2,75 Volt. Bei einer vollgeladenen Batterie besitzt die Schwefelsäure eine Dichte von 1,28 kg/l.

14.3.4 Kenngrößen

14.3.4.1 Spannungen an der Batterie

Nennspannung	Die Nennspannung einer Zelle liegt bei 2 Volt, die Nennspannung einer Starterbatterie bei 12 Volt.
Leerlauf- und Ruhespannung	Die Ruhespannung wird an der unbelasteten Batterie gemessen. Sie ist in der Regel höher als die Nennspannung und beträgt etwa 12,6 Volt.
Gasungsspannung Ladespannung	Wenn eine Batterie beim Laden eine Spannung von 14,4 … 14,7 V erreicht hat, beginnt sie zu gasen und es besteht die Gefahr der Knallgasbildung. Dies führt zu Wasserverlusten.
Ladeschlussspannung	Die Ladeschlussspannung ist die Spannung am Ende einer Vollladung. Sie beträgt 2,4 Volt, die Dichte ist 1,28 kg/dm^3.
Entladeschlussspannung	Die Entladeschlussspannung gibt die Spannungsgrenze an, bis zu welcher die Batterie entladen werden darf. Ein Unterschreiten dieser Spannungsgrenze führt zur Tiefentladung mit einer Beeinträchtigung der Lebensdauer. Sie beträgt 1,75 Volt, die Dichte 1,12 kg/dm^3.

14.3.4.2 Innenwiderstand

Beim Starten werden die Scheinwerferlampen deutlich schwächer. Das Absinken der Klemmenspannung der Batterie ist immer dann festzustellen, wenn bei stehendem Motor elektrische Verbraucher eingeschaltet werden. Das Absinken ist um so größer, je mehr Strom der Verbraucher der Batterie entnimmt. Die Ursache liegt im Innenwiderstand der Batterie. Der Innenwiderstand einer 12-V-Batterie setzt sich zusammen aus:

- Reihenschaltung der inneren Widerstände der einzelnen Zellen (Übergangswiderstand zwischen Elektroden und dem Elektrolyt, Widerstand der Elektroden für den Elektronenstrom, Widerstand für den Ionenstrom im Elektrolyt),
- Widerständen der inneren Verbindungsteile (Widerstand der Platten und Zellenverbinder).

Auch durch die Betriebsbedingungen wird der Innenwiderstand beeinflusst:

- Je besser der Ladezustand der Batterie, desto geringer ist der Innenwiderstand.
- Je tiefer die Temperatur, desto größer ist der Innenwiderstand.

Der Innenwiderstand ist ein Kennzeichen für das Startverhalten der Batterie.

Der Innenwiderstand bestimmt mit den übrigen Widerständen des Starterstromkreises die Durchdreh-Drehzahl beim Start. Der Innenwiderstand einer voll geladenen 50-Ah-Batterie beträgt 5 … 10 mΩ, bei einem Ladezustand von 50 % und – 25 °C kann er bis 25 mΩ steigen.

Berechnen der Klemmenspannung

Der Ersatzschaltplan besteht aus der idealen Batterie und dem in Reihe geschalteten Innenwiderstand R_i.

Nach dem Ohmschen Gesetz tritt an dem Innenwiderstand ein Spannungsfall U_i auf. Danach gilt

$$U_i = I \cdot R_i$$

An den Klemmen steht nur noch die Spannung zur Verfügung:

$$U_{Kl} = U_0 - U_i$$

Ersatzschaltplan zur Darstellung des Innenwiderstandes

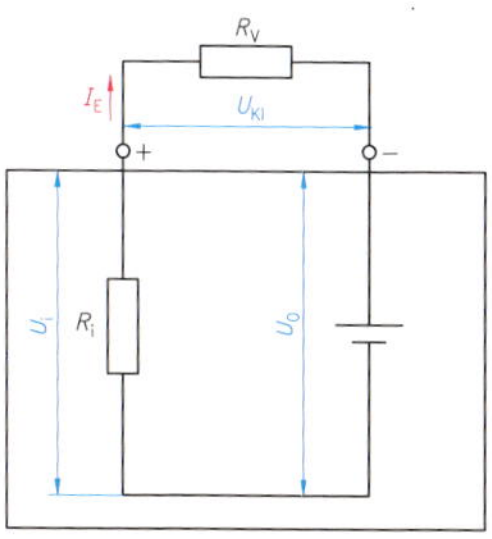

Beispiel:

Die Batterie hat einen Innenwiderstand von z. B. R_i = 10 mΩ, die Ruhespannung beträgt U_0 = 12,6 V. Beim Startvorgang kann je nach Startergröße ein Strom von über I_E = 400 A fließen.

Aufgrund der Belastung steht daher an den Polen der Batterie eine geringere Spannung zur Verfügung.

Der Spannungsfall beträgt $U = R_i \cdot I_E$ = 0,010 Ω · 400 A = 4 V.

Durch den Innenwiderstand sinkt die Klemmenspannung: $U_{Kl} = U_0 - U_i$ = 12,6 V – 4 V = **8,6 V**

14.3.5 Kennzeichnung

Um die Starterbatterien unterschiedlicher Hersteller vergleichen zu können, sind in den Normen Bezeichnungen festgelegt, mit denen die Batterien beschriftet sind. Folgende Informationen sind auf der Batterie dargestellt:

- Kenngrößen nach der Europäischen Norm DIN EN,
- Europäische Typnummer ETN,
- Typteilenummer der Batteriehersteller.

14.3.5.1 Europäische Norm DIN EN 60095-1

Beispiel einer Bezeichnung: **12 V** **44 Ah** **450 A**

Nennspannung: 12 V	Nennkapazität: 44 Ah	Kälteprüfstrom: 450 A
Die Nennspannung der Starterbatterie beträgt nach der Norm 12 Volt.	Die Nennkapazität beträgt 44 Ah. Sie gibt an, wie groß das Speichervermögen einer Batterie ist. Sie ist das Produkt aus Strom und Zeit, wobei ein Strom zugrunde gelegt wird, den eine 12-V-Batterie bei + 27 °C über einen Zeitraum von 20 Stunden abgeben kann, ohne dass die Batteriespannung unter 10,5 Volt absinkt. Die 44-Ah-Batterie kann einen Strom von 44/20 = 2,2 A mindestens 20 Stunden lang abgeben, bis die Klemmenspannung von 10,5 Volt erreicht ist.	Die Startfähigkeit der Batterie bei Kälte ist eine besonders wichtige Größe. Ein Maß für die Startfähigkeit ist der Kälteprüfstrom. Er ist die Stromstärke, die eine voll geladene Batterie bei – 18 °C für die Dauer von 10 Sekunden abgeben muss, ohne dass die Klemmenspannung 7,5 Volt unterschreitet. Das Prüfverfahren wird in der Europa Norm EN beschrieben.

14.3.5.2 Europäische Typnummer ETN

Beispiel einer Bezeichnung: **5** **44** **105** **045**

Nennspannung	Kennziffer für Nennkapazität	Zählnummer	Kälteprüfstrom
Die erste Stelle gibt die Batteriespannung an: 1 ... 4: 6-V-Batterien 5 ... 7: 12-V-Batterien 8: Sonderbatterien 9: Kleintraktionsbatterien	Die zweite und dritte Stelle geben die Kapazität (20-stündig) in Ah an (siehe oben; Nennkapazität).	Die fünfte und sechste Stelle sind Zählnummern.	Die siebte, achte und neunte Stelle geben den Kälteprüfstrom in Zehntel an.
Beispiel: 12-V-Batterie	**Beispiel:** 44 Ah		**Beispiel:** 10 · 045 = 450 A

14.3.6 Batteriearten

14.3.6.1 Nassbatterien

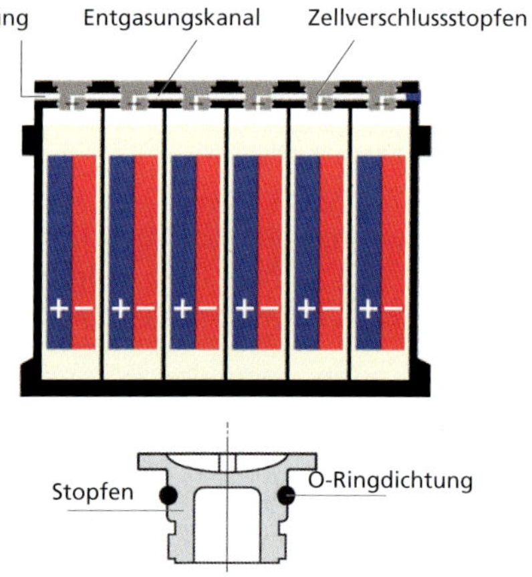

Batterie mit Bleigitter aus Blei-Antimon-Legierung

Das Bleigitter enthält Antimon als Legierungsbestandteil. Antimon verbessert die Gießbarkeit, Aushärtung und Stabilität der Gitterplatten. Die Antimon-Legierung hat den Nachteil, dass Antimon durch Korrosion der Plusplatten ausgeschieden wird und durch die Säure zur Minusplatte wandert. Dort entstehen Lokalelemente, die die Eigenschaften der Minusplatte beeinträchtigen.

Die Selbstentladung der Minusplatte erhöht sich, die Gasungsspannung sinkt. Durch die Selbstentladung fängt die Batterie an zu gasen, wodurch Wasser verbraucht und der Elektrolytstand verringert wird.

Wasserverbrauch: > 6g/Ah

Selbstentladung bei Standzeit von 6 Monaten = 1,2 kg/l = 65 % Ladezustand

Die Batterie muss daher regelmäßig gewartet werden. Bei den heute eingesetzten Nass- und AMG-Batterien kommt eine Blei-Kalzium-Legierung zum Einsatz.

Batterie mit Bleigitter aus Blei-Kalzium-Legierung

Anstelle von Antimon tritt Kalzium als Legierungsbestandteil von Blei. Kalzium ist elektrochemisch neutral und verändert die Minusplatte nicht. Damit findet keine Selbstentladung statt.

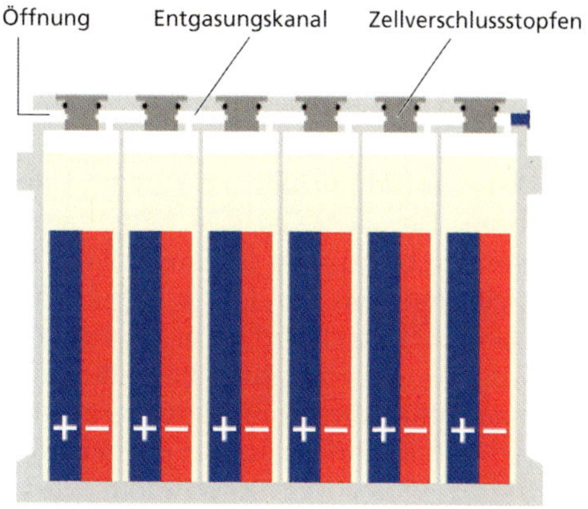

Weiterhin bleibt die Gasungsspannung auf einem hohen Niveau.

Durch Legieren mit Kalzium, Zinn und Silber wird eine hohe Lebensdauer der Batterie auch bei hohen Temperaturen gewährleistet. Die Entgasung der Zellen in der Nassbatterie erfolgt über einen zentralen Entgasungskanal, der das Gas an eine oder zwei seitliche Öffnungen im Batteriedeckel leitet. Vor der Öffnung der Zentralentgasung befindet sich ein Rückzündungsschutz. Er verhindert, dass Flammen in das Innere der Batterie zurückschlagen, wenn Gase von außen entzündet werden.

Nassbatterien sind mit einem „magischen Auge" ausgestattet.

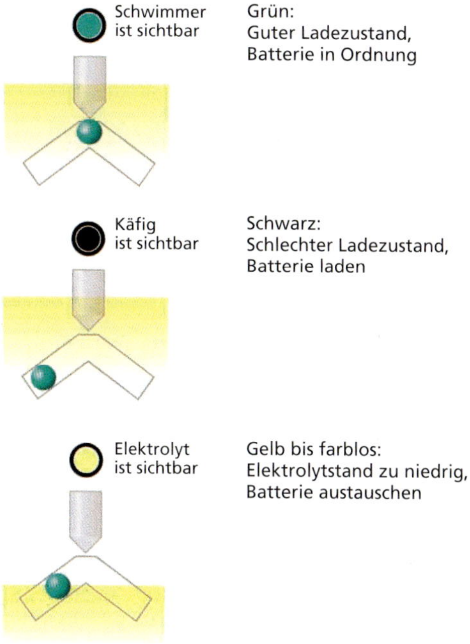

Das magische Auge gibt über eine Farbanzeige Informationen zum Ladezustand und zum Säurestand in der Batterie. Die Anzeige bezieht sich nur auf eine Zelle. Ein Sicherheitslabyrinth verhindert einen Säureaustritt bei einem Neigungswinkel bis 70° und dient der Gaskondensation und der Rückführung in die Batterie. Taschenseparatoren aus oxidations- und säurebeständiger Polyethylenfolie umhüllen die Plus- und Minusplatten. Sie verhindern das Herausfallen von Masse. Der Schlammraum kann entfallen. Die Platten sind daher größer und stehen in ganzer Länge auf. Aufgrund der geringen Selbstentladung kann die voll geladene Batterie über Monate gelagert werden:

Wasserverbrauch: 1g/Ah
Selbstentladung bei Standzeit von: 6 Monaten = Säuredichte 1,26 kg/l = mehr als 100 % des DIN-Sollwertes.

Nasse Batterien werden unterschieden in:

- Batterie mit Zellverschlussstopfen
  Sie besitzt überklebte Zellverschlussstopfen. Zum Befüllen der Batterie kann die Kunststofffolie über den Verschlussstopfen abgezogen werden.
- Batterie ohne Zellverschlussstopfen
  Der Batteriedeckel verschließt die Batterie nach der Erstbefüllung in der Produktion. Die Batterie besitzt keine separaten Zellverschlussstopfen. Sie sind in die Abdeckung integriert.

Nasse Batterien mit Blei-Kalzium-Gitter sind wartungsfrei.

14.3.6.2 AGM-Batterien

Bei AGM-Batterien (Absorbent-Glass-Mat-Battery) ist der Elektrolyt in ein Mikrovlies festgelegt. Das Vlies besteht aus sehr feinen, vernetzten Glasfasern. Es saugt die komplette Elektrolytmenge auf und erfüllt die Funktion der Separatoren. Die AGM-Batterie besitzt ein vollkommen geschlossenes Gehäuse. Die Zellverschlussstopfen und der Entgasungskanal sind im Deckel integriert und nicht herausschraubbar. In den Verschlussstopfen befinden sich Entgasungsventile, die beim Laden entstehende Gase (H und O) innerhalb der jeweiligen Zelle wieder zu Wasser zurückwandeln oder bei Überdruck eine gezielte Ableitung in den zentralen Entgasungskanal ermöglichen.

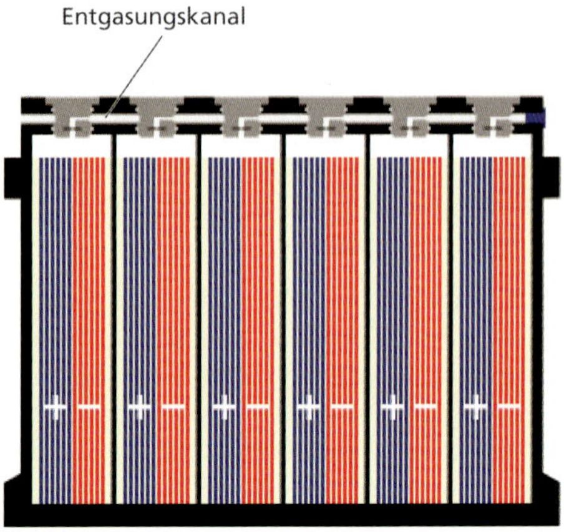

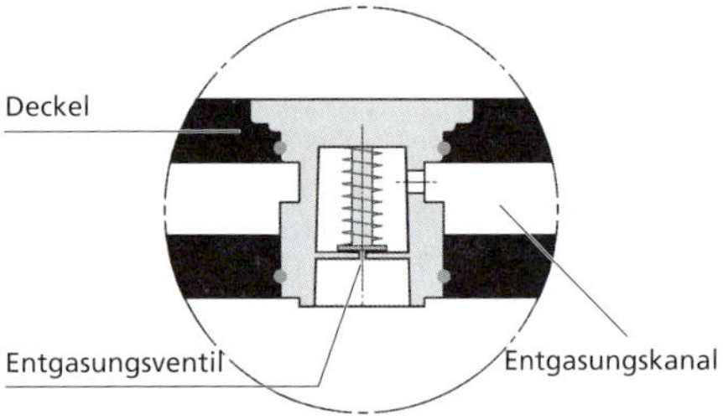

AGM-Batterien zählen zu den VLRA-Batterien (Valve Regulated Lead Acid). Die Batterie ist auslaufsicher und absolut wartungsfrei.

Eine weitere Art der Festlegung des Elektrolyten erfolgt durch die Zugabe von Kieselsäure. Der Elektrolyt erstarrt zu einer gelartigen Masse (Gel-Batterien).

14.3.7 Sicherheitsklemme

In Fahrzeugen, in denen die Batterie im Innen- oder Kofferraum angeordnet ist, besteht im Crashfall aufgrund des langen Verlegungswegs des Batteriekabels bei Beschädigung des Starterkabels Brandgefahr. Um dies zu verhindern, werden Sicherheitsklemmen am Pluspol der Batterie eingesetzt. In der Klemme befindet sich ein pyrotechnisches Zündelement, dass bei Auslösung des Airbags die Starterleitung von der Batterie zum Starter trennt.

Wichtige Sicherheitsfunktionen wie z. B. Warnblinken und Beleuchtung bleiben erhalten.

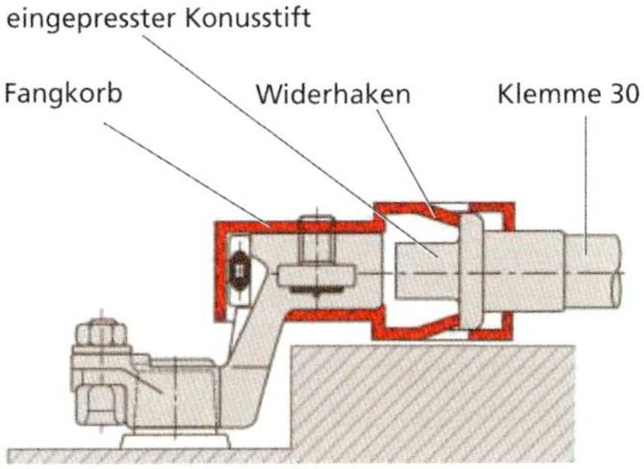

Sicherheitsbatterieklemme: Ausgelöstes System

14.3.8 Schaltungen

Erhöhen der Spannung

Zur Erhöhung der Spannung werden z. B. zwei Batterien in Reihe geschaltet. Die Kapazität der Batterien ändert sich nicht.

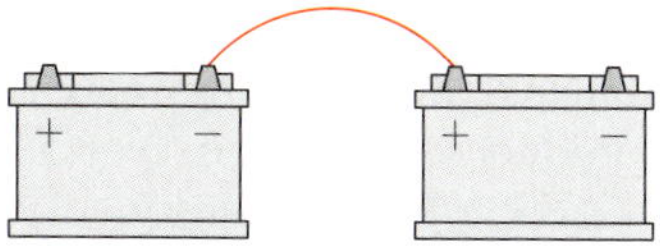

Erhöhen der Kapazität

Zur Erhöhung der Kapazität werden z. B. zwei Batterien parallel geschaltet. Die Spannung ändert sich nicht. Plus- und Minuspole werden jeweils miteinander verbunden.

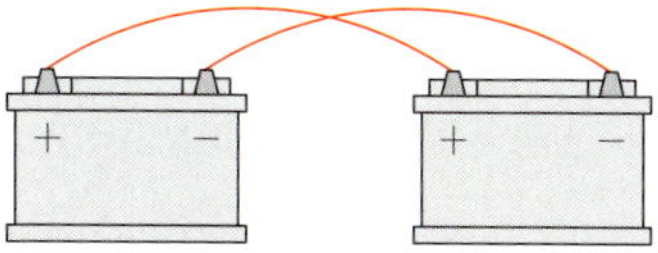

Schaltung mit Batterieumschaltrelais

Nutzfahrzeuge mit großen Dieselmotoren haben häufig eine 12/24-V-Anlage. Die Anlage besteht aus zwei 12-V-Batterien, die im Normalbetrieb oder bei stillstehendem Motor parallel geschaltet sind. Die Spannung beträgt 12 V. Mit dieser Spannung werden alle elektrischen Komponenten mit Ausnahme des Starters versorgt. Beim Betätigen des Zünd-Start-Schalters schaltet ein Batterieumschaltrelais die beiden Batterien in Reihe. Die Spannung beträgt nun 24 V. Sie steht dem Starter zur Verfügung, der für eine Nennspannung von 24 Volt ausgelegt ist. Beide Batterien werden während des Motorbetriebes geladen.

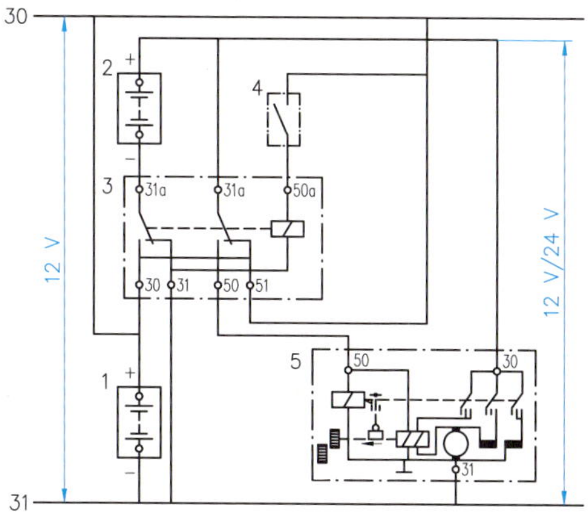

1 12-V-Batterie I
2 12-V-Batterie II
3 Batterieumschaltrelais
4 Zünd-Start-Schalter
5 24-V-Starter

14.3.9 Antriebsbatterien

Alle maßgeblichen Fahrzeughersteller arbeiten heute an Elektrofahrzeugen. Das Problem der Elektrofahrzeuge ist die Energiespeicherung. Bisher wurden wartungsfreie Blei-Säure-Batterien mit festgelegten Elektrolyten (Gel) eingesetzt. Mit der Bleibatterie lassen sich Reichweiten von 50 bis 70 km pro Batterieladung erreichen. Zunehmend verdrängen Nickel- und Lithium-Batteriesysteme die Blei-Säure-Batterie. Die Blei-Säure-Batterie hat eine wesentlich geringere Energie- und Leistungsdichte sowie eine geringere Lebensdauer als die neuen Batteriesysteme.

14.3.9.1 Nickel-Batteriesysteme/Lithium-Batteriesysteme

Nickel-Cadmium-Batterie	Bei der Nickel-Cadmium-Batterie besteht die positive Masse überwiegend aus Nickel-Hydroxid, die negative Masse aus Cadmium. Typische Reichweiten von Elektro-Pkw mit Nickel-Cadmium-Batterien liegen bei ca. 80 ... 100 km.
Nickel-Metall-hydrid-Batterie	Bei der Nickel-Metallhydrid-Batterie wird anstelle von Cadmium eine Wasserstoff speichernde Metalllegierung als aktives Material für die negative Elektrode verwendet.
Lithium-Ion-Batterie	Lithium ist das Metall mit dem kleinsten Molekulargewicht. Die Lithium-Ionen lagern sich auf der negativen Elektrode in ein Graphitgitter ein. Die positive Elektrode enthält Cobaltoxid oder Manganoxid. Als Elektrolyt dient eine organische Flüssigkeit.
Lithium-Polymer-Batterie	Sie besteht aus einer dünnen, negativen Lithium-Folie und einer positiven Folienelektrode aus Vanadiumoxid. Der Elektrolyt ist ein Polymerelektrolyt. Die Folien werden zu einzelnen Zellen gewickelt.

Um die Batterie-Systeme zu vergleichen, werden Lebensdauer in Zyklen, Energie- und Leistungsdichte herangezogen.

- Lebensdauer in Zyklen: Unter Laborbedingungen wird die Batterie genau festgelegten Lade-/Entladezyklen unterworfen. Die Lebensdauer ist von der Tiefe der Entladungen abhängig. Bei einer Entladung bis zur zulässigen Entladungsgrenze und anschließender Ladung spricht man von einem Vollzyklus. Die Lebendauer wird in Vollzyklen angegeben.
- Energiedichte: Die Energiedichte in Wh/l (Energievolumen) gibt den Energiegehalt pro Volumen an und die Energiedichte in Wh/kg (Energiegewicht) gibt den Energiegehalt pro Gewicht an. Beide Werte sollten möglichst hoch sein.
- Leistungsdichte: Die Leistungsdichte gibt die entnehmbare Leistung pro Gewicht (Leistungsgewicht) bzw. pro Volumen (Leistungsvolumen) an. Dies ist eine wichtige Größe, da sie das Beschleunigungsvermögen des Elektrofahrzeugs festlegt. Einige der neueren Batterietypen haben eine sehr gute Energiedichte, aber nur eine sehr mäßige Leistungsdichte.

Eigenschaften	Blei-Säure-System offen/geschlossen	Nickel-Systeme Nickel-Cadmium (Ni/Ca) Nickel-Metallhydrid (Ni/MH)	Lithium-Systeme Lithium-Ion, Lithium-Polymer
Zellenspannung	2 V	1,2 V	3–4 V
Energiedichte	25–30 Wh/kg	35–80 Wh/kg	60–150 Wh/kg
Energetischer Wirkungsgrad ohne Heizung/Kühlung	75–80 %	60–85 %	85–90 %
Leistungsdichte	100–200 W/kg	100–1 000 W/kg	300–1 500 W/kg
Lebensdauer in Zyklen	600–900	> 2 000	> 1 000 projektiert
Betriebstemperatur	10–55 °C	– 20–55 °C	– 10–50 bzw. 60 °C
Wartungsfrei	je nach Ausführung	je nach Ausführung	ja

Bei den Elektrofahrzeugen dient als Antriebsmotor ein Drehstrommotor (Asynchronmotor oder permanent erregter Synchronmotor). Die Fahrpedalstellung wird in entsprechende Strom- und Spannungswerte am Elektromotor umgesetzt. Als Energiespeicher dient eine Batterie, die von Zeit zu Zeit vom Stromnetz aufgeladen werden muss. Ein Getriebe mit einstufiger Übersetzung reduziert die Elektromotordrehzahl auf die erforderliche Raddrehzahl. Die unterschiedlichen Drehzahlen lassen sich z. B. durch Feldschwächung erreichen.

14.3.10 Laden der Batterie

Beim Laden der Batterien unterscheiden wir:

- Normalladung: Der Ladestrom beträgt etwa 10 % der Nennkapazität.
- Schnellladung: Der Strom beträgt das 5- bis 8-fache des Wertes für Normalladen.
- Erhaltungsladen: Um die Selbstentladungsverluste bei gelagerten Batterien auszugleichen, werden sie über einen längeren Zeitraum mit 1 mA/Ah geladen.

Das Laden der Batterie erfolgt mit Ladegeräten mit unterschiedlichen Ladekennlinien.

- W-Kennlinie: Widerstand konstant. Dies bedeutet: sinkender Ladestrom bei steigender Ladespannung.
- U-Kennlinie: Ladespannung konstant. Bei Erreichen der Grenzspannung (2,4 V/Zelle) wird der Strom automatisch heruntergeregelt.
- I-Kennlinie: Ladestrom konstant. Nur sinnvoll mit kleinen Ladeströmen, da sonst Wasserverluste entstehen.

Weiterhin arbeiten Ladegeräte mit Kombinationen aus verschiedenen Kennlinien.

- WU-Kennlinie: wie W-Kennlinie, die Ladespannung bleibt, z. B. ab der Gasungsspannung, konstant.
- IU-Kennlinie: Der Ladestrom ist bis zu einem bestimmten Wert konstant. Ab diesem Wert ist die Spannung konstant und der Ladestrom sinkt.
- WoW-Kennlinie: Es wird von einer Kennlinie auf die andere umgeschaltet, z. B. von einem größeren Ladestrom auf einen kleineren.

Um Wasserverluste zu vermeiden, müssen die Spannungswerte des Ladegeräts begrenzt werden für:

- Standardbatterien auf 14,4 Volt,
- Wartungsfreie Batterien auf 13,8 Volt.

Kleinlader	Elektroniklader	Schnellstartlader
	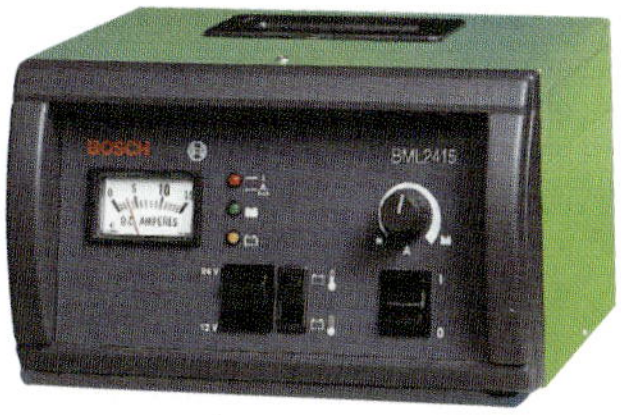	
Kleinlader sind ungeregelte Ladegeräte. Sie arbeiten nach der W-Kennlinie. Bei der Normalladung mit einem Ladestrom von 20 A beträgt die Ladezeit etwa 12 Stunden. Da auch oberhalb der Gasungsspannung ein Strom fließt, muss bei Erreichen der Vollladung das Ladegerät abgeschaltet werden. Ladegeräte dieser Bauart sind Werkstattgeräte. Nicht geeignet für wartungsfreie Batterien, da ein Überladen zu Wasserzersetzung und Knallgasbildung führt.	Elektroniklader sind geregelte Lader. Das Laden erfolgt z. B. nach der IU- bzw. WU-Kennlinie. Elektroniklader erlauben eine Batterieladung ohne Abklemmen der Batterie direkt am Fahrzeug-Bordnetz. Elektrische Komponenten wie Airbag, Motorsteuergeräte werden beim Laden vor Beschädigung geschützt. Das Gerät ist überladungssicher und ist für absolut wartungsfreie Batterien geeignet.	Schnellstartlader ermöglichen ein schnelles Laden und Starthilfe auch an Fahrzeugen mit sensibler Elektronik. Sie arbeiten nach der WU-, W- oder WoW-Kennlinie. Das Gerät ist mit einer elektronischen Ladeüberwachung ausgestattet, die ein schonendes und wirksames Laden ermöglicht.

Starthilfe

Bei überwiegenden „Stop-and-Go-Fahrten" im Stadtverkehr und bei eingeschalteten Verbrauchern wie Beleuchtung, Sitzheizung, Ventilator, heizbare Heck- und Frontscheibe kann die Starterbatterie auch bei laufendem Motor entladen werden. Dies kann im Winter zu Startschwierigkeiten führen. Bei entladener Batterie ist Starthilfe erforderlich.

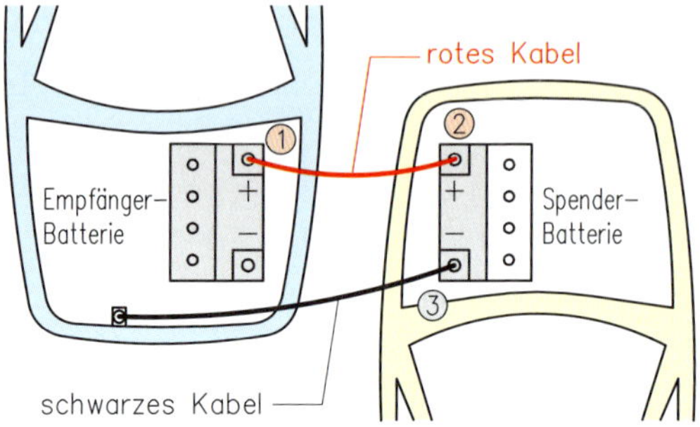

14.3.11 Störungen der Batterie

Batteriedefekte:

- Kurzschlüsse durch Separatorenverschleiß,
- Kurzschlüsse durch herausgefallene aktive Masse,
- Unterbrechung von Zellen- und Plattenverbindern.

Kennzeichen für innere Kurzschlüsse:

- Stark schwankende Säuredichtwerte von Zelle zu Zelle (Unterschied mindestens 0,03 kg/l).

Kennzeichen für Unterbrechungen:

- Batterie kann nur mit kleinen Strömen geladen oder entladen werden,
- Spannung bricht beim Startvorgang zusammen.

Bei Batteriedefekten ist die Batterie zu ersetzen.

Bordnetzfehler

Wenn keine Batteriedefekte vorhanden sind, liegen die Ursachen für Störungen im Bordnetz.

- Dauernde Tiefentladung: Defekte im Generator, Keilriemenantrieb, das Zubehör benötigt einen zu großen Ruhestrom.
- Schwankungen der Lichthelligkeit beim Gasgeben und Wasserverlust: Regler arbeitet nicht richtig.

Selbstentladung

Die Blei-Antimon-Legierung hat den Nachteil, dass sich die Batterie auch entlädt, wenn sie nicht belastet wird. Die Selbstentladung liegt einmal im ständigen Umsetzungsprozess im Inneren der Batterie, zum anderen in Verunreinigungen des Elektrolyts, Feuchtigkeit und Kriechströmen. Die Selbstentladung beträgt je nach Alter der Batterie täglich 0,2 bis 1 % der Kapazität. Eine voll geladene Standardbatterie weist nach ca. 6 Monaten nur noch eine Säuredichte von 1,20 kg/l auf. Bei der absolut wartungsfreien Batterie wird dieser Wert erst nach 18 Monaten erreicht.

Sulfatierung der Batterie

Bei einer Batterie, die längere Zeit nicht benutzt wurde, bildet das bei der Entladung entstehende Bleisulfat eine harte Plattenoberfläche, die sich nur schwer zurückbilden lässt. Die Batterie ist sulfatiert, die Ladungsaufnahme ist stark eingeschränkt. Durch die Selbstentladung gast die Batterie, wodurch Wasser verbraucht wird. Eine gering sulfatierte Batterie kann durch längeres Laden mit einem kleinen Ladestrom beginnend, wieder funktionsfähig gemacht werden. Ist der Umwandlungsprozess weit fortgeschritten, so kann er auch durch Laden nicht mehr rückgängig gemacht werden. Die Batterie ist unbrauchbar geworden. Bei der Lagerung der Batterie ist zu beachten:

- Stillgelegte Batterien möglichst vollgeladen halten.
- Regelmäßig kontrollieren und spätestens bei einer Säuredichte unter 1,20 kg/l nachladen.

Überladung

Bei Vielfahrern ist die Batterie immer voll geladen. Da der Motor meist mit hoher Drehzahl läuft und tagsüber der Generator nur wenige Verbraucher zu versorgen hat, besteht die Gefahr des Überladens, der Korrosion und Masseauflockerung. Wasser verdunstet.

Tiefentladung

Tiefentladung entsteht, wenn die Batterie mit niedriger Stromstärke voll entladen wird, so dass die Spannung unter die Entladeschlussspannung sinkt. Tiefentladungen verkürzen die Lebensdauer der Batterie.

Störungsdiagnose

Störung	Ursache	Abhilfe
Geringe Leistungsabgabe, Spannung fällt stark ab	Batterie entladen Ladespannung des Generators zu niedrig Anschlussklemmen oxidiert oder lose Keine metallische Masseverbindung zwischen Batterie/Karosserie Selbstentladung der Batterie durch verunreinigte Batteriesäure Batterie sulfatiert Aktive Masse ist aus den Platten herausgefallen	Batterie laden Spannungsregler prüfen, evtl. ersetzen Anschlussklemmen reinigen, mit Säureschutzfett einfetten, Polklemmen anziehen Batterie ersetzen Batterie mit kleinem Strom laden Batterie verbraucht, Batterie ersetzen
Batterie nicht ausreichend geladen	Keilriemen locker Fehler im Generator oder Spannungsregler Anzahl der angeschlossenen Verbraucher zu hoch	Spannvorrichtung überprüfen, evtl. Keilriemen ersetzen Generator und Spannungsregler überprüfen Batterie mit größerer Kapazität und größeren Generator einbauen
Säurestand zu niedrig	Überladung, Verdunstung	Destilliertes Wasser bis zur Max.-Marke nachfüllen
Säuredichte zu niedrig	Batterie entladen	Batterie laden
Säuredichte in einer Zelle wesentlich geringer als in den übrigen Zellen	Kurzschluss in einer Zelle	Batterie ersetzen

14.3.12 Prüfen der Batterie

Sichtprüfung

Sichtprüfung von Batterien mit Schraubstopfen und geschlossene Batterien ohne Schraubstopfen

- Dichtheit der Batterie
- Schlag-, Stoß- oder Druckstellen im Bereich der Undichtigkeit aufgrund falscher Verspannung, Fremdkörper usw.
- Saubere und trockene Oberfläche der Batterie, da Kriechströme die Batterie zusätzlich entladen
- Saubere Anschlüsse, evtl. mit Polfett einfetten
- Fester Sitz der Batterie und der Anschlüsse, evtl. nachziehen

Batterien mit Schraubstopfen

Prüfen des Flüssigkeitsstandes

Ist der Flüssigkeitsstand zu niedrig, muss destilliertes Wasser – niemals Säure – nachgefüllt werden.

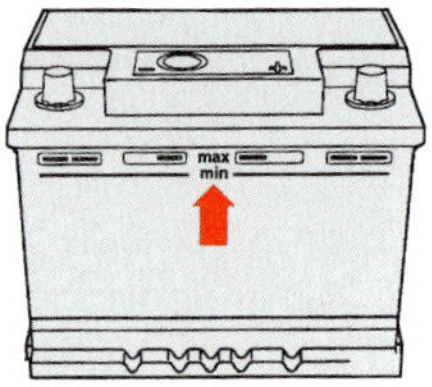

Prüfen der Säuredichte

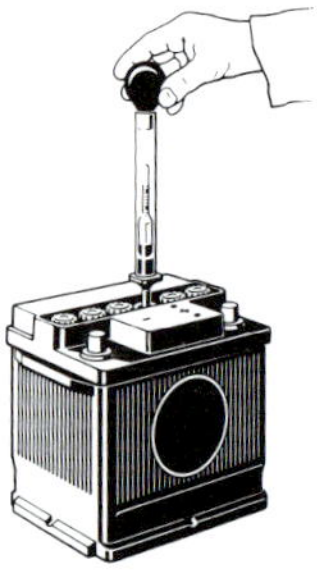

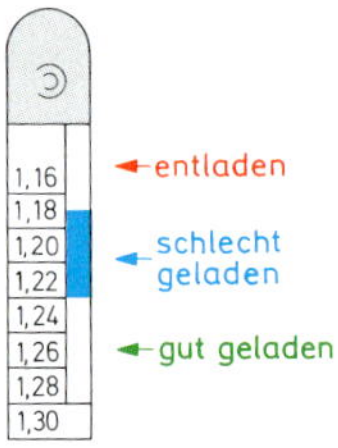

- Regelmäßige Überprüfung der Säuredichte mit Säureprüfer bei 25 °C
  - Geladen 1,26 ... 1,28 kg/l
  - Halb geladen: 1,20 ... 1,24 kg/l
  - Entladen: < 1,16 kg/l
- Prüfen, ob Säuredichte in allen Zellen gleichmäßig und über 1,25 kg/l
- Überprüfen der Farbe der Säure und des Wasserstandes
  - Bräunlich, hoher Wasserverbrauch
    → Reglerspannung prüfen

Hochstromprüfung

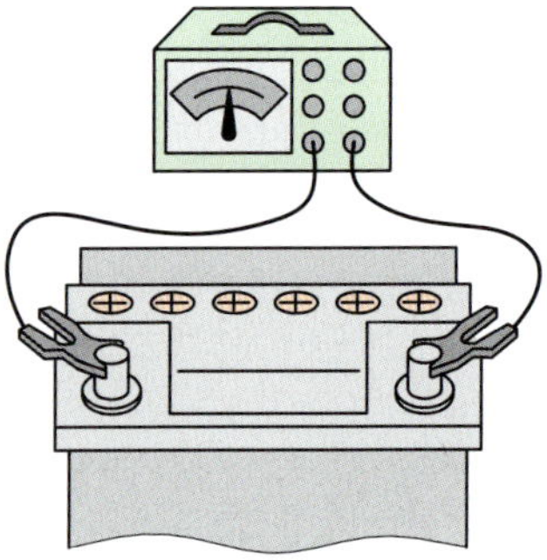

Prüfvoraussetzung:

Säuredichte gleichmäßig, Mindestdichte 1,25 kg/l
Belastungsprüfer mit zuschaltbaren Widerständen:

- Belastung mit dem 3-fachen Wert der Nennkapazität,
- Belastungszeit ca. 10 Sekunden.

Die Spannung darf sich nur unwesentlich verändern.

Fortsetzung

Batterien ohne Schraubstopfen

Prüfen des Ladezustandes

Batterien mit Silberlegierung besitzen ein Power-Controll-System (magisches Auge), das durch unterschiedliche Farben den aktuellen Ladezustand der Batterie angibt:

- Grün: Die Batterie ist ausreichend geladen.
- Schwarz: Die Batterie muss geladen werden.
- Farblos oder gelb: Die Batterie ist verbraucht.

Batterie ist ausreichend geladen, Farbe des magischen Auges: grün	Keine Ladung bzw. zu geringe Ladung, Farbe des magischen Auges: schwarz	Kritischer Säurezustand erreicht. Farbe des magischen Auges: gelb

Testen der Batterie mit Batterietester

1. **Einstellen der notwendigen Größen:**
   - Kaltstartstrom: Einstellen des auf der Batterie angegebenen Kälteprüfstroms
   - Norm:
     Einstellen der auf der Batterie angegebenen Norm:
     DIN (50 bis 90 A) SAE (85 bis 1 550 A)
     IEC (50 bis 1 000 A) EN (80 bis 1 550 A)
   - Batterietemperatur:
     Mit den Pfeiltasten die Temperatur einstellen:
     > 0 °C oder < 0 °C
     Es ist nur die Temperatur der Batterie zu bewerten.
2. **Batterietest mit dem Batterietestgerät**
3. **Batterie-Testergebnis:**
   - Batteriespannung in Volt
   - Startleistung in % des Nenn-Kaltstartstromes (Verhältnis vom ermittelten Kälteprüfstrom zum eingegebenen Kälteprüfstrom)

   Batteriezustand in Form von Texten:
   - Batterie gut
   - Batterie laden
   - Batterie ersetzen
   - Batterie ersetzen/Zellenschluss

14.3.13 Arbeitssicherheit beim Umgang mit Starterbatterien

Ausbau der Batterie

Um Kurzschlüsse zu vermeiden, ist beim Ausbau Folgendes zu beachten:

- Zuerst Minusleitung und dann Plusleitung abklemmen.

Batterien dürfen beim Herausnehmen nicht gekippt werden, da sonst aus den Entgasungsöffnungen Säure austreten kann. Auf sicheren Griff achten, damit die Batterie nicht herunterfallen kann.

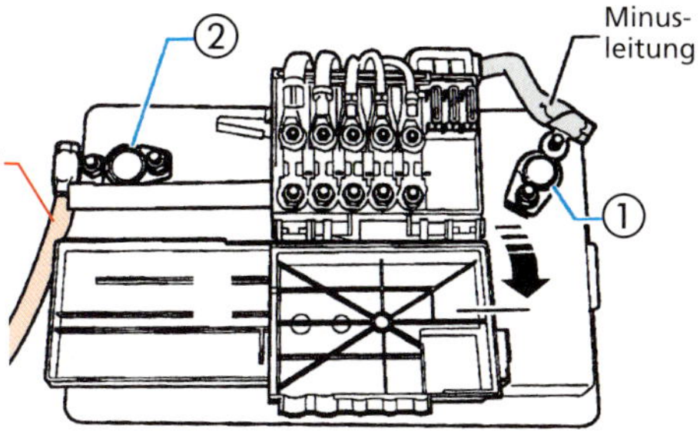

Einbau der Batterie

Um Kurzschlüsse zu vermeiden, ist beim Einbau Folgendes zu beachten:

- Zuerst Plusleitung und dann Minusleitung anklemmen.

Batterien müssen so eingebaut werden, dass sie auf jeden Fall mechanisch gesichert sind. Entgasungslöcher dürfen nicht abgedeckt werden, bei zentralentgasten Batterien muss der Entlüftungsschlauch angeschlossen werden.

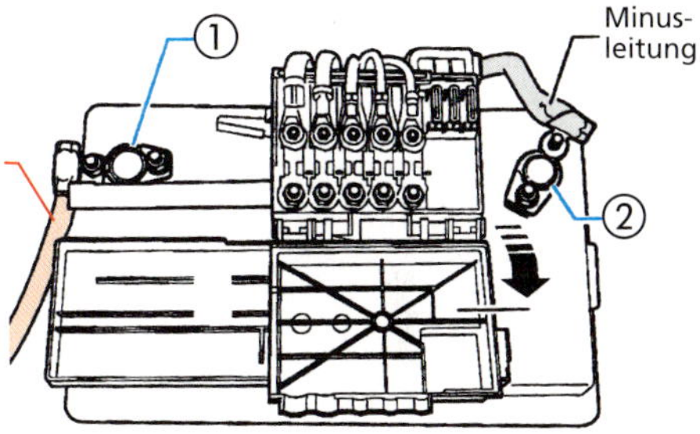

Beim Ausbau der Batterie und Lösen der Batterieanschlüsse besteht die Gefahr von Unfällen, wenn der Kfz-Mechatroniker mit einem Schraubenschlüssel zuerst den Pluspol abklemmt. Trägt er einen Ring an der Hand und es kommt über den Ring zu einer Verbindung zwischen Schraubenschlüssel und Fahrzeugkarosserie, fließt ein Strom von mehreren Hundert Ampere durch den Ring. Der heizt sich auf sehr hohe Temperaturen auf, was zu schweren Verbrennungen, bis zum Verlust des Fingers, führen kann. Das Gleiche kann passieren, wenn beim Einbau der Batterie zuerst der Minuspol und dann der Pluspol angeschlossen wird.

Bei Arbeiten an der Batterie ist darauf zu achten, dass die Anschlusspole der Batterie nicht mit einem leitenden Gegenstand, z. B. einem Schraubenschlüssel, überbrückt werden. Es kommt zu einem Batteriekurzschluss mit der Folge, dass sich durch Erwärmung des Elektrolyten so lange ein Gasdruck aufbaut, bis das Sicherheitsventil der Batterie öffnet und Elektrolytflüssigkeit herausspritzt. Auch ein Bersten der Batterie ist möglich.

Laden der Batterie

Beim Laden der Batterie kann sich Knallgas bilden. Durch Funken kann das Gas-Gemisch gezündet werden und explodieren. Solche Explosionen können zu schweren Verletzungen und Zerstörungen im Umfeld führen. Bei den Knallgasexplosionen kann außerdem das Batteriegehäuse aufreißen und Säure herausgeschleudert werden. Die Schwefelsäure führt zu Verätzungen.

Beim Laden von Batterien müssen die Laderäume gut belüftet werden. Weiterhin sollte die Batterie vor dem Einbau in gut belüfteter Umgebung einige Zeit nachgasen.

Um Funken in unmittelbarer Nähe der Batterie zu vermeiden, sind nach dem Aufladen der Batterie zuerst das Ladegerät vom Netz zu trennen und dann die Ladekabel an der Batterie zu entfernen.

Einfüllen und Mischen von Säure

Wartungsfreie Batterien nach DIN EN werden in der Regel trocken geladen geliefert. Bei Auslieferung werden sie mit Säure gefüllt.

Beim Mischen der Säure ist darauf zu achten, dass stets die konzentrierte Säure in destilliertes Wasser gegossen wird. Erfolgt dies umgekehrt, kann es zu Explosionen kommen. Die Dichte der Batteriesäure sollte bei 1,28 kg/l liegen. Beim Einfüllen der Batteriesäuren ist darauf zu achten, dass der Säurespiegel 15 mm über der Oberkante der Batterieplatten liegt. Nach einer Einwirkzeit von etwa 20 Minuten ist die Batterie betriebsbereit.

Sicherheitshinweise für den Umgang mit Autobatterien

Auf dem Deckel der Batterie sind folgende Hinweise zum Umgang mit der Batterie dargestellt:

Hinweise auf der Batterie sind zu beachten.

Kinder von Säure und Batterien fernhalten.

Vorsicht:
Bei der Ladung von Batterien entsteht ein (hochexplosives) Knallgasgemisch, deshalb kann bei unsachgemäßem Umgang Explosionsgefahr entstehen. Bitte beachten Sie daher:

Feuer, Funken, offenes Licht und Rauchen sind verboten. Vermeiden Sie Funkenbildung beim Umgang mit Kabeln und elektrischen Geräten sowie durch elektrostatische Entladung. Vermeiden Sie Kurzschlüsse!

Vorsicht Verätzungsgefahr:
Batteriesäure ist stark ätzend, tragen Sie deshalb Schutzhandschuhe und Augenschutz. Batterien dürfen nicht gekippt werden, da aus den Entgasungsöffnungen Säure austreten kann.

Tragen Sie einen Augenschutz!

Entsorgung:
Altbatterien werden in säurefesten Behältern gesammelt und einer Wiederverwertung zugeführt. Altbatterien bitte nie über den Hausmüll entsorgen.

Pb

Firma	**BETRIEBSANWEISUNG** gem. § 20 Gefahrstoffverordnung **Batteriesäure**	Nr.: Datum: Verantwortlich:

ANWENDUNGSBEREICH

Arbeitsbereich: Werkstatt/Batterieraum — Tätigkeit: Wartung der Batterie

GEFAHREN FÜR MENSCH UND UMWELT

Verursacht schwere Verätzungen.
Zerstört organisches Gewebe und Textilien.
Beim Laden der Batterie entsteht explosives Knallgas.

SCHUTZMASSNAHMEN UND VERHALTENSREGELN

- Kontakt mit Augen, Haut oder Kleidung vermeiden.
- Schutzbrille (ggf. auch Gesichtsschutz), Handschuhe, Schürze tragen.
- Säurenebel vermeiden.
- Feuer, Rauchen und offenes Licht verboten.

VERHALTEN BEI STÖRUNGEN UND IM GEFAHRENFALL

Ausgetretene Säure mit Universalbinder aufnehmen oder mit Neutralisationsmittel behandeln.
Herrn/Frau .... informieren.
Kleinmengen mit viel Wasser verdünnen und wegspülen.

ERSTE HILFE

- Verunreinigte Kleidung entfernen.
- Betroffene Hautpartien mit viel Wasser und Seife gründlich abwaschen.
- Bei Augenkontakt Augen unter fließendem Wasser 15 Minuten ausspülen (Augenlid offen halten, unverletztes Auge schützen, Kontaktlinsen entfernen), Augenarzt aufsuchen.
- Nach Verschlucken sofort Mund ausspülen und reichlich Wasser nachtrinken. Kein Erbrechen auslösen. Notarzt herbeirufen.
- Nach Einatmen von Säurenebel für Frischluftzufuhr und Ruhe sorgen.
- Arzt aufsuchen.

SACHGERECHTE ENTSORGUNG

Altbatterien in einem säurefesten Behälter sammeln und einer Wiederverwertung zuführen.

14.4 Drehstromgenerator

14.4.1 Generatorprinzip

Bewegt man einen Leiter in einem Magnetfeld, so dass die Feldlinien geschnitten werden, wird in dem Leiter eine Spannung erzeugt. Man bezeichnet diesen Vorgang als Induktion der Bewegung. Die Richtung der induzierten Spannung hängt von der Bewegungsrichtung des Leiters und von der Richtung des Magnetfeldes ab. Die Richtung des Stromes kann mit der Rechte-Hand-Regel festgestellt werden.

Die erzeugte Spannung ist um so größer,

- je rascher der Leiter im Magnetfeld bewegt wird,
- je größer die wirksame Länge des Leiters ist,
- je stärker das Magnetfeld (Dichte der Feldlinien) ist.

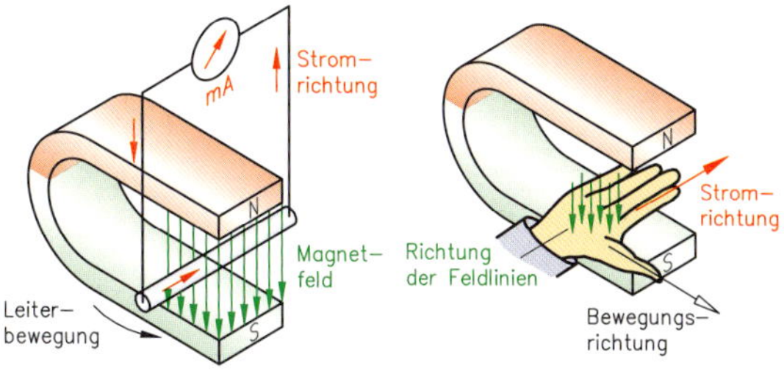

Rechte-Hand-Regel

14.4.1.1 Spannungserzeugung

Erzeugung einer Wechselspannung

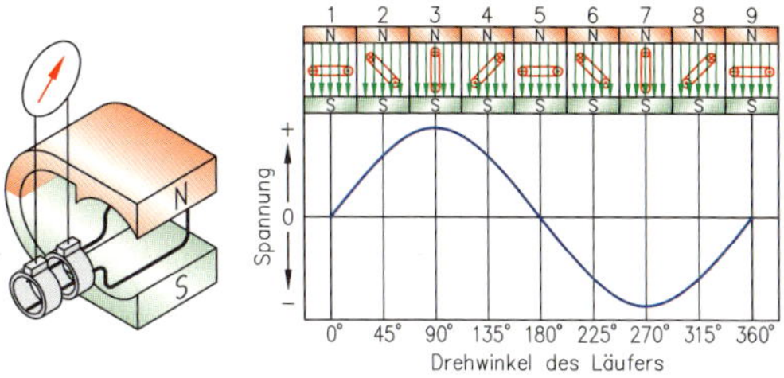

Wird eine Leiterschleife, deren Enden mit Schleifringen verbunden sind, in einem Magnetfeld gedreht, so wird eine Spannung erzeugt. Da die Hälften der Leiterschleifen bei gleichbleibender Drehung unterschiedlich viele Feldlinien schneiden, ändert sich die Größe der erzeugten Spannung ständig. Die Induktionsspannung ändert aber nicht nur ihre Größe, sondern auch ihre Richtung. Eine derart verlaufende Spannung nennt man Wechselspannung. Der zugehörige Strom heißt Wechselstrom.

Erzeugen einer 3-phasigen Wechselspannung

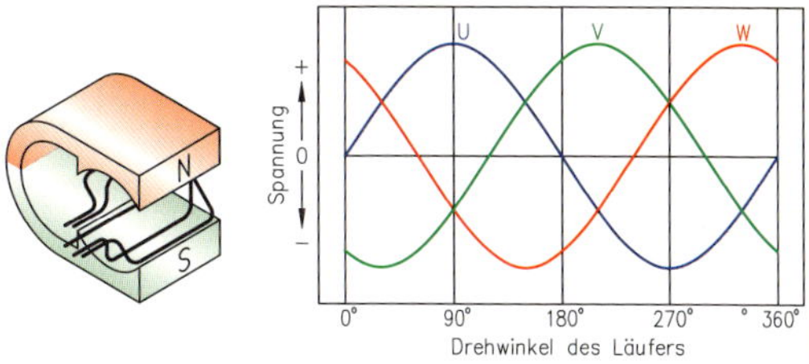

Bei drei um 120° versetzten Wicklungen werden durch Drehung in jeder Wicklung sinusförmige Wechselspannungen erzeugt. Durch die räumliche Versetzung der Wicklungen sind auch die erzeugten Wechselspannungen um 120° gegeneinander verschoben (phasenverschoben). Die Verkettung der einzelnen Phasenspannungen ergibt eine dreiphasige Wechselspannung. Der dreiphasige Wechselstrom wird Drehstrom genannt.

Gleichrichtung Wechselstrom

Einweggleichrichtung: Es wird nur die positive Halbwelle der angelegten Spannung ausgenutzt. Es fließt im Stromkreis ein stark pulsierender Gleichstrom.

Zweiweggleichrichtung: Zwei Dioden sind abwechselnd in Durchlass- und Sperrrichtung geschaltet. Es fließt sowohl während der positiven als auch während der negativen Halbwelle der angelegten Wechselspannung ein Strom durch den Verbraucher. Es entsteht ein pulsierender Gleichstrom.

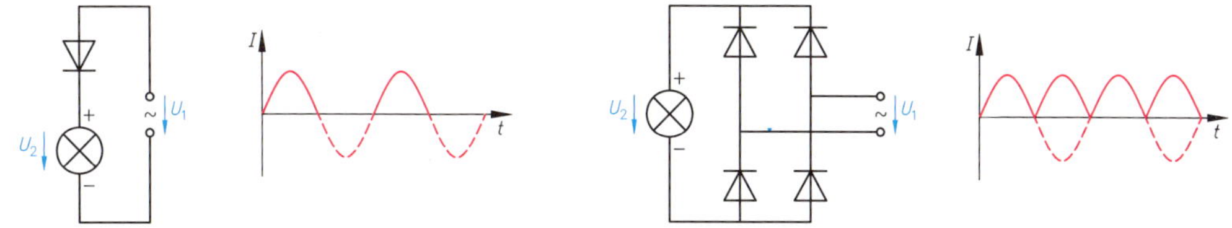

14.4.1.2 Gleichrichtung

Gleichrichtung Drehstrom

Drehstrom-Brückenschaltung: Die 6 Dioden sind in einer Brückenschaltung verbunden. Die positiven Halbwellen werden von den Dioden V1,V2,V3, die negativen Halbwellen von den Dioden V4,V5,V6 gleichgerichtet. Es entsteht ein schwach pulsierender Gleichstrom.

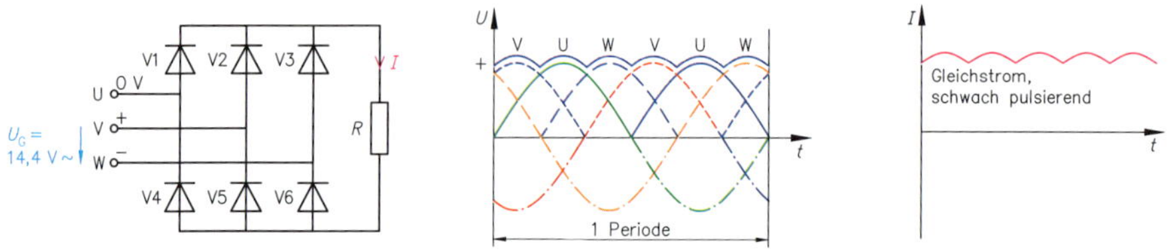

14.4.2 Aufbau des Drehstromgenerators

Ein Drehstromgenerator besteht aus folgenden Funktionseinheiten:

- Ständer mit Ständerwicklung,
- Läufer mit Erregerwicklung,
- Diodenträger zur Gleichrichtung,
- Elektronischer Feldregler.

Zur Ableitung der Wärme (Eigenwärme, Wärme des Motors und des Auspuffs) wird der Generator durch einen Lüfter, der Kühlluft ansaugt, von innen belüftet. Der Antrieb des Generators erfolgt über Keilriemen bzw. Keilrippenriemen durch den Verbrennungsmotor. An der Stirnseite des Generators befinden sich Steckanschlüsse:

B+: Batterie Plus
D+: Generator Plus
D–: Generator Minus
DF: Generator

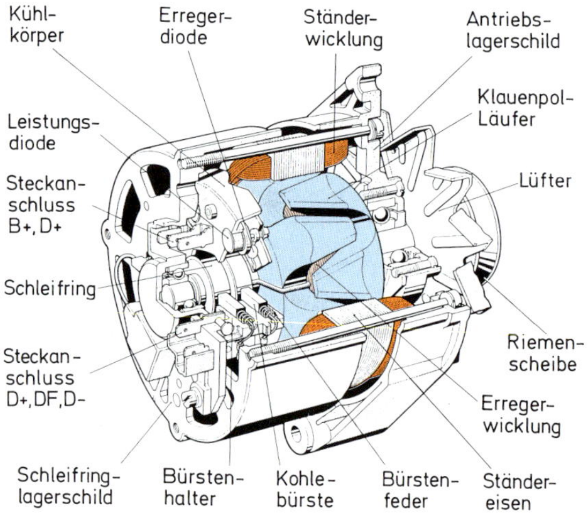

Ständer

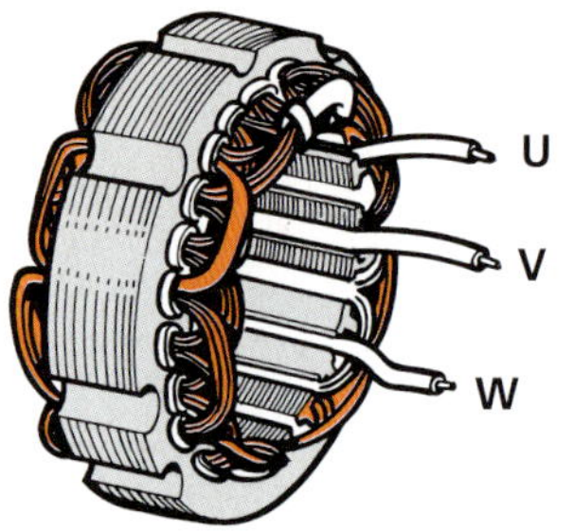

Der Ständer hat drei voneinander unabhängige Wicklungsstränge, die in Sternschaltung verkettet sind.
Das in der Erregerwicklung erzeugte Magnetfeld induziert in den Wicklungen des Ständers die Generatorspannung.

Läufer

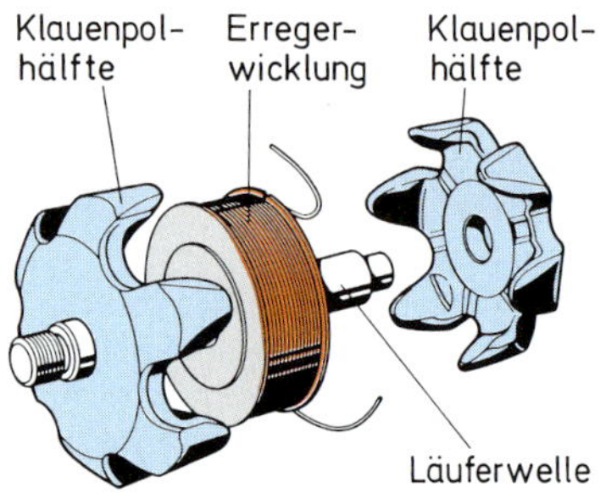

Der Läufer besteht aus zwei klauenartig gestalteten Polhälften, zwischen denen die ringspulenförmige Erregerwicklung angeordnet ist. Sie ist mit den auf der Läuferwelle sitzenden Schleifringen verbunden. Über die Kohlebürsten fließt der Erregerstrom zur Erregerwicklung, die ein Magnetfeld erzeugt.

Diodenträger

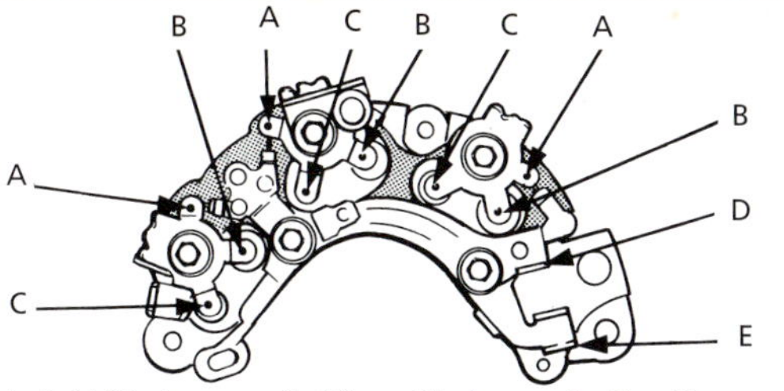

A Feld-Dioden   C Minus-Dioden   E Plus-Klemme
B Plus-Dioden   D Feldwicklung

Die Dioden sind in einem Kühlkörper eingebaut, da zu hohe Temperaturen ihre Funktionsfähigkeit beeinflussten. Im Kühlkörper sitzen 6 Leistungsdioden zum Gleichrichten des Ladestroms und 3 Erregerdioden zum Gleichrichten des Erregerstromes.

Elektronischer Feldregler

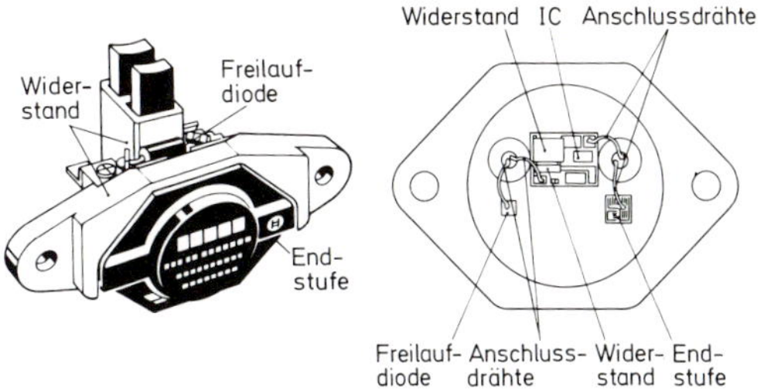

Der elektronische Feldregler unterbricht den Erregerstrom, wenn die Generatorspannung einen Sollwert übersteigt. Er bildet mit dem Bürstenhalter eine Einheit.

14.4.3 Erzeugen des Ladestromes

Über die Kohlebürsten und die Schleifringe fließt der Erregerstrom zur Erregerwicklung. Der Erregerstrom wird von der Ständerwicklung abgezweigt und durch die drei Erregerdioden gleichgerichtet.

In der Erregerwicklung wird ein Magnetfeld erzeugt, das mit Generatordrehzahl umläuft. Die magnetischen Feldlinien schneiden die Ständerwicklungen und induzieren in jeder Phase eine Wechselspannung. Über eine Verkettung in Sternschaltung entsteht eine dreiphasige Wechselspannung. Die Gleichrichtung des Drehstromes erfolgt durch die Leistungsdioden.

Da der Generator seinen Erregerstrom selbst erzeugt, spricht man auch von Selbsterregung.

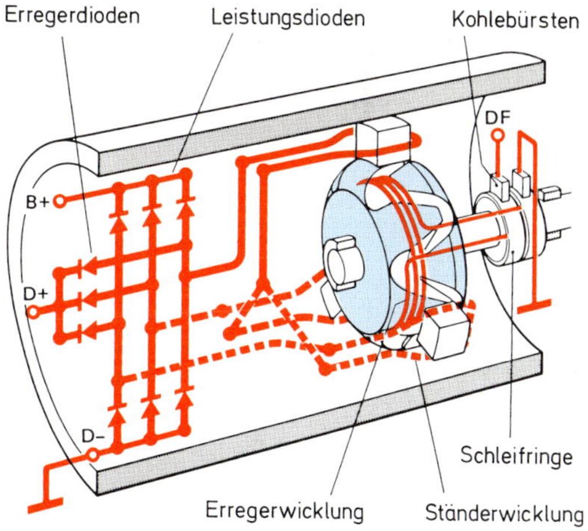

Erzeugen des Drehstromes

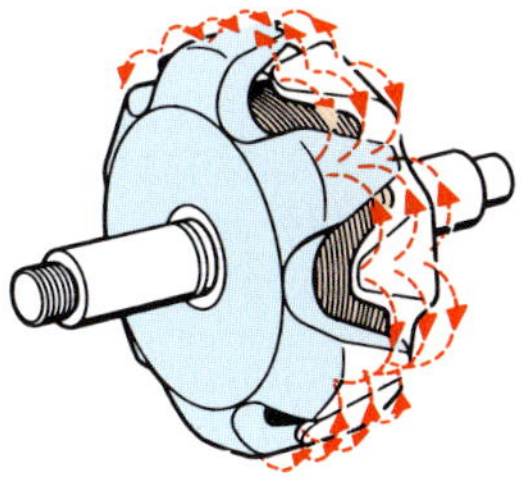

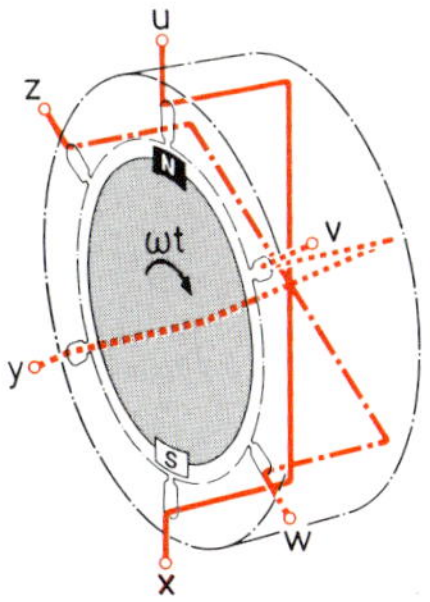

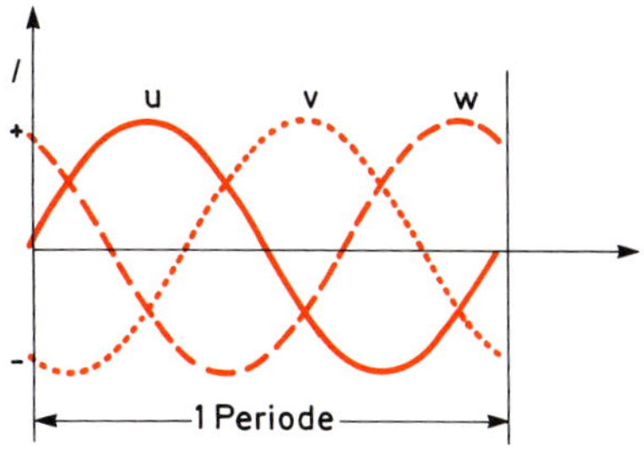

Der Läufer hat 6 Nord- und 6 Südpole. Bei einer Umdrehung des Läufers finden 12 Poldurchgänge statt. Je Poldurchgang entsteht eine Spannungshalbwelle abwechselnd in positiver und in negativer Richtung. Es werden also pro Umdrehung des Läufers 12 x 3 = 36 Spannungshalbwellen induziert. Das entspricht sechs vollen Sinushalbwellen pro Ständerwicklung. Die Verkettung der in den 3 Wicklungssträngen erzeugten Phasenspannungen ergibt die dreiphasige Wechselspannung. Der zugehörige Strom wird Drehstrom genannt.

Erzeugen des Gleichstromes

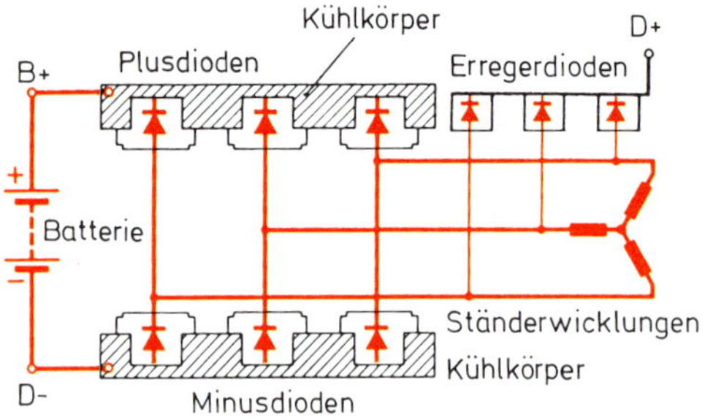

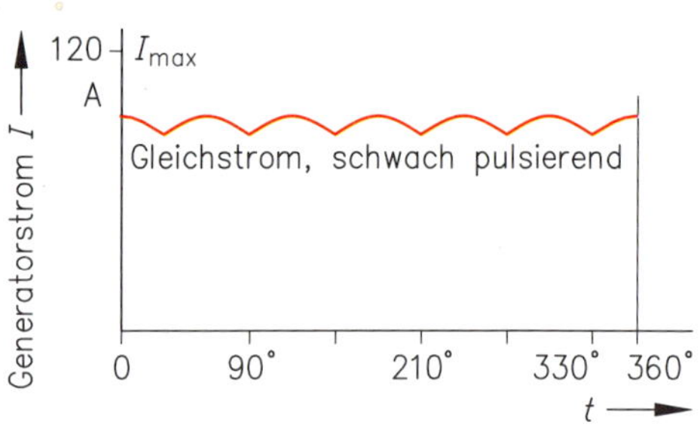

Die Gleichrichtung der Wechselspannungen erfolgt über Dioden in Brückenschaltung. Für jede Phase wird eine Diode an der Plus- und an der Minusseite angeordnet. Die in den Phasen entstehenden positiven Spannungshalbwellen werden von den Plusdioden, die negativen Halbwellen von den Minusdioden durchgelassen.
Die Addition der positiven und negativen Hüllkurven der Halbwellen ergibt eine gleichgerichtete, leicht gewellte Generatorspannung.

14.4.4 Schaltungen und Stromkreise

Stromlaufplan

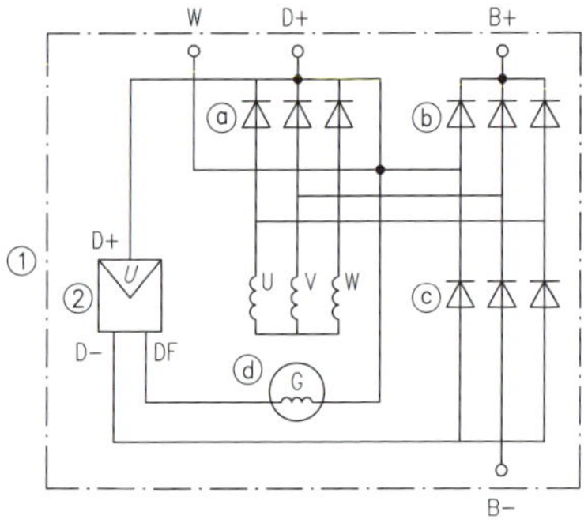

Der Stromlaufplan zeigt die Innenschaltung des Generators mit

- dem Generator ①, bestehend aus:
- der Erregerwicklung ⓓ,
- den Erregerdioden ⓐ,
- den Leistungsdioden ⓑ,ⓒ,
- und dem Regler ②.

Die Steckanschlüsse geben an:

- B+ : Batterie Plus
- D+: Generator Plus
- B– : Generator Minus
- Die Klemme W liefert eine pulsierende Gleichspannung. Mit ihr kann z. B. bei Dieselmotoren die Motordrehzahl ermittelt werden.

Anschlussplan in aufgelöster Darstellung und Schaltzeichen

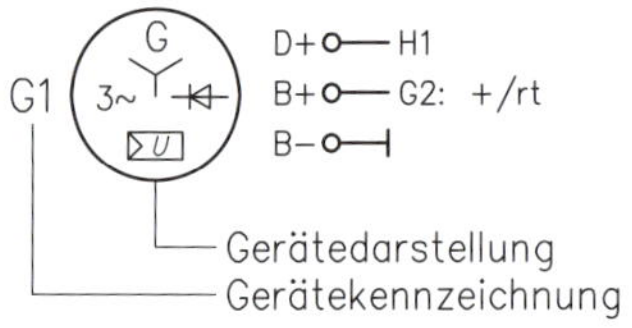

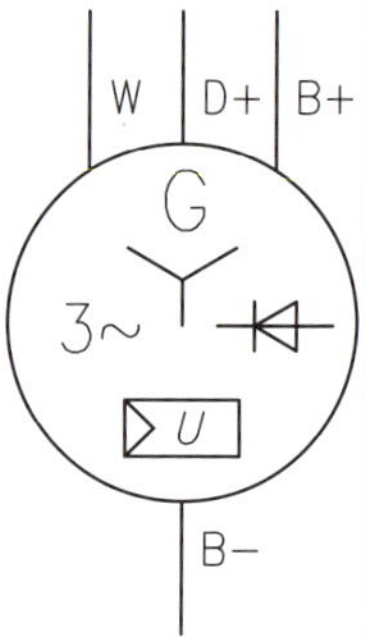

Die aufgelöste Darstellung für den Generator besteht aus:

- Gerätedarstellung: G1
- Zielhinweise:
  Kennzeichen des Zielgeräts, der Anschlussbezeichnung und der Leitungsfarbe
  D+ nach H 1: Ladekontrolllampe, Leitungsfarbe schwarz
  B+ nach G 2 Batterie Plus, Leitungsfarbe rot
  B– zur Masse
  Im Schaltzeichen sind dargestellt:
  G: Generator
  3 ~ : drei Wicklungen
  Y: Sternschaltung
  ⊣◁⊢: Dioden
  ▷U : Regler

Stromkreise des Drehstromgenerators

Vorerregerstromkreis

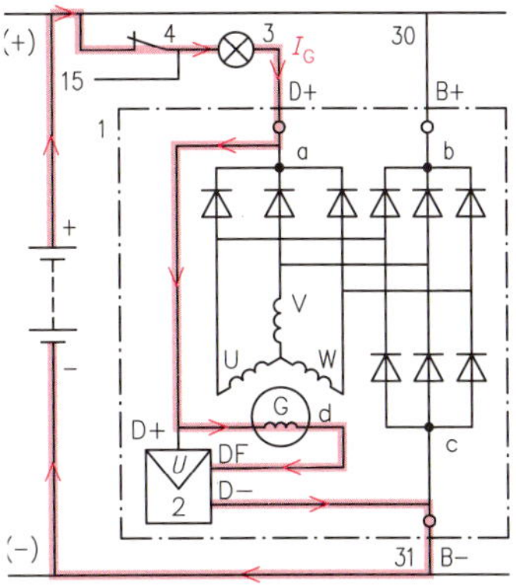

Da beim Anlaufen des Drehstromgenerators noch kein Erregerstrom fließt, muss der Generator vorerregt werden. Nach Schließen des Zündstartschalters (4) fließt über die Ladekontrolllampe (3) ein Batteriestrom. Der Vorerregerstrom bewirkt, dass beim Starten ein genügend starkes Magnetfeld zur Einleitung der notwendigen Selbsterregung entsteht.
Die Ladekontrolllampe erlischt, sobald die Drehzahl erreicht ist, bei der die volle Generatorspannung erzeugt wird und der Generator Leistung an das Bordnetz abgibt.

Erregerstromkreis

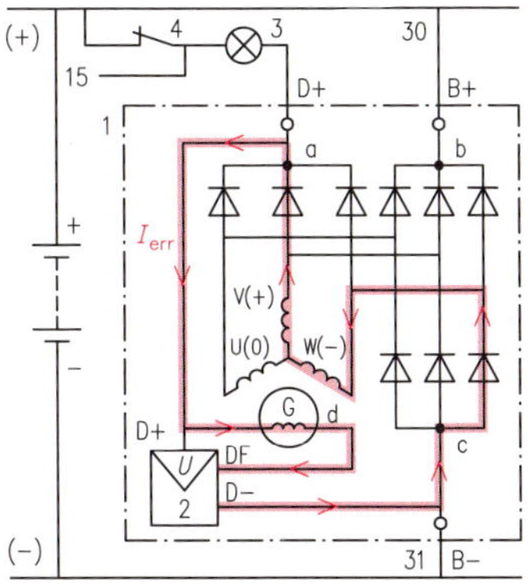

Der Erregerstrom wird von der Ständerwicklung abgezweigt, durch die drei Erregerdioden gleichgerichtet und als Erregerstrom über die Kohlebürsten und Schleifringe der Erregerwicklung und dem Regler zugeführt. Über die Klemme D- und die Leistungsdiode (Minusdiode) fließt der Strom zur Ständerwicklung zurück.

Ladestromkreis

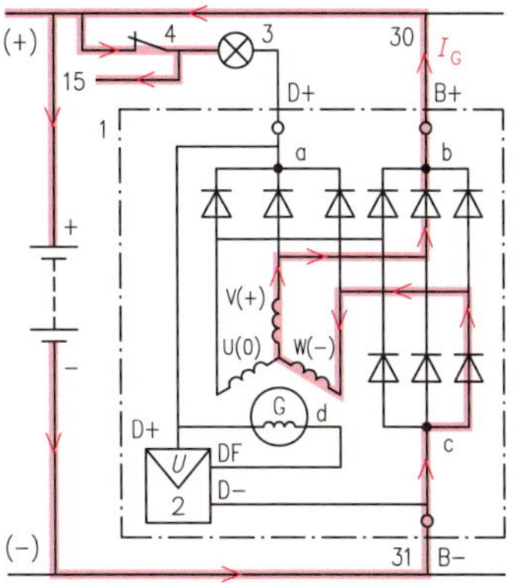

Der in den 3 Phasen induzierte Wechselstrom wird durch die Leistungsdioden gleichgerichtet und dann an Batterie und Verbraucher geleitet. Damit Strom vom Generator zur Batterie fließt, muss die Generatorspannung höher als die Batteriespannung sein.

14.4.5 Reglerausführungen

Elektronischer Spannungsregler

Die Generatorspannung ist bei konstantem Erregerstrom stark von der Drehzahl und der Belastung abhängig. Bei einer Drehzahl von 10 000 1/min würde der Generator ohne Belastung und ohne Batterie eine Spannung von ca. 140 Volt liefern. Trotz der sich ständig ändernden Betriebsbedingungen des Motors, muss die Spannung auf einem bestimmten Wert gehalten werden, um Verbraucher vor Überspannungen zu schützen und ein Überladen der Batterie zu verhindern.

Aufgabe des Spannungsreglers ist es, die Generatorspannung auf ein bestimmtes Niveau zu begrenzen.

Die Spannungsregelung erfolgt über ein Zu- und Abschalten des Erregerstromes. Damit wird die Größe des Magnetfeldes im Läufer in Abhängigkeit von der erzeugten Generatorspannung beeinflusst.

Sobald die Generatorspannung durch zunehmende Motordrehzahl den vorgegebenen Sollwert übersteigt, unterbricht der Regler den Erregerstrom. Sinkt die Spannung bei abnehmender Motordrehzahl und das Hinzuschalten von Verbrauchern, z. B. den Scheinwerfern, unter die Sollspannung, schaltet der Regler den Erregerstrom wieder ein.

Der elektronische Spannungsregler besteht aus

- Leistungsendstufe (1), • Steuerstufe (2), • Spannungsteiler (3),
- Dioden zur Temperaturkompensation (4).

Die Funktionselemente haben folgende Aufgaben:

- Der Spannungsteiler mit den Widerständen R1, R2 und R3 erfasst den Istwert der Generatorspannung zwischen den Klemmen D+ und D–.
- Die zu R3 parallel geschaltete Z-Diode dient als Sollwertgeber.
- Die Dioden (4) dienen der Temperaturkompensation.
- Die Transistoren V2 und V3 sind als Darlington-Stufe ausgeführt und bilden die Leistungsstufe des Reglers. Der Endtransistor V3 öffnet und schließt den Erregerstromkreis.
- Der Transistor V1 dient als Steuertransistor.
- Die Freilaufdiode D3 parallel zur Erregerwicklung verhindert, dass bei Unterbrechung des Erregerstromes durch Selbstinduktion in der Erregerwicklung Spannungsspitzen entstehen.
- Der Kondensator C glättet die wellige Generatorgleichspannung.

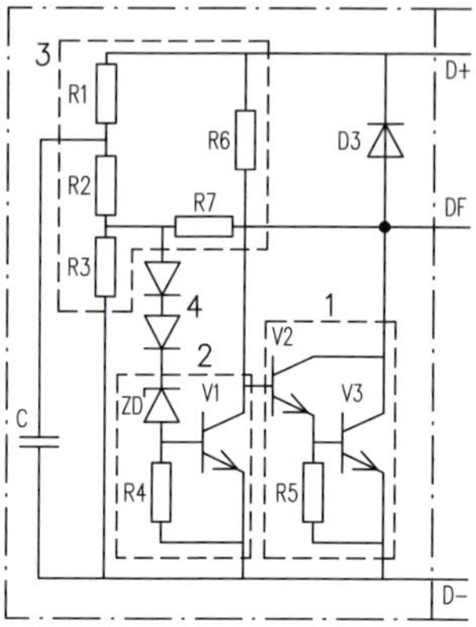

Generatorspannung sinkt unter die festgelegte Regelspannung

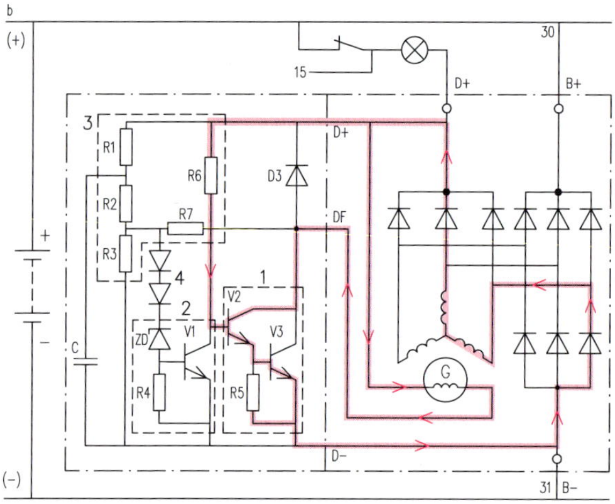

- Die Durchbruchspannung der Z-Diode (ZD) wird nicht erreicht. Die Z-Diode sperrt.
- Es fließt kein Strom zur Basis des Transistors V1. Der Transistor V1 sperrt.
- Wenn der Transistor V1 sperrt, fließt ein Strom von den Erregerdioden über die Klemme D+ und den Widerstand R5 zur Basis des Transistors V2.
- V2 schaltet durch und verbindet die Klemme DF mit der Basis V3. V3 schaltet durch.
- Durch V3 und die Erregerwicklung fließt ein Erregerstrom. Die Generatorspannung steigt an.

Generatorspannung steigt über die festgelegte obere Regelspannung

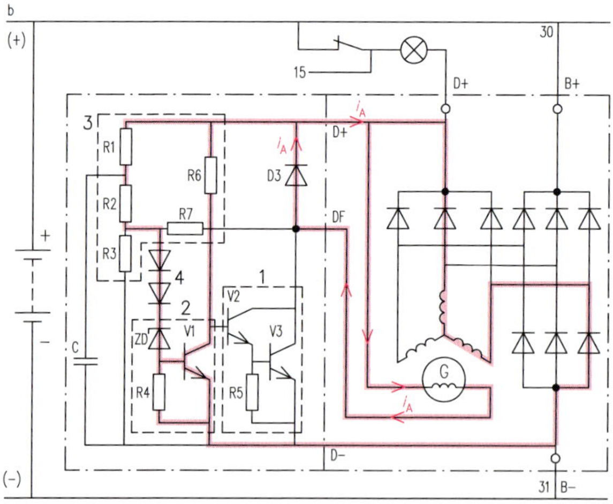

- Die Durchbruchspannung der Z-Diode (ZD) wird überschritten, die Z-Diode schaltet durch.
- Es fließt ein Strom von D+ über die Widerstände R1 und R2 in die Basis des Transistors V1. V1 wird leitend.
- Die Basis-Emitterspannung sinkt unter 0,7 Volt. Der Transistor V2 sperrt.
- Transitor V3 sperrt ebenfalls.
- Der Erregerstrom wird unterbrochen, die Generatorspannung sinkt bis zur unteren Regelspannung.

Multifunktionsregler

Moderne Generatoren (z. B. die neuen Compact-Generatoren) sind mit einem Multifunktionsregler ausgestattet. Der Generator bezieht seinen Erregerstrom direkt von der Klemme B+. Die Erregerdioden entfallen. Die Information, dass der Motor läuft, erhält der Regler über den Anschluss L. Das Regler-IC schaltet den Vorerregerstrom ein. Dreht sich der Generator, erhält das Regler IC über den Phasenanschluss V ein Spannungssignal, aus dem es die Generatordrehzahl bestimmen kann. Sobald die im Regler eingestellte Einschaltdrehzahl erreicht ist, schaltet er die Endstufe durch. Der Generator kann Strom an das Bordnetz liefern.

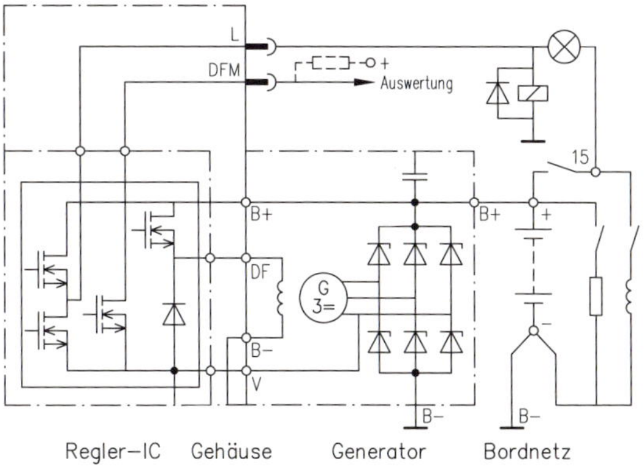

Gegenüber herkömmlichen Generatorreglern besitzt der Multifunktionsregler zusätzliche Funktionen:

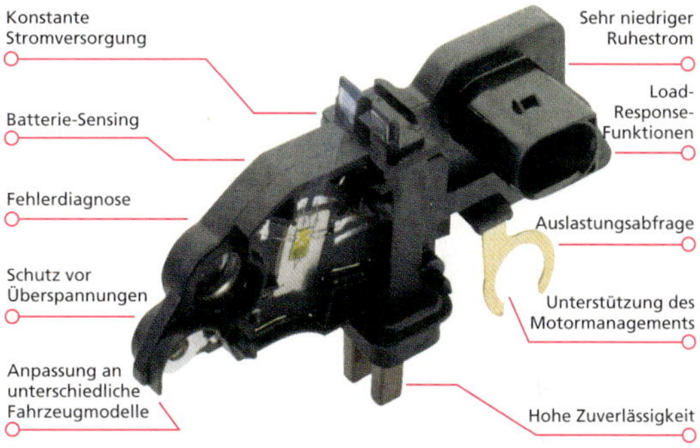

- Batterie-Sensing: Die Spannungsregelung erfolgt über die Anschlussklemme S, die vorzugsweise direkt an die Batterie angeschlossen ist. Durch die Spannungserfassung direkt an der Batterie wird die Ladespannung der Batterie optimiert.
- Load-Response-Funktionen:
  Start: Sie steuert die Lastzuschaltung der elektrischen Verbraucher beim Startvorgang.
  Fahrt: Sie steuert die Lastzuschaltung der elektrischen Verbraucher während des Fahrbetriebes.
- Fehlerdiagnose: Während des gesamten Generatorbetriebes werden vom Regler ständig Signale über Anschluss L ausgewertet und mögliche Fehler (Regler-, Generator-, Bordnetzfehler) bestimmt.
- Auslastungsgrad: Das DFM-Signal (DF-Monitor) signalisiert ein Maß für den Auslastungsgrad des Generators. Es werden geeignete Maßnahmen z. B. Anhebung der Leerlaufdrehzahl, Leistungsreduzierung durch Abschaltung weniger wichtiger Verbraucher.

14.4.6 Überspannungsschutz/Entstörmaßnahmen

Im normalen Betriebszustand und bei einwandfrei angeschlossener Batterie ist ein Überspannungsschutz nicht erforderlich, da der niedrige Innenwiderstand der Batterie alle Spannungsspitzen dämpft.

Bei Störungen im Bordnetz kann ein Schutz gegen Spannungsspitzen sinnvoll sein. Überspannungen im Bordnetz können unterschiedliche Ursachen haben:

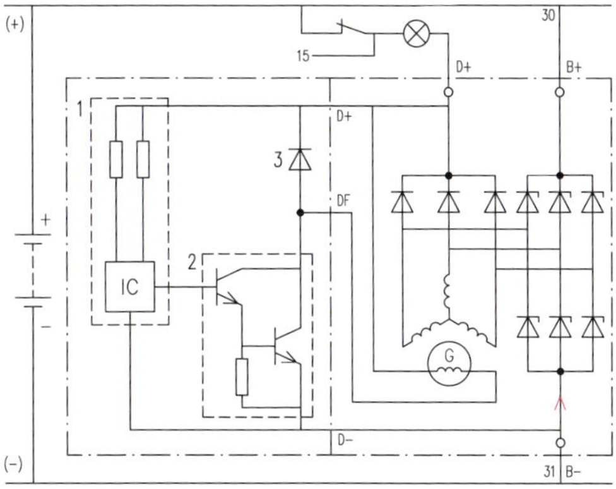

- Ausfall des Reglers
- Wackelkontakte
- Kabelbruch
- Ausschalten starker Verbraucher
- Unterbrechung der Leitung zwischen Generator und Batterie bei laufendem Motor

Der Überspannungsschutz wird durch die Ausstattung des Generators durch Z-Dioden als Leistungsdioden erreicht. Die Z-Dioden begrenzen die Spannungsspitzen und bieten Überspannungschutz für Generator, Regler und weitere spannungsempfindliche Verbraucher im Bordnetz. Ein Fahrzeug mit einer Funkanlage, einem Autotelefon oder Autoradio benötigt eine Nahentstörung des Generators. Hierzu sind die Generatoren mit einem Entstörkondensator ausgestattet.

14.4.7 Generatorbauarten

14.4.7.1 Luftgekühlte Generatoren

Klauenpolgenerator in Topfbauart

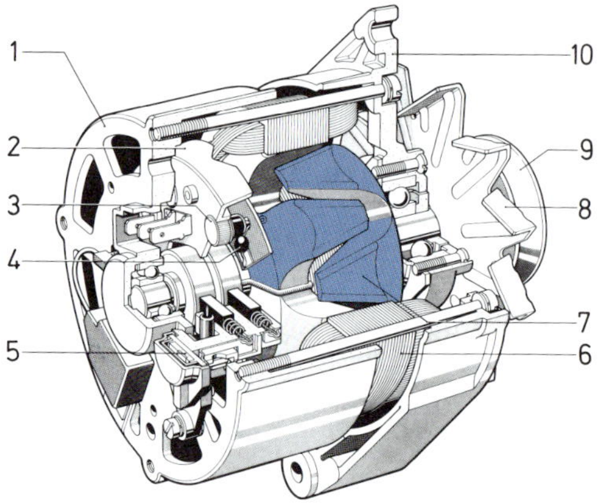

1 Schleifringlagerschild
2 Gleichrichter
3 Leistungsdiode
4 Energiediode
5 Regler, Bürstenhalter und Kohlebürste
6 Ständer
7 Läufer
8 Lüfter
9 Riemenscheibe
10 Antriebslagerschild

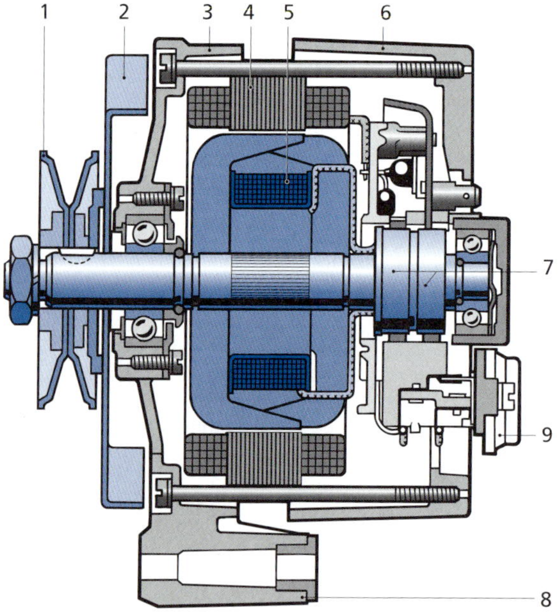

1 Riemenscheibe
2 Lüfter
3 Antriebslagerschild
4 Ständerpaket
5 Erregerwicklung
6 Schleifringlagerschild
7 Schleifringe
8 Schwenkarm
9 Regler

Der Generator besitzt einen Lüfter an der Diodenseite, der Kühlluft durch den Generator hindurchsaugt. Der Antrieb des Generators erfolgt über Keilriemen bzw. Keilrippenriemen durch den Verbrennungsmotor. Die Höchstdrehzahl liegt bei 15 000 bis 18 000 1/min.

Compact-Generator

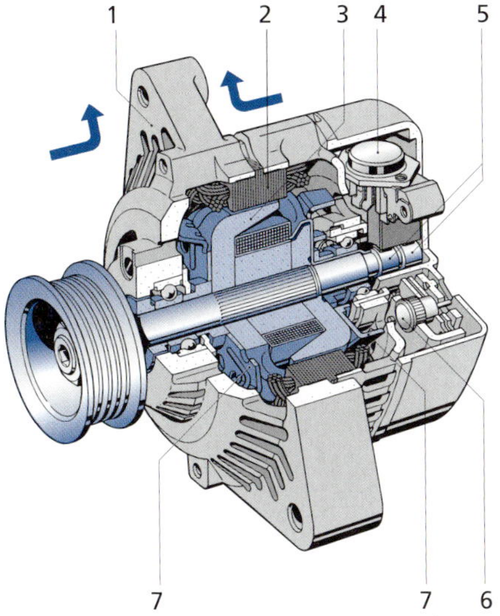

1 Gehäuse
2 Ständer
3 Läufer
4 elektronischer Feldregler mit Bürstenhalter
5 Schleifringe
6 Gleichrichter
7 Lüfter

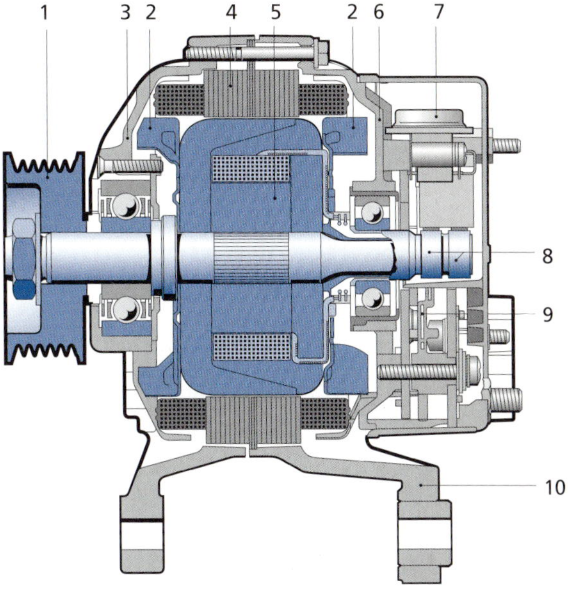

1 Riemenscheibe
2 Lüfter
3 Antriebslagerschild
4 Ständerpaket
5 Erregerwicklung
6 Schleifringlagerschild
7 Schleifringe
8 Schwenkarm
9 Regler

Der Compact-Generator besitzt 2 innenliegende Lüfter, die die Kühlluft ansaugen und radial durch Öffnungen im Gehäuse ausblasen. Die Compact-Generatoren sind geräuschärmer und ermöglichen Drehzahlen von 18 000 bis 22 000 1/min. Durch die größere Übersetzung zwischen Kurbelwelle und Generator geben Compact-Generatoren bis 25 % mehr Leistung bei gleicher Baugröße und Motordrehzahl ab.

14.4.7.2 Flüssigkeitsgekühlte Generatoren

Stromverbraucher mit erhöhtem Leistungsbedarf von über 150 A führen bei luftgekühlten Generatoren in konventioneller Bauweise zu einem erhöhten Geräuschniveau. Flüssigkeitsgekühlte Generatoren arbeiten durch den Wegfall der Lüfter und der Vollkapselung vollkommen geräuschlos. Im Hohlraum zwischen Generator- und Einschubgehäuse befindet sich ein Kühlflüssigkeitsmantel. Er ist an den Kühlkreislauf des Motors angeschlossen. Die Wasserkühlung glättet bei Stand und bei Stop-and-Go-Betrieb die im Generator auftretenden Temperaturspitzen.

Er eignet sich besonders für direkt einspritzende Turbodieselmotoren, die durch den hervorragenden Wirkungsgrad und niedrigen Kraftstoffverbrauch so wenig Verlustwärme produzieren, dass sich das Kühlwasser nur langsam aufheizt und die Fahrzeugheizung verzögert arbeitet.

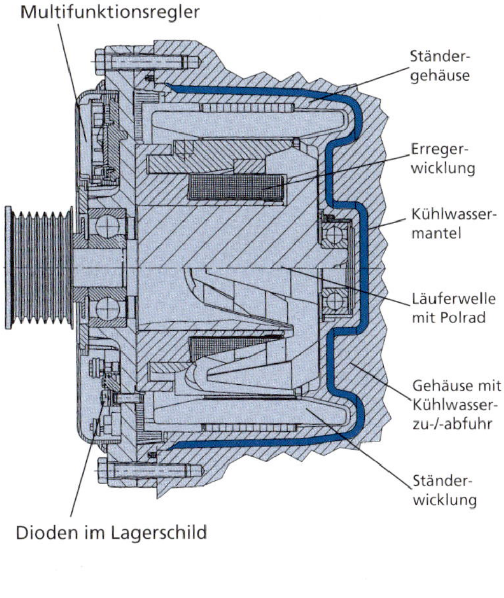

14.4.8 Antrieb des Generators

Der Generator wird über einen Riementrieb von der Kurbelwelle angetrieben:

Keilrippenriemen

Der Antrieb erfolgt über einen Keilrippenriemen. Der Generator ist starr angebaut. Die erforderliche Riemenspannung wird durch einen Riemenspanner mit Spannrolle erreicht.

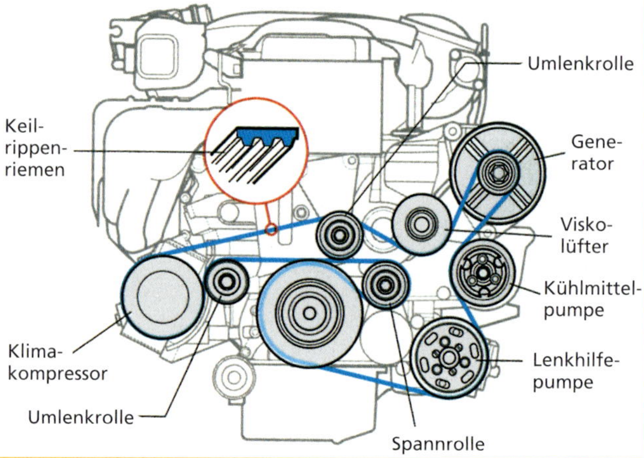

Normalkeilriemen

Bei älteren Fahrzeugen erfolgt der Antrieb über einen Normalkeilriemen. Der Generator ist über einem Schwenkarm befestigt. Die Keilriemenspannung wird durch Schwenken eingestellt.

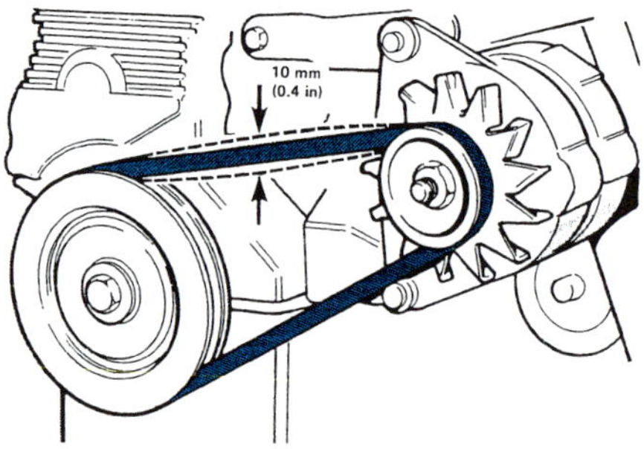

14.4.9 Generatorkennzeichnung

Kennlinie

Das charakteristische Generatorverhalten bei verschiedenen Drehzahlen wird durch die Kennlinie angegeben.

Der Generator läuft vom Stillstand bis zur Höchstdrehzahl des Motors bestimmte Drehzahlpunkte durch, die für sein Verhalten von Bedeutung sind:

- Null-Ampere-Drehzahl n_0
  Bei dieser Drehzahl (ca. 1 000 1/min) erreicht der Generator die Nennspannung, ohne dass Strom abgegeben wird.
- Drehzahl bei Motorleerlauf n_L, Strom bei Motorleerlauf I_L
  Bei dieser Drehzahl muss der Generator mindestens den Strom I_L an für längere Zeit eingeschaltete Verbraucher abgeben:
  - Topfgeneratoren: n_L = 1 500 1/min,
  - Compact-Generatoren: n_L = 1 800 1/min.

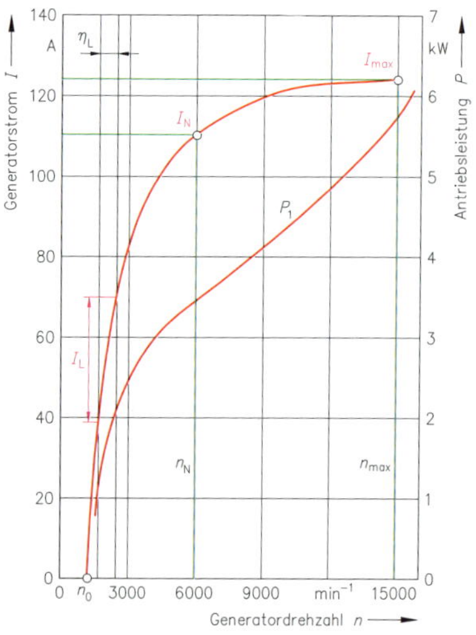

- Einschaltdrehzahl n_E
  Mit Erreichen der Einschaltdrehzahl beginnt der Generator das erste Mal Strom abzugeben. Die Einschaltdrehzahl liegt oberhalb der Leerlaufdrehzahl
- Nenndrehzahl n_N, Nennstrom I_N
  Bei der Nenndrehzahl von n_N = 6 000 1/min gibt der Generator seinen Nennstrom ab. Dieser Wert liegt höher als die Summe der Verbraucherleistungen.
- Höchstdrehzahl n_{max}, Maximalstrom I_{max}
  Bei der Höchstdrehzahl gibt der Generator seinen Maximalstrom ab. Die Höchstdrehzahl beträgt bei
  - Topfgeneratoren: n_{max} = 15 000 bis 18 000 1/min,
  - Compact-Generatoren: n_{max} = 18 000 bis 20 000 1/min.

Typformel

Die wichtigsten Daten des Generators können der Typformel entnommen werden.
Beispiel einer Typformel der Fa. Bosch z. B. KC (→) 14 V 40–70 A

K	Baugröße des Generators	14 V	Generatorspannung
C	Compact-Generator	40 A	Strom bei n = 1 800 1/min
(→)	Drehrichtung, Rechtslauf	70 A	Strom bei n = 6 000 1/min

14.4.10 Prüfen und Messen

14.4.10.1 Störungsdiagnose

Störung	Störstelle	Ursache
Batterie wird nicht bzw. nicht genügend geladen	Ladestromkreis Batterie Generator Regler Keilriemen	Unterbrechung oder Übergangswiderstand im Ladestromkreis Batterie defekt Generator defekt Regler defekt Keilriemen zu locker
Kontrolllampe für Drehstromgenerator brennt nicht bei eingeschalteter Zündung	Kontrolllampe Batterie Leitungen Regler Plusplatte Kohlebürste Schleifringe Erregerwicklung	Kontrolllampe durchgebrannt Batterie entladen Leitungen schadhaft Regler defekt Kurzschluss einer Plusdiode Kohlebürsten verschlissen Schleifringe oxidiert Erregerwicklung unterbrochen
Kontrolllampe geht bei Drehzahlsteigerung nicht aus	Leitung D+/61 Regler Überspannungsschutz Leitungsanschlüsse Generator	Leitung hat Masseschluss Regler schadhaft Überspannungsschutz defekt Leitungsanschlüsse vertauscht Gleichrichter schadhaft Schleifringe verschmutzt Kurzschluss in der Leitung DF Kurzschluss in der Läuferwicklung
Kontrolllampe leuchtet bei stehendem Motor hell, wird aber bei laufendem Motor nur dunkler oder glimmt	Ladestromkreis, Leitung zur Kontrolllampe Regler Generator	Übergangswiderstände Regler defekt Generator schadhaft
Batterie wird überladen	Regler	Regler defekt
Ladekontrolllampe flackert bei flott laufendem Motor	Keilriemen	Keilriemen locker

14.4.10.2 Arbeitsregeln

Dioden können durch hohe Induktionsspannungen bzw. zu hohe Ströme zerstört werden. Daher sind bei Arbeiten an der Energieversorgungsanlage folgende Arbeitsregeln zu beachten:

- Die Batterie darf nicht bei laufendem Motor vom Bordnetz abgeklemmt werden, da hohe Induktionsspannungen entstehen können.
- Die Polanschlüsse der Batterie dürfen nicht verwechselt werden, da sie dann über die Dioden kurzgeschlossen sind. Es fließt ein hoher Entladestrom, der die Dioden im Generator zerstört.
- Der Drehstromgenerator sollte nicht ohne Batterie betrieben werden, da durch den Innenwiderstand der Batterie Spannungsspitzen aufgenommen werden.
- Bei Lichtbogen-Schweißarbeiten ist die Masseklemme des Schweißgeräts möglichst nahe an der Schweißstelle anzubringen, damit der hohe Schweißstrom nicht über Dioden zurückfließt.

14.4.10.3 Prüfen des Drehstromgenerators

Sichtprüfung

- Riemenspannung in Ordnung
- Leitungen an Generator und Masseband zwischen Motor und Batterie sitzen fest und sind nicht oxidiert
- Ladezustand der Batterie einwandfrei

Funktionsprüfung der Ladekontrolllampe

Prüfung	Prüfschritte	Ergebnis	Ursache
Leitung D+ zur Ladekontrolllampe auf Unterbrechung prüfen	1. Mehrfachstecker vom Generator abziehen 2. Prüfleitung zwischen D+ und Masse legen 3. Zündung einschalten	Lampe brennt	Fehler im Generator (Kohlebürsten verschlissen oder Unterbrechung in Erregerwicklung, Plusdioden haben Kurzschluss)
		Lampe brennt nicht	Lampe durchgebrannt oder Leitung unterbrochen
Leitung D+ vom Generator zur Ladekontrolllampe auf Masseschluss prüfen	1. Mehrfachsteckerverbindung vom Generator abziehen 2. Zündung einschalten	Lampe brennt	Masseschluss in Leitung D+ nach H1
		Lampe brennt nicht	Drehstromgenerator und Spannungsregler prüfen

Prüfschaltung

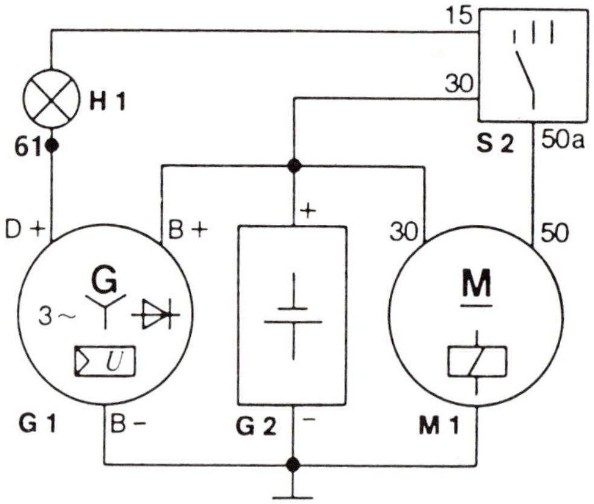

Prüfen des Generators mit dem Multimeter

Prüfung	Prüfschritt	Sollwert	Ursache, wenn Sollwert nicht erreicht wird
Generatorspannung prüfen	Spannungsmesser zwischen B+ und D– anschließen	U =13,7 bis 14,8 V	Regler defekt
Spannungsfall in Plusleitung messen	Spannungsmesser zwischen Generator/B+ und Batterie+ anschließen	U > 0,4 Volt	Leitung defekt
Spannungsfall in Minusleitung messen	Spannungsmesser zwischen Generator/B und Batterie– anschließen	U > 0,4 Volt	Leitung defekt

Messschaltung

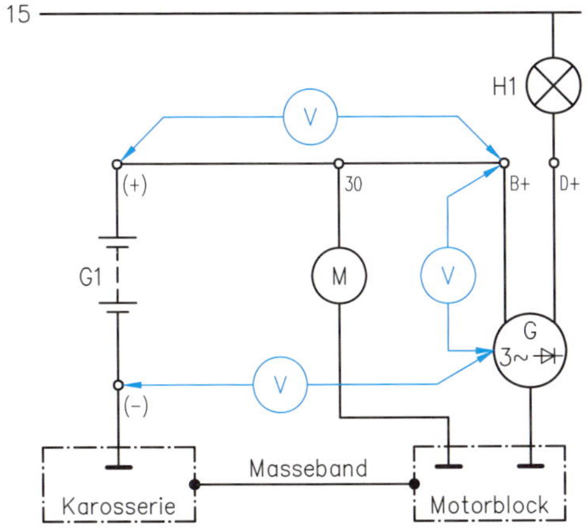

Dioden prüfen

Die Dioden haben nur einen Anschluss, ihr Gehäuse ist zur Kühlung in einen Diodenträger eingepresst, der entweder mit dem Pluspol oder dem Minuspol des Bordnetzes verbunden ist. Bei den Plusdioden sitzt das Gehäuse als Kathode im Kühlblech, das mit dem Pluspol der Batterie verbunden ist. Bei den Minusdioden ist das Gehäuse als Anode über das Kühlblech mit der Masse verbunden. Ihre Wirkrichtung ist daher unterschiedlich. Bei der Prüfung der Dioden ist die Wirkrichtung zu beachten.

Zur Prüfung der Dioden darf eine Gleichspannung von maximal 40 Volt verwendet werden. Multimeter haben eine Diodenprüfeinrichtung, die mit einem konstanten Messstrom, z. B. 1 mA, arbeitet.

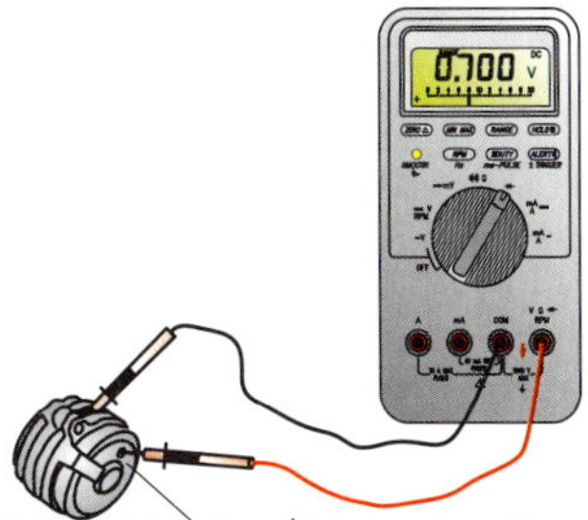

In Durchlassrichtung beträgt der Spannungsfall der Siliziumdiode 0,7 V, in Sperrrichtung 13,7 bis 14,8 Volt. Sind beide Werte 0, hat die Diode einen Kurzschluss.

Plusdiode	Diodenträger (Kühlkörper)	Minusdiode
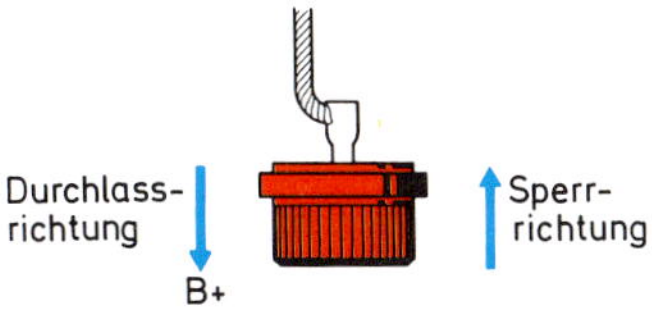	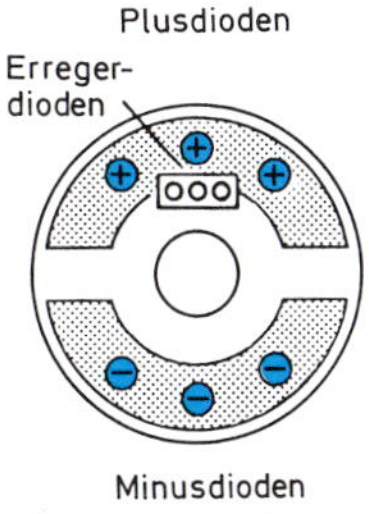	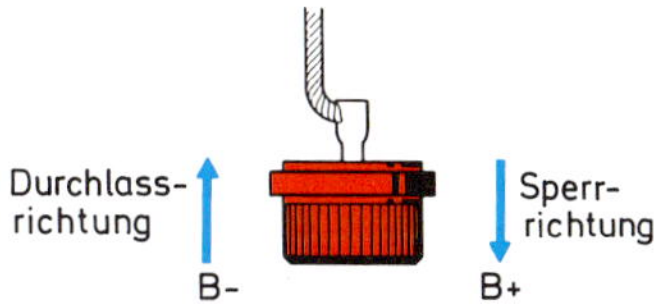

Prüfen mit dem Oszilloskop

Oberwelligkeit

Mit dem Oszilloskop lassen sich Fehler im Bereich der Leistungs- und Erregerdioden im eingebauten Zustand feststellen.
Bei der Gleichrichtung der Wechselspannung durch die 6 Leistungsdioden bleibt ein kleiner Wechselspannungsanteil, die Oberwelligkeit, übrig. Sie beträgt etwa 0,56 Volt. Sie ist größer, wenn eine Diode unterbrochen oder kurzgeschlossen ist.
Die Oberwelligkeit wird zur Fehlersuche eingesetzt.

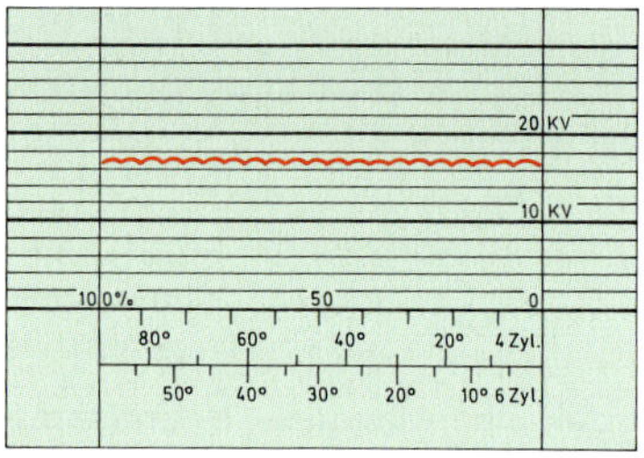

Störung	Prüfung	Prüfschritte
Dioden kurzgeschlossen oder unterbrochen	Prüfen mit dem Oszilloskop	1. Rote Klemme des Testers an D+ 2. Schwarze Klemme an B– 3. Motor starten und mit einer Drehzahl von 2 500 1/min betreiben 4. Verbraucher wie z. B. Licht, heizbare Heckscheibe einschalten 5. Oszillogramm auswerten

Messschaltung

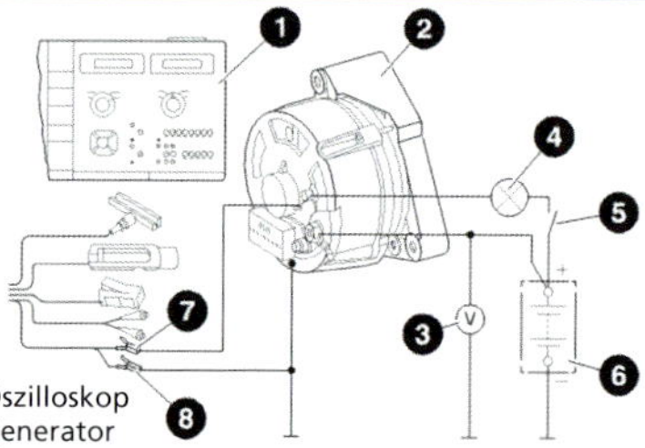

1 Oszilloskop
2 Generator
3 Electric-Tester
4 Ladekontrolllampe
5 Zündstartschalter
6 Batterie
7 rote Klemme
8 schwarze Klemme

Fehleroszillogramme

Unterbrechung einer Erregerdiode

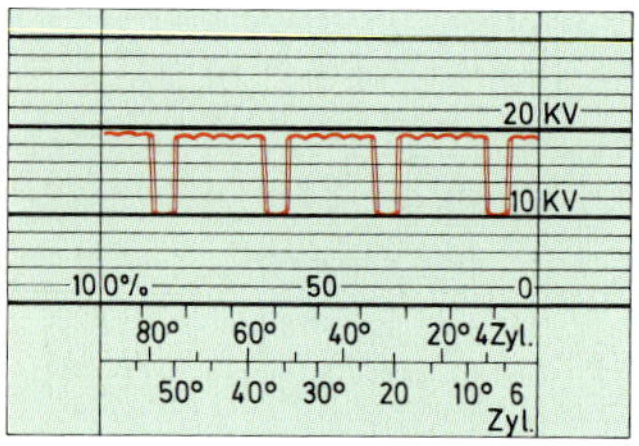

Unterbrechung einer Plusdiode

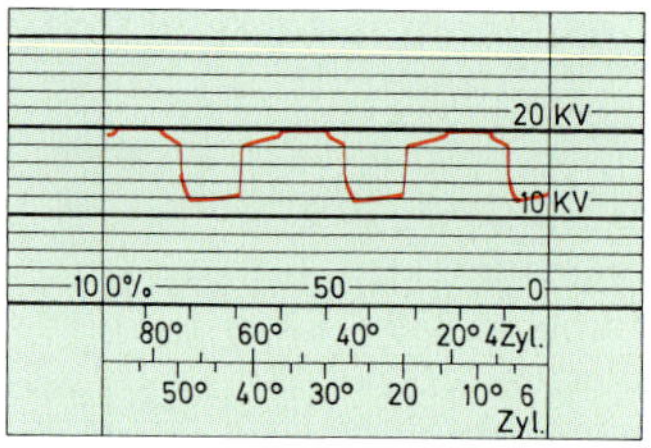

Unterbrechung einer Minusdiode

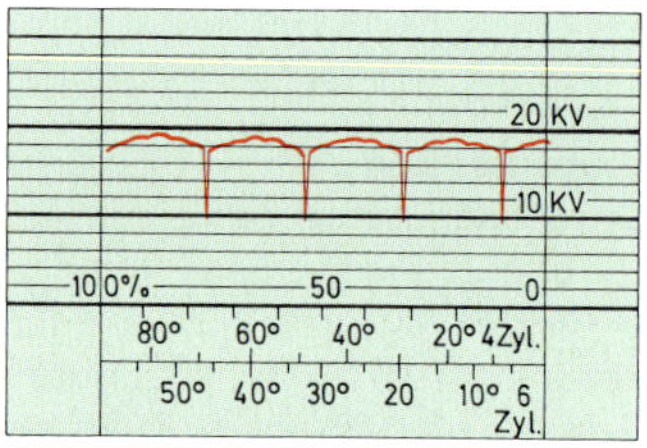

Kurzschluss einer Erregerdiode

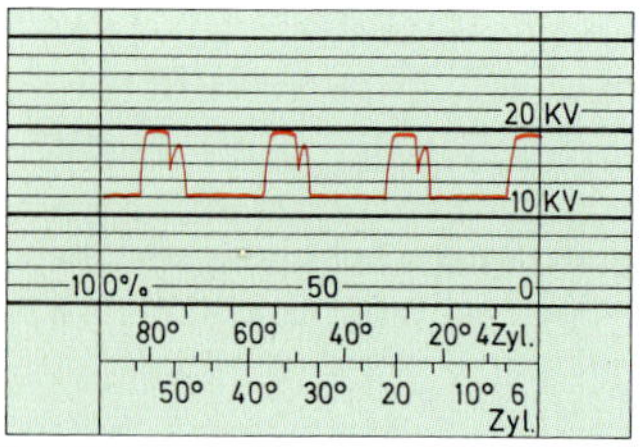

Kurzschluss einer Plusdiode

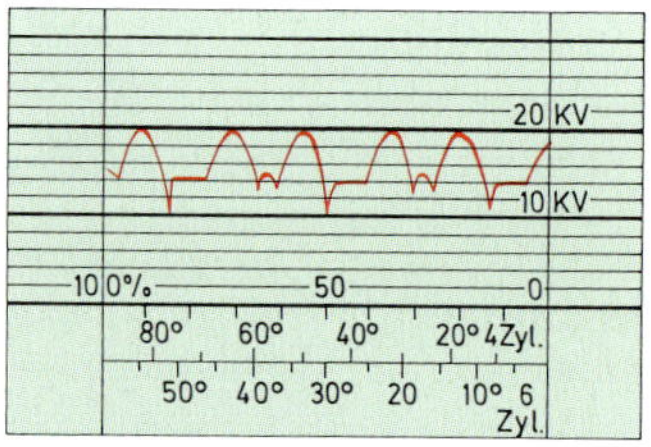

Kurzschluss einer Minusdiode

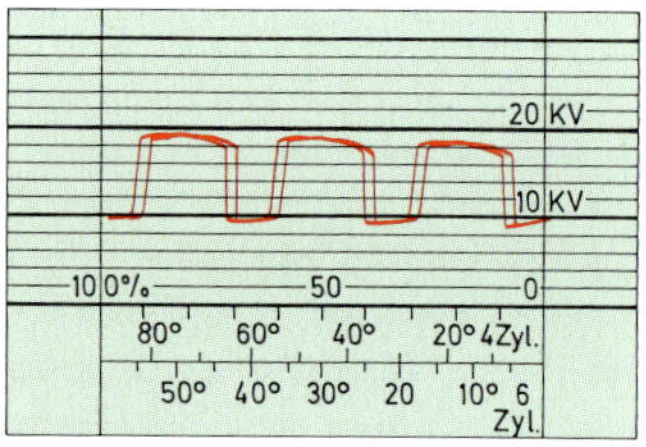

Phasenfehler

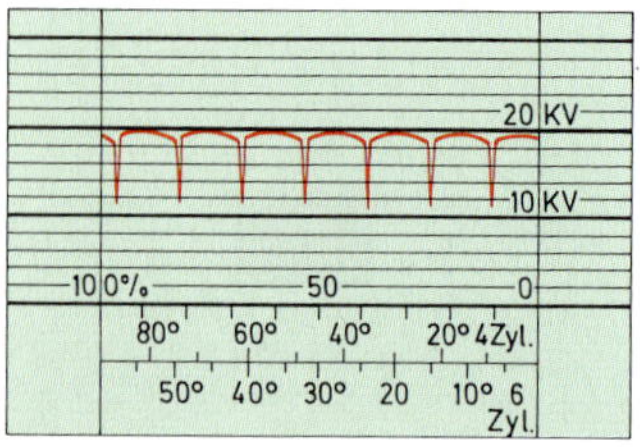

Phasenfehler und Kurzschluss einer Minusdiode

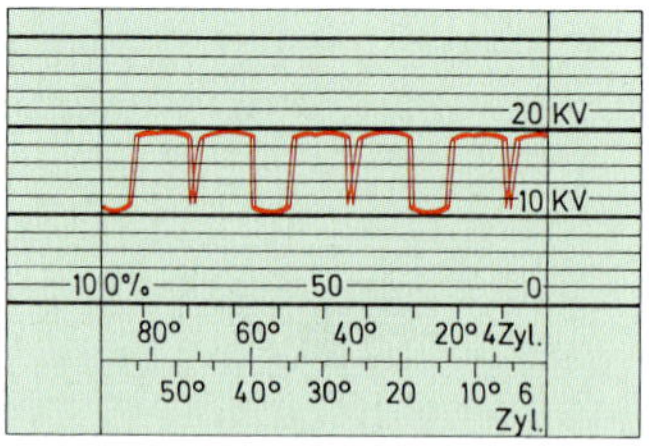

Fehlerhafte, noch nicht ausgefallene Dioden

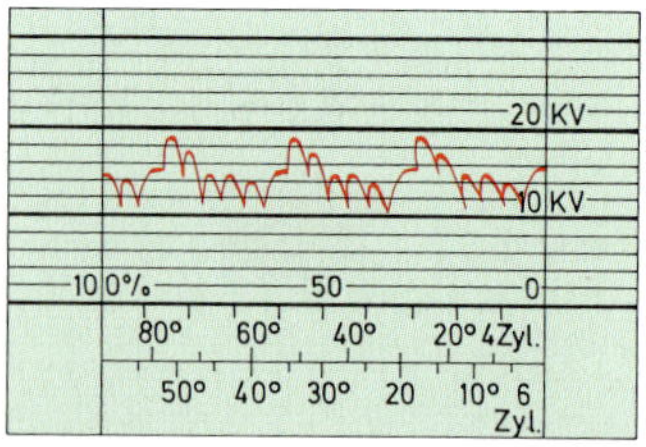

14.5 Starter

14.5.1 Motorprinzip, Gleichstrommotor

Um einen stromdurchflossenen Leiter bildet sich ein Magnetfeld. Befindet sich der stromdurchflossene Leiter im Magnetfeld eines Hufeisenmagneten, so bilden beide Magnetfelder ein Gesamtfeld (siehe Abb.):

- Links vom Leiter verlaufen die Feldlinien beider Magnetfelder in entgegengesetzter Richtung. Sie heben sich teilweise auf. Es entsteht eine Feldschwächung.
- Rechts vom Leiter verlaufen die Feldlinien beider Magnetfelder in gleicher Richtung. Es entsteht eine Feldverstärkung.

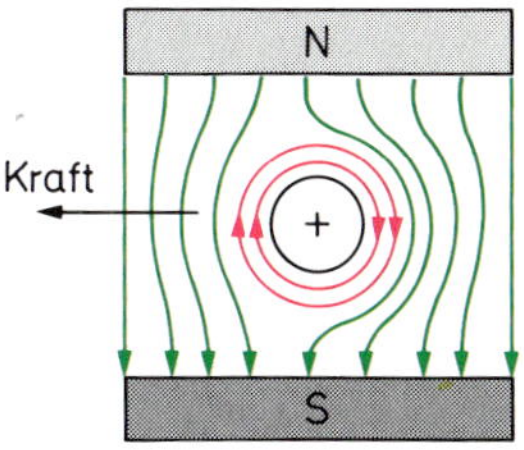

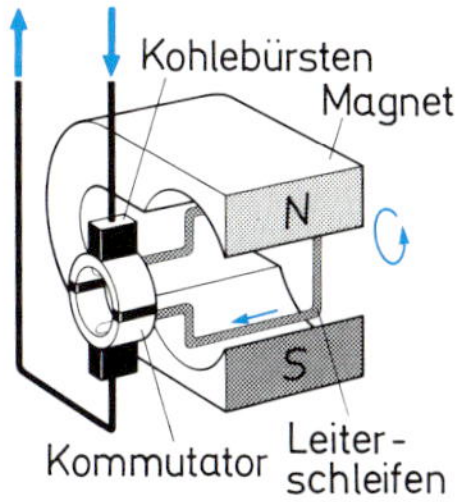

Ist der Leiter als drehbare Schleife gestaltet, so verursachen die auf die stromdurchflossene Leiterschleife wirkenden magnetischen Kräfte eine Drehbewegung, die die Leiterschleife in eine waagrechte Lage dreht. Durch den Schwung dreht sich die Leiterschleife über die waagerechte Stellung hinaus. Der Stromwender sorgt dafür, dass die Stromrichtung nach 180° Drehung umgekehrt wird. Auf diese Weise wirkt die Kraft auf beide Schenkel immer in der gleichen Umfangsrichtung, sodass sich eine fortlaufende Drehung einstellt.

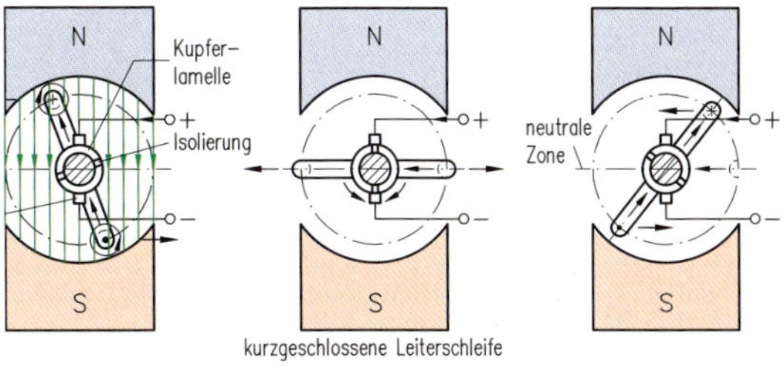

Um ein gleichmäßiges Drehmoment zu erzielen, werden beim Gleichstrommotor viele Drahtschleifen angeordnet, die mit den Lamellen des Stromwenders verbunden sind. Die Leiterschleifen werden auf einen Anker gewickelt (Ankerwicklung). Neben dem Dauermagneten (Permanentmagnet) besitzen Gleichstrommotoren häufig eine Erregerwicklung zum Erzeugen des Magnetfeldes.

Gleichstrommotoren unterscheiden sich durch unterschiedliche Schaltung von Anker- und Erregerwicklung.

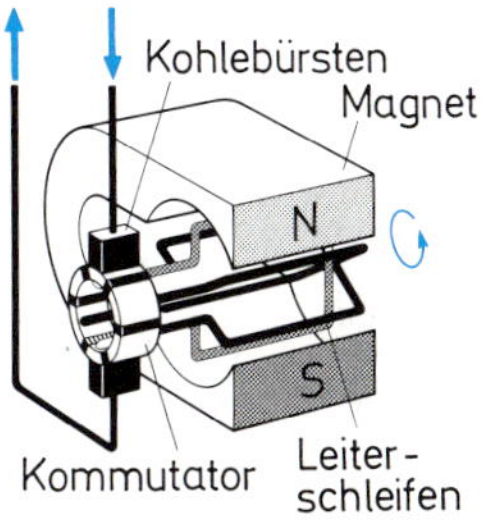

Reihenschlussmotor	Nebenschlussmotor	Doppelschlussmotor	Permanentfeldmotor
 Erreger- und Ankerwicklung sind in Reihe geschaltet	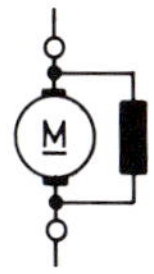 Erreger- und Ankerwicklung sind parallel geschaltet.	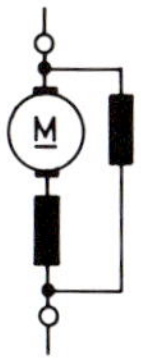 Das Erregerfeld wird von einer Reihenschluss- und einer Nebelschlusswicklung geliefert.	 Das Erregerfeld wird von einem Dauermagneten geliefert.
⊕ großes Anzugsmoment ⊖ Drehzahl stark belastungsabhängig	⊕ Drehzahl nicht belastungsabhängig ⊖ geringes Anzugsmoment	⊕ großes Anzugsmoment ⊕ Drehzahl fällt unter Belastung nur wenig ab	⊕ gutes Anzugsmoment ⊕ geringe Drehzahlschwankungen bei Belastung
Starter	Lüfter, Pumpenmotor	Starter, zweistufige Scheibenwischer	Lüfter, Scheibenwischer, Fensterhebe-, Gebläsemotoren

14.5.2 Schub-Schraubtrieb-Starter mit permanenterregtem Motor

Für Pkw werden heute meist Schub-Schraubtrieb-Starter mit Permanenterregerfeld eingesetzt. Der Schub-Schraubtrieb-Starter hat seinen Namen vom Einspurvorgang, der sich aus den Teilwegen Schubweg und Schraubweg zusammensetzt.

Der Starter besteht aus drei Funktionsteilen:

- Elektromotor,
- Einrückrelais,
- Einspurgetriebe.

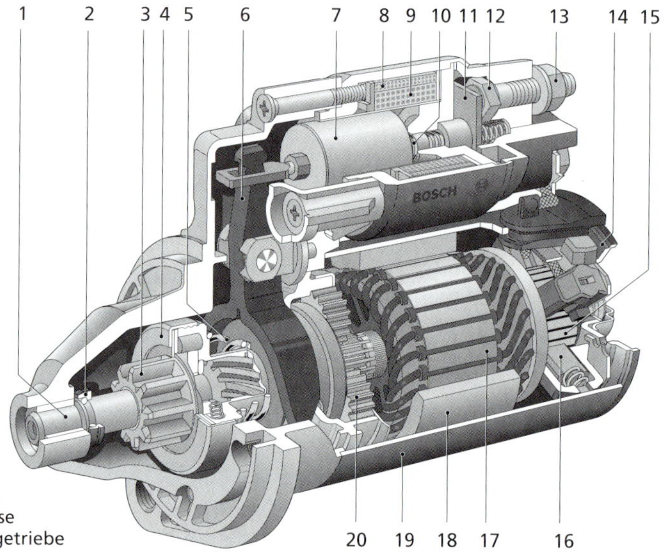

1 Antriebswelle
2 Anschlagring
3 Ritzel
4 Rollenfreilauf
5 Einspurfeder
6 Einrückhebel
7 Einrückrelais
8 Haltewicklung
9 Einzugswicklung
10 Rückstellfeder
11 Kontaktbrücke
12 Kontakt
13 elektrischer Anschluss
14 Kommutatorlager
15 Kommutator
16 Bürstenhalter
17 Anker
18 Magnete
19 Polgehäuse
20 Planetengetriebe

Beim Starten wird das Ritzel des Starter vom Elektromotor angetrieben und mithilfe des Einspurgetriebes in den Zahnkranz (Motor oder Wandlergehäuse) eingespurt. Zur Überwindung der Reibungswiderstände und zur Beschleunigung der Teilmassen des Motors benötigt der Starter ein großes Drehmoment. Dies wird durch das Übersetzungsverhältnis von Ritzel mit 10 Zähnen und Zahnkranz mit 130 Zähnen ermöglicht. Der Motor benötigt eine Mindestdrehzahl zum Anspringen: Ottmotor: 60 bis 90 1/min, Dieselmotoren: 60 bis 2 000 1/min.
Wenn der Motor läuft, entkoppelt ein Freilauf im Einspurgetriebe das Ritzel.

Direktstarter

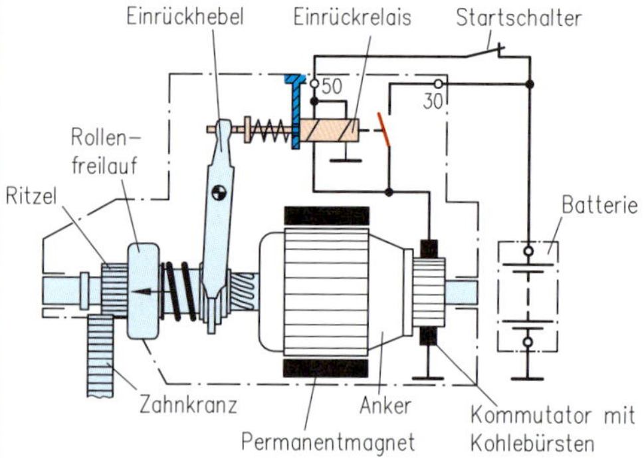

Das Starterritzel wird mit Ankerdrehzahl vom Elektromotor angetrieben. Um die bei Kaltstart hohen Drehmomente abzugeben, muss der Elektromotor relativ groß und daher schwer sein. Ottomotoren bis 1 l Hubraum

Starter mit Vorgelege

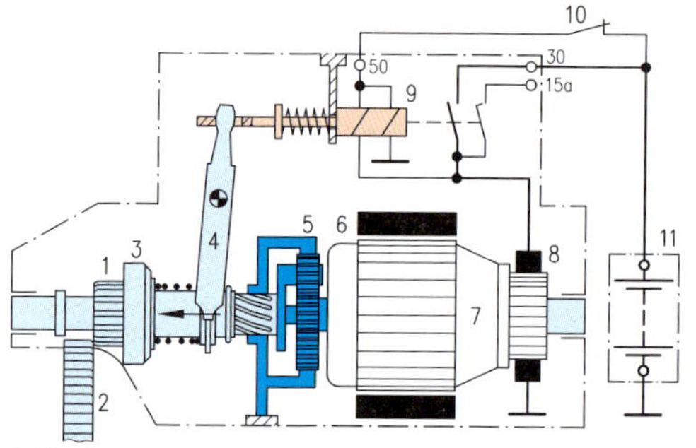

1 Ritzel
2 Zahnkranz
3 Rollenfreilauf
4 Einrückhebel
5 Planetengetriebe
6 Permanentmagnete
7 Anker
8 Kommutator mit Kohlebürsten
9 Einrückrelais mit Einzugs- und Haltewicklung
10 Startschalter
11 Batterie

Das Starterritzel wird über ein Planetengetriebe angetrieben. Damit lässt sich bei kleinen, dafür schneller drehenden Motoren das gleiche Drehmoment erreichen. Otto- und Dieselmotoren ab 1 l Hubraum

Funktionsteile des Starters

Vorgelege

Das Vorgelege ist ein Planetengetriebe, das aus einem feststehenden Hohlrad aus glasfaserverstärktem Polyamid und Planetenrädern aus Sinterstahl besteht. Die Planetenräder sind mit dem Sonnenrad und dem Hohlrad im Eingriff.

Der Antrieb erfolgt über das Sonnenrad, der Abtrieb über die Lagerzapfen der Planetenräder. Das Vorgelege untersetzt die Ankerdrehzahl etwa im Verhältnis 3,2 : 1 bis 6 : 1 je nach Auslegung des Planetengetriebes.

1 Planetenträgerwelle mit Steilgewinde
2 Hohlrad (Zahnkranz), gleichzeitig als Zwischenlager ausgebildet
3 Planetenräder
4 Sonnenrad auf Ankerwelle
5 Anker
6 Kommutator

Einspurgetriebe

Die Ankerwelle hat an einem Ende ein Steilgewinde, auf dem ein Mitnehmer sitzt, der über einen Rollenfreilauf mit dem Ritzel verbunden ist. Ritzel und Mitnehmer werden vom Einrückhebel verschoben, der von einem Einrückmagnetschalter (Einrückrelais) betätigt wird. Die Einspurfeder dient als elastisches Glied.

Das Übersetzungsverhältnis Zahnkranz/Ritzel ist sehr groß (1 : 8 bis 1 : 20), um das notwendige Durchdrehmoment aufzubringen.

Die Rollen des Rollenfreilaufes bewegen sich auf einer sich verengenden Rollengleitkurve. Federn drücken die Rollen in den verengten Raum. Beim Durchdrehen des Motors werden die Rollen in den verengten Raum zwischen Freilaufring und zylindrischen Teil des Ritzels festgeklemmt. Läuft der Motor schneller als der Starter, werden die Rollen entgegen der Federkraft in den erweiterten Raum verschoben. Der Kraftschluss ist gelöst.

1 Antriebslager
2 Einrückhebel
3 Einspurfeder
4 Mitnehmer
5 Rollenfreilauf
6 Ritzel
7 Ankerwelle
8 Einrückrelais

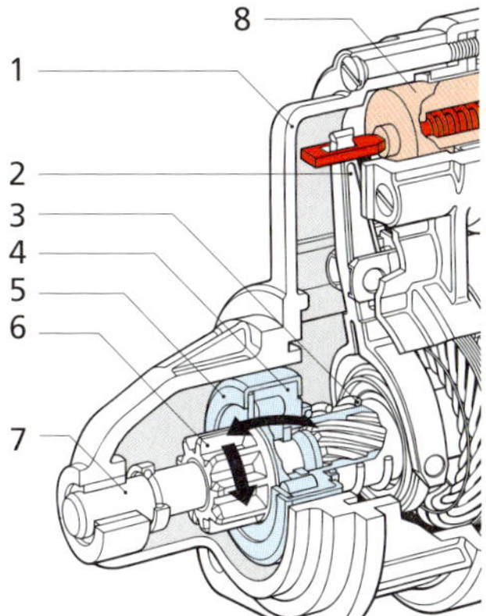

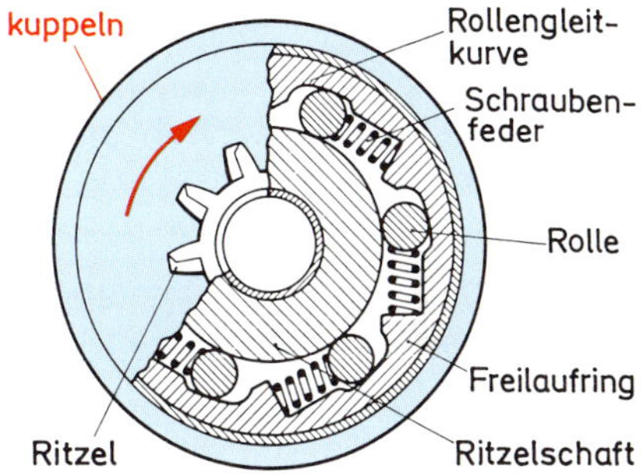

Einrückrelais

Das Einrückrelais ist ein elektromagnetisch betätigter Schalter, der einen hohen Strom, z. B. den Starterstrom, mit einem niedrigen Steuerstrom schaltet.

Das Einrückrelais hat zwei Aufgaben:

- Schalten des Starterstromes,
- Verschieben des Ritzels über Hebel.

Das Einrückrelais hat zwei Wicklungen: Einzugswicklung und Haltewicklung

Zu Beginn des Startvorgangs sind beide Wicklungen eingeschaltet. Durch die hohe Magnetkraft wird der Anker in das Relais eingezogen. Die Kontakte schließen und schalten den Starterstrom ein. Gleichzeitig wird die Einzugswicklung stromlos, da an Aus- und Eingang der Wicklung die gleiche Spannung anliegt. Zum Festhalten des Ankers genügt die Magnetkraft der Haltewicklung.

Rückstellfedern zwischen den einzelnen Bauelementen sorgen dafür, dass nach dem Ausschalten die Kontake geöffnet werden und der Relaisanker in seine Ausgangsposition zurückkehrt.
Am Relais befinden sich die elektrischen Anschlüsse des Starters:

Klemme 50 → Startersteuerung
Klemme 30 → Batterie Plus
Klemme 45 → Startrelais Ausgang

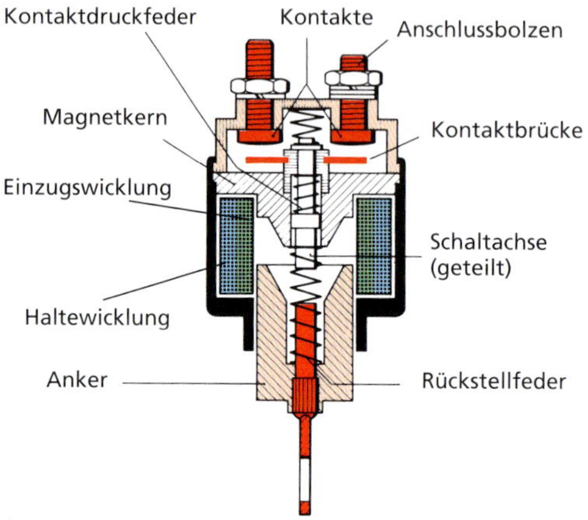

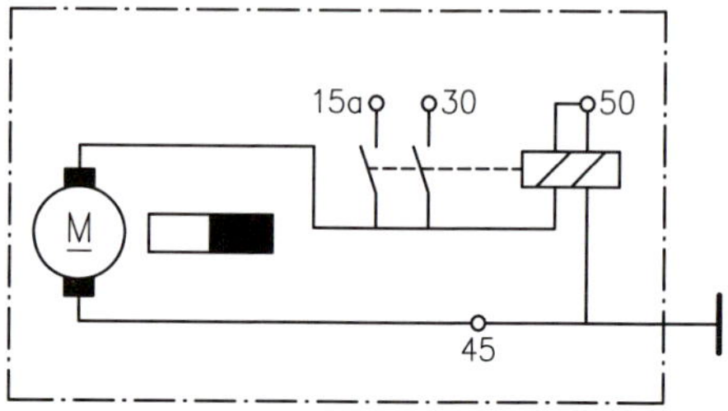

14.5.3 Schub-Schraubtrieb-Starter mit Gleichstrom-Reihenschlussmotor

Der Starter besitzt einen Gleichstrom-Reihenschlussmotor. Erreger- und Ankerwicklung sind in Reihe geschaltet. Reihenschlussmotoren zeichnen sich durch ein hohes Anzugsmoment und eine hohe Leerlaufdrehzahl aus. Die Motordrehzahl wird ohne Übersetzung direkt auf das Einspurgetriebe übertragen (Direktstarter).

Solange der Startschalter nicht betätigt wird, ist das Relais stromlos. Die Rückstellfeder schiebt das Ritzel in seine Ruhestellung.

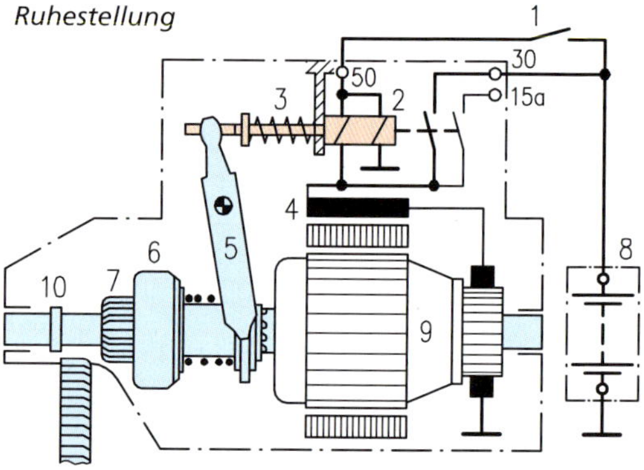

1 Zündstart- bzw. Fahrtschalter
2 Einrückrelais
3 Rückstellfeder
4 Erregerwicklung, Reihenschlusswicklung
5 Einrückhebel
6 Rollenfreilauf
7 Ritzel
8 Batterie
9 Anker
10 Anschlagring
Kl. 15a für Startanhebung in der Zündanlage

Arbeitsphasen des Starters mit Gleichstrom-Reihenschlussmotor

Einspuren

Mit Betätigen des Zündstart-Schalters werden auch Einzugs- und Haltewicklung eingeschaltet. Das Einrückrelais zieht den Einrückhebel entgegen der Kraft der Rückstellfeder an. Der Einrückhebel verschiebt über den Führungsring und die Einspurfeder den Mitnehmer mit dem Ritzel gegen den Zahnkranz des Motorschwungrades. Durch die Schraubwirkung des Steilgewindes drehen sich alle Teile.

Arbeitsphasen des Starters

Fortsetzung

Zahn trifft auf Lücke

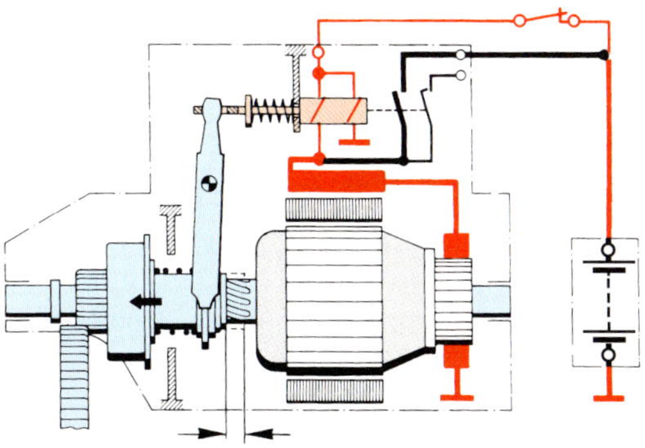

Trifft das Ritzel auf eine Zahnlücke, spurt es in die Schwungradverzahnung ein. Das Ritzel spurt soweit ein, bis die Kontaktbrücke an den Kontakten im Relais anliegt. Einzugs- und Haltewicklung sind eingeschaltet. Der Starterstrom ist eingeschaltet.

Zahn trifft auf Zahn

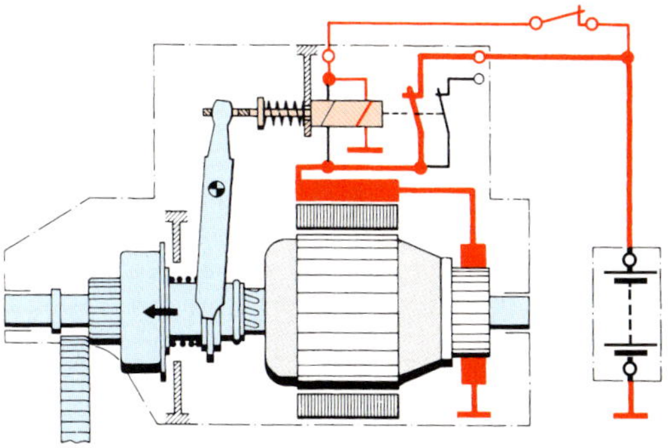

Stößt das Ritzel auf einen Zahn des Zahnkranzes, so drückt der Einrückhebel über den Führungsring die Einspurfeder zusammen und schließt den Kontaktschalter. Die Einzugswicklung ist stromlos, der Hauptstrom fließt. Der Starter beginnt zu drehen. Das Ritzel sucht eine Zahnlücke und spurt in die nächstfolgende Lücke durch den Druck der Einspurfeder ein.

Motor wird durchgedreht

Der umlaufende Starter schraubt das im Zahnkranz festgehaltene Ritzel auf dem Steilgewinde bis zum Anschlagring auf der Ankerwelle. Das Ritzel hat den Schraubweg zurückgelegt. Das Ritzel ist über den Rollenfreilauf und den Mitnehmer kraftschlüssig mit der Ankerwelle verbunden. Jetzt erst dreht der Starter den Motor durch. Die Einzugswicklung wird stromlos.

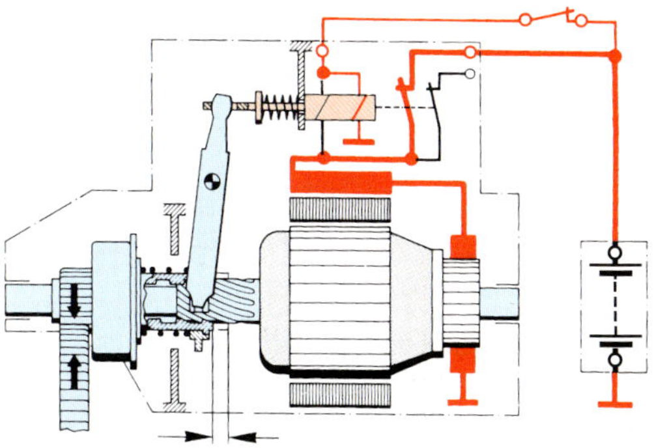

Ausspuren

Ist beim anspringenden Motor die Motordrehzahl größer als die Starterdrehzahl, löst der Rollenfreilauf die kraftschlüssige Verbindung zwischen Ritzel und Ankerwelle. Wird der Startschalter ausgeschaltet, gehen Einrückhebel, Mitnehmer und Ritzel durch die Kraftwirkung der Rückstellfeder in die Ausgangsstellung zurück. Damit der Starter nach dem Ausschalten möglichst schnell zur Ruhe kommt, ist eine Ankerbremse eingebaut.

14.5.4 Prüfen und Messen

14.5.4.1 Störungsdiagnose

Störung	Ursache	Abhilfe
Anlasser dreht sich nicht	Batterie entladen Plusleitung oder Masseleitung unterbrochen Übergangswiderstand durch lockere oder stark oxidierte Anschlüsse Leitung 50 zum Zündanlassschalter unterbrochen, Anlassschalter defekt Keine Spannung an Klemme 50	Batterie laden Leitungen prüfen und instand setzen Anschlüsse festziehen, säubern Unterbrechung beseitigen Leitung unterbrochen, Zündstartschalter defekt
Anlasser dreht sich zu langsam, Anlasser dreht den Motor nicht durch	Batterie entladen Übergangswiderstände durch lockere oder stark oxidierte Anschlüsse Ungenügender Kontakt zwischen Kohlebürsten und Kollektor Kollektor riefig oder verbrannt oder verschmutzt Spannung an Klemme 50 zu gering oder nicht vorhanden Magnetschalter (Relais) defekt	Batterie laden Batteriepole, -klemmen, Anschlüsse am Anlasser reinigen, Anschlüsse festziehen Kohlebürsten ersetzen, Führungen der Kohlebürsten reinigen Läufer bzw. Starter ersetzen Zündstartschalter und Relais überprüfen Relais ersetzen
Anlasser spurt ein und dreht sich, Motor dreht nicht oder nur ruckweise	Ritzelgetriebe defekt Zahnkranz am Schwungrad defekt	Starter ersetzen Schwungrad erneuern
Ritzel spurt nicht aus	Ritzelgetriebe defekt Magnetschalter defekt Rückzugfeder gebrochen	Starter ersetzen Magnetschalter ersetzen Rückzugfeder erneuern
Anlasser läuft weiter, nachdem der Zündschlüssel losgelassen wird	Magnetschalter hängt und schaltet nicht ab (Zündung sofort ausschalten) Zündschloss schaltet nicht ab	Magnetschalter ersetzen Batterie sofort abklemmen, Zündschloss ersetzen

14.5.4.2 Prüfen des Starters

Bevor der Starter überprüft wird, muss die einwandfreie Funktion der Batterie festgestellt werden:

- Säurestand,
- Säuredichte,
- Belastungstest der Batterie.

Akustische Prüfung/Sichtprüfung

- Ungewöhnliche Startgeräusche,
- Starter spurt ein, dreht den Motor aber nicht durch,
- kein Einspurgeräusch,
- Starter spurt nicht ein.

Mit einem Hilfskabel Klemme 30 und Klemme 50 kurz überbrücken. Das Anlasserritzel muss mit einem Klicken nach vorne schnellen und der Anlasser drehen. Beachte: Gang herausnehmen, Schalthebel in Leerlaufstellung.

Elektrische Überprüfung mit dem Multimeter

Störung: Starter dreht nicht

Prüfung	Prüfschritte	Ergebnisse	Ursache, wenn Sollwert nicht erreicht wird
Startersteuerung prüfen	Spannungsmesser zwischen Klemme 50 und Masse anschließen ①	$U > 9{,}5$ V	Übergangswiderstand im Zündschloss, in Klemmen, Leitungen
Spannungsabfall Startermotor prüfen	Starter Plusleitung: Spannungsmesser zwischen Klemme 30 und Masse ②	$U_V < 0{,}5$ V	Übergangswiderstände und Unterbrechungen in Leitungen und Klemmen
	Starter Minusleitung: Spannungsmesser zwischen Startergehäuse und Masse ③	$U_V < 0{,}5$ V	Übergangswiderstände

Messschaltung

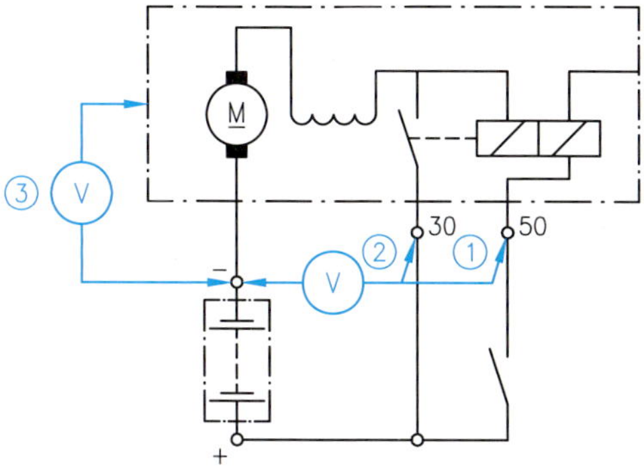

Kurzschlussprüfung

Bei der Kurzschlussprüfung wird der Anker des Starters blockiert. Dabei nimmt er den größten Strom, den sog. Kurzschlussstrom auf. Die Höhe des Kurzschlussstromes ist ein Maß für das Losbrechmoment (Moment bei Beginn des Durchdrehens des Motors). Die Höhe des Kurzschlussstromes ist abhängig von

- Kapazität und Ladezustand der Batterie,
- Höhe der Leistungsaufnahme des Starters.

Prüfvorgang:

- Strom- und Spannungsmesser entsprechend der Messschaltung anschließen (Stromzange um Starterhauptleitung),
- direkten Gang einlegen,
- Hand- und Fußbremse betätigen,
- Starter ca. 5 Sekunden betätigen,
- Strom und Spannung ablesen.

Messschaltung:

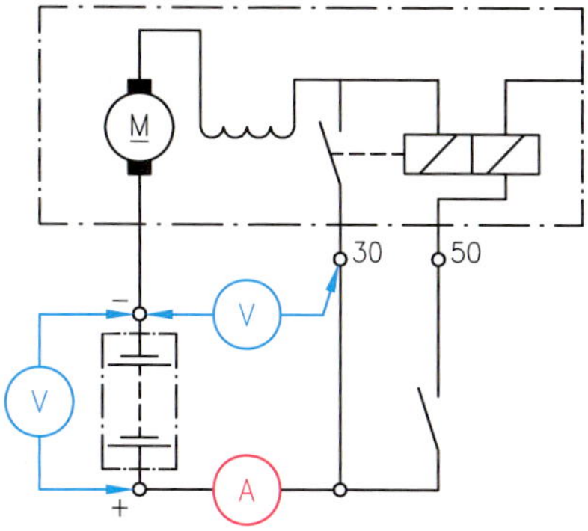

Zulässiger Spannungsabfall in der Starterhauptleitung
$U_V = 0{,}5$ V
Klemmenspannung der Batterie: > 9,5 V
Kurzschlussstrom: 300–380 A

14.6 Neue Bordnetze – Alternative Energiespeicher

14.6.1 Zwei-Batterien-Bordnetz

Die 12-Volt-Batterie der heutigen Fahrzeuge ist ein Kompromiss.

- Sie muss für den Startvorgang dimensioniert sein.
  Während des Startvorganges wird die Batterie mit hohen Strömen belastet (300 bis 500 A). Der damit verbundene Spannungseinbruch wirkt sich ungünstig auf bestimmte Verbraucher mit Mikroprozessoren aus.
- Im Fahrbetrieb fließen nur geringe Ströme.

Eine einzige Batterie lässt sich nur schwer für beide Anforderungen auslegen. In zukünftigen Bordnetzen werden die oben genannten Funktionen durch Einsatz einer Starterbatterie und einer Versorgungsbatterie getrennt. Damit wird der Spannungseinbruch im Bordnetz vermieden und ein sicherer Kaltstart auch bei niedrigem Ladezustand der Batterie ermöglicht. Starter- und Versorgungsbatterie können entsprechend den speziellen Anforderungen entwickelt werden:

- hoher Strom für eine begrenzte Zeit,
- geringe Ströme, hohe Kapazitätsreserve.

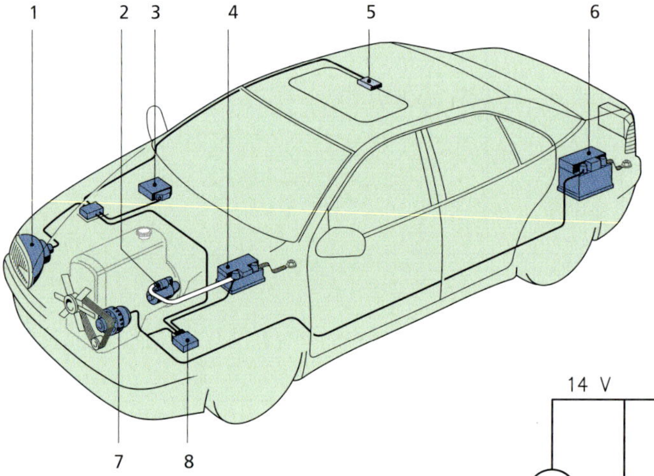

1 Lichtanlage (Bordnetz)
2 Starter
3 Motormanagement (Bordnetz)
4 Startbatterie
5 weitere Bordnetzverbraucher (z. B. Schiebedachbetätigung)
6 Versorgungsbatterie
7 Generator
8 Lade-/Trennmodul

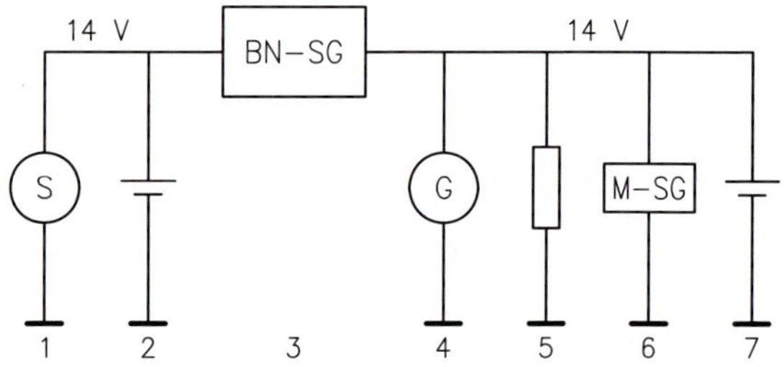

1 Starter
2 Startspeicher
3 Bordnetzsteuergerät
4 Generator
5 Verbraucher
6 Motorsteuergerät
7 Versorgungsbatterie

Ein Bordnetzsteuergerät trennt die Starterbatterie und den Starter vom übrigen Bordnetz und verhindert, dass der Spannungseinbruch beim Starten auf das Bordnetz wirkt. Im Stillstand verhindert es die Entladung der Starterbatterie durch Bordnetzverbraucher. Das Steuergerät verbindet bei leerer Versorgungsbatterie beide Bordnetzteile vorübergehend, sodass Energie von der Starterbatterie zur Verfügung steht.

Fahrzeuge der gehobenen Klasse besitzen ein Zwei-Batterien-Bordnetz. Eine Batterie im Motorraum ist ausschließlich für das Anlassen des Motors zuständig, die zweite Batterie im Kofferraum versorgt die elektrischen und elektronischen Bauteile. Ein Steuergerät führt die Regie im Bordnetz und organisiert ein bedarfsgerechtes Lademanagement, sodass die Starterbatterie stets mit voller Leistung einsatzbereit ist. Im Notfall kann das Steuergerät beide Stromkreise miteinander koppeln, damit sich die Batterien gegenseitig stützen.

Die beiden Batterien sind auf die entsprechenden Anforderungen abgestimmt:

- Die Starterbatterie hat ein Kapazität von 35 Ah und zeichnet sich durch kompakte Abmessungen, geringes Gewicht und große Leistungsdichte aus. Sie kann außerdem hohe Ladeströme aufnehmen und ist daher auch nach einer starken Entladung wieder einsatzbereit.
- Die Bordnetzbatterie hat eine Kapazität von 70 Ah. Sie ist absolut wartungsfrei, korrosionsfest und säuredicht. Durch die Glasvlies-Technologie (Elektrolyt im Glasvlies festgelegt) wird die Zyklenfestigkeit der Blei-Säure-Batterie gesteigert.

14.6.2 Zwei-Spannungs-Bordnetz

14.6.2.1 Zukünftiger Energiebedarf

Ein gut ausgestatteter Pkw hat heute schon einen durchschnittlichen Leistungsbedarf von 2 000 Watt. Für die nächsten Jahre wird sich der Leistungsbedarf durch die Zunahme von Elektrik und Elektronik weiter erhöhen. Viele Komponenten im Fahrzeug sind überdimensioniert, um allen Fahrbedingungen gerecht zu werden. So ist z. B. die Wasserpumpe ausgelegt für geringe Motordrehzahlen und hohe Außentemperaturen. Bei schneller Fahrt oder niedrigen Temperaturen kann ihre Leistung zurückgenommen werden. Ein elektrischer Antrieb erspart bis zu 1 kW Motorleistung. Die hydraulische Servolenkung verbraucht bei hohen Geschwindigkeiten am meisten Energie, wenn sie am wenigsten benötigt wird.

Innovative Fahrzeugkomponenten und -systeme werden in den nächsten Jahren zunehmend in den Fahrzeugen eingebaut werden:

Verbraucher	Spitzenleistung in W	Nutzen
Elektrischer Klimakompressor	4 000	Mehr Komfort
Elektromagnetische Ventilsteuerung	4 000	Kraftstoffeinsparung 10 %, kompakter Motor
Elektrisch beheizter Katalysator	3 000	Weniger Emissionen
Elektrische Fahrwerksregelung	2 000	Mehr Sicherheit, Komfort
Elektromechanische Bremse	2 000	Mehr Sicherheit, hohe Umweltverträglichkeit, Montagevorteile
Elektrische Zusatzheizung	2 000	Mehr Komfort
Frontscheibenheizung	1 500	Enteisung, Beschlagfreiheit, mehr Sicherheit, Komfort
Elektrische Servolenkung	1 500	Kraftstoffersparnis 3 bis 6 %, bessere Fahrdynamik, Montagevorteile
Elektrischer Kühlerlüfter	1 200	Kraftstoffeinsparung, Einbauvorteile
Elektrohydraulische Bremse	1 000	Mehr Sicherheit, Komfort
Elektrische Wasserpumpe mit Thermomanagement	600	Kraftstoffeinsparung 5 %, mehr Komfort

Vorteile elektrischer Antriebe sind:

- Sie verbrauchen nur dann Energie, wenn sie tatsächlich benötigt werden.
- Sie lassen sich einfach programmieren, steuern und regeln.
- Sie sparen Raum durch den Wegfall der mechanischen Verbindungen, z. B. benötigt ein Fahrzeug mit elektrischer Wasserpumpe, Benzinpumpe, Klimakompressor, elektromagnetischer Ventilsteuerung keinen Keilrippenriemenantrieb und keine Nockenwelle. Durch die elektrische Lenkung entfällt die Lenksäule.
- Hydraulikflüssigkeiten und Recycling dieser Flüssigkeiten entfallen.

Die Versorgung dieser Systeme lässt sich mit einem 14-Volt-Bordnetz nicht verwirklichen.

14.6.2.2 14-V- und 42-V-Bordnetz

Eine Weiterentwicklung zu einer höheren Bordnetzspannung ist das Zwei-Spannungs-Bordnetz mit 14 Volt und 42 Volt.

- Der Startergenerator versorgt Hochleistungsverbraucher wie Starter, Katalysatorheizung, Servolenkung, Kraftstoff- und Wasserpumpe sowie die Batterie mit einer Spannung von 42 Volt. Ein Gleichspannungswandler versorgt das 14-Volt-Bordnetz aus dem 42-Volt-Netz.
- Das 14-Volt-Netz versorgt das Motormanagement, Beleuchtung, elektrische Fensterheber, Scheibenwischer, Gebläse, Heckscheibenheizung und die Batterie mit elektrischer Energie.

Getrennte Batterien für die 42-V-Hochleistungsverbraucher und für die 14-V-Verbraucher können entsprechend ihren Aufgaben dimensioniert werden.

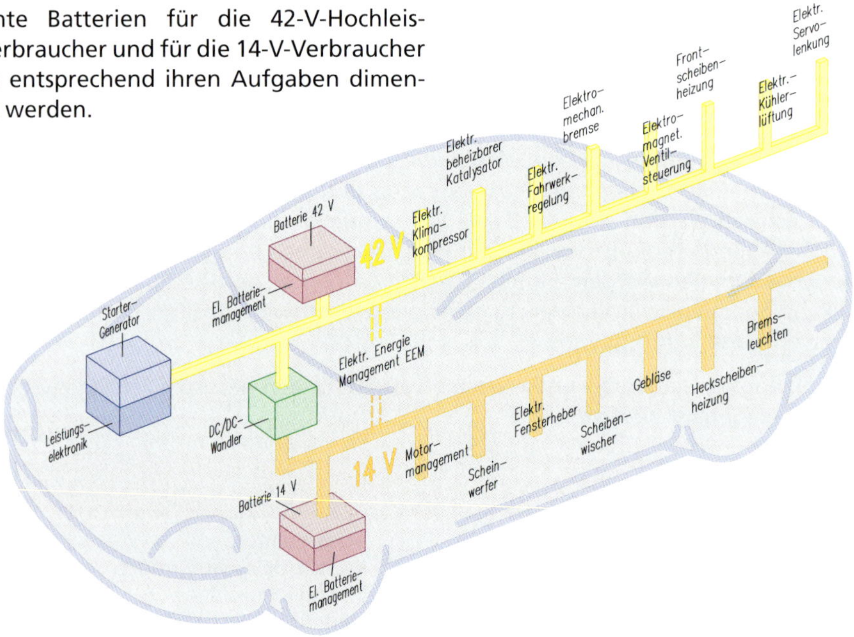

14.6.2.3 Elektronisches Energie-Management EEM

Das Elektronische Energie-Management regelt den gesamten elektrischen Energiehaushalt, indem es

- während der Fahrt das Zusammenspiel von Startergenerator, Spannungswandler, elektrischen Verbrauchern, Batterien koordiniert,
- bei abgestelltem Fahrzeug den Batterieladezustand überwacht,
- Stillstands- und Ruhestromverbraucher abschaltet, sobald eine bestimmte Grenze erreicht ist.

EEM-Koordinator

Batteriemanagement	Es ermittelt die jeweils aktuelle Leistungsfähigkeit der Batterie und bevorzugt die Verbraucher. Durch vorausschauende Diagnose von Lade- und Batteriezustand ist eine zuverlässige Energieversorgung gewährleistet.
Generatormanagement	Es bestimmt das Potenzial der elektrischen Leistungserzeugung und regelt die vorgegebene Sollspannung.
Verbrauchermanagement	Es erkennt im Voraus mögliche Leistungsspitzen durch gleichzeitig schaltende Verbraucher und verhindert Spitzen, indem es die Leistungszufuhr zeitlich staffelt.
Antrieb-/ Bordnetzmanagement	Es koordiniert Antrieb und Bordnetz, z. B. Triebstrangfunktionen wie Start-Stopp, die vom Batterieladezustand abhängig sind.

Batteriesensor

Bestandteil des Elektronischen Energie-Management ist der elektronische Batteriesensor. Er erfasst die Batteriegrößen Strom, Spannung und Temperatur. Die im Batteriesensor integrierte Software zur Batteriezustandserkennung prüft den aktuellen sowie den zukünftig zu erwartenden Zustand der Batterie. So wird die zuverlässige Versorgung aller elektrischen Verbraucher im Fahrzeug gewährleistet. Damit lässt sich auch nach längeren Parkzeiten oder dem Betrieb elektrischer Verbraucher bei ausgeschaltetem Motor die Startfähigkeit sicherstellen. Der elektronische Batteriesensor wird in die Polnische der Batterie eingebaut.

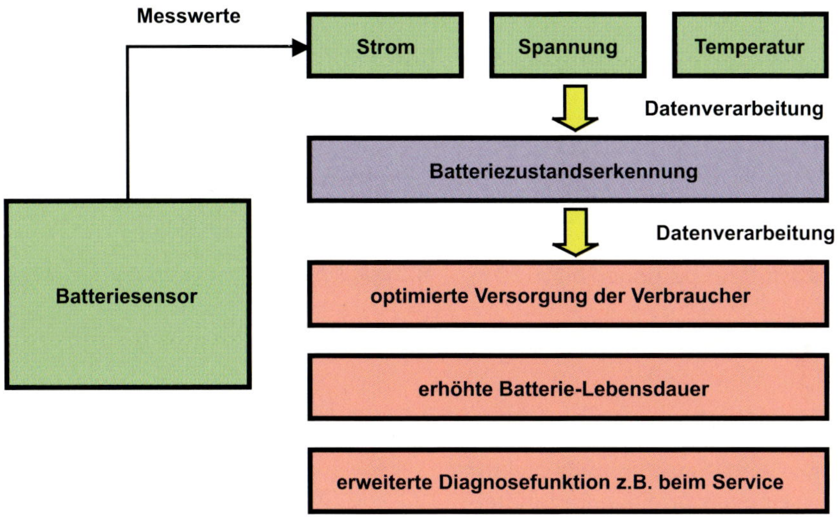

14.6.2.4 Startergenerator

Für 42-Volt-Bordnetze mit hohem Energiebedarf werden Startergeneratoren eingesetzt. Sie sind gleichzeitig Energieerzeuger und Energieverbraucher. Zurzeit sind 2 Systeme in der Entwicklung:

Riemengetriebener Startergenerator RSG für die heutige Motorgeneration

Der riemengetriebene Startergenerator RSG besteht aus einem konventionellen Klauenpolgenerator, der über den bestehenden Riemenantrieb von der Kurbelwelle des Verbrennungsmotors angetrieben wird.

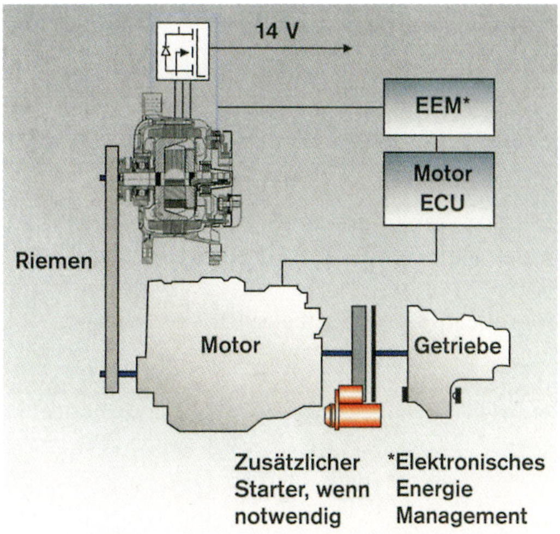

Integrierter Startergenerator ISG für das 42-Volt-Bordnetz

Bei dem Integrierten Startergenerator ISG führt eine Maschine die Funktion von Starter und Generator aus. Er ist zwischen Motor und Getriebe angeordnet und sitzt direkt auf der Kurbelwelle. Der ISG ermöglicht den sanften Motorstart ohne Einspurgeräusch und erzeugt während der Fahrt elektrische Energie. Er bietet folgende Funktionen:

- Start-Stopp-Betrieb schaltet den Motor beim Stillstand des Fahrzeugs automatisch (Ampel) ab. Beim Treten der Kupplung wird der Motor wieder gestartet.
- Er wechselt vom Generator in den Motorbetrieb und unterstützt den Motor beim Beschleunigen (Boostern).
- Beim Bremsen wird die Bewegungsenergie des Fahrzeugs in elektrische Energie umgewandelt und in das Bordnetz eingespeist (Rekuperation).

Hiermit sind Kraftstoffeinsparungen bis zu 30 % möglich.

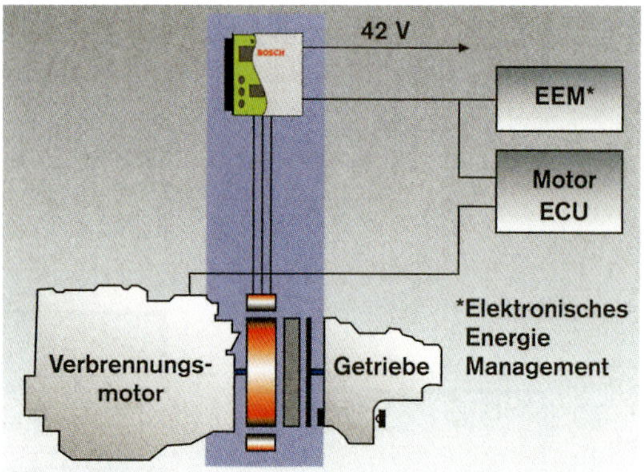

Mit zusätzlicher Kupplung ausbaubar zum Minimalhybrid

14.6.3 Brennstoffzelle

Bei der Elektrolyse wird Wasser mithilfe elektrischer Energie in seine gasförmigen Bestandteile Wasserstoff und Sauerstoff zerlegt.

Die Brennstoffzelle ist die Umkehrung der Elektrolyse. Sie bildet aus Wasserstoff und Sauerstoff der Luft wieder Wasser und gibt dabei elektrische Energie ab. Da die Brennstoffzelle mit Luft arbeitet, muss Sauerstoff nicht gespeichert werden.

Der Elektrolyt ist entweder flüssig oder fest und hat eine Membranstruktur.

Da die einzelne Zelle eine nur sehr geringe Spannung erzeugt, werden die einzelnen Zellen aufeinander gestapelt und in Reihe geschaltet. Man bezeichnet dies als „Stack".

Es gibt verschiedene Brennstoffzellen-Typen, die sich in Aufbau und Funktion unterscheiden. Für Fahrzeuge wurde die Polymer-Elektrolyt-Membran-Brennstoffzelle PEM entwickelt.

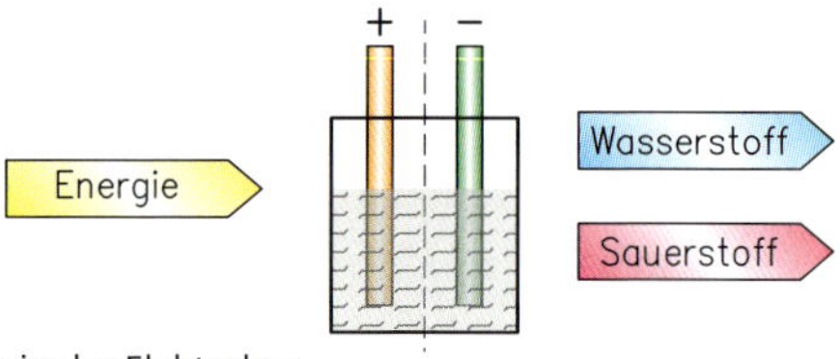

Prinzip der Elektrolyse

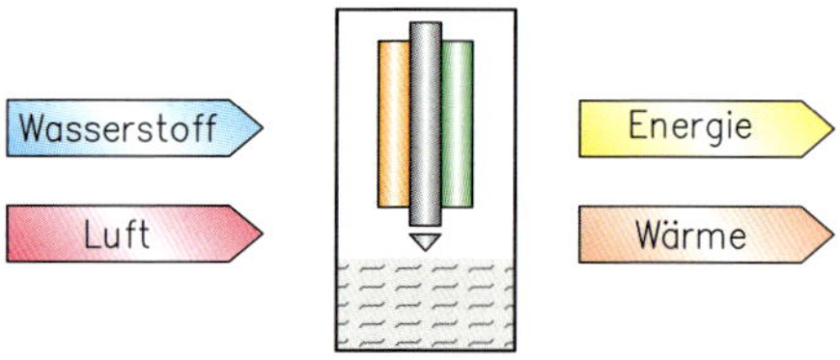

Prinzip der Brennstoffzelle

Prinzipbild eines Stacks. Ein Stack ist eine Reihenschaltung einzelner Zellen. Die Bipolarplatte (dunkelblau) trennt die einzelnen Zellen elektrisch voneinander.

14.6.3.1 PEM-Brennstoffzelle

Die Brennstoffzelle besteht aus drei übereinanderliegenden Schichten:

- 1. Schicht: Kathode
- 2. Schicht: Elektrolyt: Bei der PEM-Brennstoffzelle wird eine protonenleitende Polymer-Elektrolyt-Feststoff-Membran aus Polymer verwendet.
- 3. Schicht: Anode

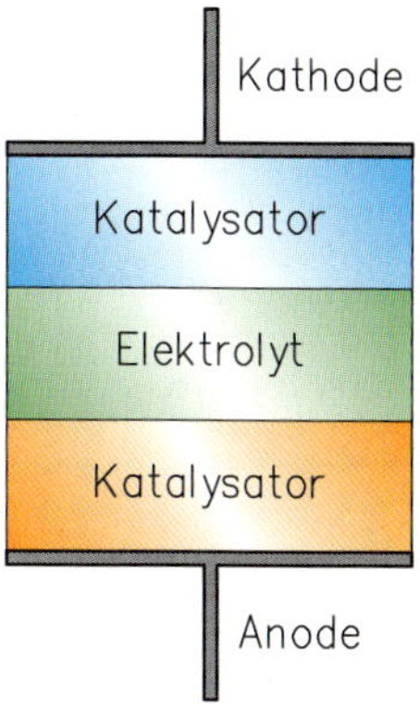

Anode und Kathode dienen als Katalysator.

In der Brennstoffzelle reagieren Wasserstoff und Sauerstoff unter kontrollierten Bedingungen, ein chemischer Prozess, der elektrische Energie freisetzt. Normalerweise verbinden sich Wasserstoff und Sauerstoff unter einem lauten Knall (Knallgas) miteinander.

In der Brennstoffzelle verhindert die Membran die Knallgasreaktion, indem sie dafür sorgt, dass nur Protonen (H+ → siehe unten) statt elementarer Wasserstoff (H_2) mit Sauerstoff reagieren.

14.6.3.2 Funktion der PEM-Brennstoffzelle

Um die Vorgänge in der Brennstoffzelle zu verstehen, muss man einige Informationen über den Atomaufbau kennen. Alle Stoffe sind aus Atomen aufgebaut. Jedes Atom besteht aus dem Atomkern und der Atomhülle.

Bausteine des Atomkerns sind:

- Protonen
  Sie sind positiv geladene Atombausteine des Kerns.
- Neutronen
  Sie haben die gleiche Masse wie die Protonen, sind aber elektrisch neutral.

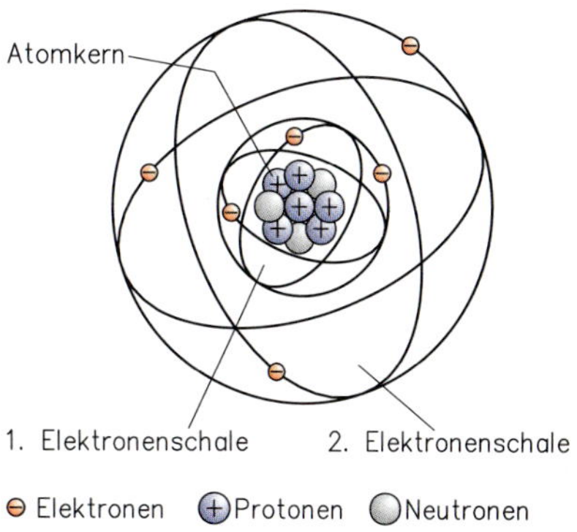

Kohlenstoffatom

In der Atomhülle befinden sich die Elektronen. Sie umkreisen den Atomkern auf bestimmten Bahnen. Die Elektronen sind negativ geladen. Die Anzahl der Protonen und Elektronen ist gleich, so dass die positiven Ladungen durch die negativen Ladungen ausgeglichen werden. Das Atom ist nach außen elektrisch neutral. Die Stoffe unterscheiden sich durch die Anzahl der Protonen:

- Sauerstoffatom: 8 Protonen
- Wasserstoffatom: 1 Proton
- Kohlenstoffatom: 6 Protonen (siehe Darstellung)

Wirkungsweise der PEM-Brennstoffzelle

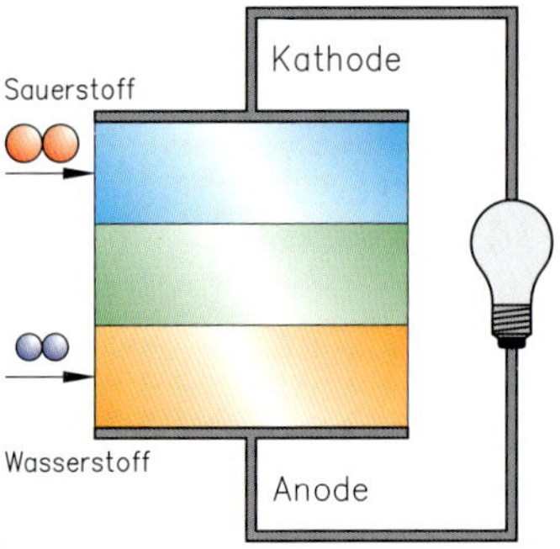

Wasserstoff (H_2) und Sauerstoff werden in den Katalysator geleitet.

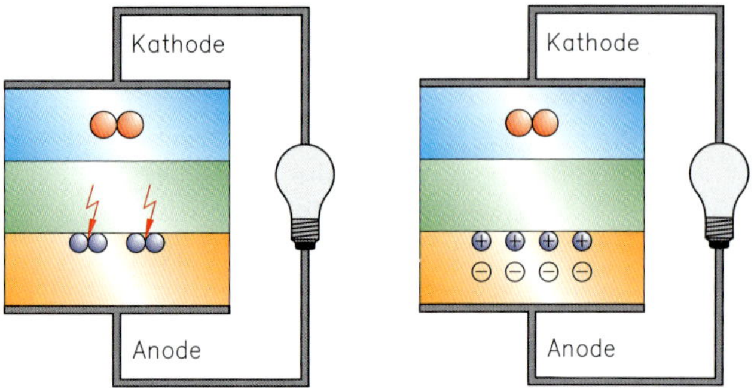

Die Wasserstoffmoleküle werden durch den Katalysator (Anode) in Protonen (H+) gespalten. Jedes Wasserstoffatom gibt sein Elektron ⊖ ab.

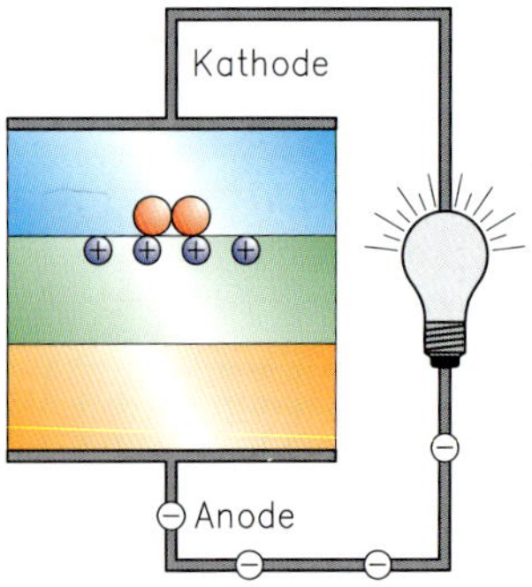

Die Protonen ⊕ wandern durch die Membran zur Kathodenseite, die Elektronen ⊖ treten in die Anode ein und bewirken einen elektrischen Strom.

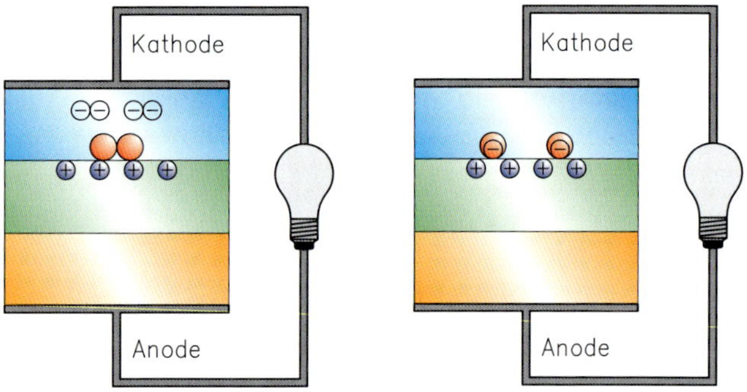

Jeweils 4 Elektronen vereinigen sich wieder mit einem Sauerstoffmolekül.

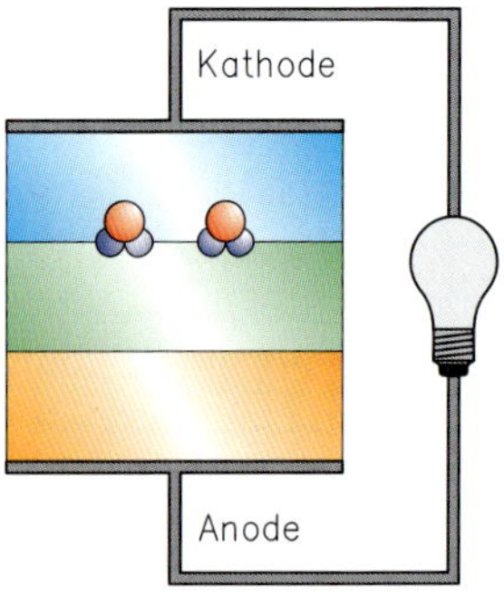

Die entstandenen Sauerstoff-Ionen sind negativ geladen und wandern zu den positiv geladenen Protonen.

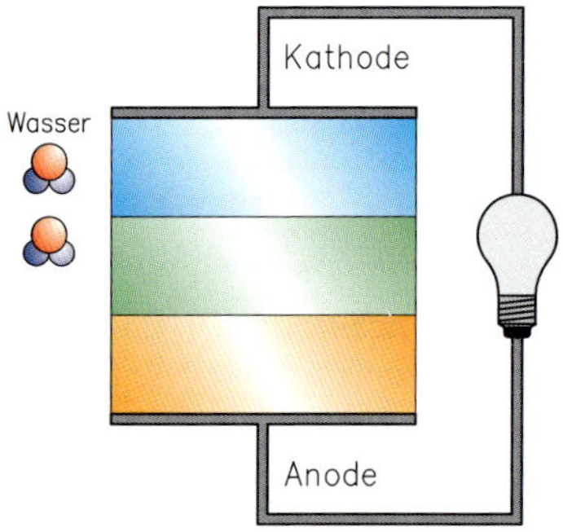

Die Sauerstoff-Ionen geben ihre beiden negativen Ladungen an zwei Protonen ab und oxidieren mit Wasser.

15 Motormanagementsysteme

15.1 Ottomotor-Management

Ziel des Motormanagements ist es, das vom Fahrer geforderte Drehmoment bereitzustellen und gleichzeitig die hohen Anforderungen an Kraftstoffverbrauch, Abgasemission, Leistung, Komfort und Sicherheit zu erfüllen. Dies wird durch Motormanagementsysteme ermöglicht, die das

- Luftmanagement,
- Einspritzmanagement,
- Zündmanagement und
- Abgasmanagement

koordinieren und organisieren.

15.1.1 Grundlagen Ottomotor

15.1.1.1 Einspritzsysteme

Bei Ottomotoren unterscheidet man Systeme mit Saugrohreinspritzung und Direkteinspritzung.

<table>
<tr><th>Saugrohreinspritzung</th><th>Direkteinspritzung</th></tr>
<tr><td>
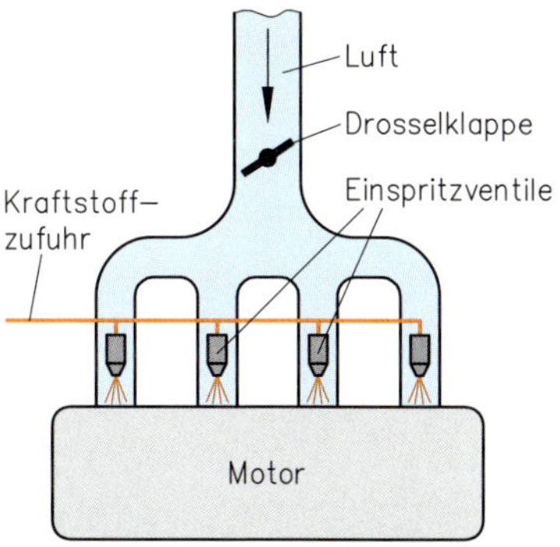

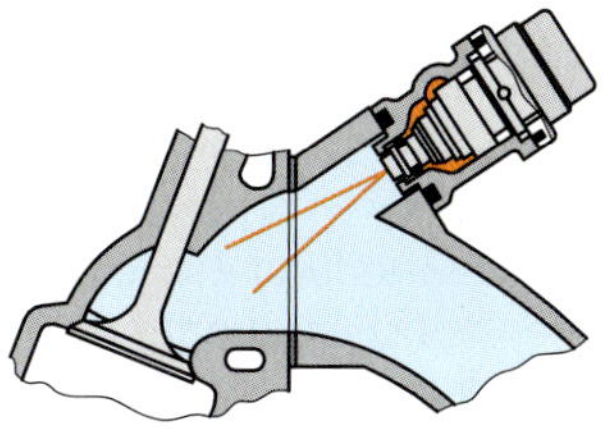
</td><td>
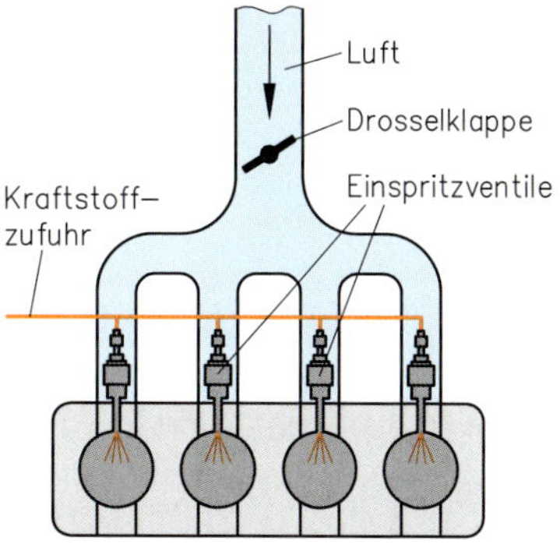

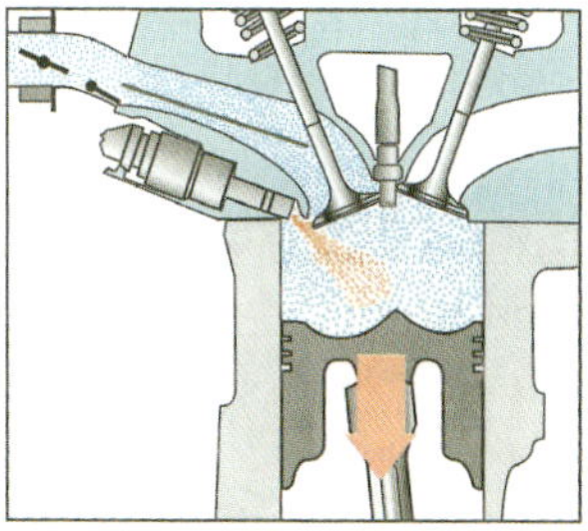
</td></tr>
<tr><td>Die Einspritzventile spritzen den Kraftstoff intermittierend (unterbrechend) in die Einzelsaugrohre der Zylinder vor die Einlassventile. Die Kraftstoffmenge wird dem Einlassventil vorgelagert. Beim Öffnen des Einlassventils reißt die angesaugte Luftmenge den Kraftstoffnebel mit und verwirbelt ihn. Die Gemischbildung erfolgt außerhalb des Brennraumes.</td><td>Beim Ansaugtakt strömt reine Luft durch das geöffnete Einlassventil in den Brennraum. Der Kraftstoff wird anschließend direkt in den Brennraum eingespritzt.
Für eine optimale Verbrennung ist eine feine Zerstäubung des Kraftstoffs erforderlich. Die Gemischbildung erfolgt innerhalb des Brennraumes.</td></tr>
</table>

15.1.1.2 Gemischbildung

Leistung, Verbrauch und Abgaszusammensetzung eines Ottomotors sind im Wesentlichen vom Mischungsverhältnis von Kraftstoff und Luft abhängig. Eine einwandfreie Zündung und Verbrennung eines Luft-Kraftstoffgemischs kann nur innerhalb eines bestimmten Mischungsverhältnisses erfolgen. Zur vollkommenen Verbrennung von 1 kg Kraftstoff sind 14,7 kg Luft erforderlich, anders ausgedrückt, 1 l Benzin benötigt 11 500 l Luft.

Das Verhältnis der der Verbrennung zugeführten Luftmenge zum theoretischen Luftbedarf bezeichnet man als Luftverhältnis λ.

$$\lambda = \frac{\text{zugeführte Luftmenge}}{\text{theoretischer Luftbedarf}}$$

Es gilt

- $\lambda = 1$
  Die zugeführte Luftmasse entspricht dem theoretischen Luftbedarf. Dies ist beim idealen, theoretischen Luft-Kraftstoff-Gemisch von 14,7:1 (auch stöchiometrisches Luft-Kraftstoff-Verhältnis genannt) der Fall.
- $\lambda < 1$
  Bei Luftmangel ergibt sich ein fettes Gemisch. Ottomotoren mit Saugrohreinspritzung erreichen ihre Höchstleistung bei λ = 0,95 bis 0,85.
- $\lambda > 1$
  Bei Luftüberschuss ergibt sich ein mageres Gemisch. Der Kraftstoffverbrauch ist bei λ = 1,05 bis 1,1 am niedrigsten, die Leistung nimmt ab.
- $\lambda > 1{,}2$
  Das Gemisch ist nicht mehr zündwillig. Es treten Verbrennungsaussetzer auf, der Motor läuft unruhig, der Kraftstoffverbrauch nimmt zu, die Leistung nimmt ab.

Den günstigsten Kraftstoffverbrauch bei optimaler Leistung erzielt man bei λ = 0,9 bis 1,1.

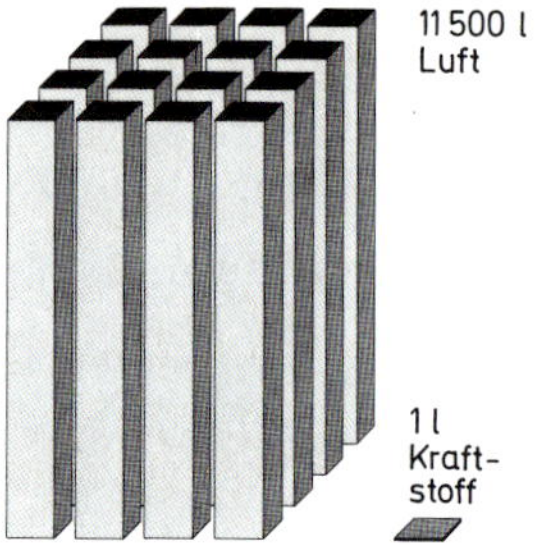

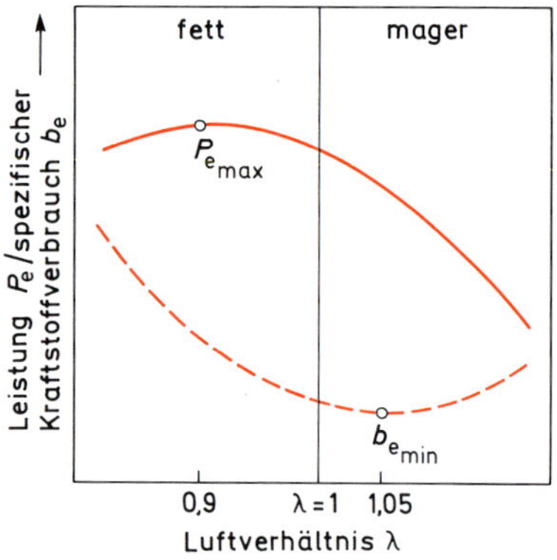

15.1.1.3 Ottokraftstoffe

Kraftstoffe sind Kohlenwasserstoff-Verbindungen. Sie werden überwiegend aus Erdöl hergestellt. Otto-Kraftstoffe müssen folgende Eigenschaften aufweisen:

- Klopffestigkeit
  Klopfende Verbrennung entsteht, wenn vom Zündfunken die Zündung eingeleitet wird, und gleichzeitig sich das Kraftstoff-Luftgemisch an heißen Stellen selbst entzündet und beide Flammenfronten gegeneinander stoßen. Dies ist als klopfendes Geräusch hörbar. Eine klopfende Verbrennung führt zu erhöhtem Verschleiß und Schäden an Kolben, Ventilen, Lagern. Ottokraftstoff muss daher eine hohe Selbstzündungstemperatur haben.
  Das Maß der Klopffestigkeit ist die Research-Oktanzahl (ROZ). Sie wird in einem Prüfmotor ermittelt.
  ROZ 92 bedeutet: Der Kraftstoff ist so klopffest wie ein Vergleichsgemisch von 92 % Isooktan (ROZ 100) und 8 % Heptan (ROZ 0).
- Siedeverhalten
  Ottokraftstoff muss leicht und vollständig vergasen.

15.1.2 Drehmomentorientiertes Motormanagementsystem für Saugrohreinspritzung (ME-Motronic)

15.1.2.1 Aufbau und Funktion

1. Vergleich: Konventionelles Motormanagement – Drehmomentorientiertes Motormanagement

Der Fahrer legt über das Fahrpedal die Stellung der Drosselklappe und die Wahl der Getriebeübersetzung den gewünschten Betriebszustand des Motors fest. Bei einem herkömmlichen Motormanagementsystem erkennt das Motorsteuergerät aus den Informationen der Sensoren den vom Fahrer gewünschten Betriebszustand des Motors und berechnet bzw. bestimmt für die verschiedenen Betriebszustände den Zündwinkel, die Zündwinkelanpassung, die Einspritzzeit, die Einspritzfolge, die Gemischanreicherung.

Das Motormanagement hat keine Möglichkeit, die Stellung der Drosselklappe zu beeinflussen, wenn z. B. im Leerlauf oder beim Zuschalten des Klimakompressors ein größeres Drehmoment, d. h. eine größere Luftmasse oder mehr Kraftstoff benötigt wird. Um das Motordrehmoment zu beeinflussen, muss das Motorsteuergerät auf Stellgrößen wie Zündung und Einspritzung zurückgreifen.

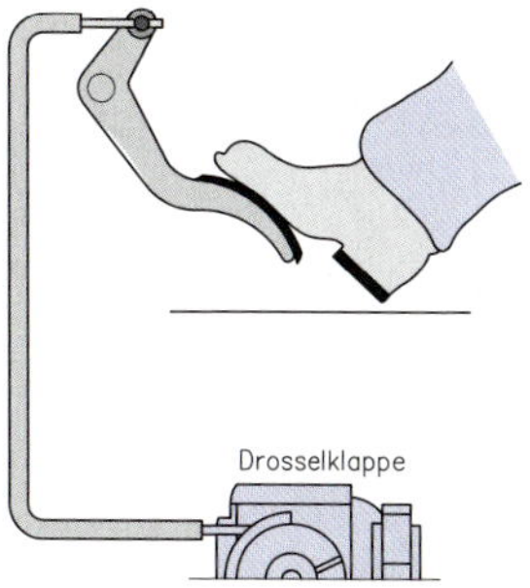

Bei einem drehmomentorientierten Motormanagementsystem wird die Drosselklappe über den gesamten Verstellbereich durch einen Elektromotor verstellt. Hierzu wird die Gaspedalstellung des Fahrers von Sensoren erfasst und an das Motorsteuergerät gemeldet. Dieses setzt den Fahrerwunsch in einen Drosselklappenwinkel um. Dabei werden zusätzliche Drehmomentanforderungen berücksichtigt.

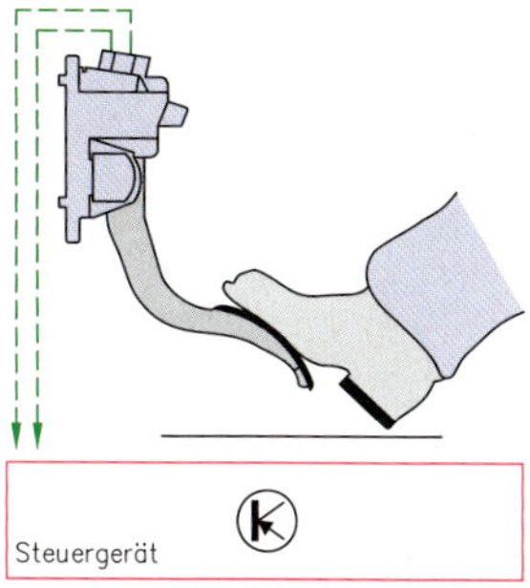

2. Funktionen eines drehmomentorientierten Motormanagements

Grundfunktion	Zusatzfunktionen
Hauptaufgabe der ME-Motronic ist die Berechnung der Stellgrößen, die für das Motordrehmoment bestimmend sind: • die Füllung der Zylinder mit Luft → Füllungssteuerung • die Masse des eingespritzten Kraftstoffs → Kraftstoffsystem • der Zündwinkel → Zündsystem	Die ME-Motronic umfasst weitere Zusatzfunktionen: • Leerlaufregelung • Lambda-Regelung • Klopfregelung • Kraftstoffverdunstungs-Rückhaltesystem • Abgasrückführung • Sekundärluftsystem • Fahrgeschwindigkeitsregelung Diese Funktionen können ergänzt werden: • Saugrohrumschaltung • Nockenwellensteuerung • Ladedruckregelung

3. Systemübersicht

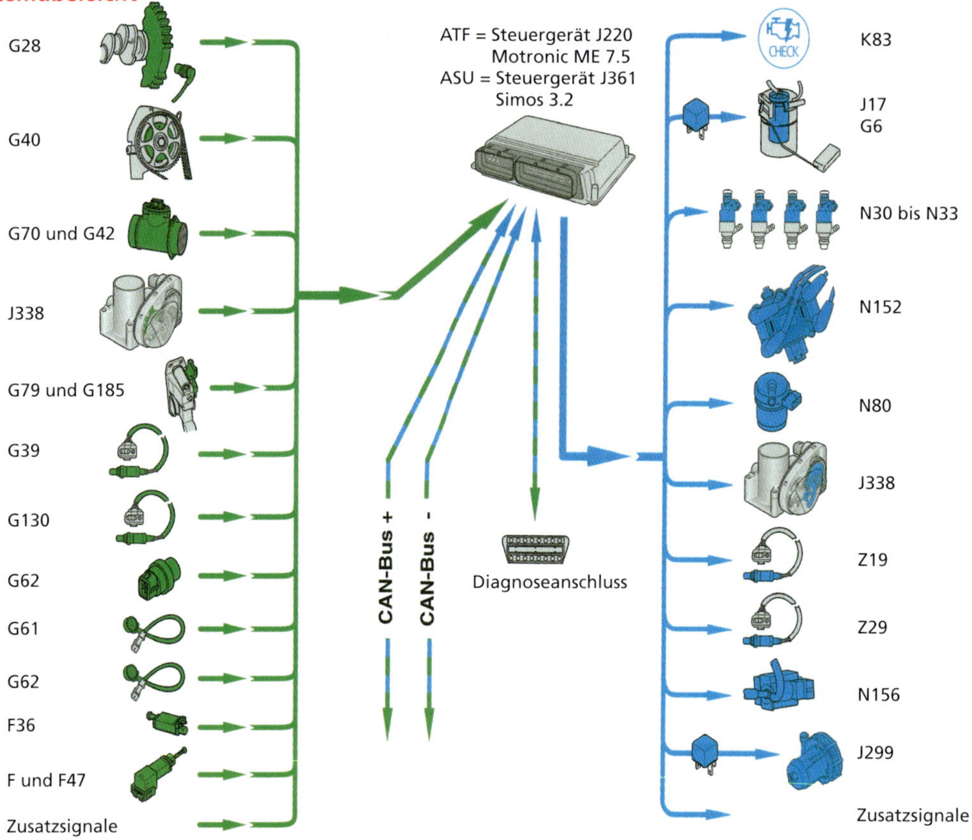

Sensoren

Geber f. Motordrehzahl G28
Hallgeber G40
Heißfilm-Luftmassenmesser G70
Geber für Ansauglufttemperatur G42
Drosselklappensteuereinheit J338 (E-Gas-Steller)
Winkelgeber für Drosselklappenantrieb G187 und G188
Geber für Gaspedalstellung G79 und G185
Lambda-Sonde G39
Lambda-Sonde nach Katalysator G130
Geber für Kühlmitteltemperatur G62
Klopfsensor I G61
Klopfsensor II G62
Kupplungspedalschalter F36
Bremslichtschalter F und F47

Zusatzsignale: Klimakompresssor ein, Klimabereitschaft, Fahrgeschwindigkeitssignal

Aktoren

Abgaswarnleuchte K83
Kraftstoffpumpenrelais J17
Kraftstoffpumpe G6
Einspritzventile N30 bis N33
Zündtrafo N152
Magnetventil für Aktivkohlebehälter N80
Drosselklappensteuereinheit J338 mit Drosselklappenantrieb G186
Heizung für Lambda-Sonde Z19
Heizung für Lambda-Sonde nach Katalysator Z29
Ventil für Registersaugrohrumschaltung N156
Relais für Sekundärluftpumpe J299 und Motor für Sekundärluftpumpe V101

Zusatzsignale: Klimakompressor aus, E-Gas-Fehlerlampe, Geschwindigkeitsregelanlage, Kraftstoffverbrauchssignal

Technische Beschreibung

- Motormanagement: Bosch Motronic ME 7.5
- Elektronisch gesteuerte sequenzielle Einspritzung
- Kennfeldgesteuerte Zündung mit zylinder-selektiver Klopfregelung
- Doppelfunken-Zündspule (Zündfolge 1-3-4-2)
- 2 Lambda-Sonden
- Sekundärluftsystem
- Luftumfasste Einspritzdüsen
- Schaltsaugrohr
- Elektrische Gasbetätigung
- Abgasüberwachung nach OBD II

4. Struktur eines drehmomentorientierten Motormanagements

Motordrehmoment

Die Leistung eines Motors ist abhängig von dem Drehmoment und der Drehzahl. Das innere Drehmoment ergibt sich aus dem Gasdruck im Verdichtungs- und Arbeitstakt. Zieht man vom inneren Drehmoment die Verluste durch Reibung und Ladungswechsel sowie das zum Betrieb der Nebenaggregate wie Wasserpumpe, Generator, Klimakompressor erforderliche Drehmoment ab, erhält man das vom Motor tatsächlich abgegebene Drehmoment.

Das innere Drehmoment ist abhängig von

- der Luftmasse, die nach dem Schließen des Einlassventils für die Verbrennung zur Verfügung steht,
- der Kraftstoffmasse, die in den Zylinder eingespritzt wird,
- dem Zeitpunkt, zu dem der Zündfunke die Verbrennung des Kraftstoff-Luft-Gemischs einleitet.

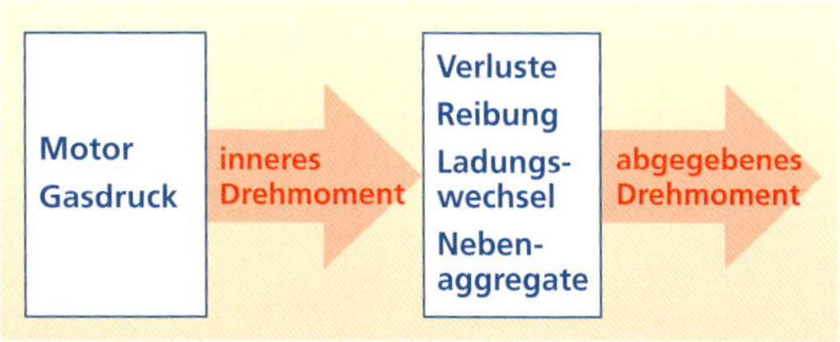

Funktionsstruktur ME-Motronic

Der Fahrer (innere bzw. interne Drehmomentanforderung) und die unterschiedlichen Teilsysteme wie Leerlauf- und Geschwindigkeitsregelung, Automatikgetriebe (Schaltzeitpunkte), Bremssystem (Antischlupfregelung), Drehzahl- und Leistungsbegrenzung, Klimaanlage (äußere bzw. externe Drehmomentanforderungen) stellen unabhängig voneinander Forderungen an das Motordrehmoment. Sie verlangen je nach Fahrsituation eine Drehmomenterhöhung oder -reduzierung.

So wird vom Motormanagement verlangt, dass z. B. vor Zuschalten des Klimakompressors die Forderung der Klimaanlagensteuerung auf Erhöhung des Motordrehmomentes berücksichtigt wird. Bei einer Antischlupfregelung (ASR) stellt das ASR-Steuergerät bei durchdrehenden Rädern die Forderung an das Motorsteuergerät, das erzeugte Drehmoment zu reduzieren. Alle Funktionen äußern unabhängig voneinander ihre Forderung an das Drehmoment.

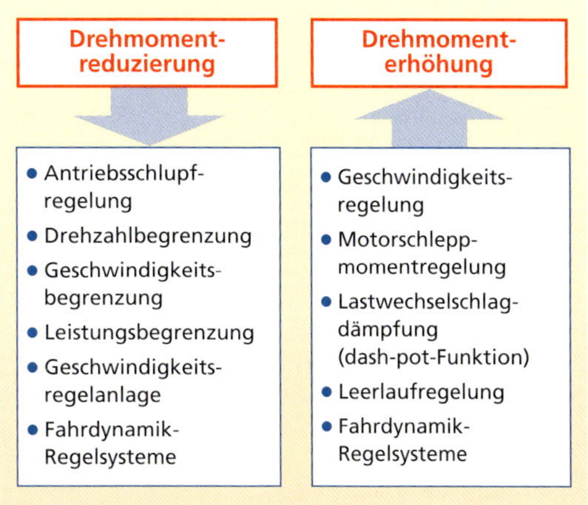

Das drehmomentgeführte Motormanagementsystem sammelt, wertet und koordiniert alle inneren und äußeren Drehmomentanforderungen unter Berücksichtigung des Wirkungsgrades und der Abgasnormen.

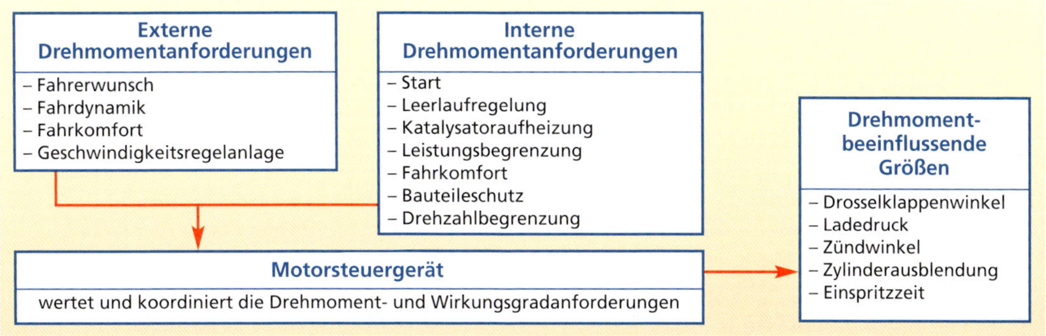

Wesentliches „Werkzeug" für die Drehmomentführung ist das elektronische Gaspedal, das die Steuerung der Drosselklappe unabhängig vom Fahrpedal erlaubt.

Dieses setzt unter Berücksichtigung des aktuellen Betriebszustandes des Motors die vom Fahrer gewünschte Leistung in einen Drosselklappenwinkel um. Wenn das Drehmoment verändert werden muss, um den Kraftstoffverbrauch zu optimieren bzw. die Abgasnormen einzuhalten, verstellt das Motormanagement die Drosselklappe, ohne dass der Fahrer seine Gaspedalstellung ändert.

Die Drosselklappe kann über den gesamten Verstellbereich elektromotorisch verstellt werden.

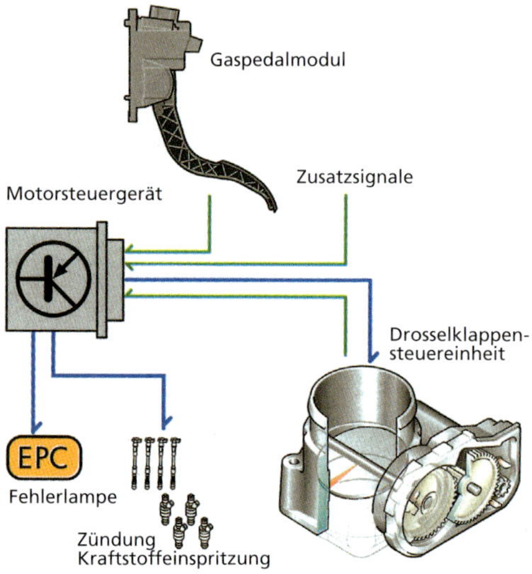

Regelablauf

Grundgröße für die Momentenstruktur der ME-Motronic ist das innere Moment aus der Verbrennung. Aufgabe der Drehmomentführung ist es, durch geeignete Wahl der Motorstellgrößen das innere Moment so einzustellen, dass der Fahrerwunsch erfüllt wird und alle Verluste durch Zusatzanforderungen abgedeckt werden.

Das Motormanagement bildet aus den äußeren und inneren Drehmomentanforderungen ein Soll-Drehmoment. Für jedes gewünschte Soll-Drehmoment enthält das Motorsteuergerät die optimalen Werte für Füllung, Einspritzzeit und Zündwinkel. Damit wird ein abgas- und verbrauchsoptimaler Motorbetrieb sichergestellt. Das Ist-Drehmoment wird aus den Größen Motordrehzahl, Lastsignal und Zündwinkel bestimmt. Dabei kann das System auf zwei Steuerungspfaden vorgehen:

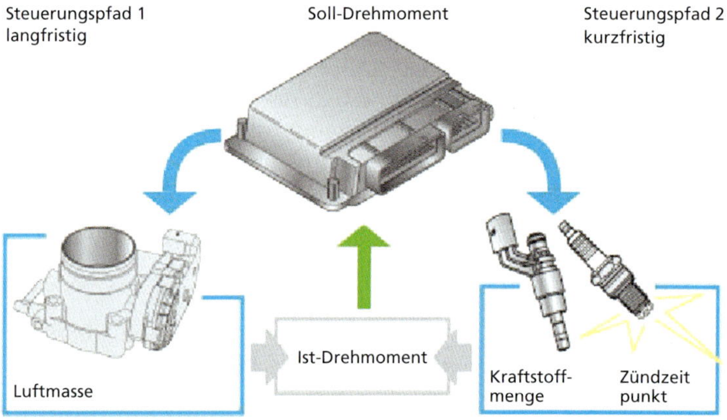

Im Steuerungspfad 1 werden die Stellgrößen angesteuert, die die Füllung beeinflussen:

- Drosselklappenwinkel,
- bei Turbomotoren der Ladedruck.

Dieser Weg wird vorwiegend bei langfristigen Drehmomentanforderungen realisiert

Im Steuerungspfad 2 die werden Stellgrößen verändert, die das Drehmoment kurzfristig, unabhängig von der Füllung, beeinflussen:

- Zündzeitpunkt
- Einspritzzeit
- Zylinderausblendung

Bei Abweichungen zwischen Ist- und Soll-Drehmoment errechnet das Steuergerät einen Regeleingriff bis beide Werte übereinstimmen.

15.1.2.2 Luftmanagement

1. Zylinderfüllung

Der Zylinder saugt beim Ansaugtakt Frischluft über die Drosselklappe an. Die angesaugte Frischluft ist maßgebend

- für die während der Verbrennung am Kolben verrichtete Arbeit,
- für das vom Motor abgegebene Drehmoment.

Die Füllung wird entscheidend durch Ventilüberschneidung, Brennraumform, Saugrohrgestaltung, Öffnungsquerschnitte der Ventile beeinflusst. Die maximale Füllung des Zylinders ist durch den Hubraum vorgegeben.

Das Verhältnis der tatsächlich angesaugten Frischladungsmasse zur theoretisch möglichen Frischladungsmasse bezeichnet man als Liefergrad λ_L oder auch als Füllungsgrad:

$$\lambda_L = \frac{\text{angesaugte Frischgasmasse}}{\text{theoretische Frischgasmasse}}$$

Bei Saugmotoren beträgt der Liefergrad 0,6 bis 0,9.

Nun bleibt nach dem Schließen des Auslassventils eine bestimmte Restgasmenge, bestehend aus Abgasen, im Zylinder zurück. Die Restgasmenge nimmt nicht an der Verbrennung teil. Sie beeinflusst aber den Verlauf der Verbrennung. Im Zylinder befindet sich nach Schließen des Einlass- und Auslassventils Frischluft und Restgas. Das Gasgemisch bezeichnet man als Zylinderfüllung.

2. Füllungssteuerung

Bei der elektrisch betätigten Drosselklappe gibt es keinen mechanischen Gaszug zwischen Gaspedal und Drosselklappe. Dieser wird durch eine elektronische Steuerung ersetzt (Drive-by-wire). Das System besteht aus folgenden Komponenten:

- Pedalwertgeber
- Motorsteuergerät
- Drosselklappensteuereinheit

Die Drosselklappenstellung wird elektronisch über den in der Drosselklappensteuereinheit integrierten Stellmotor eingestellt. Damit kann der Luftmassenfluss im Saugrohr unabhängig von der Fahrpedalstellung vorgegeben werden. Die vom Pedalwertgeber erfasste Fahrpedalstellung dient als Eingangsgröße für das Motorsteuergerät. Sie ist das Maß für den Drehmomentwunsch des Fahrers.

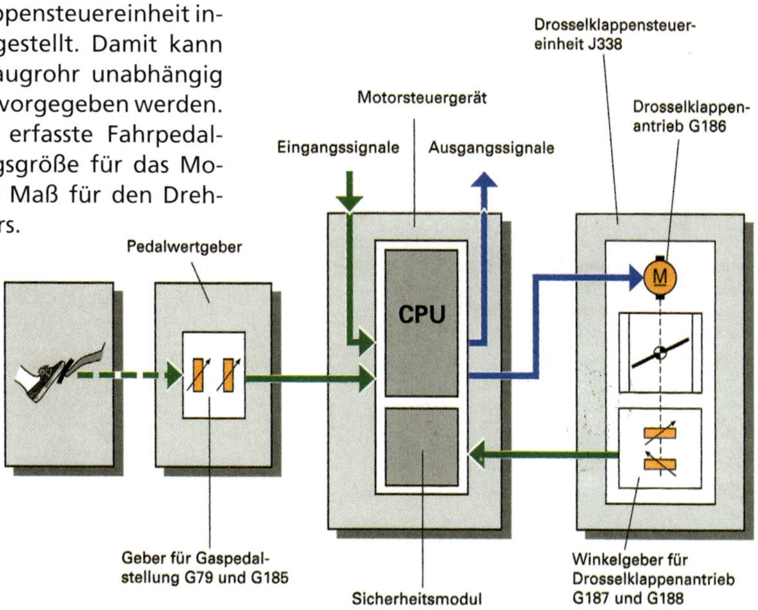

3. Betriebsdatenerfassung durch Sensoren und Schalter

Für die E-Gas-Funktion sind folgende Sensoren und Schalter in Aktion:

Pedalwertgeber

Pedalwertgeber

Prinzipbild

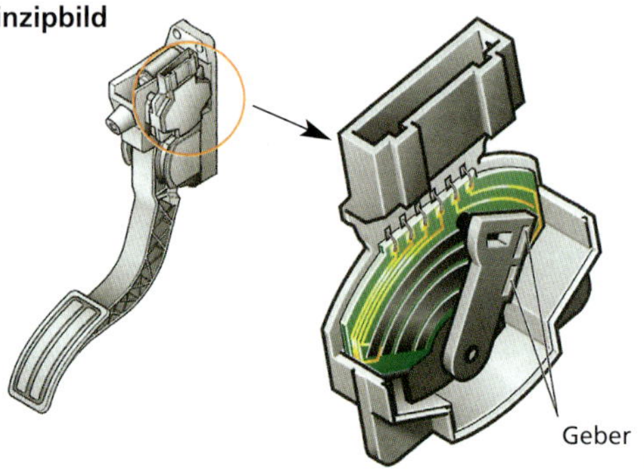

Schaltbild

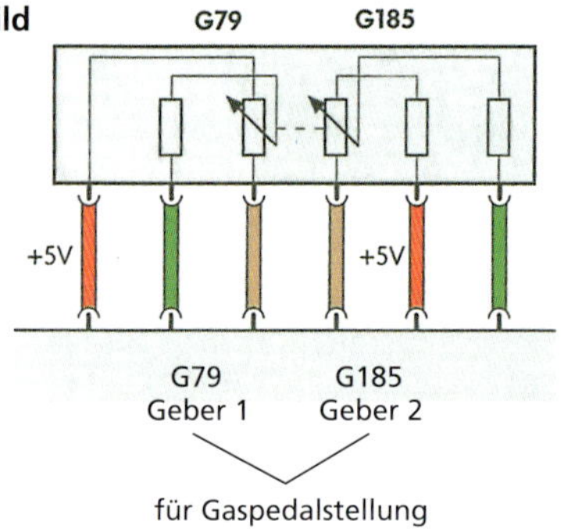

Der Pedalwertgeber besitzt zwei voneinander unabhängige Potenziometer. Das Steuergerät überwacht während des Motorbetriebes die Funktion und Plausibilität der beiden Geber. Fällt ein Geber aus, dient der andere als Ersatz. Der Geber für die Gaspedalstellung übermittelt dem Motorsteuergerät den Fahrerwunsch. Für die Kickdown-Information ist im Pedalwertgeber ein „mechanischer Druckpunkt" integriert. Beim Betätigen des Kickdown wird der Volllast-Spannungswert der Geber für Gaspedalstellung überschritten und eine im Motorsteuergerät festgelegte Spannung erreicht, die als Kickdown interpretiert wird und über CAN-Bus an das Automatikgetriebe gesandt wird.

Ausfall des Pedalwertgebers

Bei Ausfall eines Gebers

- leuchtet die Fehlerlampe,
- wird der Pedalwert auf einen bestimmten Wert begrenzt,
- wird bei Volllastvorgabe die Leistung nur langsam erhöht,
- bei unplausiblen Signalen der beiden Geber der niedrigere Wert verwendet.

Bei Ausfall beider Geber leuchtet ebenfalls die Fehlerlampe und der Motor läuft nur in der Leerlaufdrehzahl. Im Leerlauf unterliegen die Geber für Gaspedalstellung keiner Diagnose.
Fällt ein Stecker vom Gaspedalgeber ab, wird kein Fehler abgespeichert, die Fehlerlampe leuchtet nicht auf. Der Motor läuft im Leerlauf und zeigt keine Reaktion beim Betätigen des Gaspedals.

Kupplungspedalschalter

Kupplungspedalschalter

Prinzipbild

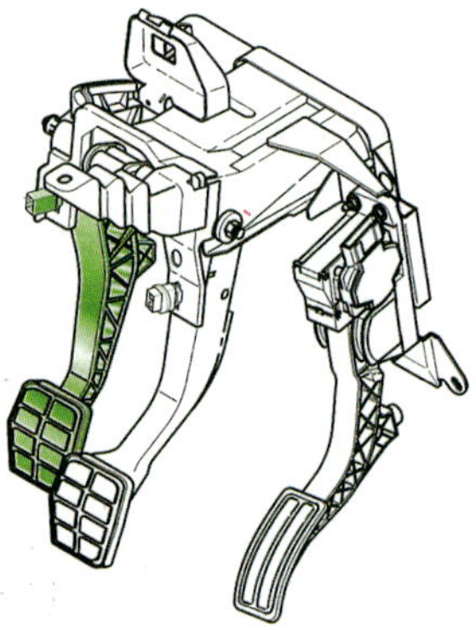

Schaltbild

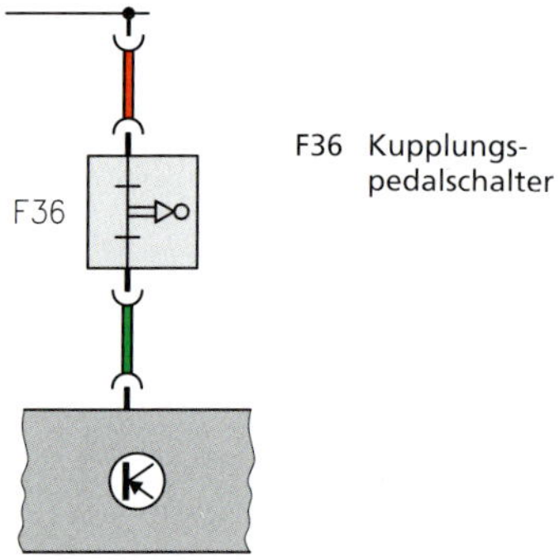

Durch das Signal erkennt das Steuergerät, ob ein- oder ausgekuppelt ist. Die Geschwindigkeitsregelanlage wird abgeschaltet. Beim Betätigen der Kupplung wird die Einspritzmenge kurzzeitig reduziert, um ein Hochdrehen des Motors beim Schalten zu verhindern und damit den Lastschlag zu reduzieren.

Bremslichtschalter und Bremspedalschalter

Bremslichtschalter und Bremspedalschalter

Prinzipbild

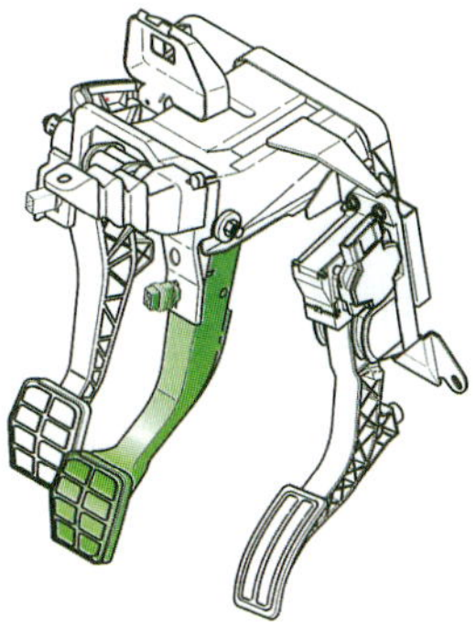

Schaltbild

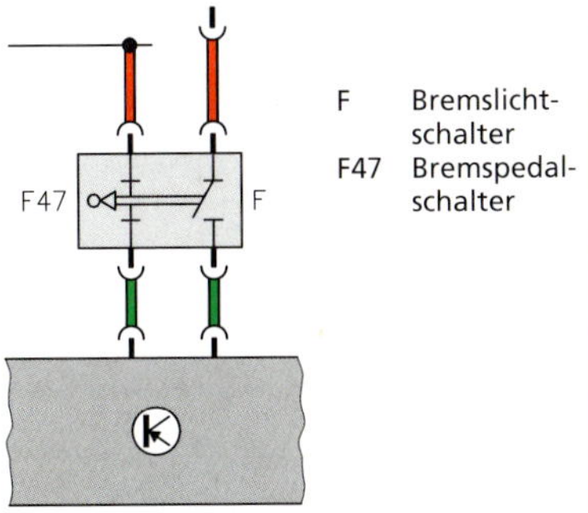

Beide Schalter liefern dem Motorsteuergerät das Signal „Bremse betätigt". Beide Signale werden vom Steuergerät zur gegenseitigen Kontrolle benutzt (Sicherheitsabfrage bei der E-Gas-Funktion).
Bei betätigter Bremse wird die Geschwindigkeitsregelanlage abgeschaltet.
Der Bremslichtschalter ist in Ruhestellung offen und wird von Klemme 30 mit Spannung versorgt, der Bremspedalschalter ist in Ruhestellung geschlossen und wird von Klemme 15 mit Spannung versorgt.

Sensoren zur Lasterfassung

Bei der Saugrohreinspritzung besteht ein direkter Zusammenhang zwischen Luftfüllung und dem durch die Verbrennung erzeugten Moment, also der Belastung des Motors.

In der ME-Motronic ist die Luftfüllung eine der Hauptgrößen zur Berechnung

- der Einspritzmenge,
- des aktuell vom Motor abgegebenen Drehmomentes,
- des Zündwinkels,

Zur Erfassung der Füllung bzw. der Motorlast werden eingesetzt:

- Luftmassenmesser oder
- Saugrohrdrucksensor,

jeweils in Verbindung mit dem Geber für Ansauglufttemperatur.

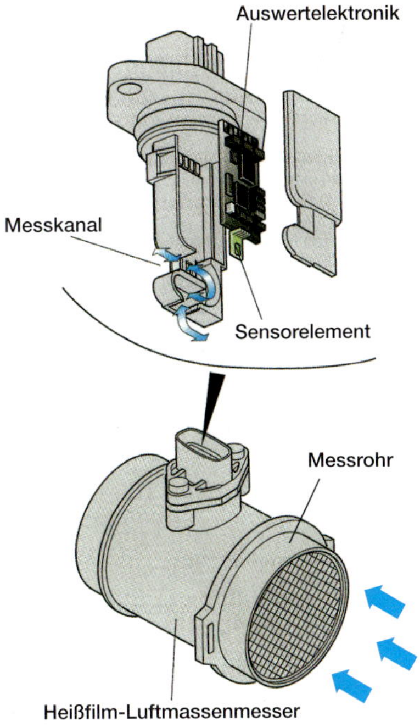

Heißfilm-Luftmassenmesser mit Rückströmerkennung

Durch das Öffnen und Schließen der Ventile entstehen Rückströmungen der angesaugten Luftmasse im Saugrohr. Der Heißfilm-Luftmassenmesser mit Rückströmerkennung erkennt die rückströmende Luftmasse und berücksichtigt sie bei seinem Signal an das Motorsteuergerät. Die Messung der Luftmasse ist sehr genau.

Das Signal des Luftmassenmessers wird zur Berechnung aller drehzahl- und lastabhängigen Funktionen benutzt, z. B. Einspritzzeit, Zündzeitpunkt oder Tankentlüftungssystem.

Der Heißfilm-Luftmassenmesser mit Rückströmerkennung besitzt am unteren Ende des Gehäuses einen Messkanal, in den das Sensorelement hineinragt. Dem Luftstrom wird ein Teilluftstrom entnommen, der über das Sensorelement geführt wird. Das Sensorelement misst im Teilluftstrom die angesaugte und die rückströmende Luftmasse.

Heißfilm-Luftmassenmesser

Prinzipbild

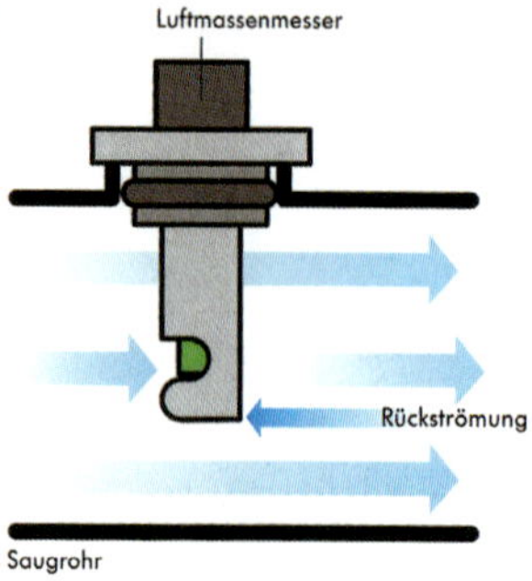

Schaltbild

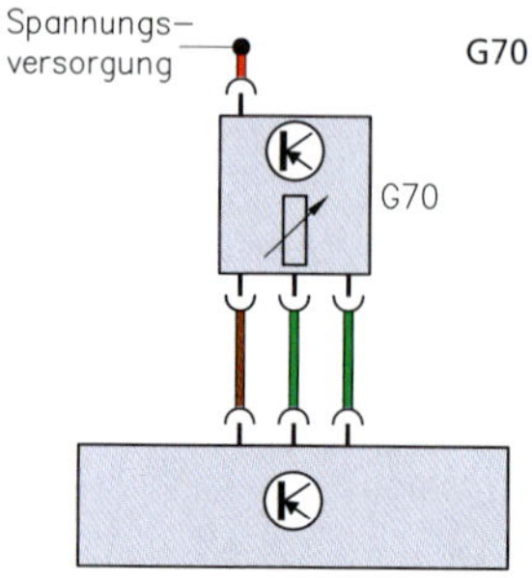

G70 Luftmassenmesser

Auf dem Sensorelement befinden sich zwei Temperatursensoren V1 und V2 und ein Heizelement. Das Trägermaterial besteht aus Glas, da es ein schlechter Wärmeleiter ist. Die Luft über der Glasmembran wird durch das Heizelement erwärmt.

Erkennen der angesaugten Luftmasse

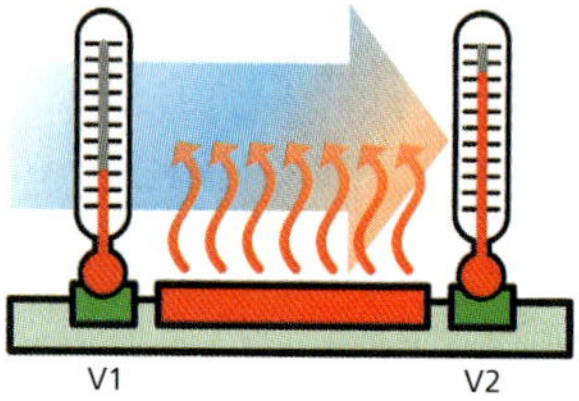

Beim Ansaugen strömt Luft von V1 in Richtung V2 über das Sensorelement. Die Luft kühlt den Sensor V1 ab. Über dem Heizelement wird die Luft erwärmt, so dass V2 nicht so stark abgekühlt wird wie V1. Die Temperatur von V1 ist also niedriger als die Temperatur von V2. Aufgrund des Temperaturunterschieds erkennt die elektronische Schaltung dass Luft angesaugt wird.

Erkennen der rückströmenden Luftmasse

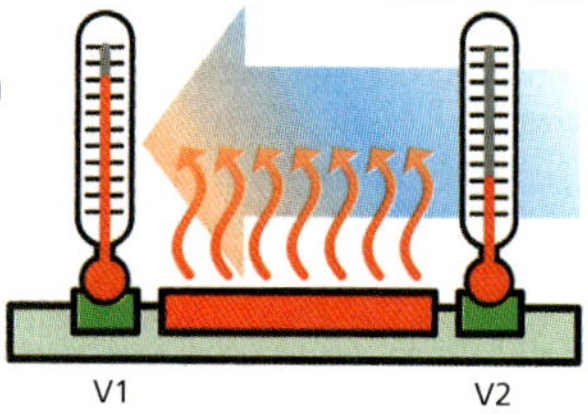

Strömt die Luft in entgegengesetzter Richtung, wird V2 stärker abgekühlt als V1. Die Temperatur von V2 ist also niedriger als die Temperatur von V1. Die elektrische Schaltung erkennt, dass es sich um eine rückströmende Luft handelt. Sie zieht die rückströmende Luftmasse von der angesaugten Luftmasse ab und meldet das Ergebnis an das Motorsteuergerät.

Ausfall des Luftmassenmessers: Bei Ausfall wird die Luftmasse über ein Kennfeld (Drosselklappenwinkel und Motordrehzahl) berechnet.

Störungsdiagnose Ausfallursache	Ausfall mach sich bemerkbar durch	Diagnose
• Beschädigung der Messelemente durch Schwingungen • Korrosion an den Anschlüssen • Drift der Messelemente	• Motorstillstand • Aufleuchten der Kontrolllampe • Steuergerät arbeitet im Notlaufprogramm	• Steckeranschluss auf korrekten Sitz und Kontakt prüfen • Auf Beschädigung prüfen • Spannungsversorgung vom Steuergerät prüfen (7,5 bis 14 V) • Ausgangsspannung prüfen (ca. 5 V) • Verbindungsleitung zwischen Steuergerät und Luftmassenmesser auf Durchgang prüfen • Elektronische Prüfung durch das Steuergerät, Auslesen des Fehlerspeichers

Saugrohrdruck- und Ladedrucksensor

Zur Bestimmung der Motorlast bzw. Füllung kann auch ein Saugrohrdrucksensor eingesetzt werden. Aus dem im Saugrohr herrschenden Unterdruck, der Ansauglufttemperatur und der Motordrehzahl kann das Motorsteuergerät die Luftmasse berechnen, die im Zylinder zur Verbrennung vorhanden ist.

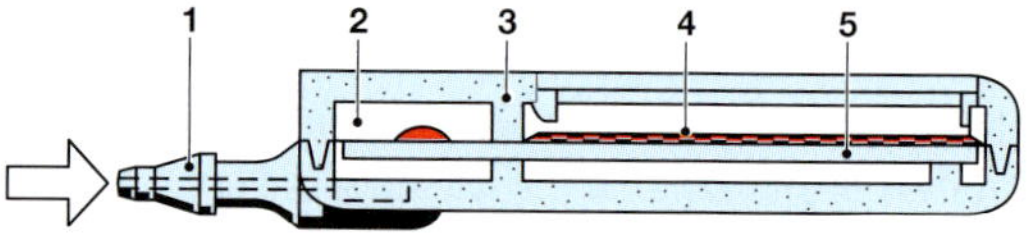

Drucksensor (für Steuergeräteeinbau)
1 Druckanschluss
2 Druckzelle mit Sensorelementen
3 Dichtsteg
4 Auswerteschaltung
5 Dickschichthybrid (Keramiksubstrat)

Bei vorhandenem Luftmassenmesser dient ein zusätzlicher Saugrohrdrucksensor zur Diagnose des Abgasrückführungssystems.

Bei aufgeladenen Motoren ist zusätzlich ein Ladedrucksensor erforderlich.

Der Drucksensor ist in eine Druckzelle mit zwei Sensorelementen und einen Raum für die Auswerteschaltung unterteilt. Das Sensorelement besteht aus einer glockenförmigen Dickschichtmembran. Auf der Membran sind Piezoelemente (Quarzkristalle) angeordnet. Je nach Größe des Druckes wird die Membran verschieden stark ausgelenkt. Hierdurch ändert sich der Widerstand der Piezoelemente. Die Widerstandsänderung ist ein Maß für den Ladedruck. Der Drucksensor ist entweder im Steuergerät integriert oder wird als Wegbausensor in Saugrohrnähe oder direkt am Saugrohr angeordnet.

4. Befehlsumsetzung durch Drosselklappeneinheit

Drosselklappensteuereinheit

Prinzipbild

Drosselklappenantrieb G186 (Elektrische Gasbetätigung)

Drosselklappengehäuse mit Drosselklappe

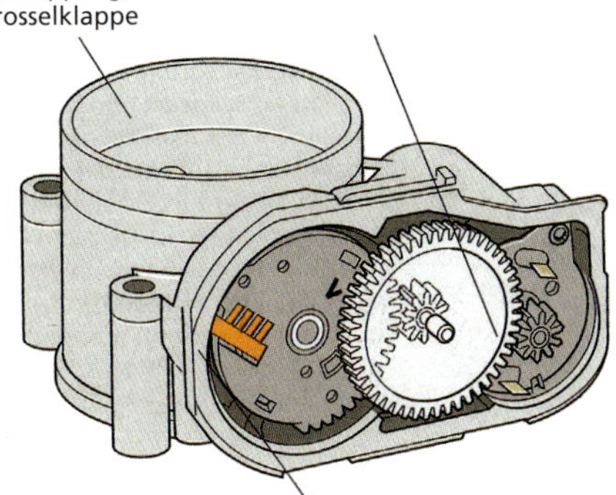

Winkelgeber für Drosselklappenantrieb G187 und G188

Die Drosselklappensteuereinheit besteht aus

- dem Drosselklappengehäuse mit der Drosselklappe,
- dem Drosselklappenantrieb,
- den Winkelgebern für den Drosselklappenantrieb.

Der Drosselklappenantrieb wird vom Steuergerät angesteuert. Er stellt die Drosselklappe so ein, dass die zur Drehmomenterfüllung erforderliche Luftmasse zur Verfügung steht. Die aktuelle Drosselklappenstellung wird durch Potenziometer rückgemeldet. Aus Sicherheitsgründen werden zwei Potenziometer eingesetzt, deren Widerstandslinien gegenläufig sind.

Schaltbild

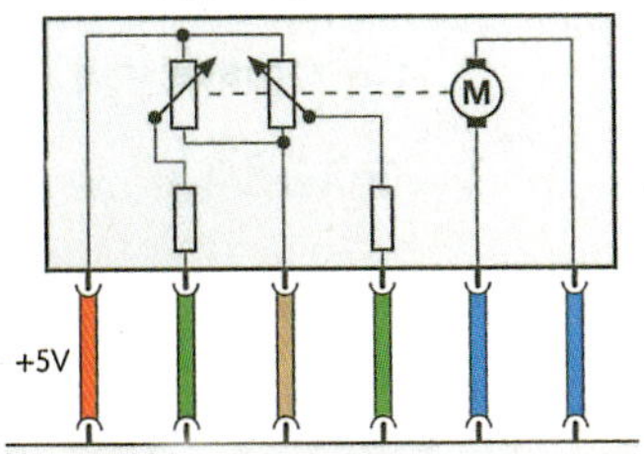

G187 Winkelgeber 1
G188 Winkelgeber 2 für Drosselklappenantrieb
G186 Drosselklappenantrieb
J338 Drosselklappensteuereinheit

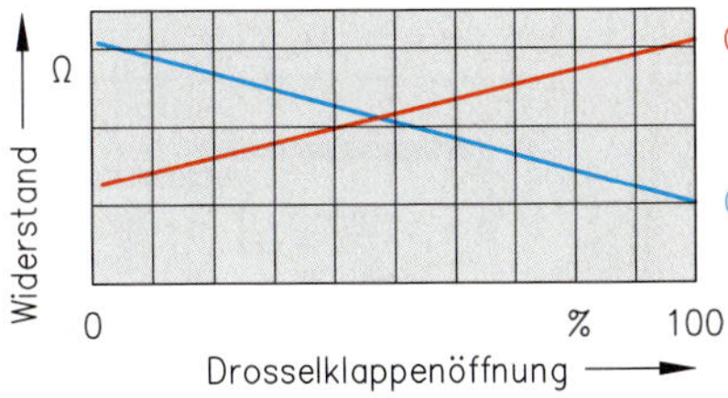

Ausfall der Drosselklappensteuereinheit

Bei Ausfall eines Gebers

- leuchtet die Fehlerlampe,
- werden drehmomenterhöhende Eingriffe unterdrückt.

Bei Ausfall oder Regelfehler des Drosselklappenantriebes

- leuchtet die Fehlerlampe,
- wird der Drosselklappenantrieb abgeschaltet, was sich durch starken Leistungsabfall und einen erhöhten, unrunden Leerlauf bemerkbar macht,
- nimmt der Motor nur gering Gas an.

Ist keine eindeutige Erkennung der Drosselklappenstellung möglich bzw. nicht gewährleistet, dass eine Notlaufposition vorliegt, so

- leuchtet die Fehlerlampe,
- wird der Drosselklappenantrieb abgeschaltet, was sich im erhöhten, unrunden Leerlauf bemerkbar macht,
- wird die Drehzahl durch Einspritzausblendung auf 1 200 1/min begrenzt.

5. Zusatzfunktionen zur Beeinflussung der Füllung

Leerlaufdrehzahlregelung

Der Leerlauf muss so eingestellt sein, dass die Leerlaufdrehzahl durch die im Motor entstehende Reibleistung des Kurbel- und Ventiltriebs (interne Lasten) sowie der Zusatzaggregate wie Klimaanlage, eingelegter Gang beim Automatikgetriebe, aktive Lenkhilfe (externe Lasten) usw. nicht zu weit absinkt und der Motor unruhig läuft bzw. ausgeht. Die Leerlaufdrehzahlregelung muss ein Gleichgewicht herstellen zwischen der erzeugten und der verbrauchten Leistung. Sie gibt die Momentenanforderung an die Drehmomentenkoordination, die die Füllung, das Gemisch und den Zündwinkel berechnet und ein Moment vorgibt, mit dem die erforderliche Drehzahl bei den entsprechenden Betriebsbedingungen erreicht wird.

Sekundärluftsystem

Während der Warmlaufphase tritt im Abgas ein erhöhter Anteil an unverbrannten Kohlenwasserstoffen auf. Diesen Anteil kann der Katalysator nicht verarbeiten, da seine Betriebstemperatur noch nicht erreicht ist und ein Gemisch von $\lambda = 1$ vorhanden sein muss. Durch Lufteinblasung hinter die Auslassventile erfolgt eine Sauerstoffanreicherung der Abgase. Es findet eine Nachverbrennung statt. Durch die Wärme der Nachverbrennung erreicht der Katalysator schneller seine Betriebstemperatur. Das Sekundärluftsystem ist nur in zwei Betriebszuständen aktiv:

- beim Kaltstart,
- im Leerlauf nach Warmstart.

Das Motorsteuergerät verarbeitet folgende Eingangssignale:

- der Lambda-Sonden,
- die Motorlast,
- die Kühlmitteltemperatur,
- die Motordrehzahl,

und steuert über das Relais für Sekundärluft die Sekundärluftpumpe und parallel das Sekundärluftsteuerventil an.

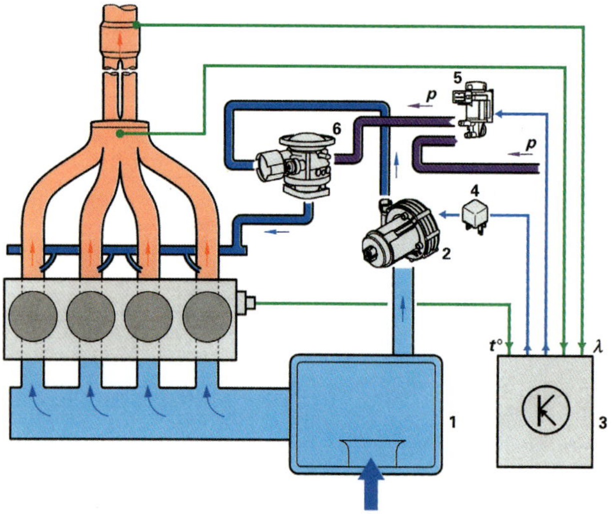

1 Luftfilter
2 Sekundärluftpumpe
3 Motorsteuergerät
4 Relais für Sekundärluftpumpe
5 Sekundär-Luftsteuerventil
6 Kombiventil

Das Sekundärventil betätigt mittels Unterdruck das Kombiventil. Die Sekundärluftpumpe fördert kurzzeitig gefilterte Luft hinter die Auslassventile.

Das Kombiventil verhindert im nicht aktivierten Zustand das Eindringen von heißen Abgasen in die Sekundärluftpumpe. Ab der Teillastphase wird das Sekundärluftsystem abgeschaltet.

Geschwindigkeits-Regelanlage (GRA)

Mit der Geschwindigkeits-Regelanlage kann vom Fahrer eine Fahrgeschwindigkeit ab 30 km/h festgelegt werden. Die Geschwindigkeit wird ohne Einflussnahme des Fahrers gehalten.

Mit dem Bedienhebel lassen sich folgende Funktionen auslösen:

- Setzen: Übernahme der Geschwindigkeit mit anschließendem Halten der Geschwindigkeit.
- Beschleunigen: Beschleunigen und anschließendes Halten der Geschwindigkeit.
- Verzögern: Verzögern und anschließendes Halten der Geschwindigkeit.
- Wiederaufnahme: Anfahren einer gespeicherten Zielgeschwindigkeit.
- Tip-Up: Schrittweises Erhöhen der Sollgeschwindigkeit
- Tip-Down: Schrittweises Verringern der Sollgeschwindigkeit.
- Abschalten der Regelung durch Hauptschalter oder Aus-Tip-Schalter.

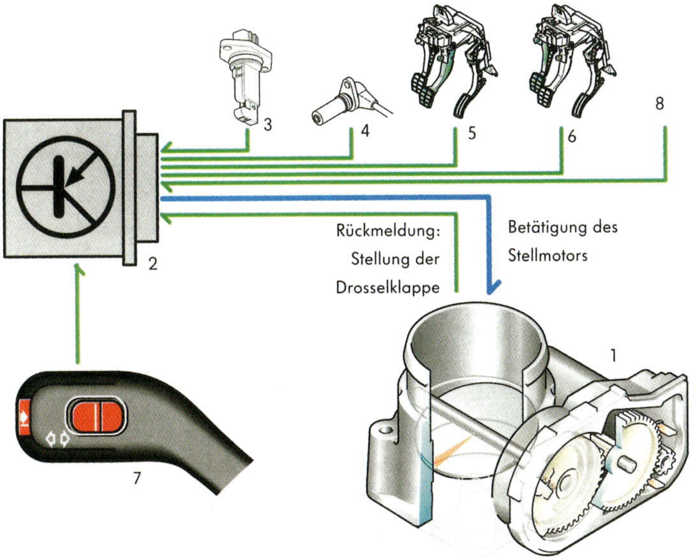

1 Drosselklappen-steuereinheit
2 Motorsteuergerät
3 Luftmassenmesser
4 Drehzahlgeber
5 Bremspedalschalter
6 Kupplungspedalschalter
7 Schalter GRA
8 Fahrgeschwindigkeit

Das Motorsteuergerät verarbeitet die Eingangsinformationen

- Motordrehzahl,
- Motorlast,
- Fahrgeschwindigkeit,
- Signal „Bremse betätigt",
- Signal „Kupplung betätigt",
- Ein- und Ausschaltsignal vom Schalter GRA.

Es steuert die Drosselklappensteuereinheit an, welche je nach eingestellter Fahrgeschwindigkeit die Drosselklappe öffnet oder schließt. Das Signal der Fahrgeschwindigkeit ist ein vom Schalttafeleinsatz aufbereitetes Rechtecksignal, dessen Frequenz sich analog zur Geschwindigkeit ändert. Es werden z. B. 4 Impulse pro Radumdrehung vom Schalttafeleinsatz gesendet.

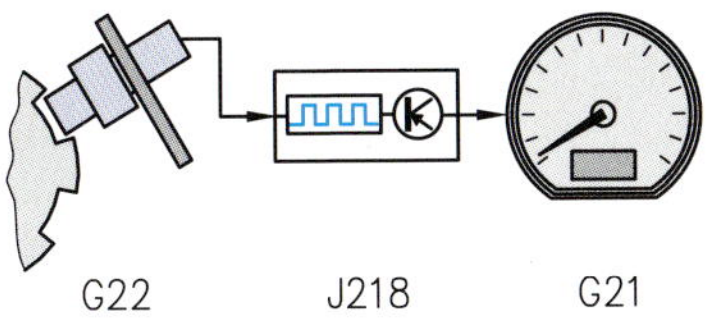

D+15 Zündanlassschalter, Klemme 15
G21 Geschwindigkeitsmesser
G22 Geber für Geschwindigkeitsmesser
J218 Kombiprozessor für Schalttafeleinsatz

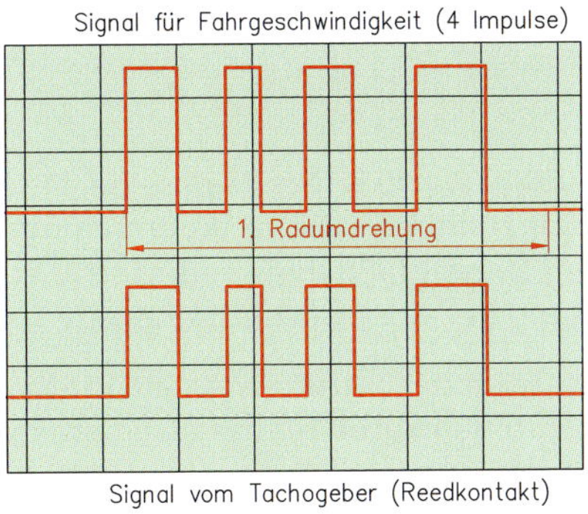

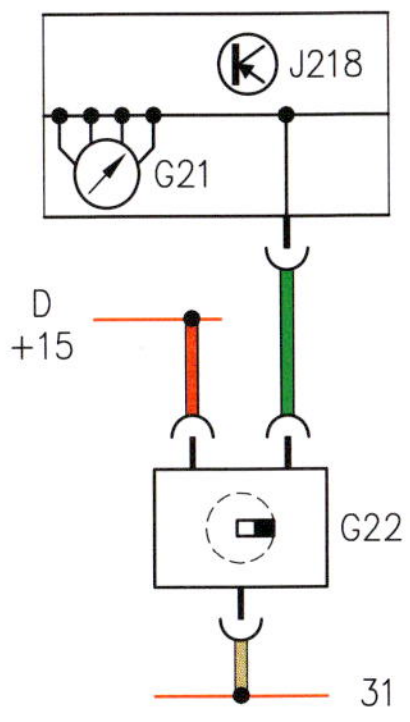

Abgasrückführung

Die in den Verbrennungsraum angesaugte Luft enthält Sauerstoff und einen hohen Anteil von Stickstoff. Bei hohen Temperaturen und unter hohem Druck bilden sich Stickstoffoxide, die durch den Auspuff ins Freie gelangen. Durch Abgasrückführung und Beimischen von Abgas in das Kraftstoff-Luft-Gemisch erhält der Zylinder eine geringere Füllung mit Frischgas. Da das Abgas nicht an der Verbrennung teilnimmt, wird die Verbrennungstemperatur reduziert, wodurch weniger Stickstoffoxide entstehen.

Das Motorsteuergerät steuert in Abhängigkeit von

- Motorlast,
- Motordrehzahl,
- Motortemperatur

das Abgasrückführungsventil an und legt damit den Öffnungsquerschnitt fest. Ein Teilstrom Abgas wird über das Ventil der Frischluft zugeführt.

Zur Steuerung des Abgasrückführungsventils werden verwendet:

Pneumatische Systeme

Das Ventil für Abgasrückführung (2) wird vom Steuergerät angesteuert. Es leitet den Unterdruck vom Saugrohr an das AGR-Ventil (3), das öffnet und Abgas in das Saugrohr gelangen lässt. Die Dosierung ist nicht so genau, was bei größeren Abgasrückführungsmengen zu einem schlechten Fahrverhalten und erhöhten HC-Emissionen führen kann.

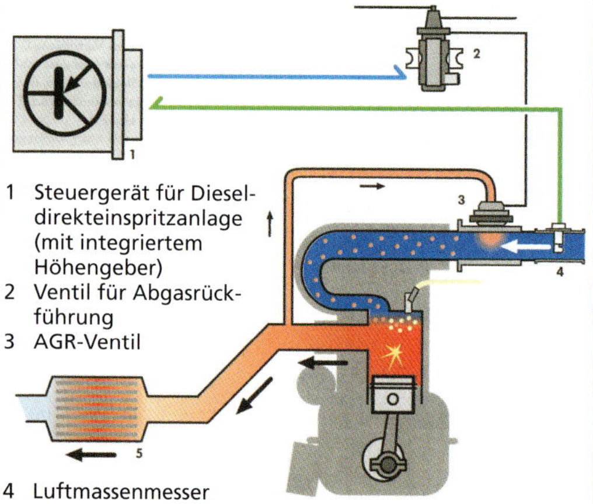

1 Steuergerät für Dieseldirekteinspritzanlage (mit integriertem Höhengeber)
2 Ventil für Abgasrückführung
3 AGR-Ventil
4 Luftmassenmesser
5 Katalysator

Elektronische Systeme

Elektrische Abgasrückführungsventile (AGR-E) arbeiten schneller und präziser. Ein Klappenventil wird von einem Elektromotor betätigt. Ein berührungsloser Sensor meldet die Stellung des Ventils an das Steuergerät. Der Einbau des AGR-E erfolgt auf der kalten Seite des Motors, dicht vor dem Luftsammler, damit ein Versotten des Ventils durch Ruß und Öldämpfe vermieden wird.

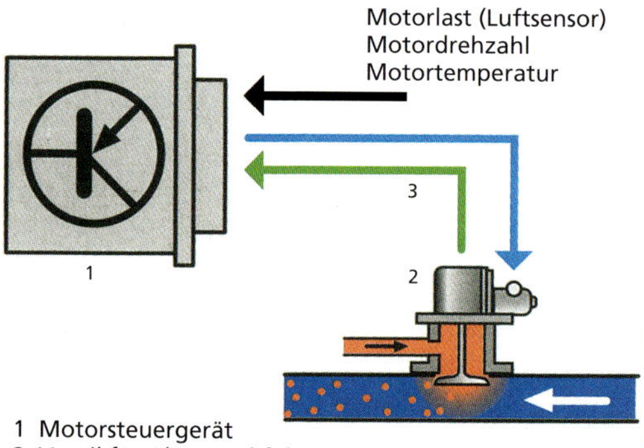

1 Motorsteuergerät
2 Ventil für Abgasrückführung
3 Ventilstellsensor

Durch das Rückführen von etwa 10 % der Abgase bei Ottomotoren (bis zu 40 % bei Dieselmotoren) in den Ansaugkrümmer können die im Verbrennungsraum auftretenden Temperaturen und Drücke gesenkt werden. Diese Maßnahme reduziert die temperaturabhängigen Stickstoffoxidemissionen. Eine Erhöhung der Abgasrückführungsrate führt zu erhöhten HC-Emissionen.

Die Abgasrückführung erfolgt bei betriebswarmem Motor im Teillastbereich. Bei Kaltstart, Warmlauf, Volllast und Beschleunigung arbeitet das AGR-System nicht, da bei fetten Kraftstoff-Luft-Gemischen weniger Stickstoffoxid entsteht. Auch im Leerlauf wird das System abgeschaltet, um die Laufruhe des Motors zu gewährleisten.

Schaltsaugrohre

Die Ladewechselvorgänge werden auch durch die Länge der Saugleitung beeinflusst. Durch die Abwärtsbewegung des Kolbens beim Ansaugtakt entstehen periodische Druckschwingungen in der Saugleitung, d. h. die Luftsäule im Ansaugsystem schwingt hin und her. Diese Druckschwingungen werden in der sogenannten Schwingrohraufladung durch Schaltsaugrohre genutzt, um die Frischgasfüllung zu erhöhen. Man spricht von einer Selbstaufladung.

Schaltsaugrohre ermöglichen
- im unteren Drehzahlbereich mithilfe eines langen Saugrohres ein großes Drehmoment,
- im oberen Drehzahlbereich mithilfe eines kurzen Saugrohres eine hohe Leistung.

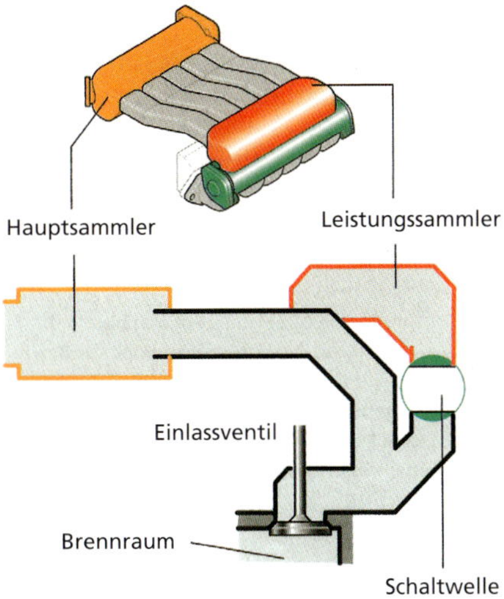

Wesentliche Bestandteile eines Schaltsaugrohres sind der Hauptsammler, der Leistungssammler und die Schaltwelle oder Schaltklappe, die vom langen auf das kurze Saugrohr umschaltet.

Stellung der Schaltwelle bei Motordrehzahlen bis 4 000 1/min

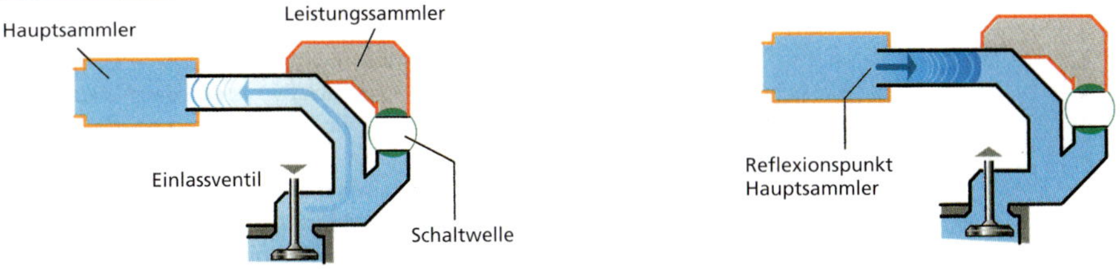

Nach dem Öffnen des Einlassventils bildet sich im Saugrohr eine Unterdruckwelle, die mit hoher Geschwindigkeit (Schallgeschwindigkeit) vom Einlassventil in den Hauptsammler läuft. Im Hauptsammler hat das Luftvolumen einen höheren Druck als der Unterdruck am offenen Rohrende des Schwingrohres. Die Unterdruckwelle wird reflektiert, reißt die im Hauptsammler befindlichen Luftmassen mit und wandert als Druckwelle zum Einlassventil zurück. Bei einer gut auf den Motor abgestimmten Saugrohrlänge erreicht das Druckmaximum die Einlassöffnung des Einlassventils kurz vor dem Schließen.
Durch die Druckwelle gelangt mehr Luft in den Zylinder, d. h. die Zylinderfüllung wird verbessert

Stellung der Schaltwelle bei Motordrehzahlen über 4 000 1/min

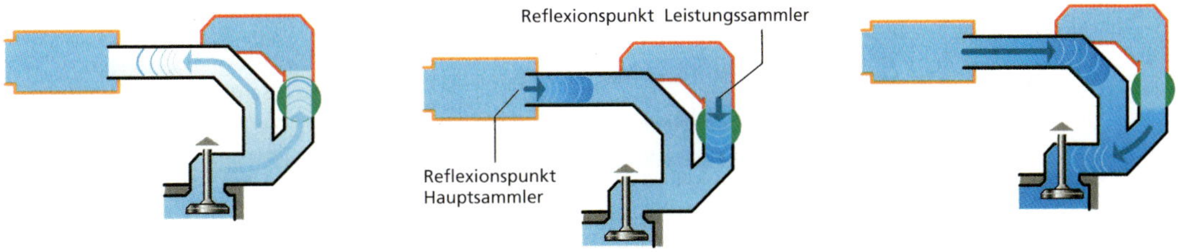

Bei steigender Drehzahl wird die Zeitspanne, in der durch das geöffnete Einlassventil Luft strömen kann, immer kürzer. Bei Drehzahlen über 4 000 1/min gibt die Schaltwelle den Weg zum Leistungssammler frei. Der Weg der Saug- und Druckwelle zum Einlassventil ist kürzer. Der Leistungssammler wird bei geschlossenen Einlassventilen mit Luft befüllt. Nach dem Öffnen des Einlassventils breitet sich die Unterdruckwelle gleichmäßig im Saugrohr aus. Sie erreicht das Rohrende im Leistungssammler früher als das Rohrende im Hauptsammler und läuft zum Einlassventil zurück. Während die Druckwelle vom Hauptsammler zurückläuft, trifft sie rechtzeitig vor dem Schließen des Einlassventils ein und bewirkt die Selbstautladung. Die zu spät kommende Welle vom Hauptsammler wird von dem geschlossenen Einlassventil reflektiert und befüllt den Leistungssammler.

Nockenwellenverstellung

Die Nockenwellenverstellung hat die Aufgabe, die günstigsten Ventilsteuerzeiten für die Betriebszustände Leerlauf, maximale Leistung und Drehmoment einzustellen.

Flügelzellenversteller verstellen die Einlass- und Auslassnockenwelle. Der Verstellwinkel der Einlassnockenwelle beträgt z. B. 52° KW, der der Auslassnockenwelle z. B. 22° KW. Die Flügelzellenversteller arbeiten hydraulisch und sind über das Steuergehäuse an den Motorölkreislauf angeschlossen.

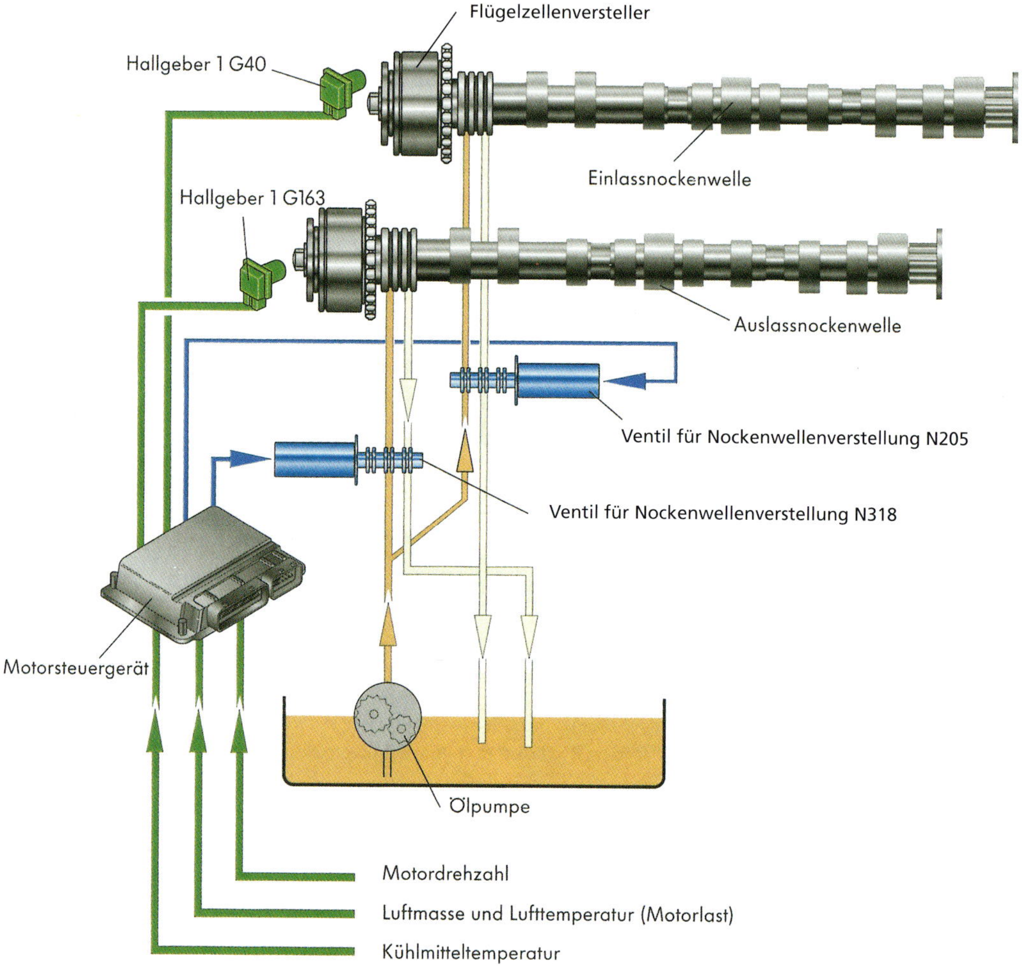

Zur Nockenwellenverstellung benötigt das Motorsteuergerät Informationen über die

- Stellung der Nockenwellen und der Kurbelwelle,
- Motordrehzahl,
- Motorlast,
- Motortemperatur.

Hieraus berechnet es in Abhängigkeit von einem im Steuergerät gespeicherten Kennfeld die Nockenwellenverstellung.

Die Einlassnockenwellen werden stufenlos verstellt. Die Nockenwellenversteller der Auslassnockenwelle werden vom Motorsteuergerät jeweils nur in die Endposition gefahren.

Das System der Nockenwellenverstellung ist lernfähig. Damit werden Toleranzen in der Motormechanik und Verschleiß ausgeglichen. Das Motorsteuergerät prüft anhand der Signale von Drehzahl- und Hallgeber die Leerlaufstellung der Einlass- und Auslassnockenwelle. Wenn der Istwert mit dem gespeicherten Sollwert nicht übereinstimmt, wird bei der nächsten Verstellung der Nockenwellen auf den Sollwert nachgeregelt.

Nockenwellenverstellung

Leerlauf

Die Nockenwellen werden so gestellt, dass

- die Einlassventile spät öffnen und dadurch auch spät schließen,
- die Auslassventile weit vor OT schließen.

Aufgrund des geringen Restgasanteils ergibt sich bei der Verbrennung ein stabiler Leerlauf.

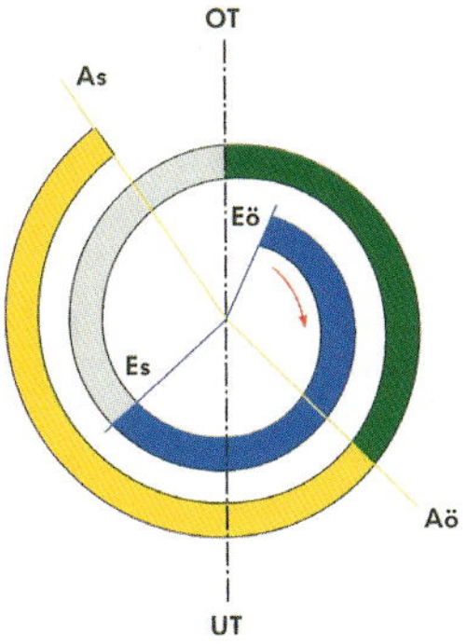

Leistung

Um eine gute Leistung bei hohen Drehzahlen zu erreichen, werden die Nockenwellen wie folgt verstellt:

- Die Auslassventile werden spät geöffnet. Damit kann der bei der Verbrennung entstehende Gasdruck lange auf den Kolben wirken.
- Die Einlassventile öffnen nach OT und schließen spät nach UT. Damit wird der Nachladeeffekt der in den Zylinder strömenden Luft zur Leistungssteigerung genutzt.

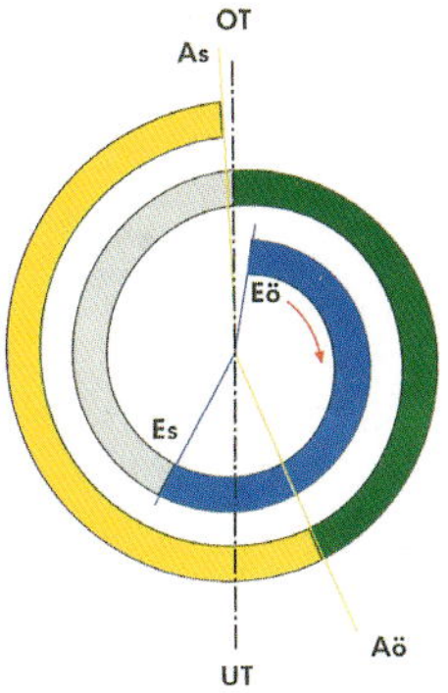

Drehmoment

Ein maximales Drehmoment erfordert eine hohe Füllung des Zylinders. Daher werden

- die Einlassventile früh geöffnet und schließen damit früh, wodurch ein Ausschieben der Frischgase vermieden wird.
- die Auslassventile kurz vor OT geschlossen.

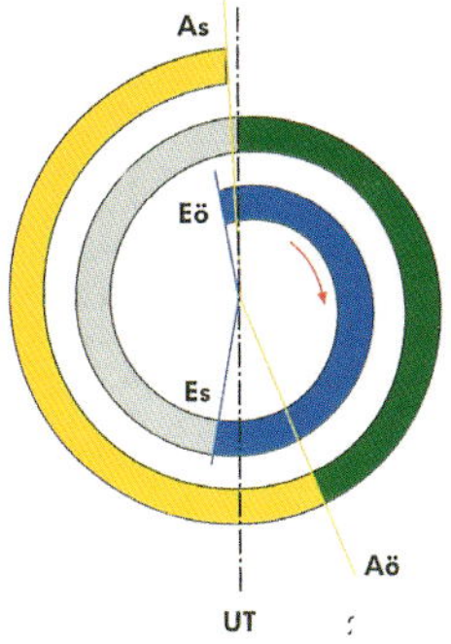

Abgasrückführung

Um eine Ventilüberschneidung, d. h. Ein- und Auslassventil sind geöffnet, zu erreichen, werden die Nockenwellen so gestellt, dass

- die Einlassventile weit vor OT öffnen,
- die Auslassventile erst kurz vor OT schließen.

Durch die Ventilüberschneidung kommt es zu einer internen Abgasrückführung.

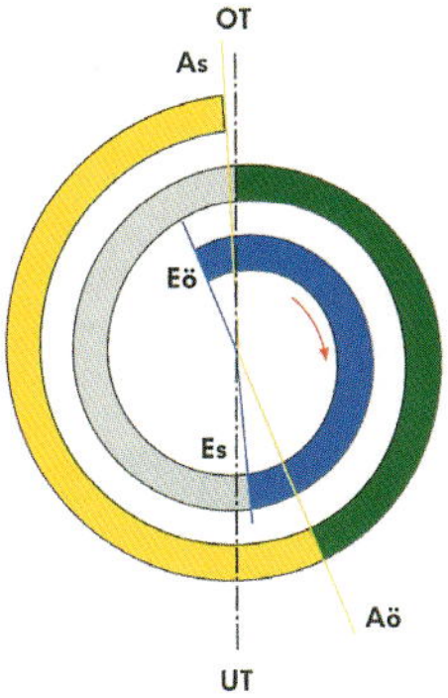

Die Steuerzeiten sind auf den Motor und das Motormanagement abgestimmt.

15.1.2.3 Einspritzmanagement

1. Kraftstoffversorgung

Die Kraftstoffpumpe wird in der Regel in den Tank eingebaut (Tankeinbaueinheit) und ist vom Kraftstoff umspült.

Eine Tankeinbaueinheit besteht neben der elektrischen Kraftstoffpumpe aus einem saugseitigen Kraftstofffilter, einer Füllstandsanzeige, einem Dralltopf als Kraftstoffreservoir und zur Abscheidung von Dampfblasen aus dem Kraftstoff, und den elektrischen und hydraulischen Anschlüssen.

Ein Kraftstoffverteiler sorgt dafür, dass der Kraftstoff gleichmäßig auf alle Einspritzventile verteilt wird. Bei Systemen mit Rücklauf zum Kraftstoffbehälter sind Druckregler und eventuell Kraftstoffdruckdämpfer am Verteiler angeordnet.

- Druckregler: Er hält die Differenz zwischen Kraftstoffsystemdruck und Saugrohrdruck konstant.
- Druckdämpfer: Er verhindert, dass Schwingungen, die durch das Takten der Einspritzventile und das periodische Ausschieben von Kraftstoff durch Elektrokraftstoffpumpen, auf andere Bauelemente übertragen werden.

Zunehmend werden rücklauffreie Kraftstoffversorgungssysteme verwendet. Hier ist der Druckregler in der Tankeinbaueinheit eingebaut. Die Rücklaufleitung kann entfallen.
Der Systemdruck beträgt etwa 3 bis 4,5 bar.

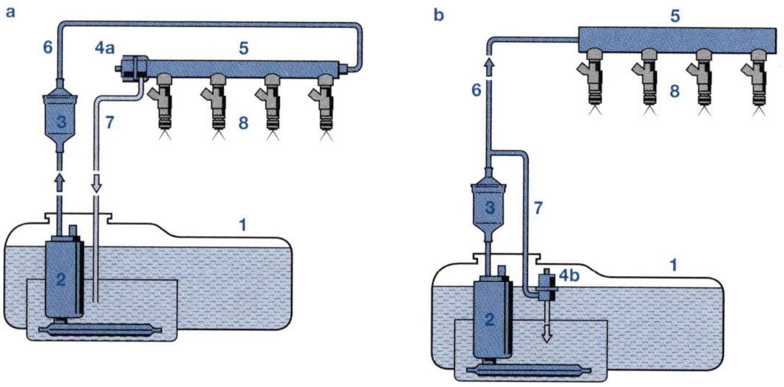

Kraftstoff-Einspritzsystem:
a Mit Rücklauf
b ohne Rücklauf
1 Kraftstoffbehälter
2 Elektrokraftstoffpumpe
3 Kraftstofffilter
4a Kraftstoffdruckregler (Saugrohrdruck als Referenz)
4b Kraftstoffdruckregler (Umgebungsdruck als Referenz)
5 Kraftstoffverteilerstück
6 Kraftstoffleitung
7 Kraftstoffrücklaufleitung
8 Einspritzventile

Kraftstoffpumpenrelais

Funktion

Die Kraftstoffpumpe wird indirekt über das Motorsteuergerät angesteuert. Da der Stromverbrauch sehr hoch ist (ca. 6 A), erfolgt die Spannungsversorgung über das Kraftstoffpumpenrelais.

Eine Sicherheitsschaltung oder -software verhindert die Förderung bei eingeschalteter Zündung und stehendem Motor. Eine andere Schutzschaltung schaltet die Elektrokraftstoffpumpe ab, sobald das Drehzahlsignal eine untere Grenze unterschreitet. Damit wird die Brandgefahr, z. B. bei einem Unfall durch einen gerissenen Kraftstoffschlauch, verringert.

Schaltbild

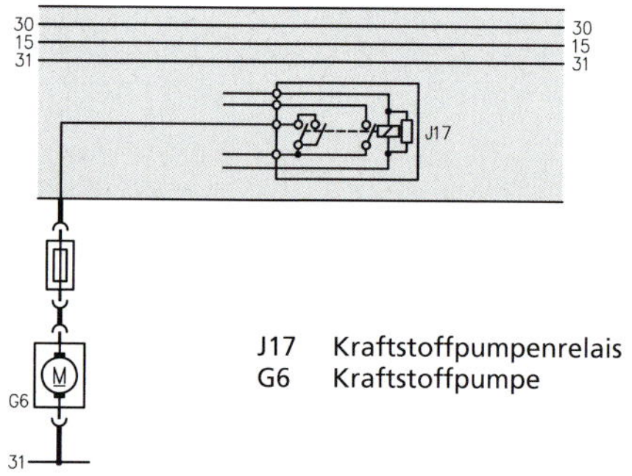

J17 Kraftstoffpumpenrelais
G6 Kraftstoffpumpe

Störungsdiagnose

Ausfallursache	Ausfall mach sich bemerkbar durch	Diagnose
• Verbrannte Kontakte • Durchgebrannte Relaisspulen • Oxidierende Anschlusspins • Überbelastung • Verschleiß • Korrosion	• Ausfall des Systems, in dem das Relais verbaut ist.	• Überprüfen von Spannungs- und Masseversorgung • Überprüfen von Anschlussleitungen zum Relais • Überprüfen von Steuerleitungen und Komponenten

2. Einspritzventil

Das Einspritzventil besteht aus folgenden Bauteilen:

- dem Ventilgehäuse mit Stromspule und elektrischem Anschluss,
- dem Ventilsitz mit Spritzlochscheibe,
- der Ventilnadel mit dem Magnetanker.

Bei stromloser Spule drücken die Feder und die sich aus dem Kraftstoffdruck ergebende Kraft die Ventilnadel auf den Ventilsitz und dichten das Einspritzventil gegen das Saugrohr ab. Durch einen Stromimpuls wird in der Stromspule ein Magnetfeld erzeugt, das den Anker anzieht und die Ventilnadel vom Ventilsitz abhebt.

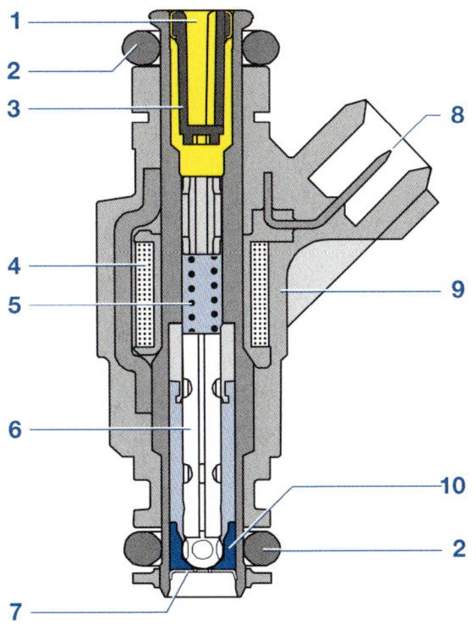

Aufbau des Einspritzventils EV6
1 Zulauf
2 O-Ringe
3 Filtersieb
4 Stromspule
5 Feder
6 Ventilnadel mit Magnetanker
7 Spitzlochscheibe
8 elektr. Anschluss
9 Ventilgehäuse
10 Ventilsatz

Strahlaufbereitung

Die Gemischaufbereitung wird durch die Strahlaufbereitung, d.h. Strahlform, Strahlwinkel und Tröpfchengröße, beeinflusst. Hierzu sind die Ventile mit einer Spritzlochscheibe mit mehreren kalibrierten Löchern ausgestattet. Die Gemischaufbereitung ist aber auch abhängig von der Geometrie des Saugrohres und des Zylinderkopfes.

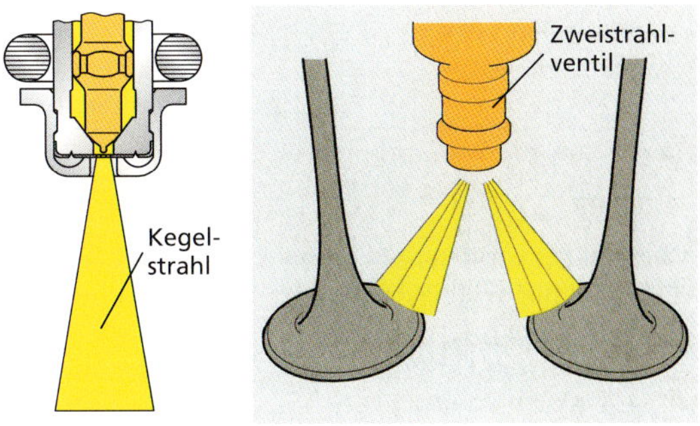

Folgende Varianten werden eingesetzt:

- Kegelstrahlventil
  Durch die kalibrierten Bohrungen treten einzelne Kraftstoffstrahlen aus, die zusammen einen Strahlkegel bilden. Der Kegelstrahl zielt in die Öffnung zwischen Einlassventil und Saugrohrwand.
  Kegelstrahlventile werden in Motoren mit einem Einlassventil eingesetzt.
- Zweistrahlventil
  Zweistrahlventile werden in Motoren mit zwei Einspritzventilen eingesetzt.
  Bei Zweistrahlventilen sind die Bohrungen in der Spritzlochscheibe so angeordnet, dass zwei Kraftstoffstrahlen aus dem Einspritzventil austreten, die jeweils ein Einspritzventil versorgen.
- Luftumfassung
  Eine weitere Verbesserung der Gemischaufbereitung ermöglichen Einspritzventile mit Luftumfassung. Luft wird über einen Luftvorsatz in den Austrittsbereich der Spritzlochscheibe geführt. Der enge Luftspalt bewirkt eine sehr hohe Luftgeschwindigkeit, die zu einer besseren Vermischung des Kraftstoffs mit der Luft und einer besseren Zerstäubung führt.

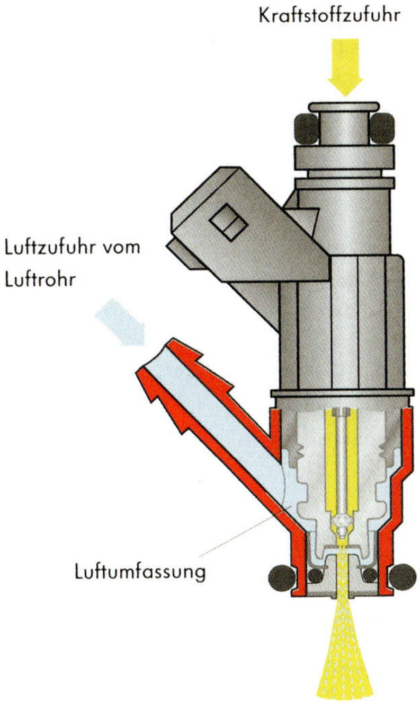

Einspritzventil

Prinzipbild

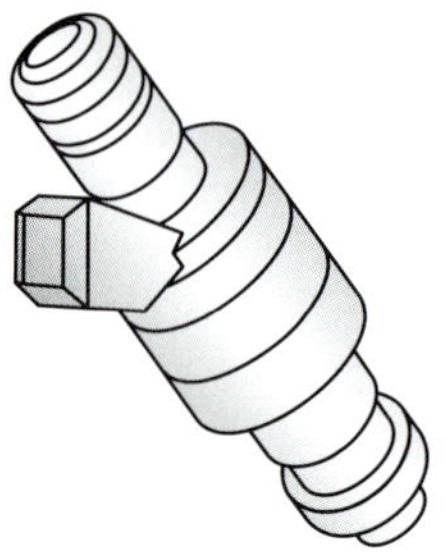

Schaltbild

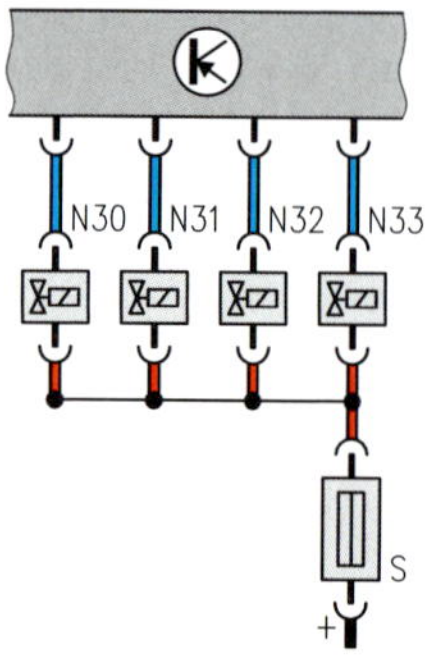

N30 bis N33 Einspritzventile

Auswirkungen bei Ausfall des Einspritzventils

Bei Ausfall einzelner Einspritzventile ist an der jeweiligen Stelle die Kraftstoffzufuhr unterbrochen. Der Motor läuft mit verminderter Leistung.

Störungsdiagnose

Ausfallursache	Ausfall macht sich bemerkbar durch	Diagnose
• Verstopftes Filtersieb im Einspritzventil durch verschmutzten Kraftstoff • Schlecht schließendes Nadelventil durch kleinste Verunreinigungen von innen, Verbrennungsrückstände von außen, Ablagerung von Additiven • Zugesetzte, verschlossene Ausflussbohrung • Kurzschluss in der Spule • Kabelunterbrechung zum Steuergerät	• Startprobleme • Erhöhter Kraftstoffverbrauch • Leistungsverlust • Schwankende Leerlaufdrehzahl • Beeinträchtigtes Abgasverhalten (AU-Werte) • Folgeschäden: Reduzierung der Motorlebensdauer, Schäden am Katalysator	• Zylindervergleichsmessung und Abgasmessung zur Bestimmung des Drehzahlabfalls, der HC- und CO-Werte • Einspritzsignal mit dem Oszilloskop • Kraftstoffdruckmessung • Prüfen der Kabelverbindung zwischen Einspritzventilen und Steuergerät auf Durchgang und Masseschluss Sollwert: ca. 0 Ohm • Spulen der Einspritzventile auf Durchgang (ca. 15 Ohm) und auf Masseschluss prüfen, Sollwert: > 30 Ohm • Spritzbild mit Testgerät im ausgebauten Zustand prüfen

3. Einspritzarten

Die Einspritzventile werden vom Motorsteuergerät getaktet. Die Einspritzmenge wird durch die Länge der Einspritzsignale bestimmt. Die Einspritzung erfolgt sequenziell oder Zylinder-individuell.

Sequenzielle Einspritzung	Zylinder-individuelle Einspritzung

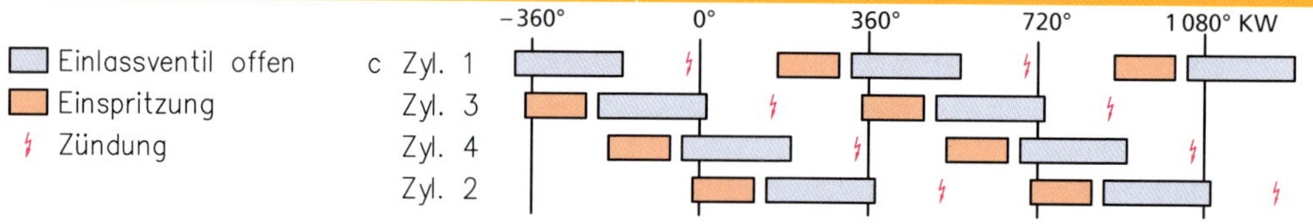

Sequenzielle Einspritzung	Zylinder-individuelle Einspritzung
Die Einspritzventile spritzen entsprechend der Zündfolge den Kraftstoff in jeden Zylinder einzeln ein. Im Saugrohr wird der Kraftstoff vorgelagert. Einspritzzeit und Einspritzbeginn ist für alle Zylinder gleich, wobei der Einspritzbeginn frei programmierbar ist und an den Motor angepasst werden kann.	Auch hier spritzen die Einspritzventile entsprechend der Zündfolge in jeden Zylinder einzeln ein. Vorteil der Zylinder-individuellen Einspritzung ist, dass die Einspritzzeit an jeden Zylinder angepasst werden kann und damit Ungleichmäßigkeiten bei der Zylinderfüllung ausgeglichen werden können.

4. Zusatzfunktion Kraftstoffverdunstungs-Rückhaltesystem

Der Kraftstoff im Kraftstoffbehälter dampft Kohlenwasserstoffverbindungen (HC-Emissionen) aus. Dies wird unterstützt bei Erwärmung des Kraftstoffs durch

- Wärmezufuhr von außen, z. B. Sonneneinstrahlung,
- Motorwärme, die den überschüssigen Kraftstoff im Kraftstoffkreislauf erwärmt.

Gesetzliche Bestimmungen legen Grenzwerte für Verdunstungsemissionen fest. Um die Emission der schädlichen Kohlenwasserstoffverbindungen zu verringern, werden die Kfz mit einem Kraftstoffverdunstungs-Rückhaltesystem ausgestattet.

Das Kraftstoffverdunstungs-Rückhaltesystem besteht aus folgenden Funktionselementen:

- Aktivkohlebehälter
  Der Behälter enthält Aktivkohle, die den Kraftstoff speichert. Vom Aktivkohlebehälter führt jeweils eine Entlüftungsleitung in den Kraftstoffbehälter, eine weitere Leitung zum Saugrohr und eine weitere über ein Absperrventil ins Freie.
- Regenerierventil
  Das Regenerierventil wird vom Motorsteuergerät angesteuert. Es dosiert den Kraftstoffdampfstrom zum Saugrohr.

Die Kraftstoffdämpfe strömen vom Tank zum Aktivkohlebehälter. Hier werden sie in der Aktivkohle gespeichert. Um die Aktivkohle zu regenerieren, wird das Regenerierventil vom Motorsteuergerät angesteuert. Der Unterdruck, der bei laufendem Motor im Saugrohr entsteht, bewirkt, dass Luft von außen über das Absperrventil durch die Aktivkohle strömt. Sie reißt die gespeicherten Benzindämpfe mit und führt sie über das Saugrohr der Verbrennung zu.

Das Regenerierventil wird in regelmäßigen Abständen geschlossen. Bei aktiver Regenerierung ist der Regenerierstrom eine Störgröße für die Lambda-Regelung. Die ME-Motronic berechnet daher den Spülstrom exakt aus dem letzten Regenerierzyklus und steuert das Regenerierventil arbeitspunktabhängig so an, dass die Lambda-Abweichungen gering sind. Bei inaktiver Lambda-Regelung werden nur kleine Regeneriermengen zugelassen, beim Schubabschalten im Schiebebetrieb wird das Regenerierventil schlagartig geschlossen.

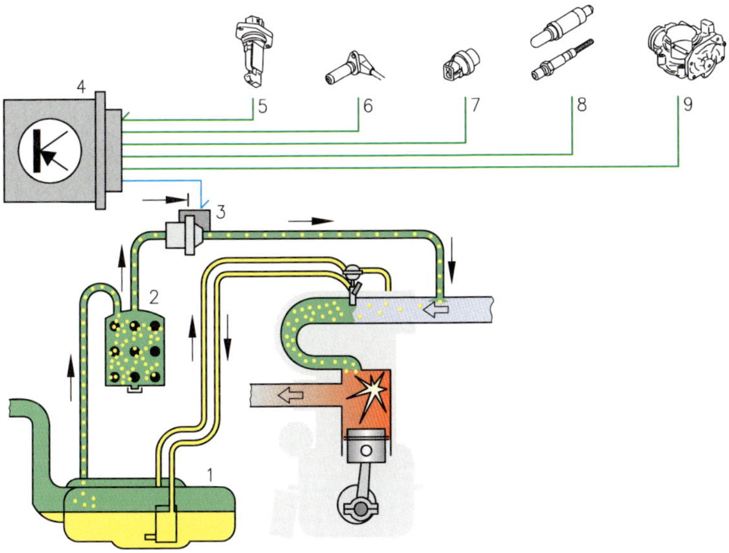

1 Kraftstofftank
2 Aktivkohlebehälter
3 Magnetventil für Aktivkohlebehälter (Regenerierventil)
4 Motorsteuergerät
5 Luftmassenmesser
6 Drehzahlgeber
7 Temperaturgeber Motoraustritt
8 Lambda-Sonden
9 Drosselklappensteuereinheit

15.1.2.4 Zündmanagement

1. Funktionsprinzip der Zündung

In einem Zündsystem unterscheiden wir zwei Stromkreise:

- Primärstromkreis = Steuerstromkreis
- Sekundärstromkreis = Zündstromkreis

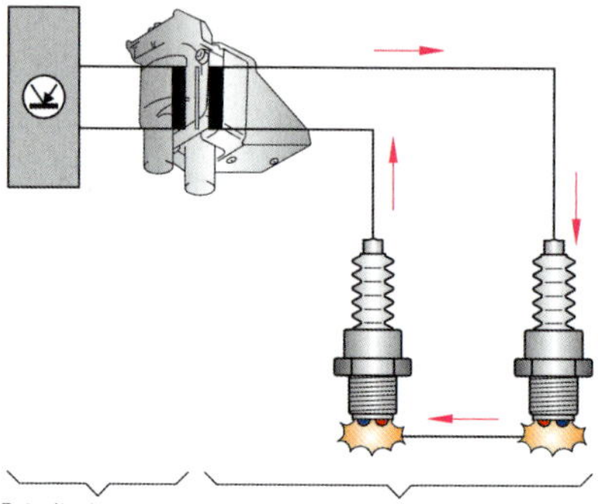

Die Erzeugung des Zündfunkens ist eine Folge sehr rasch ablaufender Vorgänge:

- Speichern der Zündenergie in der Primärspule
- Übertragen der Zündenergie auf die Sekundärspule und Erzeugen der Zündenergie in der Sekundärspule
- Verteilen der Hochspannung
  Rotierend (ROV):Die von einer einzigen Zündspule erzeugte Hochspannung wird von einem Zündverteiler mechanisch auf die einzelnen Zündkerzen verteilt
  Ruhend (RUV): Die Zündspulen sind direkt mit den Zündkerzen verbunden. Das Motorsteuergerät steuert entsprechend der Zündfolge die Zündungsendstufen an.
- Funkenüberschlag an der Zündkerze
- Entzünden des Kraftstoff-Luftgemisch

2. Aufbau des Zündsystems

Ein modernes Zündsystem besteht aus

- dem Steuergerät, welches die Eingangssignale verarbeitet und eine Zündungsendstufe ansteuert,
- der Zündspule mit Primär- und Sekundärwicklung,
- den Zündkerzen.

Im drehmomentgeführten Motormanagementsystem ME-Motronic werden zwei Alternativen eingesetzt:

Zündsystem mit Einzelfunken-Zündspulen

Die Einzelzündspulen sitzen im Zylinderkopf direkt an jeder Zündkerze. Jede Primärwicklung besitzt eine separate Endstufe, die das Steuergerät aufgrund der Eingangsinformationen einzeln in der festgelegten Reihenfolge ansteuert.

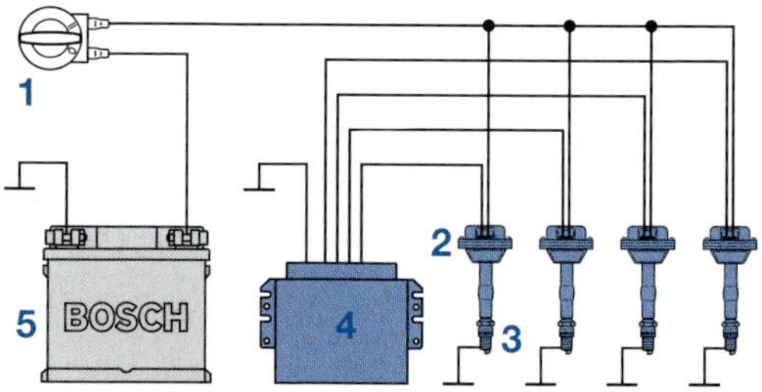

1 Zündschloss
2 Zündspule
3 Zündkerze
4 Steuergerät
5 Batterie

Zündsystem mit Zweifunken-Zündspulen

Je zwei Zündkerzen werden von einer gemeinsamen Zündspule mit Hochspannung versorgt. Die Ansteuerung erfolgt abwechselnd über je eine Zündungsendstufe. Bei jeder Zündung gibt es an beiden angeschlossenen Zündkerzen einen Zündfunken, wobei der eine im Arbeitstakt, der andere im Ausstoßtakt erfolgt.

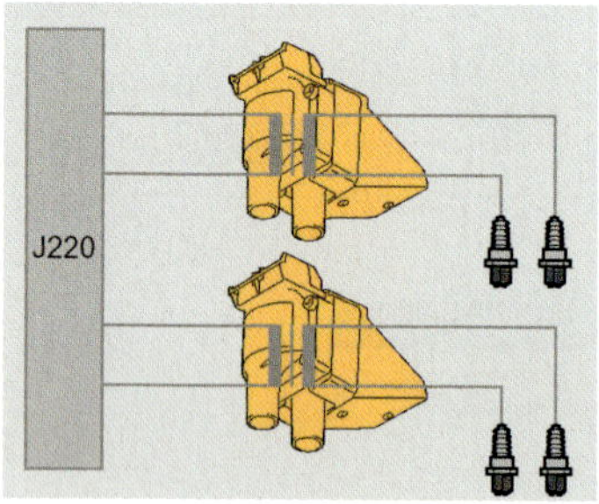

3. Hochspannungserzeugung

Speichern der Zündenergie

Bei geschlossenem Primärstromkreis fließt ein Primärstrom. In der Primärspule baut sich ein Magnetfeld auf, dessen Kraftlinien die Sekundärspule schneiden. Der Primärstrom erreicht nur verzögert seinen Endwert, der auch als Ruhestrom bezeichnet wird. Der verzögerte Stromanstieg kommt dadurch zustande, dass das entstehende Magnetfeld eine der Batteriespannung U_B entgegengesetzte wirkende Selbstinduktionsspannung U_i induziert. Nach beendetem Feldaufbau ist die induzierte Gegenspannung verschwunden, die volle Batteriespannung kann sich auswirken.

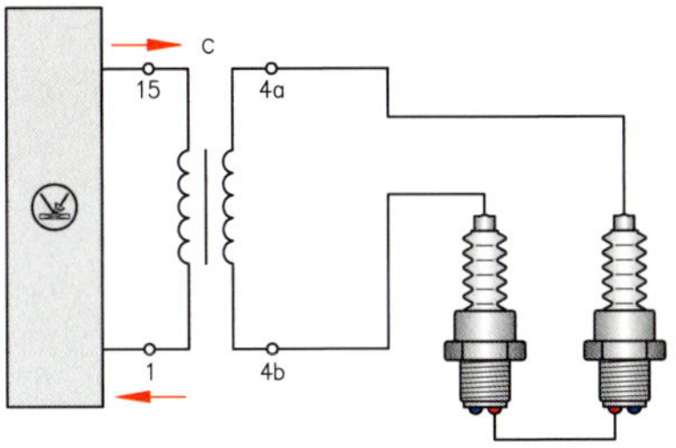

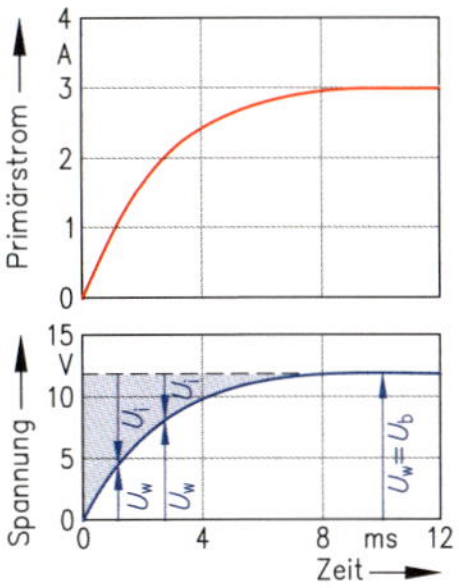

Übertragen der Zündenergie und Erzeugen der Hochspannung

Im Zündzeitpunkt öffnet ein Leistungsschalter (Transistor) und unterbricht den Primärstromkreis. Das schlagartig zusammenbrechende Magnetfeld induziert in der Sekundärwicklung eine Spannung. Da die Sekundärwicklung etwa 100-mal mehr Windungen hat als die Primärwicklung, ist die Sekundärspannung etwa 100-mal größer als die Primärspannung. Die Sekundärspannung ist eine Hochspannung.

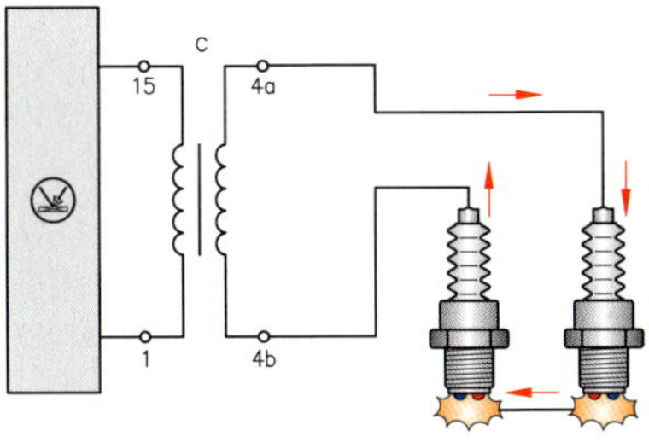

Zündfunke – Zündoszillogramm – Einschaltfunke

Im Zündzeitpunkt (1) wird die Hochspannung erzeugt. Wenn die Zündspannung (2) erreicht ist, wird die Funkenstrecke zwischen Mittelelektrode und Masseelektrode leitend. Ein Funke springt über. Der Funkenkopf ist stromstark, aber äußerst kurz. Sobald der Funkenschlag eingesetzt hat, sinkt die Sekundärspannung auf die niedrigere Brennspannung (4) schlagartig ab. Den Anstieg und den Abfall der Sekundärspannung bezeichnet man als Zündspannungsnadel (3). Die Brennspannung hält den Funkenstrom aufrecht, bis die aus dem Speicher nachgelieferte Energie einen bestimmten Wert unterschreitet.

Die Funkenstrecke ist jetzt wieder elektrisch nichtleitend. Die noch vorhandene Restenergie pendelt in Form einer gedämpften Schwingung aus.

Beim Einschalten des Primärstromes (5) werden in der Sekundärwicklung 1000 bis 2000 Volt erzeugt, die eine der Hochspannung entgegengesetzte Polarität haben, was ohne Zusatzmaßnahmen einen Einschaltfunken zur Folge haben würde. Daher sperrt bei den Einzelfunken-Zündspulen eine Diode im Hochspannungskreis den Einschaltfunken. Bei der Zweifunken-Zündspule wird der Einschaltfunke durch die hohe Überschlagspannung der in Reihe geschalteten Zündkerzen ohne Zusatzmaßnahmen unterbunden.

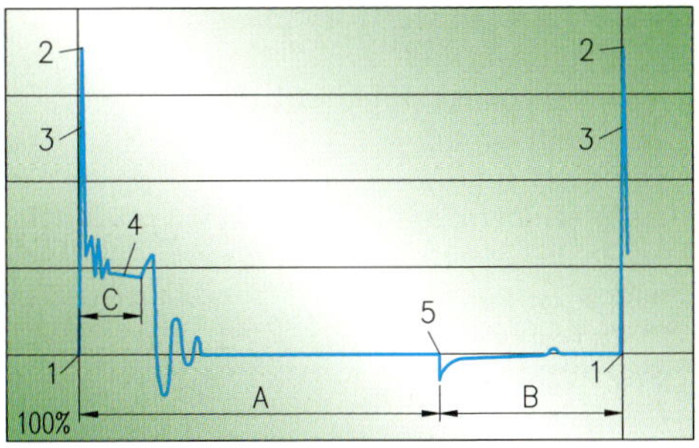

A Öffnungszeit, B Schließzeit, C Funkendauer

4. Zündwinkel – Schließwinkel

Zündwinkel

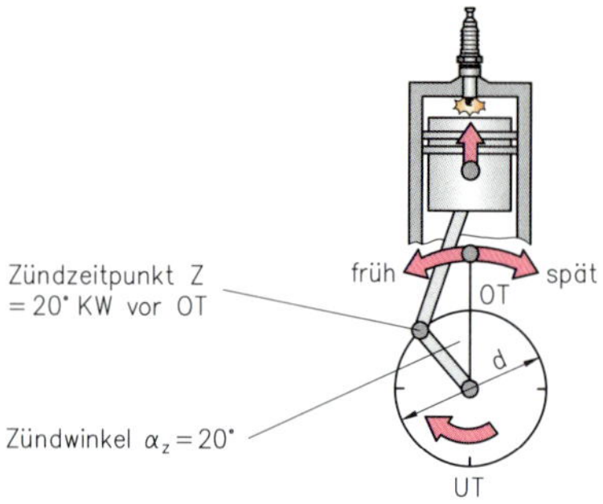

Das Kraftstoff-Luft-Gemisch benötigt zu seiner Verbrennung etwa 2/1000 Sekunde. Diese Zeit bleibt bei allen Betriebszuständen des Motors gleich. Damit der höchste Verbrennungsdruck kurz nach OT wirksam werden kann, muss der Zündfunke schon vor OT überspringen. Dieser Punkt wird als Zündzeitpunkt bezeichnet.

Zündwinkel: Der Winkel an der Kurbelwelle von OT bis zum Zündzeitpunkt wird als Zündwinkel bezeichnet.
Der Zündzeitpunkt kann nicht starr eingestellt werden. Er muss an den Betriebszustand des Motors angepasst werden. Die Anpassung erfolgt in Abhängigkeit von Drehzahl und Motorbelastung:

- Bei steigender Drehzahl wird die Zeit bis zur vollkommenen Verbrennung immer kürzer. Der Zündzeitpunkt muss daher in Richtung „früh" verstellt werden.
- Im Teillastbereich des Motors wird weniger Gemisch angesaugt als bei Volllast. Der Verdichtungsdruck ist geringer. Da das Gemisch langsamer verbrennt, muss auch hier früher gezündet werden, damit der maximale Verbrennungsdruck kurz nach OT herrscht.
- Zur Abgasentgiftung im Nulllastbereich (Leerlauf und Schiebebetrieb) wird die Zündung nach „spät" verlegt. Spätzündung entwickelt im Verbrennungsraum mehr Wärme je Arbeitshub und bewirkt eine vollkommenere Verbrennung und einen geringeren Ausstoß giftiger Gase.

Schließwinkel

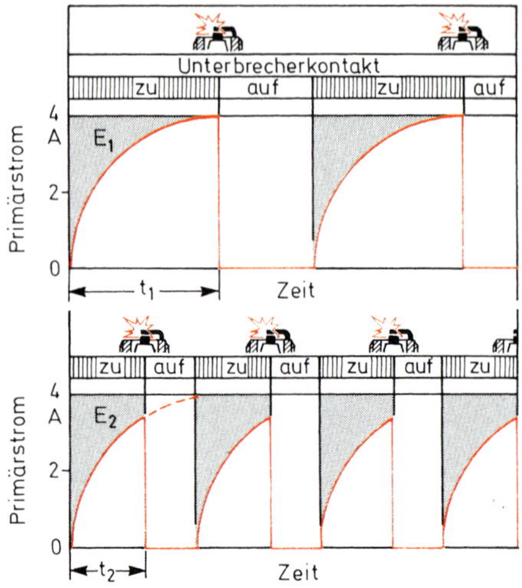

Der Motor benötigt in jedem Betriebszustand eine ausreichende Hochspannung für den Funkenüberschlag. Die bereitgestellte Hochspannung ist von der in der Zündspule gespeicherten Energie abhängig. Eine größtmögliche Energie wird nur dann gespeichert, wenn der Primärstromkreis genügend lange eingeschaltet ist.
Die Zeitdauer während der Primärstrom eingeschaltet ist, entspricht der Schließzeit.

Schließwinkel: Der Schließwinkel ist der halbe Drehwinkel, den ein Punkt auf der Kurbelwelle durchläuft, während der Primärstrom eingeschaltet ist.
Um ein von der Drehzahl unabhängiges Spannungsangebot zu erhalten, wird der Schließwinkel vergrößert. Um bei fallender Batteriespannung den gewünschten Soll-Primärstrom zu erreichen, wird der Schließwinkel ebenfalls vergrößert.
Das Schließende legt in der Regel der Zündzeitpunkt fest.
Die Schließzeit wird drehzahl- und batteriespannungsabhängig über ein Schließwinkelkennfeld berechnet.

Zündkennfeld

In einem Zündkennfeld ist zu jedem Drehzahl- und Lastpunkt ein für Verbrauch und Abgas günstiger Zündwinkel programmiert. Das Kennfeld ist im Festwertspeicher (ROM) des Mikrocomputers gespeichert.

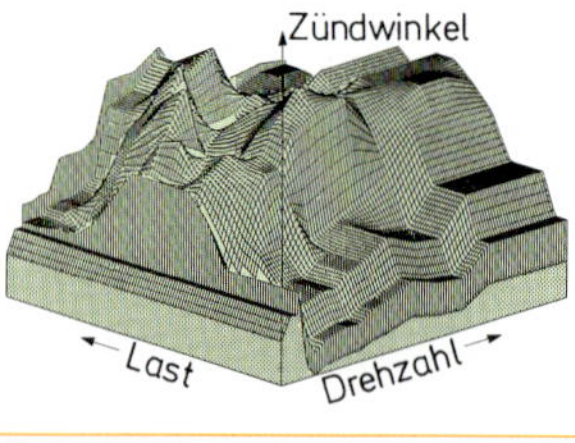

Schließwinkelkennfeld

Im Schließwinkelkennfeld wird der Schließwinkel in Abhängigkeit von der Batteriespannung und der Motordrehzahl gespeichert. Das Schließwinkelkennfeld ist im Festwertspeicher gespeichert.

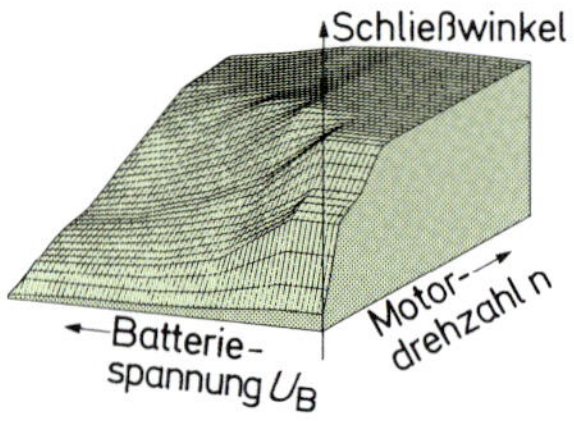

5. Funktionselemente der Zündanlage

Zündspule

Wesentliches Bauelement zur Speicherung, Übertragung der Zündenergie und Erzeugung der Hochspannung ist die Zündspule.

Sie besteht aus folgenden Bauelementen:

- Eisenkern, zusammengesetzt aus einzelnen Blechen,
- Primärwicklung direkt auf dem Eisenkern mit wenigen Windungen (100 bis 200) dicken Kupferdrahtes (Ø 0,4 bis 0,6 mm),
- Sekundärwicklung mit vielen Windungen (10 000 bis 20 000) dünnen Drahtes (Ø 0,05 bis 0,1 mm) über der Primärwicklung.

Das Gehäuse ist zur Isolation der Wicklungen untereinander und zum Kern mit Epoxidharz ausgegossen.

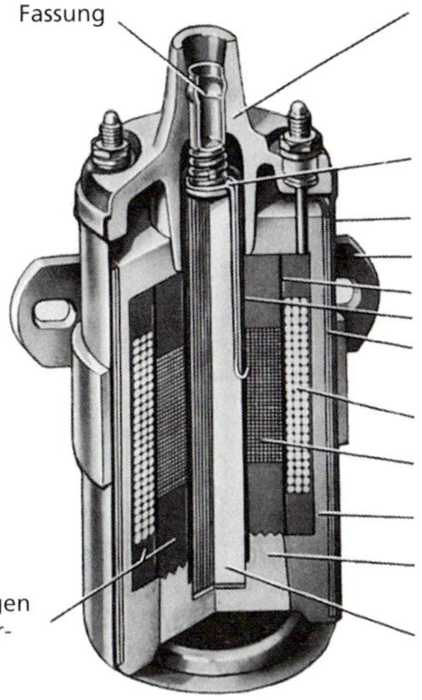

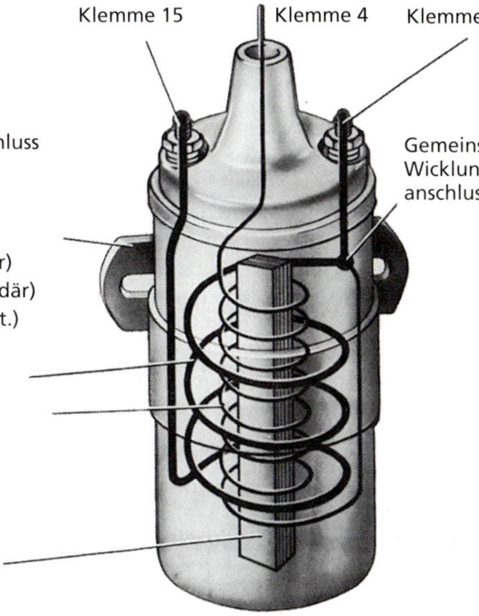

Im Gegensatz zur rotierenden Hochspannungsverteilung sind Primär- und Sekundärwicklung nicht zusammengeschaltet.

- Bei der Einzelfunken-Zündspule liegt die eine Seite der Sekundärspule an Masse (Kl. 4a), die andere Seite direkt an der Zündkerze.
- Bei der Zweifunken-Zündspule gehen beide Anschlüsse der Sekundärspule zu je einer Zündkerze.
  Wegen der vorgegebenen Stromrichtung springt in der einen Zündkerze der Zündfunke von der Mittelelektrode zur Masseelektrode, in der anderen Zündkerze von der Masseelektrode zur Mittelelektrode.

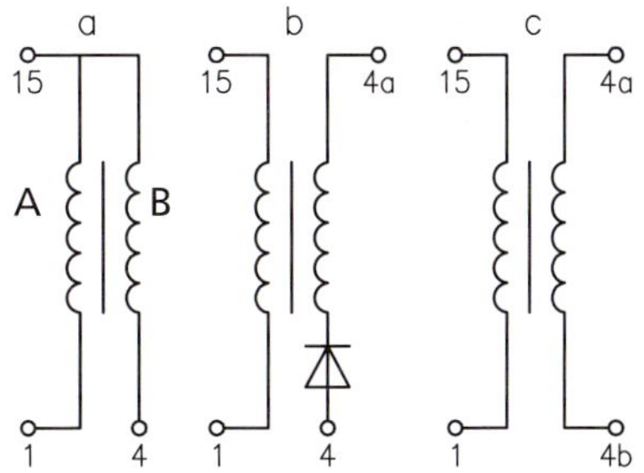

Für rotierende Hochspannungsverteilung:
a Einfunken-Zündspule

Für ruhende Spannungsverteilung:
b Einzelfunken-Zündspule
c Zweifunken-Zündspule

A Primärseite
B Sekundärseite

Zündsystem mit Einzelfunken-Zündspule

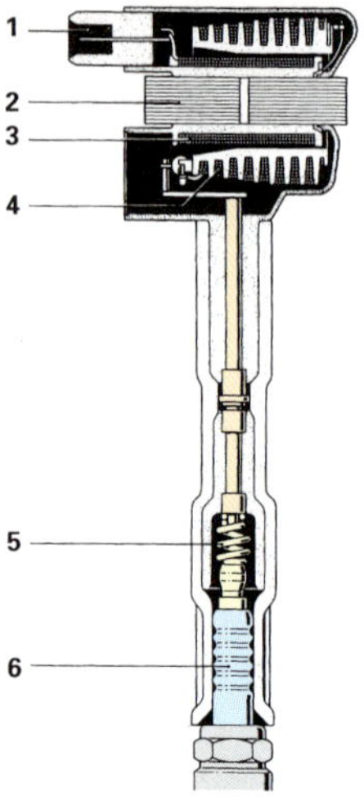

1 Niederspannungsanschluss außen
2 lamellierter Eisenkern
3 Sekundärwicklung
4 Primärwicklung
5 Hochspannungsanschluss innen über Federkontakt
6 Zündkerze

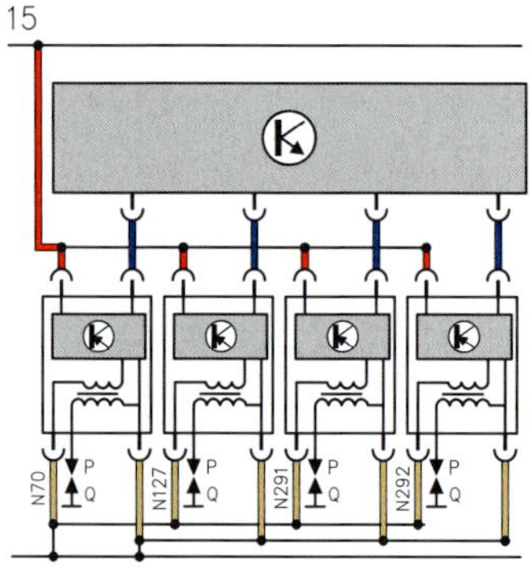

N70...N92 Zündspulen
P Zündkerzenstecker
Q Zündkerze

Jedem Zylinder ist eine Einzelfunken-Zündspule zugeordnet. Das System eignet sich für gerade und ungerade Zylinderzahlen. Zündleitungen entfallen. Da bei Zylindern mit ungerader Zylinderzahl ein Arbeitszyklus über zwei Kurbelwellenumdrehungen geht, reicht das Signal des Positionsgebers an der Kurbelwelle nicht aus. Die Synchronisation erfolgt mithilfe eines Nockenwellensignals durch den Nockenwellensensor (Hallgeber). Pro Nockenwellenumdrehung wird ein Signal ausgelöst. Das Steuergerät berechnet den Zündwinkel. Die Spannungsverteilung zu den Zündspulen erfolgt durch ein Leistungsmodul in Verteilerlogik, die dafür sorgt, dass die richtige Primärspule angesteuert wird.

Zündsystem mit Doppelfunken-Zündspule

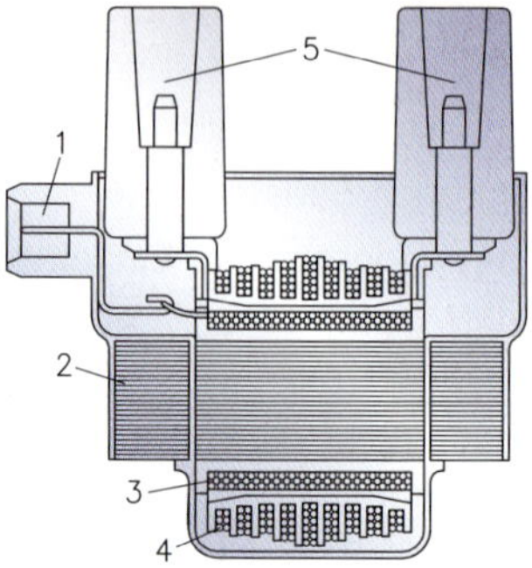

1 Niederspannungsanschluss außen
2 lamellierter Eisenkern
3 Sekundärwicklung
4 Primärwicklung
5 Hochspannungsanschlüsse

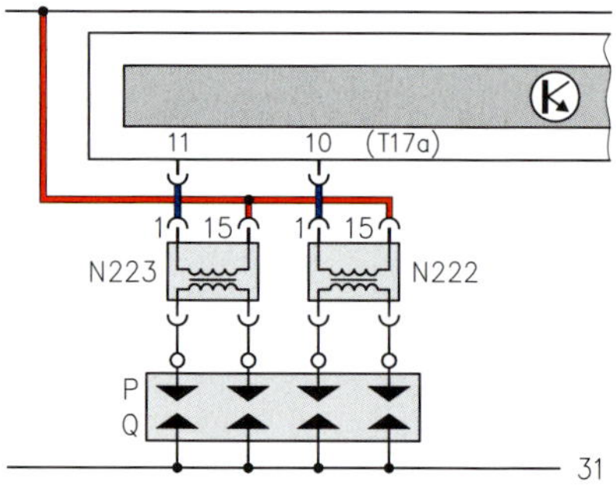

N222, N223 Zündspulen
P Zündkerzenstecker
Q Zündkerze

Einer Zündspule sind jeweils 2 Zündkerzen zugeordnet.
Das System eignet sich für Motoren mit gerader Zylinderzahl. Der Zündfunke springt gleichzeitig an den Zündkerzen von 2 Zylindern über, bei einem Zylinder im Verdichtungstakt, beim anderen Zylinder im Ausstoßtakt. Bei einem Vierzylindermotor zünden jeweils die Zylinder 1 + 4 bzw. 3 + 2 gleichzeitig. Am Signalverlauf des Positionsgebers Kurbelwelle erkennt das Steuergerät, welche Zündspule angesteuert werden muss. Der im Verdichtungstakt überspringende Zündfunke benötigt eine hohe Zündspannung, der im Ausstoßtakt überspringende Zündfunke eine geringe Zündspannung. Wegen der vorgegebenen Stromrichtung springt in der einen Zündkerze der Zündfunke von der Mittelelektrode zur Masseelektrode, in der anderen Zündkerze von der Masseelektrode zur Mittelelektrode.

Normaloszillogramm Einzelfunken-Zündspule

Normal-Oszillogramm

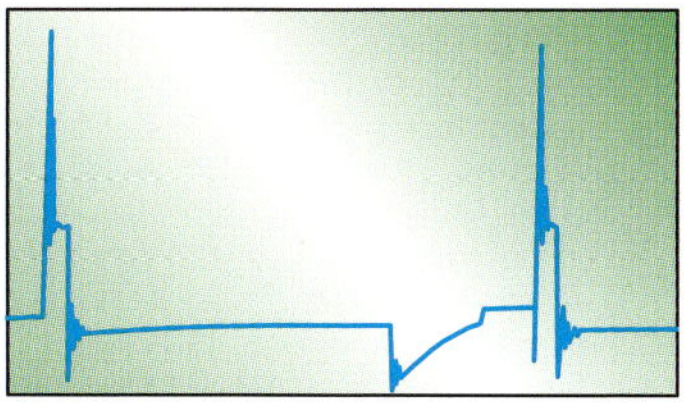

Einzelfunkenzündspule mit Hochspannungsdioden

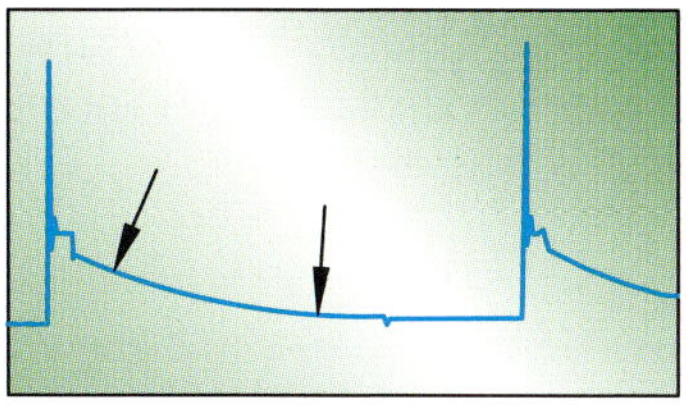

Nach dem Schließen des Primärstromkreises induziert das sich in der Primärspule aufbauende Magnetfeld in der Sekundärspule eine Spannung von 3 bis 5 kV, die zusätzlich durch Schwingungen überlagert ist. Sobald der Aufbau des Magnetfeldes abgeschlossen ist, wird die induzierte Spannung Null.

Normaloszillogramm Zweifunken-Zündspule

Darstellung aller positiven Signale Haupt- und Stützfunke

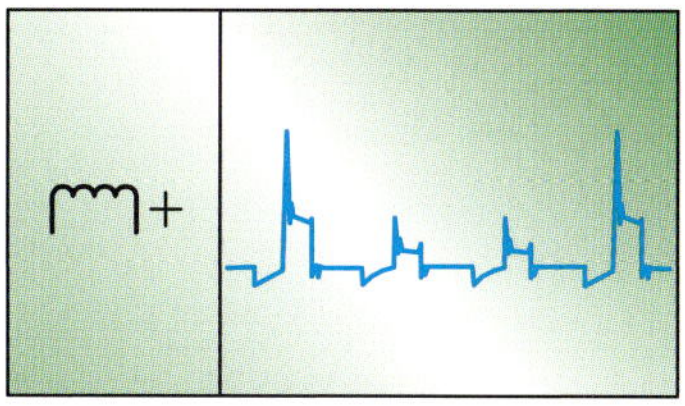

Darstellung des Summensignals

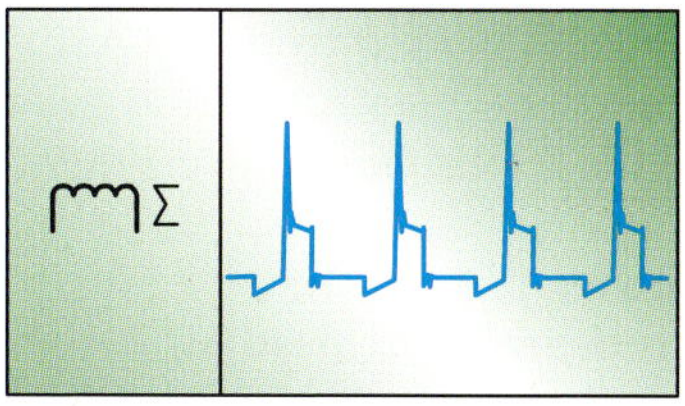

Bei jeder Zündauslösung entstehen zwei Zündfunken von unterschiedlicher Polarität. Die Addition der positiven und negativen Zündspannungen ergeben ein Summensignal, das Grundlage für die Beurteilung des Zündablaufs ist.

Die Zündungsendstufe hat eine Primärstrom- und eine Primärspannungsbegrenzung.

- Primärstrombegrenzung: Sie beschränkt den Primärstrom auf einen vorgegebenen Wert, um die thermische Belastung der Zündspule und der Endstufe zu begrenzen.
- Primärspannungsbegrenzung: Sie verhindert ein zu hohes Ansteigen der angebotenen Primärspannung und damit eine Schädigung der Hochspannungsbauteile.

Aufgrund der Vorschriften zur OBD ist eine Zündaussetzererkennung erforderlich.

Die Zündaussetzererkennung soll:

- Zündaussetzer feststellen,
- das Einspritzventil des entsprechenden Zylinders abschalten,
- dem Fahrer das Auftreten eines abgasrelevanten Fehlers signalisieren.

Bei Zündaussetzern kommt es zu zusätzlichen Schwankungen im Laufverhalten der Kurbelwelle. Das Verhalten der Kurbelwelle überwacht das Motormanagement mithilfe der Kurbelmarkenscheibe und des Drehzahlgebers.

Zündkerze

Aufbau

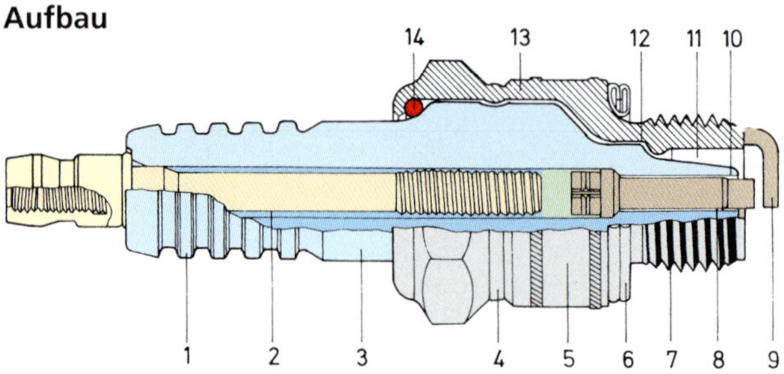

1 Kriechstrombarrieren
2 Anschlussbolzen
3 Pyranit-Isolator
4 Stauch- und Warmschrumpfzone
5 Elektrisch leitende Spezialschmelze
6 Unverlierbarer äußerer Dichtring
7 Gewinde mit Einführungsansatz
8 Abbrandfeste Cr-Spezialelektrode (Mittelelektrode)
9 Abbrandfeste Masseelektrode
10 Isolatorfuß
11 Atmungsraum
12 Innerer Dichtring
13 Zündkerzengehäuse
14 Bördelring
15 SAE-Anschlussmutter (wahlweise)

Isolator

Der Isolator isoliert die Mittelelektrode und den Anschlussbolzen vom Gehäuse. Er ist ein Keramikkörper aus Aluminiumoxid. Die Außenform des Keramikkörpers dient als Kriechstrombarriere. Sie verhindert bei Verschmutzung oder feuchtem Isolator, dass Kriechströme zur Fahrzeugmasse fließen und die Zündspannung verringern. Die Folge wären Zündaussetzer.

Mittelelektrode

Mittelelektrode und Anschlussbolzen sind durch eine elektrisch leitende Glasschmelze verbunden. Sie dichtet Verbrennungsraum und Mittelelektrode absolut gasdicht ab. Als Elektrodenwerkstoff verwendet man Nickel-, Silberlegierungen oder Platin bzw. Platinlegierungen.
Der Elektrodenabstand ist die kürzeste Entfernung zwischen Mittelelektrode und Masseelektrode. Die optimalen Elektrodenabstände werden vom Hersteller vorgeschrieben.
Übliche Elektrodenabstände: 0,7 bis 1,2 mm

Gehäuse und Masseelektrode

Das Gehäuse besteht aus einer Chrom-Nickel-Legierung und besitzt zum Einschrauben in den Zylinderkopf ein Feingewinde: M 14 x 1,25 bei Viertaktmotoren
M 18 x 1,5 bei Zweitaktmotoren
Die Masseelektrode besteht ebenfalls aus einer Speziallegierung und wird am Kerzengehäuse angeschweißt.
Die Abdichtung der Zündkerze zum Zylinderkopf erfolgt je nach Motorbauart durch
- Flachdichtsitz
- Kegeldichtsitz

Elektrodenformen

Die Elektrodenform hängt von der Art der Funkenstrecke und der Funkenlage ab.

Seitenelektrode

Dachelektrode

Gleitfunkenkerze ohne Masseelektrode (Spezialanwendungen)

Funkenlage

Unter Funkenlage versteht man die Anordnung der Funkenstrecke im Verbrennungsraum.

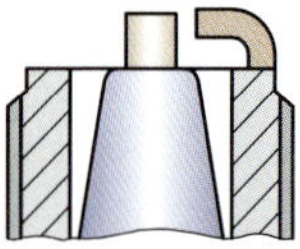
normale Funkenlage

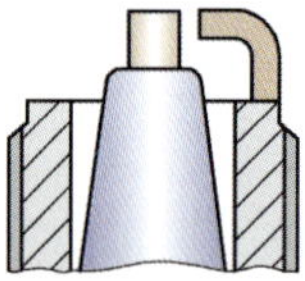
vorgezogene Funkenlage

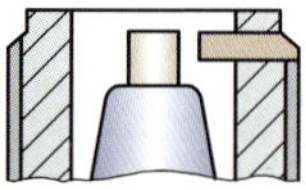
zurückgezogene Funkenlage

Funkenstrecke zwischen Masse- und Mittelelektrode

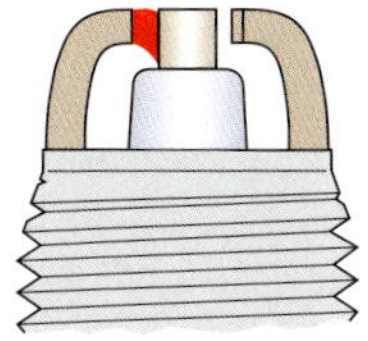

Luftfunkenstrecke
Die Anordnung der Elektroden bestimmt den Typ der Funkenstrecke. Der Zündfunke springt auf direktem Weg von der Mittelelektrode zur Masseelektrode.

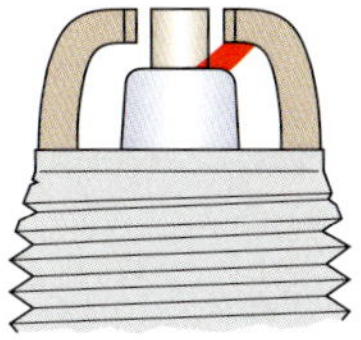

Luftgleitfunkenstrecke
Der Zündfunke gleitet zuerst von der Mittelelektrode über die Oberfläche der Isolatorfußspitze und springt dann über einen Gasspalt zur Masseelektrode.

⊕ Verschmutzungen der Isolatorfußspitze werden weggebrannt (Selbstreinigungseffekt)

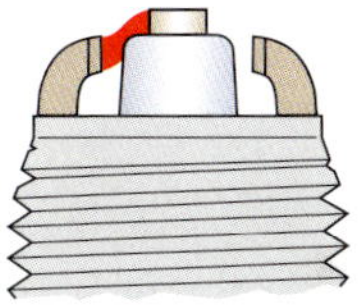

Gleitfunkenstrecke
Der Zündfunke gleitet ebenfalls von der Mittelelektrode über die Oberfläche der Isolatorfußspitze und springt dann über einen Gasspalt zur Masseelektrode.

⊕ Selbstreinigungseffekt
⊖ schlechte Gemischzugängigkeit
⊖ großer Elektrodenabstand

Wärmewert der Zündkerze

Beim Kaltstart mit unvollständiger Verbrennung entsteht Ruß, der sich u. a. auf der Zündkerze ablagert. Der Ruß bildet auf dem Isolatorfuß eine leitfähige Verbindung zwischen Mittelelektrode und Zündkerzengehäuse. Hierdurch wird ein Teil der Zündenergie als Nebenschlussstrom abgeleitet und schwächt den Zündfunken. Die Ablagerung der Verbrennungsrückstände erfolgt vorwiegend bei Temperaturen unter 500 °C. Um Zündaussetzer zu vermeiden, muss die Betriebstemperatur des Isolatorfußes höher als die sog. „Freibrenngrenze" von ca. 500 °C liegen.

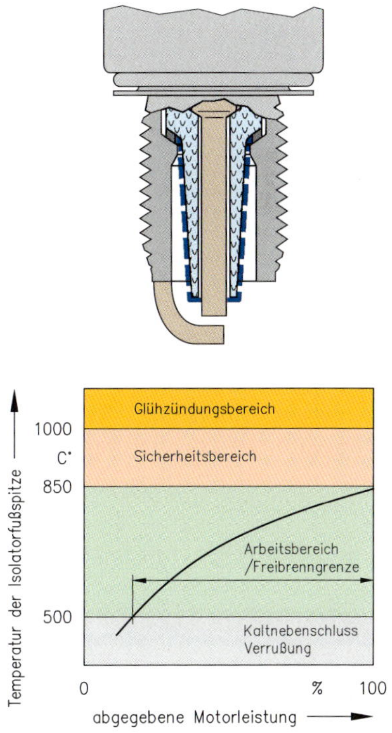

Oberhalb einer Temperatur von 900 °C besteht wiederum die Gefahr von Glühzündungen des Kraftstoff-Luft-Gemischs an den heißen Zündkerzenteilen.

Die Betriebstemperatur im Arbeitsbereich sollte daher zwischen 500 und 850 °C am Isolator liegen.

Die Betriebstemperatur einer Zündkerze ergibt sich zwischen der Wärmeaufnahme und Wärmeabgabe.

Die Wärmezufuhr erfolgt aus dem Brennraum. Das Zündkerzengehäuse nimmt Zylinderkopftemperatur an, die Temperatur des Isolators ist noch höher. Die aufgenommene Wärme wird zu 20 % an das Frischgas, zu 80 % über die Mittelelektrode und den Isolator an das Zündkerzengehäuse abgegeben.

Der Wärmewert beschreibt die Fähigkeit einer Zündkerze, Wärme aufzunehmen und abzuführen.

Er wird durch die Wärmewert-Kennzahl bestimmt.

Der Wärmewert einer Zündkerze muss der spezifischen Motorcharakteristik angepasst werden.

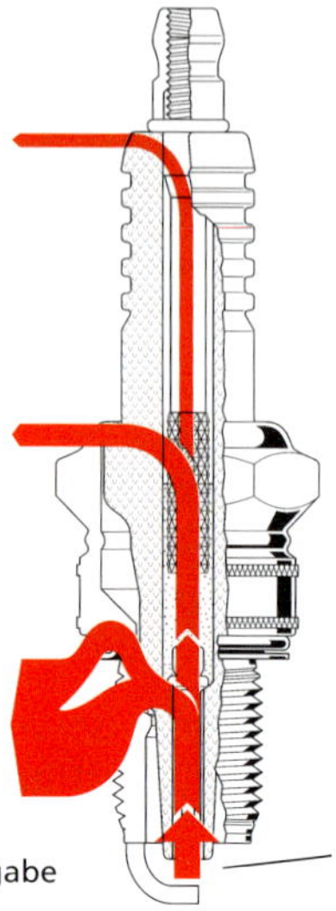

Form des Isolatorfußes beeinflusst die Wärmewert-Kennzahl

Hohe Wärmewert-Kennzahl (heiße Zündkerze)	Mittlere Wärmewert-Kennzahl	Niedrige Wärmewert-Kennzahl (kalte Zündkerze)
Die große Isolatorfußfläche nimmt viel Wärme auf, wenig Wärme wird abgeleitet. Wärmewert-Kennzahlen, z. B. 2 bis 4	Durch die geringere Isolatorfußfläche wird weniger Wärme aufgenommen, die Wärmeableitung ist besser.	Die kleine Isolatorfußfläche nimmt wenig Wärme auf. Die Wärmeableitung ist sehr gut. Wärmewert-Kennzahlen, z. B. 7 bis 10
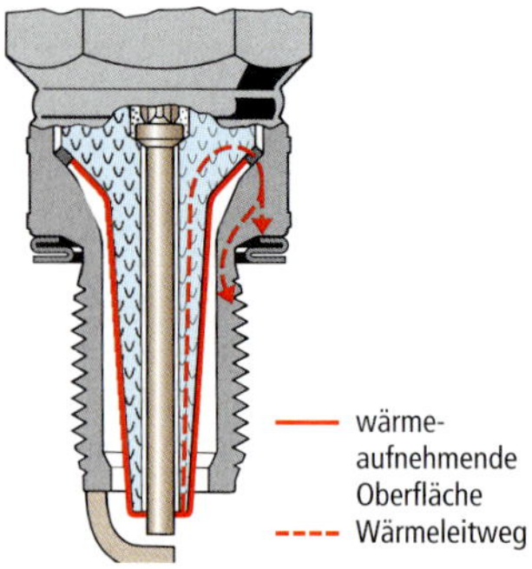	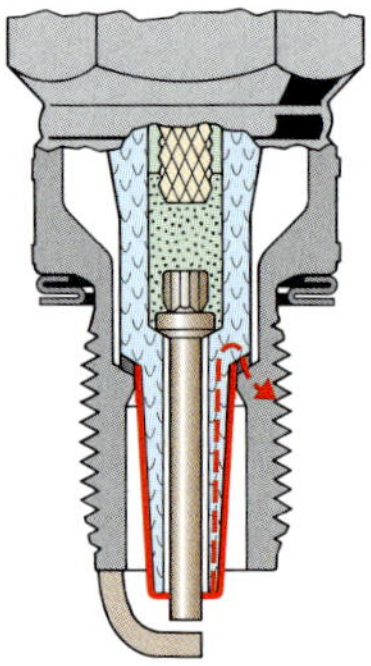	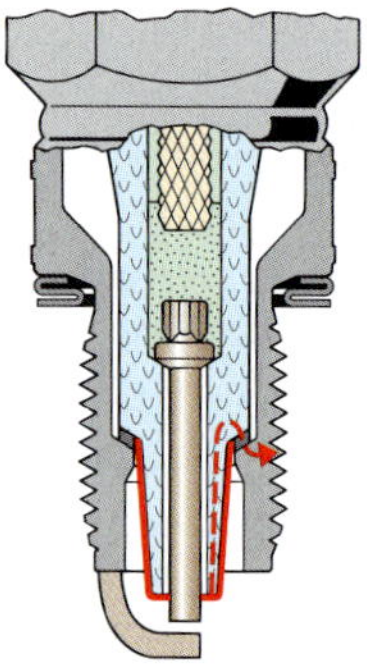

Zündkerzen decken heute immer mehrere Wärmewert-Kennzahlen ab. Sie werden daher als Mehrbereichszündkerzen bezeichnet.

Es gilt: Je größer die Wärmwert-Kennzahl einer Zündkerze, desto schneller erreicht sie die Betriebstemperatur, desto „wärmer" ist die Zündkerze.

Wärmewert-Kennzahlen															
06	07	08	09	2	3	4	5	6	7	8	9	10	11	12	13
				Günstigster Wärmewert											
kälter				← Zündkerze →								wärmer			

Wärmewert-Kennzahlen sind nicht genormt. Für Bosch und Beru bedeutet eine hohe Wärmewert-Kennzahl eine warme Zündkerze, für NGD und ND ist es genau umgekehrt.

Zündkerzenbezeichnung

Die Zündkerzenbezeichnung am Beispiel einer Bosch-Zündkerze:

Typformelerläuterung

Einschubgewinde Dichtsitz

D	= M 18 × 1,5	Kegel
H	= M 14 × 1,25	Kegel
M	= M 18 × 1,5	Flach
U	= M 10 × 1	Flach
W	= M 14 × 1,25	Flach
X	= M 12 × 1,25	Flach

Konstruktionsmerkmale

B = geschirmt, wasserdicht, mit Widerstand, für Zündleitung ∅ 7 mm
C = wie B, jedoch für Zündleitung ∅ 5 mm
E = Gleitfunkenkerze
S = kurze Bauart
R = Widerstand (kann auch an 3. Stelle stehen)

Wärmewert

niedrige Kennzahl = „kalte" Zündkerze
hohe Kennzahl = „warme" Zündkerze

13 warm
12
11
10
9
8
7
6
5
4
3
2
09
08
07
06 kalt

gängister Wärmewert

Gewindelänge		**Funkenlage**
A	= 12,7 mm	normal
B	= 12,7 mm	vorgezogen
C	= 19 mm	normal
D	= 19 mm	vorgezogen
E	= 9,5 mm	normal
F	= 9,5 mm	vorgezogen
G	= 11,2…12,7 mm	extrem vorgezogen
H	= 19 mm	extrem vorgezogen

Elektrodenwerkstoff

bei Standard-Ausführung bleibt der vorgesehene Raum bei der Beschriftung frei

C = Ni-Cu-Mittelelektrode
L = Inconel-Masseelektrode
P = Platin-Elektroden
S = Silber-Elektroden

Sonstige Merkmale

X = Elektrodenabstand 1,1 mm
Y = Elektrodenabstand 1,5 mm
0 = Abweichung von Grundausführung
1, 3, 5, 7 = Wärmewertabweichung nach „kalt" und zusätzliche mech. Abweichung
2, 4, 6, 8 = Wärmewertabweichung nach „warm" und zusätzliche mech. Abweichung

Zündkerzengesichter

Normal
Isolatorspitze hellgrau bis bräunlich

Übermäßige Ablagerung
Rückstände durch Zusätze im Motoröl oder Kraftstoff – Glühzündungsgefahr

Verrußt
Weiche, rußartige Ablagerungen, fettes Gemisch oder falscher Wärmewert

Verölt
Schwärzlicher Ölfilm Öleintritt in den Brennraum

Überhitzt
Schneeweißliche Isolatorspitze, Frühzündung, zu mager

Starke Überhitzung
Abschmelzung der Elektroden, Glühzündungen, Ablagerungen, Wärmestau

Bruch der Isolatorspitze
Klopfende Verbrennung

Glasurbildung
Gelblich glänzende Isolatorspitze, Verschmelzung von Ablagerungen führt zu Zündaussetzern

Betriebsdatenerfassung durch Sensoren

Sensoren für Drehzahl, Kurbel- und Nockenwellenstellung

Der Geber für die Motordrehzahl ist ein Induktivgeber, der die Motordrehzahl und die winkelgenaue Stellung der Kurbelwelle erfasst. Aus der Kurbelwellenstellung kann keine Information darüber gewonnen werden, ob sich ein Zylinder in der Verdichtungsphase oder in der Gaswechselphase befindet. Der erste Zündfunke darf erst dann erzeugt werden, wenn sicher erkannt ist, welcher Zylinder sich gerade im Verdichtungstakt befindet. Der Hallgeber ermittelt die Nockenwellenstellung. Zusammen mit dem Drehzahlgeber wird der Zünd-OT des 1. Zylinders erkannt. Die Zylindererkennung erfolgt über Vergleiche der Signale von Kurbel- und Nockenwellensensor.

Motordrehzahlsensor

Prinzipbild

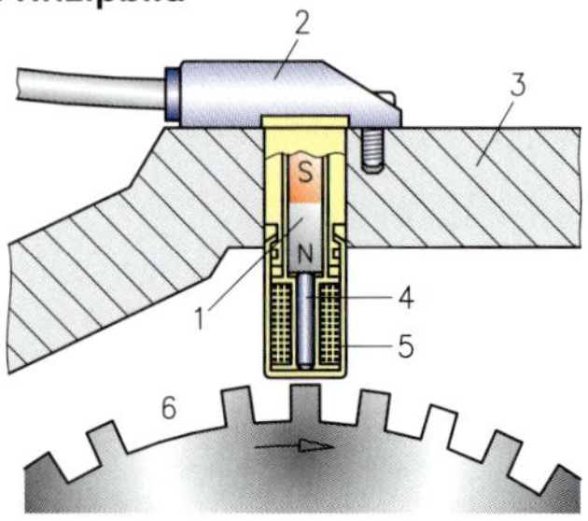

1 Dauermagnet
2 Gehäuse
3 Motorgehäuse
4 Weicheisenkern
5 Wicklung
6 Zahnscheibe mit Bezugsmarke (Zahnlücke)

Schaltbild

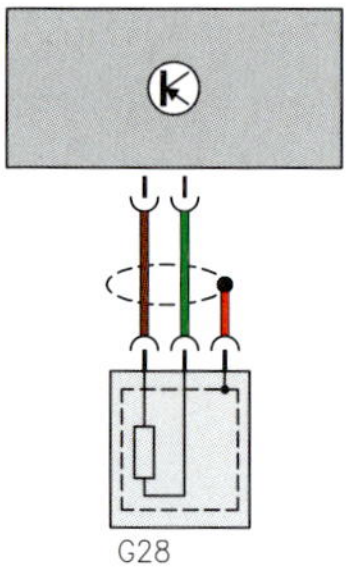

G28 Geber für Motordrehzahl

Funktionsweise

Zur Erfassung der Drehzahl und der Kurbelwellenstellung ist an der Kurbelwelle ein Impulsgeberrad mit 60 Zähnen und im Motorgehäuse der Induktionsgeber anordnet. Ein Permanentmagnet im Induktionsgeber erzeugt einen magnetischen Fluss. Bei Drehung des Geberrades ändert sich der magnetische Fluss durch die Zähne. Die Flussänderung bewirkt in der Wicklung des Induktionsgebers eine Wechselspannung. Aus der Frequenz der Wechselspannung errechnet das Steuergerät die Drehzahl.

Zur Erfassung der Kurbelwellenstellung besitzt das Impulsgeberrad eine Zahnlücke. Dreht sich die Zahnlücke am Induktionsgeber vorbei, wird durch die größere magnetische Flussänderung eine höhere Spannung erzeugt. Die Zahnlücke ist einer bestimmten Kurbelwellenstellung des ersten Zylinders zugeordnet. Aus dem Signal erkennt das Steuergerät die Kurbelwellenstellung.

Ausfall der Motordrehzahlsensors: Bei Ausfall des Motordrehzahlsensors ist kein Motorlauf möglich.

Störungsdiagnose

Ausfallursache	Ausfall macht sich bemerkbar durch	Diagnose
• Kontaktprobleme • Innere Kurzschlüsse • Leitungsunterbrechungen • Leitungskurzschluss • Verschmutzung durch Metallabrieb • Mechanische Beschädigung des Geberrades	• Motorstillstand • Aussetzen des Motors • Aufleuchten der Motorkontrolllampe • Abspeichern eines Fehlercodes	• Elektrische Anschlüsse der Sensorleitungen, des Steckers und des Sensors auf richtige Verbindung, Bruch und Korrosion prüfen • Reinigen der Geberspitze • Auslesen des Fehlerspeichers • Sensor auf Beschädigung prüfen • Signalaufnahme mit Oszilloskop

Hallgeber/Schnellstart-Geberrad

Prinzipbild

Schaltbild

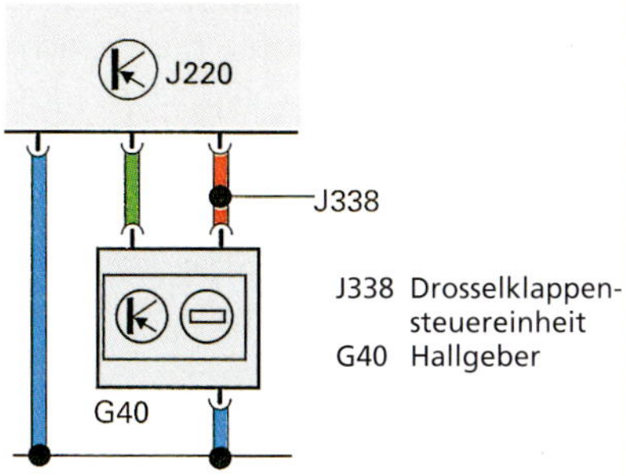

Funktionsweise

Die Nockenwelle steuert die Ein- und Auslassventile und bestimmt damit, ob sich ein Kolben in der Verdichtungsphase mit anschließender Zündung oder in der Gaswechselphase befindet. Diese Information kann aus der Kurbelwellenstellung nicht gewonnen werden.

Die Information über die Position der Nockenwelle liefert der Hallgeber. Das Signal wird zur Erkennung des 1. Zylinders im OT benötigt. Danach legt das Steuergerät die Einspritz- und Zündreihenfolge fest. Weiterhin wird das Signal zur Klopfregelung der einzelnen Zylinder benötigt.

Beim Starten kann mit herkömmlichen Hallgebern die erste Verbrennung nach ca. 600 – 900° Kurbelwinkel eingeleitet werden. Durch ein Schnellstart-Geberrad kann das Motorsteuergerät die Position der Nockenwelle zur Kurbelwelle nach 400–480° Kurbelwinkel erkennen und mit dem Signal des Drehzahlgebers zusammen die erste Verbrennung früher einleiten und den Motor schneller starten.

Das Schnellstart-Geberrad besteht aus folgenden Funktionselementen:
- Zweispurgeberrad mit zwei Spuren nebeneinander
- Hallsensor mit zwei nebeneinander liegenden Hallelementen.

Jedes Hallelement tastet eine Spur auf dem Geberrad ab, das so gestaltet ist, dass Hallelement 1 auf einer Lücke und Hallelement 2 immer auf einem Zahn steht.

Beide Hallelemente erzeugen daher nie das gleiche Signal. Das Steuergerät vergleicht die beiden Signale und erkennt dadurchdie Position der Nockenwelle.

Mit dem Signal des Gebers kann so die Einspritzung nach ca. 440° Kurbelwinkel eingeleitet werden.

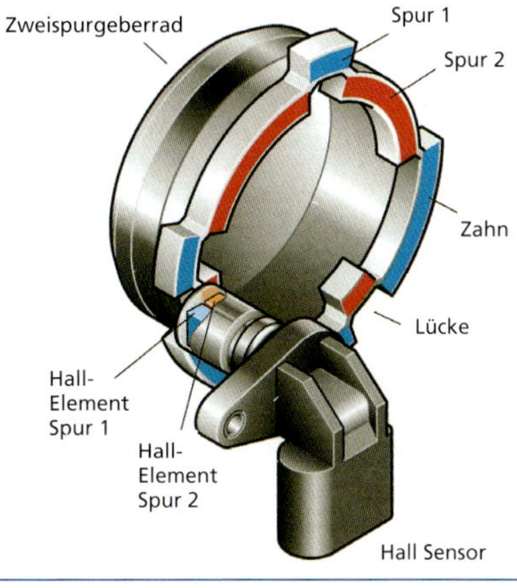

Ausfall des Hallgebers

Bei Ausfall des Hallgebers arbeitet das Motorsteuergerät im Notlauf.

Störungsdiagnose

Ausfallursache	Ausfall macht sich bemerkbar durch	Diagnose
• Bruch des Geberrades • Kontaktprobleme • Abriss der Befestigung • Temperaturprobleme • Innere Kurzschlüsse	• Motorsteuergerät arbeitet im Notlauf • Erhöhter Kraftstoffverbrauch • Aufleuchten der Motorkontrolllampe • Abspeichern eines Fehlercodes	• Elektrische Anschlüsse der Sensorleitung, des Steckers und des Sensors auf richtige Verbindung, Bruch und Korrosion prüfen • Reinigen der Geberspitze • Auslesen des Fehlerspeichers • Sensor auf Beschädigung prüfen • Signalaufnahme mit dem Oszilloskop

Sensoren für Motor- und Ansauglufttemperatur

Das Signal des Sensors für die Kühlmitteltemperatur wird zum Erkennen der Motortemperatur, der Berechnung des Zündzeitpunktes und der Einspritzzeit verwendet; das Signal des Sensors für die Ansaugluft wird für die Berechnung der Motorlast und ebenfalls für die Zündzeitpunktberechnung bei unterschiedlichen motorischen Betriebszuständen – vom Start bis zum Erreichen der Betriebstemperatur von Motor und Abgassystem – verwendet.

Temperatursensor

Prinzipbild

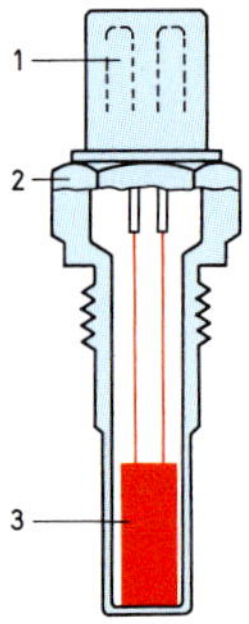

1 Elektrischer Anschluss
2 Gehäuse
3 NTC-Widerstand

Schaltbild

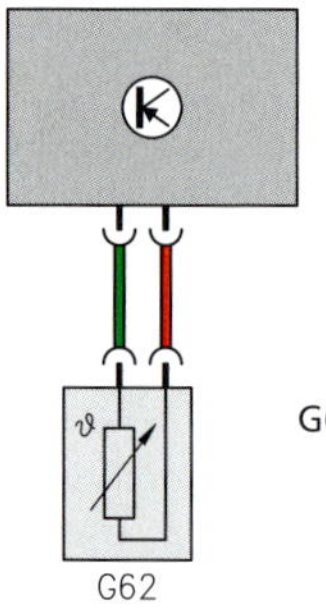

G62 Geber für Kühlmitteltemperatur

Funktion

Wesentliches Element ist ein NTC-Widerstand. Er verringert bei steigender Temperatur seinen elektrischen Widerstand. Die Widerstandsänderung dient zur Bestimmung der Temperatur. Bei Temperaturfühlern mit einem PTC-Widerstand erhöht sich der Widerstand mit steigender Temperatur.

Ausfall des Kühlmitteltemperatursensors

Bei Ausfall des Signals greift das Steuergerät auf eine in ihm abgelegte Ersatztemperatur zurück.

Störungsdiagnose

Ausfallursache	Ausfall macht sich bemerkbar durch	Diagnose
Kühlmitteltemperatursensor • Undichtigkeiten • Schwingungen • Innere Kurzschlüsse • Kontaktprobleme an den Anschlüssen	• Startprobleme • Hoher Kraftstoffverbrauch • Hohe Leerlaufdrehzahl • Abspeichern eines Fehlercodes	• Prüfen der elektrischen Verbindungen der Steckerkontakte • Widerstandsmessung • Auslesen des Fehlerspeichers
Lufttemperatursensor • Innere Kurzschlüsse • Leitungsunterbrechungen • Leitungskurzschluss • Mechanische Beschädigungen • Verschmutzte Sensorspitze	• Startprobleme • Abspeichern eines Fehlercodes • Aufleuchten der Motorkontrolllampe • Geringere Motorleistung • Erhöhter Kraftstoffverbrauch	• Auslesen des Fehlerspeichers • Elektrische Anschlüsse der Sensorleitungen, des Steckers und des Sensors auf Verbindung, Bruch und Korrosion prüfen • Widerstandsmessung

6. Klopfregelung

Ungünstige Betriebsbedingungen können zur klopfenden oder klingelnden Verbrennung führen. Klopfen entsteht, wenn sich das Kraftstoff-Luft-Gemisch neben der durch den Zündfunken ausgelösten Verbrennung selbst entzündet und die beiden Flammenfronten aufeinander treffen. Die Klopfneigung wird begünstigt durch Kraftstoff mit niedriger Oktanzahl, durch ein hohes Verdichtungsverhältnis, Ablagerungen im Brennraum, bei Volllast und bei mangelnder Kühlung. Hierdurch wird der Motor schnell heiß, die Motorleistung geringer, der Kraftstoffverbrauch höher. Die Nachteile der klopfenden Verbrennung lassen sich durch eine Klopfregelung vermeiden.

Zur Klopferkennung sind am Motorblock Klopfsensoren befestigt:

- ein Klopfsensor zwischen dem zweiten und dritten Zylinder oder
- zwei Klopfsensoren zwischen zwei Zylindergruppen.

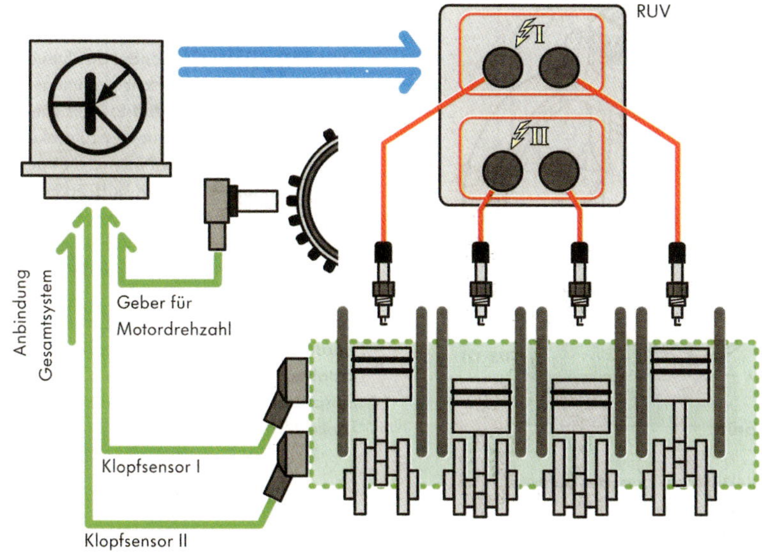

Eingangssignale sind

- Signale der Klopfsensoren,
- Signale der Hallgeber,
- Motortemperatur.

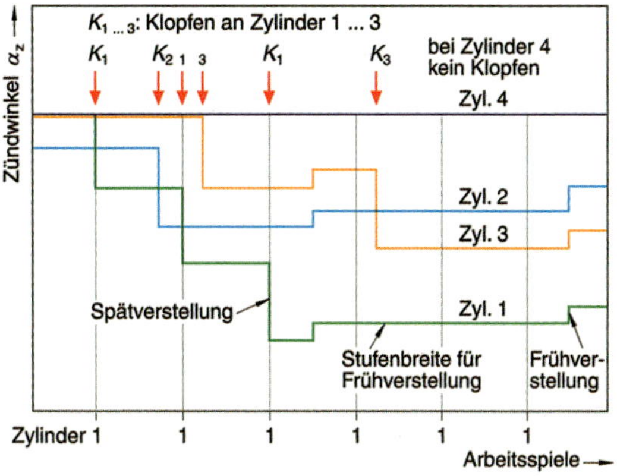

Die durch das Klopfen bedingten Schwingungen werden im Klopfsensor in elektrische Spannungssignale umgewandelt und dem Motormanagement übermittelt. Dort wird die Klopferkennung für jeden Zylinder ausgewertet. Klopfende Verbrennungen führen am betreffenden Zylinder zu einer Verstellung des Zündzeitpunktes nach „spät". Tritt kein Klopfen mehr auf, erfolgt eine stufenweise Verstellung des Zündzeitpunktes nach „früh" bis zum Zündwinkel des gespeicherten Kennfeldes.

Die Klopfregelung für jeden Zylinder wird als zylinderselektive Klopfregelung bezeichnet.

Die zylinderselektive Zuordnung der Klopfsignale geschieht mithilfe des Hallgebers.

Sie ermöglicht, dass jeder einzelne Zylinder, unabhängig von Kraftstoffqualität, Verdichtung, Motoralterung, während seiner gesamten Nutzungsdauer in nahezu allen Betriebsbereichen an seiner Klopfgrenze betrieben werden kann.

Die sich für die einzelnen Zylinder ergebenden unterschiedlichen Klopfgrenzen bzw. neuen Zündzeitpunkte und die vom Betriebspunkt abhängigen Spätverstellungen werden im Zündkennfeld des RAM gespeichert und damit den veränderten Bedingungen des Motors angepasst (adaptive Klopfregelung).

Klopfsensor

Prinzipbild

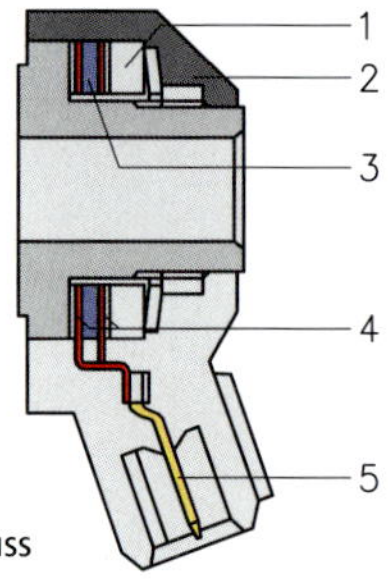

1 Seismische Masse
2 Vergussmasse
3 Piezokeramik
4 Kontaktierung
5 elektrischer Anschluss

Schaltbild

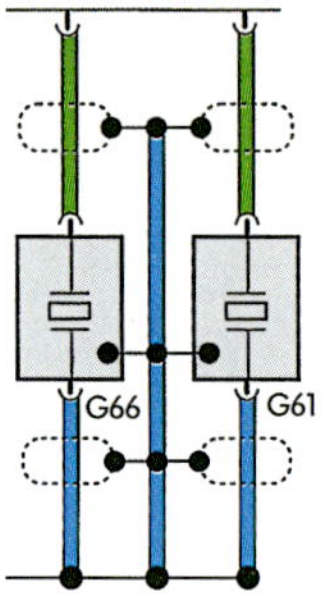

G66/G61:
Klopfsensoren

Funktionsweise
Die bei klopfender Verbrennung entstehenden Schwingungen werden von den druckempfindlichen Piezoelementen (Quarzkristalle) des Klopfsensors gemessen und in Wechselspannungen umwandelt.

Ausfall des Klopfsensors:
Bei Ausfall eines Klopfsensors werden die Zündwinkel der entsprechenden Zylinder zurückgenommen. Bei Ausfall aller Klopfsensoren geht das Motormanagement in den Klopfregelnotlauf, bei dem die Zündwinkel generell zurückgenommen werden. Die gesamte Motorleistung steht nicht mehr zur Verfügung.

15.1.2.5 Abgasmanagement

1. Schadstoffe

Bei vollkommener Verbrennung des Kraftstoff-Luft-Gemischs würden nur Wasserdampf und Kohlenstoffdioxid entstehen. Aufgrund der unvollständigen Verbrennung setzt sich die gesamte Abgasmenge aus Stickstoff (N), Kohlenstoffdioxid (CO_2), Wasser (H_2O) und den Schadstoffen (ca. 1–2 %) zusammen. Schadstoffe sind:

- **Kohlenstoffmonoxid CO**
  Bei Luftmangel (fettes Gemisch) nehmen die Anteile von Kohlenstoffmonoxid zu. Bei $\lambda = 1$ und im mageren Bereich ist es sehr gering.
  Kohlenstoffmonoxid ist farb- und geruchlos. Es ist sehr giftig und kann bei höheren Konzentrationen als 0,3 Vol% tödlich wirken.

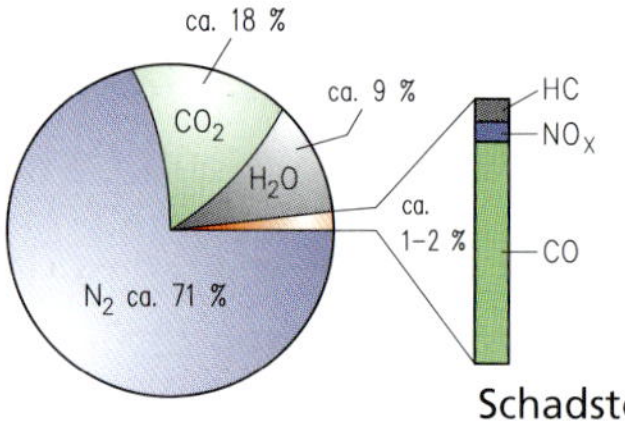

Schadstoffe

- **Unverbrannte Kohlenwasserstoffe HC**
  HC-Emissionen entstehen bei Luftmangel ($\lambda < 1$) und Luftüberschuss ($\lambda > 1{,}2$). Das Minimum liegt bei $\lambda = 1{,}1$ bis 1,2. Kohlenwasserstoffe verursachen den typischen Abgasgeruch und sind krebserregend.

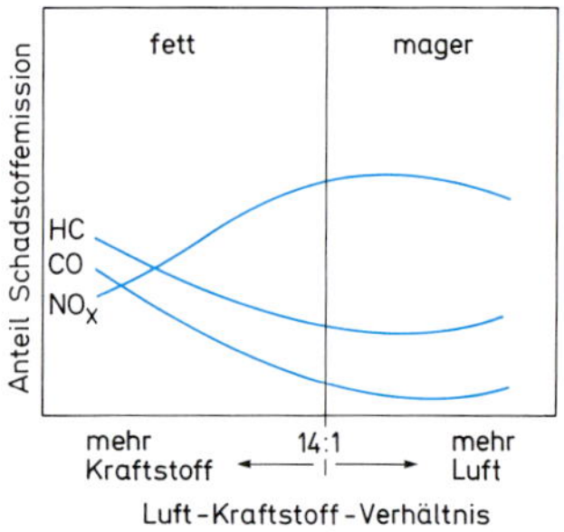

- **Stickstoffoxide NO_x**
  Die Abhängigkeit der Stickstoffoxide vom Luftverhältnis λ läuft genau umgekehrt zu den HC-Emissionen.
  Bei Luftmangel ergibt sich ein Anstieg bis zu einem Maximum, bei $\lambda = 1{,}05$ bis 1,1 ein Abfall in den mageren Bereich.
  Stickstoffoxide sind ein farbloses Gas, das die Atemwege stark reizt und bei höheren Konzentrationen zu Lähmungserscheinungen führen kann. Es ist außerdem mitverantwortlich für die Ozonbildung. Stickstoffoxide entstehen bei hohen Brennraumtemperaturen und Brennraumdrücken.

2. Lambda-Regelsystem

Die Abgase des Verbrennungsmotors enthalten Schadstoffe, die durch chemische Umwandlung in der Lamda-Regelung abgebaut werden. Das System der Lambda-Regelung besteht aus

- dem Benzineinspritzsystem,
- dem Abgaskatalysator,
- der Lambda-Sonde,
- dem im Motorsteuerungsgerät integrierten Lambda-Regler.

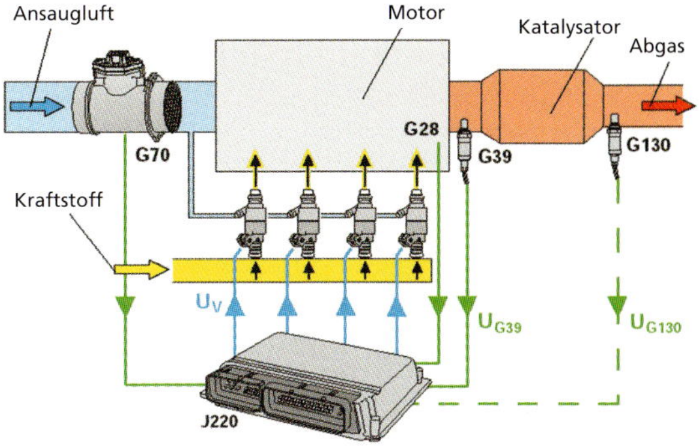

G28	Geber für Motordrehzahl	U_{G39}	Sondenspannung Lambda-Sonde vor Katalysator
G39	Lambda-Sonde von Katalysator	U_{G130}	Sondenspannung nach Katalysator
G70	Luftmassenmesser	U_V	Steuerspannung Einspritzventile

3. Funktionsgruppen

Dreiwegekatalysator

Im Katalysator werden die Abgase nachbehandelt und die Schadstoffe chemisch in ungiftige Stoffe umgewandelt. Katalysatoren bestehen aus Werkstoffen, die eine chemische Reaktion beschleunigen oder erleichtern, ohne dass sie sich selbst verbrauchen.

Der Grundkörper des Katalysators besteht aus hochtemperaturbeständigem Magnesium-Aluminium-Silikat in Form eines Zylinders von kreisförmigem oder ovalem Querschnitt. In Strömungsrichtung ist er von parallelen Kanälen durchzogen. Auf den Grundkörper werden die Edelmetalle Platin, Rhodium oder Palladium aufgebracht, die ihn erst zu einem Katalysator machen.

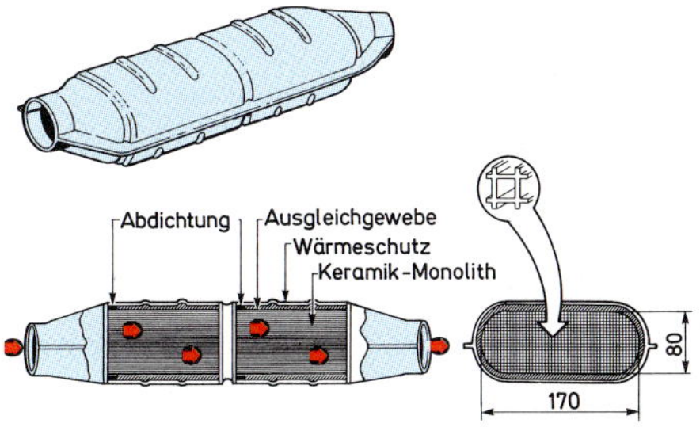

Abgase vor dem Katalysator

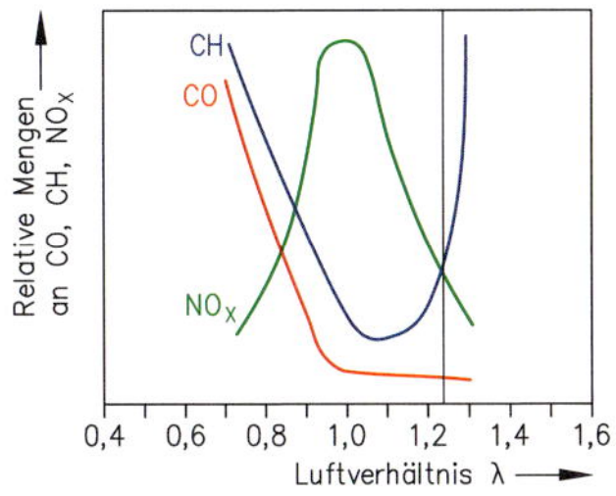

Die Konzentration der Schadstoffe ist im Abgas vom Luftverhältnis λ abhängig. CO und HC nehmen mit steigendem Luftverhältnis ab. Bei $\lambda = 1$ ist der Anteil dieser Schadstoffe gering. Die Stickstoffoxide sind im fetten Bereich ($\lambda < 1$) gut, steigen mit zunehmenden Luftverhältnis an. Bei $\lambda = 1$ ist die Stickstoffoxidkonzentration auf niedrigem Niveau.

Katalysator

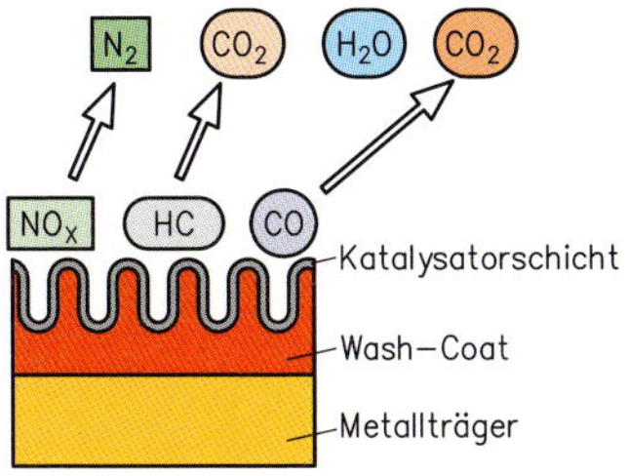

- Platin beschleunigt die Oxidation von Kohlenwasserstoffen (CH) in Wasser (H_2O) und in Kohlenstoffdioxid (CO_2), von Kohlenmonoxid (CO) zu Kohlenstoffdioxid
- Rhodium reduziert die Stickstoffoxide (NO_2) zu Stickstoff (N_2) und Kohlenstoffdioxid (CO_2)

(Wash-Coat: Poröse Zwischenschicht, welche die Katalysatoroberfläche vergrößert.)

Abgase nach dem Katalysator

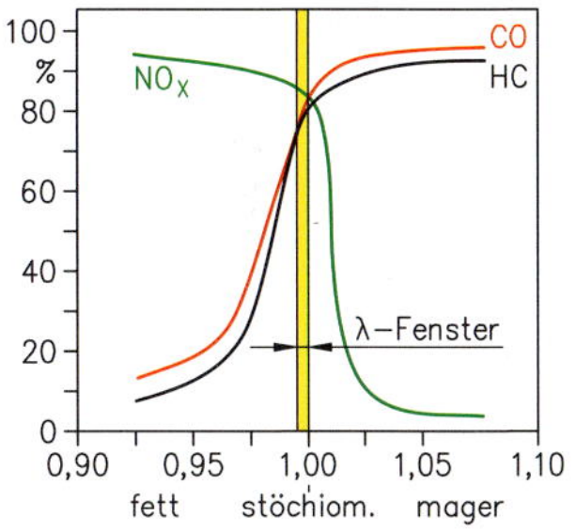

Der Katalysator baut die Schadstoffe bis 90 % ab, wenn das Kraftstoff-Luftverhältnis in einem Lambda-Regelkreis ständig innerhalb des λ-Fensters gehalten wird.
Eine Umwandlung der Schadstoffe setzt erst bei einer Betriebstemperatur von 250 °C ein. Ideale Betriebsbedingungen für hohe Umsetzungsraten und lange Lebensdauer sind Temperaturen von 400 °C bis 800 °C.

Lambda-Sonde

Funktionsprinzip

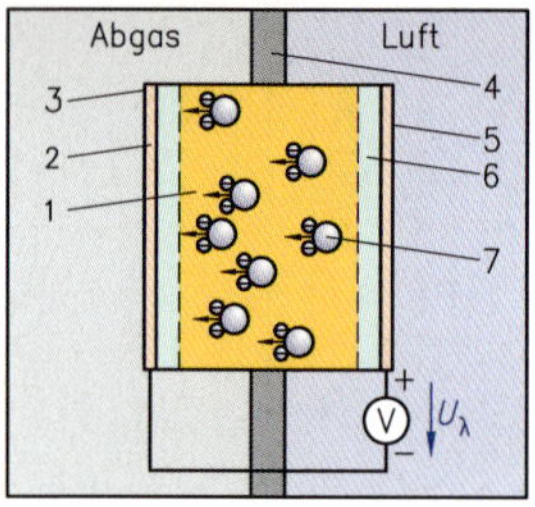

1 Festelektrolyt
2 Elektrode, abgasseitig
3 Grenzzone, abgasseitig
4 Trennwand (Abgasrohr)
5 Elektrode, luftseitig
6 Grenzzone, luftseitig
7 Sauerstoffion mit zweifach negativer Ladung

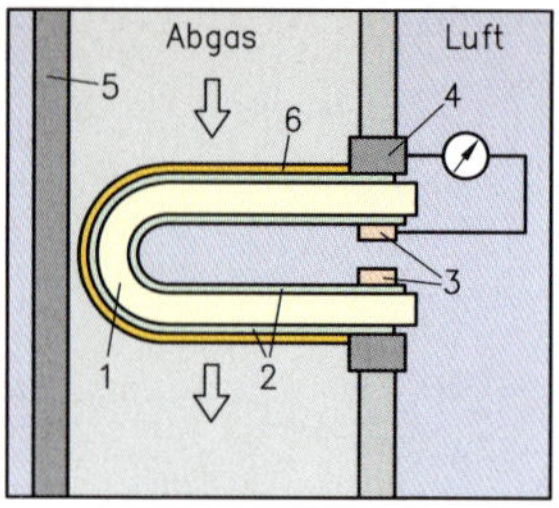

1 Sondenkeramik
2 Elektroden
3 Kontakt
4 Gehäusekontaktierung
5 Abgasrohr
6 Keramische Schutzschicht (|

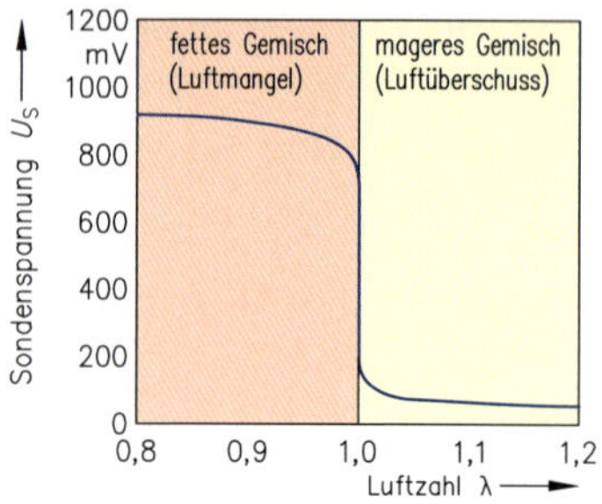

Die Lambda-Sonde besteht im Prinzip aus folgenden Teilen:

- poröse Elektrode aus Platin im Abgasstrom,
- poröse Elektrode aus Platin in der Außenluft,
- Elektrolyt aus fester Keramikmasse (Zirkonoxid).

Das Keramikmaterial wird ab 300 °C für Sauerstoffionen leitend. Ist der Sauerstoffanteil an beiden Elektroden verschieden, entsteht eine elektrische Spannung. Die optimale Betriebstemperatur liegt bei 600 °C. Exakt bei dem stöchiometrischen Gemisch ($\lambda = 1$) weist die Lambda-Sonde einen Spannungssprung auf. Sie wird daher auch Sprung-Lambda-Sonde genannt. Sie liefert so ein Signal, das anzeigt, ob das Gemisch fetter oder magerer als $\lambda = 1$ ist.

Je nach Restsauerstoffgehalt im Abgas beträgt die abgegebene Spannung:

- fettes Gemisch ($\lambda < 1$) 800 bis 1 000 mV,
- mageres Gemisch ($\lambda > 1$) ca. 100 mV.

Diese Werte gelten für eine Arbeitstemperatur von 600 °C. Bei tieferen Temperaturen sind die Ansprechzeiten höher. Nach dem Start eines Motors wird die Lambda-Sonde bei einer Keramiktemperatur unter 350 °C von der Lamda-Regelung ausgeschaltet.

In der praktischen Ausführung ragt die Sonde in den Abgasstrom, sodass eine Elektrodenseite vom Abgas umströmt, die andere Elektrodenseite mit der Außenluft in Verbindung steht.

Beheizte Lambda-Sonde

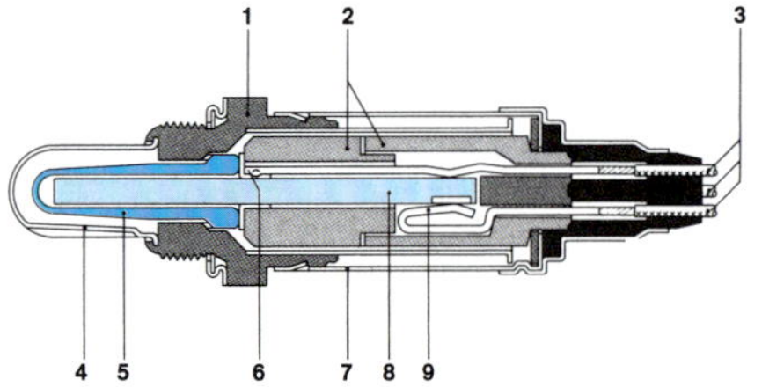

1 Sondengehäuse
2 keramisches Stützrohr
3 Anschlusskabel
4 Schutzrohr mit Schlitzen
5 aktive Sondenkeramik
6 Kontaktteil
7 Schutzhülse
8 Heizelement
9 Klemmanschlüsse für Heizelement

Durch ein eingebautes Heizelement wird die Sonde schnell aufgeheizt, sodass sie innerhalb von 20 bis 30 s nach dem Start die Betriebstemperatur erreicht und die Lambda-Regelung einsetzt. Das Heizelement wird vom Steuergerät mit Spannung versorgt.

Planar-Lambda-Sonde

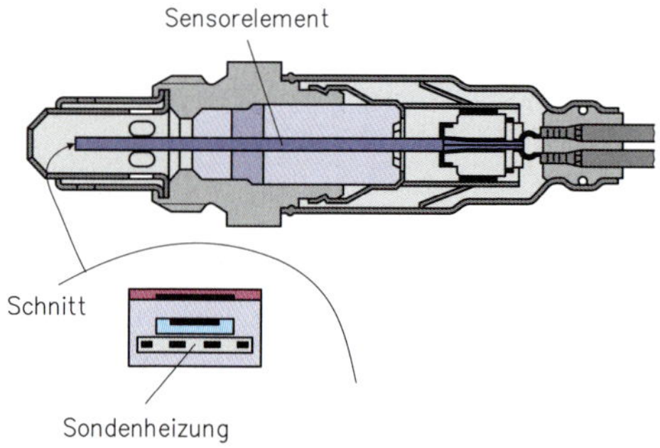

Die Planar-Lambda-Sonde besitzt ein Sensorelement, in das die Sondenheizung integriert ist. Die Betriebstemperatur wird trotz geringer Heizleistung schneller erzielt. Bei einer Abgastemperatur von 150 °C erzeugt die Sondenheizung die erforderliche Mindesttemperatur von 350 °C.

Lambda-Sonde

Prinzipbild	**Schaltbild**
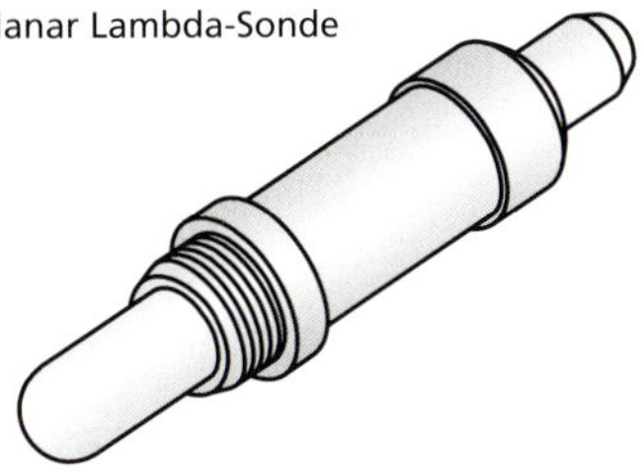	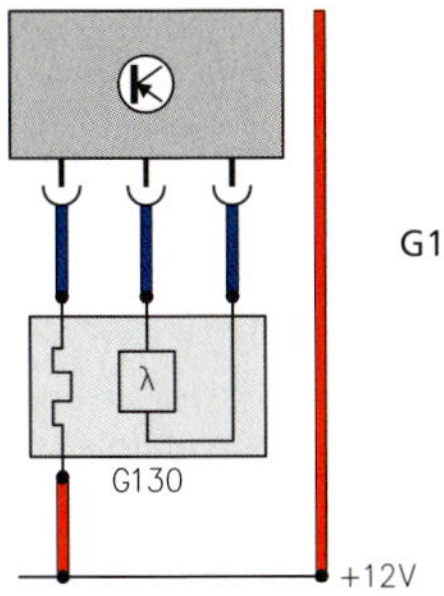

Ausfall der Lambda-Sonde
Bei Ausfall der Lambda-Sonde (Vor-Kat-Sonde) erfolgt keine Lambda-Regelung. Es wird ein Notlauf über eine Kennfeldsteuerung benutzt. Bei Ausfall der Nach-Kat-Sonde erfolgt weiterhin die Lambda-Regelung durch die Breitband-Lambda-Sonde. Die Funktion des Katalysators kann nicht überprüft werden.

4. Arbeitsweise der Lambda-Regelungen

Zwei-Punkt-Lambda-Regelung

Das Motorsteuergerät bestimmt aus den Eingangssignalen

- Motorlast,
- Signal des Motordrehzahlgebers,
- Kühlmitteltemperatur

die Einspritzzeit. Aus dem Signal der Lambda-Sonde errechnet das Steuergerät für die Lambda-Regelung den zusätzlichen Korrekturfaktor zur Einspritzzeit (vergrößern/verkleinern). Im Steuergerät ist weiterhin das Lambda-Kennfeld gespeichert, in dem die verschiedenen Betriebszustände des Motors festgeschrieben sind.

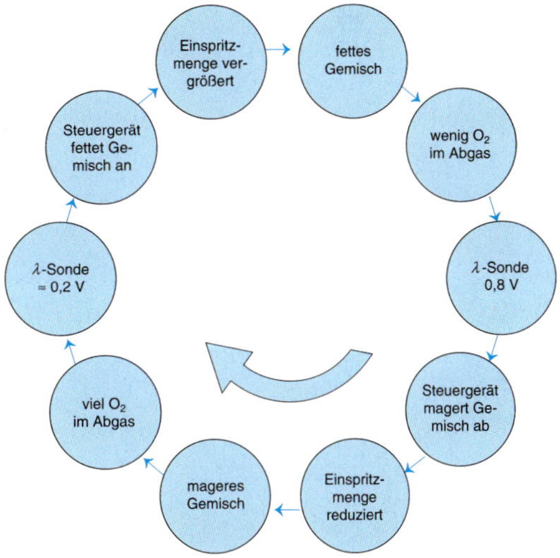

Bei der Zwei-Punkt-Regelung wird das Lambda-Sonden-Signal in ein Zweipunktsignal umgewandelt:

- Die Sonde stellt ein fettes Gemisch fest (Sondensignal ca. 0,8 V): Das Gemisch wird abgemagert.
- Die Sonde stellt ein mageres Gemisch fest (Sondensignal 0,1 V): Das Gemisch wird angereichert.

Die Regelung wird durch ständiges Pendeln um den Bereich $\lambda = 1$ erreicht, was einer Sondenspannung von 0,45 V entspricht.

Voraussetzung für eine Lambdaregelung ist:

- Sondentemperatur größer als 300 °C,
- Motortemperatur größer als 50 °C,
- Motor im Leerlauf- und Teillastbereich.

Adaptive Lambda-Regelung

Bei einer dauerhaften Abmagerung des Gemischs muss der Lambda-Regelkreis das Gemisch ständig anfetten. Wenn dieser Zustand längere Zeit andauert, erhöht das Steuergerät die Grundeinspritzmenge für diesen Lastbereich und speichert den Wert ab. Es entsteht wieder ein Gemisch mit dem Luftverhältnis $\lambda = 1$. Das λ-Sonden-Signal pendelt nun um diesen Mittelwert. Wir sprechen von einer adaptiven Lambda-Regelung, da diese Regelung lernfähig und anpassungsfähig ist.

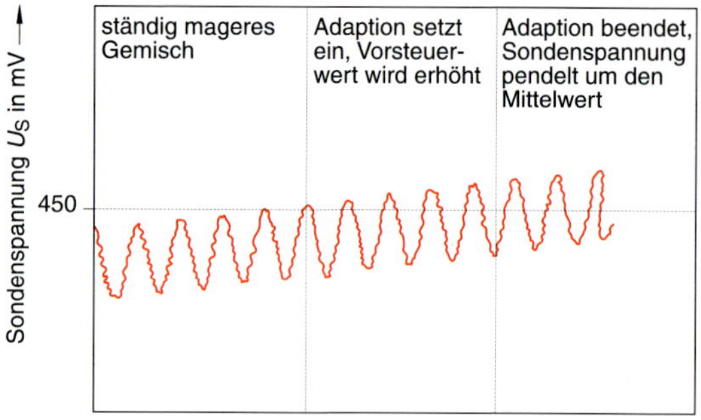

Stetige Regelung

Eine stetige Lambda-Regelung ist mit einer Breitband-Lambda-Sonde möglich. Mit der Breitband-Lambda-Sonde können von $\lambda = 1$ abweichende Gemischzusammensetzungen gemessen werden. Mit ihr lassen sich im Gegensatz zur Zweipunkt-Regelung auch Gemischzusammensetzungen im Bereich von $\lambda = 0{,}7$ bis 0,3 regeln. Sie liefert ein stetiges Spannungssignal. Die stetige Lambda-Regelung eignet sich für den mageren Betrieb von Motoren mit Benzin-Direkteinspritzung.

Breitband-Lambda-Sonde

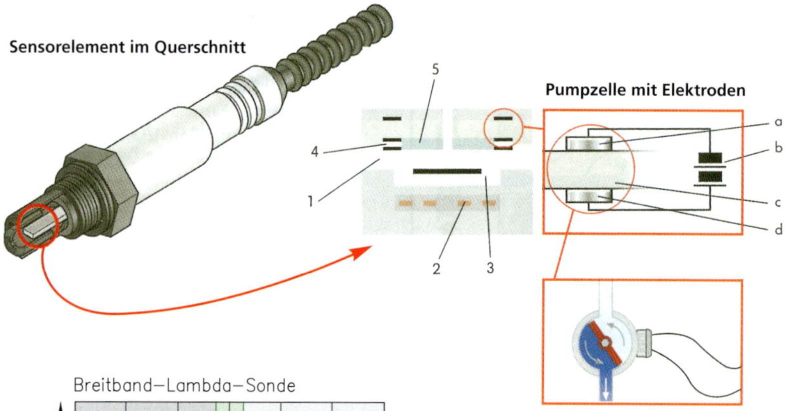

1 Nernstzelle mit Elektroden
2 Sonderheizung
3 Außenluftkanal
4 Messbereich
5 Diffusionskanal
a Elektrode (Anode)
b Stromquelle
c Keramik
d Elektrode (Kathode)

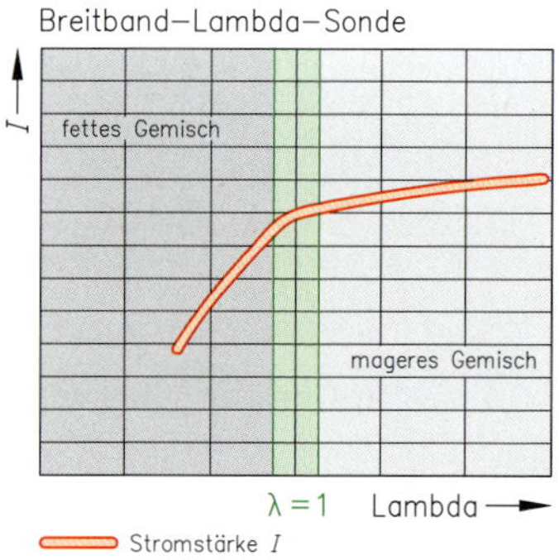

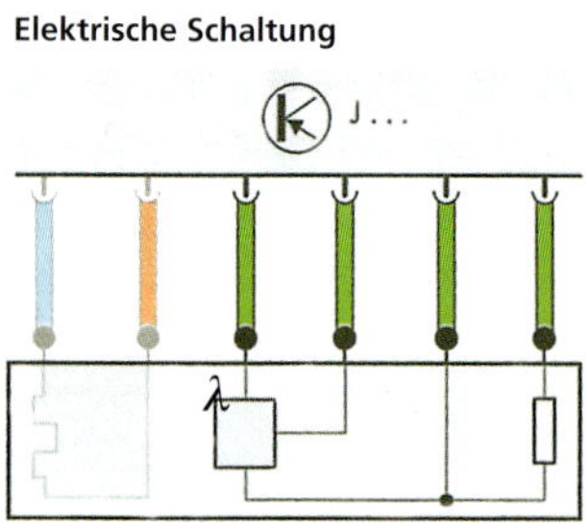

Während die Lambda-Sonde anzeigt, ob im Abgas ein fettes oder mageres Gemisch vorliegt, liefert die Breitband-Lambda-Sonde eine Information über den aktuellen Wert der Luftzahl. Die Ausgabe des Lambda-Wertes erfolgt nicht mehr durch eine sprunghaft ansteigende Spannungskurve wie bei der normalen Lambda-Sonde (daher auch Sprung-Lambda-Sonde genannt), sondern durch eine nahezu lineare Steigerung der Stromstärke. Mit dieser Sonde lassen sich fette oder magere Gemische regeln.

Breitband-Lambda-Sonde Fortsetzung

Die Breitband-Lambda-Sonde besitzt zusätzlich eine elektrochemische Zelle, die sogenannte Pumpzelle, die die Elektrode auf der Abgasseite mit so viel Sauerstoff versorgt, dass die Spannung zwischen den beiden Elektroden konstant 450 mV beträgt.

Die Pumpzelle fördert je nach Sauerstoffgehalt im Kraftstoff-Luft-Gemisch mehr oder weniger Sauerstoff in den Messbereich. Dadurch wird das Sauerstoffverhältnis zur Außenluft und die Spannung zwischen den Elektroden verändert:

- Mageres Gemisch = höherer Sauerstoffgehalt auf der Abgasseite = Spannung zwischen den Elektroden sinkt,
- Fettes Gemisch = geringerer Sauerstoffgehalt = Spannung zwischen den Elektroden steigt

Damit die Spannung von 450 mV zwischen den Elektroden konstant bleibt, muss die Pumpzelle

- bei magerem Gemisch weniger Sauerstoff in den Messbereich (geringere Pumpleistung),
- bei fettem Gemisch mehr Sauerstoff in den Messbereich (größere Pumpleistung) pumpen.

Funktionsprinzip

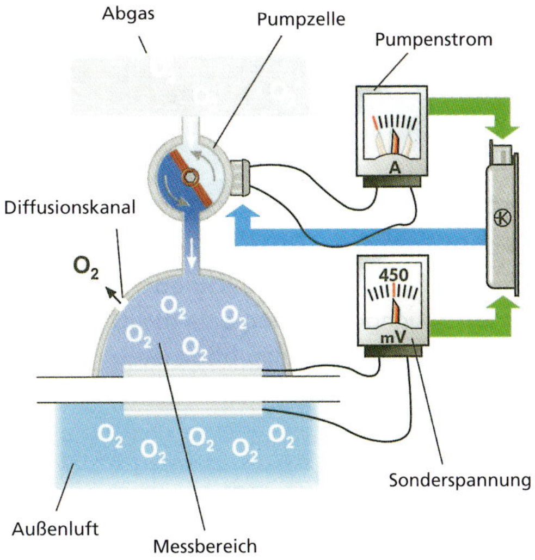

Der Stromverbrauch der Pumpe wird vom Motorsteuergerät in einen Lambdawert umgerechnet und verändert dementsprechend die Gemischzusammensetzung.

Ausfall der Breitband-Lambda-Sonde
Bei Ausfall der Breitband-Lambda-Sonde erfolgt keine Lambda-Regelung und die Lambda-Adaption ist gesperrt. Das Tankentlüftungssystem geht in Notlauf, die Sekundärluft- und Kat-Diagnosen werden gesperrt. Das Motorsteuergerät benutzt als Notfunktion eine Kennfeldsteuerung.

Zwei-Sonden-Regelung

Aufgrund der verschärften Abgasbestimmungen wird zusätzlich zur Lambda-Sonde vor dem Katalysator eine zweite Lambda-Sonde nach dem Katalysator eingebaut. Die Breitband-Lambda-Sonde wird als Vor-Kat-Sonde eingesetzt, die Planar-Lambda-Sonde als Nach-Kat-Sonde verwendet.

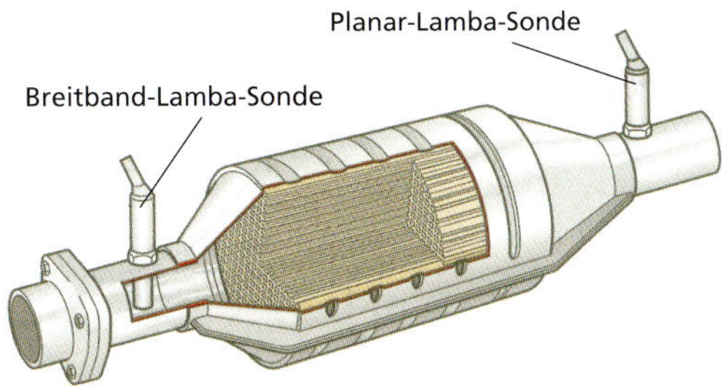

Die erste Lambda-Sonde liefert das Signal für die Gemischaufbereitung. Die zweite Sonde überlagert die Regelung der ersten Sonde und überwacht die Funktion des Katalysators und des Lambda-Regelkreises.

Vom Motorsteuergerät werden die beiden Sondenspannungen verglichen. Weicht die Größe vom Sollwert ab, wird das als Fehlfunktion des Katalysators erkannt und als Fehler gespeichert.

15.1.2.6 Elektronische Steuerung und Regelung

1. Betriebsdatenerfassung

Eingangssignale

Sensoren erfassen die Betriebsdaten des Motors. Die Eingangssignale werden dem Steuergerät über Kabelbaum und Anschlussstecker zugeführt. Die Eingangssignale haben unterschiedliche Formen:

- Analoge Eingangssignale sind Luftmasse, Batteriespannung, Saugrohr- und Ladedruck, Kühlwasser- und Ansauglufttemperatur. Diese Signale werden von Analog-Digital-Wandler (A/D) in digitale Signale umgewandelt.
- Digitale Eingangssignale sind Schaltsignale (EIN/AUS), Drehzahlimpulse des Hallgebers. Sie besitzen die recheninterne Form, d. h. die beiden Zustände 1 (High) und 0 (Low) können vom Rechner direkt verarbeitet werden.
- Pulsförmige Eingangssignale von induktiven Sensoren wie Drehzahl- und Bezugsmarkengeber. Auch sie werden im Steuergerät aufbereitet und in ein Rechtecksignal umgewandelt.

Für die Berechnung der Einspritzzeit und des Zündwinkels benötigt das Steuergerät folgende Signale:

Berechnung der Einspritzzeit

- Motorlast, Luftfüllung
- Motordrehzahl
- Signal des Hallgebers
- Ansauglufttemperatur
- Kühlmitteltemperatur
- Signal der Drosselklappensteuereinheit
- Signal des Gaspedalmoduls
- Signal der Lambda-Sonden

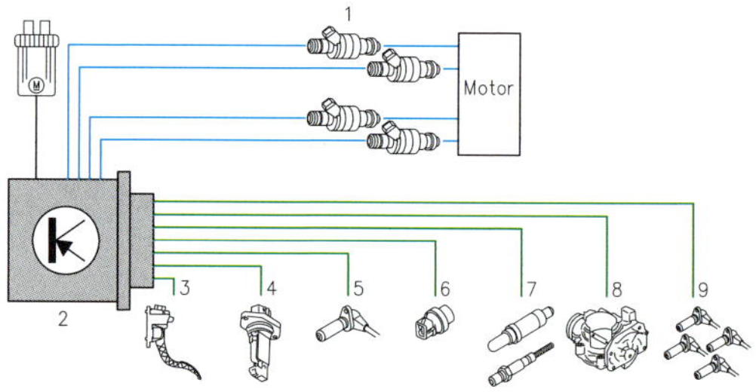

1 Einspritzventile
2 Motorsteuergerät
3 Gaspedalmodul
4 Luftmassenmesser mit Geber für Ansauglufttemperatur
5 Drehzahlgeber
6 Temperaturgeber (G62)
7 Lambda-Sonden
8 Drosselklappensteuereinheit
9 Hallgeber

Berechnung des Zündwinkels

- Motordrehzahl
- Motorlast
- Signal der Drosselklappensteuereinheit
- Kühlmitteltemperatur
- Signal der Klopfsensoren
- Signal des Hallgebers
- Signal des Gaspedalmoduls

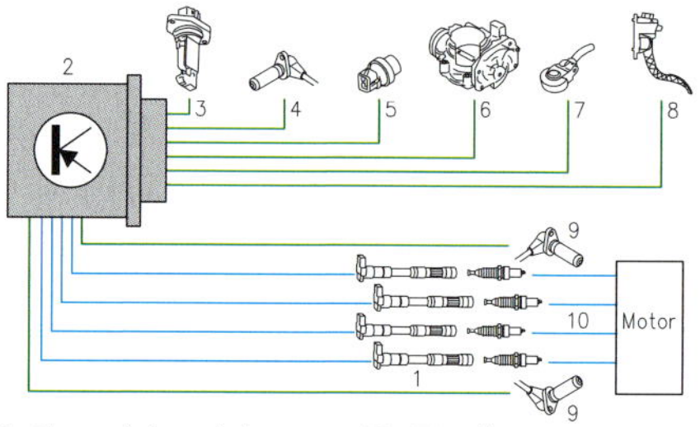

1 Einzelfunkenzündspule mit Endstufe
2 Motorsteuergerät
3 Luftmassenmesser
4 Drehzahlgeber
5 Temperaturgeber (G62)
6 Drosselklappensteuereinheit
7 Klopfsensor
8 Gaspedalmodul
9 Hallgeber
10 Zündkerze

2. Betriebsdatenverarbeitung

Die Eingangssignale werden im Motorsteuergerät verarbeitet. Es besteht aus folgenden Fuktionseinheiten:

- Signalaufbereitung: Die Signale werden in eine für den Mikrocomputer verständliche Form aufbereitet.
- Mikroprozessor verarbeitet die Eingangssignale. Hierzu benötigt er ein Programm für die Signalverarbeitung, das in einem integrierten Programmspeicher (Festwertspeicher ROM) gespeichert ist. Der Inhalt des Speichers wird vom Hersteller festgelegt und kann danach nicht mehr geändert werden. Für komplexe Anwendungen ist ein zusätzlicher Speicher erforderlich.
- Flash-EPROM (FEPROM): Der Speicher enthält die motorspezifischen Kennlinien und Kennfelder für die Motorsteuerung. Das Flash-EPROM ist auf elektrischem Weg löschbar und lässt sich von der Werkstatt über eine serielle Schnittstelle umprogrammieren.

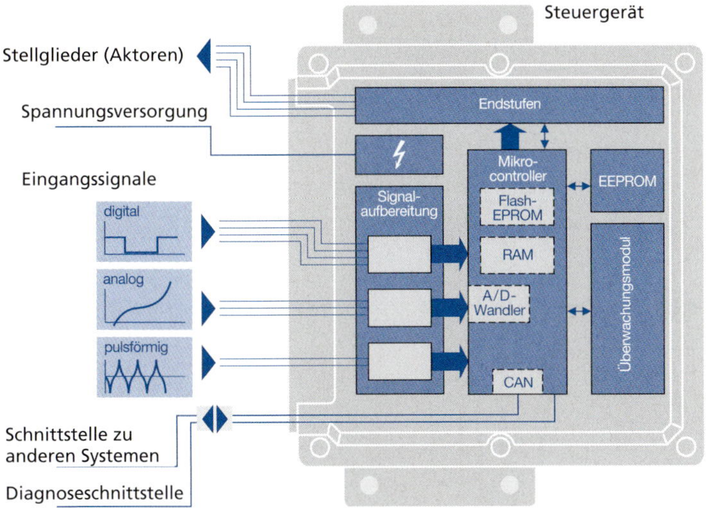

- RAM: Der Schreib-Lese-Speicher speichert alle von den Sensoren gelieferten Daten, bis sie vom Funktionsrechner abgerufen werden. Er speichert auch Adaptionswerte (erlernte Werte über Motor- und Betriebszustand) und auftretende Fehler im Gesamtsystem. Damit die Werte beim nächsten Start wieder zur Verfügung stehen, wird das RAM ständig mit Spannung versorgt. Beim Abklemmen der Batterie gehen alle Daten verloren.
- EEPROM: Wichtige Daten, die auch bei abgeklemmter Batterie nicht verloren gehen dürfen, z. B. Adaptionswerte, Codes für Wegfahrsperre, Radio usw. werden in einem nicht flüchtigen Dauerspeicher (EEPROM) abgelegt. Das EEPROM ist lösch- und programmierbar. Im Gegensatz zum Flash-EPROM kann jede Speicherzelle einzeln gelöscht werden.
- Überwachungsmodul: Damit es im Fahrbetrieb zu keiner vom Fahrer ungewollten Beschleunigung des Fahrzeugs kommt, enthält das Steuergerät zusätzlich ein Überwachungsmodul. Funktionsrechner und Überwachungsmodul überwachen sich gegenseitig. Wird ein Fehler festgestellt, so können beide Systeme unabhängig voneinander entsprechende Ersatzfunktionen einleiten.
- Datenaustausch: Der Datenaustausch zwischen dem Funktionsrechner, den Speicherbausteinen, dem Taktgeber und der Peripherie läuft über Leiterbahnen (Bus). Mit anderen elektronischen Systemen erfolgt der Datenaustausch über den CAN-Bus.

3. Aussteuerung der Aktoren

Ausgangssignale

Die vom Mikroprozessor ausgegebenen Signale sind für die Stellglieder zu schwach. Zum Ansteuern müssen sie in den jeweiligen Endstufen verstärkt werden.

Die Endstufen enthalten Transistoren, die in Darlington-Schaltung miteinander verbunden sind. Die Endstufen haben genügend Leistung für den direkten Anschluss an die Stellglieder. Besonders große Stromverbraucher werden über ein Relais angesteuert.

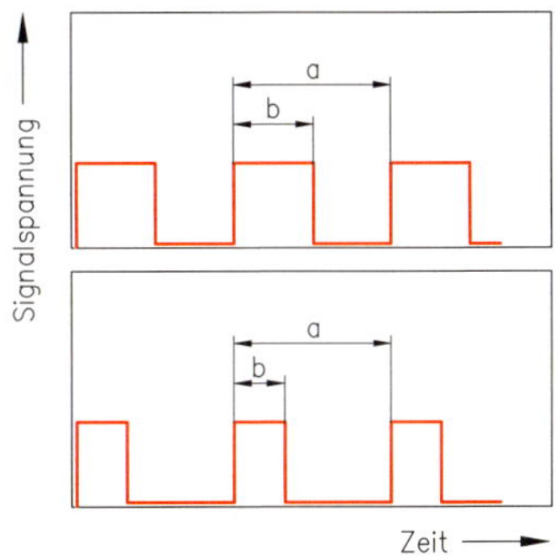

a Periodendauer b variable Einschaltzeit

Die Ausgangssignale sind

- Schaltsignale, mit denen Stellglieder ein- und ausgeschaltet werden,
- Rechtecksignale (pulsweitenmodulierte Signale PWM) mit konstanter Frequenz und variabler Einschaltzeit, um Stellglieder, z. B. das Abgasrückführungsventil in eine beliebige Ausgangsstellung zu bringen.

15.1.3 Drehmomentorientiertes Motormanagementsystem für Benzindirekteinspritzung (MED-Motronic)

15.1.3.1 Systemübersicht

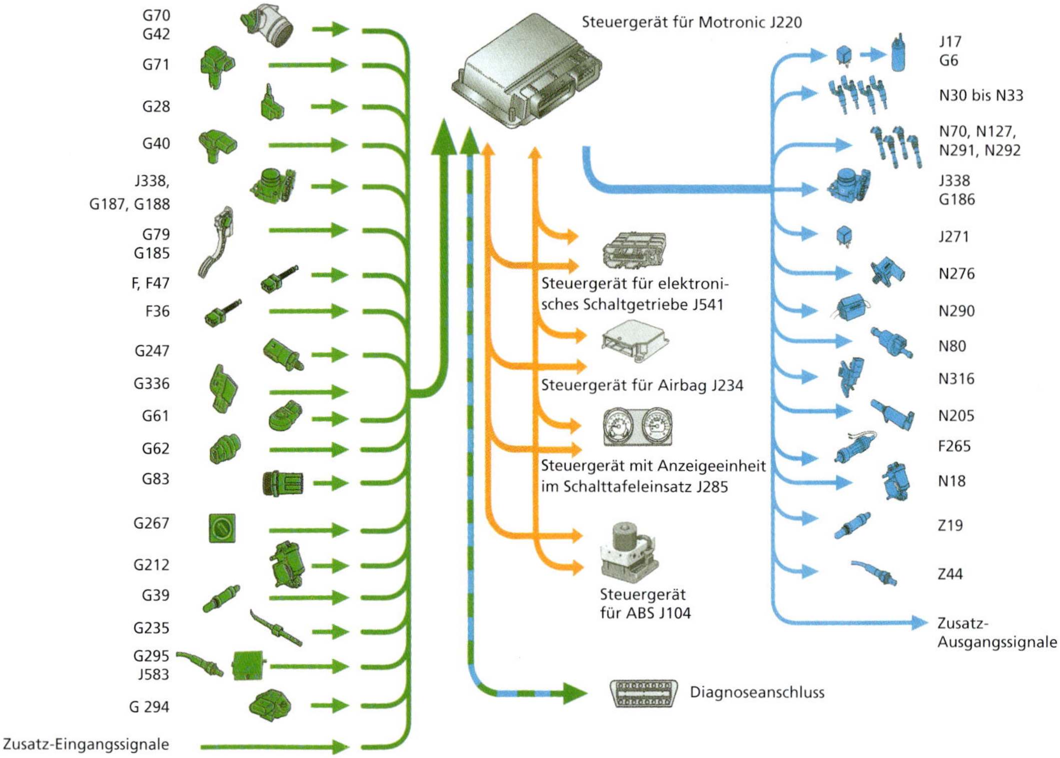

Sensoren		Aktoren	
Luftmassenmesser G70 Geber für Ansauglufttemperatur G42 Geber für Saugrohrdruck G71 Geber für Motordrehzahl G28 Hallgeber G40 Drosselklappensteuereinheit J338 und 2 Winkelgeber G187, G188 Geber für Gaspedalstellung G79 Geber 2 für Gaspedalstellung G185 Bremslichtschalter F Bremspedalschalter F47 Kupplungspedalschalter F36 Geber für Kraftstoffdruck G247	Potenziometer für Saugrohrklappe G336 Klopfsensor G61 Geber für Kühlmitteltemperatur G62 Geber für Kühlmitteltemperatur – Kühlerausgang G83 Potenziometer, Drehknopf-Temperaturauswahl G267 Potenziometer für Abgasrückführung G212 Lambda-Sonde G39 Geber für Abgastemperatur G235 Geber für NO_x G295 Steuergerät für NO_x-Sensor J583 Drucksensor für Bremskraftverstärkung G294 Zusatz-Eingangssignale	Kraftpumpenrelais J17 Kraftstoffpumpe G6 Einspritzventile N30 bis N33 Zündspule 1–4 N70, N127, N291, N292 Drosselklappensteuereinheit J338 Drosselklappenantrieb G186 Stromversorgungsrelais für Motronic J271 Regelventil für Kraftstoffdruck N276 Ventil für Kraftstoffdosierung N290 Magnetventil für Aktivkohlebehälter-Anlage N80 Ventil für Saugrohrklappe Luftsteuerung N316 Ventil für Nockenwellenverstellung N205	Thermostat für kennfeldgesteuerte Motorkühlung F265 Ventil für Abgasrückführung N18 Heizung für Lambda-Sonde Z19 Heizung für Geber für NO_x Z44 Zusatz-Ausgangssignale

Technische Beschreibung

- Motormanagement: Bosch Motronic MED 7.5.10
- Der Unterschied zur Motronic ME 7.5.10 ist, dass als zusätzliche Funktion die Benzin-Direkteinspritzung integriert ist und einen schnelleren Rechner besitzt.
- Die On-Board-Diagnose wurde um weitere abgasrelevante Komponenten erweitert.
- Im Folgenden werden nur die Unterschiede zur Saugrohreinspritzung dargestellt.

15.1.3.2 Luftmanagement

1. Ansaugsystem

- **Zur Erfassung der Füllungs- bzw. der Motorlast werden zwei Füllungssensoren benötigt**
  Um den Massestrom (Luft und Abgas) exakt zu erfassen und zu steuern, haben Direkteinspritzsysteme zwei Füllungssensoren. Die Erfassung erfolgt auf unterschiedliche Arten:
  - Umgebungsdrucksensor im Motorsteuergerät
  - Ansauglufttemperatursensor

  oder
  - Heißfilm-Luftmassenmesser mit dem Geber für Ansauglufttemperatur zur Erfassung der Motorlast
  - Saugrohrdruckmesser zur Bestimmung des Abgasmassestromes in Verbindung mit den Daten des Luftmassenmessers.

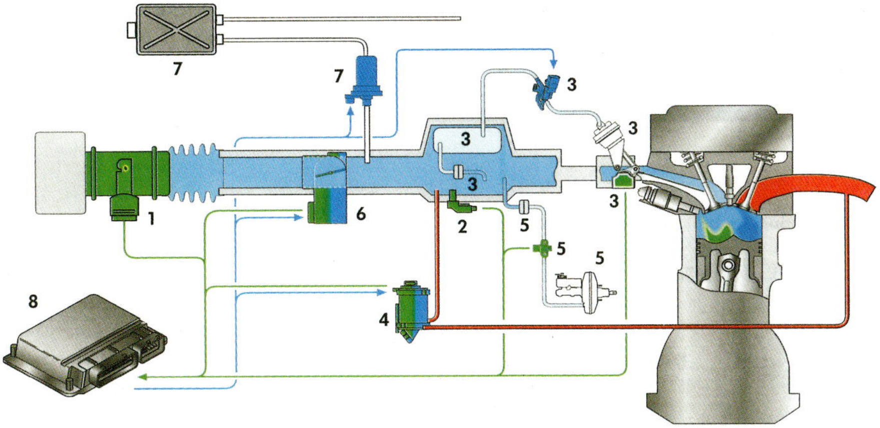

1 Heißfilm-Luftmassenmesser (G70) mit dem Geber für Ansauglufttemperatur (G42) zur genaueren Lasterfassung
2 Geber für Saugrohrdruck (G71) zur Berechnung der Abgasrückführungsmenge
3 Saugrohrklappen-Schaltung (N316, G336) für eine gezielte Luftströmung im Zylinder
4 elektrisches Abgasrückführungsventil (G212, N18) mit großem Querschnitt für hohe Abgasrückführungsraten
5 Drucksensor für Bremskraftverstärkung (G294) für die Bremsunterdruckregelung
6 Drosselklappen-Steuereinheit (J338)
7 Aktivkohlebehälter-Anlage (N80)
8 Steuergerät für Motronic (J220)

- **Das Ansaugsystem besitzt für jeden Zylinder eine Saugrohrklappe**
  Die Saugrohrklappen steuern je nach Betriebsart die Luftströmung im Zylinder.

Saugrohrklappe betätigt

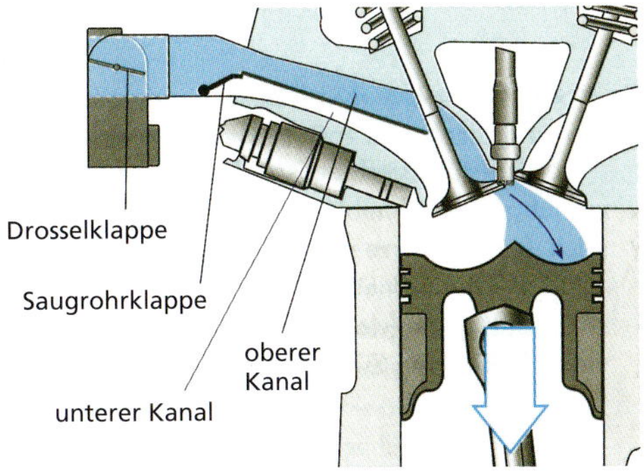

Die Ansaugluft strömt durch den oberen engen Kanal. Die Strömungsgeschwindigkeit steigt. Durch die besondere Gestaltung des Ansaugkanals strömt die Ansaugluft walzenförmig (tumble) in den Zylinder.

Saugrohrklappe nicht betätigt

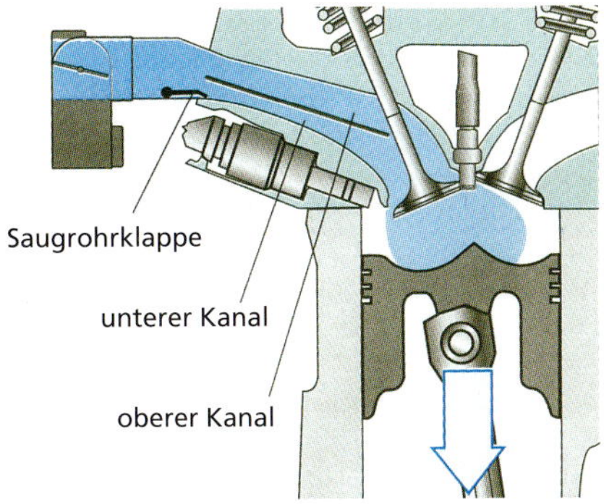

Beide Kanäle sind offen. Durch den größeren Querschnitt des Ansaugkanals kann der Motor die erforderliche Luftmasse für ein hohes Motordrehmoment ansaugen.

2. Betriebsarten bei der Direkteinspritzung

- **Sie arbeitet bei Teillast im Schichtladungsbetrieb, bei Volllast im Homogenbetrieb.**

Schichtladungsbetrieb bei Teillast

Im unteren Drehzahlbereich bei Drehzahlen bis 3 000 1/min wird der Motor im Schichtbetrieb gefahren.

Die Drosselklappe ist weit geöffnet, die Saugrohrklappe verschließt den unteren Kanal zum Zylinder (1). Die Ansaugluft wird beschleunigt und strömt walzenförmig (tumble) in den Zylinder (2). Die Kraftstoffeinspritzung (3) erfolgt erst spät während der Verdichtungsphase kurz vor dem Zündzeitpunkt. Es bildet sich eine Gemischwolke (4), die durch die walzenförmige Luftströmung im Brennraum und vom aufwärtsbewegten Kolben im Bereich der Zündkerze konzentriert wird. Eine Verteilung des Gemischs im ganzen Brennraum findet wegen des späten Einspritzzeitpunktes nicht statt. Das Gemisch ist sehr mager. Es besteht ein Luft-Kraftstoff-Verhältnis im gesamten Brennraum zwischen $\lambda = 1{,}6$ und 3. Danach wird die Gemischwolke entzündet (5). Der Rest nimmt an der Verbrennung nicht teil und wirkt als isolierende Hülle. Die Leistung des Motors wird über die eingespritzte Kraftstoffmenge bestimmt.

Durch den hohen Luftüberschuss ist die NO_x-Emission sehr hoch. Abhilfe wird durch eine hohe Abgasrückführungsrate geschaffen.

1 2 3 4

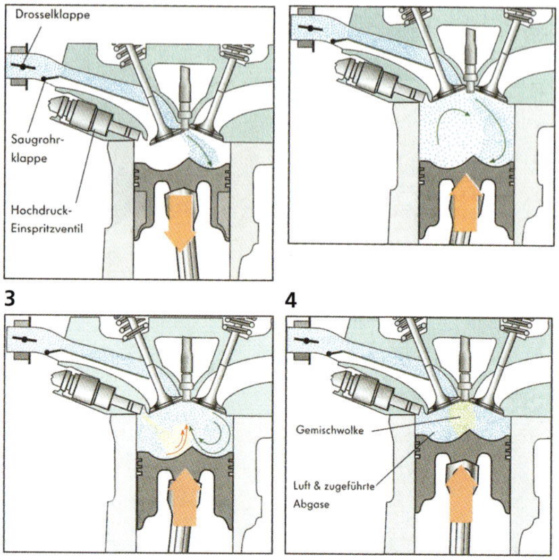

5

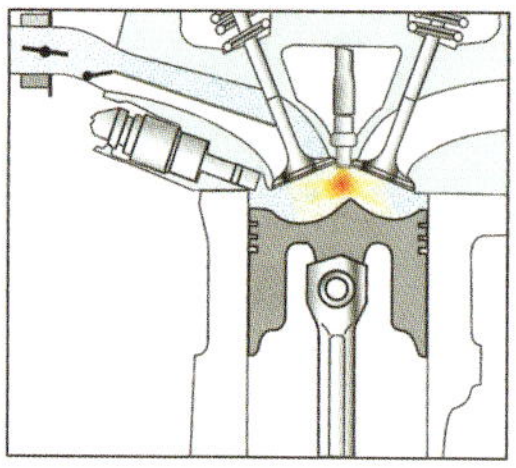

Homogener Betrieb bei Volllast

Bei hohen Drehmomentanforderungen wird der Motor im Homogenbetrieb gefahren. Der Homogenbetrieb entspricht in etwa der Verbrennung bei Saugrohreinspritzung. Die Drosselklappe ist entsprechend der Gaspedalstellung geöffnet, die Saugrohrklappe ist geöffnet (1). Der Kraftstoff wird im Ansaugtakt eingespritzt (2). Der gesamte Querschnitt des Einlasskanals ist offen, die volle Luftmenge wird angesaugt und die fette Gemischwolke verteilt sich gleichmäßig im Brennraum. Es bildet sich ein homogenes Gemisch ($\lambda = 1$), d. h. es ist gleichmäßig im Brennraum verteilt (3). Die Verbrennung findet im gesamten Brennraum statt (4). Der Gemischbildungs- und damit der Verbrennungsablauf ist dem eines Motors mit Saugrohreinspritzung ähnlich. Da der Kraftstoff erst im Zylinder verdampft, wird die Zylinderladung durch die Verdampfungswärme gekühlt. Die Füllung steigt bis zu 10 %, das Klopfverhalten verbessert sich, so dass das Verdichtungsverhältnis angehoben werden kann. Das Motordrehmoment, der Verbrauch und das Emissionsverhalten werden maßgeblich durch den Zündzeitpunkt bestimmt.

1 2 3 4

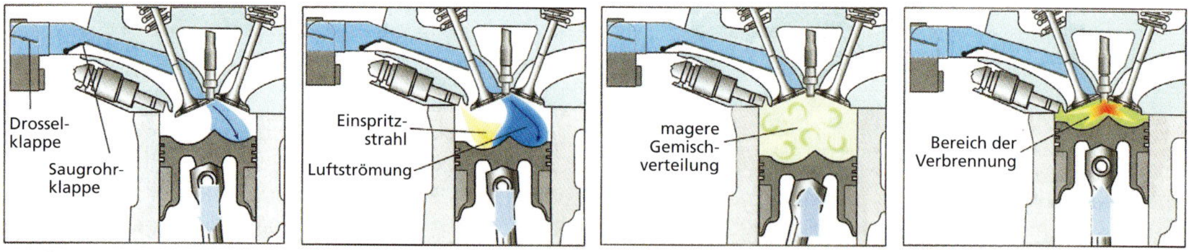

Im Übergangsbereich zwischen Schicht- und Homogenbetrieb kann der Motor mit homogenem mageren Gemisch (ca. $\lambda = 1{,}55$) betrieben werden.

15.1.3.3 Einspritzmanagement

1. Kraftstoffsystem

- **Das Kraftstoffsystem besteht aus einem Niederdruck- und einem Hochdruckkreis**

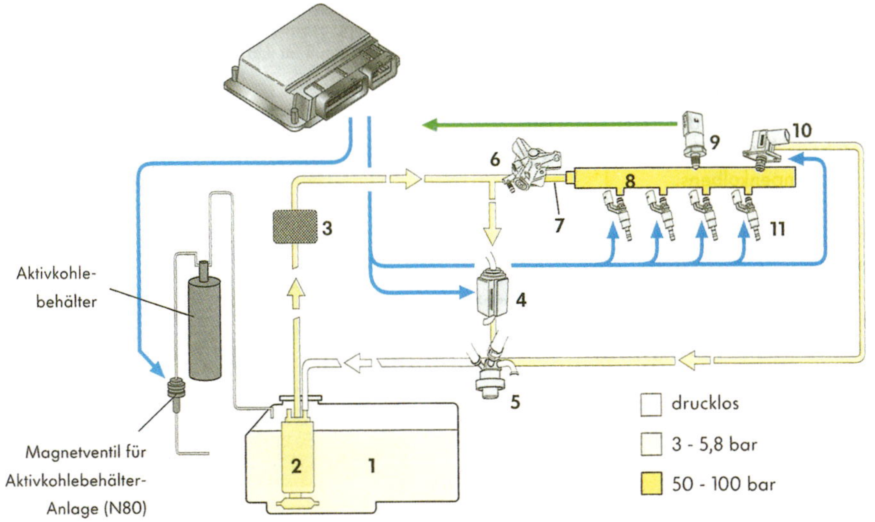

Niederdruck-Kraftstoffsystem
1 Kraftstoffbehälter
2 elektrische Kraftstoffpumpe (G6)
3 Kraftstofffilter
4 Ventil für Kraftstoffdosierung (N290)
5 Kraftstoffdruckregler

Hochdruck-Kraftstoffsystem
6 Hochdruck-Kraftstoffpumpe
7 Hochdruck-Kraftstoffleitung
8 Kraftstoffverteilerrohr
9 Geber für Kraftstoffdruck (G247)
10 Regelventil für Kraftstoffdruck (N276)
11 Hochdruck-Einspritzventile (N30–N33)

Niederdruckkreis

Eine Elektrokraftstoffpumpe fördert den Kraftstoff über einen Filter zur Hochdruckpumpe.
Bei hoher Kraftstofftemperatur besteht die Gefahr der Dampfblasenbildung in der Hochdruckpumpe. Um dies zu verhindern, wird beim Start und im anschließenden Leerlauf der Vordruck auf maximal 5,8 bar erhöht. Hierzu wird das Ventil für Kraftstoffdosierung und damit der Weg zum Kraftstoffdruckregler geschlossen. Dadurch steigt der Druck im Niederdruck-Kraftstoffsystem an. Die Druckerhöhung verhindert die Dampfblasenbildung auf der Saugseite. Nach kurzer Zeit öffnet das Ventil für Kraftstoffdosierung und der Niederdruck-Kraftstoffregler übernimmt die Aufgabe der Druckregelung.

Hochdruckkreis

Die Hochdruckpumpe ist eine Radialkolbenpumpe mit drei Pumpenzylindern oder einem Pumpenzylinder.
Die Hochdruckpumpe verdichtet den mit einem Vorförderdruck von 3 bis 5 bar gelieferten Kraftstoff auf den Hochdruck von 50 bis 120 bar.
Der unter Hochdruck stehende Kraftstoff wird zum Hochdruckspeicher, dem sogenannten Rail gefördert. Das Rail speichert den Kraftstoff und verteilt ihn auf die Hochdruck-Einspritzventile. Es gleicht weiterhin Druckpulsationen im Kraftstoffsystem aus. Ein Raildrucksensor (siehe auch Common Rail Kap. 15.2.2.6, 1. Betriebsdatenerfassung) misst den Kraftstoffdruck, da seine genaue Einhaltung den Schadstoffausstoß und die Geräuschentwicklung beeinflusst. Bei Abweichungen vom Solldruck steuert das Motorsteuergerät mit einem pulsweitenmodulierten Signal das Regelventil für Kraftstoffdruck an. Es verändert den Durchflussquerschnitt zur Rücklaufleitung und regelt damit den Kraftstoffdruck.
Die Hochdruck-Einspritzventile spritzen den Kraftstoff in Abhängigkeit vom gewünschten Betriebszustand konzentriert (geschichtet) um den Bereich der Zündkerze oder gleichmäßig (homogen) verteilt im gesamten Brennraum ein.

2. Hochdruck-Einspritzventil

Schema

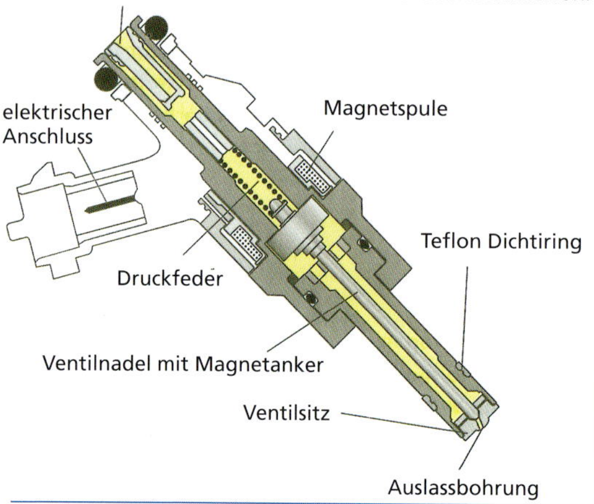

Ansteuerung

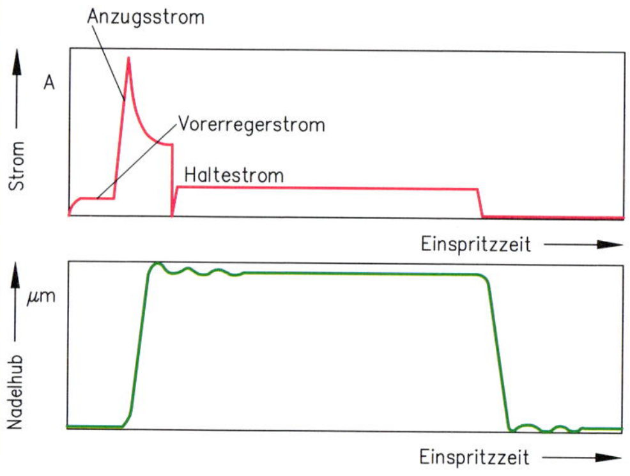

Das Motorsteuergerät steuert über eine Leistungsendstufe das Hochdruck-Einspritzventil an. Durch die Spule fließt ein Strom. Es entsteht ein Magnetfeld, das die Düsennadel gegen die Federkraft anhebt:

- Ein hoher Strom zu Beginn des Einspritzvorgangs öffnet das Einspritzventils schnell.
- Ein geringerer Ansteuerstrom hält den Ventilnadelhub konstant. Bei konstantem Ventilnadelhub gilt: Je größer die Einspritzdauer, desto größer die Einspritzmenge.

Beim Abschalten des Stromes drückt die Feder die Düsennadel auf den Ventilsitz und unterbricht den Kraftstofffluss.

15.1.3.4 Abgasmanagement

NO_x-Katalysator

- **Das Direkteinspritzsystem benötigt zusätzlich einen NO_x-Katalysator**

Ein Dreiwegekatalysator erfordert ein Gemisch mit stöchiometrischem Kraftstoff-Luft-Verhältnis. Er kann daher die bei Magerbetrieb enstehenden Stickstoffoxide nicht vollständig umwandeln. Die Stickstoffoxidemissionen werden in einem NO_x-Speicherkatalysator abgebaut.

Der NO_x-Speicherkatalysator ist ähnlich wie ein Dreiwegekatalysator aufgebaut:

- Beschichtungen mit Platin, Palladium und Rhodium,
- Speichermaterial wie z. B. Bariumoxid, das Stickstoffoxide speichert.

Bei Betrieb mit $\lambda = 1$ arbeitet der NO_x-Speicherkatalysator wie ein Dreiwegekatalysator. Bei Magerbetrieb mit Luftüberschuss werden die Stickstoffoxide im Speicherkatalysator gespeichert. Seine Betriebstemperatur liegt bei 300 bis 400 °C. Eine Lambda-Sonde mit integriertem NO_x-Sensor misst hinter dem NO_x-Speicherkatalysator die Stickstoffoxidkonzentration im Abgas.

Ist die Speicherkapazität des Katalysators erschöpft, müssen die eingelagerten Stickstoffoxide entfernt (ausgespeichert) und konvertiert werden.

Hierzu wird, vom Fahrer unbemerkt, auf fetten, also sauerstoffarmen Betrieb (fetter Homogenbetrieb $\lambda < 0{,}8$) umgeschaltet.

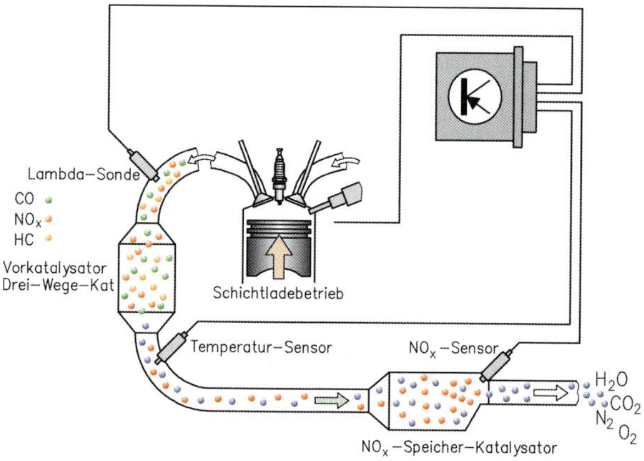

Die Stickstoffoxide werden bei kurzzeitigem Betrieb mit Kraftstoffüberschuss zu Stickstoff, Kohlenstoffdioxid und Wasser reduziert und verschwinden durch den Auspuff.

Das Ende der Ausspeicherphase erkennt die Lambda-Sonde hinter dem Katalysator, die die Sauerstoffkonzentration im Abgas misst. Durch den Spannungssprung von „mager" und „fett" wird dem Steuergerät mitgeteilt, wenn die Ausspeicherung beendet ist.

Voraussetzung für die einwandfreie Funktion des NO_x-Katalysators ist der Einsatz von schwefelarmen Kraftstoffsorten, da der im mageren Abgas enthaltene Schwefel mit dem Speichermaterial Bariumoxid reagiert.

15.1.3.5 Elektronische Steuerung und Regelung

- **Das Motormanagement arbeitet mit einem Betriebsartenkoordinator**

Die Rechenleistung ist stark angestiegen und erfordert eine neue Konzeption. Wie die ME-Motronic besitzt z. B. MED-Motronic ein drehmomentbasiertes Motormanagement.

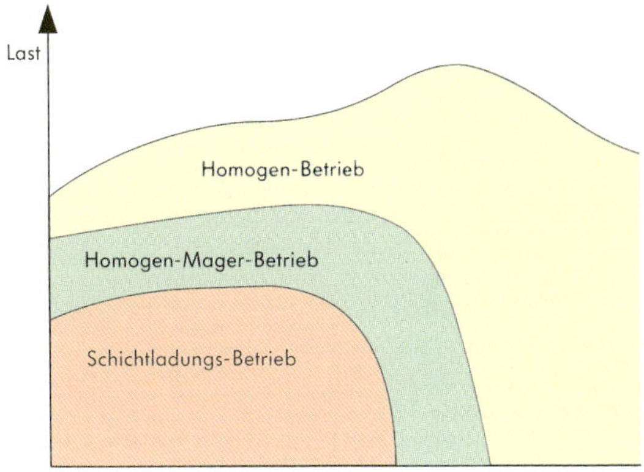

Der Betriebsartenkoordinator ermöglicht den Wechsel auf eine andere Betriebsart entsprechend den Anforderungen des Motors. Grundlage für die Wahl der Betriebsart ist ein Betriebsartenkennfeld (Betriebsart in Abhängigkeit von Drehzahl und Drehmoment).

Die Umschaltung der Betriebsart im Fahrbetrieb erfolgt ohne Drehmomentensprünge und wird vom Fahrer nicht bemerkt.

Schichtladungsbetrieb

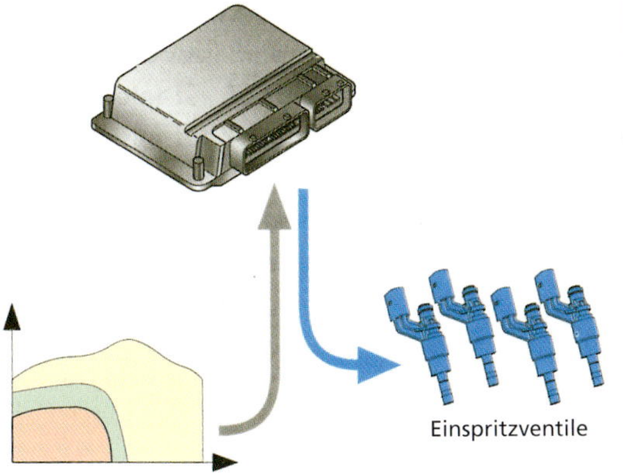

Das Soll-Drehmoment wird über die Einspritzmenge umgesetzt. Luftmasse (da Drosselklappe weit geöffnet) und Zündzeitpunkt (da später Einspritzzeitpunkt) spielen eine untergeordnete Rolle.

Homogen-Mager- und Homogenbetrieb

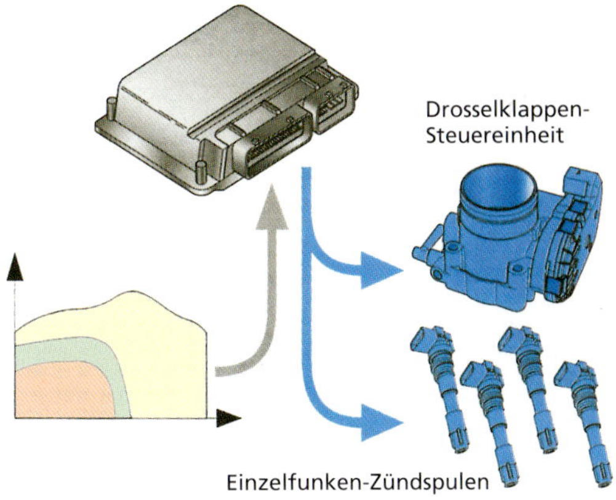

Die Drehmomentanforderungen werden kurzfristig über den Zündzeitpunkt und langfristig über die Luftmasse umgesetzt. Da bei beiden Betriebsarten das Kraftstoff-Luft-Gemisch ein $\lambda = 1{,}55$ bzw. $\lambda = 1$ hat, ist die Einspritzmenge durch die Luftmasse vorgegeben. Daher erfolgt mit ihr keine Regelung des Drehmomentes.

15.2 Dieselmotor-Management

15.2.1 Grundlagen Dieselmotor

15.2.1.1 Einspritzsysteme

1. Indirekte Einspritzung

Der Verbrennungsraum ist unterteilt in eine Brennkammer im ungekühlten Teil des Zylinders und eine Hauptkammer im Zylinder. Der Kraftstoff wird mit einer Zapfendüse in die Brennkammer eingespritzt.

Vorkammerverfahren

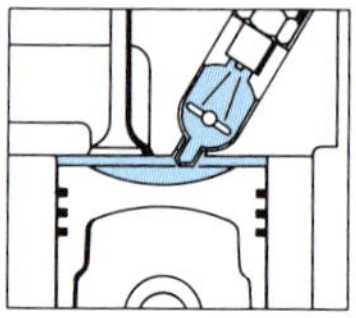

Die Vorkammer ist ein schlanker, länglicher Brennraum. Sie steht durch eine oder mehrere Bohrungen – Schlusskanäle – mit dem Hauptbrennraum in Verbindung. Der Kraftstoff wird am Ende des Verdichtungstaktes durch eine Zapfendrosseldüse in die Vorkammer eingespritzt. Der Einspritzdruck beträgt 120 ... 140 bar. Der in der Vorkammer vorhandene Sauerstoff reicht nur zu einer teilweisen Verbrennung aus. Der unverbrannte Teil des Kraftstoffs erhitzt sich und geht in gasförmigen Zustand über. Durch den Druckanstieg in der Vorkammer wird der gasförmige Kraftstoff durch die Schlusskanäle in den Hauptbrennraum geblasen. Die Restverbrennung findet im Hauptbrennraum statt.

Wirbelkammerverfahren

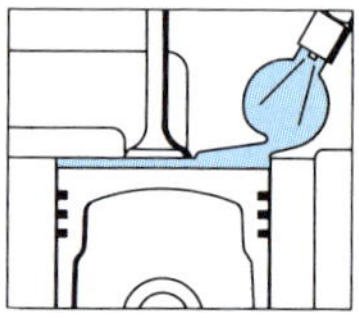

Die kugelförmige Wirbelkammer ist durch einen tangentialen Kanal mit dem Hauptbrennraum verbunden. Der Kanal hat einen relativ großen Querschnitt. Beim Verdichten strömt der größte Teil der Verbrennungsluft in die Wirbelkammer. Hier entsteht ein starker Luftwirbel. In den heißen Luftwirbel wird Kraftstoff durch eine Zapfendüse eingespritzt. Der Einspritzdruck beträgt 100 ... 125 bar. Der Kraftstoff vermischt sich innig mit der verwirbelten Luft. Die Verbrennung setzt in der Wirbelkammer ein und greift auf den Hauptverbrennungsraum über.

Vorteil beider Verfahren ist die gute Gemischbildung, hohe Drehzahlen und der weiche Motorlauf.
Durch die Direkteinspritzverfahren, die elektronische Dieselregelung und die Möglichkeit einer Voreinspritzung haben die Verfahren keinen Vorteil. Sie finden daher bei Fahrzeugneuentwicklungen keinen Einsatz.

2. Direkte Einspritzung

Der Verbrennungsraum ist nicht unterteilt und liegt zum Teil im Kolbenboden in einer Kolbenmulde oder -kammer. Der Kraftstoff wird durch eine Mehrlochdüse unter hohem Druck in den Verbrennungsraum eingespritzt.

Direkteinspritzung

Im Kolbenboden befindet sich eine kreisförmige, zylindrische Brennraummulde. Das Einspritzventil ist aus der Zylindermitte versetzt. Der Ansaugkanal liegt drallförmig um das Einlassventil.
Die angesaugte Luft wird durch den drallförmigen Einlasskanal beim Einströmen in eine Drehbewegung versetzt. Diese Wirbelbewegung wird beim Verdichten durch die Brennraummulde verstärkt, da ihr Durchmesser kleiner als der Zylinderdurchmesser ist. In die verwirbelte Luft wird Kraftstoff durch eine Lochdüse mit hohem Druck eingespritzt.

Vorteil: Gute Gemischbildung, hohe Drehzahlen und leiser Motorlauf.

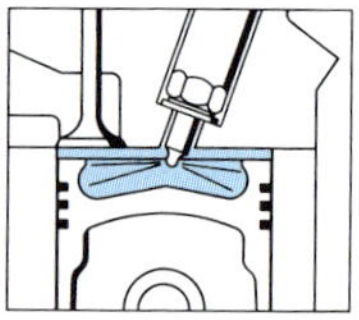

15.2.1.2 Gemischbildung

Dieselmotoren arbeiten mit schwerer siedendem Kraftstoff als Ottomotoren. Die Gemischbildung ist aufgrund der inneren Aufbereitung (Zeit zwischen Einspritz- und Verbrennungsbeginn) nicht so gleichmäßig.

Dieselmotoren arbeiten daher immer mit Luftüberschuss ($\lambda > 1$), um hohe Rußbildung, CO- und HC-Emissionen zu vermeiden. Die Gemischbildung wird durch die Faktoren Einspritzdruck, Spritzdauer, Strahlverteilung, Spritzbeginn, Verwirbelung der Luft, Luftmasse beeinflusst:

Dem Einspritzsystem kommt damit eine besondere Bedeutung für die Funktion des Motors zu.

15.2.1.3 Dieselkraftstoff

Dieselkraftstoffe müssen folgende Eigenschaften aufweisen:

- Zündwilligkeit
  Im Gegensatz zu Ottokraftstoffen müssen Dieselkraftstoffe besonders zündwillig sein.
  Ein Maß für die Zündwilligkeit ist die Cetan-Zahl CZ. Auch sie wird in einem Prüfmotor mit einem Vergleichskraftstoff aus sehr zündwilligem Cetan (CZ 0) und einem sehr zündträgen Kraftstoff (Methylnaphthalin) ermittelt. Die Cetan-Zahl liegt bei CZ 50 bis CZ 55.
- Kälteverhalten
  Bei niedrigen Temperaturen können durch Paraffinausscheidungen Leitungen und Filter der Einspritzanlage verstopfen und die Kraftstoffzufuhr unterbrechen. Für den Winterbetrieb werden dem Kraftstoff Fließverbesserer zugemischt.

15.2.1.4 Betriebsbedingungen

Das Einspritzsystem muss die Dosierung des Kraftstoffs und die gleichmäßige Verteilung im Brennraum bei allen Betriebszuständen übernehmen. Jeder Betriebspunkt benötigt daher

- die richtige Kraftstoffmenge
- zum richtigen Zeitpunkt,
- mit dem richtigen Druck,
- im richtigen Zeitablauf und
- an der richtigen Stelle des Verbrennungsraumes.

Bei der Kraftstoffdosierung werden zusätzliche Forderungen gestellt:

- Rauchgrenze
  Bei der inneren Gemischbildung kann es zu einer örtlichen Überfettung und bei Luftüberschuss zu einem Anstieg der Emission von Schwarzrauch kommen. Das an der gesetzlich festgelegten Rauchgrenze fahrbare Luft-Kraftstoff-Verhältnis liegt bei Motoren mit indirekter Einspritzung bei einem Luftüberschuss von 10 bis 25 %, mit direkter Einspritzung von 40 bis 50 %.
- Abgastemperaturgrenze
  Die Wärmebelastbarkeit der Funktionsteile des Dieselmotors bestimmen die Abgastemperatur des Dieselmotors.
- Verbrennungsdruckgrenze
  Durch die schlagartige, harte Verbrennung bei hoher Verdichtung entstehen beim Dieselmotor hohe Verbrennungsspitzendrücke, die vom Kurbeltrieb aufgenommen werden müssen. Die Abmessungen der Funktionsteile des Dieselmotors begrenzen die Verbrennungsdruckhöhe.

- Drehzahlgrenzen
  Die Leistung eines Dieselmotors bei konstanter Drehzahl hängt von der Einspritzmenge ab. Wird dem Dieselmotor Kraftstoff zugeführt, ohne dass ein entsprechendes Drehmoment abverlangt wird, steigt die Motordrehzahl an. Bei weiterer Kraftstoffzufuhr besteht die Gefahr, dass der Motor durchgeht und sich selbst zerstört. Daher ist eine Drehzahlbegrenzung bzw. Drehzahlregelung erforderlich.

15.2.2 Motormanagement eines Dieselmotors mit Common-Rail

15.2.2.1 Aufbau und Systemübersicht

Das Common-Rail-System ist modular aufgebaut und besteht aus
- der Vorförderpumpe,
- der Hochdruckpumpe,
- dem Hochdruckspeicher (Rail),
- den Injektoren,
- dem Motorsteuergerät mit den entsprechenden Sensoren.

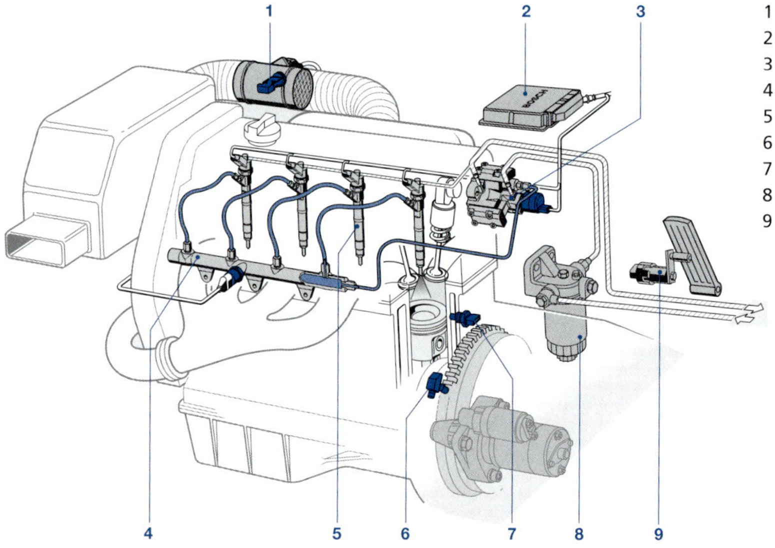

1 Luftmassenmesser
2 Steuergerät
3 Hochdruckpumpe
4 Hochdruckspeicher (Rail)
5 Injektoren
6 Kurbelwellen-Drehzahlsensor
7 Kühlmittel-Temperatursensor
8 Kraftstofffilter
9 Fahrpedalsensor

Das Common-Rail-System wird auch als Speichereinspritzsystem bezeichnet. Die Druckerzeugung und die Kraftstoffeinspritzung sind voneinander getrennt. D. h. das Common-Rail-System ist das einzige System, bei dem der Druck unabhängig von der Drehzahl gesteuert werden kann.

- Eine Hochdruckpumpe erzeugt einen kontinuierlichen Druck von 1 350 bar bei Nenndrehzahl.
- Der Druck wird im Hochdruckspeicher, auch Rail genannt, gespeichert und steht über Hochdruckleitungen den Injektoren zur Verfügung.
- Einspritzzeitpunkt und Einspritzmenge werden über Magnetventile an den Injektoren vom Motorsteuergerät gesteuert.

Das Motorsteuergerät erfasst über den Fahrpedalsensor den Fahrerwunsch, über weitere Sensoren das aktuelle Betriebsverhalten des Motors und des Fahrzeugs. Es verarbeitet die Informationen und erzeugt die entsprechenden Stellsignale, um einen verbrauchsgünstigen und ruhigen Lauf des Dieselmotors zu gewährleisten.

Systemübersicht

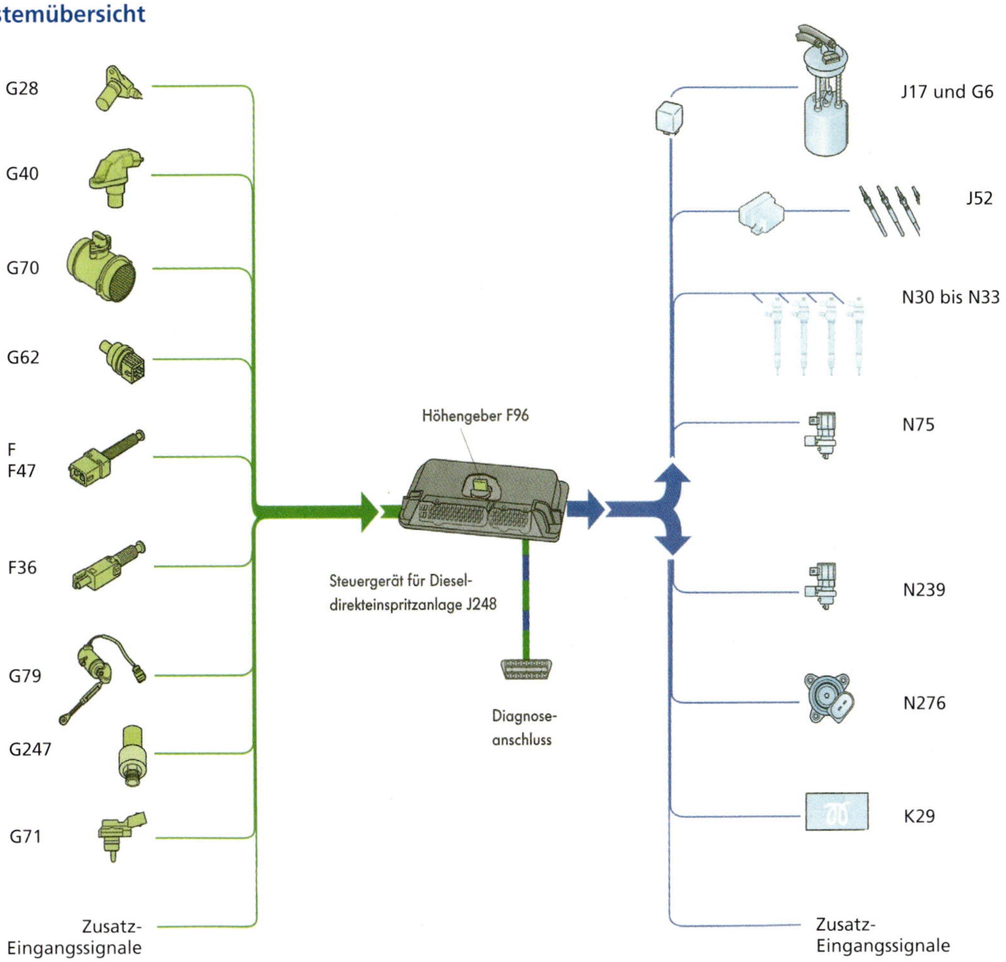

Sensoren

Geber für Motordrehzahl G28
Hallgeber G40
Luftmassenmesser G70
Geber für Kühlmitteltemperatur G62
Bremslichtschalter F mit Bremspedalschalter F47
Kupplungspedalschalter F36
Fahrpedal mit Geber für Gaspedalstellung
Gaspedalstellung G79 mit Leerlaufschalter F60
Geber für Kraftstoffdruck (Railsensor) G247
Geber für Saugrohrdruck G71 mit Geber für Saugrohrtemperatur G72

Zusatz-Eingangssignale:
Fahrgeschwindigkeitssignal
Geschwindigkeitsregelanlage
Klimakompressor-Bereitschaft
Arbeitsdrehzahlregelung

Aktoren

Kraftstoffpumpenrelais J17 und Kraftstoffpumpe G6
Relais für Glühkerzen J52 und Glühkerzen 1 bis 4 Q6
Magnetventil für Einspritzventil 1 bis 4
N30 bis N33
Magnetventil für Ladedruckbegrenzung N75
Umschaltventil für Saugrohrklappe N239
Regelventil für Kraftstoffdruck N276
Kontrolllampe für Vorglühzeit K29

Zusatz-Ausgangssignale:
Motordrehzahl
Klimakompressor

Technische Beschreibung

Motormanagement Common-Rail
Injektoren mit Minisacklochdüsen
Abgasturbolader mit verstellbaren Leitschaufeln

15.2.2.2 Luftmanagement

1. Systeme des Luftmanagements

Beim Dieselmotor ist neben der eingespritzten Kraftstoffmasse die angesaugte Luftmasse für das abgegebene Drehmoment und damit für die Leistung sowie für die Abgaszusammensetzung von Bedeutung. Die Darstellung zeigt die wesentlichen Systeme des Luftmanagements eines Dieselmotors.

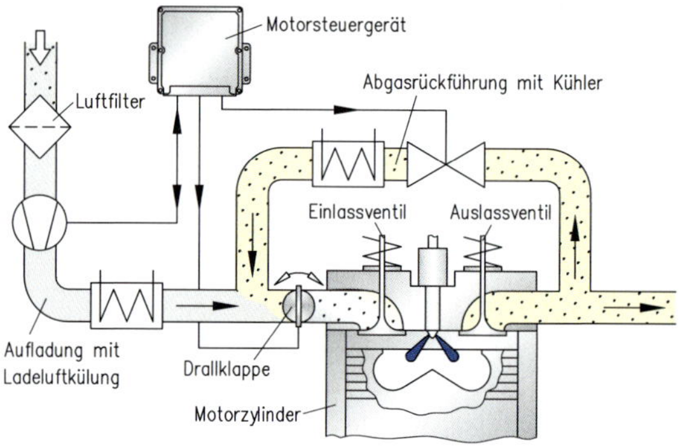

Ansaugmodul

Ansaugmodule bereiten die Verbrennungsluft vor. Die Verbrennungsluftvorbereitung besteht dabei in der Regel aus Filtern, Heizen, Abscheiden von Öl und anderen Partikeln aus dem Kurbelgehäuse sowie dem Beimischen von Abgasanteilen. Luftfilterelemente bestehen aus mehrlagigen Filterstoffen aus Cellulose, Meltblown (feinfaserige Stoffe) und Nanofasern aber auch aus synthetischen Vlieswerkstoffen. Neben der Luftaufbereitung übernehmen Luftfiltersysteme zusätzliche Aufgaben wie Strömungsführung, Design und Akustik.

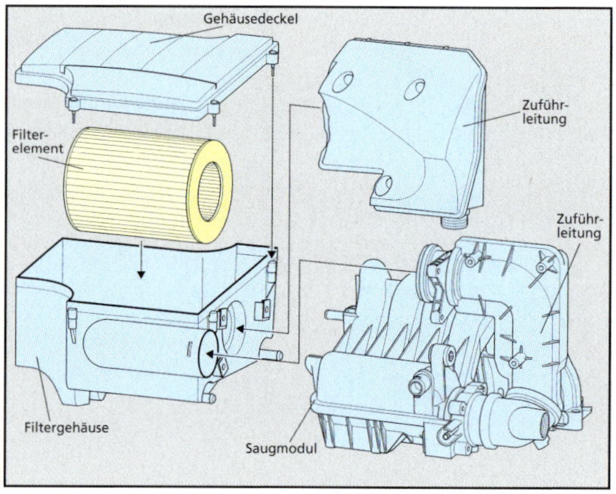

Eine bessere Vermischung von Kraftstoff und Luft erreicht man, wenn die Ansaugluft mit einer Spiralbewegung (Drall) in den Zylinder einströmt.

In Dieselmotoren wird heute die Vierventiltechnik eingesetzt: zwei Einlassventile und zwei Auslassventile.

Damit ist eine gute Füllung und über entsprechende Einlasskanäle eine gute Verwirbelung der Ansaugluft im Brennraum möglich. Für jeden Zylinder gibt es zwei getrennte Einlasskanäle:

- Drallkanal
  Er ist so geformt, dass die Ansaugluft in eine Drallbewegung versetzt und im Zylinder stark verwirbelt wird.
- Füllkanal bzw. Kanal mit Drallklappe
  Er ist so geformt, dass die Luft auf direktem Weg in den Zylinder gelangt. Der Füllungsgrad und die Motorleistung wird verbessert. Ist eine Drallklappe eingebaut, so wird sie bei niedrigen Drehzahlen geschlossen und bei hohen Drehzahlen geöffnet.

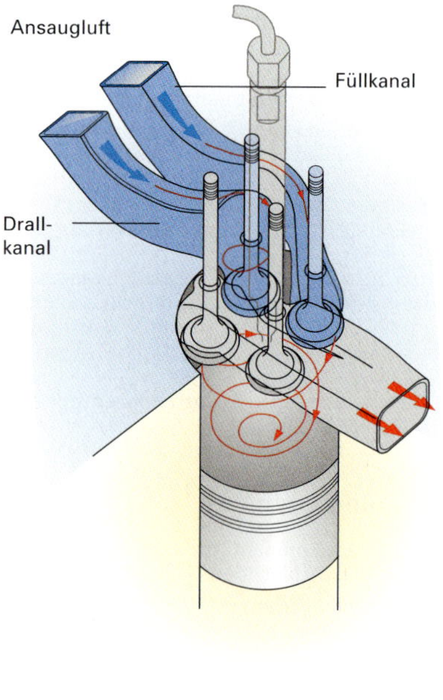

Die Auslasskanäle gehen in einen gemeinsamen Kanal, der als Hosenrohrkanal bezeichnet wird.

2. Abgasturboaufladung

Abgasturbolader

Das erreichbare Drehmoment ist proportional zur Frischgasfüllung. Daher kann das maximale Drehmoment gesteigert werden, indem die Luft vor Eintritt in den Zylinder verdichtet wird. Die Vorverdichtung der Frischluft wird mit einem Abgasturbolader erreicht.

System Abgasturbolader

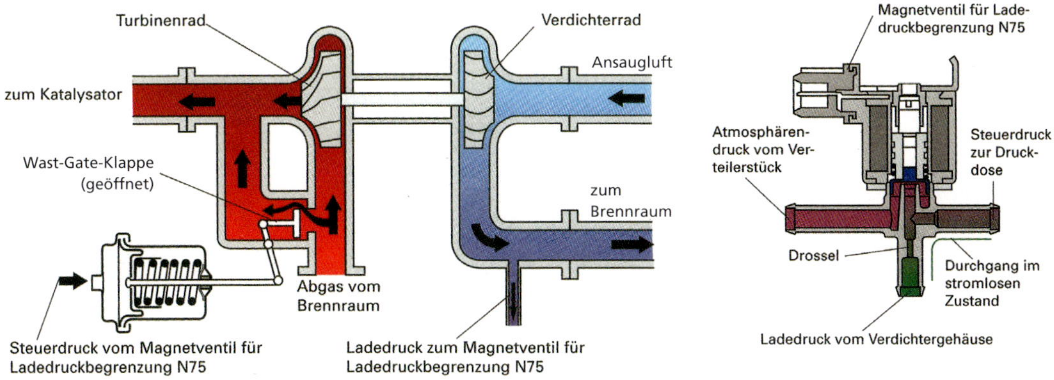

Abgasturbine und Verdichter sind auf einer gemeinsamen Welle angeordnet. Die Turbine nutzt die im Abgas enthaltene Energie zum Antrieb des Verdichters aus. Die Turbine hat etwa einen Raddurchmesser von 60 mm und läuft mit einer Drehzahl bis 100 000 1/min. Der Vorteil des Turboladers ist, dass von der Motorleistung kein Anteil für den Verdichterantrieb verloren geht.

Die Abgasturboaufladung findet heute insbesondere zur Steigerung des maximalen Drehmoments bei niedrigen und mittleren Drehzahlen Anwendung.

Ein ungeregelter Abgasturbolader hat zwei Problembereiche:

- Hohe Drehzahlen: Die Luft wird stärker verdichtet, als erforderlich. Der Motor wird überladen. Zu hohe Ladedrücke können zur Beschädigung des Motors führen.
- Niedrige Drehzahlen: Die Luft wird nicht genügend verdichtet und der Motor erreicht nicht die gewünschte Leistung (Turboloch).

Die Probleme werden durch ein Bypass-Ventil (Wast-Gate) gelöst.

Abgasturbolader mit Wast-Gate

Das Aufstauverhalten einer geregelten Abgasturbine wird so gewählt, dass bereits bei niedrigen Motordrehzahlen und kleinen Masseströmen der volle Ladedruck aufgebaut wird. Mit zunehmender Motordrehzahl muss dann ein zunehmender Teilmassestrom über das Bypass-Ventil (Wast-Gate) um die Turbine herumgeführt werden.

Die Betätigung der Wast-Gate-Klappe erfolgt über eine pneumatische Druckdose des Ladedruckregelventils. Das Wast-Gate wird im drucklosen Zustand von einer Feder in der Druckdose geschlossen. Der Steuerdruck wirkt in die Druckdose. Der Steuerdruck wird vom Magnetventil für Ladedruckbegrenzung verändert.
In stromlosem Zustand ist das Magnetventil geschlossen. Der Ladedruck wirkt direkt auf die Druckdose. Das Ladedruckregelventil (Wast-Gate) öffnet bereits bei geringem Ladedruck.
Bei Ansteuerung des Ventils durch das Motorsteuergerät öffnet das Magnetventil. Aus Ladedruck und Atmosphärendruck stellt sich ein bestimmter Steuerdruck ein, der in die Druckdose wirkt. Er wirkt gegen die Federkraft und öffnet das Wast-Gate. Ein Teil des Abgasmassestroms wird vom Wast-Gate an der Turbine vorbeigeleitet. Der Ladedruck sinkt.

Abgasturbolader mit verstellbaren Leitschaufeln

Abgasturbolader mit verstellbaren Leitschaufeln (VGT = Variable-Turbinen-Geometrie) sind bei Dieselmotoren Stand der Technik. Anstelle des Bypassventils arbeitet der VGT-Lader mit verstellbaren Leitschaufeln in der Abgasturbine, durch die der Abgasstrom auf das Turbinenrad beeinflusst wird. Die Verstellschaufeln werden mithilfe einer Unterdruckdose betätigt. Der VGT-Lader ermöglicht im Gegensatz zum Abgasturbolader mit Wastgate nicht nur im oberen Drehzahlbereich die notwendige Verdichtung, sondern über den gesamten Drehzahlbereich.

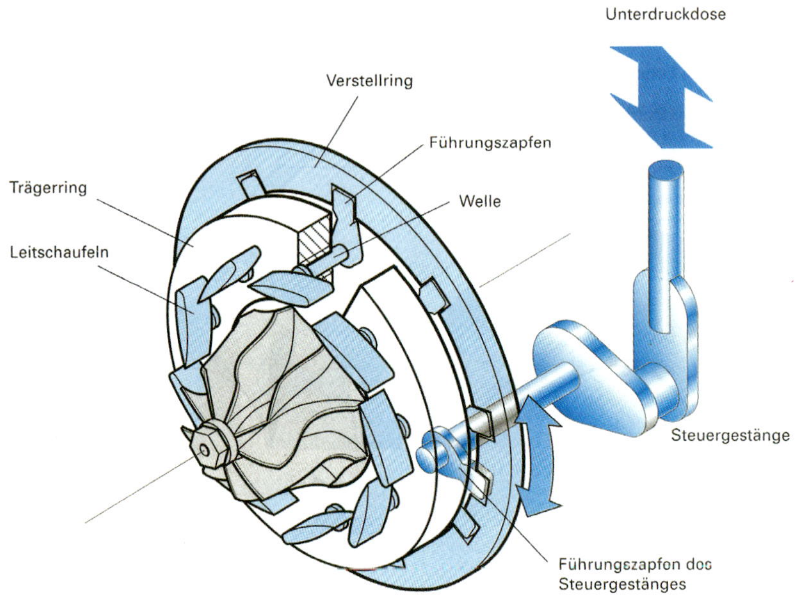

Flache Leitschaufelstellung

Bei flacher Leitschaufelstellung, d. h. engem Eintrittsquerschnitt wird durch die Verengung der Abgasstrom beschleunigt und die Turbinendrehzahl erhöht. Bei niedrigen Drehzahlen und bei Volllast wird damit ein schneller Druckaufbau erreicht.

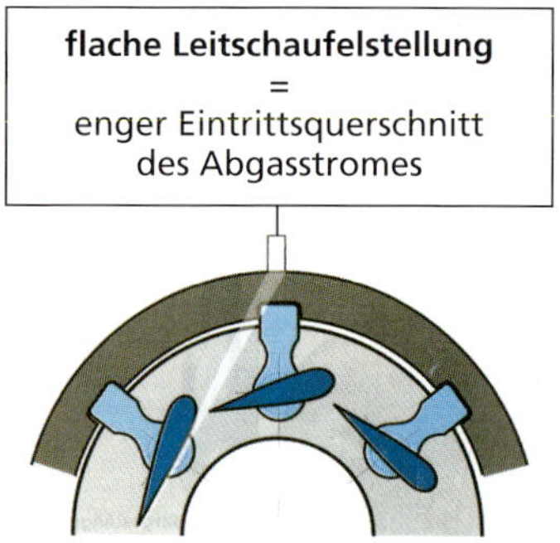

Steile Leitschaufelstellung

Mit zunehmendem Abgasstrom oder einem gewünschten niedrigeren Ladedruck werden die Leitschaufeln steiler gestellt, d. h. der Eintrittsquerschnitt für den Abgasstrom wird größer. Ladedruck und Leistung der Turbine bleiben nahezu konstant.

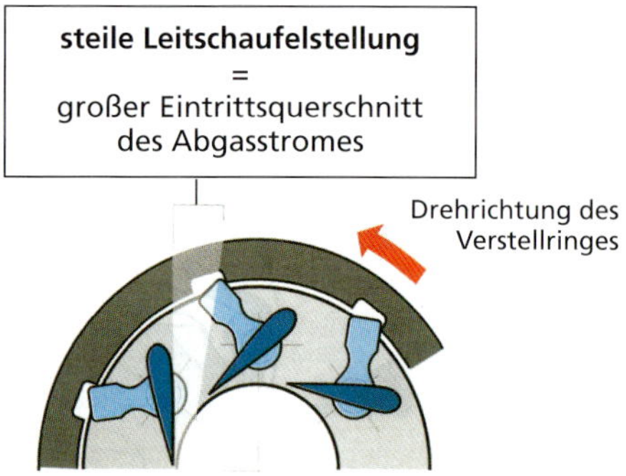

Die Verstellung der Leitschaufeln erfolgt über ein Magnet-Ventil und eine Unterdruckdose. Das Motorsteuergerät steuert das Magnetventil für Ladedruckbegrenzung an. Das Magnetventil gibt den Weg frei für Unterdruck oder Atmosphärendruck zur Unterdruckdose. Bei angesteuertem Magnetventil wirkt der maximale Unterdruck. Die Unterdruckdose stellt die Leitschaufeln flach. Bei stromlosem Magnetventil wirkt der Atmosphärendruck in die Unterdruckdose, die Leitschaufeln werden steil gestellt.

Um Zwischenstufen zu erreichen, wird das Magnetventil so angesteuert, dass sich ein Unterdruckniveau zwischen Atmosphärendruck und maximal möglichem Unterdruck einstellt.

Das Motorsteuergerät passt so in einem ständigen Regelprozess die Stellung der Leitschaufeln auf den gewünschten Ladedruck ein.

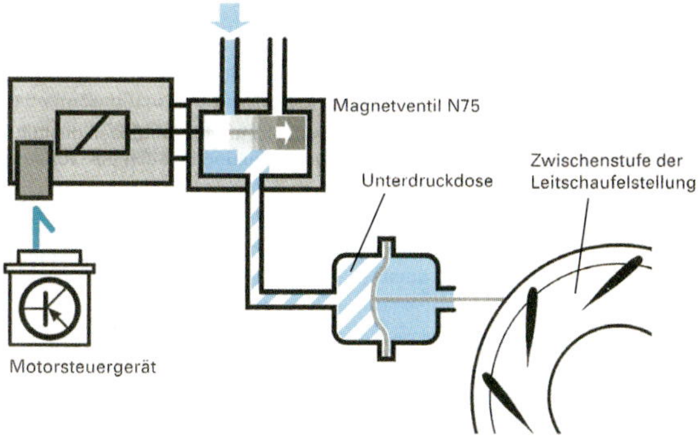

Systemübersicht

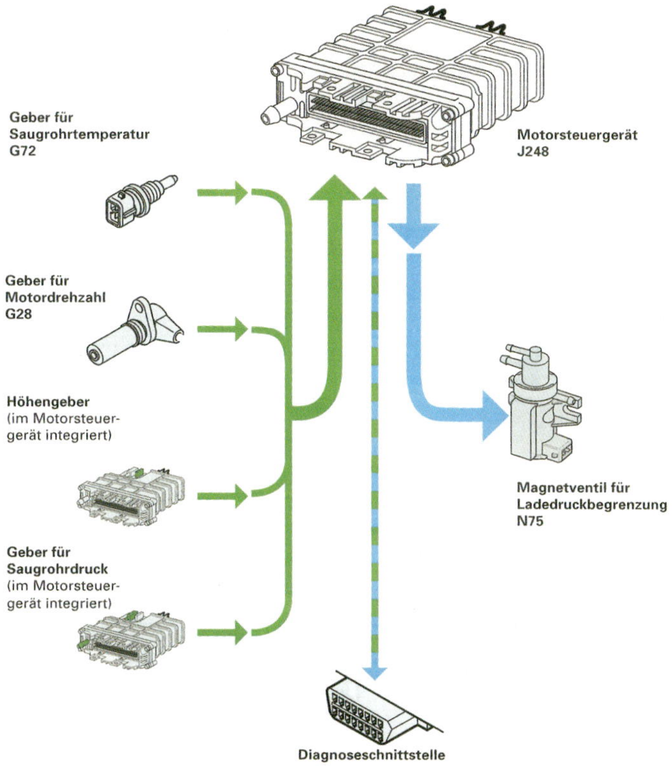

15.2.2.3 Einspritzmanagement

1. Kraftstoffversorgung

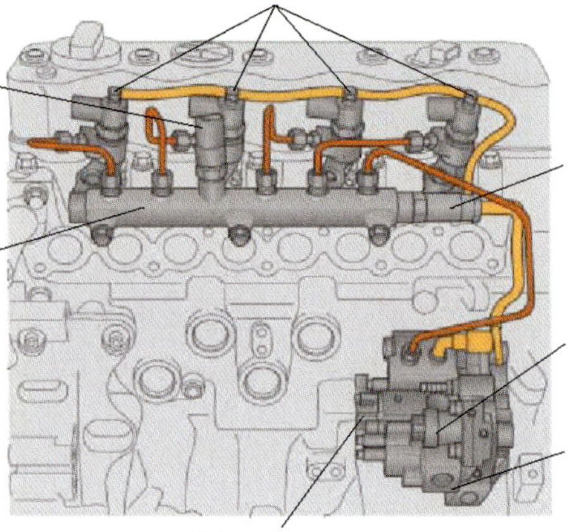

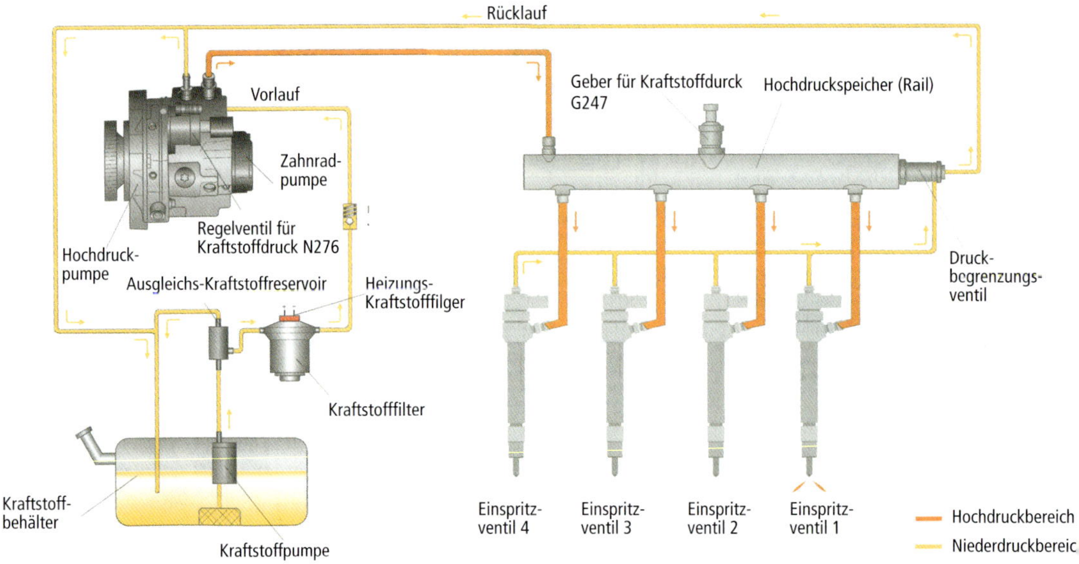

Niederdruckbereich

- Der Niederdruckbereich stellt Kraftstoff für den Hochdruckteil zur Verfügung.
  Eine Kraftstoffpumpe im Kraftstoffbehälter fördert den Kraftstoff über ein Ausgleichs-Kraftstoff-reservoir, einen Kraftstofffilter über die in der Hochdruckpumpe integrierten Zahnradpumpe zur Hochdruckpumpe. Das Ausgleichs-Kraftstoffreservoir sorgt dafür, dass der Kraftstoffdruck vor der Zahnradpumpe in jedem Betriebszustand nahezu gleich bleibt, Druckschwankungen ausgeglichen werden und überschüssiger Kraftstoff dem Kraftstoffrücklauf zugeführt wird. Die Zahnradpumpe erhöht den von der Kraftstoffpumpe bereitgestellten Kraftstoffdruck.

Hochdruckbereich

- Im Hochdruckbereich findet die Hochdruckerzeugung und die Kraftstoffzumessung statt.
  Die Hochdruckpumpe wird vom Motor über Zahnriemen mit einer maximalen Drehzahl von 3 000 1/min angetrieben. Drei im 120°-Winkel angeordnete Pumpenkolben erzeugen einen Druck von maximal 1450 bar. Die Höhe des Kraftstoffdruckes wird durch das Regelventil für Kraftstoffdruck eingestellt. Der Kraftstoff gelangt in den Hochdruckspeicher (Rail) und über die Hochdruckleitungen zu den Einspritzventilen.

2. Funktionseinheiten des Nieder- und Hochdruckbereichs

Kraftstoffpumpe

Die im Kraftstoffbehälter integrierte Pumpe saugt über einen Filter Kraftstoff aus dem Vorratsbehälter an. Im Pumpendeckel wird der Kraftstoff aufgeteilt. Ein Teil wird zur Zahnradpumpe gefördert, ein Teil fließt zur Saugstrahlpumpe. Aufgabe der Saugstrahlpumpe ist es, Kraftstoff aus dem Kraftstoffbehälter in den Vorratsbehälter zu fördern.

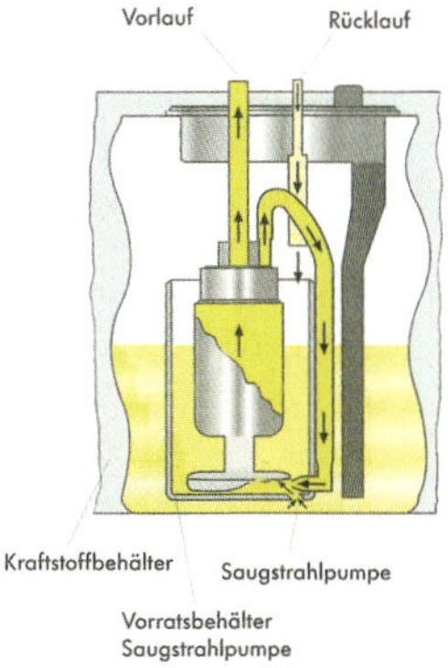

Kraftstofffilter

Der Kraftstofffilter besitzt eine elektrische Heizung, die den Kraftstoff in der Vorlauf-Heizung erwärmt. Hierdurch wird bei niedrigen Außentemperaturen die Paraffinausscheidung vermieden.

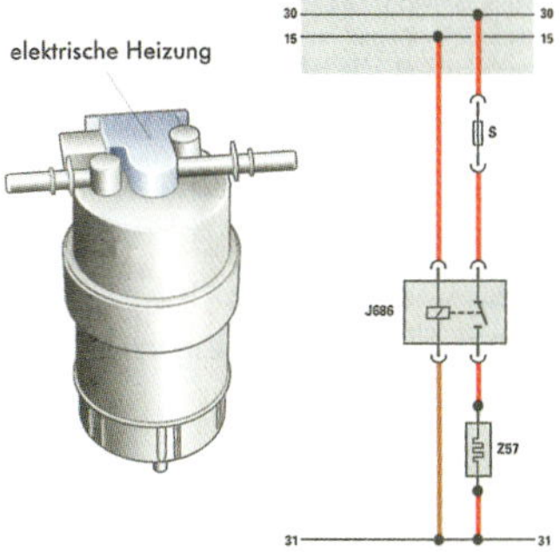

Hochdruckpumpe

Die Hochdruckpumpe besitzt drei in einem Winkel von 120° angeordnete Pumpenkolben, die von einer Antriebswelle mit Exzenternocken auf und ab bewegt werden. Der Kraftstoff fließt bei abwärtsgehenden Kolben über ein Einlassventil in den Verdichtungsraum. Bei aufwärtsgehenden Kolben wird das Einlassventil durch den ansteigenden Druck geschlossen. Sobald der Kraftstoffdruck im Verdichtungsraum den Druck im Hochdruckbereich übersteigt, öffnet das Auslassventil und der Kraftstoff gelangt über eine Hochdruckleitung in den Hochdruckspeicher, das sogenannte Rail.

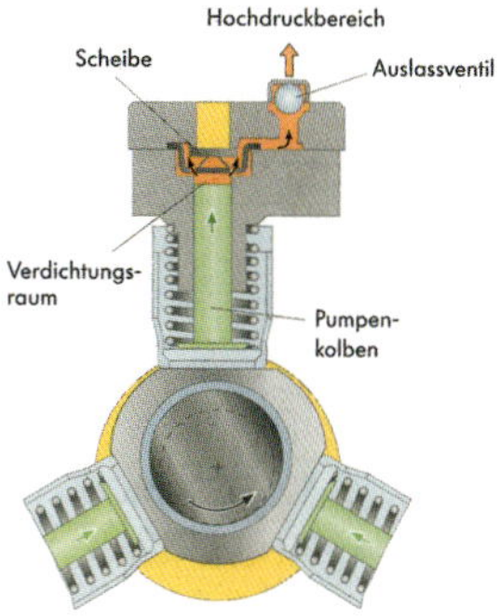

Regelventil für Kraftstoffdruck

Das Regelventil für Kraftstoffdruck hat die Aufgabe, die Höhe des Kraftstoffdruckes im Hochdruckbereich zu regulieren.

Geringer Kraftstoffdruck

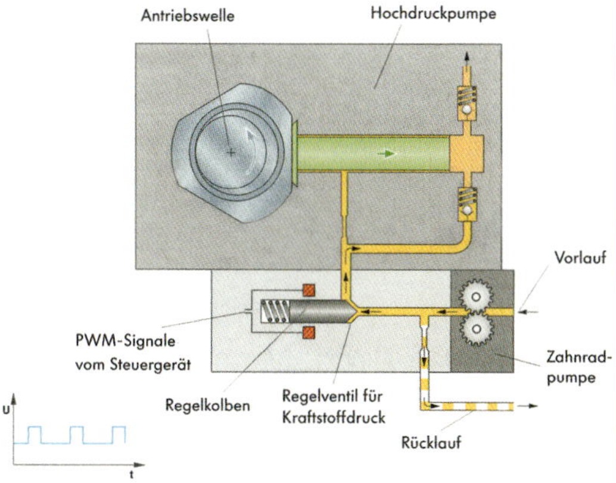

Bei einem Signal mit kurzer Pulsweite verringert der Regelkolben den Kraftstoffzulauf zur Hochdruckpumpe. Durch die kleine Kraftstoffmenge wird ein geringerer Kraftstoffdruck erzeugt.

Hoher Kraftstoffdruck

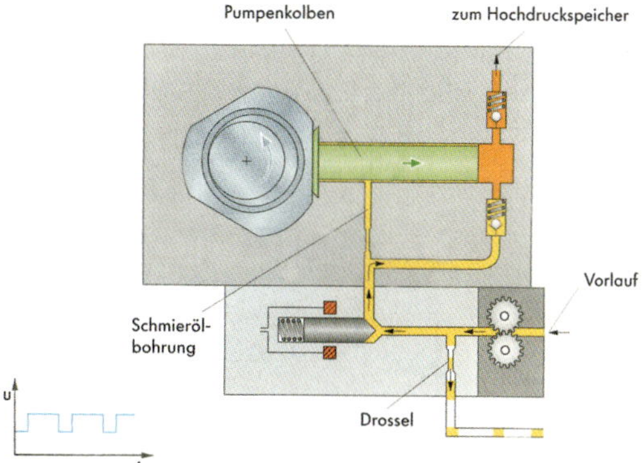

Bei einem Signal mit großer Pulsweite gibt der Regelkolben einen großen Querschnitt frei. Damit gelangt eine große Kraftstoffmenge in die Hochdruckpumpe, wodurch ein hoher Kraftstoffdruck erzeugt wird.

Hochdruckspeicher

Der Hochdruckspeicher, auch Rail genannt, ist ein Rohr von 280 bis 600 mm Länge, das über Hochdruckleitungen mit den Injektoren verbunden ist. Der Hochdruckspeicher speichert den Kraftstoff bei hohem Druck und hält aufgrund seines Speichervolumens bei Kraftstoffentnahme für Einspritzungen den Druck nahezu konstant. Weiterhin werden durch das Speichervolumen Druckschwingungen gedämpft, die durch die Pumpenförderung und Einspritzung entstehen. Am Hochdruckspeicher befinden sich die Anschlussleitungen zu den Injektoren, der Geber für Kraftstoffdruck, der sogenannte Raildrucksensor und ein Druckbegrenzungsventil.

Der Raildrucksensor misst den aktuellen Druck im Hochdruckraum und liefert ein Spannungssignal an das Steuergerät. Das Druckbegrenzungsventil öffnet bei Überschreiten des maximalen Systemdruckes von 1 450 bar, sodass der Kraftstoff über die Sammelleitung zum Kraftstoffbehälter zurückfließen kann.

Injektor

Der vom Rail kommende Kraftstoff liegt am Hochdruckanschluss ständig an. Von hier gelangt der Kraftstoff über den Zulaufkanal zum Kammervolumenraum und über die Zulaufdrossel in den Ventilsteuerraum.

Der Ventilsteuerraum ist über die Abflussdrossel (Kugelventil) mit dem Kraftstoffrücklauf verbunden. Die Ablaufdrossel wird bei angesteuertem Magnetventil geöffnet, bei stromlosem Magnetventil durch die Magnetventilfeder geschlossen.

Prinzipdarstellung

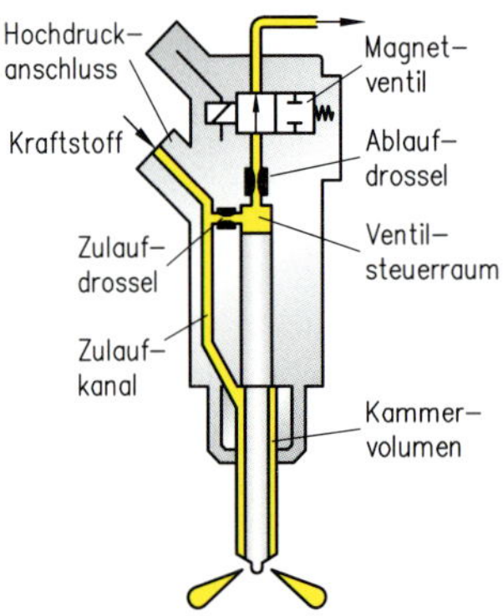

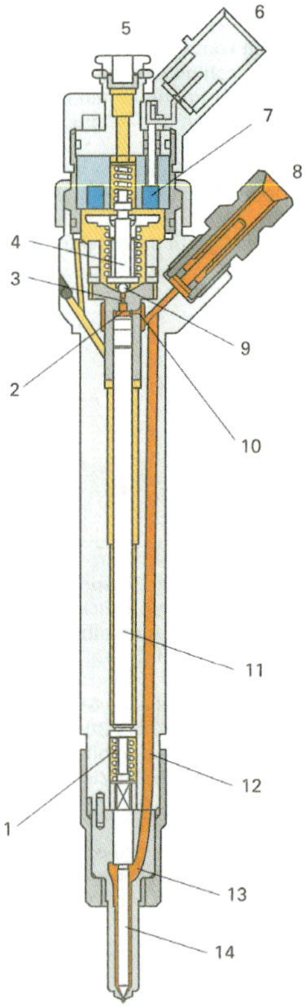

1 Düsenfeder
2 Ventilsteuerraum
3 Ablaufdrossel
4 Magnetventilanker
5 Kraftstoffrücklauf – zum Tank
6 elektrischer Anschluss Magnetventil
7 Magnetventil
8 Kraftstoffzulauf – Hochdruck vom Rail
9 Ventilkugel
10 Zulaufdrossel
11 Ventilsteuerkolben
12 Zulaufkanal zur Düse
13 Kammervolumen
14 Düsennadel

Hochdruck

Rücklaufdruck

3. Vor- und Haupteinspritzung

Wesentlich für den Verbrennungsablauf eines Dieselmotors ist ein geringer Zündverzug. Wird während dieser Zeit eine große Kraftstoffmenge eingespritzt, führt dies zu einem schlagartigen Druckanstieg mit lauten Verbrennungsgeräuschen, ansteigenden Schadstoffemissionen und hohem Kraftstoffverbrauch. Um dies zu vermeiden, spritzt man den Kraftstoff mit unterschiedlichem Druck ein.

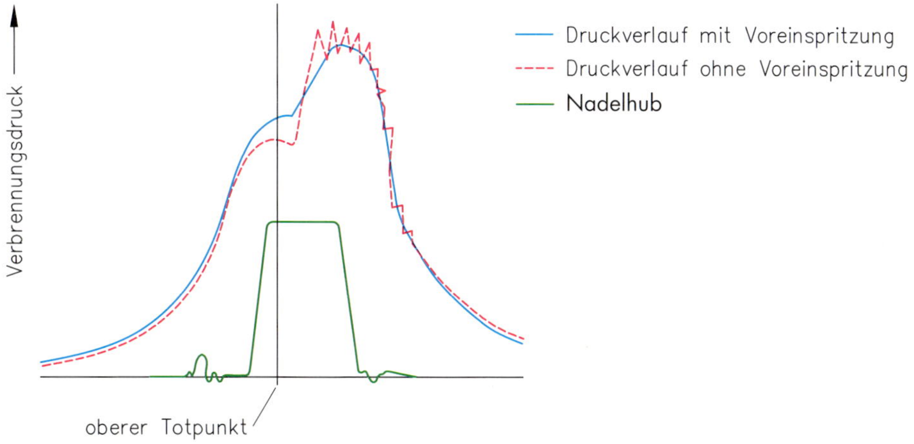

Voreinspritzung

Vor Beginn der Haupteinspritzung wird eine kleine Kraftstoffmenge mit geringem Druck eingespritzt. Durch die Verbrennung der kleinen Kraftstoffmenge steigen Druck und Temperatur im Brennraum an und bereiten damit die Einspritzung und schnelle Zündung der Haupteinspritzmenge vor. Der Zündverzug wird verringert. Zwischen Vor- und Haupteinspritzung ist eine kurze Pause, die bewirkt, dass die Drücke im Brennraum nicht schlagartig sondern flach ansteigen.

Haupteinspritzung

Die Haupteinspritzung muss für eine gute Gemischbildung sorgen, damit der Kraftstoff möglichst vollständig verbrennt. Eine vollständige Verbrennung führt zu geringen Schadstoffemissionen und einer guten Leistungsausbeute. Dies wird durch den hohen Druck erreicht. Der Kraftstoff wird sehr fein zerstäubt, sodass er sich gut mit der Luft vermischt.
Zum Ende der Einspritzung muss der Einspritzdruck schnell abfallen und die Einspritznadel schließen, damit kein Kraftstoff bei geringem Druck und geringer Zerstäubung in den Brennraum gelangt. Er würde nur noch unvollständig verbrennen und zu höheren Schadstoffemissionen führen.

Um kleine Kraftstoffmengen einzuspritzen, wird das Magnetventil nur kurz bestromt, d.h. getaktet. Die Düsennadel wird nicht vollständig geöffnet, die Voreinspritzung erfolgt.

Bei einer längeren Bestromung des Magnetventils heben sich der Ventilsteuerkolben und die Düsennadel bis zum Anschlag des Steuerkolbens. Durch die vollgeöffnete Düse wird Haupteinspritzmenge eingespritzt.

Mit der Voreinspritzung werden eine Verringerung des Verbrennungsgeräusches, der Abgasemissionen und des Verbrauches erreicht. Durch die Vorverbrennung besteht im Brennraum ein bestimmter Druck und eine bestimmte Temperatur.

Nach der Voreinspritzung wird die Haupteinspritzmenge eingespritzt. Hierdurch werden
- der Zündverzug für die Haupteinspritzung verkürzt,
- die Verbrennungsgeräusche reduziert.
- eine optimale Verbrennung des Kraftstoff-Luft-Gemischs eingeleitet.

Der Druckverlauf mit Voreinspritzung ist flacher.

15.2.2.4 Startmanagement

1. Vorglühanlage mit Glühzeitsteuergerät

Für die Glühfunktionen erhält das Steuergerät für Glühzeitautomatik die Informationen vom Motorsteuergerät: Glühzeitpunkt, Glühdauer, Ansteuerfrequenz und das Tastverhältnis. Das Glühzeitsteuergerät schaltet die Glühkerzen mit einem PWM-Signal, es schaltet bei Überspannung- und Übertemperatur ab und überwacht die einzelnen Glühkerzen. Es ermöglicht eine extrem schnelle Aufheizzeit (innerhalb von 2 Sekunden auf 1 000 °C an der Glühkerze), kann die Temperatur für Vor- und Nachglühen steuern und ist Eigendiagnose- und EOBD-fähig.
Der Startvorgang erfolgt in zwei Stufen:

- Vorglühen
  Mit Einschaltung der Zündung werden bei einer Temperatur von 20 °C die Glühkerzen über das Steuergerät für Glühzeitautomatik vom Motor-Steuergerät eingeschaltet:
  1. Phase: 2 Sekunden auf ca. 1 000 °C mit einer Spannung von 11 Volt.
  2. Phase: Spannung für den jeweiligen Betriebszustand z.B. 4 bis 6 Volt.
- Nachglühen
  Nach jedem Motorstart wird maximal 3 Minuten nachgeglüht. Die Ansteuerung wird last- und drehzahl abhängig vom Steuergerät für Glühzeitautomatik korrigiert. Ab einer Kühlmitteltemperatur von 35 °C wird nicht mehr nachgeglüht.

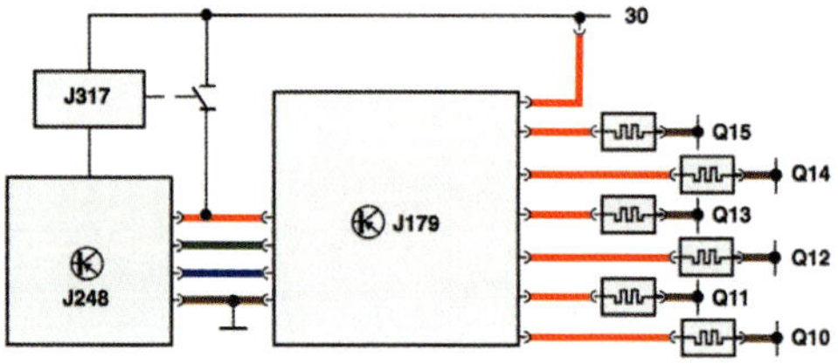

J179	Steuergerät für Glühzeitautomatik		Versorgungsspannung
J248	Steuergerät für Dieseldirekteinspritzanlage		Masse
J317	Relais für Spannungsversorgung der Kl. 30		Steuersignal vom J248
Q10–Q15	Glühkerzen		Diagnosesignal zum J248

2. Glühstiftkerzen

Selbstregelnde Glühstiftkerze

Sie besteht aus dem Kerzengehäuse, in dessen Inneren sich eine Glühwendel in einer Magnesiumpulververpackung befindet. Die Glühwendel besteht aus zwei hintereinandergeschalteten Widerständen:

- Heizwendel
  Sie ist in der Glührohrspitze untergebracht und besteht aus einem von der Temperatur nahezu unabhängigen Widerstand .
- Regelwendel
  Der Widerstand der Regelwendel (PTC) erhöht sich mit der Temperatur. Die Temperatur steigt daher nach Einschalten des Stromes schnell an. Es steigt damit aber auch der Widerstand der Regelwendel, wodurch die Stromstärke begrenzt wird. Ein Überhitzen der Glühkerze wird damit vermieden.

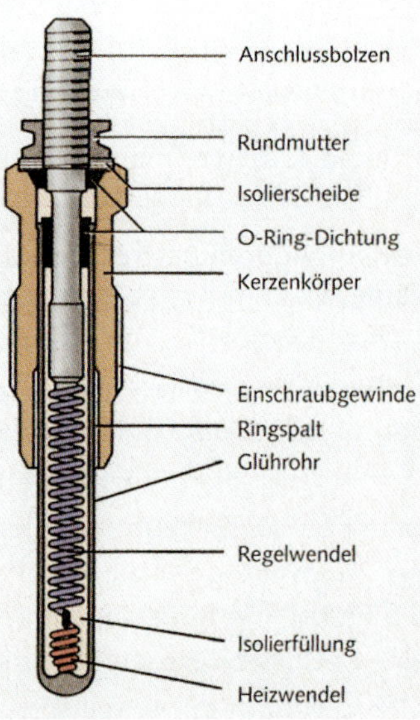

Elektronisch geregelte Glühstiftkerze

Die Glühstiftkerze besitzt einen Heizstab mit Heiz- und Regelwendel. Gegenüber der herkömmlichen selbstregelnden Glühstiftkerze ist die Wendelkombination aus Regel- und Heizwendel um ein Drittel gekürzt. Dadurch wird die Vorglühzeit auf zwei Sekunden verkürzt. Die Glühstiftkerzen werden vom Steuergerät für Glühzeitautomatik pulsweiten moduliert innerhalb von 2 Sekunden auf 1 000 °C gebracht.

Keramik-Glühstiftkerze

Die keramische Glühstiftkerze besitzt einen Heizstab, der aus einer isolierenden Schutzkeramik und einer inneren leitenden Heizkeramik besteht, die die Funktion der Regel- und Heizwendel einer Metall-Glühstiftkerze ersetzt. Die Nennspannung der Keramik-Glühstiftkerze ist 7 Volt.

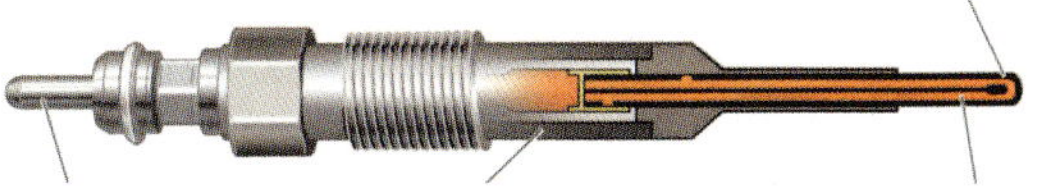

15.2.2.5 Abgasmanagement für Dieselmotoren

1. Schadstoffe

Zu den Schadstoffen im Abgas der Dieselmotoren gehören

- Kohlenstoffdioxid
- Kohlenwasserstoffe
- Stickstoffoxide
- Kohlenstoffmonoxide
- Rußpartikel

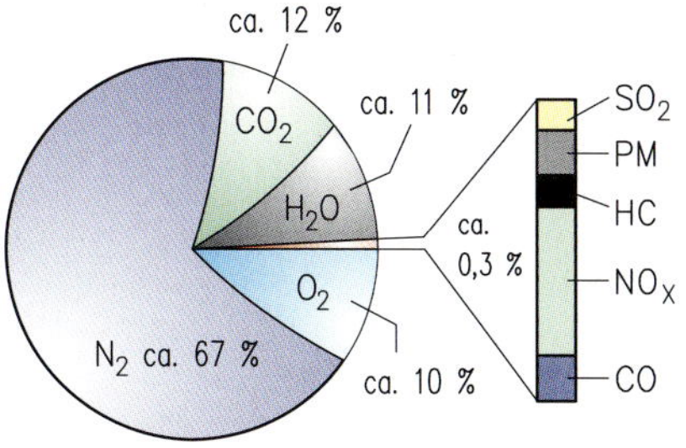

Seit 1993 hat die EU die Grenzwerte in den Abgasnormen verschärft. Seit 2005 ist die EU 4 in Kraft. Durch die EU 5 (Rußpartikel 5 mg Partikel/km ab 2010) sollen die Abgaslimits noch einmal heruntergesetzt werden. Um die Grenzwerte einzuhalten, hat die Automobilindustrie folgende Maßnahmen durchgeführt:

- Innenmotorische Maßnahmen
  Gestaltung der Einlass- und Auslasskanäle für optimale Strömungsverhältnisse, günstige Brennraumgestaltung, hohe Einspritzdrücke, Abgasrückführung
- Außenmotorische Maßnahmen
  Partikelfilter und Oxidationsfilter

Abgasgrenzwerte für Diesel-Pkw in g/km

	CO	HC + NO_x	Partikel
EU 3 seit 2000	0,64	0,56	0,005
EU 4 seit 2005	0,5	0,30	0,025
EU 5 ab 2010	0,5	0,23	0,005

2. Abgasnachbehandlung mit Oxidations- und Partikelfilter

Oxidationskatalysator

Die Verbrennung beim Dieselmotor erfordert Luftüberschuss. Die Abgase enthalten daher einen hohen Sauerstoffanteil, der den Einsatz eines 3-Wege-Katalysators wie beim Ottomotor verhindert. Der Katalysator im Dieselmotor kann die Schadstoffe im Abgas nur durch Oxidation umwandeln.

Der Oxidationskatalysator besteht aus einem wabenförmigen Keramikträger, der mit Platin beschichtet ist. Der Katalysator wandelt die Schadstoffkomponenten

- Kohlenstoffmonoxid CO zu Kohlenstoffdioxid CO_2 um,
- Kohlenwasserstoff HC zu Wasser H_2O + CO_2 um.

Kohlenwasserstoffe lagern sich am Rußpartikel ab. Die Reduzierung von HC verringert damit auch indirekt die Partikelemission.

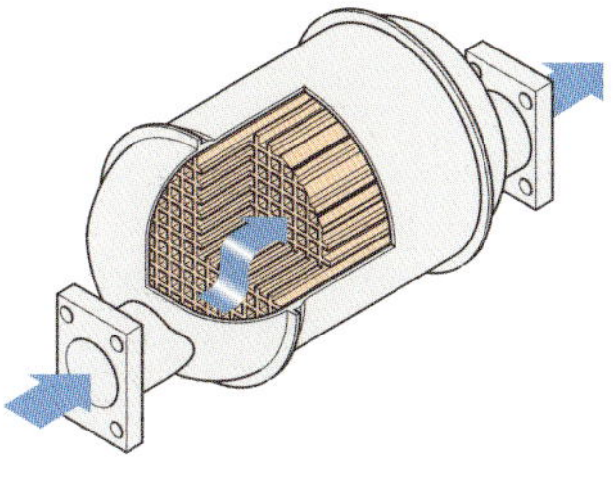

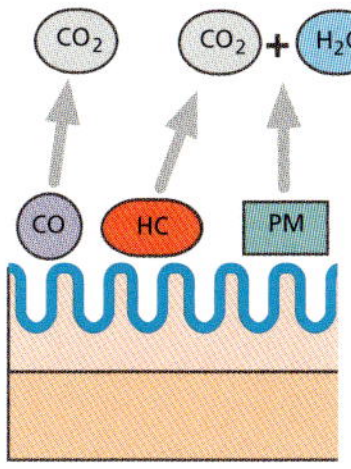

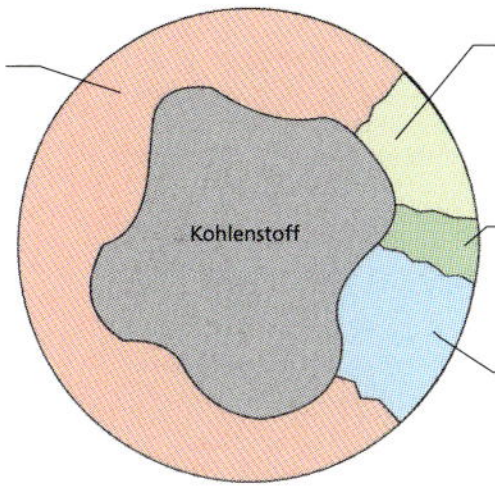

Partikelfilter

Der Partikelfilter besteht aus Siliziumkarbid und besitzt poröse Waben, die wechselseitig mit Keramikpfropfen verschlossen sind. Die Abgase strömen in einen offenen, aber am anderen Ende verschlossenen Eingangskanal und von dort durch die poröse Keramikwand in den nach der entgegengesetzten Seite offenen Ausgangskanal. Die Rußpartikel werden beim Durchgang durch die Keramikwand ausgeschieden, während die gasförmigen Abgasbestandteile die porösen Wände des Keramikfilters passieren. Der Keramikfilter hält über 90 % der Rußbestandteile fest. Damit der Partikelfilter nicht verstopft, muss er durch Verbrennung des Rußes regeneriert werden.

Aus Signalen des Temperatur- und des Drucksensors, dem Signal des Luftmassenmesser errechnet das Motorsteuergerät den Beladungszustand des Partikelfilters und leitet den Regenerationsvorgang ein.

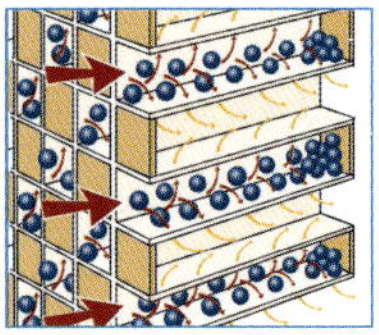

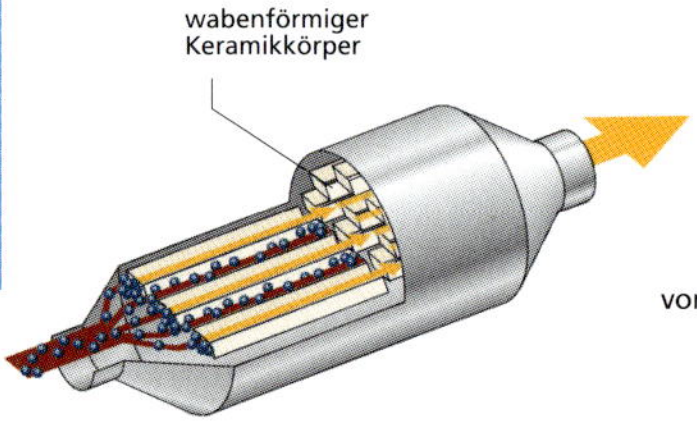

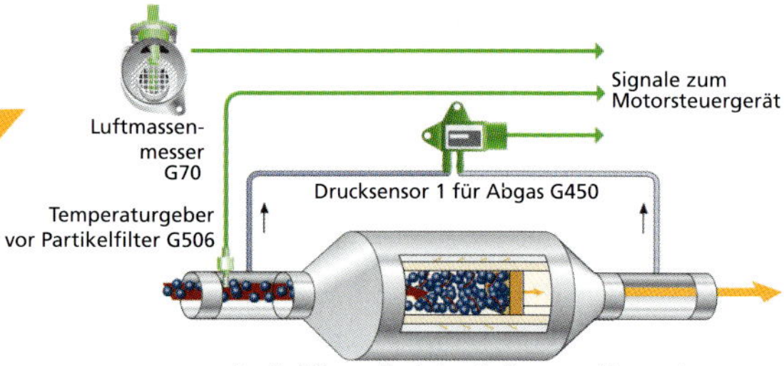

Partikelfilter voll = hoher Strömungswiderstand

3. Regeneration des Partikelfilters

Während der Regeneration werden die im Filter zurückgehaltenen Rußpartikel bei einer Temperatur von 500 °C verbrannt. Die Zündtemperatur von Ruß liegt bei 600 °C bis 650 °C. Diese Abgastemperatur kann beim Dieselmotor nur bei Volllast erreicht werden. Um eine Regeneration des Dieselpartikelfilters unter allen Betriebsbedingungen zu gewährleisten, kann die erforderliche Zündtemperatur zur Verbrennung der Partikel bei motorfernem Einsatz des Partikelfilters nur mit der Zugabe eines Additivs oder durch motornahen Einbau des Partikelfilters erreicht werden.

System mit Additiv

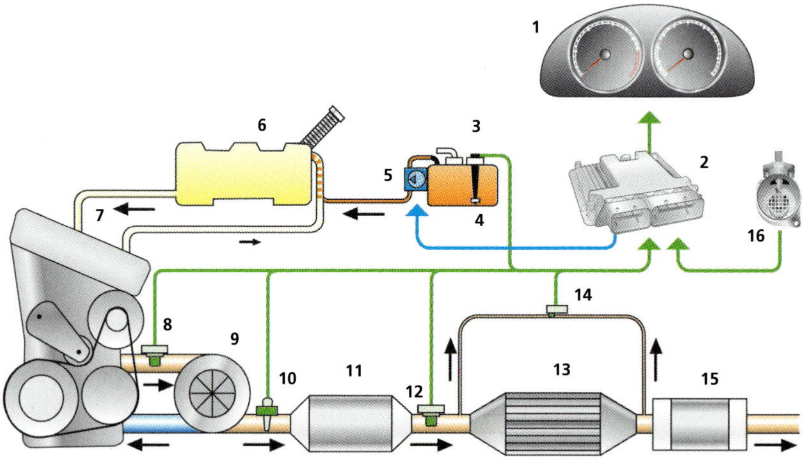

1 Steuergerät mit Schalttafeleinsatz J285
2 Motorsteuergerät
3 Additivtank
4 Geber für leeres Kraftstoffadditiv G504
5 Pumpe für Additiv-Partikelfilter V135
6 Kraftstofftank
7 Dieselmotor
8 Temperaturgeber vor Turbolader G507
9 Turbolader
10 Lambdasonde G39
11 Oxidationskatalysator
12 Temperaturgeber vor Partikelfilter G506
13 Partikelfilter
14 Drucksensor 1 für Abgas G450
15 Schalldämpfer
16 Luftmassenmesser

Das System eignet sich für Fahrzeuge mit motorfernem Einsatz, wo aufgrund der langen Wege des Abgases die erforderliche Zündtemperatur zur Verbrennung der Partikel nur durch Zugabe eines Additives erreicht werden kann. Nach jedem Tankvorgang wird die Pumpe für Additiv vom Motorsteuergerät getaktet angesteuert, um das Additiv in der richtigen Menge zu dosieren. Durch das Additiv wird die Zündtemperatur des Rußes auf ca. 500 °C gesenkt. Das Additiv befindet sich in einem Behälter und reicht für eine Fahrstrecke von ca. 100 000 km. Stellt das Motorsteuergerät einen hohen Beladungszustand des Partikelfilters fest, leitet es den Regenerationsvorgang ein:

- Die Abgasrückführung wird abgeschaltet, um die Verbrennungstemperatur zu erhöhen.
- Nach einer mengenreduzierten Haupteinspritzung wird eine Nacheinspritzung eingeleitet, um die Abgastemperatur zu erhöhen.
- Die Ansaugluftzufuhr wird durch die elektrische Drosselklappe geregelt.
- Der Ladedruck wird angepasst, damit sich das Drehmoment für den Fahrer nicht spürbar verändert.

Bei der Regeneration entsteht durch Öldruckstände und das eisenhaltige Additiv Asche, die nicht verbrannt werden kann und die Funktion des Filters beeinträchtigt. Der Partikelfilter muss daher nach ca. 120 000 km ausgetauscht werden.

Systeme ohne Additiv

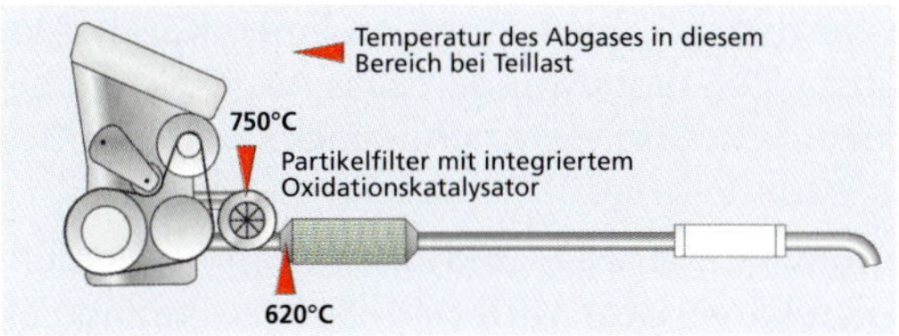

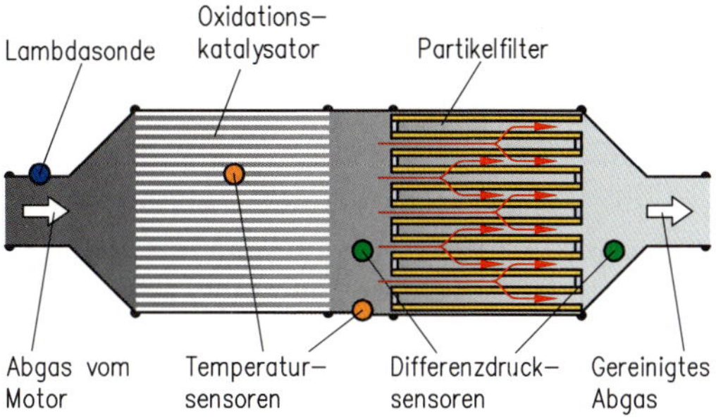

Dieses System eignet sich für Partikelfilter mit motornahem Einsatz. Durch die kurze Wegstrecke ist die Temperatur des Abgases zur Verbrennung ausreichend hoch. Die Regeneration wird auch durch das Motorsteuergerät eingeleitet, wenn es einen hohen Beladungsgrad des Partikelfilters feststellt. Sie erfolgt einmal durch Anpassung der Kraftstoffeinspritzung, Ansaugluftdrosselung, Abgasrückführung und Ladedruckregelung oder durch gezielte Mehrfacheinspritzungen, um die Abgastemperatur auf die erforderliche Zündtemperatur von 600 bis 650 °C anzuheben.

4. Abgasnachbehandlung durch Oxidationskatalysator, Speicherkatalysator und Partikelfilter

Das Abgassystem besteht aus einem Dieselpartikel-Speicherkatalysator (DPNR) und einem nachgeschalteten Oxidationskatalysator. Das Keramikfilterelement besitzt wechselweise angeordnete Ein- und Ausgangskanäle mit porösen Wänden und ist mit einer Edelmetallkombination mit hohem Platinanteil beschichtet. Hinzu kommt das NO_x-Speichermedium in Form von Bariumoxid (BaO). Im Auslasskanal ist zusätzlich ein Einspritzventil angeordnet.

Die Speicherung von NO_2 erfolgt im Magerbetrieb bei Sauerstoffüberschuss. Die Stickstoffoxide NO_x im Abgas werden oxidiert und im Speichermedium als Bariumnitrat zwischengespeichert. Dabei bildet sich aktiver Sauerstoff, der einen Teil der Partikel verbrennt. Die nicht verbrannten Partikel sammeln sich im Filter, bis über Sensoren „Filter voll" an das Motorsteuergerät gemeldet wird und die Regeneration eingeleitet wird. Die Regeneration erfolgt über Gemischanreicherung. Durch Nacheinspritzung und Kraftstoffeinspritzung in den Abgaskanal wird die Abgastemperatur auf ca. 600 °C im Partikelfilter erhöht. Überschüssiges C und HC reagieren mit dem Katalysator. NO_2 wird aus dem Speichermedium herausgelöst und zu Stickstoff N_2 reduziert. Durch den hierbei entstehenden aktiven Sauerstoff werden die restlichen Partikel verbrannt.

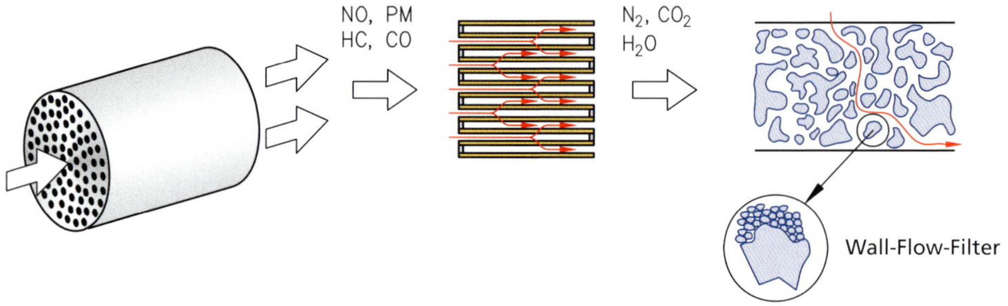

5. Abgasreinigung mittels SCR bei Nkw

Beim SCR-Verfahren (Selective Cataytic Reduction) werden NO_x Emissionen an einen Katalysator mithilfe eines Reduktionsmittels in unschädliche Substanzen umgewandelt. Das Abgassystem besteht aus einem Voroxidations-, einem Hydrolyse-, dem SCR-Katalysator und einem weiteren Oxidationskatalysator. Der Abgasreinigungsprozess läuft wie folgt ab:

Im Voroxidationskatalysator werden zunächst NO teilweise zu NO_2 und unverbrannte Kohlenwasserstoffe zu CO_2 und Wasser oxidiert. Im Hydrolysekatalysator wird Harnstoff zu Ammoniak und CO_2 umgewandelt.

SCR-Katalysator und Ammoniak verwandeln die Stickoxide zu unschädlichem Stickstoff und Wasser.

Im Oxidationskatalysator wird das überschüssige Ammoniak zu Stickstoff und Wasser oxidiert.
Mit dem SCR-Katalysatorsystem werden Stickstoffoxid-Emissionen bis 85 %, Partikel um bis 40 % reduziert.

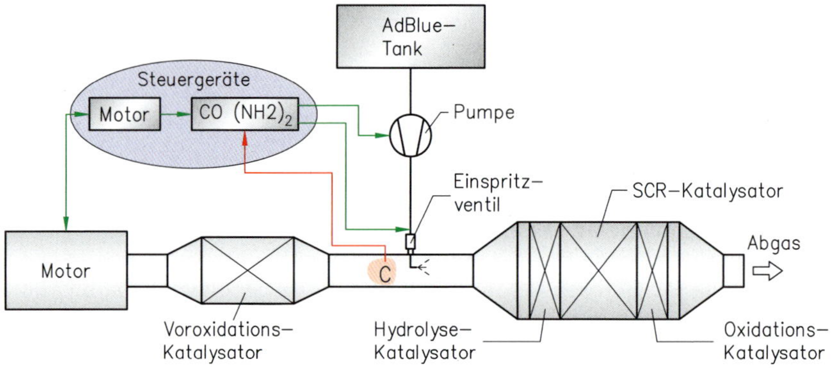

15.2.2.6 Elektronische Steuerung und Regelung

1. Betriebsdatenerfassung

Sensoren erfassen die Betriebsbedingungen des Motors und die Sollwerte, z.B. des Fahrpedalstellers, und wandeln die physikalischen Größen in elektrische Signale um. Das Steuergerät wertet die Daten der Sensoren und der Sollwertgeber aus, Mikroprozessoren berechnen aus den Eingangsdaten und den gespeicherten Kennfeldern die Einspritzzeiten und die Einspritzdauer. Über Endstufen werden die Stellglieder mit elektrischen Ausgangssignalen angesteuert. Die Stellglieder setzen die elektrischen Ausgangssignale in mechanische Größen um. Das Bussystem CAN erlaubt den Datenaustausch mit anderen Systemen des Fahrzeugs, wie z. B. Antriebsschlupfregelung, Anti-Blockiersystem, elektronische Getriebesteuerung, Klimaanlage usw., und ermöglicht die Fahrzeugdiagnose.

Die Sensoren werden sowohl bei der Radialkolben-Verteilereinspritzpumpe (VP), als auch bei dem Common-Rail-System (CR) und dem Pumpen-Düsen-System (UI) eingesetzt.

Sensoren	Messgröße	Signalverwendung	Signalausfall
Temperatursensor (VP, CR, UI)	Wasser-, Öl-, Kraftstoff-, Saugrohrtemperatur	Die Kühlmitteltemperatur wird als Korrekturgröße für die Einspritzmenge verwendet. Die Öltemperatur dient dazu, die Einspritzmenge bei zu heißem Motor zu reduzieren. Die Lufttemperatur dient als Korrekturwert für die Berechnung des Ladedrucks. Die Kraftstofftemperatur beeinflusst die Dichte des Kraftstoffs und muss bei der Berechnung der Einspritzmenge und dem Förderbeginn berücksichtigt werden. Die Saugrohrtemperatur dient als Korrekturwert zur Berechnung des Ladedrucks.	Kühlmitteltemperatur: Ersatzwerte im Steuergerät Öltemperatur: Ersatzwert im Steuergerät, Kraftstofftemperatur: Ersatzwert aus dem Signal des Kühlmitteltemperatursensors. Saugrohrtemperatur: Ersatzwert im Steuergerät.
Geber für Saugrohrdruck (VP, CR, UI)	Ladedruck	Der Saugrohrdruck dient der Überprüfung des Ladedrucks bei aufgeladenen Motoren. Bei Abweichungen vom Sollwert des Ladedruck-Kennfeldes wird über das Magnetventil nachgeregelt.	Ladedruckbegrenzung bleibt erhalten. Motor hat weniger Leistung.
Drehzahlsensor (VP, CR, UI)	Motordrehzahl, Kolbenstellung	Er erfasst die Motordrehzahl und die genaue Stellung der Kurbelwelle. Mit diesen Daten wird die Einspritzmenge und der Einspritzzeitpunkt berechnet.	Der Motor wird abgestellt. Radialkolbenverteilereinspritzpumpe: Das Drehzahlsignal des Drehwinkelsensors wird benutzt.
Hall-Phasengeber (CR, UI)	Zylindererkennung	Er signalisiert dem Steuergerät die Position des ersten Zylinders in der Verdichtungsphase bzw. beim Motorstart, welcher Zylinder sich im Verdichtungstakt befindet, um das Einspritzventil anzusteuern.	Das Steuergerät benutzt das Signal des Motordrehzahlgebers.
Fahrpedalgeber (VP, CR, UI) mit Leerlaufschalter, Kick-Down-Schalter	Pedalstellung	Durch das Signal erkennt das Steuergerät die Stellung des Gaspedals. Der Kick-Down-Schalter signalisiert den Beschleunigungswunsch des Fahrers.	Ohne Signal erkennt das Steuergerät die Gaspedalstellung nicht. Der Motor läuft mit erhöhter Drehzahl, damit der Fahrer die Werkstatt erreichen kann.

Fortsetzung

Sensoren	Messgröße	Signalverwendung	Signalausfall
Heißfilm-Luftmassenmesser (VP, CR, UI)	Luftmasse	Die gemessenen Werte werden vom Steuergerät zur Berechnung der Kraftstoffmenge und der Abgasrückführungsmenge verwendet.	Das Motorsteuergerät nimmt einen festgelegten Wert der Luftmasse an.
Kupplungspedal-Schalter (VP, CR)	Ein- oder ausgekuppelt	Durch das Signal erkennt das Steuergerät, ob ein- oder ausgekuppelt ist. Bei betätigter Kupplung wird die Einspritzmenge kurzzeitig reduziert. Damit wird Motorruckeln beim Schaltvorgang vermieden.	Es können Lastschläge beim Schaltvorgang auftreten.
Bremslichtschalter, Bremspedal-schalter	Bremse betätigt	Durch die Signale erkennt das Steuergerät, ob die Bremse betätigt ist. Beide Signale werden vom Steuergerät zur gegenseitigen Kontrolle benutzt. Bei defektem Pedalwertgeber wird der Motor bei betätigter Bremse aus Sicherheitsgründen abgeregelt.	Kraftstoffmenge wird begrenzt und der Motor hat weniger Leistung.

Zusätzlich arbeitet im Common-Rail-System der Geber für Kraftstoffdruck, Raildrucksensor genannt.

Raildrucksensor

Prinzipbild

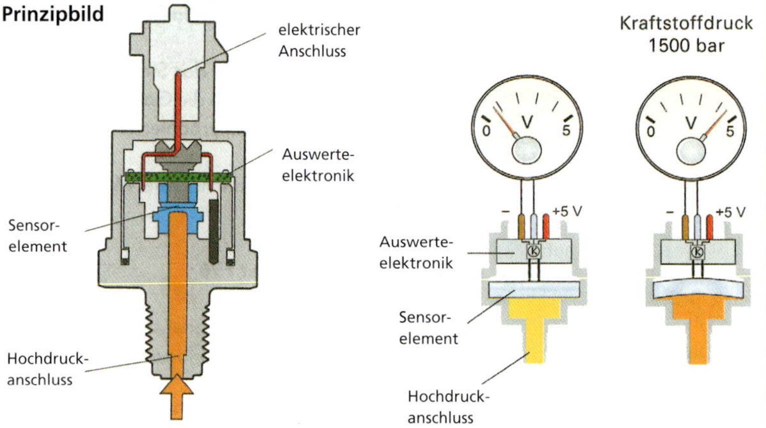

Schaltbild

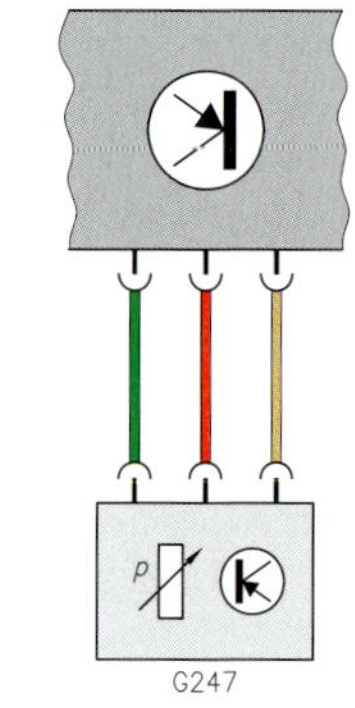

G247 Geber für Kraftstoffdruck

Der Kraftstoffdruck wirkt durch eine Bohrung auf eine Metallmembran mit einem Sensorelement. Das Sensorelement besteht aus einer auf der Membran aufgebrachten Schicht. Durch den sich aufbauenden Druck verändert sich die Form des Sensorelements und damit auch der Widerstand. Eine Auswerteelektronik erfasst die Widerstandsänderung und übermittelt ein Spannungssignal an das Motorsteuergerät. Das Signal dient dem Steuergerät als Einflussgröße zur Regelung des Kraftstoffdruckes im Hochdruckkreis.

Ausfall des Raildrucksensors

Der Raildrucksensor ist mit seiner Messgenauigkeit das wichtigste Bauteil im System. Die genaue Messung des Druckes ist für das Funktionieren des Systems von großer Bedeutung. Bei Ausfall wird das Druckregelventil für Kraftstoffdruck über fest vorgegebene Werte angesteuert und somit eine Notlaufsituation realisiert.

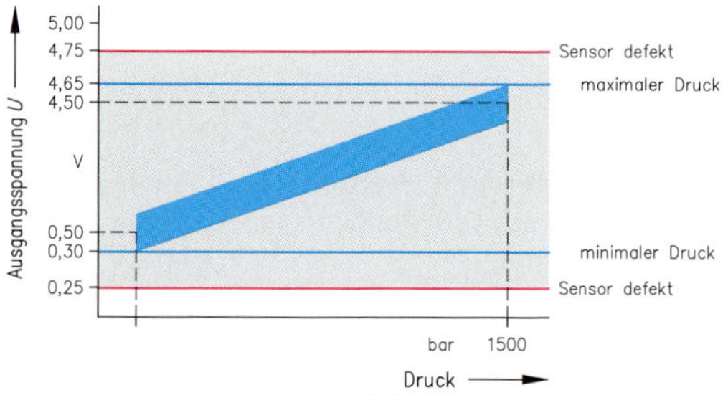

2. Betriebsdatenverarbeitung

Im Motorsteuergerät EDC (Electronic Diesel Control) sind alle Funktionen des Luft-, Einspritz- und Abgasmanagement realisiert. Die unterschiedlichen Funktionen der EDC zeigt die Darstellung.

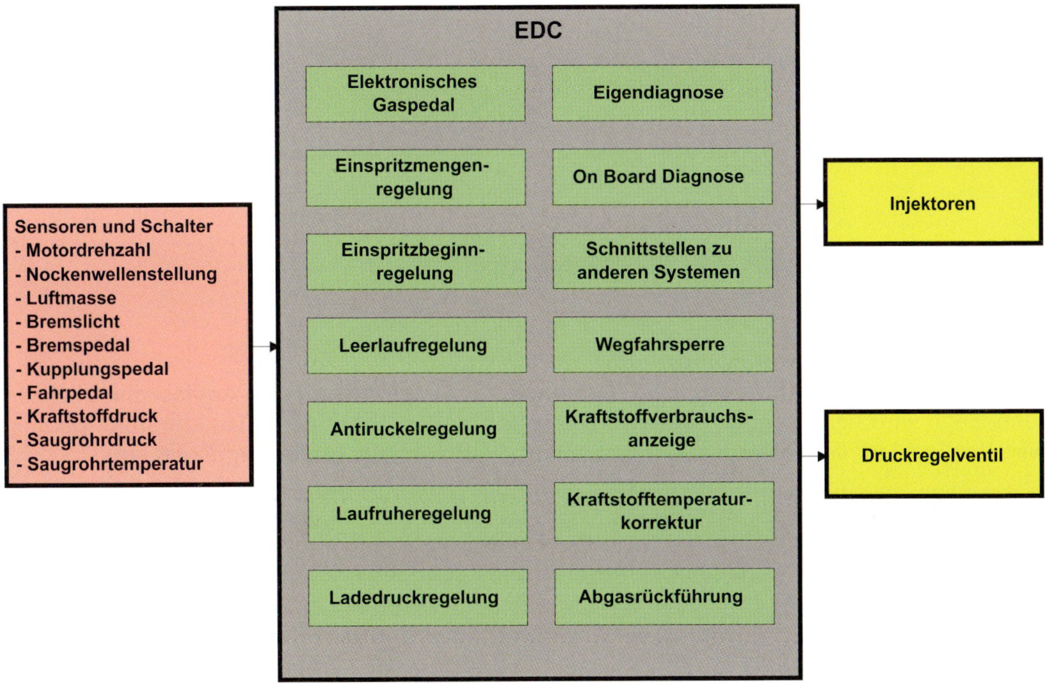

Das Fahrzeug ist erst dann zu starten und die EDC führt die erforderlichen Funktionen aus, wenn das Steuergerät der Wegfahrsperre eine Freigabe an die EDC gibt.

Mit dem Gaspedal bestimmt der Fahrer die Leistungs- und Drehmomentanforderungen. Sie werden über Kennfelder in einen Sollwert für die Einspritzmenge festgelegt. Dieser wird der verfügbaren Luftmasse, der Drehzahl, der Motor- und Kraftstofftemperatur angepasst. Der richtige Einspritzzeitpunkt wird ebenfalls über Kennfelder ermittelt. Der Regelkreis berücksichtigt dabei die Motordrehzahl, die Einspritzmenge, die Motortemperatur und den tatsächlichen Einspritzbeginn an der Düse. Ein Leerlaufregler steuert die Einspritzmenge so, dass die gemessene Istdrehzahl der vorgegebenen Solldrehzahl entspricht. Er gleicht die Anforderungen durch externe Lastmomente und interne Reibmomente aus. Da die einzelnen Zylinder aufgrund mechanischer Toleranzen und Alterung nicht alle das gleiche Drehmoment erzeugen, kommt es zu Drehzahlschwankungen und insbesondere im Leerlauf zu unrundem Motorlauf. Der Laufruheregler bestimmt anhand der Drehzahlunterschiede für jeden einzelnen Zylinder die Einspritzmenge, damit alle Zylinder das gleiche Drehmoment erzeugen. Die Antiruckelregelung dämpft durch Variation der Einspritzmenge die Ruckelbewegung, die bei plötzlichem Betätigen oder Loslassen des Fahrpedals und dem damit verbundenen Lastwechsel entstehen kann.

3. Ansteuerung der Aktoren

Magnetventil für Ladedruckbegrenzung

Das Magnetventil wird vom Steuergerät angetaktet und schaltet den Steuerdruck zum Betätigen der Unterdruckdose für die Leitschaufelverstellung des Turboladers.

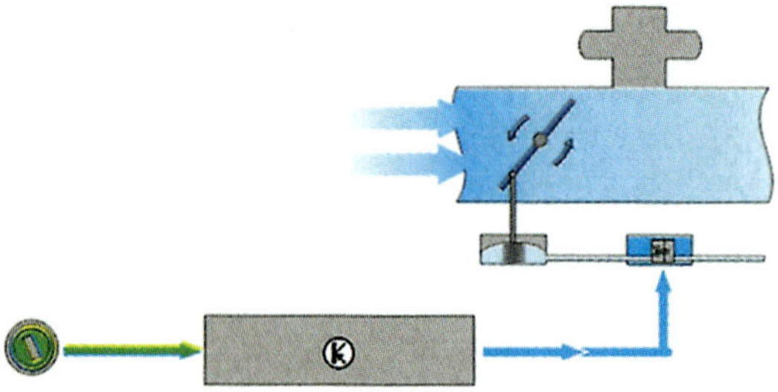

Umschaltventil für Saugrohrklappe

Das Ventil schaltet den Unterdruck zur Betätigung der Saugrohrklappe im Ansaugrohr. Die Saugrohrklappe wird bei Abstellen des Motors geschlossen und unterbricht die Luftzufuhr. Dadurch wird weniger Luft verdichtet und der Motor läuft weich ohne Ruckelbewegungen aus.

Druckregelventil

Der Kraftstoffdruck wird durch das Druckregelventil vom Steuergerät geregelt. Das Steuergerät berechnet aus den Informationen der Sensoren und Geber den erforderlichen Einspritzdruck und steuert das Druckregelventil mit einem pulsweitenmodulierten Signal an. In Abhängigkeit von der Motorlast verändert das Steuergerät die Pulsweite. Dadurch gibt der Regelkolben einen größeren oder kleineren Querschnitt von der Zahnradpumpe zur Hochdruckpumpe frei:

- große Pulsweite = großer Querschnitt = große Kraftstoffmenge = hoher Druck
- kurze Pulsweite = kleiner Querschnitt = kleine Kraftstoffmenge = geringer Druck

Der von der Zahnradpumpe zuviel geförderte Kraftstoff wird über die Rücklaufleitung in den Kraftstoffbehälter zurückgeführt. Der Raildrucksensor meldet dem Steuergerät den aktuellen Kraftstoffdruck.

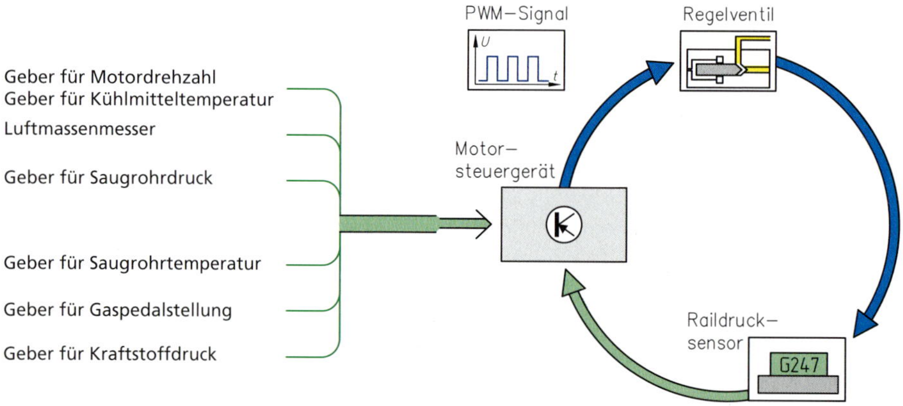

4. Spritzbeginn- und Einspritzmengensteuerung durch den Injektor

Injektor öffnet (Einspritzbeginn)

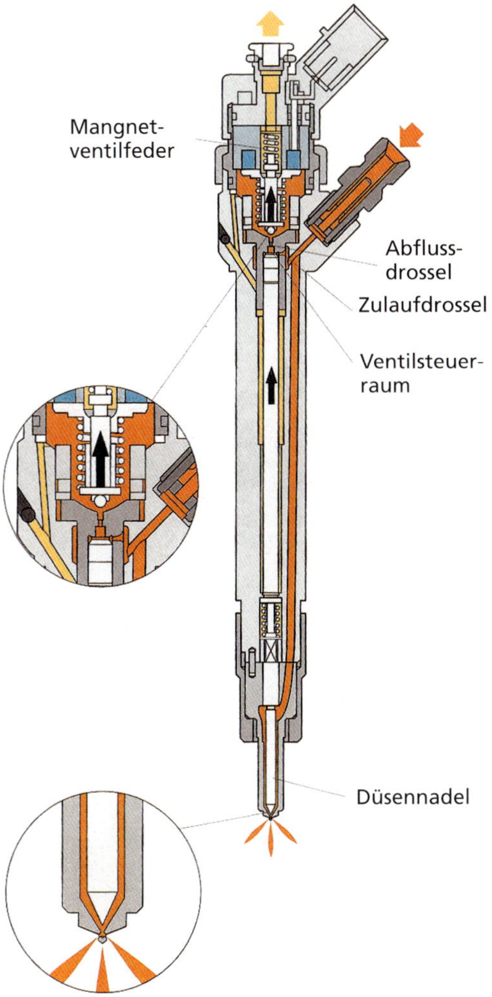

Beim Ansteuern des Magnetventils öffnet der Elektromagnet gegen die Kraft der Magnetventilfeder den Anker mit der Ventilkugel und öffnet die Abflussdrossel. Kraftstoff kann über die Ablaufdrossel aus dem Ventilsteuerraum in den darüber liegenden Raum über die Rückleitung zum Kraftstoffbehälter abfließen. Der Druck im Ventilsteuerraum sinkt. Damit ist der Druck, der auf den Ventilsteuerkolben wirkt, kleiner als der Druck im Kammervolumen, der auf die Düsennadel wirkt. Der Ventilsteuerkolben geht nach oben und die Düsennadel öffnet die Spritzlöcher.

Injektor ist geschlossen (Einspritzende)

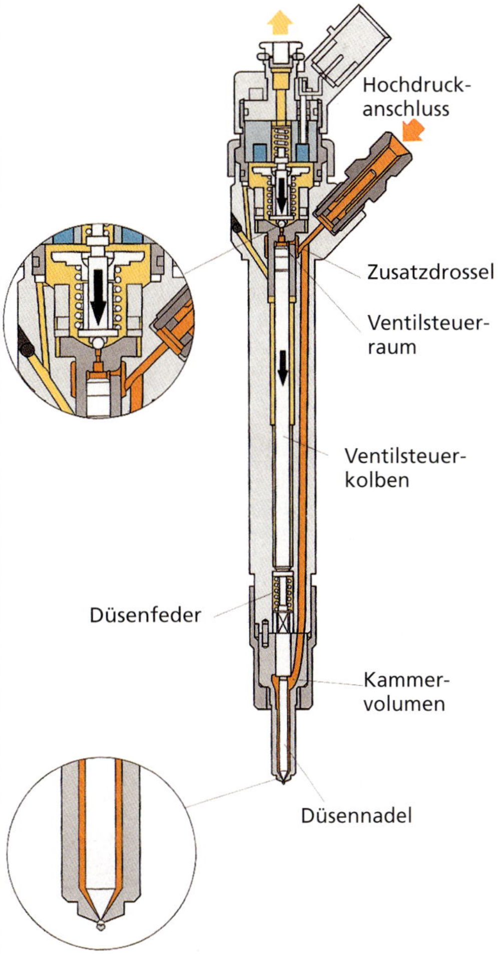

Das Magnetventil wird nicht mehr angesteuert. Der Anker mit der Ventilkugel verschließt durch die Federkraft die Abflussdrossel. Es baut sich im Ventilsteuerraum und Kammervolumen wieder Raildruck auf. Druck auf den Steuerkolben und Federkraft sorgen dafür, dass die Düsennadel schließt. Die Einspritzung endet, wenn die Düsennadel ihren unteren Anschlag wieder erreicht.

5. Piezogesteuerte Injektoren

Anstelle eines Magnetventils werden in den Injektoren Piezo-Aktoren eingebaut. Sie sind viermal schneller und haben im Vergleich zu Magnetventil-gesteuerten Injektoren ca. 75 % weniger bewegte Masse.

Der Piezo-Aktor besteht aus einer Vielzahl von Piezo-Elementen. Das Piezo-Element ist ein Quarzkristall, der

- bei Druck eine Spannung erzeugt (siehe Klopfsensor),
- bei einer angelegten Spannung mit einer Längenänderung reagiert.

Bei einer angelegten Spannung (100 Volt bis 148 Volt) dehnt sich der Piezo-Aktor um bis zu 0,03 mm aus.

Diese Längenänderung wird zum Schalten einen Ventils benutzt.

Ruhestellung

Das Schaltventil wird durch den Kraftstoffhochdruck und die Kraft der Schaltventilfeder in seinen Sitz gedrückt. Der Kraftstoffhochdruck ist vom Kraftstoffrücklauf getrennt. Die Düsennadel ist durch den Kraftstoffhochdruck im Steuerraum verschlossen.

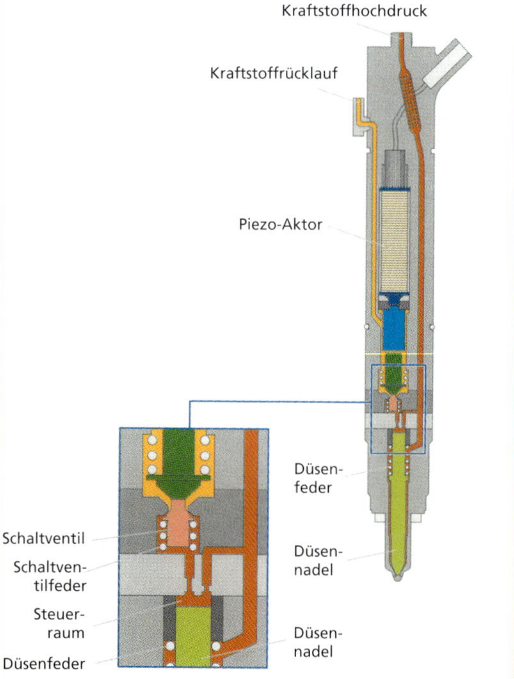

Einspritzbeginn

Der Piezo-Aktor wird angesteuert. Die Längenänderung wird über den Koppelkolben auf das Schaltventil übertragen. Das Schaltventil öffnet und gibt den Weg vom Kraftstoffhochdruck in den Kraftstoffrücklauf frei. Der Kraftstoffdruck oberhalb der Düsennadel fällt schlagartig ab. Die Düsennadel wird angehoben, die Einspritzung beginnt.

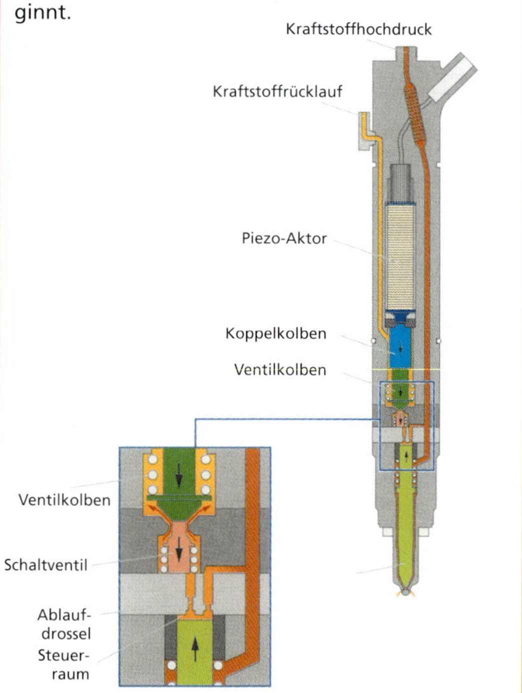

Einspritzverlauf

Die sehr kurzen Schaltzeiten ermöglichen es den Einspritzbeginn und die Einspritzmenge flexibel und genau zu steuern.

Pro Einspritzverlauf können bis zu 5 Teileinspritzungen durchgeführt werden. Damit sind Vor-, Haupt- und Nacheinspritzung möglich.

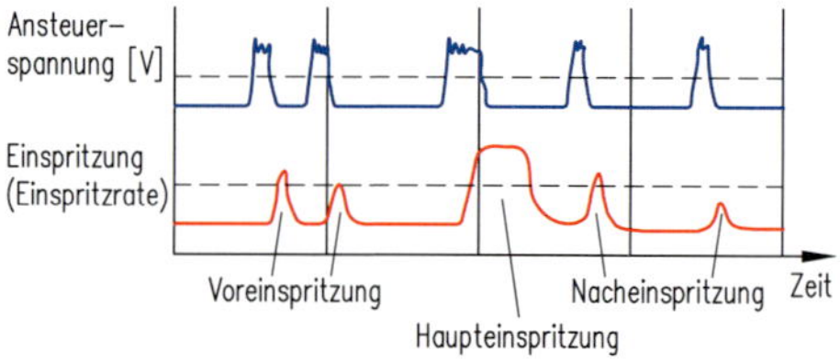

15.2.3 Motormanagement eines Dieselmotors mit Pumpe-Düse-Einheit

15.2.3.1 Aufbau

In dem Pumpe-Düse-Einspritzsystem sind Hochdruckpumpe und Einspritzdüse in einem Bauteil zusammengefasst. Jeder Zylinder hat eine Pumpe-Düse-Einheit. Hochdruckleitungen entfallen. Mit dem Pumpe-Düse-Einspritzsystem werden Einspritzdrücke von maximal 2 050 bar erreicht. Im Vergleich zu der Verteilereinspritzpumpe werden mit dem Pumpe-Düse-Einspritzsystem

- geringere Verbrennungsgeräusche,
- weniger Schadstoffemissionen,
- geringerer Kraftstoffverbrauch,
- höhere Leistungsausbeute erreicht.

Das Pumpe-Düse-Einspritzsystem besteht aus

- dem Kraftstoffversorgungssystem,
- der Pumpe-Düse-Einheit,
- dem Motorsteuergerät mit den entsprechenden Sensoren.

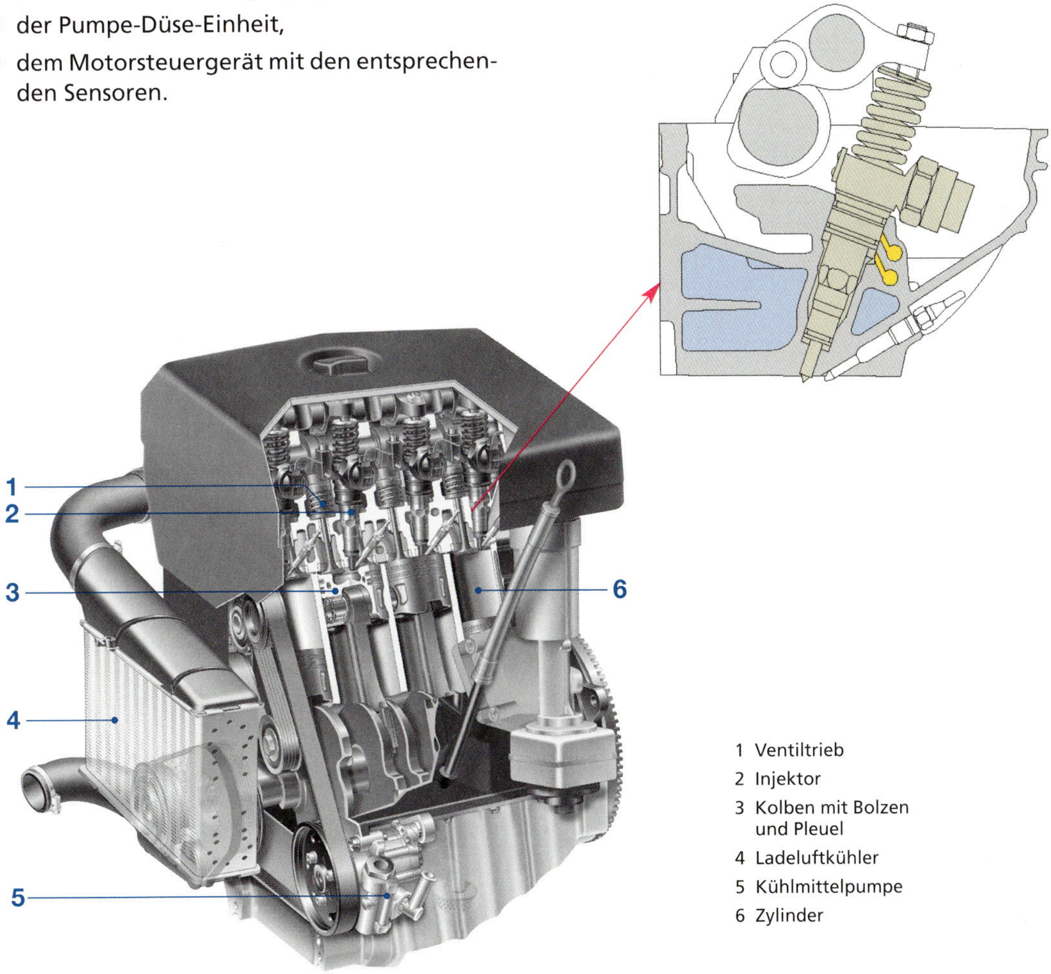

1 Ventiltrieb
2 Injektor
3 Kolben mit Bolzen und Pleuel
4 Ladeluftkühler
5 Kühlmittelpumpe
6 Zylinder

Systemübersicht

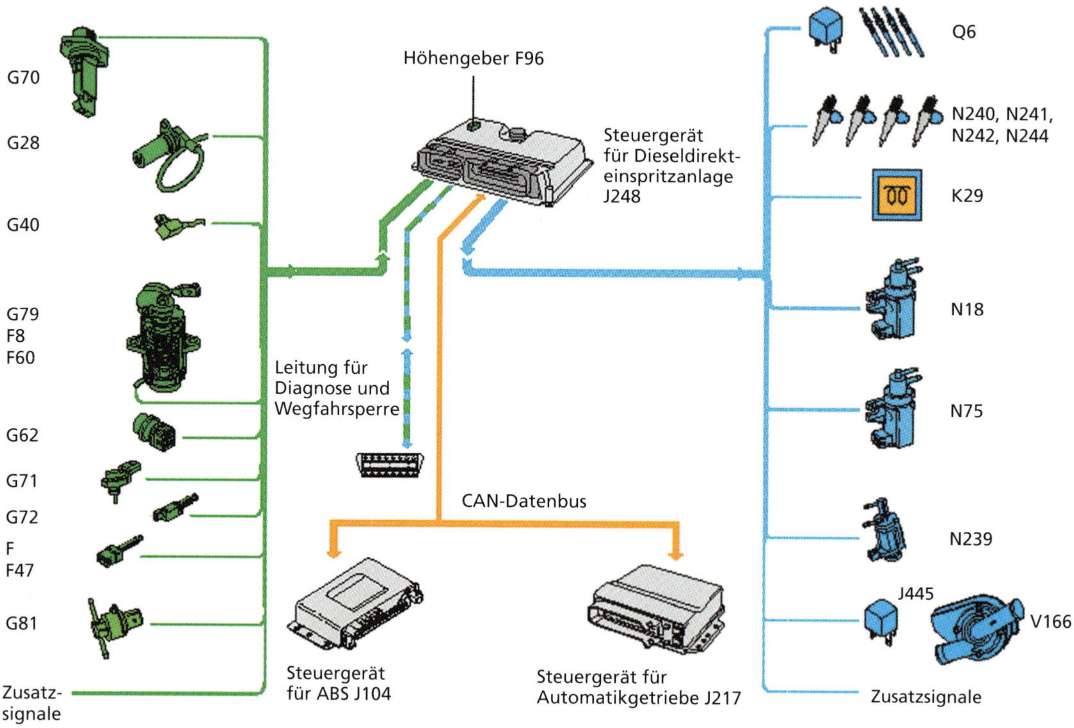

Sensoren

Luftmassenmesser G70
Geber für Motordrehzahl G28
Hallgeber G40
Geber für Gaspedalstellung G79
Kick-Down-Schalter F8
Leerlaufschalter F60
Geber für Kühlmitteltemperatur G62
Geber für Saugrohrdruck G71
Geber für Saugrohrtemperatur G72
Kupplungspedalschalter F36
Bremslichtschalter F und
Bremspedalschalter F47
Geber für Kraftstofftemperatur G81

Zusatzsignale:
Fahrgeschwindigkeitssignal
Klimakompressor-Bereitschaft
Schalter für Geschwindigkeitsregelanlage
Drehstromgenerator-Klemme DF

Aktoren

Relais für Glühkerzen J52
und Glühkerzen Q6
Ventile für Pumpe-Düse Zylinder 1 bis 4 N240 bis N243
Kontrolllampe für Vorglühzeit K29
Ventil für Abgasrückführung N18
Magnetventil für Ladedruckbegrenzung N75
Umschaltventil für Saugrohrklappe N239
Relais für Pumpe Kraftstoffkühlung J445
Pumpe für Kraftstoffkühlung V166

Zusatzsignale:
Kühlmittel-Zusatzheizung
Motordrehzahl
Kühlerlüfternachlauf
Klimakompressor-Abschaltung
Kraftstoffverbrauchssignal

Technische Beschreibung

- Motormanagement Pumpe-Düse
- Abgasrückführung mit Oxidationkatalysator

15.2.3.2 Einspritzmanagement

1. Kraftstoffversorgung

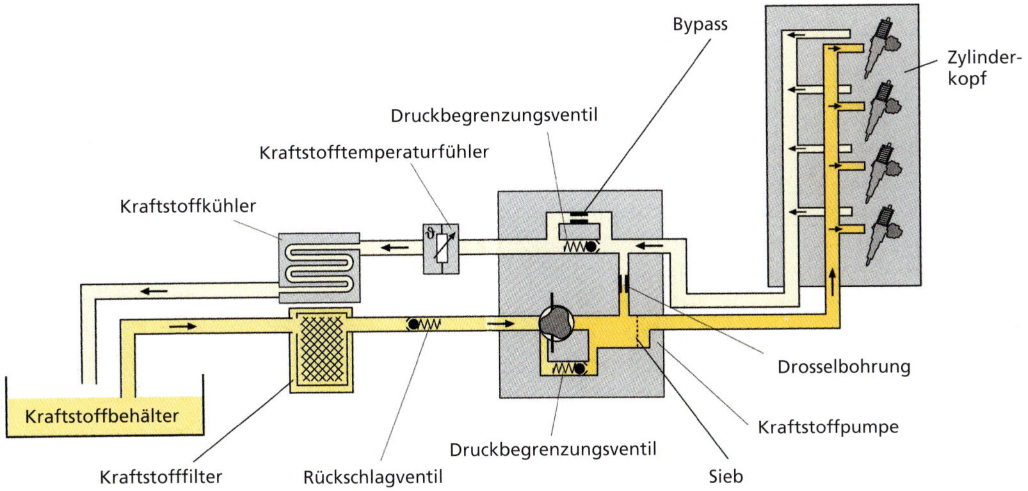

Vorlauf

- Kraftstofffilter: Er schützt das System vor Verschmutzung und Verschleiß durch Partikel und Wasser.
- Rückschlagventil: Es verhindert, dass bei Motorstillstand Kraftstoff von der Kraftstoffpumpe zurück in den Kraftstoffbehälter fließt (Öffnungsdruck 0,2 bar).
- Kraftstoffpumpe: Sie fördert den Kraftstoff aus dem Kraftstoffbehälter über den Kraftstofffilter zu den Pumpe-Düse-Einheiten. Der nicht benötigte Kraftstoff wird über die Rücklaufleitung im Zylinderkopf in den Kraftstoffbehälter zurückgeführt.
- Druckbegrenzungsventil (Teil der Kraftstoffpumpe): Es regelt den Kraftstoffdruck im Vorlauf. Bei einem Druck von 7,5 bar öffnet das Ventil und der Kraftstoff wird der Saugseite der Kraftstoffpumpe zugeführt.
- Drosselbohrung zwischen Vor- und Rücklauf: Über die Drosselbohrung werden Dampfblasen, die sich im Kraftstoff-Vorlauf befinden, in den Rücklauf abgeschieden.

Rücklauf

- Druckbegrenzungsventil (Teil der Kraftstoffpumpe):
  Es hält den Kraftstoff im Rücklauf auf 1 bar, sodass an der Magnetventilnadel der Punmpe-Düse-Einheit gleichbleibende Kräfteverhältnisse erzielt werden.
- Bypass: Wenn sich Luft im Kraftstoffsystem befindet (bei leergefahrenem Kraftstoffbehälter) bleibt das Druckbegrenzungsventil geschlossen. Die Luft wird von dem nachfließenden Kraftstoff aus dem System gedrückt.
- Kraftstofftemperatursensor: Er ermittelt die Kraftstofftemperatur im Rücklauf und sendet ein Signal an das Motorsteuergerät.
- Kraftstoffkühler: Durch den hohen Druck in den Pumpe-Düse-Einheiten erwärmt sich der Kraftstoff so stark, dass er abgekühlt werden muss, bevor er in den Kraftstoffbehälter zurückfließt. Der Kraftstoff-Kühlkreislauf ist vom Motor-Kühlkreislauf getrennt, da die Kühlmitteltemperatur bei betriebswarmem Motor zu hoch ist. Der Kraftstoffkühler befindet sich bei diesem Motor auf dem Kraftstofffilter.

2. Verteilerrohr

Das Verteilerrohr hat die Aufgabe, den Kraftstoff gleichmäßig an die Pumpe-Düse-Einheiten zu verteilen.

Da die Kraftstofftemperatur von Zylinder 4 zu Zylinder 1 ansteigt, würden die Pumpeneinheiten mit einer Vorlaufleitung aufgrund der unterschiedlichen Temperaturen mit einer unterschiedlichen Kraftstoffmasse versorgt. Um dies zu vermeiden, befindet sich in der Vorlaufleitung ein Verteilerrohr mit Querbohrungen, sodass ein Ringspalt entsteht. Über diese Querbohrungen fließt der kühle Kraftstoff aus dem Vorlauf in den Ringspalt. Gleichzeitig strömt von der Pumpe-Düse-Einheit zurückgeschobener heißer Kraftstoff in den Ringspalt. Hier vermischen sie sich und es ergibt sich eine gleichmäßige Temperatur des Kraftstoffes. Damit werden alle Pumpe-Düse-Einheiten mit der gleichen Kraftstoffmasse versorgt.

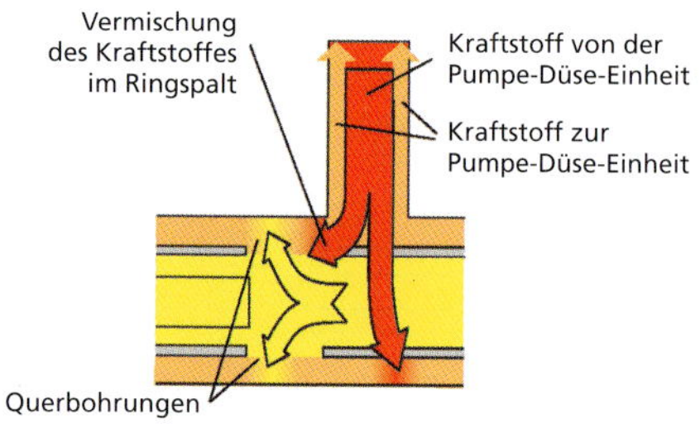

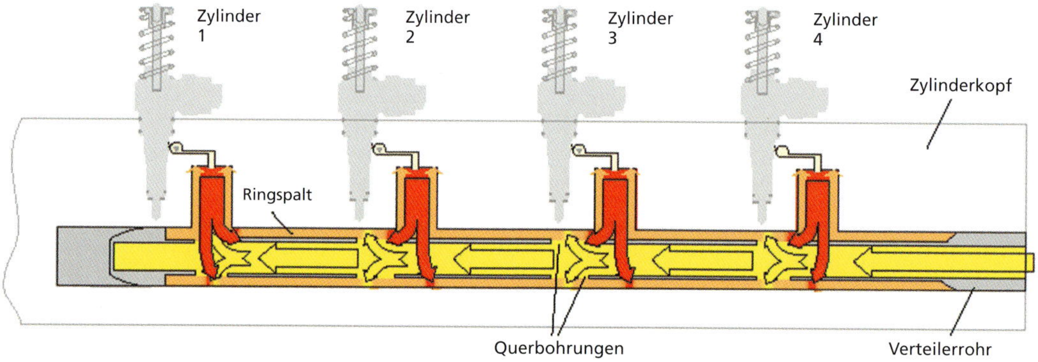

3. Pumpe-Düse-Einheit

Die Pumpe-Düse-Einheit besteht aus

- dem Pumpenkörper mit Pumpenkolben und der Kolbenfeder,
- dem Hochdruckmagnetventil (Ventil für Pumpe-Düse),
- der Düsennadel mit Düsenfeder und dem Ausweichkolben.

Den Aufbau zeigt die nebenstehende Darstellung.

Der Pumpenkolben wird von der Nockenwelle über Rollenkipphebel betätigt. Der Einspritznocken hat unterschiedliche Flanken:

- Steil auflaufende Flanke: Der Pumpenkolben wird mit hoher Geschwindigkeit nach unten gedrückt und somit schnell ein hoher Einspritzdruck erreicht.
- Flache ablaufende Flanke: Der Kolben geht langsam und gleichmäßig nach oben und der Kraftstoff kann blasenfrei in den Hochdruckraum der Pumpe-Düse-Einheit nachströmen.

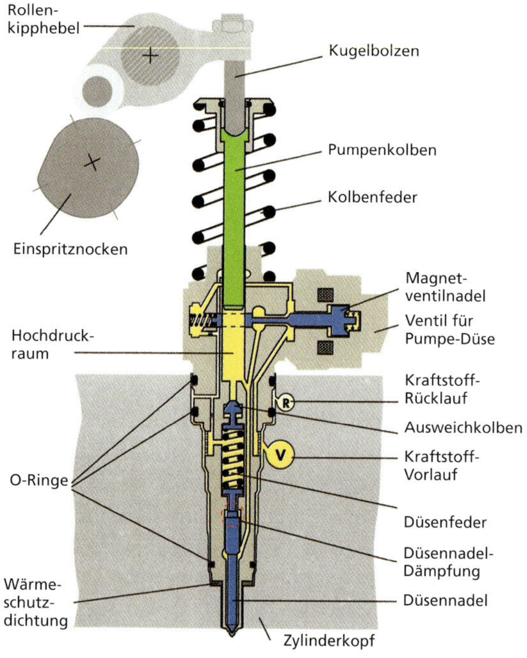

15.2.3.3 Elektronische Steuerung und Regelung

1. Betriebsdatenverarbeitung

Auch bei Dieselmotoren wird ein drehmomentorientiertes Motormanagement eingesetzt. Das Motorsteuergerät sammelt alle Drehmomentanforderungen, wertet sie aus und koordiniert die Umsetzung.

Aus den internen und externen Drehmomentanforderungen bestimmt das Motorsteuergerät ein Soll-Drehmoment. Um dieses Soll-Drehmoment zu erreichen, muss die Einspritzmengenregelung die entsprechende Einspritzmenge ermitteln. Die Förderbeginnregelung hat die Aufgabe, den richtigen Zeitpunkt für die Förderung und die Einspritzung zu bestimmen.

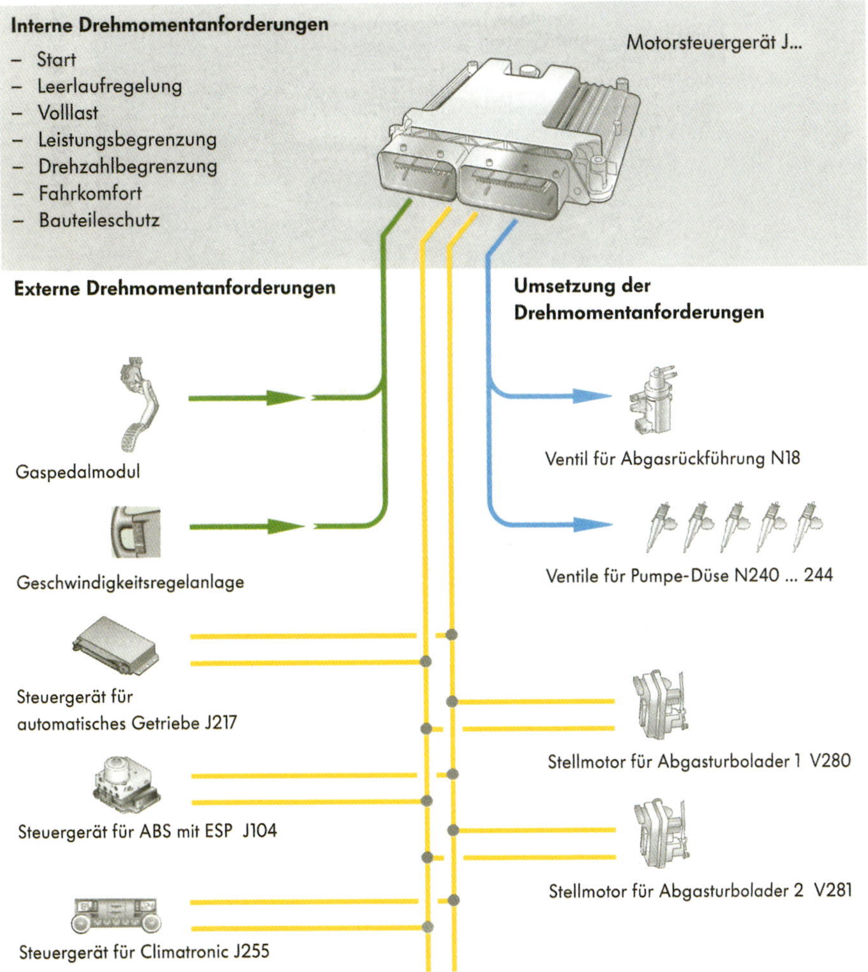

Einspritzmengenregelung

Die Einspritzmenge berechnet das Motorsteuergerät unter Berücksichtigung des Fahrerwunsches, der Motordrehzahl, der angesaugten Luftmasse, der Kühlmitteltemperatur, der Kraftstofftemperatur, der Ansauglufttemperatur.

Die Einspritzmenge wird begrenzt, um Schäden am Motor und Schwarzrauch zu vermeiden. Die Begrenzung ist abhängig von der Motordrehzahl, der Luftmasse, dem Luftdruck.

Förderbeginnregelung

Das Motorsteuergerät berechnet den Förderbeginn. Der Sollwert ist abhängig von der Motordrehzahl, der errechneten Einspritzmenge, der Kühlmitteltemperatur, dem Luftdruck.

2. Ansteuerung der Pumpe-Düse-Einheit

Hydraulisches Funktionsprinzip

Beim Füllvorgang bewegt sich der Kolben nach unten. Das Magnetventil ist nicht angesteuert und offen. Der Kraftstoff strömt in den Hochdruckraum.
Beim Druckvorgang bewegt sich der Kolben nach unten. Das Magnetventil wird angesteuert und schließt. Der Druck im Hochdruckraum steigt an. Es erfolgt eine Voreinspritzung. Die Voreinspritzung wird durch den Ausweichkolben beendet. Der Druck steigt weiter an. Wenn der Kraftstoffdruck größer als die Düsenfeder ist, hebt die Düsennadel ab und die Haupteinspritzmenge wird eingespritzt.

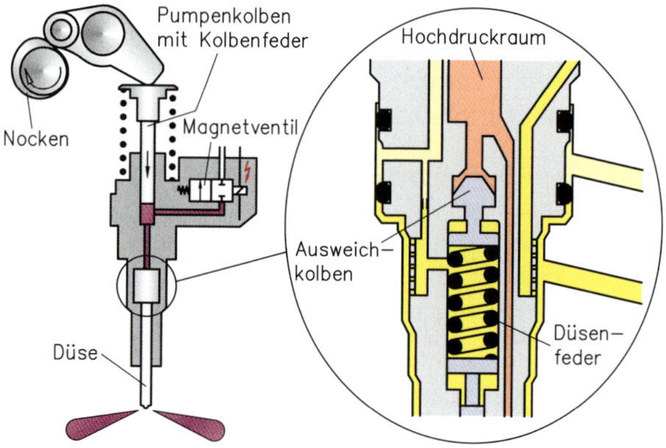

Elektrisches Funktionsprinzip

Stromverlauf
Beim Ansteuern des Ventils wird der Einspritzvorgang eingeleitet. Ein Magnetfeld wird aufgebaut, die Stromstärke steigt an, das Ventil schließt. Beim Schließen des Ventils gibt es einen Knick im Stromverlauf. Dieser Knick signalisiert dem Motorsteuergerät das Schließen des Ventils und den Zeitpunkt des Förderbeginns. Dieser Knick wird als BIP (Beginning of Injection Period = Einspritzbeginn) bezeichnet. Nach Schließen des Ventils, fällt die Stromstärke auf einen konstanten Haltestrom ab. Ist die berechnete Förderdauer erreicht, wird die Ansteuerung beendet und das Ventil schließt.

Das Motorsteuergerät überwacht den Stromverlauf des Ventils und stellt Funktionsstörungen des Ventils fest.

Das Motorsteuergerät erfasst den tatsächlichen Schließpunkt des Ventils (BIP). Daraus berechnet das Steuergerät die Ansteuerzeit des Ventils für die nächste Einspritzung. Bei Abweichung des Ist-Förderbeginns von dem im Steuergerät abgelegten Sollwert korrigiert das Motorsteuergerät nach.

Die Funktion des Ventils ist einwandfrei, wenn das BIP innerhalb der Regelgrenze liegt.

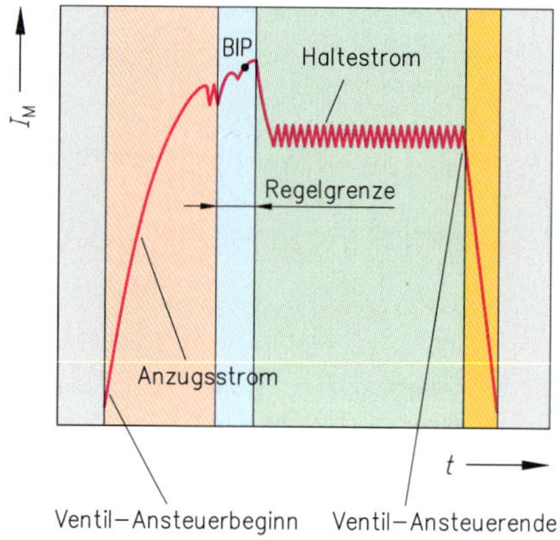

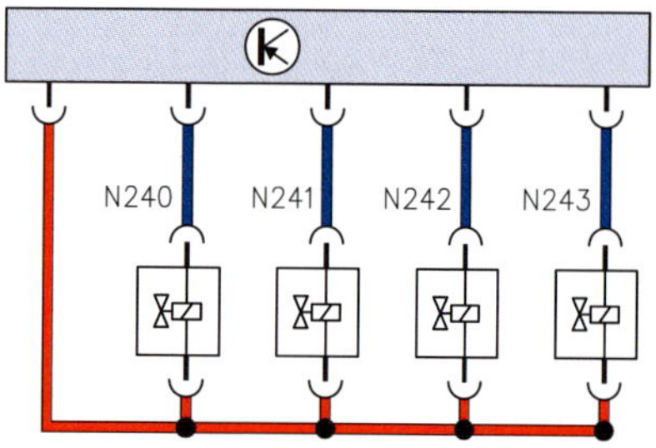

Ausfall des Ventils für Pumpe-Düse
Bei Ausfall eines Ventils für Pumpe-Düse ist der Motorlauf unrund und die Leistung geringer. Das Ventil hat eine doppelte Sicherheitsfunktion. Bei offenem Ventil kann kein Druck in der Pumpe-Düse-Einheit aufgebaut werden, bei geschlossenem Ventil kann der Hochdruckraum der Pumpe-Düse-Einheit nicht mehr gefüllt werden. In beiden Fällen wird kein Kraftstoff eingespritzt.

3. Ablauf des Einspritzvorgangs

Voreinspritzung beginnt

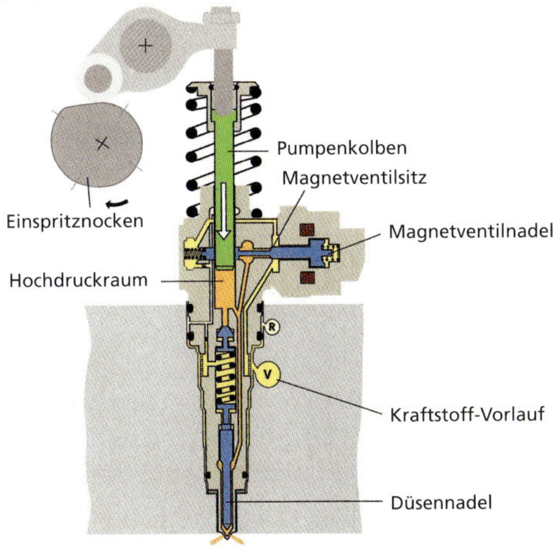

Der Pumpenkolben wird vom Rollenkipphebel nach unten bewegt. Er drückt den Kraftstoff vom Hochdruckraum in den Kraftstoff-Vorlauf. Das Motorsteuergerät steuert das Magnetventil an. Die Magnetventilnadel wird auf den Sitz gedrückt, der Weg vom Hochdruckraum zum Kraftstoff-Vorlauf wird geschlossen. Bei 180 bar ist der Druck größer als die Kraft der Düsenfeder und die Düsennadel öffnet. Die Voreinspritzung beginnt.

Voreinspritzung endet

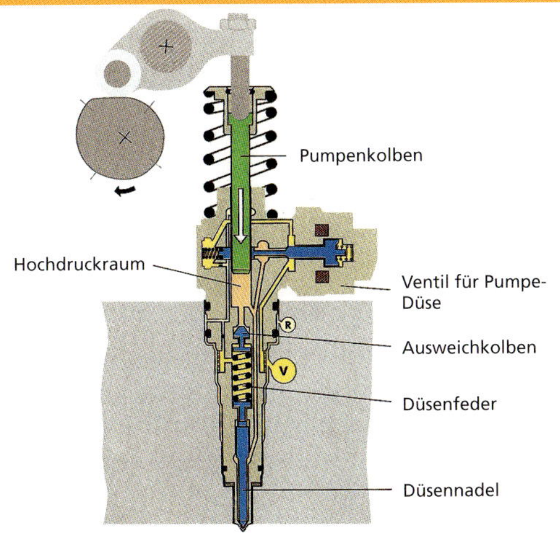

Durch den ansteigenden Druck bewegt sich der Ausweichkolben nach unten. Es vergrößert sich das Volumen des Hochdruckraumes. Der Druck fällt kurzzeitig. Die Düsennadel schließt und die Voreinspritzung ist beendet. Durch die Abwärtsbewegung des Ausweichkolbens wird die Düsenfeder stärker vorgespannt. Bei der folgenden Haupteinspritzung ist daher ein größerer Kraftstoffdruck erforderlich als bei der Voreinspritzung.

Haupteinspritzung beginnt

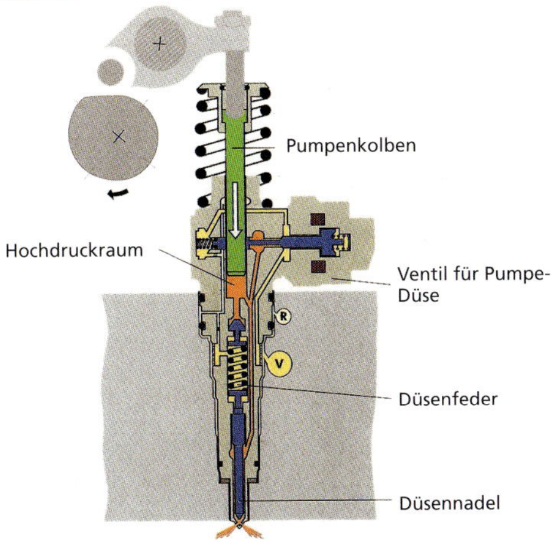

Magnetventil und Düsennadel sind geschlossen, Der Pumpenkolben bewegt sich nach unten. Der Druck im Hochdruckraum steigt an. Bei etwa 300 bar ist der Kraftstoffdruck größer als die Kraft der vorgespannten Düsenfeder. Die Düsennadel hebt ab und öffnet die Spritzlöcher. Die Haupteinspritzung beginnt. Da durch die Spritzlöcher weniger Kraftstoff abgespritzt wird als durch den Pumpenkolben verdrängt wird, steigt der Druck auf bis 2 050 bar an.

Haupteinspritzung endet

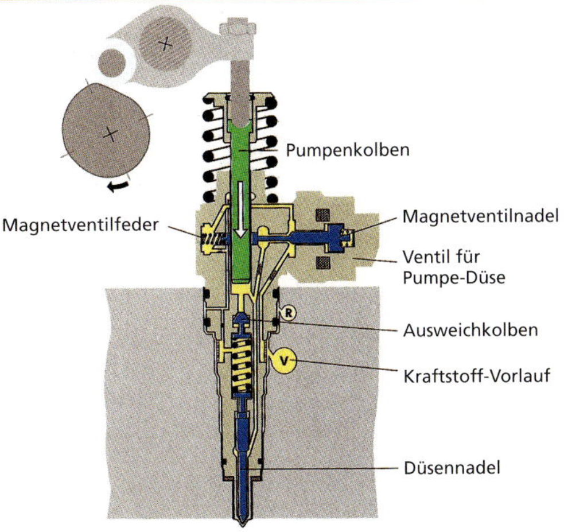

Die Einspritzung endet, wenn das Motorsteuergerät das Magnetventil nicht mehr ansteuert und die Magnetventilnadel durch die Magnetventilfeder geöffnet wird. Der vom Pumpenkolben verdrängte Kraftstoff entweicht in den Kraftstoff-Vorlauf. Der Druck sinkt ab, die Düsennadel schließt. Der Ausgleichkolben bewegt sich in seine Ausgangslage. Die Haupteinspritzung ist beendet.

4. Piezo-Ventil

Bei der Pumpe-Düse-Einheit wird das bisher eingesetzte Magnetventil durch das Piezo-Ventil ersetzt (siehe auch Kap. 15.2.2.6, 5. Piezogesteuerte Injektoren). Bei diesem Piezo-Aktor sind die Piezo-Elemente durch Metallkontaktplatten getrennt. Sie dienen der Spannungsversorgung. Der Piezo-Aktor hat einen Schaltweg von 0,04 mm und wird mit 100 bis 200 Volt angesteuert. Aufgrund der hohen Schaltgeschwindigkeit lassen sich die Einspritzphasen und die Einspritzmengen flexibel und genau steuern: Voreinspritzungen bis 2 Einspritzungen, Nacheinspritzungen bis 2 Einspritzungen. Der maximale Einspritzdruck beträgt 2200 bar.

Wird der Piezo-Aktor angesteuert, wirkt er auf einen Übersetzer in Form eines Hebelwerkes, der die Ventilnadel schließt. Druck wird im Hochdruckraum aufgebaut. Ab 130 bar ist der Kraftstoffdruck auf die Düsennadel größer als die Kraft der Düsenfeder, die Voreinspritzung beginnt. Die Voreinspritzung wird beendet, wenn das Piezo-Ventil die Ventilnadel öffnet. Nach Schließen des Piezo-Ventils wird wieder Hochdruck aufgebaut. Damit die Haupteinspritzung die Düsennadel erst ab einem höheren Druck öffnet, wird die Düsenfeder vom Kraftstoffdruck im Düsenfederraum unterstützt. Dieser Kraftstoffdruck wurde nach der Voreinspritzung aufgebaut und wird durch das Schließen des Rückschlagventils im Düsenraum gehalten und drückt auf den Schließkolben. Durch Öffnen der Ventilnadel wird die Haupteinspritzung beendet.

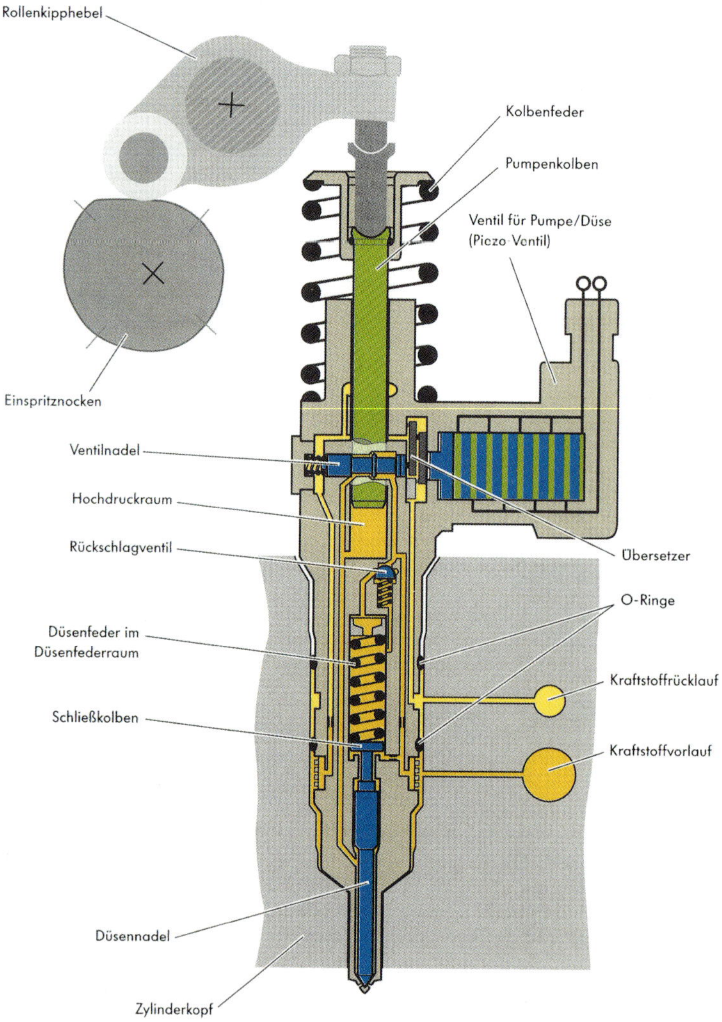

15.2.4 Motormanagement eines Dieselmotors mit Radialkolben-Verteilereinspritzpumpe

15.2.4.1 Aufbau

Für Dieselmotoren von Pkw und leichten bis mittelschweren Nkw eignet sich die Radialkolben-Verteilereinspritzpumpe. Sie erzeugt einen hohen Einspritzdruck von bis zu 2 000 bar und misst die Kraftstoffmenge für jeden Zylinder präzise zu – bei einem 6-Zylindermotor bis zu 13 000 mal pro Minute.

Die hohe Zerstäubungsenergie an der Einspritzdüse senkt dabei die Emissionswerte und den Verbrauch.

Ältere Systeme mit einer Radialkolben-Verteilereinspritzpumpe besitzen ein Motorsteuergerät und ein Pumpensteuergerät. Das Motorsteuergerät verarbeitet alle von externen Sensoren aufgenommenen Daten und errechnet die am Motor durchzuführenden Stelleingriffe, das Pumpensteuergerät erfasst die pumpeninternen Sensorsignale für Kraftstofftemperatur und Drehwinkel und verwertet sie für die Anpassung des Einspritzzeitpunktes. Der Datenaustausch zwischen Motor- und Pumpensteuergerät erfolgt über das Bussystem CAN. Bei der neuen Generation von Radialkolben-Verteilereinspritzpumpen sind Motor- und Pumpensteuergerät integriert.

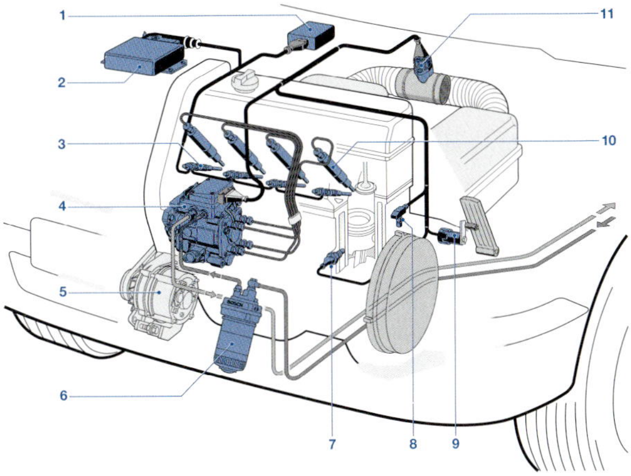

Dieseleinspritzanlage mit Radialkolben-Verteilereinspritzpumpe.

1 Glühzeitsteuergerät
2 Motorsteuergerät
3 Glühstiftkerzen
4 Radialkolben-Verteiler-einspritzpumpe mit Pumpensteuergerät
5 Generator
6 Kraftstofffilter
7 Kühlmitteltemperatursensor
8 Kurbelwellen-Drehzahlsensor
9 Fahrpedalsensor
10 Einspritzdüsen
11 Luftmassenmesser

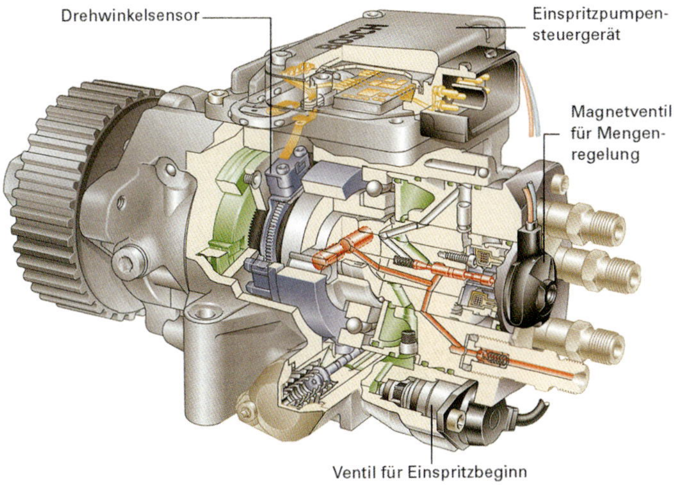

Systemübersicht

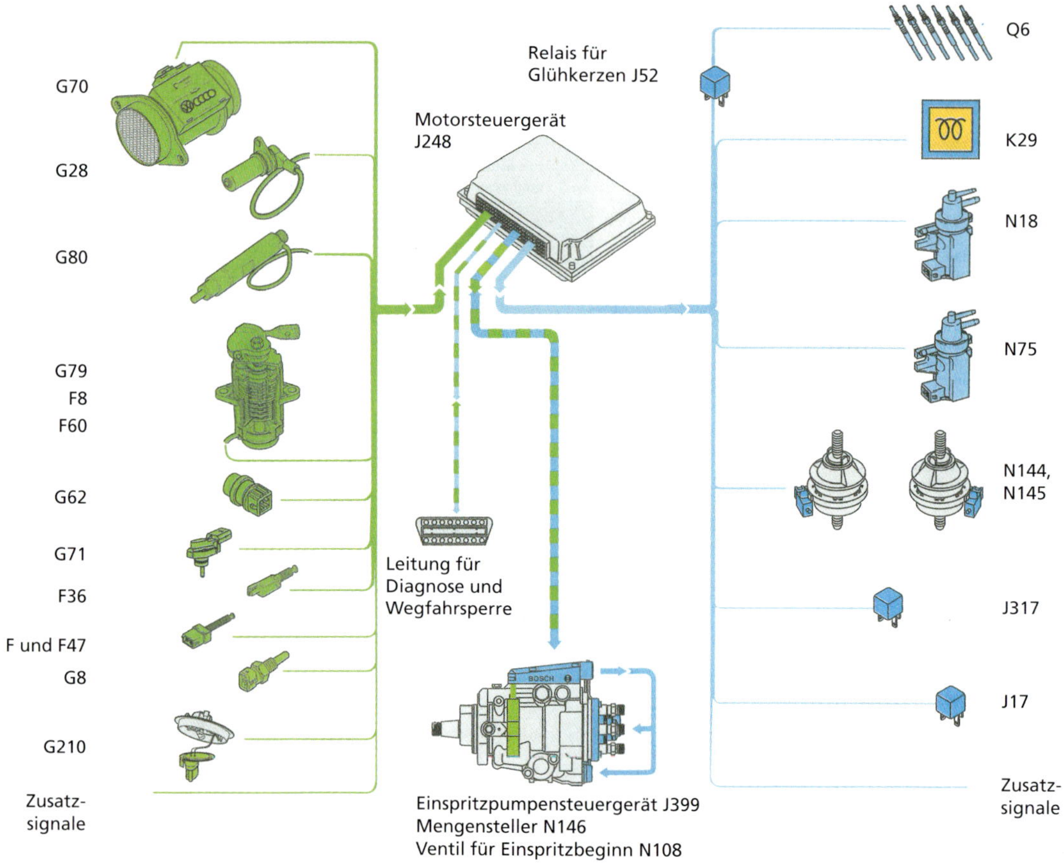

Sensoren

Luftmassenmesser G70
Geber für Motordrehzahl G28
Geber für Nadelhub G80
Geber für Gaspedalstellung G79
Kick-Down-Schalter F8
Leerlaufschalter F60
Geber für Kühlmitteltemperatur G62
Geber für Saugrohrdruck G71
Kupplungspedalschalter F36
Bremslichtschalter F und Bremspedalschalter F47
Geber für Öltemperatur G8
Geber für Kraftstoff G210

Zusatzsignale:
Kraftstoffmangelwarnung
Fahrgeschwindigkeitssignal
Klimakompressor-Bereitschaft
Außentemperatur
Schalter der Geschwindigkeitsregelanlage
Zusatzheizung
Generator
CAN-Bus

Aktoren

Glühkerzen Q6
Kontrolllampe für Vorglühzeit K29
Ventil für Abgasrückführung N18
Magnetventil für Ladedruckbegrenzung N75
Magnetventile für elektrohydraulische Motorlagerung N144, N145
Relais für Spannungsversorgung J317
Kraftstoffpumpenrelais J17

Zusatzsignale:
Motordrehzahlsignal
Kühlerlüfternachlauf
Klimakompressor-Abschaltung
Kraftstoffverbrauchssignal
Zusatzheizung
CAN-Bus

Technische Beschreibung

- Direkteinspritzung mit elektronisch geregelter Radialkolben-Verteilereinspritzpumpe VE VP 44 S3
  Mit Voreinspritzung
- P-Düse, sacklochlos
- Zweifeder-Düsenhalter
- Abgasrückführung und Oxydationskatalysator
- Motorlager
- Abgasturbolader mit Wastgate

15.2.4.2 Einspritzmanagement

1. Kraftstoffversorgung

Das Kraftstoffsystem der Radialkolben-Verteilereinspritzpumpe besteht aus einem Niederdruck- und Hochdruckteil.

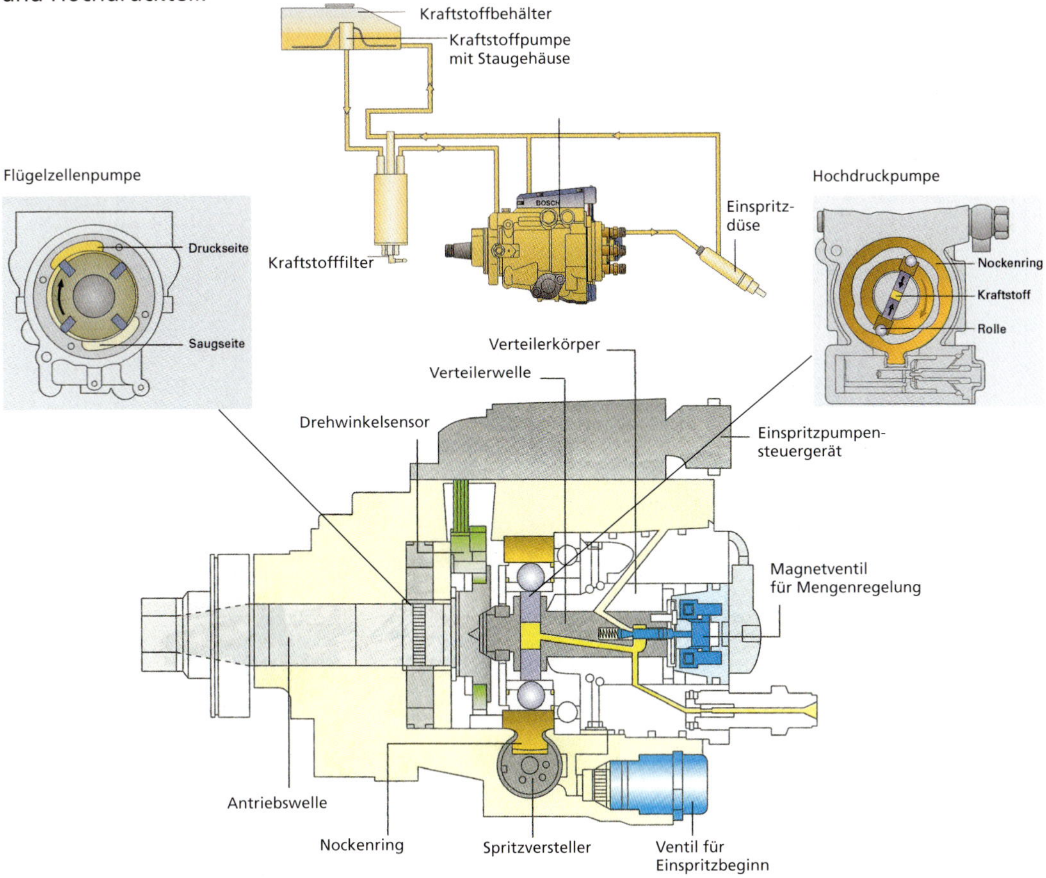

Aufgabe der Funktionseinheiten des Niederdruckkreises ist

- das Ansaugen des Kraftstoffs aus dem Tank und das Fördern des Kraftstoffs in den Hochdruckkreis. Eine Vorförderpumpe befördert den Kraftstoff in ein Staugehäuse des Kraftstoffbehälters. Damit ist gewährleistet, dass von der Flügelzellenpumpe immer blasenfreier Kraftstoff angesaugt und über den Kraftstofffilter zur Radialkolben-Verteilereinspritzpumpe gefördert wird. Wenn das Magnetventil geöffnet ist, fließt der Kraftstoff in den Verdichtungsraum der Radialkolbenpumpe.

Prinzipdarstellung

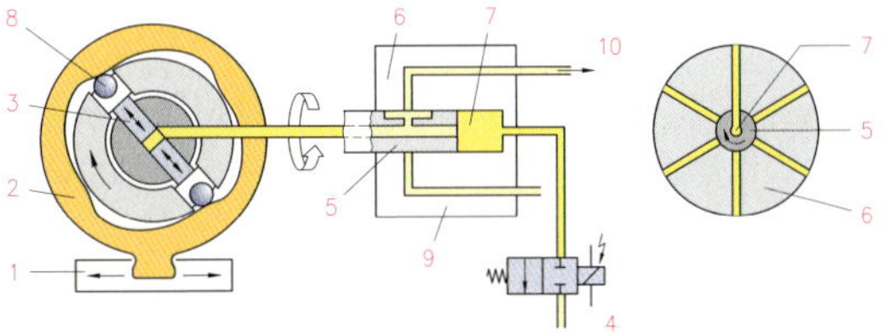

1 Spritzverstellerkolben, 2 Nockenring, 3 Radialkolbenpumpe, 4 Magnetventil, 5 Verteilerwelle, 6 Verteilerkörper, 7 Hochdruckraum, 8 Rolle, 9 Zulauf Kraftstoff vom Innenraum, 10 Kraftstofffluss zur Einspritzdüse

Im Hochdruckkreis erfolgt

- das Verdichten des Kraftstoffs durch die Radialkolbenpumpe bei geschlossenem Magnetventil auf 1500 bis 2000 bar,
- das Verteilen des Kraftstoffs auf die einzelnen Zylinder durch den Verteilerkörper und
- das Einspritzen des Kraftstoffs über Düsenhalter mit den Einspritzdüsen in den Brennraum.

2. Zweifeder-Düsenhalter

Beim Zweifeder-Düsenhalter sind zwei Federn hintereinander angeordnet. Die Federn sind so abgestimmt, dass bei Beginn der Einspritzung die Düsennadel gegen die erste Feder um den Betrag h_1 zur Voreinspritzung gehoben wird. Da die Einspritzpumpe mehr Kraftstoff liefert als durch den Spalt abgespritzt werden kann, steigt der Druck in der Einspritzdüse an. Die Kraft der zweiten Feder wird überwunden und die Düsennadel um den Betrag h_2 geöffnet. Die Hauptmenge wird eingespritzt.

Der zweistufige Einspritzvorgang – Vor- und Haupteinspritzung – bewirkt eine weiche Verbrennung und damit eine Geräuschminderung.

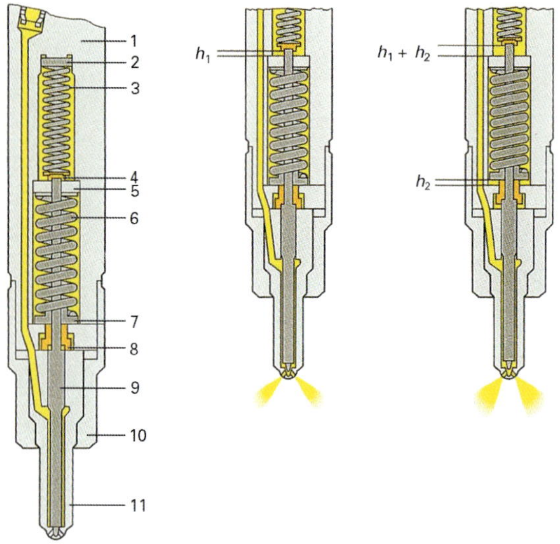

1 Haltekörper,
2 Ausgleichsscheibe,
3 Druckfeder I,
4 Druckbolzen,
5 Führungsscheibe,
6 Druckfeder II,
7 Federteller,
8 Anschlaghülse,
9 Düsennadel,
10 Düsenspannmutter,
11 Düsenkörper,

h_1 Vorhub,
h_2 Haupthub

3. Lochdüsen

Anzahl und Durchmesser der Spritzlöcher sind abhängig von der Einspritzmenge, der Brennraumform und den Strömungsverhältnissen im Brennraum.
Lochdüsen werden unterteilt in Sacklochdüse und Sitzlochdüse.

Sacklochdüse

Sacklochdüsen haben zylindrische oder konische Sack-löcher und konische oder runde Kuppen. Unterhalb der Düsenspitze bleibt ein Restvolumen von Kraftstoff, der nach der Verbrennung verdampft und die Ursache für Kohlenwasserstoffemissionen ist.

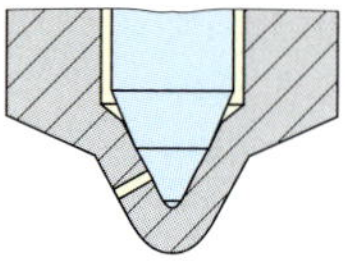

Sitzlochdüse

Die Spritzlöcher werden bei geschlossener Düse durch die Nadel abgedeckt, so dass keine direkte Verbindung zwischen Sackloch und Brennraum besteht. Das Sacklochvolumen ist gegenüber der Sacklochdüse stark reduziert.

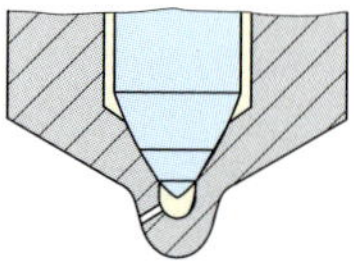

15.2.4.3 Elektronische Steuerung und Regelung

1. Betriebsdatenerfassung

Zusätzlich zu den in Kap. 15.2.2.6 dargestellten Sensoren werden im System Radialkolben-Verteilereinspritzpumpe weitere Sensoren zur Datenerfassung eingesetzt:

Drehwinkelsensor

Prinzipbild

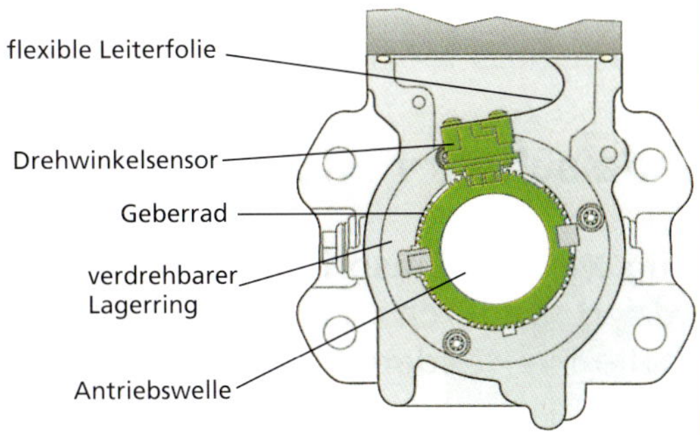

Funktion

Das Geberrad ist verdrehbar auf der Antriebswelle der Einspritzpumpe gelagert und wird bei der Spritzverstellung mit dem Nockenring gedreht. Das feinverzahnte Geberrad hat Zahnlücken auf seinem Umfang verteilt. Ihre Anzahl entspricht der Anzahl der Zylinder. Das Geberrad wird von einem Drehwinkelsensor abgetastet. Durch das Signal des Sensors erkennt das Steuergerät

- die Stellung der Pumpenantriebswelle zur Kurbelwelle: Die Winkelposition legt das Ansteuersignal für das Hochdruckmagnetventil fest.
- die aktuelle Pumpendrehzahl: Sie ist Eingangsgröße in das Steuergerät.
- die Istposition des Spritzverstellers: Sie wird für die Spritzverstellerregelung benötigt.

Ausfall des Drehwinkelsensors

Bei Ausfall des Drehwinkelsensors kann das Pumpensteuergerät die Zylinderzuordnung und die Pumpendrehzahl nicht ermitteln. Damit kann kein Kraftstoff mehr eingespritzt werden und der Motor geht aus. Der Motor springt nicht mehr an.

Geber für Kraftstoffmangel

Prinzipbild

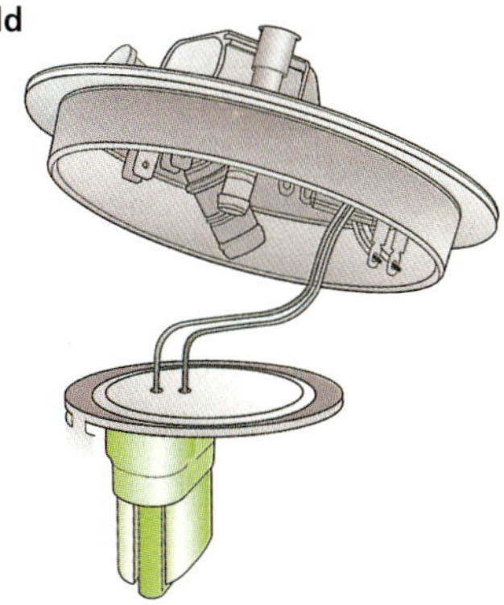

Schaltbild

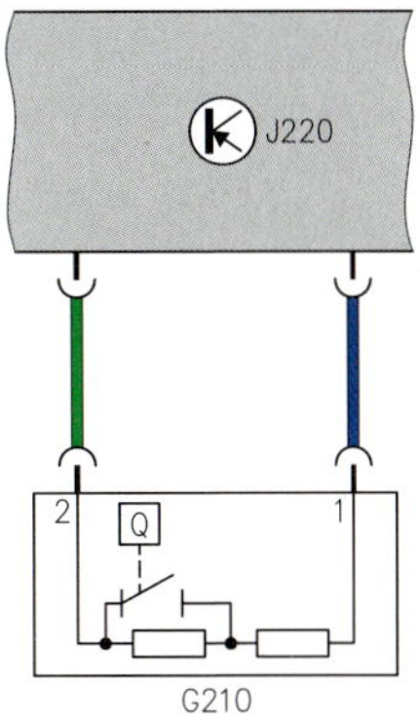

Die Radialkolben-Verteilereinspritzpumpe muss ständig mit Kraftstoff gefüllt sein, damit sie nicht beschädigt wird. Ein Leerfahren des Systems muss daher verhindert werden. Daher befindet sich im Staugehäuse des Kraftstoffbehälters ein Geber für Kraftstoffmangel. Bei Kraftstoffmangel schaltet das Steuergerät die Kraftstoffzufuhr einzelner Zylinder ab. Das Motorsteuergerät steuert das Magnetventil für Mengenregelung an, der Motor geht aus. Ein Motorstart wird verhindert, bis Kraftstoff nachgetankt wird.

Ausfall des Gebers für Kraftstoffmangel

Die Funktion „Kraftstoffmangelwarnung“ im Steuergerät wird ausgeschaltet. Der Fahrer wird durch die Kontrolllampe für Vorglühanlage auf einen Defekt hingewiesen. Das Kraftstoffsystem kann leergefahren werden.

Düsenhalter mit Nadelbewegungssensor

Ermittelt, zu welchem Zeitpunkt die Düsennadel der Einspritzdüse öffnet.
Bei Systemen mit Spritzbeginnregelung ist ein Nadelbewegungssensor erforderlich. Er besteht aus einem Druckbolzen, der in eine Stromspule eintaucht. Bewegt sich die Düsennadel, so verschiebt sie den Druckbolzen innerhalb der Stromspule. Damit ändert sich der magnetische Fluss. Die Änderung des magnetischen Flusses bewirkt in der Spule ein geschwindigkeitsabhängiges Signal, das im Steuergerät ausgewertet wird.

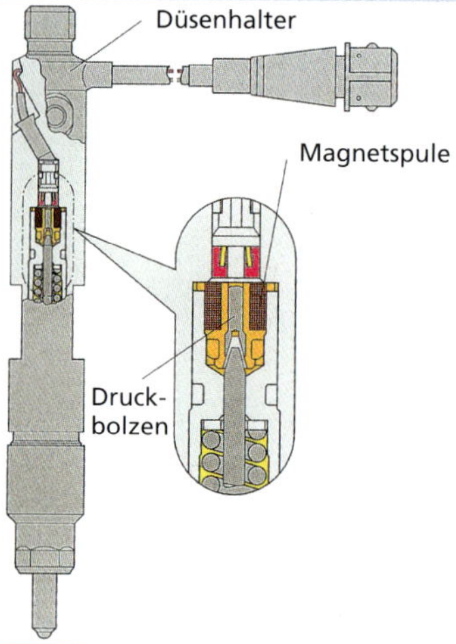

2. Betriebsdatenverarbeitung

Die Informationen und Ansteuerbefehle werden von zwei Steuergeräten verarbeitet bzw. berechnet. Dazu sind in beiden Steuergeräten entsprechende Kennfelder gespeichert.

- Motorsteuergerät
  Das Motorsteuergerät ermittelt über Sensoren den Betriebszustand des Motors und die Stellung des Gaspedals. Aus diesen Informationen berechnet es die Einspritzmenge und den Einspritzbeginn. Die ermittelten Werte werden über CAN-Bus-Datenleitung an das Pumpensteuergerät gesendet.
- Pumpensteuergerät
  Pumpensteuergerät und Einspritzpumpe bilden eine Einheit. Das Pumpensteuergerät erfasst die pumpeninternen Sensorsignale für Drehwinkel und Kraftstofftemperatur. Es verwertet sie zusammen mit den Vorgaben des Motorsteuergeräts für die Anpassung des Einspritzzeitspunktes und der Einspritzmenge. Es steuert das Magnetventil zur Mengenregelung und das Ventil für den Einspritzbeginn an.
  Der Betriebzustand der Einspritzpumpe wird an das Motorsteuergerät zurückgemeldet.

Bei der neuen Generation der Bosch-Radialkolben-Verteilereinspritzpumpen sind Motor- und Pumpensteuergerät integriert. Damit regelt es alle Funktionen des Motors und der Pumpe, um den Drehmomentenwunsch des Fahrers schnell und verbrauchsgünstig umzusetzen.

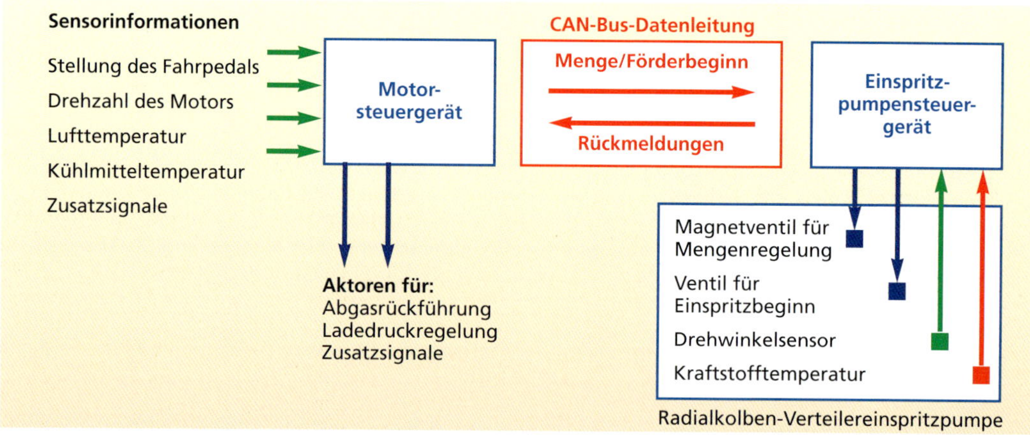

3. Ansteuerung der Aktoren

Steuerung der Kraftstoffmenge

Die Kraftstoffmengensteuerung passt die Kraftstoffmenge den unterschiedlichen Betriebszuständen des Motors genau an.

Aus den Informationen der Sensoren bestimmt das Motorsteuergerät die Einspritzmenge und den Förderbeginn. Das Pumpensteuergerät errechnet die Ansteuerbefehle für das Magnetventil für Mengenregelung. Es berücksichtigt dabei die Signale des Motorsteuergeräts und des Drehwinkelsensors.

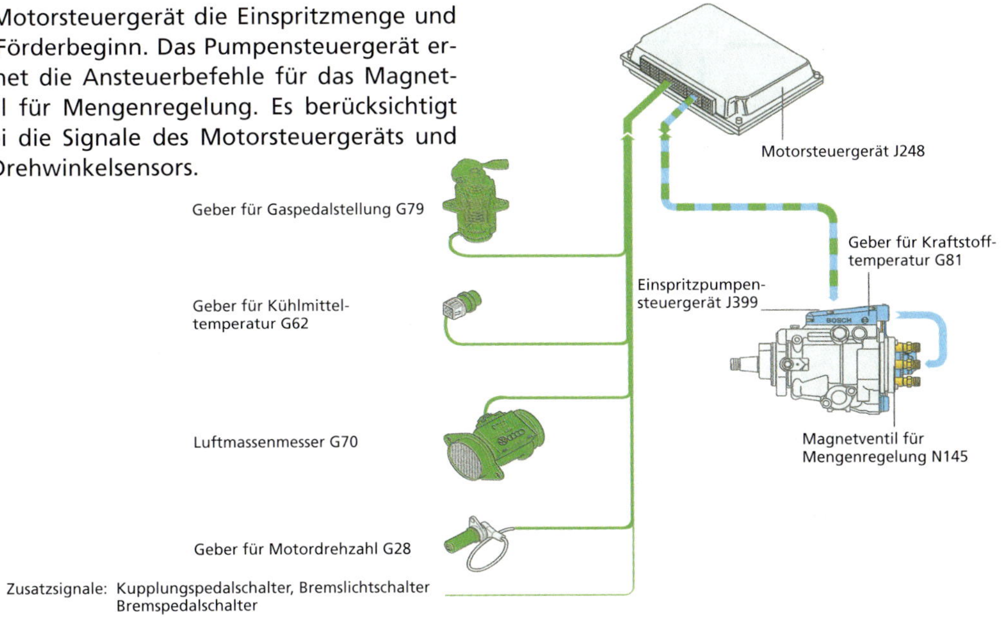

Füllen

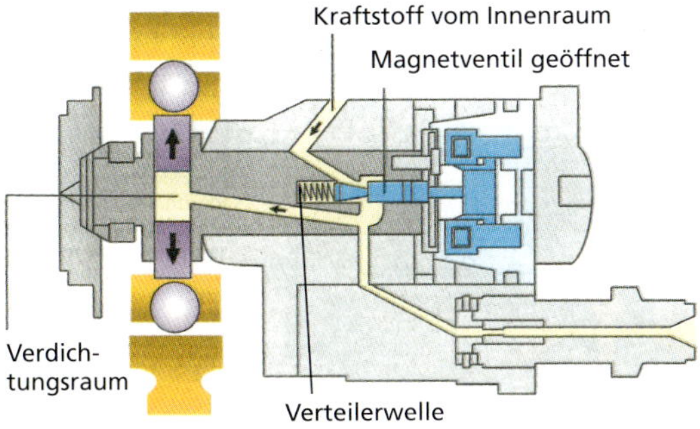

Das Magnetventil ist geöffnet. Kraftstoff gelangt vom Innenraum der Pumpe in den Verdichtungsraum.

Verdichten

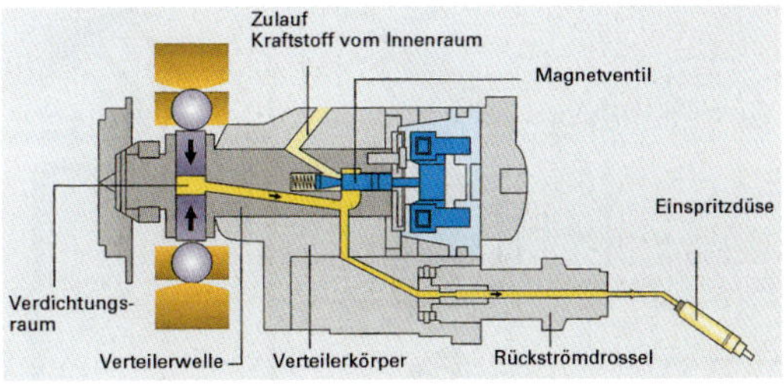

Das Magnetventil ist geschlossen, der Kraftstoffzulauf wird gesperrt. Der Kraftstoff wird verdichtet und zu den Einspritzdüsen gefördert.

Verteilen

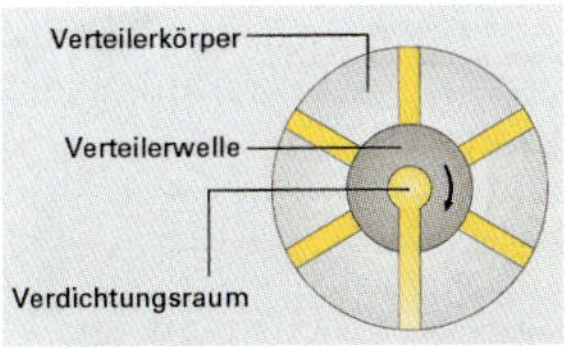

Die Verteilung des Kraftstoff übernimmt der Verteilerkörper. Der Verteilerkörper besitzt Bohrungen, die den einzelnen Zylindern zugeordnet sind. Die sich drehende Verteilerwelle verbindet den Verdichtungsraum mit je einer Bohrung im Verteilerkörper. Wenn die berechnete Kraftstoffmenge eingespritzt ist, öffnet das Magnetventil den Kraftstoffzulauf, der Druck fällt ab und die Einspritzung ist beendet.

Spritzbeginnregelung

Das Motorsteuergerät gibt entsprechend dem Betriebszustand des Motors (Last, Motordrehzahl und Motortemperatur) einen Sollwert aus einem Spritzbeginn-Kennfeld für den Spritzbeginn vor. Das Signal des Motorsteuergeräts wird vom Pumpensteuergerät in ein Signal für das Ventil für Einspritzbeginn umgesetzt.

Der Istwert des Spritzbeginns wird vom Drehwinkelsensor oder alternativ vom Nadelbewegungssensor geliefert.

Mit dem Spritzversteller wird die Zeitverschiebung durch Spritz- und Zündverzug ausgeglichen.

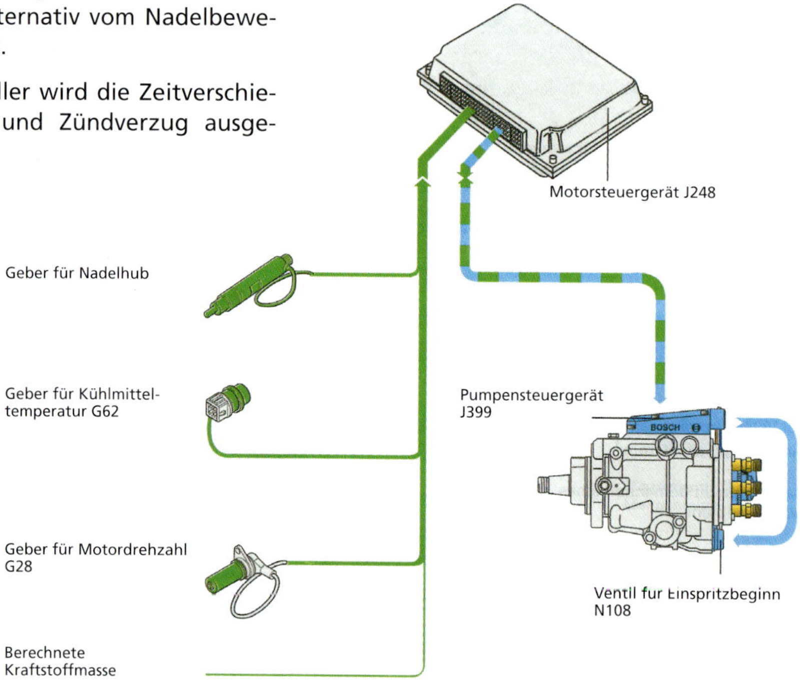

Grundstellung

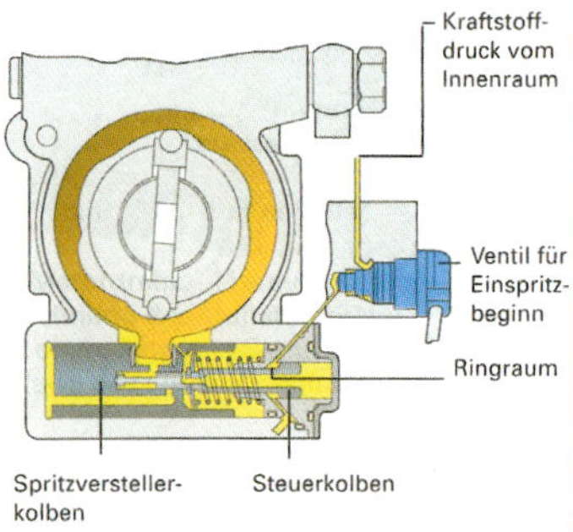

Der Steuerkolben wird durch die Kraft der Druckfeder gegen den Spritzverstellerkolben gedrückt. Durch einen Kanal wirkt der Kraftstoffdruck in den Ringraum des Steuerkolbens. Das Magnetventil bestimmt den Kraftstoffdruck im Ringraum des Steuerkolbens.

Zunehmende Drehzahl

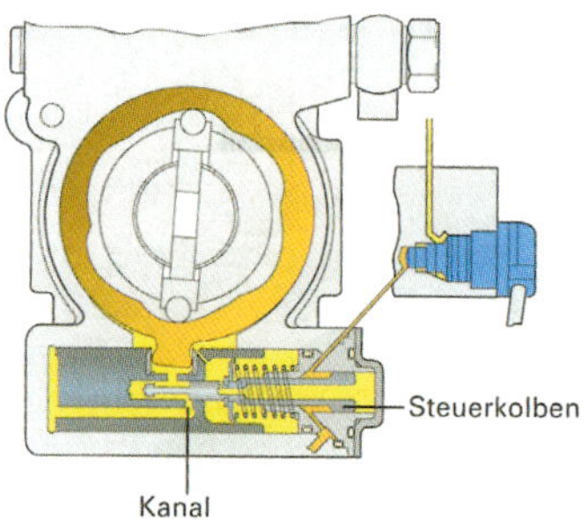

Durch das Magnetventil wird der Kraftstoffdruck im Ringraum erhöht.
Der Steuerkolben löst sich gegen den Druck der Feder vom Spritzverstellerkolben und gibt einen Kanal frei. Der Kraftstoffdruck wirkt auf die Rückseite des Spritzverstellerkolbens.

Verstellung in Richtung „früh"

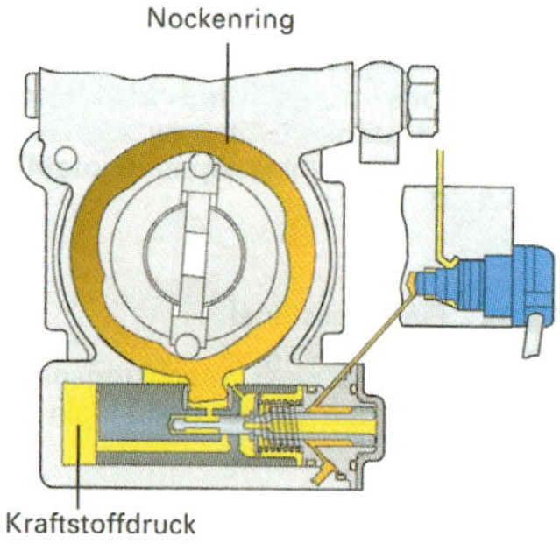

Der Kraftstoffdruck verschiebt den Spritzverstellerkolben. Gleichzeitig wird der Nockenring über den Zapfen in Richtung „früh" verdreht.

15.3 Prüfen und Messen

15.3.1 Systematische Fehlerdiagnose

Eine systematische Vorgehensweise bei der Fehlerdiagnose an modernen Kraftfahrzeugen ist unbedingt erforderlich um

- Irrwege während der Fehlersuche zu vermeiden,
- eine Zeitersparnis herbeizuführen und
- eine Kostenersparnis umzusetzen.

Durch diese Maßnahmen ist eine hohe Kundenzufriedenheit gewährleistet.

Irrwege vermeiden

Für eine gezielte Fehlerdiagnose ist es erforderlich, viele Informationen über die Kundenbeanstandung zu bekommen. Hierfür bietet sich die Kundenbefragung an.

Eine typische Kundenbefragung sollte folgende enthalten:

- Wann tritt der Fehler auf bzw. wann ist der Fehler das erste Mal aufgetreten?
- Wie oft tritt der Fehler auf?
- In welcher Situation tritt der Fehler auf?
- Welche Randbedingungen herrschen bei Fehlerauftritt?

Aufgrund dieser Fragestellungen kann man sich zu diesem Zeitpunkt bereits ein Urteil darüber bilden, ob wirklich ein Fehler im System vorliegt, oder ob es sich um eine Fehlbedienung handelt. Weiterhin ist die Probefahrt zur Fehlersuche unerlässlich.

Zeitersparnis

Eine Zeitersparnis kann herbeigeführt werden durch Systemkenntnisse. Der Mechaniker in der Kraftfahrzeugwerkstatt muss Kenntnisse haben über die Funktion der betroffenen Systeme sowie über die Vernetzung mit anderen Systemen, z. B. über das CAN-Bus-System.

Kostenersparnisse

Die Kostenersparnis wird durch die Zeitersparnis umgesetzt. Das einfache kaufmännische Prinzip „Zeit ist Geld" muss auch in der Kraftfahrzeugwerkstatt angewandt werden. Durch eine systematische Fehlersuche lassen sich also Zeit und damit auch Kosten einsparen. Dies kommt nicht nur dem Kunden entgegen, sondern durch eine hohe Kundenzufriedenheit gewinnt der Betrieb auch Neukunden durch „Weitersagen".

Allgemeine Vorhergehensweise

Eine Fehlerdiagnose beginnt in der Regel mit der Abfrage des Fehlerspeichers. Hierbei sollte das Fahrzeuggesamtsystem abgefragt werden. Ein Fehler kann sich durchaus auch in mehreren Fahrzeugsystemen bemerkbar machen, erste Hinweise liefert daher die Gesamtabfrage. Sinnvoll ist ebenfalls ein Ausdruck des Fehlerprotokolls, da anschließend der Fehlerspeicher gelöscht wird, um den eigentlichen Fehler zu reproduzieren.

Wenn der Fehlerspeicher auf einen Sensor hinweist, sind bei Motorlauf die entsprechenden Messwerte darzustellen (bei den Herstellern existieren verschiedene Bezeichnungen, wie z. B. Datenliste, Messwerteblock, etc).

Wenn der Fehlerspeicher auf einen Aktor hinweist, können diese Aktoren über die Funktion „Stellgliedtest" bei stehendem Motor geprüft werden.

Sensoren und Aktoren können auch mit geeigneter Messtechnik geprüft werden (Multimeter, Oszilloskop). Hierzu ist aber erforderlich, Schaltpläne zu beschaffen und zu lesen, um die geeigneten Messpunkte zu finden und die geeigneten Messgeräte einsetzen zu können. Anhand von Werkstatthandbüchern können dann auch die gemessenen Werte ausgewertet werden.

15.3.2 Eigendiagnose

Eigendiagnosesysteme werden von den Systementwicklern als zusätzliches Programm in die Steuergeräte der Fahrzeugsysteme integriert. Sie besitzen daher die Möglichkeit, Sensoren, Aktoren und deren Regelkreise bei Einschalten der Spannungsversorgung sowie während des Betriebs des Systems ständig auf ihre Normalfunktion hin zu prüfen.

Beim Einschalten der Spannungsversorgung der Steuergeräte führen die Eigendiagnosesysteme meist einen sogenannten Systemcheck durch. Dabei werden die Sensoren und Aktoren auf ihre Betriebsbereitschaft, soweit dies möglich ist, überprüft. Dies wird in aller Regel mithilfe einfacher Spannungsmessungen und Widerstandsmessungen vom Systemsteuergerät aus durchgeführt. Dabei können Leitungsunterbrechungen und ggf. Leitungskurzschlüsse erkannt werden. Diese Prüfungen werden im Allgemeinen als „Statischer Systemcheck" bezeichnet.

Wenn das System sich im Betrieb befindet, z. B. Motorlauf, werden die eingehenden Signale von den Sensoren und die ausgehenden Signale zu den Aktoren auf ihre Plausibilität bzw. auf deren Logik verglichen. Diese Form der Eigendiagnose wird als „Dynamischer Systemcheck" bezeichnet. Grundsätzlich ist bei Eigendiagnosesystemen eine Kontrolllampe verbaut, die dem Fahrer einen Systemfehler signalisieren soll. Eigendiagnosesysteme können erkannte Fehler in einen Fehlerspeicher ablegen, die dort gespeichert und mit einem Diagnosegerät abgefragt und auch wieder gelöscht werden können.

Dennoch sind bei älteren Fahrzeugen Systeme verbaut, die nicht immer mit einem Diagnosegerät ausgelesen werden können. Dies bedeutet, dass diese Fahrzeugsysteme zwar einen Diagnosemodus besitzen, aber keine Schnittstelle und somit auch keine Möglichkeit haben, diese mit einem Diagnosegerät abzufragen.

Viele Hersteller gehen dazu über, innerhalb der Programmierung einen Fehlerverlernzähler einzubeziehen. Hier wird die Häufigkeit eines aufgetretenen Fehlers festgehalten. Weiterhin bedeutet dies auch, nachdem ein Fehler einmalig aufgetreten ist, wird dieser nach einer festgelegten Anzahl von Systemstarts gelöscht.

Zusätzlich zu dem abgelegten Fehlercode im Fehlerspeicher können auch die Umgebungsdaten hinterlegt sein, bei denen der Fehler aufgetreten ist und gegebenenfalls der Hinweis, ob der aufgetretene Fehler sporadisch bzw. aktuell vorhanden ist.

15.3.2.1 Möglichkeiten der Eigendiagnose

Grundsätzlich kann die Eigendiagnose nur die Fehler anzeigen, die vom Systementwickler dazu als Fehlertext einprogrammiert worden sind. Für das Verständnis der Funktion der Eigendiagnose ist auch Systemkenntnis über die Signalarten der Sensoren und Aktoren erforderlich.

Die Eigendiagnose arbeitet mit verschiedenen Verfahren zur Überwachung der einzelnen Sensoren und Aktoren:

Plausibilitätsüberwachung, Logikvergleich, Widerstandsmessung, Regelkreisüberwachung.

Widerstandsmessung

Beim Einschalten der Spannungsversorgung für das Steuergerät beginnt die Eigendiagnose mit der Widerstandsmessung an den Sensoren bzw. Aktoren, an denen solch eine Messung möglich ist.

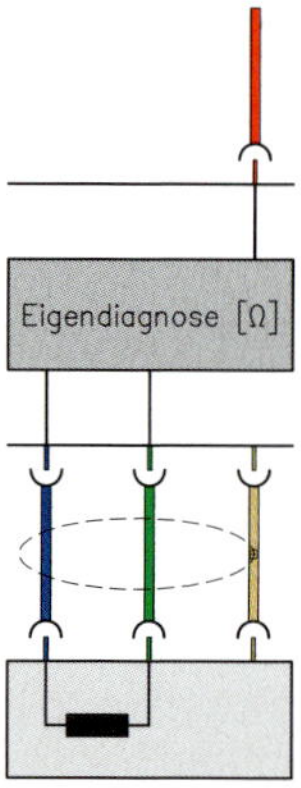

Widerstandsprüfung durch Eigendiagnose (VAG)

Plausibilitätsüberwachung

Die Sensoren werden durch ein vorgegebenes Sollwertefenster überwacht.

Beispiel: Der NTC II verändert eine angelegte Spannung vom Steuergerät in Abhängigkeit seiner Temperatur. Somit muss die gemessene Signalspannung in einem bestimmten Sollwertebereich liegen. Liegt die gemessene Spannung außerhalb dieses Bereiches, im Fehlerbereich, führt dies zu einem Fehlerspeichereintrag und zum Aufleuchten der Kontrolllampe.

Zusätzlich kann die Eigendiagnose einen dynamischen Plausibilitätsvergleich durchführen, dies bedeutet, dass ein Fehlerspeichereintrag erfolgt, wenn sich die Signalwerte schneller ändern, als dies physikalisch möglich wäre.

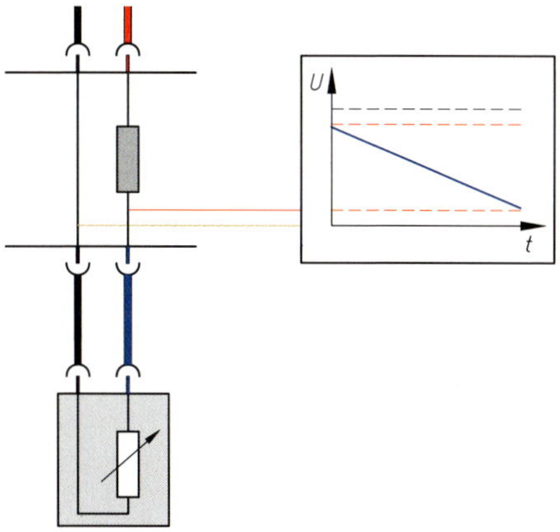

Kühlmitteltemperartursensor NTC II (VAG)

Logikvergleich

Bei einem Logikvergleich führt die Eigendiagnose einen Soll-Ist-Vergleich der Sensoren und Aktoren durch.

Beispiel: Drosselklappenstelleinheit:

Bei einer Ansteuerungsrate von 40 % Öffnung muss die zugehörige Rückmeldung über den Drosselklappenöffnungswinkel ebenfalls bei 40 % Öffnung liegen. Einige Hersteller verbauen aufgrund einer höheren Übertragungssicherheit zwei Rückmeldungspotenziometer ein. Diese können parallel oder gegenläufig ihr Rückmeldesignal an das Steuergerät senden.

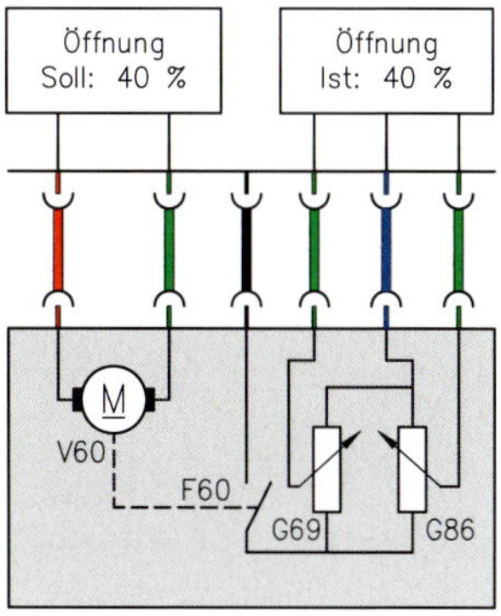

Drosselklappenstelleinheit (VAG)

Regelkreisüberwachung

Ein Regelkreis wird bestimmt durch ein vorgegebenes Sollfenster, in dem sich der Sensor mit seinem Sollsignal und der Aktor mit seiner Sollstellung befindet. Anhand des Regelsensors kann das Steuergerät den Aktor so steuern, dass er in diesem Sollfenster bleibt.

Aufgrund äußerer Störeinflüsse kann jedoch dieses Sollfenster verlassen werden, dies führt zu einem Ausregeln durch das Steuergerät. Können die Störeinflüsse durch das Nachregeln innerhalb des Regelkreises nicht ausgeglichen werden, führt dies zu einem Fehlerspeichereintrag und zum Aufleuchten der Kontrolllampe. Der Fehler liegt in diesem Fall aber nicht an den Sensoren bzw. Aktoren, obwohl diese im Fehlertext beschrieben werden können.

Eine Störgröße auf den Lambda-Regelkreis führt zum Nachregeln bis zu einem Überschreiten der Adaptionsgrenzen. Dies kann dann zu einem Fehlerspeichereintrag sowie zum Aufleuchten der Kontrolllampe führen.

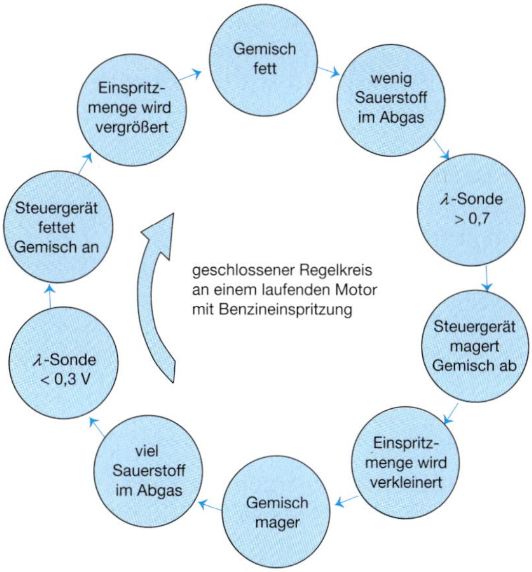

Regelkreis der Lambda-Regelung

Überwachung der wichtigsten Eingangssignale

Signalpfad	Überwachung
Fahrpedalsensor	Überprüfung der Versorgungsspannung und des Signalbereichs; Plausibilität mit redundantem Signal; Plausibilität mit Bremse
Kurbelwellendrehzahlsensor	Überprüfung des Signalbereichs; Plausibilität mit Nockenwellendrehzahlsensor; Überprüfung der zeitlichen Änderungen (dynamische Plausibilität)
Motortemperatursensor	Überprüfung des Signalbereichs; Logische Plausibilität in Abhängigkeit von Drehzahl und Einspritzmenge bzw. Motorlast
Bremspedalschalter	Plausibilität mit redundantem Bremskontakt
Geschwindigkeitssignal	Überprüfung des Signalbereichs; Plausibilität mit Drehzahl und Einspritzmenge bzw. Motorlast
Abgasrückführsteller	Überprüfung auf Kurzschlüsse und Leitungsunterbrechung; Abgasrückführregelung Überprüfung der Systemreaktion auf die Ventilansteuerung
Batteriespannung	Überprüfung des Signalbereichs; Plausibilität mit Motordrehzahl (derzeit nur beim Ottomotor)
Kraftstofftemperatursensor	Überprüfung des Signalbereichs (derzeit nur beim Dieselmotor)
Ladedrucksensor	Überprüfung der Versorgungsspannung und des Signalbereichs; Plausibilität mit Umgebungsdrucksensor und/oder weiterer Signale
Ladedrucksteller	Überprüfung auf Kurzschlüsse und Leitungsunterbrechung; Regelabweichung Ladedruckregelung
Luftmassenmesser	Überprüfung der Versorgungsspannung und des Signalbereichs; Logische Plausibilität
Lufttemperatursensor	Überprüfung des Signalbereichs; Logische Plausibilität mit z. B. Motortemperatur
Kupplungssignalsensor	Plausibilität mit Fahrgeschwindigkeit
Umgebungsdrucksensor	Überprüfung des Signalbereichs; Logische Plausibilität Saugrohrdrucksensor

15.3.2.2 Grenzen der Eigendiagnose

Dem Teilsystem Eigendiagnose sind jedoch auch Grenzen gesetzt. So kann ein System grundsätzlich nur die Fehlermeldungen als Fehlercode an die jeweiligen Auslesegeräte weitergeben, zu denen der Systementwickler sie auch programmiert hat. Um dennoch eine möglichst große Diagnosefähigkeit des zu überwachenden Systems zu gewährleisten, gehen die meisten Hersteller dazu über, die einzelnen Diagnosemöglichkeiten miteinander zu verknüpfen. So wird als Beispiel eine Plausibilitätsüberwachung derzeit mithilfe des Logikvergleichs verglichen, um die Diagnosefähigkeit zu erweitern.

Grenzen der Plausibilitätsüberwachung

Wenn im Rahmen der Plausibilitätsüberwachung an einem Sensoreingang bzw. Aktorausgang ein sich nicht änderndes Potenzial anliegt, wird dies von dem System Eigendiagnose erkannt und ein entsprechender Fehlercode produziert. Dieser wird dem Fahrer durch ein Aufleuchten einer ggf. verbauten Kontrollleuchte signalisiert.

Durch Auslesen des Fehlerspeichers mit einem geeigneten Diagnosetool kann der genaue Fehlertext generiert werden. Dabei gilt jedoch zu beachten, dass das System nur zwischen zwei Potenzialen unterscheiden kann:

- Pluspotenzial, • Minus- bzw. Massepotenzial.

Dementsprechend werden durch die Eigendiagnose folgende Fehlertexte zugewiesen:

- Kurzschluss nach Masse, • Kurzschluss nach Plus/Unterbrechung.

Einige Hersteller verwenden für diese Fehlerarten andere Fehlertexte, wie z. B.:

- Signal zu klein / 0 Volt, • Signal zu groß / 5 bzw. 12 Volt.

Das Eigendiagnosesystem kann also lediglich die Aussage treffen, dass der gemessene Wert zu klein bzw. zu groß gegenüber dem eingespeicherten Sollwert ist. Es kann keine Aussage darüber treffen, ob der Fehler durch

- den jeweiligen Sensor bzw. Aktor,
- an den Kabelverbindungen bzw. durch Störeinflüsse,
- an der Spannungsversorgung für den Sensor/Aktor,
- oder am Steuergerät selbst

verursacht worden ist. Sie kann nur feststellen, dass die jeweilige Spannungsauswertung nicht den Sollwerten entspricht, nicht aber den Grund dafür.

Defekte Sensoren, deren Signale aber noch normalen Betriebszuständen entsprechen, können von der Eigendiagnose bei einer reinen Plausibilitätsüberwachung **nicht erkannt** werden. Eine erweiterte Eigendiagnose stellt daher der Logikvergleich dar.

Grenzen des Logikvergleichs

Unter bestimmten Umständen kann es zu einem verkehrten Logikvergleich der Eigendiagnose kommen. Die im Fehlerspeicher angegebenen Sensoren/Aktoren entsprechen dann nicht dem realen Fehler!

Deshalb ist jede Aussage der Eigendiagnose nur ein zu prüfender Fehlerhinweis!

15.3.3 Fahrzeugdiagnose-, Mess- und Informationssystem

Das Fahrzeugdiagnose-, Mess- und Informationssystem ermöglicht dem Bediener, sich durch eine geführte Fehlersuche leiten zu lassen oder aber variabel mithilfe der Messtechnik und Eigendiagnose eigene Prüfabläufe durchzuführen. Die notwendigen Daten befinden sich auf einer DVD. Damit ist das Diagnosesystem in der Lage

- ein Fahrzeug und seine Standardausstattung zu identifizieren,
- einen automatischen Systemtest von im Fahrzeug verbauten Elektroniksystemen durchzuführen,
- eine „geführte Fehlersuche" nach Prüfplan durch Auswahl von Fehlerbildern zu durchlaufen,
- Eigendiagnosefunktionen zuerstellen.

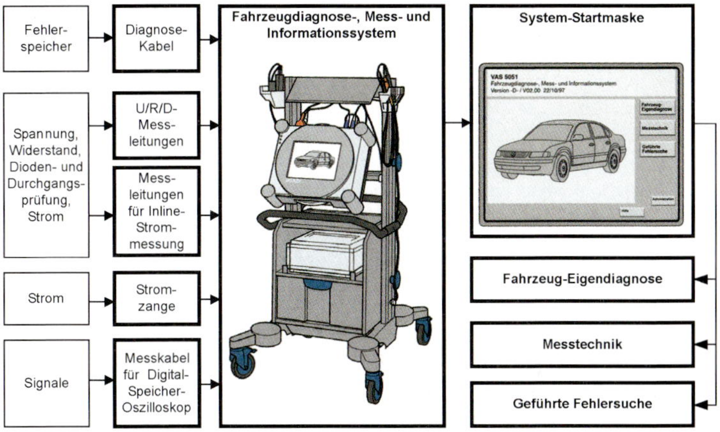

Von der Systemmaske können die einzelnen Betriebsarten gestartet werden, z.B. Fahrzeug Eigendiagnose. Nach Auswahl des Fahrzeugsystems und der Diagnosefunktion „Fehlerspeicher abfragen" erscheint der im Fehlerspeicher hinterlegte Fehler

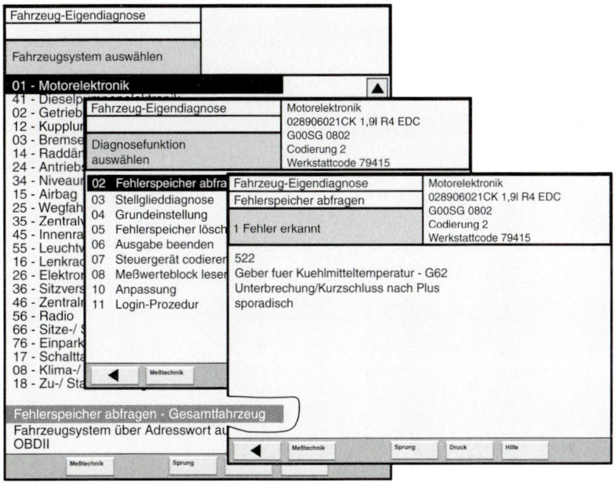

16 Abgassysteme

16.1 Ein- und Ausgangskomponenten bei der Verbrennung

Im Verbrennungsmotor wird die im Kraftstoff-Luftgemisch gespeicherte chemische Energie in mechanische Energie der Kurbelwelle umgesetzt. Bei der Umsetzung entstehen Abgase.

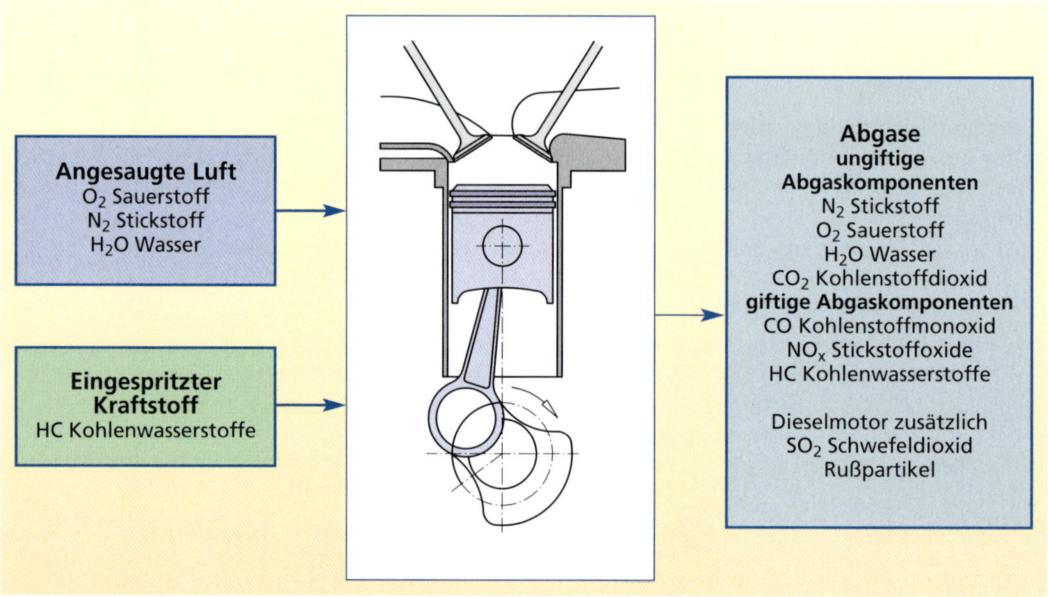

Die Abgase eines Kraftfahrzeuges bestehen aus den ungiftigen Abgaskomponenten Stickstoff (N_2), Kohlenstoffdioxid (CO_2), Wasser (H_2O), Sauerstoff (O_2) und den Schadstoffen.

- Stickstoff ist ein Bestandteil unserer Atemluft (78 % Stickstoff, 21 % Sauerstoff, 1 % weitere Gase). Er ist an der Verbrennung nicht beteiligt und stellt mit 71 % den höchsten Anteil im Abgas dar.
- Der im Kraftstoff chemisch gebundene Kohlenstoff bildet bei vollständiger Verbrennung Kohlenstoffdioxid. Kohlenstoffdioxid ist ein natürlicher Bestandteil der Luft in der Atmosphäre.
- Der im Kraftstoff chemisch gebundene Wasserstoff verbrennt zu Wasserdampf, der beim Abkühlen zum größten Teil kondensiert.
- Die Schadstoffe bilden nur einen Bruchteil der gesamten Abgasmenge, sie sind aber gesundheitsschädlich.

Schadstoffe

Ottomotor

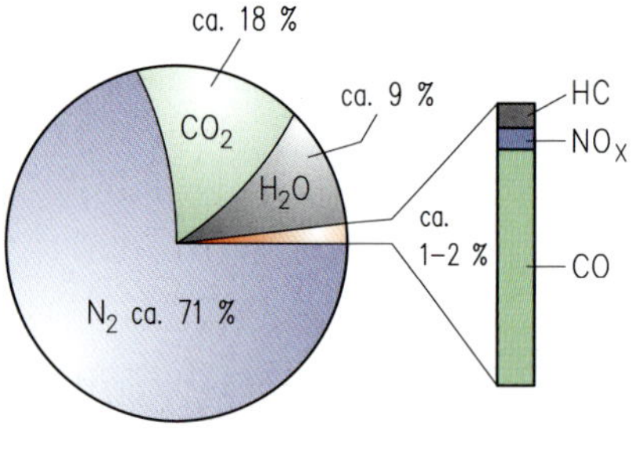

Dieselmotor

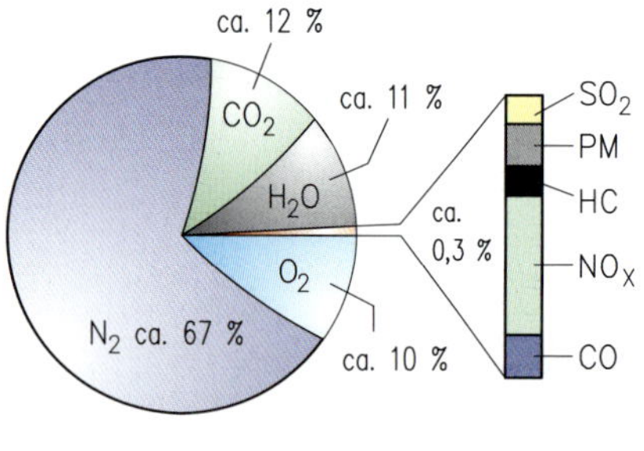

16.2 Einfluss der Schadstoffe

Schadstoffe

Kohlenstoffmonoxid CO

Kohlenstoffmonoxid ist in erster Linie vom Mischungsverhältnis abhängig. Bei Luftmangel (fettes Gemisch) nehmen die Anteile von Kohlenstoffmonoxid zu. Bei $\lambda = 1$ und im mageren Bereich sind sie sehr gering.

Kohlenstoffmonoxid ist farb- und geruchlos. Es ist sehr giftig und kann in höheren Konzentrationen als 0,3 Vol% tödlich wirken.

Unverbrannte Kohlenwasserstoffe HC

HC-Emissionen sind unverbrannte Kraftstoffanteile und entstehen bei Luftmangel ($\lambda < 1$) und Luftüberschuss ($\lambda > 1{,}2$).

Sie bilden sich auch beim Erlöschen der Flamme an Spalten im Brennraum, insbesondere Feuersteg, Kolbenringen und Zündkerzen. Kohlenwasserstoffe verursachen den typischen Abgasgeruch, reizen die Sinnesorgane und sind krebserregend.

Stickstoffoxide NO_x

Stickstoffoxide sind Verbindungen von Stickstoff N_2 und Sauerstoff O_2. Sie entstehen durch die hohen Temperaturen und den Sauerstoffüberschuss während der Verbrennung im Motor. Die Abhängigkeit der Stickstoffoxide vom Luftverhältnis λ läuft genau umgekehrt zu den HC-Emissionen. Bei Luftmangel ergibt sich ein Anstieg bis zu einem Maximum bei $\lambda = 1{,}05$ bis 1,1, im mageren Bereich ein Abfall.

Stickstoffoxid ist ein farbloses Gas, das die Atemwege stark reizt und in höheren Konzentrationen zu Lähmungserscheinungen führen kann. Es ist außerdem mitverantwortlich für die Ozonbildung.

Schwefeldioxid SO_2

Schwefeldioxid ist in sehr geringen Mengen in den Abgasen enthalten, insbesondere in Abgasen von Dieselmotoren. Es ist ein farbloses, stechend riechendes, nicht brennbares Gas, das Erkrankungen der Atemwege hervorruft.

Rußpartikel PM (particulate matter)

Rußpartikel entstehen bei der Verbrennung von Dieselkraftstoff unter Sauerstoffmangel, insbesondere im Bereich $\lambda = 1$. Sie sollen krebserregend sein.

Kohlenstoffdioxid wird als natürlicher Bestandteil der Luft in der Atmosphäre nicht zu den Schadstoffen gezählt. Es gilt jedoch als Treibhausgas und ist neben den anderen Gasen hauptverantwortlich für die globalen Klimaveränderungen (siehe auch www.treibhauseffekt.com).

Stickstoffoxide sind mitverantwortlich für den sauren Regen und den damit verbundenen Waldschäden. Bei Sonneneinstrahlung werden die Stickstoffdioxid-Moleküle in Stickstoffoxid (NO) und atomaren Sauerstoff aufgespalten. Der atomare Sauerstoff verbindet sich mit dem molekularen Sauerstoff der Luft (O_2) zu Ozon (O_3). Ozon ist auf der einen Seite ein lebenswichtiger Stoff in der Atmosphäre. Es filtert die schädliche UV-Strahlung aus dem Sonnenlicht heraus und schützt damit das Leben auf der Erde (siehe auch Ozonloch). In bodennahen Luftschichten ist Ozon allerdings ein Luftschadstoff. Ozon ist eine besonders aggressive Form von Sauerstoff. Es führt in höheren Konzentrationen zu Hustenreiz und Schmerzen beim tiefen Einatmen, Kopfschmerzen und Schwindelgefühl, Verminderung der Lungenfunktion und der körperlichen Leistungsfähigkeit. Bei zu hohem Ozongehalt in der Luft wird Smogalarm (Sommersmog) ausgelöst.

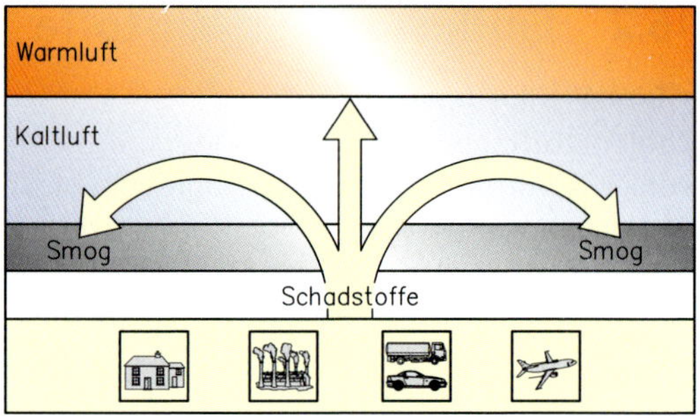

Im Winter bildet sich, insbesondere bei Inversionslagen, Wintersmog. Inversionslagen treten vor allem in den Wintermonaten bei stabilen und windarmen Wetterlagen auf. Dabei schiebt sich eine wärmere Luftschicht über die kalte Bodenluft. Die wärmere Luft wirkt wie ein Deckel und verhindert ein Abführen der Luftschadstoffe, welche unter der Inversionsschicht u. a. von Kraftfahrzeugen produziert werden. Die Luftschadstoffe reichern sich im Laufe der Zeit an und erreichen ein Niveau, das weit über der sonst üblichen Luftschadstoffbelastung liegen kann. Eine Inversion wird erst durch einen Wetterwechsel beendet.

16.3 Maßnahmen zur Abgasminderung

Zur Abgasverminderung gibt es drei Basisstrategien:

- Senkung des Kraftstoffverbrauchs durch
  - aerodynamische Fahrzeugkarosserien zur Verminderung des Luftwiderstandes,
  - Gewichtseinsparung durch Verwendung von leichten Materialien wie Aluminium und Magnesium,
  - Motoroptimierung durch verbrauchsarme Verbrennung wie Direkteinspritzung beim Ottomotor und Pumpe-Düse-Technik beim Dieselmotor,
  - Getriebeoptimierung durch Anpassung an Fahrzeuggewicht und -größe, z. B. 6-Gang-Getriebe,
  - Abgasrückführung,
  - Motormanagementsysteme,
  - Tankentlüftung.
- Abgasreinigung
  - Abgasreinigung durch Katalysatoren und Partikelfilter.
- Funktionskontrollen
  - Funktionskontrolle aller abgasrelevanten Bauteile durch „On-Board-Diagnose" (USA: OBD, Europa: EOBD).
    Sie ist seit Anfang 2000 vom Gesetzgeber für Typprüfungen von Neufahrzeugen vorgeschrieben.

16.4 Überprüfung der Abgasemissionen (Typprüfung)

Der Gesetzgeber schreibt bei der Typprüfung für Neufahrzeuge zur Erteilung der allgemeinen Betriebserlaubnis maximale Abgasgrenzwerte vor. Die Abgasemissionen eines Fahrzeuges werden auf einem Rollenprüfstand mit einer Messanlage ermittelt. Hierbei wird ein festgelegter Fahrzyklus auf dem Rollenprüfstand abgefahren und dabei die Abgaskomponenten gemessen. Seit dem 1. 1. 2000 beginnt die Messung sofort mit dem Start, ohne Warmlaufphase, nach dem „Neuen Europäischen Fahrzyklus" (NEFZ). Damit werden auch die Abgaskomponenten gemessen, die bei einem Kaltstart entstehen. Der erste Zyklus entspricht einer Fahrt in der Stadt mit einer Geschwindigkeit von 0 bis 50 km/h, der viermal ohne Unterbrechung durchgefahren wird und 13 Minuten dauert. Der anschließende Zyklus von 7 Minuten entspricht einer Fahrt außerorts mit einer maximalen Geschwindigkeit von 120 km/h. Die Zykluslänge ist 11,007 km. Die Abgasemissionen dürfen die Grenzwerte in g/km der gültigen Norm nicht überschreiten.

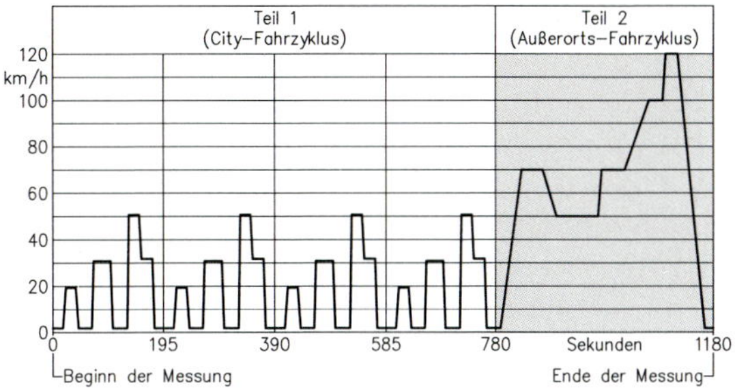

16.5 Normen und Verordnungen zu den Abgasemissionen

In Deutschland, Europa, USA und weltweit (Kyoto-Protokoll) wurden in den vergangenen Jahren Beschlüsse und Gesetze verfasst, die die Reduzierung des Ausstoßes von Luftschadstoffen zum Ziel haben.

16.5.1 Europäische Normen

Die europäischen Normen schreiben der Automobilindustrie die Emissions-Grenzwerte für neue Fahrzeugmodelle vor.

Die Abgaskomponenten Stickstoffoxide und Kohlenwasserstoffe bei Dieselmotoren werden zusammen angegeben. Der Fahrzyklus (NEFZ = Neuer Europäischer Fahrzyklus) hat 40 Sekunden Vorlaufzeit, bevor die Messung der Abgasemissionen beginnt. Die Messwerte werden in mg/km angegeben.

Die Vorgaben in den weiteren europäischen Normen zeigen, wie die Abgasemissionen verringert werden.

EU 4 (ab 1.1.2005)

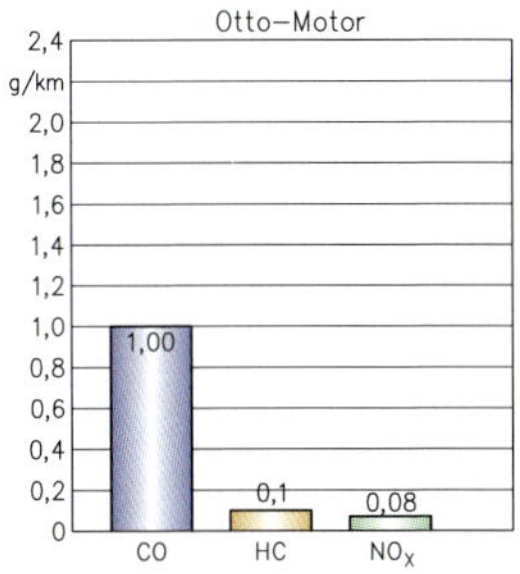

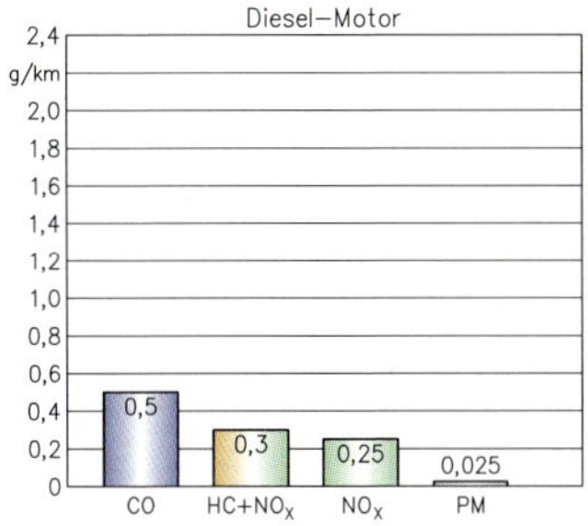

EU 5 (ab 1.9.2009)

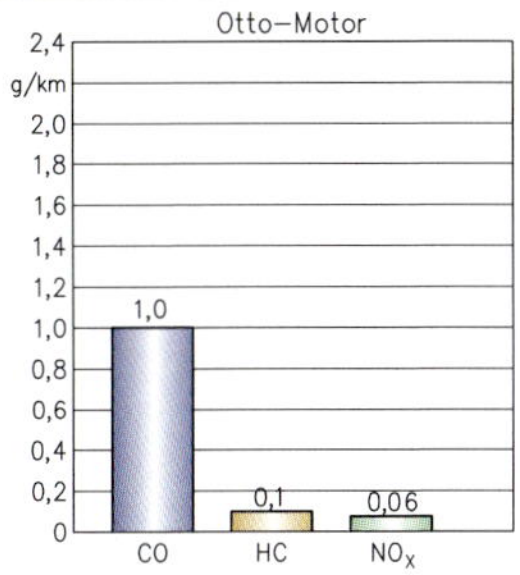

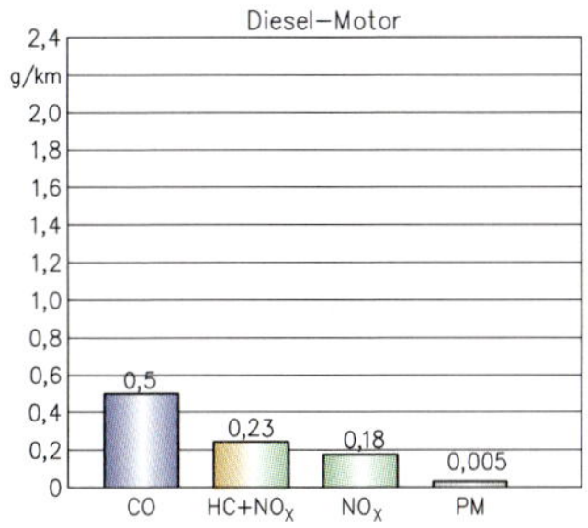

EU 6 (ab 1.9.2014)

0,0068 g/km NMHC (Nicht-Methan-Kohlenwasserstoff)

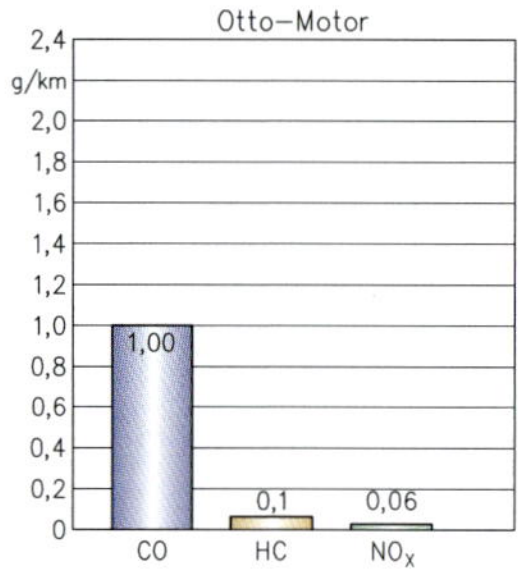

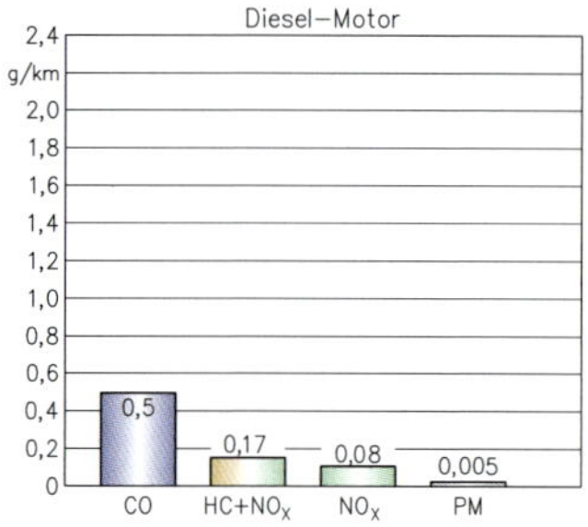

16.5.2 On-Board-Diagnose in Europa (EOBD)

Auf Basis der in EU-III/EU-IV-Normen festgelegten Richtlinien zur Schadstoffreduzierung hat die EU für alle Mitgliedsstaaten die Einführung der OBD vorgeschrieben. Alle Funktionen und Diagnosen der abgasrelevanten Systeme werden vom Motorsteuergerät selbstständig ausgeführt, ohne dass der Fahrer etwas bemerkt.

Die sichtbaren Elemente der EOBD sind

- die Abgas-Warnleuchte,
- die Diagnoseschnittstelle.

Abgaswarnleuchte

Die Abgaswarnleuchte zur Anzeige abgasrelevanter Fehler im Sichtfeld des Fahrers wird als „Malfunction Indicator (MI) (Fehlfunktions-Anzeige)" bezeichnet. Wenn das Motorsteuergerät bei abgasrelevanten Bauteilen einen Fehler erkennt, wird die Abgaswarnleuchte aktiviert.

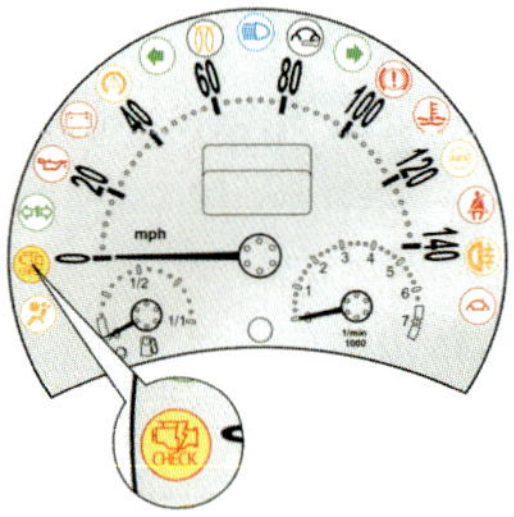

- Die Abgaswarnleuchte leuchtet auf:
  - bei stehendem Motor und eingeschalteter Zündung,
  - wenn die zulässigen Abgaswerte in zwei aufeinanderfolgenden Fahrzyklen (bestehend aus Motorstart, Fahrzeugbetrieb mit definierten Drehzahlen und Geschwindigkeiten und Motorschubphase) rechnerisch um den 1,5-fachen Wert überschritten werden.
- Die Abgasleuchte blinkt:
  wenn Verbrennungsaussetzer auftreten, die den Katalysator gefährden können.

Diagnoseschnittstelle

Über die Diagnoseschnittstelle können die gespeicherten EOBD-Daten ausgelesen werden. Die Steckerbelegung ist vorgeschrieben:

Pin 7 + 15: Datenübertragung nach DIN ISO 9141-2
Pin 2 + 10: Datenübertragung nach SAE J 1850
Pin 4: Fahrzeugmasse
Pin 5: Signalmasse
Pin 16: Batterieplus (Kl. 30)

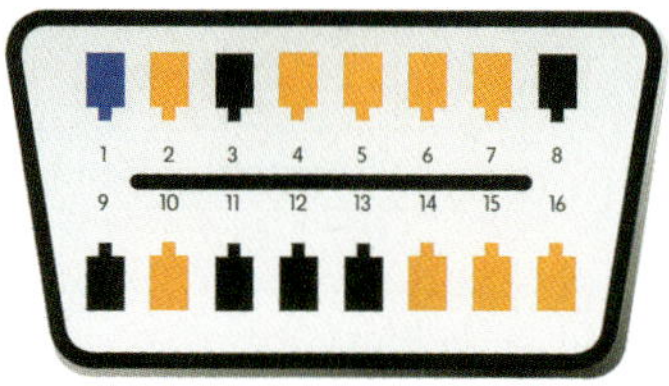

Die anderen Pins können vom Hersteller zur Nutzung weiterer Diagnosefunktionen frei belegt werden.

Die Fehlercodes sind standardisiert und können mit jedem OBD-Datensichtgerät (Scan Tool) ausgelesen werden.

16.6 Euro-On-Board-Diagnose für Ottomotoren

16.6.1 Prüfungsumfang

Der EOBD-Prüfungsumfang für Ottomotoren mit z. B. der ME-Motronic zeigt die folgende Aufzählung:

- Comprehensive Components Monitoring
- Vor-Kat-Sonde
- Lambda-Sondenheizung-Diagnose
- Nach-Kat-Sonde
- Katalysator
- Tankentlüftungssystem
- Verbrennungsaussetzer
- Abgasrückführungssystem
- Elektrische Gasbetätigung
- CAN-Datenbus
- Sekundärluftsystem
- Ladedruckregelung

Überwachung

kontinuierlich

- Verbrennungsaussetzer
- Gemischadaption
- Abgasrelevante Komponenten der Gemischaufbereitung

sporadisch

- Katalysatorfunktion
- Katalysatorheizung
- Lambdasonde
- Lambda-Sondenheizung
- Sekundärluftsystem
- Abgasrückführung
- Tankentlüftungssystem
- Klimaanlage

16.6.2 Abgasrelevante Systeme und ihre Diagnoseverfahren

16.6.2.1 Comprehensive Components Monitoring (Leitungsgebundene Fehler)

Dieses Diagnoseverfahren überwacht im Rahmen der EOBD alle abgasrelevanten Sensoren, Aktoren und Endstufen auf ihre Funktion. Diese Bauteile werden nach folgenden Kriterien geprüft:

- Überprüfung der Ein- und Ausgangssignale auf Plausibilität
- Kurzschluss nach Masse
- Kurzschluss nach Plus
- Leitungsunterbrechung

16.6.2.2 Lambda-Regelkreis

Luftmasse und Motordrehzahl sind Basis für das Einspritzsignal. Aus dem Signal der Vor-Kat-Sonde (Breitband-Sonde) errechnet das Motorsteuergerät den zusätzlichen Korrekturfaktor für die Einspritzzeit. Durch den ständigen Datenaustausch von Luftmassenmesser, Drehzahlgeber und Vor-Kat-Sonde, Steuergerät mit Lambda-Kennfeld für die verschiedenen Motorbetriebszustände wird die Einspritzzeit so geregelt, dass das Kraftstoff-Luft-Verhältnis $\lambda = 1$ erreicht wird.

Durch Alterung und Vergiftung kann eine Verschiebung der Spannungskurve der Vor-Kat-Sonde hervorgerufen werden. Mithilfe eines zweiten Regelkreises wird die Verschiebung der Spannungskurve in einem bestimmten Bereich (Adaption) korrigiert, wodurch eine langzeitstabile Gemischzusammensetzung gewährleistet wird.

Der Katalysator baut die Schadstoffe bis zu 90 % ab, wenn das Kraftstoff-Luft-Gemisch durch den geschlossenen Regelkreis ständig innerhalb des Lambda-Fensters gehalten wird.

Die Nach-Kat-Sonde überprüft den Konvertierungsgrad (Maß für die Reinigung) des Katalysators.

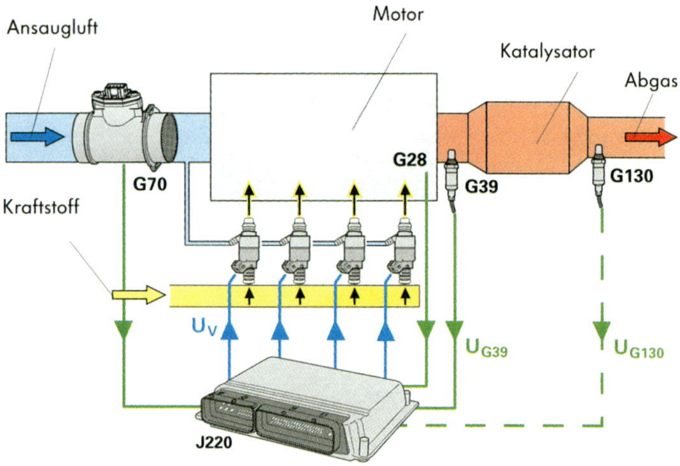

G28	Geber Motordrehzahl
G39	Lambda-Sonde vor Katalysator
G70	Luftmassenmesser
G130	Lambda-Sonde nach Katalysator
U_{G39}	Sondenspannung Lambda-Sonde vor Katalysator
U_{G130}	Sondenspannung Lambda-Sonde nach Katalysatoren
U_V	Steuerspannung Einspritzventile

Vor-Kat-Sonde

Die Vor-Kat-Sonde ist eine Breitband-Lambda-Sonde, die eine nahezu lineare Steigerung der Stromstärke aufweist.
Hierdurch ist eine Messung des Lambdawertes über einen größeren Messbereich möglich. Der Lambdawert wird aus einer Stromstärkenänderung ermittelt.

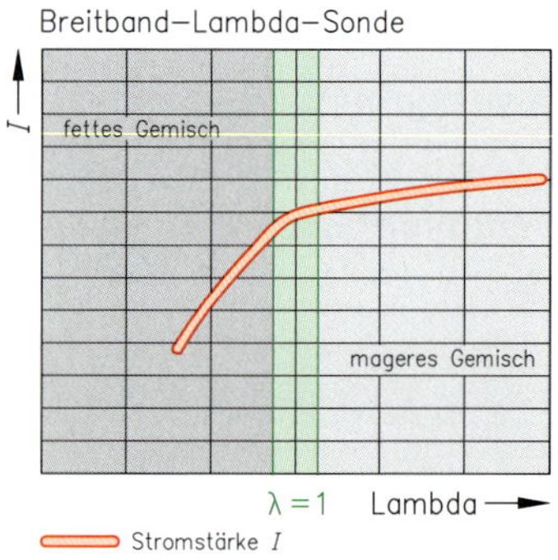

Nach-Kat-Sonde

Für die Nach-Kat-Sonde wird eine so genannte Sprung-Lambda-Sonde verwendet. Die Sonde stellt entweder ein fettes oder mageres Gemisch fest, was zu einer sprunghaften Spannungskurve führt, die für die Überwachungsfunktion der Nach-Kat-Sonde ausreicht. Der Lambdawert wird aus einer Spannungsänderung ermittelt.

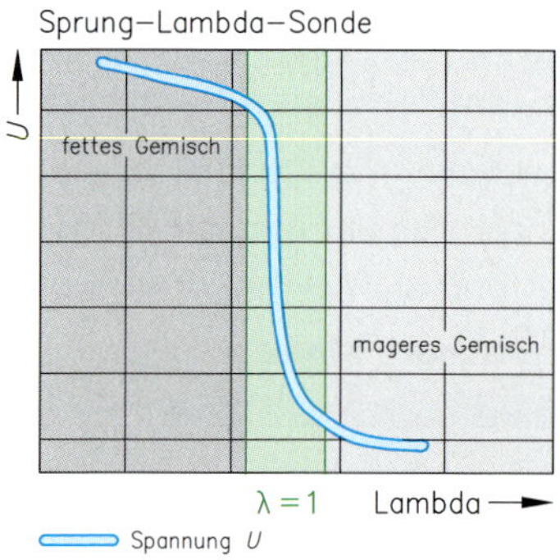

Lambda-Sonden-Alterungsdiagnose der Vor-Kat-Sonde

Durch Alterung und Vergiftung kann das Ansprechverhalten der Lambda-Sonde beeinflusst werden:

- Die Reaktionszeit verändert sich.
- Die Spannungskurve der Sonde verschiebt sich.

Beides führt zu einer Verringerung des λ-Fensters und zu einer schlechteren Sauerstoffaufnahmefähigkeit und damit zu einem schlechteren Konvertierungsvermögen (Maß für die Reinigung) des Katalysators.

Reaktionszeitdiagnose der Vor-Kat-Sonde

Beim Einsatz der Breitband-Lambda-Sonde beträgt der Lambdawert immer $\lambda = 1$. Der Katalysator benötigt zu einer optimalen Funktion ein leichtes Schwanken der Gemischzusammensetzung. Das Modulieren zwischen fettem und magerem Gemisch erzeugt das Motorsteuergerät künstlich.

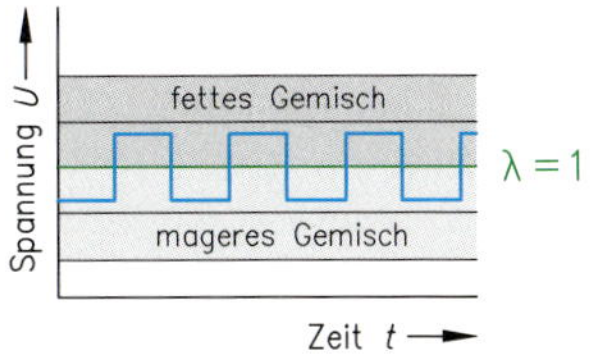

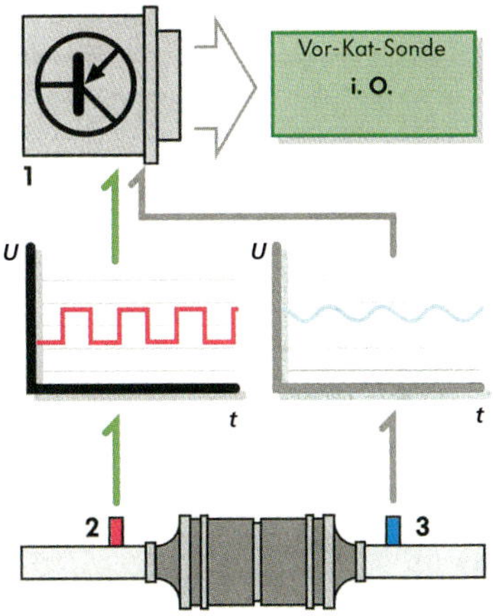

1 Motorsteuergerät
2 Vor-Kat-Sonde
3 Nach-Kat-Sonde

U Spannung
t Zeit

Das Vor-Kat-Sondensignal folgt der Kraftstoff-Luft-Gemischmodulation des Motorsteuergeräts.

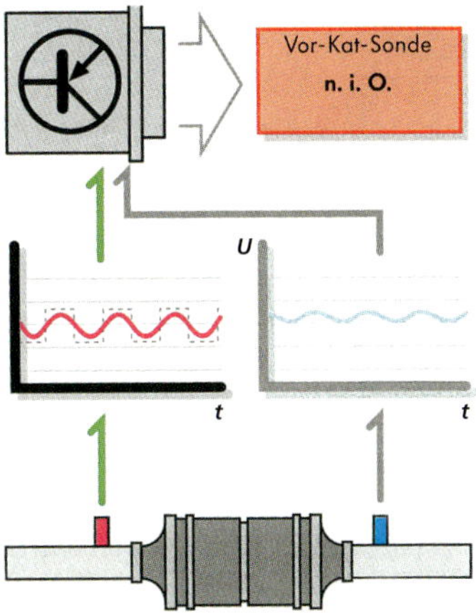

Das Vor-Kat-Sondensignal kann der Kraftstoff-Luft-Gemischmodulation nicht folgen.

Spannungskurven-Verschiebungs-Diagnose und Adaption der Vor-Kat-Sonde

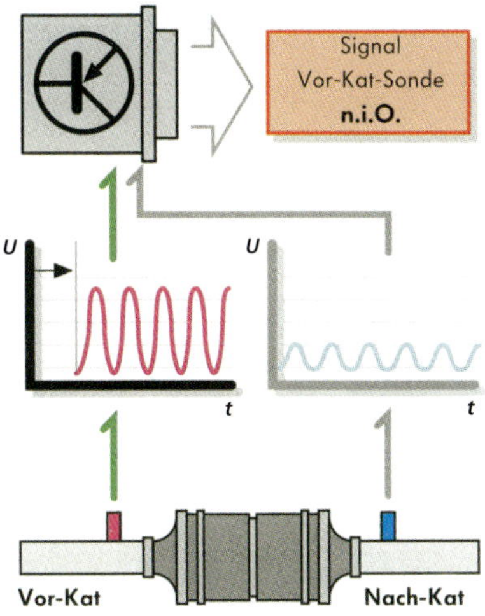

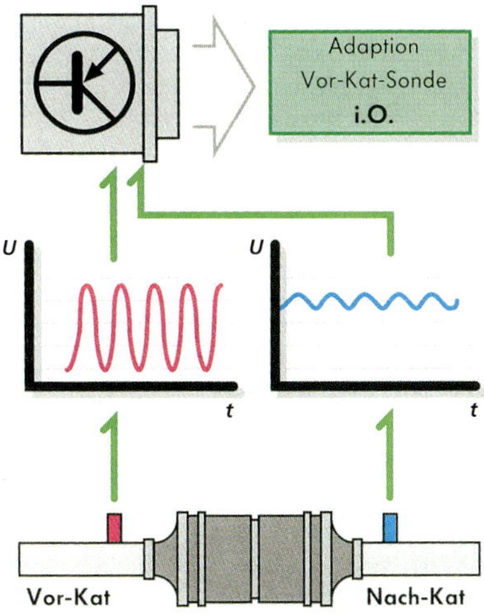

Das Motorsteuergerät erkennt die Verschiebung und korrigiert sie in einem bestimmten Rahmen.

Diagnosen der Nach-Kat-Sonde

Regelgrenzendiagnose der Nach-Kat-Sonde

Bei optimaler Zusammensetzung des Kraftstoff-Luft-Gemischs liegt die Nach-Kat-Sondenspannung im Bereich $\lambda = 1$. Liefert die Nach-Kat-Sonde eine höhere bzw. niedrigere Sondenspannung aufgrund eines fetten bzw. mageren Gemischs, verändert das Motorsteuergerät seinen Lambdaregelwert solange, bis die Nach-Kat-Sonde wieder $\lambda = 1$ meldet. Der Lambdaregelwert besitzt festgelegte Regelgrenzen, die überprüft werden.

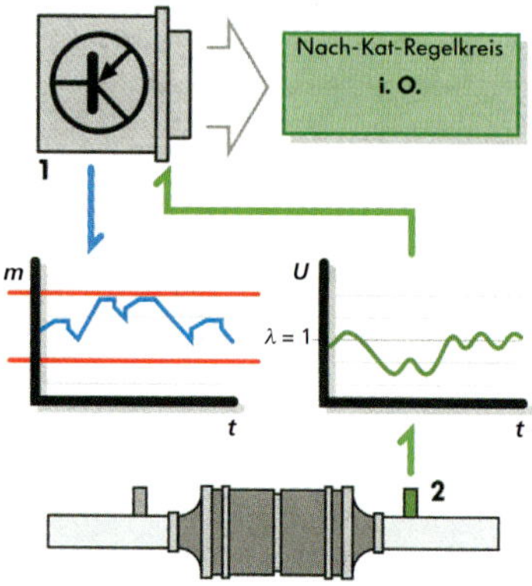

1 Motorsteuergerät
2 Nach-Kat-Sonde
m Lambdaregelwert
U Spannung
t Zeit

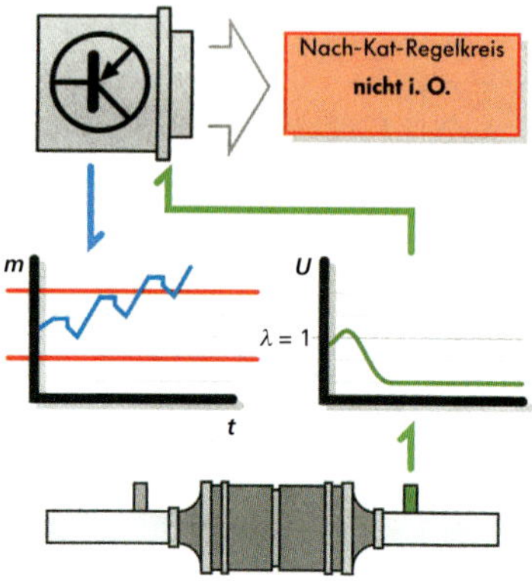

Wenn die Nach-Kat-Sonde dem Motorsteuergerät einen Sauerstoffanstieg durch Spannungsabsenkung meldet, erhöht es den Lambdaregelwert, das Gemisch wird angefettet. Wenn die Nach-Kat-Sondenspannung wieder steigt, senkt das Motorsteuergerät den Lambadregelwert.

Bleibt trotz der Anfettung des Gemisches die Sondenspannung niedrig und das Steuergerät erhöht weiterhin den Lambdaregelwert und die Regelgrenzen werden überschritten, wird ein Fehler der Nach-Kat-Sonde oder der Abgasanlage erkannt.

Bewegungsdiagnose der Nach-Kat-Sonde

Das Motorsteuergerät überwacht die Nach-Kat-Sonde, indem die Signale der Sonde im Beschleunigungs- und Schubbetrieb überprüft werden.
Beschleunigungsbetrieb: Kraftstoff-Luft-Gemisch wird fetter, Sauerstoffanteil im Abgas wird kleiner, die Sondenspannung steigt.
Schubbetrieb: Kraftstoffzufuhr wird abgeschaltet, der Sauerstoffanteil im Abgas wird größer, die Sondenspannung sinkt.

Fahrzeugbeschleunigung als Beispiel

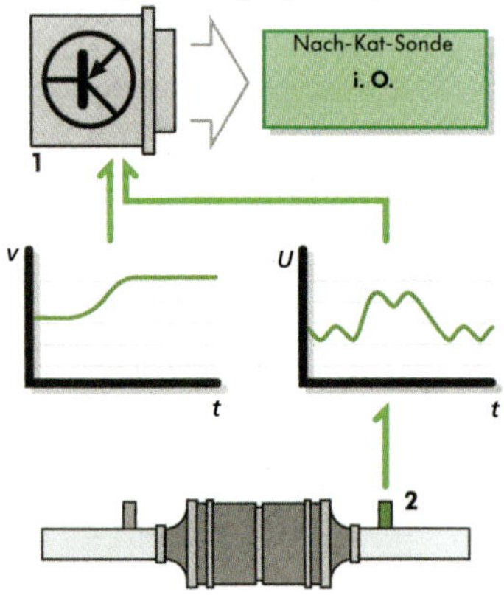

1 Motorsteuergerät
2 Nach-Kat-Sonde
v Fahrzeuggeschwindigkeit
U Spannung
t Zeit

Die Sondenspannung steigt.

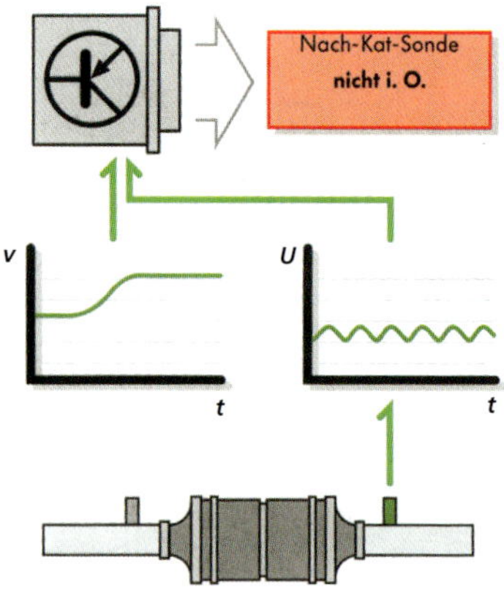

Die Sondenspannung ändert sich nicht. Das Motorsteuergerät erkennt eine defekte Nach-Kat-Sonde.

Katalysator

Der Katalysator besteht aus einem Keramikkörper mit vielen Längskanälen. Die Oberfläche der Längskanäle ist durch einen Wash-Coat vergrößert, um eine möglichst große Oberfläche zu erhalten. Darauf ist eine Edelmetallschicht aufgebracht (Platin, Rhodium und/oder Palladium). Diese Stoffe nehmen an der chemischen Reaktion nicht teil und verbrauchen sich daher nicht.

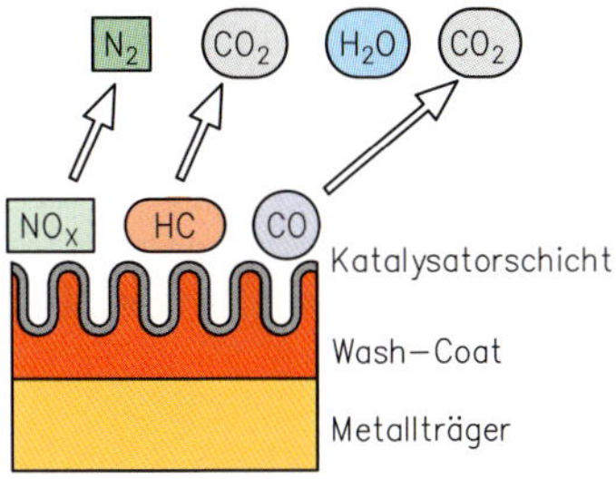

Es gibt zwei gegensätzliche chemische Reaktionen im Katalysator:

- Oxidation: Kohlenstoffmonoxid und Kohlenwasserstoff werden zu Kohlenstoffdioxid und Wasser oxidiert.
- Reduktion: Stickstoffoxide werden zu Stickstoff und Sauerstoff reduziert.

Der Katalysator baut die Schadstoffe bis zu 90 % ab, wenn das Kraftstoff-Luft-Verhältnis im Lambda-Regelkreis ständig innerhalb des Lambdafensters gehalten wird.

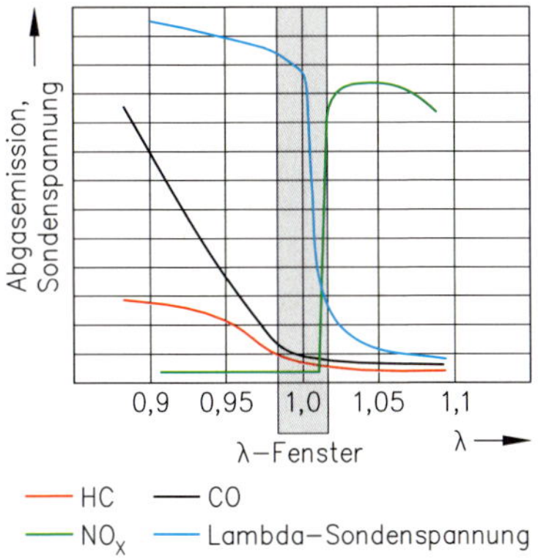

Katalysator-Diagnose

Katalysatorkonvertierungs-Diagnose

Ein gealteter oder fehlerhafter Katalysator besitzt eine geringe Sauerstoffspeicherkapazität. Sein Konvertierungsvermögen wird damit schlechter. Bei der Diagnose werden die Sondenspannungen der Vor- und Nach-Kat-Sonde vom Motorsteuergerät verglichen.

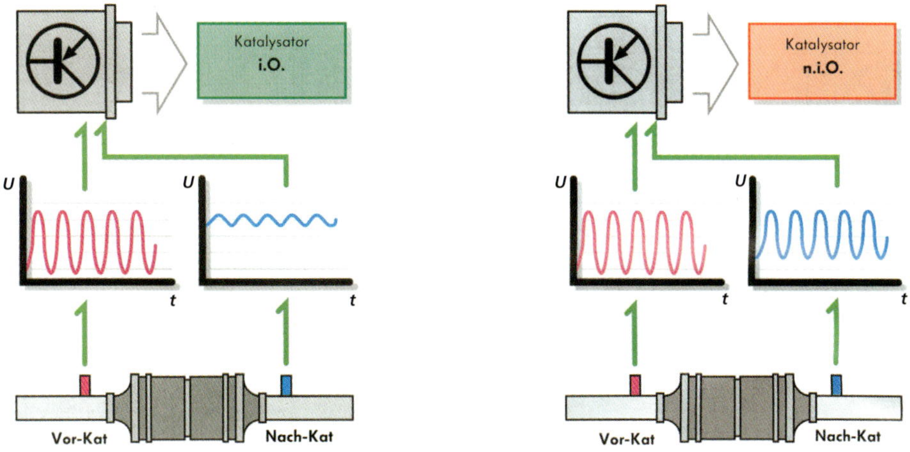

U Spannung *t* Zeit

Die Verhältnisgrößen zwischen Vor- und Nach-Kat-Sonde weichen nicht voneinander ab.

Die Verhältnisgrößen weichen vom Sollwert ab. Das Motorsteuergerät erkennt eine Fehlfunktion des Katalysators. Der Fehler wird im Fehlerspeicher abgelegt und durch die Abgas-Warnleuchte angezeigt.

16.6.2.3 Tankentlüftungssystem/Kraftstoffverdunstungs-Rückhaltesystem

Tankentlüftungssystem

Die Benzindämpfe, die sich über der Oberfläche des Kraftstoffs im Tank bilden, werden im Aktivkohlebehälter gespeichert. Wenn der Aktivkohlebehälter voll ist, wird bei Motorbetrieb das Magnetventil vom Motorsteuergerät angesteuert. Der Unterduck des Motors reißt die gespeicherten Benzindämpfe mit und führt sie über das Saugrohr der Verbrennung zu.

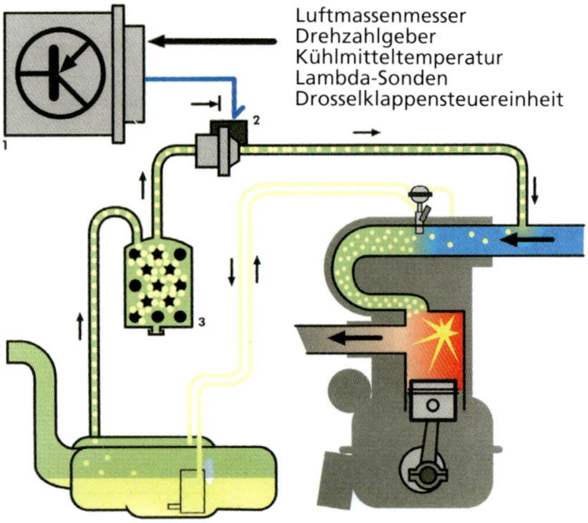

1 Steuergerät für Motronic
2 Magnetventil 1 für Aktivkohlebehälter-Anlage
3 Aktivkohlebehälter

Tankentlüftungs-Durchflussdiagnose

Bei aktivem Tankentlüftungssystem wird

- bei vollem Aktivkohlebehälter das Kraftstoff-Luft-Gemisch fetter,
- bei leerem Aktivkohlebehälter das Kraftstoff-Luft-Gemisch magerer.

Diese Änderung des Kraftstoff-Luft-Gemischs wird von den Lambda-Sonden erfasst und ist ein Maß für die Funktionsprüfung des Tankentlüftungssystems.

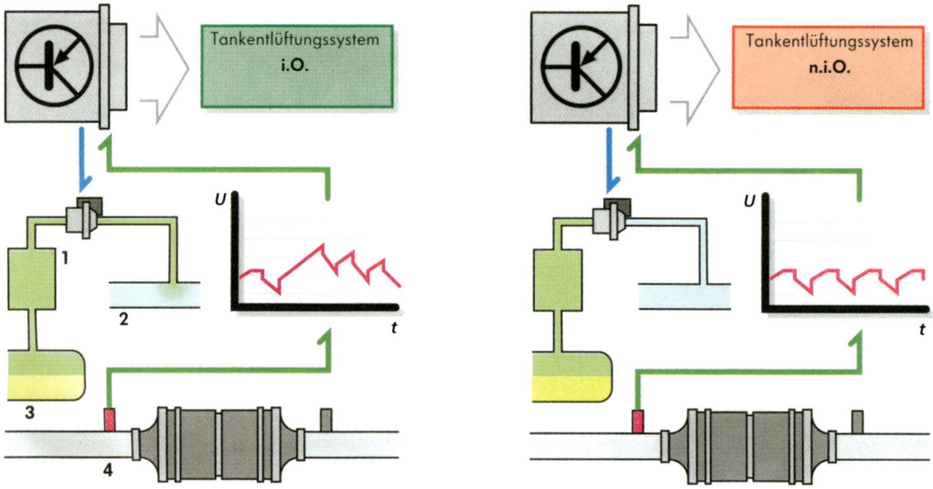

1 Aktivkohlefilter
2 Saugrohr
3 Tank
4 Vor-Kat-Sonde

16.6.2.4 Abgasrückführung

Abgasrückführungssystem

Bei hohen Temperaturen und hohem Druck im Brennraum entstehen Stickstoffoxide. Durch das Einleiten einer bestimmten Menge Abgas in das Kraftstoff-Luftgemisch wird die Verbrennungstemperatur herabgesetzt, wodurch weniger Stickstoffoxide entstehen.

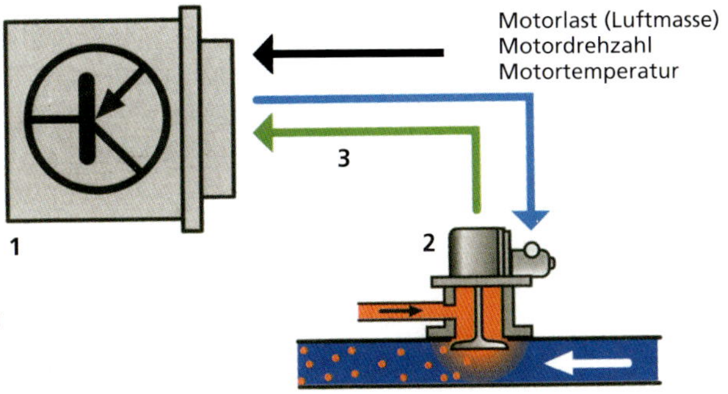

1 Motorsteuergerät
2 Ventil für Abgasrückführung
3 Ventilstellsensor

Abgasrückführungs-Druckdiagnose

Bei aktivierter Abgasrückführung (AGR) steigt der Druck im Saugrohr an, d. h. der Unterduck wird geringer. Das Motorsteuergerät vergleicht den Druckanstieg im Saugrohr mit der zugeführten Abgasmenge und schließt daraus auf die Funktion der Abgasrückführung. Die Prüfung wird nur im Schubbetrieb durchgeführt.

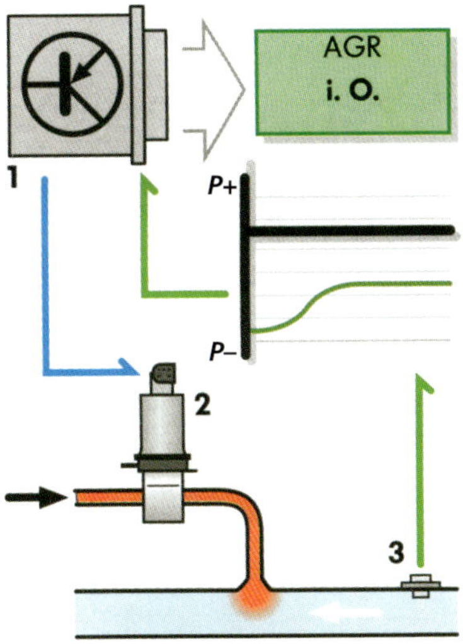

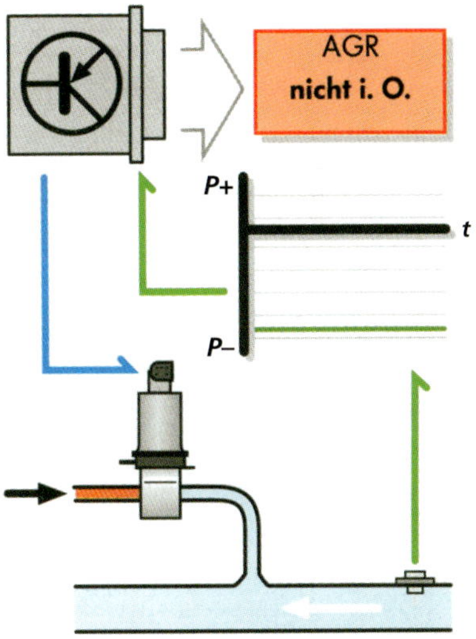

P+ Überdruck
P– Unterdruck
t Zeit

Der Saugrohrdruckgeber stellt bei Aktivierung der AGR einen Druckanstieg fest.

Der Saugrohrdruckgeber stellt keine Veränderung des Saugrohrdruckes fest.

16.6.2.5 Sekundärluftsystem

Sekundärluftsystem

In der Kaltstart- und Warmlaufphase tritt im Abgas ein erhöhter Anteil an unverbrannten Kohlenwasserstoffen auf. Durch die Lufteinblasung findet eine Sauerstoffanreicherung und damit eine Nachanreicherung im Katalysator statt. Die Schadstoffemissionen werden verringert, die freiwerdende Wärme verkürzt die Anlaufzeit des Katalysators.

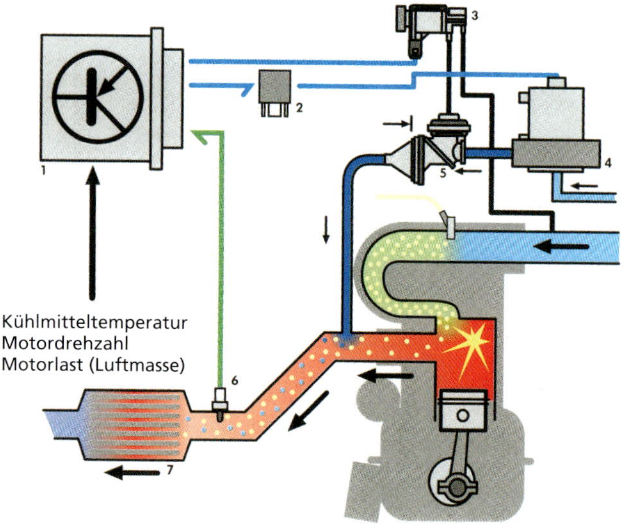

1 Motorsteuergerät
2 Relais für Sekundärluftpumpe
3 Sekundärluftventil
4 Sekundärluftpumpe
5 Kombiventil
6 Vor-Kat-Sonde
7 Vor-Kat

Sekundärluft-Durchflussdiagnose

Das Motorsteuergerät berechnet und überprüft aus dem Lambdawert der Vor-Kat-Sonde vor und während der Sekundärluftförderung die tatsächlich geförderte Luftmasse.

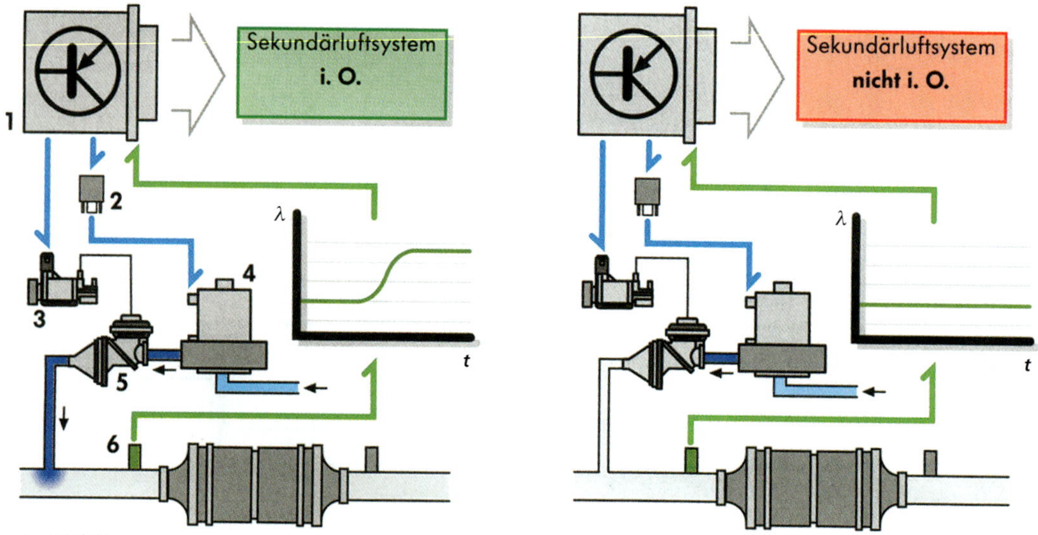

λ Lambda
t Zeit

Die Vor-Kat-Sondenspannung steigt an.

Die Vor-Kat-Sonde reagiert nicht.

16.6.2.6 Ladedruckregelung

Ladedruckregelung

Bei zunehmender Motordrehzahl nimmt der Ladedruck zu. Das Motorsteuergerät erhält die Druckinformation über den Saugrohrdruckgeber und steuert bei zu hohem Ladedruck das Magnetventil für Ladedruckbegrenzung an. Das Magnetventil für Ladedruckbegrenzung öffnet die Steuerleitung für das Bypass-Ventil (Waste-Gate).

Ein Teilabgasmassenstrom wird über das Bypass-Ventil (Waste-Gate) um die Turbine herumgeführt. Der Ladedruck sinkt.

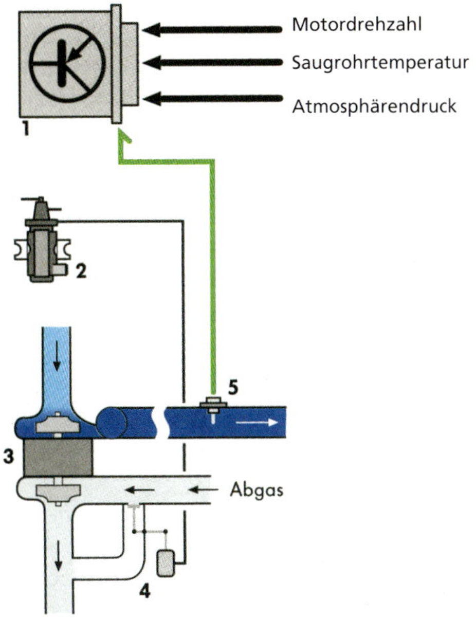

1 Motorsteuergerät
2 Magnetventil für Ladedruckbegrenzung
3 Abgasturbolader mit Ladedruckregelventil
4 Waste-Gate
5 Geber für Saugrohrdruck

Ladedruckgrenzen-Diagnose

Durch zu hohen Ladedruck kann der Motor überlastet werden. Die EOBD überprüft das Überschreiten des maximal erlaubten Ladedrucks und verhindert gleichzeitig eine Überbelastung des Motors.

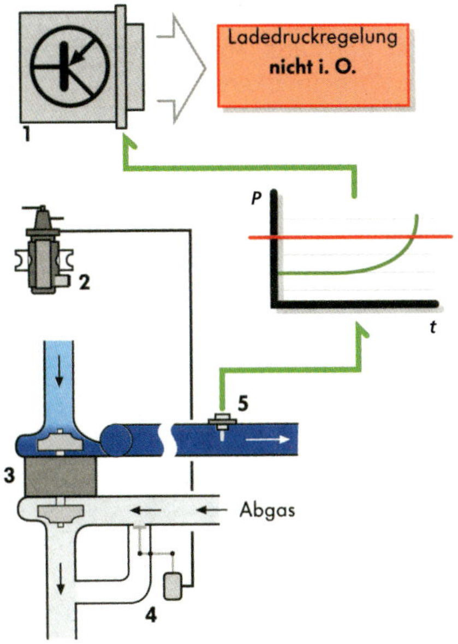

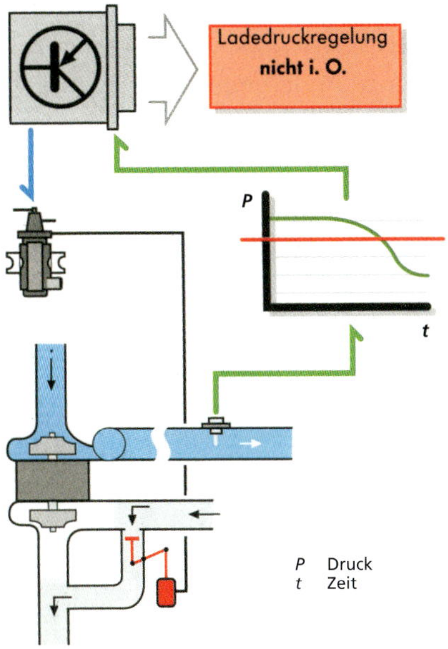

P Druck
t Zeit

- Überschreiten des Ladedruckes
  Der Saugrohrdruckgeber meldet dem Motorsteuergerät den aktuellen Ladedruck. Bei Überschreiten des zulässigen Ladedruckes erkennt das Motorsteuergerät einen Fehler in der Ladedruckregelung.
- Einleiten der Schutzfunktion
  Die Fehlerspeicherung reicht in diesem Fall nicht aus. Zum Schutz des Motors wird das Ladedruckregelventil (Waste-Gate) des Turboladers geöffnet, durch das die Abgase umgeleitet werden.

16.6.2.7 Ruhende Hochspannungserzeugung

Zündzeitpunktermittlung

Um den richtigen Zündzeitpunkt zu ermitteln, werden die Signale der Klopfsensoren, das Lastsignal, die Kühlmitteltemperatur und das Drehzahlsignal vom Steuergerät verarbeitet. Aus diesen Daten passt das Motorsteuergerät den Zündzeitpunkt an den Betriebszustand des Motors an. Im Zündtrafo sind Leistungsendstufen und die Zündspulen zusammengefasst. Bei jeder Zündung werden Zündkerzen über zwei unabhängige Zündspulen angesteuert und bilden einen Zündfunken. Einer erfolgt im Arbeitstakt und einer im Ausstoßtakt. Über die Klopfsensoren lässt sich die klopfende Verbrennung zylinderselektiv feststellen und korrigieren.

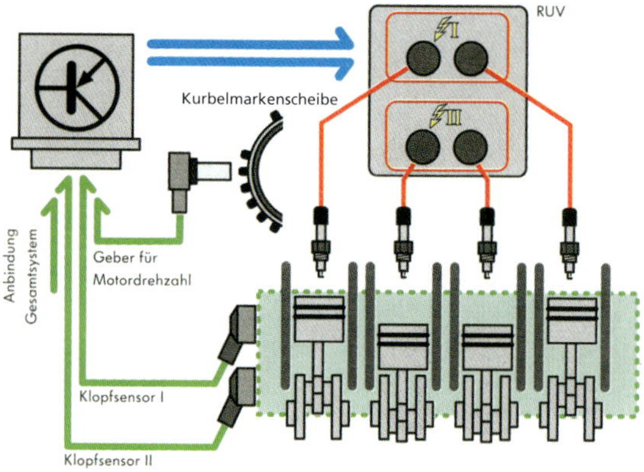

Zylinderselekive Verbrennungsaussetzer-Erkennung (Laufunruheverfahren)

Bei einem Verbrennungsaussetzer gelangt unverbranntes Kraftstoff-Luft-Gemisch in das Abgassystem. Hierdurch kann der Katalysator durch erhöhte katalytische Verbrennung überhitzt oder beschädigt werden. Weiterhin kommt es zu einem Leistungsabfall des Motors und einer Verschlechterung der Abgasqualität.

Die Aussetzererkennung beruht auf der zylinderselektiven Ermittlung der Laufunruhe des Motors. Die Schwankungen im Laufverhalten der Kurbelwelle werden über den Geber für Motordrehzahl und die Kurbelmarkenscheibe festgestellt. Durch die Einbeziehung des Hallgebers können die Zündaussetzer zylinderselektiv erkannt und angezeigt werden.

Die Umlaufgeschwindigkeit der Kurbelmarkenscheibe ist konstant. Treten Aussetzer auf, so kommt es zu Änderungen der Umlaufgeschwindigkeit der Kurbelmarkenscheibe.

Die OBD II überprüft die Aussetzerrate

- in Messintervallen von 1 000 Kurbelwellen-Umdrehungen (eine Aussetzerrate größer 2 % entspricht einer Überschreitung des HC-Gehaltes im Abgas um das 1,5-fache).
- in Messintervallen von 200 Umdrehungen der Kurbelwelle unter Berücksichtigung der Motorlast und -drehzahl.

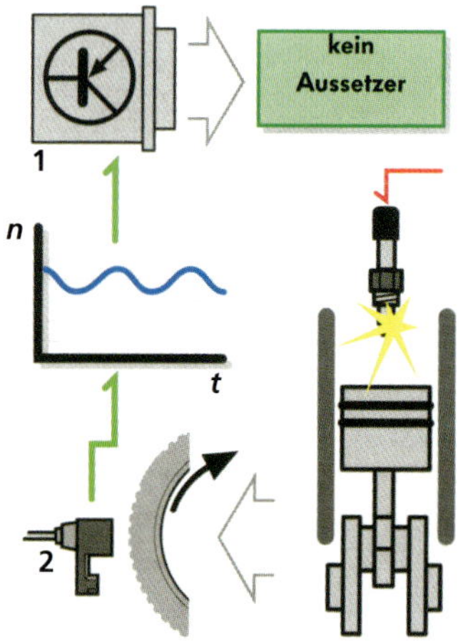

1 Motorsteuergerät
2 Geber für Motordrehzahl

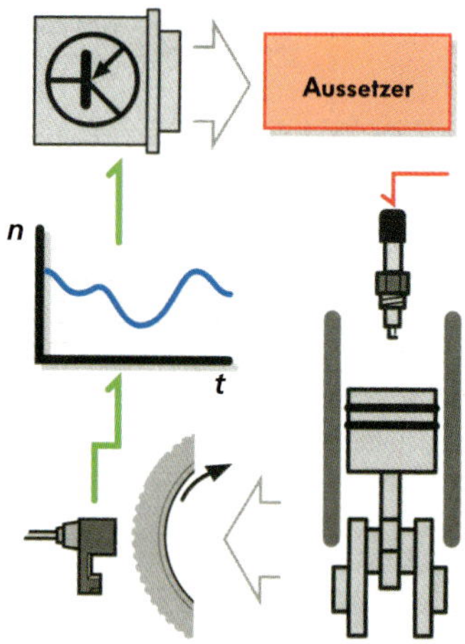

n Motordrehzahl
t Zeit

Werden die EOBD-Abgasgrenzwerte durch Verbrennungsaussetzer überschritten, leuchtet die Abgas-Warnleuchte ständig. Kann jedoch durch Verbrennungsaussetzer der Katalysator beschädigt werden und wird der gefährliche Last-Drehzahlbereich nicht verlassen, blinkt die Abgaswarnleuchte. Kurze Zeit später wird die Kraftstoffzufuhr der entsprechenden Zylinder abgeschaltet.

16.6.2.8 Elektrische Gasbetätigung

E-Gas

Aus dem Fahrerwunsch und den Zusatzsignalen errechnet das Motorsteuergerät die optimale Umsetzung der Drehmomentanforderung. Die Umsetzung erfolgt über die elektromotorisch verstellbare Drosselklappe, die Zündung und die Kraftstoffeinspritzung.

Zusatzsignale kommen z. B. von der Geschwindigkeitsregelanlage, der Klimaanlage, der Leerlaufregelung, der Lambdaregelung, dem Automatikgetriebe und ABS/ESP.

Die elektrische Gasbetätigung prüft:

- den Funktionsrechner im Motorsteuergerät,
- die Geber für Gaspedalstellung,
- die Winkelgeber für Drosselklappenantrieb,
- Bremslichtschalter,
- Brems- und Kupplungspedalschalter,
- Fahrgeschwindigkeitssignal.

Fehler im System werden von der Eigendiagnose erfasst und über die Fehlerlampe (EPC) für elektrische Gasbetätigung angezeigt und gleichzeitig im Fehlerspeicher abgelegt.

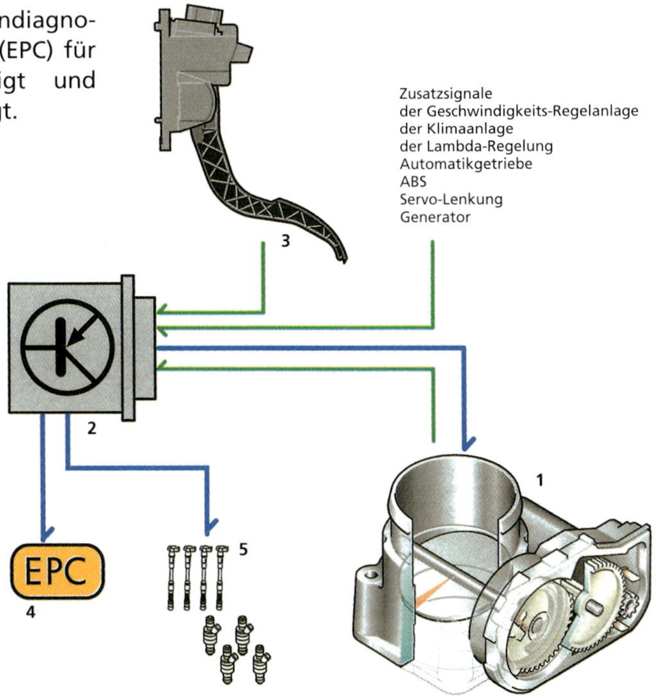

1 Drosselklappensteuereinheit
2 Motorsteuergerät
3 Gaspedalmodul
4 Fehlerlampe für elektrische Gasbetätigung EPC (Electronic Power Control)
5 Zündung, Kraftstoffeinspritzung

E-Gas-Diagnose

Bei der elektrischen Gasbetätigung werden Fehler durch die Fehlerlampe (EPC) angezeigt. Die EOBD nutzt diese Diagnosefunktion und schaltet die Abgas-Warnleuchte ein, wenn der Fehler in den nächsten ein bzw. zwei Fahrzyklen bestehen bleibt.

16.6.2.9 CAN-Datenbus

Über das Bussystem CAN kann das Motorsteuergerät mit den Steuergeräten anderer Fahrzeugsysteme kommunizieren. Der Datenaustausch der Steuergeräte läuft wie folgt ab:

- Das Steuergerät 1 stellt Daten zur Verfügung und sendet sie an die übrigen Steuergeräte. Alle Steuergeräte, die nicht senden, gehen automatisch auf Empfang.
- Die Steuergeräte
  - empfangen die Daten,
  - überprüfen die Daten,
  - übernehmen die Daten, wenn sie benötigt werden, z. B. Steuergerät 4,
  - Steuergeräte, die für die Daten nicht von Bedeutung sind, sperren sie zur Weiterverarbeitung.

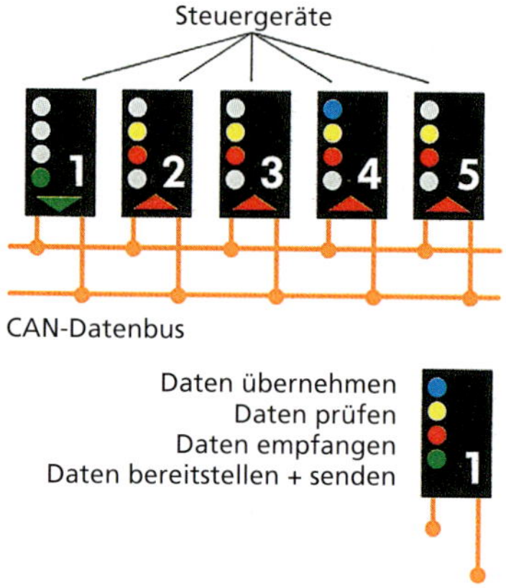

CAN-Datenbus-Datendiagnose

Das Motorsteuergerät kennt die Steuergeräte, die Informationen über den CAN-Datenbus austauschen. Bleibt der Informationsaustausch aus, wird ein Fehler erkannt und abgespeichert.

EOBD-relevante Steuergeräte, die den CAN-Datenbus benutzen, sind:

- Steuergerät mit Anzeigeeinheit im Schalttafeleinsatz,
- Steuergerät für ABS/ESP,
- Steuergerät für Automatikgetriebe.

Der Datenbus muss funktionstüchtig sein, da über ihn die Forderungen (MIL-Requests) anderer Steuergeräte gesendet werden, die Abgas-Warnleuchte (MIL) einzuschalten.

CAN-Datenbus funktionstüchtig
Die angeschlossenen Steuergeräte senden regelmäßig Daten an das Motorsteuergerät. Wenn keine Daten fehlen, funktioniert der Datenaustausch.

CAN-Datenbus unterbrochen
Werden vom Steuergerät keine Informationen an das Motorsteuergerät gesendet, erkennt es den Fehler, identifiziert das betroffene Steuergerät und speichert einen Fehler ab.

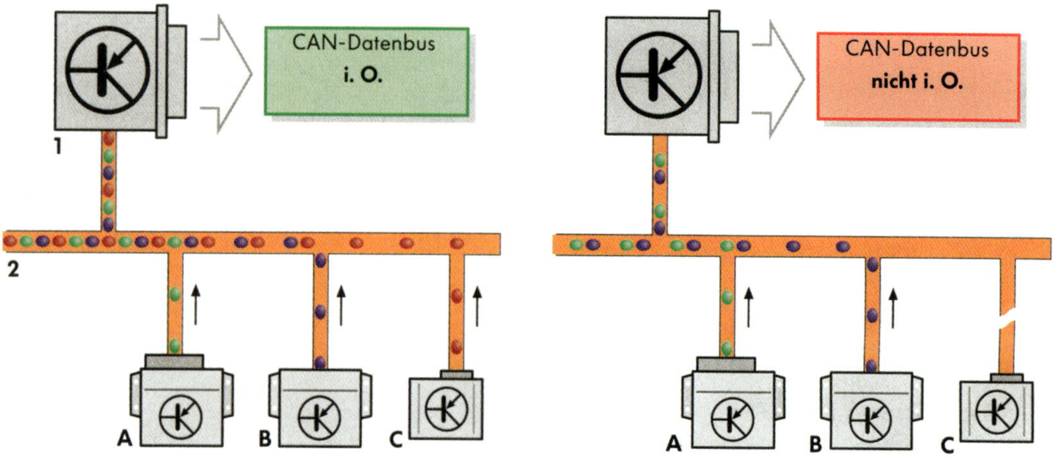

1 Motorsteuergerät
2 CAN-Datenbus

A–C verschiedene Steuergeräte im Fahrzeug

16.7 Euro-On-Board-Diagnose für Dieselmotoren

Seit dem 01. 10. 2003 erhalten neue Fahrzeugmodelle mit Dieselmotoren nur dann eine Typprüfung, wenn sie eine EOBD besitzen. Ab 2004 müssen alle Pkw-Serienfahrzeuge mit Dieselmotor mit einer EOBD ausgerüstet sein. Die EOBD-Funktion muss ein Autoleben lang halten. Die EU IV, die 2005 in Kraft getreten ist und die eine weitere Verringerung der Emissionsgrenzwerte vorsieht, schreibt weiterhin vor, dass die EOBD bis zu einer Fahrleistung von 100 000 km einwandfrei funktionieren muss.

Der EOBD-Prüfungsumfang für Dieselmotoren zeigt die folgende Aufzählung (Ausschnitt):

Prüfungsumfang der EOBD für Dieselmotoren

Diagnoseverfahren	TDI-Motor mit VP 44	PDS
Comprehensive Components Monitoring	X	X
Einspritzbeginn-Regelabweichung	X	
BIP-Regelung		X
Abgasrückführung	X	X
Glühsystem		X
CAN-Datenbus	X	X
Ladedruckregelung	X	X
Partikelfilterüberwachung		X
Lambda-Sonden-Heizungsregelung		X

Sensor-Plausibilisierungen	TDI-Motor mit VP 44	PDS
Geber für Motordrehzahl	X	X
Geber für Kühlmitteltemperatur	X	X
Geber für Ladedruck	X	X
Heißfilm-Luftmassenmesser	X	X
Geber für Kraftstofftemperatur		X
Geber für Nadelhub	X	
Lambda-Sonde		X
Geschwindigkeitssignal	X	X

VP = Radialkolben-Einspritzpumpe, PDS = Pumpe-Düse-System

16.7.1 Einspritzbeginnregelung

Einspritzbeginnregelung bei der Radialkolben-Verteilereinspritzpumpe

Die Spritzbeginnregelung sorgt für den richtigen Zeitpunkt der Kraftstoffförderung. Das Motorsteuergerät berechnet aus den Signalen von

- Motordrehzahl,
- Kühlmitteltemperatur,
- Nadelhub und
- berechneter Kraftstoffmasse

den richtigen Zeitpunkt des Spritzbeginns und gibt entsprechende Impulse über das Pumpensteuergerät (oder direkt) an das Ventil für den Einspritzbeginn. Das Motorsteuergerät überprüft über das Signal des Gebers für Nadelhub den Einspritzbeginn. Weicht er vom Sollwert ab, wird der Einspritzbeginn vom Motorsteuergerät korrigiert.

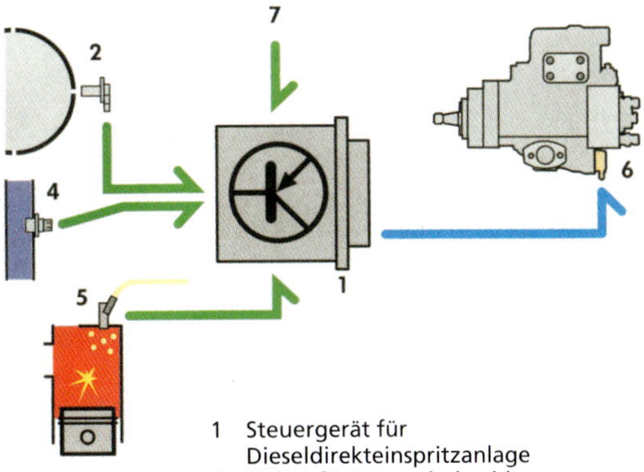

1 Steuergerät für Dieseldirekteinspritzanlage
2 Geber für Motordrehzahl
3 Geberrad
4 Geber für Kühlmitteltemperatur
5 Geber für Nadelhub
6 Ventil für Einspritzbeginn
7 berechnete Einspritzmenge

EOBD-Diagnoseverfahren Einspritzbeginn-Regelabweichung

Der Einspritzbeginn beeinflusst z. B. das Startverhalten, den Kraftstoffverbrauch und die Abgasemissionen.

Die Einspritzbeginn-Regelabweichung ist in Ordnung, wenn der gemessene Wert innerhalb des Sollbereiches bleibt.

Die Einspritzbeginn-Regelabweichung ist nicht in Ordnung, wenn der gemessene Wert einen bestimmten Zeitraum außerhalb des Sollbereiches liegt.

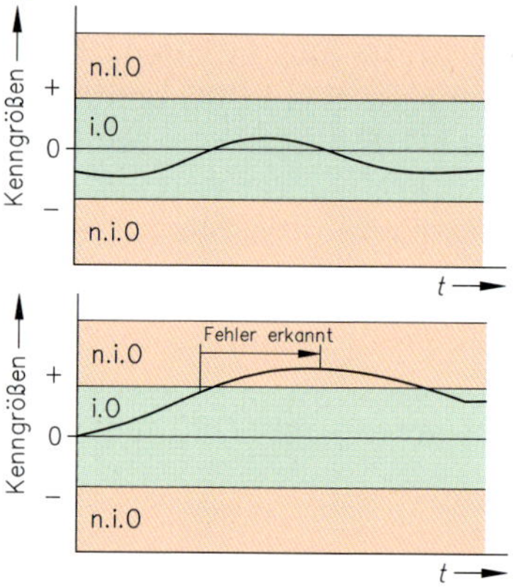

Einspritzvorgang beim Pumpe-Düse-System

Beim Ansteuern des Ventils für Pumpe-Düse wird der Einspritzvorgang eingeleitet. Dabei wird ein Magnetfeld aufgebaut. Die Stromstärke steigt an und das Ventil schließt. Beim Schließen des Ventils gibt es einen Knick im Stromverlauf. Dieser Knick wird als BIP (Beginning of Injection Period) bezeichnet. Er signalisiert dem Steuergerät das Schließen des Ventils für Pumpe-Düse und den Zeitpunkt des Förderbeginns. Nach Schließen des Ventils fällt die Stromstärke auf einen konstanten Haltestrom ab. Ist die berechnete Förderdauer erreicht, beendet das Steuergerät die Ansteuerung und das Ventil schließt.

Es erfasst den tatsächlichen Schließpunkt des Ventils und berechnet daraus die Ansteuerzeit für die nächste Einspritzung. Bei Abweichungen des Ist-Förderbeginns von dem im Steuergerät abgelegten Sollwert korrigiert das Motorsteuergerät nach.

Die BIP-Regelung

Das Motorsteuergerät überwacht den Stromverlauf des Ventils für Pumpe-Düse und wertet ihn aus. Bei intaktem Ventil liegt der BIP innerhalb der Regelgrenze. Liegt er außerhalb, hat das Ventil eine Funktionsstörung und die Abgas-Warnleuchte wird eingeschaltet.

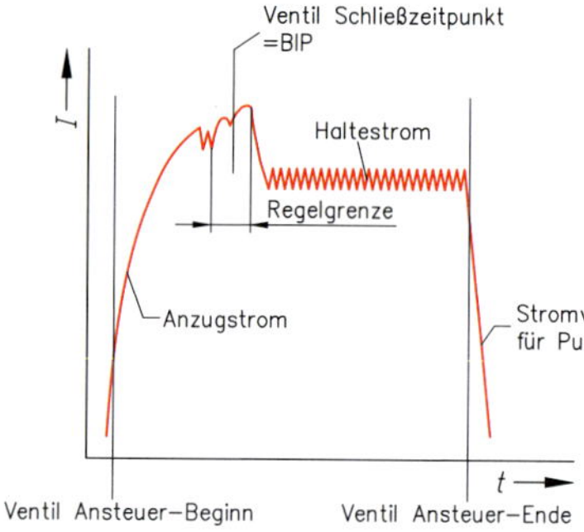

16.7.2 Abgasrückführung

Abgasrückführung

Die bei hohen Temperaturen entstehenden Stickstoffoxide werden durch das Einleiten von Abgas in das Kraftstoff-Luft-Gemisch und der damit verbundenen Temperatursenkung (Abgasrückführungsrate bis 60 %) verringert.

Das vom Motorsteuergerät angesteuerte Ventil für Abgasrückführung leitet den Unterdruck vom Saugrohr an das Abgasrückführungsventil (AGR-Ventil), das öffnet und Abgas in das Saugrohr gelangen lässt.

In den neueren Motoren mit Partikelfiltersystem werden teilweise elektronisch betätigte Abgasrückführungs-Ventile eingesetzt, durch die die Reaktionszeit der AGR-Regelung beschleunigt wird.

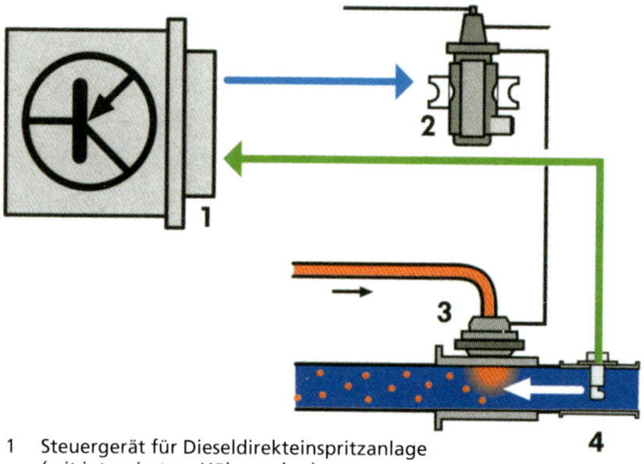

1 Steuergerät für Dieseldirekteinspritzanlage (mit integriertem Höhengeber)
2 Ventil für Abgasrückführung
3 AGR-Ventil
4 Luftmassenmesser

Diagnose Abgasrückführung

Das Motorsteuergerät berechnet bei TDI-Motoren aus der Motordrehzahl, der Soll-Luftmasse und der Einspritzmenge ein Luftmassentoleranzfenster und prüft, ob die gemessene Ist-Luftmasse innerhalb des Toleranzbereiches liegt.

Liegt die gemessene Ist-Luftmasse eine längere Zeit außerhalb des Sollbereiches, besteht im AGR-System ein Fehler.

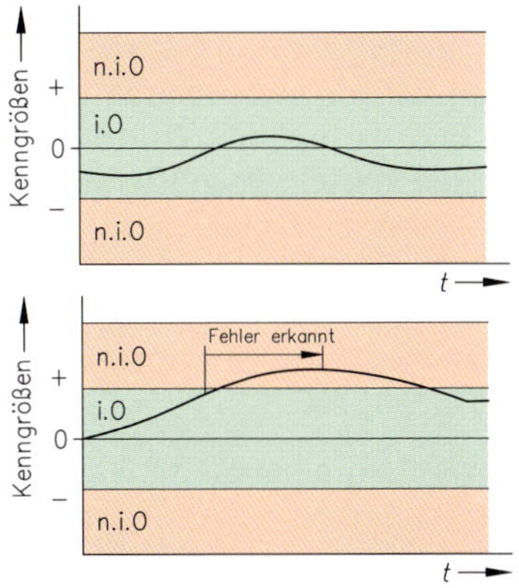

16.7.3 Ladedruckregelung

Ladedruckregelung

Für eine optimale Leistungssteigerung unter Berücksichtigung der Abgasemissionen muss auch der Ladedruck ständig angepasst werden. Aus den Signalen des Gebers für Motordrehzahl, für Saugrohrdruck, Gaspedalstellung und des Höhengebers errrechnet das Steuergerät den notwendigen Ladedruck und regelt damit das Tastverhältnis für das Magnetventil für Ladedruckbegrenzung. Es steuert über eine Unterdruckdose die Leitschaufelverstellung des Turboladers.

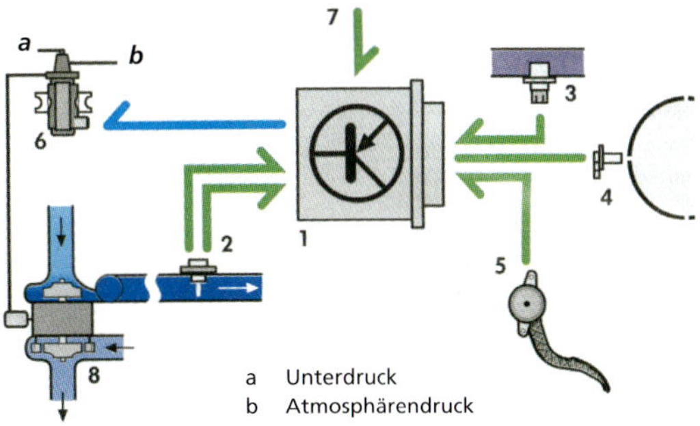

a Unterdruck
b Atmosphärendruck

1 Steuergerät für Dieseldirekteinspritzanlage
2 Geber für Saugrohrdruck und Saugrohrtemperatur
3 Geber für Kühlmitteltemperatur
4 Geber für Motordrehzahl
5 Geber für Gaspedalstellung
6 Magnetventil für Ladedruckbegrenzung
7 Höhengeber
8 Abgasturbolader

Diagnose Ladedruck-Regelabweichung

Die Überwachung wird bei TDI-Motoren in bestimmten Betriebspunkten durchgeführt, die über die Motordrehzahl und die Einspritzmenge bestimmt sind.

Bleibt die Regelabweichung innerhalb eines Soll-Bereiches, liegt im Ladedrucksystem kein Fehler vor.

Bleibt die Ladedruck-Regelabweichung über einen bestimmten Zeitraum außerhalb des Sollbereiches, liegt ein Fehler vor und die Abgas-Warnleuchte beginnt zu leuchten.

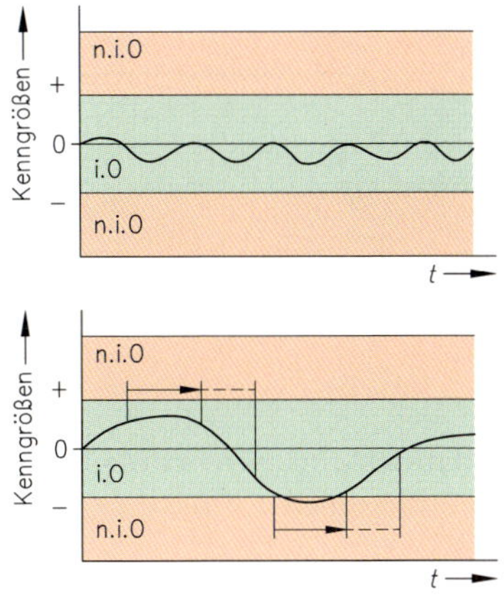

16.7.4 Glühsystem

Glühsystem mit Nachglühphase

Das Glühen ist in zwei Phasen eingeteilt: Vorglühen und Nachglühen. Durch das Vorglühen werden die Starteigenschaften bei kaltem Motor verbessert, durch das Nachglühen wird der Brennraum schneller erwämt. Hierdurch werden u. a. die Abgasemissionen reduziert. Das Nachglühen ist somit eine abgasrelevante Funktion.

Hierzu wird ein eigenes Steuergerät für Glühzeitautomatik eingesetzt, das vom Motorsteuergerät angesteuert wird.

Das Steuergerät für Glühzeitautomatik sendet darauf ein Diagnoseprotokoll an das Steuergerät zurück, in dem erkannte Fehler, z. B. Kurzschluss oder Unterbrechung, vermerkt sind.

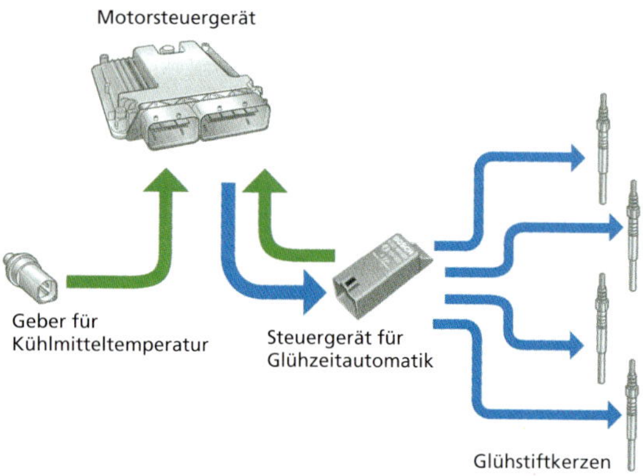

16.7.5 Abgasnachbehandlung

Nach der EU-IV-Norm ist der Einsatz von Partikelfiltern erforderlich.

Partikelfiltersystem

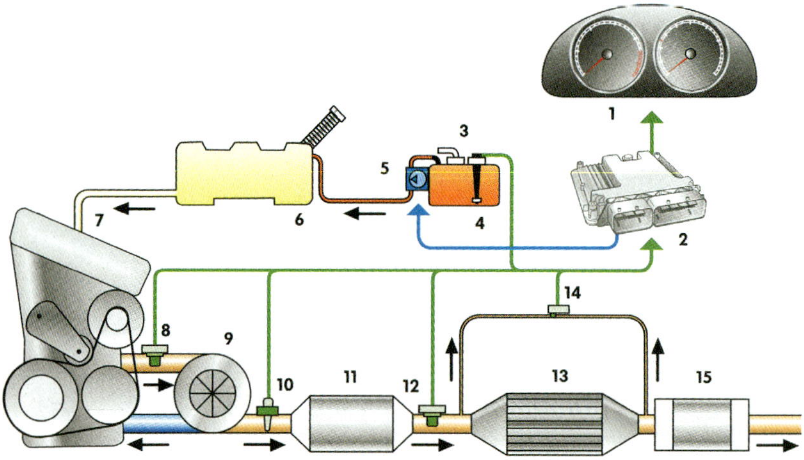

1 Steuergerät Anzeigeeinheit im Schalttafeleinsatz
2 Motorsteuergerät
3 Additivtank
4 Geber für leeren Additivtank
5 Pumpe für Additiv Partikelfilter
6 Kraftstofftank
7 Dieselmotor
8 Geber für Temperatur vor Turbolader
9 Turbolader
10 Lambda-Sonde
11 Oxidationskatalysator
12 Geber für Temperatur vor Partikelfilter
13 Partikelfilter
14 Geber für Differenzdruck
15 Schalldämpfer

Im Oxidationsfilter wird Kohlenstoffmonoxid zu Kohlenstoffdioxid sowie Kohlenwasserstoff zu Wasser und Kohlenstoffdioxid reduziert.

Der Partikelfilter besteht aus Siliziumkarbid und besitzt parallel angeordnete, poröse Kanäle, die wechselseitig mit Keramikpfropfen verschlossen sind. Die Abgase strömen in einen offenen, aber am Ende verschlossenen Kanal und von dort durch die poröse Keramikwand in den nach der entgegengesetzten Seite offenen Kanal. Beim Durchgang durch die Keramikpfropfen werden die Rußpartikel ausgeschieden, sodass sich der Strömungswiderstand erhöht. Damit der Filter mit der Zeit nicht verstopft, muss er durch Verbrennung des Rußes regeneriert werden. Die Zündtemperatur von Ruß beträgt etwa 600 bis 650 °C. Um die Zündtemperatur auf ca. 500 °C zu senken, wird dem Kraftstoff beim Tankvorgang ein Additiv beigemischt, das aus einer organischen Eisenverbindung bzw. Harnstoff besteht. Das Additiv befindet sich in einem Behälter und reicht für eine Fahrtstrecke von ca. 100 000 km.

Über den Geber für Differenzdruck, der den Druckunterschied zwischen Filtereingang und -ausgang misst, erkennt das Steuergerät die zunehmende Verstopfung des Partikelfilters. Aus dem Lambdawert und der Abgastemperatur wird zusätzlich zu der reduzierten Haupteinspritzung eine Nacheinspritzung eingeleitet, wenn sich der Kolben im Arbeitstakt bereits weit nach OT befindet. Gleichzeitig werden die Abgasrückführung abgeschaltet, der Ladedruck erhöht und die Frischluftzufuhr durch die Drosselklappe geregelt.

Dieser Vorgang erfolgt alle 500 bis 700 Kilometer und dauert etwa 5–10 Minuten. Der Partikelfilter muss nach ca. 120 000 km von der Asche gereinigt oder ausgetauscht werden.

EOBD-Überwachung des Partikelfilters

Bei dem Partikelfiltersystem werden folgende Funktionselemente auf ihre elektrische Funktion überwacht:

- Geber für leeren Additivtank,
- Pumpe für Additiv Partikelfilter,
- Geber für Temperatur vor dem Turbolader,
- Lambda-Sonde,
- Geber für Temperatur vor dem Partikelfilter,
- Geber für Differenzdruck.

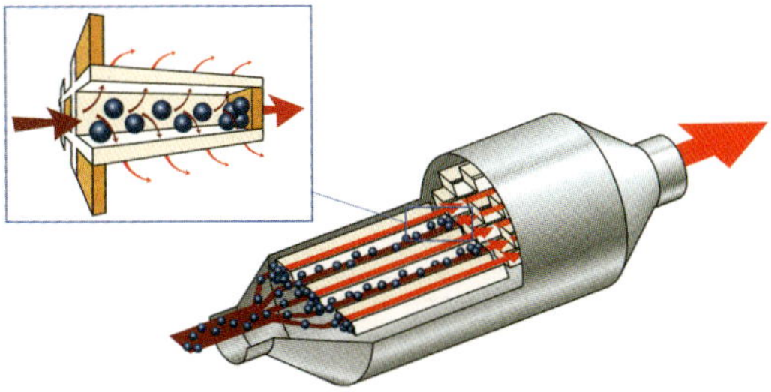

16.8 Diagnose-Rechner

16.8.1 Fehlerspeicher – Aufbau und Funktion

Zur Erfüllung der EOBD-Bestimmungen wird das Motorsteuergerät um einen Funktionsblock zur OBD-Diagnose erweitert. Fehlererkennung und Fehlerspeicherung erfolgen im Diagnose-Rechner:

- Fehler der kontinuierlich und sporadisch überwachten Systeme werden als vermutete Fehler (nicht entprellte Fehler) erkannt und im Fehlerspeicher abgelegt. Gleichzeitig werden die Umgebungsdaten (Geschwindigkeit, Motordrehzahl, Kühlmitteltemperatur, Saugrohrdruck, Motorlast usw.) erfasst.
  Ein vermuteter Fehler wird zum entprellten Fehler, wenn er die Entprellbedingungen erfüllt. Die Entprellbedingungen sind erfüllt, wenn der Fehler z. B. wiederkehrend auftritt (in jeder Aufwärmphase, in aufeinander folgenden Fahrten oder bleibend über einen gewissen Zeitraum).
- Gleichzeitig wird mit dem Readiness-Code angezeigt (ein 12-stelliger Zahlencode), ob alle Diagnosen der Fahrzeugsysteme durchführt wurden.
- Die nicht entprellten Fehler werden auf Plausibilität und Aktualität überprüft.
- Tritt ein Fehler in 2 aufeinanderfolgenden Fahrzyklen auf und führt er zum Überschreiten der Grenzwerte, wird die Abgas-Warnlampe aktiviert und der Fehlercode mit den entsprechenden Umgebungsdaten im OBD-Fehlerspeicher abgelegt.
- Die Fehlerlampe wird gelöscht, wenn bei drei aufeinander folgenden Fahrzyklen der Fehler bei den gespeicherten Umgebungsdaten nicht mehr festgestellt wird.
- Der Fehlercode wird nach 40 fehlerfreien Fahrzyklen vom System gelöscht.

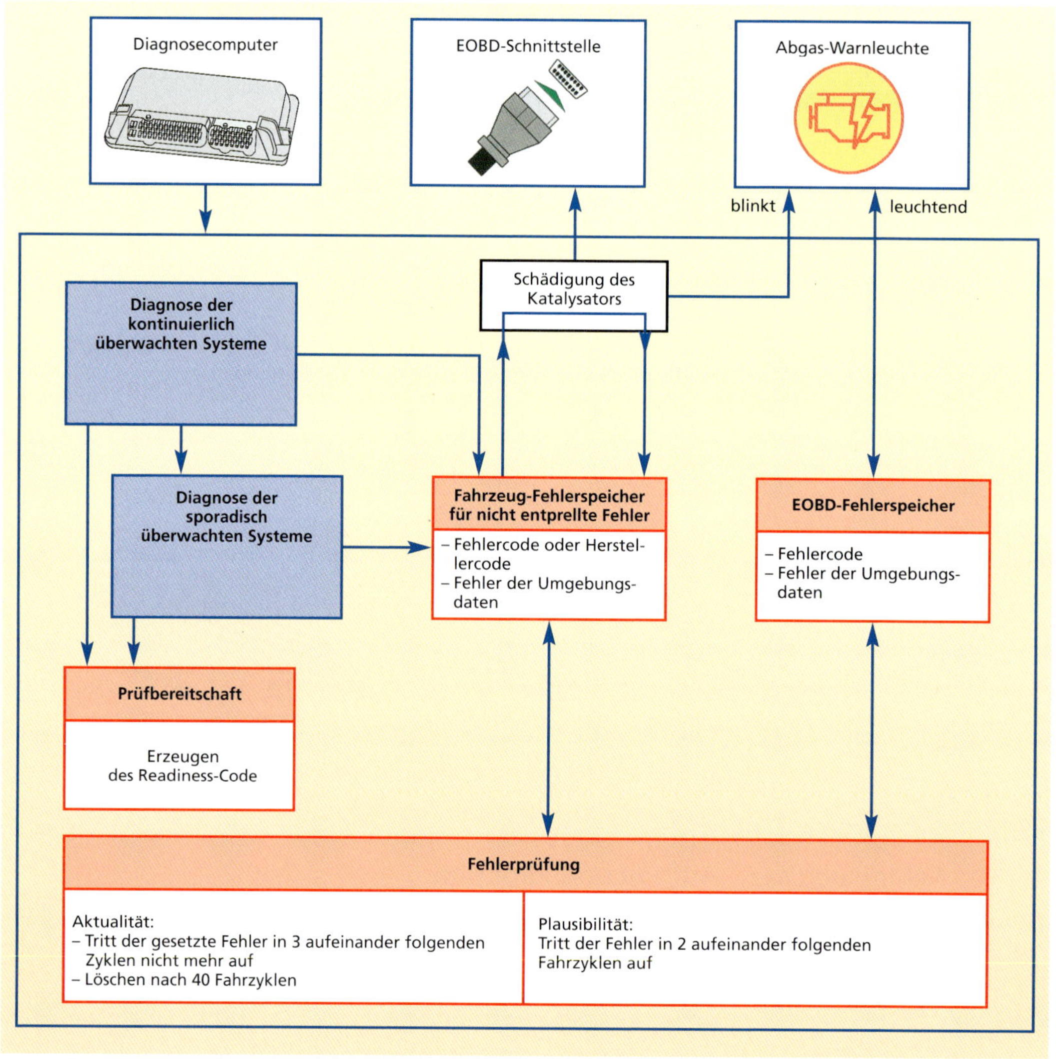

16.8.2 Readiness-Code

Im Rahmen der EOBD werden alle abgasrelevanten Bauteile ständig durch Diagnosen auf ihre korrekte Funktion überprüft. Zusätzlich werden aber auch gesamte Systeme, z. B. das Sekundärluftsystem durch Diagnoseverfahren geprüft, die nicht durchgängig aktiv sind. Damit eine Kontrolle besteht, ob diese Überprüfungen auch wirklich durchgeführt wurden, wird der Readiness-Code gesetzt. Der Readiness-Code gibt nur an, ob eine Diagnose beendet wurde (Setzung = 0) oder noch nicht durchgeführt bzw. unterbrochen wurde (Setzung = 1), zeigt aber nicht an, ob ein Fehler im System vorliegt. Der Readiness-Code wird erzeugt, wenn alle Diagnosen durchlaufen wurden.

Es gibt zwei Möglichkeiten den Readiness-Code auszulesen:

- mit einem beliebigen OBD-Datensichtgerät (Generic-Scan-Tool),
- mit einem entsprechend ausgestatteten Tester.

Der Readiness-Code besteht aus einem 12-stelligen Binärcode. Jede Stelle des Codes entspricht einer Überwachungsfunktion.

Baugruppe		kontinuierlich überwachte Systeme				sporadisch überwachte Systeme							
		unbenutzt	übrige Komponenten	Kraftstoffsystem	Aussetzererkennung	Abgasrückführung	Lambda-Sonden-Heizung	Lambda-Sonde	Klimaanlage	Sekundärluftsystem	Tankentlüftungssystem	Katalysatorheizung	Katalysator
Bit		3	2	1	0	7	6	5	4	3	2	1	0
Readiness-Code	nicht geprüft	1	1	1	1	1	1	1	1	1	1	1	1
	geprüft oder nicht verbaut	0	0	0	0	0	0	0	0	0	0	0	0

Ist die Überwachungsfunktion auf 1 gesetzt, bedeutet das, dass die Überwachung nicht durchgeführt wurde. Bei einer 0 ist die Überwachung abgearbeitet oder das System ist im Fahrzeug nicht verbaut.

Der Readiness-Code wird erzeugt, wenn

- alle Diagnosen fehlerfrei durchlaufen sind und die Abgas-Warnleuchte nicht leuchtet,
- alle Diagnosen durchlaufen und erkannte Fehler im Fehlerspeicher abgelegt sind und durch das Leuchten der Abgas-Warnleuchte angezeigt werden.

Beispiel eines Readiness-Codes: 011101100101

Der Binär-Code wird von rechts nach links gelesen. Es bedeuten:

1 – Katalysator noch nicht geprüft
0 – Katalysatorheizung geprüft oder nicht vorhanden
1 – Tankentlüftungssystem noch nicht geprüft
0 – Sekundärluftsystem geprüft oder nicht vorhanden
0 – Klimaanlage geprüft oder nicht vorhanden
1 – Lambda-Sonde noch nicht geprüft
1 – Lambda-Sondenheizung noch nicht geprüft
0 – Abgasrückführung geprüft oder nicht vorhanden
1 – Aussetzererkennung noch nicht geprüft
1 – Kraftstoffsystem noch nicht geprüft
1 – übrige Komponenten noch nicht geprüft
0 – unbenutzt

Das Beispiel einer Anzeige eines Datensichtgerätes zeigt die Ergebnisse der Abfragen von OBD-Systemen.

Test nicht komplett

Funktionsprüfung OBD
Prüfbereitschaft
unterstützt:
0 1 1 1 0 1 1 0 1 1 1
gesetzt:
0 1 1 0 0 0 1 0 0 0 0
Nicht alle Systemtests durchgeführt

1 = Teilsystem verbaut
0 = Teilsystem nicht verbaut oder Prüfung nicht unterstützt

1 = Prüfung nicht erfolgt
0 = Prüfung erfolgt oder Prüfung nicht unterstützt

Test komplett

Funktionsprüfung OBD
Prüfbereitschaft
unterstützt:
0 1 1 1 0 1 1 0 1 1 1
gesetzt:
0 0 0 0 0 0 0 0 0 0 0
Alle Systemtests durchgeführt

Nach einer Reparatur muss der Readiness-Code wieder erzeugt werden. Er lässt sich nur über das Durchführen der Diagnosen herstellen. Dafür gibt es drei Möglichkeiten:

- Ein NEFZ wird auf einem Rollenprüfstand durchfahren. Im normalen Werkstattbetrieb ist dies kaum möglich.
- Der Readiness-Code wird mithilfe eines „Kurztrips" erzeugt. Der Kurztrip ist kein genormter Fahrzyklus, sondern ein intern beim Hersteller entwickelter Ablauf, um den Readiness-Code durch kurze festgelegte Funktionsprüfungen zu erzeugen.
- Das Fahrzeug wird lange genug im durchschnittlichen Fahrbetrieb gefahren.

Bei Dieselmotoren wird ein bestimmtes Fahrprofil abgefahren, das sicherstellt, dass alle EOBD-Verfahren durchlaufen werden:

- 5 Sekunden Zündung aus,
- 5 Sekunden Wartezeit zwischen Zündung ein und Motorstart,
- 20 Sekunden 42 km/h im 3. Gang,
- aus dem Schub Volllastbeschleunigung im 3. Gang bis 3 500 1/min,
- ungebremste Schubphase im 5. Gang von 2 800 1/min bis 1 200 1/min.

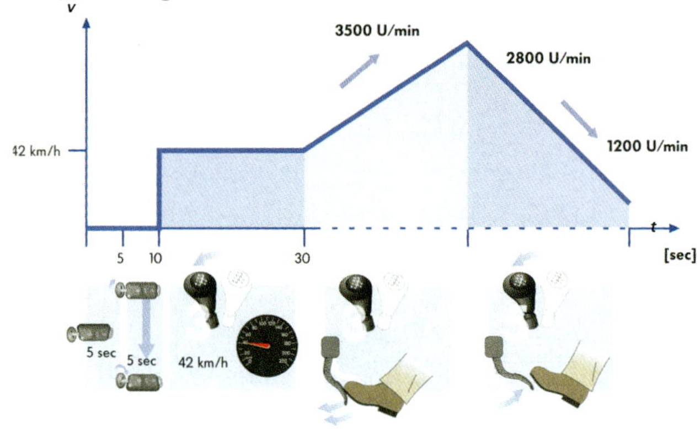

16.8.3 Fehlercodes

Abgasrelevante Fehler werden innerhalb der EOBD vom Motorsteuergerät erfasst. Sie werden mithilfe eines SAE-Codes (SAE J2012) abgespeichert.

Der Fehlercode ist ein fünfstelliger Wert, der aus einem Buchstaben und vier Ziffern besteht. Neben den gesetzlichen P0-Fehlercodes sind herstellerspezifische P1-Fehlercodes zugelassen. Mithilfe von Fehlercodetabellen werden die gesetzlichen P0-Fehlercodes ausgewertet.

Gesetzlicher Fehlercode P0

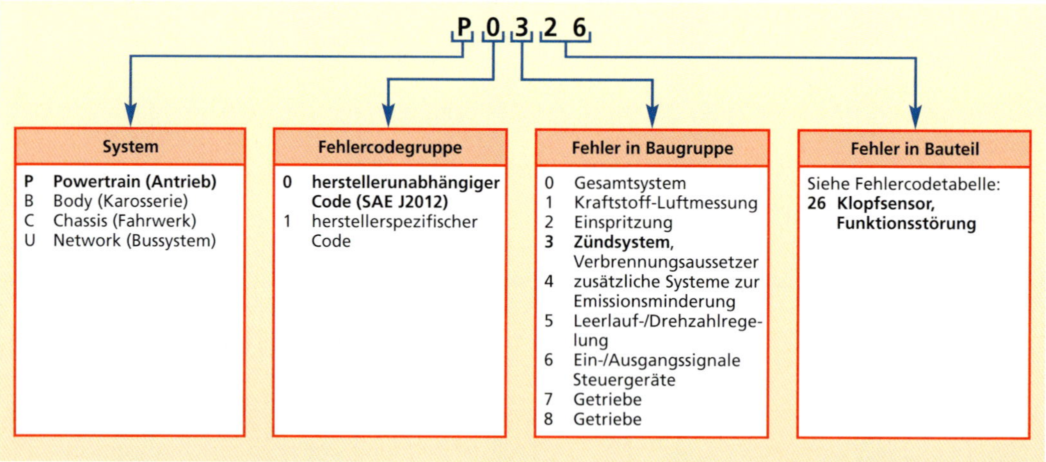

Im Fehlerspeicher des Moduls abgespeicherte Daten können mit einem handelsüblichen Diagnosetester (Universelle Scan-Tool-Geräte) ausgelesen werden. Die Angabe besagt nicht, ob hinter diesem Fehler mehrere weitere Fehler liegen.

16.8.4 Umgebungsdaten (Freeze-Frame-Daten)

Die Umgebungsdaten werden gespeichert, wenn ein Fehler auftritt. Hierzu gehören:

- Fehlercode,
- Motorlast,
- Motordrehzahl,
- Kühlmitteltemperatur,
- Ansauglufttemperatur,
- Fahrgeschwindigkeit,
- Saugrohrdruck,
- Luftdurchsatz,
- Drosselklappenstellung,
- Sekundärluftstatus,
- zurückgelegte Strecke, seitdem der Fehler das erste Mal registriert wurde.

16.8.5 OBD-Datensichtgeräte (Generic-Scan-Tool)

Abgasrelevante Fehler, die durch die EOBD erfasst werden, müssen mit einem OBD-Datensichtgerät ausgelesen werden können.

Es gibt zwei Möglichkeiten des Auslesens:

- Ein eigenständiger Scan-Tool, der zwischen Fahrzeug und AU-Tester geschaltet wird und die Datenverbindung zwischen dem OBD-System im Fahrzeug und dem AU-Prüfgerät herstellt.
- Ein Tester mit integrierter OBD-Prüffunktion.

Die Kommunikation zwischen Motorsteuergerät und dem OBD-Datensichtgerät wird automatisch aufgebaut.

Für eine Abfrage der OBD-Daten im Rahmen der Abgasuntersuchung können verschiedene Prüfebenen durch Auswahl der im Menü angezeigten Betriebsarten (Mode oder Modus) angewählt werden.

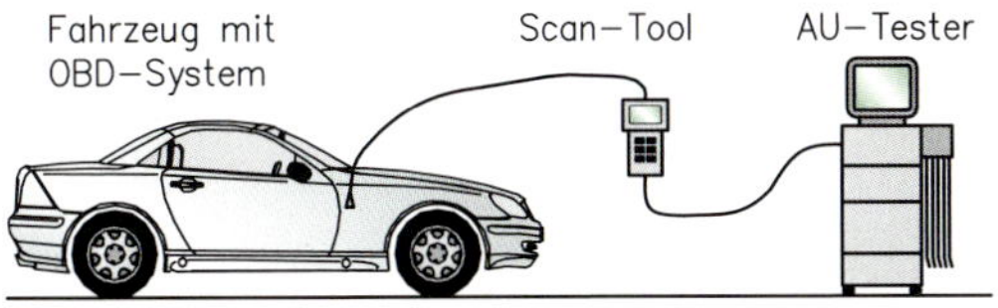

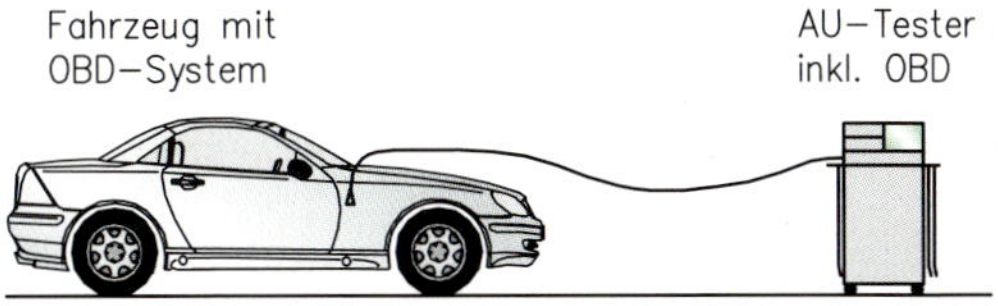

Prüfebene	Diagnosefunktionen
Mode 1	Aktuelle Motorbetriebsdaten auslesen (Istwerte, Readiness-Code)
Mode 2	Betriebsbedingungen, Umgebungsdaten (Freeze-Frame-Daten) auslesen, die während des Speicherns eines Fehlers vorlagen
Mode 3	Abgasrelevante Fehler auslesen, die zum Aktivieren der Abgas-Warnleuchte führen
Mode 4	Fehlercodes und Betriebsbedingungen (Mode 2) löschen
Mode 5	Lambda-Sonden-Signale anzeigen
Mode 6	Messwerte von nicht permanent überwachten Systemen anzeigen (z. B. Sekundärluftsystem, Tankentlüftungssystem, Abgasrückführung)
Mode 7	Fehler auslesen, die noch nicht die Abgaswarnleuchte aktiviert haben (vermutete Fehler)
Mode 8	Wird in Europa nicht belegt
Mode 9	Fahrzeuginformationen anzeigen (z. B. Ident.-Nr., Motorcode, Motorsteuergerätetyp, Software-Identifikation

16.9 Abgasanlage

Die Abgasanlage besteht aus folgenden Teilen:

- Abgaskrümmer,
- Katalysator,
- vorderes Abgasrohr,
- Mittel- und Nachschalldämpfer.

Mittel- und Nachschalldämpfer sind in dem dargestellten Beispiel einteilig. Im Reparaturfall werden sie getrennt und können mit Klemmschellen miteinander verbunden werden.

16.9.1 Aufbau

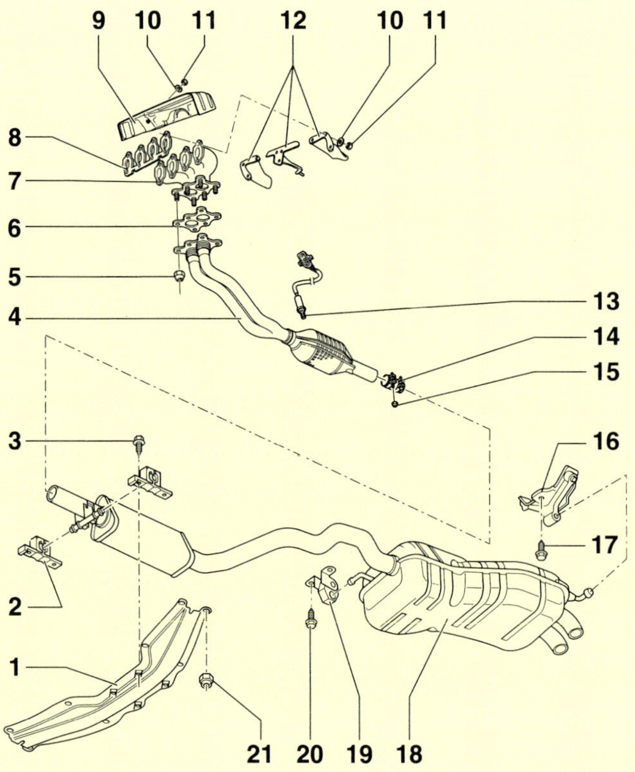

1 Tunnelbrücke
2 Aufhängung
3 Schraube
4 Abgasrohr vorn, Katalysator
5 Mutter
6 Dichtung
7 Abgaskrümmer
8 Dichtung
9 Abschirmblech
10 Unterlegscheibe
11 Mutter
12 Abschirmblech
13 Lambda-Sonde
14 Klemmschelle
15 Mutter
16 Aufhängung
17 Schraube
18 Mittel- und Nachschalldämpfer
19 Aufhängung
20 Schraube
21 Mutter

16.9.2 Schalldämpfung

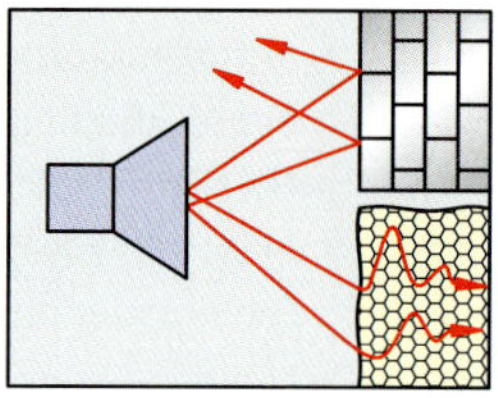

Aufgabe der Schalldämpfung ist es,

- die Schallenergie zu vernichten,
- die turbulente Strömung zu glätten und
- die Abgase an einer günstigen Stelle ins Freie zu leiten.

Es gibt zwei verschiedene Arten, die Schallausbreitung zu verhindern:

- Schalldämmung
  Behinderung der Schallausbreitung durch reflektierende Hindernisse und Löschung bestimmter Schallfrequenzen infolge Überlagerung (Interferenz) von vor- und rücklaufender Schallwelle.
- Schalldämpfung
  Schallenergie wird durch Reibung in einem geeigneten Schallschluckstoff in Wärme umgesetzt.

In der Schalldämpfertechnik arbeitet man mit verschiedenen Methoden, um den Schall zu reduzieren.

Dämpfungselemente

Dämpfungselement	Wirkungsweise	Dämpfungselement	Wirkungsweise
Reflexion 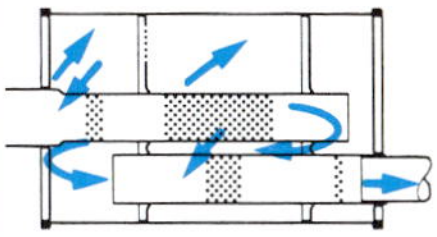	Der Schall wird an den Schallwellenwiderständen, z. B. Querschnittsänderungen, reflektiert. Wie ein abklingendes Echo vernichtet sich ein Teil der Schallenergie von selbst.	Drossel 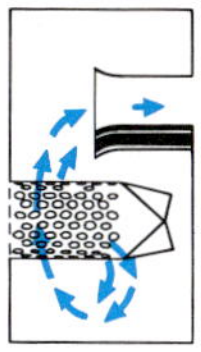	Durch Rohrverengung und Lochungen (Perforation) wird die pulsierende Strömung fein zerteilt und geglättet.
Interferenz 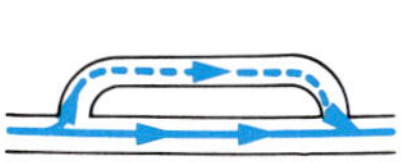	Der Abgasstrom wird geteilt. Die Schallwellen legen unterschiedlich lange Wege zurück. Treffen sie wieder zusammen, überlagern sie sich und löschen sich gegenseitig aus.	Resonator 	Der Resonator saugt die Rohrresonanz ab.
Absorption 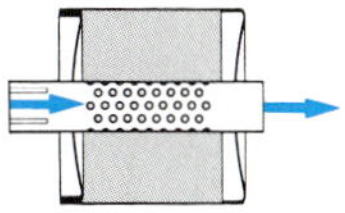	Die Kammer ist mit Schallschluckstoff gefüllt. Die Schallenergie wird durch Reibung im Schallschluckstoff in Wärme umgesetzt.	Kettenleiter 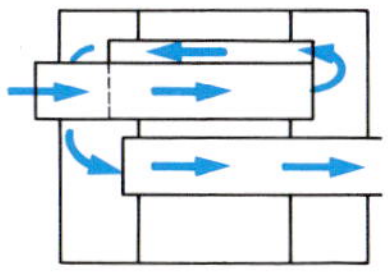	Durch lange Rohrmassen und entsprechende Kammervolumen werden die unteren und mittleren Frequenzen (Brummgeräusche) gedämpft.

Der Schalldämpfer setzt sich aus den unterschiedlichen Dämpfungselementen zusammen:

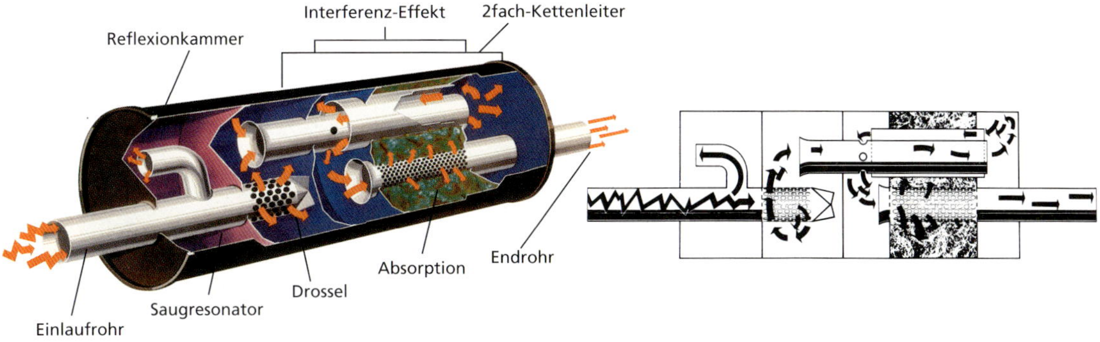

Schalldämpferbauarten

Reflexions-Schalldämpfer

Der Reflexions-Schalldämpfer besteht aus mehreren, aufeinander abgestimmten Kammern, die durch gelochte (perforierte) Rohre verbunden sind. Die Schalldämpfung erfolgt durch

- Reflexion,
- Interferenz.

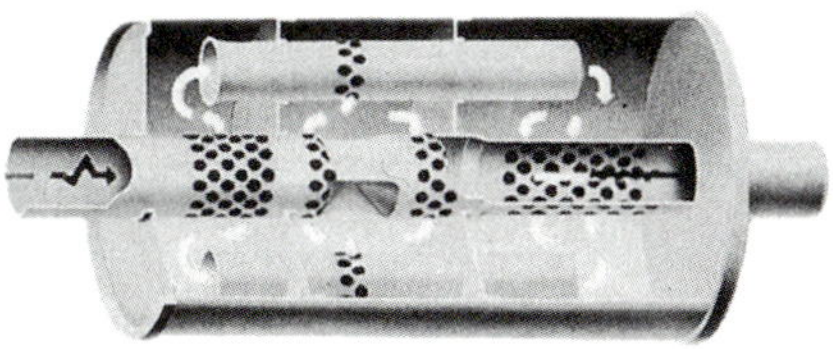

Diese Schalldämpfer eignen sich zur Dämpfung niedriger Frequenzen (= tiefe Töne).

Absorptions-Schalldämpfer

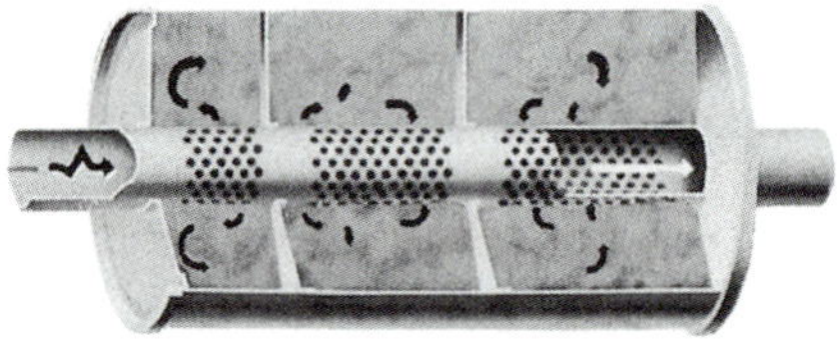

Der Absorptions-Schalldämpfer besteht aus mehreren Kammern, die mit Schallschluckstoffen – Mineral-, Fiberglas- oder Metallwolle – gefüllt sind. Die Schalldämpfung erfolgt durch die Umwandlung der Schallenergie in Reibungswärme. Diese Schalldämpfer eignen sich zur Dämpfung hoher Schallfrequenzen (= hohe Töne).

Kombinierte Schalldämpfer

Die ausgeführten Schalldämpfer im Kfz bestehen meist aus der Kombination von Reflexions- und Absorptions-Schalldämpfer. Sie decken einen breiten Frequenzbereich ab.

Lage des Schalldämpfers

Innere Technik und Lage des Schalldämpfers in der Abgasanlage ist hinsichtlich Dämpfung und Leistung von wesentlichem Einfluss.

Der Strömungswiderstand des Schalldämpfers muss gering sein, da sonst der wieder aufwärts gehende Kolben abgebremst wird und ein Teil der Leistung des Motors verloren geht.

Neben der sorgfältig auf den Motor abgestimmten inneren Technik des Schalldämpfers ist auch seine Lage in der Abgasanlage für die Dämpfung und Leistung von wesentlichem Einfluss.

Es ist nicht gleichgültig, wie lang die Auspuffrohre vor, zwischen und hinter den Schalldämpfern sind. In einer gut abgestimmten Abgasanlage herrscht am Ende der Abgasleitung ein Schwingungsunterdruck, sodass die Abgase aus dem Zylinder gesaugt werden. Hierdurch wird eine bessere und schnellere Zylinderentleerung bei geöffnetem Auslass und damit eine bessere Füllung und höhere Leistung erreicht.

Der Vorschalldämpfer dient hauptsächlich der Leistungsabstimmung des Motors, während der Hauptschalldämpfer für die eigentliche Schalldämpfung sorgt.

Beanspruchung

Die Zerstörung der Schalldämpfer erfolgt weniger durch äußere als durch innere Korrosion.

Bei der Verbrennung von Kraftstoff entsteht Wasser, das zum größten Teil als Wasserdampf unsichtbar durch den Auspuff ausgestoßen wird. 1 Liter Kraftstoff ergibt bei der Verbrennung etwa 1 Liter Wasser. Bei niedrigen Temperaturen kühlt ein Teil des Wasserdampfes so stark ab, dass er kondensiert. Das Kondenswasser setzt sich im Auspuff ab und bildet mit dem in den Abgasen enthaltenen Schwefel eine schweflige Säure. Sie zerstört den Auspuff von innen.

Als Werkstoff verwendet man daher einen hochwertigen, temperaturbeständigen Stahl, der je nach Beanspruchung aluminiumbeschichtet oder verzinkt ist.

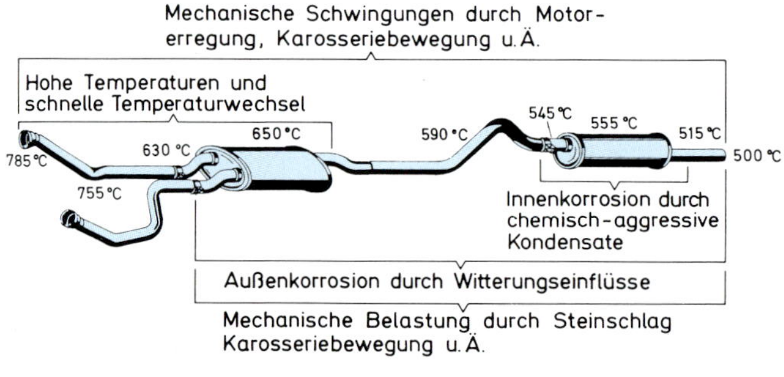

17 Kraftübertragungssysteme

Die Funktionseinheiten Kupplung, Getriebe und Achswellen übertragen die mechanische Energie des Motors auf die Antriebsräder. Ihre Aufgabe ist

- Koppeln und Trennen des Kraftflusses,
- Wandeln von Motordrehmoment und Drehzahl,
- Übertragen des Drehmoments auf die Antriebsräder.

Teilsysteme

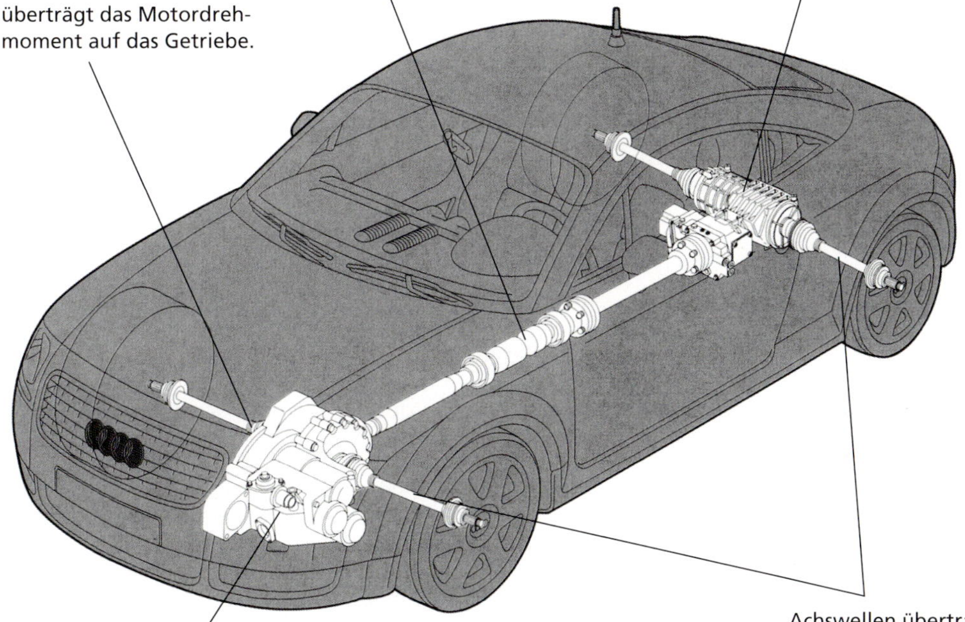

17.1 Antriebsarten

Kupplung, Getriebe und Achsgetriebe werden in Pkw unterschiedlich angeordnet. Die überwiegend eingesetzten Antriebsarten sind:

Hinterradantrieb

Beim sogenannten Frontmotorantrieb ist der Motor über der Vorderachse, das Achsgetriebe an der Hinterachse angeordnet. Eine Gelenkwelle überträgt das Drehmoment vom Getriebe auf das Achsgetriebe.

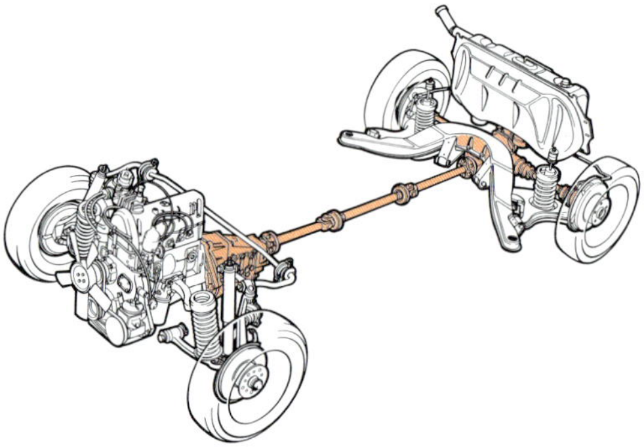

Durch die Anordnung ergibt sich eine gute Gewichtsverteilung zwischen Vorder- und Hinterachse.

Das Kurvenverhalten ist untersteuernd, d. h. das Fahrzeug bricht in Richtung Kurvenaußenseite aus.

Vorderradantrieb

Beim Vorderradantrieb sind Motor, Getriebe und Achsantrieb eine Einheit. Der Motor liegt vor, über oder hinter der Vorderachse.

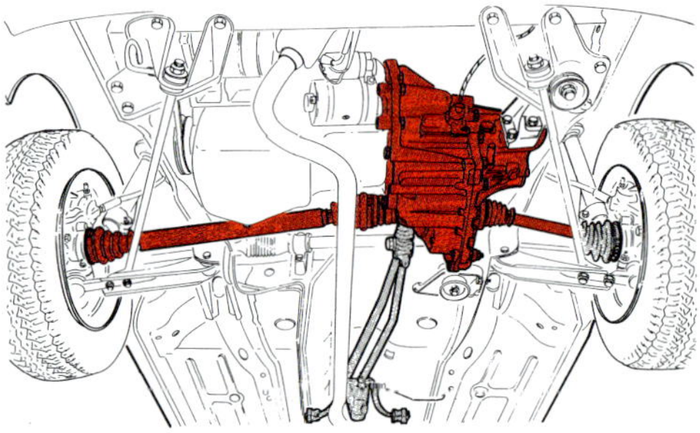

Das Fahrzeug hat bei Kurvenfahrt und Straßenglätte Vorteile, da es gezogen wird. Durch den Wegfall des Gelenkwellentunnels ist die Raumausnutzung besser.

Allradantrieb

Beim Allradantrieb werden Vorder- und Hinterachse angetrieben. Motor und Getriebe sind vorne angeordnet. Über ein Verteilergetriebe werden die Drehmomente auf die Vorder- und Hinterachse geleitet. Allradantriebe lassen sich unterscheiden in

- zuschaltbare Antriebe, bei denen die zweite Achse, in der Regel die Vorderachse, bei Bedarf zugeschaltet werden kann und
- permanente Antriebe, bei denen beide Achsen ständig angetrieben werden.
  Sie wirken fahrerunabhängig aber schlupfabhängig. Zwischen den beiden Achsen ist eine der folgenden Funktionseinheiten verbaut:
  - Verteilergetriebe mit sperrbarem Mitteldifferenzial
  - Visco-Kupplung
  - Torsen-Differenzial
  - Haldex-Kupplung

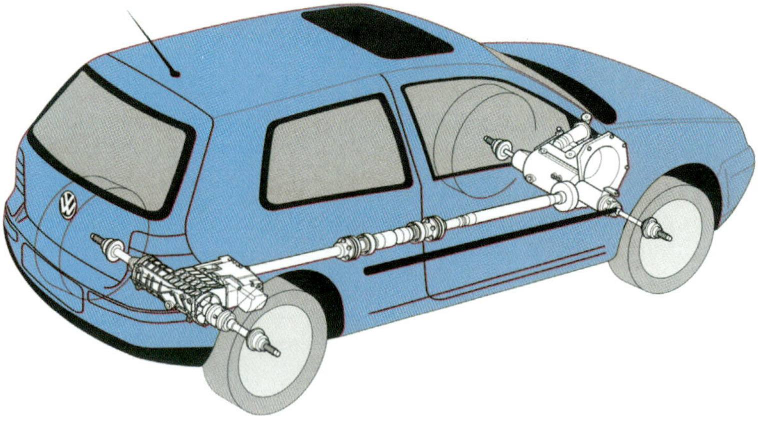

17.2 Kraftübertragung durch Kupplungen

17.2.1 Einscheiben-Trockenkupplung

Aufgabe

Die Kupplung hat folgende Aufgaben:

- Anfahrhilfe
  Der Motor gibt erst bei einer bestimmten Drehzahl ein brauchbares Drehmoment ab. Beim Anfahren muss die Kupplung eine kurze Zeit schleifen, um den Drehzahlunterschied zwischen Motorkurbel- und Antriebswelle des Getriebes auszugleichen.
- Übertragung des Drehmoments
  Die Kupplung muss das Drehmoment schlupffrei übertragen.
- Überlastungsschutz
  Sie schützt die Teile der Kraftübertragung vor Überlastung, z. B. beim Blockieren des Motors, indem sie durchrutscht.
- Gangwechsel
  Die Kupplung trennt zum Wechseln der Gänge den Kraftfluss zwischen Motor und Getriebe.
- Schwingungsdämpfer
  Sie dämpft die Torsionsschwingungen.

Bauarten

Wir unterscheiden folgende Bauarten:

Membranfederkupplung	Kupplung mit Schraubfedern
 ⊕ unempfindlich gegen hohe Drehzahlen ⊕ niedrige Bauhöhe ⊕ geringere Pedalkraft gegen Ende des Ausrückwegs ⊕ einfacher Aufbau Die Anpresskraft wird durch eine tellerförmige, geschlitzte Feder – Membranfeder – aufgebracht. Die Membranfeder ist ein zweiseitiger Hebel, der zwischen zwei Kippringe gespannt ist. Beim Auskuppeln drückt der Ausrücker gegen die Membranfederzungen. Bis zu einem bestimmten Punkt steigt die Pedalkraft an, dann kippt die Membranfeder in ihre neue Stellung. Die Pedalkraft nimmt ab.	 ⊖ Die Pedalkraft zum Auskuppeln ist umso größer, je weiter ausgekuppelt wird. ⊖ größere Bauhöhe ⊖ mehr Bauteile ⊕ Die Anpresskraft kann durch die Wahl der Federgruppen verschiedener Kraftwirkung sehr leicht verändert werden. Bei der Schraubenfederkupplung sind sechs bis zwölf Druckfedern am Umfang der Anpressplatte verteilt und bringen den notwendigen Anpressdruck auf. Beim Auskuppeln drückt der Ausrücker gegen die Ausrückhebel. Diese heben gegen die Kraft der Schraubfedern die Anpressplatte von der Kupplungsscheibe ab.

Aufbau

Das Kupplungsgehäuse (Kupplungsdeckel) ist mit dem Schwungrad verschraubt und umschließt die Anpress- (Druck)-platte und die Membranfeder. Die Anpressplatte bildet mit dem Schwungrad und der Kupplungsscheibe ein Reibsystem.

Die Anpressplatte ist über Tangentialblattfedern mit dem Kupplungsgehäuse verbunden. Sie haben drei Funktionen:

- Abhub der Druckplatte beim Auskuppeln
- Übertragung des Motordrehmoments vom Gehäuse auf die Druckplatte
- Zentrierung der Druckplatte

Die Membranfeder ist ein zweiseitiger Hebel, der zwischen zwei Kippringe gespannt ist und von mehreren Distanzbolzen gehalten wird. Sie übernehmen die Fixierung und Lagerung der Membranfeder.

Die Kupplungsscheibe sitzt mit ihrer Nabe auf der Keilwelle des Getriebes und ist axial verschiebbar.

Der Ausrücker besteht aus einem gekapselten Kugellager. Der Außenring ist feststehend, der Innenring mitlaufend. Er liegt bei laufendem Motor ständig an den Membranfederzungen und rotiert mit. Der Ausrücker kann mechanisch oder hydraulisch verschoben werden.

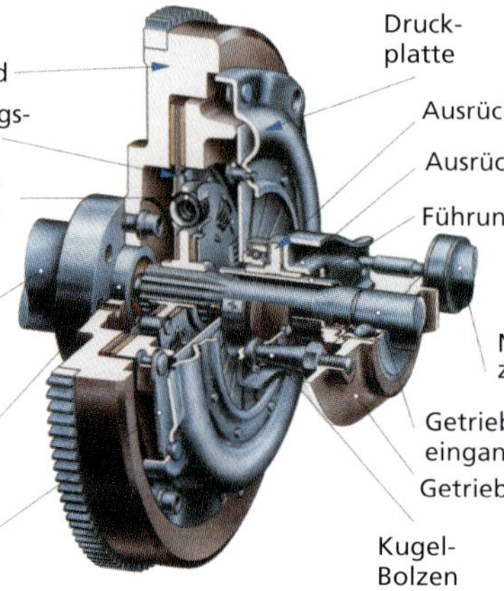

Wirkungsweise

Kupplung eingerückt

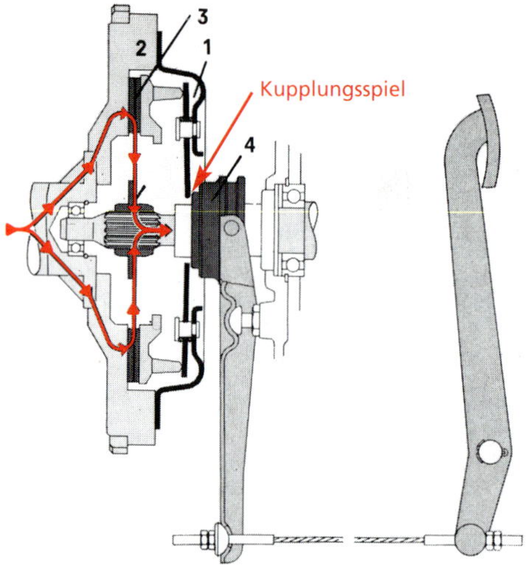

Die Membranfeder (1) drückt über die Anpressplatten die Kupplungsscheibe (3) gegen die Reibfläche der Schwungscheibe (2). Die vom Motor angetriebene Schwungscheibe ist durch Reibung kraftschlüssig über die Kupplungsscheibe mit dem Getriebe verbunden. Das Kupplungsspiel ist der Abstand zwischen Ausrücker und Membranfederzungen (1 bis 3 mm).

Kupplung ausgerückt

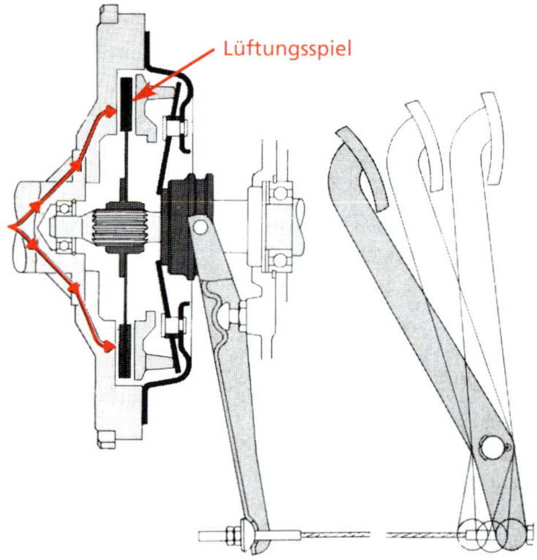

Beim Treten des Kupplungspedals drückt der Ausrücker (4) gegen die Membranfederzungen und bewegt sie um den Ausrückweg. Die Anpressplatte wird von der Kupplungsscheibe abgehoben. Die Kupplungsscheibe löst sich von den Reibflächen und läuft frei. Die Kraftübertragung ist unterbrochen. Das Lüftungsspiel ist der Abstand zwischen dem Belagflächen (0,1 bis 0,3 mm).

Übertragung des Drehmoments

Kupplungen übertragen das Drehmoment des Motors durch Reibung auf die Getriebeeingangswelle. Die Reibung ist umso größer, je größer

- die Anpresskraft F_N der Anpressplatte,
- der Reibwert μ und
- die Anzahl der Reibflächen z (Einscheibenkupplung $z = 2$).

Es gilt für die Reibkraft:

$$F_N = F_R \cdot \mu \cdot z$$

Das übertragbare Drehmoment ist abhängig

- von der Reibkraft F_R und
- dem mittleren Reibradius r_m.

Für den mittleren Reibradius gilt:

$$r_m = \frac{D + d}{4}$$

Das übertragbare Kupplungsdrehmoment berechnet sich wie folgt:

$$M_K = F_N \cdot \mu \cdot z \cdot r_m$$

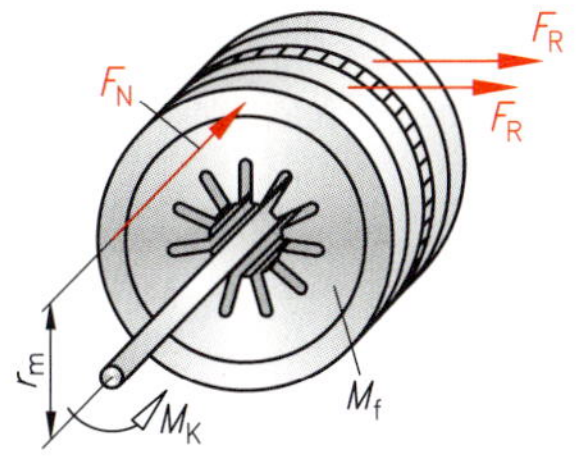

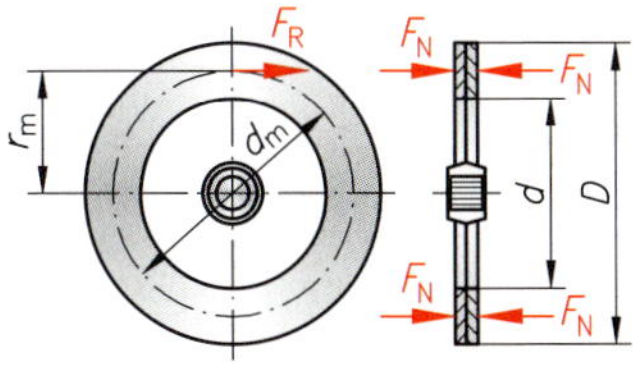

Größe	Formelzeichen	Einheit
Kupplungsdrehmoment	M_K	Nm
Anpresskraft	F_N	N
Reibkraft	F_R	N
mittlerer Reibradius (wirksamer Hebelarm)	r_m	m
Reibungszahl	μ	–
Anzahl der Reibflächen	z	–

Kupplungskennlinien

Die Kupplungskennlinien zeigen die an der Kupplung wirkenden Kräfte in Abhängigkeit vom Ausrückweg.

- Anpresskraft
  Bei der Membranfederkupplung steigt die Anpresskraft mit zunehmendem Belagverschleiß und sinkt dann bis zur Verschleißgrenze auf den Wert des Neuzustands ab.
  Bei der Schraubenfederkupplung sinkt die Anpresskraft mit zunehmendem Verschleiß.
- Ausrückkraft
  Bei der Membranfederkupplung steigt die Ausrückkraft zunächst an, wird aber bei weiterem Durchtreten des Kupplungspedals geringer.
  Bei der Schraubenfederkupplung nimmt die Ausrückkraft mit zunehmendem Ausrückweg zu.

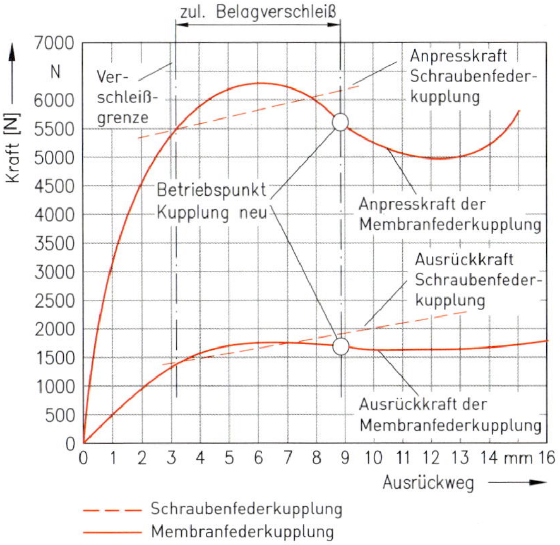

17.2.2 Kupplungsscheiben

Die Kupplungsscheibe hat die Aufgabe, als Reibpartner zwischen Schwungrad und Anpressplatte das Antriebsmoment zur Getriebeeingangswelle weiterzuleiten.

Der Kupplungsbelag setzt sich aus folgenden Teilen zusammen:

- Kunststofffasern (Aramidfasern mit Metalldrahteinlagen)
  Die Metalldrähte verbessern die Wärmeleitfähigkeit und Festigkeit.
- Kunstharz
  Er dient als Bindemittel der anderen Bestandteile.
- Füllstoffe

Bei extrem hohen Wärmebeanspruchungen werden metallkeramische Reibplatten verwendet.

Die Kupplungsscheibe besteht aus der Nabe, dem Mitnehmerblech und den paarweise aufgenieteten oder aufgeklebten Belägen. Um einen weichen Anfahrvorgang zu ermöglichen und Motorschwingungen vom Getriebe fernzuhalten, sind zusätzliche Funktionselemente erforderlich:

Kupplungsscheibe mit Torsionsdämpfer und Reibeinrichtung

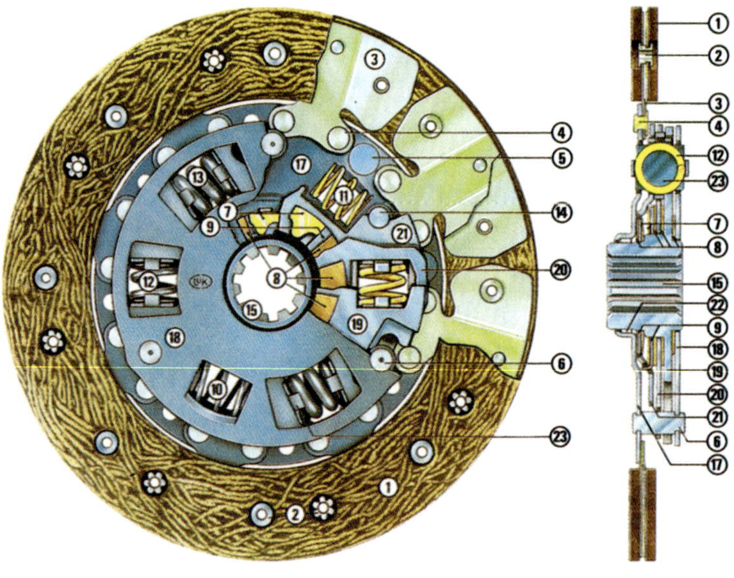

① Kupplungsbelag
② Belagniet
③ Federsegment
④ Segmentniet
⑤ Wuchtniet
⑥ Anschlagbolzen
⑦ Tellerfeder, Federscheibe
⑧ Reibring
⑨ Stützscheibe
⑩ Vordämpferfeder 1. Stufe
⑪ Vordämpferfeder 2. Stufe
⑫ Hauptdämpferfeder 1. Stufe
⑬ Hauptdämpferfeder 2. Stufe
⑭ Abstandsniet
⑮ Nabe
⑰ Mitnehmerscheibe
⑱ Gegenscheibe
⑲ Nabenflansch
⑳ Lastreibscheibe
㉑ Nabenscheibe
㉒ Zentrierbüchse
㉓ Federhalteblech

Belagfederung

Die Beläge sind auf dünne, gewellte Federblech-Segmente aufgenietet. Beim Einkuppeln geben die elastischen Segmente federnd nach, bis sie durch die Anpresskraft plan liegen.

⊕ weiches, ruckfreies Anfahren
⊕ feinfühligere Kupplungsbestätigung
⊕ geringerer Verschleiß

Torsionsdämpfer

Nabenteile und belagtragender Scheibenteil sind geteilt und nur durch Schraubenfedern verbunden. Zwischen beiden Teilen ist eine leichte Verdrehung möglich. Die Federn nehmen die Schwingungen auf. Eine Reibeinrichtung mit Reibringen, Reibscheiben, Tellerfeder und Schützscheiben, dämpft die Drehschwingungen.

⊕ weicher Abtrieb

17.2.3 Kupplungsbetätigungen

Kupplungen können mechanisch oder hydraulisch betätigt werden
Dabei müssen Vorrichtungen vorhanden sein, die dafür sorgen, dass bei zunehmender Belagabnutzung die Membranfederzungen nicht auf den Ausrücker auflaufen:
Zu großes Kupplungsspiel: Kupplung trennt nicht
Zu kleines Kupplungsspiel: Kupplung rutscht.

- **Mechanische Kupplungsbetätigung ohne Selbstnachstellung**
  Die Einstellung des Spiels erfolgt durch eine Einstellmutter am Ausrückhebel oder Kupplungspedal. Das Kupplungsspiel ist der Abstand zwischen Ausrücker und Membranfederzungen und beträgt 1 bis 3 mm. Am Kupplungspedal entspricht das einem Leerweg von 20 mm.
- **Mechanische Kupplungsbetätigung mit selbsttätiger Seilzugnachstellung**
  Verschleiß an der Kupplung wird durch eine Nachstelleinheit am Seilzug selbsttätig ausgeglichen.
- **SAC-Kupplung (Self Adjusting Clutch)**
  Die SAC-Kupplung stellt sich bei Belagverschleiß selbsttätig nach. Bei dieser Membranfederkupplung ist die Lagerung der Membranfeder nicht starr ausgeführt, sondern erfolgt durch die Sensortellerfeder und den Verstellring. Die Kraft der Sensortellerfeder wirkt gegen die Membranfeder und drückt sie gegen den Verstellring. Bei Belagverschleiß wird die Kraft der Membranfeder größer als die Sensorfeder. Die Membranfeder hebt vom Verstellring ab. Zum Ausgleich des Belagverschleißes wird der Verstellring von den Druckfedern entlang der Rampen im Gehäusedeckel verdreht. Die Lage der Membranfeder bleibt damit über den gesamten Verschleißbereich gleich. Die Ausrückkräfte verändern sich nicht. Wird die Kupplungsscheibe ersetzt, muss der Verstellring zurückgedreht werden.

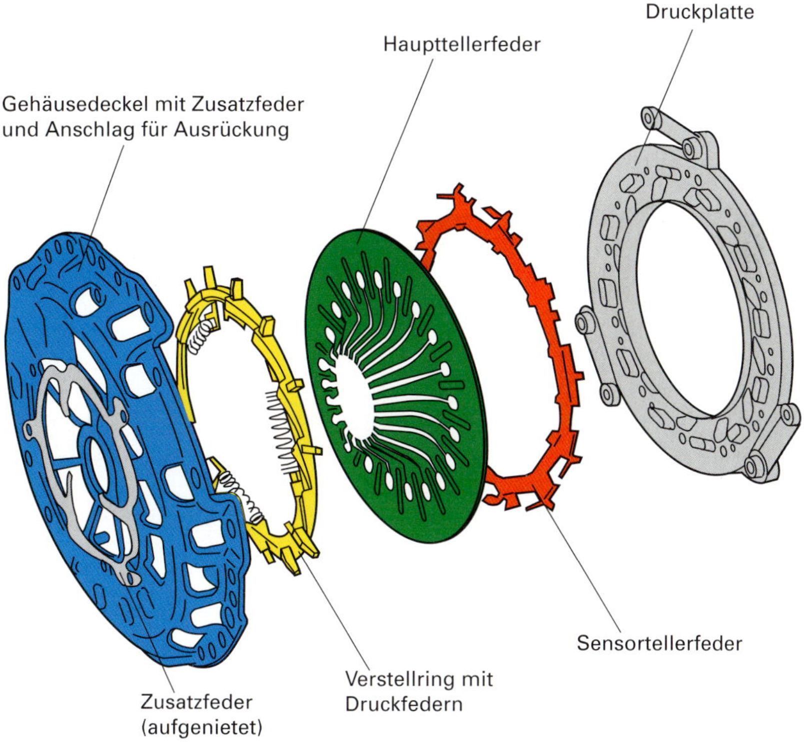

• Hydraulische Kupplungsbetätigung

Zur hydraulischen Kupplungsbetätigung wird Bremsflüssigkeit benutzt. Um den Kupplungskreis vom Bremskreis zu entkoppeln, wird der Bremsflüssigkeitsbehälter in zwei Kammern unterteilt. Dadurch wird bei einer Leckage im Kupplungssystem das Bremssystem in seiner Funktion nicht beeinträchtigt. Die Befüllung bzw. Entlüftung wird wie beim Bremssystem durchgeführt. Der Geberzylinder ist mit einer Druckleitung mit dem Nehmerzylinder und über eine Nachlaufleitung mit dem Bremsflüssigkeitsbehälter verbunden. Durch Betätigen des Kupplungspedals wird der Hydraulikdruck vom Geberzylinder über die Druckleitung auf den Nehmerzylinder übertragen.

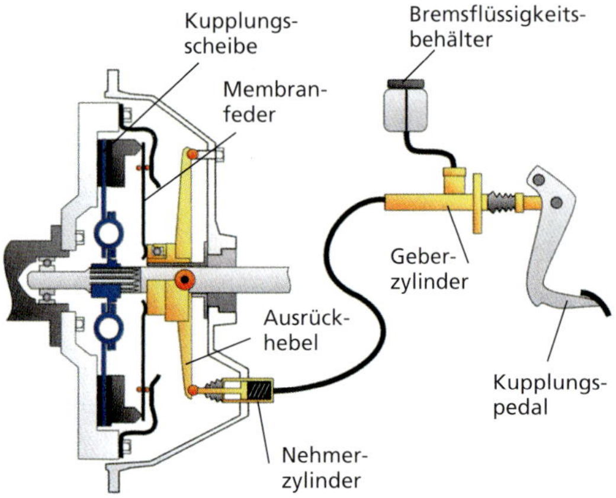

⊕ geringere Pedalkräfte und kürzere Pedalwege

⊕ variable Verlegung der Hydraulikleitungen

⊕ reduzierte Geräusch- und Vibrationsübertragung

⊕ Kupplungspedalspiel ist selbstnachstellend

• Elektronisches Kupplungsmanagement

Die Schaltabsicht des Fahrers wird über einen Sensor dem Steuergerät mitgeteilt, das daraufhin die Kupplung ansteuert und öffnet. Der Fahrer kann den Gang einlegen. Meldet der Sensor, dass der neue Gang eingelegt ist, wird die Kupplung bis zu einem definierten Schlupf geschlossen. Die Drosselklappe wird beim Schalten automatisch nachgeregelt.

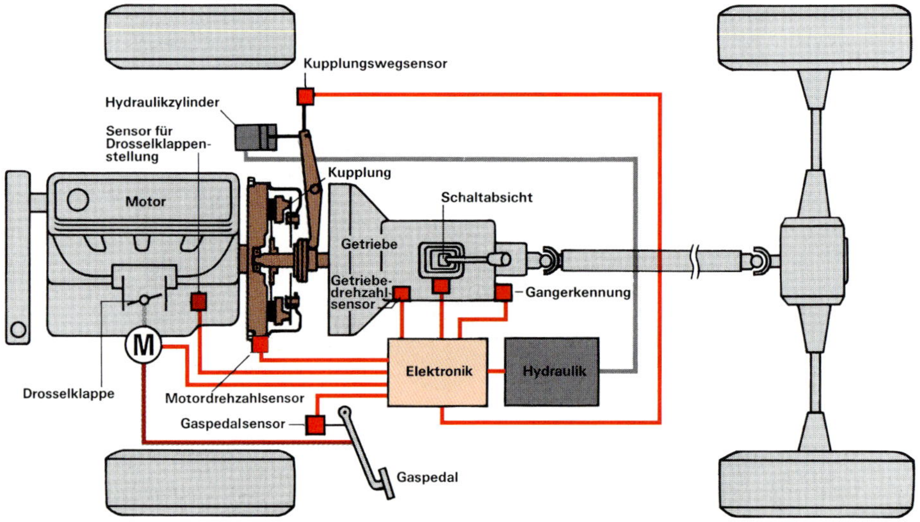

17.2.4 Übersetzung der Fußkraft

Die Kupplung wird durch den Fuß betätigt. Die Fußkraft soll aufgrund des Bedienungskomforts 150 N nicht übersteigen. Zum Ausrücken der Kupplung ist daher eine Übersetzung der Fußkraft erforderlich.

Mechanische Übersetzung

Der Fußhebel wirkt über das Kupplungsseil auf den Ausrückhebel. Es gilt das Hebelgesetz:

- Fußhebel $F_F \cdot l_1 = F_S \cdot l_2$
- Ausrückhebel $F_S \cdot l_3 = F_A \cdot l_4$
- Übersetzung $i_{m1} = \frac{F_F}{F_S} = \frac{l_3}{l_1}$

$$i_{m2} = \frac{F_S}{F_A} = \frac{l_4}{l_3}$$

$$i_{m\,ges} = i_1 \cdot i_2$$

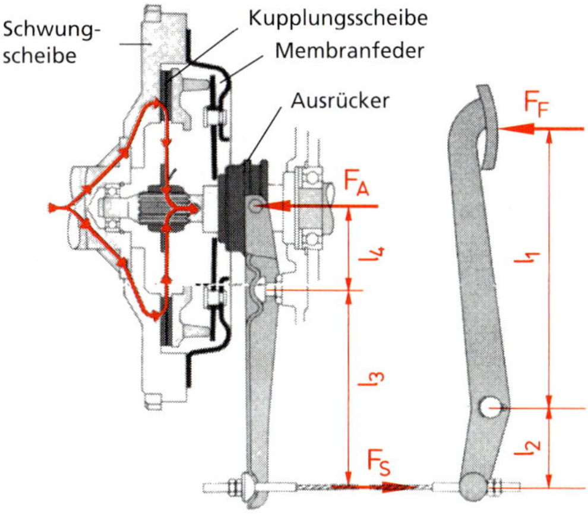

Hydraulische Übersetzung

Der Fußhebel wirkt auf einen Geberzylinder, der den hydraulischen Druck erzeugt.

Der Nehmerzylinder wandelt den Druck in eine Kraft um.

- Geberzylinder $p = \frac{F_G}{A_G}$
- Nehmerzylinder $F_N = p \cdot A_N$
- Übersetzung $i_h = \frac{F_G}{F_N} = \frac{A_G}{A_N}$

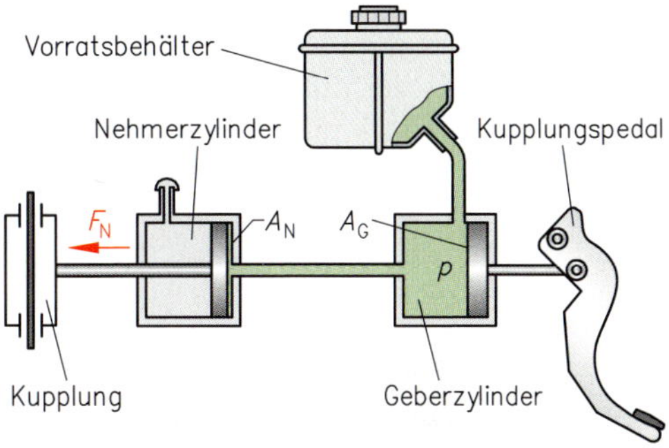

Beispiel:

Gegeben:
D = 280 mm
d = 160 mm
μ = 0,3
z = 2
M_K = 148 Nm
F_F = 220 N
l_1 = 165 mm
l_2 = 50 mm
l_3 = 125 mm
l_4 = 40 mm

Gesucht:
F_A

Lösung:

$$r_m = \frac{D + d}{4} = \frac{280\text{ mm} + 160\text{ mm}}{4} = 110\text{ mm} = \mathbf{0{,}11\text{ m}}$$

$$M_K = F_N \cdot \mu \cdot z \cdot r_m$$

$$F_N = \frac{M_K}{\mu \cdot z \cdot r_m} = \frac{180\text{ Nm}}{0{,}3 \cdot 2 \cdot 0{,}11\text{ m}} = \mathbf{2\,242{,}4\text{ N}}$$

$$F_F \cdot l_1 = F_s \cdot l_2$$

$$F_s = \frac{F_F \cdot l_1}{l_2} = \frac{220\text{ N} \cdot 165\text{ mm}}{50\text{ mm}} = \mathbf{726\text{ N}}$$

$$F_s \cdot l_3 = F_A \cdot l_4$$

$$F_A = \frac{F_s \cdot l_3}{l_4} = \frac{726\text{ N} \cdot 125\text{ mm}}{40\text{ mm}} = \mathbf{2\,269\text{ N}}$$

17.2.5 Lamellenkupplung

Lamellenkupplungen ermöglichen ein Schalten ohne Unterbrechung der Zugkraft. Die Lamellenkupplung besitzt Belag- und Stahllamellen, die im Kupplungsgehäuse meist in Öl laufen. Zwischen zwei Lamellen mit Außenverzahnung befindet sich eine Lamelle mit Innenverzahnung.

Die Lamellen mit Außenverzahnung greifen mit ihrer Verzahnung in das Kupplungsgehäuse ein und sind axial verschiebbar. Die Lamellen mit Innenverzahnung greifen mit ihrer Verzahnung in die Verzahnung der Kupplungsnabe und sind ebenfalls verschiebbar. Um den Kraftschluss zwischen den Lamellen herzustellen, wird die Kupplungsdruckplatte entweder mechanisch oder mit Drucköl gegen die Lamellen gepresst. Die außenverzahnten Belaglamellen nehmen durch Reibung die innenverzahnten Stahllamellen mit. Kupplungsgehäuse und Kupplungsnabe sind kraftschlüssig miteinander verbunden.

Zum Lösen der Kupplung wird der Federdruck oder Öldruck zurückgenommen und eine Rückdruckfeder stellt die Kupplungsdruckplatte in die Lösungsposition.

Lamellenkupplungen finden wir in Automatikgetrieben.

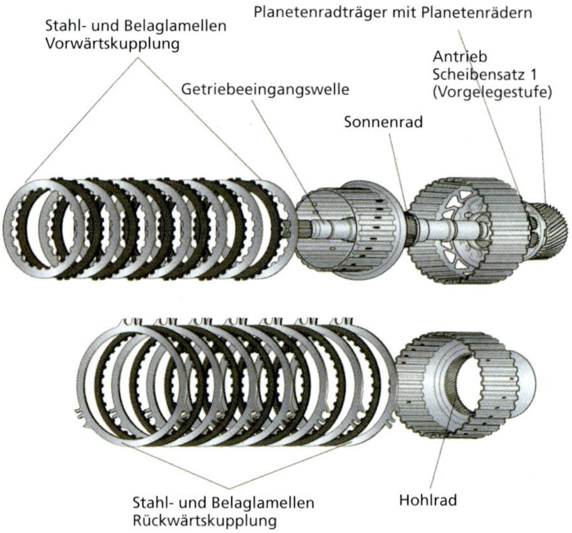

17.2.6 Magnetpulverkupplung

In stufenlosen Getrieben verwendet man die Magnetpulverkupplung. In der Kupplungsscheibe ist eine Magnetspule untergebracht, die an den Generatorstromkreis angeschlossen ist. Im Luftspalt zwischen Mitnehmerscheibe und Kupplungsscheibe befindet sich Eisenpulver. Wird der Magnetspule Strom zugeführt, baut sich um die Magnetspule ein Magnetfeld auf, das die Kupplungsscheibe mit der Mitnehmerscheibe magnetisch kuppelt. Das übertragene Drehmoment ist von der Stärke des elektromagnetischen Felds zwischen Kupplungsscheibe und Mitnehmerscheibe abhängig.

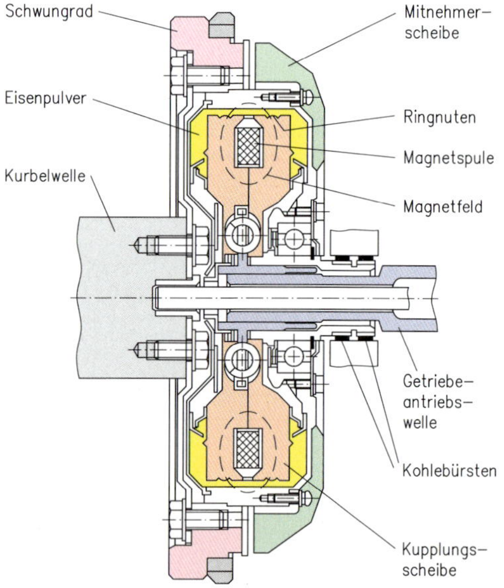

17.2.7 Zweimassenschwungrad

Konventionelle Kupplung

Beim konventionellen System ist das schwere Schwungrad einschließlich Kupplung starr mit der Kurbelwelle verbunden. Das Drehmoment des Verbrennungsmotors schwankt mit den periodischen Zündungen der einzelnen Zylinder. Die Schwingungen des Motors werden auf das Getriebe übertragen. Die Folge sind Rasselgeräusche im Getriebe und Dröhnen der Karosserie.

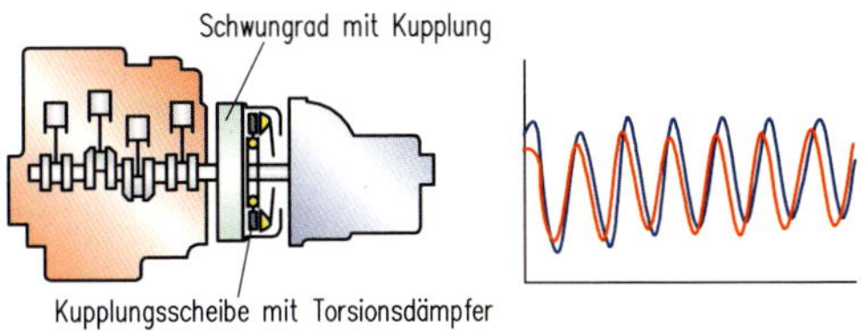

Zweimassenschwungrad

Das konventionelle Schwungrad wird in zwei Scheiben geteilt. Der eine Teil ist mit der Kurbelwelle verbunden, der andere mit dem Motor. Die beiden entkoppelten Massen sind über ein Feder-/Dämpfungssystem miteinander verbunden. Über ein Rillenkugellager sind sie gegeneinander verdrehbar gelagert.

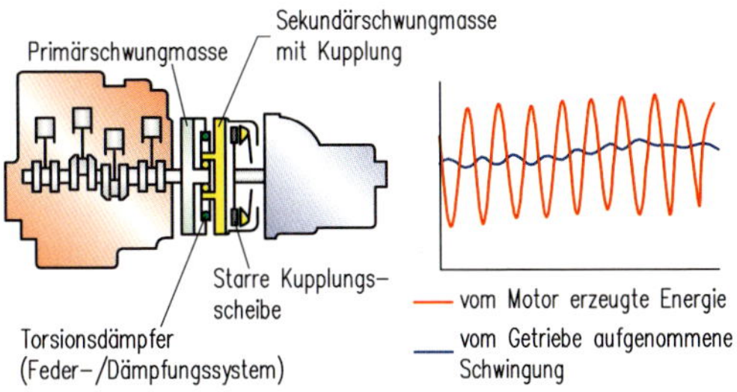

17.3 Kraftübertragung durch Getriebe

17.3.1 Anpassung Motorfahrbetrieb durch Getriebe

Motordrehmoment und Nutzleistung

Leistung und Drehmoment eines Verbrennungsmotors sind drehzahlabhängig. Sie sind bei niedrigen Drehzahlen gering. Unterhalb einer Drehzahl von 1 000 1/min gibt der Motor keine Leistung ab. Der Motor hat nur einen schmalen Bereich, in dem er eine brauchbare Leistung erbringt. Dieser Drehzahlbereich liegt zwischen dem maximalen Drehmoment und der maximalen Leistung.

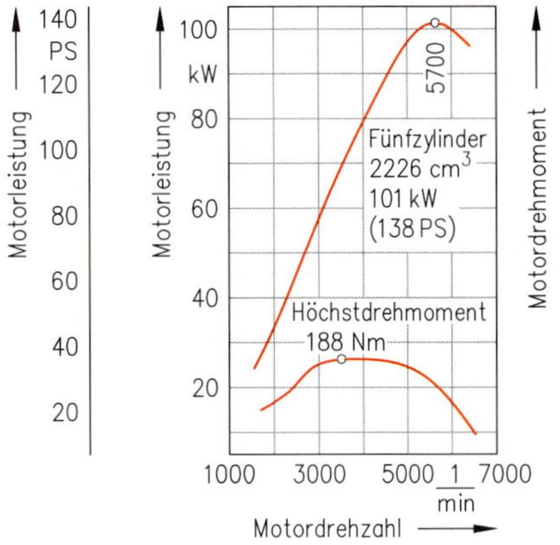

Kurz:

- Geringe Drehzahl → geringes Drehmoment, geringe Leistung
- Höhere Drehzahl → höheres Drehmoment, höhere Leistung
- Hohe Drehzahlen → abfallendes Drehmoment, hohe Leistung

Fahrbetrieb

Beim Anfahren ist jedoch das größte Antriebsmoment an den Antriebsrädern bei gleichzeitig niedriger Drehzahl erforderlich. An Steigungen und beim Beschleunigen ist ebenfalls ein großes Antriebsmoment an den Rädern erforderlich. In der Ebene kann das Antriebsmoment gering sein, die Drehzahl der Räder muss aber groß sein.

Kurz:

- Steigung und Beschleunigung aus dem Stand → geringe Drehzahl, hohe Zugkraft
- Fahren in der Ebene → hohe Drehzahl, geringe Zugkraft

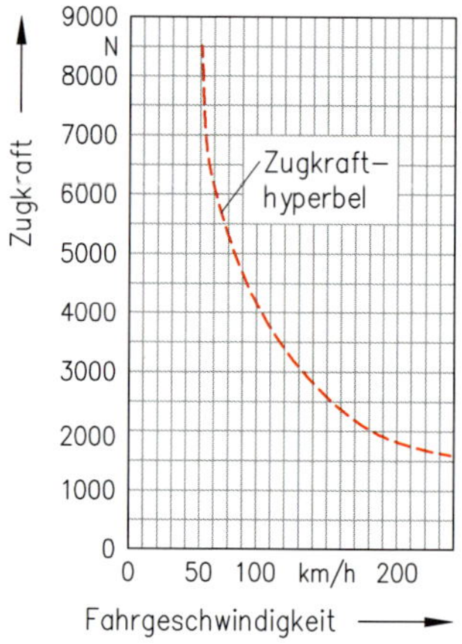

Um die Eigenschaften des Motors mit den Erfordernissen des Fahrbetriebs in Einklang zu bringen, muss ein Getriebe/Achsgetriebe zwischen Motor und Antriebsrädern geschaltet werden. Das Getriebe sorgt dafür, dass

- der Motor bei allen Fahrzuständen im leistungsfähigen Drehzahlbereich bleibt,
- zum Anfahren, Beschleunigen, zum Fahren in der Ebene und auf Steigungen ein entsprechendes Antriebsmoment an den Rädern zur Verfügung steht, das Fahrzeug rückwärts fahren kann.

Drehmoment und Zugkraft an den Antriebsrädern

Durch ein Schaltgetriebe werden Drehmoment und Zugkraft stufenweise gewandelt. Die Diagramme zeigen:

- Durch Verringerung der Drehzahlen ergeben sich erhöhte Drehmomente und Zugkräfte.
- Die ideale Drehmomentkurve wird nur bei einem stufenlosen Getriebe erreicht. Das Sechs-Gang-Getriebe hat nur sechs Punkte mit einem Drehmoment bei maximaler Leistung und gleicher Motordrehzahl. Die senkrechten Linien zeigen das Schalten vom ersten bis sechsten Gang bei Volllast und gleicher Motordrehzahl.

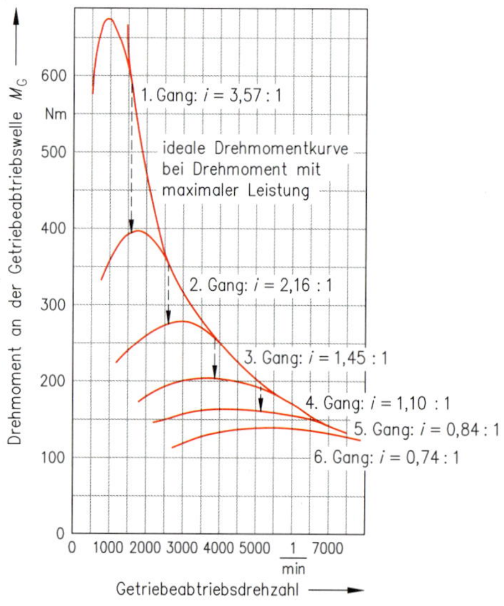

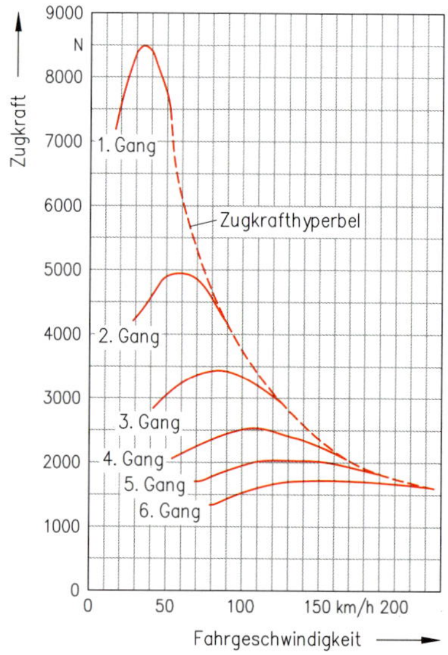

17.3.2 Systeme zur Drehmomentwandlung

17.3.2.1 Grundfunktionen des Getriebes

Die Zahnräder im Getriebe

- verändern die Drehmomente und Drehzahlen,
- wandeln die Drehrichtung.

Verändern von Drehzahlen und Drehmomenten

Ändern der Drehzahlen

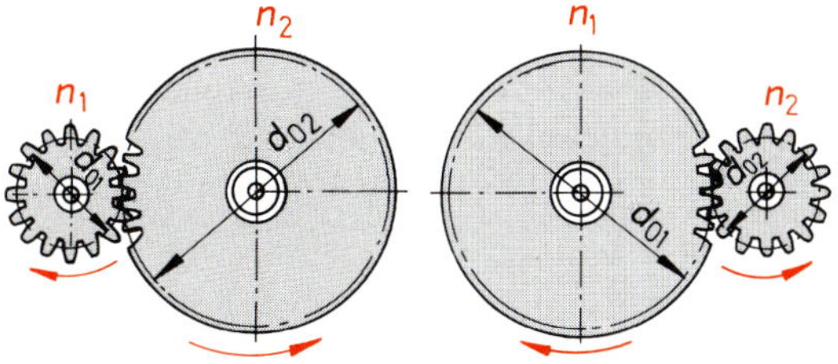

Die Umfangsgeschwindigkeit ist auf beiden Teilkreisen gleich groß. Für den einfachen Zahnradtrieb gilt daher die gleiche Formel wie beim Riemenantrieb.

$$n_1 \cdot d_1 = n_2 \cdot d_2$$

Das getriebene Zahnrad hat jedoch entgegengesetzten Drehsinn.
Die Zähnezahlen der Zahnräder stehen im gleichen Verhältnis wie die Teilkreisdurchmesser. Es gilt daher

$$n_1 \cdot z_1 = n_2 \cdot z_2$$

$$\frac{n_1}{n_2} = \frac{z_2}{z_1}$$

Für die Zahnradübersetzung gilt

$$i = \frac{n_1}{n_2} = \frac{z_2}{z_1}$$

Wandeln von Drehmomenten

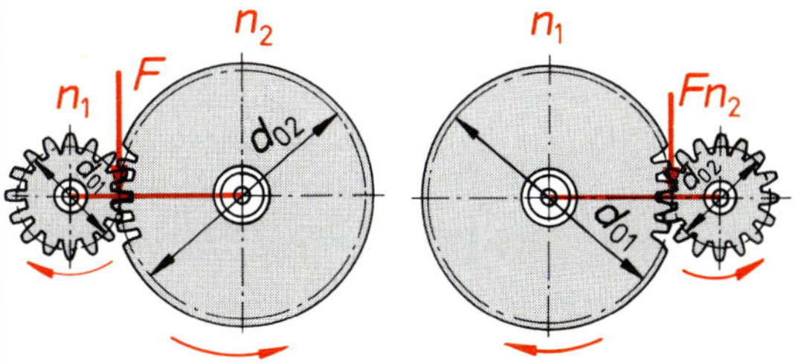

Jedes Zahnrad ist ein rotierender Hebel, an dem die Kraft wirkt.

Zahnrad 1	Zahnrad 2
$M_1 = \frac{F_1 \cdot d_{01}}{2}$	$M_2 = \frac{F_2 \cdot d_{02}}{2}$
$F_1 = \frac{2 \cdot M_1}{d_{01}}$	$F_2 = \frac{2 \cdot M_2}{d_2}$

$$F_1 = F_2$$

$$\frac{2 \cdot M_1}{d_{01}} = \frac{2 \cdot M_2}{d_{02}}$$

$$\frac{M_1}{M_1} = \frac{d_{01}}{d_{02}} = \frac{1}{i}$$

Für die Übersetzung gilt

$$i = \frac{M_2}{M_1}$$

Ändern der Drehrichtung

Vorwärtsgang

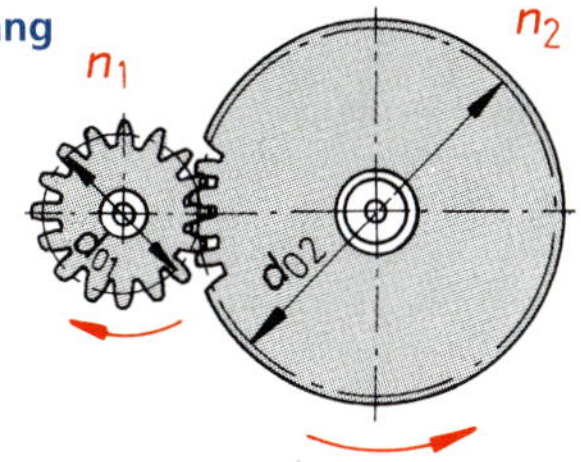

Der Drehsinn des treibenden und getriebenen Zahnrads ist entgegengesetzt.

Rückwärtsgang

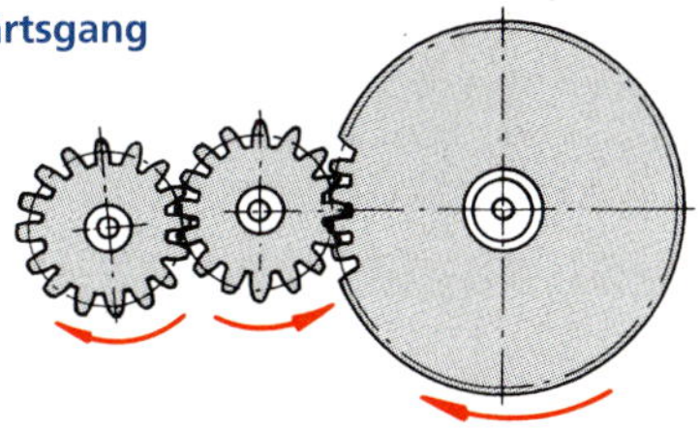

Der Drehsinn des treibenden und des getriebenen Rads ist gleich. Das Zwischenrad ändert nur die Drehrichtung, es ändert nicht die Übersetzung.

Wechselgetriebe

Bei einem Wechselgetriebe wird durch Schalten der Gänge die Übersetzung zwischen Motor und Achsantrieb geändert. Die Wechselgetriebe lassen sich nach der Schaltungsart einteilen:

- Schieberadgetriebe
- Schaltmuffengetriebe
- Wechselgetriebe mit Synchronisierungseinrichtung

Schieberad-Wechselgetriebe

Die Hauptwelle ist als Keilwelle ausgeführt. Auf ihr lassen sich die Zahnräder seitlich verschieben. Auf der Vorgelegewelle sind die Zahnräder verdrehfest angeordnet. Alle Zahnräder sind geradeverzahnt.

Die Antriebswelle läuft mit Motordrehzahl um. Das Antriebsrad treibt die Vorgelegewelle an. Die Hauptwelle mit den Schieberädern steht im Ruhezustand still. Zum Schalten eines Gangs wird ein Zahnrad auf der Hauptwelle mithilfe von Schaltgabeln verschoben und mit dem entsprechenden Zahnrad der Vorgelegewelle zum Eingriff gebracht.

Ein Gangwechsel ist aufgrund der unterschiedlichen Drehzahlen der Zahnräder der Vorgelegewelle und der Hauptwelle mit Schaltgeräuschen verbunden. Schieberäder werden im Pkw nur noch für den Rückwärtsgang verwendet.

Schieberad-Wechselgetriebe

1. Gang	2. Gang	3. Gang	Rückwärtsgang
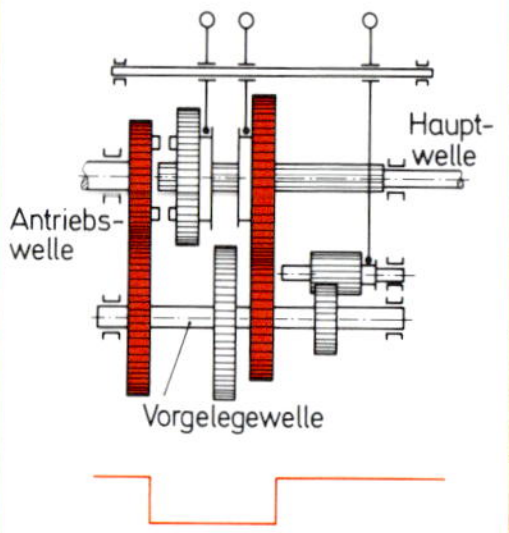	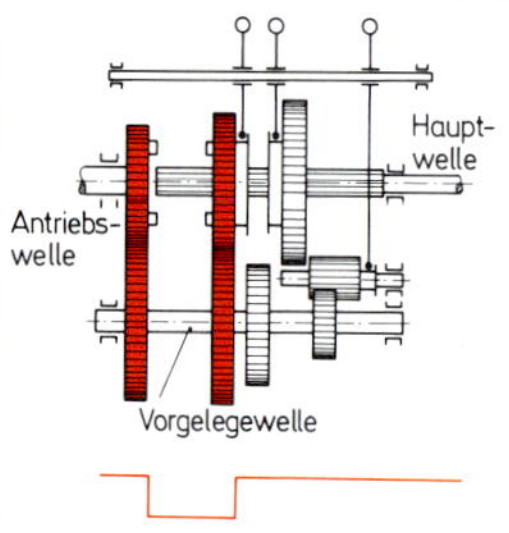	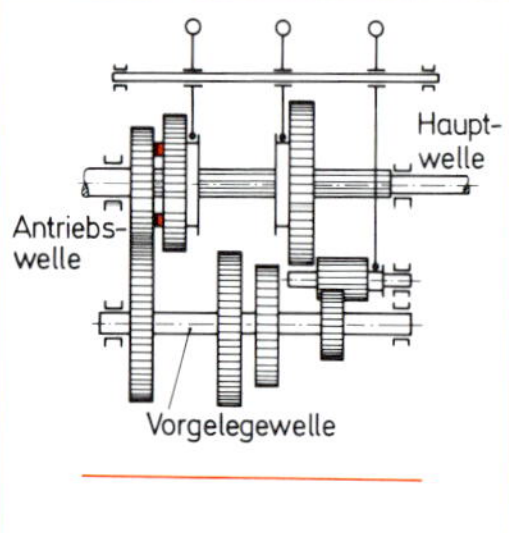	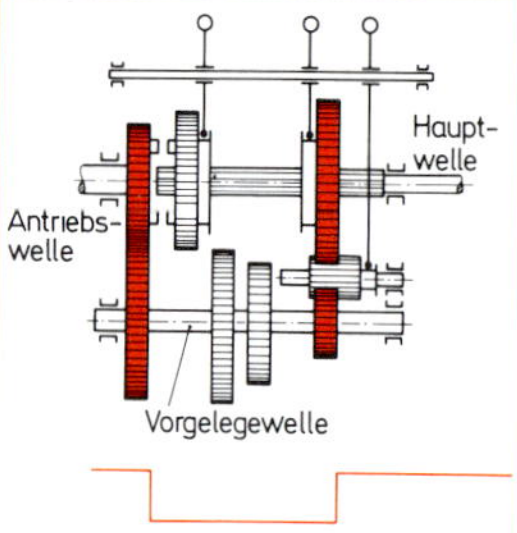

Schaltmuffen-Wechselgetriebe

Beim Schaltmuffen-Wechselgetriebe befinden sich die Zahnräder ständig im Eingriff. Die Zahnräder der Vorgelegewelle sind verdrehfest mit der Welle verbunden, die Zahnräder der Hauptwelle laufen auf Nadellagern lose mit.

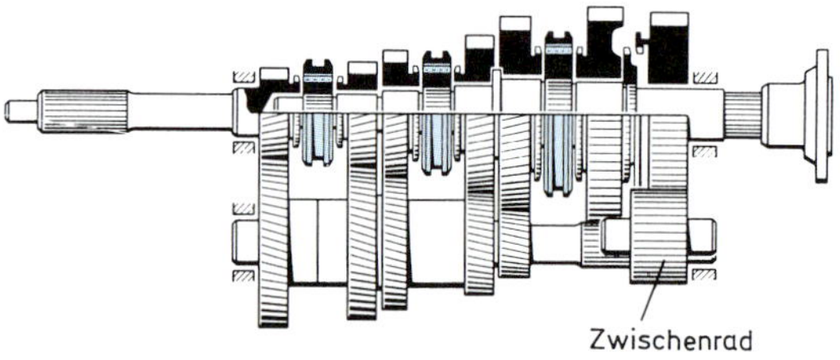

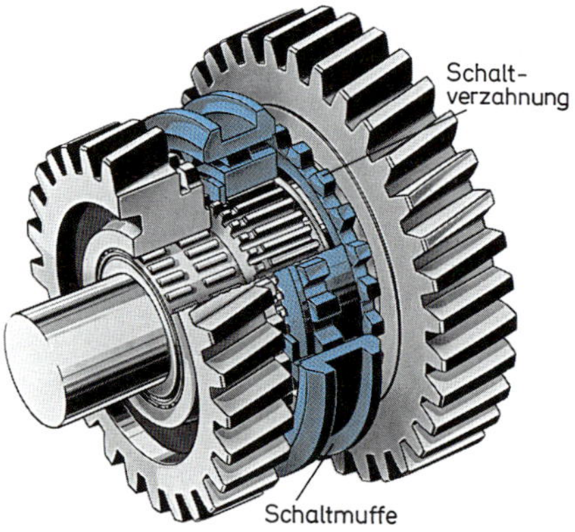

Die Schaltmuffe der Klauenkupplung ist über eine Nabe fest mit der Hauptwelle verbunden. Beim Schalten wird die Schaltmuffe über die Schaltverzahnung des Gangrades geschoben. Dabei greifen die Innenklauen der Schaltmuffe in die Außenklauen des Zahnrads ein.

Zum Schalten der Gänge wird die Schaltmuffe auf der Hauptwelle verschoben. Es kann nur dann geräuschlos geschaltet werden, wenn Gleichlauf zwischen Hauptwelle und den auf ihr lose gelagerten Zahnrädern herrscht:

- Beim Heraufschalten muss das Losrad durch Zwischenkuppeln abgebremst,
- beim Herunterschalten durch Zwischengas beschleunigt werden.

Bei den Gängen eins bis fünf verläuft der Kraftfluss über die Vorgelegewelle zur Hauptwelle. Der sechste Gang ist der direkte Gang. Der Kraftfluss geht von der Antriebswelle direkt auf die Hauptwelle. Die Verbindung beider Wellen wird durch eine Schaltmuffe hergestellt. Im Rückwärtsgang verläuft der Kraftfluss von der Vorgelegewelle über ein Zwischenrad auf die Hauptwelle.

17.3.2.2 Achsgetriebe

Das Achsgetriebe ist mit dem Ausgleichsgetriebe zu einer Baueinheit zusammengefasst.

Achsgetriebe: Es verringert mit einem festen Übersetzungsverhältnis die vom Wechselgetriebe kommenden Drehzahlen bzw. erhöht das Drehmoment. Die Übersetzung beträgt bei Pkw: 4:1, für Lkw: 5:1 bis 10:1.

Das Kegelrad-Achsgetriebe lenkt die Drehbewegung um 90° um. Das Antriebskegelrad (kleines Kegelrad) treibt das Tellerrad (großes Kegelrad) an.
Bei Vorderradantrieb mit querliegendem Motor besteht das Achsgetriebe aus einem schrägverzahnten Stirnradpaar.

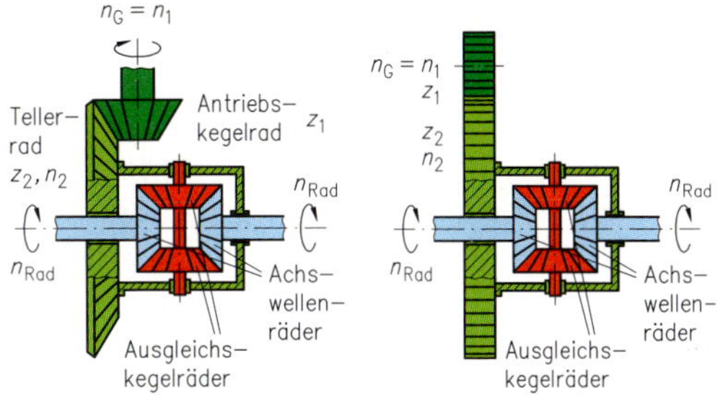

Ausgleichsgetriebe: Das Ausgleichsgetriebe gleicht bei Kurvenfahrt die unterschiedlichen Drehzahlen von kurveninnerem und kurvenäußerem Antriebsrad aus.
Für den Achsantrieb gilt die rechts dargestellte Formel:

$$i_A = \frac{z_2}{z_1} = \frac{n_1}{n_2} = \frac{M_2}{M_1}$$

17.3.2.3 Planetengetriebe

Einfacher Planetenradsatz

Der Planetenradsatz hat seinen Namen von seinem Aufbau. Um ein zentrales Rad – das Sonnenrad – kreisen mehrere Zahnräder (Planetenräder) wie Planeten um die Sonne.

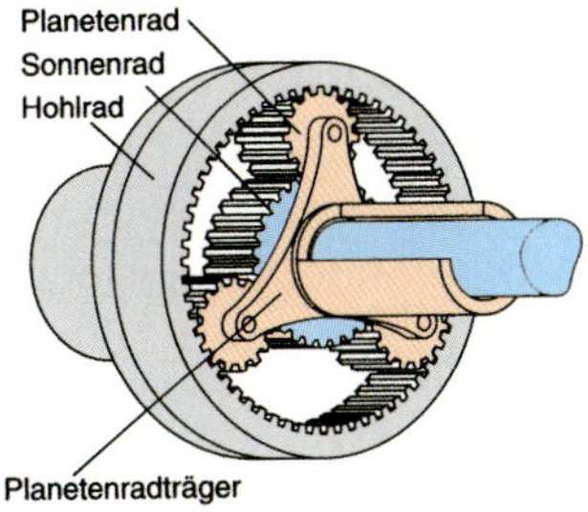

Der einfache Planetenradsatz besteht aus
- dem Sonnenrad,
- drei oder vier Planetenrädern,
- dem Hohlrad,
- dem Planetenradträger, der die Achsen der Planetenräder trägt.

Alle Zahnräder sind drehbar auf Wellen gelagert und stehen ständig miteinander im Eingriff. Zur Herstellung einer Übersetzung muss eines der Getriebeglieder festgehalten werden. Die Größe der Übersetzung hängt davon ab, welches Getriebeteil festgehalten wird.

Zusammenwirken der Funktionselemente

1. Gang

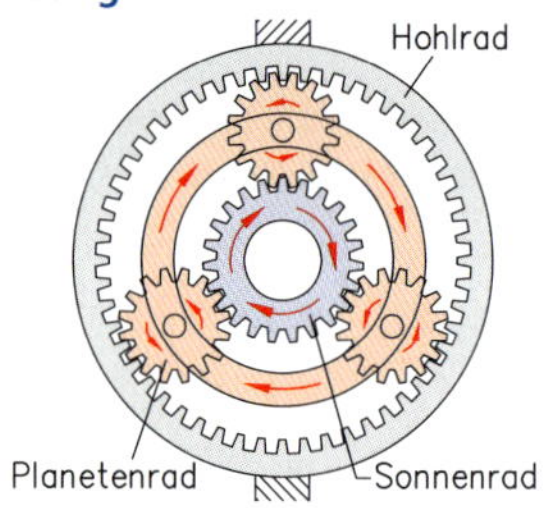

Antrieb: Sonnenrad
festgebremst: Hohlrad
Abtrieb: Planetenradträger
Über das Sonnenrad werden die Planetenräder angetrieben. Die Planetenräder wälzen sich auf dem innenverzahnten Hohlrad ab und nehmen den mit der Abtriebswelle verbundenen Planetenradträger mit. Es entsteht eine große Übersetzung ins Langsame.

2. Gang

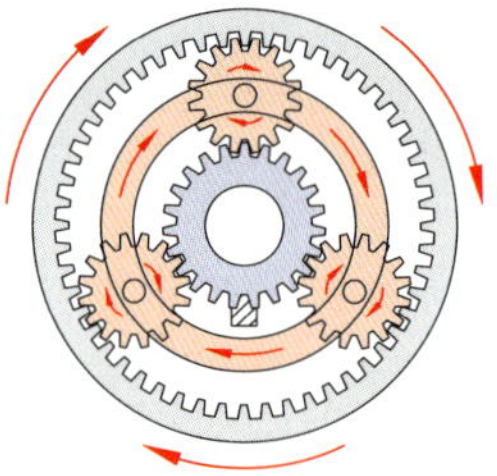

Antrieb: Hohlrad
festgebremst: Sonnenrad
Abtrieb: Planetenradträger
Das Hohlrad treibt die Planetenräder an. Sie wälzen sich auf dem festgebremsten Sonnenrad ab und nehmen über ihre Achsen den Planetenradträger mit. Es entsteht eine kleinere Übersetzung ins Langsame.

3. Gang

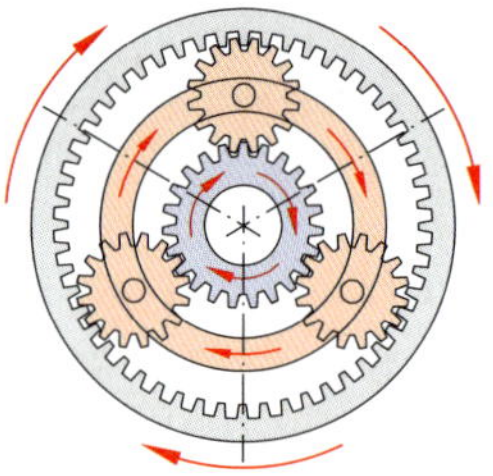

Antrieb: Sonnenrad
festgebremst: Sonnenrad mit Hohlrad gekoppelt
Abtrieb: Planetenradträger
Die Planetenräder wälzen sich nicht ab, sie wirken nur als Mitnehmer zwischen Sonnenrad und Hohlrad. Sonnenrad, Planetenräder, Planetenradträger und Hohlrad laufen als starre Einheit um. Die Übersetzung beträgt 1:1.

Rückwärtsgang

Antrieb: Sonnenrad
festgebremst: Planetenradträger
Abtrieb: Hohlrad
Beim Rückwärtsgang bewirken die Planetenräder eine Drehrichtungsumkehr des Hohlrads gegenüber dem Antrieb. Es entsteht eine große Übersetzung ins Langsame.

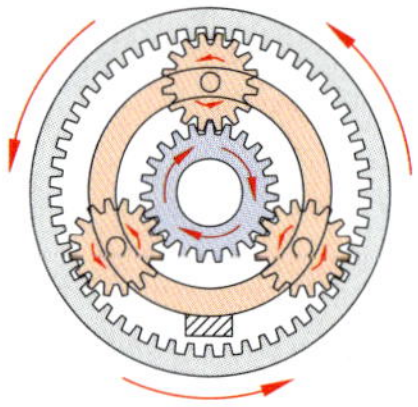

Zusammengesetzte Planetengetriebe

Der einfache Planetenradsatz erfordert mehrere Antriebs- und Abtriebswellen. Für den Einsatz als Kfz-Getriebe ist er nicht geeignet. Durch Kombination und Verknüpfung zweier oder mehrerer einfacher Planetenradsätze lässt sich das Getriebe konstruktiv günstiger gestalten.

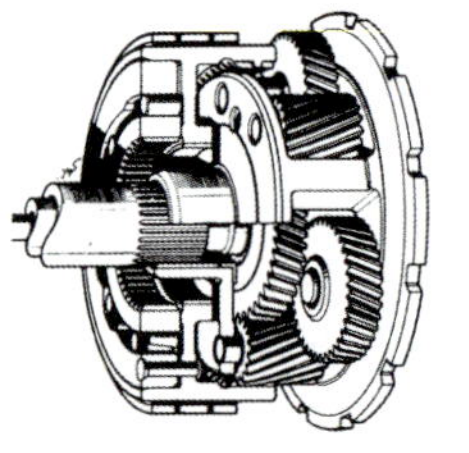

Ravigneaux-Satz

Der Ravigneaux-Satz besteht zwei aus einfachen Planetenradsätzen und setzt sich zusammen aus:

- einem kleinen und einem großen Sonnenrad,
- einem Planetenträger sowie kurzen und langen Planetenrädern,
- einem Hohlrad.

Der Antrieb erfolgt über die Welle des zweiten Sonnenrades. Die Antriebswelle ist mit dem Hohlrad verbunden.

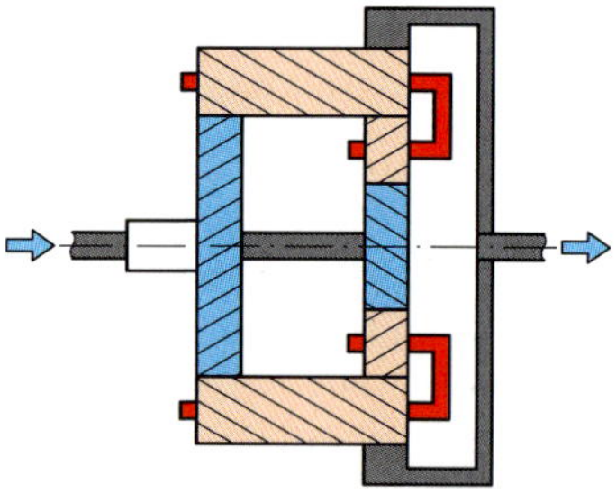

Simpson-Satz

Der Simpson-Satz setzt sich aus zwei einfachen Planetenradsätzen zusammen, die ein gemeinsames Sonnenrad besitzen. Die Planetenräder sind gleich groß. Die Antriebswelle treibt das erste Hohlrad an, der Abtrieb erfolgt über das zweite Hohlrad.

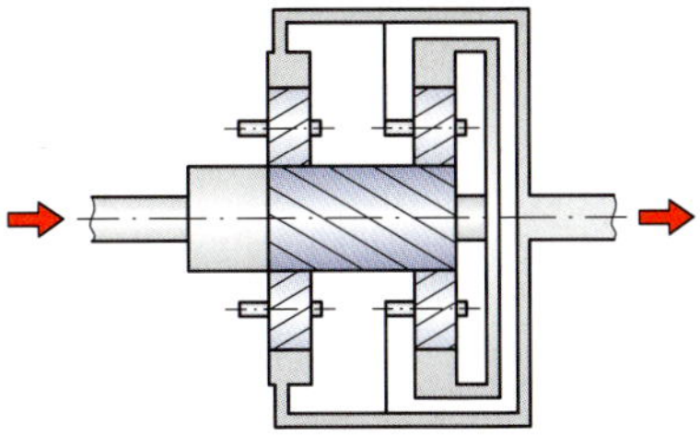

Wilson-Satz

Der Wilson-Satz besteht aus drei hintereinandergeschalteten einfachen Planetenradsätzen. Der Abtrieb erfolgt über den Planetenradtäger des hinteren Radsatzes.

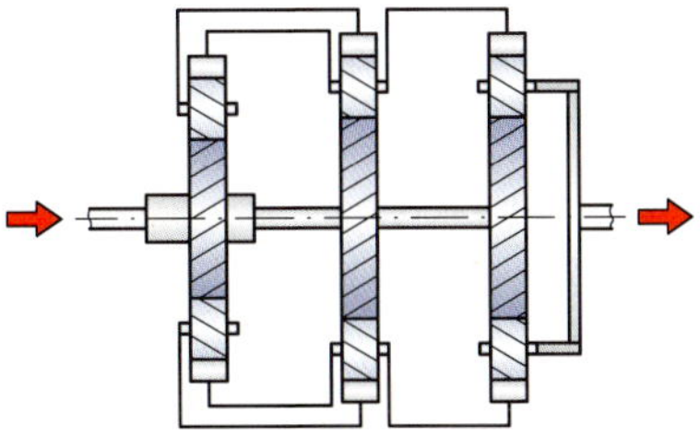

Schaltelemente

Die unterschiedlichen Übersetzungen werden mit Bremsbändern und Lamellenkupplungen erreicht. Sie werden über Servokolben hydraulisch geschaltet.

Lamellenkupplung, -bremse

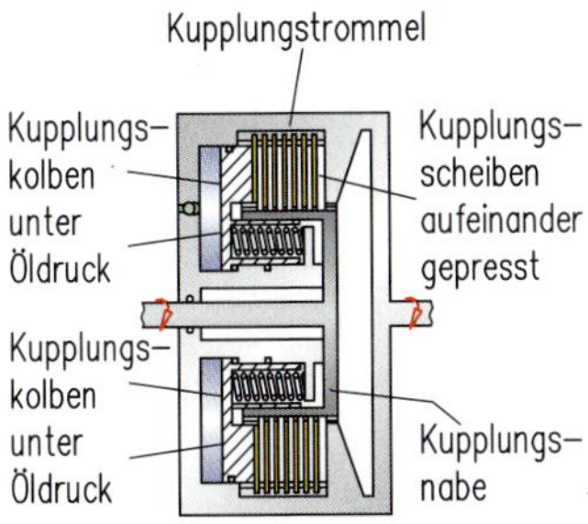

Lamellenkupplungen besitzen Außen- und Innenlamellen, die zur Übertragung eines Drehmoments hydraulisch zusammengepresst werden. Die Außenlamellen werden vom Kupplungsgehäuse, die Innenlamellen von der getriebenen Welle in Nuten mitgenommen. Bei Lamellenbremsen ist ein Kupplungsteil mit dem stehenden Gehäuse fest verbunden.

Bremsband

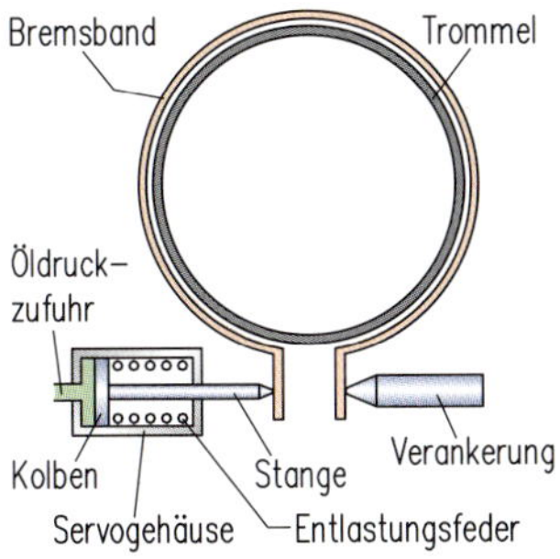

Ein Bremsband wird verwendet, um ein Planetensatzteil gegenüber den anderen festzuhalten. Ein Ende des Bremsbands ist am Gehäuse verankert, das andere wird durch einen Servokolben betätigt. Druckölzufuhr bewirkt, dass der Servokolben das Bremsband zusammenzieht und das entsprechende Teil festbremst.

Freilaufkupplung

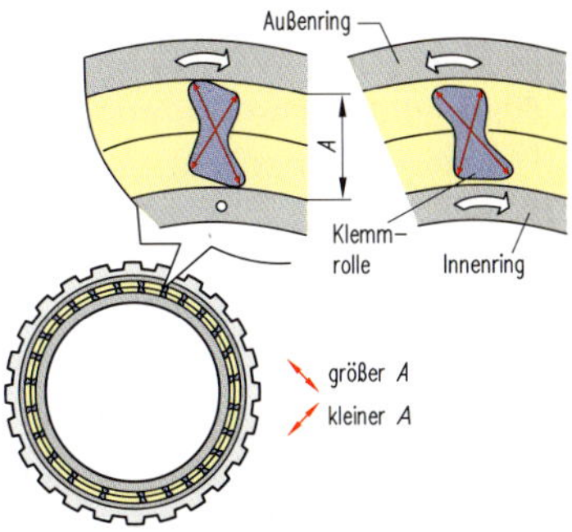

Die Freilaufkupplung kann Drehmomente nur in einer Drehrichtung übertragen, da hier die Klemmrollen durch die spiralförmigen Bahnen des Innenkörpers gegen den Außenkörper gepresst werden und Reibung erzeugen.

17.3.2.4 Stufenlose mechanische Getriebe

Das stufenlose Getriebe besteht aus zwei Kegelradpaaren, dem Primärscheibenpaar und dem Sekundärscheibenpaar. Das Primärscheibenpaar wird vom Motor angetrieben. Das Drehmoment wird über eine Kette auf das Sekundärscheibenpaar übertragen. Jeweils eine Kegelscheibe eines Scheibensatzes ist auf der Welle axial verschiebbar. Damit kann der Laufdurchmesser der Kette und somit die Übersetzung stufenlos verstellt werden. Damit die Kette gespannt bleibt, müssen beide Scheiben gleichmäßig verstellt werden.

Übersetzung ins Langsame

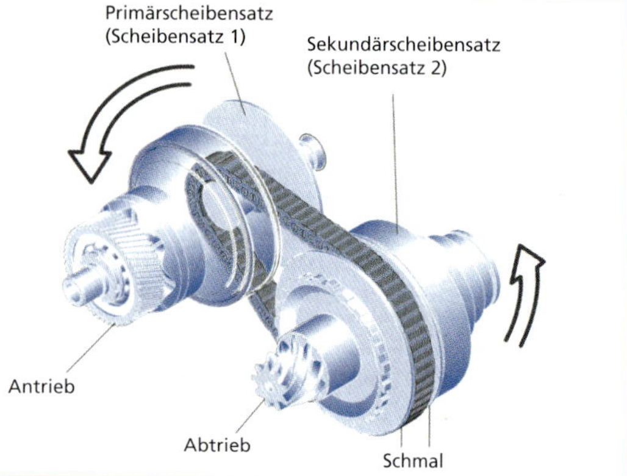

Übersetzung ins Schnelle

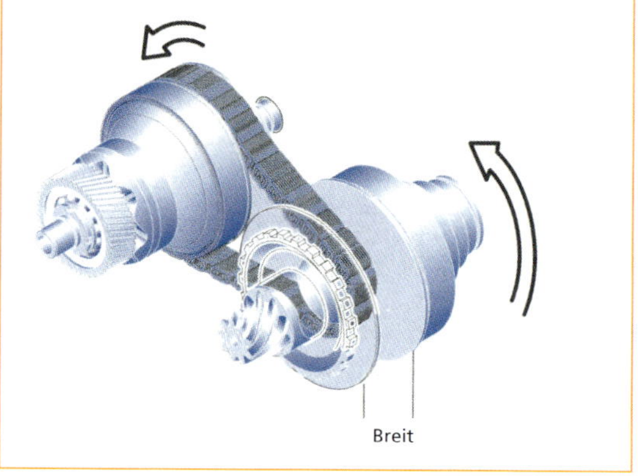

17.3.2.5 Hydrodynamischer Drehmomentwandler

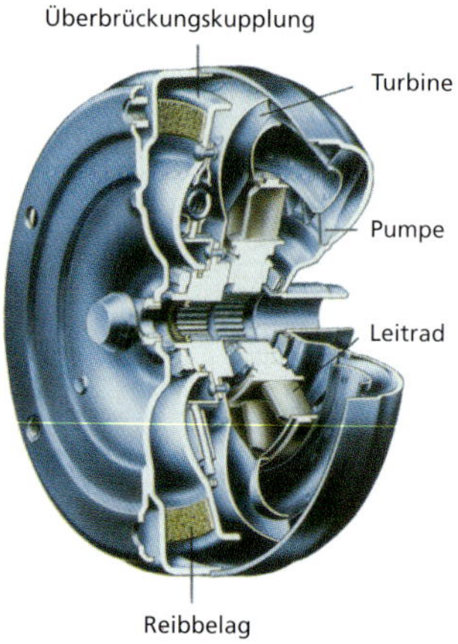

Der hydraulische Drehmomentwandler besteht aus folgenden Funktionselementen:

- Pumpenrad,
- Turbinenrad,
- Leitrad,
- Gehäuse,
- ATF-Öl (Automatic-Transmission-Fluid).

Pumpenrad

Das Pumpenrad ist mit dem Antrieb des Motors verbunden. Es setzt das ATF-Öl in Bewegung.

Leitrad

Zwischen dem Pumpenrad und dem Turbinenrad ist das Leitrad angeordnet. Es kann sich aufgrund eines Freilaufs nur in Motordrehrichtung drehen. In entgegengesetzter Richtung sperrt es. Das Leitrad lenkt das ATF-ÖL zurück zum Pumpenrad.

Turbinenrad

Das Turbinenrad nimmt das Drehmoment des Motors auf und gibt es z. B. an die Getriebeeingangswelle des Planetengetriebes weiter.

Zusammenwirken der Funktionselemente

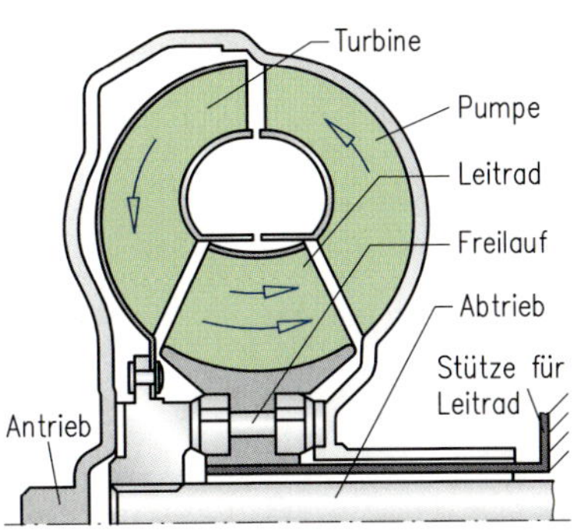

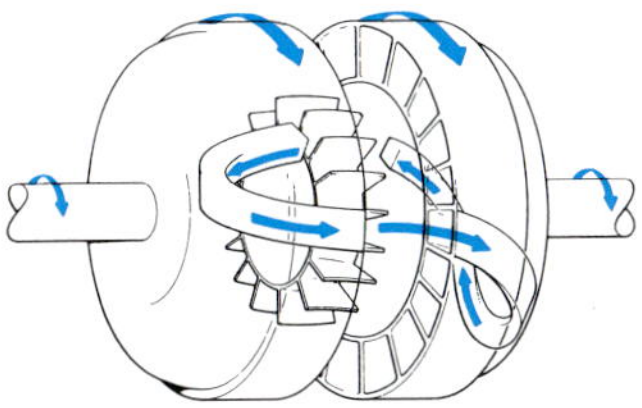

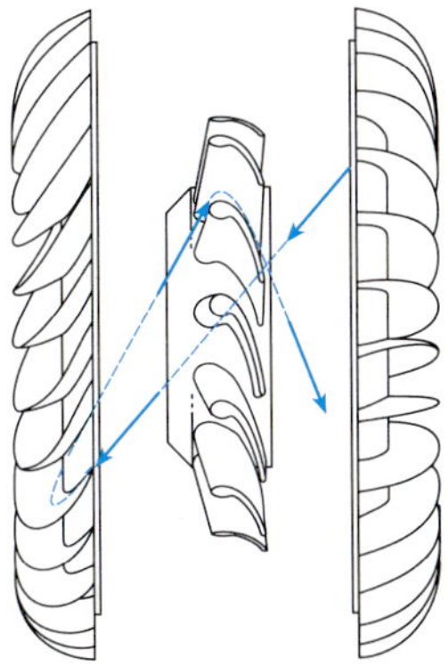

Das vom Motor angetriebene Pumpenrad drückt das zwischen den Schaufeln der Pumpe befindliche Öl durch die Fliehkraft nach außen. Das Öl strömt mit hoher Geschwindigkeit in das Turbinenrad. Innerhalb des Turbinenrads wird die Strömungsenergie des Öls durch Umlenkung in den gekrümmten Schaufelkanälen in Bewegungsenergie der Turbine umgesetzt. Der Ölstrom verlässt das Turbinenrad in einer Richtung, die bei geringer Drehzahl der Drehrichtung des Pumpenrads beinahe entgegengesetzt ist. Er trifft auf die Leitschaufeln und versucht das Leitrad in umgekehrter Drehrichtung wie Pumpen- und Turbinenrad zu drehen. Die Drehrichtung ist aber durch den Einweg-Freilauf blockiert. Das Leitrad lenkt den Ölstrom erneut um und leitet ihn unter einem günstigen Winkel in das Pumpenrad.

Je größer der Drehzahlunterschied zwischen Pumpen- und Turbinenrad, desto größer ist die Umlenkung des Ölstroms durch die Schaufeln des Turbinenrads, desto voller trifft der Ölstrom auf die Leitschaufeln und desto größer ist die Drehmomentsteigerung.

Turbinenradzahl: 0

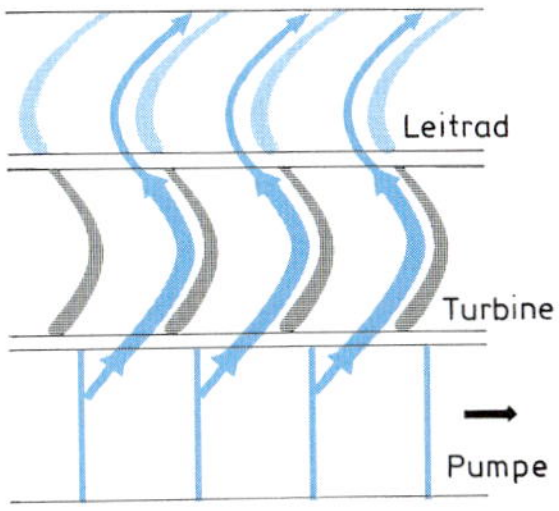

Hoher Drehzahlunterschied:

- Der Ölstrom wird durch Schaufeln des Leitrads stark umgelenkt.
- Hoher Staudruck wirkt auf das Turbinenrad zurück.
- Das Drehmoment wird auf das Zwei- bis Dreifache des Motordrehmoments gesteigert.

Zunehmende Turbinenradzahl

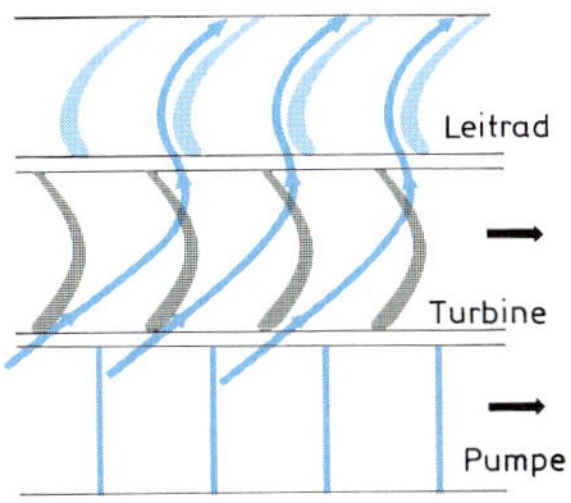

Abnehmender Drehzahlunterschied:

- Die Einströmrichtung des Öls und Drehrichtung des Turbinenrads überlagern sich. Die Umlenkung des Ölstroms durch die Turbinenradschaufeln wird geringer.
- Der geringere Staudruck bewirkt eine geringere Drehkraft auf die Turbinenradschaufeln.
- Das Drehmoment auf der Getriebeseite wird geringer.

Turbinenradzahl und Pumpendrehzahl annähernd gleich

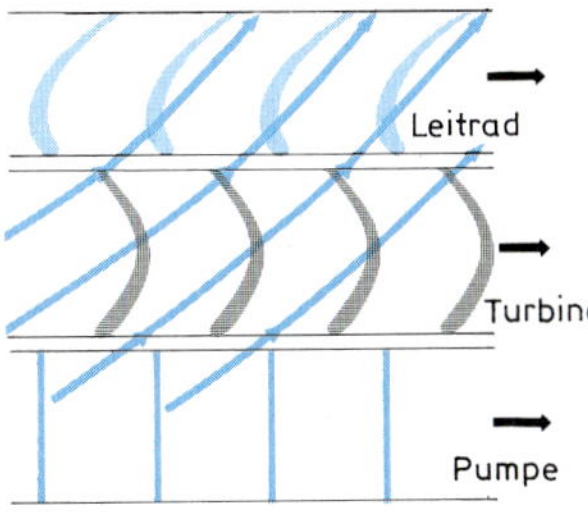

Turbinendrehzahl und Pumpendrehzahl sind annähernd gleich:

- Der Ölstrom trifft nicht mehr auf die Vorderseite der Leitschaufeln, sie werden von der Rückseite angeströmt.
- Auf das Turbinenrad wirkt keine zusätzliche Drehkraft. Das Leitrad löst sich vom Freilauf und dreht sich ebenfalls.
- Das Drehmoment wird im Verhältnis 1:1 weitergegeben. Der Drehmomentwandler arbeitet als Kupplung.

17.4 Ausgeführte Getriebe

17.4.1 Handschaltgetriebe

17.4.1.1 Aufbau und Kraftverlauf

Aufbau

Sechs-Gang-Schaltgetriebe mit zwei Wellen

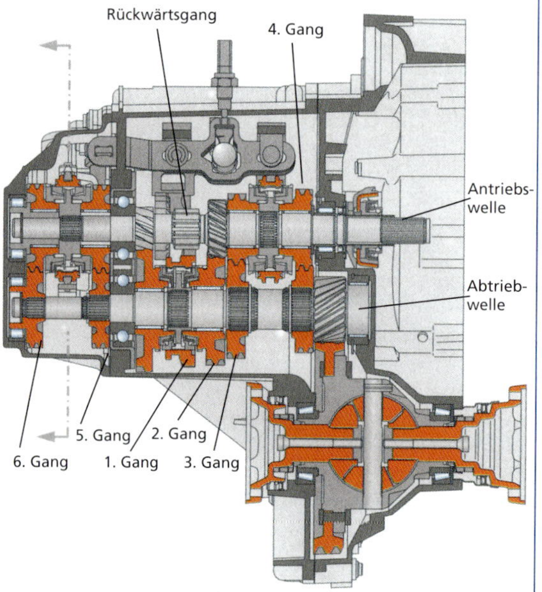

Das Getriebe ist ein Zweiwellengetriebe: Antriebswelle und Abtriebswelle. Das Getriebe wird bei Vorderantrieb mit quer eingebautem Motor eingesetzt.

Die Zahnräder auf der An- und Abtriebswelle sind schrägverzahnt und ständig im Eingriff. Der Rückwärtsgang ist geradeverzahnt.

- Antriebswelle: Zahnräder 1. und 2. Gang sind fest mit der Antriebswelle verbunden, die Schalträder 3. und 4. Gang und 5. und 6. Gang sind nadelgelagert und werden über Synchronkörper und Längsnutenverzahnung mit der Antriebswelle verbunden.
- Abtriebswelle: Die Zahnräder 3. und 4. Gang und 5. und 6. Gang sind über eine Längsverzahnung fest mit der Abtriebswelle verbunden.

Die Schalträder des 1. und 2. Gangs sind nadelgelagert und werden über die Synchronisiereinrichtung mit der Abtriebswelle verbunden.

Sechs-Gang-Schaltgetriebe mit vier Wellen

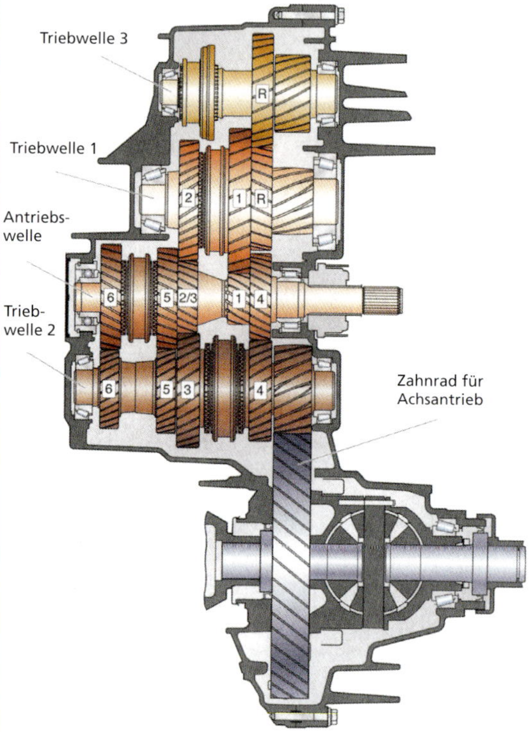

Das Getriebe hat eine Antriebswelle und drei Abtriebswellen.
Das Getriebe gehört mit seinen vier Wellen zu den Kurzbaugetrieben und bietet erhebliche Platzvorteile.

Zur besseren Darstellung sind die Wellen im Getriebeschema in einer Ebene dargestellt.
Die Ritzel auf den drei Triebwellen kämmen mit dem Zahnrad für Achsantrieb. Das Getriebe hat vier Wellen.

- Antriebswelle: Die Schalträder des 5. und 6. Gangs sind auf der Antriebswelle angeordnet.
  Die Zahnräder für den 2./3. Gang, 1. und 4. Gang sind fest mit der Antriebswelle verbunden.
- Triebwelle 1: Auf der Triebwelle 1 werden der 1. und 2. Gang geschaltet.
- Triebwelle 2: Auf der Triebwelle 2 werden der 3. und 4. Gang geschaltet.
- Triebwelle 3: Auf ihr befindet sich das Schaltrad für den Rückwärtsgang.

Kraftverlauf

Sechs-Gang-Schaltgetriebe mit zwei Wellen

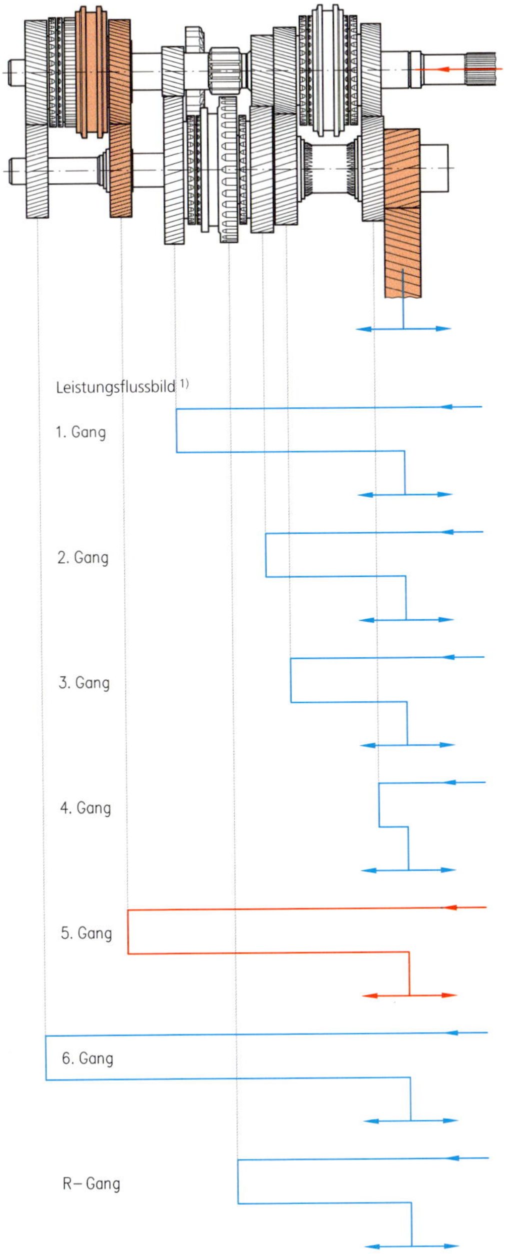

Der 1., 2. und 6. Gang werden auf der Abtriebswelle und der 3., 4. und 5. Gang werden auf der Antriebswelle geschaltet. Beim Rückwärtsgang wird das Zahnrad auf einer eigenen Achse zwischen der Antriebswelle geschaltet.
Das Drehmoment wird über das Zahnrad der Abtriebswelle auf das Zahnrad für Achsantrieb übertragen.

Sechs-Gang-Schaltgetriebe mit vier Wellen

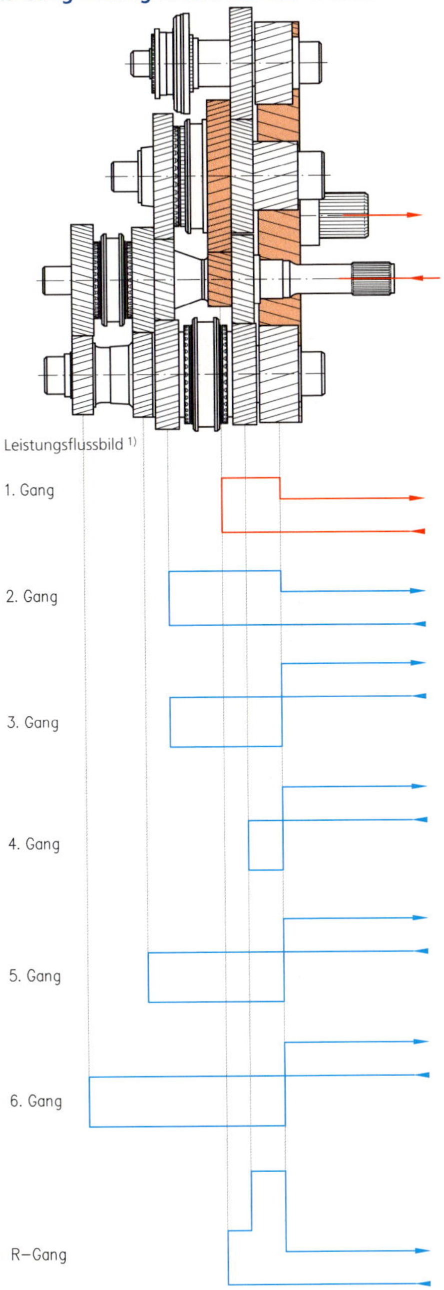

Das Motordrehmoment wird über die Antriebswelle in das Getriebe eingeleitet und je nach geschaltetem Gang über eine der Triebwellen an das Zahnrad für Achsantrieb übertragen. Beim Rückwärtsgang erfolgt der Kraftverlauf über das Schaltrad des 1. Gangs, das aber nicht kraftschlüssig mit der Triebwelle 1 verbunden ist.

[1] Leistungsflussbild siehe Kapitel 17.4.2

17.4.1.2 Bauelemente und Baueinheiten eines Getriebes

Am Beispiel einer Abtriebswelle werden die wesentlichen Bauelemente und Baueinheiten dargestellt.

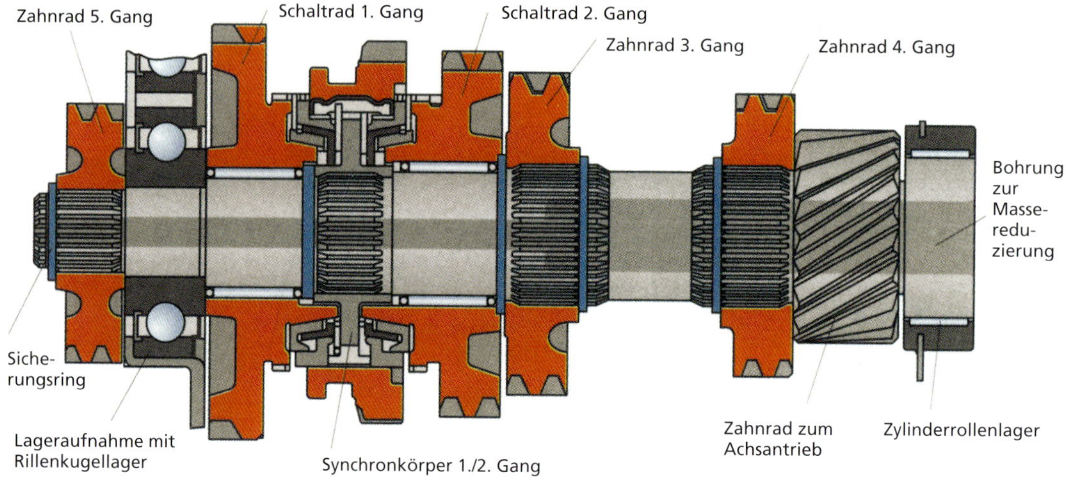

Verbindungen

Sicherungsringe, Sicherungsscheiben

Sie sichern die Lage von Bauteilen, z. B. des Zahnrads oder eines Wälzlagers gegen axiales Verschieben. Sie sitzen in Nuten der Welle oder des Gehäuses. Die Ringe bestehen aus Federstahl und müssen beim Aus- oder Einbau mit einer Spezialzange auf- bzw. zusammengebogen werden.

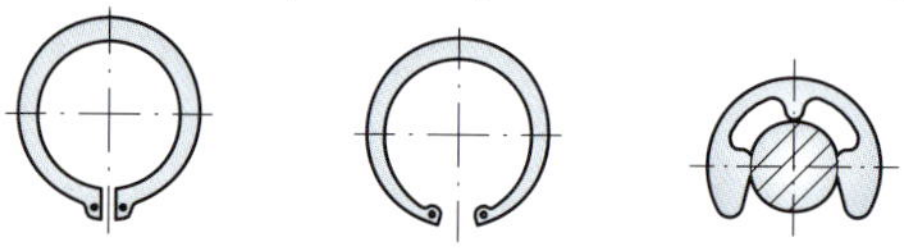

DIN 471 Sicherungsringe

DIN 472

DIN 6799 Sicherungscheibe

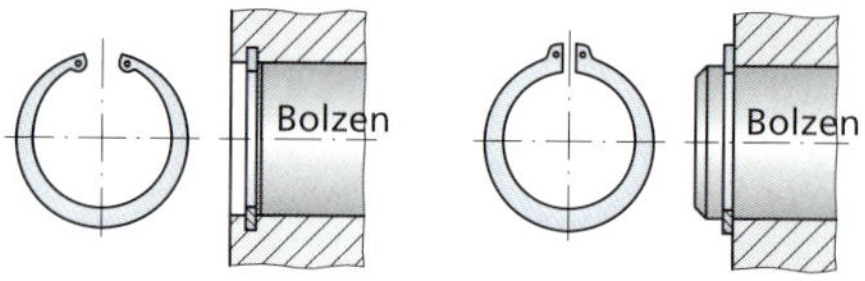

Keilwellenverzahnung

Über eine Keilwellenverbindung werden die Zahnräder bzw. der Synchronkörper formschlüssig mit der Welle verbunden.

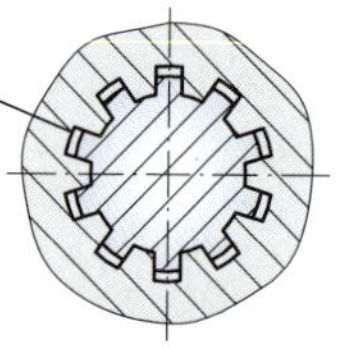

Lagerungen

Rillenkugel-, Zylinderrollenlager

Getriebewellen werden mit einem Zylinderrollenlager und einem Rillenkugellager im Gehäuse gelagert.
Bei einem Zylinderrollenlager kann sich die Welle bei Erwärmung axial verschieben. Man bezeichnet diese Lager als Loslager.
Das Rillenkugellager verhindert durch seinen Aufbau eine axiale Verschiebung der Welle. Man bezeichnet dieses Lager als Festlager.
Das Festlager kann im Gegensatz zu einem Loslager Axialkräfte aufnehmen.
Kurze Wellen können in zwei Festlagern, z. B. Rillenkugellager, gelagert werden.

Rillenkugellager DIN 625

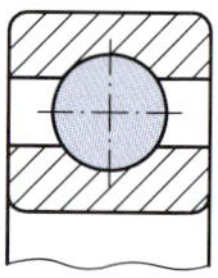

Zylinderrollenlager DIN 5412

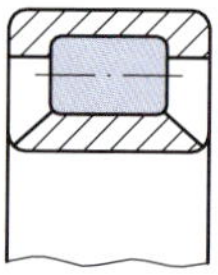

Nadellager

Nadellager zeichnen sich durch sehr kleine Abmessungen aus. Die Nadeln sitzen in einem Käfig und wälzen sich direkt auf der Welle ab.

Nadellager DIN 617

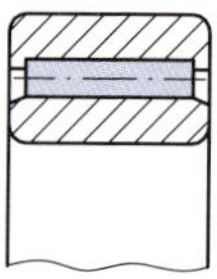

Abdichtungen

Eingangs- und Ausgangswellen sind durch Radialwellen-Dichtringe gegen Ölaustritt abgesichert. Ein Radialwellen-Dichtring besteht aus Kunststoff (Teflon), der hitzebeständig und verschleißfest ist. Der mit Rippen am Außendurchmesser versehene Dichtring wird mit Presssitz in das Gehäuse eingesetzt. Hierdurch wird die Dichtlippe an die Wellenoberfläche angepresst. Die Dichtlippe besitzt einen richtungsgebundenen Rückförderdrall, sodass kein Öl austritt.

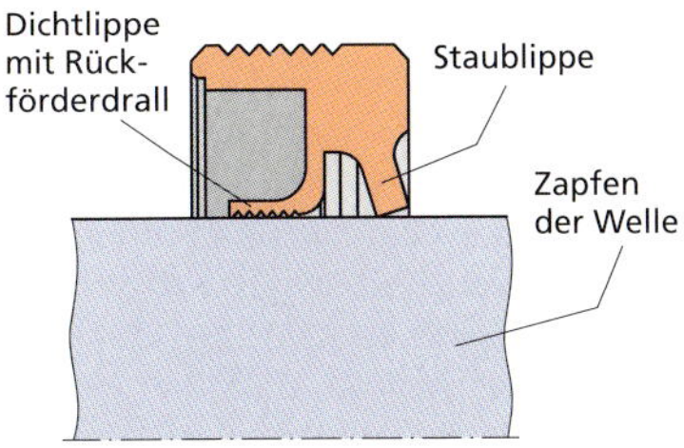

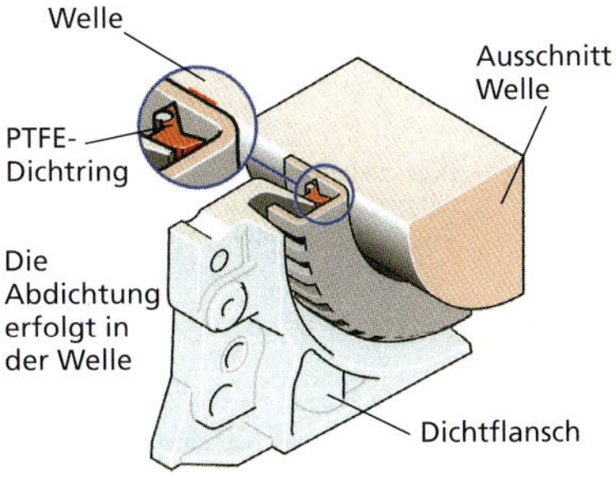

Synchronisierung

Um einen Gang zu schalten, muss die Schalt- bzw. Schiebemuffe auf die Schaltverzahnung des Schaltrads geschoben werden. Aufgabe der Synchronisierung ist es, Gleichlauf zwischen den zu schaltenden Zahnrädern und der Schiebemuffe herzustellen. Die Synchronisierung erfolgt während des Schaltvorgangs über einen Reibkonus am Schaltrad und dem Reibkonus am Synchronring.

Die Gänge 4, 5 und 6 besitzen ein Einfach-Konussystem, da die Drehzahlunterschiede beim Schalten nicht groß sind. Die Einfach-Synchronisierung besteht aus dem Synchronring und dem Reibkonus des Schaltrads. Die Gänge 1, 2 und 3 sind mit einer Dreifach-Synchronisierung ausgestattet. Durch die vergrößerte Reib- und Wärmeübertragungsfläche erfolgt die Anpassung bei großen Drehzahlunterschieden schneller. Die Dreifach-Synchronisierung besteht aus einem Außenring, einem Zwischenring, einem Innenring (zweiter Synchronring) und dem Reibkonus am Schaltrad.

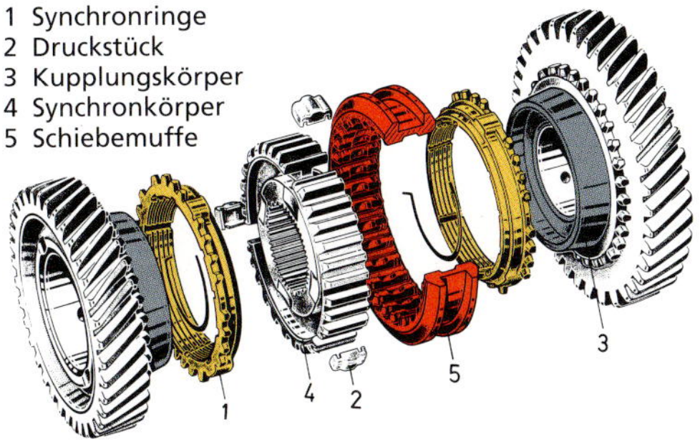

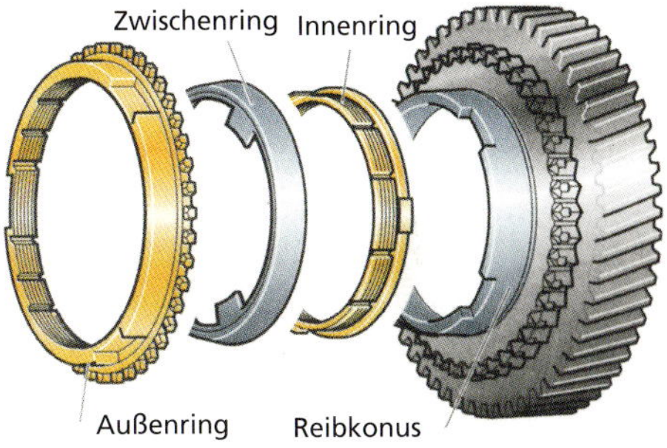

Synchronkörper ④ Druckstück ②	Schaltmuffe ⑤	Synchronring ①	Kupplungskörper Zahnrad ③
Der Synchronkörper sitzt verdrehfest auf der getriebenen Welle. Drei Aussparungen im Synchronring beschränken sein Verdrehen gegenüber den Druckstücken.	Die Schaltmuffe ist verdrehfest mit dem Synchronkörper verbunden, lässt sich aber seitlich verschieben. Die Klauen der Innenschaltverzahnung sind an den Stirnflächen abgeschrägt.	Die Synchronringe besitzen einen Innenkegel als Reibfläche. Er besteht aus Sondermessing. Die Klauen der Außenschaltverzahnung sind an den Stirnseiten angeschrägt.	Zahnrad und Kupplungskörper bilden eine Einheit. Das Zahnrad ist nadelgelagert und läuft lose auf der Welle. Der Außenkegel des Kupplungskörpers ist gehärtet und geschliffen.
		Innenkegel des Synchronrings und Außenkegel des Kupplungskörpers bilden zusammen eine Kegelkupplung.	

Synchronisiervorgang

Leerlauf

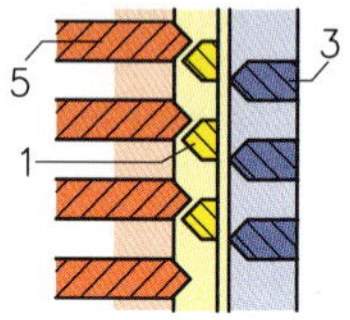

Im Leerlauf steht die Schaltmuffe in der Mittellage und hat keine Verbindung zu den Kupplungskörpern. Die Zahnräder drehen sich frei auf der Welle.

1 Synchronring
2 Druckstück
3 Kupplungskörper
4 Synchronkörper
5 Schiebemuffe

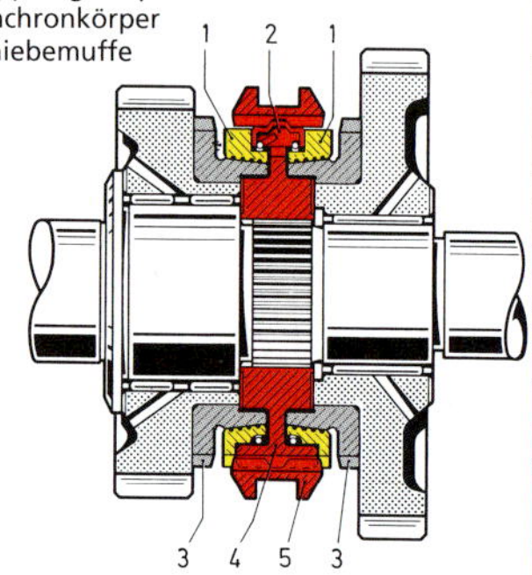

Synchronstellung

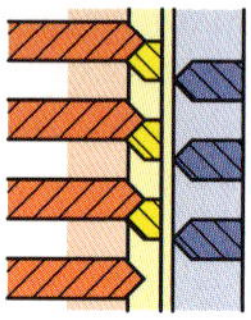

Beim Verschieben der Schaltmuffe wird der Synchronring über das Druckstück an den Außenkegel des Kupplungskörpers gepresst. Infolge des Drehzahlunterschieds der zu verbindenden Teile verdreht sich der Synchronring bis zu einem Anschlag am Synchronkörper. Durch diese Drehung kommen die angeschrägten Zahnflanken von Synchronring und Schaltmuffe zur Anlage und werden mit Kraft aneinander gepresst. Die Schaltmuffe kann nicht weitergeschaltet werden, da die Zahnflanken des Synchronrings das Weiterschieben sperren.

Schaltstellung

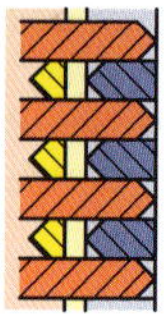

Ist Gleichlauf zwischen Kupplungskörper und Schaltmuffe erreicht, hört die Umfangskraft an den Zahnflanken von Synchronring und Schaltmuffe auf. Die anhaltende Kraft auf die Schaltmuffe bewirkt, dass der Synchronring zurückgedreht wird. Die Sperrung ist aufgehoben. Die Schaltmuffe kann über die Schaltverzahnung des Kupplungskörpers geschoben werden.

17.4.1.3 Steuerung des Getriebes

Um Vibrationen und Schwingungen zu vermeiden, ist das Getriebe mit einer Seilzugschaltung ausgestattet.

Zwei Seilzüge stellen die Verbindung zwischen Schalthebel und Getriebe her:

- Seilzug für die Schaltbewegung,
- Seilzug für die Wählbewegung.

Die Seilzüge übertragen die Bewegungen des Schalthebels über eine Hebelmechanik auf die Schaltwelle des Getriebes:

- Die Mechanik des Schalthebels setzt die Schaltbewegungen des Fahrers um.
  - Rechts-Links-Bewegung zum Wählen der Schaltgasse
  - Vor-Rückwärts-Bewegung zum Schalten des Gangs
  - Tauchbewegung zum Schalten des Rückwärtsgangs
- Die Seilzüge übertragen die Bewegungen der Schalthebelmechanik auf die Schaltwelle des Getriebes.
- Durch die Mechanik der Schaltwelle wird das Zahnrad des zu schaltenden Gangs ausgewählt.

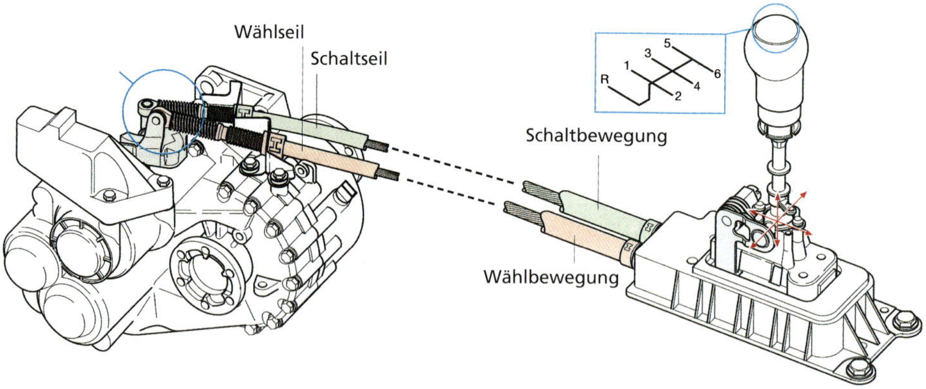

Rechts-Links-Bewegung

Die Rechts-Links-Bewegung des Schalthebels wird über das Wählseil in eine Auf- und Abwärtsbewegung der Schaltwelle umgesetzt. Durch die Bewegung der Schaltwelle werden die Schaltfinger auf- und abwärts bewegt. Der Schaltfinger für das ausgewählte Zahnradpaar greift in die Aussparung der entsprechenden Schaltgabel.

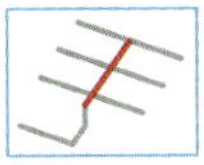

Die Rechts-Links-Bewegung des Schalthebels

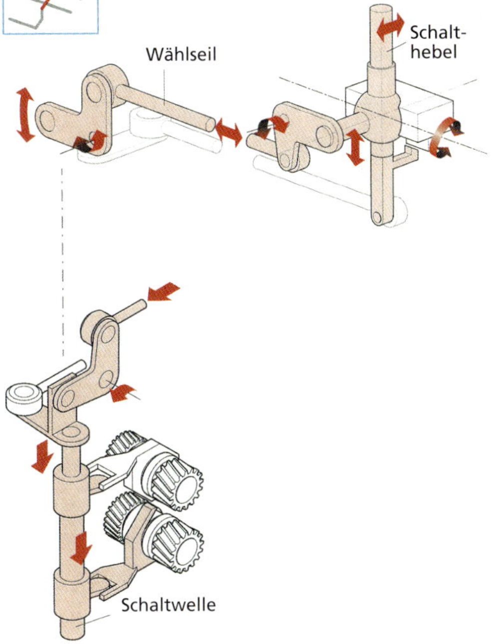

Vor- und Rückwärts-Bewegung

Die Vor- und Rückwärts-Bewegung des Schalthebels wird über das Schaltseil in eine Drehbewegung der Schaltwelle umgesetzt. Durch die Drehbewegung der Schaltwelle verschiebt der Schaltfinger die Schaltgabel mit der Schaltmuffe seitlich. Durch die Schaltmuffe wird das Zahnrad des ausgewählten Gangs mit der Abtriebswelle verbunden. Der ausgewählte Gang ist damit geschaltet.

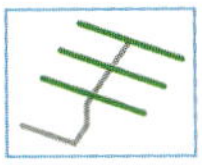

Die Vor- und Rückwärts-Bewegung des Schalthebels

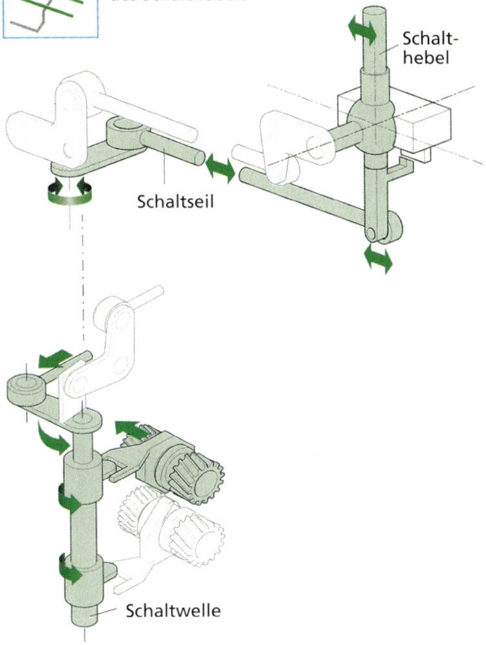

Einlegen des Rückwärtsgangs

Beim Einlegen des Rückwärtsgangs muss eine Sperre überwunden werden. Erst nach Herunterdrücken des Schalthebels gegen eine Feder kann die Sperre überwunden werden und der Rückwärtsgang eingelegt werden. Eine Schaltfeder zieht den Schalthebel wieder nach oben.

Das Einlegen des Rückwärtsgangs

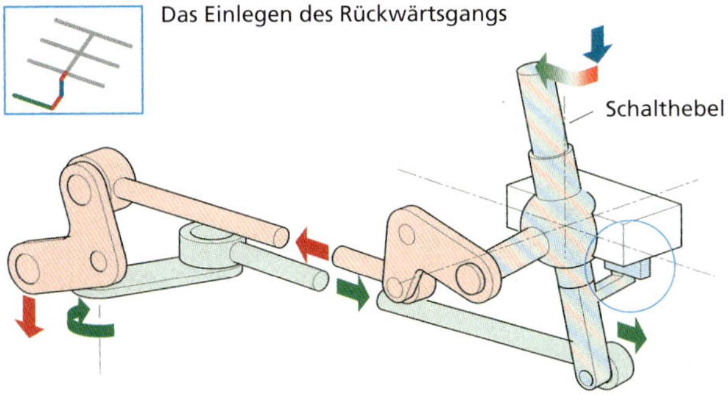

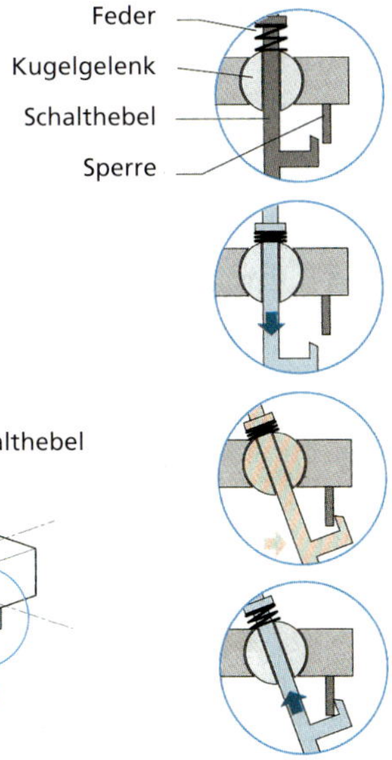

Beim Einlegen des Rückwärtsganges muss eine Sperre überwunden werden, um in den Gang zu gelangen.

Durch das Herunterdrücken gegen eine Feder gleitet der Schalthebel durch das Kugelgelenk nach unten.

Erst dann kann durch die Links- und Vorwärts-Bewegung die Sperre überwunden werden, um den Rückwärtsgang einzulegen.

Eine Feder zieht den Schalthebel wieder nach oben.

17.4.2 Analyse eines Sechs-Gang-Schaltgetriebes

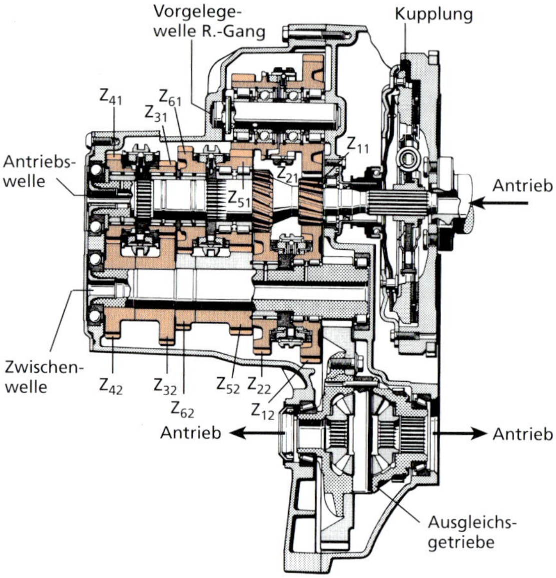

Die dargestellte Getriebeeinheit besteht aus folgenden Funktionseinheiten:

- Kupplung,
- Sechs-Gang-Schaltgetriebe,
- Achsantrieb mit Ausgleichsgetriebe.

Die Kupplung ist eine Einscheiben-Membranfederkupplung.

Das Getriebe besitzt drei Wellen:

- Vorgelegewelle für den Rückwärtsgang,
- Antriebswelle,
- Zwischenwelle.

Auf der Antriebswelle sitzen zwei Synchronisiereinrichtungen mit vier Losrädern und zwei Festrädern, auf der Zwischenwelle eine Synchronisiereinrichtung mit zwei Losrädern und Festrädern. Alle Zahnräder sind schrägverzahnt und ständig im Eingriff.

Aus der Zahnradanordnung lassen sich die Gänge bestimmen:

- 1. Gang: $z_{11} - z_{12}$
- 2. Gang: $z_{21} - z_{22}$
- 3. Gang: $z_{31} - z_{32}$
- 4. Gang: $z_{41} - z_{42}$
- 5. Gang: $z_{51} - z_{52}$
- 6. Gang: $z_{61} - z_{62}$

Getriebeübersetzung:	1. Gang	3.57 = 50/14
	2. Gang	2.16 = 54/25
	3. Gang	1.45 = 48/33
	4. Gang	1.10 = 43/39
	5. Gang	0.89 = 31/35
	6. Gang	0.74 = 36/49
	R-Gang	3.32 = 42/14 x 31/28
Achsübersetzung:	3.72	

Für den Rückwärtsgang ist eine Vorgelegewelle vorgesehen. Der Kraftfluss erfolgt über das Festrad z_{11} des 1. Gangs, das Vorgelege, das Losrad z_{51} und das Festrad z_{52} des 5. Gangs. Durch den Kraftfluss über fünf Zahnräder erfolgt eine Drehrichtungsumkehr.

Von der Zwischenwelle wird das Stirnrad-Achsgetriebe mit Ausgleichsgetriebe angetrieben.

Getriebeplan, Leistungsflussbild

Um Auskunft über den Aufbau, die getriebetechnische Funktion zu erhalten, bedienen wir uns zeichnerischer Unterlagen und Pläne:

- Getriebeplan
  Der Getriebeplan zeigt schematisch den Aufbau des Getriebes mit Anzahl und Lage der Wellen, Zahnrädern, Kupplungen und anderen Getriebeelementen. Diese Teile werden vereinfacht durch Sinnbilder dargestellt. Konstruktive Einzelheiten werden nicht wiedergegeben.
- Leistungsflussbild
  Das Leistungsflussbild gibt durch Strichlinien den Kraftfluss von einer Welle über die Zahnräder zur nächsten Welle an. Das Leistungsflussbild zeigt also die Funktion des Getriebes.

Symbole, Sinnbilder

Zahnräder, Kupplung

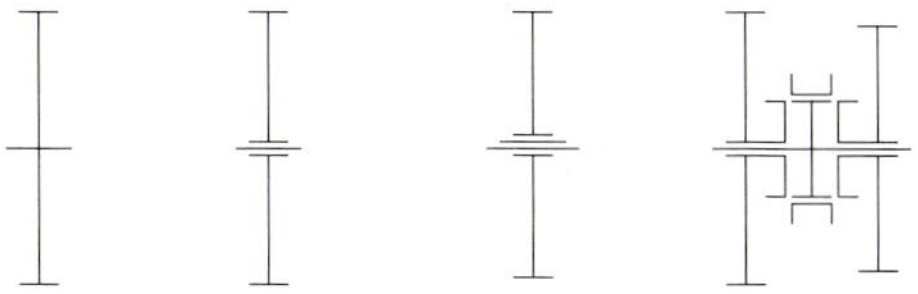

fest | drehbar, verschiebbar | drehfest, verschiebbar | Kupplung, drehfest, axial verschiebbar

Getriebe

Schaltgetriebe

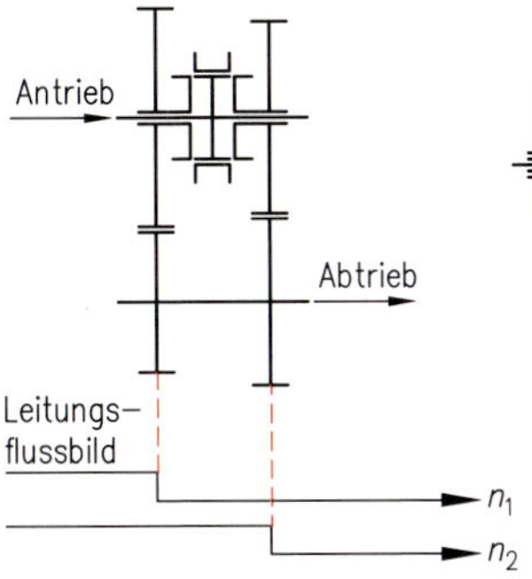

Ausgleichsgetriebe

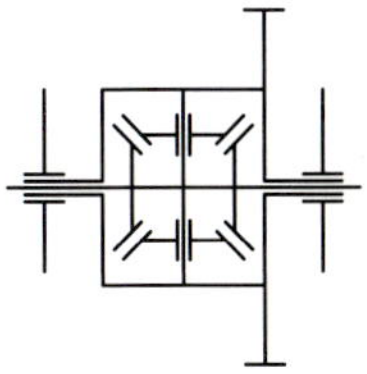

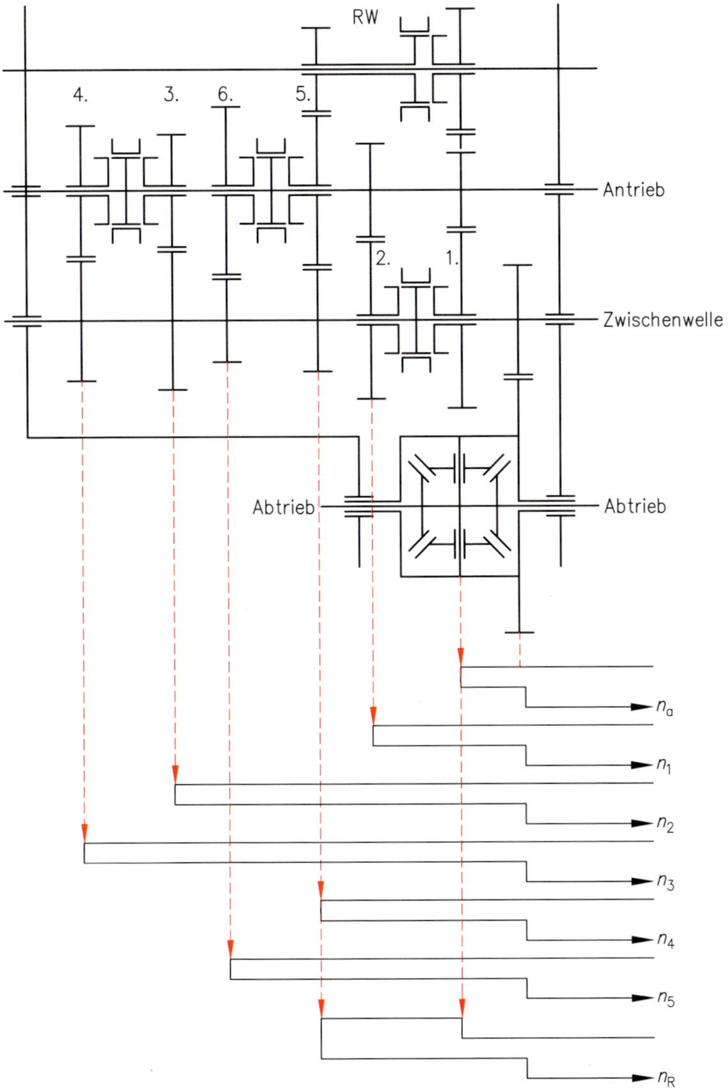

Berechnen der Kennwerte

Beispiel

1. Kupplung

Gegeben: Kupplungsscheibe
Außendurchmesser $D = 250$ mm; $F_N = 5\,500$ N
Innendurchmesser $d = 170$ mm
Reibungskoeffizient $\mu = 0{,}3$

Gesucht: Kupplungsdrehmoment

Lösung:

$$r_m = \frac{D + d}{4} \qquad M_k = F_N \cdot \mu \cdot z \cdot r_m$$

$$r_m = \frac{250\text{ mm} + 170\text{ mm}}{4} \qquad M_k = 5\,500\text{ N} \cdot 0{,}3 \cdot 2 \cdot 0{,}105\text{ m}$$

$$r_m = 105\text{ mm} \qquad M_k = 346{,}5\text{ Nm} > M_{Motor}$$

2. Getriebe

Gegeben: Antriebsdrehzahlen $n_{an} = 2\,400$ 1/min

Zähnezahlen	Gang 1	2	3	4	5	6
$z_{treibend}$	14	25	33	39	35	49
$z_{getrieben}$	50	54	48	43	31	36

Achsübersetzung: $i_{Achs} = 3{,}72$
Reifen 205/50 R 16 T: $r_{dyn} = 297{,}4$ mm

Gesucht: Getriebeübersetzung i_G; Gesamtübersetzung i_{ges}
Getriebeabtriebsdrehzahl n_{ab}; Raddrehzahl n_{rad}
Fahrgeschwindigkeit bei 2 400 1/min bzw. 5 600 1/min in allen Gängen

Formel	Einheit	Gang 1	2	3	4	5	6
$i_g = \frac{z_{getrieben}}{z_{treibend}}$	–	3,57	2,16	1,45	1,10	0,89	0,74
$i_{ges} = i_g \cdot i_{Achs}$	–	13,28	8,04	5,39	4,09	3,31	2,75
$n_{ab} = \frac{n_{an}}{i_G} = \frac{2\,400\text{ 1/min}}{i_G}$	1/min	672	1 111	1 655	2 182	2 697	3 243
$n_{rad} = \frac{n_{an}}{i_{Ges}} = \frac{2\,400\text{ 1/min}}{i_G}$	1/min	181	299	445	587	725	873
$v_{(2\,400)} = \frac{3{,}6 \cdot 2 \cdot 297{,}4\text{ mm} \cdot 3{,}14 \cdot 2\,400\text{ 1/min}}{1\,000 \cdot 60 \cdot i_{ges}}$	km/h	20,25	33,45	48,89	65,76	81,25	97,80
$v_{(5\,600)} = \frac{3{,}6 \cdot 2 \cdot 297{,}4\text{ mm} \cdot 3{,}14 \cdot 5\,600\text{ 1/min}}{1\,000 \cdot 60 \cdot i_{ges}}$	km/h	47,25	78,05	116,43	153,43	189,59	228,20

17.4.3 Automatisierte Schaltgetriebe

Bei einem automatisierten Schaltgetriebe werden die Schaltbewegungen durch Sensoren erfasst und an das Steuergerät gemeldet. Der eigentliche Schaltvorgang wird durch das Getriebesteuergerät eingeleitet und

- elektromotorisch oder
- elektrohydraulisch ausgeführt.

17.4.3.1 Elektromotorisch automatisiertes Getriebe

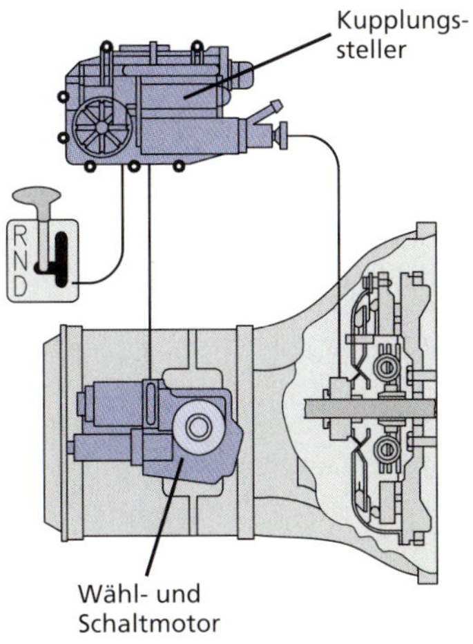

Das Getriebe ist prinzipiell wie ein Handschaltgetriebe aufgebaut. Es besitzt elektromotorische Steller:

- einen Kupplungssteller mit integriertem Steuergerät, der zur Ansteuerung der Kupplung dient,
- einen Wähl- und einen Schaltmotor zum Gangwechsel.

Der Fahrer kann ohne mechanische Verbindung zwischen Positionshebel und Getriebe schalten. Die Steuerung erfolgt elektronisch.

17.4.3.2 Elektrohydraulisch automatisiertes Getriebe

Allgemeine Übersicht

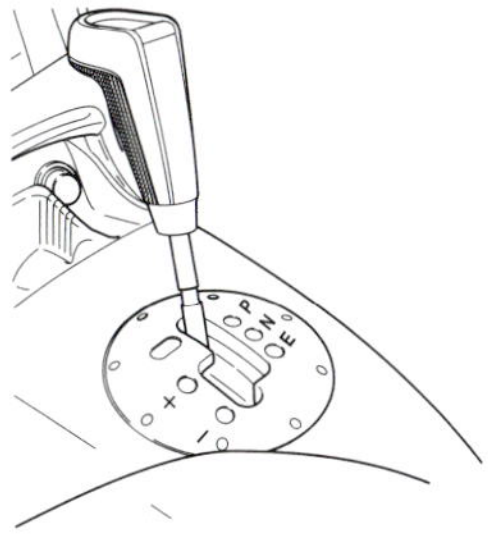

Mit dem Wählhebel kann zwischen selbsttätigem und manuellem Schalten gewählt werden. In der linken Schaltgasse können die Schaltvorgänge einzeln ausgeführt werden. Wird der Wählhebel nach vorn (+) oder hinten (–) angetippt, schaltet das Getriebe hoch (+) oder herunter (–). In der rechten Schaltgasse und der Position E erfolgt die Gangwahl der Vorwärtsgänge selbsttätig in Abhängigkeit von der Motordrehzahl, Fahrzeuggeschwindigkeit und anderen Informationen.

Das automatisierte Schaltgetriebe besteht aus 3 Funktionsgruppen:

Funktionsgruppen	
Elektronik	Die Schalthebelbewegungen werden durch Potenziometer und vier Mikroschalter erfasst und an das Steuergerät gemeldet. Weitere Informationen liefern die Steuergeräte für den Motor, für ABS und für die Anzeigeeinheit. Das Steuergerät steuert das Magnetventil für die Kupplung und die vier Magnetventile für die Gangwahl.
Hydraulik	Mithilfe der Hydraulik werden über die Magnetventile • die Kupplung geschaltet, • die Schaltgassen und • die Gänge gewählt. Die Hydraulikeinheit mit Hydraulikpumpe und Druckspeicher sorgt für den notwendigen Druck.
Mechanik	Hebelsysteme wirken auf die Schaltwelle, die die entsprechenden Zahnradpaarungen schaltet.

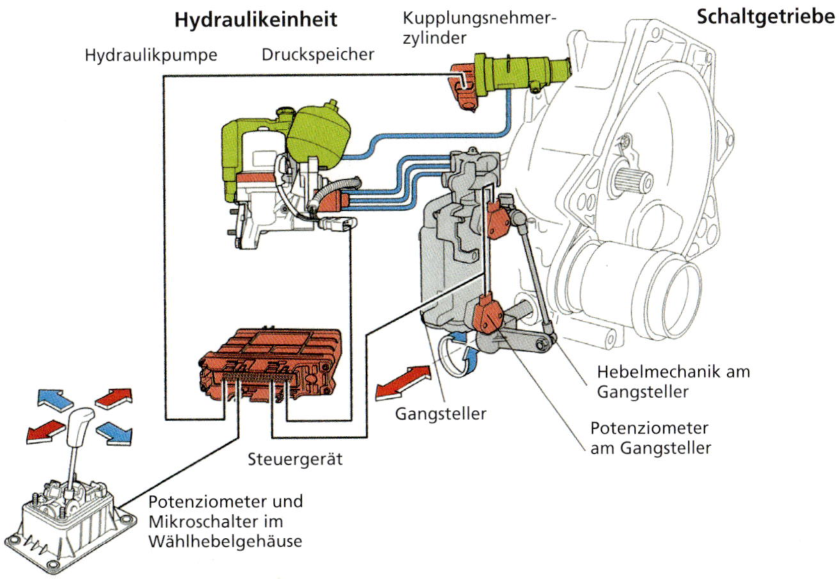

Getriebemechanik

Das Schaltgetriebe besitzt 5 Gänge. Die einzelnen Gänge werden über Schaltmuffen und Synchronisiereinrichtungen geschaltet.

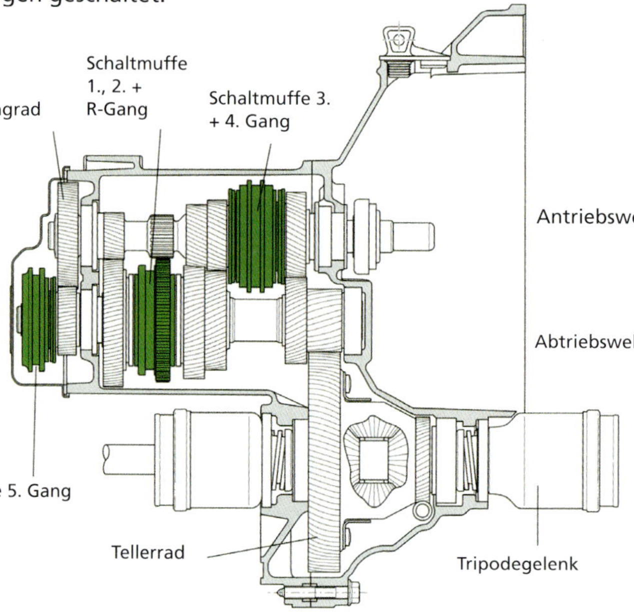

17.4.4 Direkt-Schaltgetriebe

17.4.4.1 Allgemeine Übersicht

Das Direkt-Schaltgetriebe verbindet die Vorteile eines Handschaltgetriebes, z. B. den hohen Wirkungsgrad, mit den Vorteilen des Automatikgetriebes, z. B. dem hohen Schaltkomfort.

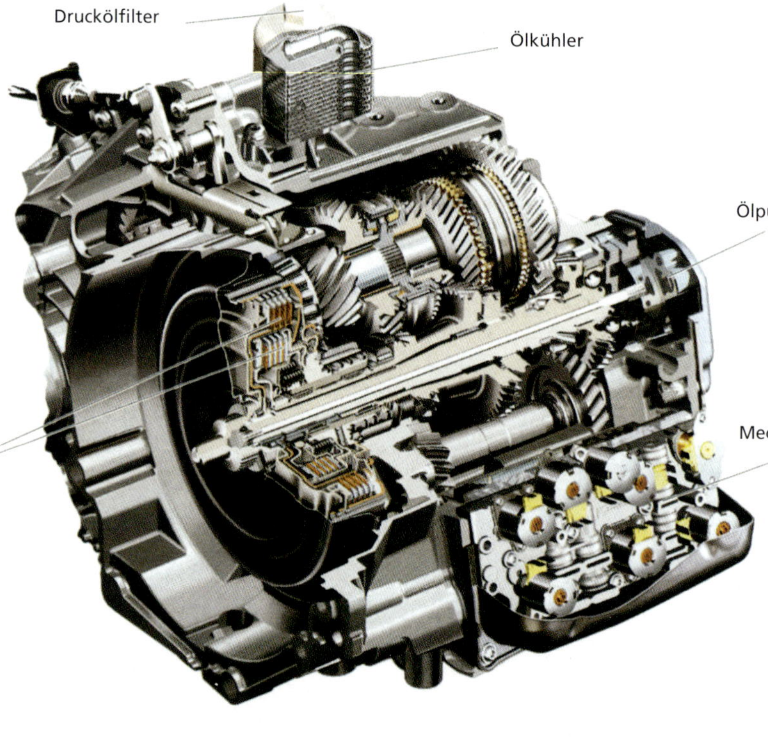

Das Direkt-Schaltgetriebe besteht aus folgenden Funktionseinheiten:

Funktionseinheiten	
Mechanik	Der mechanische Teil des Getriebes besteht aus einem Sechs-Gang-Getriebe mit konventioneller Synchronisierungs- und Schalteinrichtung und Lamellenkupplungen. Die Lamellenkupplungen laufen im Öl und werden von der Mechatronik abhängig von dem zu schaltenden Gang geregelt, geöffnet und geschlossen.
Mechatronik	Die Mechatronik ist in das Getriebe integriert. Sie besteht aus dem elektronischen Steuergerät und der elektrohydraulischen Steuereinheit. Beide bilden eine kompakte Einheit. Damit ist die Anzahl der Steckverbindungen und Leitungen reduziert.
Hydraulik	In der elektrohydraulischen Steuereinheit befinden sich alle Magnetventile, Drucksteuerventile, hydraulische Schieber und der Multiplexer.
Elektronik	Im elektronischen Steuergerät befinden sich zwölf Sensoren. Zwei Sensoren sind im Getriebe eingebaut. Die anderen elektrischen Aktoren befinden sich in der elektrohydraulischen Steuereinheit.

17.4.4.2 Getriebemechanik

Das mechanische Teil des Direkt-Schaltgetriebes besteht aus zwei unabhängigen Teilgetrieben, die wie ein Handschaltgetriebe aufgebaut sind. Jedem Teilgetriebe ist eine Lamellenkupplung zugeordnet. Über die Lamellenkupplung K1 werden die Gänge 1, 3, 5 und der Rückwärtsgang geschaltet, über die Lamellenkupplung K 2 die Gänge 2, 4, 6.

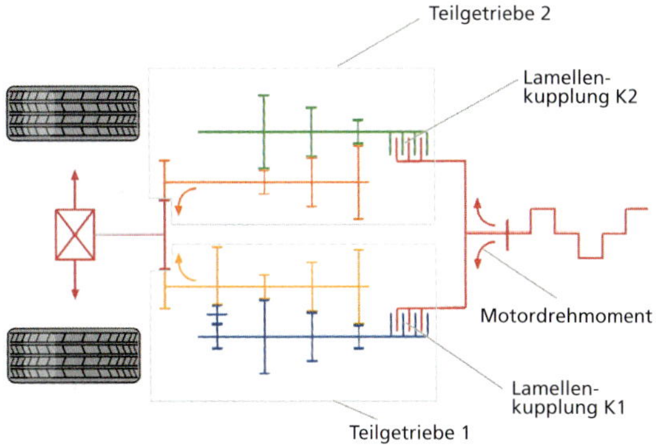

Das Drehmoment des Motors wird über ein Zweimassenschwungrad auf den äußeren Lamellenträger der jeweiligen Kupplung eingeleitet. Zum Schließen der Kupplungen wird Öl in den Öldruckraum der Kupplung K1 bzw. K2 gepresst. Durch das Schließen der Kupplung K1 bzw. K2 wird das Drehmoment auf den inneren Lamellenträger und dann auf die entsprechende Antriebswelle 1 bzw. Antriebswelle 2 weitergeleitet. Eine Kupplung ist immer kraftschlüssig. Das Getriebe besitzt zwei Antriebs-, zwei Abtriebswellen und eine Rücklaufwelle:

- Die Antriebswelle 1 läuft durch die hohlgebohrte Antriebswelle 2. Auf der Antriebswelle 1 sitzen die schrägverzahnten Gangräder für den 5. und 3. Gang und das gemeinsame Gangrad für den 1. und den Rückwärtsgang.
- Auf der Antriebswelle 2 sitzen die schrägverzahnten Zahnräder für den 2., 4. und 6. Gang.
- Auf der Abtriebswelle 1 befinden sich die synchronisierten Schalträder für die Gänge 1, 2, 3, 4 sowie das Abtriebszahnrad für den Eingriff in das Ausgleichsgetriebe. Für den 6. und 4. Gang wird ein gemeinsames Gangrad verwendet.

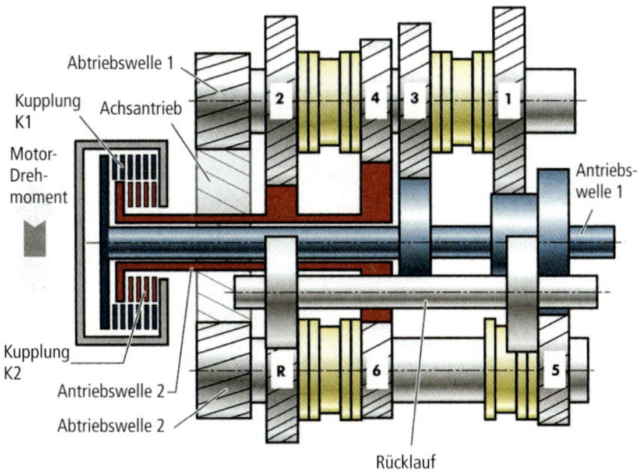

- Auf der Abtriebswelle 2 befinden sich die synchronisierten Schalträder für die Gänge 5, 6, das Gangrad für den Rückwärtsgang und das Abtriebszahnrad für den Eingriff in das Ausgleichsgetriebe.
- Die Rücklaufwelle ändert die Drehrichtung der Abtriebswelle 2 und damit auch die des Zahnrads für den Achsantrieb.

Kraftverlauf in den Gängen

Zum besseren Verständnis des Kraftverlaufs wird das Getriebe in einer gestreckten Darstellung gezeigt.

1. Gang

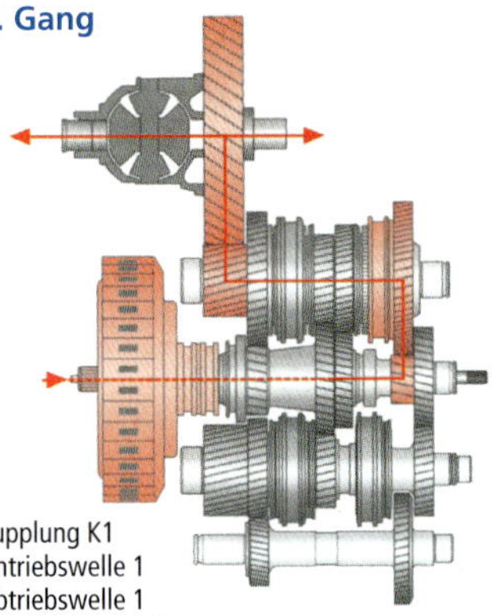

Kupplung K1
Antriebswelle 1
Abtriebswelle 1
Ausgleichsgetriebe

2. Gang

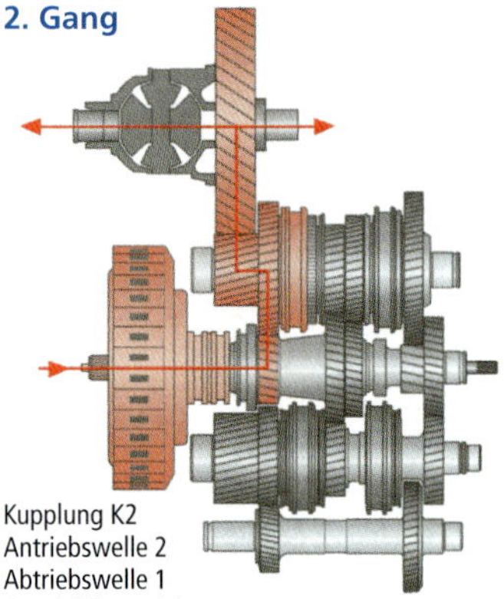

Kupplung K2
Antriebswelle 2
Abtriebswelle 1
Ausgleichsgetriebe

3. Gang

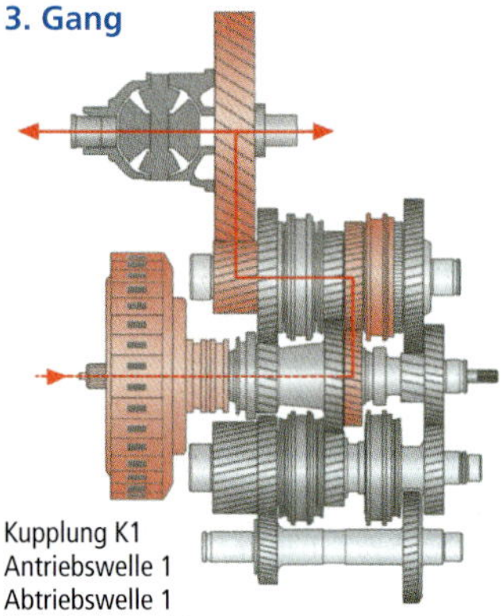

Kupplung K1
Antriebswelle 1
Abtriebswelle 1
Ausgleichsgetriebe

4. Gang

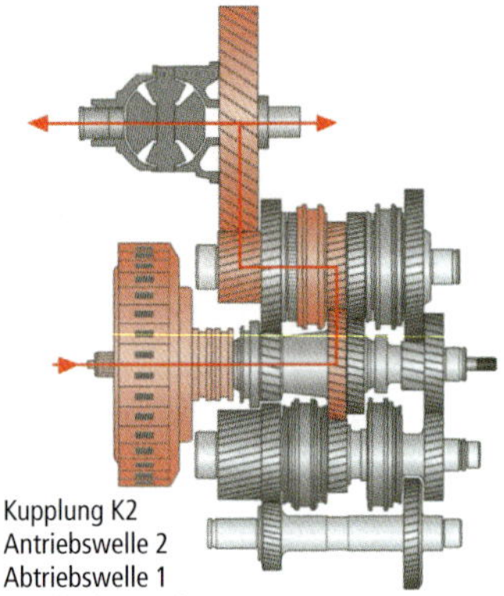

Kupplung K2
Antriebswelle 2
Abtriebswelle 1
Ausgleichsgetriebe

5. Gang

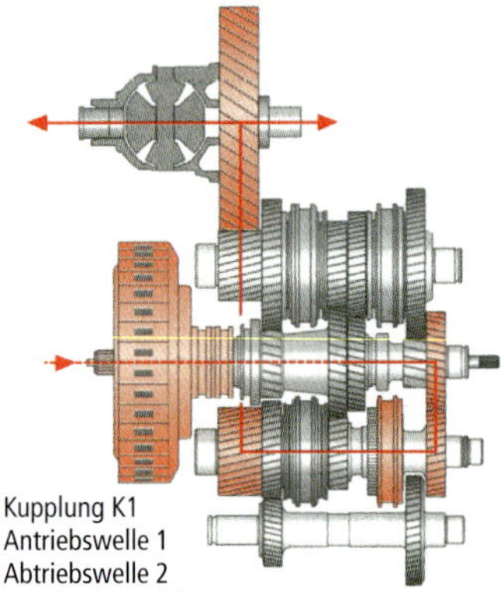

Kupplung K1
Antriebswelle 1
Abtriebswelle 2
Ausgleichsgetriebe

6. Gang

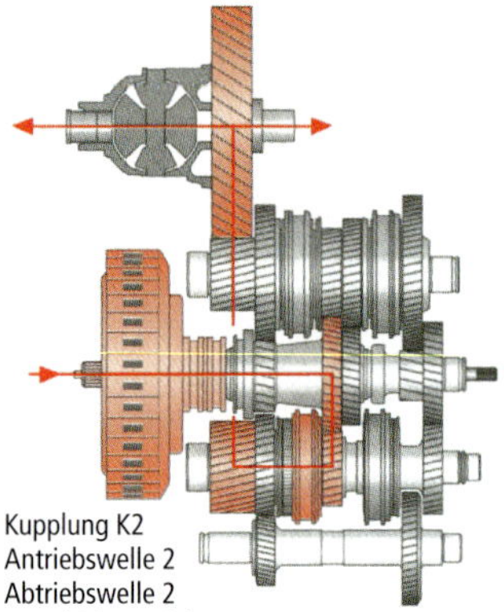

Kupplung K2
Antriebswelle 2
Abtriebswelle 2
Ausgleichsgetriebe

Rückwärtsgang

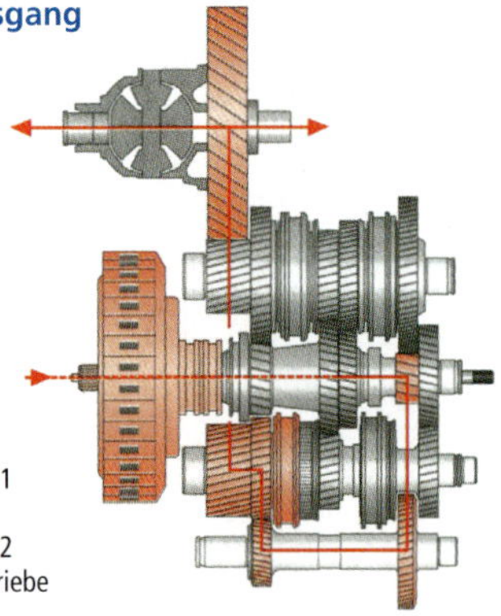

Kupplung K1
Antriebswelle 1
Rücklaufwelle
Abtriebswelle 2
Ausgleichsgetriebe

17.4.4.3 Mechatronik

In der Mechatronik sind das elektronische Steuergerät und die elektrohydraulische Steuereinheit zusammengefasst. Die Mechatronik ist die zentrale Steuereinheit des Getriebes. In ihr laufen alle Sensorsignale und Signale anderer Steuergeräte zusammen. Sie steuert die Aktoren an und überwacht deren Funktion.

Getriebehydraulik

Eine Ölpumpe versorgt die Lamellenkupplungen, die Kupplungskühlung, die Schalthydraulik und die Zahnradschmierung mit Öl. Der Druck beträgt etwa 20 bar.

Der elektrohydraulische Teil der Mechatronik regelt und steuert acht Gangsteller und fünf Schaltventile sowie den Druck und den Kühlölstrom zu den Kupplungen. Das Ölkreislauf-Schema (siehe Hydraulikplan) zeigt die Hydraulikelemente der elektrohydraulischen Steuerung.

Hydraulikelemente im Ölkreislauf-Schema

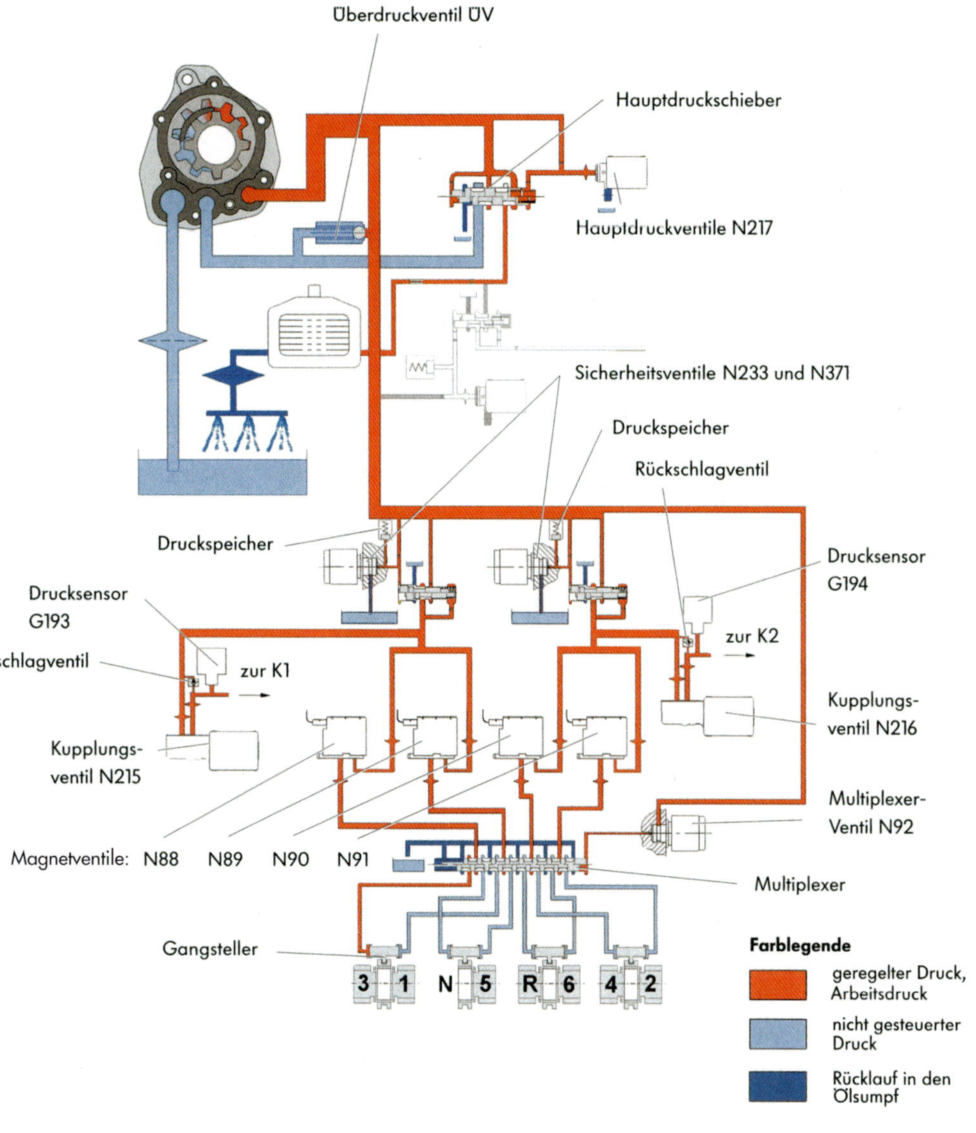

Die Ölpumpe saugt über den Filter das Öl an, fördert es unter Druck in verschiedene Kanäle und versorgt die unterschiedlichen Ventile:

- Hauptdruckventil: Durch dieses Ventil wird der Arbeitsdruck im hydraulischen System geregelt (N217).
- Kupplungsventile: Druckregelventile, die den Steuerdruck für die Lamellenkupplungen erzeugen. Das Steuergerät passt über diese Ventile den Kupplungsdruck an (N215–N216).
- Magnetventile: Sie schalten den Öldruck über das Multiplexer-Schieberventil zu den Gangstellern (N88–N91)
- Multiplexerventil: Es steuert den Multiplexer. Multiplexerventil angesteuert: Gänge 2, 4 und 6 werden geschaltet. Magnetventil stromlos: Gänge 1, 3, 5 und Rückwärts werden geschaltet (N92).
- Multiplexer: Der Multiplexer ermöglicht die Steuerung der acht Gangsteller mit nur vier Magnetventilen (Multiplexer = Vervielfacher)
- Sicherheitsventile: Die Sicherheitsventile ermöglichen ein schnelles Öffnen der Kupplung, wenn der Kupplungsdruck über dem Sollwert liegt (N233, N371).

Das Schalten der Gänge erfolgt über Schaltgabeln, die hydraulisch von einem Kolben geschaltet werden. Auf jeder Schaltgabel befindet sich ein Dauermagnet, über den der Wegsensor die Stellung der Schaltgabel erkennt.

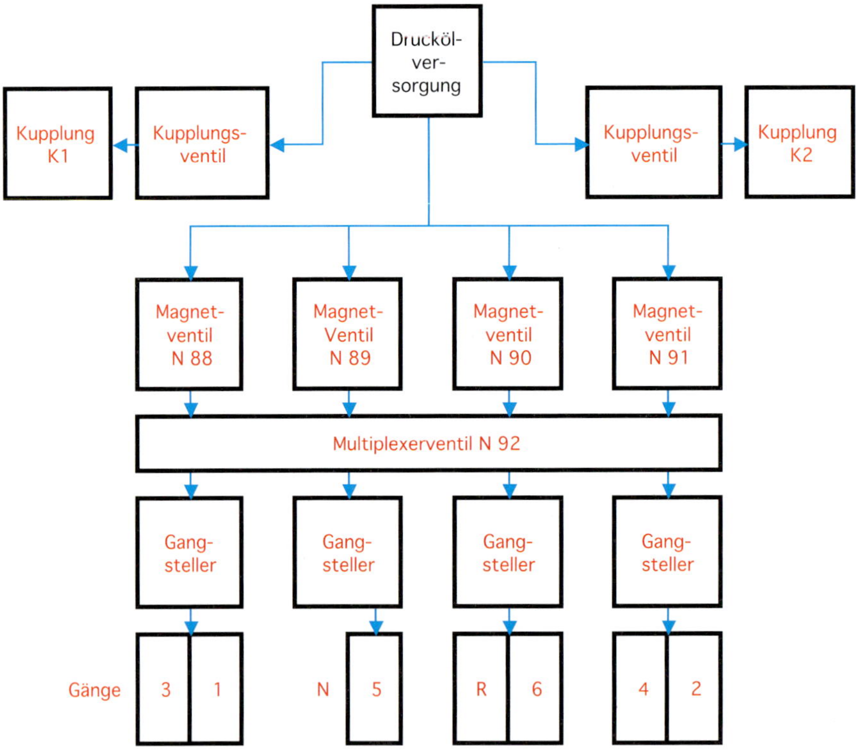

Getriebeelektronik

In dem elektronischen Teil der Mechatronik befinden sich zwölf Sensoren. Zwei Sensoren – Geber für Getriebeöltemperatur und Geber für Getriebeeingangsdrehzahl – sind außerhalb des Getriebes untergebracht.

In den Wählhebel ist das Steuergerät für Wählhebelsensorik integriert. Es arbeitet als

- Steuergerät: Steuerung der Wählhebelsperre,
- Sensor: Hallgeber zur Erkennung der Wählhebelstellung und Tiptronic-Erkennung.

Die Sensorsignale werden über CAN-Bus an die Mechatronik und an das Steuergerät für Schalttafeleinsatz gesendet.

Die Systemübersicht zeigt die Sensoren und Aktoren.

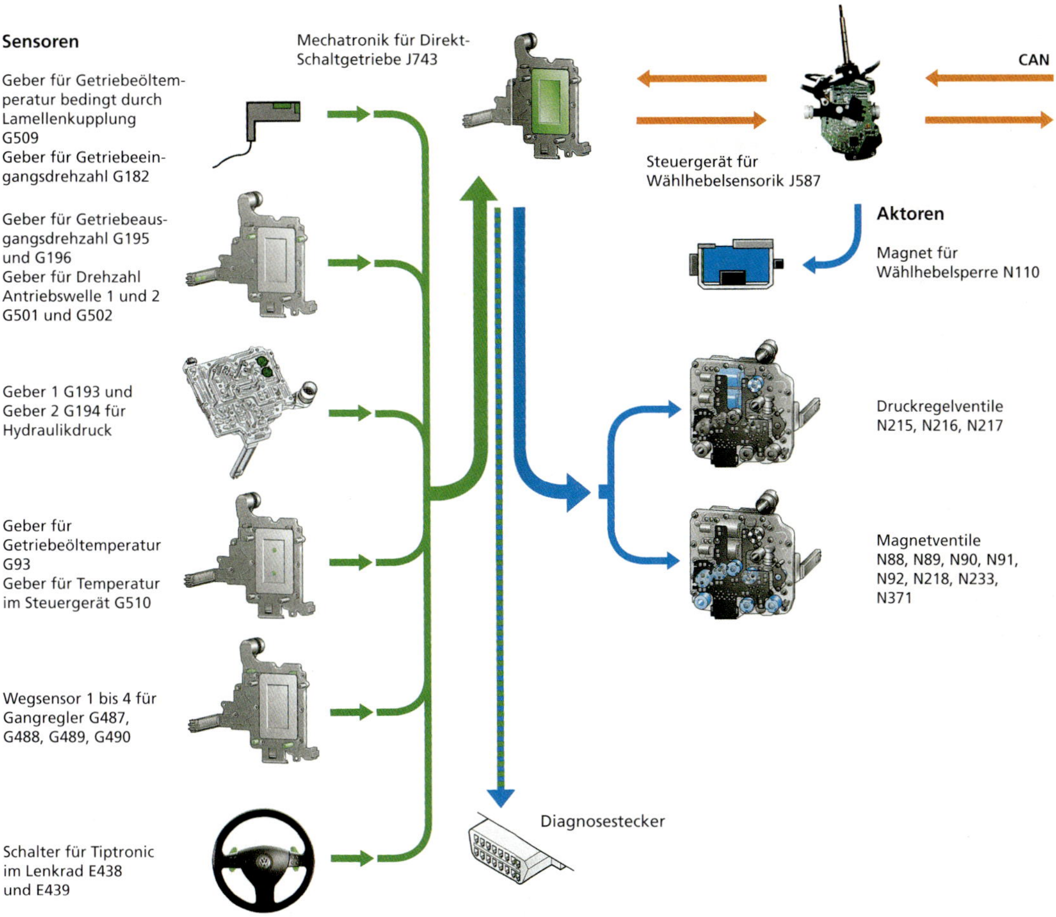

Sensoren, Aktoren, Steuergeräte

Sensoren	Prinzip/Verwendung	Auswirkungen bei Ausfall
Geber für Getriebeeingangsdrehzahl	Hallgeber/Berechnung des Schlupfes der Kupplungen	Ersatzdrehzahl: Motordrehzahl vom CAN
Geber 1 und Geber 2 für Drehzahl der Antriebswelle	Hallgeber/Berechnen der Ausgangsdrehzahl, Erkennen des Schlupfs der Kupplungen, Kontrolle des geschalteten Gangs	Ausfall eines Signals: Der betroffene Getriebezweig wird abgeschaltet. Fahrzeug kann nur noch in bestimmten Gängen (2. oder 1. und 3. Gang) gefahren werden.
Geber 1 und Geber 2 der Getriebeausgangsdrehzahl	Hallgeber/Erkennung der Fahrgeschwindigkeit und Fahrtrichtung	Ersatzsignale: Fahrgeschwindigkeits- und Fahrtrichtungssignal des ABS-Steuergeräts
Geber 1 und Geber 2 für Hydraulikdruck	Parallel elektrisch leitende Platten biegen sich bei Druckveränderungen durch Regelung der Lamellenkupplung	Der entsprechende Getriebezweig wird abgeschaltet. Das Getriebe kann nur noch im 1. und 3. oder im 2. Gang gefahren werden.
Geber für Getriebeöltemperatur (Lamellenkupplung)	NTC-Widerstand/Regelung der Kupplungskühlölmenge	Ersatzsignal: Übernahme der Signale des 2. Gebers für Getriebeöltemperatur und des Gebers für Temperatur im Steuergerät
Geber für Getriebeöltemperatur Geber Temperatur Steuergerät	NTC-Widerstand/Prüfung der Mechatronik-Temperatur	Ab 138 °C veranlasst die Mechatronik eine Reduzierung des Motordrehmoments. Über 145 °C öffnen die Lamellenkupplungen.
Wegsensor 1 bis 4 für Gangsteller	Magnete an den Schaltgabeln/Positionsbestimmung	Der betroffene Getriebezweig wird abgeschaltet
Aktoren	**Prinzip/Verwendung**	**Auswirkungen bei Ausfall**
Hauptdruckventil (N217)	Druckregelventil (Modulationsventil)	Bei Druckabfall wird mit dem maximalen Hauptdruck gearbeitet. Kraftstoffverbrauch wird höher, Schaltgeräusche
Kupplungsventile (N215, N216)	Druckregelventile (Modulationsventil)	Der betreffende Getriebezweig wird abgeschaltet. Der Fehler wird am Schalttafeleinsatz angezeigt.
Kühlölventil	Druckregelventil (Modulationsventil)	Die maximale Kühlmenge fließt durch die Lamellenkupplungen. Probleme beim Schalten, höherer Kraftstoffverbrauch
Magnetventile (N88–N91)	Ja/Nein-Ventile	Der betreffende Getriebezweig wird abgeschaltet. Das Fahrzeug kann nur noch in den Gängen 1, 2 oder 3 gefahren werden.
Multiplexerventil (N92)	Ja/Nein-Ventil	Ventil bleibt in Grundstellung. Falsche Gänge können geschaltet werden. Fahrzeug bleibt u. U. liegen
Sicherheitsventile (N233, N371)	Druckregelventile (Modulationsventile)	Im betreffenden Getriebezweig kann kein Gang mehr geschaltet werden. Im Getriebezweig 1 kann nur im 2. Gang, im Getriebezweig 2 in den Gängen 1 und 3 gefahren werden.

Sensoren, Aktoren, Steuergeräte

Fortsetzung

Zusätzliche Steuergeräte

Das Steuergerät für Wählhebelsensorik ist in den Wählhebel integriert und arbeitet als

- Sensor: Die Signale der Wählhebelstellung und die Signale der Tiptronic werden über CAN-Bus an die Mechatronik und an das Steuergerät für Schalttafeleinsatz gesendet.
- Steuergerät: Es steuert den Magneten für die Wählhebelsperre, durch den die Wählhebelstellungen „P" und „N" gesperrt werden und damit der Wählhebel nicht unbeabsichtigt bewegt bzw. in eine Fahrstufe eingelegt werden kann.

Elektrischer Schaltplan – CAN-Datenbus Verknüpfung

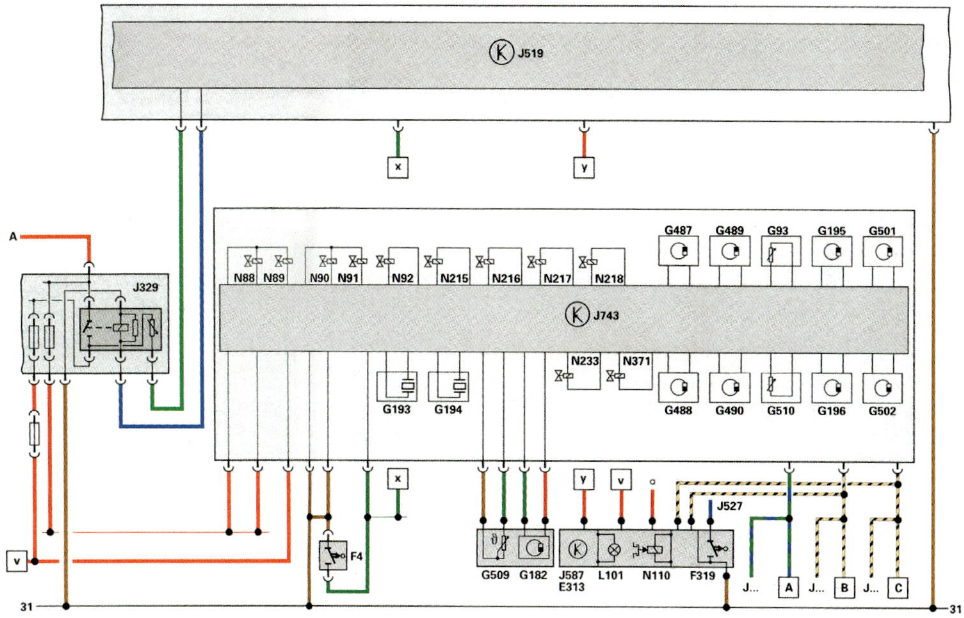

a - Kl. 30 über Sicherung SC21
A - K-Leitung
B - CAN-Antrieb high
C - CAN-Antrieb low

A	Batterie
E313	Wählhebel
F4	Schalter für Rückfahrleuchten
F319	Schalter für Wählhebel in P gesperrt
G93	Geber für Getriebeöltemperatur
G182	Geber für Getriebeeingangsdrehzahl
G193	Geber 1 für Hydraulikdruck
G194	Geber 2 für Hydraulikdruck
G195	Geber 1 für Getriebeausgangsdrehzahl
G196	Geber 2 für Getriebeausgangsdrehzahl
G487	Wegsensor 1 für Gangsteller
G488	Wegsensor 2 für Gangsteller
G489	Wegsensor 3 für Gangsteller
G490	Wegsensor 4 für Gangsteller
G501	Geber für Drehzahl Antriebswelle 1
G502	Geber für Drehzahl Antriebswelle 2
G509	Geber für Öltemperatur bedingt durch Lamellenkupplung
G510	Geber für Temperatur im Steuergerät
J...	Motorsteuergerät
J329	Relais für Spannungsversorgung Kl. 15
J519	Steuergerät für Bordnetz
J527	Steuergerät für Lenksäulenelektronik
J587	Steuergerät für Wählhebelsensorik
J743	Mechatronik für Direkt-Schaltgetriebe
N88	Magnetventil 1
N89	Magnetventil 2
N90	Magnetventil 3
N91	Magnetventil 4
N92	Magnetventil 5
N110	Magnet für Wählhebelsperre
N215	Druckregelventil 1 für autom. Getriebe
N216	Druckregelventil 2 für autom. Getriebe
N217	Druckregelventil 3 für autom. Getriebe
N218	Druckregelventil 4 für autom. Getriebe
N233	Druckregelventil 5 für autom. Getriebe
N371	Druckregelventil 6 für autom. Getriebe

Die Darstellung zeigt die Einbindung der Mechatronik für das Direkt-Schaltgetriebe in die CAN-Datenbus-Struktur des Fahrzeugs.

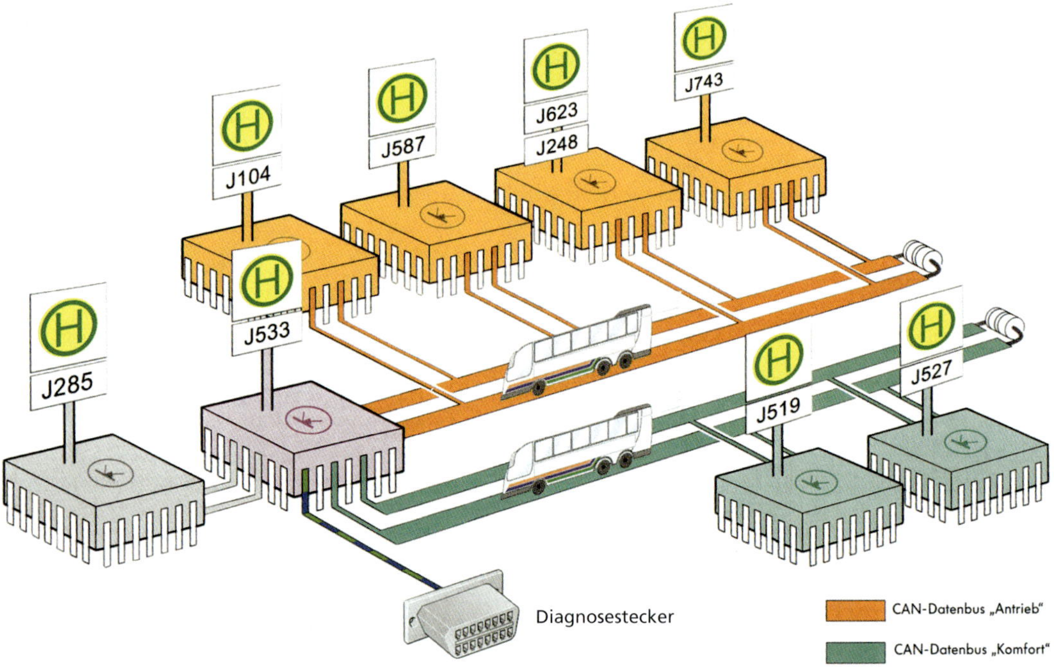

J104 Steuergerät für AbS mit EDS
J248 Steuergerät für Dieseldirekteinspritzanlage
J285 Steuergerät mit Anzeigeeinheit im Schalttafeleinsatz
J519 Steuergerät für Bordnetz
J527 Steuergerät für Lenksäulenelektronik
J533 Diagnose-Interface für Datenbus
J587 Steuergerät für Wählhebelsensorik
J623 Motorsteuergerät
J743 Mechatronik für Direkt-Schaltgetriebe

17.4.5 Automatikgetriebe mit hydraulischer Steuerung

Die hydraulische Steuerung erhält Informationen von vier Gebern (Sensoren):

- Programmwahl durch den Fahrer über Wählhebel,
- Motorbelastung über den Saugrohrdruck oder über die Stellung der Regelstange der Einspritzpumpe,
- Fahrgeschwindigkeit über einen Fliehkraftregler an der Getriebeausgangswelle,
- Stellung des Kickdown-Schalters.

Aus diesen Informationen bestimmt die hydraulische Steuerung den richtigen Gang und Zeitpunkt der Schaltung. Die Schaltungen erfolgen in Abhängigkeit von Fahrzeuggeschwindigkeit und Gaspedalstellung nach der Regel:

- wenig Gas – geringer Beschleunigungswunsch – frühes Hochschalten,
- viel Gas – höherer Beschleunigungswunsch – späteres Hochschalten.

Bei plötzlichem Durchtreten des Fahrpedals über den Druckpunkt (Kickdown) wird in den nächstniedrigeren Gang zurückgeschaltet.

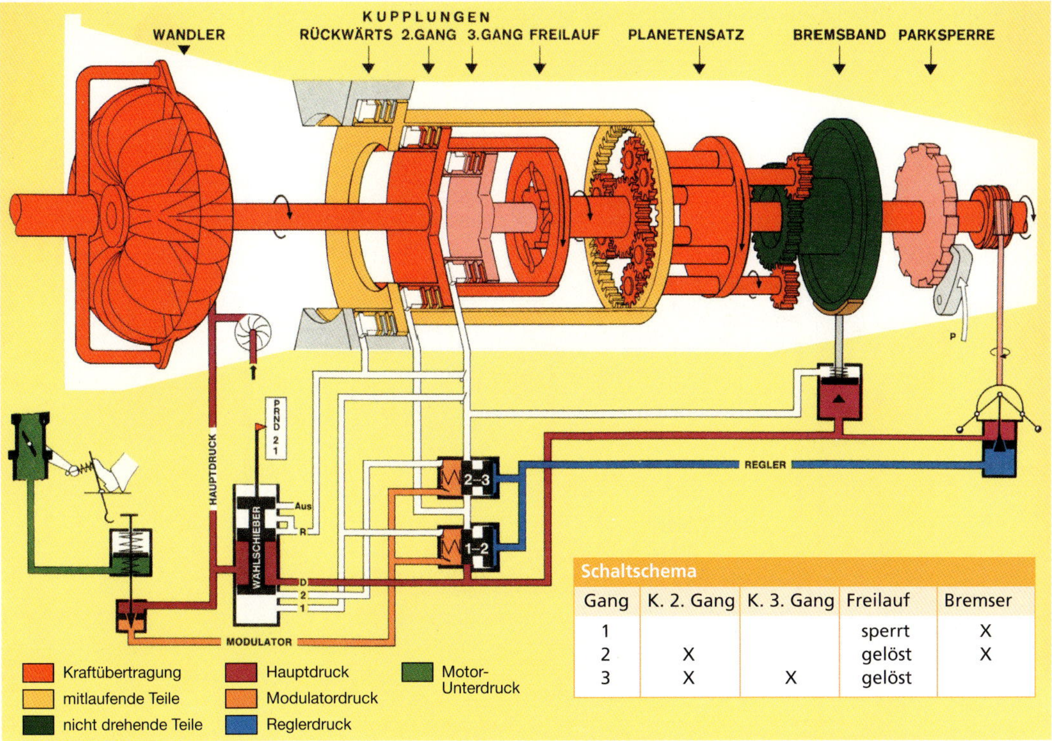

Schaltschema

Gang	K. 2. Gang	K. 3. Gang	Freilauf	Bremser
1			sperrt	X
2	X		gelöst	X
3	X	X	gelöst	

Wählschieber (1)

Der Wählschieber wird direkt vom Handwählhebel betätigt und bestimmt, in welcher Schaltstellung das Getriebe arbeitet:

D: Dauerfahrstufe
1: Berg- und Bremsgang in der 1. und 2. Schaltstufe
2: Langsamer Berg- und Bremsgang in der 1. Schaltstufe
N: Leerlaufstellung, alle Kupplungen sind geöffnet
R: Rückwärtsgang
P: Parkstellung

Schaltventil (3)

Das Schaltventil öffnet und schließt den Durchfluss für das unter Arbeitsdruck stehende Drucköl zu den Ringkolben der Lamellenkupplungen und leitet das Schalten der Gänge ein. Auf die eine Seite des Kolbenschiebers des Schaltventils wirkt der geschwindigkeitsabhängige Reglerdruck, auf die andere Seite wirkt der lastabhängige Modulierdruck und die gleichbleibende Kraft einer Feder. Soll das Ventil öffnen, muss der Reglerdruck den auf die gegenüberliegende Ventilseite wirkenden Modulierdruck und die Federkraft überwinden.

Drosselventil (2)

Das Drosselventil wandelt den Arbeitsdruck in Abhängigkeit von der Motorbelastung in den Modulierdruck um. Es wird durch den Unterdruck im Ansaugrohr des Motors gesteuert.

Je tiefer das Gaspedal durchgetreten ist bzw. je höher die Motorbelastung ist, desto höher wird der Drosseldruck.

Fliehkraftregler (4)

Der Fliehkraftregler wandelt den Arbeitsdruck in Abhängigkeit von der Drehzahl in den Reglerdruck um. Er sitzt auf der Getriebeabtriebswelle und verändert den Durchflussquerschnitt der Reglerdruckleitung. Je höher die Drehzahl bzw. die Fahrgeschwindigkeit ist, desto höher ist der Reglerdruck.

Stark vereinfachtes Steuerungsschema der Getriebeautomatik

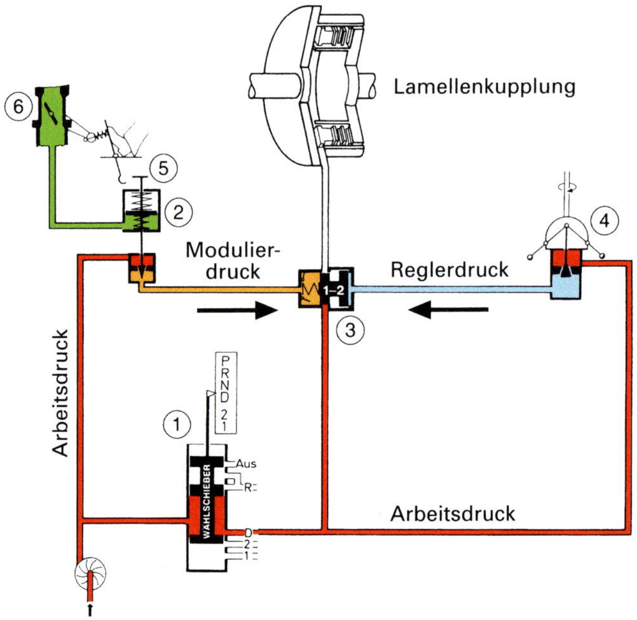

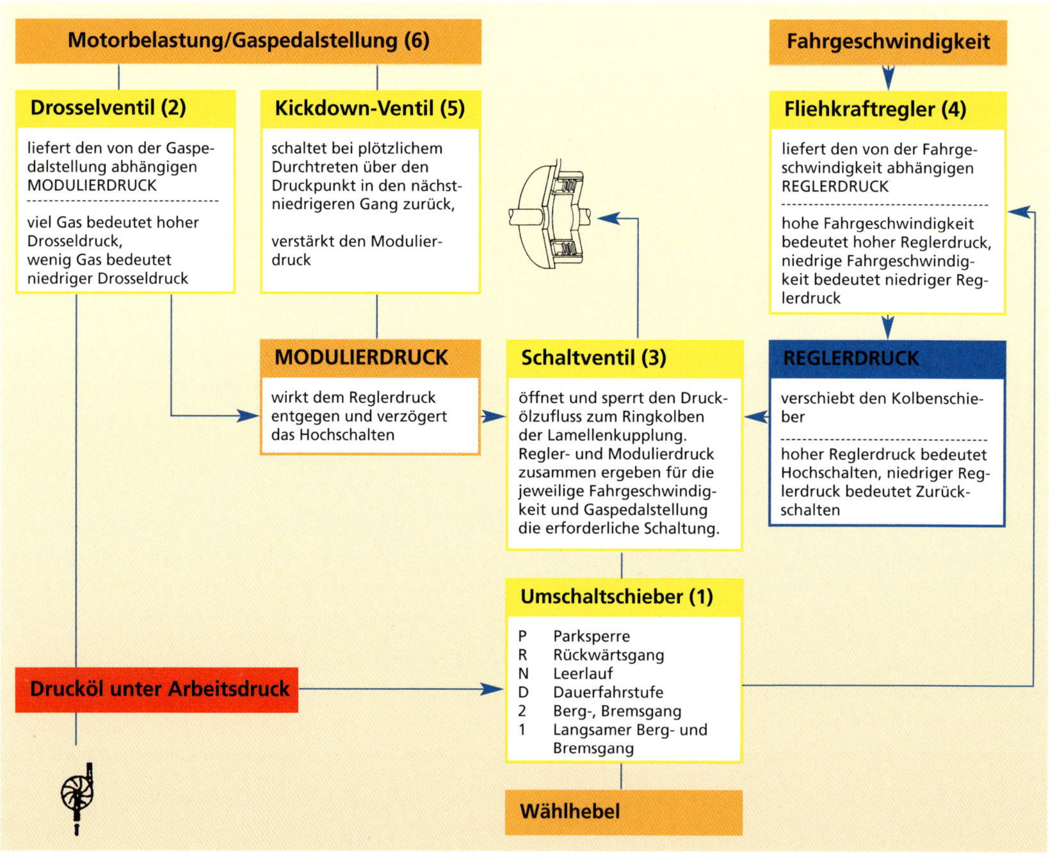

17.4.6 Fünf-Gang-Automatikgetriebe mit elektrohydraulischer Steuerung

17.4.6.1 Allgemeine Übersicht

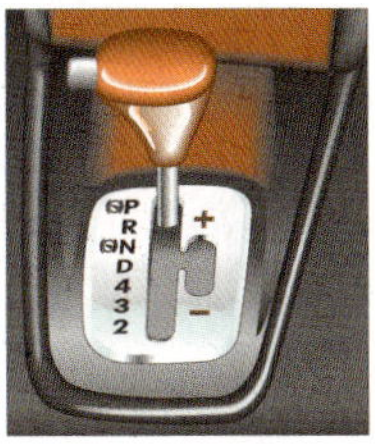

Wählhebel

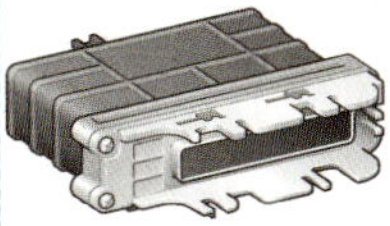
Steuergerät für Automatikgetriebe

Automatikgetriebe

Das Getriebe hat folgende Funktionen:

- Automatisches Schalten der fünf Gänge durch fahrer- und fahrsituationsabhängige Fahrprogramme nach dem Prinzip der Fuzzy-Logik
- Ein fahrwiderstandsabhängiges Fahrprogramm, das Fahrwiderstand bei Bergauf- und Bergabfahrt, Gegenwind und Hängerbetrieb erkennt
- Tiptronic
- Drehmomentwandler mit Wandlerüberbrückungskupplung
- Standabkopplung, d. h. bei eingelegter Fahrstufe für Vorwärtsfahren schaltet das Getriebe bei stehendem Fahrzeug in den Leerlauf. Die Kriechneigung wird damit vermieden.

Das System Automatikgetriebe lässt sich in folgende Funktionseinheiten gliedern:

Funktionseinheiten

Mechanik
Die mechanische Kraftübertragungseinheit besteht aus einem Wilson-Satz. Planetengetriebe I und II sind hintereinander, Planetengetriebe III ist unter den beiden anderen Planetengetrieben angeordnet. Damit wird Baulänge gespart. Kupplungen und Bremsen sorgen für den Kraftschluss. Eine Wandlerüberbrückungskupplung überträgt bei hohen Motordrehzahlen das Drehmoment des Motors direkt an die Getriebeeingangswelle.

Hydraulik
Aufbau und Funktion des Drehmomentwandlers entsprechen der Darstellung im Kapitel 17.3.2.5.
Die hydraulische Steuerung schaltet die einzelnen Gänge selbsttätig herauf und herunter. Sie umfasst

- den Schieberkasten mit den Schaltventilen und den Druckspeichern,
- die Magnetventile,
- den Handwählschieber.

Elektronik
Das Getriebesteuergerät steuert nach den Eingangsinformationen der Sensoren die Ausgangssignale und damit die Aktoren. Eingangsgrößen in das Getriebesteuergerät sind die Sensorsignale des Getriebes und das Drehmomentsignal des Motorsteuergeräts als Haupteingangsgröße über CAN-Bus.

17.4.6.2 Getriebemechanik

Der Schnitt durch das Getriebe mit Lage der Kupplungen (K) und Bremsen (B) zeigt die folgende Darstellung.

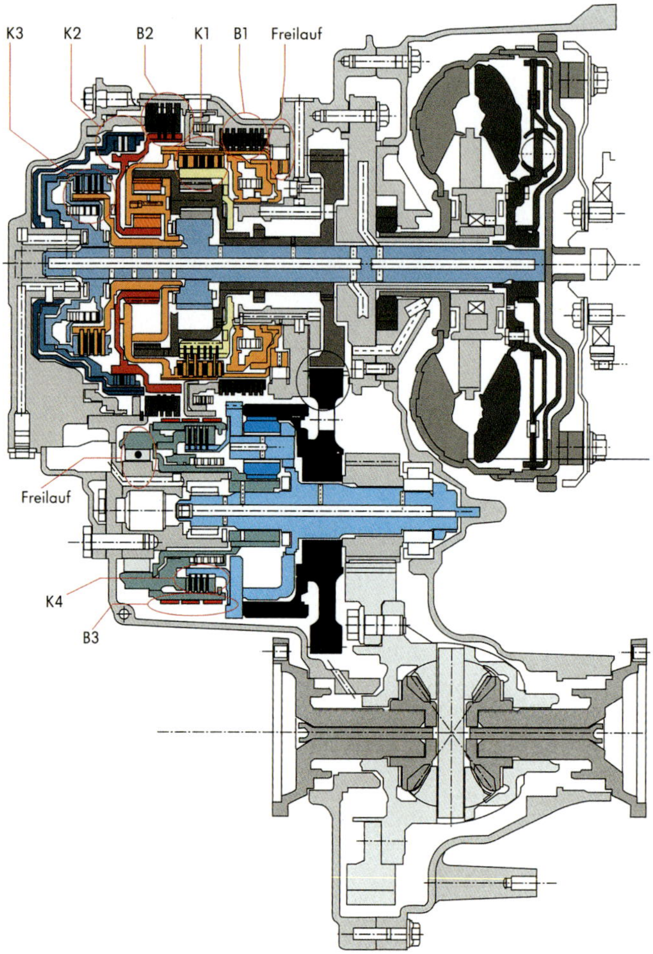

Wandlerüberbrückungskupplung

Der Wandler überträgt bei hohen Motordrehzahlen nur noch 85 % des Motordrehmoments. Bei hohen Drehzahlen wird daher die Wandlerüberbrückungskupplung vom Steuergerät hydraulisch geschlossen. Sie überträgt das Drehmoment des Motors dann direkt an die Getriebeeingangswelle.

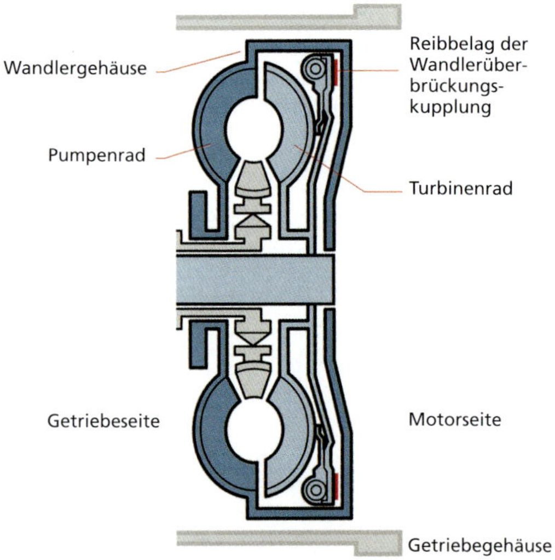

Planetengetriebe

Die Planetengetriebe I und II sind mit der Turbinenwelle des Drehmomentwandlers verbunden. Das Planetengetriebe I ist indirekt über die Kupplung K3, das Planetengetriebe II über das Sonnenrad direkt mit der Turbinenwelle verbunden. Die Planetengetriebe I und II sind durch das Ringrad des Planetengetriebes I und den Planetenträger des Planetenrads II mechanisch verbunden. Über den Planetenträger II erfolgt die Drehmomentabgabe an das Stirnrad A. Das Stirnrad B ist fest mit dem Ringrad des Planetengetriebes III und der Planetenträger mit der Abtriebswelle verbunden.

Kupplungen treiben Bauteile des Planetengetriebes an, Bremsen halten Bauteile fest:

Kupplung K 1	→	treibt das Ringrad des Planetengetriebes II und den Planetenträger des Planetengetriebes I an.
Kupplung K 2	→	treibt das Sonnenrad des Planetengetriebes I an.
Kupplung K 3	→	treibt den Planetenträger des Planetengetriebes I an
Kupplung K 4	→	treibt das Sonnenrad des Planetengetriebes III an
Bremse B 1	→	hält den Planetenträger des Planetengetriebes II fest.
Bremse B 2	→	hält das Sonnenrad des Planetengetriebes I fest.
Bremse B 3	→	hält das Sonnenrad des Planetengetriebes III fest.

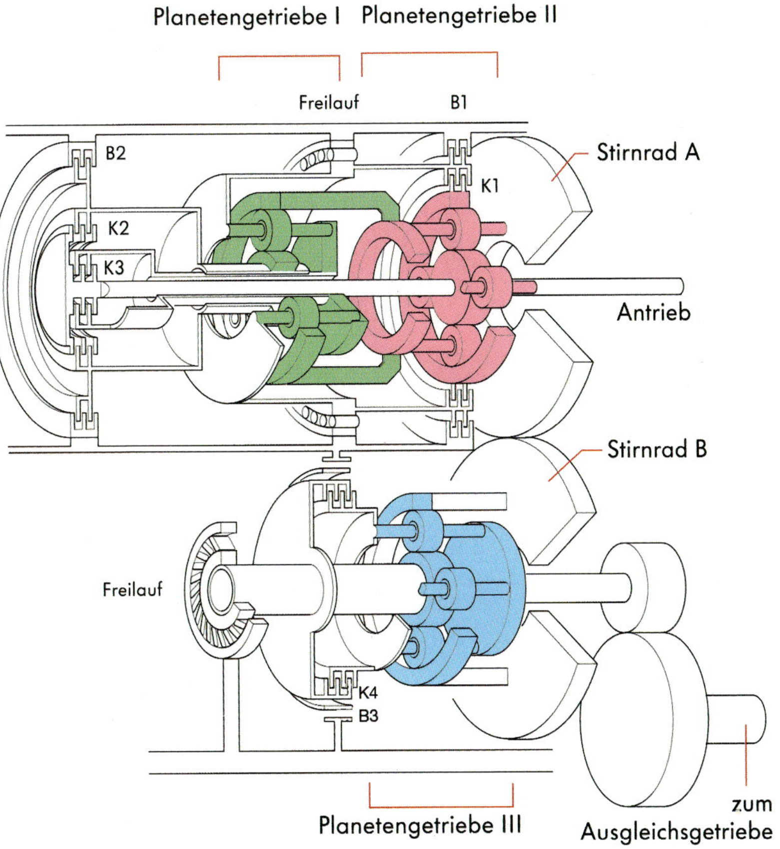

Kraftverlauf

Über die Kupplungen K1, K2 und K3, die Bremsen B1 und B2 werden die Gänge 1 bis 4 und der Rückwärtsgang geschaltet. Die Kupplung K4 schaltet den 5. Gang. Die Bremse B3 ist in allen Gängen bis auf den 5. Gang geschlossen. Auf den Freiläufen R1 und R2 stützt sich das Motordrehmoment beim Anfahren ab.

Schaltschema

Gang	K1	K2	K3	K4	B1	B2	B3	R1	R2
1	x						x	sperrt	sperrt
2	x					x	x		sperrt
3	x		x				x		sperrt
4			x			x	x		
5			x	x		x			
R		x			x		x		

Stufe D – 1. Gang

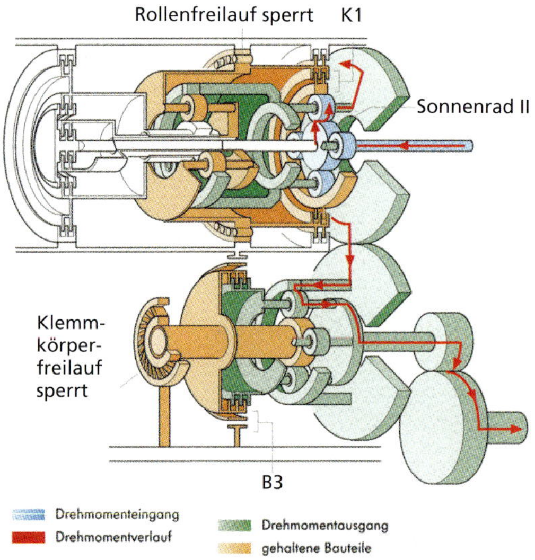

Stufe D – 2. Gang

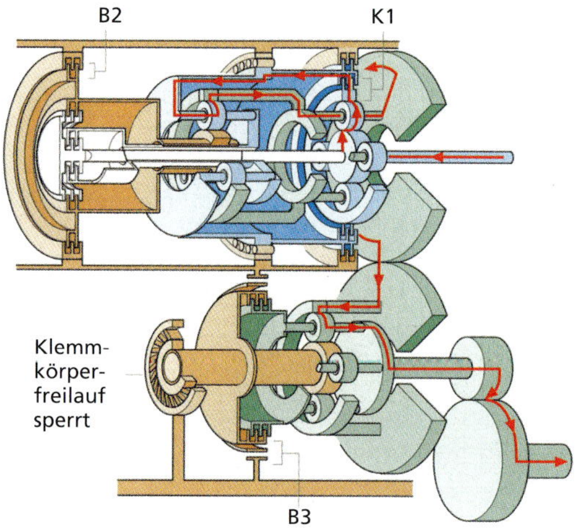

Stufe D – 3. Gang

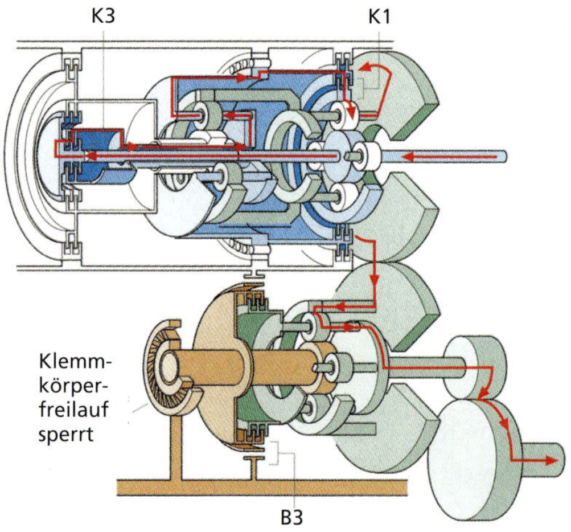

Stufe D – 4. Gang

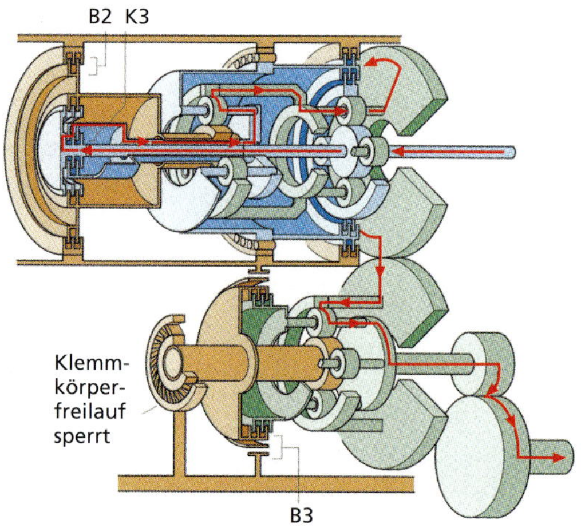

Stufe D – 5. Gang

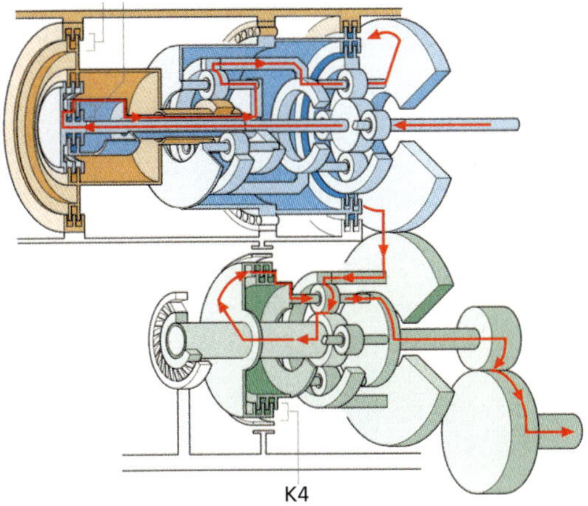

Rückwärtsgang

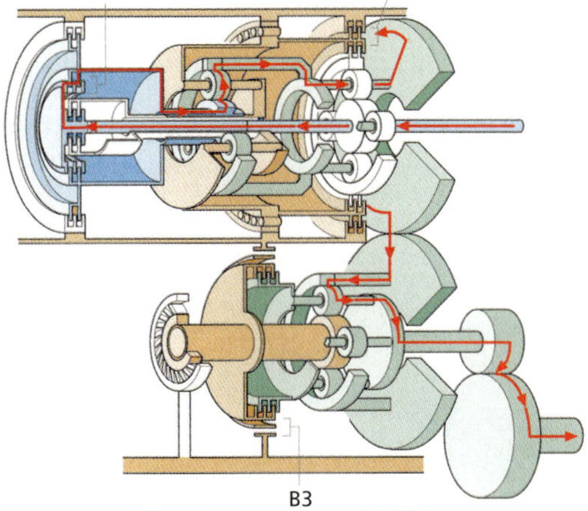

17.4.6.3 Getriebehydraulik

Hydraulische Steuerung

Die Ölpumpe wird vom Pumpenrad des Drehmomentwandlers angetrieben. Sie saugt das ATF-Öl aus dem Ölsumpf an und baut einen Öldruck für das System auf.

Die hydraulische Steuerung schaltet die einzelnen Gänge hoch und herunter. Sie besteht aus folgenden Bauteilen:

- **Handwählschieber**
  Er wird durch den Handwählhebel des Fahrers betätigt. Der 4. Gang und der Rückwärtsgang werden von ihm direkt ohne das Steuergerät geschaltet.
- **Schieberkasten mit Magnetventilen**
  Im Schieberkasten befinden sich neun Magnetventile, die zum Schalten der Ventile angesteuert werden. Man unterscheidet
  - Ja/Nein-Ventile: Sie öffnen oder schließen einen Ölkanal vollständig: N88, N89, N90, N92, N281, N282.
  - Modulationsventile: Druckregelventile: Die Ventile können stufenlos eingestellt werden: N91, N93, N283.

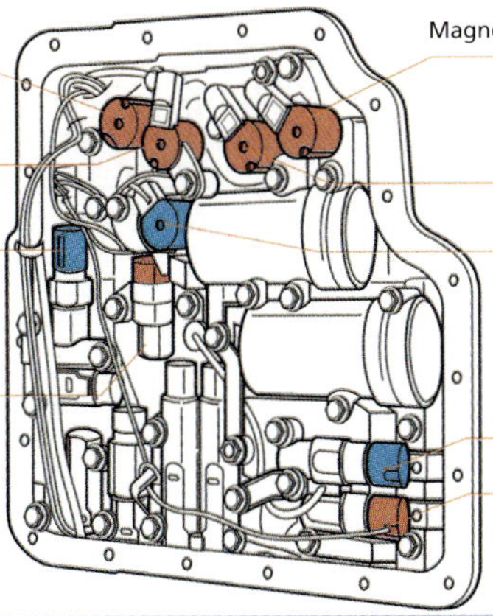

Magnetventile	Funktion
N88, N89, N92	Für das Schalten der Gänge zuständig
N90	Öffnen und Schließen der Kupplung K1, verhindert, dass bei Vorwärtsfahrt Rückwärtsgang eingelegt werden kann
N281	Hält in den Gängen 1 bis 4 und im Rückwärtsgang den Öldruck an der Bremse B3
N282	Öffnet und schließt Bremse B2. Sorgt mit N90 für Standabkopplung
N93	Sorgt für ruckfreie Schaltvorgänge
N283	Regelt den ATF-Öldruck der Bremsen B2 und B3

- **Druckspeicher**
  Die Druckspeicher haben die Aufgabe, das Schließen der Kupplungen K1, K2, K3 und der Lamellenbremse B2 weich zu gestalten. Die Kupplung schließt erst, wenn der Kolben im Druckspeicher seine Endstellung erreicht hat.

Druckspeicherfunktion beim Schließen der Lamellenkupplung bzw. -bremse

Das Öl strömt gleichzeitig zum Druckspeicher und zur Kupplung bzw. Bremse. Das Öl drückt den federbelasteten Kolben. Da sich das Volumen vergrößert, wirkt sich der volle Öldruck an der Kupplung nicht aus.

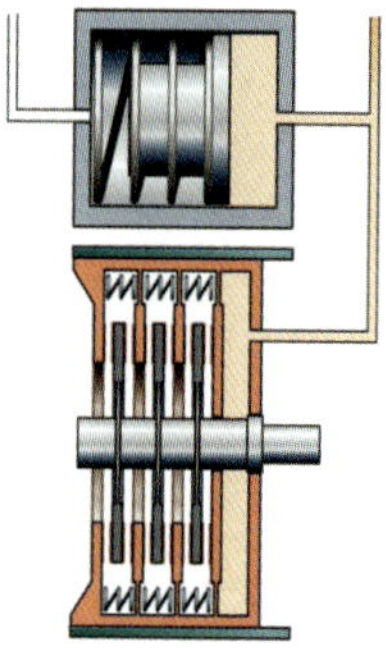

Wenn der Kolben in seiner Endstellung ist, kann sich das Volumen nicht mehr vergrößern. Der maximale Druck wirkt nun auf die Kupplung.

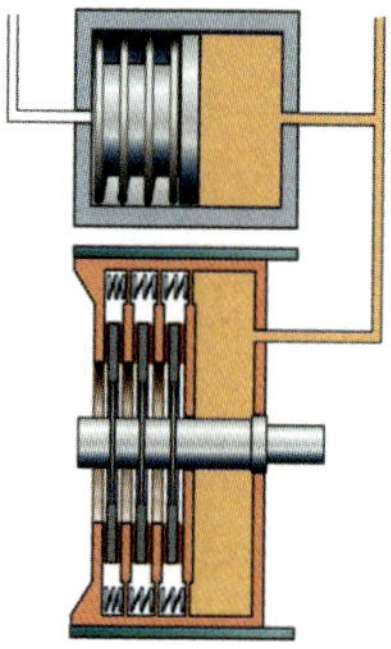

- **Hydraulische Steuerung der Wandlerüberbrückungskupplung**
  Die Wandlerüberbrückungskupplung wird vom Steuergerät aufgrund der Motordrehzahl und des Motordrehmoments über das Magnetventil N91 angesteuert.

Steuerung des Magnetventils

Magnetventil ist geöffnet

Der Öldruck vor der Kupplung kann sich abbauen. Der größere Öldruck hinter der Kupplung bewirkt das Schließen.

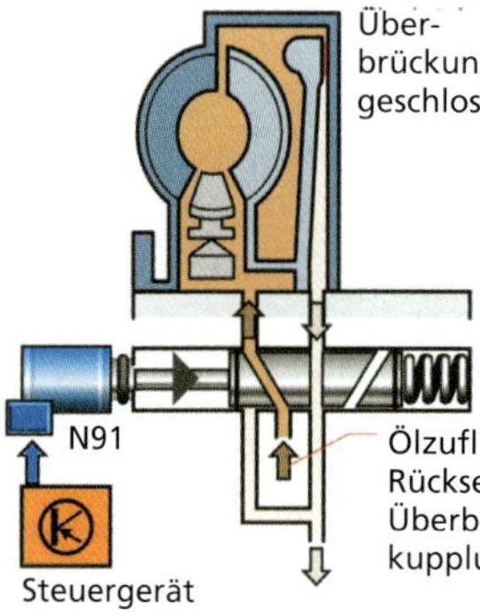

Magnetventil ist geschlossen

Der größere Öldruck wirkt auf die Vorderseite der Kupplung und sie öffnet.

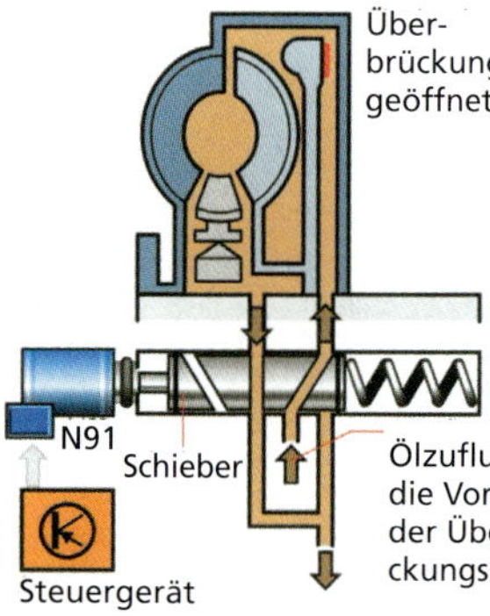

17.4.6.4 Getriebeelektronik

Systemübersicht

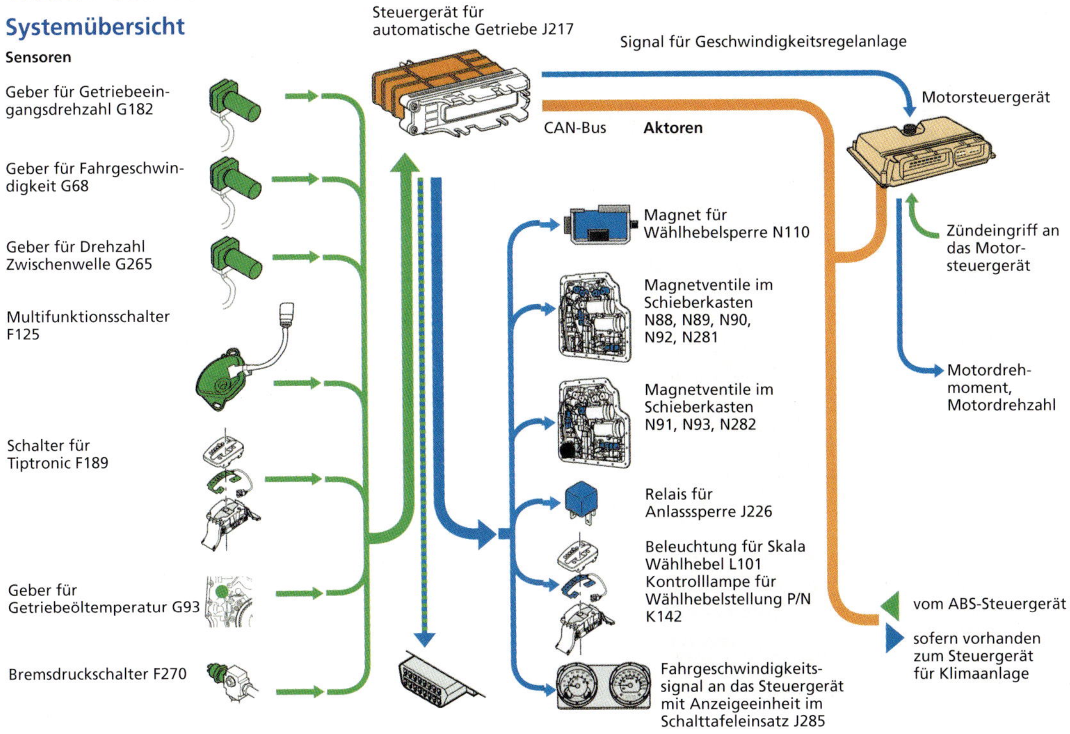

Schaltplan

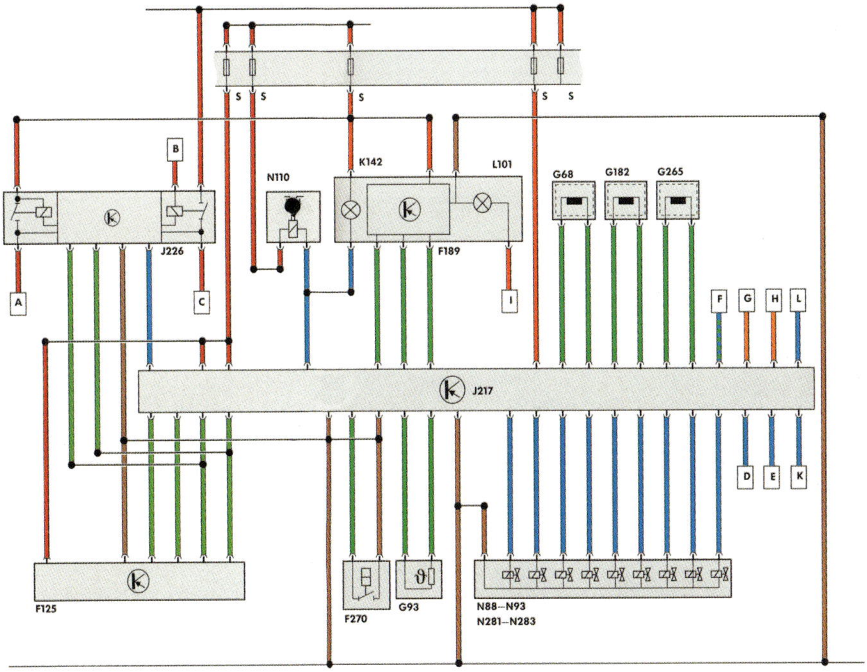

Bauteile

F125 Multifunktionsschalter
F189 Schalter für Tiptronic
F270 Bremsdruckschalter
G68 Geber für Fahrgeschwindigkeit
G182 Geber für Getriebeeingangsdrehzahl
G265 Geber für Zwischendrehzahl
J217 Steuergerät für Automatikgetriebe
J226 Relais für Anlasssperre und Rückfahrlicht
K142 Kontrolllampe für Wählhebelstellung P/N
L101 Beleuchtung für Skala Wählhebel
N88–N93 Magnetventile
N110 Magnet für Wählhebelsperre
N281–N283 Magnetventile
S Sicherung

weitere Signale

A zu den Rückfahrleuchten
B zum Zündanlassschalter
C zum Anlasser Kl. 50
D Fahrgeschwindigkeitssignal
E Fahrgeschwindigkeitssignal
F Eigendiagnose
G CAN – high
H CAN – low
I Regler für Beleuchtungs-Schalter und Instrumente
K Wählhebelstellung zum Motorsteuergerät
L Signal für Geschwindigkeitsregelanlage

Sensoren und Aktoren

Datenübertragung direkt an das Getriebesteuergerät

Sensor	Prinzip/Signalverwendung	Auswirkungen bei Ausfall
Geber für Getriebeeingangsdrehzahl G182	Induktionsgeber Steuern der Wandlerüberbrückungskupplung	Härtere Schaltungen, Standabkopplung ist ausgesetzt, Überbrückungskupplung wird nicht mehr geschlossen
Geber für Drehzahlzwischenwelle G265	Induktionsgeber Steuern der Öffnungs- und Schließzeiten der Kupplungen	Standabkopplung ist ausgesetzt, härtere Schaltungen
Geber für Fahrgeschwindigkeit G68	Induktionsgeber Schalten der Gänge, Steuern der Wandlerüberbrückungkupplung	5. Gang wird nicht mehr geschaltet, Standabkopplung ist ausgesetzt, härtere Schaltungen, verschobene Schaltzeitpunkte
Geber für Getriebeöltemperatur G93	NTC-Widerstand Bestimmen des Schaltdrucks	Bis 70 °C wird das Signal des Kühlmitteltemperaturgeber verwendet, danach arbeitet es mit einem Festwert 110 °C.
Multifunktionsschalter F125	Hallgeber Nach der Stellung des Schalters werden vom Steuergerät die Schaltungen eingeleitet.	Start nur in Wählhebelstellung P. Während der Fahrt: Steuergerät geht automatisch in Wählhebelstellung D. Vom Fahrer eingelegte Wählhebelstellungen werden nicht angenommen. Vorwärtsgänge werden elektrisch geschaltet, Rückwärtsgang muss vom Fahrer eingelegt werden
Schalter für Tiptronic F189	Schalter Hoch- und Herunterschalten	Tiptronic-Betrieb ist nicht möglich
Bremsdruckschalter F270	Schalter Steuerung der Standabkopplung des Getriebes (Kriechneigung)	Keine Standabkopplung, d. h. Fahrzeug kriecht

Datenübertragung über den CAN-Bus (Motorsteuergerät – Getriebesteuergerät)

Sensor	Prinzip	Auswirkungen bei Ausfall
Motordrehzahl	Induktionsgeber Steuerung der Wandlerüberbrückungskupplung und Standabkopplung	Überbrückungskupplung wird nicht mehr geschlossen
2 Bremslichtschalter F	Schalter Auslösung der Wählhebelsperre	Keine Funktionsänderung bei Ausfall der Signale. Fallen beide Signale aus, kann der Wählhebel ohne getretene Bremse betätigt werden.
Kickdown-Schalter F8	Schalter Steuergerät wählt besondere Schaltkennlinie	Motorsteuergerät errechnet Ersatzsignal aus Stellung des Gaspedals
Signal des ABS-Steuergeräts, wenn ASR und ESP eingesetzt werden müssen	Bei Regeleingriff setzt das Getriebesteuergerät die Schaltungen aus	Getriebe schaltet auch bei ASR- oder ESP-Anforderung

Signale für Wählhebelstellung an das Motorsteuergerät

Sensor	Prinzip	Auswirkungen bei Ausfall
Signal vom Geber für Wählhebelstellung (Multifunktionsschalter)	Hallgeber Motorsteuergerät schaltet Geschwindigkeitsregelanlage in P-, N-, R-Position ab	Geschwindigkeitsregelanlage ist nicht funktionstüchtig
Signal vom Geber für Fahrgeschwindigkeit	Induktionsgeber Signal für Geschwindigkeitsmesser	Ersatzgröße aus dem Signal des Gebers für Getriebedrehzahl

Stellsignale

Aktor	Prinzip/Aufgabe	Auswirkungen bei Ausfall
Magnetventile N88, N89, N92	Ja/Nein-Ventile Schalten der Gänge	Bei Ausfall eines Magnetventils geht das Getriebesteuergerät in Notlauf
Magnetventil N90	Ja/Nein-Ventil Wird zum Öffnen und Schließen der Kupplung K1 angesteuert, verhindert bei Vorwärtsfahrt, dass Rückwärtsgang eingelegt wird.	Keine Standabkopplung, 5. Gang nicht mehr schaltbar
Magnetventil N281	Ja/Nein-Ventil Hält Öldruck in den Gängen 1 bis 4 an der Bremse B3, während an anderen Kupplungen und Bremsen der Druck abgesenkt wird.	Bremse B3 ist immer geschlossen, Rückschaltungen härter
Magnetventil N282	Ja/Nein-Ventil Schließt und öffnet Bremse B2	Keine Standabkopplung, es kann nur noch im 4. Gang und Rückwärtsgang gefahren werden
Magnetventil N93	Modulationsventil Regelt Hauptöldruck und sorgt für gleichförmigen Fahrbetrieb und ruckfreie Schaltvorgänge	Keine Regelung des Hauptöldruckes, dadurch harte Schaltungen, keine Standabkopplung
Magnetventil N283	Modulationsventil Regelt Öldruck der Bremsen B2 und B3	Maximaler Hauptöldruck zu den Bremsen, dadurch harte Schaltungen, keine Standabkopplung
Magnetventil N91	Modulationsventil Regelt den Druck beim Öffnen und Schließen der Wandlerüberbrückungskupplung	Wandlerüberbrückungskupplung wird nicht mehr geschlossen
Magnet für Wählhebelsperre N110	Schalter Verhindert, dass aus den Wählhebelstellungen P und N in andere Stellungen geschaltet wird. Durch Betätigen der Bremse wird sie aufgehoben.	Wählhebel kann ohne getretene Bremse in einen Fahrbereich eingelegt werden,

Wählhebel

Das automatische Getriebe besitzt einen Wählhebel mit zwei Schaltgassen.

Automatik-Schaltgasse

Es können folgende Positionen eingelegt werden:

- P: Parken
- R: Rückwärtsgang
- N: Neutralstellung
- D: Automatisches Schalten vom 1. bis 5. Gang
- 4: Automatisches Schalten vom 1. bis 4. Gang
- 3: Automatisches Schalten vom 1. bis 3. Gang
- 2: Automatisches Schalten vom 1. bis 2. Gang

Der 1. Gang wird vom Steuergerät je nach Belastung des Fahrzeugs geschaltet.

Tiptronic-Schaltgasse

Wird der Wählhebel in die rechte Schaltgasse gelegt, schaltet das Getriebe jeweils einen Gang hoch oder herunter, wenn der Wählhebel nach vorne oder nach hinten angetippt wird:

- Antippen in Richtung +:
  Ein Gang wird hochgeschaltet.
- Antippen in Richtung –:
  Ein Gang wird heruntergeschaltet.

17.4.6.5 Datenübertragung

Zwischen Getriebesteuergerät und Motor- und ABS-Steuergerät besteht ein intensiver Datenaustausch.

Datenübertragung direkt an das Getriebesteuergerät

Das Getriebesteuergerät steuert nach den Eingangsinformationen der Sensoren die Ausgangssignale und damit die Aktoren. Folgende Signale werden direkt an das Getriebesteuergerät gesandt:

Automatikgetriebe Steuergerät

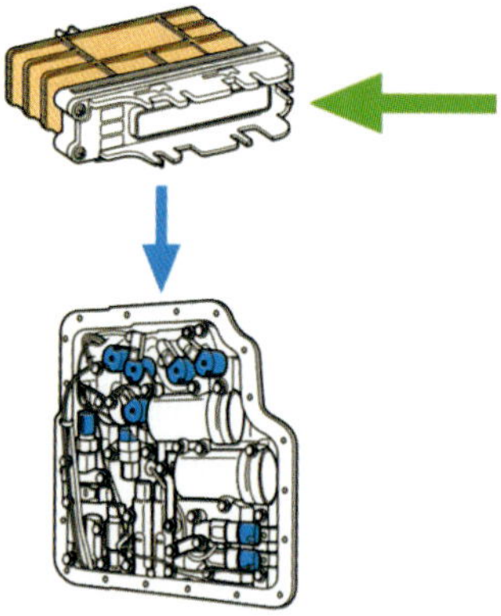

- Getriebeeingangsdrehzahl
- Drehzahl der Zwischenwelle
- Signal für Fahrgeschwindigkeit
- Getriebeöltemperatur
- Multifunktionsschalter
- Signale der Tiptronic
- Bremsdruckschalter

Fortsetzung

Datenübertragung über den CAN-Bus
Das Motorsteuergerät stellt dem Getriebesteuergerät über CAN-Bus folgende Informationen zur Verfügung:

Automatikgetriebe Steuergerät

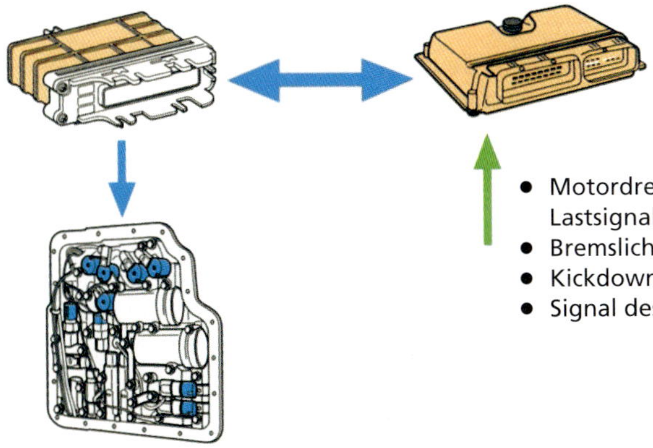

Motorsteuergerät

- Motordrehmoment (Motordrehzahl, Lastsignal, Zündwinkel)
- Bremslichtschalter
- Kickdown-Schalter
- Signal des ABS-Steuergeräts

Datenübertragung Multifunktionsschalter und Fahrgeschwindigkeitsgeber an das Motorsteuergerät
Das Getriebesteuergerät stellt dem Motorsteuergerät folgende Informationen zur Verfügung:

Automatikgetriebe Steuergerät

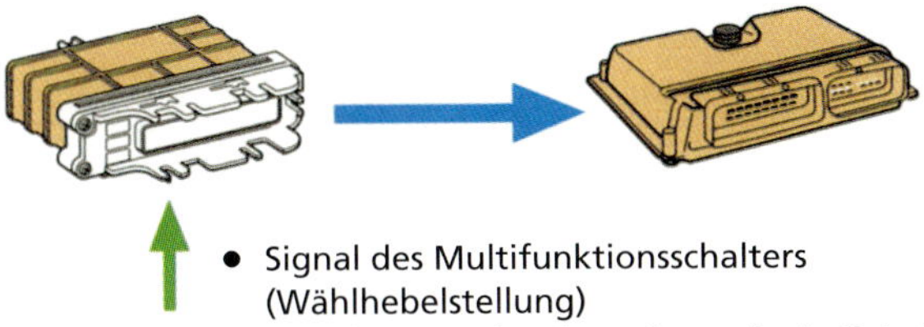

Motorsteuergerät

- Signal des Multifunktionsschalters (Wählhebelstellung)
- Signal vom Geber für Fahrgeschwindigkeit

Ablauf des Schaltvorgangs
- Das Getriebsteuergerät signalisiert dem Motorsteuergerät, dass es schalten will.
- Das Motorsteuergerät reduziert das Motordrehmoment.
- Das Getriebesteuergerät kann nun die Kupplungen mit geringem Druck weich und ruckfrei schließen.

17.4.6.6 Schaltprogramme

Das Getriebesteuergerät verfügt über folgende Fahrprogramme:

- ein fahrwiderstandsabhängiges Fahrprogramm,
- ein fahrer- und fahrsituationsabhängiges Fahrprogramm.

Das fahrwiderstandsabhängige Fahrprogramm im Steuergerät erkennt über die Fahrwiderstände, ob das Fahrzeug bergauf- oder bergab fährt, ob Gegenwind herrscht bzw. eine Last gezogen wird (Hängerbetrieb). Aus der Fahrgeschwindigkeit, der Drosselklappenstellung, der Motordrehzahl und der Fahrzeugbeschleunigung errechnet das Steuergerät den Fahrwiderstand und legt die Schaltpunkte fest.

Das automatische Schalten der fünf Gänge erfolgt durch ein fahrer- und fahrsituationsabhängiges Fahrprogramm, bei dem die Schaltpunktermittlung nach dem Prinzip der Fuzzy-Logik erfolgt.

Schaltpunktermittlung

Automatische Getriebe werden in Abhängigkeit von der Fahrgeschwindigkeit und der Gaspedalstellung geschaltet. Für jeden Gangwechsel ist eine Schaltkennlinie abgelegt.

Starre Schaltpunktauswahl

Die Schaltpunktauswahl ist relativ starr. Je nach Gaspedalstellung und Fahrzeuggeschwindigkeit wird immer an den gleichen Punkten geschaltet. Wird z. B. ein Fahrzeug bei konstanter Motorlast beschleunigt und wird dabei die Hochschaltkennlinie überschritten, schaltet das Getriebe in den nächsthöheren Gang. Eine Rückschaltung über einen oder mehrere Gänge erfolgt, wenn z. B. durch das Betätigen des Gaspedals das Fahrzeug beschleunigt werden soll und eine Rückschaltkennlinie überschritten wird.

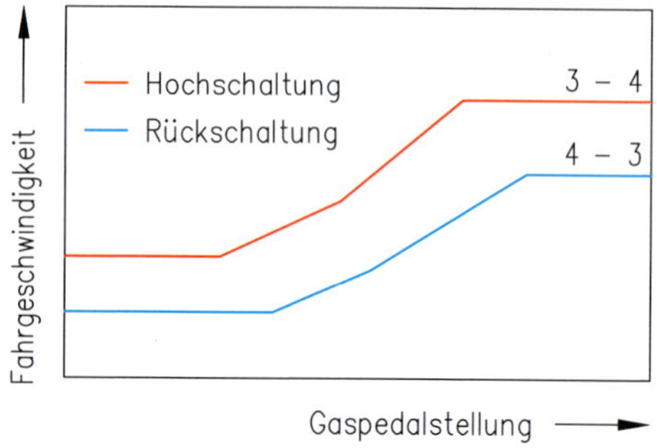

Schaltprogramme

In der Getriebesteuerung können mehrere Kennfelder abgelegt werden. Üblich sind E-Programme (Economy) für ein verbrauchsorientiertes Fahren und S-Programme (Sport) für eine fahrleistungsorientierte Fahrweise. Es gilt

- ECO: früh hochschalten und spät zurückschalten = geringere Drehzahlen – geringer Kraftstoffverbrauch
- Sport: bei gleicher Gaspedalstellung, bei höherer Fahrgeschwindigkeit hoch- bzw. zurückschalten = höhere Drehzahlen – höhere Fahrleistung

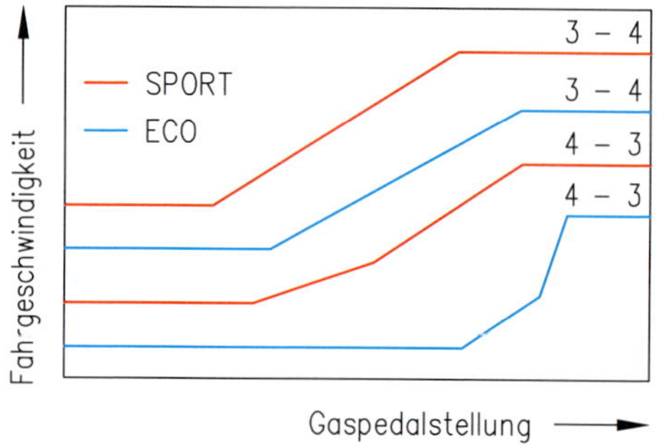

Das Umschalten erfolgt durch einen Schalter oder durch das Steuergerät.

Fahrer- und fahrsituationsabhängige Schaltpunktermittlung durch Fuzzy-Logik

Das automatische Schalten der fünf Gänge erfolgt durch fahrer- und fahrsituationsbedingte Fahrprogramme. Die Schaltpunktermittlung wird nach dem Prinzip der Fuzzy-Logik durchgeführt. Das englische Wort „Fuzzy" bedeutet so viel wie „gezielt angewandte Unschärfe".

Prinzip der Fuzzy-Logik

Zuteilung ohne Fuzzy-Logik

Ein Computer kann nur dann zwischen heiß und kalt unterscheiden, wenn ihm ein Grenzwert, z. B. 80 °C, mitgeteilt wird. Über die Schaltzustände kann er die beiden Werte kalt und heiß unterscheiden. Bei Zwischenwerten kann er keine Entscheidungen treffen.

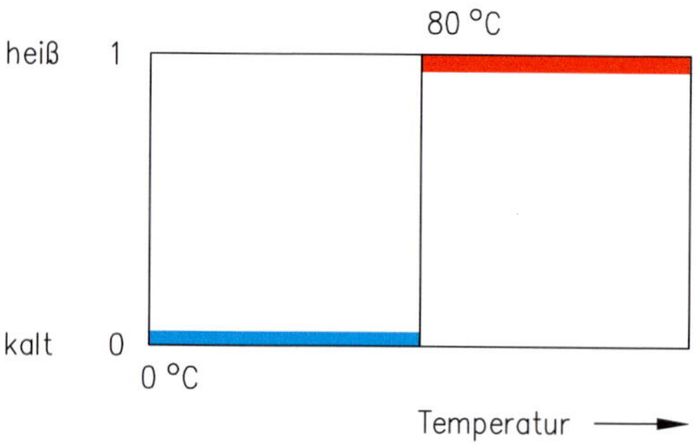

Zuteilung mit Fuzzy-Logik

Bei der Fuzzy-Logik sind der Ober- und Untergrenze heiß und kalt und alle Zwischenwerte genauen Temperaturen zugeordnet. Die Fuzzy-Logik erkennt aus den Flächengrößen – blaue Fläche zur roten Fläche – die Zuordnung. Beispiel: Bei der Temperatur 25 °C sind 80 % der blauen Fläche „kalt" und 20 % der roten Fläche „heiß" zugeordnet. Die Fuzzy-Logik erkennt „lauwarm".

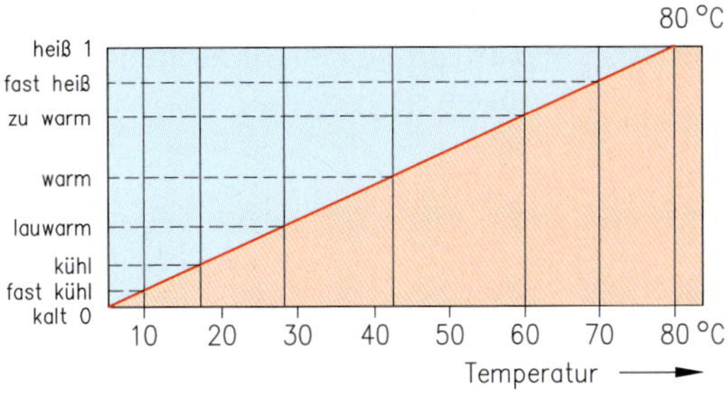

Fahrer- und fahrsituationsabhängige Schaltpunktermittlung nach dem Prinzip der Fuzzy-Logik

Die fahrer- und fahrsituationsabhängigen Schaltpunkte werden nach dem Prinzip der Fuzzy-Logik über einen Sportlichkeitsfaktor ermittelt, der die Betätigungsgeschwindigkeit des Gaspedals berücksichtigt. Mithilfe des Sportlichkeitsfaktors werden die Schaltpunkte entweder mehr verbrauchs- oder fahrleistungsorientiert bestimmt.

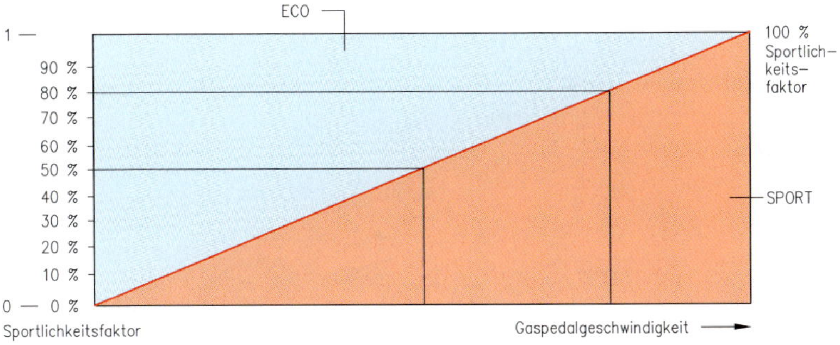

17.4.7 Stufenloses Getriebe (CVT)

17.4.7.1 Allgemeine Übersicht

Durch ein Getriebe wird die Drehmomentcharakteristik eines Verbrennungsmotors auf den Fahrbetrieb abgestimmt. Da der Verbrennungsmotor sein Drehmoment kontinuierlich entwickelt, ist für eine optimale Leistungsausnutzung eine stufenlose Übersetzung am besten geeignet.

Das stufenlose Getriebe Multitronic ermöglicht zwei Betriebsarten:

- Automatikbetrieb
  Innerhalb des Regelkennfelds ist jede Übersetzung möglich. Die Übersetzungsänderung erfolgt vollkommen ruckfrei und ohne Zugkraftunterbrechung. Die Drehzahl wird in Abhängigkeit von der Stellung und der Betätigungsgeschwindigkeit des Fahrpedals und dem Fahrwiderstand bestimmt.
  Die rote Linie ist die Kennlinie für Leistungsorientierung, d. h. für maximales Beschleunigungsverhalten, die braune Linie ist die verbrauchsorientierte Kennlinie, d. h. für geringen Kraftstoffverbrauch. Durch die stufenlose Übersetzung kann der Motor, ob leistungs- oder verbrauchsorientiert, immer im jeweils optimalen Betriebsbereich arbeiten.
- Tiptronic-Betrieb
  In dieser Betriebsart stehen sechs Schaltkennlinien zur manuellen Gangwahl zur Verfügung.

Die Höchstgeschwindigkeit wird im 5. Gang erreicht. Der 6. Gang ist als Overdrive ausgelegt.

Das Übersetzungsdiagramm zeigt den Regelbereich für den Automatikbetrieb (gelb) und die sechs Schaltkennlinien (grüne Linien) für den Tiptronic-Betrieb.

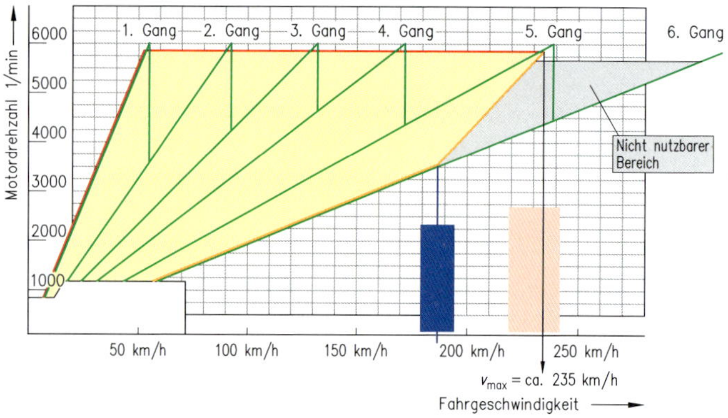

- Regelkennfeld
- Durch die Antriebsdrehzahl-Regelung variiert die Höchstgeschwindigkeit in Abhängigkeit der Fahrwiderstände.
- Den Fahrwiderständen entsprechend muss die längste Übersetzung früher oder später verlassen werden.
- Schaltkennlinien tiptronic 01J
- Ökonomischste Kennlinie
- Sportlichste Kennlinie

17.4.7.2 Getriebemechanik

Grundaufbau des Getriebes

Das stufenlose Getriebe CVT (Continuously Variable Transmission) besteht aus den folgenden Funktionseinheiten:

Funktionseinheiten	
Mechanik	Das Motormoment wird über eine Schwungrad-Dämpfereinheit bzw. ein Zweimassen-Schwungrad in das Getriebe eingeleitet. Als Anfahrkupplung dient jeweils eine Lamellenkupplung für Vor- und Rückwärtsfahrt. Der Planetenradsatz ermöglicht die Drehrichtungsänderung bei der Rückwärtsfahrt. Über die Vorgelegestufe wird das Motordrehmoment auf den Variator übertragen und von dort auf den Achsantrieb weitergeleitet.
Elektrohydraulik	Ölpumpe, hydraulisches Steuergerät (Schieberkasten) und Getriebesteuergerät sind zu einer Einheit zusammengefasst und in das Getriebe integriert.

Funktionseinheiten

Fortsetzung

Hydraulik	Das hydraulische Steuergerät steuert u. a. den Kupplungsdruck, die Übersetzungen, die Vor- und Rückwärtskupplung, die Kupplungskühlung. Sie enthält den Handschieber, neun hydraulische Ventile und die elektromagnetischen Drucksteuerventile.
Elektronik	Das Getriebesteuergerät berechnet die Soll-Antriebsdrehzahl über ein dynamisches Regelprogramm und errechnet anhand eines Soll-Ist-Vergleichs den Steuerstrom für das Druckregelventil, das die Übersetzungsänderung einleitet. Die Getriebesensoren sind fester Bestandteil des Getriebesteuergeräts.

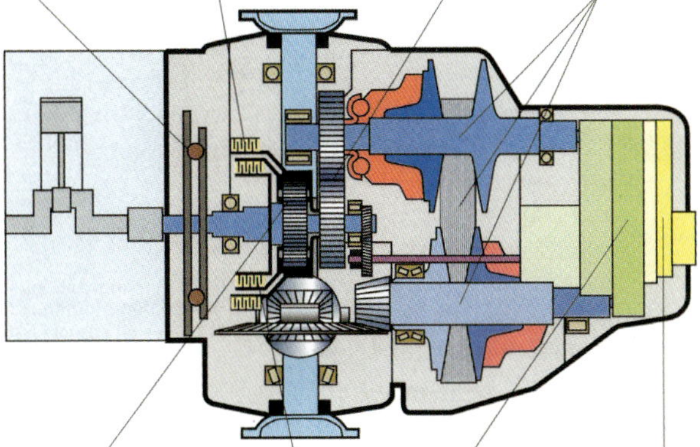

Variator

Der Variator besteht aus zwei Kegelscheibenpaaren, dem Scheibensatz 1 und dem Scheibensatz 2. Im Keilspalt der beiden Kegelscheibenpaare läuft eine Laschenkette. Der Scheibensatz 1 wird über eine Vorgelegestufe vom Motor angetrieben. Die Laschenkette überträgt das Drehmoment auf den Scheibensatz 2 und von dort auf den Achsantrieb. Jeweils eine Kegelscheibe kann auf der Welle axial verschoben werden. Hierdurch ändert sich der Laufdurchmesser der Kette. Die Übersetzung kann stufenlos verstellt werden. Damit die Kette immer gespannt bleibt und damit die zur Kraftübertragung notwendige Anpresskraft sichergestellt ist, müssen die Scheibensätze gleichzeitig verstellt werden. Der Übersetzungsbereich des Variators beträgt 2,4 bis 0,4, die Übersetzungsbandbreite (Spreizung) damit 2,4 : 0,4 = 6.

Kleine Drehzahl	Hohe Drehzahl
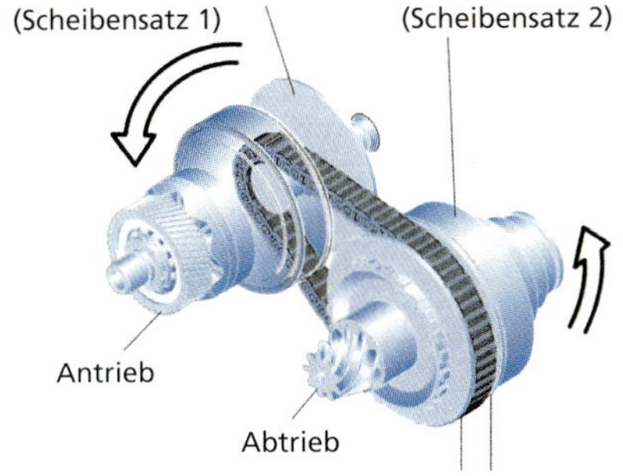	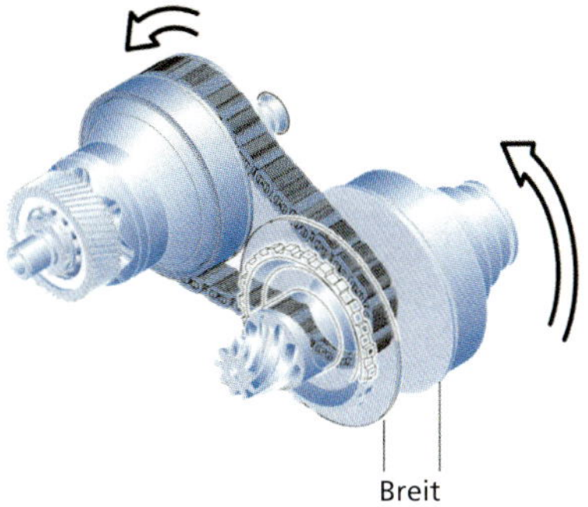

Kette

Das Drehmoment wird im Variator durch eine Laschenkette übertragen.

Die Kette besteht aus nebeneinandergereihten Kettenlaschen. Sie werden durch jeweils zwei Wiegedruckstücke endlos verbunden. Die seitlich überstehenden Wiegedruckstücke werden zwischen den Kegelscheiben des Variators eingeklemmt, indem die Kegelscheiben gegeneinandergedrückt werden.

An den dort entstehenden Auflagepunkten wird das Drehmoment durch die Reibkraft zwischen Stirnfläche der Wiegedruckstücke zu den Anlageflächen der Kegelscheiben übertragen.

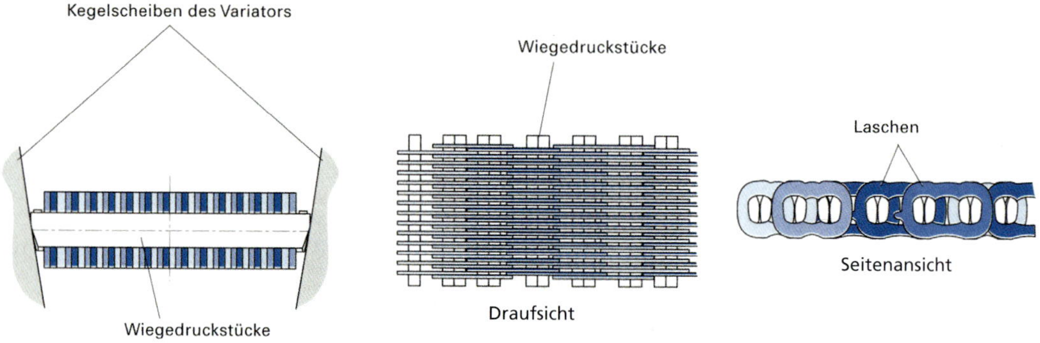

Kraftverlauf

Kraftverlauf bei Vorwärts- und Rückwärtsfahrt

Die Stahllamellen der Vorwärtskupplung sind mit dem Sonnenrad (und damit mit der Getriebeeingangswelle) und die Belaglamellen mit dem Planetenradträger verbunden. Die Belaglamellen der Rückwärtskupplung sind mit dem Hohlrad und die Stahllamellen mit dem Getriebegehäuse verbunden.

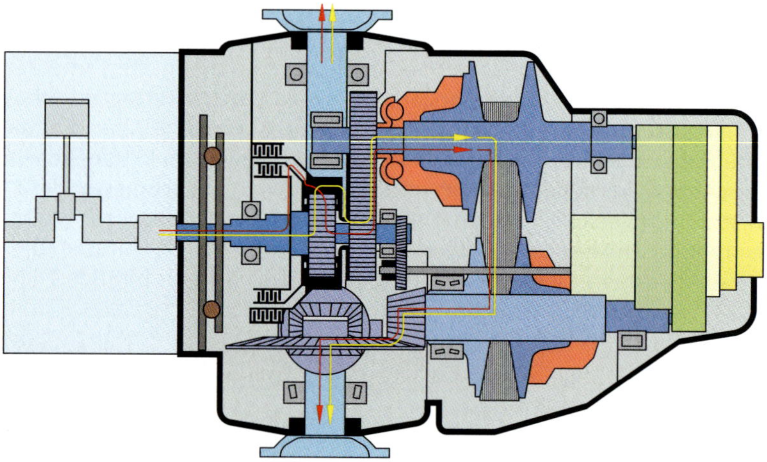

Vorwärtsfahrt

Wird die Vorwärtskupplung geschlossen, verbindet sie die Getriebeeingangswelle mit dem Planetenradträger.
Der Planetenradsatz ist blockiert und dreht in Motordrehrichtung. Das Drehmoment wird 1:1 übertragen.

Rückwärtsfahrt

Wird die Rückwärtskupplung geschlossen, hält sie das Hohlrad fest und stützt damit das Drehmoment am Getriebegehäuse ab. Das Drehmoment wird auf den Planetenradträger übertragen, der sich entgegengesetzt zur Motordrehrichtung dreht.

17.4.7.3 Hydraulische Steuerung

Anpressung und Verstellung der Kegelscheiben

Der Variator arbeitet mit einem Doppelkolbenprinzip. Die Scheibensätze verfügen jeweils über zwei separate Zylinder:

- Anpresszylinder zur Anpressung der Kegelscheiben
  Der Anpresszylinder hat eine größere Fläche und benötigt damit einen geringeren Öldruck zur Anpressung.
- Verstellzylinder für die Verstellung der Übersetzung
  Der Verstellzylinder hat eine kleinere Fläche und benötigt zur Verstellung eine relativ geringe Ölmenge.

Durch die Federkraft der Schraubenfeder im Scheibensatz 2 wird im drucklosen Zustand der Variator in die Anfahrübersetzung (Underdrive) verstellt.

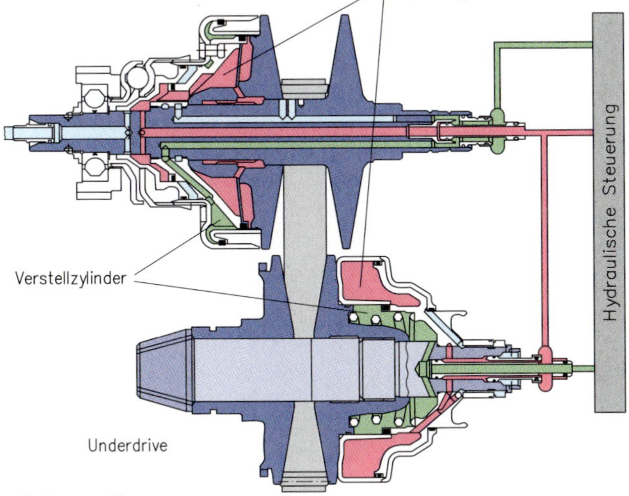

17.4.7.4 Getriebeelektronik

In das Getriebesteuergerät sind die Sensoren integriert:

- Multifunktionsschalter,
- Geber für Getriebeeingangsdrehzahl,
- Geber 1 für Getriebeausgangsdrehzahl (Drehzahl),
- Geber 2 für Getriebeausgangsdrehzahl (Drehrichtung),
- Geber für Getriebeöltemperatur,
- Geber 1 für Hydraulikdruck (Kupplungsdruck),
- Geber 2 für Hydraulikdruck (Anpressdruck).

Die Signale der Sensoren können durch die Integration des Steuergeräts in das Getriebe mit herkömmlichen Mitteln nicht mehr gemessen werden. Eine Überprüfung kann nur mit Diagnosetestern mittels „Fehler auslesen" oder „Auslesen der Messwertblöcke" erfolgen.
Bei Ausfall eines Sensors muss das Getriebesteuergerät ersetzt werden.

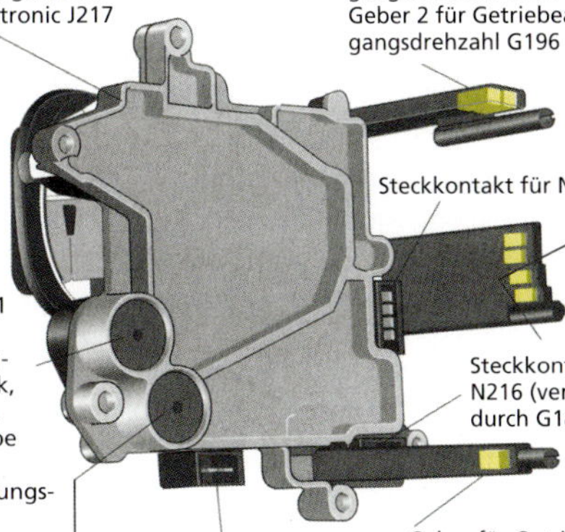

Elektronische Kupplungsregelung

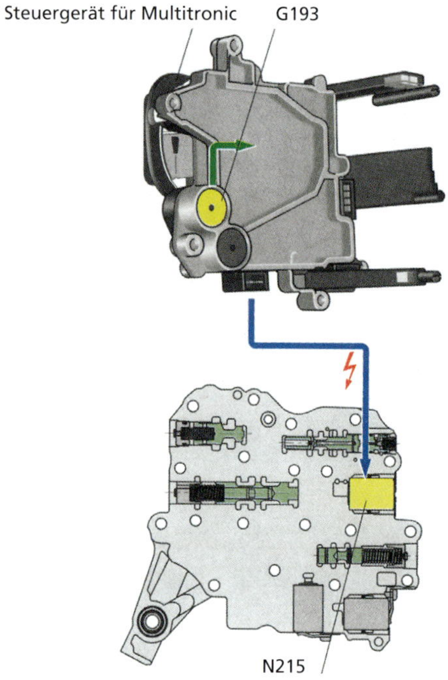

Zur Kupplungsregelung werden folgende Informationen verarbeitet:

- Motordrehzahl,
- Getriebeeingangsdrehzahl,
- Fahrpedalstellung,
- Bremse betätigt,
- Getriebeöltemperatur.

Das Getriebesteuergerät berechnet aus diesen Informationen den Kupplungs-Solldruck und ermittelt für das Druckregelventil N215 einen Steuerdruck.

Der Kupplungs-Istdruck wird von Geber 1 für Hydraulikdruck G193 erfasst. Das Getriebesteuergerät vergleicht ständig Ist- und Solldruck. Es prüft die Werte auf Plausibilität und leitet bei Abweichungen Maßnahmen, z. B. eine Sicherheitsschaltung, ein.

Elektronische Übersetzungsteuerung

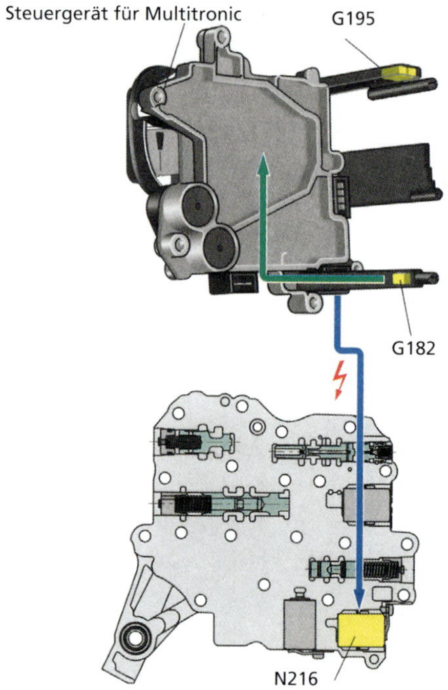

Zur Berechnung der Soll-Antriebsdrehzahl ist ein dynamisches Regelprogramm in das Steuergerät integriert. Das dynamische Regelprogramm stellt die Getriebeübersetzung so ein, dass sie dem Fahrverhalten und dem Fahrerwunsch entspricht. Dazu wertet das Getriebesteuergerät

- Fahrverhalten (ökonomisch/sparsam/leistungsorientiert/sportlich)
- Fahrzustand (Beschleunigung, Verzögerung, konstante Geschwindigkeit)
- Fahrstreckenprofil (bergauf, bergab, eben) aus.

Mithilfe dieser Informationen errechnet das Getriebesteuergerät eine Soll-Antriebsdrehzahl.
Der Geber G182 erfasst die aktuelle Getriebeeingangsdrehzahl am Scheibensatz 1. Anhand des Soll-Ist-Vergleichs bestimmt das Getriebesteuergerät einen Steuerstrom für das Druckregelventil N216.

17.4.8 Achsgetriebe mit Ausgleichsgetriebe

Beim Pkw besteht die Baueinheit „Ausgleichsgetriebe" aus dem Achsgetriebe und dem eigentlichen Ausgleichsgetriebe. Beide Getriebe sind zusammenarbeitende Funktionseinheiten, die ein gemeinsames Gehäuse besitzen. Im allgemeinen Sprachgebrauch spricht man vom Differenzial.

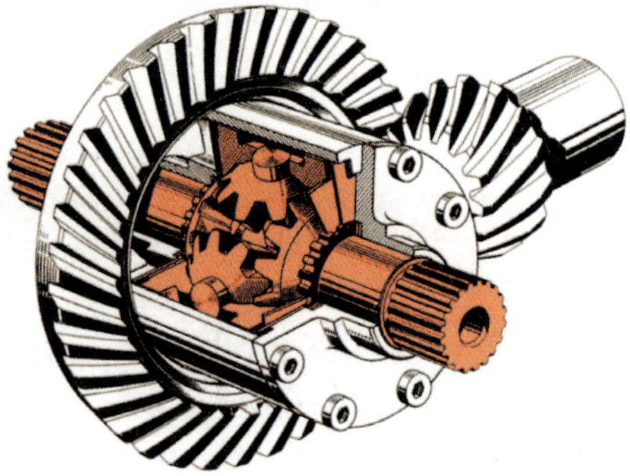

17.4.8.1 Achsgetriebe

Das Achsgetriebe verringert mit einem festen Übersetzungsverhältnis die vom Wechselgetriebe kommenden Drehzahlen bzw. erhöht das Drehmoment und gibt die Drehbewegung an die Antriebsräder weiter. Die Übersetzung beträgt: Pkw 4:1, Lkw 5:1 bis 10:1.

Kegelradgetriebe

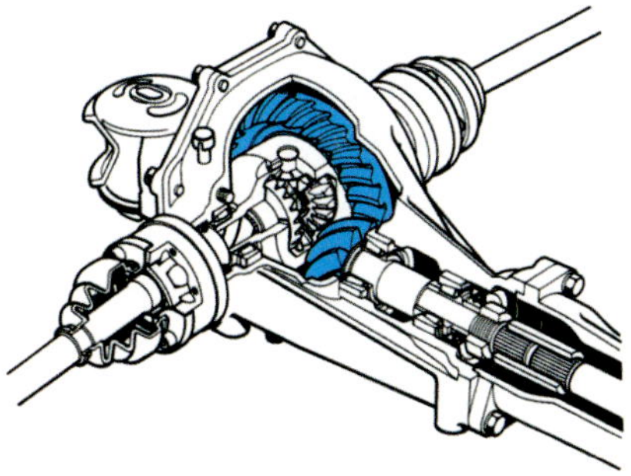

Bei längsliegendem Motor findet das Kegelradgetriebe Anwendung. Es lenkt die Drehbewegung der Gelenkwelle um 90° um.

Stirnradgetriebe

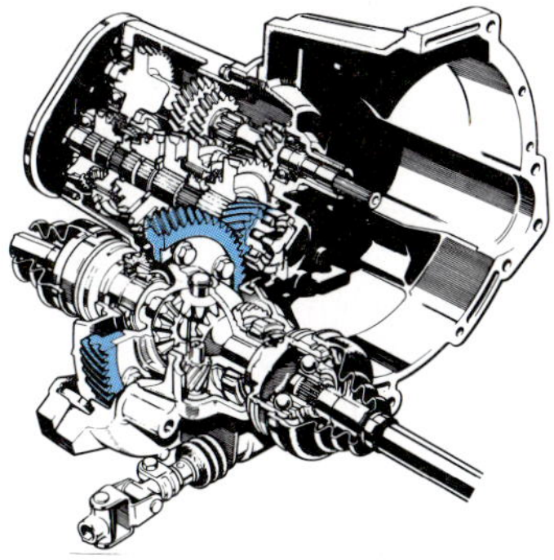

Bei Vorderradantrieb mit querliegendem Motor besteht das Achsgetriebe aus einem schrägverzahnten Stirnradpaar.

Das Kegelradgetriebe besteht aus

- dem Antriebskegelrad (kleines Kegelrad) und
- dem Tellerrad (großes Kegelrad).

Die Achse des Antriebskegelrads ist gegenüber der Achse des Tellerrads nach unten versetzt. Dieser Antrieb wird Hypoidantrieb genannt.

Wegen der hohen Zahndrücke sind Hypoidöle erforderlich.

⊕ Durch die Achsversetzung ergeben sich größere Zahnflankenberührungsflächen. Damit lassen sich größere Kräfte übertragen.

⊕ Große Laufruhe

⊕ Der Gelenktunnel kann niedriger gehalten werden.

Die Zahnflanken müssen sich in den Teilkreisen der Räder berühren, um einen geräuschlosen Lauf bei geringstem Verschleiß zu erreichen.

Bei richtiger Einstellung der Räder liegt das Tragbild in der Zahnmitte des Antriebskegelrads.

Antriebskegelrad und Tellerrad sind vom Hersteller paarweise auf einwandfreien Lauf abgestimmt. Beide Räder werden nur paarweise ausgetauscht. Die beim Einlaufen der Räder vom Hersteller ermittelten Abmaße werden auf den Rädern markiert.

Kegelräder haben eine Bogenverzahnung, die nach den Herstellerfirmen benannt wird.

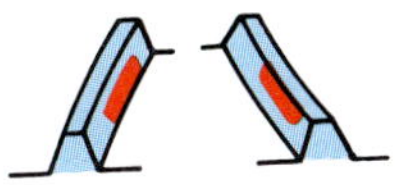

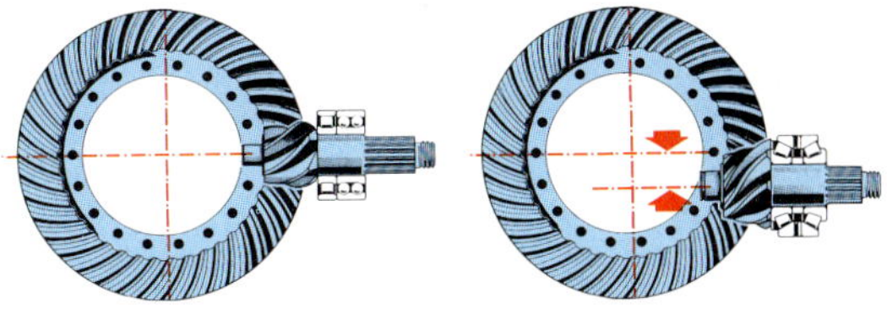

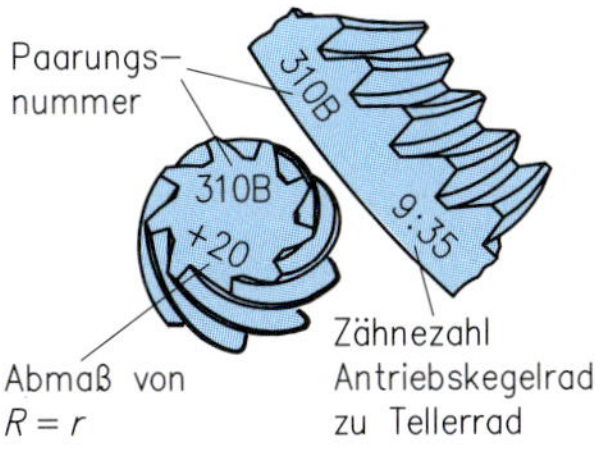

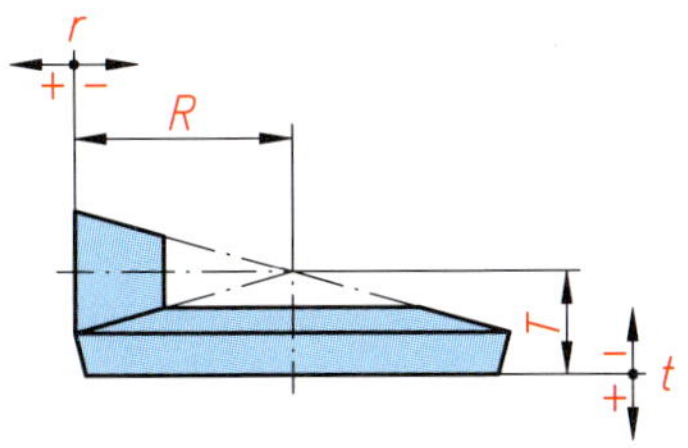

Gleasonverzahnung

Die Zähne sind Teil eines Kreisbogens. Die Dicke des Zahnrückens und die Zahnhöhe des Tellerrads sind außen größer als innen.
Einsatz: Pkw

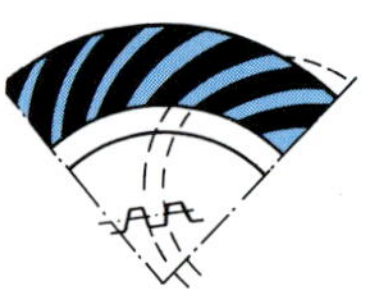

Klingelnbergverzahnung

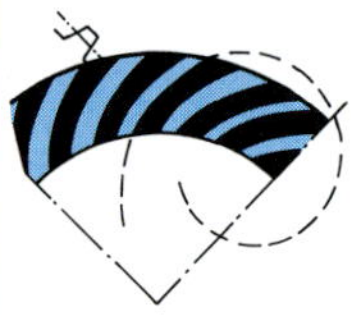

Die Zahnform ist Teil einer Spirale. Die Dicke des Zahnrückens und die Zahnhöhe des Tellerrades sind über die ganze Zahnbreite gleich.
Einsatz: Pkw

17.4.8.2 Kegelradausgleichsgetriebe

Bei Kurvenfahrten legen die kurvenäußeren Räder einen größeren Weg zurück als die kurveninneren Räder.

Das Beispiel zeigt den Unterschied:

Fährt ein Pkw mit einer Spurweite s = 1,5 m und den Reifen 155 SR 13 (dynamisch wirksamer Halbmesser r_{dyn} = 273 mm) durch eine 90°-Kurve mit einem Innenradius r_i von 8 m, so ist der Weg, den das innere Rad zurücklegt,

$$s_1 = \frac{2 \cdot r_i \cdot \pi}{4} = \frac{2 \cdot 8 \cdot 3{,}14}{4} = 12{,}6 \text{ m.}$$

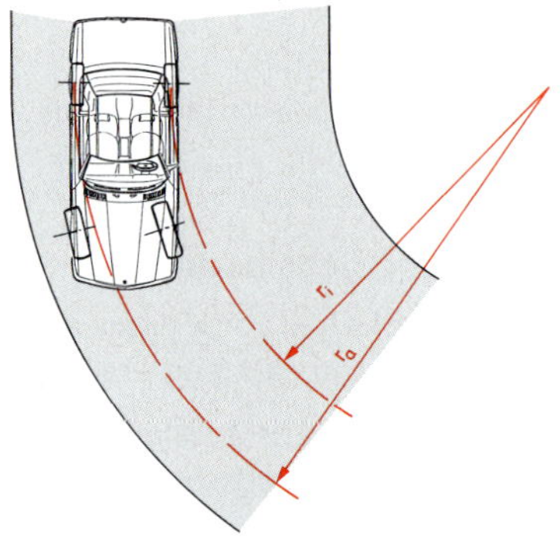

Das äußere Rad braucht

$$s_2 = \frac{2 \cdot r_a \cdot \pi}{4} = \frac{2 \cdot 9{,}5 \cdot 3{,}14}{4} = 14{,}9 \text{ m.}$$

Bei einem Radumfang von

$$U = 2 \cdot r_{dyn} \cdot \pi = 2 \cdot 0{,}273 \cdot 3{,}14 = 1{,}71 \text{ m}$$

macht das innere Rad 12,6/1,71 = 7,37 Umdrehungen, das äußere Rad 14,9/1,71 = 8,71 Umdrehungen.

Das kurvenäußere Rad muss also 1,3 Umdrehungen mehr ausführen als das kurveninnere Rad. Ohne einen Ausgleich der unterschiedlichen Drehzahlen würde das innere Rad bzw. das äußere Rad auf der Fahrbahn radieren.

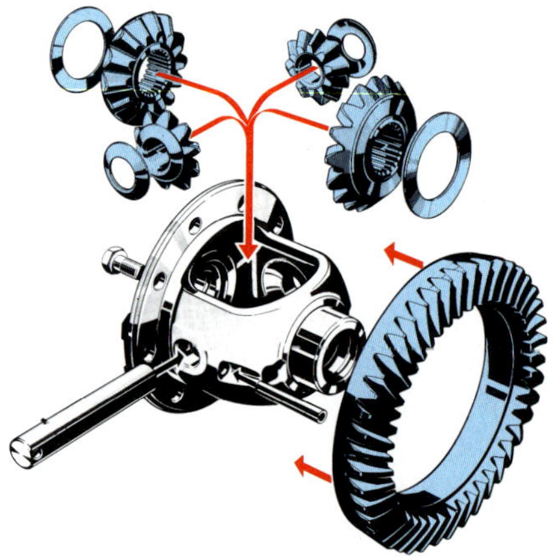

Gemeinsam angetriebene Räder dürfen daher nicht starr verbunden sein, sondern müssen geteilte Achswellen haben.

Achsgetriebe und Ausgleichsgetriebe sind in einem Getriebegehäuse untergebracht. Während das Achsgetriebe ein Stirnrad- oder Kegelradgetriebe sein kann, ist das Ausgleichsgetriebe meist ein Kegelradausgleichsgetriebe.

Es besteht aus folgenden Teilen:

- **Ausgleichsgehäuse**
  Das Ausgleichsgehäuse ist mit dem Tellerrad des Achsgetriebes verschraubt.
- **zwei Ausgleichskegelräder**
  Im Ausgleichsgehäuse sind zwei Ausgleichskegelräder auf der Ausgleichsradachse gelagert.
- **zwei Achswellenkegelräder**
  Die Achswellenkegelräder sind im Ausgleichsgehäuse gelagert und stehen mit den beiden Ausgleichskegelrädern im Eingriff. Die Achswellenräder besitzen zur Aufnahme der Achsantriebswellen eine Innenprofilverzahnung.

Das Antriebskegelrad treibt das Tellerrad mit dem Ausgleichsgehäuse an. Das Ausgleichsgehäuse nimmt die Ausgleichsachse mit den Ausgleichskegelrädern mit.

Fahrsituation

Geradeausfahrt

Beide Räder drehen sich mit gleicher Drehzahl.

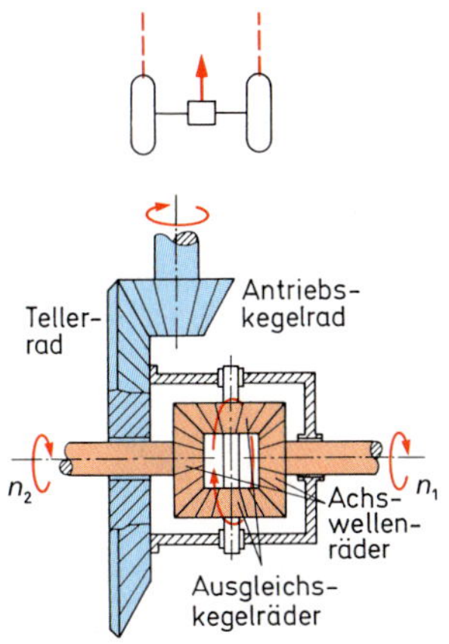

Die beiden Achswellenräder haben gleiche Drehzahl. Die Ausgleichsräder stehen still, kreisen aber mit dem Ausgleichsgehäuse um dessen Mittelachse und nehmen die Achswellenräder mit. Die Ausgleichsräder wirken als Mitnehmer.

Kurvenfahrt

Das kurvenäußere Rad dreht sich schneller als das kurveninnere Rad

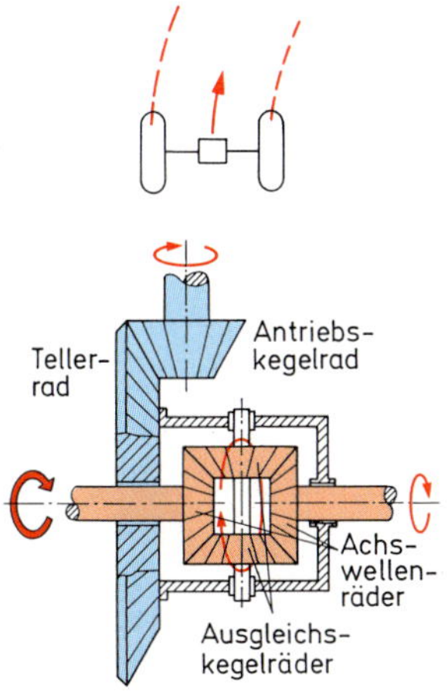

Das Achswellenrad für das kurvenäußere Rad dreht schneller als das Achswellenrad für das kurveninnere Rad. Das Ausgleichsgehäuse dreht sich entsprechend der Antriebsdrehzahl. Die Ausgleichsräder drehen sich um ihre eigene Achse und kreisen gleichzeitig mit dem Ausgleichsgehäuse um dessen Mittelachse. Die Ausgleichsräder gleichen den Drehzahlunterschied aus.

Einseitiges Durchdrehen

Ein Rad hat Bodenhaftung, das andere Rad steht auf glattem Untergrund.

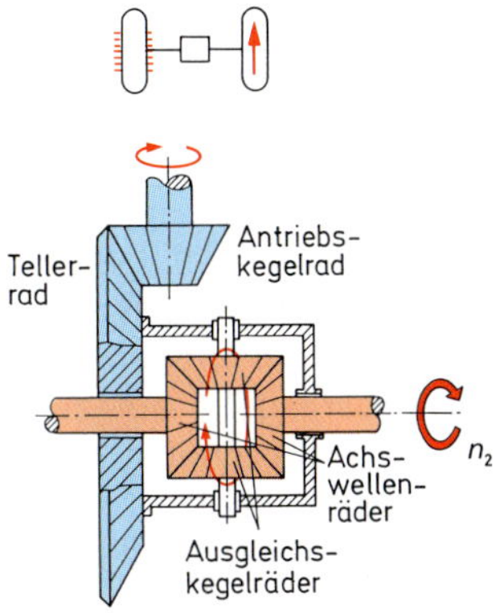

Ein Achswellenrad steht still. Die Ausgleichsräder drehen sich um ihre Achse und wälzen sich auf dem stillstehenden Achswellenrad ab. Das gesamte Drehmoment geht über das andere Achswellenrad auf das Antriebsrad. Es dreht mit doppelter Eingangsdrehzahl durch.

Die Ausgleichskegelräder bewirken, dass die Drehzahlzunahme des kurvenäußeren Rads genau der Drehzahlminderung des kurveninneren Rads entspricht: Was auf der einen Seite weggenommen wird, muss auf der anderen Seite hinzugefügt werden.

⊖ Steht ein Antriebsrad auf festem, trockenem Boden und das andere Rad auf vereistem, weichem oder sandigem Untergrund, so bleibt das Rad mit großer Bodenhaftung stehen, während das Rad mit geringer Bodenhaftung bei doppelter Drehzahl durchdreht und sich in den z. B. weichen Untergrund einwühlt.

⊖ Beim Überfahren von Unebenheiten, Schlaglöchern usw. beschleunigt das abhebende Rad.

⊖ Bei sportlicher Fahrweise entlasten die bei Kurvenfahrt auftretenden Fliehkräfte das kurveninnere Rad, das durchrutschen kann (Schleudergefahr).

17.4.8.3 Ausgleichssperren

Schaltbare Ausgleichssperren

Die schaltbare Ausgleichssperre besitzt eine Klauenkupplung, die eine Achswelle mit dem Ausgleichsgehäuse verbinden kann. Der gesamte Radantrieb ist ein starres System, die Ausgleichswirkung ist aufgehoben. Die Klauenkupplung wird bei Bedarf von Hand oder mit einem Fußhebel eingerückt. Bei normalen Straßenverhältnissen muss die Ausgleichssperre gelöst bleiben, damit die Räder in den Kurven nicht radieren.

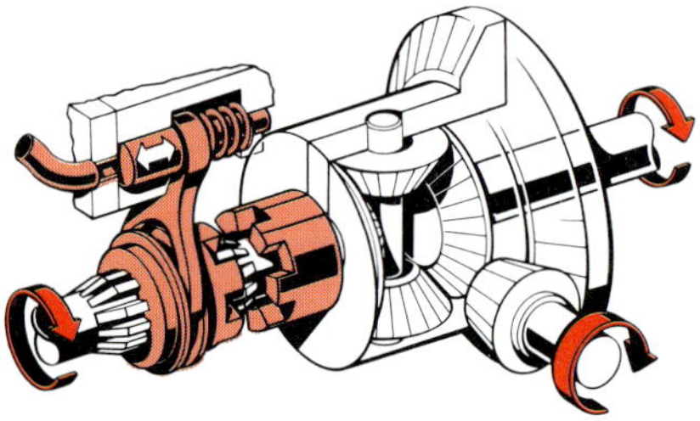

Selbsttätige Ausgleichssperren

Teilsperre durch Lamellenkupplung

Die vier Ausgleichskegelräder sind paarweise gegenüberliegend auf zwei sich kreuzenden Achsen angeordnet. Die Achsen sind in prismenförmigen Aussparungen von Druckringen gelagert. Die Nocken der Druckringe sitzen verdrehfest, aber axial verschiebbar in Nuten des Ausgleichsgehäuses. Zwischen den Druckringen und den Wänden des Ausgleichsgehäuses befinden sich Lamellenkupplungen.

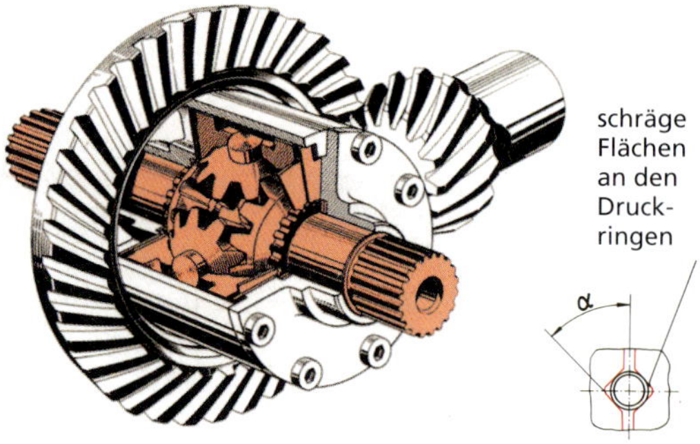

Die Außenlamellen sind verdrehfest und axial verschiebbar im Ausgleichsgehäuse, die Innenlamellen entsprechend in Nuten der Achswellen angeordnet. Das Drehmoment wird vom Ausgleichsgehäuse über die Druckringe der beiden Lamellenkupplungen in die Achsen der Ausgleichskegelräder eingeleitet. Bei Belastung werden die Druckringe nach außen gedrückt. Durch Schließen der Kupplungen wird eine Teilsperre des Ausgleichsgetriebes erreicht. Die Anpressung ist so bemessen, dass ein Ausgleich zwischen kurveninnerem und kurvenäußerem Rad möglich ist. Die Ausgleichssperre ist so ausgelegt, dass maximal 75 % des Eingangsdrehmoments dem Rad mit größerer Bodenhaftung, 25 % dem entlasteten Rad zugeführt wird.

Teilsperre durch Viskosekupplung

Die Viskosekupplung besteht aus einer gekapselten Lamellenkupplung, die mit Silikonöl hoher Viskosität (Zähigkeit) gefüllt ist.

Dreht ein Rad durch, so entsteht zwischen Innen- und Außenlamellen eine Drehzahldifferenz. Durch die Reibung zwischen den Lamellen und dem zähen Silikonöl wird das durchdrehende Rad abgebremst und ein Teil des Drehmoments an das andere Rad weitergegeben.

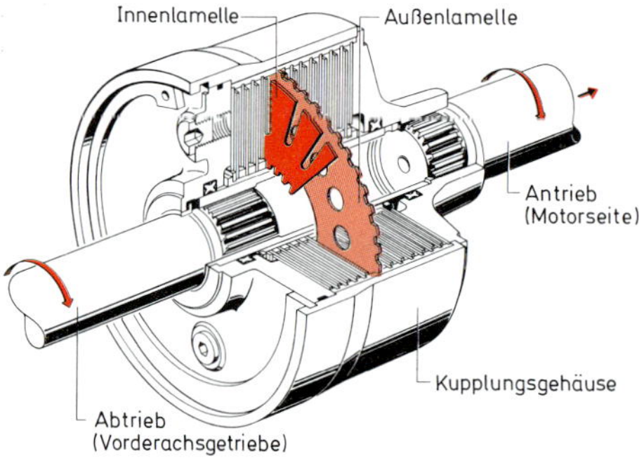

- ⊕ keine Verschleißteile,
- ⊕ Sperrcharakteristik bleibt über die gesamte Lebensdauer des Getriebes erhalten,
- ⊖ nur bedingt regelbar,
- ⊖ Verspannungen beim Rangieren,
- ⊖ untersteuerndes Fahrverhalten auf glatter Fahrbahn,
- ⊖ begrenzt übertragbares Drehmoment auf die Hinterräder.

Automatisches Sperrdifferenzial (ASD)

Hauptkomponenten des automatischen Sperrdifferenzials sind das elektronische Steuersystem, die Hydraulikeinheit, ein Ausgleichsgetriebe mit hydraulisch vorspannbaren Lamellen.

In seiner Grundfunktion besitzt das Sperrdifferenzial eine Selbstsperrwirkung von ca. 35 %. Sensoren an beiden Vorderrädern und am Hinterachsmittelstück melden die Drehzahlinformationen an das Steuergerät. Drehzahldifferenzen zwischen Vorder- und Hinterrädern erkennt das Steuergerät als Schlupf. Bei Überschreiten eines festgelegten Grenzwerts gibt das Steuergerät ein Schaltsignal an das Magnetventil der Hydraulikeinheit. Durch das hydraulische Vorspannen der Sperrlamellen wird die Ausgleichsbewegung zwischen den beiden Hinterrädern gehemmt. Das vom durchdrehenden Rad nicht mehr auf die Straße übertragbare Antriebsmoment wird auf das andere Rad geleitet. Der Sperrgrad kann sich bis auf 100 % erhöhen. Bei Geschwindigkeiten oberhalb 25 km/h sperrt das Ausgleichsgetriebe nicht mehr automatisch. Bei ASD wird die Sperre sofort ausgeschaltet, wenn der Fahrer bremst. ASD wird nur bei extremen Bedingungen zugeschaltet.

17.5 Kraftübertragung durch Gelenkwellen und Achswellen

17.5.1 Systemübersicht

Das Motordrehmoment wird durch Antriebswellen auf die Antriebsräder übertragen. Man unterscheidet:

- Gelenkwellen übertragen die Drehmomente in der Fahrzeuglängsachse.
- Achswellen übertragen das Drehmoment vom Ausgleichsgetriebe seitlich zu den Antriebsrädern.

Hinterradantrieb	Vorderradantrieb
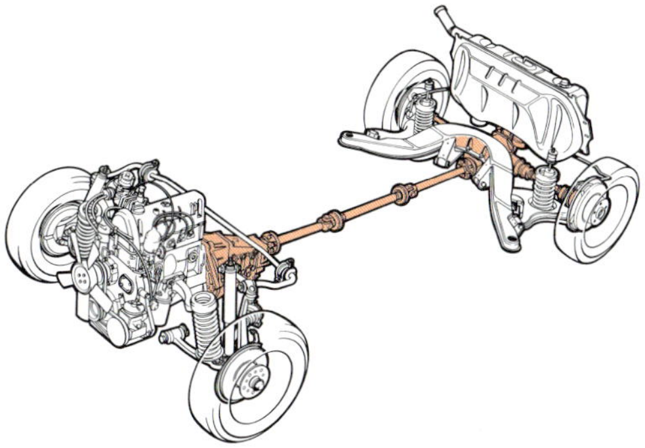	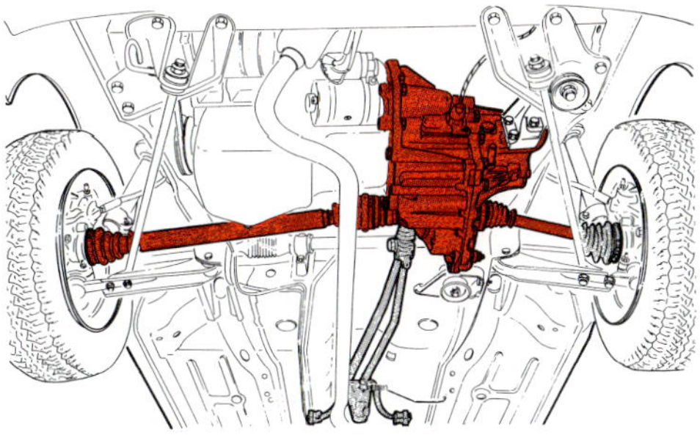
Beim Hinterradantrieb überträgt eine Gelenkwelle das Drehmoment vom Getriebe auf das Achsgetriebe. Da das Achsgetriebe tiefer liegt, läuft die Welle schräg nach unten. Achswellen übertragen das Drehmoment vom Achsgetriebe auf die Antriebsräder.	Beim Vorderradantrieb übertragen Achswellen das Drehmoment vom Achsgetriebe auf die Antriebsräder

Einzeln aufgehängte Antriebsräder

Bei einzeln aufgehängten Antriebsrädern ist das Achsgetriebe fest mit dem Aufbau verbunden, während die Antriebsräder schwingen. An die Antriebswellen werden zusätzliche Anforderungen gestellt.

Aus- und Einfedern

Die Achswellen müssen Federungsausschläge der Räder mitmachen und gleichzeitig Längenänderungen ausgleichen.

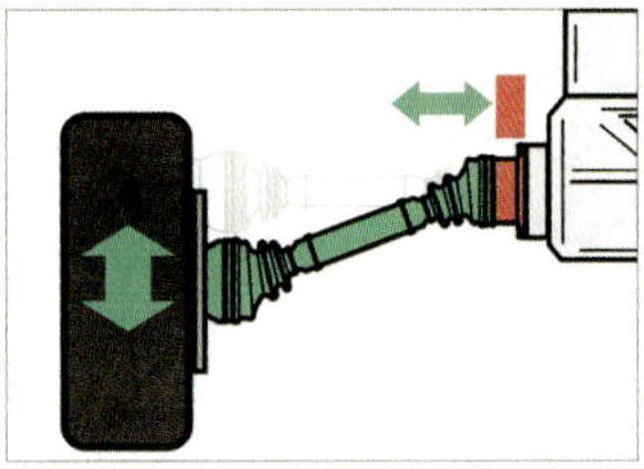

Schwingungen

Die Motor-Getriebe-Einheit ist elastisch gelagert. In bestimmten Drehzahlbereichen beginnt sie, in ihren Lagern zu schwingen. Diese Bewegung muss von der Antriebswelle ausgeglichen werden.

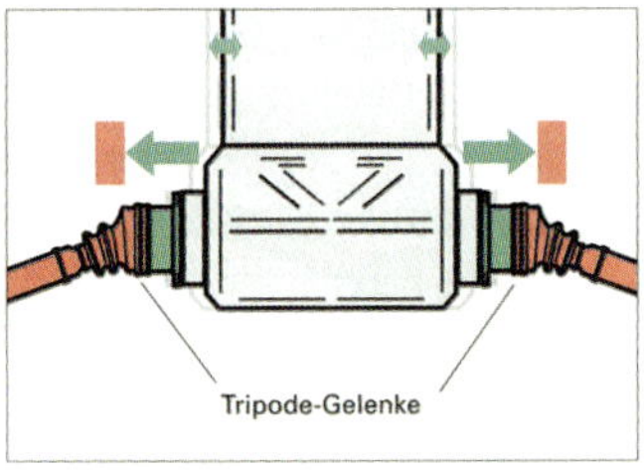

Lenkeinschläge

Beim Vorderradantrieb werden an die Achswellen zusätzliche Forderungen gestellt:

- Die Vorderachswelle muss große Beugungswinkel zulassen, um Lenkeinschlag und Federungswege aufzunehmen.
- Die Drehbewegung der Achswellen muss auch bei großem Lenkeinschlag gleichförmig sein, damit die Lenkung durch Schwingungen nicht beeinflusst wird.

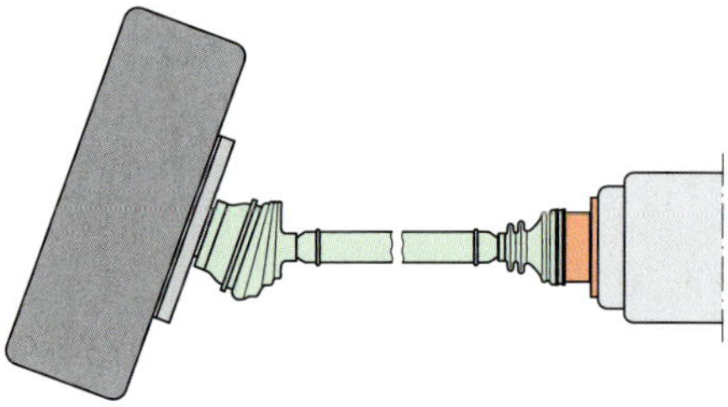

17.5.2 Gelenkwellen

Die Gelenkwelle besteht aus einem Rohr, an dessen Enden Flansche für Kreuz- oder Trockengelenke angeschweißt sind. Gelenkwellen werden aus Vergütungsstahl hergestellt.

Kreuzgelenke

Kreuzgelenke bestehen aus zwei rechtwinklig versetzten Gabelstücken, die durch ein Zapfenkreuz verbunden sind. Die Zapfen des Zapfenkreuzes sind in den Gabeln in voll gekapselten Nadellagern gelagert. Sie sind wartungsfrei. Zur Sicherstellung einer ausreichenden Schmiermittelmenge ist das Innere des Zapfenkreuzes als Fettvorratsraum ausgebildet.

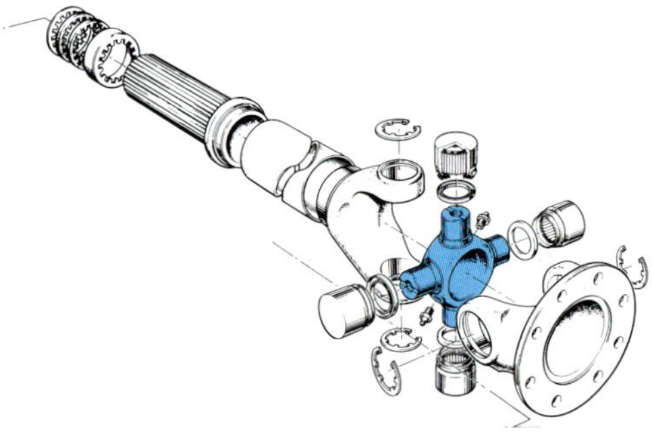

⊕ Übertragung großer Drehmomente
⊕ Winkeländerung bis 15°
⊕ wartungsfrei

Einsatz: Standardantrieb

Trockengelenke

Bei Trockengelenken werden zwei zweiarmige oder dreiarmige Flansche, die gegeneinander versetzt sind, durch

- Gummigewebescheiben,
- Gummikörper,
- Silentblöcke (Metall-Gummi-Element)

elastisch verbunden. Zur Verbindung dienen Passschrauben, die das Drehmoment über Stahlbüchsen auf die Gelenkkörper übertragen.

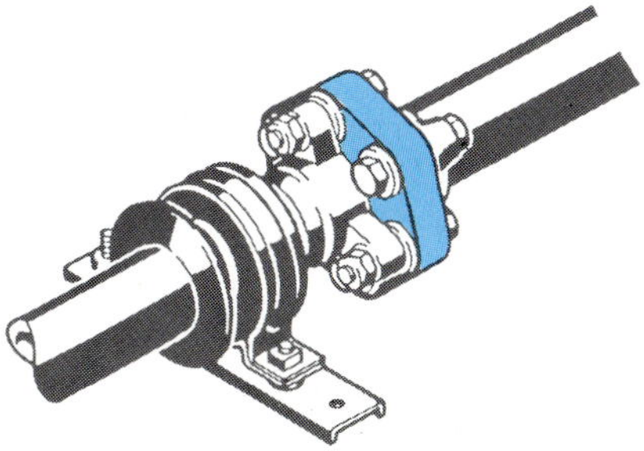

⊕ billig und wartungsfrei
⊕ stoßdämpfend
⊖ kleine Winkeländerungen: 3° bis 5°
⊖ Übertragung geringerer Drehmomente

Einsatz: Achsantrieb ist fest mit dem Aufbau oder Rahmen verbunden, die Wellen von Schaltgetriebe und Achsgetriebe haben gleiche Lage.

Bei einer Gelenkwelle mit nur einem einfachen Kreuzgelenk führt – wenn die treibende Welle gleichförmig angetrieben wird – die getriebene Welle eine ungleichförmige Drehbewegung aus:

- Bei einer halben Umdrehung eilt die getriebene Welle einmal vor und einmal nach.

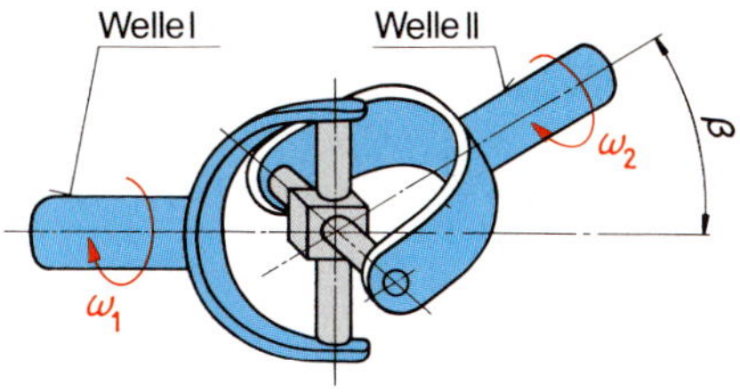

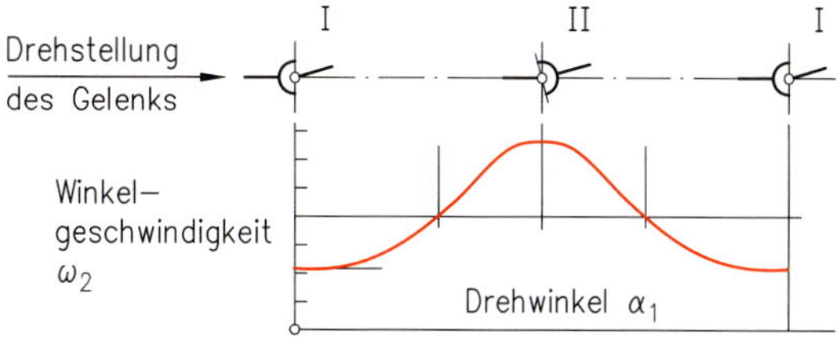

Die Ungleichförmigkeit der Drehbewegung wird durch ein zweites Gelenk ausgeglichen. Die Beugungswinkel müssen jedoch gleich sein. Der Bewegungsablauf einer Gelenkwelle mit zwei Gelenken sieht also folgendermaßen aus:

- Antriebswelle – gleichförmige Drehbewegung
- Gelenkwelle – ungleichförmige Drehbewegung
- Abtriebswelle – gleichförmige Drehbewegung

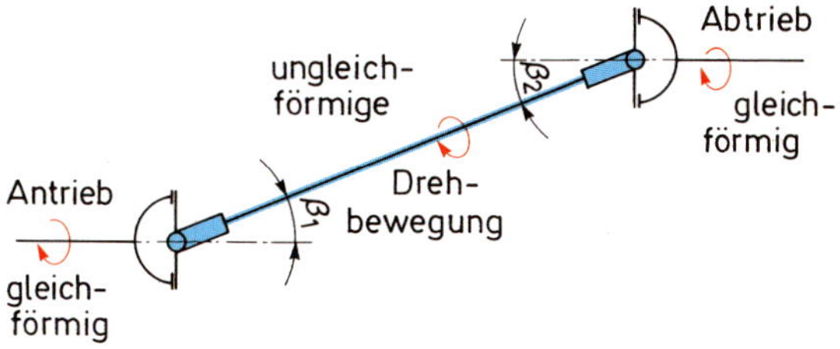

Einteilige Gelenkwelle

Die Gelenkwelle besteht aus einem nahtlos gezogenen Stahlrohr, an dessen Enden Gelenke bzw. Flansche angeschweißt sind.

Einsatz: Einteilige Gelenkwellen mit Kreuzgelenken werden im Pkw bei versetzt angeordneten Wellen des Schaltgetriebes und fest mit dem Aufbau verbundenem Achsantrieb verwendet.

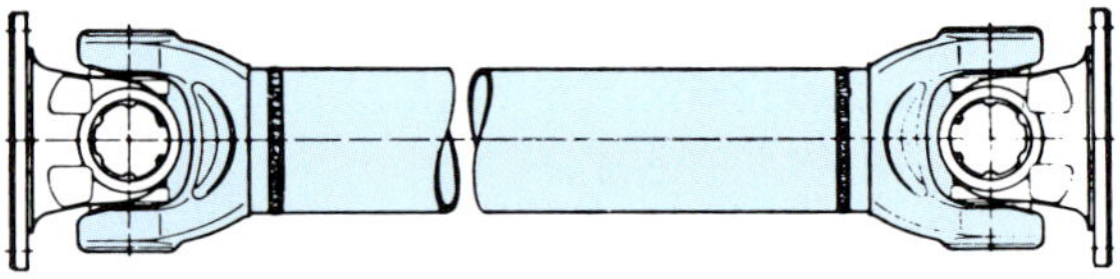

Zweiteilige Gelenkwelle

Die zweiteilige Gelenkwelle besteht aus dem Gelenkwellenrohr und dem Gelenkwellenzapfen mit Verbindungsrohr und zwei Gelenken. Gelenkwellenrohr und Wellenzapfen besitzen Keilnutprofil. Durch die profilierten Schiebestücke werden Längenänderungen von 30 bis 40 mm ausgeglichen. Die Schiebestücke werden durch eine Radialdichtung gegen Schmutz und Wasser gesichert.

Einsatz: Bei gefederten starren Hinterachsen (Lkw, Pkw) erforderlich.

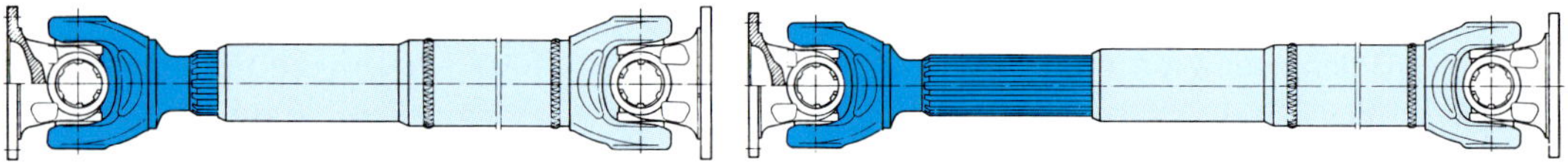

Gelenkwellenstrang

Bei großem Abstand zwischen Wechsel- und Achsgetriebe werden Gelenkwellenstränge von zwei oder mehr Gelenkwellen verwendet. Der Gelenkwellenstrang setzt sich aus ein- und zweiteiligen Gelenkwellen mit Kreuz- und Trockengelenken zusammen. Die Gelenkwellen werden durch Zwischenlager abgestützt. Das Zwischenlager besteht aus einem Wälzlager, das in weichem Gummi gelagert und am Aufbau befestigt ist.

- ⊕ Die einzelne Gelenkwelle ist kürzer und läuft ruhiger.
- ⊕ Die Gelenkwelle kann tiefer gelagert werden. Damit kann der Fahrzeugboden tiefer gestaltet werden.
- ⊕ Das Zwischenlager verhindert Dröhngeräusche.

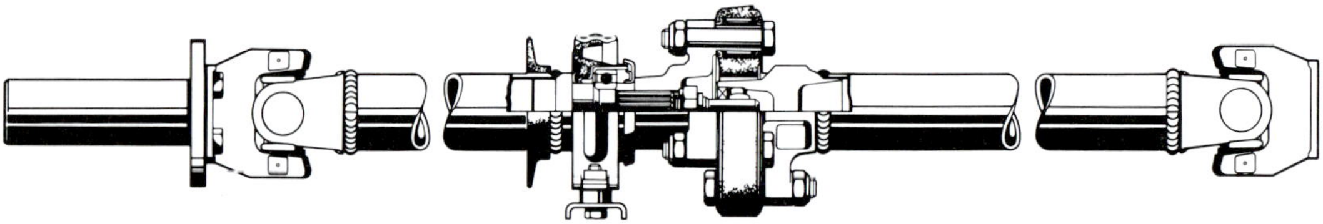

Auswuchten

Jede Gelenkwelle ist statisch und dynamisch ausgewuchtet, um Vibrationen zu vermeiden. Hierzu werden kleine Blechteile elektrisch aufgepunktet. Damit eine zweiteilige Gelenkwelle nach dem Zerlegen wieder in der alten Lage zusammengebaut werden kann, hat der Hersteller die Schiebestücke mit Markierungen (2) versehen. Die Gelenkgabeln müssen immer in der gleichen Ebene (1) liegen. Bei Schäden schreiben die Hersteller meist den Austausch der ganzen Gelenkwelle vor.

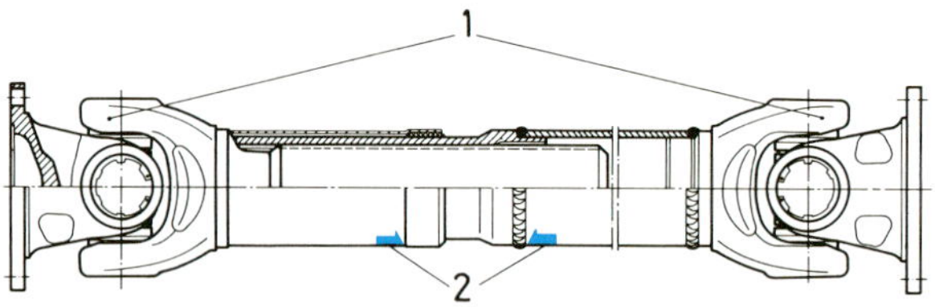

17.5.3 Angetriebene Achswellen

Angetriebene Achswellen besitzen Gleichlaufgelenke, auch homokinetische Gelenke genannt, die auch bei großem Beugungswinkel die Drehbewegung gleichförmig übertragen.

Verschiebegelenk = Topfgelenk

Das Verschiebegelenk hat sechs Mitnehmerkugeln, die in Kugelbahnen des zylindrischen Gelenkstücks und der Kugelnabe geführt werden. Durch einen Kugelkäfig werden die Kugeln in einer Ebene festgehalten.

Die Kugeln übertragen das Drehmoment. Die gleichförmige Bewegung aller Bauelemente wird durch die besondere Ausbildung der Kugelbahnen erzielt. Die Kugeln werden stets in der Gleichlaufebene gehalten. Auch der Längenausgleich erfolgt über die Kugeln.

⊕ gleichförmige Bewegung, unabhängig vom Beugungswinkel und der jeweiligen Stellung des Gelenks
⊕ Beugungswinkel ca. 18°
⊕ geringer Verschleiß (rollende Reibung)

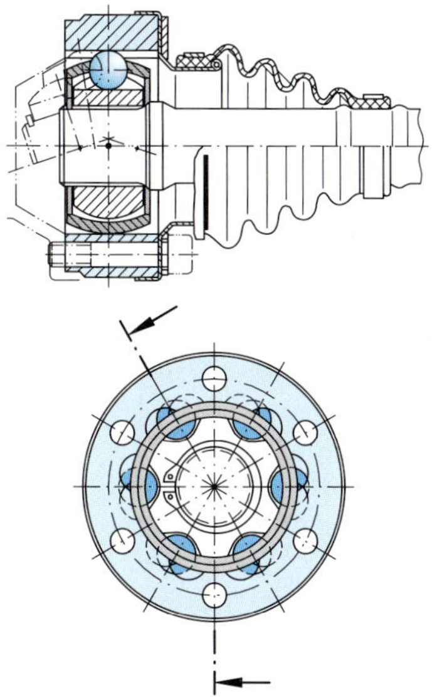

Festgelenk = Kugelgelenk

Beim Kugel-Festgelenk laufen die sechs Mitnehmerkugeln in geschliffenen Kurvenbahnen der Kugelnabe und dem äußeren Gelenkstück, einer Kugelschale. Das Festgelenk gestattet einen großen Beugungswinkel, aber keine Längenverschiebung.

Wie die Verschiebegelenke laufen auch die Festgelenke in einem geschlossenen Achskörper ständig in Schmierstoff und sind wartungsfrei.

⊕ gleichförmige Drehbewegung aller Bauelemente
⊕ großer Beugungswinkel normal bis 38°, Sonderfall bis 45°
⊖ keine Längsverschiebung

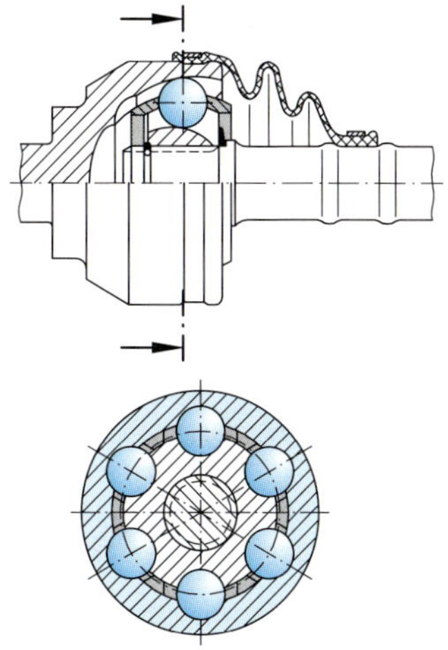

Tripodegelenk

Das Tripodegelenk besitzt drei kugelförmige Zapfen, auf denen jeweils eine Rolle angeordnet ist. Die Rollen werden in Laufbahnen geführt.

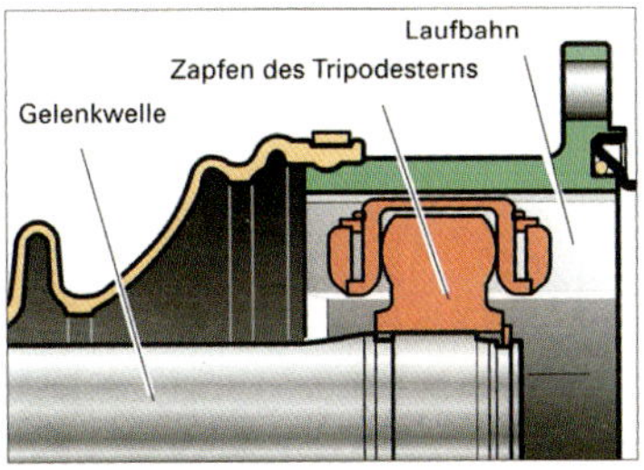

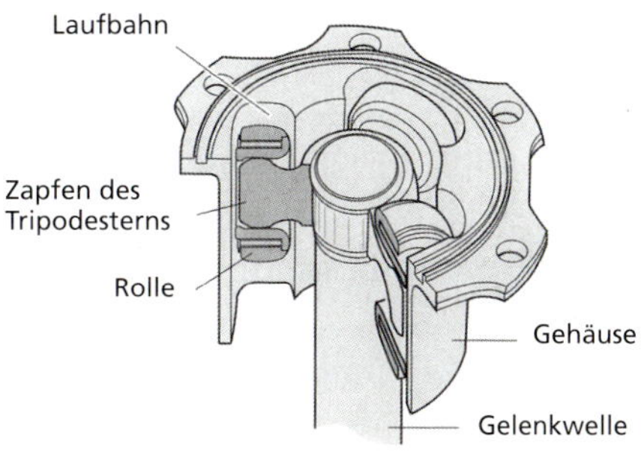

Gehäuse verschiebt sich, Gelenkwelle steht fest	Gehäuse bleibt fest, Gelenkwelle wird bewegt
Schwingungen werden ausgeglichen, indem sich der Tripodestern mit den Rollen in den Laufbahnen verschiebt. 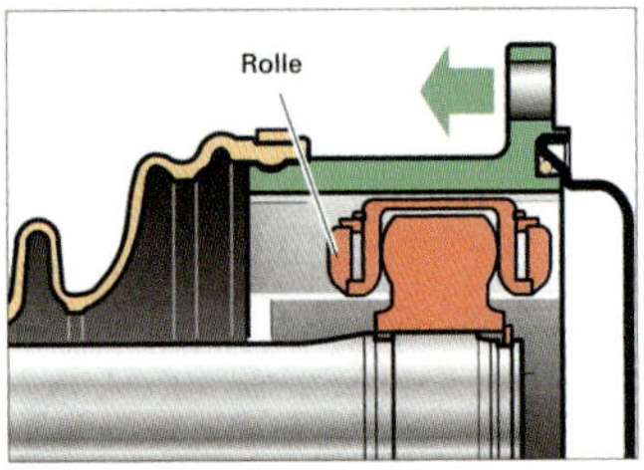	Beim Ausfedern verschieben sich die Laufrollen nur in einer Ebene. 

17.5.4 Funktionselemente von Gleichlaufgelenken

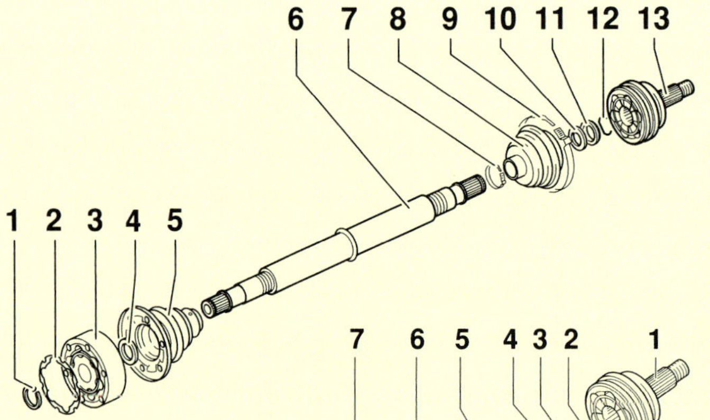

Gelenkwelle mit Gleichlaufgelenk
1 Sicherungsring
2 Dichtung
3 Gleichlaufgelenk innen
4 Tellerfeder
5 Gelenkschutzhülle
6 Gelenkwelle
7 Schlauchbinder
8 Gelenkschutzhülle
9 Schlauchbinder
10 Tellerfeder
11 Anlaufring
12 Sicherungsring
13 Gleichlaufgelenk außen

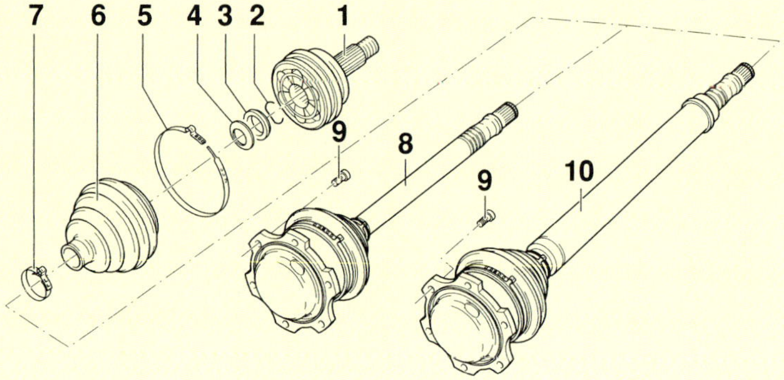

Gelenkwelle mit Tripodegelenk
1 Gleichlaufgelenk außen
2 Sicherungsring
3 Distanzring (Kunststoff)
4 Tellerfeder
5 Schlauchbinder
6 Gelenkschutzhülle
7 Schlauchbinder
8 Gelenkwelle links
9 Innenvielzahnschraube
10 Gelenkwelle rechts

17.5.5 Einsatz der Gleichlaufgelenke

Für jedes angetriebene Rad werden zwei Gelenke benötigt, von denen mindestens eines als Verschiebegelenk ausgeführt ist. Durchgesetzt haben sich:

- Vorderradantrieb: Rad/Kugelgelenk – Getriebe/Verschiebegelenk,
- Hinterradantrieb: Rad/Verschiebegelenk – Getriebe/Verschiebegelenk.

Tripode-Gleichlaufgelenke werden eingesetzt bei

- Dieselfahrzeugen aufgrund der hohen Vibrationen
- Fahrzeugen mit Automatikgetrieben wegen der Vorspannkräfte.

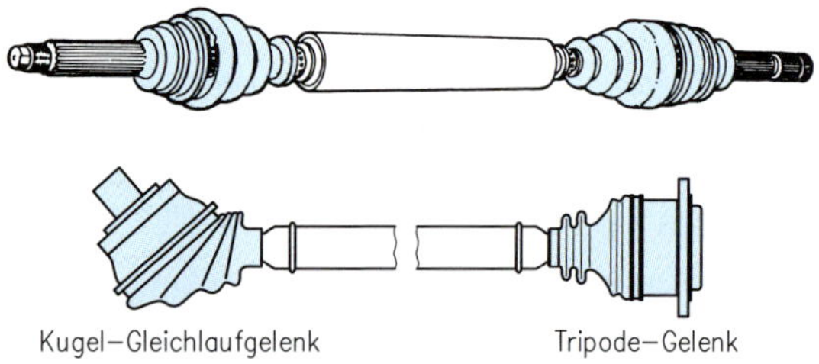

17.5.6 Doppelgelenkwelle

Bei einer Doppelgelenkwelle sind zwei Kreuzgelenke zu einem Gelenk zusammengefasst. Die Doppelgelenkwelle übernimmt die Verbindung vom Ausgleichsgetriebe zum angetriebenen Rad.

⊕ Doppelgelenke an den Vorderachsen erlauben den Fahrzeugen eine große Wendigkeit durch den Beugungswinkel bis max. 50°.

Einsatz: Das Doppelgelenk ist ausschließlich für die Verwendung in lenkbaren Triebachsen bestimmt.

Sie sind besonders geeignet für den Allradantrieb an Nutzfahrzeugen, Erdbewegungsmaschinen, Ackerschleppern usw.

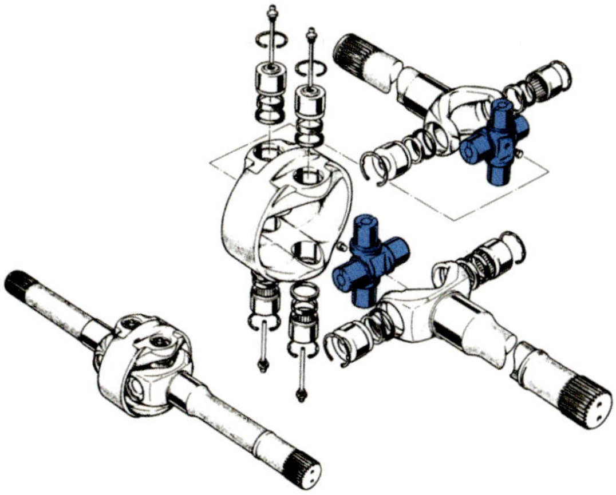

17.6 Allradantriebe

Allradantriebe finden wir bei geländegängigen Lkw, bei Geländewagen und zunehmend auch bei Personenkraftwagen. Bei Allradfahrzeugen werden alle Achsen angetrieben.

Allradantriebe lassen sich unterscheiden in
- zuschaltbare Allradantriebe,
- permanente Allradantriebe.

17.6.1 Zuschaltbare und permanente Allradantriebe

Zuschaltbarer Allradantrieb

Die Fahrzeuge besitzen ein Verteilergetriebe, von dem jeweils eine Gelenkwelle zur Hinter- bzw. Vorderachse geht und in ein Ausgleichsgetriebe einmündet. Der Grundantrieb erfolgt entweder über die Vorder- oder Hinterachse. Die zuschaltbare Achse besitzt Freilaufnaben, die bei überwiegendem Gebrauch auf normalen Straßen den Antriebsstrang stilllegen. Wird der Allradantrieb zugeschaltet, besteht zwischen Vorder- und Hinterachse eine starre und drehfeste Verbindung. Das Verteilergetriebe liefert jeder Gelenkwelle die Hälfte der anfallenden Antriebskraft. Zwischen Vorder- und Hinterachse findet bei Kurvenfahrt kein Ausgleich statt. Dies führt zu Verspannungen im Antriebsstrang.

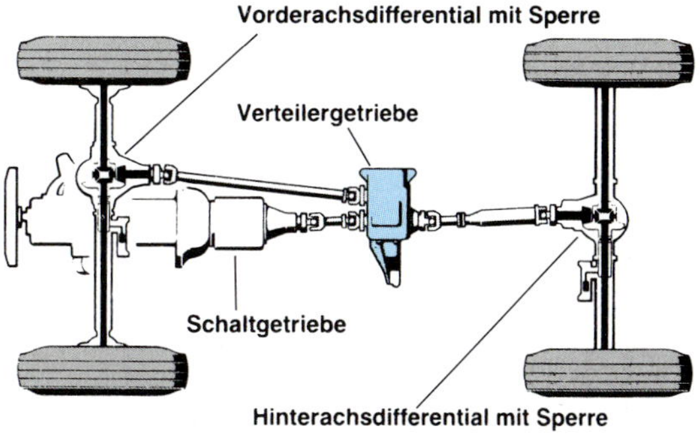

Permanente Allradantriebe

Beim permanenten Allradantrieb werden immer alle vier Räder angetrieben. Permanente Allradantriebe wirken fahrerunabhängig, aber schlupfabhängig. Sie bewirken den Ausgleich der Antriebskräfte zwischen Vorder- und Hinterachse. Zwischen den beiden Achsen ist ein Mitteldifferenzial eingebaut:

- Verteilergetriebe mit sperrbarem Mitteldifferenzial,
- Visco-Kupplung,
- Torsen-Differenzial,
- Haldex-Kupplung.

Permanenter Allradantrieb mit sperrbarem Mitteldifferenzial	Permanenter Allradantrieb mit Visco-Kupplung
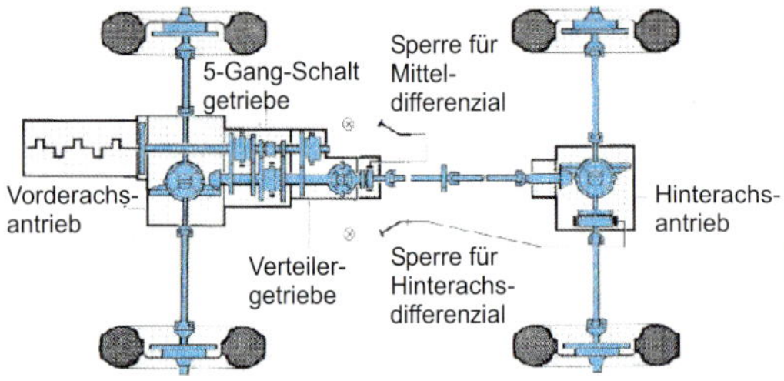	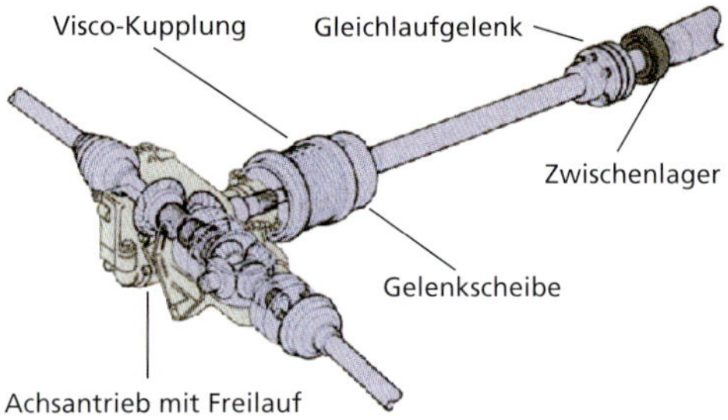
Die Kraftübertragung erfolgt über ein Fünf-Gang-Schaltgetriebe zu einem Verteilergetriebe, das die Antriebskräfte im gleichen Verhältnis auf Vorder- und Hinterachse verteilt. Das Mitteldifferenzial gleicht die unterschiedlichen Drehzahlen zwischen den beiden Achsen aus. Mittel- und Hinterachsdifferenzial besitzen eine manuell schaltbare Sperre, die sich bei Stillstand, aber auch während der Fahrt schalten lässt. Durch die eingeschaltete Sperre wird der Drehzahlausgleich gesperrt und das Durchdrehen eines Rads verhindert. Das Fahrzeug hat jetzt seine besten Vortriebseigenschaften.	Die Visco-Kupplung wird zwischen Gelenkwelle und Achsantrieb angeordnet. Sie verteilt die Antriebskräfte zwischen Vorder- und Hinterachse. Im Normalbetrieb werden alle vier Räder angetrieben. Die Visco-Kupplung lässt bei geringen Drehzahlunterschieden zwischen Antrieb und Abtrieb einen gewissen Schlupf zu. Sie sperrt sofort, wenn die Räder durchzurutschen beginnen. Im Extremfall übernimmt die Achse mit Bodenhaftung 100 % des Antriebs. Die Verteilung der Antriebskräfte passt sich selbsttätig und lastabhängig der Bodenhaftung der Räder an. Beim Bremsen trennt die Lamellenkupplung den Kraftschluss zwischen den beiden Achsen.

17.6.2 Torsen-Differenzial

Das Torsen-Differenzial nutzt die Sperrwirkung des Schneckentriebs. Die Größe des Sperrwerts ist vom Steigungswinkel der Schnecke und den Reibungsverhältnissen im Schneckengetriebe abhängig:

- Flacher Steigungswinkel – großer Sperrwert (Beispiel: Wagenheber)
- Steiler Steigungswinkel – kleiner Sperrwert (Beispiel: Schneckenlenkung)

Beim Parallel-Axis-Torsen-Differenzial (PAT) sind die Schneckenräder parallel zum An- und Abtrieb positioniert.

Die Antriebskraft wird über die Hohlwelle auf das Verteiler-Differenzialgehäuse übertragen. Von hier wird der Kraftfluss über die Schneckenradachsen auf die Schneckenräder zu den Schnecken geführt. Die Schnecken verteilen die Antriebskraft über den Triebling auf den Vorderachsantrieb und über den Flansch auf den Hinterradantrieb.

- **Gleiche Drehzahl aller Antriebsräder**
  Die Schneckenräder und Stirnräder drehen sich nicht, sie wirken wie Mitnehmer. Die Verteilung der Antriebskräfte erfolgt zu gleichen Teilen auf die Vorder- und Hinterachse.
- **Kurvenfahrt**
  Die Vorderräder legen aufgrund des größeren Kurvenradius einen längeren Weg (= größere Drehzahl) als die Hinterräder zurück. Die Hinterachse erhält damit durch die geringere Drehzahl den größeren Anteil der Antriebskraft.
  Der Drehzahlausgleich zwischen der schneller drehenden Achse des Vorderradantriebs und der langsamer drehenden Schnecke des Hinterachsantriebs erfolgt über die Stirnräder.
  Tritt Schlupf an der Hinterachse auf, wird sofort mehr Antriebskraft zu den Vorderrädern geleitet.

- **Räder verlieren Bodenhaftung**
  Ein Durchdrehen wird verhindert, da sich die Stirnräder am Schneckentrieb der Achse mit der besseren Bodenhaftung abstützen. Die Eigenschaft des Schneckentriebs bewirkt einen Widerstand, der den Ausgleich bei großen Drehzahlunterschieden sperrt. Die Räder der Achse mit der besseren Bodenhaftung erhalten das größere Antriebsmoment zugeteilt.
  Das Torsen-Differenzial hat eine Sperrwirkung von ca. 1 : 3,5, d. h. wenn die Zugkraft an der Hinterachse 800 N beträgt, können der Vorderachse max. 2 800 N Zugkraft zugeteilt werden.

Das Torsen-Differenzial besteht aus 2 Schneckentrieben, die über Stirnräder formschlüssig verbunden sind.

⊕ Das Torsen-Differenzial arbeitet selbsttätig und reagiert unabhängig vom Fahrer.
⊕ Im Schiebebetrieb und beim Bremsen entkoppelt das Torsen-Differenzial die Antriebsachsen und ermöglicht damit ABS-Regelvorgänge.
⊕ Verspannungen im Antriebsstrang werden vermieden.
⊕ Die Lebensdauer des Torsen-Diffenrenzials entspricht der Lebensdauer des Fahrzeugs. Wartung ist nicht erforderlich.

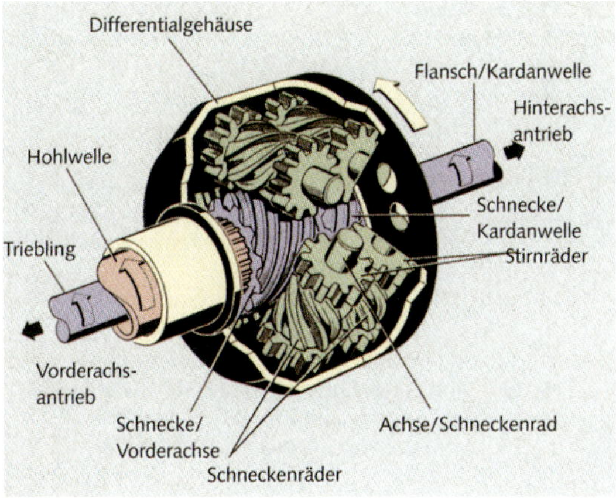

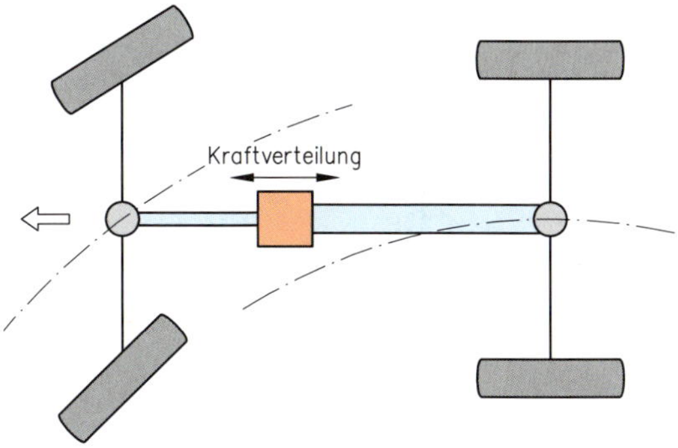

17.6.3 Automatisch schaltender Vierradantrieb (4MATIC)

Der automatisch schaltende Vierradantrieb wird elektronisch geregelt. Abhängig von den Straßenverhältnissen und dem jeweiligen Fahrzustand treten an vier Rädern Schlupfzustände auf, die von Sensoren erfasst werden.

- je ein Drehzahlsensor an beiden Vorderrädern
- ein Drehzahlsensor am Hinterachsmittelstück
- Lenkwinkelsensor am Lenkrad

Ein Bremsschalter liefert Signale beim Betätigen der Bremse. Die Informationen werden im Steuergerät verarbeitet. Es wählt aufgrund eines Programms den jeweiligen Schaltzustand aus und gibt Signale zum Zu- und Abschalten des Vorderradantriebs und zum Einschalten bzw. Lösen der Sperren:

- Hinterradantrieb (Grundantrieb)
- ausgeglichener Vierradantrieb mit 35/65 % Drehmomentaufteilung vorn/hinten
- längsgesperrter Vierradantrieb
- längs- und quergesperrter Vierradantrieb

Die Zu- und Abschaltung erfolgt nach folgenden Kriterien:

- Schlupf
- Fahrgeschwindigkeit
- Lenkwinkel
- Beschleunigung
- Zeit
- Betätigen der Betriebsbremse

⊕ herkömmlicher Antrieb bei normalen Straßenverhältnissen
⊕ optimale Traktion durch automatische Schaltung des Vierradantriebs und der Sperren nur, wenn es die Situation tatsächlich erfordert
⊕ Information des Fahrers über das Zuschalten des Vierradantriebs durch Leuchtanzeige
⊕ volles Erhalten der Richtungsstabilität und der ABS-Funktion beim Bremsen.

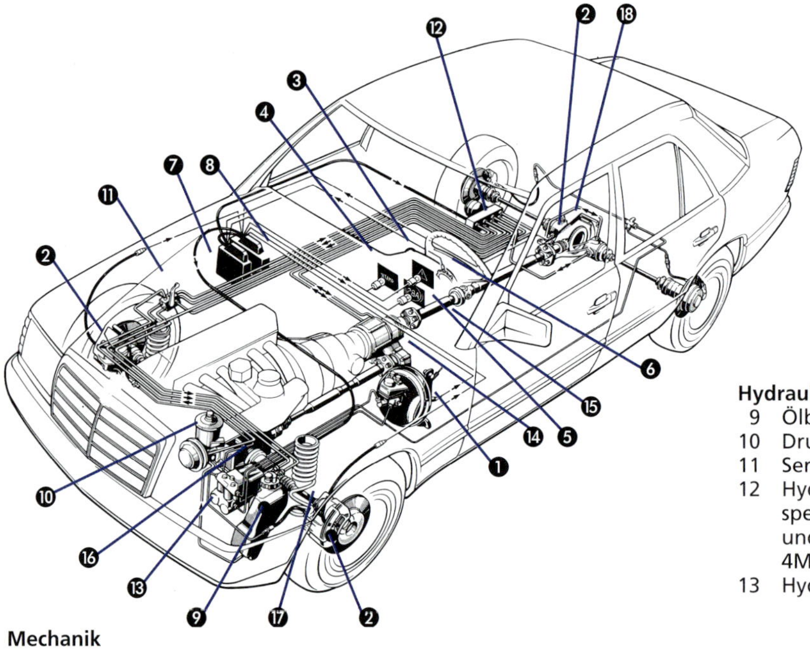

Elektrik/Elektronik
1 Bremsschalter
2 Drei Drehzahlfühler (zwei Vorderrad-, ein Hinterachsfühler)
3 Funktionsanzeige
4 Störungsanzeige 4MATIC
5 Störungsanzeige ABS
6 Lenkwinkelsensor
7 Steuergerät 4MATIC
8 Steuergerät ABS

Hydraulik
9 Ölbehälter
10 Druckölpumpe am Motor
11 Serviceteil
12 Hydraulikeinheit mit Druckspeicher, Speicherladeventil und drei Magnetventilen 4MATIC
13 Hydraulikeinheit ABS

Mechanik
14 Verteilergetriebe (an Handschalt- oder Automatikgetriebe angeflanscht) mit Planetensatz und zwei Servoelementen für Vorderradantrieb und sperrbares Zentraldifferenzial
15–17 Vorderer Antriebsstrang mit Gelenkwelle, Differenzial und Antriebswellen
18 Sperrbares Hinterachsdifferenzial

17.6.4 Allradantrieb mit Haldex-Kupplung

17.6.4.1 Allgemeine Übersicht

Die Haldex-Kupplung ist Bestandteil eines modernen Allradantriebs. Im Gegensatz zur Visco-Kupplung ist die Haldex-Kupplung regelbar. Nicht mehr der Schlupf allein ist entscheidend für die Verteilung der Antriebskräfte, sondern auch der fahrdynamische Zustand des Fahrzeugs. Vorteile der Haldex-Kupplung sind

- permanenter Allradantrieb mit elektronisch geregelter Lamellenkupplung,
- spurstabiles Beschleunigen wie beim Frontantrieb,
- kein Verspannen beim Parken und Rangieren,
- keine Einschränkung beim Abschleppen mit angehobener Achse,
- harmonisiert mit anderen Schlupfregelsystemen wie ABS, EDS, ASR, EBV, ESP.

Die Haldex-Kupplung sitzt am Hinterachsgetriebe. Sie wird vom Motor über das Schaltgetriebe, den Vorderachsantrieb und eine Gelenkwelle angetrieben. Die Gelenkwelle ist mit der Eingangswelle der Haldex-Kupplung, die Ausgangswelle der Haldex-Kupplung mit dem Hinterachsgetriebe verbunden. Beide Wellen sind in der Haldex-Kupplung getrennt. Eine Übertragung eines Drehmoments auf das Hinterachsgetriebe findet nur statt, wenn die Haldex-Kupplung entsprechend aktiviert wird. Dabei kann ein vollständiger Allradantrieb, aber auch ein reduzierter Allradantrieb realisiert werden.

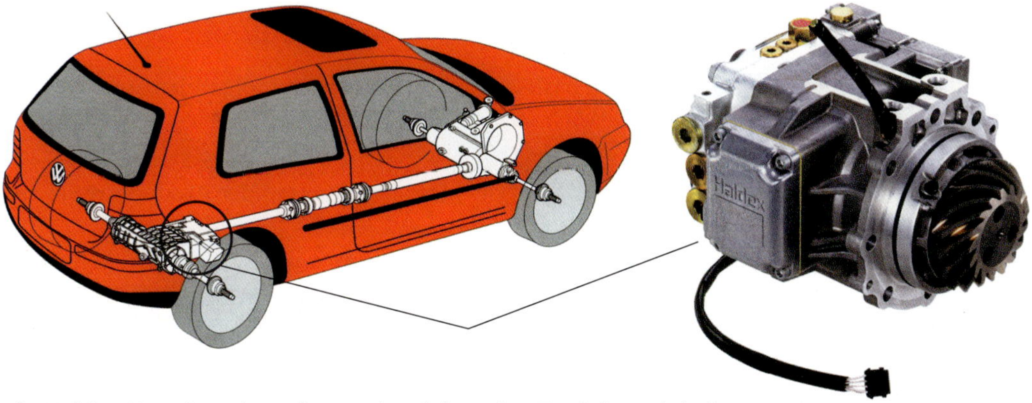

Die Haldex-Kupplung besteht aus den folgenden Funktionseinheiten:

Funktionseinheiten

Mechanik	Wesentliche Funktionsteile der Mechanik sind: • Mehrscheiben-Lamellenkupplung • Hubkolbenpumpe und Arbeitskolben
Hydraulik	Wesentliches Funktionsteil der Hydraulik ist das Regelventil, das über einen Stellmotor den Druck einstellt, mit dem die Lamellen zusammengepresst werden. Der Stellmotor wird vom Haldex-Steuergerät angesteuert.
Elektronik	Das Haldex-Steuergerät bestimmt aus den Information des Motor- und ABS-Steuergeräts die Ausgangssignale an den Stellmotor des Regelventils.

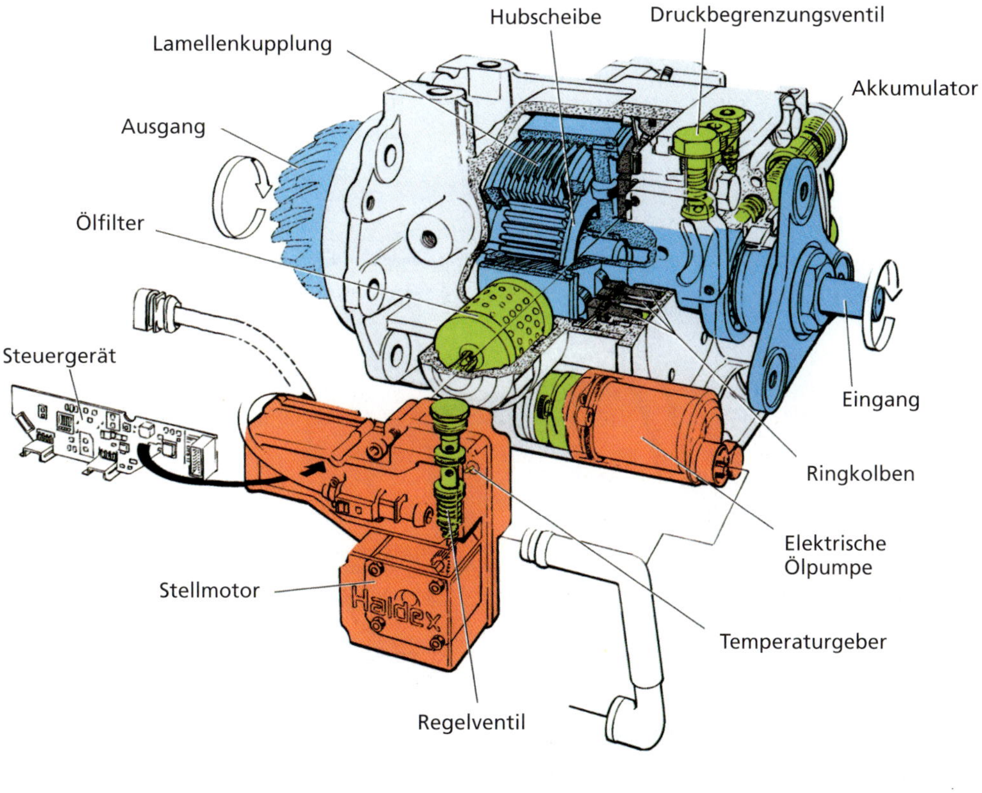

17.6.4.2 Kupplungsmechanik

Aufbau und Funktion

Der mechanische Teil der Haldex-Kupplung besteht im Wesentlichen aus folgenden Funktionseinheiten:

- **Mehrscheiben-Lamellenkupplung**
  Die Außenlamellen sind mit der Eingangswelle, die Innenlamellen mit der Ausgangswelle verbunden.
- **Hubkolbenpumpe und Arbeitskolben.**
  Um die Welle der Kupplungseingangsseite sind Rollenlager mit einem ringförmigen Hubkolben und einem ringförmigen Arbeitskolben angeordnet. Arbeitskolben und Hubkolben sind durch einen Ölkanal verbunden. Die Hubkolbenpumpe wird von einer Hubscheibe mit drei Nocken auf und ab bewegt. Der Arbeitskolben wirkt über die Druckplatte auf das Lamellenpaket.
- **Kupplungsgehäuse**
  Das Gehäuse ist mit Öl gefüllt.

Folgende Funktionselemente bilden eine Einheit:

- Eingangswelle: Außenlamellengehäuse, Außenlamellen, Rollenlager
- Ausgangswelle: Kegelrad, Hinterachsgetriebe, Innenlamellen, Druckplatte, Hubscheibe
- Kupplungsgehäuse: Hubkolben, Arbeitskolben, Ölkanäle.

Bei einer Drehzahldifferenz zwischen der Vorder- und der Hinterachse, z. B. wenn ein Rad der Vorderachse durchdreht, dreht das Außenlamellengehäuse mit den Rollenlagern um die Ausgangswelle. Die Rollenlager des Hubkolbens rollen auf der Hubscheibe ab. Durch die Nocken der Hubscheibe durchlaufen die Rollenlager eine Berg-und-Talbahn. Diese Auf- und Abwärtsbewegungen geben die Rollenlager auf den im Gehäuse angeordneten Hubkolben weiter. Durch die Hubbewegung des Hubkolbens wird ein Öldruck erzeugt, der über den Ölkanal auf den Arbeitskolben wirkt. Der Arbeitskolben fährt aus und wirkt über die Rollenlager auf die Druckplatte, die das Lamellenpaket zusammenpresst. Die Kupplung schließt, zwischen Vorder- und Hinterachse besteht nun eine feste Verbindung. Das Fahrzeug fährt nun mit Allradantrieb.

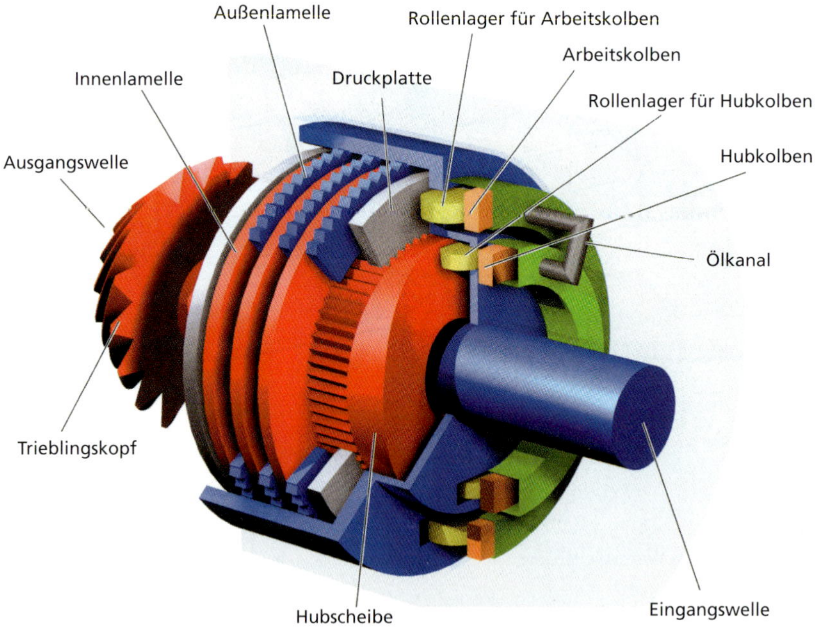

17.6.4.3 Kupplungshydraulik

Wesentliches Funktionsteil des hydraulischen Systems ist das Druckregelventil. Es besitzt einen Stellmotor, der vom Steuergerät der Haldex-Kupplung angesteuert wird.

Der Stellmotor ist im Gehäuse des Haldex-Steuergeräts integriert und betätigt über ein Ritzel den Regelstift im Regelventil. Hierdurch wird der Druck am Arbeitskolben bestimmt. So ist es möglich, dass die Lamellenkupplung einen gewissen Schlupf zulässt. Der maximale Druck wird durch das Druckbegrenzungsventil bestimmt.

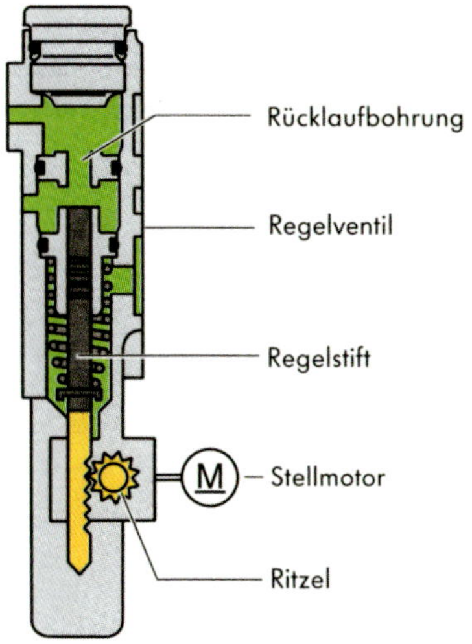

Regler geschlossen	Regler teilweise geöffnet	Regler ganz geöffnet
Maximaler Druck an den Lamellen	Reduzierter Druck an den Lamellen	Kein Druck an den Lamellen

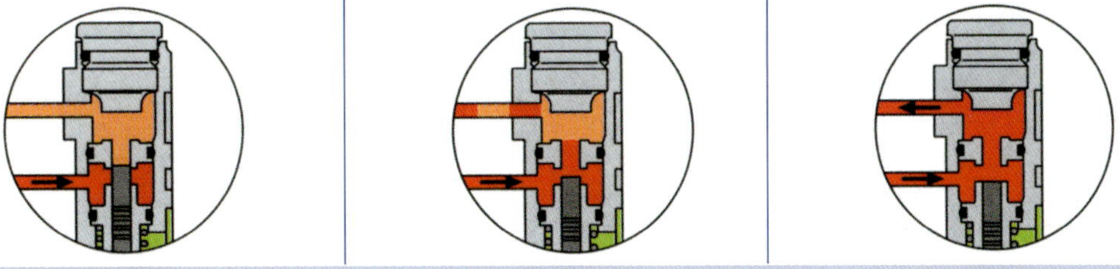

Hydraulikplan (drucklose Darstellung)

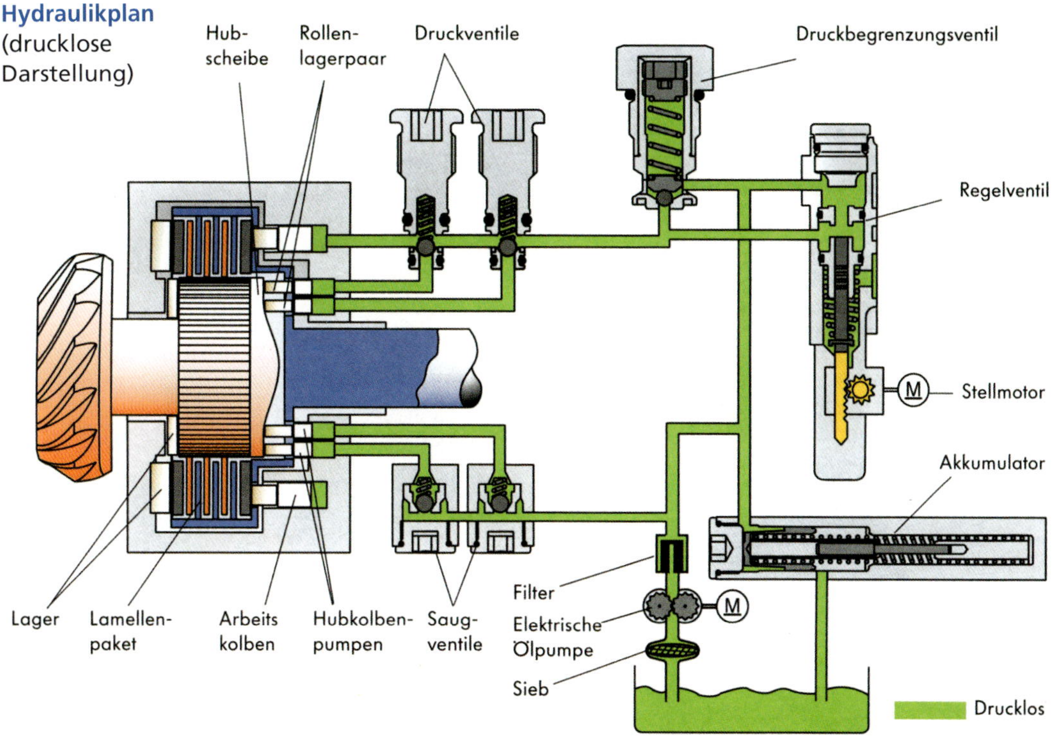

Druckaufbau

Der Druckaufbau erfolgt durch den Hubkolben (Vordruck)

Eine elektrische Ölpumpe fördert das Öl ab einer Motordrehzahl größer 400 1/min in das hydraulische System und baut einen Öldruck auf.

Das Öl nimmt zwei Wege:

- Das Öl strömt über die Saugventile an die Hubkolben.
  Die Hubkolben werden über die Rollenlager an der Hubscheibe zur Anlage gebracht.
- Das Öl strömt über das Regelventil und durch die Druckventile an den Arbeitskolben. Der Arbeitskolben wird zur Anlage gebracht. Durch den Vordruck wird das Spiel aus dem Lamellenpaket genommen und ein schnelles Ansprechverhalten der Kupplung erreicht.
  Der Vordruck (4 bar) wird vom Akkumulator bestimmt.
  Er wirkt gleichzeitig als Dämpfer zur Glättung von Druckschwankungen.

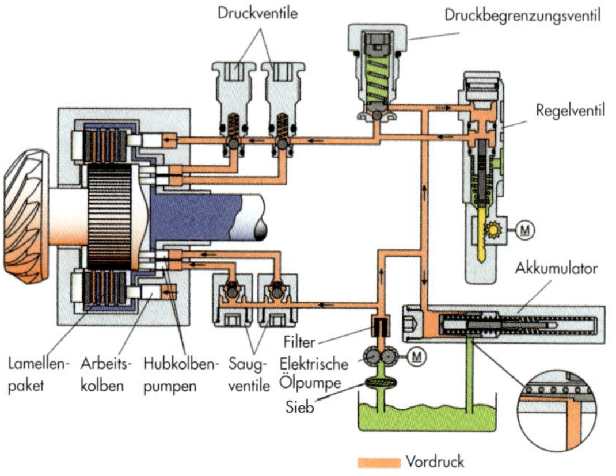

Regelventil geschlossen

Der durch die Hubkolben erzeugte Öldruck gelangt über die Druckventile an den Arbeitskolben. Das Lamellenpaket wird geschlossen. Eingangs- und Ausgangswelle sind verbunden. Einen Rückfluss zum Ölbehälter lässt das Regelventil nicht zu. An den Lamellen entsteht daher maximaler Druck.

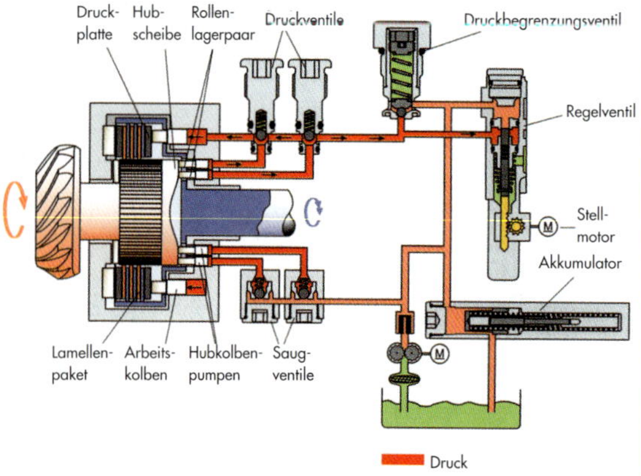

Regelventil ein Drittel geöffnet

Da das Regelventil ein Drittel geöffnet ist, kann ein Teil des Öls über den Akkumulator in den Ölsumpf zurückfließen. Hierdurch wird der Druck reduziert.
Die Lamellenkupplung lässt nur noch eine begrenzte Drehmomentübertragung zu. Der Allradantrieb ist reduziert.

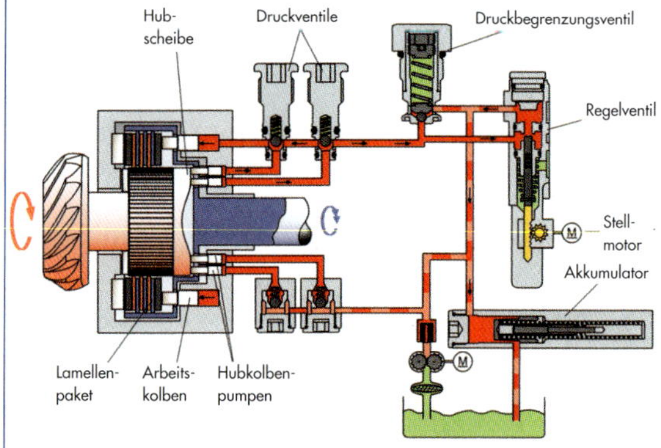

Regelventil geöffnet

Bei geöffnetem Regelventil kann das Öl ungehindert über den Akkumulator in den Ölsumpf zurückfließen. Am Arbeitskolben findet kein Druckaufbau statt. Die Lamellenkupplung ist geöffnet. Eingangs- und Ausgangswelle sind getrennt. Eine Drehmomentübertragung findet nicht statt.

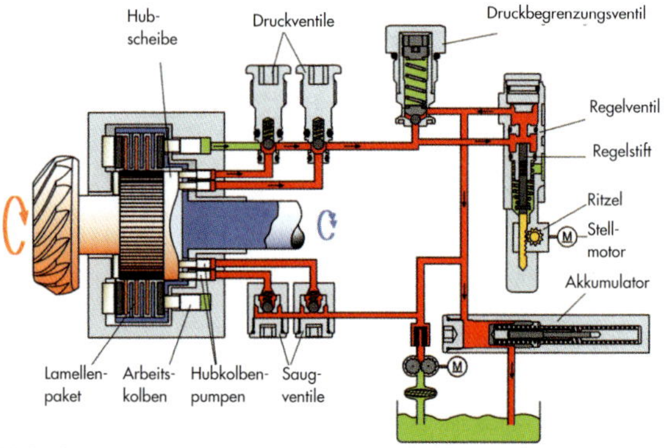

17.6.4.4 Kupplungselektronik

Das Steuergerät der Haldex-Kupplung ist direkt am Gehäuse befestigt. Es ist über CAN-Bus mit dem Motor- und ABS-Steuergerät verbunden. Aus den Sensorsignalen der Steuergeräte entscheidet das Haldex-Steuergerät, mit welchem Öldruck die Lamellen der Haldex-Kupplung zusammengepresst werden. Bei Fahrzeugen mit ESP überwiegt eine notwendige ESP-Regelung vor einer Allradfunktion.

Systemübersicht

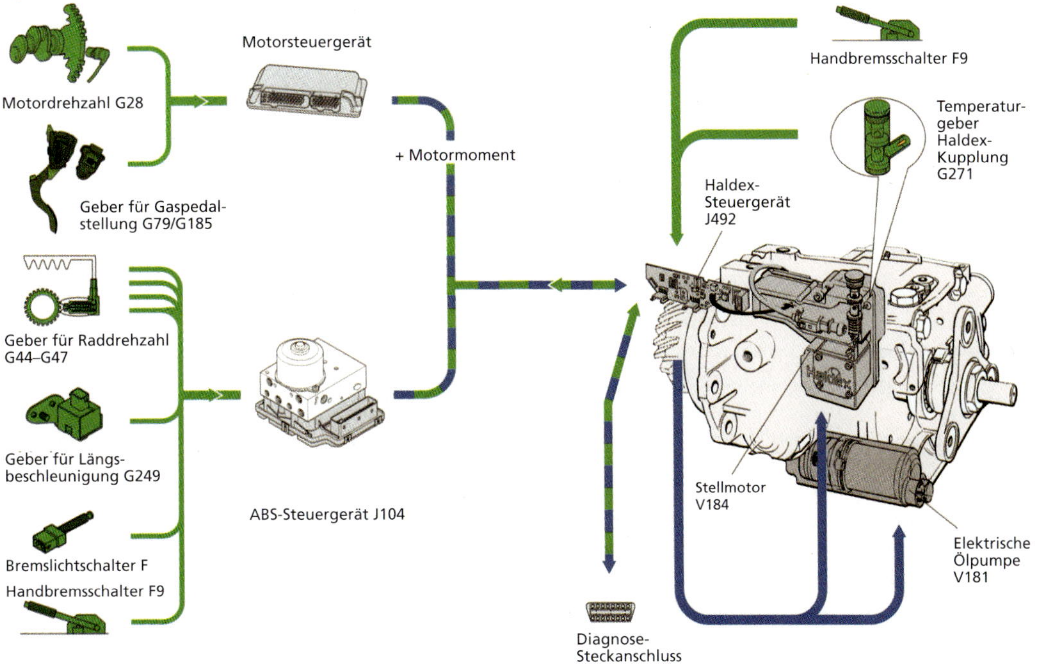

Elektrischer Schaltplan

Bauteile

D	Zündanlassschalter
F	Bremslichtschalter
F9	Schalter für Handbremskontrolle
G271	Geber für Hydrauliktemperatur
J...	Motorsteuergeräte
J104	Steuergerät für ABS mit EDS/ASR/ESP im Motorraum links
J217	Steuergerät für automatisches Getriebe im Wasserkasten
*	Nur bei Fahrzeugen mit automatischem Getriebe
J285	Steuergerät mit Anzeigeeinheit im Schalttafeleinsatz
J492	Steuergerät für Allradantrieb, Nähe Hinterachsgetriebe
K	Verbindung (K-Diagnoseleitung)
K14	Kontrolllampe Handbremse
M21	Lampe für Bremslicht links
S51	Sicherung
V181	Stellmotor für Öldruck
V184	Pumpe für Haldex-Kupplung
A80	Verbindung 1 (x) Schalttafelstrang
A121	Verbindung (High-Bus)
A122	Verbindung (Low-Bus)

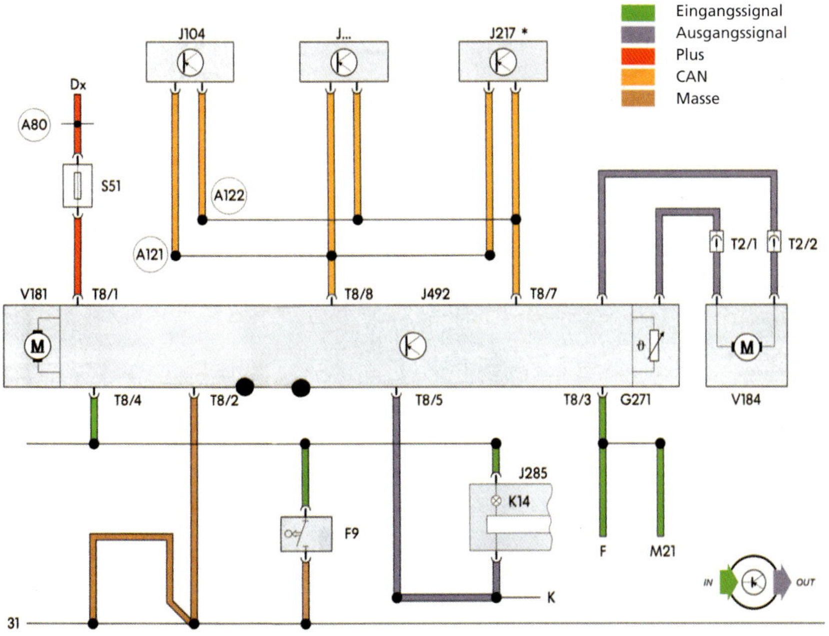

17.7.4.5 Eingangssignale und Reaktionen bei unterschiedlichen Fahrsituationen

Beschleunigung

	Beschleunigung	Schnelle Fahrt	Untersch. Bodenhaftung
Eingangssignale	Motormoment Motordrehzahl Gaspedalstellung 4 x Radsensoren	Motormoment Motordrehzahl Gaspedalstellung 4 x Radsensoren	Motormoment Motordrehzahl Gaspedalstellung 4 x Radsensoren CAN-Korrespondenz
Drehzahldifferenz zwischen Vorder- und Hinterachse	hoch	niedrig	wechselt zwischen niedrig und hoch
Notwendiges Drehmoment an der Hinterachse	hoch	niedrig	wechselt zwischen niedrig und hoch
Zustand der Lamellenkupplung	hoher Anpressdruck bis zum Maximum	geschlossen, nach Bedarf	geschlossen, geht bis an das Maximum

Bremsung

	Bremsung	Abschleppen	Bremstest (Rollenprüfstand)
Eingangssignale	4 x Radsensoren über ABS-Steuergerät Bremslichtschalter	Motordrehzahl < 400 1/min	Motordrehzahl < 400 1/min
Drehzahldifferenz zwischen Vorder- und Hinterachse	normal bis hoch	hoch	hoch
Notwendiges Drehmoment an der Hinterachse	null	null	null
Zustand der Lamellenkupplung	offen bis leicht geschlossen	offen, elektr. Vordruckpumpe aus (Zündung aus)	offen, elektr. Vordruckpumpe aus (Zündung aus)

18 Fahrwerksysteme

18.1 Grundlagen Fahrwerk

18.1.1 Kräfte am Fahrzeug

Auf das Fahrzeug wirken Kräfte verschiedener Art:

- Kräfte in Richtung der Hochachse: Fahrzeuggewicht, Kräfte durch Fahrbahnstöße
- Kräfte in Richtung der Längsachse: Antriebskraft, Bremskraft, Luftwiderstand, Reibungskraft
- Kräfte in Richtung der Querachse: Lenkkraft, Fliehkraft bei Kurvenfahrt, Seitenwind. Diese Kräfte werden auch als Seitenführungskraft bezeichnet.

Die Kräfte erzeugen Schwingungen in Richtung der Achsen:

- Schwingungen in Richtung der Hochachse: Hubschwingungen
- Schwingungen in Richtung der Längsachse: Zucken, Ruckeln
- Schwingungen in Richtung der Querachse: Schieben

Je nach einwirkender Kraft entstehen Drehbewegungen um die Fahrzeugachsen:

- Drehbewegungen um die Hochachse: Wenn beim Abbremsen die linken Räder des Fahrzeugs auf trockenem Asphalt und die rechten Räder auf Eis laufen, entsteht ein Drehmoment (Giermoment) um die Fahrzeughochachse. Das Fahrzeug schleudert oder giert.
- Drehbewegungen um die Längsachse: Sie entstehen durch die Radführungs- und Seitenkräfte. Man bezeichnet diese Bewegung als Wanken.
- Drehbewegungen um die Querachse: Diese Bewegungen entstehen beim Anfahren oder Bremsen und werden als Nicken bezeichnet.

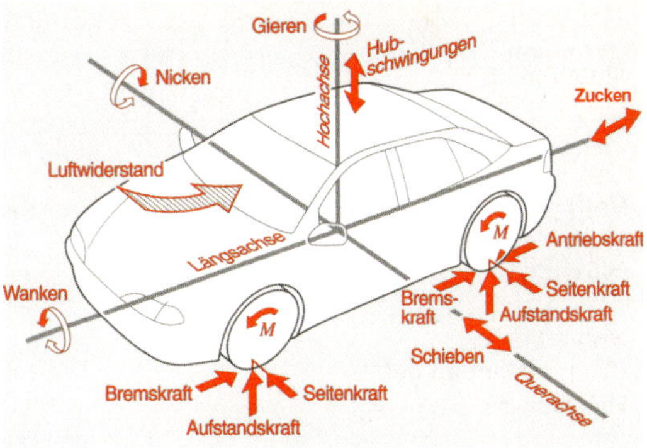

Die o. a. Kräfte, Schwingungen und Drehbewegungen werden über

- das Fahrwerk
- die Lenkung
- den Motor und das Getriebe
- die Bremsanlage

und die Reifen auf die Fahrbahn übertragen.

18.1.2 Aufhängung der Räder

Die Radaufhängung verbindet die Räder mit dem Aufbau des Fahrzeugs. Sie nimmt das Fahrzeuggewicht, die Zuladung und die Antriebs-, Brems- und Seitenkräfte auf. Die Räder sind entweder durch einen starren Achsköper verbunden oder einzeln aufgehängt.

Starrachse

Die Räder einer Achse werden durch einen starren Achskörper verbunden.

⊕ Die Bauart ist einfach und stabil.
⊕ Spur und Sturz bleiben beim Einfedern konstant.
⊖ Die Räder einer Achse beeinflussen sich gegenseitig.
⊖ Die ungefederte Masse ist relativ groß.
⊖ Die Straßenlage ist nicht optimal.

Einsatz: Hinterachse

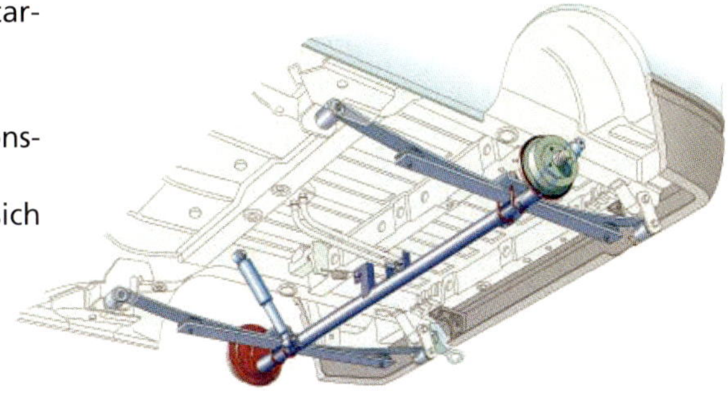

Einzelradaufhängung

Die Räder einer Achse sind unabhängig voneinander über Lenker mit dem Aufbau verbunden.

⊕ Die ungefederte Masse der Bauelemente ist gering.

⊕ Die Räder beeinflussen sich beim Ein- und Ausfedern nicht gegenseitig.

⊖ Die Konstruktion ist aufwändig.

Einsatz: Hinter- und Vorderachse beim Pkw

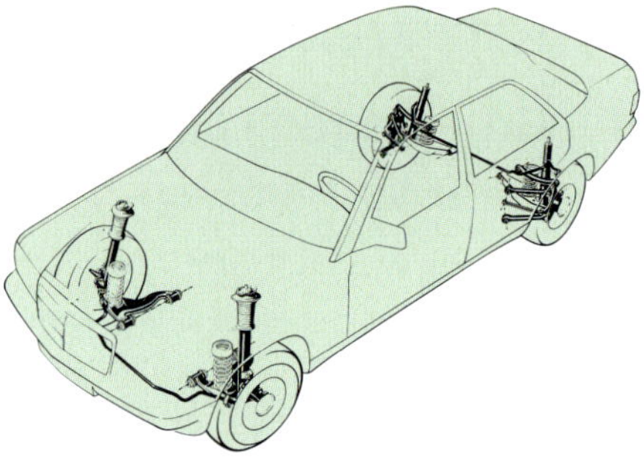

Einzelradaufhängung

Die Räder können über unterschiedliche Lenker geführt werden:

Querlenker

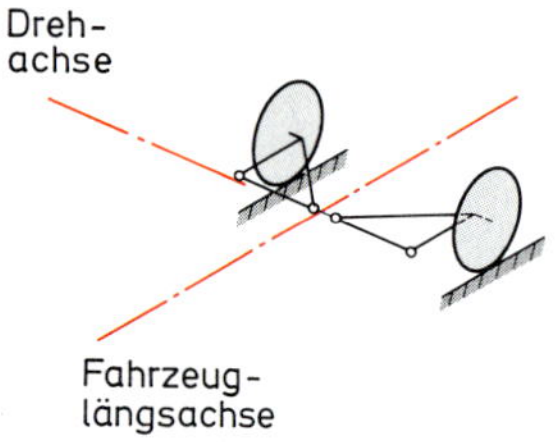

Die Drehachse verläuft unter einem Winkel von 90° zur Fahrzeuglängs-achse. Der Längslenker übernimmt nur Längskräfte.
Einsatz: Hinterachse

Längslenker

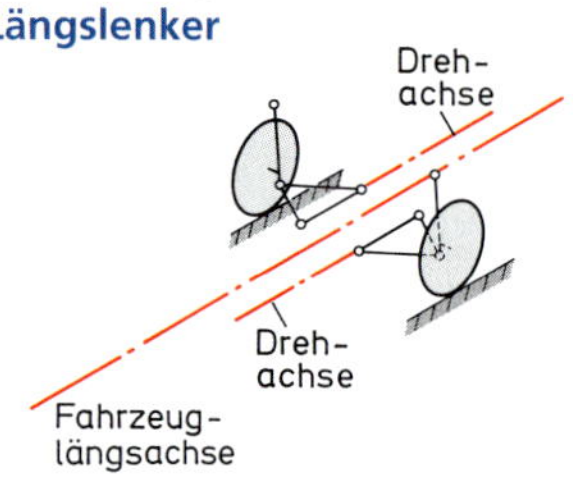

Die Drehachse verläuft parallel zur Fahrzeuglängsachse. Der Querlenker übernimmt Quer- und Seitenkräfte.
Einsatz: Vorderachse

Schräglenker

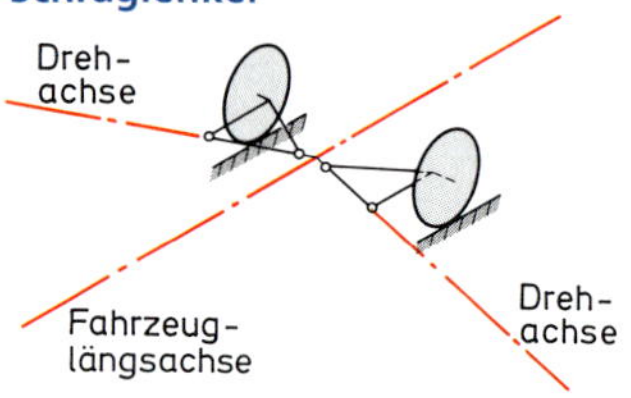

Die Drehachse verläuft schräg zur Fahrzeuglängsachse. Der Schräglenker übernimmt Quer- und Seitenkräfte.
Einsatz: Hinterachse

Doppelquerlenkerachse

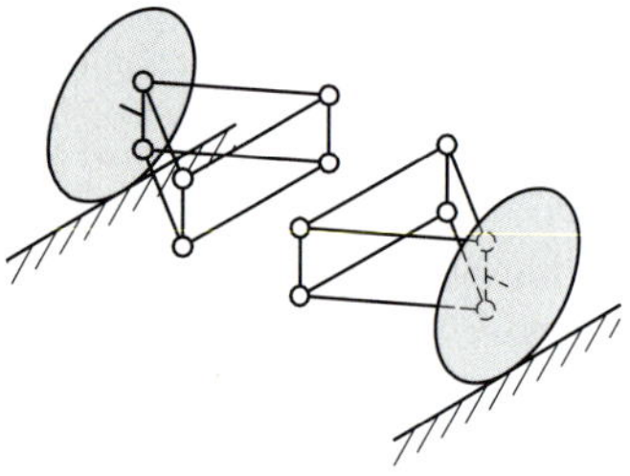

Der Doppelquerlenker besteht aus zwei übereinander liegenden Dreieckslenkern, die an der Karosserie oder am Rahmen drehbar gelagert sind.

Einsatz: Vorderachse

⊕ geringe Spur- und Sturzänderung

⊕ gute Radführung

McPherson-Federbein

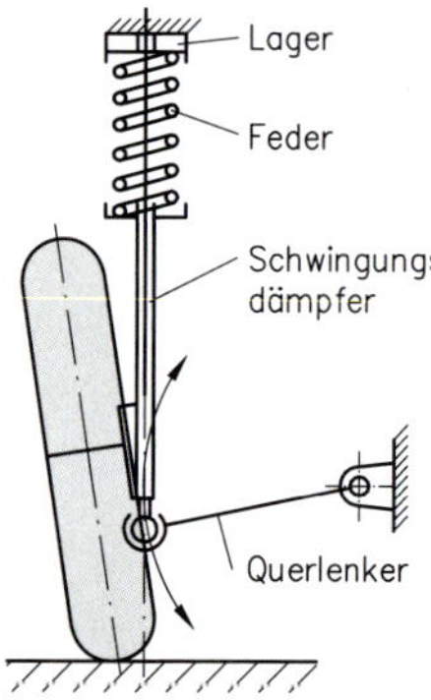

Das McPherson-Federbein besteht aus einer Kombination einer Feder und eines Schwingungsdämpfers. Im oberen Bereich wird das Federbein im Federbeinlager (Dom) gelagert, unten ist es mit dem Achsschenkel verbunden. Das Rad wird vom Federbein und von einem unteren Querlenker geführt.

Einsatz: Vorderachse

⊕ geringe Sturz- und Spurweitenänderung

⊕ große Federwege möglich

⊕ geringer Platzbedarf

Mehrlenkerachse

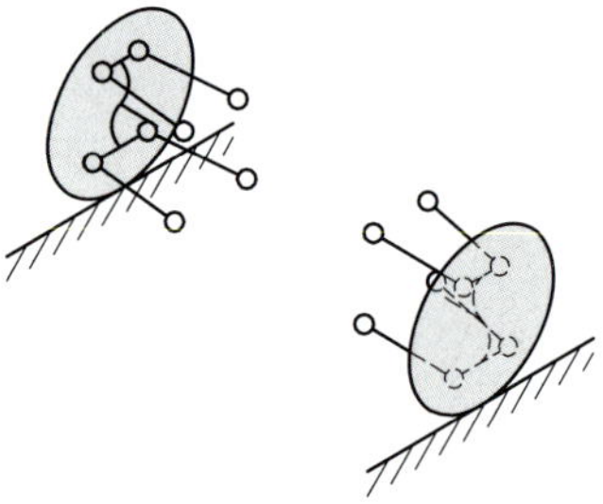

Jedes Rad der Hinterachse wird an vier bis fünf Lenkern geführt, deren Drehachsen unter verschiedenen Winkeln zur Fahrzeuglängsachse angeordnet sind.

Einsatz: Vorder- und Hinterachse

⊕ negativer Sturz bleibt auch beim Einfedern erhalten

⊕ gute Seitenführung

⊕ neutrales Fahrverhalten

Einzelradaufhängung

Fortsetzung

Verbundlenker

Beide Räder sind an Längslenkern aufgehängt. Sie sind durch einen Querträger aus Federstahl starr miteinander verbunden. Der Querträger ist mit Gummi-Metall-Lagern am Aufbau befestigt. Bei Kurvenfahrt wird der Querträger in sich verdreht und wirkt wie ein Stabilisator.

⊕ einfache Konstruktion
⊕ keine Spur- und Sturzänderungen
⊕ wirkt beim Einfedern beider Räder wie Starrachsen, beim Einfedern eines Rads wie Einzelradaufhängung
⊕ geringe ungefederte Massen

Einsatz: Hinterachse beim Pkw

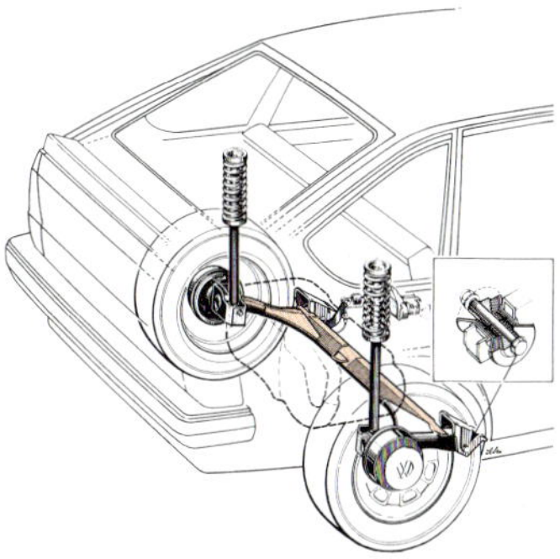

18.1.3 Stellung der Räder

18.1.3.1 Spurweite/Radstand

Die Spurweite ist der Abstand von Radmitte zu Radmitte der Räder einer Achse, gemessen bei Geradeausstellung der Räder. Die Spurweite kann vorn und hinten unterschiedlich sein.

Die Radstand ist der Abstand von Radmitte zu Radmitte der Vorder- und Hinterräder, gemessen bei Geradeausstellung der Räder.

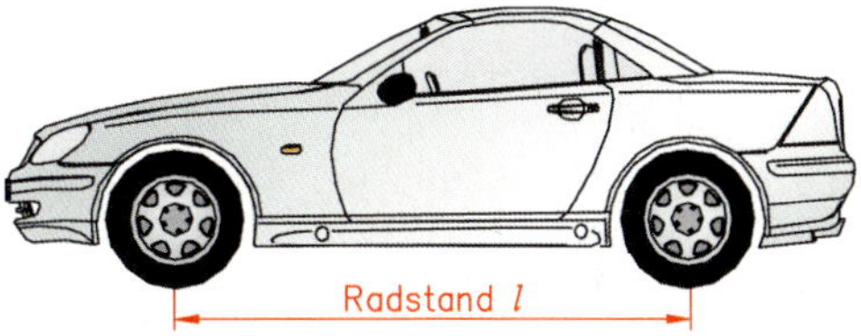

18.1.3.2 Spur

Gesamtspur

Unter der Gesamtspur versteht man die Längendifferenz zwischen dem Abstand der vorderen und hinteren Felgenhörner.

- Vorspur (⊕ Spur): Der Abstand *a* der Felgenhörner in Fahrtrichtung vor der Achse ist kleiner als der Abstand *b* hinter der Achse.
- Nachspur (⊖ Spur): Der Abstand *a* der Felgenhörner in Fahrtrichtung vor der Achse ist größer als der Abstand *b* hinter der Achse.

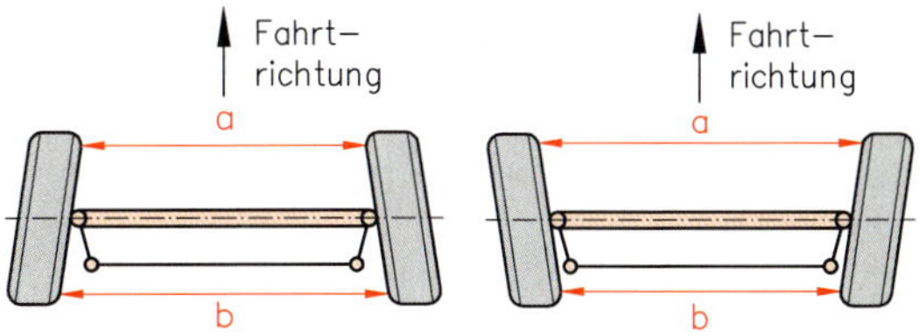

Wirkung

Durch die elastischen Verformungen der Radführungselemente und durch die Reibungskräfte zwischen Rädern und Fahrbahn laufen die nicht angetriebenen Räder vorn auseinander. Bei Vorderradantrieb werden die Räder aufgrund der Antriebskräfte vorne zusammengedrückt.

Vorspur
- stabilisiert den Geradeauslauf
- verhindert Flattern der Räder
- verhindert Radieren der Räder und damit Reifenverschleiß
- reduziert die Beanspruchung des Lenkgestänges

Nachspur bzw. Nullspur
- kompensiert bei Vorderradantrieb die Antriebskräfte, die die Vorderräder zusammendrücken.

Anwendung

- **Vorspur:** bei nicht angetriebenen Rädern und auch bei angetriebenen Vorderrädern: Vorspur: 0 bis + 4 mm
- **Nachspur** oder Spur Null bei Vorderradantrieb: Nachspur: 0 bis 3 mm

Einzelspur

Bei modernen Achsmessgeräten wird die Spur nicht mehr in mm, sondern in Winkelminuten gemessen. Die Einzelspur bezeichnet den Winkel eines einzelnen Rades zwischen Radmittelebene und Bezugsachse.

Bezugsachsen bei der Fahrwerksvermessung

Geometrische Fahrachse

Die geometrische Fahrachse ist die Winkelhalbierende aus der Hinterachsgesamtspur. Alle Messungen der Vorderachsspurwerte beziehen sich auf die geometrische Fahrachse. Auf der geometrischen Achse fährt das Fahrzeug geradeaus.

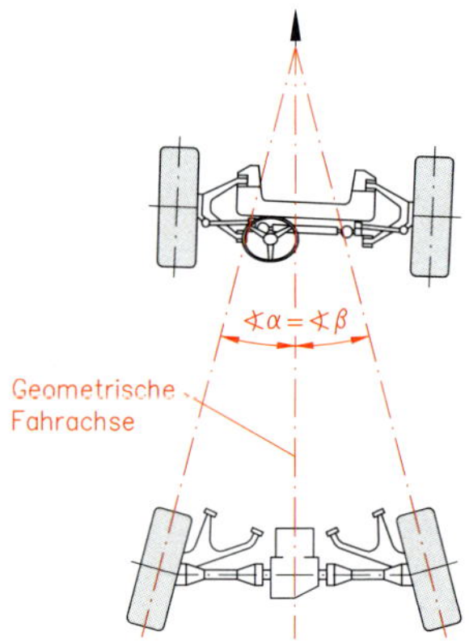

Symmetrieachse

Die Symmetrieachse (auch Fahrzeuglängsmittelebene) verläuft durch die Mitte der Vorder- und Hinterachse.

Wenn die Einzelspuren gleich groß sind, fallen Symmetrieachse und geometrische Fahrachse zusammen.

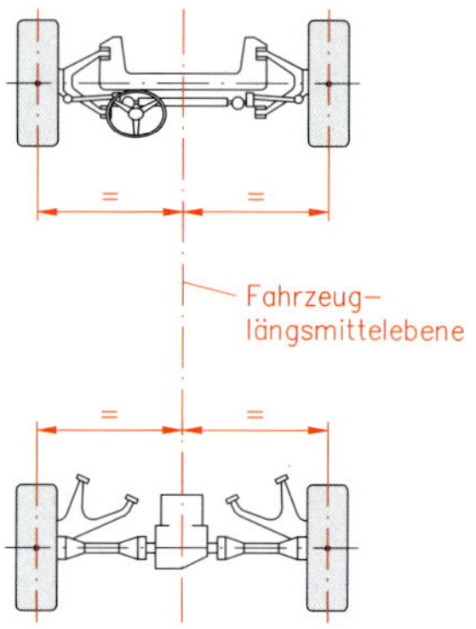

Einzelspur an Vorderrädern

Einzelspur: Winkel zwischen Radmittelebene und geometrischer Fahrachse.

Der Winkel ist positiv, wenn das Vorderteil des Vorderrads der geometrischen Fahrachse zugewandt ist, der Winkel ist negativ, wenn es abgewandt ist.

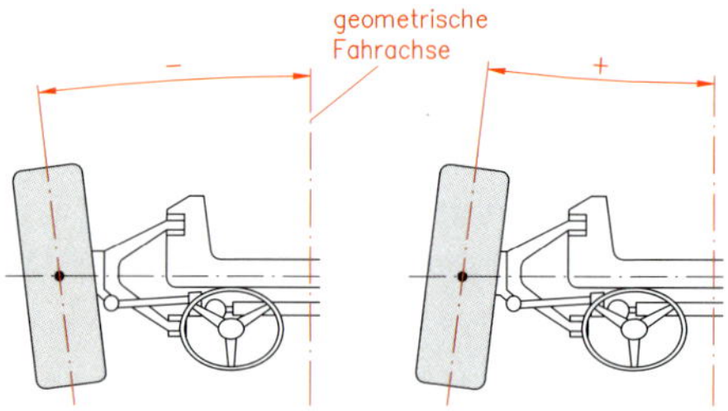

Einzelspur an Hinterrädern

Einzelspur: Winkel zwischen Radmittelebene und Symmetrieachse.

Der Winkel ist positiv, wenn das Vorderteil des Hinterrads der Symmetrieachse zugewandt ist, der Winkel ist negativ, wenn es abgewandt ist.

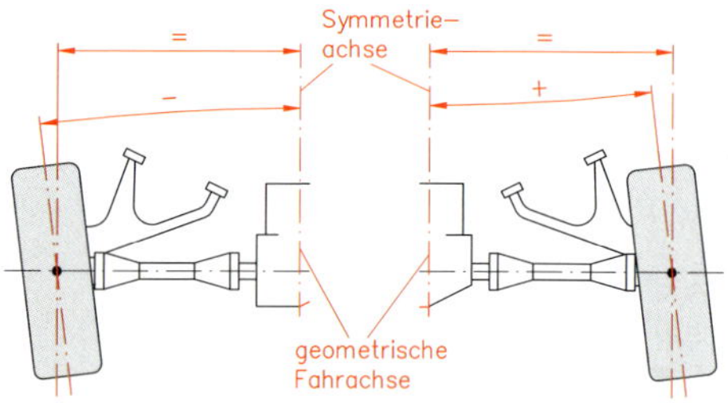

18.1.3.3 Sturz

Der Sturz ist der Winkel, den die Mittelachse eines Rads mit der Senkrechten zur Fahrbahn bildet. Ein auf Sturz eingestelltes Rad ist mit einem Kegel zu vergleichen, der beim Drehen um seine Spitze abrollt.

Vorspur und Sturz ergänzen sich in der Radführung. Der Sturz wird in Winkelgraden angegeben.

Positiver Sturz

Die Radebene ist oben nach außen geneigt.

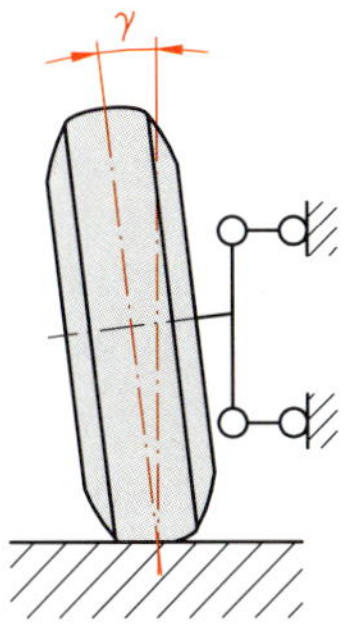

Wirkung

Bei positivem Sturz wollen die Räder nach außen laufen.
Das Rad ist bestrebt, nach innen auf das innere Radlager aufzulaufen.

Der positive Sturz
- vermindert die Seitenführungskräfte,
- entlastet die äußeren Radlager und Radmuttern,
- verringert das Radlagerspiel,
- verkleinert den Lenkrollhalbmesser und damit die Lenkkräfte,
- verringert die Flatterneigung der Räder.

Negativer Sturz

Die Radebene ist oben nach innen geneigt.

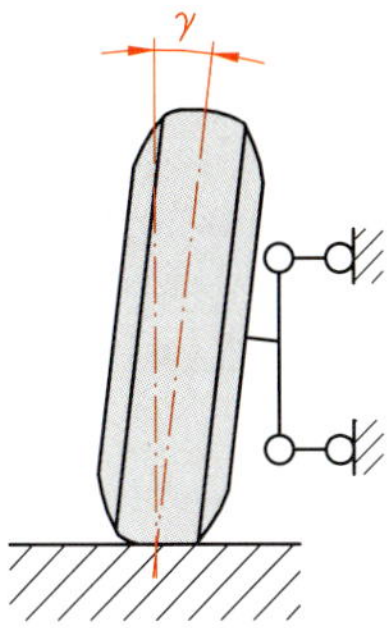

Wirkung

Bei negativem Sturz wollen die Räder nach innen laufen.

Der negative Sturz
- erhöht die Seitenführungskräfte der Räder,
- verbessert die Kurvenstabilität,
- erhöht den Reifenverschleiß an der Innenseite der Lauffläche,
- erhöht die Lenkkraft.

Anwendung

Vorderräder:

Vorderräder erhalten meist eine positive Spur. Die Spur entscheidet über die Größe des Sturzwinkels. Bei Vorspur sind die Sturzwinkel größer, bei Nach- oder Nullspur geringer.
- bei positivem Sturz zwischen + 0°20′ und 1°30′
- bei negativem Sturz bis max. – 1°

Hinterräder:
- bei positivem Sturz bis maximal + 0°20′
- bei negativem Sturz zwischen – 0°30′ und – 2°

Toleranz ± 20° bzw. ± 30°

Ein falsch eingestellter Sturz erhöht immer den Reifenverschleiß. Er entsteht hauptsächlich außerhalb der Laufflächenmitte und betrifft bei Breitreifen besonders die Außenkanten.

Spur- und Sturzveränderungen

Beim Ein- und Ausfedern verändern sich Spur und Sturz.

Bei einer Spurweitenveränderung verschlechtern sich das Kurvenverhalten und der Reifenverschleiß. Beim Einfedern wird der positive Sturz kleiner bzw. er kann negativ werden, was die Seitenführung verbessert.

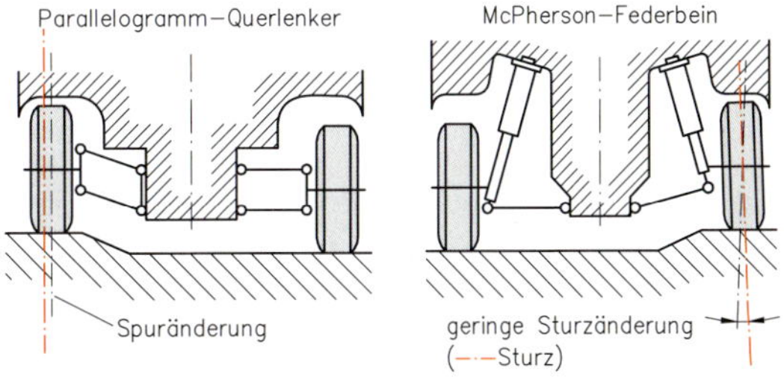

18.1.3.4 Spreizung, Nachlauf, Lenkrollhalbmesser

Die Eigenschaften einer Lenkung werden durch folgende geometrische Größen bestimmt:

- Lenkrollhalbmesser und Nachlaufstrecke,
- Spreizungswinkel und Nachlaufwinkel.

Diese Größen beeinflussen die Rückstellkräfte an den eingeschlagenen Rädern und stabilisieren die Lenkung.

Lenkachse und Spreizung

Die Lenkachse ist die Verbindung zwischen den Lenkpunkten. Der Durchstoßpunkt der Lenkachse durch die Radaufstandsebene ergibt den Radaufstandspunkt. Die Spreizung bezieht sich ausschließlich auf die gelenkten Räder der Vorderachse.

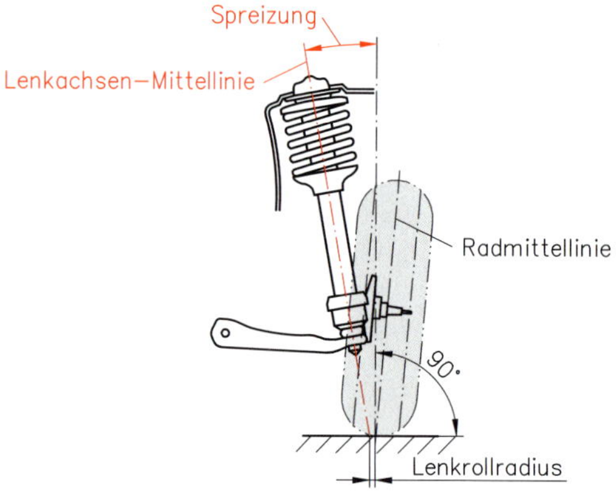

Als Spreizung bezeichnet man die Schrägstellung der Lenkachse gegenüber einer Senkrechten zur Fahrbahn.

Die Spreizung wird in Grad und Minuten angegeben. Sie beträgt 5 bis 8 Grad.

Wirkung der Spreizung

Die Spreizung bewirkt die

- Rückstellung der Lenkung nach der Kurvenfahrt,
- Verringerung der Lenkkräfte,
- Verkleinerung des Lenkrollhalbmessers.

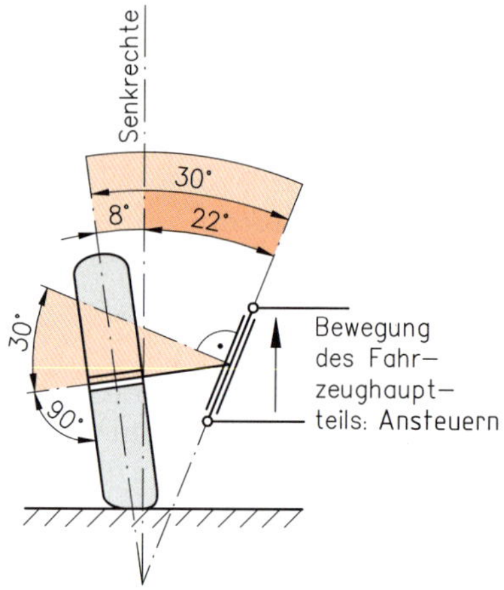

Durch die Spreizung wird der Vorderwagen beim Einschlagen leicht angehoben. Das Fahrzeug versucht, aufgrund seines Gewichts den alten Zustand wieder herzustellen. Es entsteht eine Rückstellkraft, die beim Loslassen des Lenkrads die Vorderräder in Geradeausstellung zurückdrückt. Die Rückstellkraft ist umso größer, je größer der Spreizwinkel ist.

Sturz und Spreizung bilden zusammen einen Winkel, der unveränderlich ist. Da die Größe des Winkels von Sturz und Spreizung zusammen immer gleich bleibt, wird der Spreizwinkel kleiner, wenn der Sturzwinkel größer wird:

- Einfedern: Der Sturzwinkel nimmt ab, der Spreizungswinkel nimmt zu.
- Ausfedern: Der Sturzwinkel nimmt zu, der Spreizungswinkel nimmt ab.

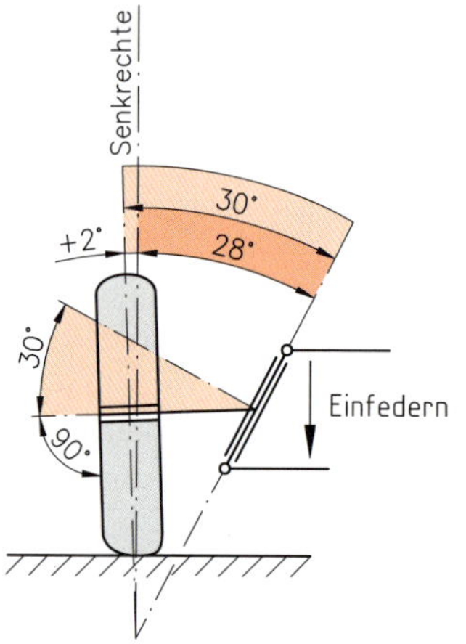

Beim Einsatz von Achsmessgeräten wird die Spreizung nicht gesondert gemessen. Es gilt:

Stimmt der Sturz, dann stimmt die Spreizung.

Lenkrollhalbmesser

Der Lenkrollhalbmesser ist der Abstand zwischen dem Durchstoßpunkt der Lenkachse (Radaufstandspunkt) 3 und der Senkrechten auf die Fahrbahnebene 2. Das Rad rollt beim Lenkeinschlag auf einer Kreisbahn ab.

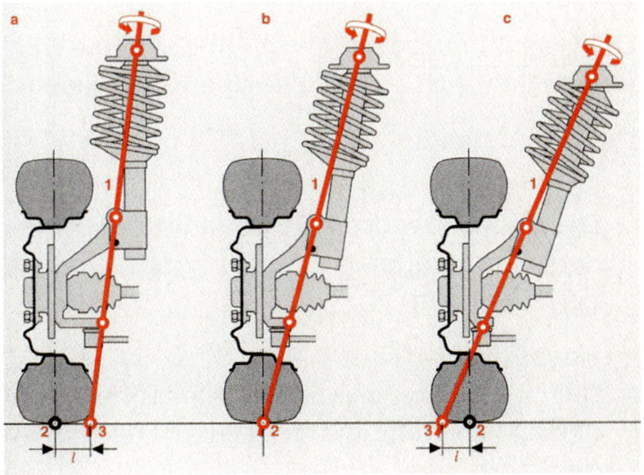

Wir unterscheiden:

- Positiver Lenkrollhalbmesser (a)
  Der Durchstoßpunkt liegt innerhalb der Spurweite.
- Lenkhalbmesser Null (b)
  Der Durchstoßpunkt trifft die Fahrbahn genau in der Mitte der Reifenaufstandsfläche.
- Negativer Lenkrollhalbmesser (c)
  Der Durchstoßpunkt liegt außerhalb der Spurweite.

Wirkung

Hauptaufgabe des Lenkrollhalbmessers ist es, nach einer Kurvenfahrt die Rückstellkraft der Lenkung zu unterstützen. Weiterhin ist der Lenkrollhalbmesser mitbestimmend für die Leichtgängigkeit der Lenkung.

An der Radaufstandsfläche greifen die Antriebs-, Brems-, Lenkkräfte und die Fahrwiderstände an. Diese Kräfte erzeugen über den Lenkrollhalbmesser Drehmomente.

Je kleiner der Lenkrollhalbmesser ist, desto kleiner ist auch die Rollstrecke des Rads beim Lenkeinschlag, desto leichtgängiger ist die Lenkung. Bei Lenkrollhalbmesser Null radieren die Räder beim Lenkeinschlag, sodass die Reifen abgenutzt werden. Die Rückstellkraft der Lenkung wird nicht unterstützt.

Positiver Lenkrollhalbmesser

Beim Bremsen wird das Rad aufgrund der Lage des Durchstoßpunkts zum Radaufstandspunkt nach außen geschwenkt. Bei unterschiedlicher Bodenhaftung und stark unterschiedlich wirkenden Bremsen wird das besser haftende Rad nach außen geschwenkt und das Fahrzeug zieht schief. Der Fahrer muss gegenlenken. Bei zu großem Lenkrollhalbmesser kann das Fahrzeug im ungünstigsten Fall ins Schleudern kommen.

Negativer Lenkrollhalbmesser

Beim Bremsen wird das Rad nach innen geschwenkt, da der Drehpunkt außerhalb des Radaufstandspunkts liegt. Bei unterschiedlicher Bodenhaftung bzw. ungleichmäßiger Bremswirkung wird das Rad mit der größeren Haftung nach innen geschwenkt. Der negative Lenkrollhalbmesser stellt das Rad automatisch auf Gegenlenken ein, d. h. das Gegenlenken des Fahrers ist nicht erforderlich.

Anwendung

Der Lenkrollhalbmesser wird möglichst klein gewählt, um die Beeinflussung durch die äußeren Kräfte möglichst gering zu halten.

Beim Pkw ist der Lenkrollhalbmesser meist negativ, da er einen fahrtrichtungsstabilisierenden Einfluss beim Bremsen und bei unterschiedlicher Bodenhaftung hat.

Positiver Lenkrollhalbmesser: + 5 mm bis 10 mm
Negativer Lenkrollhalbmesser: – 10 mm bis – 20 mm

Nachlauf

Der Nachlauf entsteht durch die Schrägstellung der Lenkachse in Richtung der Fahrzeuglängsachse gegenüber einer Senkrechten zur Fahrbahn. Nachlauf lässt sich aber auch durch Verschieben der Schwenkachse vor die Radmitte erreichen.

Der Nachlauf wird als Winkel in Grad und Minuten und als Strecke in mm angegeben. Der Nachlauf bezieht sich ausschließlich auf die Räder der Vorderachse.

Wir unterscheiden

- Positiver Nachlauf
  Der Radaufstandspunkt befindet sich hinter dem Durchstoßpunkt der Lenkdrehachse auf der Fahrbahn.
- Negativer Nachlauf
  Der Radaufstandspunkt befindet sich vor dem Durchstoßpunkt der Lenkdrehachse auf der Fahrbahn.

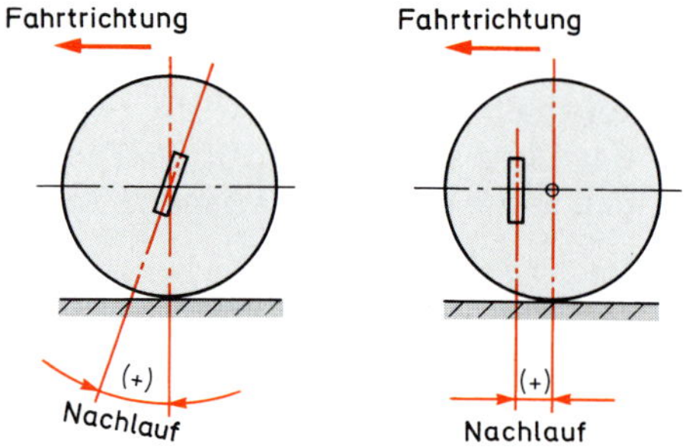

Wirkung

Bei positivem Nachlauf werden die gelenkten Räder wie bei einem Teewagen gezogen und nicht geschoben. Sie führen sich selbst in Fahrtrichtung zurück und laufen ruhig.

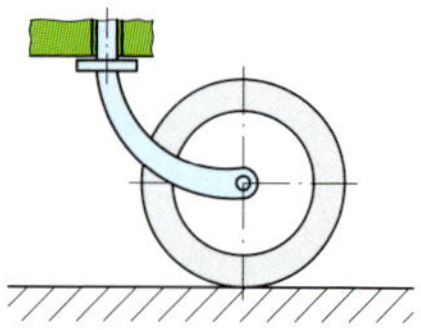

Positiver Nachlauf

Der positive Nachlauf

- wirkt stabilisierend und verbessert den Geradeauslauf,
- reduziert die Flatterneigung der Räder,
- unterstützt mit der Spreizung die Rückstellkraft der Lenkung und die Geradeausstellung der Räder,
- erfordert bei größeren Werten höhere Lenkkräfte,
- erhöht die Seitenwindempfindlichkeit.

Negativer Nachlauf

Der negative Nachlauf

- vermindert die Seitenwindempfindlichkeit,
- verringert Rückstellkräfte bei Kurvenfahrt, sodass ein zu schnelles Zurückstellen auch aufgrund der wirkenden Antriebskräfte in die Geradeausfahrt verhindert wird.

Anwendung

Fahrzeuge haben meist einen positiven Nachlauf. Fahrzeuge mit Frontantrieb können einen kleinen negativen Nachlauf oder Nachlauf Null haben.

Positiver Nachlauf: zwischen + 1° bis + 5°, bei manchen Fahrzeugen bis ca. + 10°.
Negativer Nachlauf zwischen – 5° bis – 40°.

Der Nachlauf ist meist konstruktiv festgelegt, z. B. bei McPherson-Federbeinen. Messungen sind allerdings erforderlich, da durch Deformierungen und Schäden in der Radaufhängung Abweichungen vorliegen können.

Sind die Nachlaufwinkel an den Vorderrädern unterschiedlich, so fährt das Fahrzeug bei losgelassenem Lenkrad nicht geradeaus, sondern es zieht einseitig.

18.1.4 Grundlagen Federung

18.1.4.1 Schwingungen

Wird eine Masse an einer Feder durch eine Kraft aus ihrer Ruhelage ausgelenkt, so entsteht in der Feder eine Rückstellkraft. Durch die Rückstellkraft schwingt das System zurück. Es schwingt allerdings über seine Ruhelage hinaus, sodass erneut eine Rückstellkraft wirkt. Dieser Vorgang wiederholt sich so lange, bis durch die innere Reibung der Feder und den Luftwiderstand die Schwingung zum Abklingen kommt.

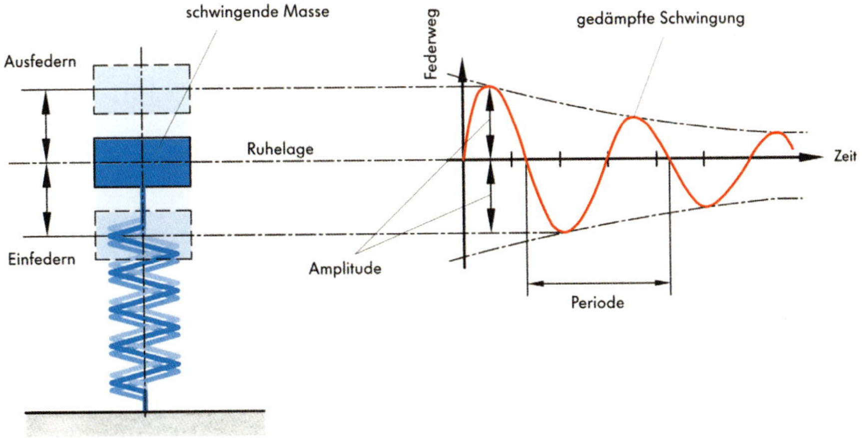

Bei einer Schwingung unterscheiden wir folgende Begriffe:

Amplitude	Größter Abstand der schwingenden Masse zur Ruhelage (Schwingungsausschlag, Federweg)
Periode	Schwingungszeit für eine Schwingung
Frequenz	Anzahl der Schwingungen pro Sekunde
Aufbaueigenfrequenz	Anzahl der Schwingungen des Aufbaus pro Sekunde
Resonanz	Die Masse wird im Rhythmus ihrer Schwingung durch eine Kraft angestoßen, wodurch die Amplitude größer wird (aufschaukeln).

Federeigenschaften

Mit einem Federprüfgerät kann der Federweg *s* in Abhängigkeit von der Belastung gemessen werden. Das Verhältnis der Federkraft *F* zum Federweg *s* bezeichnet man als Federrate. Die Federrate gibt Auskunft, ob die Feder weich oder hart ist.

Kennlinien

Lineare Kennlinie

Die Federrate ist über den gesamten Federweg konstant.

Weiche Feder

Merkmale:
Dünner Draht, konstanter Drahtdurchmesser und/oder großer Windungsdurchmesser, gleiche Steigung.

Bei einer weichen Feder ist der Federweg bei Belastung groß.

⊖ starkes Einfedern
⊖ unbeladenes Fahrzeug ist hochbeinig
⊖ Fahrkomfort verschlechtert sich mit zunehmender Beladung

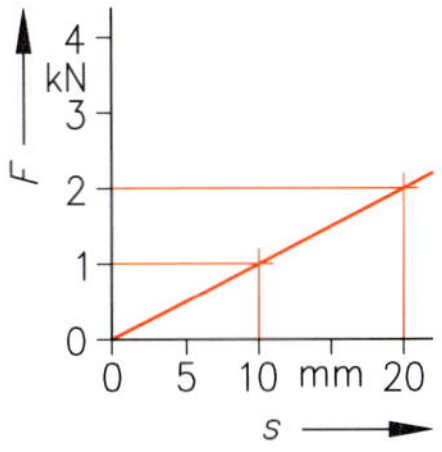

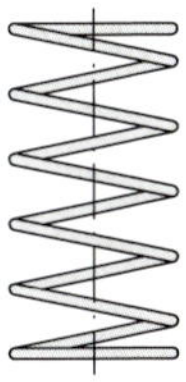

Kennlinien

Fortsetzung

Harte Feder
Merkmale:
Dicker Draht, konstanter Drahtdurchmesser und/oder kleiner Windungsdurchmesser, gleiche Steigung.

Bei einer harten Feder ist bei gleicher Belastung der Federweg geringer.
⊕ kleiner Federweg
⊕ Fahrsicherheit des Fahrzeugs wird erhöht
⊖ Fahrkomfort nimmt ab

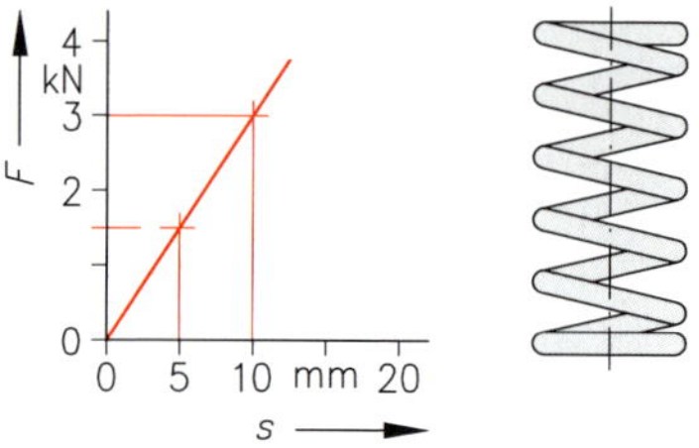

Progressive Kennlinie

Die Federrate wird mit zunehmendem Federweg größer.

Merkmale:
Ungleiche Steigung oder konische Wicklungsform oder sich verjüngender Drahtdurchmesser.

Bei einer progressiven Federcharakteristik wird die Feder bei zunehmender Belastung härter.
⊕ Verhält sich zunächst wie eine weiche Feder, sodass Fahrbahnstöße gut aufgenommen werden.
⊕ Mit zunehmender Belastung wird die Feder härter.

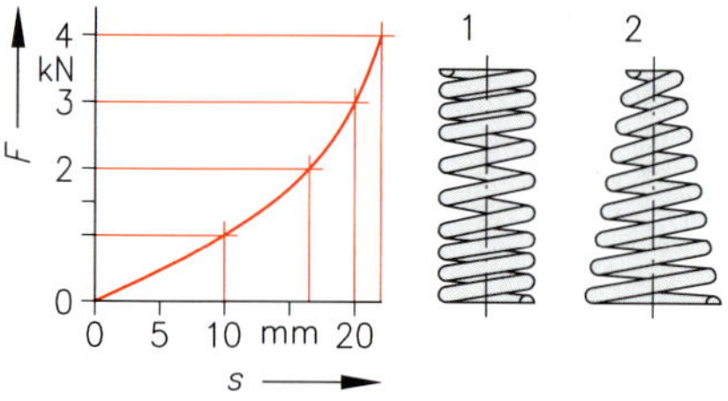

18.1.4.2 Fahrzeugfederung

Aufgabe der Federung eines Fahrzeugs ist es,

- Fahrbahnstöße sanft abzufangen und in Schwingungen umzuwandeln, die möglichst schnell abklingen;
- gute Bodenhaftung der Räder auf der Fahrbahn zu gewährleisten, damit jederzeit Lenk- und Bremskräfte übertragen werden können;
- in Kurven durch die Federung in Verbindung mit Schwingungsdämpfer und Stabilisator für eine ständige Bodenhaftung der Räder zu sorgen.

Im Kraftfahrzeug gibt es mehrere Federsysteme:

- Fahrzeugfederung,
- Federwirkung der Reifen,
- Sitzfederung.

Die Wirkung der Fahrzeugfederung wird durch die Federwirkung der Reifen unterstützt.

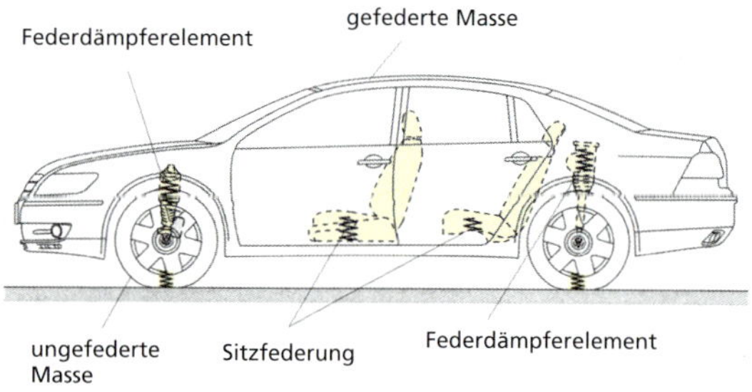

Schwingungsarten am Kfz

Die Fahrzeugfederung ist zwischen den Rädern und dem Fahrzeugaufbau angeordnet. Durch Fahrbahnunebenheiten geraten Fahrzeugaufbauten und Räder in Schwingungen.

Außer diesen Schwingungen treten während der Fahrt Schwingungen um die drei Raumachsen und in Richtung der drei Raumachsen des Fahrzeugs auf:

- Zucken, Wanken
  Schwingungen in Richtung der Längsachse (Ruckeln) Drehschwingungen um die Längsachse (Schlingern, Rollen, Kippen)

- Schieben, Nicken
  Schwingungen in Richtung der Querachse, Drehschwingungen um die Querachse (Stampfen)
- Hubschwingen, Gieren
  Schwingungen in Richtung der Hochachse (Stoßen, Heben und Senken), Drehschwingungen um die Hochachse

Die Frequenz der Schwingungen ist abhängig von

- der gefederten Masse bzw. ungefederten Masse,
- den Eigenschaften der Feder.

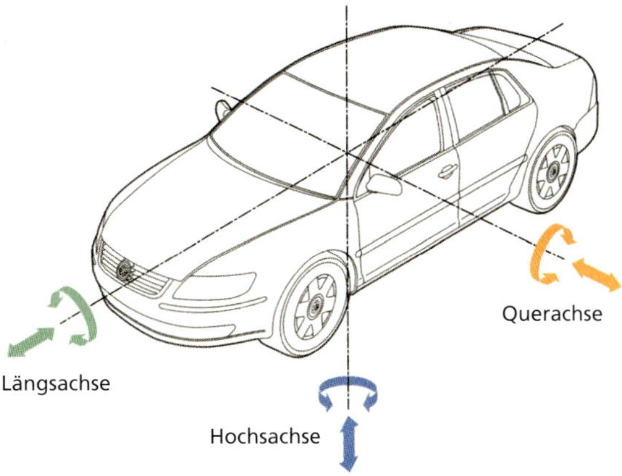

Gefederte und ungefederte Massen

Beim Kraftfahrzeug unterscheiden wir zwischen gefederten Massen und ungefederten Massen. Die beiden Massen schwingen unabhängig voneinander in verschiedenen Frequenzbereichen.

Gefederte Masse

- Sie besteht aus Fahrzeugaufbau, Motor, Kupplung, Getriebe und Zuladung.
- Die Frequenz beträgt etwa ein bis zwei Schwingungen pro Sekunde.

Ungefederte Masse

- Sie besteht aus Rädern, Felgen, Bremsen, Teilen der Radaufhängung.
- Die Frequenz beträgt etwa zehn bis 15 Schwingungen pro Sekunde.

Beim Überfahren einer Bodenwelle wird das Rad nach oben bewegt, während der Fahrzeugaufbau aufgrund seiner Masseträgheit zunächst die ursprüngliche Lage beibehalten will. Durch das nach oben beschleunigte Rad wird die Feder zusammengedrückt und nimmt Energie auf. Auf den Fahrzeugaufbau wirkt nur die senkrechte Federkraft, die dem Federweg entspricht. Der Fahrzeugaufbau gerät nur in leichtes Schwanken.

Je größer die gefederte Masse ist, desto geringer sind die Schwingungen. Nach der Bodenwelle wird das Rad durch die vorgespannte Feder nach unten beschleunigt (Energieabgabe), sodass das Rad immer Bodenkontakt hält. Der Fahrzeugaufbau bleibt mehr oder weniger in Ruhe. Die Fahrsicherheit wird gewährleistet, wenn die Räder durch die Federung in ständigem Kontakt mit der Fahrbahn bleiben, um die Lenk-, Antriebs- und Bremskräfte auf die Straße zu übertragen.

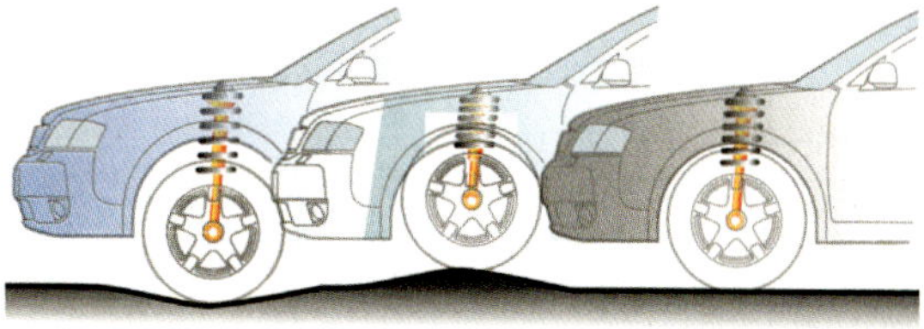

Federn am Fahrwerk

Schraubendruckfedern

Im Pkw werden heute ausschließlich Schraubendruckfedern eingesetzt. Schraubendruckfedern werden auf Verdrehung (Torsion) beansprucht.

Federn mit linearer oder progressiver Kennlinie kann man anhand folgender Merkmale unterscheiden:

Kennlinien

lineare Federkennlinie	progressive Federkennlinie
• Drahtdicke konstant • Steigung konstant	• veränderlicher Drahtdurchmesser • veränderliche Steigung • veränderlicher Wicklungsdurchmesser

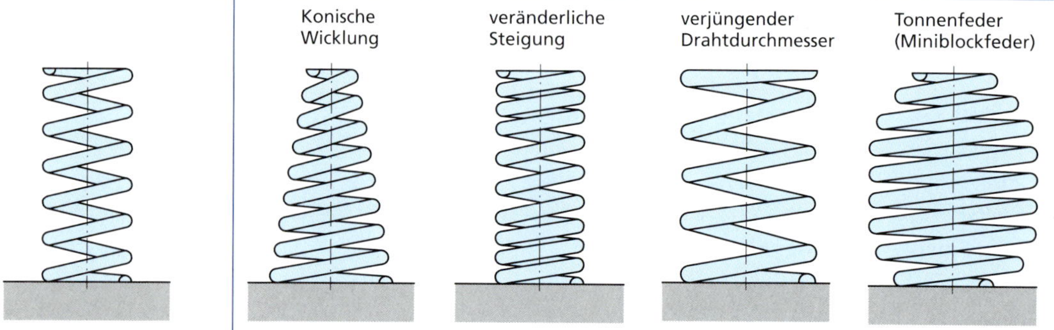

Stabilisator

Stabilisatoren wirken bei Kurvenfahrt der Wankbewegung des Fahrzeugaufbaus entgegen. Er besteht aus einem U-förmig gebogenen Rundstab, der auf jeder Seite in die Radaufhängung eingreift. Wird bei einer Kurvenfahrt das kurvenäußere Rad eingefedert, so wird über den Stabilisator die Ausfederbewegung des kurveninneren Rads auf der anderen Seite der Achse gemindert.

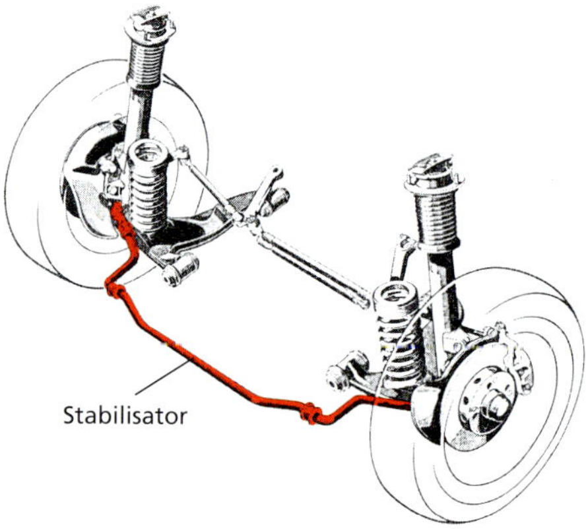

Luftfedern

Die Luftfederung ist eine Federung, mit der sich relativ einfach eine Niveauregelung realisieren lässt. Bei Personenkraftwagen werden Luftfedern mit Schlauchrollbälgen eingesetzt. Sie ermöglichen große Federwege bei geringem Raumbedarf. Die Luftfeder besteht aus

- einem oberen Gehäuseabschluss,
- einem Schlauchrollbalg,
- einem Abrollkolben als unterem Gehäuseabschluss,
- Spannringen zum Einspannen des Schlauchrollbalgs.

Die Luftfeder hat eine progressive Kennlinie.

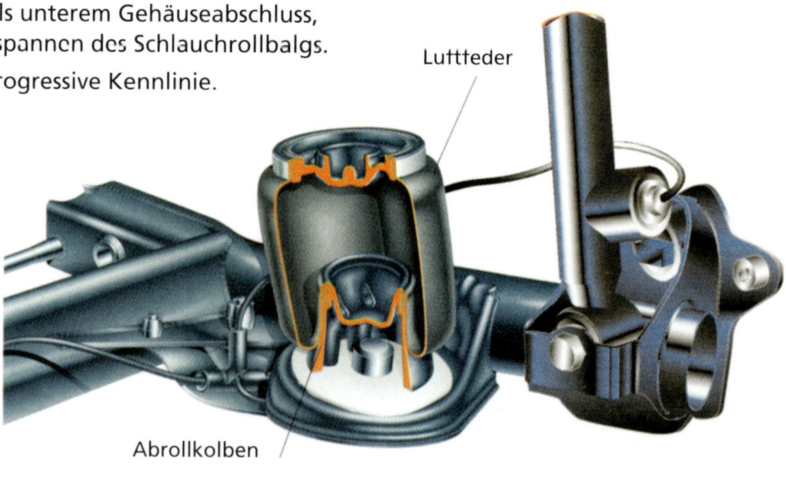

18.1.5 Schwingungsdämpfung

18.1.5.1 Aufgabe

Schwingungen von Fahrzeugaufbau und Rädern wirken sich nachteilig auf Fahrkomfort und Fahrsicherheit aus.

- Fahrkomfort
  Kurze Schwingungen, die durch Rüttelbewegungen verursacht werden, führen zu Belastungen der Wirbelsäule, langes Nachschwingen des Fahrzeugaufbaus und Aufbäumen des Fahrzeugaufbaus beim Beschleunigen zu Unwohlsein des Fahrers und der Gäste.
- Fahrsicherheit
  Der Fahrbahnkontakt bzw. die Bodenhaftung geht verloren, beim Bremsen bricht das Fahrzeug aus, das Kurvenverhalten des Fahrzeugs ist instabil. Das Fahrzeug kann sich bei aufeinander folgenden Bodenwellen aufschaukeln, sodass es schwimmt.

Um dies zu verhindern, werden zwischen den gefederten und ungefederten Massen Schwingungsdämpfer, auch Stoßdämpfer bezeichnet, parallel zur Federung angeordnet.

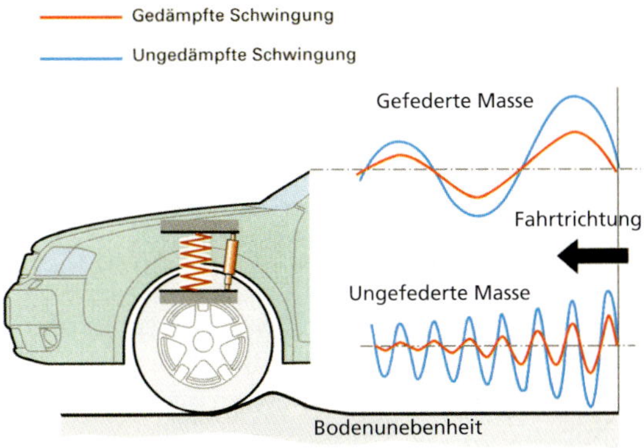

Der Schwingungsdämpfer hat die Aufgabe,

- die von der Fahrbahn durch Bodenunebenheiten angeregten Schwingungen der ungefederten Massen (Rad und Achse) rasch zum Abklingen zu bringen,
- das Aufschaukeln und zu langes Nachschwingen des Fahrzeugaufbaus zu verhindern.

18.1.5.2 Grundprinzip der Schwingungsdämpfung

Einrohr-Gasdruckschwingungsdämpfer

Die Funktion des Schwingungsdämpfers wird am Beispiel des Einrohr-Gasdruckschwingungsdämpfers gezeigt.

Der Einrohr-Gasdruckschwingungsdämpfer besteht aus

- einem Zylinderrohr mit einem Arbeitsraum, der mit Öl gefüllt ist,
- einem Kolben mit Dämpfungsventilen, der über die Kolbenstange mit dem Fahrzeugaufbau verbunden ist,
- einem Trennkolben, der den Ölraum vom Gasraum aus Stickstoff trennt.

Das Druckniveau im Gasraum beträgt ca. 25 bis 30 bar.

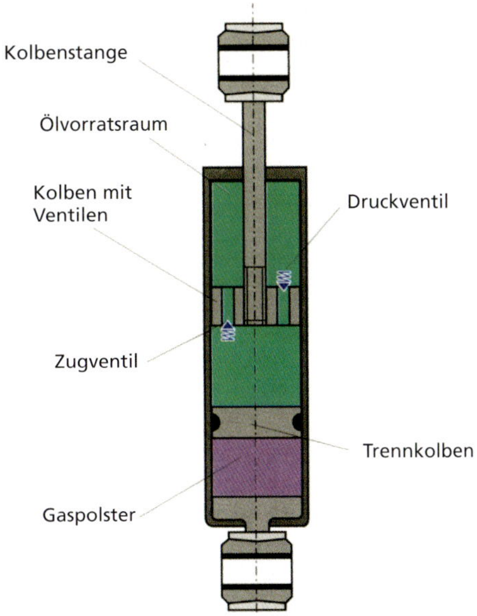

Funktionsprinzip

Druckstufe: Einfedern

Federt das Rad ein, bewegt sich der Kolben nach unten. Öl wird vom unteren Arbeitsraum über das Druckstufenventil in den oberen Arbeitsraum gedrückt. Das Ventil setzt dem von unten nach oben strömenden Öl einen erheblichen Widerstand entgegen und dämpft so die Bewegung. Die Bewegungsenergie wird im Schwingungsdämpfer in Wärmeenergie umgesetzt.
Für das Volumen der einfahrenden Kolbenstange wird durch den Gasraum ein Volumenausgleich geschaffen. Das Gaspolster wird um den Betrag der eintauchenden Kolbenstange verdichtet.

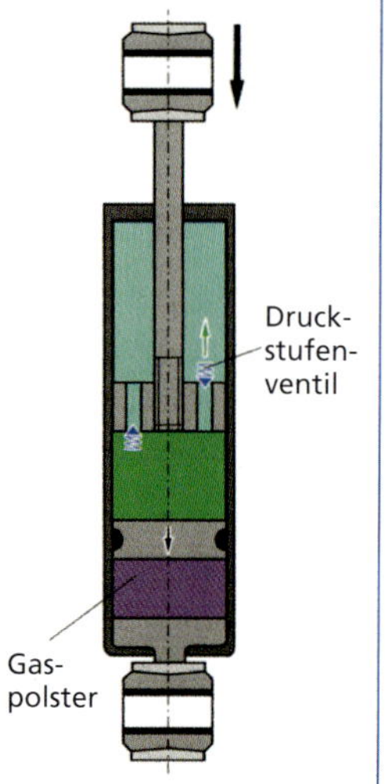

Zugstufe: Ausfedern

Schwingt das Rad nach oben, wird der Schwingungsdämpfer auseinandergezogen. Das Öl aus dem oberen Raum wird durch das im Kolben integrierte Zugstufenventil gedrückt. Das Ventil setzt wie beim Einfedern dem von oben nach unten strömenden Öl einen Widerstand entgegen und dämpft so die Bewegungen der ausfahrenden Kolbenstange. Das Gaspolster entspannt sich um den Betrag des ausfahrenden Kolbenstangenvolumens.

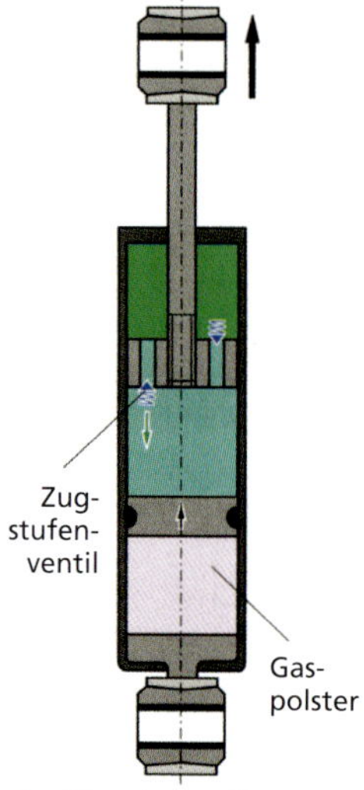

Hydraulischer Zweirohr-Schwingungsdämpfer

Beim Zweirohrdämpfer werden zwei Rohre mit unterschiedlichen Durchmessern ineinander geschoben.

Im inneren Rohr befindet sich der mit Öl ausgefüllte Arbeitsraum, in dem sich der Kolben bewegt.

Zwischen innerem und äußerem Rohr befindet sich der Ölvorratsraum.

Kolben und Stange sind an der Karosserie, das innere und äußere Rohr an der Achse befestigt. Beim Einfedern (Druckstufe) bzw. Ausfedern (Zugstufe) verdrängt der Kolben das Öl. Das Öl strömt beim Einfedern über das Bodenventil in den Ölvorratsraum, beim Ausfedern über das Kolbenventil in den oberen Arbeitsraum. Die Ventile setzen dem strömenden Öl einen Widerstand entgegen und dämpfen die Kolbenbewegung. Mit verschiedenen Ventilquerschnitten lassen sich unterschiedliche Dämpfungswerte zwischen Druck- und Zugstufe erreichen.

Der Schwingungsdämpfer darf nur eine Abweichung von 45° gegenüber der senkrechten Einbaulage haben, da sonst über das Bodenventil Luft in den Arbeitszylinder gelangt.

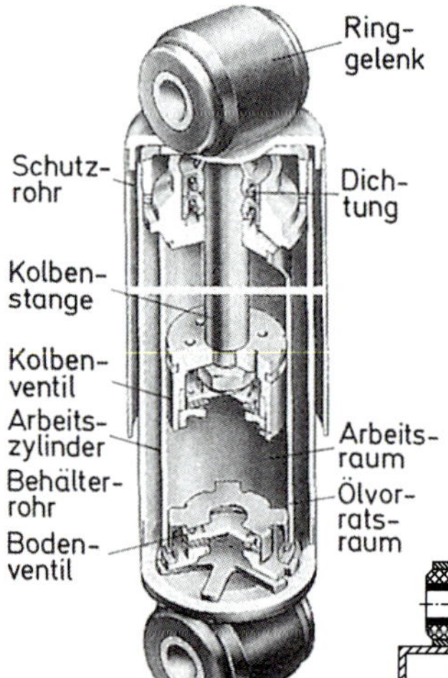

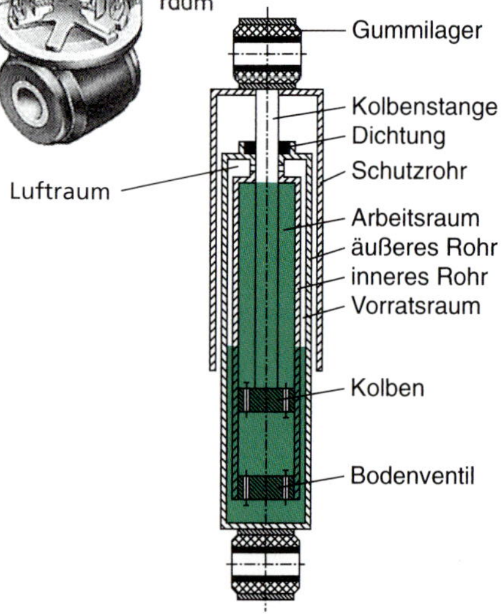

18.1.5.3 Federbein mit Zweirohr-Gasdruckschwingungsdämpfer

Bei einem Federbein bilden Schraubenfeder und Schwingungsdämpfer eine Einheit. Federbeine können mit dem Achsschenkel bzw. Schwenklager verbunden werden und eignen sich zusätzlich zur Radaufhängung.

Das Federbein mit Radaufhängung hat die Aufgabe,

- die Räder zu führen, • die Lenkbewegungen auf die Räder zu übertragen, • die Antriebs-, Brems- und Seitenführungskräfte aufzunehmen, • die Feder- und Dämpfungskräfte aufzunehmen.

Als Federelement wird eine Kombination einer zylindrischen Schraubenfeder mit linearer Federcharakteristik und einer Polyurethan-Zusatzfeder mit progressiver Federcharakteristik eingesetzt (siehe Kap. 18.2.1).

Bei modernen Achskonstruktionen trennt man Schraubenfeder und Vorderachsbein und verringert damit den Einfluss der Federkraft auf die Belastung des Dämpfers.

Als Standarddämpfer hat sich der Zweirohr-Gasdruckschwingungsdämpfer durchsetzt. Bei ihm wird über den Arbeitszylinder ein zweites Rohr gestülpt. Es entstehen zwei Räume:

- Arbeitsraum, in dem sich der Kolben bewegt. Er ist mit Hydrauliköl gefüllt.
- Ölvorratsraum, d. h. der ringförmige Raum zwischen Arbeitszylinder und Gehäuse. Der Ölvorratsraum ist zum Teil mit Öl, zum Teil mit Gas unter einem Druck von 6 bis 8 bar befüllt.

Zur Dämpfung werden zwei Dämpfungsventileinheiten – Kolbenventil und Bodenventil – eingesetzt. Die Ventile bestehen aus einem System von Federscheiben, Schraubenfedern und Ventilkörpern mit Drosselbohrung.

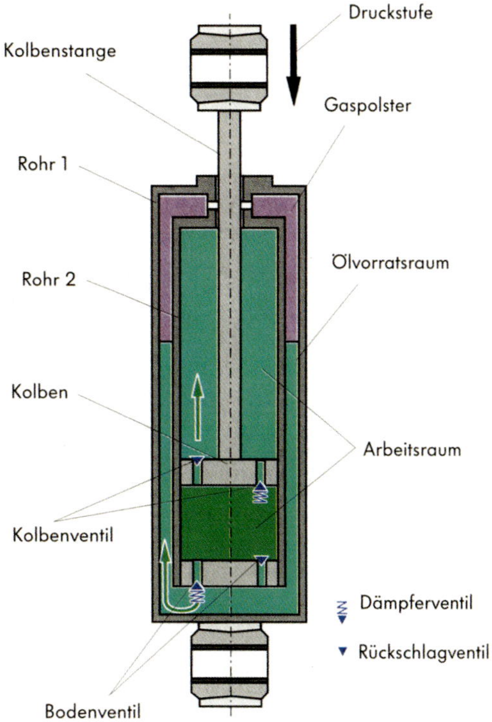

Aufgrund der Belastung ist die Kolbenstange dicker als beim normalen Dämpfer ausgeführt.

Federbelastung

Druckstufe: Einfedern

Beim Einfedern fließt das Öl durch die Kolbenbohrung in den Raum oberhalb des Arbeitskolbens. Das durch die Kolbenstange verdrängte Öl strömt in den Ölvorratsraum. Die Dämpfung wird vom Strömungswiderstand des Ventils im Arbeitskolben und vom Bodenventil bestimmt.

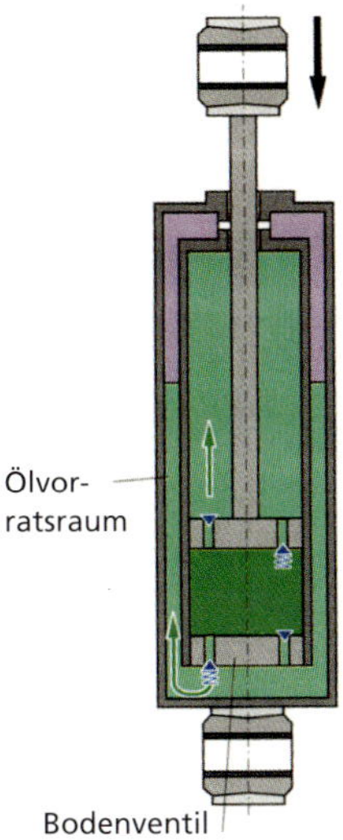

Zugstufe: Ausfedern

Beim Ausfedern übernimmt das Kolbenventil allein die Dämpfung und setzt dem nach unten strömenden Öl einen Widerstand entgegen. Über das Rückschlagventil im Bodenventil kann das Öl ungehindert aus dem Ölvorratsraum in den Arbeitsraum strömen und damit das Volumen der ausfahrenden Kolbenstange ausgleichen.

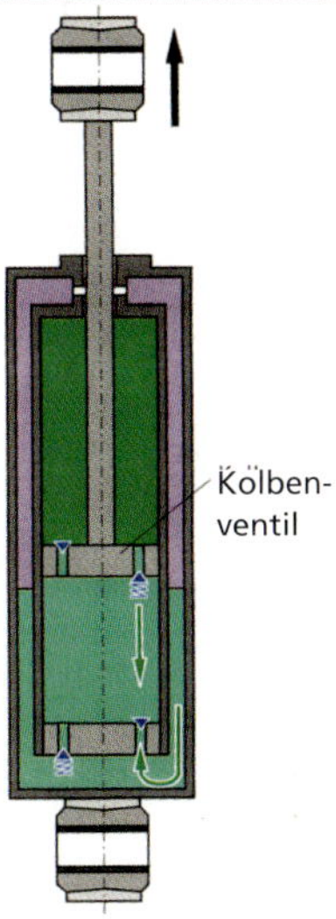

18.1.5.4 Dämpferkennlinien

In den Dämpferkennlinien werden die Dämpferkräfte (Zugkräfte beim Ausfedern, Druckkräfte beim Einfedern) über den Dämpferweg bzw. die unterschiedlichen Aus- und Einfedergeschwindigkeiten des Dämpfers aufgetragen. Diese Diagramme stellen die Dämpfercharakteristik dar. Die Dämpferkennlinien zeigen die Abstimmung des Dämpfers auf das Gewicht des Fahrzeugs und das gewünschte Fahrverhalten. Die Dämpferkraft in der Druckstufe ist geringer als in der Zugstufe. Hierdurch werden die Fahrbahnstöße nicht so stark auf das Fahrzeug übertragen. Man unterscheidet Dämpfer mit folgenden Kennlinienverläufen:

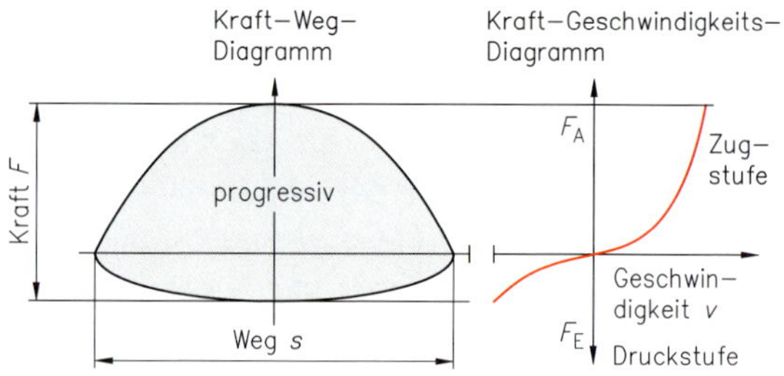

Kennlinienverlauf

Progressive Dämpfung

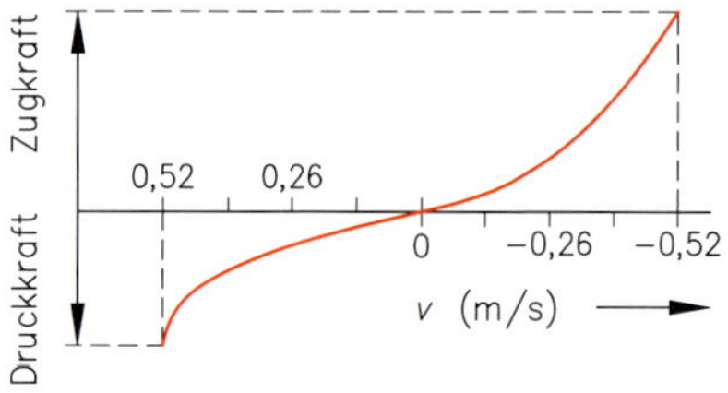

Die Kräfte um den Nullpunkt sind klein.
Hierdurch wird ein weiches Abrollen auch bei Reifen mit größerer Abrollhärte ermöglicht. Die bei höherer Kolbengeschwindigkeit stark ansteigende Kraft wirkt sich positiv auf den Bodenkontakt bei schlechter Fahrbahn aus. Der Schwingungsdämpfer wird härter.

Lineare Dämpfung

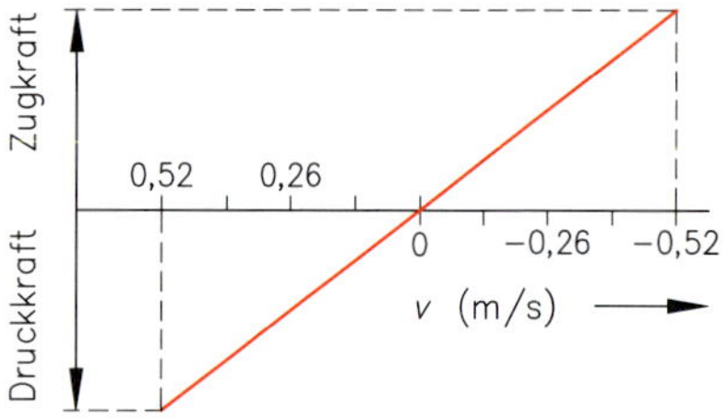

Die Kraft steigt linear mit der Geschwindigkeit des Stoßes an. Lineare Arbeitskolben haben für Zug und Druck unterschiedliche Bohrungsquerschnitte.

Degressive Dämpfung

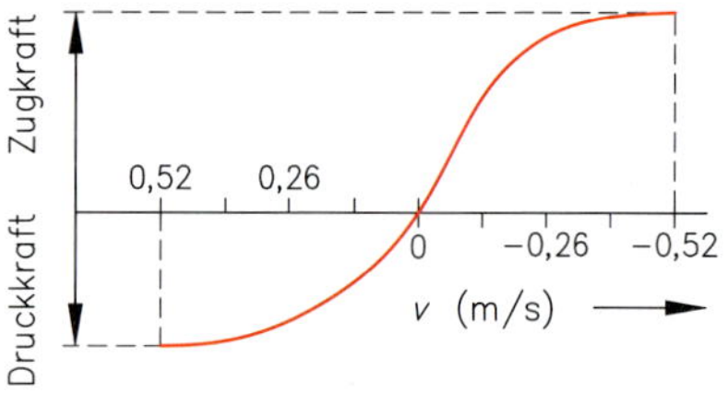

Bei kleinen Kolbengeschwindigkeiten liegt bereits eine relativ hohe Dämpfkraft vor. Dies beeinträchtigt die Schluckfähigkeit der Federung bei kleinen Unebenheiten, bringt aber Vorteile bei der Wank- und Nickdämpfung. Bei hohen Kolbengeschwindigkeiten wird der Schwingungsdämpfer weicher.

Variable Dämpfung

Variable Schwingungsdämpfer besitzen alle drei Bereiche.

18.2 Ausgeführte Fahrzeugachsen

18.2.1 McPherson-Federbein-Vorderachse

Die Darstellung zeigt eine McPherson-Vorderachse mit unteren Dreiecksquerlenkern und radführenden Federbeinen.

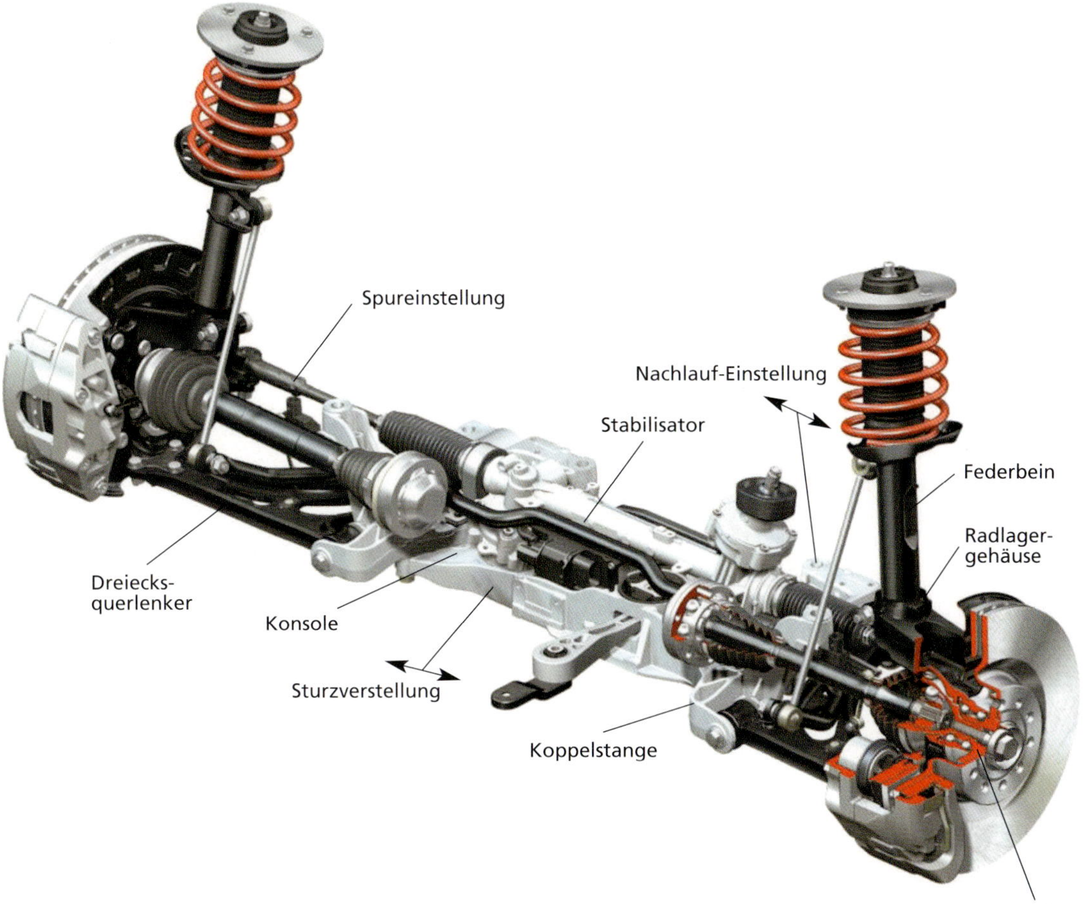

18.2.1.1 Systemkomponenten

Die Vorderachse besteht aus dem Achskörper mit Hilfsrahmen, unteren Dreiecksquerlenkern und radführenden McPherson-Federbeinen.

- Achskörper
  Der Achskörper besteht aus drei Teilen: einem Hilfsrahmen und zwei Konsolen. Er ist an sechs Punkten mit der Karosserie verbunden. In den Konsolen des Hilfsrahmens wird der Dreiecksquerlenker in Gummi-Metalllagern geführt.

- Federbein
  Das Federbein stellt die Verbindung vom Schwenklager zur Karosserie her.
  Es ist über eine Klemmverbindung mit dem Schwenklager und über das Federbeinlager mit der Karosserie verbunden. Das Federbeinlager ist ein Gummi-Metalllager, das die Feder- und Dämpferanbindung zur Karosserie entkoppelt. In Fahrtrichtung verfügt das Lager über eine weiche Kennlinie, wodurch der Fahrkomfort und die Geräuschübertragung verbessert werden, in Querrichtung ist es steif ausgelegt, wodurch die Fahrdynamik und das Lenkverhalten positiv beeinflusst werden.

Das Federbein ist eine Kombination von folgenden Funktionseinheiten:

- Federelement
  Das Federelement ist eine Kombination aus einer zylindrischen Schraubenfeder mit linearer Federcharakteristik und einer Zusatzfeder aus Polyurethan mit progressiver Federcharakteristik.
- Schwingungsdämpfer
  Der Schwingungsdämpfer ist ein Zweirohr-Gasdruck-Schwingungsdämpfer. Da das Federbein an der Radführung beteiligt ist, wird die Kolbenstange kräftiger ausgeführt.

- Stabilisator
  Der Stabilisator ist durch zwei Gummilager am Hilfsrahmen gelagert. Die Stabilisatorenden sind mit Koppelstangen über Kugelgelenke direkt mit dem Federbein verbunden. Durch die Koppelstange existiert ein großer Hebelarm, sodass auch geringes Verschränken des Aufbaus verhindert wird.
  Das kraftschlüssige Gummilager verhindert Bewegungen zwischen Stabilisator und Gummilager. Der Stabilisator dreht dabei nicht im Gummilager, sondern die Drehbewegung wird im Lager aufgenommen.

- Dreiecksquerlenker
  Die Dreiecksquerlenker stellen die untere Verbindung zwischen Karosserie und Schwenklager her:
  - Verbindung zur Karosserie:
    Der Querlenker ist über den Hilfsrahmen durch zwei Gummi-Metalllager an der Karosserie gelagert.
  - Verbindung zum Schwenklager
    Der Querlenker ist über das Führungsgelenk durch drei Schraubpunkte am Schwenklager befestigt.

  Der Dreiecksquerlenker kann Längs- und Querkräfte aufnehmen.

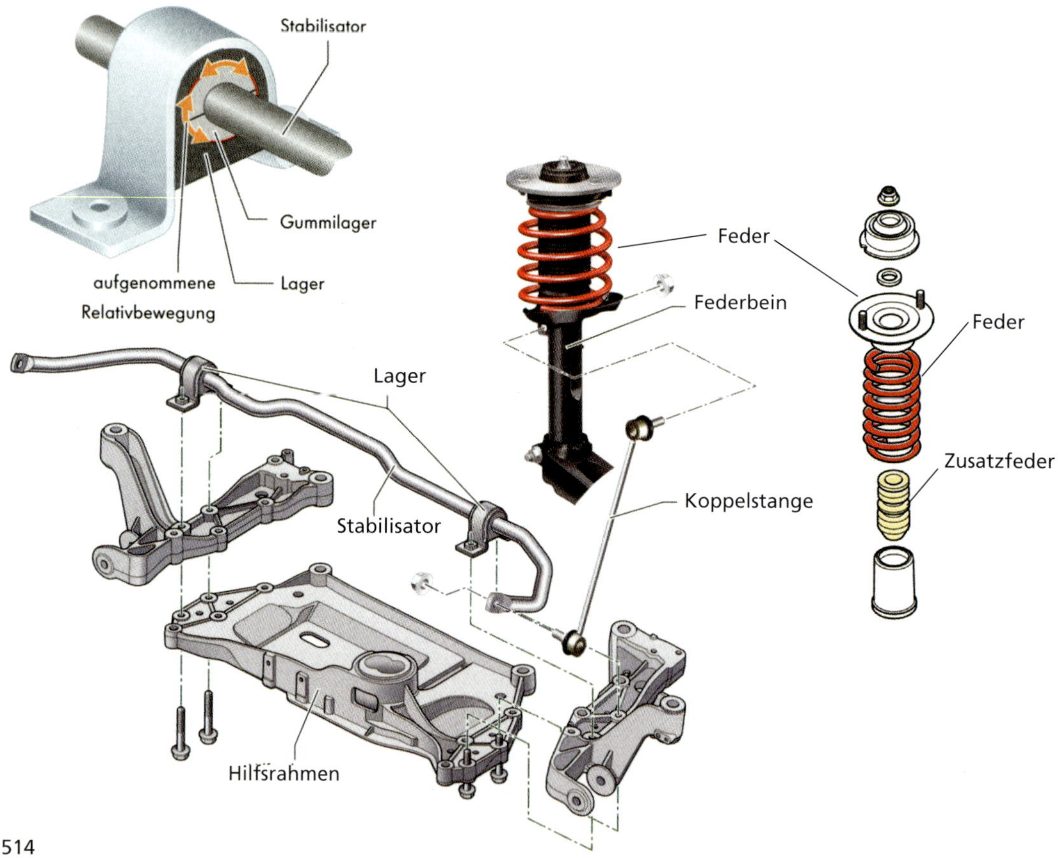

- Schwenklager
  Mit dem Schwenklager ist die Radlagereinheit verschraubt. Das Radlager ist eine kompakte Lagereinheit, die aus Radnabe und Radlagerung besteht. Sie wird mit vier Schrauben an das Schwenklager geschraubt.
  Das Radlagerspiel muss nicht eingestellt werden.
- Fahrwerkseinstellung
  An der Vorderachse sind einstellbar:
  - Vorspur an den Spurstangen
  - Sturz durch seitliches Verschieben des Hilfsrahmens (in beschränktem Umfang)
  - Nachlauf durch Verschieben des Lagerbocks (in begrenztem Umfang).

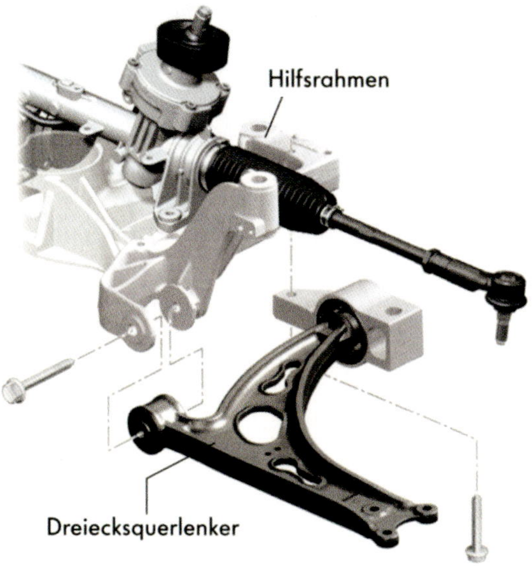

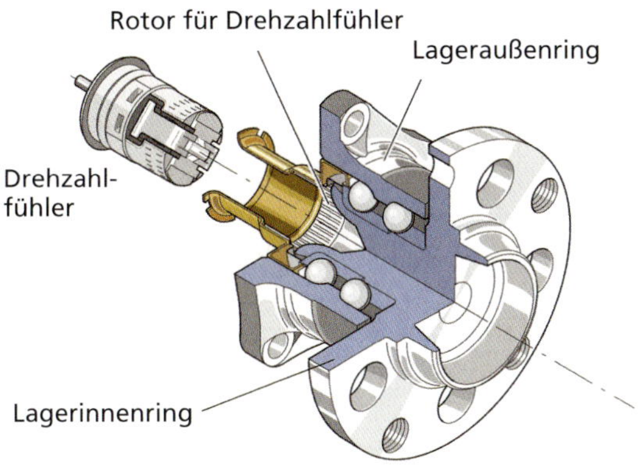

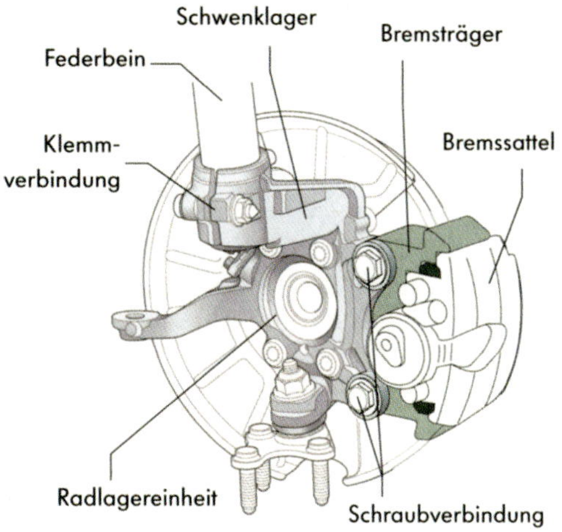

18.2.2 Vierlenker-Hinterachse

Die Hinterachse ist eine Vierlenker-Konstruktion.

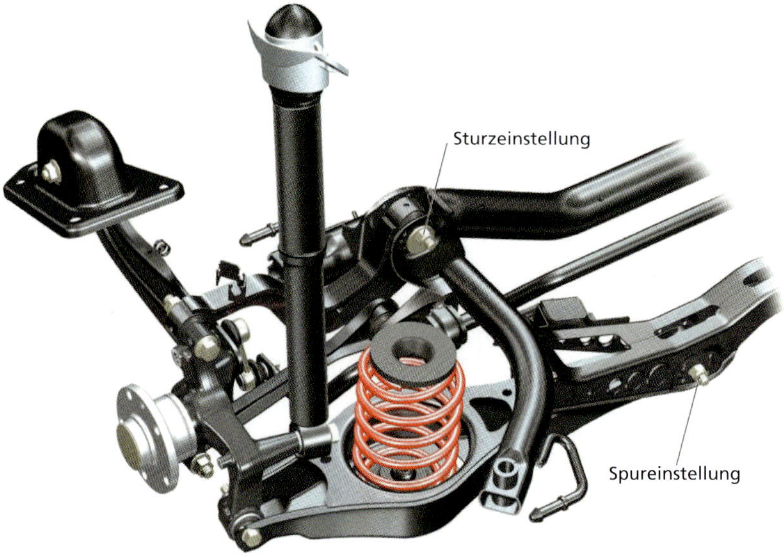

Systemkomponenten

- Hilfsrahmen
  Der Hilfsrahmen ist ein Stahl-Schweißteil. Er ist starr mit der Karosserie verschraubt.
- Lenker
  Pro Seite sind vier Lenker angeordnet:
  - drei Querlenker: Federlenker unten, Spurstange, Querlenker oben,
  - Längslenker.

  Durch diese Anordnung werden Längs- und Querkräfte voreinander getrennt.
  Die Querlenker stellen die Verbindung zwischen Hilfsrahmen und Radträger her. Sie haben einen T-förmigen Querschnitt und dienen vor allem der Aufnahme von Seitenkräften.
  Der Längslenker ist über einen Stahlblech-Lagerbock mit der Karosserie verbunden. In Hochrichtung ist er biegesteif und stützt so die Brems- und Anfahrmomente ab.
  Am Federlenker stützt sich die Karosserie über die Stahlfeder auf der Achse ab. Die Stahlfeder hat Zylinderform und eine lineare Federcharakteristik. Die Lagerung an Karosserie und Federlenker erfolgt durch Gummi-Federauflagen.
  Der Spurlenker bestimmt maßgeblich das Vorspurverhalten der Hinterachse.
- Radträger, Radlager
  Der Radträger ist mit dem Längsträger starr verschraubt. Der Radträger nimmt über den angeformten Achszapfen das Radlager auf. Radnabe und Radlager bilden eine Einheit. Das Radlager ist mit einer Dehnschraube mit dem Achszapfen des Radträgers verschraubt.
- Stabilisator
  Der Stabilisator ist einmal über den Hilfsrahmen an der Karosserie in Gummielementen gelagert, zum anderen mittels Koppelstange mit dem Radträger verbunden.
- Schwingungsdämpfer
  Der Schwingungsdämpfer ist ein Zweirohr-Gasdruckdämpfer. Er ist weit außen mit dem Radträger verbunden.
- Fahrwerkseinstellung
  - Vorspureinstellung an der Verschraubung Federlenker – Hilfsrahmen
  - Sturzeinstellung an der Verschraubung Querlenker – Hilfsrahmen.

18.2.3 Vierlenker-Vorderachse

Das Fahrzeug besitzt eine Vierlenker-Vorderachse und eine Trapezlenker-Hinterachse. Als Federung dient eine volltragende Luftfederung, d. h. als tragende Federelemente an allen Rädern sind ausschließlich Luftfedern verbaut. Verbunden ist die Luftfederung mit elektronisch gesteuerten Dämpfern.

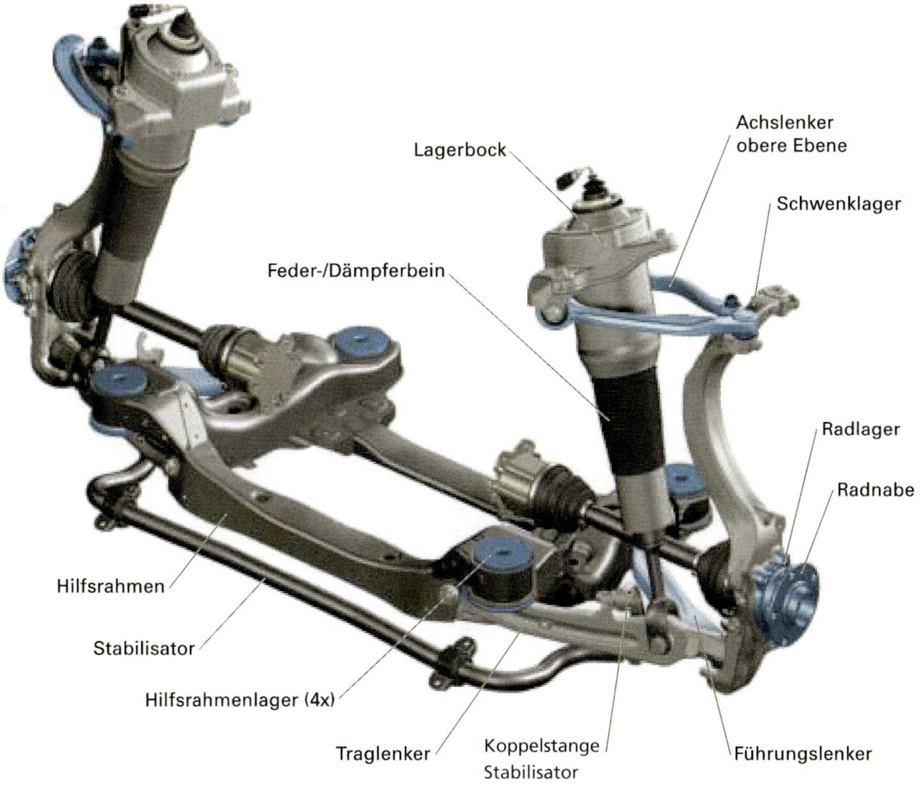

18.2.3.1 Systemkomponenten der Vierlenker-Vorderachse

- **Achsträger/Hilfsrahmen**
  Der Achsträger/Hilfsrahmen ist ein Schweißteil in Schalenbauweise aus Edelstahl. Der Hilfsrahmen ist über vier großvolumige Gummilager an die Karosserie und den Motorträger angebunden. Die Gummilager reduzieren die Übertragung von Motor- und Achsschwingungen.

- **Lenker**
  Die beiden oberen Lenker sind einmal mit dem Schwenklager, zum anderen mit dem Lagerbock verbunden. Die beiden unteren Lenker – Trag- und Führungslenker – sind im Achskörper (Hilfsrahmen) und im Schwenklager gelagert. Der Führungslenker wird in einem Hydrolager geführt, das Schwingungen dämpft und damit den Akustik- und Abrollkomfort verbessert.

- **Lagerbock, Feder-/Dämpfungsbein**
  Der Lagerbock ist mit der Karosserie verschraubt und dient der Aufnahme des oberen Querlenkers und des Feder-/Dämpfereinbeins.
  Das Feder-/Dämpferbein ist eine Kombination von Luftfeder und elektronischer Dämpfungsregelung.

- **Schwenklager, Radlagerung**
  Das Schwenklager nimmt Führungs- und Traglenker und Radlager auf. Das Radlager wird mit dem Schwenklager verschraubt.
- **Stabilisator**
  Der rohrförmige Stabilisator ist über Koppelstangen mit den beiden Traglenkern verbunden. Die Lager sind auf den Stabilisator vulkanisiert.

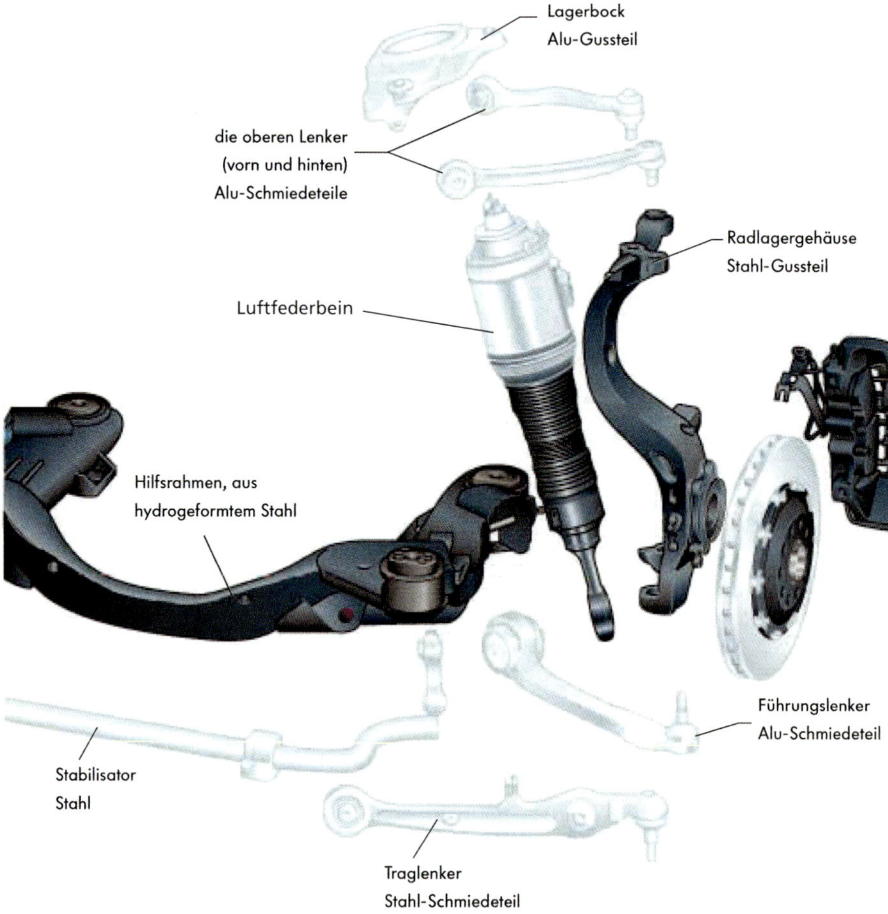

18.2.3.2 Virtuelle Lenkachse

Der Einfluss der Antriebs-, Brems- und Seitenkräfte auf das Lenkrad ist von der Größe des Störkrafthebelarms abhängig. Der Störkrafthebelarm ist der Abstand zwischen der Mitte der Radaufstandsfläche und der gedachten Linie durch das Federbeinlager und das Achsgelenk (Spreizung). Je kleiner der Störkrafthebelarm ist, desto geringer ist der Einfluss der Antriebskraft auf die Lenkung.

Dies wird durch die Vierlenker-Vorderachse erreicht. Bei dieser Vorderachse wird die Lenkachse weit nach außen verlagert. Die Lenkachse wird durch die Schnittpunkte mit den vier Lenkerrichtungen festgelegt:

- Die Verlängerungen der oberen Lenker ergibt einen Schnittpunkt in der oberen Lenkerebene.
- Die Verlängerungen der unteren Lenker ergibt einen Schnittpunkt in der unteren Lenkerebene.

Die Verbindung der Schnittpunkte ergibt eine virtuelle (gedachte) Lenkachse, um die sich das Rad bei einer Lenkbewegung dreht. Durch die Verlagerung der Lenkachse zum Radmittelpunkt ist der Störkrafthebelarm klein. Störeinflüsse durch die Antriebs-, Brems- und Seitenführungskräfte sind dadurch am Lenkrad kaum noch spürbar. Ein weiterer Vorteil ist, dass der Fahrzeuginnenraum durch den geringeren Raumbedarf der Räder beim Lenken größer wird.

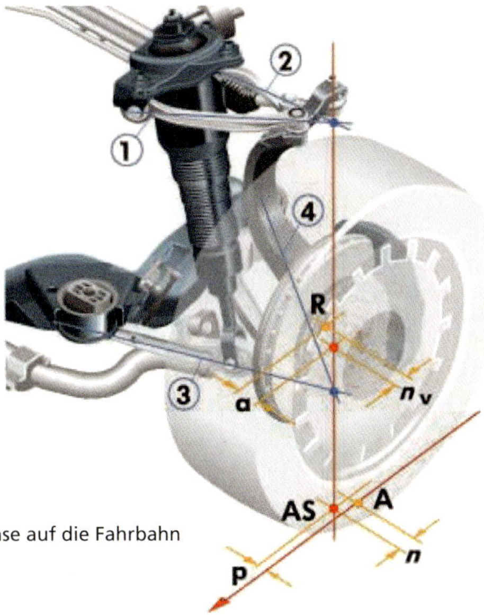

1–4 Richtungen der Lenker
R Radmittelpunkt
A Radaufstandspunkt
n Nachlaufstrecke
n_v Nachlaufversatz
p Lenkrollradius
a Störkrafthebelarm
Punkt AS = Durchstoßpunkt der Lenkachse auf die Fahrbahn

18.2.4 Trapezlenker-Hinterachse

Systemkomponenten der Trapezlenker-Hinterachse

- **Hilfsrahmen**
  Der Aluminium-Hilfsrahmen ist über vier Hydrolager an der Karosserie befestigt.
- **Lenker**
  Der Trapezlenker ist das Verbindungselement zwischen Radträger und Hilfsrahmen. Die Lagerung am Hilfsrahmen erfolgt durch ein unsymmetrisch geteiltes Lager, das der Verbesserung des Eigenlenkverhaltens bei Lastwechseln, z. B. bei Bremsen- und Kurvenfahrt, dient.
  Der Querlenker stellt die Verbindung zwischen Radträger und Hilfsrahmen her. Am Querlenker stützt sich die Karosserie durch das Federbein ab. Das Gummi-Metalllager ist axial geschlitzt, sodass es große Kräfte bei geringer Verformung in axialer Richtung aufnehmen kann. Es lässt trotzdem die Verdrehung des Lenkers ohne großen Widerstand zu.

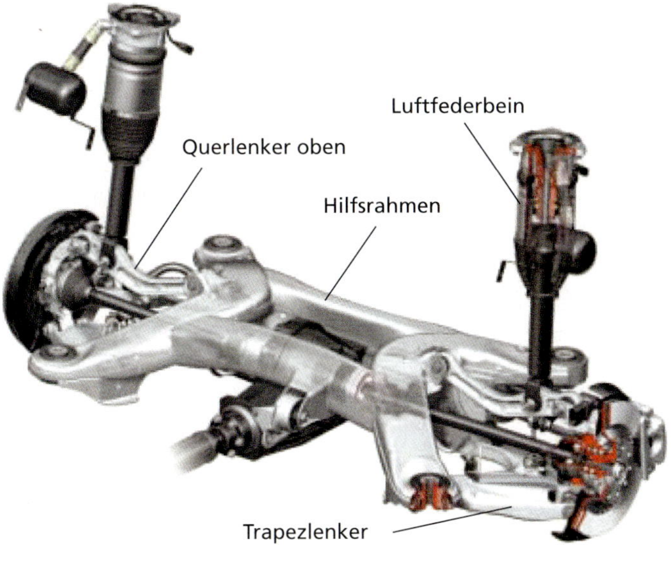

- **Radträger/Radlager/Radnaben**
  Das Radlager wird mit dem Radlagerträger verschraubt.
- **Stabilisator**
  Der Stabilisator ist am Hilfsrahmen gelagert und wird mit Koppelstangen an den Trapezlenkern befestigt.

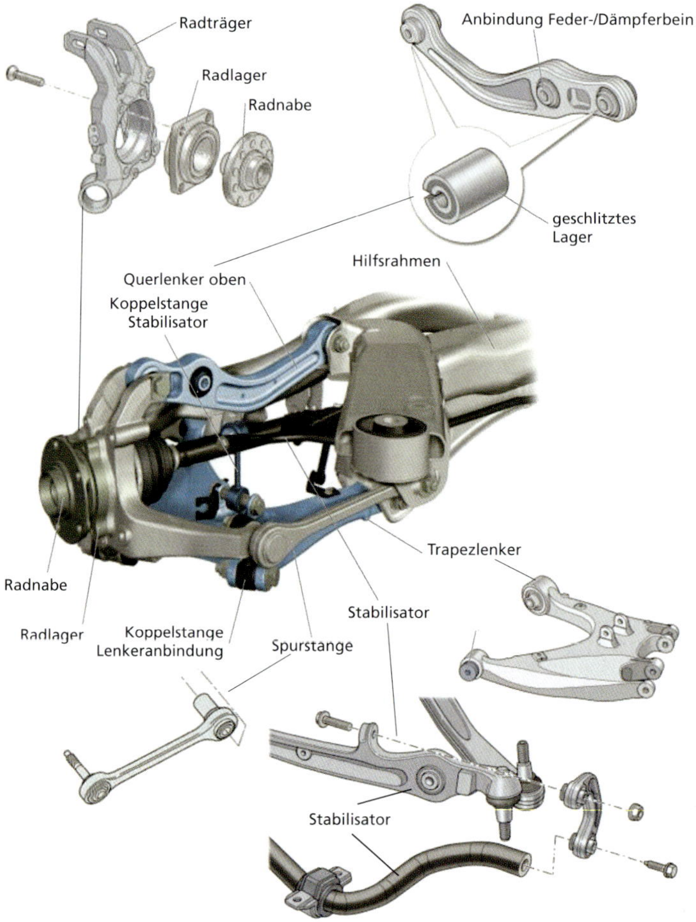

18.3 Lenkung

Aufgabe

Die Lenkung hat die Aufgabe,

- die Vorderräder bei jeder Geschwindigkeit und im Stand in der gewünschten Richtung einzuschlagen,
- die Kraft beim Einschlagen und die Lenkradumdrehung zu übersetzen,
- einen geringen Wendekreis zu ermöglichen,
- die auf die Lenkung wirkenden Brems- und Antriebskräfte aufzunehmen, ohne das Lenkverhalten zu beeinflussen,
- die Sicherheitsanforderungen der Unfallforschung zu erfüllen.

Bei Kurvenfahrt bewegen sich die Vorderräder auf einer Kreisbahn. Die Verlängerungen der Radachsen treffen sich in einem gemeinsamen Kreismittelpunkt, dem Wendekreiszentrum M. Damit ist gewährleistet, dass sich keine Verspannung im Antrieb und kein Schieben oder Gleiten aus der Kurve heraus ergibt.

Drehschemellenkung

Bei der Drehschemellenkung wird bei Kurvenfahrt die gesamte Achse unter dem Aufbau um eine gemeinsame Drehachse geschwenkt.

⊕ einfache Ausführung
⊕ gute Rangierfähigkeit
⊖ hohes Kippmoment durch hohe Schwerpunktlage bei Kurvenfahrt

Einsatz: zweiachsige Anhänger

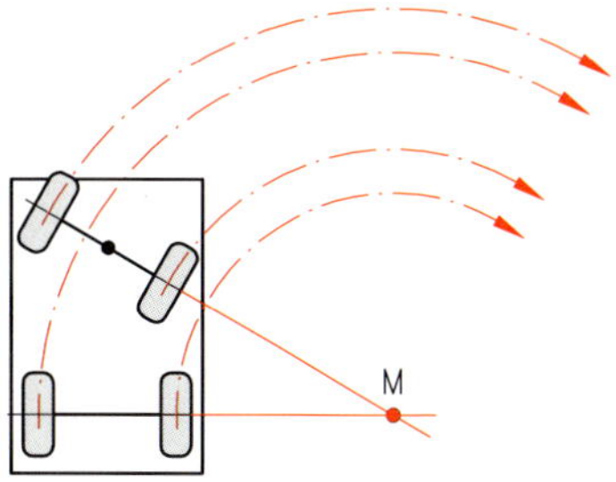

Achsschenkellenkung

Bei Kurvenfahrt werden nur die Achsschenkel eingeschlagen. Damit die Räder um einen gemeinsamen Kurvenmittelpunkt abrollen können, muss das kurveninnere Rad mehr eingeschlagen werden als das kurvenäußere Rad.

⊕ gute Standfestigkeit, da sich der Radabstand nur gering verändert
⊕ mehr Raum zwischen den gelenkten Rädern für den Einbau von Aggregaten

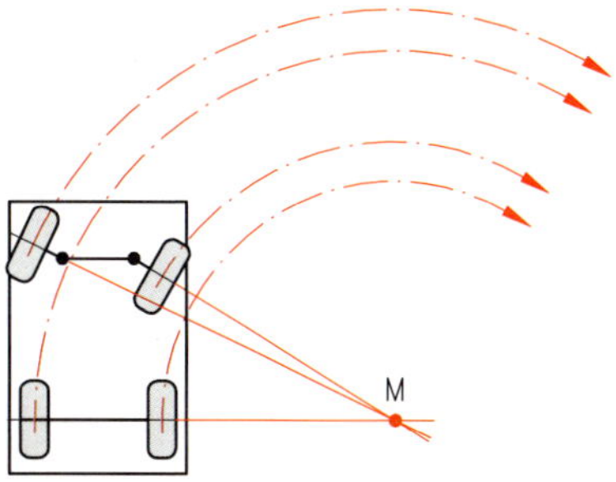

Lenktrapez, Spurdifferenzwinkel

Das unterschiedliche Einschlagen der Vorderräder wird durch das Lenktrapez ermöglicht. Der Name Lenktrapez hängt mit der Anordnung der Spurstange und dem Spurstangenhebel bei Geradeausfahrt zusammen.

Lenktrapez

Geradeausfahrt

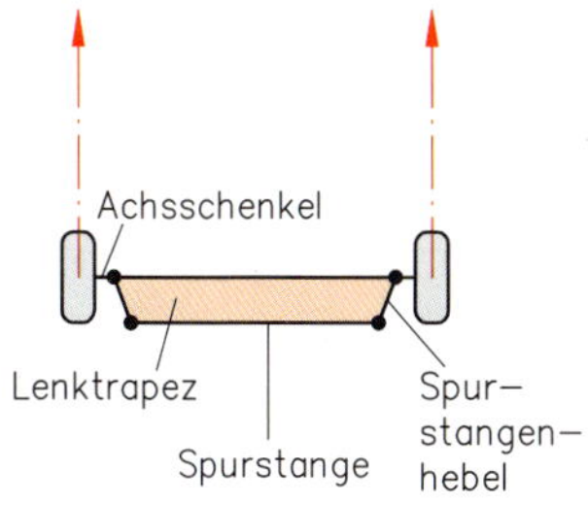

Bei Geradeausfahrt wird das Lenktrapez durch die Spurstange, die beiden Spurstangenhebel und die Verbindungslinie der Lenkdrehpunkte gebildet.

Kurvenfahrt

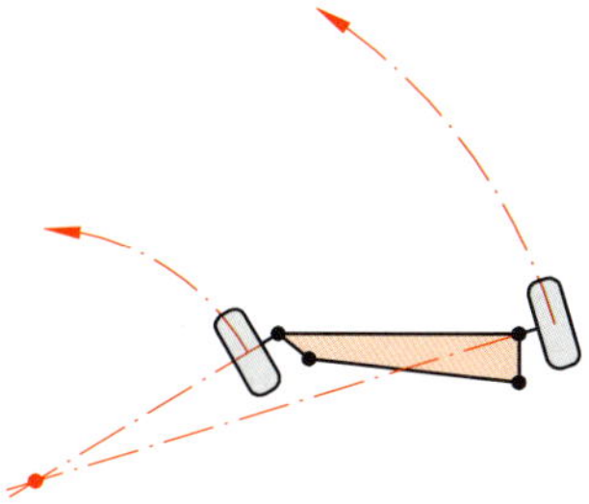

Bei Kurvenfahrt wird das kurveninnere Rad stärker eingeschlagen als das kurvenäußere Rad. Die Räder haben einen gemeinsamen Mittelpunkt.

Spurdifferenzwinkel

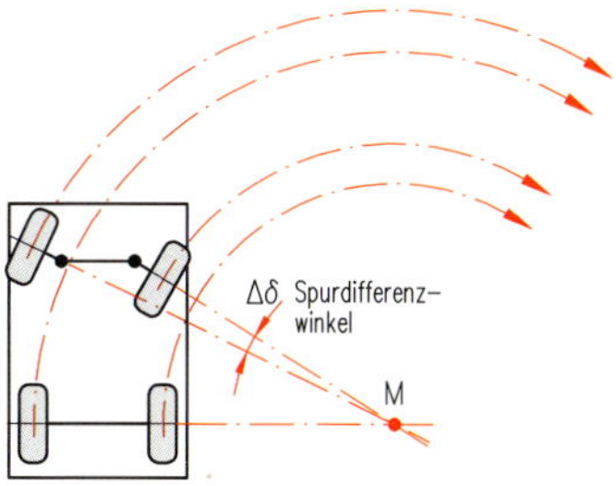

Der Winkelunterschied zwischen dem kurveninneren und kurvenäußeren Rad ist der Spurdifferenzwinkel. Er wird bei einem Schwenkwinkel des kurveninneren Rads von 20° gemessen.

18.3.1 Funktionseinheiten der Achsschenkellenkung

Gesamtsystem

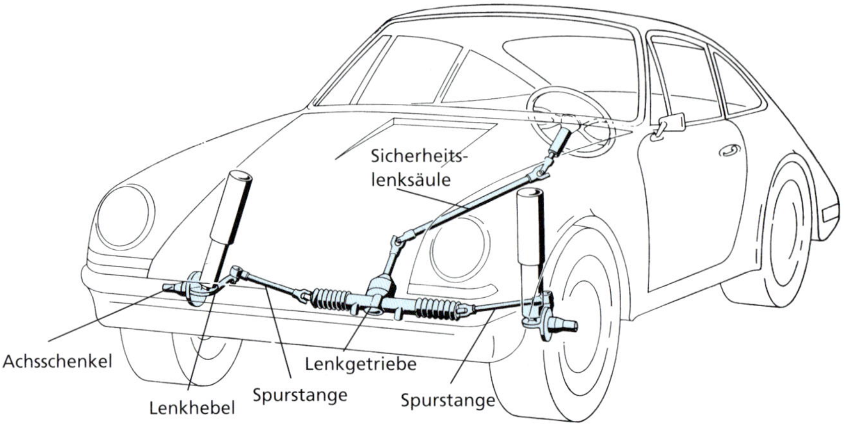

Lenksäule

Zur Sicherheite des Fahrers sind Sicherheitslenkungen so aufgebaut, dass sich bei einemf Auffahrunfall bestimmte Bereiche der Lenksäule verformen, abnicken oder ineinanderschieben.

Wellrohr	Ausklinkerkupplung	Maschinengitterrohr
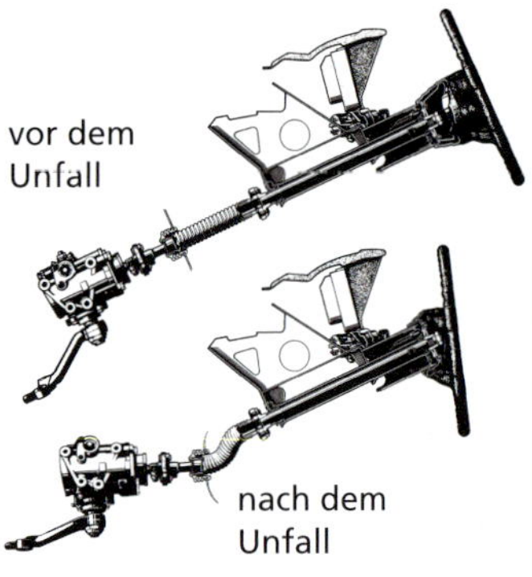	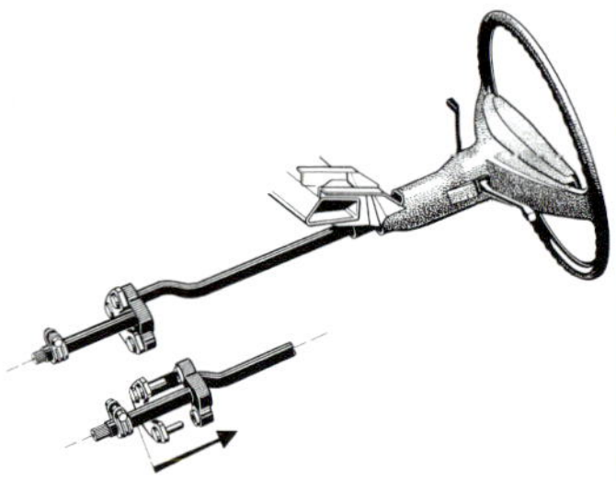	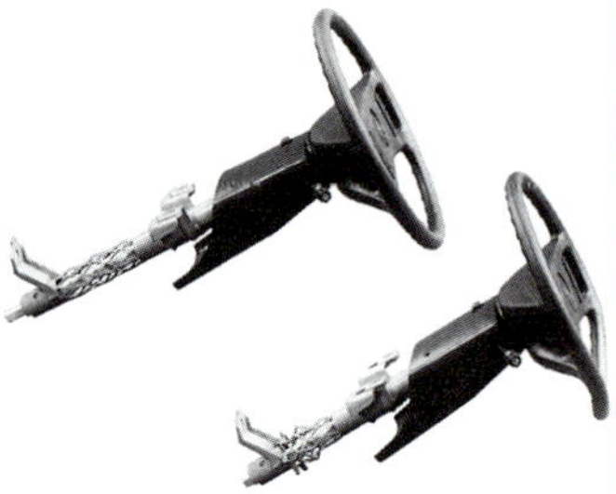

Spurstange

Einsteilige Spurstange	Zweiteilige Spurstange	Dreiteilige Spurstange
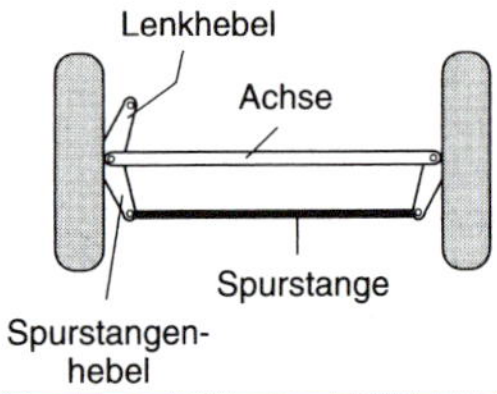	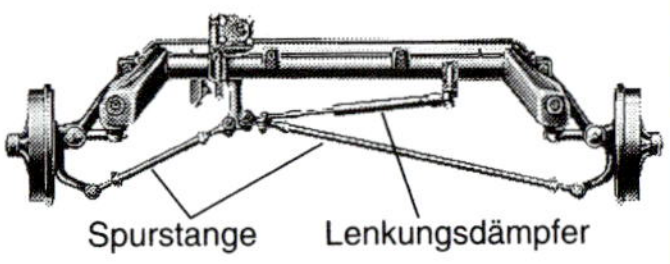	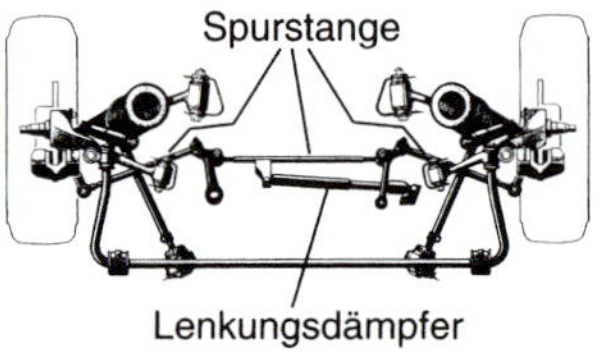

Einteilige Spurstangen werden nur bei Starrachsen eingesetzt. Sie haben den Nachteil, dass beim Einfedern eines Rads die Achse und das Lenktrapez mitschwingen. Bei Einzelradaufhängungen bewegen sich die gelenkten Räder unabhängig voneinander, wodurch sich der Abstand zwischen den Spurstangenhebeln ändert. Hier werden zwei- oder dreiteilige Spurstangen eingesetzt. Häufig haben Kraftfahrzeuge im Lenkgestänge einen Lenkungsdämpfer, der Stöße von der Fahrbahn und Schwingungen der Räder vom Lenkgetriebe und Lenkrad fern hält.

Lenkgetriebe

Zahnstangenlenkgetriebe

Das Lenkgetriebe besteht aus einem Ritzel und einer Zahnstange. Ein federbelastetes Druckstück presst das Ritzel gegen die Zahnstange, sodass ein spielfreies Ineinandergreifen von Ritzel und Zahnstange gewährleistet ist. Die Übersetzung beträgt für Pkw 1 = 19.

- Lineare und progressive Übersetzung

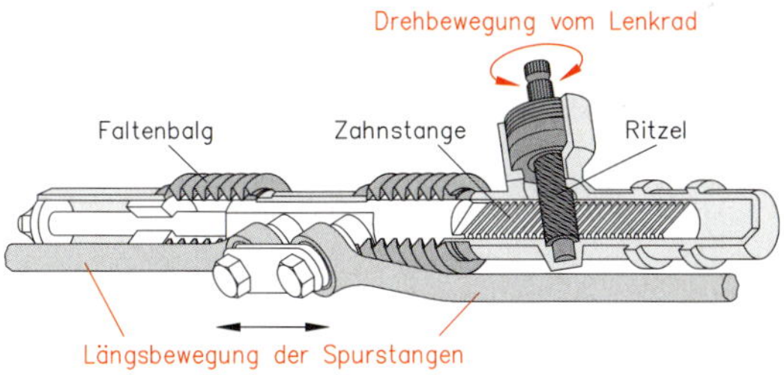

Kugelumlauflenkung

Beim Drehen der Lenkspindel wird die Lenkschraube verdreht und die Stahlkugeln in Umlauf gebracht. Über die rollenden Kugeln wird die Lenkmutter reibungsarm und verschleißfrei in axialer Richtung verschoben, wodurch sich das Lenksegment und damit den Lenkstockhebel verdreht.

- Lineare Übersetzung

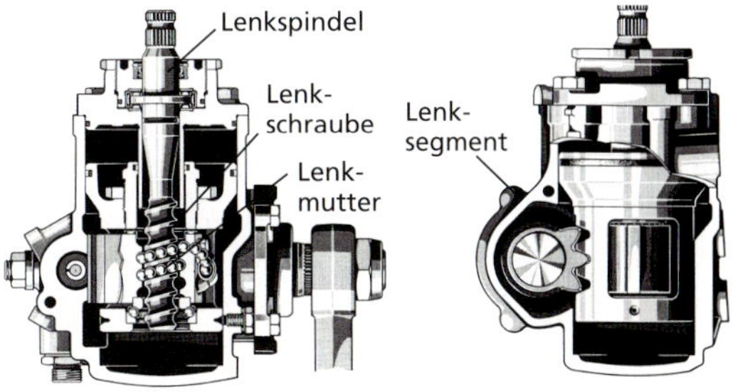

Schneckenrollenlenkung

Drehen der Lenkschnecke (Globoidschnecke) über die Lenkspindel bewirkt eine Schwenkbewegung der Lenkrolle und des Lenkstockhebels.

- Lineare Übersetzung

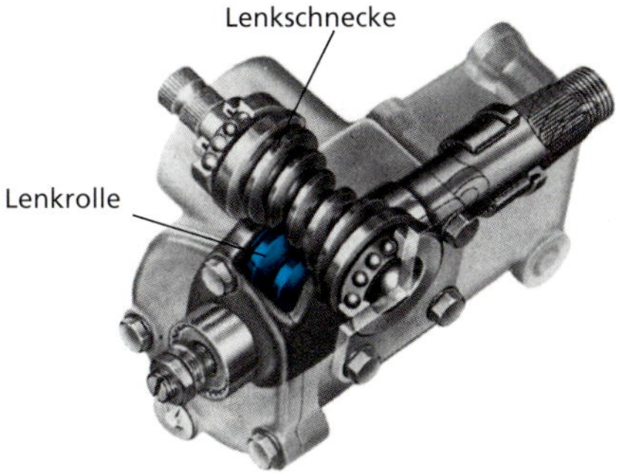

Hilfskraftlenkung (Servolenkung)

Zahnstangen-Hydrolenkung

Hilfskraftlenkungen sollen den erforderlichen Kraftaufwand des Fahrers beim Lenken verringern. Die Hilfskraft kann hydraulisch oder elektrisch erzeugt werden. Die hydraulisch unterstützte Hilfskraftlenkung wird bei der Zahnstangen- oder Kugelumlauflenkung eingesetzt.

Das Drucköl wird von einer motorisch angetriebenen Pumpe erzeugt. Ein Steuerventil (Drehkolbenventil) sorgt dafür, dass das Öl zu einem Arbeitszylinder und zurück in einen Ölbehälter fließen kann. Der Flüssigkeitsdruck wirkt je nach Lenkraddrehung auf die rechte oder linke Seite des Arbeitskolbens und erzeugt eine hydraulische Unterstützungskraft.

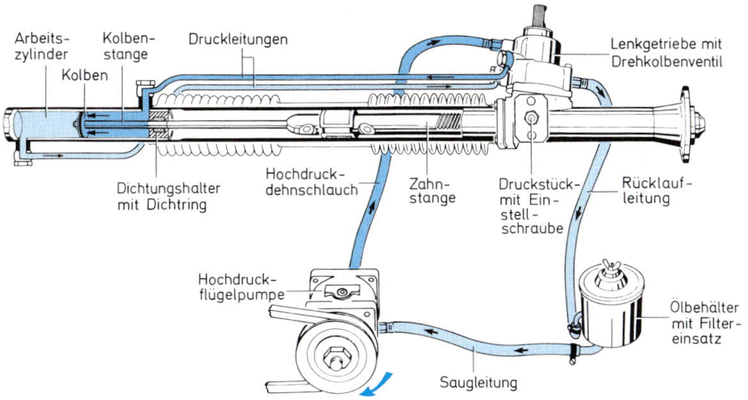

Zahnstangen-Hydrolenkung in Geradeausstellung	Zahnstangen-Hydrolenkung bei Lenkeinschlag
Bei Geradeausfahrt fließt das Drucköl von der Hydraulikpumpe über das Drehschieberventil auf beide Seiten des Kolbens. Der Kolben wird festgehalten. 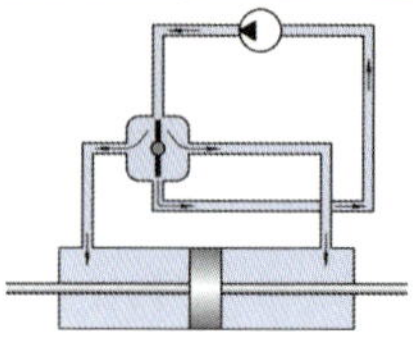	Beim Einschlagen der Lenkung werden zwei Zulaufbohrungen verschlossen. Der Druck wirkt auf eine Seite des Kolbens. Der Kolben bewegt sich in die Richtung, in der ein niedriger Druck herrscht. Die hierdurch entstehende Kraft unterstützt die Drehbewegung am Lenkrad. 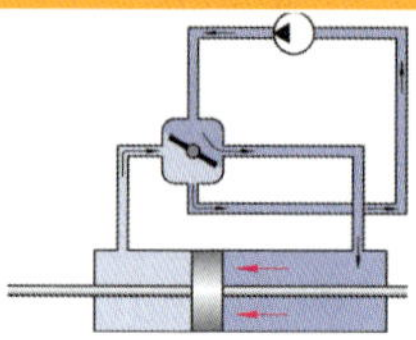

18.3.2 Elektromechanische Lenkung (Servoelectric)

18.3.2.1 Lenksystem-Übersicht

Die Lenkunterstützung erfolgt durch einen Elektromotor. Die lenkunterstützenden Teile wirken direkt am Lenkgetriebe. Die elektromechanische Servolenkung benötigt nur dann Energie, wenn sie tatsächlich gebraucht wird. Durch den Wegfall der hydraulischen Systeme bei hydraulisch unterstützten Lenkhilfen entfallen Hydraulikflüssigkeit, Ölpumpe, Ölbehälter und die notwendige Verschlauchung. Es steht mehr Bauraum zur Verfügung, Energie wird eingespart (bis zu 0,2 l pro 100 km).
Weitere Vorteile sind:

- guter Geradeauslauf, bei Rückstellung der Lenkung wird die Geradeaus-Stellung aktiv von der Servolenkung unterstützt,
- ein direktes, aber sanftes Ansprechen der Lenkbefehle
- keine unangenehmen Lenkreaktionen bei Fahrbahnunebenheiten.

Lenksystem-Übersicht

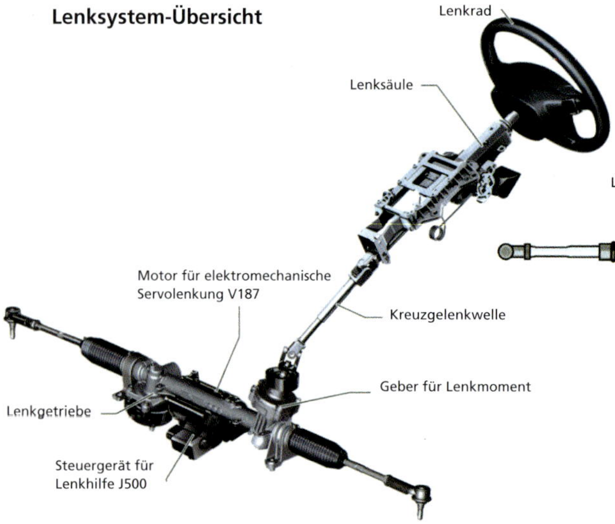

Funktionseinheiten

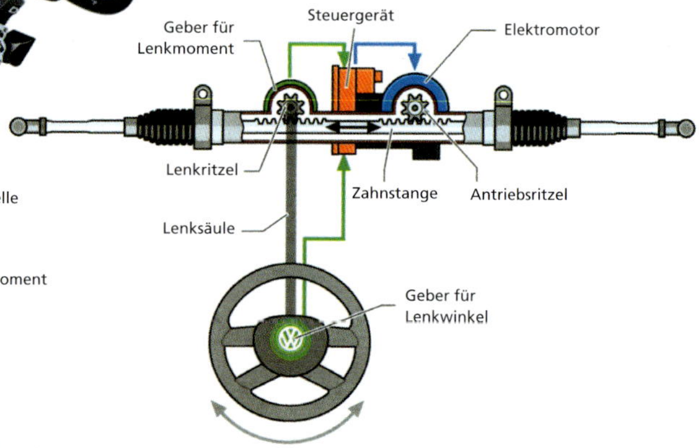

18.3.2.2 Funktionseinheiten der Lenkung

Die elektromechanische Servolenkung setzt sich aus dem Lenkgetriebe und dem Elektromotor mit dem Steuergerät zusammen.
Das Lenkgetriebe besteht aus dem Geber für das Lenkmoment, einem Torsionsstab, einem Lenk- und Antriebsritzel mit Zahnstange mit zwei Verzahnungen, einem Schneckengetriebe, dem Elektromotor und dem Steuergerät.
Die Lenkkraft wird

- vom Fahrer über die Lenksäule und das Lenkritzel auf die Zahnstange,
- vom Elektromotor über ein Schneckengetriebe und das Antriebsritzel auf die Zahnstange

übertragen.

18.3.2.3 Lenkvorgang

Kurvenfahrt

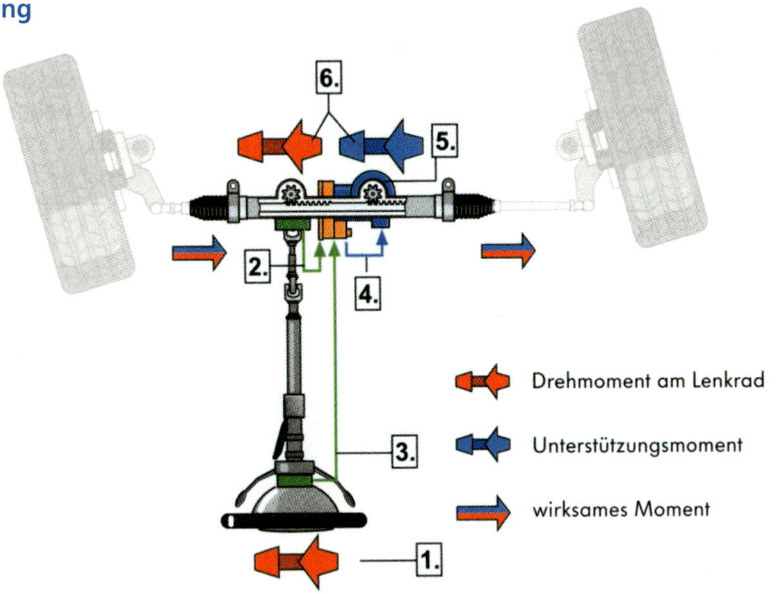

Eingangsinformationen	Informationsverarbeitung	Ausgangsinformationen
Der Fahrer schlägt das Lenkrad (1) ein. Damit beginnt die Lenkunterstützung. Durch das Drehmoment am Lenkrad wird ein Torsionsstab zwischen Lenksäule und Lenkgetriebe verdreht. Die Verdrehung wird vom Geber für Lenkmoment (2) erfasst. Der Geber für Lenkwinkel (3) bestimmt den aktuellen Lenkwinkel. Der Geber für Rotordrehzahl erfasst die Drehzahl des Elektromotors und bestimmt die aktuelle Lenkgeschwindigkeit.	Das Steuergerät (4) ermittelt in Abhängigkeit von • Lenkmoment, • Fahrzeuggeschwindigkeit, • Motordrehzahl des Verbrennungsmotors, • Lenkwinkel, • Lenkgeschwindigkeit • und den abgelegten Kennlinien das notwendige Unterstützungsmoment. Es steuert den Elektromotor an.	Der Elektromotor wirkt über das Schneckengetriebe und das zweite Antriebsritzel auf die Zahnstange (5) ein und überträgt so die lenkunterstützende Kraft. Die Summe aus dem Drehmoment am Lenkrad und dem Unterstützungsmoment (6) ist das am Lenkgetriebe wirksame Moment für die Bewegung der Zahnstange.

Aktiver Rücklauf

Die aufgrund der Achsgeometrie entstehenden Rückstellkräfte an den eingeschlagenen Rädern sind durch Reibung im Lenksystem und in der Achse zu klein, um die Räder in Geradeausstellung zu bewegen. Hier setzt der aktive Rücklauf ein.

Eingangsinformationen	Informationsverarbeitung	Ausgangsinformationen
Wenn der Fahrer bei Kurvenfahrt das Lenkmoment verringert, entspannt sich der Torsionsstab. Der Geber für Lenkmoment meldet sinkendes Lenkmoment, der Geber für Rotordrehzahl die aktuelle Lenkgeschwindigkeit. Aus beiden Informationen wird eine Sollrückstellgeschwindigkeit errechnet.	Das Steuergerät wertet Lenkmoment, Fahrgeschwindigkeit, Motordrehzahl, Lenkwinkel, Lenkgeschwindigkeit und im Steuergerät abgelegte Kennlinien aus und errechnet das für die Rückstellung erforderliche Drehmoment des Elektromotors.	Der Elektromotor wird vom Motorsteuergerät angesteuert. Die Räder werden in Geradeausstellung zurückgestellt.

18.3.2.4 Elektronik

Das Steuergerät ermittelt in Abhängigkeit vom Lenkmoment, dem Lenkwinkel, der Fahrzeuggeschwindigkeit, der Motordrehzahl, der Lenkgeschwindigkeit und den im Steuergerät abgelegten Kennfeldlinien für unterschiedliche Fahrzeuggeschwindigkeiten die Größe der Lenkunterstützung und steuert den Elektromotor für elektromechanische Servolenkung an.

Systemübersicht

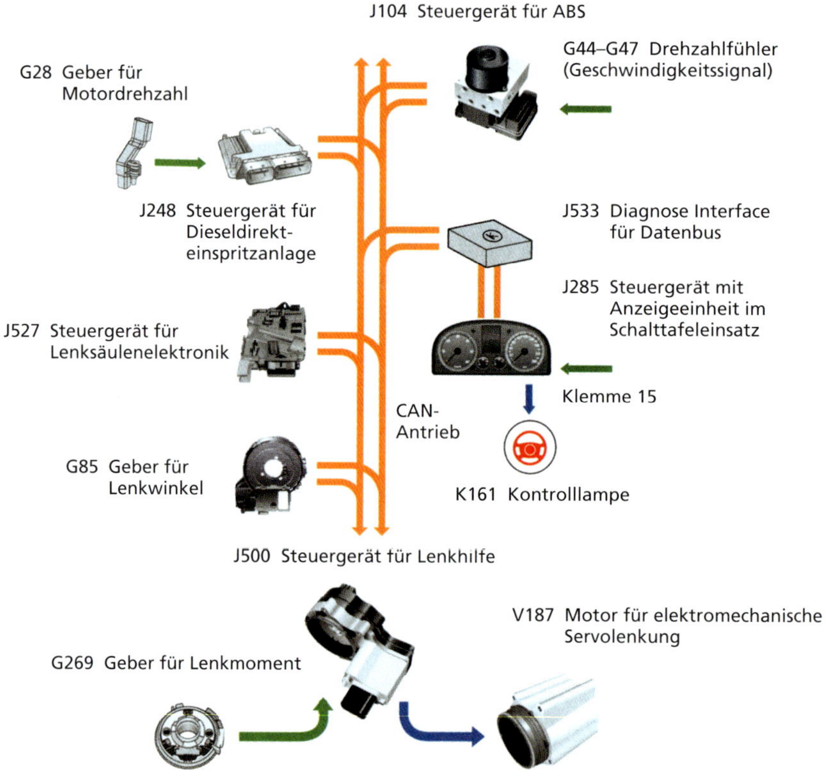

Sensoren, Aktoren

Geber für Lenkwinkel	
Prinzipbild	**Schaltbild**
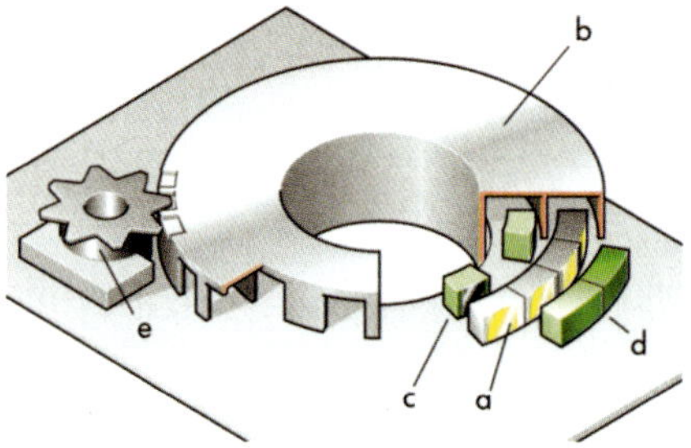	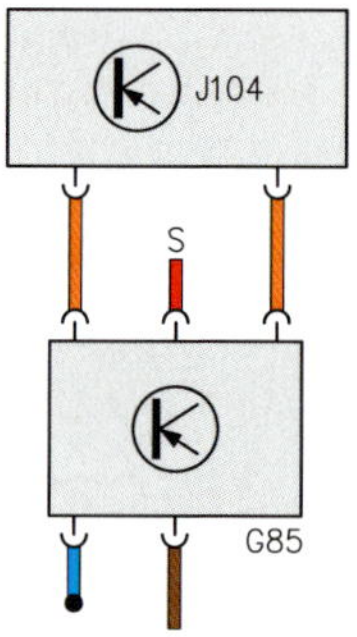

Geber für Lenkwinkel — Fortsetzung

Funktion

Der Geber für Lenkwinkel erfasst den Lenkradeinschlagswinkel (bis 720° = 4 Lenkradumdrehungen) und übermittelt den Wert an das Steuergerät. Er arbeitet nach dem Prinzip der Lichtschranke. Eine Codierscheibe (b) besitzt einen Ring mit regelmäßigen Spaltenabständen und einen Ring mit unregelmäßigen Spaltenabständen. Zwischen den Ringen befindet sich die Lichtquelle (a). Beide Ringe werden von je zwei Sensoren (c, d) abgetastet. Ein Zählwerk (e) erfasst die vollen Umdrehungen. Der Ring mit regelmäßigen Abständen (Absolut-Ring) liefert ein gleichförmiges Signal, der Ring mit den unregelmäßigen Abständen (Inkremental-Ring) ein unregelmäßiges Signal. Aus dem Vergleich beider Signale kann das System den Lenkwinkel berechnen.

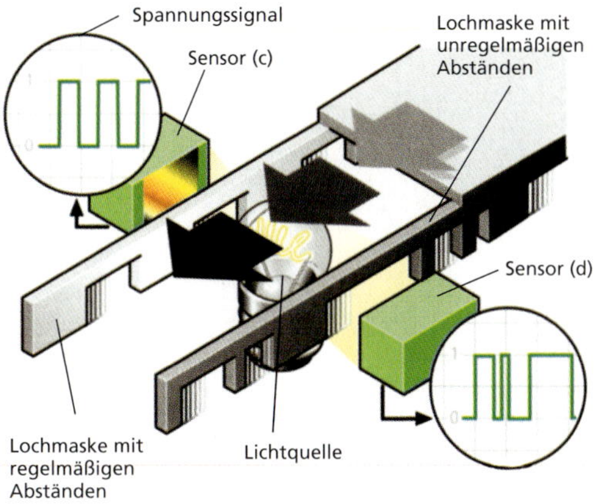

Ausfall des Gebers für Lenkwinkel

Bei Ausfall wird ein Notlaufprogramm gestartet. Die Lenkunterstützung bleibt vollständig erhalten. Der Fehler wird durch Aufleuchten der Kontrolllampe angezeigt.

Geber für Lenkmoment

Prinzipbild

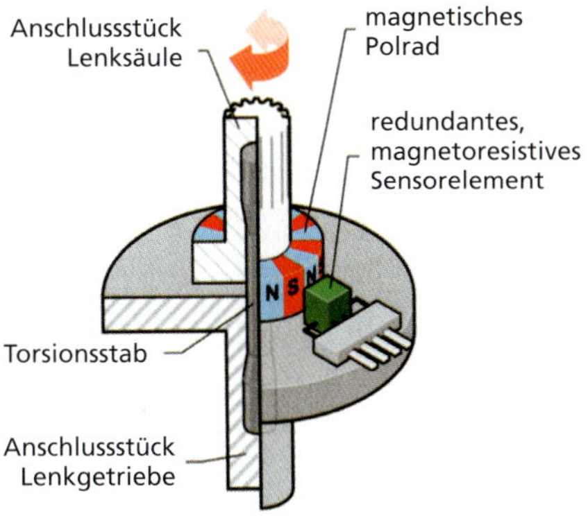

Schaltbild

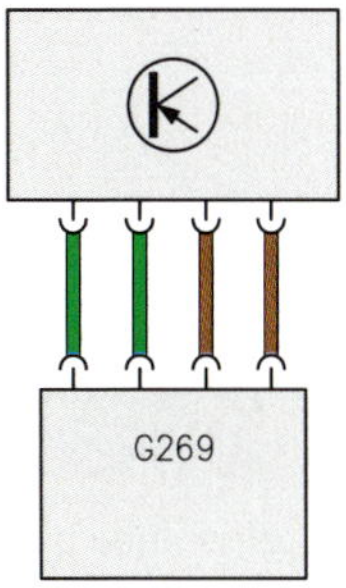

Funktion

Lenksäule und Lenkgetriebe sind über einen Torsionsstab miteinander verbunden. Am Anschlussstück der Lenksäule sitzt ein magnetisches Polrad mit Abschnitten unterschiedlicher Polung. Am Anschlussstück zum Lenkgetriebe sitzt ein Sensorelement. Wird das Lenkrad betätigt, verdreht sich der Torsionsstab je nach wirkendem Lenkmoment und das Anschlussstück zum Lenkgetriebe. Die Verdrehung des magnetischen Polrads gegenüber dem Sensorelement ist eine Größe für das auftretende Lenkmoment.

Ausfall des Sensors: Die Lenkunterstützung wird abgeschaltet.

Sensoren	Prinzip	Signal	Signalausfall
Geber für Rotordrehzahl	Bestandteil des Elektromotors	Erfasst die Rotordrehzahl des Elektromotors	Schaltet Lenkunterstützung nicht schlagartig ab, Ersatzsignal von Sensor für Lenkgeschwindigkeit, Lenkunterstützung wird langsam heruntergefahren. Kontrolllampe leuchtet rot auf.
Geber für Motordrehzahl	Hallgeber	Drehzahl des Verbrennungsmotors und genaue Stellung der Kurbelwelle	Lenkung geht mit Klemme 15 in Betrieb. Kontrolllampe leuchtet nicht auf.
Steuergerät für ABS	–	Fahrzeuggeschwindigkeit	Notlaufprogramm, Lenkunterstützung bleibt erhalten, keine Servotronic-Funktion. Kontrolllampe leuchtet gelb auf.

Aktor	Prinzip	Ausfall
Elektromotor	Bürstenloser Asynchronmotor. Der Motor besitzt kein permanentes Magnetfeld (Dauermagnet) oder eine elektrische Erregung. Er dreht sich aufgrund der Differenz zwischen Frequenz der angelegten Spannung und Drehfrequenz des Motors. Beide Frequenzen sind nicht gleich, d. h. sie sind asynchron.	Ausfall der Lenkunterstützung, Kontrolllampe leuchtet rot auf. Lenkung lässt sich mit einem gering erhöhten Kraftaufwand bewegen.

18.3.3 Elektronische Hilfskraftlenkung (Servotronic)

Bei allen Lenksystemen ist das Betätigungsmoment des Fahrers am Lenkrad bei Änderung der Fahrtrichtung geringer, je größer die Fahrgeschwindigkeit ist. Dies kann dazu führen, dass die Lenkung bei hohen Fahrgeschwindigkeiten als zu leichtgängig empfunden wird.

Die Servotronic ist eine elektronisch gesteuerte Servolenkung, die das Betätigungsmoment am Lenkrad geschwindigkeitsabhängig regelt:

- maximale Lenkkraftunterstützung bei Fahrzeugstillstand oder sehr niedriger Fahrgeschwindigkeit, z. B. beim Parken,
- minimale Lenkkraftunterstützung bei hohen Fahrgeschwindigkeiten.

Damit wird der Kontakt des Fahrers zur Fahrbahn bei zunehmender Geschwindigkeit verbessert.

18.3.3.1 Systemübersicht

Die Servotronic ist eine Zahnstangen-Servolenkung. Die Mechanik wird durch hydraulische und elektronische Systeme ergänzt:

- Drehschieberventil,
- Magnetventil für Servotronic,
- Servotronic-Steuergerät,
- Kontrollleuchte.

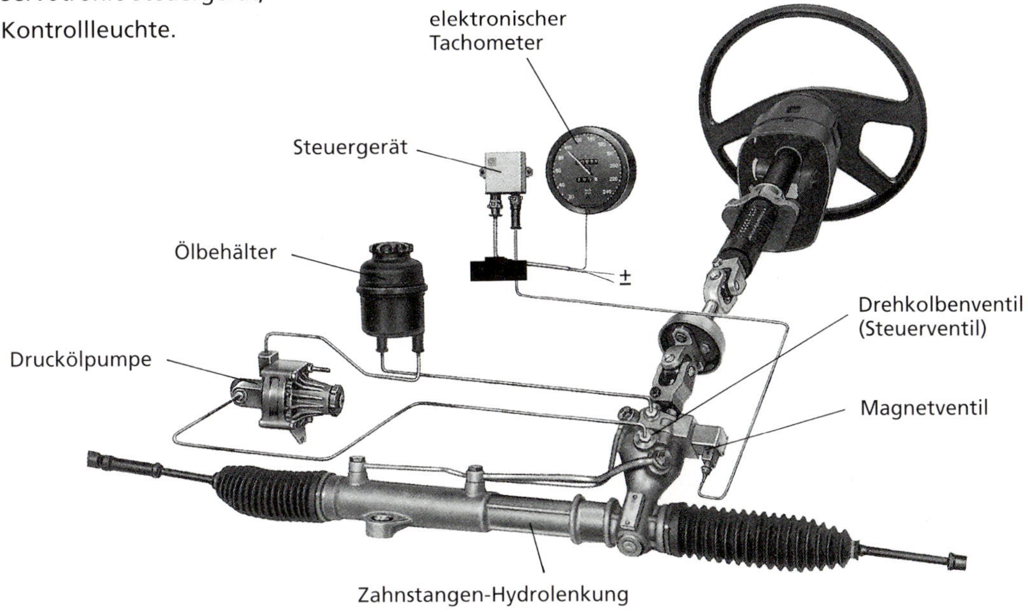

18.3.3.2 Systemkomponenten

Zahnstangen-Lenkgetriebe

Das Zahnstangen-Lenkgetriebe besteht aus dem Ritzel und der Zahnstange. Die Zahnstange wird durch ein Druckstück spielfrei gegen das Ritzel gedrückt. Sie hat eine variable Übersetzung, d. h. der Abstand von Zahn zu Zahn ist unterschiedlich:

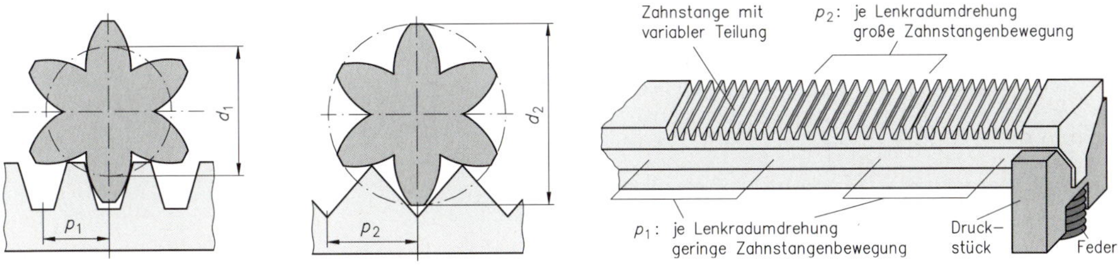

- Große Zahnteilung in der Mitte ergibt eine direkte lineare Übersetzung mit kleinem Drehwinkel am Lenkrad, z. B. bei schneller Geradeausfahrt.
- Kleine Zahnteilung an den Seiten ergibt eine progressive Übersetzung mit großen Lenkeinschlägen, z. B. beim Parken.

Drehstab

Das Ritzel ist über einen Drehstab mit der Lenksäulenwelle verbunden. Der Drehstab ist an seinem oberen Ende mit dem Drehschieber, dem unteren Ende mit der Steuerbuchse des Drehschieberventils verstiftet.

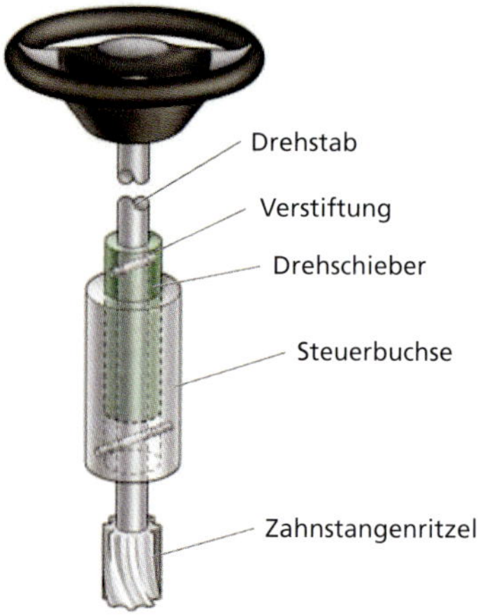

Bei einer Lenkbewegung wird der Drehstab verdreht. Gleichzeitig wird der Drehschieber relativ zur Steuerbuchse verdreht. Ursache für die Verdrehung ist der Widerstand, den Reifen und Fahrbahn ausüben. Die Lage der Nuten und Übergangsbohrungen zueinander im Drehschieber und der Steuerbuchse ändert sich. Je nach Winkelverdrehung werden Ölkanäle geöffnet bzw. geschlossen. Wird das Lenkrad wieder losgelassen, so werden die beiden Ventilkolben des Drehventils durch die Wirkung des Drehstabs in Geradeausstellung zurückgeführt.

Magnetventil für Servotronic

Vom elektronischen Geschwindigkeitsmesser erhält das Servotronic-Steuergerät elektrische Signale über die Fahrgeschwindigkeit. Das Steuergerät wertet die Signale aus und schickt sie in Form von getakteten Impulsen zum Magnetventil für Servotronic. Es ist ein elektromagnetisches Nadelventil. Die Ventilnadel wird bei Stromfluss gegen die Kraft einer Feder verschoben und ändert den Querschnitt einer Drosselbohrung. Das Magnetventil bestimmt damit den Öldruck in den Rückwirkungsräumen.

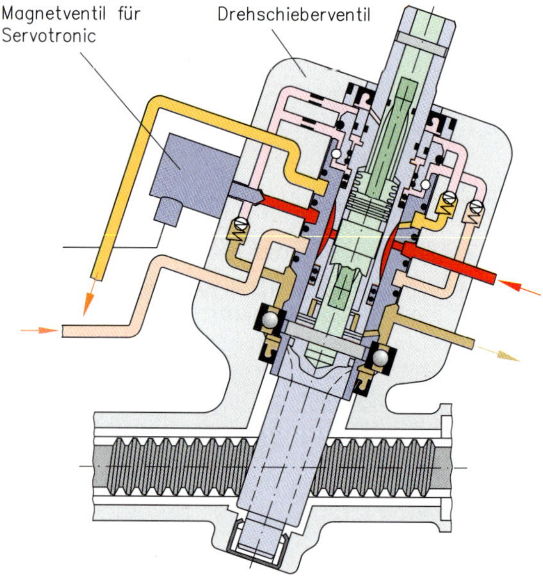

Die Ansteuerung des Ventils erfolgt getaktet durch das Steuergerät für Bordnetz. Es gilt

- Hoher Stromfluss – Drosselbohrung verschlossen – volle Lenkunterstützung
- Stromfluss geschwindigkeitsabhängig verändert – Drosselbohrung mehr oder weniger geöffnet – entsprechende Lenkunterstützung
- Kein Stromfluss – Drosselbohrung voll geöffnet – keine Lenkunterstützung

Eingangssignal für das Steuergerät ist das Geschwindigkeitssignal vom Steuergerät für ESP.

18.3.3.3 Wirkungsweise bei Linkseinschlag der Räder

Bei Linkseinschlag werden Drehstab und Drehschieber verdreht:

- Der rechte Arbeitszylinder wird über einen Ölkanal mit der Druckleitung verbunden.
- Der linke Arbeitszylinder wird über die Rücklaufleitung mit dem Ölbehälter verbunden.

Auf den Kolben wirkt eine Kraft in Richtung links. Kolbenkraft und Lenkkraft bewirken einen Linkseinschlag der Räder. Mit dem Zahnstangenritzel wird auch der untere Teil des Drehstabs mit der Steuerbuchse verdreht. Diese Bewegung findet so lange statt, bis aufgrund der Wirkung des Drehstabs die Verdrehung zwischen Drehschieber und Steuerbuchse wieder aufgehoben wird. Die Rücklaufleitung zum Ölbehälter wird zwischen dem Arbeitszylinder und der Druckleitung verbunden. Das System ist nahezu drucklos.

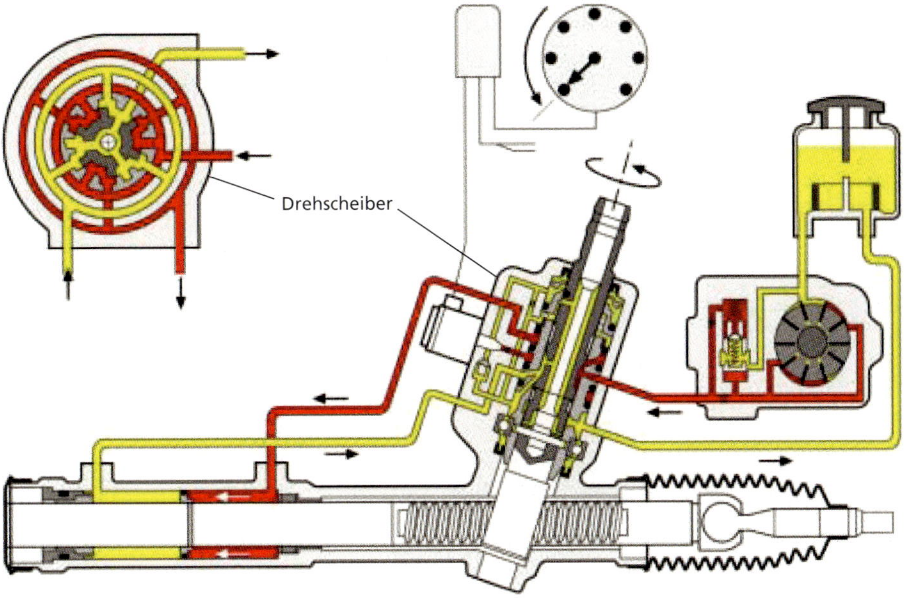

18.3.3.4 Prinzip der aktiven hydraulischen Rückwirkung

Je größer die Fahrgeschwindigkeit ist, desto geringer ist die Kraft, die der Fahrer beim Lenkvorgang am Lenkrad ausüben muss. Die Servotronic arbeitet nach dem Prinzip der hydraulischen Rückwirkung. Die Lenkkraft wird durch die hydraulische Rückwirkung absichtlich erhöht, damit der Fahrer mit steigender Geschwindigkeit das Gefühl zur Fahrbahnoberfläche behält.

Oberhalb der Steuerbuchse befindet sich ein Rückwirkkolben. Dieser ist mit dem Drehschieber und damit mit dem Drehstab verbunden. Er stützt sich über Kugeln auf dem mit der Steuerbuchse verbunden Zentrierstück ab. Der Raum über dem Rückführkolben wird mit Öl beaufschlagt. Je nach Öldruck variiert die Kraftwirkung des Rückwirkungskolbens auf die Kugeln und damit auf die Steuerbuchse:

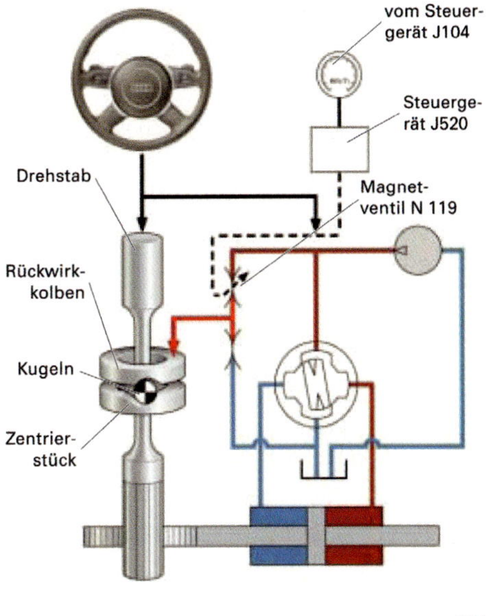

- Je größer der Öldruck, desto größer ist das vom Fahrer aufzubringende Betätigungsmoment am Lenkrad.

Die Drucksteuerung erfolgt über das Magnetventil für Servotronic.

Wird das Lenkrad nicht betätigt und der Drehstab nicht verdreht, befinden sich die Kugeln in der Kalottenführung und geben zusätzliche Mittenzentrierung.

In Abhängigkeit von der Fahrgeschwindigkeit werden so unterschiedliche Kennlinien von Lenkrad-Betätigungsmoment und Druck im Lenksystem realisiert.

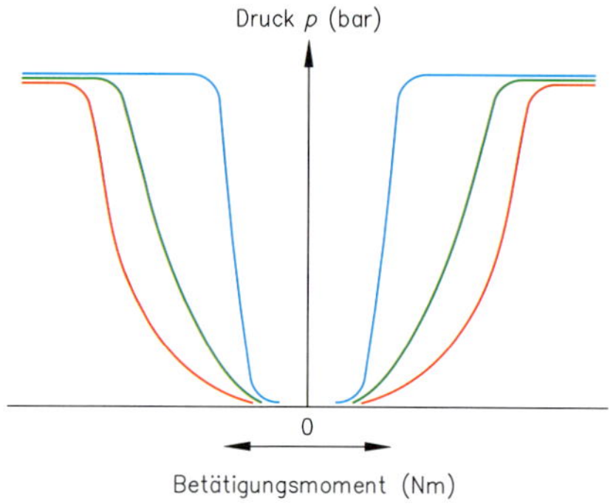

120 km/h
50 km/h
niedrige Fahrgeschwindigkeit (z. B. beim Einparken)

18.4 Reifen und Räder

18.4.1 Kräfte am Reifen

Nur über die Reifenkraft ist eine vom Fahrer gewünschte Bewegung bzw. Bewegungsänderung zu erreichen.

Am Reifen wirken folgende Kräfte:

- Umfangskraft: Sie wird durch den Antrieb hervorgerufen und ermöglicht dem Fahrer, das Fahrzeug zu beschleunigen oder zu bremsen. Die übertragbare Brems- oder Antriebskraft ist von der Reibung und dem Reifenschlupf abhängig.
- Aufstandskraft: Diese Kraft wird durch die Masse des Fahrzeugs und die Zuladung bestimmt. Durch die Aufstandskraft werden die Kontaktfläche und die Reifenseitenwände des Reifens verformt.
- Seitenkraft: Sie wirkt auf das Rad bei eingeschlagener Lenkung oder Seitenwind. Bei großen Seitenkräften verschiebt sich die Reifenaufstandsfläche, auch Reifenlatsch genannt, stark zur Felgenebene. Auch hier ist die übertragbare Seitenführungskraft von der Reibung und dem Reifenschlupf abhängig.

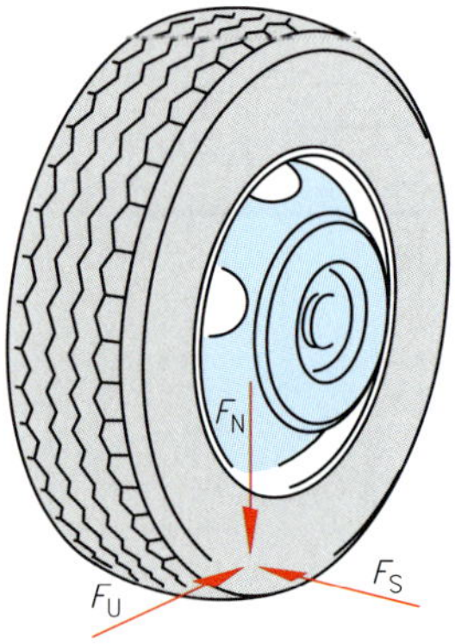

F_N Aufstandskraft
F_U Umfangskraft (positiv: Antriebskraft, negativ: Bremskraft)
F_S Seitenkraft

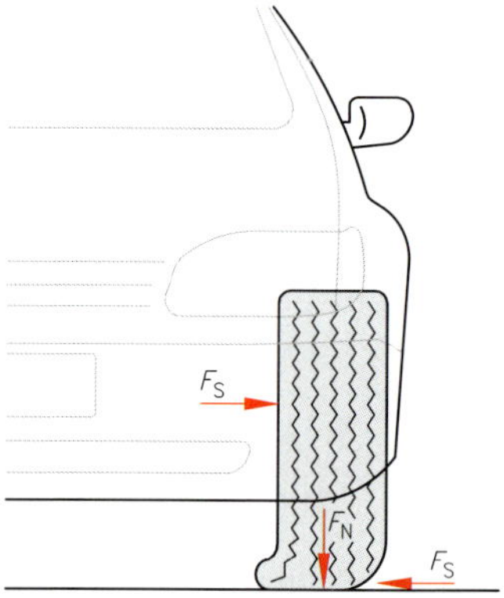

Zwischen Fahrbahn und Reifen können zwei Reibzustände auftreten:

- Haftreibung
  Zwischen der Fahrbahn und der Reifenaufstandsfläche findet keine Relativ-Bewegung statt, der Reifen rollt auf der Fahrbahn ab.
- Gleitreibung
  Zwischen der Fahrbahn und der Reifenaufstandsfläche findet eine Relativbewegung statt, der Reifen rutscht über die Fahrbahn. (Gleitreibungswert μ_G)

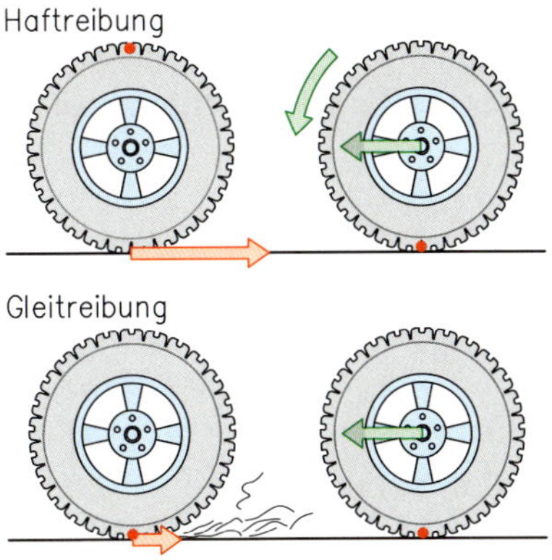

Die vom Reifen auf die Fahrbahn übertragbare maximale Kraft F_U ist von der Haftreibungszahl μ_H und der Radaufstandskraft F_N abhängig. Die Kraft F_U berechnet sich wie folgt:

$$F_U = F_N \cdot \mu_H$$

Die Haftreibungszahl μ_H ist wiederum abhängig von

- Fahrbahnoberfläche: Beton, Asphalt,
- Fahrbahnzustand: trocken, nass, Schnee, Eis,
- Reifenzustand: Profiltiefe,
- Reifenkonstruktion: Sommer-, Winterreifen,
- Fahrgeschwindigkeit.

Haftreibungszahl μ_H

Fahrgeschwindigkeit in km/h	Reifenzustand	Straße			
		trocken μ_H	nass μ_H	Starker Regen Wasserhöhe 2 mm μ_H	vereist μ_H
50	neu	0,85	0,65	0,5	0,1 und kleiner
	abgenutzt	1	0,5	0,25	
90	neu	0,8	0,6	0,05	
	abgenutzt	0,95	0,2	0,0	
100	neu	0,75	0,55	0	
	abgenutzt	0,9	0,2	0	

In den Ausführungen zur Bremse wird die Haftreibungszahl μ_H als Bremskraftbeiwert μ_B bezeichnet.

18.4.2 Schräglaufwinkel

Bei Kurvenfahrt rollt der Reifen nicht geradeaus, sondern walkt seitwärts. Hierdurch entwickelt er eine Seitenführungskraft F_S, die das Fahrzeug in der Spur hält.

Den Winkel zwischen Reifenlängsachse und eigentlicher Bewegungsrichtung des Fahrzeugs bezeichnet man als Schräglaufwinkel.

Die an den vier Rädern angreifenden Seitenkräfte stehen bei Kurvenfahrt mit der nach außen gerichteten Fliehkraft im Gleichgewicht.

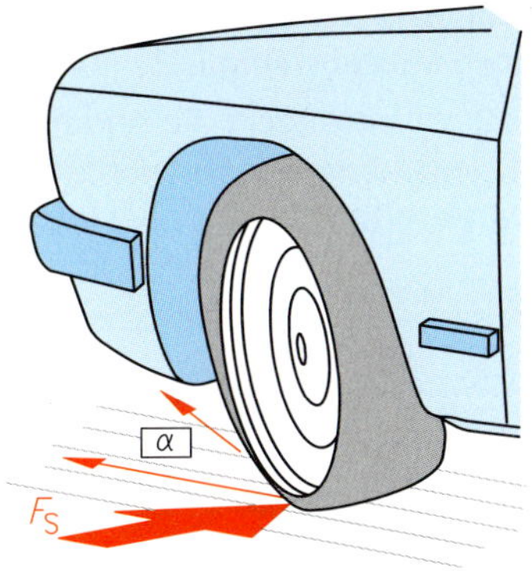

Der Schräglaufwinkel tritt an Vorder- und Hinterrädern auf und ist entscheidend für das Übersteuern oder Untersteuern eines Fahrzeugs.

- Untersteuern
  Hinterer Schräglaufwinkel < vorderer Schräglaufwinkel
- Übersteuern
  Hinterer Schräglaufwinkel > vorderer Schräglaufwinkel
- Neutrales Fahrverhalten
  Hinterer Schräglaufwinkel = vorderer Schräglaufwinkel

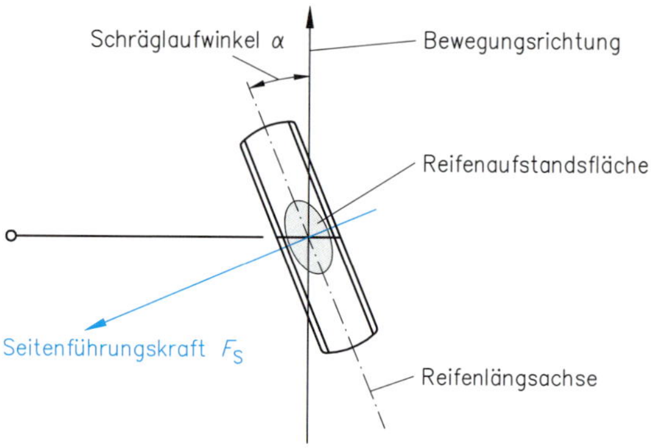

Untersteuern

Fährt ein Fahrzeug mit Vorderradantrieb zu schnell in die Kurve, so verlieren die Räder vorn an Bodenhaftung. Das Fahrzeug schiebt sich nach außen. Es gilt:
Hinterer Schräglaufwinkel kleiner als vorderer Schräglaufwinkel

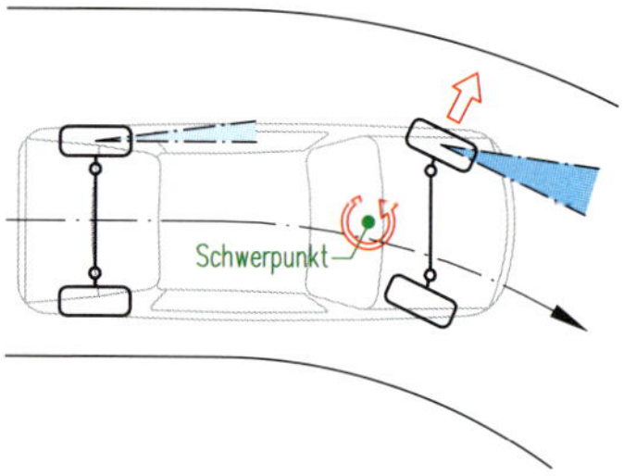

Übersteuern

Fährt ein Fahrzeug mit Hinterradantrieb zu schnell in eine Kurve, so verlieren die Hinterräder an Bodenhaftung. Das Fahrzeug schiebt mit dem Heck nach außen. Es gilt:
Hinterer Schräglaufwinkel größer als vorderer Schräglaufwinkel

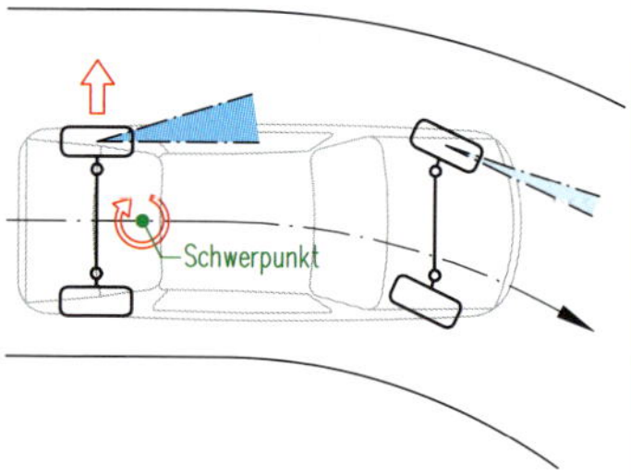

Neutrales Fahrverhalten

Fährt ein Fahrzeug mit Allradantrieb zu schnell in eine Kurve, so schiebt es über alle Räder nach außen. Es gilt:
Hinterer Schräglaufwinkel gleich vorderer Schräglaufwinkel

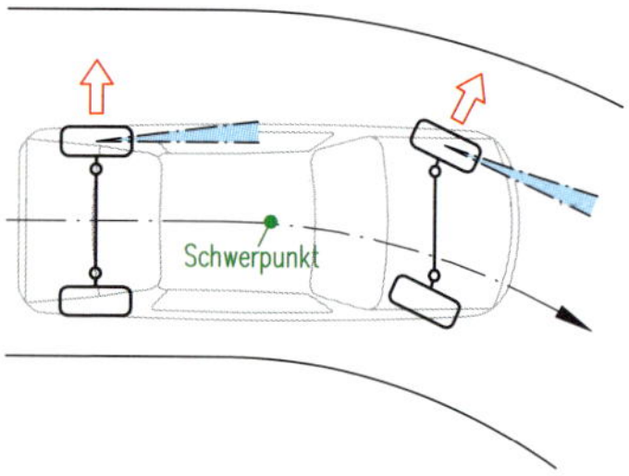

18.4.3 Aquaplaning

Beim Befahren einer regennassen Straße kann sich zwischen Reifen und Fahrbahn ein Wasserkeil bilden, der das Fahrzeug aufschwimmen lässt. Es entsteht Aquaplaning.

Gefährlich dabei ist, dass ein solchermaßen „aufgeschwommenes" Fahrzeug völlig manövrierunfähig ist.

Der Kraftschluss zwischen Reifen und Fahrbahn ist unterbrochen, sodass das Fahrzeug weder lenk-, brems- noch antriebsfähig ist.

Ein gutes Profil verringert die Aquaplaninggefahr. Der Gesetzgeber schreibt daher eine Mindestprofiltiefe von 1,6 mm vor. Es wird jedoch empfohlen, Sommerreifen bei einer Restprofiltiefe von 2 mm, Winterreifen bei einer Restprofiltiefe von 3 mm auszutauschen.

Gut profilierter Reifen

Reifen hat Straßenkontakt

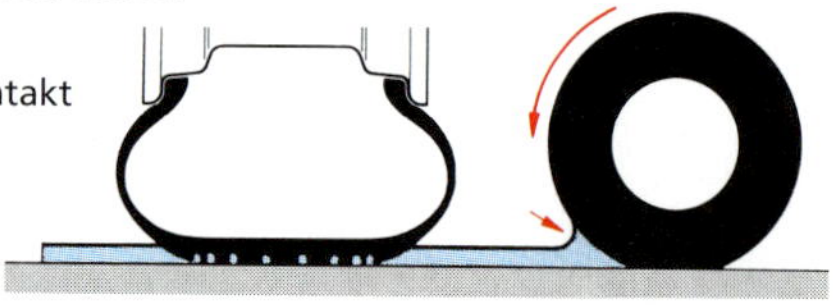

Schlecht profilierter Reifen

Der Reifen schwimmt auf einem Wasserfilm

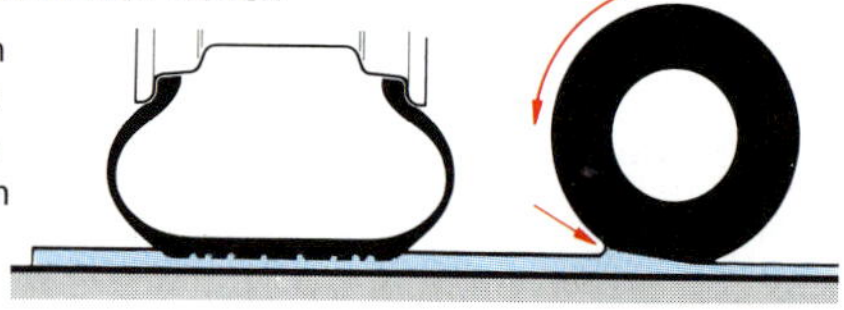

18.4.4 Aufbau und Abmessungen der Reifen und Räder

Reifen

Der schlauchlose Reifen besteht aus

- Karkasse, dem Gewebeunterbau aus zwei Lagen Rayon,
- Zwischenbau mit der Lauffläche (Protektor) aus mehreren Gewebeschichten und Gummipolstern,
- Gürtel aus mehreren sich kreuzenden Lagen von Stahldrähten oder Aramidfasern, in Gummi eingebettet,
- Seitenwand aus Gummi,
- Wülste mit Wulstkern aus Stahldrähten oder Aramideinlagen,
- luftdichte Gummischicht.

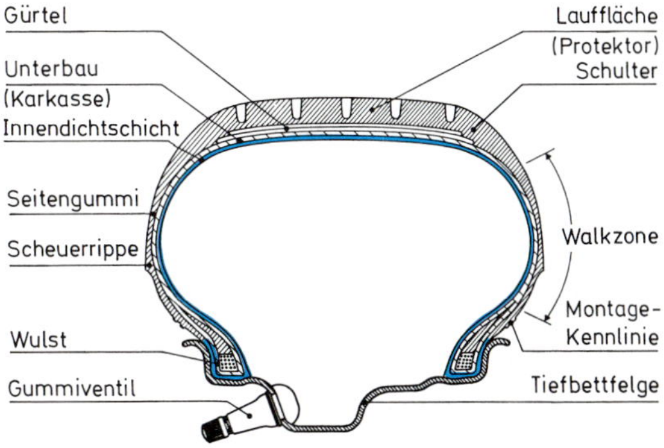

Am Reifen sind folgende Abmessungen von Bedeutung:

- Reifenbreite B
  Breite des aufgepumpten, nicht belasteten Reifens
- Reifenhöhe H
  Abstand zwischen Lauffläche und Felgenschulter
- Reifeninnendurchmesser d ≙ Felgendurchmesser
- Reifendurchmesser D
  Außendurchmesser des aufgepumpten, unbelasteten Reifens
- Reifenhalbmesser r
- Statischer Halbmesser r_{stat}
  Abstand zwischen Radmitte und Standebene. Der Reifen ist dabei der höchstzulässigen Belastung ausgesetzt und mit dem vorgeschriebenen Druck aufgepumpt.
- Dynamischer Halbmesser r_{dyn}
  Abstand zwischen Radmitte und Fahrebene bei einer Fahrgeschwindigkeit von 60 km/h, bei höchstzulässiger Belastung und vorgeschriebenem Druck.

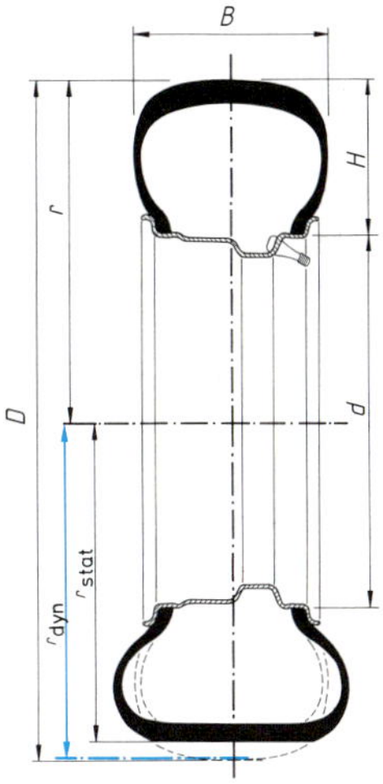

Reifenbezeichnungen

Die Reifenbezeichnung wird nach ECE (Economic Comission for Europe) unterteilt:

Beispiel: 195/65 R 15 91 T

Reifenkennung 195/65 R 15	Betriebskennung 91 T
195 Reifenbreite in mm **/65** Querschnittsverhältnis in % **R** Reifenbauart: Radialreifen **15** Felgendurchmesser in Zoll	**91** Tragfähigkeitsklasse 615 kg **T** Geschwindigkeitsklasse 190 km/h

Darin bedeuten die Kennzahlen für Tragfähigkeit und Geschwindigkeit:

Tragfähigkeitsklassen (Load Index LI) (Auszug)

Tragfähigkeitskennziffer LI	max. Reifentragfähigkeit in kg	Tragfähigkeitskennziffer LI	max. Reifentragfähigkeit in kg
80	450	86	530
81	462	87	545
82	475	88	560
83	487	89	580
84	500	90	600
85	515	91	615

Geschwindigkeitsklassen (Speed Index SI) (Auszug)

SI	km/h	SI	km/ha
Q	160	H	210
R	170	V	240
S	180	W	270
T	190	ZR	über 240

Querschnittsformen

Eine wichtige Kenngröße von Reifen ist das Querschnittsverhältnis von Höhe zu Breite. Mit zunehmender Reifenbreite nimmt die Reifenaufstandsfläche auf dem Boden zu. Die größere Aufstandsfläche bewirkt, dass die Bodenhaftung des Reifens aufgrund der Verzahnung mit der Straße bei Kurvenfahrt und beim Bremsen ansteigt.

Das Querschnittsverhältnis ist bei modernen Reifen niedrig, um eine gute Kurvenfestigkeit zu erhalten und die Berührungsfläche des Reifens mit der Fahrbahn zu vergrößern.

Als Breitreifen gelten Reifen mit einem Querschnittsverhältnis von 70 % und kleiner. Bei einem Reifen mit einem Querschnitsverhältnis von 70 beträgt die Höhe 70 % der Breite.

Räder

Ein Rad besteht aus der Radscheibe (Radschüssel) und der Felge. Die Felge ist fest mit der Radscheibe oder dem Radstern verbunden. Löcher und Schlitze in den Radscheiben verringern die Masse und ermöglichen die Zufuhr von Kühlluft zu den Bremsen. Um die ungefederten Massen möglichst gering zu halten, werden Räder aus einer Aluminiumlegierung hergestellt und als Hohlrad gegossen. Die Radscheibe wird hierbei als Hohlkörper ausgeführt und das Felgenbett mittels Reibschweißen zusammengefügt.

Für schlauchlose Gürtelreifen werden ungeteilte Tiefbettfelgen verwendet, die fest mit der Radscheibe oder dem Radstern verbunden oder als ein Stück gegossen oder geschmiedet sind.

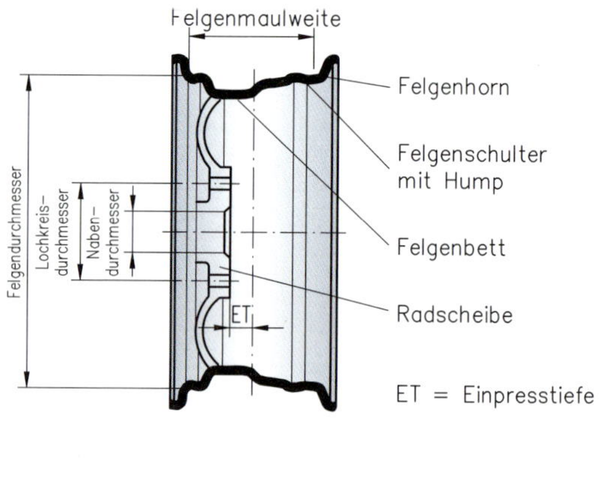

Die Tiefbettfelgen besitzen eine oder zwei rundum laufende, höckerartige Ausbildungen, auch Hump genannt, die verhindern, dass bei Kurvenfahrt einer der Reifenwulste durch die Seitenkräfte von der Felgenschulter abrutscht. Tiefbettfelgen werden symmetrisch oder unsymmetrisch ausgeführt.

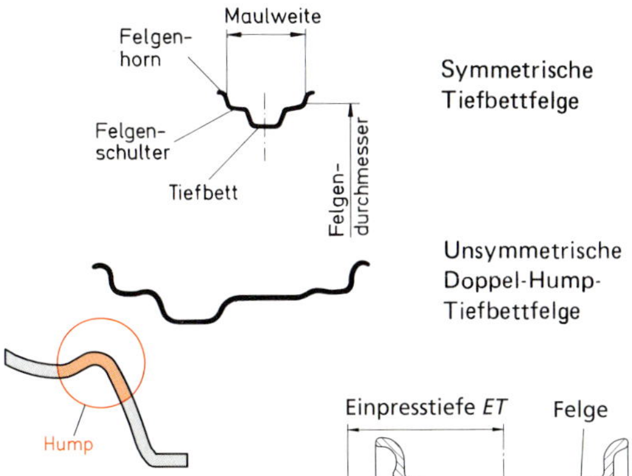

An der Felge sind folgende Abmessungen von Bedeutung:

- Felgendurchmesser *D* in Zoll
- Maulweite in Zoll
- Einpresstiefe *ET*

Die Einpresstiefe ist ein Maß von der Felgenmitte bis zur inneren Auflagefläche.

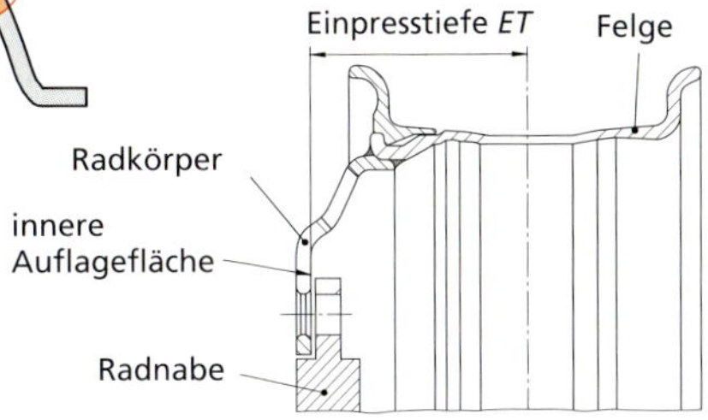

Felgenbezeichnungen

Die Bezeichnung der Felgen ist genormt nach DIN 7817.

Beispiel: 6,5 J x 15 H ET 50

Darin bedeuten:

6,5	Maulweite in Zoll
J	Felgenhornform nach DIN
x	ungeteilte Tiefbettfelge
15	Felgendurchmesser in Zoll
H	Hump auf der Außenschulter
ET 50	Einpresstiefe 50 mm

Einpresstiefe

Die Einpresstiefe ist das Maß von Felgenmitte bis zur inneren Anlagefläche. Durch Verkleinern der Einpresstiefe wird die Spurweite vergrößert, durch Vergrößern der Einpresstiefe wird der Störkrafthebelarm kleiner und damit der Einfluss auf die Lenkung geringer.

Durch unterschiedliche Einpresstiefen werden die Spur, der Lenkrollradius und der Störkrafthebelarm (= Abstand Mitte Radaufstandsfläche bis Spreizungslinie). Es gilt: Je kleiner der Störkrafthebelarm, desto geringer ist der Einfluss auf die Lenkung.

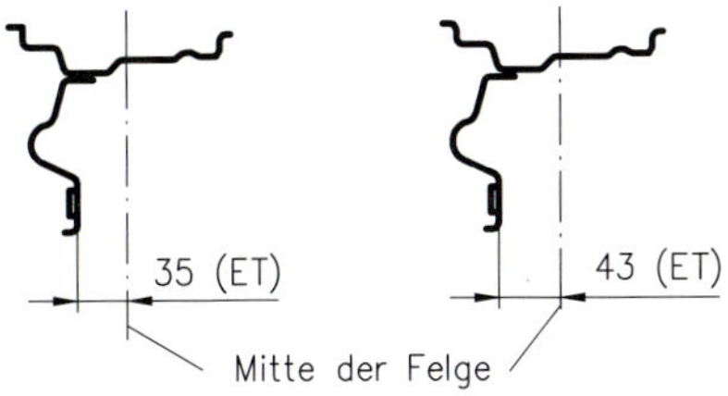

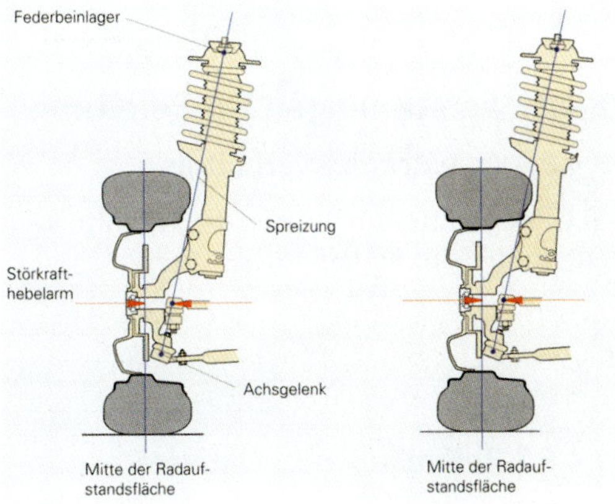

Radbefestigung

Radkörper und Radnabe werden durch Radschrauben oder Radmuttern miteinander verbunden. Die Radkörper werden durch Kugel- oder Kegelzentrierungen der Radmuttern bzw. Radschrauben zentriert.

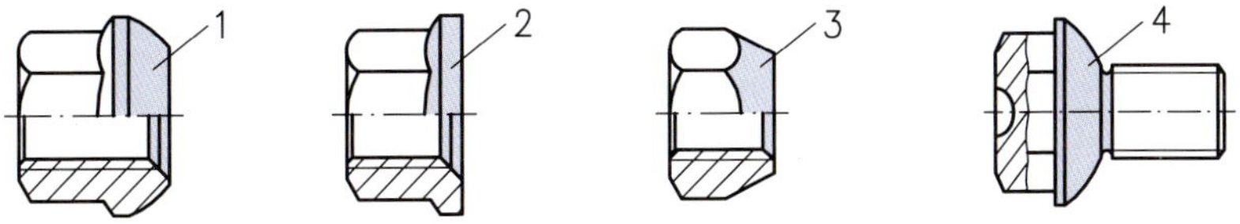

1 Kugelbundmutter
2 Flachbundmutter
3 Kegelmutter
4 Kugelbundschraube

18.4.5 Notlaufsysteme

PAX (Michelin)

Die Felge hat eine neue geometrische Form. Sie ist flach gestaltet mit einer Montagevertiefung und den beiden außen liegenden Felgensitzen. Ein Stützring ist formschlüssig in der Mitte der Felge befestigt.

Der Reifen hat kürzere Flanken und einen starken Wulst.

Auf der Innenseite der Lauffläche des Reifens befindet sich ein Glyceringel, das die Reibung zwischen Stützring und Reifen im Notlauf verringern soll.

Aufstands- und Seitenkräfte erzeugen in der Reifen-Seitenwand eine Zugkraft. Sie bewirkt eine Drehung des Reifen-Wulstes um den Wulstkern, wodurch der Wulst stärker auf seinen Sitz gepresst wird.

Das System ermöglicht bei drucklosen Reifen und voller Beladung mit max. 80 km/h eine Strecke von max. 200 km/h.

Da der Druckverlust nicht immer gleich erkannt wird, muss der Fahrer über eine Reifendruckkontrolle informiert werden.

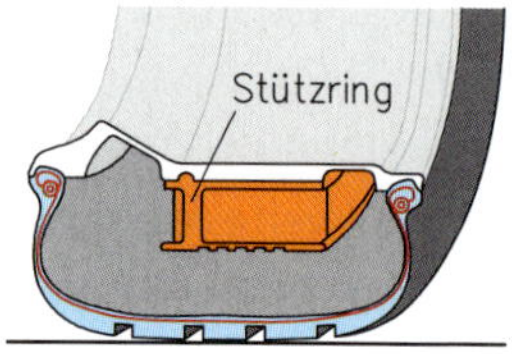

Reifen mit Luft

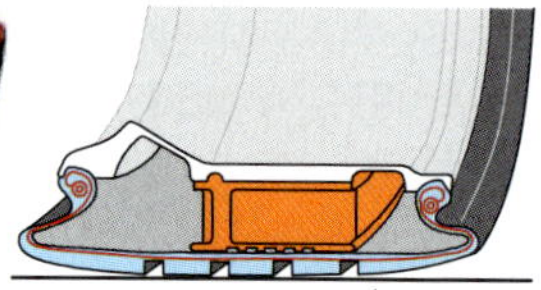
Reifen ohne Luft

Runflat (Goodyear)

Der Runflat-Reifen besitzt verstärkte Flanken, die das Fahrzeuggewicht bei drucklosen Reifen weitertragen.

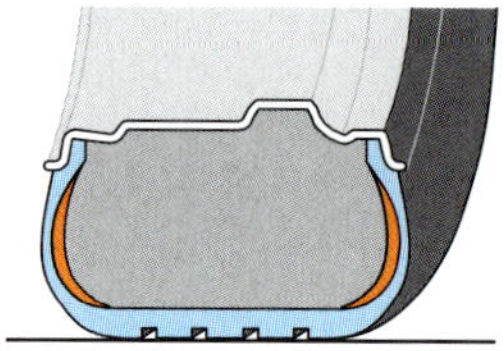
Reifen mit Luft

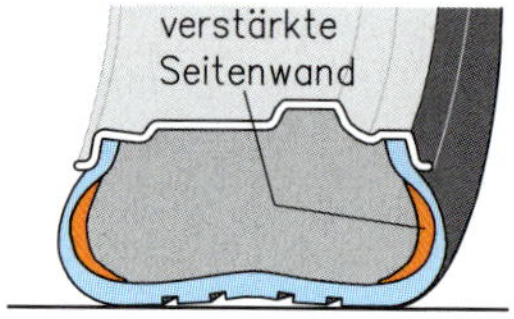

Reifen ohne Luft

18.4.6 Berechnungen zur Bereifung

18.4.6.1 Querschnittsverhältnis

Das Querschnittsverhältnis ist das Verhältnis aus Reifenhöhe und Reifenbreite.

$$Q = \frac{H}{B} \cdot 100$$

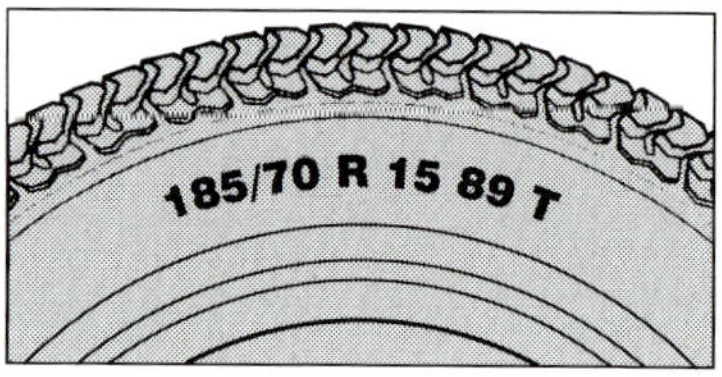

18.4.6.2 Reifenaußendurchmesser

Der Reifenaußendurchmesser D setzt sich zusammen aus dem Felgendurchmesser d und zweimal der Reifenhöhe H.

$$D = d + 2 \cdot H$$

Dieser Durchmesser ist nur vorhanden, wenn der Reifen nicht belastet wird (z. B. wenn sich das Fahrzeug auf der Hebebühne befindet).

Größe	Formelzeichen	Einheit
Querschnittsverhältnis	Q	%
Reifenhöhe	H	mm
Reifenbreite	B	mm
Reifenaußendurchmesser	D	mm
Felgendurchmesser	d	Zoll

18.4.6.3 Dynamischer Halbmesser

Der dynamische Halbmesser wird aus Tabellen entnommen oder aus dem Abrollumfang U_R (≙ zurückgelegter Weg für eine Radumdrehung bei 60 km/h) errechnet.

$$U_R = 2 \cdot r_{dyn} \cdot \pi$$

$$r_{dyn} = \frac{U_R}{2 \cdot \pi}$$

Größe	Formelzeichen	Einheit
dynamischer Halbmesser	r_{dyn}	mm
Abrollumfang des Rads	U_R	mm

Beispiel:

Gegeben: 185/70 R 15 89 T mit einem Abrollumfang von U_R = 1 955 mm

Gesucht: a) Reifenhöhe H b) Reifenaußendurchmesser D c) Dynamischer Halbmesser r_{dyn}

Lösung:

a) $Q = \frac{H}{B} \cdot 100$

$H = \frac{Q \cdot B}{100}$

$H = \frac{70\ \% \cdot 185\ \text{mm}}{100\ \%}$

$H = \underline{\underline{129{,}5\ \text{mm}}}$

b) $D = d + 2 \cdot H$

$D = 15'' \cdot 25{,}4\ \frac{\text{mm}}{''} + 2 \cdot 129{,}5\ \text{mm}$

$D = 381\ \text{mm} + 259\ \text{mm}$

$D = \underline{\underline{640\ \text{mm}}}$

c) $r_{dyn} = \frac{U_R}{2 \cdot \pi} \cdot 100$

$r_{dyn} = \frac{1\,955\ \text{mm}}{2 \cdot \pi}$

$r_{dyn} = \underline{\underline{311\ \text{mm}}}$

18.4.6.4 Fahrgeschwindigkeit

Allgemein wird die Geschwindigkeit v aus dem zurückgelegten Weg s und der dafür benötigten Zeit t ermittelt.

$$\textit{Geschwindigkeit} = \frac{\textit{Weg}}{\textit{Zeit}}$$

$$v = \frac{s}{t}$$

Größe	Formelzeichen	Einheit
Geschwindigkeit	v	km/h, m/s
Weg	s	km, m
Zeit	t	h, s

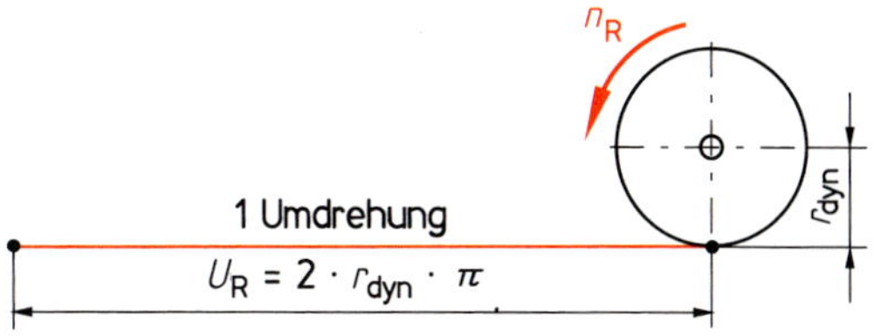

Übertragen auf die Fahrzeuggeschwindigkeit, ergibt sich der zurückgelegte Weg aus dem Abrollumfang des Reifens $U_R = 2 \cdot r_{dyn} \cdot \pi$ und der Anzahl der Radumdrehungen x. Es ist

$$s = 2 \cdot r_{dyn} \cdot \pi \cdot x$$

Wird die Anzahl der Radumdrehungen x durch die benötigte Zeit t geteilt, dann erhält man die Raddrehzahl n_R.
Daraus folgt:

$$v_F = \frac{2 \cdot r_{dyn} \cdot \pi \cdot x}{t}$$

$$v_F = 2 \cdot r_{dyn} \cdot \pi \cdot n_R$$

Üblicherweise wird die Fahrgeschwindigkeit in km/h ermittelt. Deshalb müssen in der Formel die entsprechenden Umrechnungsfaktoren berücksichtigt werden.

$$v_F = \frac{2 \cdot r_{dyn} \cdot \pi \cdot n_R \cdot 3{,}6}{1\,000 \cdot 60}$$

Größe	Formelzeichen	Einheit
Fahrgeschwindigkeit	v_F	km/h
dynamischer Halbmesser	r_{dyn}	mm
Raddrehzahl	n_R	1/min
Kurbelwellendrehzahl	n_M	1/min
Umrechnungszahl	1 000	mm/m
Umrechnungszahl	60	s/min
Umrechnungszahl	3,6	km · s/h · m
Gesamtübersetzung	i_{ges}	–
Übersetzungsverhältnis Achsgetriebe	i_A	–
Übersetzungsverhältnis Wechselgetriebe	i_W	–

Der Drehzahlmesser zeigt nicht die Raddrehzahl, sondern die Kurbelwellendrehzahl n_M an. Deshalb muss noch das Gesamtübersetzungsverhältnis

$$i_{ges} = \frac{n_M}{n_R}$$

beziehungsweise $i_{ges} = i_W \cdot i_A$

beachtet werden.

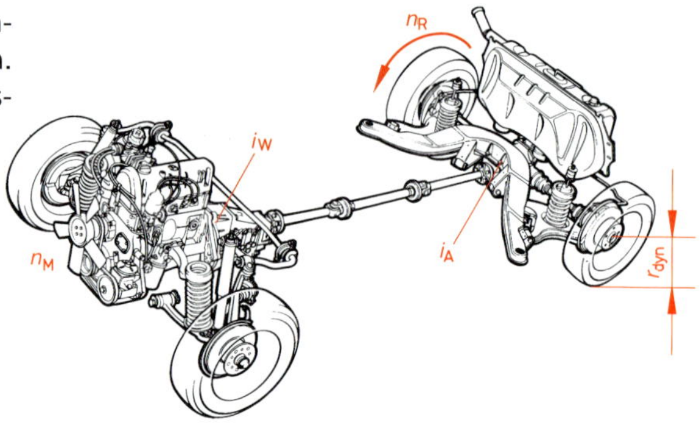

Damit ergibt sich die Fahrgeschwindigkeit

$$v_F = \frac{2 \cdot r_{dyn} \cdot \pi \cdot n_M \cdot 3{,}6}{1\,000 \cdot 60 \cdot i_{ges}}$$

Beispiel:

Ein Pkw fährt auf der Autobahn im 5. Gang.

Bekannt sind:
- der dynamische Halbmesser der Reifen r_{dyn} = 311 mm,
- das Übersetzungsverhältnis im 5. Gang des Wechselgetriebes i_{w5} = 0,89 : 1,
- das Übersetzungsverhältnis im Achsgetriebe i_A = 3,79 : 1.

Der Fahrer liest am Drehzahlmesser den Wert 5 500 1/min ab. Berechnen Sie die Fahrgeschwindigkeit.

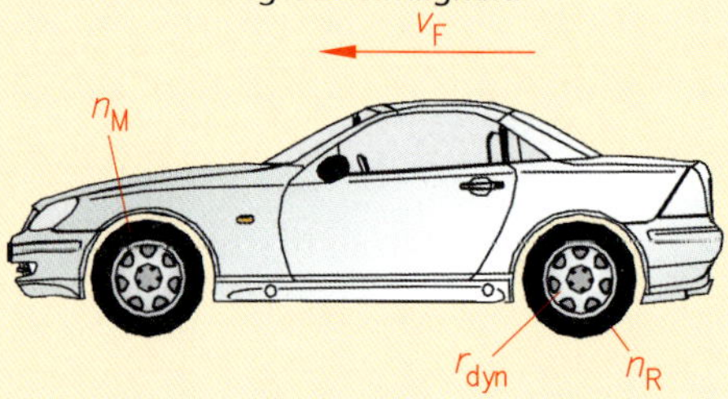

Gegeben: r_{dyn} = 311 mm
i_{w5} = 0,89:1
i_A = 3,79:1
$n_M = 5\,500 \frac{1}{min}$

Gesucht: v_F in $\frac{km}{h}$

Lösung:

$$v_F = \frac{2 \cdot r_{dyn} \cdot \pi \cdot n_M \cdot 3{,}6}{1\,000 \cdot 60 \cdot i_{ges}}$$

$$v_F = \frac{2 \cdot r_{dyn} \cdot \pi \cdot n_M \cdot 3{,}6}{1\,000 \cdot 60 \cdot i_{w5} \cdot i_A}$$

$$v_F = \frac{2 \cdot 311 \cdot \pi \cdot 5\,500 \cdot 3{,}6}{1\,000 \cdot 60 \cdot 0{,}89 \cdot 3{,}79} \frac{km}{h}$$

$$v_F = 191 \frac{km}{h}$$

18.4.7 Reifenkontrolle

Im Steuergerät für ABS ist ein Softwaremodul integriert, das langsamen bis schleichenden Druckverlust erkennt. Der Abrollumfang eines Reifens ist von seinem Fülldruck abhängig. Bei Druckverlust ändert sich der Umfang. Übersteigt er einen bestimmten Wert, erkennt die Reifenkontrolle einen Druckverlust und zeigt dies dem Fahrer durch eine dauerleuchtende Kontrolllampe für Reifen-Kontroll-Anzeige im Schalttafeleinsatz und einen einmaligen Summton bei Einschalten der Zündung an.

Sytemübersicht

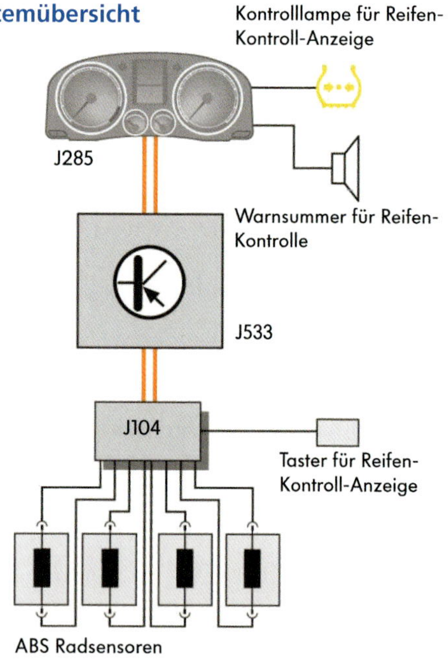

Legende

J104 Steuergerät für ABS mit EDS
J285 Steuergerät im Schalttafeleinsatz
J533 Diagnose-Interface für Datenbus

18.4.8 Reifenkontrollsystem

18.4.8.1 Systemkomponenten

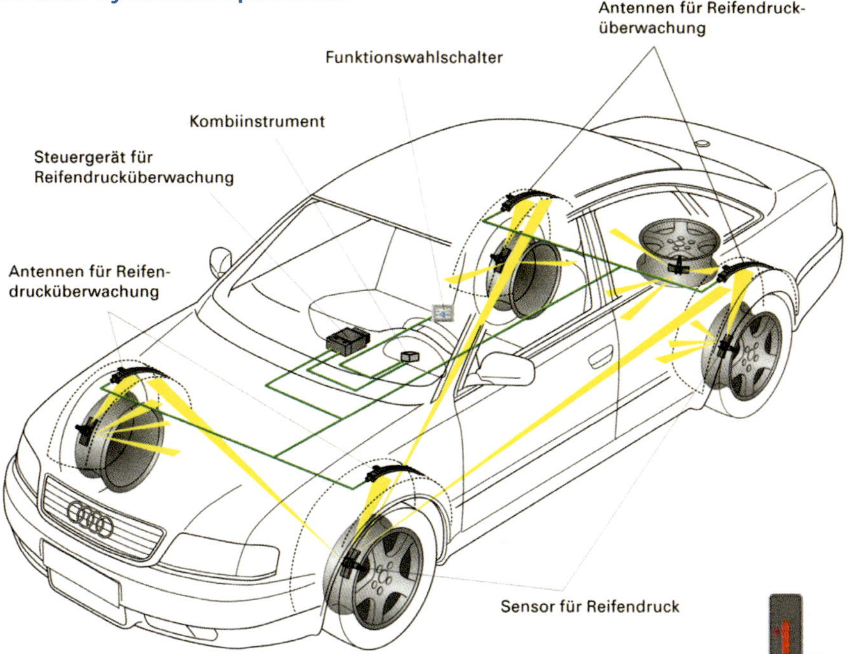

Das Reifenkontrollsystem umfasst folgende Komponenten:

- fünf Sensoren für Reifendruck (einschl. Reserverad),
- vier Antennen zur Reifendrucküberwachung,
- Steuergerät für Reifendrucküberwachung,
- Kombiinstrument,
- Funktionswahlschalter.

Die Sensoren für Reifendruck senden Funksignale, die von den Antennen empfangen werden. Die Antennen wandeln die Funksignale in digitale Signale um, senden sie über ein Hochfrequenzkabel an das Steuergerät. In der neueren Version erfolgt die Datenübertragung von den Antennen zum Steuergerät für Reifendrucküberwachung über LIN-Bus. Das Steuergerät wertet die Reifendrücke bzw. Reifendruckänderungen aus und gibt die Meldungen an den Schalttafeleinsatz weiter. Über das Display des Fahrerinformationssystems werden dem Fahrer eventuelle Warnungen angezeigt:

- schleichender Druckverlust,
- plötzlicher Druckverlust,
- übermäßiger Druckverlust bei Fahrzeugstillstand.

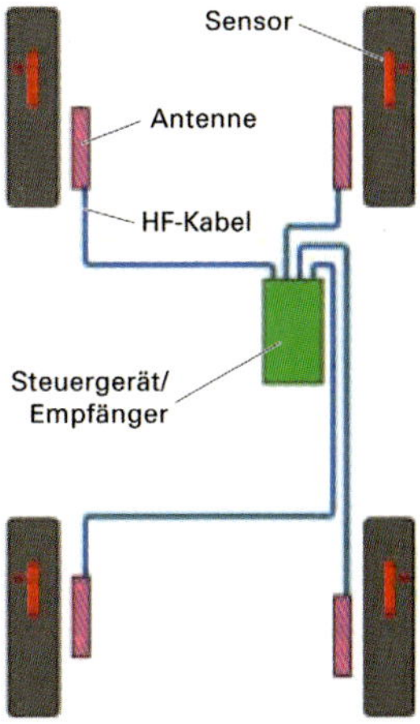

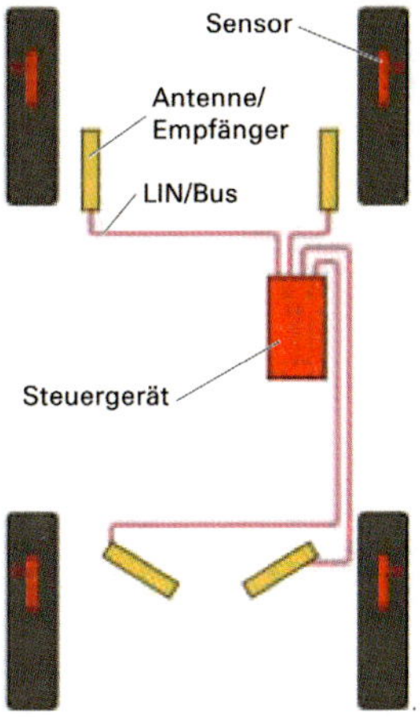

18.4.8.2 Sensor als Sender, Antenne als Empfänger

Der Reifendrucksensor ist an das Reifenfüllventil angeschraubt. In den Sensor sind folgende Komponenten integriert:

- Sendeantennen
  Sie senden den aktuellen Reifendruck, die aktuelle Reifendrucktemperatur, den Zustand der integrierten Batterien, die Identifizierungsnummer zur Raderkennung, entsprechende Informationen zur sicheren Datenübertragung.
- Drucksensor zum Messen des aktuellen Reifendrucks
- Temperatursensor zur Kompensation der temperaturabhängigen Druckänderungen
- Mess- und Steuerelektronik
- Batterien zur Energieversorgung

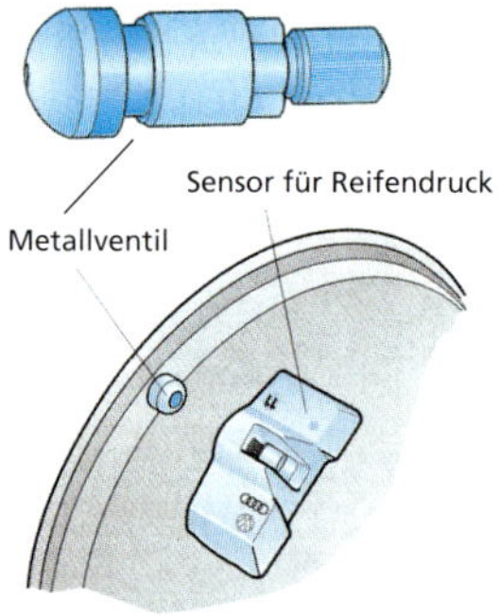

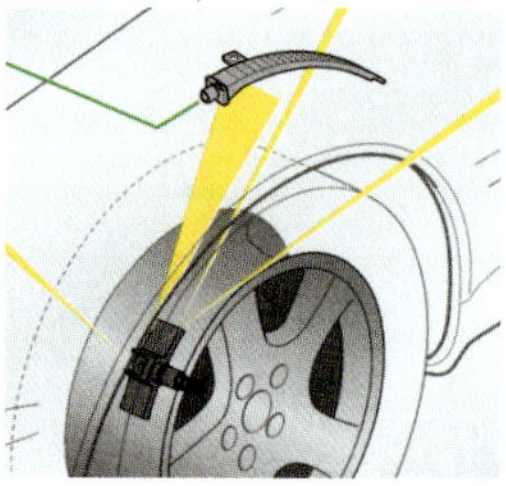

Die Antennen der Reifendrucküberwachung sind in den Radhäusern untergebracht. Sie empfangen die Funksignale der Sensoren und übermitteln sie zur weiteren Verarbeitung an das Steuergerät für Reifendrucküberwachung. Mit dem Funktionswahlschalter kann das Reifendruckkontrollsystem ab- bzw. eingeschaltet und die aktuellen Reifendrücke gespeichert werden.

18.4.8.3 Elektrischer Schaltplan

Der vereinfachte Stromlaufplan zeigt die Verknüpfung aller Komponenten des Reifendruckkontrollsystems.

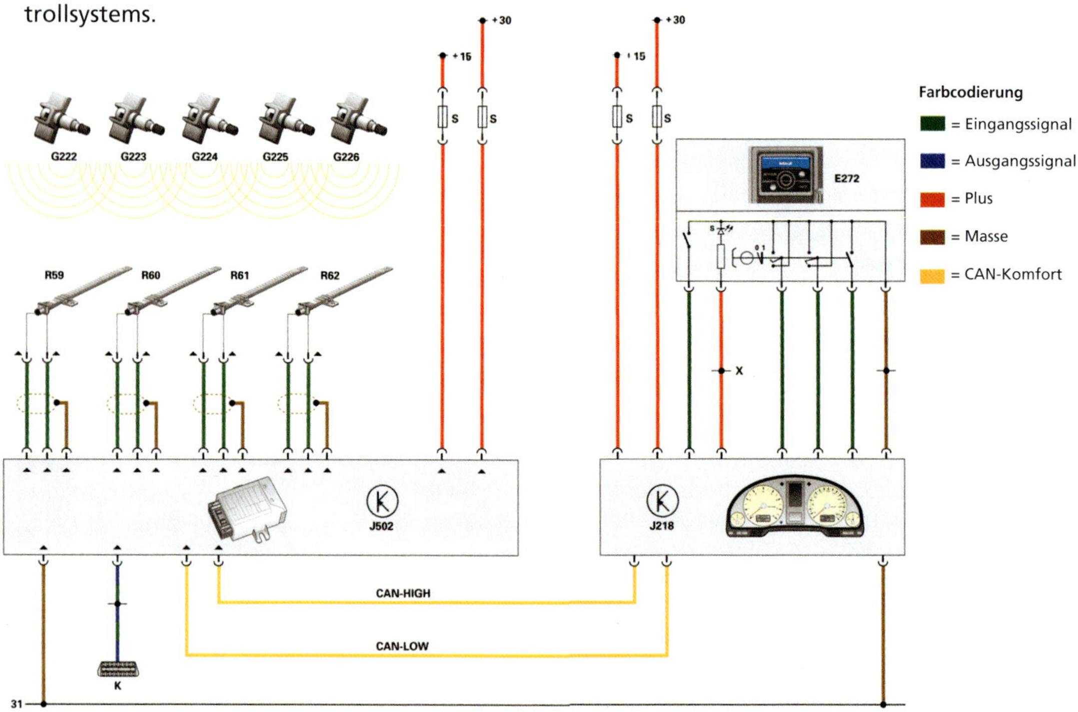

E272	Funktionswahlschalter	J218	Kombiprozessor im Schalttafeleinsatz	R61	Antenne für Reifendrucküberwachung, hinten links
G222	Sensor für Reifendruck, vorne links	J502	Steuergerät für Reifendrucküberwachung	R62	Antenne für Reifendrucküberwachung, hinten rechts
G223	Sensor für Reifendruck, vorne rechts	K	Diagnose-Anschluss	X	Klemme 58s
G224	Sensor für Reifendruck, hinten links	R59	Antenne für Reifendrucküberwachung, vorne links	▲	Goldkontakt
G225	Sensor für Reifendruck, hinten rechts	R60	Antenne für Reifendrucküberwachung, vorne rechts		
G226	Sensor für Reifendruck, Reserverad				

18.5 Luftfederung mit elektronisch gesteuerten Dämpfern

Die Federung ist eine volltragende Luftfederung mit elektronisch gesteuerten Dämpfern. Diese Systeme ermöglichen unterschiedliche Fahrzeug-Niveaulagen und Dämpfereinstellungen.

Fahrzeug-Niveaulagen

Mittels der Luftfederung können drei Fahrzeugniveaus eingestellt werden:

- Basisniveau
- Hochniveau
  Es liegt 25 mm über dem Basisniveau und ist für Fahrten auf schlechten Straßen einstellbar.
- Tiefniveau
  Es liegt 20 mm unter dem Basisniveau und wird geschwindigkeitsabhängig automatisch eingestellt.

Dämpfereinstellungen

Die kontinuierliche Dämpfungsregelung basiert auf Schwingungsdämpfern, deren Kennlinien elektrisch verstellbar sind.

Es wird entweder
- ein Dämpferkennfeld mit komfortorientierter Abstimmung oder
- ein Dämpferkennfeld mit sportlicher Abstimmung

eingestellt.

18.5.1 Systemkomponenten

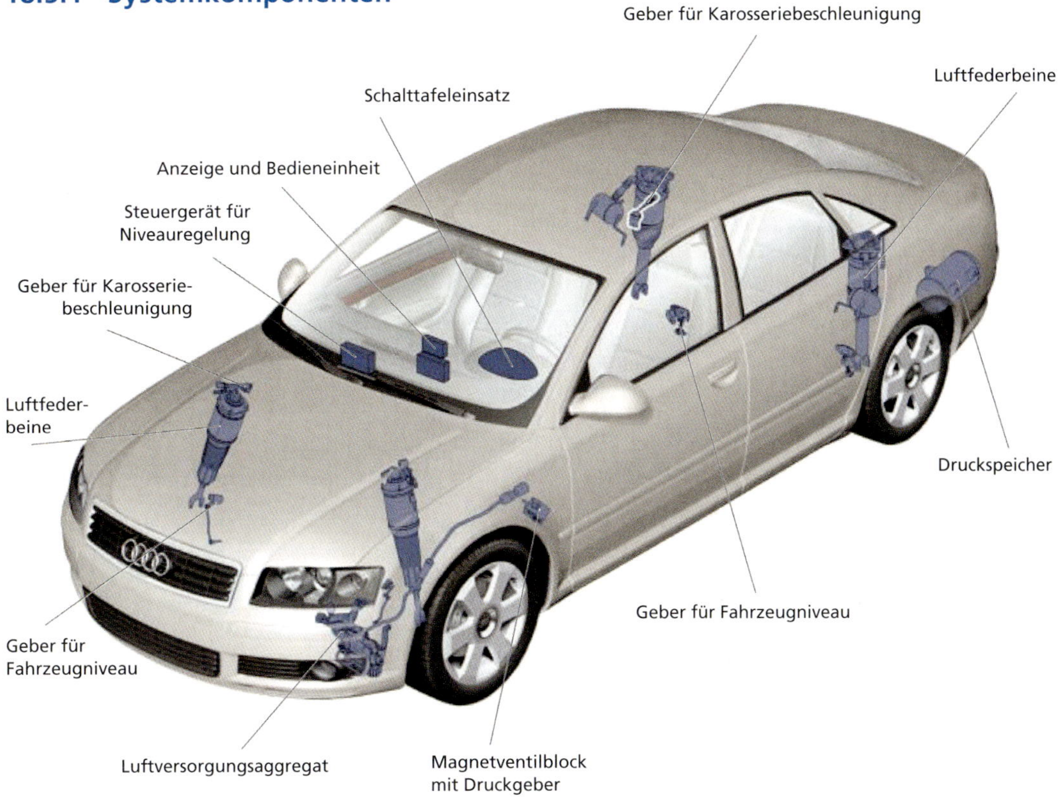

18.5.2 Systemübersicht der nicht vernetzten Bauteile

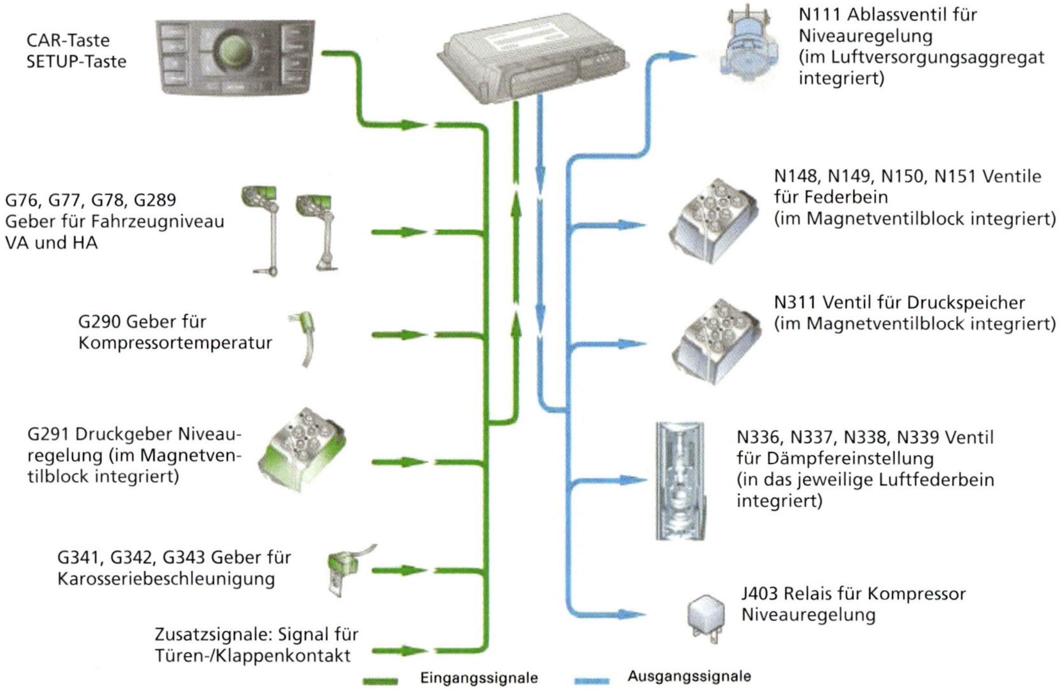

18.5.3 Sensoren

Geber für Karosseriebeschleunigung

Prinzipbild/Schaltbild

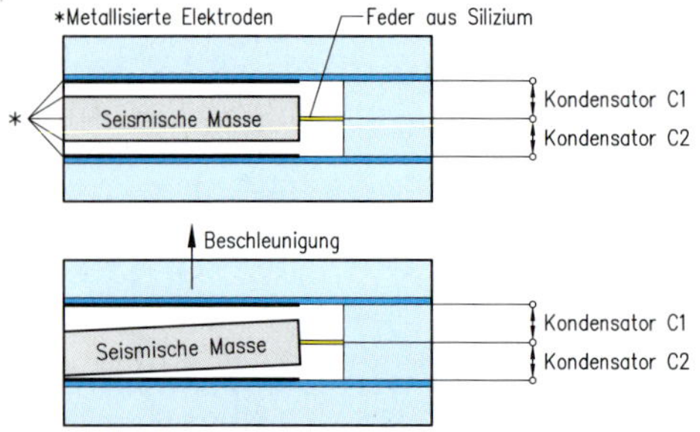

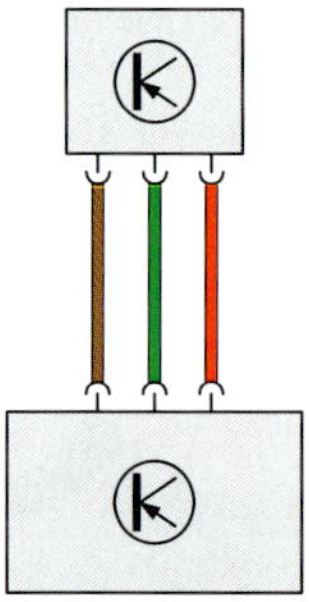

Funktion

Zwei Sensoren befinden sich an den Federbeindornen der Vorderachse, der dritte Sensor sitzt im rechten hinteren Radhaus.

Um für jeden Fahrzustand die optimale Dämpfung einzustellen, muss der zeitliche Ablauf der Karosseriebewegung und der Achsbauteile bekannt sein. Das Geberelement besteht aus einer beweglich gelagerten Elektrode (seismische Masse), einer oberen und einer unteren Elektrode. Es entstehen zwei Kondensatoren C1 und C2.

Die Versorgungsspannung wird vom Steuergerät zur Verfügung gestellt.

- Ruhezustand: Die seismische Masse befindet sich mittig zwischen den Gegenelektroden. Die Kapazität der Kondensatoren C1 und C2 ist gleich.
- Beschleunigung: Die seismische Masse wird durch die Massenträgheit abgelenkt, der Abstand der Elektroden ändert sich.

Im Beispiel vergrößert sich die Kapazität des Kondensators C2, die des Kondensators C1 verringert sich. Das Steuergerät wertet die Gebersignale aus.

Geber für Fahrzeugniveau

Prinzipbild/Schaltbild

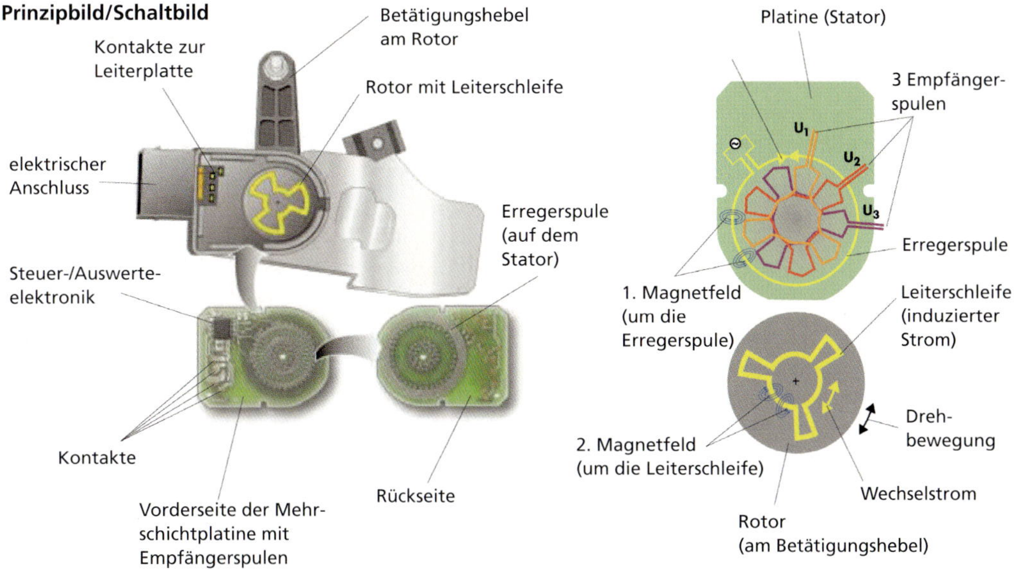

Funktion

Er erfasst den Abstand zwischen Achslenker und Karosserie und damit den Höhenstand des Fahrzeugs. Niveausensoren sind Drehwinkelsensoren.

Mithilfe von Koppelstangen werden die Niveauänderungen des Fahrzeugaufbaus auf den Drehwinkelsensor übertragen.

Der Drehwinkelsensor besteht aus

- Stator: Mehrschichtplatine mit Erregerspule, drei Empfängerspulen und Auswerteelektronik.
- Rotor: geschlossene Leiterschleife, die mit der Geberkurbel verbunden ist.

Wird die Erregerspule von einem Wechselstrom durchflossen, entsteht ein elektromagnetisches Wechselfeld. Dieses induziert in der Leiterschleife des Rotors einen Strom, der ein zweites Magnetfeld erzeugt. Beide Magnetfelder wirken auf die Empfängerspulen und induzieren in ihnen eine Wechselspannung. Die Induktion des Rotors ist unabhängig von seiner Winkelstellung, die der Empfangsspulen ist jedoch abhängig von seiner Winkelstellung. Je nach Stellung des Rotors zu den Empfängerspulen ergeben sich unterschiedliche Spannungsamplituden. Eine Auswerteelektronik wertet die Wechselspannungen der Empfängerspulen aus und wandelt das Ergebnis in Ausgangssignale des Niveausensors um und stellt die Informationen dem Steuergerät zur weiteren Verarbeitung zur Verfügung.

Geber für Kompressordruck

Prinzipbild/Schaltbild

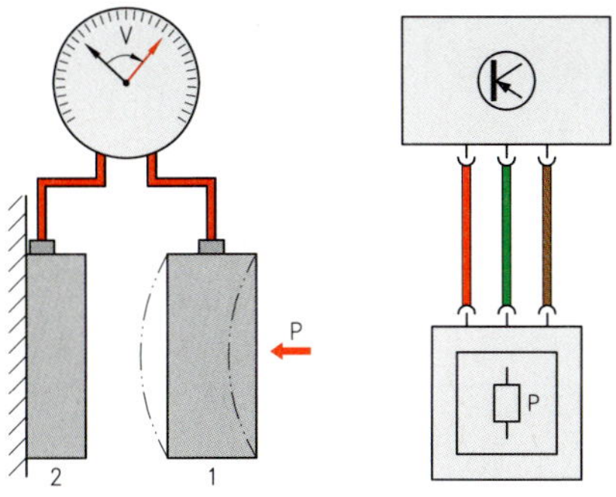

Funktion

Der Drucksensor ist in die Ventileinheit integriert und überwacht die Vorder- und Hinterachsbeine oder den Druckspeicher.

Der Geber arbeitet nach dem kapazitiven Prinzip. Er besteht aus zwei Elektroden (1,2), die einen Kondensator bilden. Eine Elektrode ist auf dem Gebergehäuse (1), eine Elektrode auf einer Keramikplatte (2) angeordnet. Der zu messende Druck lenkt die eine Membran aus, wodurch sich der Abstand zwischen den Elektroden und damit die Kapazität des Kondensators ändert. Eine Auswerteelektronik wandelt die Kapazitätsänderung in ein Ausgangssignal um.

18.5.4 Aktoren

18.5.4.1 Luftfederbein

Luftfeder

An der Vorder- und an der Hinterachse werden Luftfederbeine mit außengeführtem, zweilagigem Luftfeder-Rollbalg eingesetzt.

Die Luftfeder besteht aus folgenden Funktionselementen:

- oberer Gehäuseabschluss
- Schlauchrollbalg
  Er besteht aus hochwertigem Elastomer-Werkstoff mit Gewebeeinlagen. Die innere Schicht ist besonders luftdicht ausgeführt. Der Festigkeitsträger (Gewebeeinlage) nimmt die Kräfte auf, die durch den Innendruck in den Luftfedern entstehen.
  Der Schlauchrollbalg rollt auf dem Abrollkolben ab.
- Abrollkolben
- Spannringe zum Einspannen des Schlauchrollbalgs zwischen oberem Gehäuseabschluss und Kolben.

Die gewünschte Federrate wird durch Kombination der entsprechenden Kontur des Abrollkolbens und einem Zusatzspeicher direkt am Federbein erreicht.

An jedem Luftfederbein sind direkt am Luftanschluss Restdruckhalteventile montiert, die einen Restdruck von ca. 3,5 bar im Luftfederbein halten. Damit wird eine einfache Montage und Lagerung des Luftfederbeins ermöglicht.

Gegen Verschmutzung schließt eine Manschette den Bereich zwischen Abrollkolben und Zylinder ab.

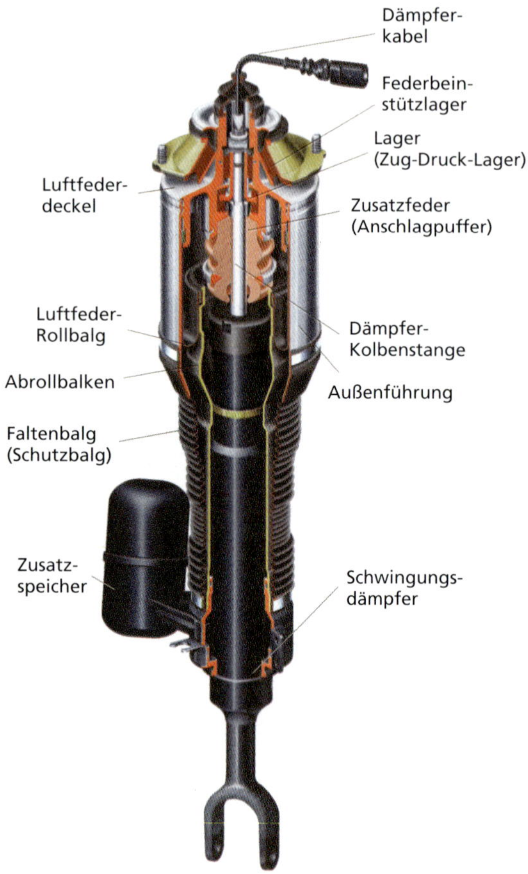

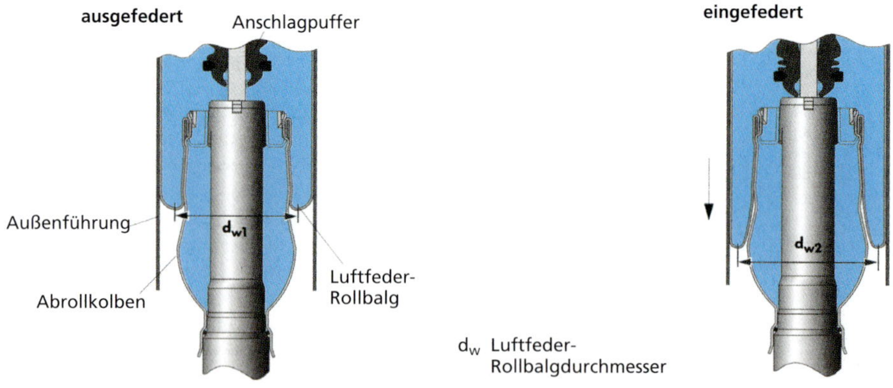

18.5.4.2 Schwingungsdämpfer mit Ventil für Dämpfungsverstellung

Als Schwingungsdämpfer wird ein Zweirohr-Gasdruckdämpfer mit einem im Kolben integrierten, elektrisch gesteuerten Ventil eingesetzt (CDC-Dämpfer = continuous damping control).
Das Hauptdämpfungsventil wird durch eine Feder vorgespannt.

Über dem Ventil sitzt eine Magnetspule. Ihr Anschlusskabel wird über die hohle Kolbenstange nach außen geführt. Durch elektrische Ansteuerung der Magnetspule kann innerhalb sehr kurzer Zeit der Öldurchfluss durch das Kolbenventil verändert werden. Die Dämpfkraft des Zweirohr-Gasdruckdämpfers wird vom Durchflusswiderstand der Kolbenventile bestimmt:

Je größer der Durchflusswiderstand für das durchströmende Öl, desto größer ist die Dämpfkraft.

Die höchste Dämpfungskraft liegt vor, wenn keine elektrische Ansteuerung der Magnetspule erfolgt. In Notlauf erfolgt keine Ansteuerung der Magnetspule, sodass die maximale Dämpfungskraft eingestellt und damit ein fahrdynamisch stabiler Zustand gewährleistet ist.

Die fahrsituationsabhängigen Kennfelder sind im Steuergerät für Niveauregelung abgelegt.

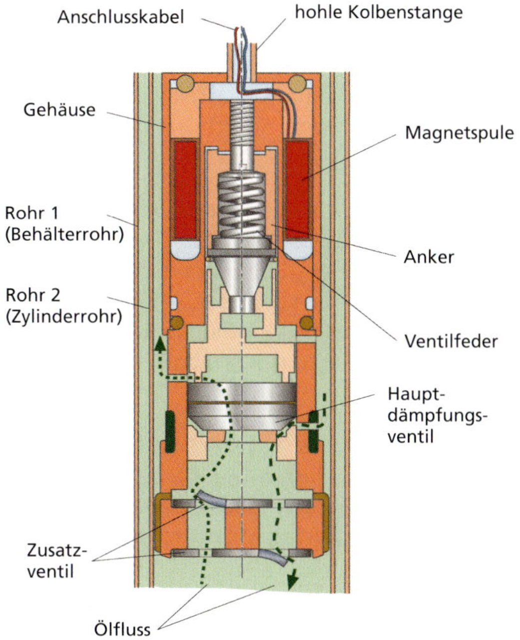

18.5.4.3 Magnetventile

Weitere Aktoren sind in das Luftversorgungsaggregat bzw. den Magnetventilblock integriert. Die Verknüpfung der Komponenten zeigt der Pneumatikplan.

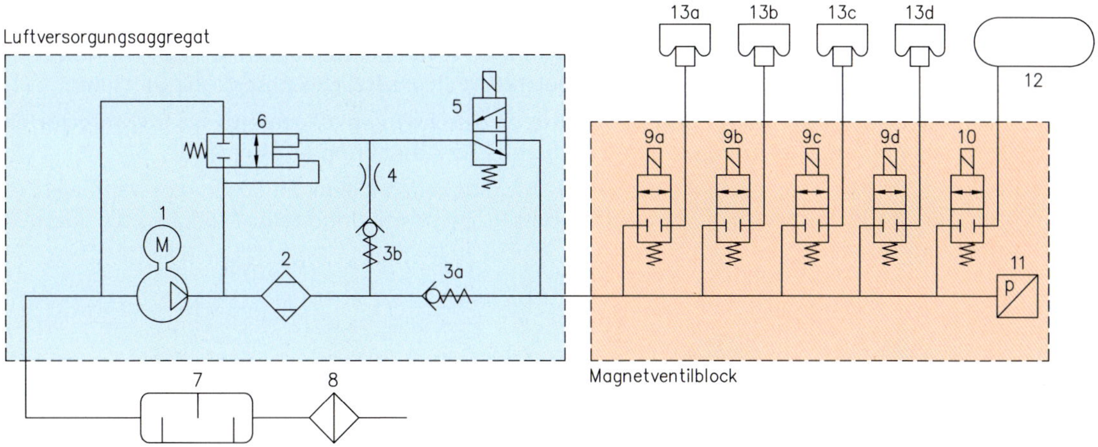

1	Kompressor V66	8	Luftfilter	12	Druckspeicher
2	Lufttrockner	9a	Ventil für Federbein VL N148	13a	Luftfeder VL
3a, 3b	Rückschlagventile	9b	Ventil für Federbein VR N149	13b	Luftfeder VR
4	Ablassdrossel	9c	Ventil für Federbein HL N150	13c	Luftfeder HL
5	Elektrisches Ablassventil N111	9d	Ventil für Federbein HR N151	13d	Luftfeder HR
6	Pneumatisches Ablassventil	10	Ventil für Druckspeicher N311		
7	Zusatzgeräuschdämpfer	11	Druckgeber G291		

Die Luft wird vom Kompressor (1) durch den Luftfilter (8) und den Zusatzgeräuschdämpfer (7) angesaugt. Die verdichtete Luft gelangt in den Lufttrockner (2), der die Luft entfeuchtet. Anschließend strömt die Luft über das Rückschlagventil (3a) und die Ventile für Federbein (9) in die Luftfedern (13).

Das elektrische Ablassventil (5) wird zum Absenken vom Steuergerät mit den Ventilen für die Federbeine angesteuert.

Das pneumatische Ablassventil erfüllt zwei Aufgaben:

- Restdruckhalteeinrichtung: Es stellt sicher, dass ein Mindestdruck von 3,5 bar erhalten bleibt.
- Druckbegrenzung: Sie schützt das System vor unzulässig hohem Druck.

Anheben
Die Ventile für die Luftfedern werden angesteuert und öffnen. Das elektrische Ablass- und das pneumatische Ablassventil (5, 6) sind geschlossen. Die vom Kompressor (1) angesaugte und verdichtete Luft gelangt über den Lufttrockner (2), das Rückschlagventil (3a) und die Luftfederventile (9a bis 9d) in die Luftfeder.
Der Luftspeicher (12) wird nur im Fahrzustand über das Ventil (10) befüllt, um die Geräuschentwicklung gering zu halten. Er ermöglicht ein schnelleres Anheben des Fahrzeugniveaus.

Ablassen
Die Luftfederventile (9a bis 9d) und das elektrische Ablassventil (5) werden geöffnet. Die Luft strömt über das Rückschlagventil (3b), den Lufttrockner (2) und das pneumatisch vorgesteuerte Ablassventil (6), den Zusatzgeräuschdämpfer (7) und den Luftfilter (8) ins Freie.
Beim Strömen durch den Lufttrockner (2) wird das Trockenmittel regeneriert.

18.5.5 Regelkonzept

Programme

Folgende Programme können manuell oder automatisch gewählt werden:

- Modus „automatic“: Die Dämpfung ist komfortorientiert mit entsprechend angepasstem Dämpferkennfeld. Absenkung: 25 mm
- Modus „dynamic“: Ein straffes Dämpfungskennfeld wird über den gesamten Geschwindigkeitsbereich eingestellt. Absenkung: 20 mm, über 120 km/h zusätzliche Absenkung um 5 mm.
- Modus „comfort“: Die Dämpfung ist im unteren Geschwindigkeitsbereich noch komfortorientierter als im Modus „automatic“. Eine automatische Absenkung erfolgt nicht.
- Modus „lift“: Dieser Modus kann nur bei Geschwindigkeiten kleiner als 80 km/h gewählt werden. Ab 100 km/h wird der Modus automatisch verlassen. Der zuvor eingestellte Modus wird eingestellt. Anhebung: 25 mm.

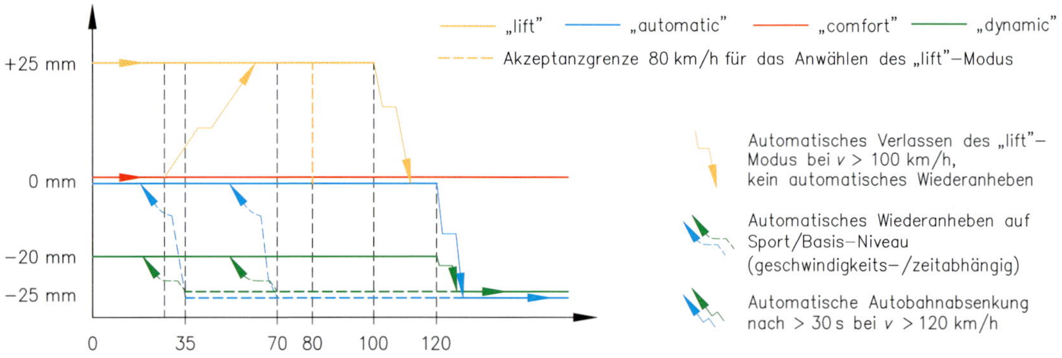

Kurvenfahrt

Wird dem Steuergerät für Niveauregelung von den vernetzten Steuergeräten und Sensoren Kurvenfahrt gemeldet, erfolgt eine Unterbrechung der Regelung. Sie wird anschließend weitergeführt. Die Dämpfungskräfte werden an die jeweilige Fahrsituation angepasst.

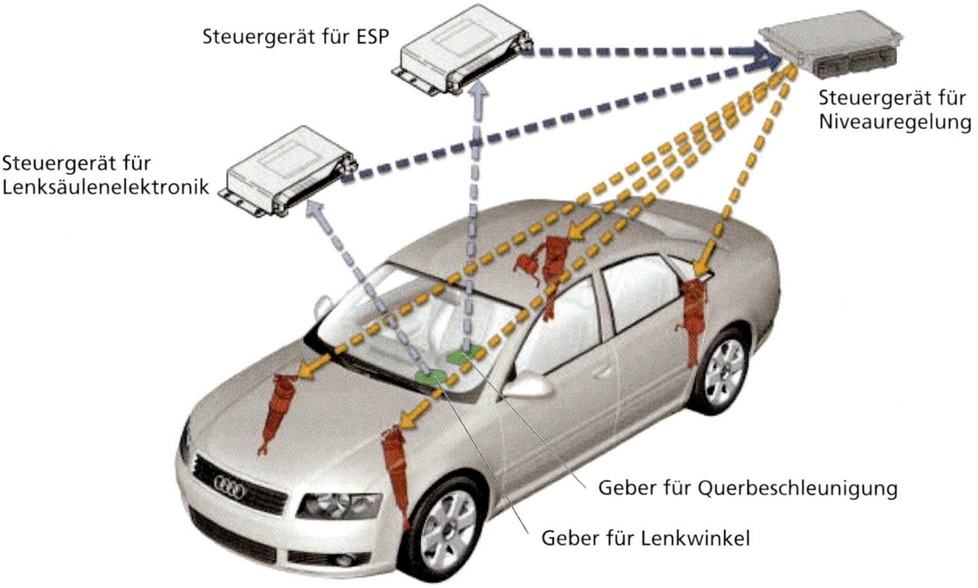

18.5.6 Systemübersicht über vernetzte Funktionseinheiten und CAN-Datenaustausch

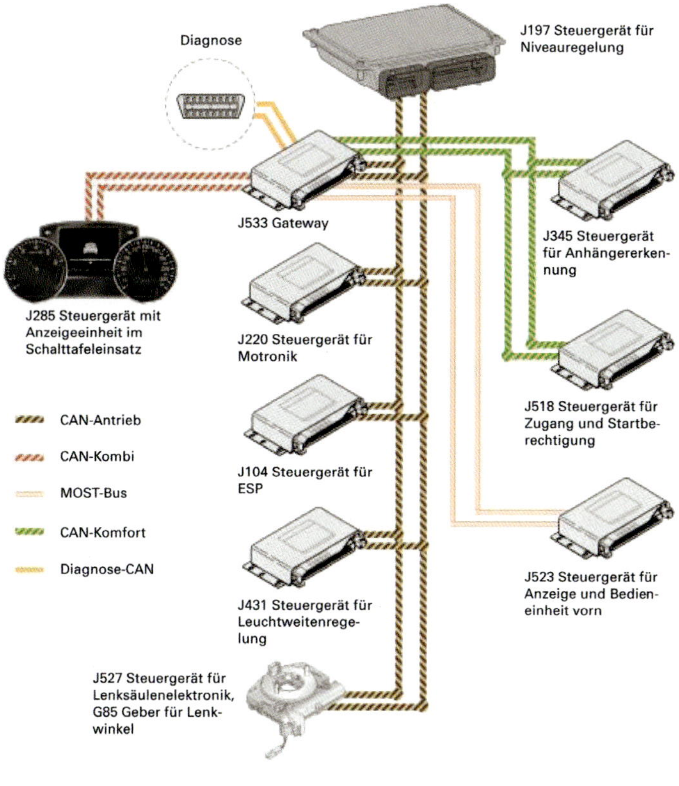

18.5.7 Elektrischer Schaltplan

Der vereinfachte Stromlaufplan zeigt die Verknüpfung der Komponenten.

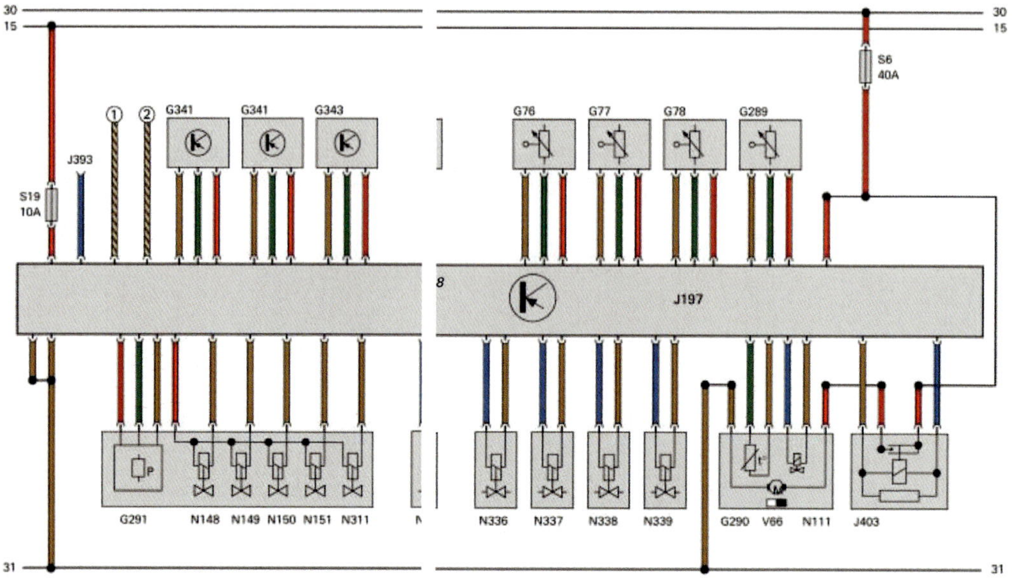

Farbcodierung

- (grün) : Eingangssignal
- (blau) : Ausgangssignal
- (rot) : Plus-Versorgung
- (braun) : Masse
- (schraffiert) : CAN-BUS

Zusatzsignale

① CAN-High

② CAN-Low

G76 Geber für Fahrzeugniveau hinten, links
G77 Geber für Fahrzeugniveau hinten, rechts
G78 Geber für Fahrzeugniveau vorne, links
G289 Geber für Fahrzeugniveau vorne, rechts
G290 Geber für Kompressortemperatur, Niveauregelung
G291 Druckgeber für Niveauregelung
J393 Zentralsteuergerät für Komfortsystem (für Türensignal)
G341 Geber für Karosseriebeschleunigung vorne, links
G342 Geber für Karosseriebeschleunigung vorne, rechts
G343 Geber für Karosseriebeschleunigung hinten
J197 Steuergerät für Niveauregelung
J403 Relais für Kompressor, Niveauregelung

N111 Ablassventil für Niveauregelung
N148 Ventil für Federbein vorne, links
N149 Ventil für Federbein vorne, rechts
N150 Ventil für Federbein hinten, links
N151 Ventil für Federbein hinten, rechts
N311 Ventil für Druckspeicher, Niveauregelung
N336 Ventil für Dämpferverstellung vorne, links
N337 Ventil für Dämpferverstellung vorne, rechts
N338 Ventil für Dämpferverstellung hinten, links
N339 Ventil für Dämpferverstellung hinten, rechts
V66 Motor für Kompressor, Niveauregelung

18.6 Entkoppelbare Stabilisatoren

Ein Geländefahrzeug erfordert im

- On-Road-Betrieb für ein sportliches und sicheres Fahren eine straffe Federung mit hoher Dämpfung und verdrehsteifen Stabilisatoren, die bei Kurvenfahrt eine zu starke Seitenneigung verhindern;
- Off-Road-Betrieb eine weiche Federung mit geringer Dämpfung und verdrehweichen Stabilisatoren, die im Gelände eine große Achsverschränkung ermöglichen.

Dies lässt sich mit entkoppelbaren Stabilisatoren verwirklichen.

Das System „entkoppelbare Stabilisatoren" besteht aus drei Hauptkomponenten:

- hydraulische Versorgungseinheit,
- Steuergerät für Stabilisatorentkopplung,
- entkoppelbare Stabilisatoren.

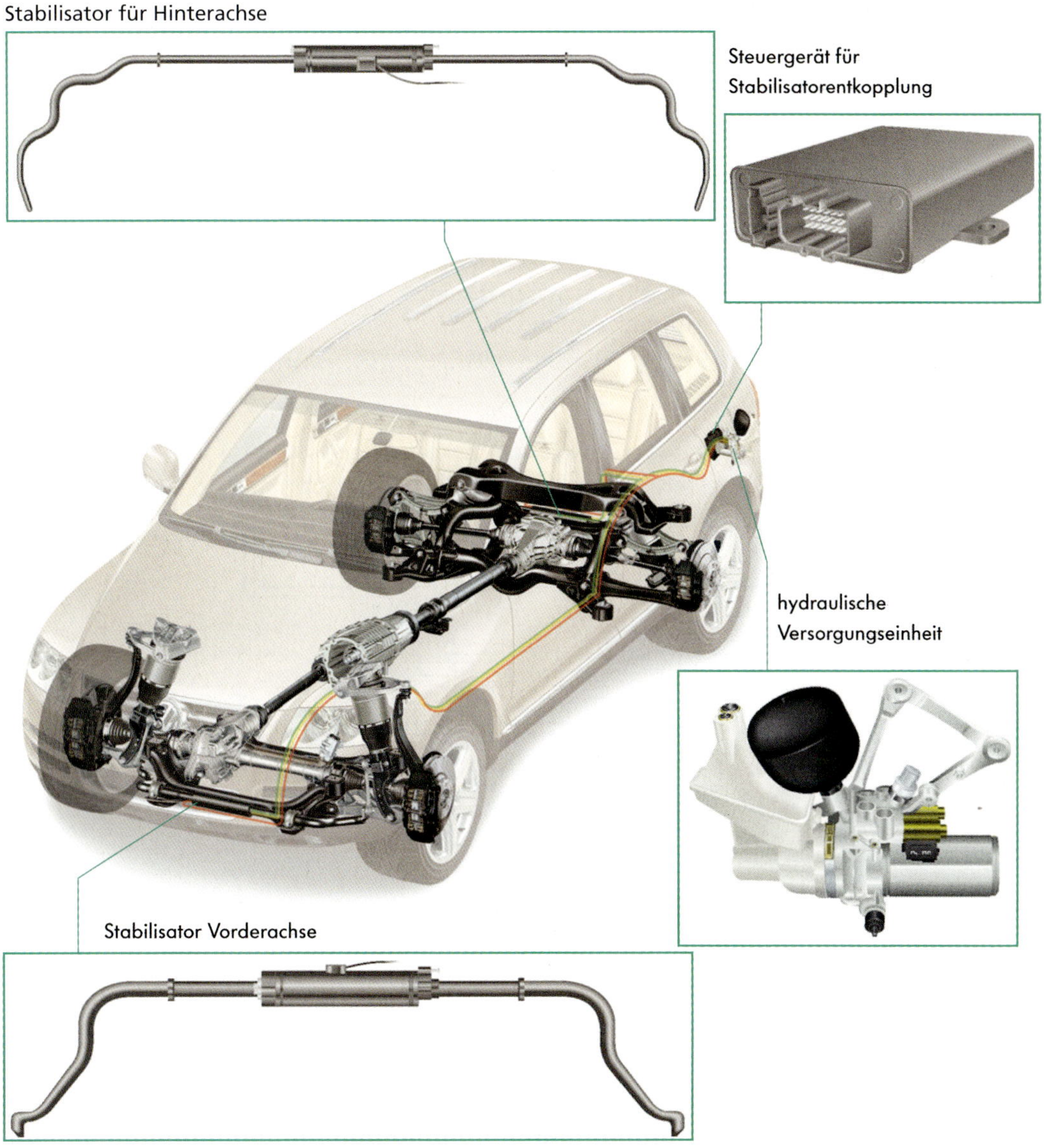

Verschränkung

Die entkoppelbaren Stabilisatoren erhöhen die Verschränkung einer Achse um maximal 60 mm.

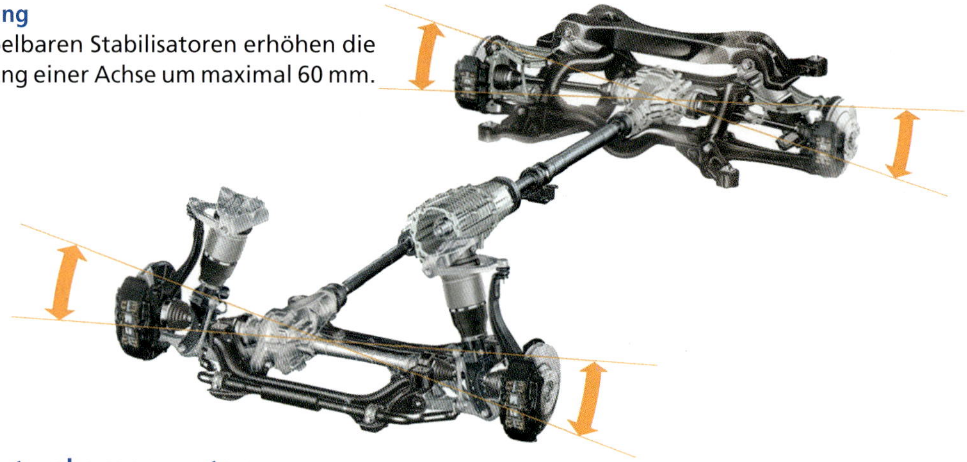

18.6.1 Systemkomponenten

18.6.1.1 Hydraulische Versorgungseinheit

Die hydraulische Versorgungseinheit besteht aus

- einer Zahnradpumpe mit Elektromotor, die den Systemdruck von 110 bar erzeugt,
- einem Ausgleichbehälter, der die Hydraulikflüssigkeit enthält,
- einem Druckspeicher, der die hydraulische Druckenergie speichert und bei Bedarf der hydraulischen Versorgungseinheit zur Verfügung stellt,
- einem Drucksensor zur Überwachung des Systemdrucks,
- zwei Schaltventile zur Stabilisatorentkopplung.
  Die Stabilisatoren werden je nach Schaltstellung der Schaltventile gekoppelt oder entkoppelt (siehe Hydraulikplan).

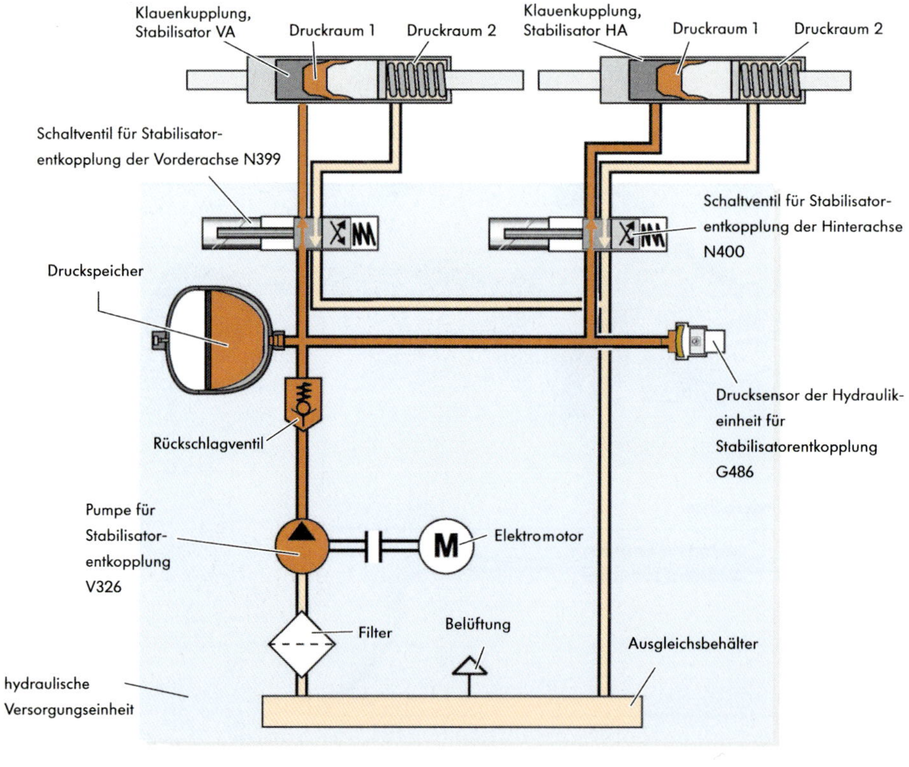

18.6.1.2 Stabilisatorkupplung

Die Stabilisatoren der Vorder- und Hinterachse besitzen einen Aktor, in dem sich eine Klauenkupplung befindet. Die Klauenkupplung wird hydraulisch betätigt. Sie besteht aus den beiden Kupplungselementen, einem Schaltelement und einer Feder. Am Gehäuse ist ein Sensor für Stabilisatorkopplung angeordnet.

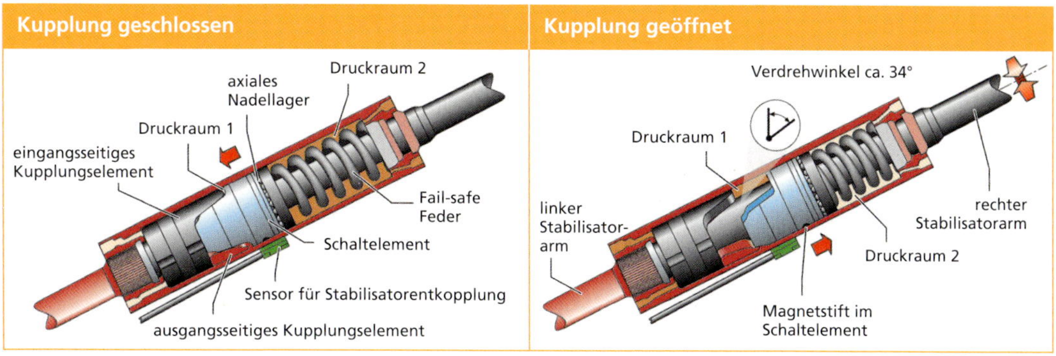

18.6.2 Steuerung

18.6.2.1 Systemübersicht

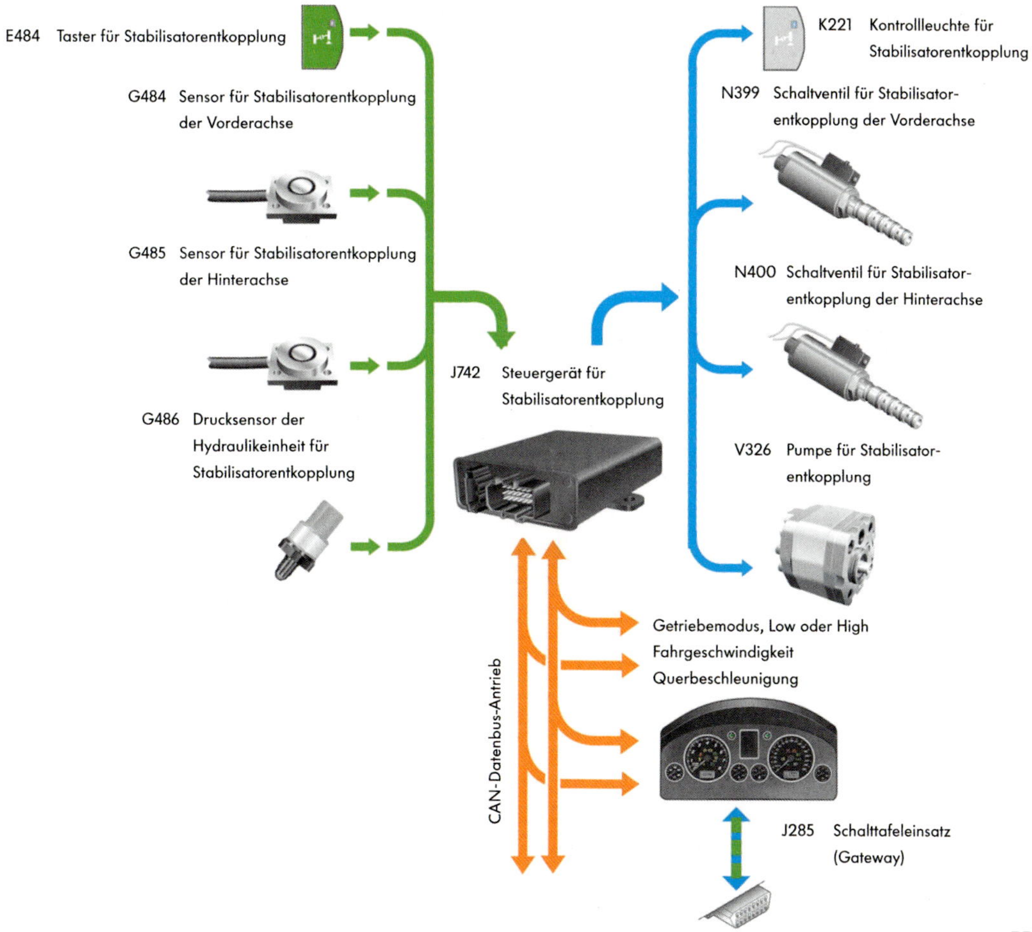

Das Steuergerät erhält direkt

- vom Drucksensor Informationen über den Systemdruck,
- von den Sensoren für Stabilisatorentkopplung den Schaltzustand der Stabilisatoren,
- vom Taster für Stabilisatorentkopplung den Wunsch des Fahrers

und über CAN-Datenbus Informationen über

- die Fahrgeschwindigkeit,
- die Querbeschleunigung,
- den Getriebemodus.

Diese Informationen wertet das Steuergerät aus und steuert die Aktoren an.

Die Entkopplung auf Wunsch des Fahrers wird nur dann durchgeführt, wenn die Fahrgeschwindigkeit kleiner 40 km/h und die Querbeschleunigung kleiner 0,5 g (g = 9,81 m/s²) ist. Das System koppelt automatisch, wenn die Geschwindigkeit von 50 km/h bzw. 35 km/h und die Querbeschleunigung 0,9 g bzw. 0,7 g überschritten wird.

18.6.2.2 Elektrischer Schaltplan

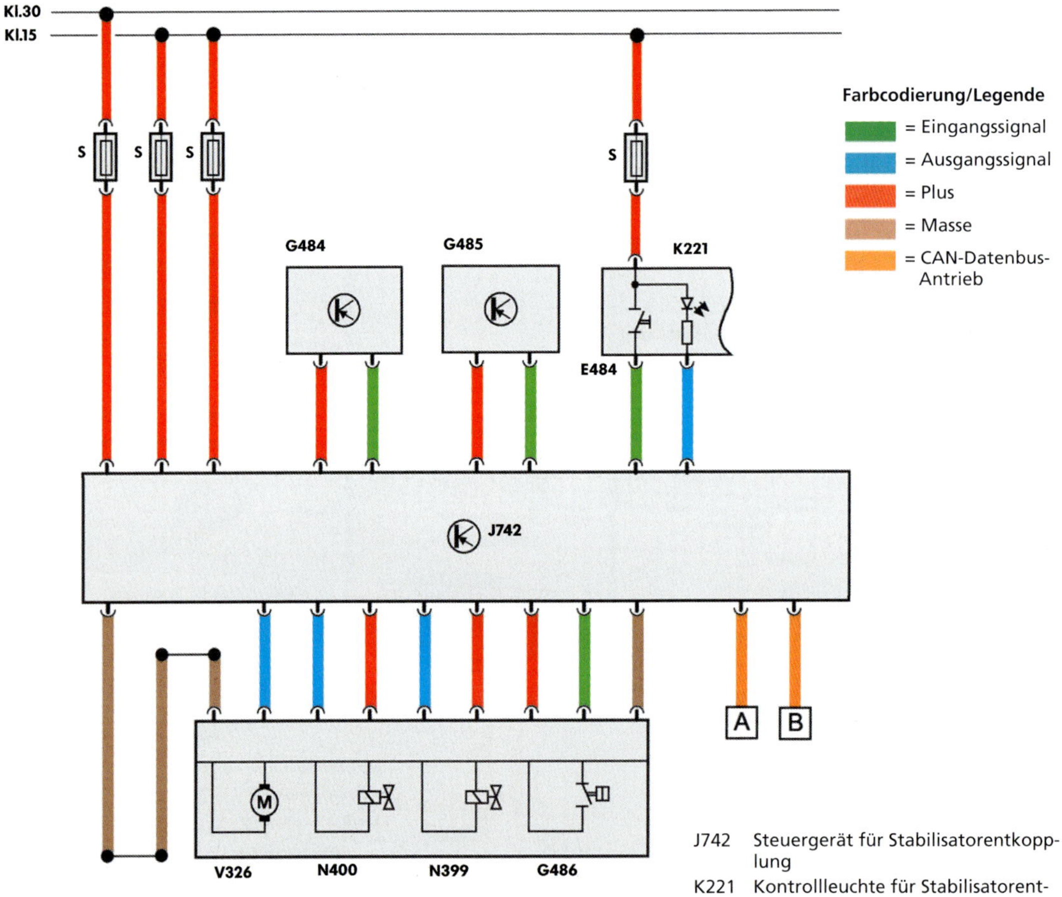

A CAN-Datenbus-Antrieb-Low
B CAN-Datenbus-Antrieb-High
E484 Taster für Stabilisatorentkopplung
G484 Sensor für Stabilisatorentkopplung der Vorderachse
G485 Sensor für Stabilisatorentkopplung der Hinterachse
G486 Drucksensor der Hydraulikeinheit für Stabilisatorentkopplung
J742 Steuergerät für Stabilisatorentkopplung
K221 Kontrollleuchte für Stabilisatorentkopplung
N399 Schaltventil für Stabilisatorentkopplung der Vorderachse
N400 Schaltventil für Stabilisatorentkopplung der Hinterachse
V326 Pumpe für Stabilisatorentkopplung

18.7 Fahrwerksänderungen

18.7.1 Maßnahmen

Serienfahrwerke sind ein Kompromiss zwischen problemlosen Fahreigenschaften und Federungskomfort.

Unter Verzicht auf Fahrkomfort durch härtere Fahrwerksabstimmung sind bessere Fahreigenschaften zu erreichen. Für ein Sportfahrwerk sind Umrüstungen erforderlich.

Ein Sportfahrwerk muss folgende Forderungen erfüllen:

- hohe Kurvengeschwindigkeit und Richtungsstabilität,
- gut kontrollierbares Fahrverhalten im Grenzbereich,
- sicheres Fahrverhalten bei Wechselkurven und Lastwechseln,
- gute Übertragung der Antriebskraft auf die Fahrbahn.

Ein wichtiger Wert ist die Kurvengrenzgeschwindigkeit. Sie ist die maximal erreichbare Kurvengeschwindigkeit auf einem bestimmten Kurvenradius, bevor der Wagen ausbricht. Einfluss auf die Kurvengeschwindigkeit haben

- die Reifen (Bauart, Dimension, Gummimischung, Lauffläche, Profilgestaltung),
- Schwerpunkthöhe,
- Spurweite und Radstand,
- Gewichtsverteilung,
- Art und Ausführung der Radaufhängung.

Um die Seitenführungskräfte und damit die Kurvengrenzgeschwindigkeit zu erhöhen, sind folgende Maßnahmen möglich:

- Breitreifen,
- höherer Luftdruck,
- breitere und leichtere Felgen,
- Wagen tiefer legen,
- negativer Sturz vorne und hinten,
- Spur vorne und hinten verbreitern,
- Stabilisatoren vorne und hinten,
- Front- und Heckspoiler, um den Auftrieb zu reduzieren.

18.7.2 Einzelmaßnahmen

Breitreifen, Felgen

Breitreifen besitzen aufgrund der breiteren Lauffläche mehr Grip und Traktion. Durch die geringeren Querschritte werden größere Seitenkräfte bei geringerem Schräglaufwinkel aufgenommen. Bei höherem Reifendruck wird der Schräglaufwinkel ebenfalls kleiner. Es gilt

- höherer Reifendruck vorn reduziert das Untersteuern,
- höherer Reifendruck hinten reduziert das Untersteuern.

Auf einer breiteren Felge stützt sich der gleiche Reifen besser ab. Es gilt

- breitere Felge hinten reduziert das Übersteuern,
- breitere Felge vorne reduziert das Untersteuern.

Veränderung vom Sturz

Durch negativen Sturz kann das an der Kurvenaußenseite sich abstützende Rad größere Seitenführungskräfte aufbauen und damit größere Kurvengeschwindigkeiten erreichen.

Die Veränderung des Sturzes bewirkt

- negativer Sturz vorne mindert das Untersteuern,
- negativer Sturz hinten mindert das Übersteuern.

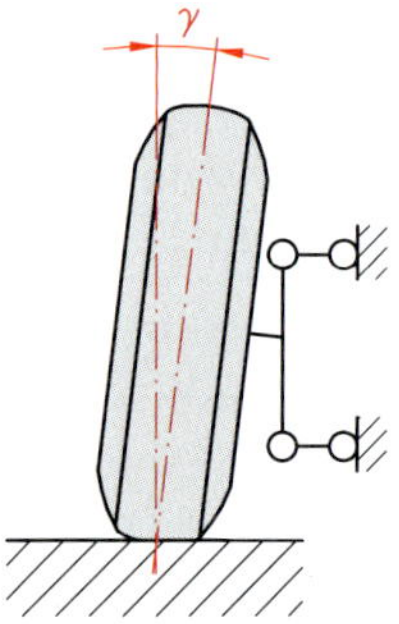

Damit sich die Reifen nicht unregelmäßig abnutzen, sollten die negativen Sturzwinkel vorne nicht mehr als 2 Grad, hinten nicht mehr als 3 Grad betragen.

Verändern der Spurbreite

Durch Distanzscheiben oder geringere Einpresstiefe kann die Spurbreite einer Achse verändert werden. Die seitliche Abstützung des Fahrzeugs wird damit verbessert. Veränderungen der Spurbreite bewirken:

- breitere Spur vorne reduziert das Untersteuern,
- breitere Spur hinten reduziert das Übersteuern.

Stabilisatoren vorne und hinten

Der Stabilisator erhöht bei Kurvenfahrten die Radlast auf das kurvenäußere Rad. Gleichzeitig wird das kurveninnere Rad entlastet und der Schräglaufwinkel auf der Außenseite erhöht.

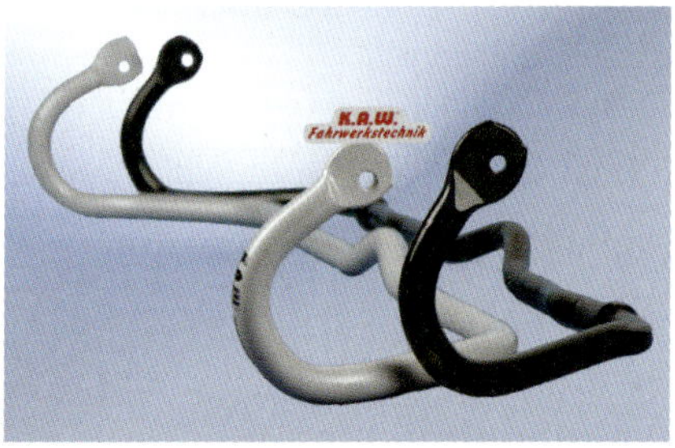

Stabilisatoren

Die Federung der einfedernden Seite wird um die Torsionskraft des Stabilisators erhöht, sodass sich die Seitenneigung erheblich verringert. Es gilt

- Stabilisator vorne reduziert das Übersteuern und fördert das Untersteuern,
- Stabilisator hinten reduziert das Untersteuern und fördert das Übersteuern.

Tieferlegen

Durch Tieferlegen eines Fahrzeugaufbaus und eine Verbreiterung der Spur erreicht man eine bessere Abstützung der Fliehkräfte in Kurven und eine höhere Kurvengeschwindigkeit. Um eine optimale Fahrwerksabstimmung zu erhalten, müssen Schwingungsdämpfer und Fahrzeugfedern aufeinander abgestimmt werden.

- Tieferlegungsfedern
  Durch spezielle Tieferlegungsfedern können die ursprünglichen Einfederwege verkürzt werden. Durch die progressiven und verkürzten Federn erhält man einen niedrigeren Schwerpunkt und damit eine sportliche Straßenlage. Aufgrund der reduzierten Federwege ist eine Erhöhung der Federrate erforderlich (s. Seite 11). Dadurch bedingt müssen straffere, gekürzte bzw. Rebound-Schwingungsdämpfer verwendet werden, die eine bessere Bodenhaftung gewährleisten.

- Sportstoßdämpfer
  Mit zunehmender Tieferlegung und Beladung des Fahrzeugs wird der Restfederweg (= möglicher Arbeitsweg des Schwingungsdämpfers) verringert. Durch Verwendung von Sportschwingungsdämpfern kann zusätzlicher Restfederweg gewonnen werden.
  Hauptmerkmale eines Sportschwingungsdämpfers sind
  - feste oder einstellbare Dämpfercharakteristik (Dämpferhärte),
  - verkürzte Gehäuse,
  - verkürzte Kolbenstangen,
  - Nutenverstellung (zum Einstellen der Fahrzeughöhe bei der Hinterachse).
- Sportfedersätze
  In einem Sportfedersatz sind Schwingungsdämpfer und Fahrwerksfedern schon zusammengebaut und aufeinander abgestimmt.

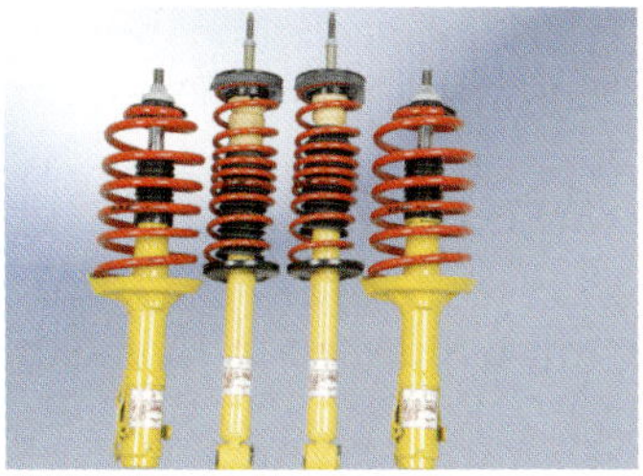
Pluskit

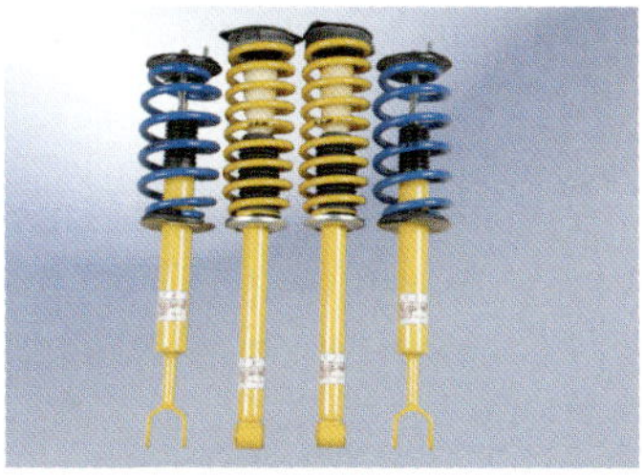
Performancekit

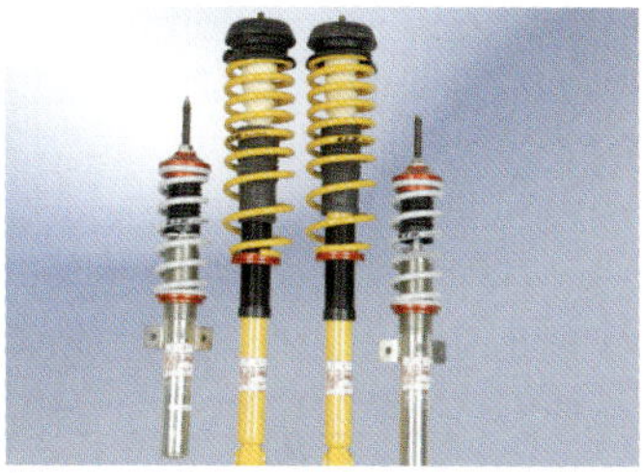
Profikit

Durch die Tieferlegung ergeben sich eine Reihe von Nachteilen:

- verminderte Bodenfreiheit,
- höhere Belastung anderer Fahrwerkskomponenten,
- bei großen Tieferlegungsraten sind zusätzliche Umrüstungen erforderlich, um die Rad-Freizügigkeit zu gewährleisten, z. B. Radkastenumbau.

Springkit

18.7.3 Änderungen am Fahrwerk und der Betriebserlaubnis

Über zulässige bzw. unzulässige Veränderungen am Fahrwerk gibt die Straßenverkehrs-Zulassungsordnung im § 19, Abs. 2 StVZO Auskunft. Grundsätzlich erlischt die Betriebserlaubnis, wenn fremde Teile eingebaut werden. Es ist dann eine Einzelabnahme nach § 21 StVZO erforderlich.

Mit einem Teilegutachten ist allerdings heute die vereinfachte Eintragung des Fahrwerks nach § 19, Abs. 3 StVZO möglich. Es ist nur noch beim TÜV oder einer sonstigen autorisierten Prüforganisation (DEKRA, GTÜ) eine Anbaubescheinigung nach § 19, Abs. 4 StVZO einzuholen. In diesem Fall wird lediglich der korrekte Einbau und die Erfüllung eventueller Auflagen überprüft.

Die technischen Änderungen müssen in den Fahrzeugpapieren dokumentiert werden. Für die eigentliche Eintragung nach § 27 StVZO durch die Zulassungsstelle genügt es, die Änderung nachtragen zu lassen, wenn das Fahrzeug ab- oder umgemeldet wird. Die Anbaubescheinigung ist allerdings mitzuführen.

19 Bremssysteme

19.1 Grundlagen Bremsen

19.1.1 Gesetzliche Bestimmungen

Die gesetzlichen Vorschriften für Bremsen werden in
- StVZO,
- EU-Richtlinien,
- ECE-Regelungen

festgelegt.

§ 41 StVZO legt Folgendes fest:

- Kraftfahrzeuge müssen zwei voneinander unabhängige Bremsanlagen (Betriebsbremsanlage BBA und Feststellbremsanlage FBA) oder eine Bremsanlage mit zwei voneinander unabhängigen Bedienungseinrichtungen besitzen. Jede Bedienungseinrichtung muss auch dann wirken, wenn die andere versagt.
- Eine der beiden Bremsanlagen (Feststellbremsanlage) muss mechanisch wirken und ein stehendes Fahrzeug auf geneigter Bahn gegen Wegrollen sichern.
- Beim Bruch eines Teils müssen noch mindestens zwei Räder, die nicht auf derselben Fahrzeugseite liegen, gebremst werden können.
- Die Betriebsbremse muss eine mittlere Verzögerung von mindestens 2,5 m/s^2 erreichen.
- Die Bedienungseinrichtung einer der beiden Bremsanlagen muss feststellbar sein.
- Mit der Feststellbremse muss eine mittlere Verzögerung von mindestens 1,5 m/s^2 erreicht werden.

In § 53 der StZVO werden Aussagen zu den Bremsleuchten gemacht:

- Das Betätigen der Betriebsbremse muss nach rückwärts durch zwei Bremsleuchten mit rotem Licht sichtbar gemacht werden. Bei Fahrzeugen mit Zulassung nach dem 1. 1. 2000 ist eine dritte Leuchte in der Mitte Pflicht.

Nach § 29 der StVZO muss der Halter von Kraftfahrzeugen und Anhängern in vorgeschriebenen Zeitabständen die Verkehrssicherheit seines Fahrzeuges überprüfen lassen. In diesem Paragrafen ist auch die Mindestabbremsung z festgelegt. Sie wird auf einem Bremsenprüfstand ermittelt und beträgt bei der

- BBA: $z = 50$
- FBA: $z = 16$

Genauere Informationen siehe:
www.verkehrsportal.de/stvzo/stvzo.html
www.stvzo.de/stvzo/inhalt.htm

19.1.2 Bremsvorgang

19.1.2.1 Bremsverzögerung

Wenn ein Fahrzeug aus einer Geschwindigkeit v_1 auf eine niedrigere Geschwindigkeit v_2 in einer bestimmten Zeit abgebremst wird, dann tritt eine verzögerte Bewegung auf.

Ist die Geschwindigkeitsänderung pro Zeiteinheit immer gleich groß, so entsteht eine gleichmäßig verzögerte Bewegung.

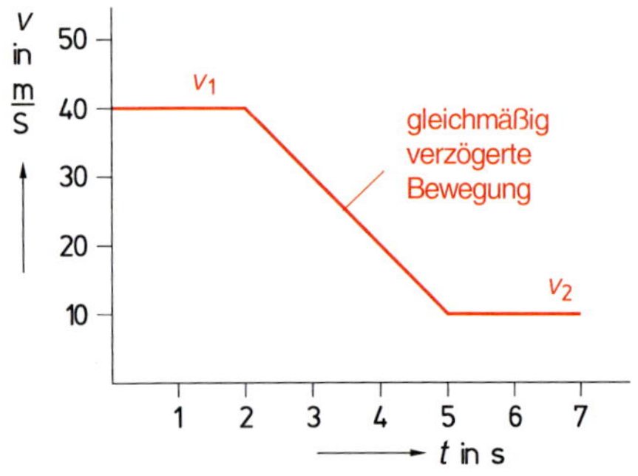

Es gilt

$$\textit{Bremsverzögerung} = \frac{\textit{Geschwindigkeitsänderung}}{\textit{Bremszeit}}$$

$$a = \frac{v_1 - v_2}{t}$$

Größe	Formelzeichen	Einheit
Geschwindigkeitsänderung	v, Δv	m/s
Bremszeit	t	s
Bremsweg	s	m

Wird das Fahrzeug bis zum Stillstand abgebremst ($v_2 = 0$), gilt $a = \frac{v}{t}$

Weiterhin gilt $$a = \frac{v^2}{2\,s}$$

Eine Bremsverzögerung von 2,5 m/s² bedeutet, dass die Fahrgeschwindigkeit jede Sekunde um den Geschwindigkeitsbetrag von 2,5 m/s verringert wird.

19.1.2.2 Bremsweg, Bremszeit

Im *v*-*t*-Diagramm wird der Bremsweg durch den Flächeninhalt des Dreiecks dargestellt. Es gilt

$$\textit{Bremsweg} = \frac{\textit{Geschwindigkeitsänderung} \cdot \textit{Bremszeit}}{2}$$

$$s = \frac{v \cdot t}{2}$$ außerdem gilt $$s = \frac{v^2}{2\,a}$$

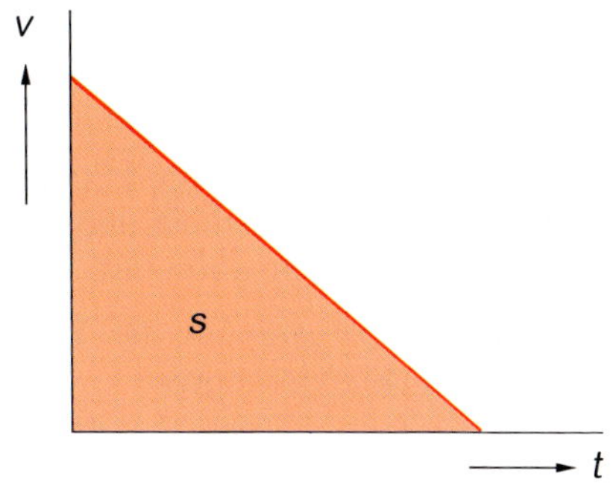

Aus der rechten Formel ist ersichtlich, dass sich bei einer Verdopplung der Geschwindigkeit der Bremsweg vervierfacht.

Bremszeit

Durch Umstellen der Formeln $a = \frac{v}{t}$ und $s = \frac{v \cdot t}{2}$ ergibt sich

$$t = \frac{v}{a}$$ und $$t = \frac{2\,s}{v}$$

Größe	Formelzeichen	Einheit
Bremsweg	s	m
Geschwindigkeitsänderung	v	m/s
Bremszeit	t	s
Bremsverzögerung	a	m/s²

Beispiel:
Ein Pkw wird aus einer Geschwindigkeit von 80 km/h in 6 Sekunden bis zum Stillstand abgebremst.

Gegeben: v = 80 km/h = 80/3,6 = 22,22 m/s
t = 6 s

Gesucht: Verzögerung a
Bremsweg s

Lösung:

$$a = \frac{v}{t} = \frac{22{,}22\ \text{m/s}}{6\ \text{s}} = \underline{\underline{3{,}70\ \text{m/s}^2}}$$

$$s = \frac{v \cdot t}{2} = \frac{22{,}22\ \text{m/s} \cdot 6\ \text{s}}{2} = \underline{\underline{66{,}7\ \text{m}}}$$

19.1.2.3 Phasen des Bremsvorgangs

Vom Erkennen der Gefahr durch den Fahrer bis zum Stillstand des Fahrzeugs verstreicht eine gewisse Zeit. In dieser Zeit legt das Fahrzeug noch erhebliche Wegstrecken zurück:

- Reaktionszeit des Fahrers t_R: Es ist die Zeit vom Erkennen der Gefahr bis zum Betätigen des Bremspedals. Die Reaktionszeit ist stark vom körperlichen und geistigen Zustand (Ermüdung, Alkoholeinfluss) abhängig.

  Sie beträgt bei einem ausgeruhten Fahrer 0,5 bis 0,8 Sekunden.
- Ansprechzeit der Bremsanlage t_{AB}: Die Zeit vom Betätigen des Bremspedals bis zur Anlage der Bremsbeläge an die Bremsscheibe (Überbrücken des Spiels in den Stellwegen).
- Schwellzeit der Bremse t_{SB}: Es ist die Zeit, die vergeht, bis die Bremskraft ein Maximum erreicht.
- Verzögerungszeit t_V: Die Zeit, in der die Bremsanlage voll wirksam ist und das Fahrzeug bis zum Stillstand abbremst.
- Bremszeit t_B: Die Summe der Ansprech-, Schwell- und Verzögerungszeit.

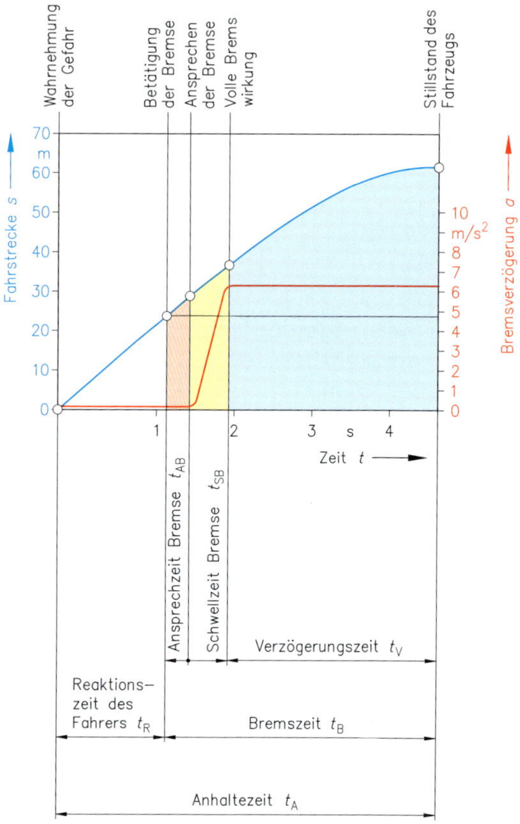

19.1.2.4 Anhalteweg/Anhaltezeit

Der Weg, der vom Erkennen der Gefahr bis zum Stillstand des Fahrzeugs zurückgelegt wird, ist der Anhalteweg. Er setzt sich zusammen aus

- dem Weg s_R während der Reaktionszeit
- dem Bremsweg s während der Bremszeit

Für den Anhalteweg gilt

$$s_A = s_R + s$$

$$s_A = v \cdot t_R + \frac{v^2}{2\,a}$$

Für die Anhaltezeit gilt

$$t_A = t_R + t_B$$

$$t_A = t_R + \frac{2 \cdot s}{v}$$

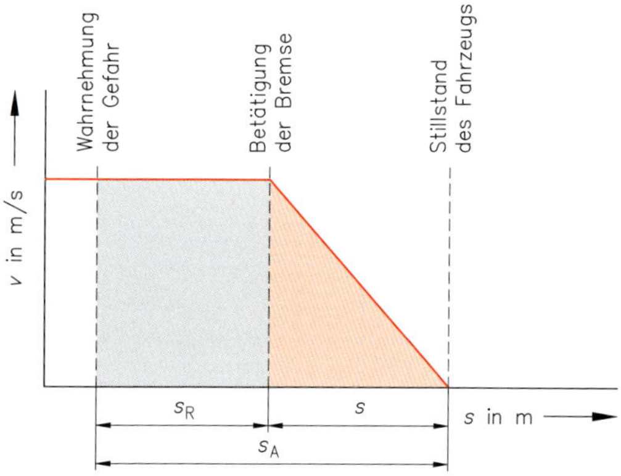

Reaktionszeit für einen gut ausgeruhten Fahrer:
$t_R \approx 0{,}5 \dots 0{,}7$ s

Größe	Formelzeichen	Einheit
Anhalteweg	s_A	m
Reaktionszeit	t_R	s
Anhaltezeit	t_A	s
Bremszeit	t_B	s

Beispiel:
Ein Pkw fährt mit einer Geschwindigkeit von 90 km/h auf einer Landstraße. Die hydraulische Bremsanlage ermöglicht eine Verzögerung von 5 m/s².
Die Reaktionszeit des Fahrers beträgt 0,8 Sekunden. Wie groß ist der Anhalteweg?

Gegeben: $v = 90$ km/h
$a = 5\ m/s^2$
$t_R = 0{,}8$ s

Gesucht: s_A in m

Lösung: $s_A = v \cdot t_R + \frac{v^2}{2\,a}$

$s_A = 25\ m/s \cdot 0{,}8\ s + \frac{25^2\ m^2/s^2}{2 \cdot 5\ m/s^2}$

$s_A = \underline{\underline{82{,}5\ m}}$

Die Länge des Bremswegs hängt noch von weiteren Einflussgrößen ab:

- Fahrbahnzustand: trocken, nass, vereist
- Reifenzustand: Reifendruck, Profiltiefe
- Bremsenzustand
- Belagzustand: verölt, glasig
- Bremsenbauart: Trommelbremse mit Bremsfading
- Fahrzeuggewicht

19.1.3 Kräfte beim Bremsen

19.1.3.1 Bremskraft

Die Bremskraft F_B ist von folgenden Größen abhängig:

- Aufstandskraft F_N
  Die Aufstandskraft wird von der Masse des Fahrzeugs und der Zuladung bestimmt. Durch die Aufstandskraft wird die Kontaktfläche des Reifens auf der Fahrbahn verformt.
- Bremskraftbeiwert μ_B

Die übertragbare Bremskraft am Reifen berechnet sich wie folgt:

$$F_B = F_N \cdot \mu_B$$

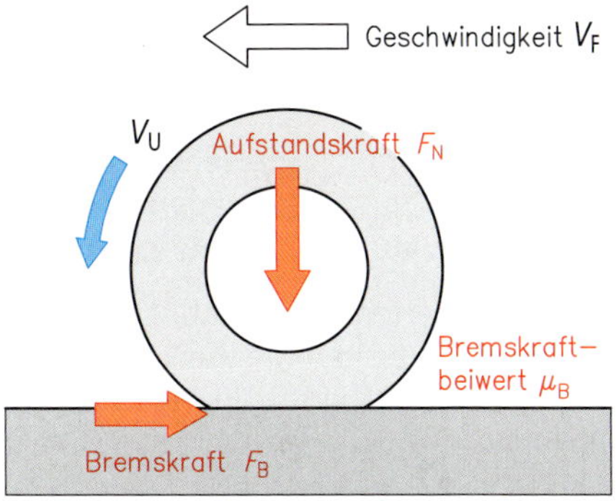

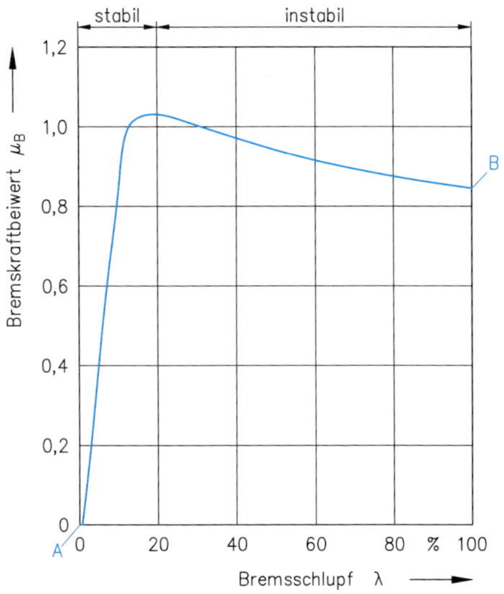

Der Bremskraftbeiwert μ_B ist wiederum abhängig von

- Fahrbahnoberfläche: Beton, Asphalt
- Fahrbahnzustand: trocken, nass, Schnee, Eis
- Reifenzustand: Profiltiefe
- Reifenkonstruktion: Winterreifen, Sommerreifen
- Bremsschlupf
  Beim Bremsen nimmt die Drehzahl des Rads und damit die Umfangsgeschwindigkeit v_U des Rads ab. Sie wird kleiner als die Fahrgeschwindigkeit v_F. Der Unterschied zwischen beiden Geschwindigkeiten wird als Bremsschlupf λ bezeichnet.

$$\lambda = \frac{v_F - v_u}{v_F}$$

Das Diagramm zeigt die Abhängigkeit des Bremskraftbeiwerts in Abhängigkeit vom Bremsschlupf und dem Fahrbahnzustand.

Das frei rollende Rad hat einen Schlupf von Null (A), das blockierte Rad einen Schlupf von 100 % (B). Schon bei geringen Schlupfwerten steigt der Bremskraftbeiwert und damit die Bremskraft an. Bei einem Bremsschlupf von 8 bis 35 % erreicht der Bremskraftbeiwert seinen höchsten Wert. Bei steigenden Schlupfwerten fällt er wieder ab.

Der ansteigende Bereich der Kurve ist der stabile Bereich, in dem das Fahrzeug lenkbar und stabil bleibt. Im unstabilen Bereich kommt es innerhalb kurzer Zeit zum Blockieren des Rads, wenn der Bremsdruck nicht reduziert wird.

Eine Besonderheit liegt bei Neuschnee und Schotter vor. Hier schiebt der Neuschnee einen Keil vor sich her, der die übertragbare Bremskraft erhöht.

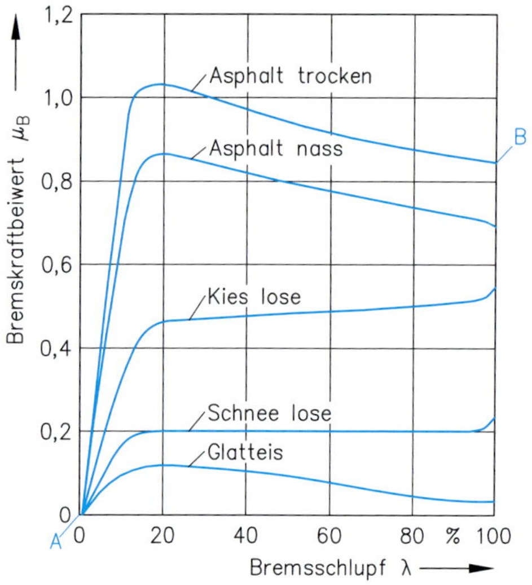

19.1.3.2 Seitenführungskraft

Ein Fahrzeug ist nur dann lenkbar, wenn bei Kurvenfahrt an den Vorderrädern eine ausreichende Seitenkraft zur Verfügung steht.

Die maximale Seitenkraft ist abhängig von der Radlast und dem Seitenkraftbeiwert. Sie ist ein Maß für die Fahrstabilität und wird daher Seitenführungskraft genannt. Die Seitenführungskraft errechnet sich wie folgt

$$F_S = \mu_S \cdot F_N$$

Die Diagramme zeigen die Abhängigkeit des Seitenkraftbeiwerts μ_S bzw. die Seitenführungskraft F_S in Abhängigkeit vom Bremsschlupf. Der Seitenkraftbeiwert bzw. die Seitenführungskraft besitzen den größten Wert bei einem Bremsschlupfwert von 0 %, den geringsten bei einem Bremsschlupf von 100 %. Bei einer Vollbremsung mit blockierten Rädern gehen die Seitenführungskräfte gegen Null und führen damit zu einem Verlust der Lenkbarkeit und der Fahrstabilität.

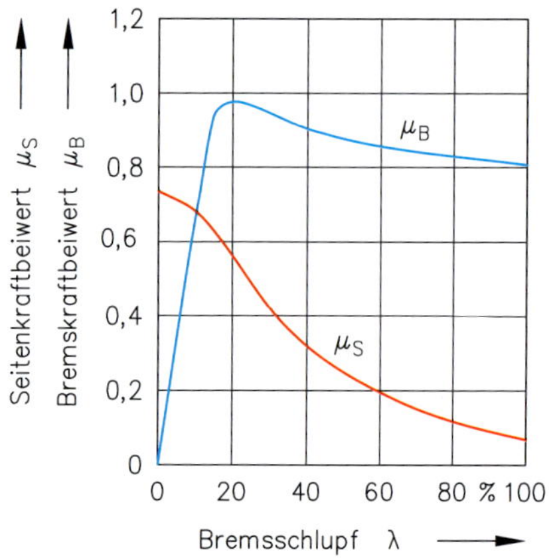

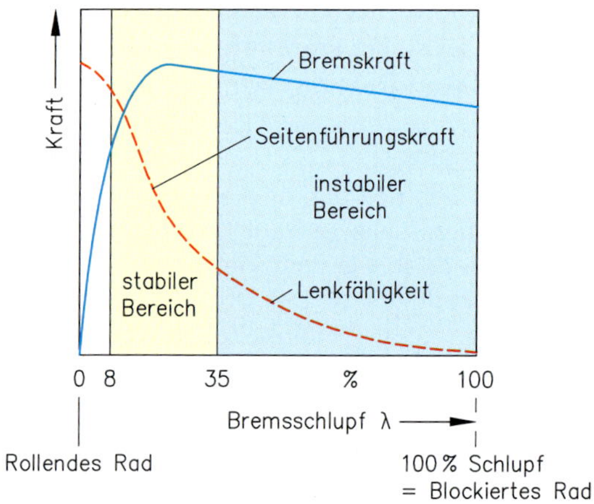

19.1.3.3 Zusammenwirken von Bremskraft und Seitenführungskraft

Das Zusammenwirken von Bremskraft und Seitenführungskraft verdeutlicht der Kamm'sche Reibungskreis. Der Radius des Kreises entspricht der größten übertragbaren Haftkraft zwischen Straßenoberfläche und Reifen:

$$F_{Bmax} = F_N \cdot \mu_{HB}$$

Das Fahrzeug bleibt beim Bremsen spurstabil, solange die Gesamtkraft *G* (Resultierende) aus Brems- und Seitenführungskraft innerhalb des Kreises bleibt.

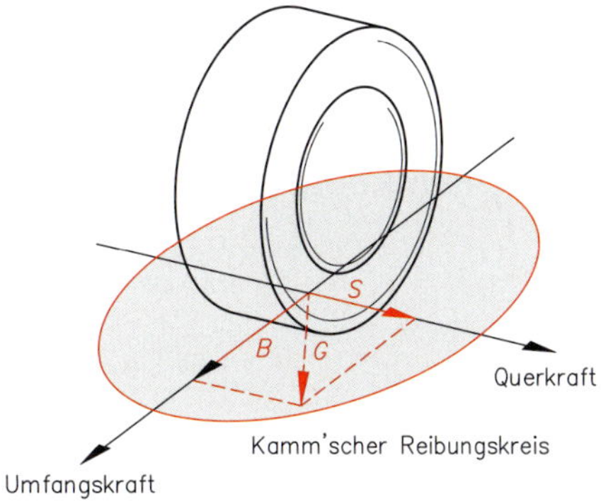

Zusammenwirken von Brems- und Seitenführungskraft

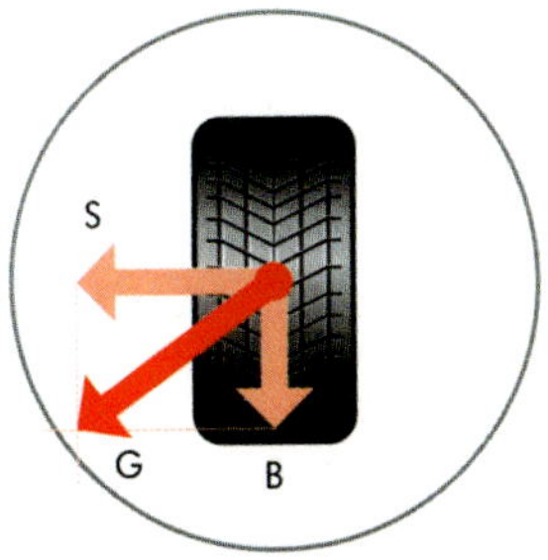

Die Gesamtkraft liegt innerhalb des Kreises. Die Größen von Bremskraft und Seitenführungskraft ermöglichen eine gute Lenkbarkeit des Fahrzeugs.

Bei Erhöhung der Bremskraft wird die Seitenführungskraft kleiner. Das Fahrzeug lässt sich noch lenken.

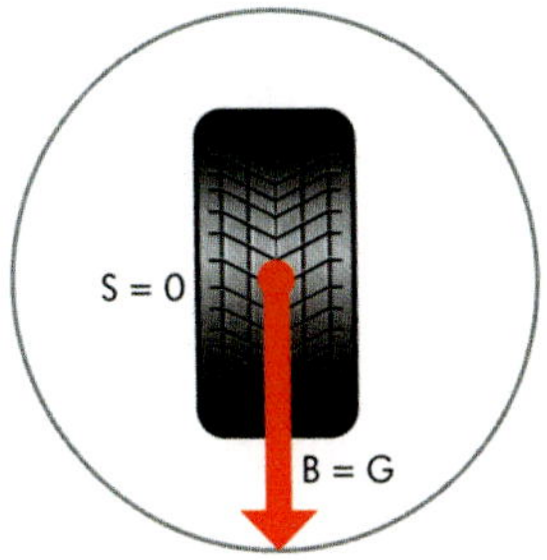

Soll der Reifen 100 % Bremskraft übertragen, wird die Seitenführungskraft Null. Das Fahrzeug mit blockierenden Rädern lässt sich nicht mehr lenken.

19.1.3.4 Arbeitsbereich des Anti-Blockier-Systems (ABS)

Da Reifen Brems- und Seitenführungskräfte nur übertragen können, solange der Bremsschlupf gegenüber der Fahrbahn nicht zu groß ist, liegen die Arbeitsbereiche des Anti-Blockier-Systems im Bereich der größten Bremskraft. Das Diagramm zeigt, dass bei einer Vollbremsung immer noch genügend Seitenführungskraft vorhanden ist, um das Fahrzeug sicher zu lenken. Die Arbeitsbereiche bei unterschiedlichem Fahrbahnzustand zeigt das zweite Diagramm.

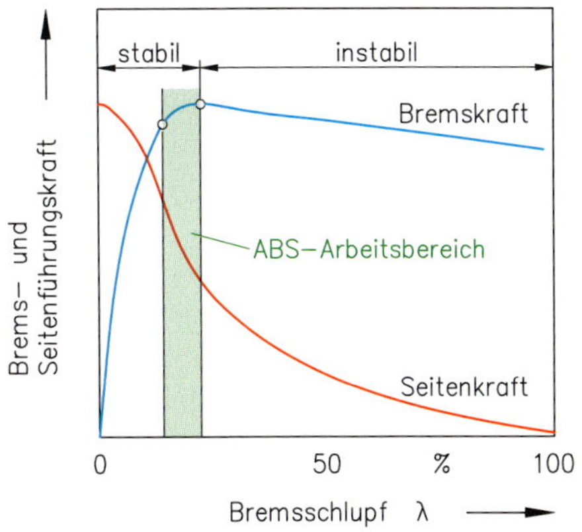

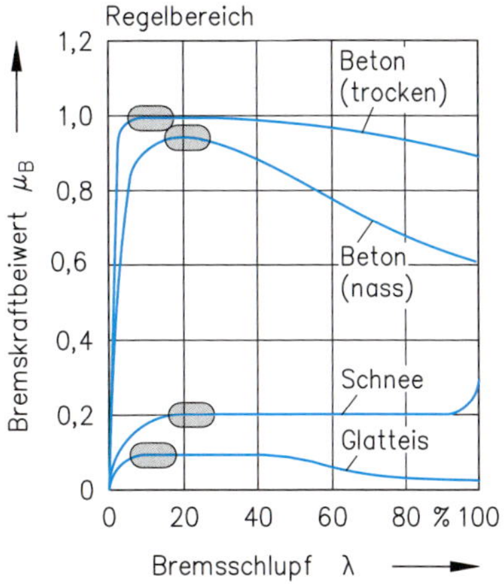

19.2 Anti-Blockier-System ABS

Das Anti-Blockier-System ABS ist ein geregeltes Bremssystem. Es verhindert bei starkem Bremsen das Blockieren der Räder.

19.2.1 Systemkomponenten

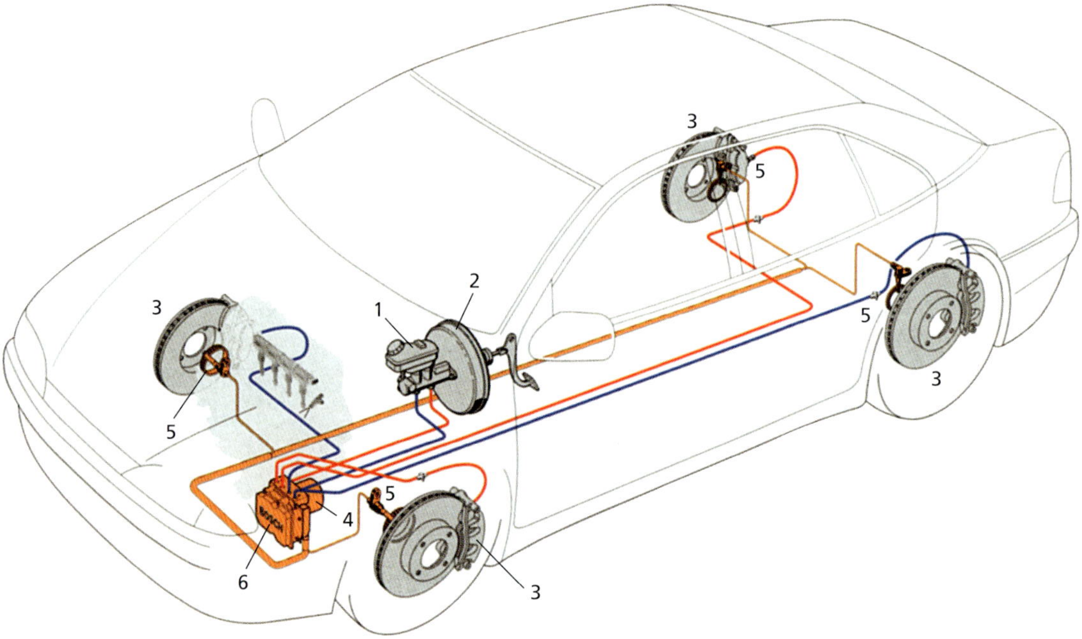

Die Komponenten einer hydraulischen Bremsanlage, wie

- Tandem-Hauptzylinder (1),
- Bremskraftverstärker (2),
- Radbremsen (3)

werden durch ABS-Komponenten ergänzt wie

- Hydraulikeinheit (4),
- Drehzahlgeber an allen Rädern (5),
- ABS-Anbausteuergerät (6),
- ABS-Kontrollleuchte.

Im Bremssystem ABS arbeiten drei Funktionsbereiche zusammen:

Elektronik	Während der Fahrt ermitteln Drehzahlsensoren an den Vorder- und Hinterrädern die Radgeschwindigkeit und geben die Informationen an das Steuergerät weiter. Das Steuergerät erkennt beim Bremsen des Fahrers aus den Sensorsignalen die Blockierneigung eines oder mehrerer Räder. Es steuert die Magnetventile und die Rückförderpumpe im Hydroaggregat an.
Hydraulik/ Pneumatik	Bei Betätigen der Fußbremse durch den Fahrer wird im Tandem-Hauptzylinder ein hydraulischer Druck erzeugt. Der Druck wirkt in das Hydroaggregat. Die Magnetventile und die Rückförderpumpe im Hydroaggregat werden vom Steuergerät so angesteuert, dass der Bremsdruck in den Radbremszylindern gehalten, gesenkt oder erhöht wird.
Mechanik	Die Kolben der Radbremszylinder wandeln den hydraulischen Druck in eine Spannkraft um, die die Belagsegmente an die Bremsscheibe bzw. die Bremsbacken an die Bremstrommel pressen.

19.2.2 ABS-Regelkreis

ABS-Regelkreis

Die Stabilität und Lenkbarkeit bei allen Fahrbahnverhältnissen wird durch den ABS-Regelkreis gewährleistet:

- Regelstrecke: Reibpaarung von Reifen und Fahrbahn, Fahrzeugmasse am Rad
- Störgrößen: Fahrbahnverhältnisse, Bremsenzustand, Reifenzustand, Beladung des Fahrzeugs
- Regler: Drehzahlsensor und ABS-Steuergerät
- Regelgrößen: Raddrehzahl und Raddrehzahlveränderungen, Bremsschlupf
- Führungsgröße: Vom Fahrer vorgegebener Bremsdruck
- Stellgröße: Bremsdruck

Die unten stehende Abbildung zeigt den Regelkreis beim Bremsen mit ABS-Eingriff.

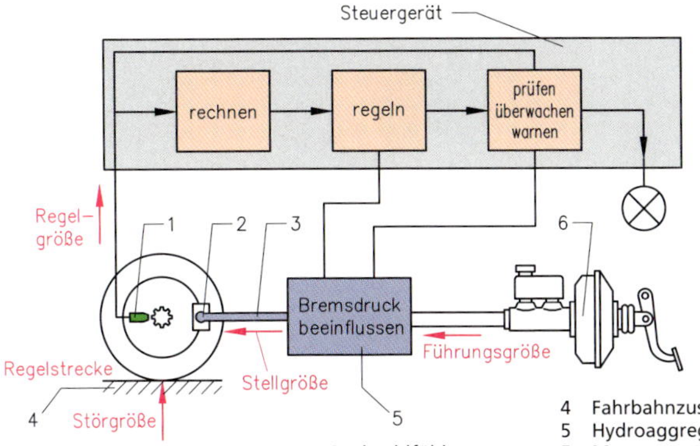

1 Drehzahlfühler
2 Radbremszylinder
3 Bremsdruck
4 Fahrbahnzustand
5 Hydroaggregat
5a Magnetventil
5b Rückföderpumpe
6 Hauptzylinder

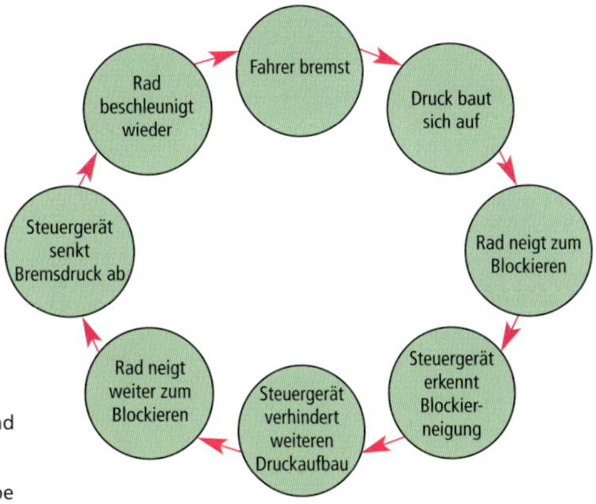

Bremsvorgang

Ohne ABS

Wenn bei einer Vollbremsung die Räder blockieren, ist das Fahrzeug nicht mehr lenkfähig und verliert an Fahrstabilität.

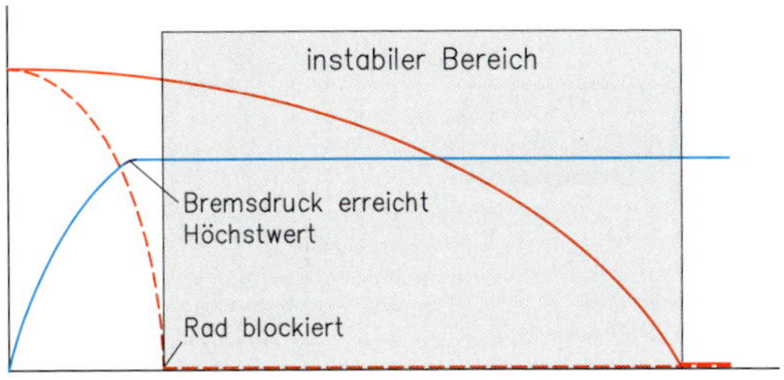

Mit ABS

Bei einer geregelten Vollbremsung erkennt das Steuergerät die Blockierneigung eines Rads anhand des Drehzahlabfalls. Es schaltet das Magnetventil auf „Druck halten". Der Bremsdruck bleibt gleich (A). Nimmt der Bremsschlupf und damit die Blockierneigung wieder zu, so wird auf „Druck senken" umgeschaltet (B). Die Blockierneigung nimmt ab. Sinkt der Bremsschlupf unter eine bestimmte Größe, schaltet das Steuergerät das Magnetventil wieder auf „Druck aufbauen" (C). Der Druck wird pulsartig erhöht.
Je nach Fahrbahnbeschaffenheit laufen vier bis zehn Regelzyklen pro Sekunde ab.

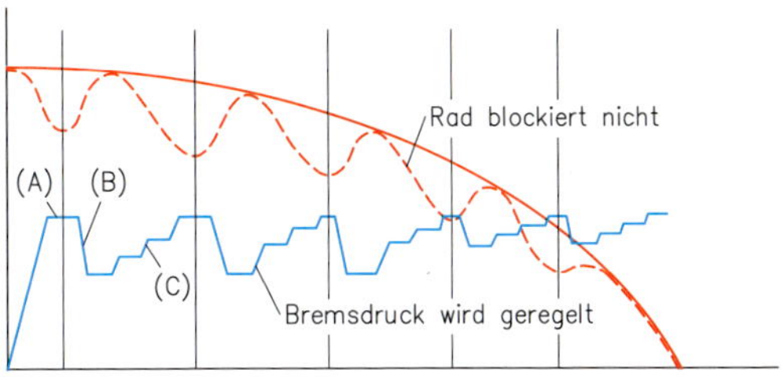

—— Bremsdruck —— Fahrzeuggeschwindigkeit - - - - Radgeschwindigkeit

19.2.3 Elektronik

19.2.3.1 Systemübersicht

Das System besitzt vier Drehzahlsensoren, deren Signale im Steuergerät verarbeitet werden und das die Rückförderpumpe und die Magnetventile ansteuert. Die Kontrolllampe für Bremsanlage leuchtet

- beim Einschalten der Zündung und erlischt nach dem Selbstcheck,
- bei angezogener Handbremse,
- bei zu geringer Bremsflüssigkeit.

Die Kontrolllampe für ABS leuchtet

- beim Einschalten der Zündung und erlischt nach dem Selbstcheck,
- bei Ausfall der ABS-Anlage.

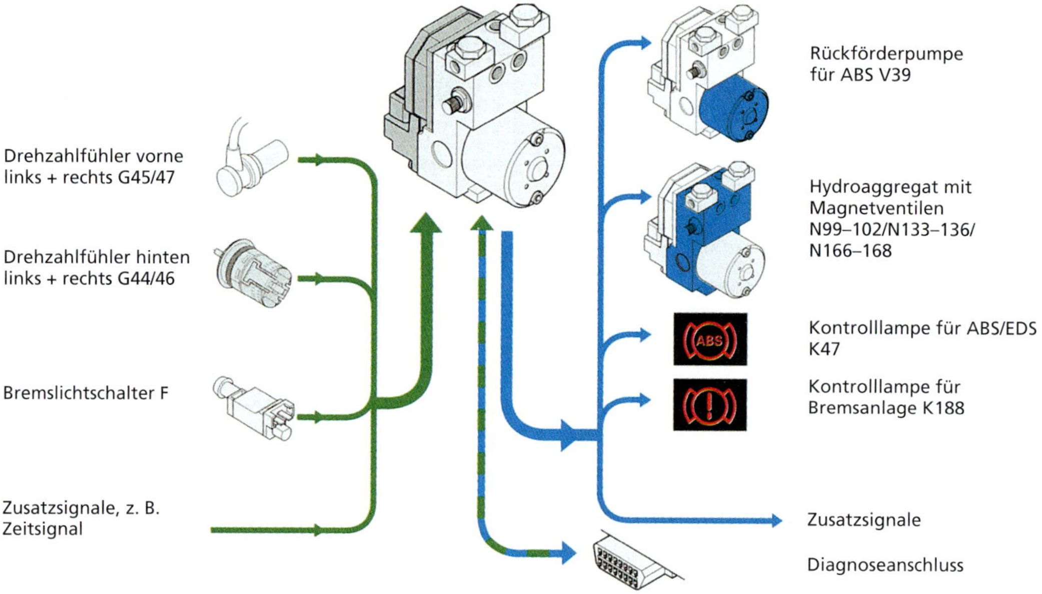

19.2.3.2 Sensoren, Aktoren

Drehzahlsensor

An jedem der vier Räder sitzen Drehzahlsensoren, die Drehzahlveränderungen der Räder erfassen und als Drehzahlinformationen an das Steuergerät senden. Die Drehzahlsensoren sind an den Vorderrädern axial zu den Impulsrädern, an den Hinterrädern radial zu den Impulsrädern angeordnet.

Induktiver Drehzahlsensor

Prinzipbild/Schaltbild

Induktiver Drehzahlsensor Fortsetzung

Funktion
Der Drehzahlsensor arbeitet nach dem Prinzip der Induktionsgeber. Er besteht aus einem Dauermagneten und einer Spule, die an das Steuergerät angeschlossen ist. Der Permanentmagnet erzeugt einen magnetischen Fluss. Bei Drehung des Geberrads ändert sich der magnetische Fluss durch die Zähne des Impulsgeberrads. Die Flussänderung bewirkt in der Spule eine sinusförmige Wechselspannung. Aus der Frequenz der Wechselspannung errechnet das Steuergerät die Drehzahl.

Ausfall des Drehzahlsensors
Das ABS-System wird abgeschaltet.

Neben den induktiven Sensoren gibt es zunehmend Drehzahlsensoren, die als aktive Sensoren bezeichnet werden. Diese Sensoren benötigen im Gegensatz zu den induktiven Sensoren eine Spannungsversorgung.

Aktive Rad-Drehzahlsensoren

Prinzipbild/Schaltbild

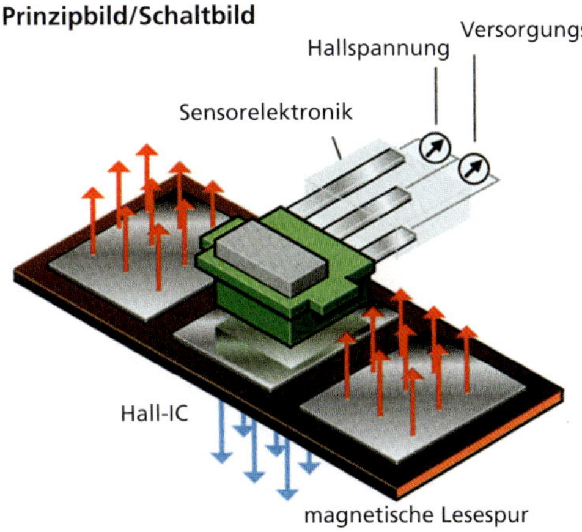

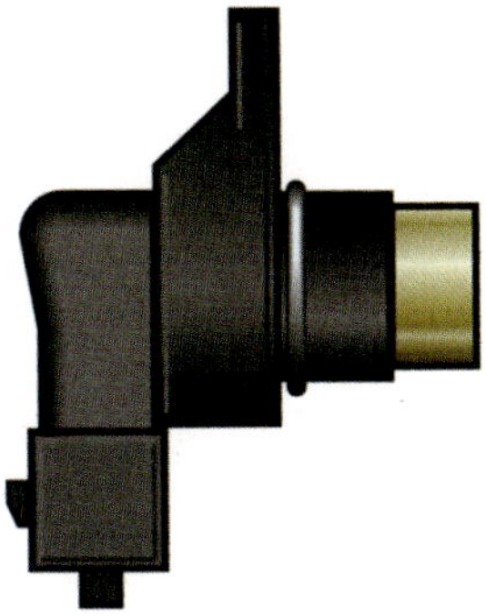

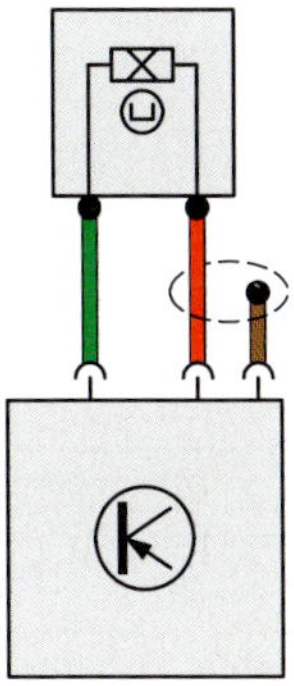

Der aktive Sensor sitzt fest im Radlagergehäuse. Das Signalrad ist z. B. eine magnetisierte Dichtung des Radlagers, auf der 48 Polpaare (Nord/Süd) angeordnet sind.

Vorteile der aktiven Raddrehzahlsensoren:
- Die Geschwindigkeit kann ab 0 km/h gemessen werden.
- Es wird geringer Bauraum benötigt.
- Die Sensoren besitzen eine gute Korrosionsbeständigkeit.
- Der Luftspalt bleibt nahezu konstant.

Funktion
Kernstück des Sensors ist ein Hall-IC, der von einem Strom durchflossen wird. Es entsteht eine Hallspannung.
Gegenstück zum Sensorelement ist ein Signalring mit unterschiedlich nach Nord- und Südpol magnetisierten Bereichen.
Wenn sich das Radlager dreht, laufen die Süd- und Nordpole dicht am Sensor vorbei.
Da sich Nord- und Südpole auf der magnetischen Lesespur abwechseln, entsteht so ein Rechteckimpuls, dessen Frequenz ein Maß für die Drehzahl ist.

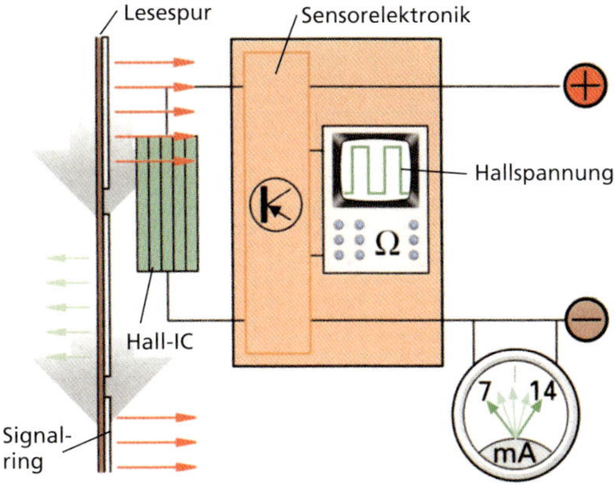

Ausfall des Sensors
Das ABS-System wird abgeschaltet.

Neben den Drehzahlsensoren sind folgende Geber und Aktoren im Einsatz:

Sensoren/Aktoren	Prinzip	Signalverwendung/Aufgabe	Signalausfall
Bremslichtschalter	Schalter	Gibt Information „Bremse betätigt“.	Komforteinbußen, z. B. Bremspedal pulsiert stärker.
Hydraulikpumpe	–	Versorgt die Anlage mit Drucköl.	ABS-Anlage wird abgeschaltet. Kontrolllampe leuchtet auf.
Hydraulikeinheit	Magnetventile	Schalten in die drei Regelphasen Druckaufbau, Druck halten, Druck senken.	ABS-Anlage wird abgeschaltet. Kontrolllampe leuchtet auf.
Kontrolllampe für Bremsanlage	Lampe	Leuchtet auf bei • Einschalten der Zündung (erlischt nach dem Selbstcheck), • angezogener Handbremse, • zu geringer Bremsflüssigkeit.	Kontrolllampe leuchtet bei Selbstcheck nicht auf.
Kontrolllampe für ABS	Lampe	Leuchtet auf bei • Einschalten der Zündung (erlischt nach dem Selbstcheck), • Ausfall der ABS-Anlage.	Kontrolllampe leuchtet bei Selbstcheck nicht auf.

19.2.3.3 Elektrischer Schaltplan

Der vereinfachte Stromlaufplan zeigt die Verknüpfung der Komponenten.

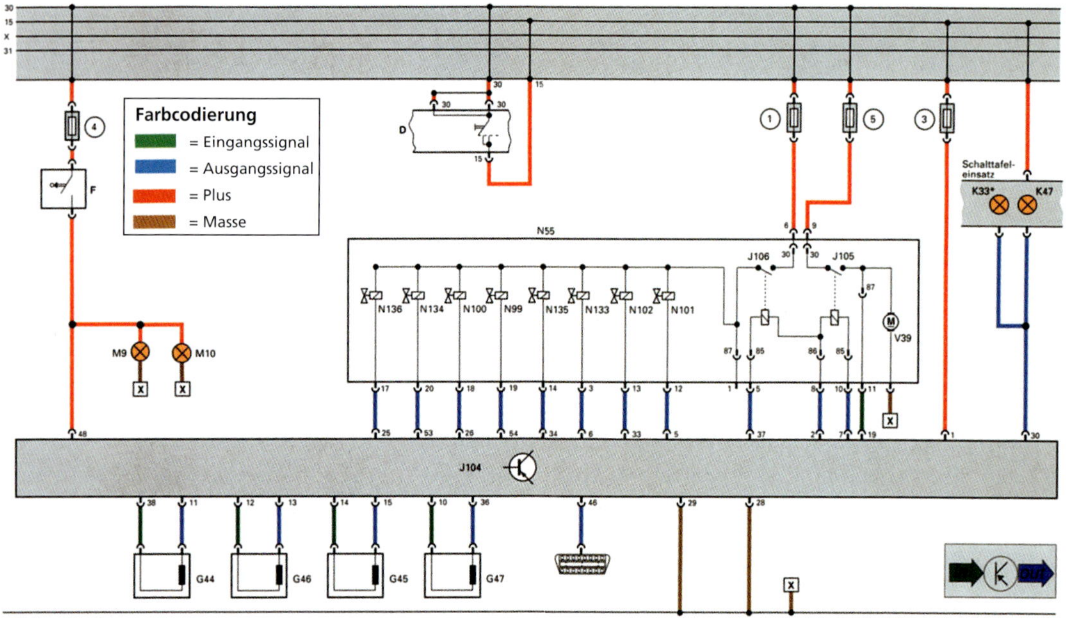

Bauteile

D Zündanlassschalter
F Bremslichtschalter
G44 Drehzahlfühler hinten rechts
G45 Drehzahlfühler vorne rechts
G46 Drehzahlfühler hinten links
G47 Drehzahlfühler vorne links
J104 Steuergerät für ABS
J105 Relais für Rückförderpumpe – ABS
J106 Relais für Magnetventile – ABS
J218 Kombi-Prozessor im Schalttafeleinsatz
K33 Kontrolllampe für Bremsflüssigkeitsstand
K47 Kontrolllampe für ABS
M9 Lampe für Bremslicht links
M10 Lampe für Bremslicht rechts
N55 Hydraulikeinheit für ABS
N99 Einlassventil ABS vorne rechts
N100 Auslassventil ABS vorne rechts
N101 Einlassventil ABS vorne links
N102 Auslassventil ABS vorne links
N133 Einlassventil ABS hinten rechts
N134 Einlassventil ABS hinten links
N135 Auslassventil ABS hinten rechts
N136 Auslassventil ABS hinten links
V39 Rückförderpumpe für ABS

19.2.4 Hydraulik/Pneumatik

19.2.4.1 Bremskreisaufteilung

Zur Sicherheit gegen Ausfälle im Hydrauliksystem werden Zweikreis-Bremsanlagen eingesetzt. Beide Kreise sind voneinander getrennt und jeder Kreis erzeugt für sich eine ausreichende Bremswirkung. Bei den Bremsanlagen haben sich zwei Bremskreisaufteilungen durchgesetzt:

Kurzzeichen	Bauart	Art der Aufteilung
II (HT)	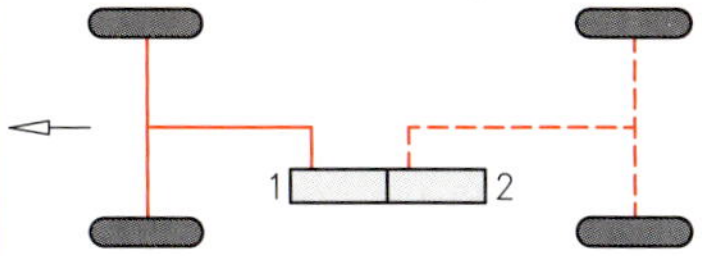	Vorderachse und Hinterachse bilden jeweils einen getrennten Kreis. Einsatz: Pkw mit Hinterrad- oder Allradantrieb
X	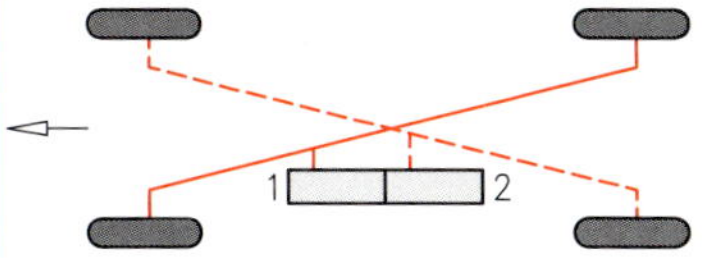	Ein Vorderrad und ein diagonal gegenüberliegendes Hinterrad bilden einen Bremskreis. Einsatz: Pkw mit Frontantrieb

19.2.4.2 ABS-Systemvarianten

Unabhängig von der Bremskreisaufteilung können die Räder eines Fahrzeugs einzeln oder auch gemeinsam geregelt werden. Hierdurch wird die Anzahl der Regelkanäle bestimmt.

Üblich sind die folgenden Regelkanalaufteilungen:

3-Kanal-ABS	4-Kanal-ABS
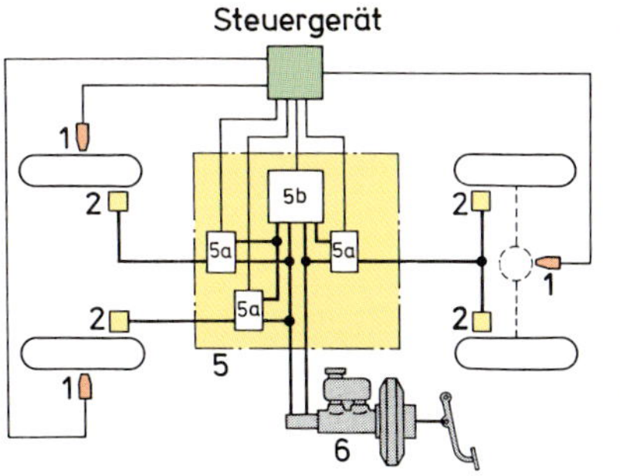 1 Drehzahlsensor 2 Radbremszylinder 5 Hydroaggregat 5a Magnetventile 5b Rückförderpumpe 6 Tandem-Hauptzylinder Das System besitzt drei Regelkanäle und drei Drehzahlsensoren. Die Bremskraft der Vorderräder wird über zwei Magnetventile, der Hinterräder gemeinsam über ein Magnetventil geregelt. Einsatz: Vorderachs-/Hinterachsaufteilung	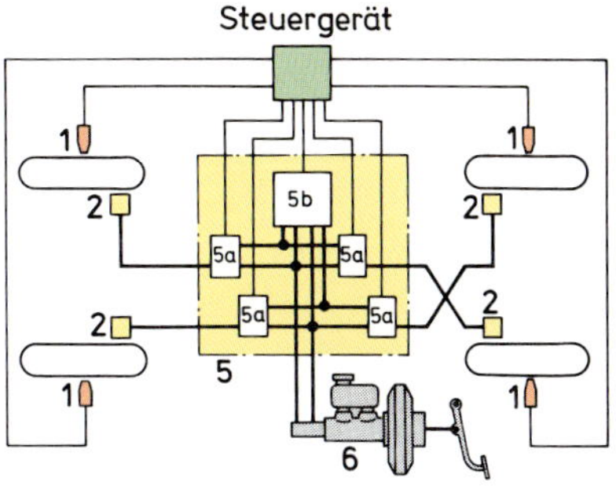 Das System besitzt vier Regelkanäle und vier Drehzahlsensoren. Die Bremskraft wird individuell für jedes Rad geregelt. Einsatz: Diagonalaufteilung

Zwei-Kanal-Systeme haben weniger Komponenten und sind kostengünstiger. Da sie Funktionseinschränkungen haben, finden sie heute keine Anwendung mehr.

Die im Hydraulikplan auf der folgenden Seite dargestellte Bremsanlage ist eine Vier-Kanal-Anlage mit diagonaler Bremskreisaufteilung. Beide Bremskreise haben jeweils einen Speicher- und Dämpfungsraum und eine Rückförderpumpe. Die Speicher nehmen die beim Druckabbau plötzlich anfallende Bremsflüssigkeit auf, die Dämpferkammern dämpfen die Druckschwingungen im Hydrauliksystem und reduzieren das Pulsieren des Bremspedals.

Der Antrieb der Pumpen erfolgt durch einen gemeinsamen Motor. Bei dem Bremssystem wird die Bremskraft für alle Räder individuell geregelt. Jeder Regelkanal hat ein Einlass- und ein Auslassventil. Zum Druckabbau wird über das Auslassventil überschüssige Bremsflüssigkeit in den Zwischenspeicher abgelassen und von dort von der Rückförderpumpe in den Hauptzylinder zurückgefördert.

19.2.4.3 Hydraulikplan

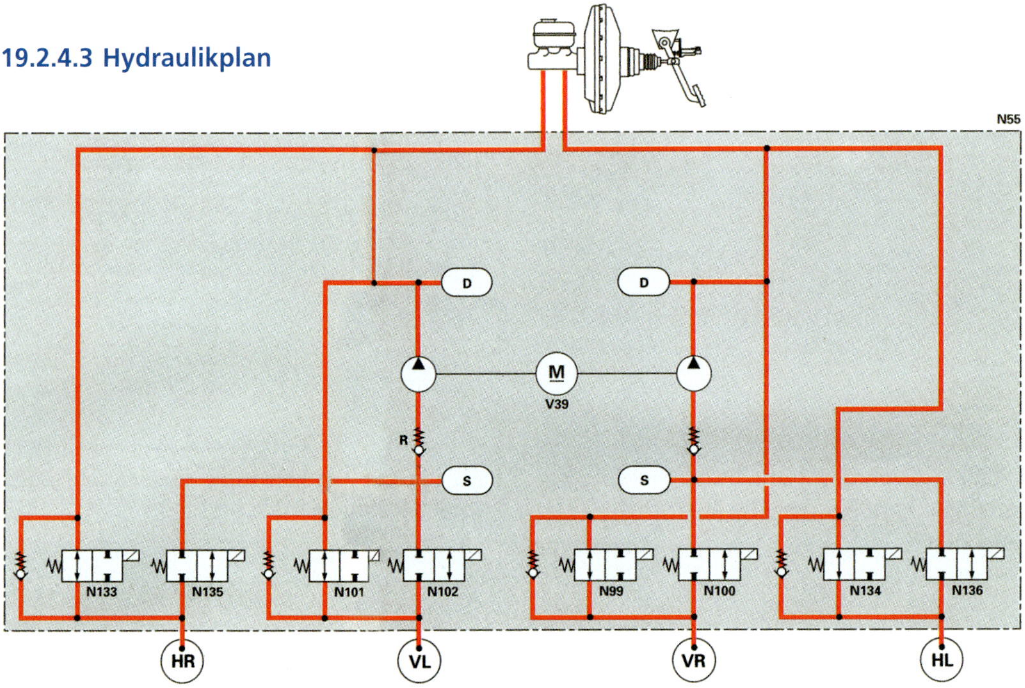

Bauteile
N55 Hydraulikeinheit für ABS
N99 Einlassventil ABS vorne rechts
N100 Auslassventil ABS vorne rechts
N101 Einlassventil ABS vorne links
N102 Auslassventil ABS vorne links
N133 Einlassventil ABS hinten rechts
N134 Einlassventil ABS hinten links
N135 Auslassventil ABS hinten rechts
N136 Auslassventil ABS hinten links
V39 Rückförderpumpe für ABS
D Dämpfungsraum
R Rückschlagventil
S Speicherraum

Systemkomponenten

Hydroaggregat

Das Hydroaggregat setzt die Befehle des Steuergeräts um und steuert unabhängig vom Fahrer über Magnetventile die Drücke in den Radbremsen.

Es besteht aus den folgenden Baugruppen:

- Rückförderpumpe: Sie fördert beim Druckabbau die Bremsflüssigkeit aus den Radzylindern über den Speicher in den Hauptzylinder zurück.
- Speicher: Der Speicher nimmt die zurückfließende Bremsflüssigkeit vorübergehend auf.
- Magnetventile: Die magnetisch betätigten Wegeventile führen die Druckmodulation in den Radzylindern während der ABS-Regelung durch (siehe Funktionsweise der ABS-Anlage).

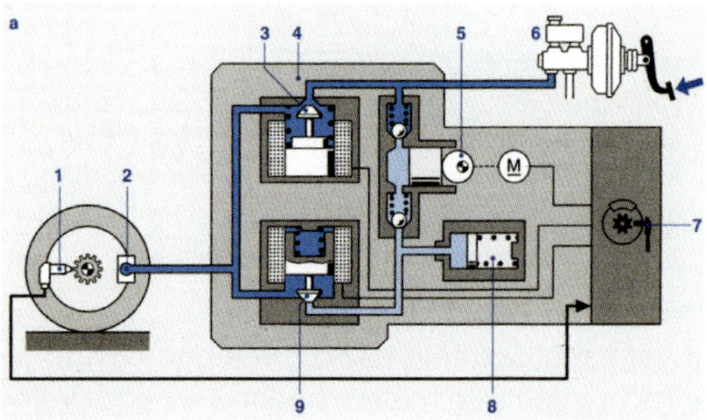

1 Drehzahlsensor
2 Radzylinder
3 Einlassventil
4 Hydroaggregat
5 Rückförderpumpe
6 Hauptzylinder mit Ausgleichsbehälter
7 Steuergerät
8 Speicherkammer
9 Auslassventil

Funktionsweise der ABS-Anlage

Druck aufbauen	Druck halten	Druck senken
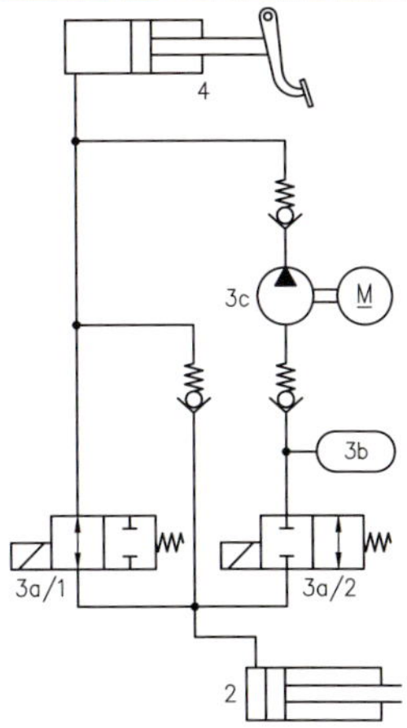	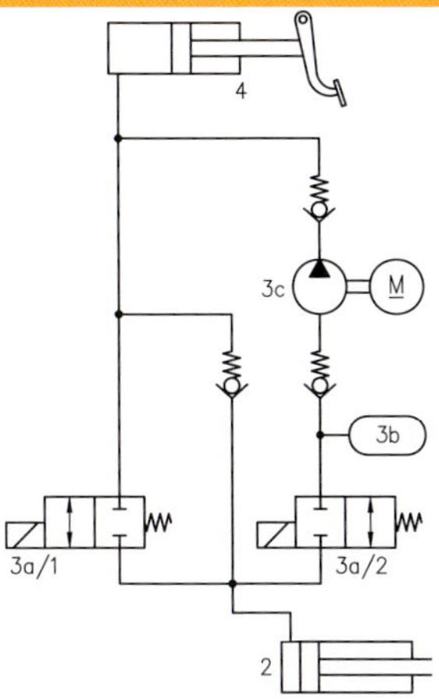	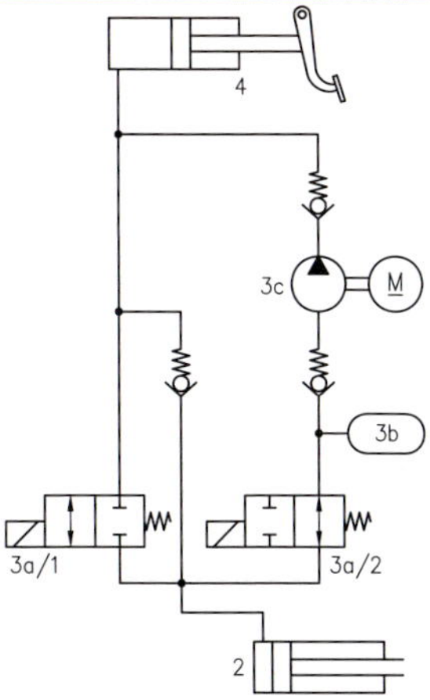

2: Radzylinder, 3a/1: 2/2-Wegeventil (Einlassventil), 3a/2: 2/2-Wegeventil (Auslassventil), 3b Speicher, 3c: Rückförderpumpe, 4: Hauptbremszylinder

Druck aufbauen	Druck halten	Druck senken
Die beiden 2/2-Wegeventile befinden sich in der Ausgangsstellung (stromlos). Das 2/2-Wegeventil (3a/1) ist geöffnet, das 2/2-Wegeventil (3a/2) geschlossen. Der Bremsdruck wirkt vom Hauptbremszylinder (4) in die Radbremszylinder (2).	Das Steuergerät erkennt eine Blockierneigung des Rads und trennt die Radbremse vom Hauptzylinder. Das 2/2-Wegeventil (3a/1) wird geschlossen. Ein weiterer Druckanstieg ist nicht mehr möglich. Der Bremsdruck bleibt konstant.	Das Steuergerät trennt den Hauptzylinder von der Radbremse ab, öffnet das 2/2-Wegeventil (3a/2) und steuert die Rückförderpumpe (3c) an. Sie fördert über den Speicher (3b) die beim Druckabbau aus den Radzylindern strömende Bremsflüssigkeit in den Hauptzylinder (4) zurück.

Tandem-Hauptzylinder

Grundsystem

Der Tandem-Hauptzylinder besitzt zwei hintereinander geschaltete Kolben, den Druckstangenkolben und den schwimmend gelagerten Zwischenkolben. Durch die beiden Kolben entstehen zwei Druckräume. Der Druckstangenkolben wird direkt über das Bremspedal betätigt. Der aufgebaute Druck wirkt auf den schwimmend gelagerten Zwischenkolben. Die Kolben werden durch Primärmanschetten, Sekundärmanschetten und Trennmanschetten abgedichtet. Ausgleichsbohrungen (Fahrzeuge ohne ABS) verbinden die beiden Druckräume mit dem Ausgleichsbehälter.

Wirkungsweise

Ruhestellung	Bremsstellung
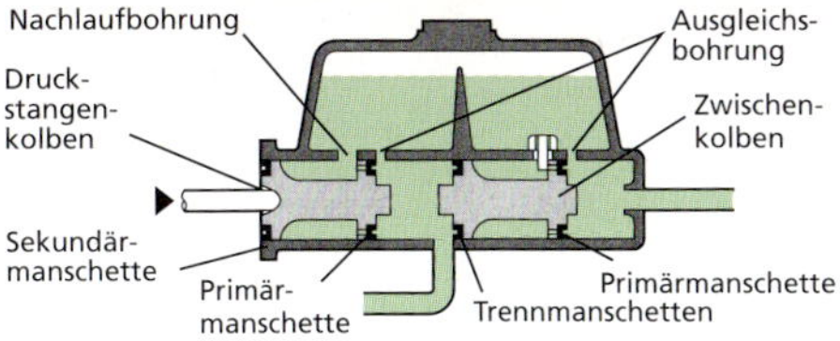	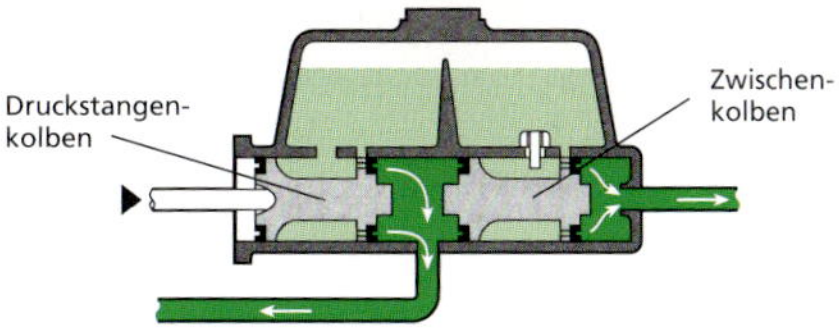

Ruhestellung	Bremsstellung
In der Ruhestellung geben die Primärmanschetten die Ausgleichsbohrungen frei, sodass Ausgleichsbehälter und Druckräume verbunden sind. Volumenänderungen, bedingt durch Temperaturschwankungen der Bremsflüssigkeit und Belagabnutzung werden so ausgeglichen	Beim Betätigen des Druckstangenkolbens wird gleichzeitig der Zwischenkolben über eine vorgespannte Feder verschoben. In dem Moment, in dem die Primärmanschetten der beiden Kolben die Ausgleichsbohrungen überfahren haben, beginnt der Druckaufbau.

Ausfall des Druckstangen-Bremskreises	Ausfall der Zwischenkolben-Bremskreises
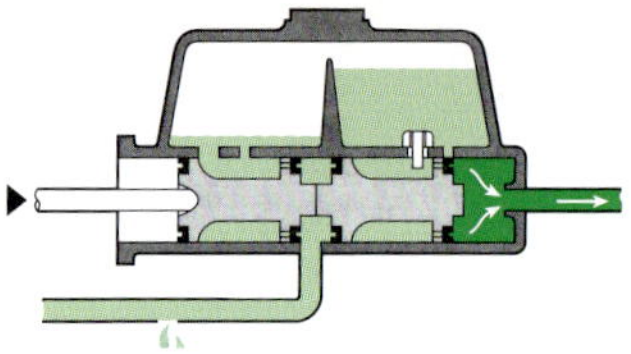	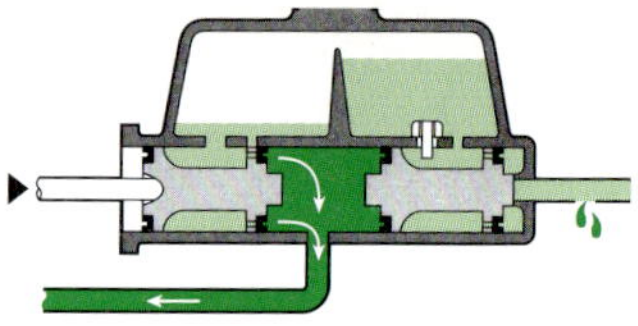
Tritt im Druckstangen-Bremskreis eine Leckstelle auf, so kann sich beim Betätigen des Bremspedals im Druckraum kein Druck aufbauen. Der Druckstangenkolben wirkt mechanisch auf den Zwischenkolben, der im Zwischenkolben-Bremskreis den Druck aufbaut.	Tritt im Zwischenkolben-Bremskreis eine Leckstelle auf, wird der Zwischenkolben durch den Druck, den der Druckstangenkolben erzeugt, bis zum Anschlag verschoben. Er dichtet den intakten Bremskreis vom schadhaften Bremskreis ab. Der Druckstangen-Bremskreis bleibt wirksam.

Tandem-Hauptzylinder mit Zentralventil

Fahrzeuge mit ABS sind mit einem Tandem-Hauptzylinder mit Zentralventilen ausgestattet. Bei ABS-Systemen besteht die Gefahr, dass die Primärmanschetten durch Druckspitzen beim Rückfördern in die Ausgleichsbohrungen gedrückt und beschädigt werden. Das Zentralventil übernimmt die Funktion der Ausgleichsbohrung. Nachlaufbohrungen sorgen dafür, dass der zwischen dem vorderen und hinteren Kolbenteil liegende ringförmige Nachlaufraum immer mit Bremsflüssigkeit gefüllt ist.

Die Kolben werden durch Manschetten abgedichtet:

- Sekundärmanschette: Sie dichtet den Druckstangenkolben nach außen ab.
- Trennmanschetten: Sie dichten die Kolbenringräume ab.
- Primärmanschetten: Sie dichten die Druckräume gegen die Kolbenringräume ab.

Eingesetzt werden Tandem-Hauptzylinder mit einem Zentralventil und Primärmanschette und Ausgleichsbohrung bzw. zwei Zentralventilen.

Tandem-Hauptzylinder mit einem Zentralventil und Ausgleichsbohrung

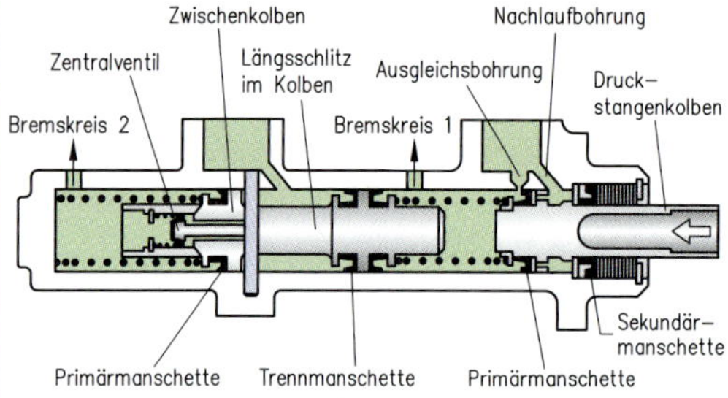

Hier hat die Primärmanschette noch die Aufgabe, die Ausgleichsbohrung zu Beginn des Bremsvorganges zu schließen.

Tandem-Hauptzylinder mit zwei Zentralventilen

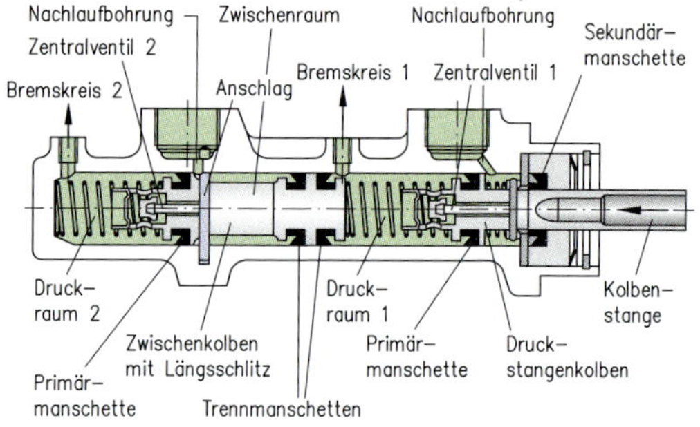

Wirkungsweise des Zentralventils

Bremsstellung

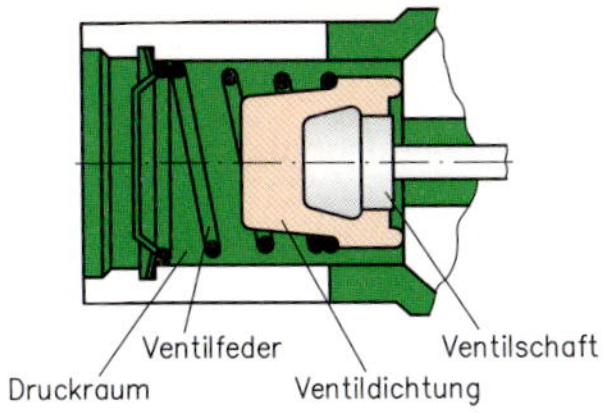

Beim Bremsen gibt der festangeordnete Anschlag das Zentralventil frei. Das Zentralventil schließt. Die Verbindung vom Druckraum zum Zwischenraum ist damit unterbunden. Im Druckraum kann sich jetzt Druck aufbauen.

Lösestellung

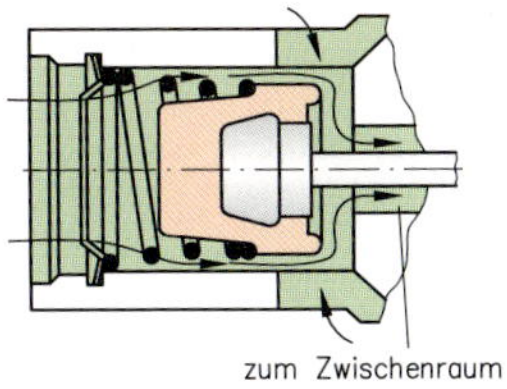

In der Lösestellung drückt die Kolbenfeder die Kolben an ihre Anschlagflächen zurück. Der Ventilschaft wird auf den Anschlag gedrückt. Das Zentralventil öffnet. Der Druckraum ist über die Nachlaufbohrung mit dem Ausgleichsbehälter verbunden.

Wirkungsweise der Ausgleichsbohrung

Bremsstellung

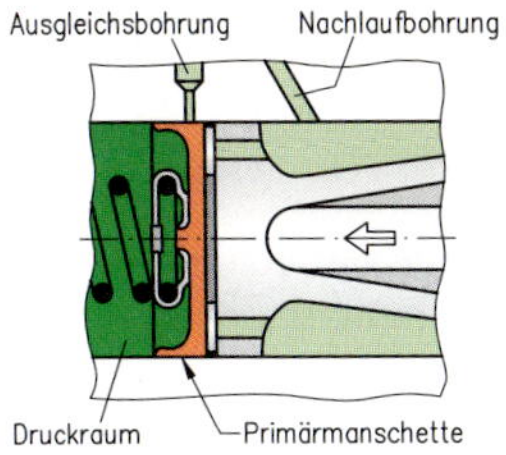

Bei Betätigung des Druckstangenkolbens in die Bremsstellung schließt die Primärmanschette die Ausgleichsbohrung. Druck wird im Druckraum aufgebaut. Eine Füllscheibe verhindert, dass die Primärmanschette in die Füllbohrung gedrückt und beschädigt wird.

Lösestellung

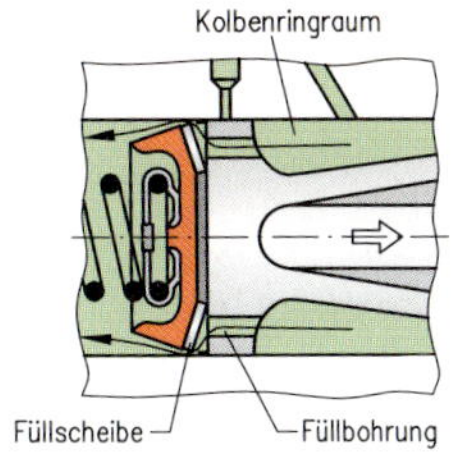

Wird der Druckstangenkolben in die Lösestellung bewegt, biegt sich die Primärmanschette zurück, die federnde Füllscheibe weicht aus und die Füllbohrungen werden geöffnet. Aus dem ringförmigen Kolbenringraum strömt Bremsflüssigkeit in den sich vergrößernden Druckraum nach. Damit entsteht bei raschem Kolbenrückgang kein Unterdruck, durch den Luft an den Radzylindern in die Bremskreise angesaugt werden könnte.

19.2.4.4 Unterdruck-Bremskraftverstärker

Beim mechanisch gesteuerten Unterdruck-Bremskraftverstärker ist der Unterdruckteil mit dem Hauptbremszylinder zusammen verbaut. Der Unterdruck-Bremskraftverstärker hat die Aufgabe, den für das Bremsen notwendigen Kraftaufwand zu verringern, ohne dabei das Gefühl für das Maß der Bremsung zu beeinträchtigen. Dabei wird der Druckunterschied zwischen dem Luftdruck und dem im Ansaugrohr des Motors herrschenden Druck (Unterdruck) als Kraftquelle ausgenutzt. Bei Ausfall des Unterdrucks bleibt die Bremsanlage voll funktionsfähig. Allerdings ist eine größere Fußkraft erforderlich.

Unterdruck-Bremskraftverstärker in Dieselfahrzeugen benötigen eine zusätzliche Vakuumpumpe.

Die Membran teilt das Gehäuse in eine Unterdruck- und eine Arbeitskammer. Die Arbeitskammer wird abwechselnd über ein Unterdruck- und Außenluftventil mit der Unterdruckkammer oder der Außenluft verbunden. Das Doppelventil wird vom Bremspedal und der Kolbenstange betätigt. Sie wirkt über den Ventilkolben und eine Reaktionsscheibe aus Gummi auf die Kolbenstange des Hauptzylinders.

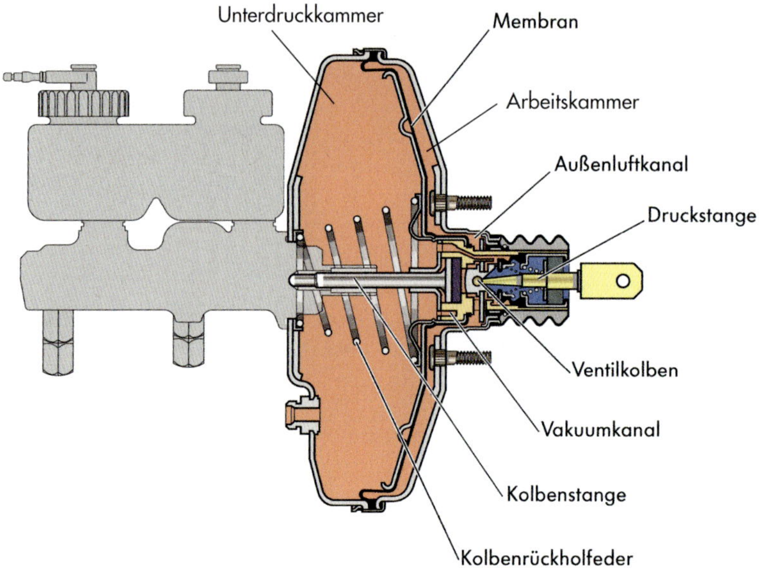

Lösestellung	Teilbremsstellung	Vollbremsstellung
In der Lösestellung wird die Arbeitskammer mit der Unterdruckkammer verbunden. Der Außenluftkanal ist verschlossen. Auf beiden Seiten des Arbeitskolbens bzw. der Membran herrscht der gleiche Druck. Die Membran wird durch die Kolbenrückholfeder in der Endstellung gehalten.	In der Teilbremsstellung wird der Vakuumkanal geschlossen und die Arbeitskammer mit der Außenluft verbunden. Außenluft strömt in die Arbeitskammer. Die durch die Druckdifferenz zwischen Arbeitskammer und Unterdruckkammer entstehende Kraft verschiebt die Membran, die Druckstange und somit den Kolben im Hauptzylinder entgegen der Kraft der Kolbenrückholfeder so lange, bis die vom Hauptzylinder wirkende Gegenkraft gleich groß ist.	In der Vollbremsstellung wird die Arbeitskammer von der Unterdruckkammer getrennt und der Außenluftkanal vollständig geöffnet. Vor und hinter der Arbeitsmembran herrscht nun die größtmögliche Druckdifferenz. Die Fußkraft wird mit der maximalen Hilfskraft verstärkt.
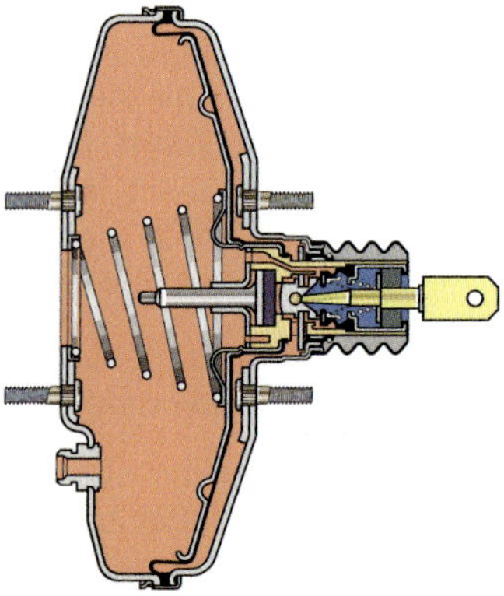	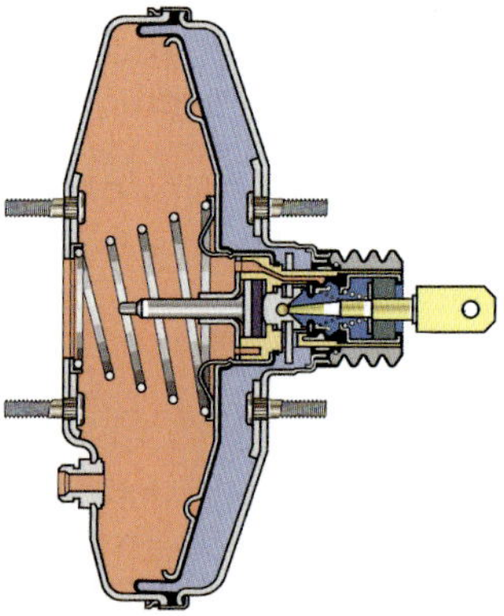	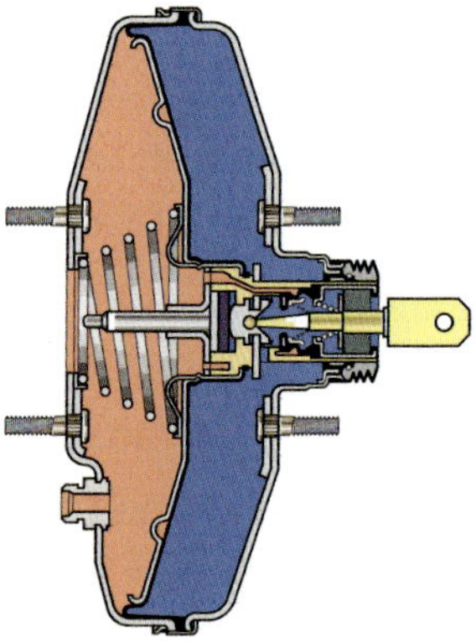

19.2.4.5 Bremskraftverteilung

Durch die Beladung und die Straßenverhältnisse ändern sich die Bremsbedingungen ständig:

- Achslasten sind vorne und hinten unterschiedlich.
- Beim Bremsen bei Geradeausfahrt werden die Vorderräder belastet, die Hinterräder entlastet.
- Beim Bremsen in Kurven werden die kurvenäußeren Räder noch zusätzlich belastet.

Eine Bremskraftverteilung begrenzt den Bremsdruck an den Hinterrädern. Damit wird ein frühzeitiges Blockieren der Hinterräder verhindert.

Konventionelle Bremskraftverteilung

Blockierverhinderer übernehmen die Aufgabe der Bremskraftverteilung. Sie werden in die Bremsleitung der Hinterräder eingebaut. Wir unterscheiden

- Bremskraftbegrenzer
  Sie halten den Bremsdruck zur Hinterachse ab einem bestimmten Druck konstant. Der Bremsdruck kann dann nur noch an der Vorderachse gesteigert werden.
- Bremskraftregler
  Bei einem lastabhängigen Bremskraftregler wird der Bremsdruck in Abhängigkeit von der Beladung und der Achslast beim Bremsen gesteuert.

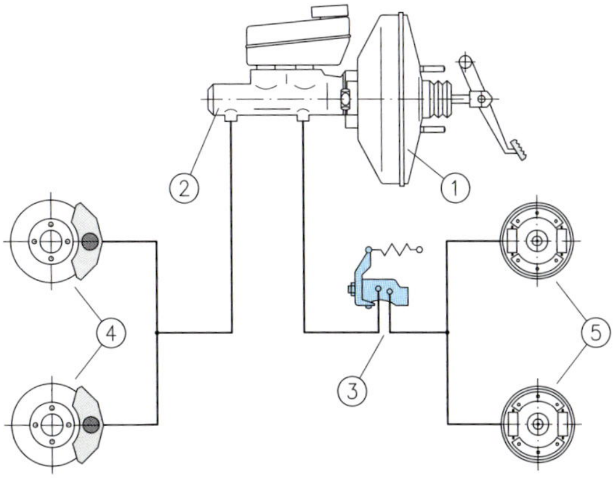

1 Unterdruck-Bremskraftverstärker
2 Tandem-Hauptzylinder
3 Lastabhängiger Bremskraftregler
4 Scheibenbremse
5 Trommelbremse

Elektronische Bremskraftverteilung EBV

Die EBV setzt bereits bei leichten Bremsvorgängen und bei Kurvenfahrt ein. Durch eine spezielle Software im ABS-Steuergerät wird der Bremsdruck so geregelt, dass die Hinterräder nicht überbremsen können. Die EBV-Regelung sorgt für hohe Seitenführungskräfte und gute Bremskraftverteilung. Der Arbeitsbereich der elektronischen Regelung EBV endet mit dem Einsetzen der ABS-Regelung, d. h. wenn bei einem Rad Blockiertendenz besteht.

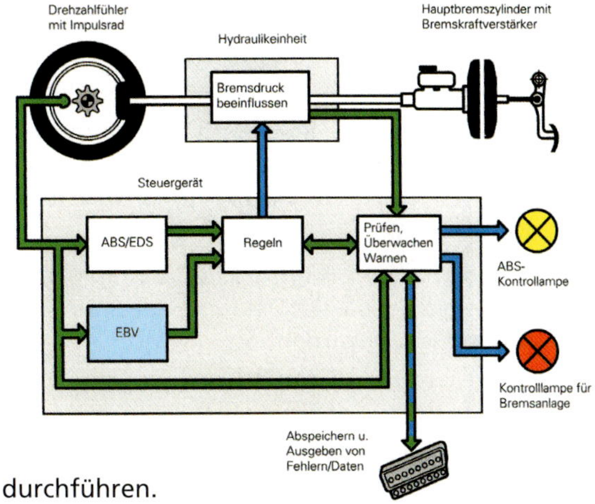

19.2.4.6 Arten der ABS-Regelung

Das Steuergerät kann verschiedene Regelungen durchführen.

Individual-Regelung (IR)

Jedes Rad wird mit dem maximal erforderlichen Bremsdruck individuell versorgt. Mit der IR erhält man den kürzesten Bremsweg. Nachteilig ist, dass beim Bremsen auf einer Fahrbahn mit unterschiedlicher Bodenhaftung ein Drehmoment des Fahrzeugs um die Hochachse (Giermoment) entsteht, da die Räder einer Achse unterschiedlich stark gebremst werden.

Select-Low-Regelung (SLR)

Das Rad mit der geringsten Bodenhaftung bestimmt den Bremsdruck einer Achse. Damit verlängert sich allerdings der Bremsweg, weil nicht der gesamte Bremsdruck genutzt wird. Beim Bremsen auf einer Fahrbahn mit unterschiedlicher Bodenhaftung bleibt das Fahrzeug in der Spur, da der Bremsdruck einer Achse ungefähr gleich groß ist.

19.2.5 Mechanik

19.2.5.1 Radbremsen

Trommelbremse

In der Trommelbremse werden zwei gegenüberliegende Bremsbacken mit Bremsbelag über einen Radzylinder an die Bremstrommel gepresst. Die Bremstrommel sitzt fest auf der Radnabe. Bremsbacken und Radzylinder sind mit dem Bremsträger verbunden, der an der Radaufhängung befestigt ist.

Durch Rückholfedern werden die Bremsbeläge wieder von der Bremstrommel gelöst.

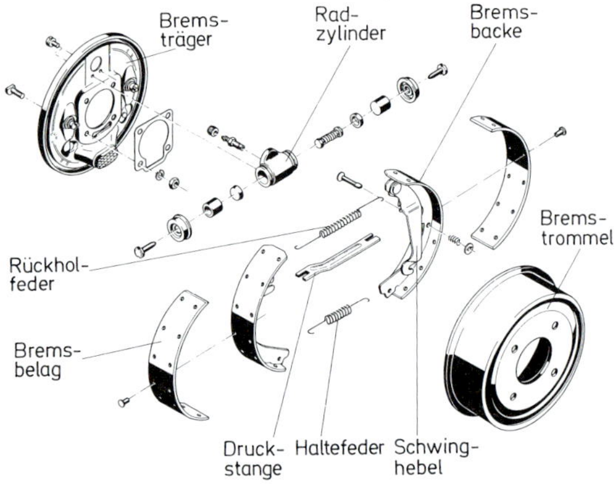

Im Radzylinder wirkt der Flüssigkeitsdruck. Dieser erzeugt die Spannkraft zum Anpressen der Bremsbacken an die Bremstrommel.

Die Bremsbacken der Trommelbremse werden durch die Spannkraft um einen festen Drehpunkt geschwenkt und gegen die Bremstrommel gepresst. Es entsteht eine Reibkraft entgegen der Drehrichtung. Die Reibkraft bewirkt in Verbindung mit dem Hebelarm ein Drehmoment, das bei auflaufender Backe nach außen, bei ablaufender Backe nach innen wirkt.

- Bei auflaufender Bremsbacke erzeugt das Drehmoment eine verstärkte Anpressung der Bremsbacke an die Bremstrommel (Servowirkung).
- Bei ablaufender Bremsbacke verringert das Drehmoment die Anpressung der Bremsbacke an die Bremstrommel.

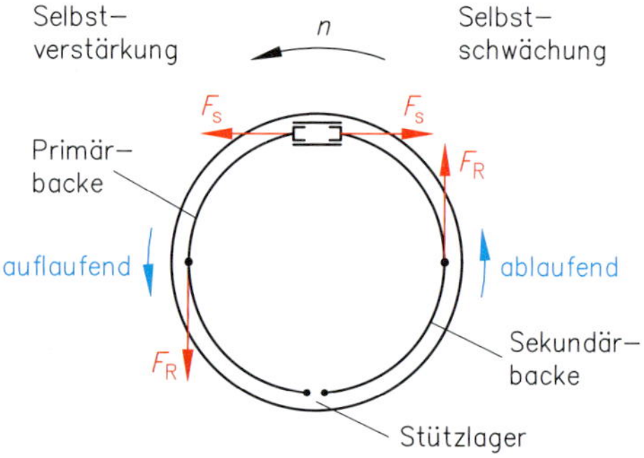

Automatisch wirkende Nachstellvorrichtungen verringern das Lüftspiel der Bremse. Die Ansprechzeit verkürzt sich.

Die Bauarten der Trommelbremse unterscheiden sich in der Anordnung von Bremszylinder und Stützlager.

- Simplexbremse
  Die Bremsbacken werden von einem Radzylinder mit zwei Kolben gespannt. Das Stützlager ist fest.
  Vorwärtsfahrt: eine auflaufende und eine ablaufende Bremsbacke
  Rückwärtsfahrt: eine auflaufende und eine ablaufende Bremsbacke

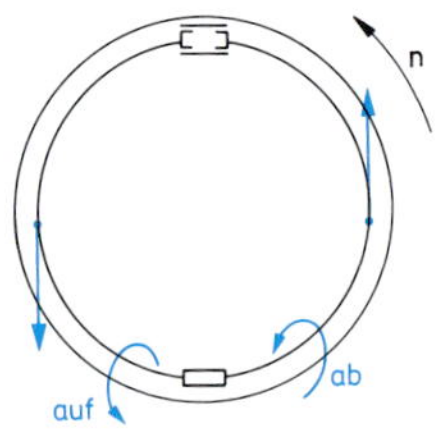

- Duplex-Bremse
  Jeder Bremsbacken wird von einem eigenen Radzylinder gespannt.
  Vorwärtsfahrt: zwei auflaufende Bremsbacken
  Rückwärtsfahrt: zwei ablaufende Bremsbacken

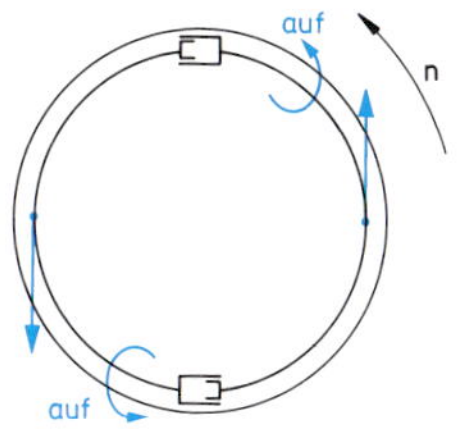

- Duo-Duplex-Bremse
  Die Bremsbacken werden von zwei Radzylindern mit je zwei Kolben gespannt.
  Vorwärtsfahrt: zwei auflaufende Bremsbacken
  Rückwärtsfahrt: zwei auflaufende Bremsbacken

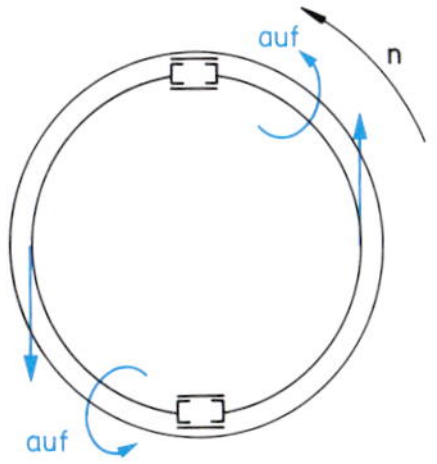

- Servo-Bremse
  Die Bremsbacken werden von einem Radzylinder mit zwei Kolben gespannt. Das Stützlager ist in einer Richtung (Sekundärbacke) beweglich.
  Vorwärtsfahrt: zwei auflaufende Bremsbacken
  Rückwärtsfahrt: eine auflaufende und eine ablaufende Bremsbacke

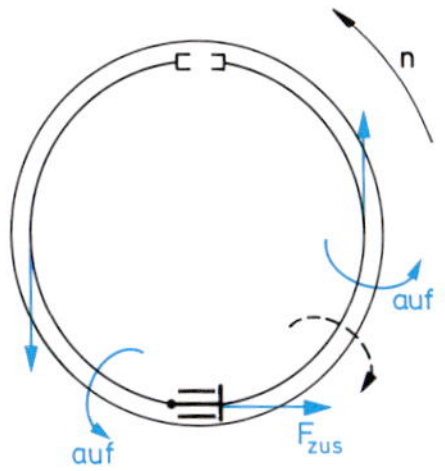

- Duo-Servo-Bremse
  Die Bremsbacken werden von einem Radzylinder mit zwei Kolben gespannt. Das Stützlager ist in beiden Richtungen frei beweglich.
  Vorwärtsfahrt: zwei auflaufende Bremsbacken
  Rückwärtsfahrt: zwei auflaufende Bremsbacken

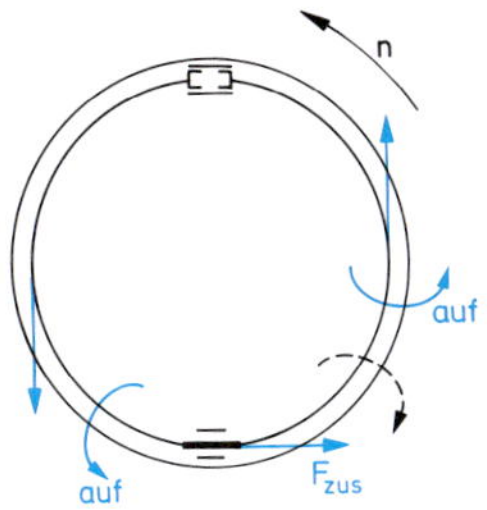

Scheibenbremse

Bei der Scheibenbremse werden die Bremsbeläge von Bremskolben gegen die Bremsscheibe gepresst. Die Bremsbeläge werden vom Bremssattel geführt. Er enthält auch die Bremszylinder. Der Bremssattel ist mit der Radaufhängung verschraubt, die Bremsscheibe ist mit der Nabe verbunden.

Faustsattelbremse

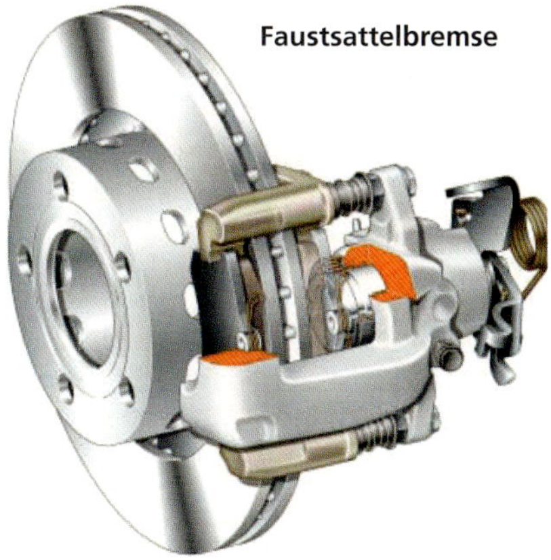

Festsattelbremse

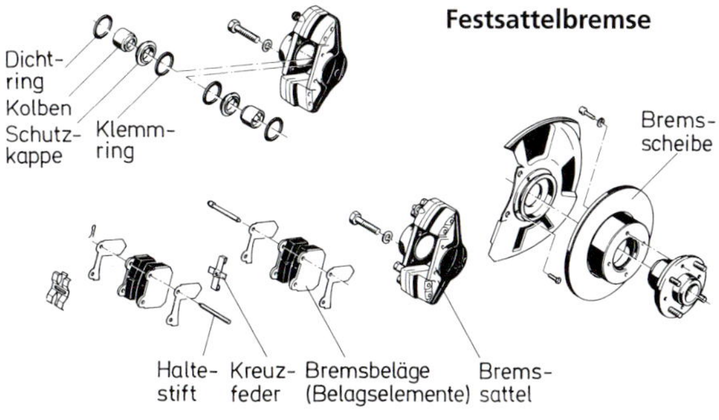

Die Bremskolben werden durch einen rechteckigen Dichtring abgedichtet, der gleichzeitig beim Lösen der Bremse für die Rückstellung der Kolben zuständig ist.

Eine Spreizfeder sorgt für eine Anlage der Bremsbeläge an die Kolben.

In den Bremszylindern wirkt der Flüssigkeitsdruck und erzeugt die Spannkraft zum Anpressen der Bremsbeläge an die Bremsscheibe.

Im Bremszylinder ist ein rechteckiger Dichtring angeordnet, der bei der Bremsbewegung des Kolbens elastisch verformt wird. Beim Lösen der Bremse entspannt sich der Gummiring wieder und schiebt den Kolben in seine Lösestellung zurück. Das Lüftspiel bei Scheibenbremsen beträgt ca. 0,15 mm.

Der Dichtring bewirkt eine Selbstnachstellung der Scheibenbremse. Wenn der Dichtring seine maximale Verformung erreicht hat und der Bremsbelag noch nicht an der Bremsscheibe anliegt, rutscht der Kolben unter der Dichtung durch. Das Lüftspiel bleibt damit immer gleich.

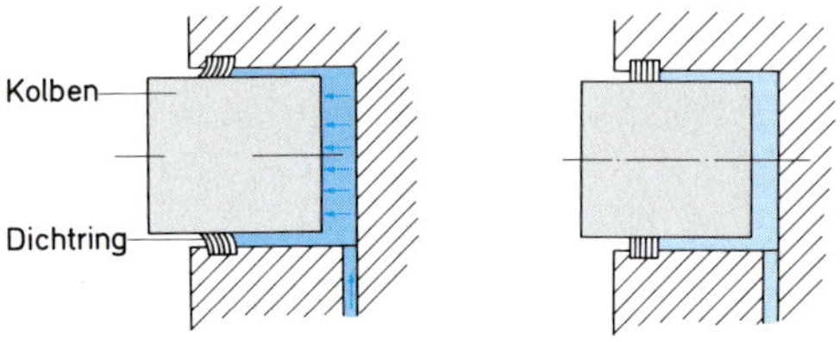

Scheibenbremsen benötigen keine Nachstellvorrichtung. Sie stellen sich selbsttätig nach.

Die Bauarten der Scheibenbremsen unterscheiden sich durch die Konstruktion des Bremssattels.

- Festsattel (a)
  Bremszylinder und Kolben sind auf beiden Seiten der Bremsscheibe angeordnet. Der Sattel steht fest.
- Schwimmsattel (b)
  Ein Kolben drückt nur auf einer Seite das Belagsegment gegen die Scheibe. Das andere Belagsegment wird durch die Reaktionskraft auf den axial verschiebbaren Sattel gegen die Scheibe gedrückt.
- Faustsattel (c)
  Der Bremszylinder bildet mit dem Rahmen ein kompaktes Teil. Beim Bremsen wird zuerst der innere Bremsbelag durch den Kolben, dann der andere Bremsbelag über das Gehäuse gegen die Scheibe gepresst.

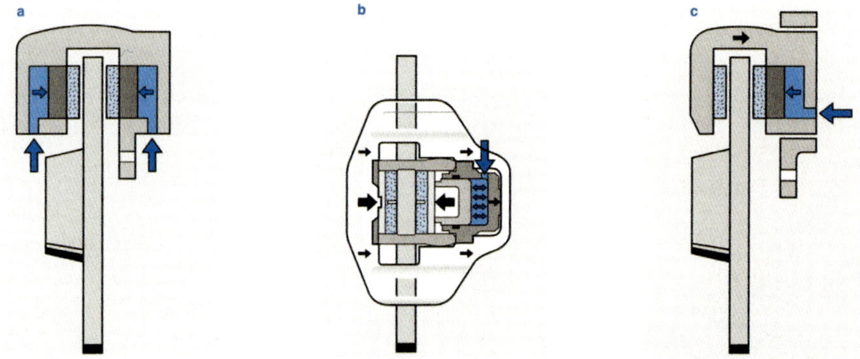

Die Bremsscheiben sind thermisch sehr hoch belastet. Bremsscheiben bestehen aus warmfesten Werkstoffen wie Gusseisen mit Kugelgraphit, Temperguss oder Stahlguss. Für besonders hohe Anforderungen werden sie aus Keramik-Carbon-Werkstoffen hergestellt.

Bremsscheiben werden als Massivscheiben (Hinterräder) und als innenbelüftete Bremsscheiben ausgeführt. Durch Kühlkanäle erreicht man eine bessere Kühlwirkung.

Bremsfading

Durch Überhitzen der Bremse, z. B. bei einer Dauerbremsung, nimmt die Reibzahl ab und damit die Reibkraft. Die Bremswirkung lässt nach. Bei Scheibenbremsen ist das Fading relativ gering und beeinträchtigt die Fahrsicherheit kaum. Bei Trommelbremsen kommt zur verminderten Reibzahl die Reduzierung der Selbstverstärkung, die auch von der Reibzahl abhängig ist.

Um Bremsfading zu vermeiden, wird bei der Herstellung von Belägen ein zusätzlicher Fertigungsprozess (Scorching) in die Produktion eingebaut.

Vergleich zwischen Trommelbremse und Scheibenbremse

Merkmal	Trommelbremse	Scheibenbremse
Spannkraft	⊕ klein	⊖ groß
Bremswirkung bei Schwankungen des Reibwerts	⊖ ungleichmäßig	⊕ gleichmäßig
Bremsfading	⊖ groß	⊕ gering
Gegen Verschmutzung	⊖ unempfindlich	⊖ empfindlich
Selbstreinigung	⊖ nein	⊕ ja
Wärmeabfuhr	⊖ ungünstig	⊕ günstig
Lüftspiel	⊖ 0,3 bis 0,5 mm	⊕ 0,15 mm
Nachstellung	⊖ mechanisch automatisch	⊕ selbsttätig
Lösen	⊖ durch Feder	⊕ durch Dichtringe
Vordruck	⊖ 0,5 bis 1,5 bar	⊕ 0 bar
Leitungsdruck	⊕ 25 bis 50 bar	⊖ 50 bis 120 bar

19.2.6 Bremsflüssigkeit

Die Bremsflüssigkeit dient zur hydraulischen Kraftübertragung in den Bremsen. An die Bremsflüssigkeit werden hohe Anforderungen gestellt:

- Nicht kompressibel
- Hoher Siedepunkt (ca. 260 °C)
  Hierdurch wird die Dampfblasenbildung verhindert. Dampfblasen setzen die Bremswirkung herab, da sich die Dampfblasen zusammendrücken lassen.
- Hoher Flammpunkt
  Die Bremsflüssigkeit darf bei den auftretenden Temperaturen nicht entflammen.
- Tiefer Gefrierpunkt
  Die Bremse muss auch bei tiefen Temperaturen funktionsfähig bleiben.
- Chemisch stabil
  Die Bremsflüssigkeit sollte eine möglichst geringe Ausdehnung bei Erwärmung und eine Schmierfähigkeit im gesamten Temperatur- und Druckbereich haben.
- Metall- und Gummiteile nicht angreifen.

Eigenschaften

Bremsflüssigkeit besteht aus Polyglykolether mit speziellen Zusätzen. Daneben werden auch Silikonöle (US-Armee) und Spezialöle auf Mineralölbasis (Citroen) als Bremsflüssigkeiten verwendet. Bremsflüssigkeit auf Polyglykolether-Basis ist am weitesten verbreitet. Sie ist stark hygroskopisch und reichert sich im Laufe der Zeit mit Wasser an. Sie nimmt Feuchtigkeit aus der Luft durch das „Atemloch" des Bremsflüssigkeitsvorratsbehälters und durch die Wandungen der Bremsschläuche auf. Ein Wasseranteil von 2 % kann den Siedepunkt um 60 ... 80 °C absenken. Bei starker Beanspruchung der Bremsanlage, z. B. bei längerem Bremsen auf Gefällstrecken, kann es bei zu hohem Wasseranteil zur Dampfblasenbildung kommen. Wasserdampf ist als Gas zusammendrückbar. Damit fällt das Bremspedal ohne Widerstand bis zum Bodenblech durch, ohne dass das Fahrzeug abgebremst wird.

Ein zu hoher Wasseranteil führt außerdem zur Korrosion der Hydraulikkomponenten.

Bremsflüssigkeit muss daher nach Ablauf von 1 bis 2 Jahren im Rahmen der Wartungsarbeiten erneuert werden. Da sich nicht nur Wasser, sondern auch feinster Abrieb und Schmutzteilchen in der Bremsflüssigkeit anreichern, sollte beim Wechsel der Bremsflüssigkeit das Bremssystem durchgespült werden.

Einteilung

Bremsflüssigkeit wird nach DOT (Department of Transportation) in drei Klassen eingeteilt:

- Bremsflüssigkeit auf Polyglykolether-Basis: DOT 3, DOT 4 und DOT 5.1,
- Bremsflüssigkeit auf Silikon-Basis: DOT 5.

Entsprechend den gesetzlichen Vorschriften geben die Bremsflüssigkeitshersteller auf ihren Dosen folgende Hinweise:

- Trockensiedepunkt: Siedepunkt der neuen, ungebrauchten Bremsflüssigkeit ohne Wasseranteil.
- Nasssiedepunkt: Siedepunkt der Bremsflüssigkeit mit etwa 3,5 % Wasseranteil.
- Flüssigkeitstyp nach DOT.

	DOT 3	DOT 4	DOT 5.1	DOT 5
Trockensiedepunkt	205 °C	230 °C	260 °C	260 °C
Nasssiedepunkt	140 °C	155 °C	180 °C	180 °C
Farbe	gelb	gelb	gelb	blau
Auf den Dosen ist vermerkt: • Trockensiedepunkt, • Nassesiedepunkt, • Flüssigkeitstyp nach DOT.				

Arbeitshinweise

Es ist darauf zu achten, dass alle Werkzeuge und Prüfgeräte, die mit Bremsflüssigkeit in Berührung kommen, sauber und frei von Mineralölrückständen sind. Geringste Anteile von Mineralöl genügen, um sämtliche Gummiteile, wie Manschetten, Dichtungen, Bremsschlauchleitungen, zu zerstören, sodass die Bremsanlage funktionsuntüchtig wird. In diesem Fall müssen alle Gummiteile durch neue ersetzt werden.

DOT 5 ist nicht mischbar mit Bremsflüssigkeiten auf Glykoletherbasis DOT 3, 4, 5.1.

Bremsflüssigkeit greift Lacke an, Spritzer sind sofort mit Wasser abzuwaschen. Abgelassene Bremsflüssigkeit kann nicht mehr verwendet werden, da sie verunreinigt sein kann.

Umweltschutz

Bremsflüssigkeit gehört nach dem Kreislaufwirtschafts- und Abfallgesetz zu den besonders überwachungsbedürftigen Abfällen und ist schwach wassergefährdend (Wassergefährdungsklasse: WKG 1). Sie darf nicht in Gewässer oder in die Kanalisation gelangen. Nach Verschütten ist die Bremsflüssigkeit mit flüssigkeitsbindenem Material aufzunehmen.

Arbeitssicherheit

Folgende Maßnahmen sind zu beachten:

- Hautkontakt vermeiden,
- ggf. persönliche Schutzausrüstung tragen,
- für Hautreinigung und -pflege sorgen.

Erste Hilfe

- Nach Einatmen: für Frischluftzufuhr sorgen,
- nach Hautkontakt: Benetzte Haut mit Wasser und Seife abwaschen und gut nachspülen,
- nach Augenkontakt: Augen bei geöffnetem Lidspalt mehrere Minuten unter fließendem Wasser spülen. Bei anhaltenden Beschwerden: Arzt aufsuchen,
- nach Verschlucken: Reichlich Wasser nachtrinken und Frischluft zuführen. Unverzüglich Arzt hinzuziehen.

BTA Nr.: 4 2001-12-06	**BETRIEBSANWEISUNG** gemäß § 20 GEFSTOFFV **Geltungsbereich und Tätigkeiten** **Name der Schule: Werkstatt o. Ä.**	Unterschrift

GEFAHRSTOFFBEZEICHNUNG

Bremsflüssigkeit

Bremsflüssigkeit für hydraulische Bremsanlagen

GEFAHREN FÜR MENSCH UND UMWELT

Xn Gesundheits-schädlich

- R21/22 Gesundheitsschädlich bei Berührung mit der Haut und beim Verschlucken.

SCHUTZMASSNAHMEN UND VERHALTENSREGELN

- S24/25 Berührung mit den Augen und der Haut vermeiden.

VERHALTEN IM GEFAHRENFALL

- Ausgetretenes Material mit Universalbinder aufnehmen.

ERSTE HILFE **Notruf** 112

Bei jeder Erste-Hilfe-Maßnahme: Selbstschutz beachten und umgehend Arzt aufsuchen!

- S27 Beschmutzte, getränkte Kleidung sofort ausziehen.
- Betroffene Hautpartien mit viel Wasser und Seife gründlich abwaschen.
- Augen bei gespreizten Lidern unter fließendem Wasser gründlich ausspülen (unverletztes Auge schützen! Kontaktlinsen entfernen! Augenarzt!)
- Nach Verschlucken sofort Mund ausspülen und reichlich Wasser nachtrinken.
- Arzthilfe!

SACHGERECHTE ENTSORGUNG

A

- Bremsflüssigkeit sortenrein sammeln und einer Wiederverwertung zuführen.

Entsorgung

Bremsflüssigkeit wird in der Kfz-Werkstatt sortenrein in speziellen Behältern gesammelt. Um sie vor Verunreinigung, insbesondere Feuchtigkeit zu schützen ist ein besonderes Sammel- und Entnahmesystem erforderlich.

Die Bremsflüssigkeit wird über einen Schlauch vom Fahrzeug in eine Flasche geleitet. Ein Ventilsystem sorgt dafür, dass beim Umfüllen der Bremsflüssigkeit in den Sammelbehälter keine Feuchtigkeit aus der Umweltluft gezogen und damit die Bremsflüssigkeit verunreinigt wird. Sie wird der kostenpflichtigen Entsorgung über einen zugelassenen Abfallentsorger einer Recycling-Firma zugeführt. Die Entsorgung ist nachweispflichtig.

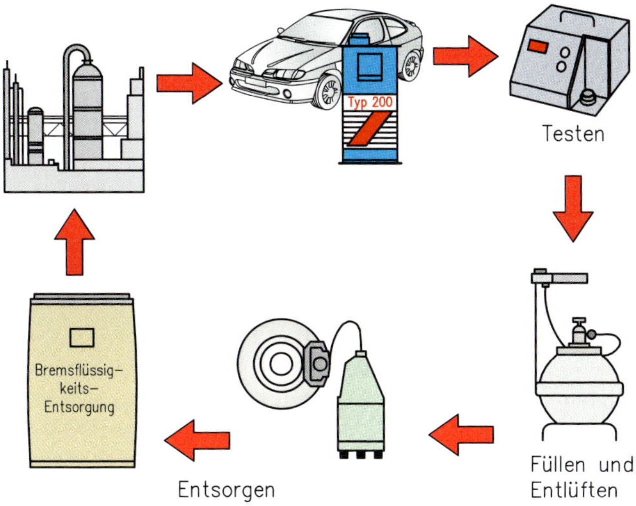

19.3 Anti-Blockier-System ABS und Antriebsschlupfregelung ASR/Elektronische Differenzialsperre EDS

19.3.1 Systemkomponenten

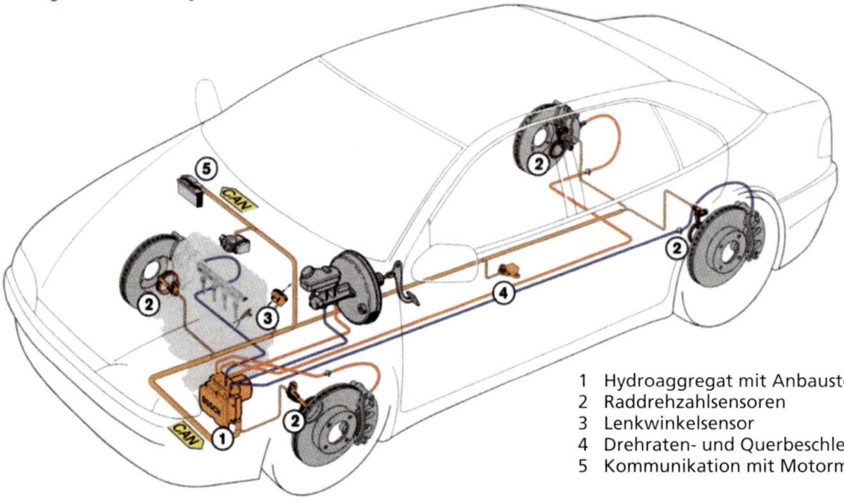

1 Hydroaggregat mit Anbausteuergerät
2 Raddrehzahlsensoren
3 Lenkwinkelsensor
4 Drehraten- und Querbeschleunigungssensor
5 Kommunikation mit Motormanagement

Während das ABS-System dafür sorgt, dass die Räder beim Bremsen nicht blockieren, bewirkt das ASR-System, dass die Räder beim Anfahren und Beschleunigen nicht durchdrehen. Hierdurch wird die Fahrstabilität des Fahrzeugs sichergestellt und ein eventuelles Schleudern verhindert. ASR verwendet die gleichen Drehzahlsensoren des ABS-Systems. ASR wertet die Drehzahlinformationen aus und erkennt sofort, wenn ein Rad zum Durchdrehen neigt.

19.3.2 ASR-Konzepte

Es gibt drei verschiedene Konzepte der Antischlupfregelung:

Antriebsschlupfregelungen

Traktion: Bremseneingriff	Stabilität: Motoreingriff	Traktion + Stabilität: Bremsen und Motoreingriff
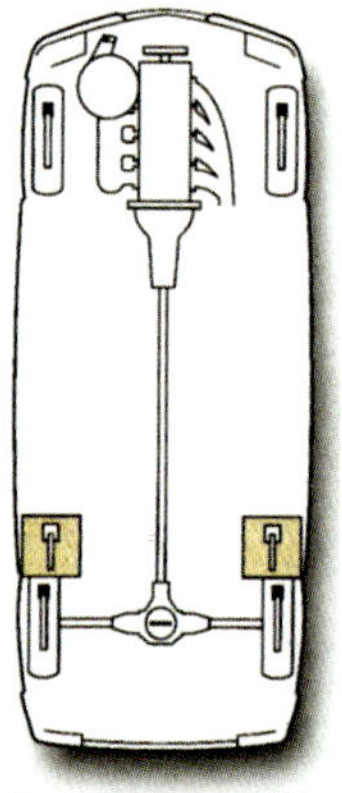	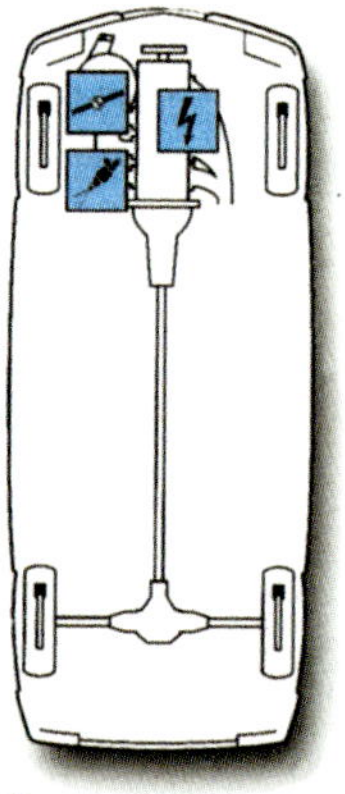	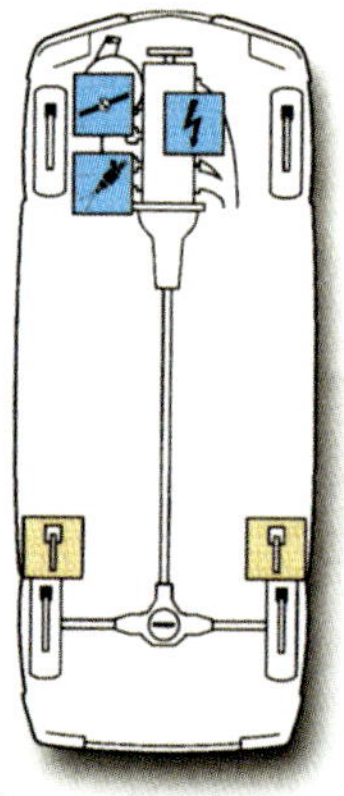
Eine elektronische Sperrdifferenzial-Funktion verbessert die Traktion auf rutschigem Untergrund, indem sie das durchdrehende Rad abbremst.	Beim Eingriff in das Motormanagement werden Drosselklappe, Einspritzmenge und Zündzeitpunkt gezielt beeinflusst. ASR ist über CAN-Bus mit dem Motormanagement verbunden.	ASR erzielt eine optimale Leistung in der Kombination von Bremseneingriff und Motorleistungsregelung. Sobald die Fahrsituation einen aktiven Eingriff von ASR verlangt, bestimmt ASR den Leistungsbedarf, während der Fahrerwunsch zweitrangig wird.

19.3.3 ASR mit Motoreingriff

Die Anpassung der Motorleistung an die tatsächlichen Bedingungen erfolgt über das elektronische Motormanagementsystem. ASR ist über CAN mit dem Motorsteuergerät verbunden. Die Signale des elektronischen Gaspedals behandelt ASR mit Vorrang gegenüber der Vorgabe des Fahrers. ASR beeinflusst die Drosselklappenstellung, die Einspritzmenge und den Zündzeitpunkt.

Erkennt das Steuergerät aus den empfangenen Sensorsignalen ein zum Durchdrehen neigendes Rad, so reduziert es das überschüssige Antriebsmoment.

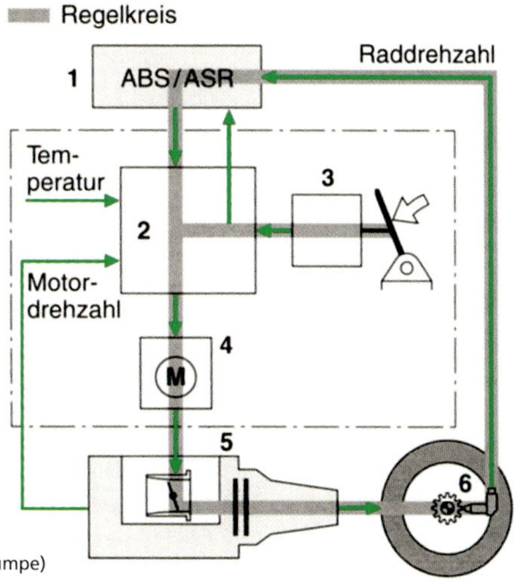

1 ABS/ASR-Steuergerät
2 Motronic-Steuergerät mit EGAS
3 Fahrpedalsensor
4 Stellmotor
5 Drosselklappe (oder Dieseleinspritzpumpe)
6 Drehzahlsensor

19.3.4 ASR mit Bremseneingriff/Elektronische Differenzialsperre EDS

Beim elektronischen Sperrdifferenzial sind im Gegensatz zum mechanischen Sperrdifferenzial keine zusätzlichen mechanischen Komponenten erforderlich. Zu den vorhandenen Ventilen des ABS-Systems sind ein weiteres Magnetventil (Sperrventil mit Druckbegrenzer) und ein hydraulisches Umschaltventil verbaut.

EDS-Prinzip am Beispiel: Das linke Rad steht auf trockenem Asphalt, das rechte Rad auf nassem, rutschigem Boden.

Ohne elektronische Differenzialsperre

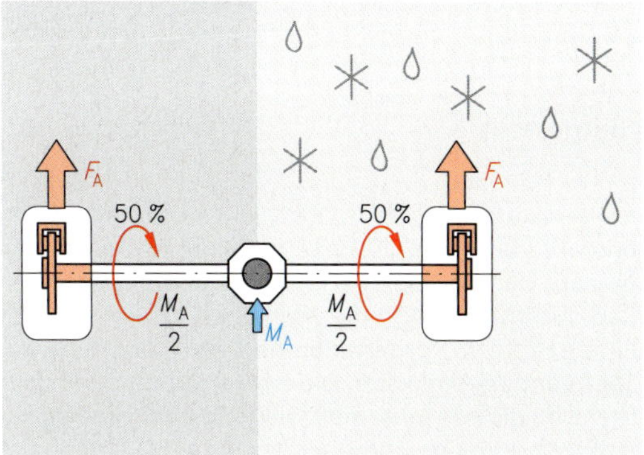

Das Differenzialgetriebe (Ausgleichsgetriebe) stellt bei ausreichender Bodenhaftung der Räder jedem Antriebsrad 50 % des Antriebsmoments M_A zur Verfügung. Die Antriebskraft eines Rads ist dann $F_A = M_A/2 \cdot r_{RAD}$.
Die Größe des übertragbaren Antriebsmoments $M_A/2$ wird durch das Rad mit der geringeren Bodenhaftung bestimmt. Das Rad auf trockenem Asphalt überträgt nur so viel Antriebskraft wie das zum Durchdrehen neigende Rad.

Mit elektronischer Differenzialsperre

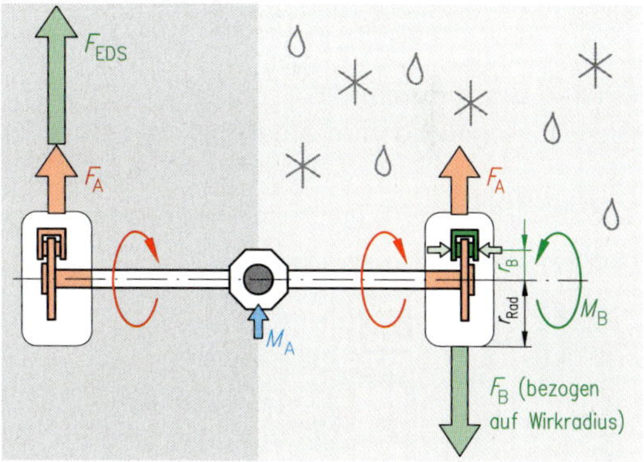

Das Durchdrehen eines Rads wird von den Drehzahlsensoren erkannt und an das Steuergerät ABS/EDS gemeldet. Das Steuergerät bewirkt über das entsprechende Magnetventil die kontrollierte Abbremsung des durchdrehenden Rads. Es entsteht ein Bremsmoment M_B, das dem Antriebsmoment $M_A/2$ entgegenwirkt. Aufgrund der Wirkung des Differenzials kann das Rad auf trockenem Asphalt die gesamt Kraft als Antriebskraft nutzen. Das nicht durchdrehende Rad kann eine zusätzliche Antriebskraft $F_{EDS} = M_B/r_{RAD}$ übertragen.

19.3.4.1 Systemübersicht

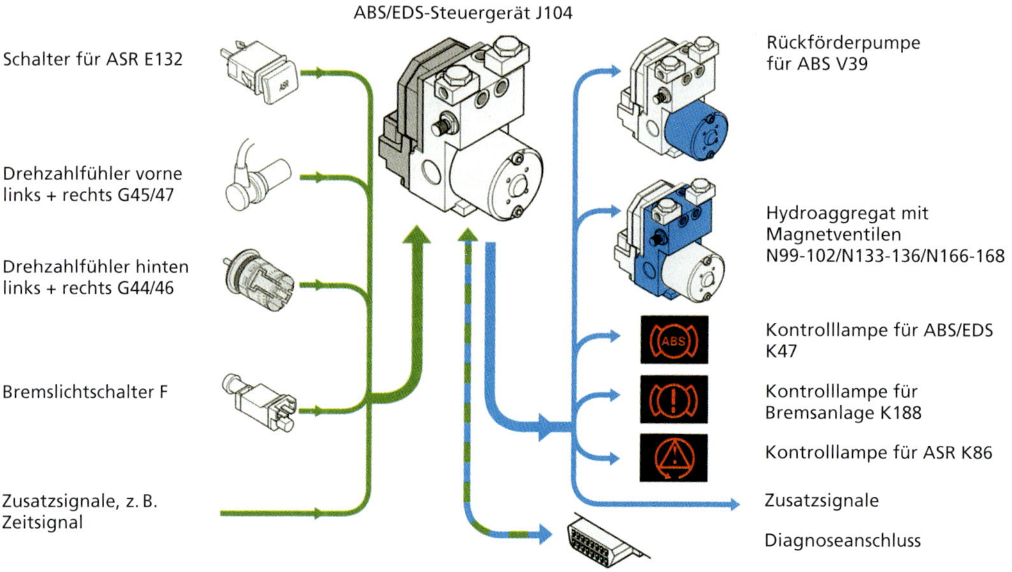

19.3.4.2 Hydraulikplan

Zusätzlich zu den Ventilen der ABS-Anlage besitzt die ABS/EDS-Anlage zwei weitere elektromagnetische Sperrventile und zwei hydraulische Umschaltventile in den Bremskreisen der Vorderräder.

Beim Betätigen der Bremse ist das hydraulische Umschaltventil geschlossen. Der Druckaufbau erfolgt durch den Hauptbremszylinder. Der Bremsdruck wirkt über das geöffnete Sperrventil und das Einlassventil auf die Radbremse.

Ein Rad dreht durch:
Die EDS-Regelung wird am Regelkreis eines Rades dargestellt.

Druckaufbau

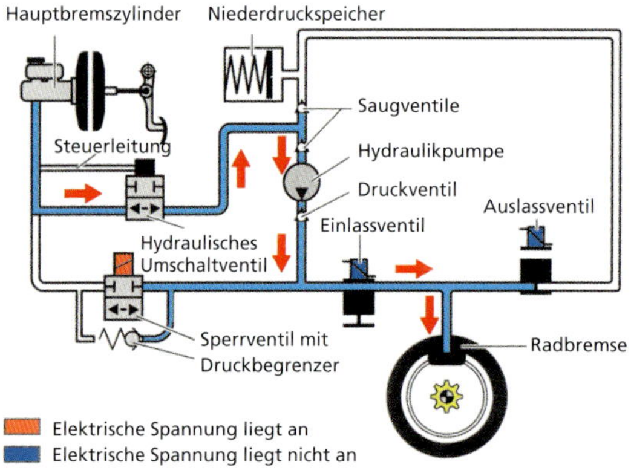

Erkennt das ABS/EDS-Steuergerät beim Beschleunigen aus den Signalen der Drehzahlsensoren, dass ein Rad durchdreht, wird die EDS-Funktion aktiviert: Das Einlassventil im Vorderradbremskreis ist geöffnet, das Sperrventil geschlossen. Die Hydraulikpumpe fördert Bremsflüssigkeit aus dem Hauptbremszylinder zur Radbremse des durchdrehenden Rades. Das Rad wird abgebremst. Der Druckbegrenzer begrenzt den von der Hydraulikpumpe aufgebauten Bremsdruck. Die Einlassventile des Hinterradbremskreises sind geschlossen, damit die Räder während der EDS-Funktion nicht abgebremst werden.

Druckaufbau Fortsetzung

Druck halten

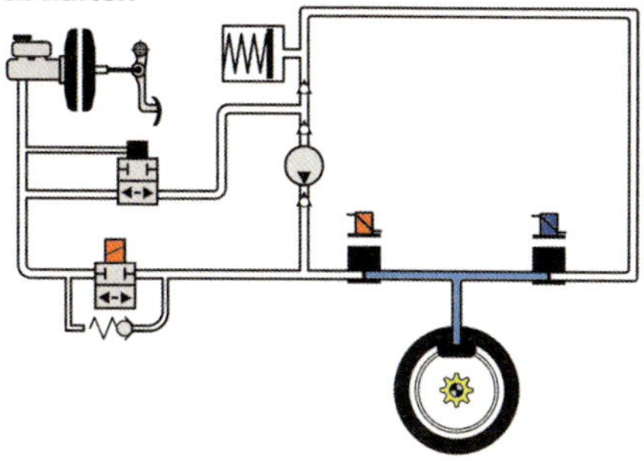

Nimmt die Drehzahl des durchdrehenden Rads ab, wird die Hydraulikpumpe abgeschaltet. Das Einlassventil wird mit Spannung versorgt und dadurch geschlossen. Das Auslassventil ist spannungslos und bleibt geschlossen. Das durchdrehende Rad wird weiterhin abgebremst.

Druckaufbauphase

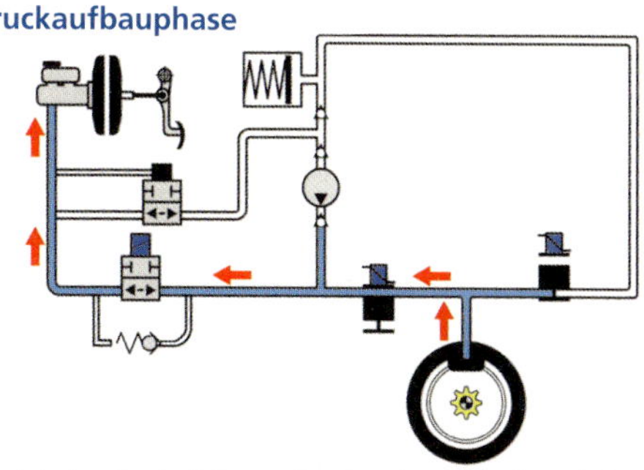

Dreht das Rad nicht mehr durch, wird das Einlassventil spannungslos geschaltet und öffnet, das Sperrventil wird ebenfalls geöffnet. Der Druck wird über den Hauptbremszylinder abgebaut.

19.4 Elektronisches Stabilitätsprogramm ESP/ Fahrdynamikregelung FDR

Während die konventionelle Bremsanlage nur den Fahrerwunsch und die reinen Schlupfregelsysteme ABS und ASR nur den Kraftschluss zwischen Rad und Fahrbahn berücksichtigen, erkennt ESP darüber hinaus, ob sich das Fahrzeug stabil in der vom Fahrer vorgegebenen Spur befindet.

ESP führt die folgenden Aufgaben durch:

- ESP analysiert: Wohin lenkt der Fahrer?
  ESP erhält diese Information vom Lenkwinkelsensor und den Drehzahlfühlern an den Rädern.
- ESP untersucht: Wohin fährt das Fahrzeug?
  ESP erhält diese Information vom Geber für Drehrate (Gierrate) und dem Geber für Querbeschleunigung.
- ESP regelt: Es stabilisiert insbesondere in Kurven durch gezieltes Abbremsen das Fahrzeug und hält es sicher in der Spur. Es reduziert beim Ausweichen vor plötzlich auftauchenden Hindernissen durch ESP-Eingriffe die Schleudergefahr.

19.4.1 Fahrverhalten

In der Fahrdynamik wird das Fahrverhalten definiert. Das Fahrverhalten ist die Fahrzeugreaktion auf Fahrerhandlungen, z. B. Lenken, Gasgeben, Bremsen und auf Störungen, z. B. durch den Fahrbahnzustand, Seitenwind usw. Gutes Fahrverhalten bedeutet Spurstabilität in allen Fahrsituationen.

Das Fahrverhalten eines Fahrzeugs wird durch genormte Fahrmanöver beurteilt:

- Stationäre Kreisfahrt
  Bei stationärer Kreisfahrt wird das Eigenlenkverhalten eines Fahrzeugs ermittelt. Bis zur Kurvengrenzgeschwindigkeit besteht noch Kraftschluss zwischen Reifen und Fahrbahn. Wird die Kurve schneller durchfahren, können die Reifen die notwendige Seitenkraft nicht mehr übertragen und es entsteht Querschlupf. Das Fahrzeug schleudert oder giert um seine Hochachse.

Man unterscheidet bei Überschreiten der Kurvengeschwindigkeit:

<table>
<tr><th>Untersteuern</th><th>Übersteuern</th></tr>
<tr><td>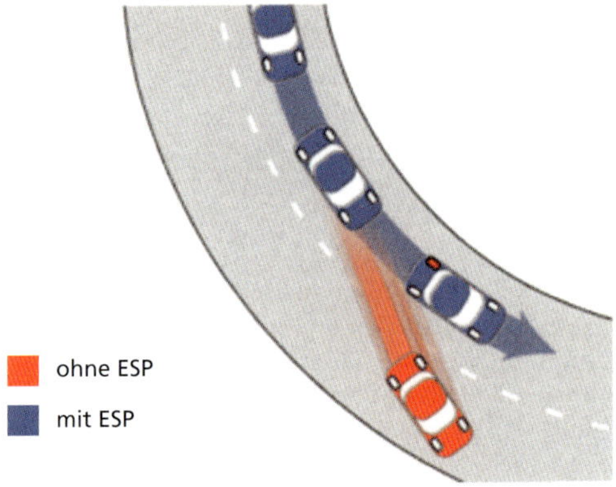
</td><td>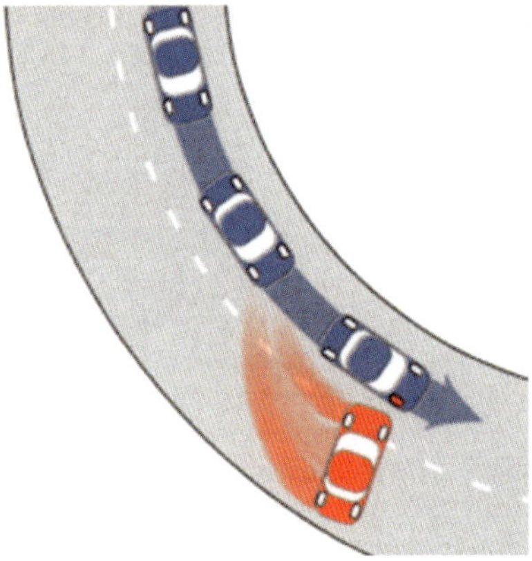</td></tr>
<tr><td>Die Fahrzeugfront drängt in Richtung der Kurvenaußenseite.
Fahrzeuge mit Frontantrieb neigen zum Untersteuern.</td><td>Das Fahrzeugheck drängt nach außen.
Fahrzeuge mit Hinterradantrieb neigen zum Übersteuern.</td></tr>
</table>

- Bremsen oder Lastwechselreaktion in der Kurve
  Beim Bremsen in der Kurve oder plötzlicher Rücknahme des Gaspedals verschiebt sich das Fahrverhalten in Richtung „übersteuern".
- Übergangsverhalten
  Zum Übergangsverhalten zählen schnelle Ausweichmanöver nach anfänglicher Geradeausfahrt. Der Ausweichtest ist als „Elchtest" bekannt geworden und sieht das abrupte Umfahren einer Hindernisses vor, das vier Meter in die Fahrbahn hineinragt und eine Länge von 10 m hat.

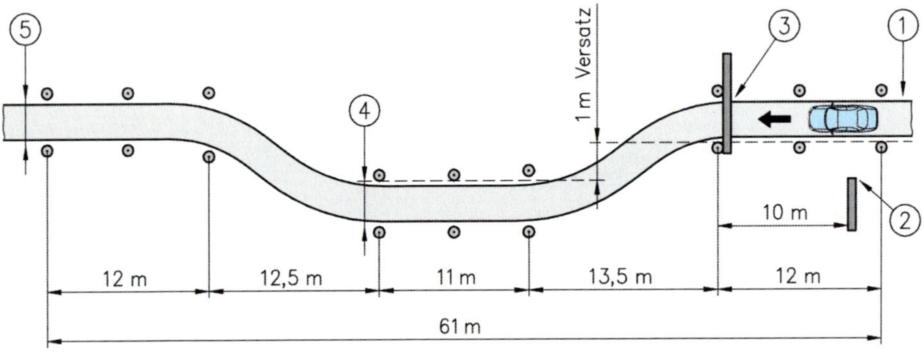

Ausweichtest („Elch-Test").

Testbeginn:

Phase 1: Höchster Gang (Schaltgetriebe) Schaltstufe D (Automatikgetriebe) bei 2000 min^{-1}

Phase 2: Gaswegnahme

Phase 3: Geschwindigkeitsmessung mit Lichtschranke, Lenkeinschlag nach links

Phase 4: Lenkeinschlag nach rechts

Phase 5: Testende

Die folgenden Darstellungen zeigen das Fahrverhalten bei unterschiedlichen Fahrsituationen mit und ohne ESP.

Fahrsituationen

Fahren auf Fahrbahn mit unterschiedlicher Bodenhaftung

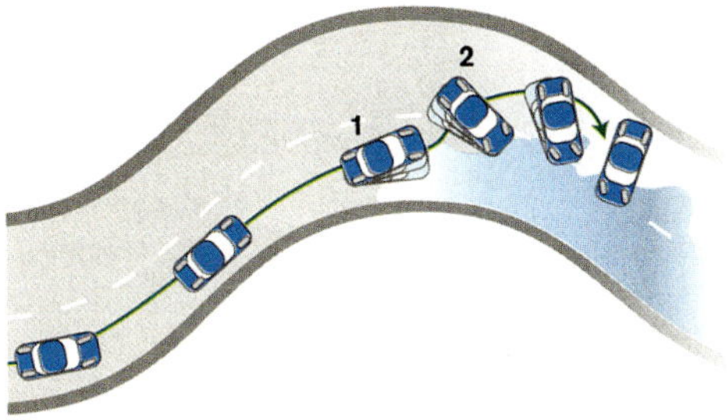

Ohne ESP:

- Fahrzeug bricht in Richtung der Kurvenaußenseite aus (untersteuern).
- Fahrzeug ist nicht mehr lenkbar.
- Beim Übergang auf Fahrbahn mit größerer Bodenhaftung besteht die Gefahr des Schleuderns.

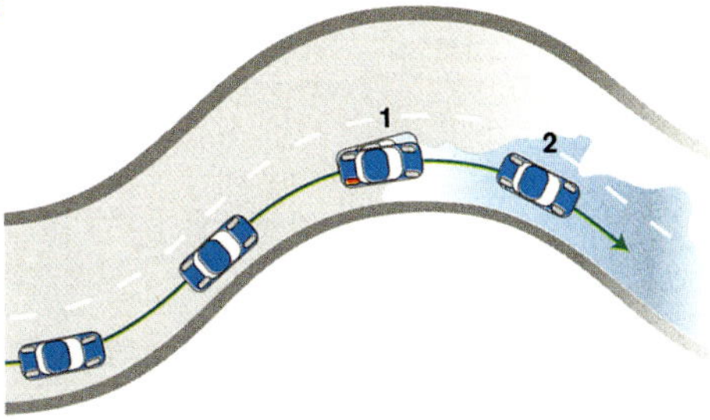

Mit ESP-Eingriff:

- ESP bremst das kurveninnere Rad ab und reduziert das Motordrehmoment. Der Wagen bleibt auf stabilem Kurs.

Hindernis ausweichen

Ohne ESP:

- Vollbremsung: Lenkradeinschlag des Fahrers zum Ausweichen führt zum Untersteuern des Fahrzeugs.
- Beim Zurücklenken des Fahrers besteht die Gefahr des Schleuderns.

Mit ESP-Eingriff:

- Vollbremsung: Lenkradeinschlag des Fahrers führt zum Untersteuern des Fahrzeugs.
- Das hintere linke Rad wird abgebremst.
- Beim Zurücklenken des Fahrers drängt das Fahrzeugheck nach außen (Übersteuern).
- Das vordere linke Rad wird abgebremst. Das Fahrzeug wird stabilisiert.

Kurve falsch eingeschätzt

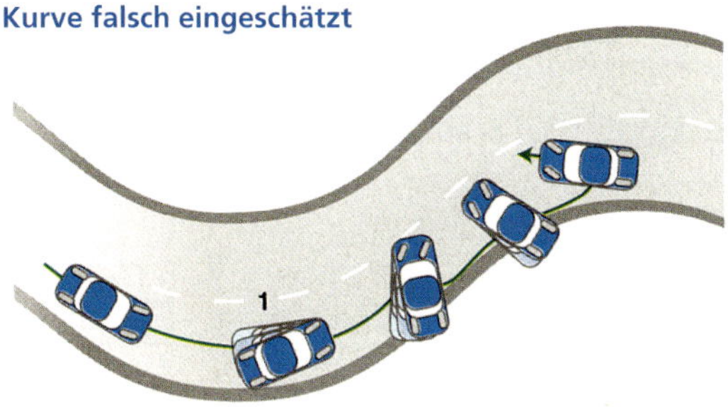

Ohne ESP:

- Fahrzeugheck bricht aus.
- Lenkradkorrekturen wirken nicht mehr.
- Das Fahrzeug schleudert.

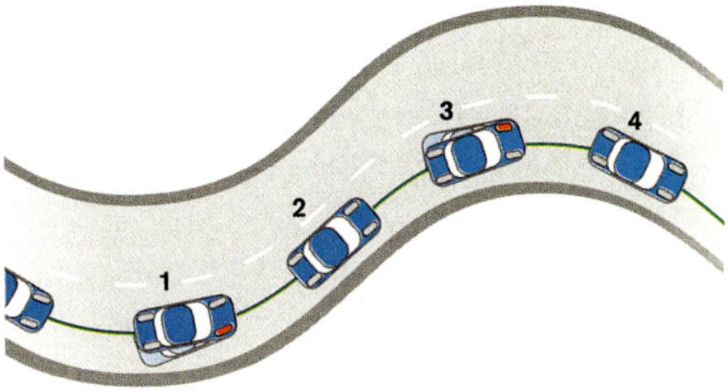

Mit ESP-Eingriff:

- Fahrzeug droht nach außen auszubrechen.
- Das rechte, vordere Rad wird abgebremst.
- Das Fahrzeug stabilisiert sich.
- Fahrzeug droht nach der Kurvenaußenseite auszubrechen.
- Das linke vordere Rad wird abgebremst.
- Das Fahrzeug stabilisiert sich.

19.4.2 Systemkomponenten

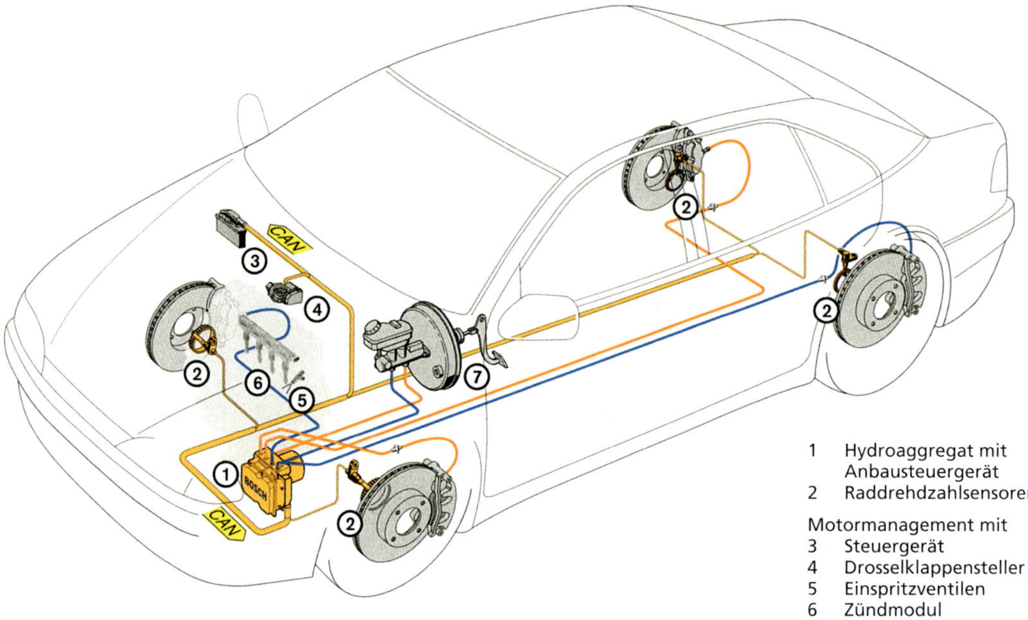

1 Hydroaggregat mit Anbausteuergerät
2 Raddrehzahlsensoren

Motormanagement mit
3 Steuergerät
4 Drosselklappensteller
5 Einspritzventilen
6 Zündmodul
7 Fahrpedalsensor

ESP verwendet alle Komponenten von ABS und ASR, diese sind

- Hydroaggregat mit Anbausteuergerät,
- Raddrehzahlsensoren.

Zusätzlich arbeitet ESP mit

- Lenkwinkelsensor,
- Drehraten- und Querbeschleunigungssensor,
- Vordrucksensor,
- Schaltventile für Fahrdynamikregelung,
- Hydraulikpumpe für Fahrdynamikregelung.

Das ESP-Steuergerät besteht aus den folgenden Funktionseinheiten:

- Fahrdynamikregler: Er verhindert durch gezielten Eingriff auf Bremsen und Motormanagement das Schleudern des Fahrzeugs.
- ABS/ASR-Schlupfregler: ABS verhindert das Blockieren der Räder beim Bremsen und sorgt für Spurstabilität und Lenkbarkeit. ASR verhindert das Durchdrehen der Räder, z. B. auf Eis oder beim Beschleunigen durch Eingriff auf die Bremsen und das Motormanagement.
- MSR-Motor-Schleppmomentregler: MSR verhindert, dass beim Zurückschalten oder plötzlichem Gaswegnehmen aufgrund der Trägheit der sich bewegenden Teile des Motors die Antriebsräder blockieren.

Neben der Ansteuerung des Hydroaggregats greift das ESP-Steuergerät in das Motormanagement ein.

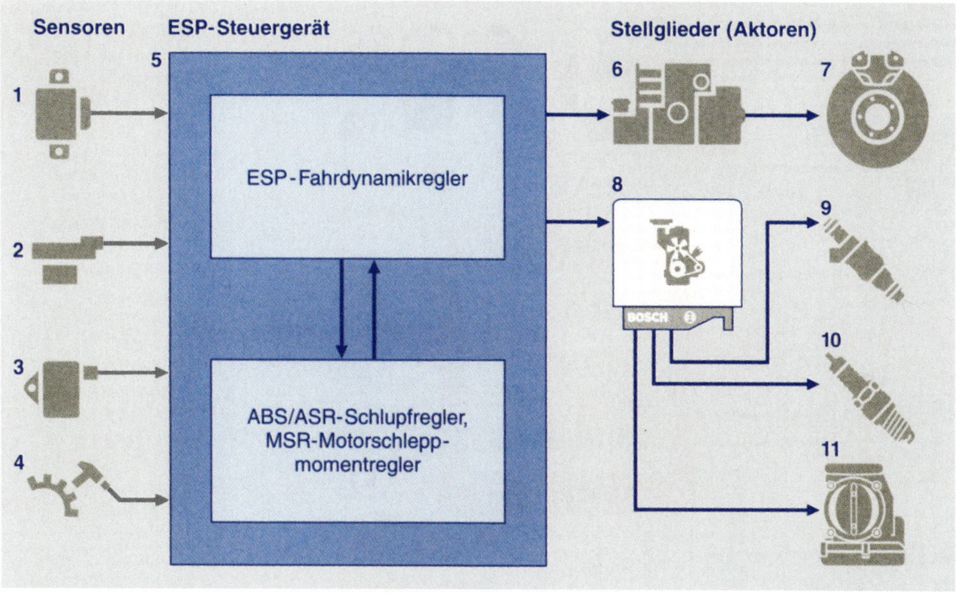

1 Drehratesensor mit Querbeschleunigungssensor
2 Lenkradwinkelsensor
3 Vordrucksensor
4 Drehzahlsensoren
5 ESP-Steuergerät
6 Hydroaggregat
7 Radbremsen
8 Steuergerät des Motormanagements
9 Kraftstoffeinspritzung

nur für Ottomotoren:
10 Zündwinkeleingriff
11 Drosselklappeneingriff (EGAS)

19.4.3 ESP-Regelkreis

Um ESP-Eingriffe durchzuführen, erhält das ESP-Steuergerät Informationen über den Fahrerwunsch und das Fahrverhalten des Fahrzeugs.

- Der Fahrerwunsch (Soll-Zustand) wird über folgende Komponenten ermittelt:
  - Der Lenkradwinkelfühler erfasst die Stellung des Lenkrads.
  - Drehzahlfühler an allen Rädern messen die Radgeschwindigkeiten.
  - Der Geber für Bremsdruck signalisiert das Betätigen des Bremspedals.
- Das tatsächliche Fahrverhalten (Ist-Zustand) erfassen Sensoren:
  - Der Geber für Querbeschleunigung reagiert auf Fliehkräfte, die beim Kurvenfahren auftreten und signalisiert ein seitliches Ausbrechen.
  - Der Geber für Drehrate (Gierrate) erfasst alle Drehbewegungen des Fahrzeugs um die Hochachse und signalisiert eine Schleuderneigung.

Das ESP-Steuergerät vergleicht ständig den Soll- mit dem Ist-Zustand und berechnet in Sekundenbruchteilen die erforderlichen Maßnahmen.

Ds ESP-Steuergerät bestimmt,

- welches Rad abgebremst oder beschleunigt wird,
- wie stark das entsprechende Rad abgebremst wird,
- ob ein Motoreingriff notwendig ist und das Motordrehmoment reduziert wird,
- ob das Getriebesteuergerät von Automatik-Fahrzeugen angesteuert werden muss.

Danach überprüft es, ob der Regeleingriff Erfolg hatte. Ist dies nicht der Fall, wird der Regelkreis erneut durchlaufen, bis sich die Fahrsituation ändert. Der Regeleingriff wird dem Fahrer durch Blinken der ESP-Leuchte mitgeteilt.

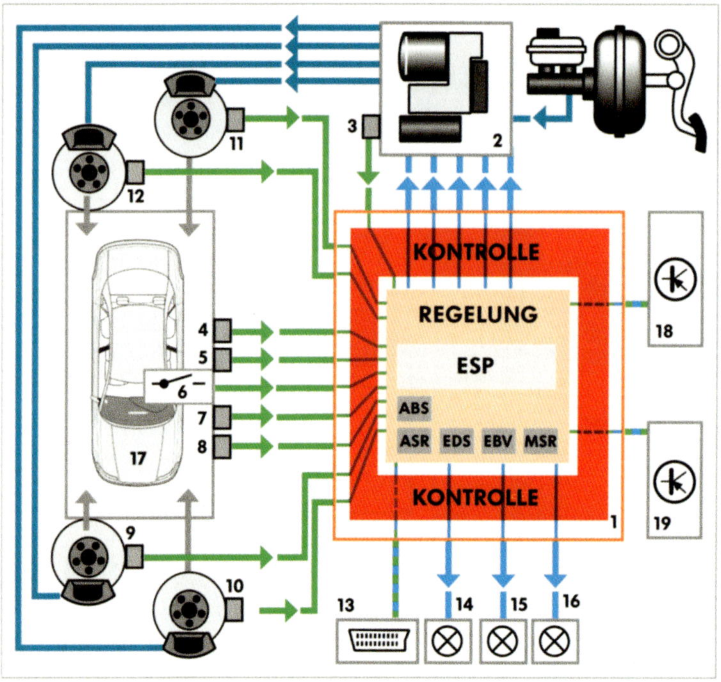

1 Steuergerät für ABS mit EDS/ASR/ESP
2 Hydraulikeinheit mit Vorladepumpe
3 Geber für Bremsdruck
4 Geber für Querbeschleunigung
5 Geber für Drehraten
6 Taster für ASR/ESP
7 Geber für Lenkwinkel
8 Bremslichtschalter
9–12 Drehzahlfühler
13 Diagnoseleitung
14 Kontrolllampe für Bremsanlage
15 Kontrolllampe für ABS
16 Kontrolllampe für ASR/ESP
17 Fahrzeug- und Fahrerverhalten
18 Eingriff ins Motormanagement
19 Eingriff in die Getriebesteuerung (nur Automatik-Fahrzeuge)

19.4.4 Hydraulische Systemkomponenten

Die bei einem ESP-Eingriff beteiligten Hydraulikkomponenten sind

- Schaltventil (a),
- Hochdruckschaltventil (b),
- Einlassventil (c),
- Auslassventil (d),
- Radbremszylinder (e),
- Rückförderpumpe (f),
- Hydraulikpumpe für Fahrdynamik (g),
- Bremskraftverstärker (h).

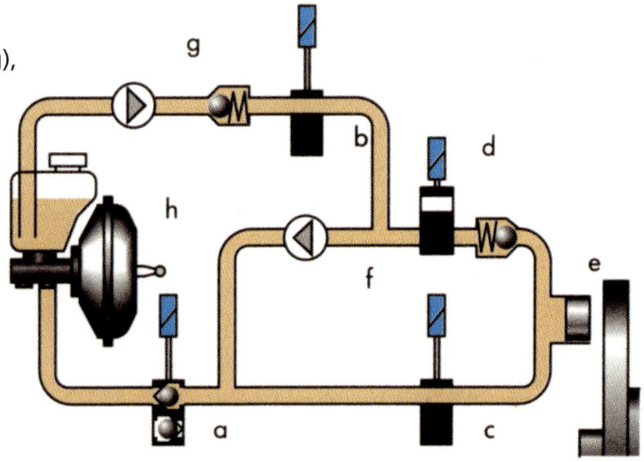

19.4.5 Funktion

Druck aufbauen

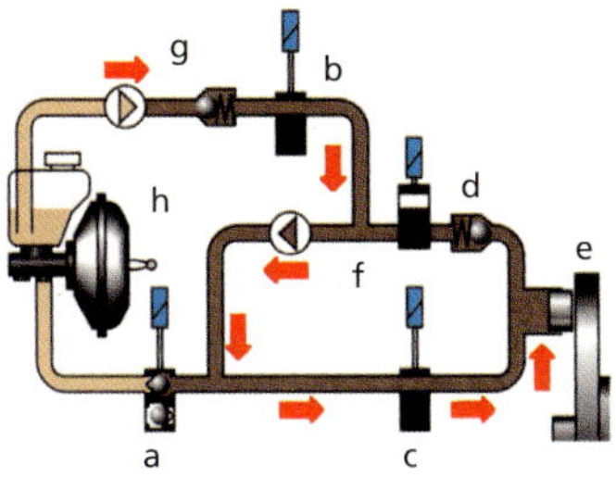

Bei einem ESP-Eingriff fördert die Hydraulikpumpe für Fahrdynamik Bremsflüssigkeit aus dem Vorratsbehälter in den Bremskreis. Auf der Saugseite der Rückförderpumpe und an den Radbremszylindern steht damit der erforderliche Bremsdruck zur Verfügung. Die Rückförderpumpe beginnt zu fördern und erhöht den Bremsdruck.

Druck halten

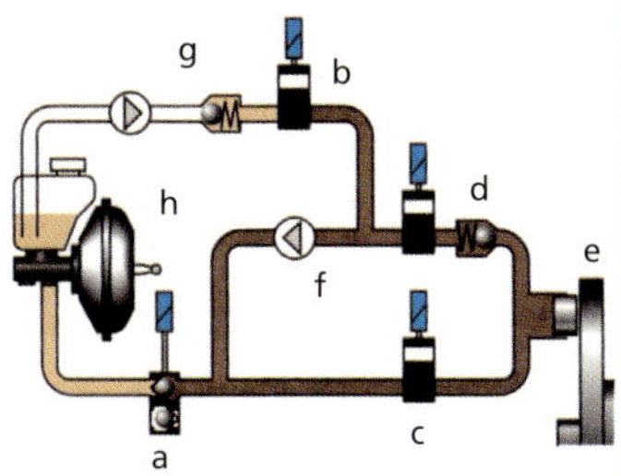

Das Einlassventil schließt, das Auslassventil ist geschlossen. Der Bremsdruck auf die Radbremszylinder kann nicht entweichen. Die Rückförderpumpe beendet die Förderung, das Hochdruckschaltventil schließt.

Druck abbauen

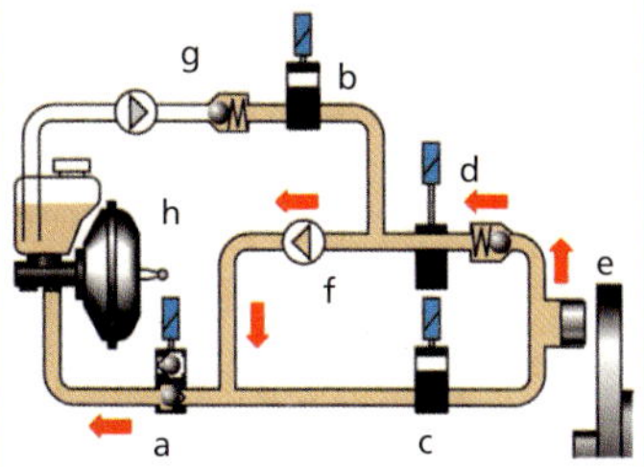

Das Schaltventil schaltet in Gegenrichtung um. Das Einlassventil bleibt geschlossen, das Auslassventil ist geöffnet. Die Bremsflüssigkeit fließt über den Tandem-Hauptzylinder in den Vorratsbehälter zurück.

Schaltventil (a), Hochdruckschaltventil (b), Einlassventil (c), Auslassventil (d), Radbremszylinder (e), Rückförderpumpe (f), Hydraulikpumpe für Fahrdynamik (g), Bremskraftverstärker (h).

19.4.6 Elektronik

19.4.6.1 Systemübersicht

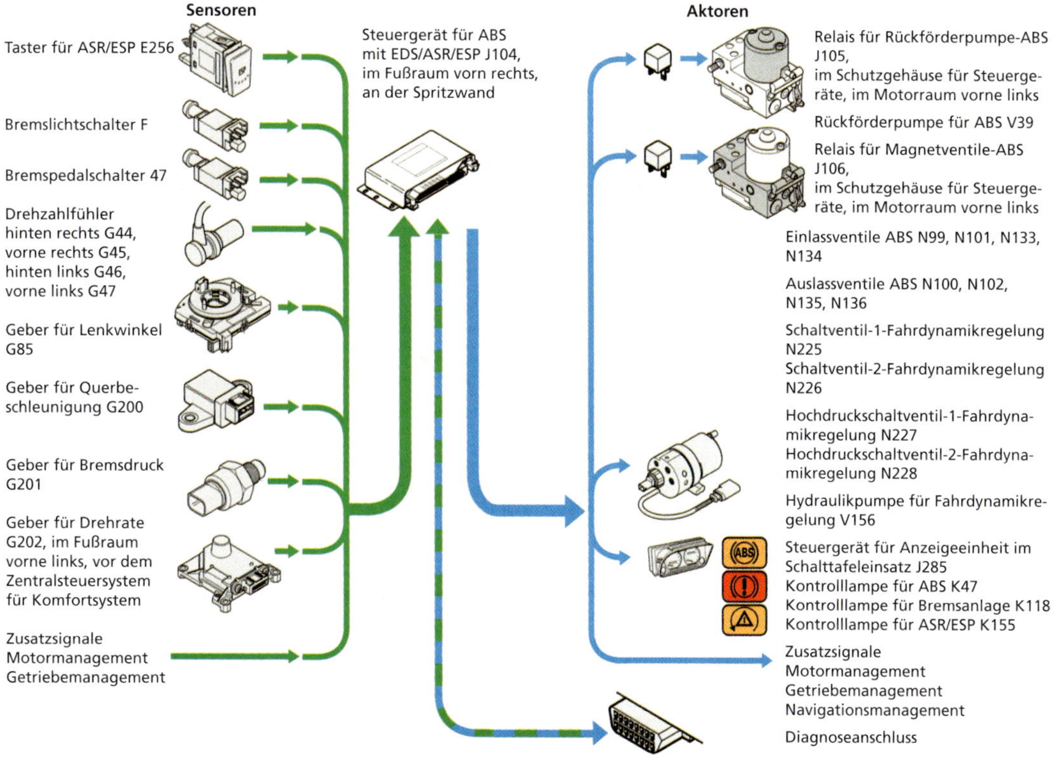

19.4.6.2 Sensoren

Kombinierter Sensor für Querbeschleunigung und Drehrate

Geber für Querbeschleunigung

Er reagiert auf Fliehkräfte, die beim Kurvenfahren auftreten und signalisiert eine Ausbrechneigung.

Prinzipbild/Schaltbild

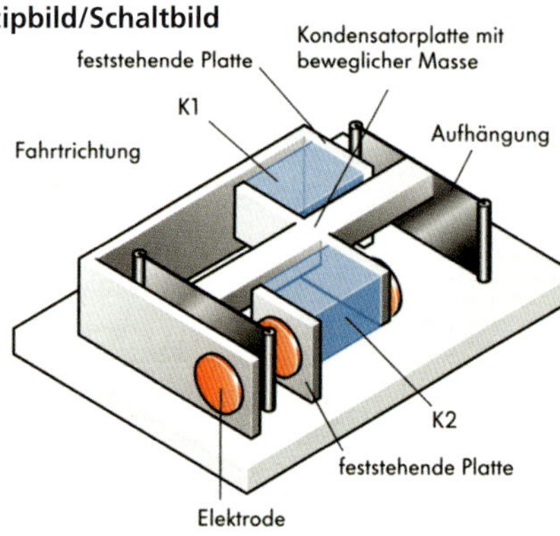

Aufbau

Die Messung der Querbeschleunigung erfolgt nach dem kapazitiven Prinzip.

Der Geber für Querbeschleunigung besteht vereinfacht dargestellt aus folgenden Elementen:

- Eine Kondensatorplatte mit einer beweglichen Masse ist so aufgehängt, dass sie hin und her schwingen kann.
- Zwei Kondensatorplatten sind fest montiert.
- Es entstehen die hintereinandergeschalteten Kondensatoren K1 und K2.

Zum besseren Verständnis werden an den Elektroden Messgeräte angeschlossen, die die Ladungsmenge, d. h. die Kapazität C messen.

Funktion

Solange keine Querbeschleunigung auf das Fahrzeug wirkt, sind die gemessenen Ladungsmengen der Kondensatoren gleich: $C_1 = C_2$. Wirkt eine Querbeschleunigung, verschiebt sich aufgrund der Trägheit der beweglichen Masse die mittlere Kondensatorplatte gegenüber den festen Platten entgegen der Beschleunigungsrichtung. Damit ändern sich der Abstand der Platten und die Ladungsmengen: C_1 wird kleiner, C_2 wird größer.

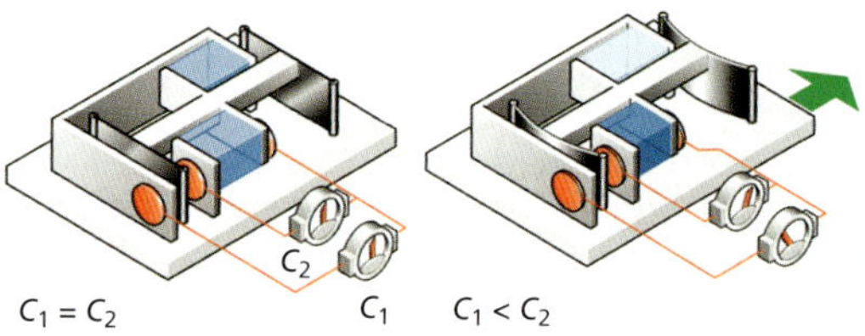

Geber für Drehrate

Er erfasst alle Drehbewegungen des Fahrzeugs um die Hochachse und signalisiert eine Schleuderneigung.

Prinzipbild/Schaltbild

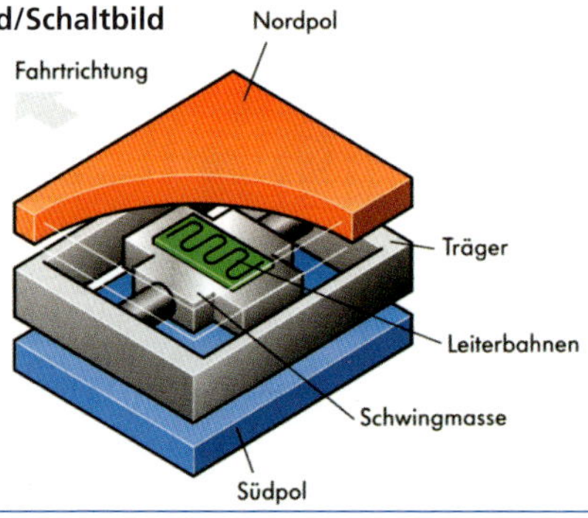

Aufbau

Der Geber für die Drehrate stellt fest, ob an einem Fahrzeug Drehmomente wirken, die es um seine Hochachse drehen. Man misst hierbei die Drehrate oder Gierrate. Die Drehrate wird über die Messung der auftretenden Coriolis-Beschleunigung erfasst. Vereinfacht dargestellt besteht der Geber aus einer Schwingmasse mit Leiterbahnen, die in einem Magnetfeld zwischen Nord- und Südpol in einem Träger aufgehängt ist.

Funktion

Wird eine Wechselspannung erzeugt, so schwingt der Teil mit den Leiterbahnen in einer Richtung. Wirkt eine Drehbeschleunigung, so weicht die schwingende Masse aufgrund ihrer Trägheit von der Hin- und Herschwingung ab. Die Ursache liegt in der Coriolis-Beschleunigung. Da der Vorgang in einem Magnetfeld erfolgt, verändert sich das elektrische Verhalten der Leiterbahnen. Aus dieser Änderung berechnet die Auswerteelektronik die Drehrate.

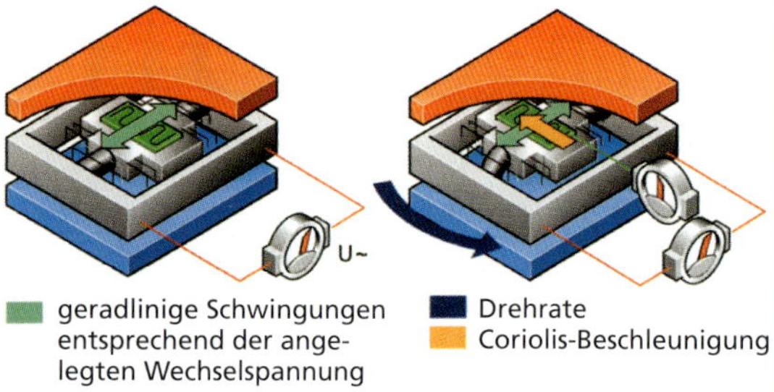

Geber für Bremsdruck

Prinzipbild

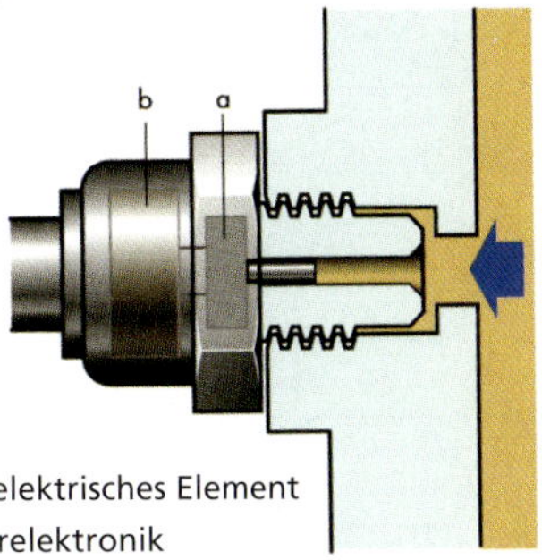

a piezoelektrisches Element
b Sensorelektronik

Schaltbild

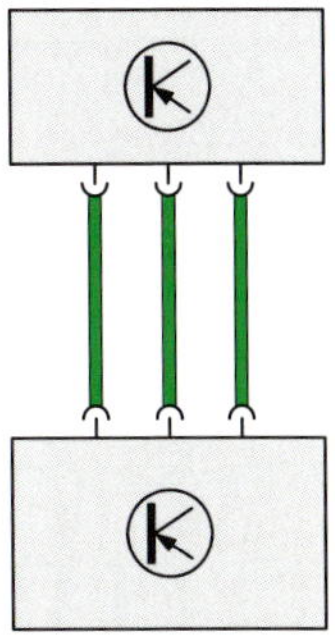

Funktion
Der Sensor besteht aus einem piezoelektrischen Element, das bei Druckeinwirkung eine elektrische Spannung erzeugt. Je höher der Druck ist, desto mehr steigt die Spannung an. Die Höhe der Spannung ist ein Maß für den aktuellen Bremsdruck.

Taster für ASR/ESP

Funktion
Mit dem Taster hat der Fahrer die Möglichkeit, ESP abzuschalten. Das Ausschalten der ESP-Funktion ist sinnvoll

- beim Fahren mit Schneeketten,
- beim Freischaukeln aus Tiefschnee oder lockerem Untergrund,
- zum Betrieb des Fahrzeugs auf einem Leistungsprüfstand.

Ausfall des Tasters
ESP lässt sich nicht abschalten. Eine Fehlfunktion des Tasters wird dem Fahrer durch Leuchten der Kontrolllampe für ASR/ESP angezeigt.

19.4.6.3 Aktoren

Hydraulikpumpe für Fahrdynamikregelung

Im ABS-System kann die Rückförderpumpe nur geringe Bremsflüssigkeitsmengen in den unterschiedlichen Regelbereichen zur Verfügung stellen. Um den erforderlichen Vordruck auf der Saugseite der Rückförderpumpe aufzubauen, ist eine zusätzliche Hydraulikpumpe für ESP-Anlagen erforderlich. Die Hydraulikpumpe für Fahrdynamikregelung wird nicht geregelt.

Ausfall der Hydraulikpumpe
Die ESP-Funktion wird nicht mehr ausgeführt. ABS, EDS und ASR werden nicht beeinträchtigt.

Hydraulikeinheit

Funktion
Durch Ansteuerung der Ein- und Auslassventile eines Radbremszylinders werden die drei Zustände „Druck aufbauen", „Druck halten" und „Druck senken" erreicht.

Ausfall der Hydraulikeinheit
Das gesamte System wird abgeschaltet.

19.4.6.4 Elektrischer Schaltplan

Der elektrische Schaltplan zeigt die Verknüpfung aller Komponenten der ABS-, ASR- und ESP-Systeme.

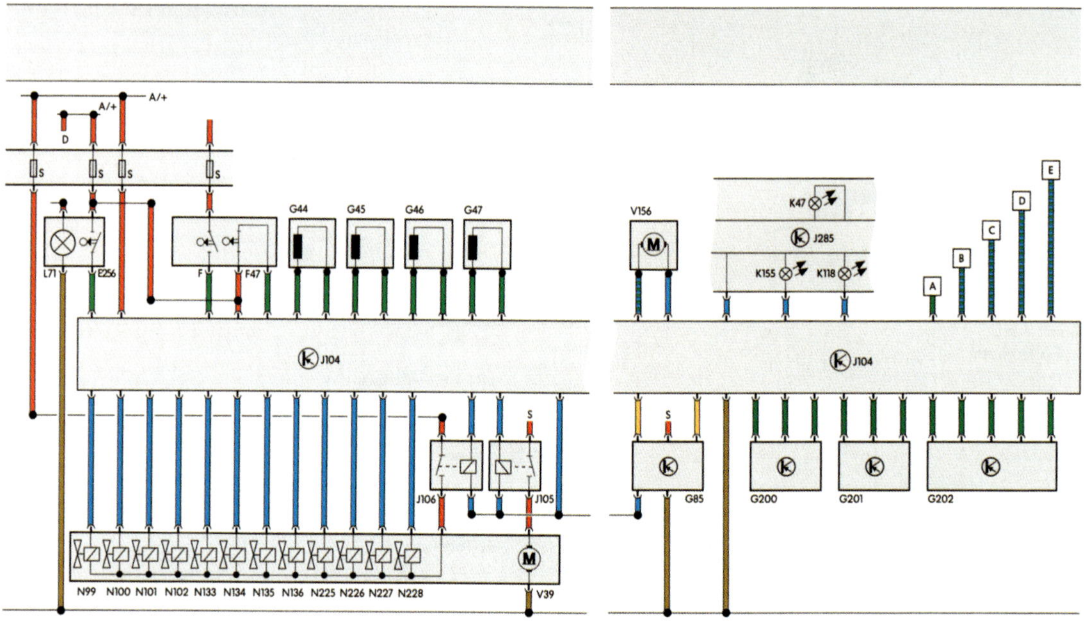

Farbcodierung

- Eingangssignal
- Ausgangssignal
- Plus
- Masse
- CAN-Bus

Bauteile

	Plusverbindung
	Zündanlassschalter
E256	Taster für ASR/ESP
F	Bremslichtschalter
F47	Bremspedalschalter
G44	Drehzahlfühler hinten rechts
G45	Drehzahlfühler vorne rechts
G46	Drehzahlfühler hinten links
G47	Drehzahlfühler vorne links
G85	Geber für Lenkwinkel
G200	Geber für Querbeschleunigung
G201	Geber für Bremsdruck
G202	Geber für Drehrate, im Fußraum vorne links, vor dem Zentralsteuersytem für Komfortsystem
J104	Steuergerät für ABS mit EDS/ASR/ESP, im Fußraum vorne rechts, an der Spritzwand
J105	Relais für Rückförderpumpe-ABS, im Schutzgehäuse für Steuergeräte, im Motorraum vorne links
J106	Relais für Magnetventile-ABS, im Schutzgehäuse für Steuergeräte, im Motorraum vorne links
J285	Steuergerät für Anzeigeeinheit im Schalttafeleinsatz
K47	Kontrolllampe für ABS
K118	Kontrolllampe für Bremsanlage
K155	Kontrolllampe für ASR/ESP
N99	Einlassventile ABS vorne rechts
N100	Auslassventile ABS vorne rechts
N101	Einlassventile ABS vorne links
N102	Auslassventile ABS vorne links
N133	Einlassventile ABS hinten rechts
N134	Einlassventile ABS hinten links
N135	Auslassventile ABS hinten rechts
N136	Auslassventile ABS hinten links
N225	Schaltventil -1- Fahrdynamikregelung
N226	Schaltventil -2- Fahrdynamikregelung
N227	Hochdruckschaltventil -1- Fahrdynamikregelung
N228	Hochdruckschaltventil -2- Fahrdynamikregelung
S	Sicherung
V39	Rückförderpumpe für ABS
V156	Hydraulikpumpe für Fahrdynamikregelung
A	Verbindung Handbremskontrolle
B	Navigationssystem (nur Fahrzeuge mit Navigation)
C	Motormanagement
D	Getriebemanagement (nur Automatik-Fahrzeuge)
E	Diagnoseleitung

19.4.7 Warnleuchten

Das System signalisiert dem Fahrer Eingriffe bzw. Fehler durch Warnlampen:

- Kontrolllampe für die Bremsanlage,
- Kontrolllampe für ABS,
- Kontrolllampe für ASR/ESP.

Ein Fehler und das Ansteuern der Warnlampen wird im Fehlerspeicher abgelegt.

Der Fahrer erhält folgende Informationen:

Warnleuchten

Kontrolllampe für Bremsanlage K118

Kontrolllampe für ABS K47

Kontrolllampe für ASR/ESP K155

	Bremsanlage	ABS	ASR/ESP
Zündung ein			
System i.O.			
ASR/ESP-Eingriff			
ASR/ESP-Taster aus: ABS bleibt aktiv, ESP abgeschaltet in Freiroll- und Antriebsfall, bleibt aktiv bei ABS-Eingriff.			
ASR/ESP-Ausfall: Fehler am Geber für Drehrate, Geber für Querbeschleunigung, Geber für Lenkwinkel oder Geber für Bremsdruck, bei ABS-Ausfall bleibt Not-ESPaktiv. EBV bleibt aktiv.			
ABS-Ausfall: Alle Systeme schalten ab.			

19.4.8 Vergleich der ESP-Systeme Bosch – ITT Automotive

Bei Bosch wird der Vordruck durch eine Vorladepumpe, der Hydraulikpumpe für Fahrdynamikregelung, erzeugt. Bei ITT wird der Vordruck durch einen aktiven Bremskraftverstärker, auch Booster genannt, aufgebaut.

Aktiver Bremskraftverstärker

Der aktive Bremskraftverstärker besteht aus einem Unterdruckteil (c) und einem Druckteil (d), die durch eine Membran getrennt sind. Er verstärkt wie bisher mithilfe des Unterdrucks aus dem Saugrohr den Fußdruck am Bremspedal. Zusätzlich hat er eine Ventilkolben-Magneteinheit (e), die mit dem ESP-System elektrisch verbunden ist.

Sie besteht aus

- dem Schalter für Bremserkennung,
- der Magnetspule für Bremsdruck,
- Ventilen zur Luftführung.

Erkennt das System, dass ein ESP-Eingriff erforderlich ist und der Fahrer das Bremspedal noch nicht getreten hat, öffnen die Ventile innerhalb der Ventilkolben-Magneteinheit.
Es strömt Luft in den Bremskraftverstärker, der den Vordruck von 10 bar aufbaut.

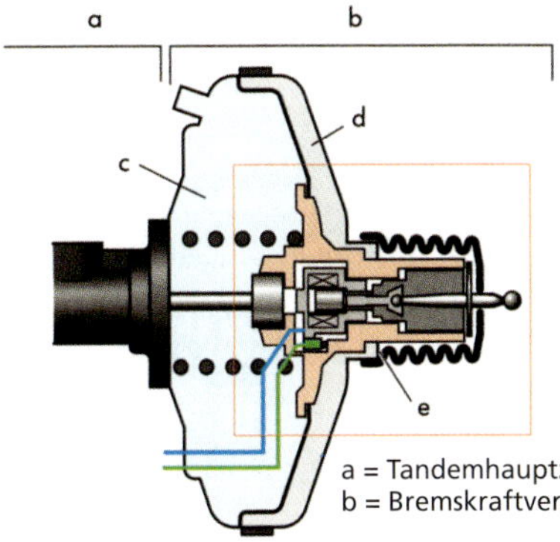

a = Tandemhauptzylinder
b = Bremskraftverstärker

19.5 Bremsassistent BA

19.5.1 Hydraulischer Bremsassistent

Viele Fahrer treten in Notfällen nicht mit der erforderlichen Kraft auf das Bremspedal und nutzen nicht die volle Leistung der Bremsen. Der Bremsweg verlängert sich damit unnötigerweise. Aufgabe des Bremsassistenten ist es, den Bremsweg zu verkürzen. Das Diagramm zeigt den Bremsdruck bei einem Fahrzeug mit und ohne Bremsassistent.

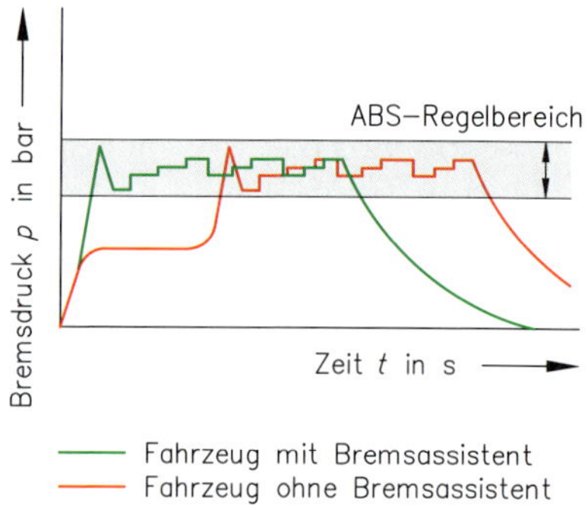

Die Einschaltschwelle für den Bremsassistenten ist ein bestimmter Schwellenwert, der von der Fahrzeuggeschwindigkeit abhängt. Der Bremseingriff findet statt, wenn der Pedaldruck in einem Zeitintervall den Schwellwert überschreiten. Der Bremseneingriff findet nicht statt,

- wenn die Druckänderung unterhalb des Schwellenwertes bleibt,
- das Bremspedal nicht oder zu langsam betätigt wird,
- die Fahrgeschwindigkeit zu gering ist,
- der Fahrer das Bremspedal genügend stark betätigt.

19.5.1.1 Systemkomponenten

Zur Regelung des Bremsdrucks nutzt der hydraulische Bremsassistent die Hardware der ABS/ESP. Zentrales Bauteil im Bremsassistenten ist die Hydraulikeinheit mit dem integrierten ABS-Steuergerät und der Rückförderpumpe.

Zur Auslösung einer Notbremssituation müssen folgende Bedingungen gegeben sein:

- Der Bremslichtschalter signalisiert, dass die Bremse betätigt wurde.
- Der Drehzahlsensor liefert die Information, mit welcher Geschwindigkeit das Fahrzeug fährt.
- Der Geber für Bremsdruck signalisiert, wie schnell und mit welcher Kraft der Fahrer das Pedal betätigt.

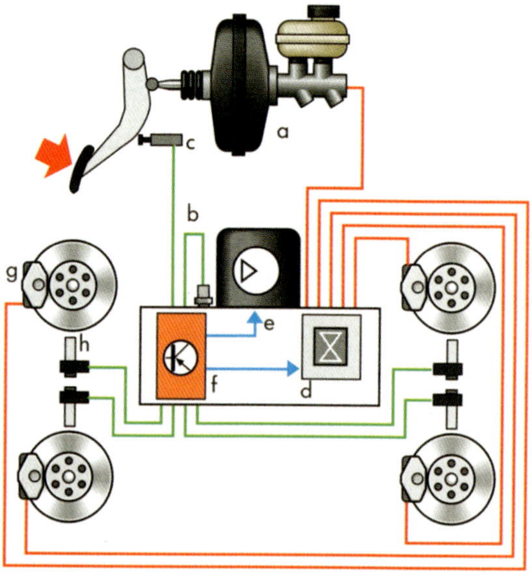

a Bremskraftverstärker
b Bremsdrucksensor
c Bremslichtschalter
d Hydraulikeinheit
e Rückförderpumpe
f Steuergerät
g Radbremszylinder
h Drehzahlfühler

Der Bremsassistent arbeitet in zwei Phasen:

- 1. Phase: Beginn des Bremsassistenten-Eingriffs
  Wenn bei einer Bremsung ein bestimmter Wert überschritten wird, steuert das Steuergerät die Rückförderpumpe und die entsprechenden Magnetventile an. Der Bremsdruck wird bis über die Blockiergrenze erhöht, sodass sich das ABS-System sehr schnell im Regelbereich befindet (grüne Linie).
- 2. Phase: Beendigung des Bremsassistenten-Eingriffs
  Wenn der vom Fahrer ausgeübte Druck nach Auslösen des Bremsassistenten unter einen bestimmten Wert fällt, wird der Systemdruck wieder an den Pedaldruck des Fahrers angepasst.

19.5.1.2 Hydraulikplan

Druckphasen

Phase 1

Schneller Druckaufbau

Schaltventil (b) und Einlassventil in der Hydraulikeinheit sind geöffnet, das Hochdruckventil (c) ist geschlossen. Der von der Rückförderpumpe aufgebaute Druck wird direkt an die Radbremszylinder weitergegeben. Der Bremsassistent steigert den Bremsdruck auf einen maximalen Wert.

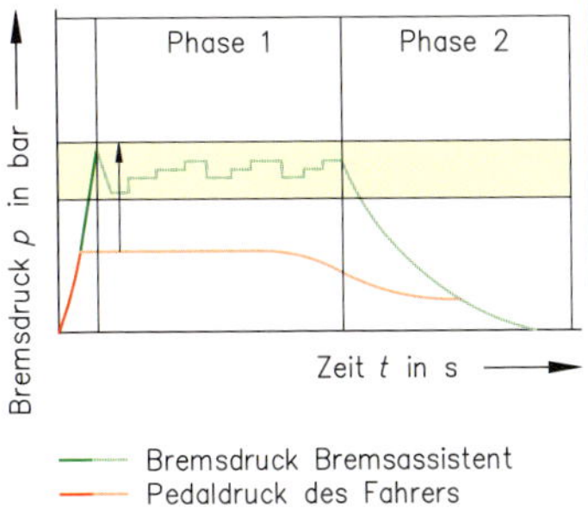

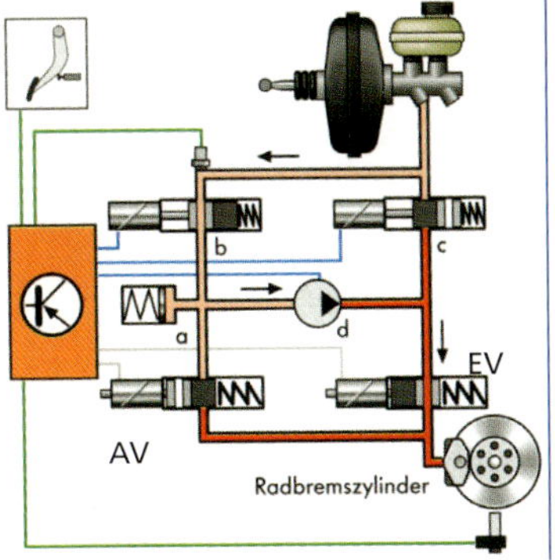

ABS-Eingriff

Schaltventil (b) und Einlassventil sind geschlossen, Hochdruckschaltventil (c) und Auslassventil sind geöffnet. Die ABS-Funktion begrenzt die Drucksteigerung, wenn die Blockiergrenze erreicht ist. Die Rückförderpumpe hält den Bremsdruck unter der Blockierschwelle. Der Bremsassistent kann damit den Bremsdruck nicht weiter erhöhen.

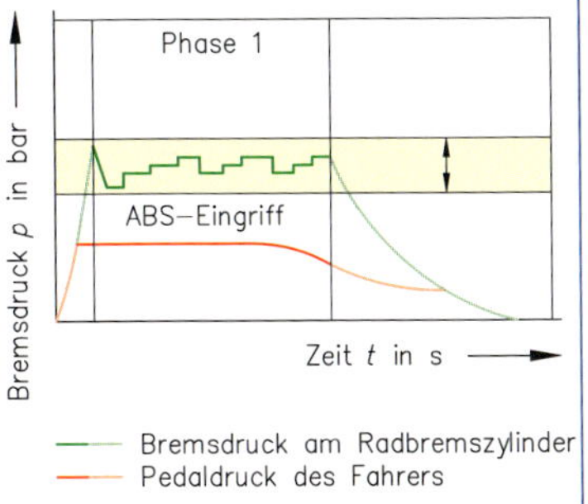

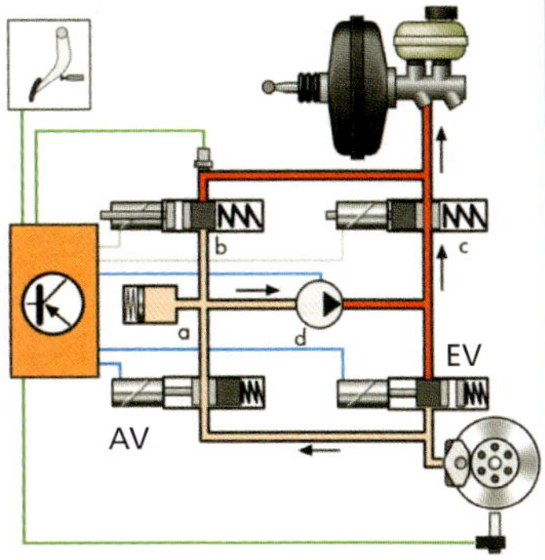

Phase 2

Bremsdruck wird abgebaut

Hochdruckschaltventil (c) und Auslassventil sind geöffnet, das Einlassventil ist geschlossen. Die Bremsflüssigkeit kann zum Druckspeicher abfließen und wird von der Rückförderpumpe in den Ausgleichsbehälter zurückgepumpt.

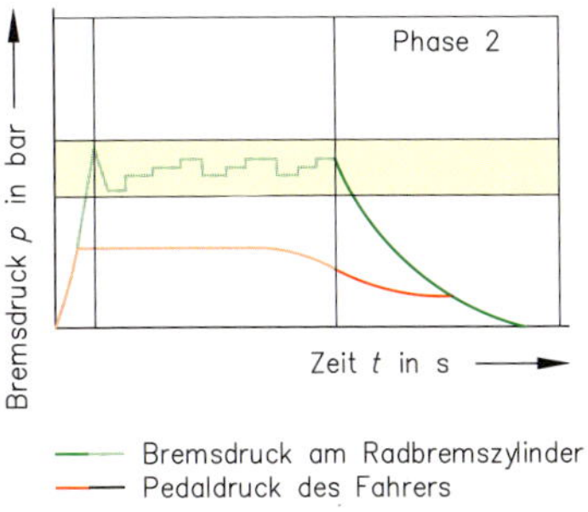

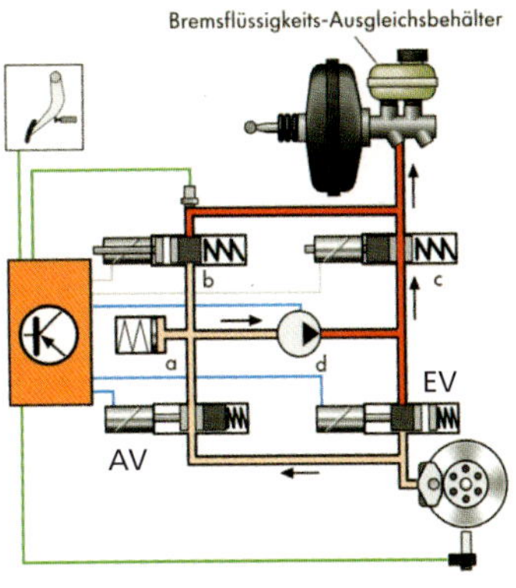

a Druckspeicher, b Schaltventil N225, c Hochdruckschaltventil N227, d Rückförderpumpe

19.5.2 Mechanischer Bremsassistent

Der mechanische Bremskraftverstärker EVA (Emergency Valve Assist) eignet sich ebenfalls für Fahrzeuge mit ABS. Für die Integration in die Bremsanlage sind keine zusätzlichen Sensoren und keine zusätzliche Elektronik erforderlich.

Der Unterdruck-Bremskraftverstärker erhält zusätzlich eine mechanische Schaltgruppe, die bei einem schnellen Betätigen des Bremspedals die Bremsassistentenfunktion auslöst.

Die mechanische Schaltgruppe besteht aus drei Baugruppen:

- Druckstange, Ventilkolben, Kugelhülse, Übersetzungsscheibe
- Sperrhülse, mechanischer Anschlag
- Kugelkäfig, Kugeln, Steuergehäuse

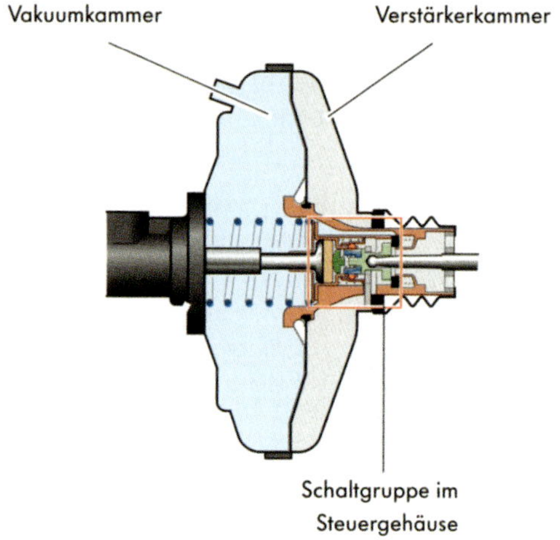

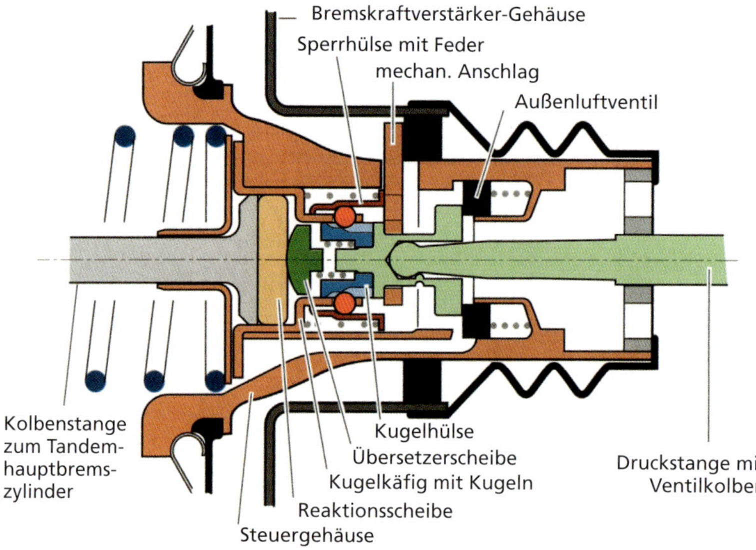

Bremspedal langsam betätigt	Bremspedal sehr schnell betätigt
Die Bremsassistentenfunktion wird nicht ausgelöst. Der Fahrer spürt beim Bremsen den vollen Gegendruck aus dem Bremssystem. Um stärker zu bremsen, muss der Fahrer die Gegenkraft überwinden.	Die Bremsassistentenfunktion wird ausgelöst. Die Baugruppen werden verriegelt. Hierdurch wird ein Teil der Gegenkraft auf das Gehäuse abgeleitet. Um stärker zu bremsen, muss der Fahrer nur eine geringe Kraft aufbringen.
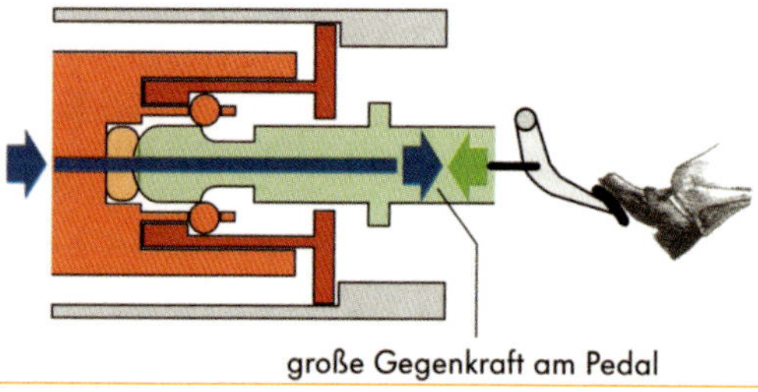	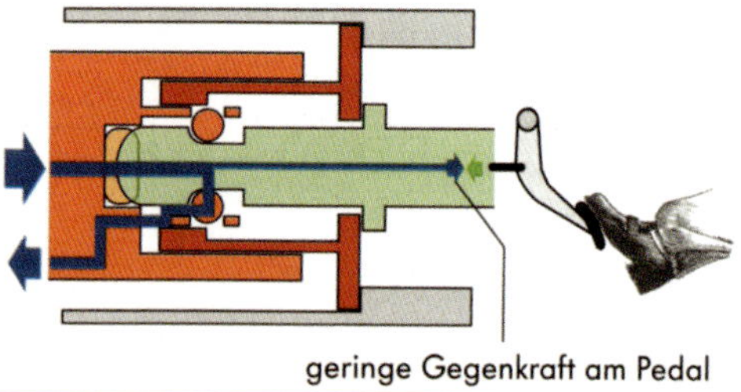

19.6 Elektrohydraulische Bremse EHB/SBC

Bei einer elektrohydraulischen Bremse (= EHB/SBC = Sensotronic Brake Control) werden die Bremsbefehle des Fahrers von einem Sensor am Bremspedal ermittelt und die Signale an ein SBC-Steuergerät übertragen, das die Sensorsignale verarbeitet und je nach Fahrsituation für jedes Rad den optimalen Bremsdruck ermittelt. Das Bremspedal ist von der hydraulischen Anlage entkoppelt. Dies steigert den Komfort. Vor allem bei starkem Bremsen entfällt das Pulsieren des Bremspedals bei den ABS-Regelvorgängen. Beim Bremsen in Kurven steigert das System automatisch den Bremsdruck an den kurvenäußeren Rädern, weil aufgrund der Fliehkraft höhere Radaufstandskräfte vorliegen und die Räder höhere Bremskräfte übertragen können. Gleichzeitig werden die Bremskräfte an den kurveninneren Rädern zugunsten der für die Spurhaltung wichtigen Seitenführungskräfte reduziert. Beim Fahren mit Ladung passt die SBC die Bremskraftverteilung der Verlagerung des Schwerpunkts an. Eine kurze Entlastung der Vorderachse vermeidet das typische Nicken beim Anhalten.

Mit der SBC entsteht ein leistungsfähiges mechatronisches System, dessen Steuergerät über CAN in das Datennetzwerk verschiedener elektronischer Steuergeräte integriert ist. So kann bei einer Vollbremsung das SBC-System durch schnelle, fein dosierte Bremsimpulse in Verbindung mit ESP frühzeitig stabilisieren und ein Schleudern des Fahrzeugs verhindern.

19.6.1 Systemkomponenten

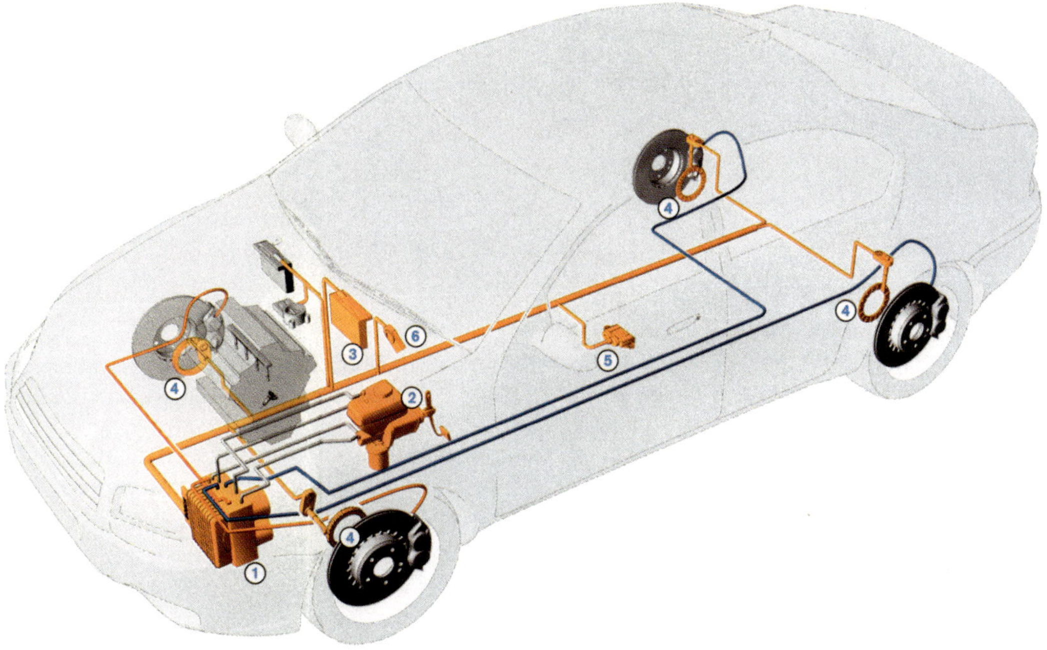

SBC verwendet folgende ESP-Komponenten:

- Steuergerät für Fahrdynamik (3),
- Raddrehzahlsensoren (4),
- Drehraten- und Querbeschleunigungssensor (5),
- Lenkwinkelsensor (6).

Zusätzlich arbeitet SBC mit

- Hydroaggregat mit SBC-Steuergerät (1),
- Betätigungseinheit (2).

19.6.2 Funktion

SBC ersetzt viele mechanische Bauteile durch elektronische Bauteile.

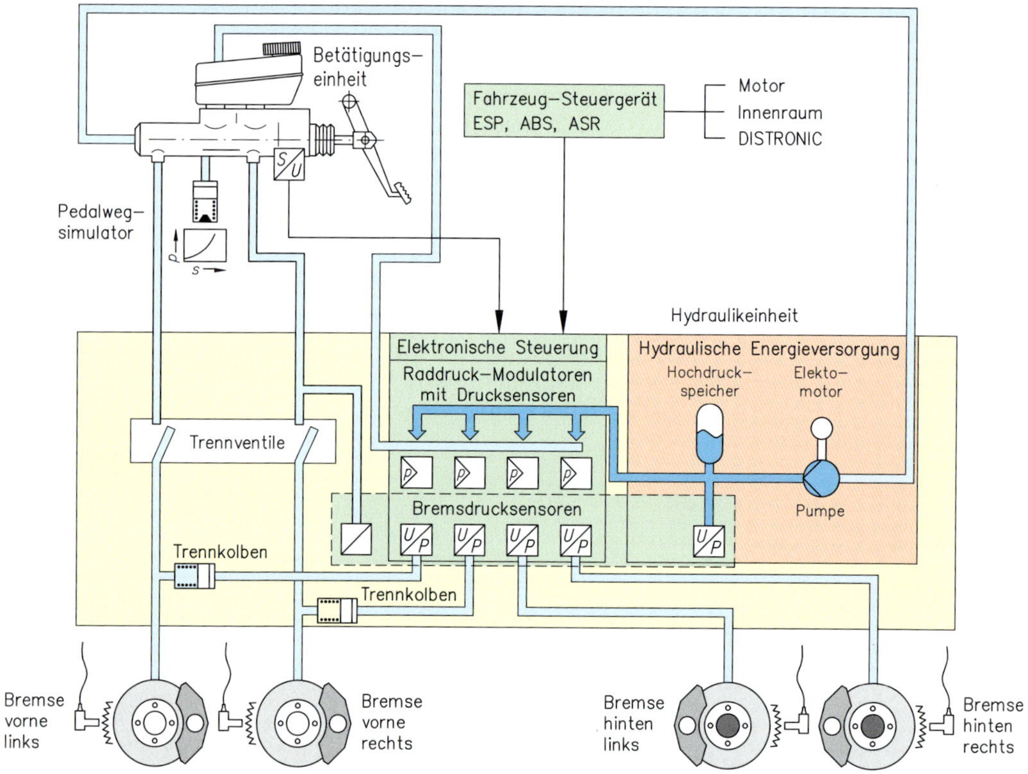

Wesentliche Funktionseinheiten der elektrohydraulischen Bremse sind:

- Betätigungseinheit
  Anstelle des Bremskraftverstärkers erfassen Sensoren den Druck im Hauptzylinder und die Geschwindigkeit, mit der das Bremspedal betätigt wird, und übermitteln die Signale an das SBC-Steuergerät.
  Der Druck im Hauptzylinder wird in einen Pedalwegsimulator eingespeist. Er erzeugt mithilfe des Hauptzylinderdrucks und einer Feder ein Pedalgefühl, wie der Fahrer es von der herkömmlichen Bremse kennt.

- SBC-Steuergerät
  Das SBC-Steuergerät erhält seine Informationen über
  - Pedalweg und Bremsdruck im Hauptzylinder von der Betätigungseinheit

  und über CAN-Datenbus die Informationen
  - der Raddrehzahlen vom ABS-System,
  - des Lenkwinkels und der Drehraten- und Querbeschleunigung vom ESP-System
  - der Fahrstufe von der Getriebesteuerung.

  Aus diesen Sensorsignalen berechnet das Steuergerät blitzschnell die Bremsbefehle für die jeweilige Fahrsituation und den situationsgerechten Bremsdruck für jedes Rad.

- Hydraulikeinheit
  Die Hydraulikeinheit besteht aus vier Raddruck-Modulatoren. Sie dosieren den Bremsdruck und leiten ihn an die Radbremszylinder. Drucksensoren in den Raddruck-Modulatoren überwachen den Bremsvorgang.

- Hydraulische Energieversorgung
  Die hydraulische Energieversorgung besteht aus einer Elektropumpe und einem Hochdruckspeicher. Der Hochdruckspeicher enthält Bremsflüssigkeit unter einem Druck von 140 bis 160 bar. Das SBC-Steuergerät regelt den Druck durch Ansteuerung der Elektropumpe.
  Damit steht in kürzester Zeit der volle Bremsdruck, selbst bei ausgeschaltetem Motor, zur Verfügung.
  Die schnelle Verfügung über einen hohen Druck zählt zu den wichtigsten Leistungsmerkmalen des SBC.
  So erkennt SBC durch den schnellen Wechsel des Fahrerfußes vom Gaspedal zum Bremspedal, dass eine Notfallbremsung bevorsteht, erhöht mit Hilfe des Hochdruckspeichers den Druck im Bremssystem und legt augenblicklich die Bremsbeläge an die Bremsscheiben an. Beim Tritt auf das Bremspedal wirkt dann der volle Bremsdruck.

Das SBC-System ist redundant (Redundanz: zusätzliche Vorkehrung zur Ausfall- und Betriebssicherheit) aufgebaut. Im Normalbetrieb liefert der Sensor am Bremspedal Signale an das Steuergerät. Bei Ausfall des SBC-Systems wird der vom Fahrer im Hauptbremszylinder erzeugte Bremsdruck direkt über Trennventile an die Radbremsen geleitet.

19.7 Elektromechanische Parkbremse

19.7.1 Systemkomponenten

Die elektromechanische Parkbremse setzt sich aus folgenden Komponenten zusammen:

- Druckschalter für Feststellbremse
- Kombisattel mit integriertem Feststellmotor
  Die mechanische Spannung der Bremsbeläge erfolgt durch einen Spindelantrieb. Die Spindel wird über ein Getriebe von einem Gleichstrommotor angetrieben. Getriebe und Motor sind am Bremssattel angeflanscht.
  Im Bremskolben ist ein Zylinder mit einer Druckmutter gleitend angeordnet. Durch die Drehbewegung der Spindel bewegt sich die Druckmutter auf dem Spindelgewinde.
  Die Anzahl der Umdrehungen des Motors wird durch einen Hallsensor gemessen. Dadurch kann die Hubbewegung des Kolbens vom Steuergerät berechnet werden.
- Steuergerät für elektromechanische Parkbremse
  Im Steuergerät ist ein mikromechanischer Neigungswinkelsensor integriert.
- Steuergerät mit Anzeigeeinheit
- CAN-Datenaustausch mit anderen Systemkomponenten, z. B. ABS, Zündschlossstellung, Bremslichtschalter, Warn- und Kontrollleuchten

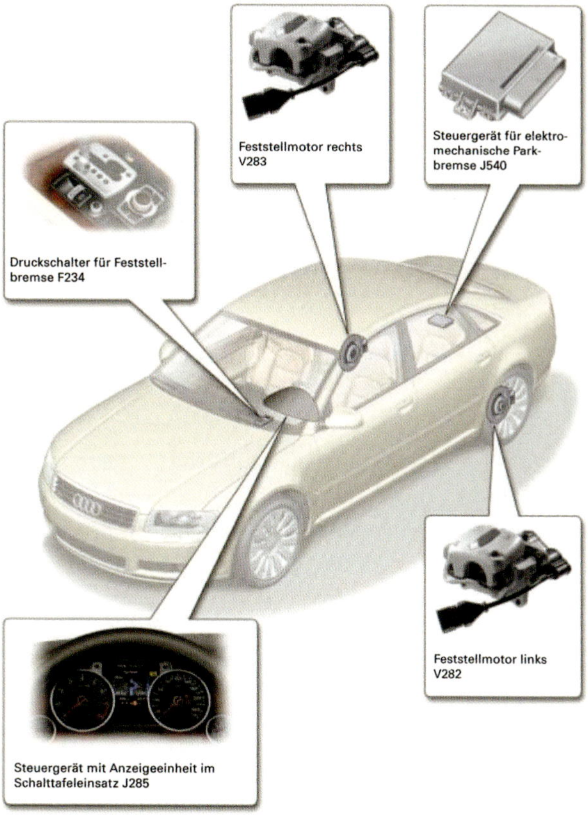

19.7.2 Funktion

Die elektromechanische Bremse wird mittels eines Druckschalters vom Fahrer betätigt.

Wenn die Parkbremse geschlossen wird, bewegt sich die Mutter auf der Spindel nach vorne. Der Zylinder kommt am Kolben zur Anlage und presst die Beläge gegen die Bremsscheibe. Beim Öffnen der Bremsscheibe wird der Bremskolben aufgrund der Rückverformung des Dichtrings zurückbewegt. Die Bremsscheibe wird freigegeben.

Die elektromechanische Parkbremse bietet folgende Möglichkeiten:

- Parkbremsfunktion
  Durch Kontrollleuchten im Schalter und im Schalttafeleinsatz wird dem Fahrer der aktivierte Zustand angezeigt. Die Spannkraft reicht für Steigungen bis 30 %.
- Dynamische Notbremsfunktion
  Erfolgt die Betätigung des Schalters bei einer Fahrgeschwindigkeit kleiner als 8 km/h, wird die Parkbremse geschlossen. Es erfolgt eine Abbremsung mit einer maximalen Verzögerung von 8 m/s^2.
- Bremsbelagverschleißerkennung und Luftspielkorrektur
  Die Belagstärke wird zyklisch etwa alle 500 km im Fahrzeugstillstand bei nicht betätigter Parkbremse automatisch bestimmt.
- Anfahrassistent
  Diese Funktion ermöglicht ein ruckfreies Anfahren ohne Zurückrollen des Fahrzeugs an Steigungen.

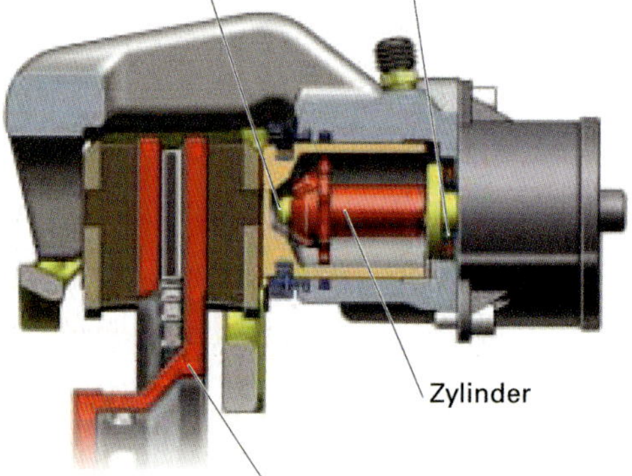

19.8 Prüfen und Messen

19.8.1 Störungsdiagnose

Mechanische Ursachen

Reifen		
Störung	**Störstelle**	**Ursache**
Reifenzerstörung	Seitenwand im Bereich der Walkzone Lauffläche (Protektor)	• zu geringer Reifendruck – fehlende Ventilkappe kann Ursache für allmählich absinkenden Reifendruck sein – Nagel in der Lauffläche • Überschreiten der zulässigen Höchstgeschwindigkeit
Reifen einseitig abgenutzt	Lenkgeometrie, Radaufhängung	• falsche Stellung der Räder durch defekte (verbogene) Funktionselemente (z. B. Vorspur oder Sturz zu groß)
starker Reifenverschleiß in der Profilmitte	Bereifung	• zu hoher Reifendruck
Reifenverschleiß an den Reifenschultern	Bereifung	• zu geringer Reifendruck
Auswaschungen im Reifenprofil	Rad, Bereifung Stoßdämpfer Bremsen	• Räder nicht ausgewuchtet • durch Ölverlust geringere Dämpfungswirkung • fehlerhafte Bremsen

Fortsetzung

Fahrwerk		
Störung	**Störstelle**	**Ursache**
Fahrzeug zieht nach einer Seite	Lenkgeometrie, Radaufhängung	• defekte (verbogene) Funktionselemente
Fahrzeugaufbau hängt nach einer Seite	Schraubenfedern, Blattfedern Höhenkorrektoren	• Federbruch durch – zu hohe Belastung – Beschädigung der Oberfläche der Federn – Ermüdung des Federwerkstoffs • Steuerschieber klemmt • Steuergestänge verbogen
Verringerung der Federwirkung	Federbälge Gummifedern	• Undichtigkeiten • Alterung des Werkstoffs
Schwingungsdämpfer klappern	Schwingungsdämpferbefestigung	• Gelenke ausgeschlagen • Gelenke lose
Lenkradunruhe (Lenkradflattern)	Räder und Bereifung Lenkungsdämpfer Radaufhängung	• Räder und Bereifung nicht ausgewuchtet (Flattern der Räder) • Ölverlust (undicht) • Verschleiß in den Gelenken
zu spätes Ansprechen der Lenkung	Lenkgetriebe Kugelgelenke	• zu viel Spiel • ausgeschlagen
schlechte Fahreigenschaften (Schaukeln der Karosserie)	Schwingungsdämpfer	• Ölverlust durch – beschädigte Dichtung – beschädigte Kolbenstange • Dämpfungsventile durch Wirkstoffermüdung wirkungslos

Bremse			
Störung	**Ursache**	**Störung**	**Ursache**
Geringe Bremswirkung Bremswirkung setzt verzögert ein	• abgenutzte bzw. falsche Bremsbeläge • neue, nicht eingebremste Bremsbeläge • verglaste oder zu harte Bremsbeläge • Radbremszylinder bzw. Bremssattel schwergängig o. fest • Bremsleitung verstopft	Nachlassen der Bremswirkung	• Dampfblasenbildung durch falsche oder alte Bremsflüssigkeit • Bremsbeläge abgenutzt • Hydraulisches System undicht • Wandstärke der Bremstrommel • zu dünn • Bremsverstärker zu geringe Leistung
Einseitige Bremswirkung Quietschen und Rattern der Bremse	• abgenutzte Bremsbeläge • falsche Kolbenstellung • Bremssattelführung ausgeschlagen • Taumelschlag der Bremsscheibe • Bremsscheibe ungleich dick • Bremstrommel unrund • Radlagerspiel zu groß • Radaufhängung ausgeschlagen	Bremspedalweg zu lang	• Falsche Grundeinstellung der Bremsbacken • automatische Nachstellung defekt • Radlager-Spiel zu groß oder defekt • Taumelschlag der Bremsscheibe ungleich dick • Dampfblasenbildung durch alte Bremsflüssigkeit • Wandstärke der Bremstrommel zu dünn • Vordruck- und Bodenventil defekt

Fortsetzung

Störung	Ursache
Große Pedalkraft erforderlich	• abgenutzte Bremsbeläge • verölte Bremsbeläge • Radbremszylinder bzw. Bremssattel schwergängig oder fest • Bremsverstärker zu geringe Leistung
Bremspedal wirkt weich und schwammig	• abgenutzte Bremsbeläge • thermisch oder chemisch zerstörte Bremsbeläge • Bremssattelführung ausgeschlagen • Luft im Hydrauliksystem • Dampfblasenbildung durch alte Bremsflüssigkeit • Bremsverstärker bzw. Hauptzylinder lose
Bremspedal fällt nach längerem Bremsen durch	• Dampfblasenbildung durch alte Bremsflüssigkeit • Hydraulisches System undicht
Bremspedal pulsiert beim Bremsen	• Bremstrommeln verzogen bzw. unrund • Bremsscheiben ungleich dick • Taumelschlag der Bremsscheibe • Radnabe verzogen bzw. unrund • Radlager-Spiel zu groß bzw. defekt
Bremsvorgang setzt ohne Betätigung des Bremspedals ein, Bremse wird heiß	• falsche Grundeinstellung der Bremsbacken bzw. Feststellbremse • automatische Nachstellung defekt • Ausgleichsbohrung im Hauptbremszylinder verstopft • Hauptbremszylinder schadhaft • Betätigungsstange für Hauptbremszylinder hat kein Spiel • Zuordnung Bremsverstärker zu Hauptbremszylinder falsch

Diagnose mit Tester

Der zur Diagnose erforderliche Datenaustausch zwischen Tester und den Steuergeräten erfolgt über den Diagnoseanschluss. Mit der Betriebsart „Fahrzeug-Eigendiagnose" werden alle im Fahrzeug vorhandenen Steuergeräte abgefragt und angezeigt. Bei „Fehlerspeicher abfragen" erscheint eine Auflistung der Fehler.
Ausgehend von der Fehlermeldung der Eigendiagnose können Fehler in der „Geführten Fehlersuche" entsprechend der Programmvorgaben schrittweise behoben werden.

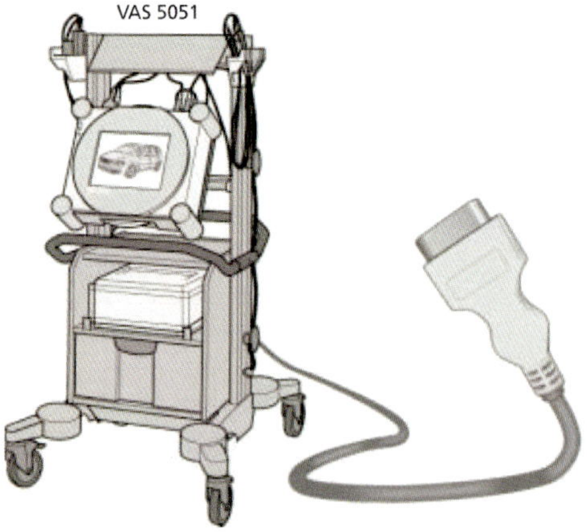

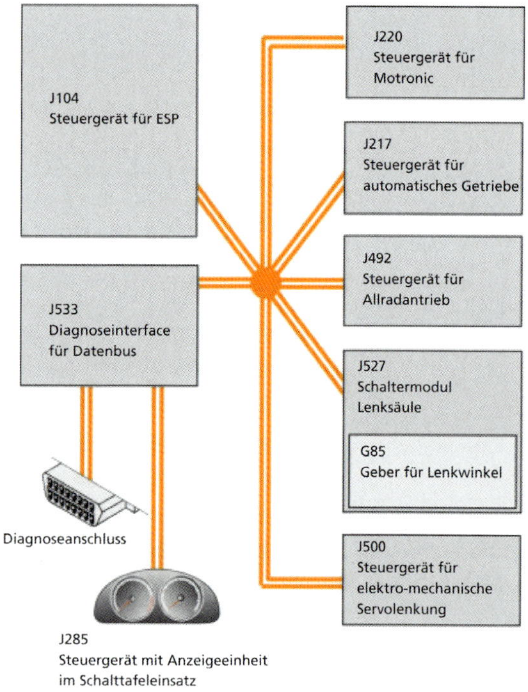

Prüfen und Messen der Raddrehzahlsensoren

Induktiver Drehzahlgeber

Schaltbild

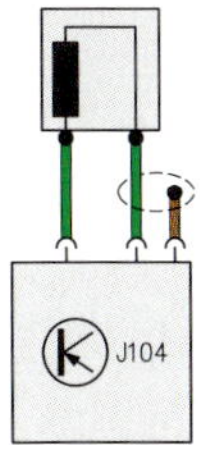

Signal

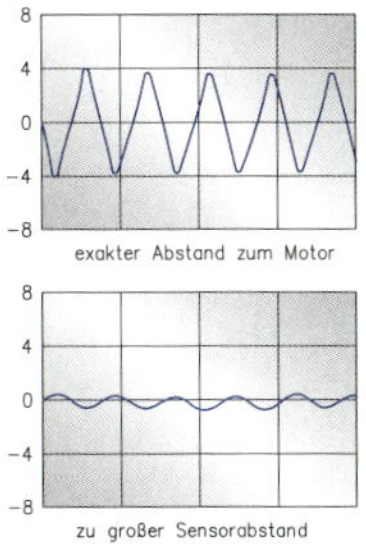

Fehlerursachen

- Sensor-Rotor-Abstand
  Bei Vergrößerung sinkt die Ausgangsspannung, bei Unterschreitung stößt Rotor gegen Sensor.
- Eisenspäne in Luftspalt
  Magnetischer Sensor zieht Eisenpulver der Bremsscheibe an.
  Ausgangssignal wird gestört.
- Zu großes Radlagerspiel
  Erzeugt gestörtes Ausgangssignal.

Luftspalt prüfen: Zahn und Sensor müssen exakt übereinander stehen und Luftspalt messen.

Oszilloskop-Prüfung
- Anschluss zwischen Prüfklemme und Masse
- Fahrzeug anheben
- Zündung einschalten
- Rad mit ca. 60 1/min drehen

Signalverlauf siehe oben

Spannungsprüfung
- Spannungsmesser (Wechselspannung) an kabelbaumseitigen Mehrfachstecker anschließen
- Fahrzeug anheben
- Zündung einschalten
- Rad mit ca. 60 1/min drehen

Spannung lt. Herstellerangabe

Widerstandsprüfung
- Widerstandsmesser an kabelbaumseitigen Stecker des Mehrfachsteckers anschließen bzw. direkt am Radsensor messen

Sollwert ca. 1 000 Ω

Aktive Drehzahlgeber

Schaltbild

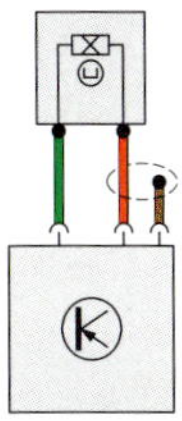

Signal

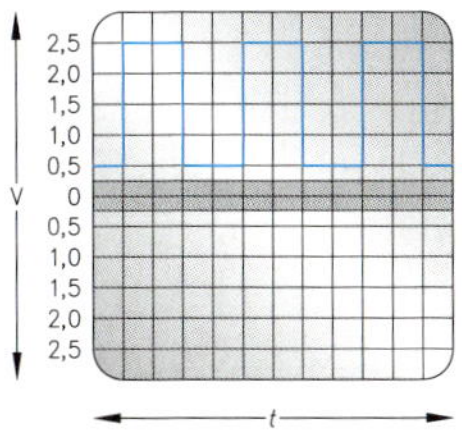

Oszilloskop-Prüfung
- Anschluss zwischen Prüfklemme und Masse anschließen
- Fahrzeug anheben
- Zündung einschalten
- Rad mit ca. 60 1/min drehen

Signalverlauf siehe oben

Spannungsprüfung
- Spannungsmesser zwischen Prüfklemme und Masse anschließen
- Rad langsam drehen
  Sollwert zwischen 0,5 und 2,5 V
- Versorgungsspannung prüfen
  Sollwert: ca. 12 V

Widerstandsprüfung
- Widerstandsmesser anschließen
- Widerstand messen
  Sollwert z. B. zwischen 2 500 Ω und 4 500 Ω

(Herstellerangaben beachten)

19.8.2 Diagnose und Wartung der hydraulischen Bremsanlage

Bremsflüssigkeits-Testgeräte

Bei einem unzureichenden Siedepunkt der Bremsflüssigkeit muss die Bremsflüssigkeit gewechselt werden, da sonst die Funktionsfähigkeit und Zuverlässigkeit des Bremssystems nicht gewährleistet ist. Dies gilt insbesondere für ABS-Systeme.

Je mehr Dampf sich in den Radzylindern durch Erhitzen über die Bremsreibung bildet, desto größer wird die Gefahr des Versagens des Bremssystems im Extremfall.

Bremsflüssigkeits-Testgeräte

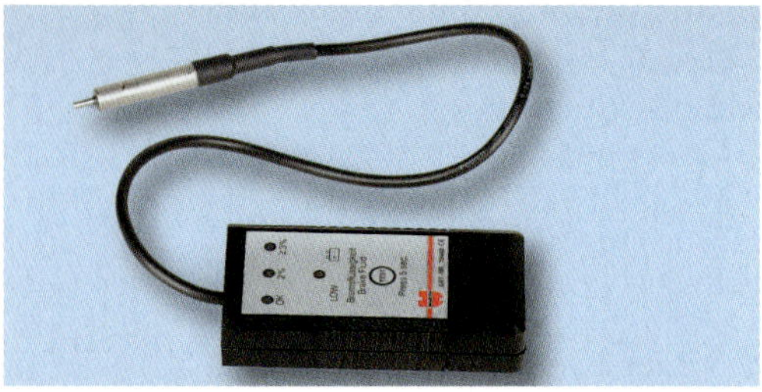

Das Gerät misst über einen Sensor über die elektrische Leitfähigkeit der Bremsflüssigkeit den Wassergehalt.
Der Sensor wird hierzu in die Bremsflüssigkeit getaucht. Nach etwa 5 Sekunden erfolgt über die LED-Anzeige die Angabe des Wassergehaltes in Prozent (0 %–1 %, 2 %, ≥ 3 %).

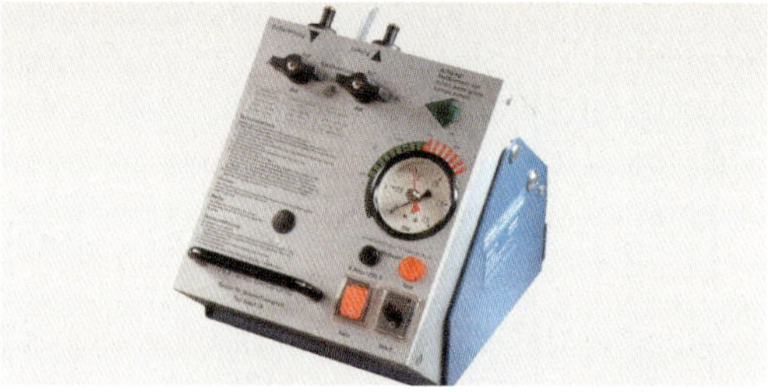

Mit dem dargestellten Bremsflüssigkeit-Testgerät wird der genaue Siedepunkt der Bremsflüssigkeit ermittelt. Die Messung simuliert genau die Bedingungen im Radbremszylinder. Hierzu wird eine Bremsflüssigkeitsprobe in einer geschlossenen Druckzelle erhitzt. Über den Dampfdruck wird dann bei konstanter Temperatur die Qualität der Bremsflüssigkeit bewertet. Das Messergebnis wird an der Digitalanzeige abgelesen.

Bremsflüssigkeitswechsel

Zum Bremsflüssigkeitswechsel der Bremsanlage benötigt man ein Füll- und Entlüftergerät sowie eine Entlüfterflasche. Zum Füllen und Entlüften wird das Entlüftergerät über einen transparenten Schlauch und einem Anschlussstück am Ausgleichsbehälter, die Entlüfterflasche an einem Entlüfterventil am Bremsgehäuse angeschlossen. Nach Öffnen des Absperrhahnes lässt man die Bremsflüssigkeit solange fließen, bis neue klare Bremsflüssigkeit austritt. Das Entlüfterventil wird geschlossen. Der Vorgang wird an allen Entlüfterventilen wiederholt. Im Anschluss an die Befüllung wird vor Abbau des Anschlussstutzens ein Entlüfterventil geöffnet, um den Druck im Bremssystem abzubauen.

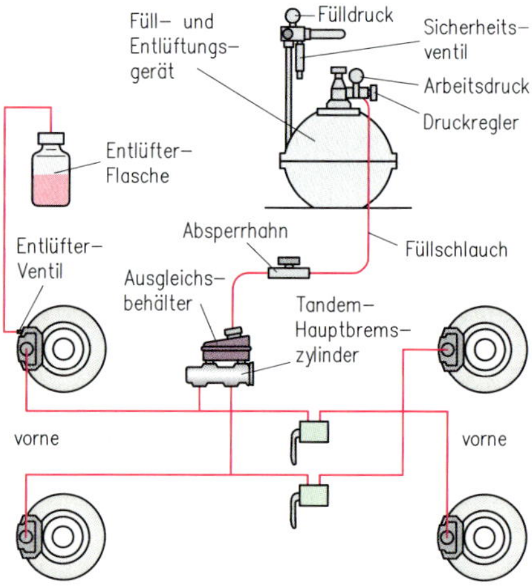

Dichtheitsprüfung

Die Dichtheitsprüfung ist nach allen Arbeiten an der Bremsanlage erforderlich. Zur Dichtheitsprüfung wird ein Pedalfeststeller und ein Kombi-Druckprüfgerät eingesetzt, das aus einer Nieder-Hochdruck-Messgerätekombination, einem Hochdruck- und einem Unterdruckmessgerät besteht.

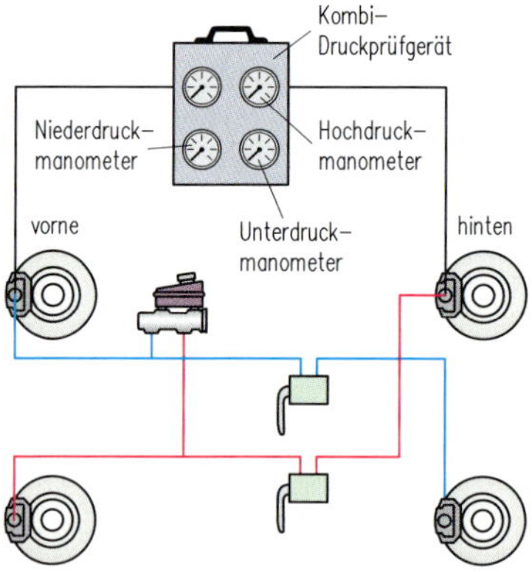

Zur Prüfung wird die Niederdruck-Hochdruck-Messgerätekombination am Entlüftungsventil der Radbremse angeschlossen. Mithilfe des Pedalfeststellers wird bei der Niederdruckprüfung ein Druck von 2 bis 5 bar, bei der Hochdruckprüfung ein Druck von 50 bis 100 bar eingestellt und nach einer bestimmten Zeit festgestellt, ob der Druck abfällt. Fällt der Druck ab, muss die undichte Stelle lokalisiert werden

19.8.3 Bremsenprüfung

Eine Bremsenprüfung wird in regelmäßigen Abständen in den Kraftfahrzeugwerkstätten, bedingt durch die Anforderung der Hauptuntersuchung gemäß § 29 StVZO, durchgeführt. Hierbei wird

- die Bremskraft der einzelnen Räder in N ermittelt,
- die Abbremsung des Fahrzeuges in % bzw. m/s² berechnet sowie
- die Bremskraftdifferenz der geprüften Räder einer Achse ermittelt.

Zur Durchführung dieser Arbeiten werden Bremsprüfstände verwendet. Diese können als Rollenprüfstände oder als Plattenprüfstände ausgeführt sein. Die häufigste Variante ist der Rollenprüfstand, weshalb dieser in der nachfolgenden Beschreibung verwendet wird.

Aufbau eines Rollenbremsprüfstands

Ein Rollenbremsprüfstand hat zwei Rollen, die über eine Kette miteinander verbunden sind. Die Rollen werden mit einem Elektromotor angetrieben. Zwischen den Rollen befindet sich eine Tastrolle, die das Einfahren des Fahrzeugs erkennt und damit den Elektromotor zum Antrieb der Rollen einschaltet. Mithilfe der Tastrolle wird auch ein Blockieren der gebremsten Räder erkannt und der Elektromotor zur Verhinderung von Reifenschäden abgeschaltet (Blockierschutz).

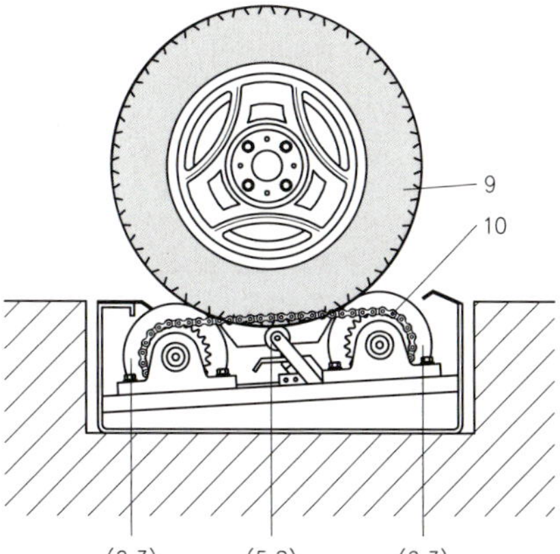

Ablauf der Bremsenprüfung

Nach dem Einfahren des Fahrzeugs auf den Prüfstand ist ein leichtes Bremsen sinnvoll, um Schmutzteile von den Reibflächen zu entfernen und die Bremsanlage einigermaßen auf Betriebstemperatur zu bringen. Ein Ausrichten des Fahrzeugs ist unbedingt vorzunehmen, da sonst das Fahrzeug während der Bremsenprüfung aus dem Prüfstand gehoben werden kann, und damit die Messung automatisch abgebrochen wird.

Danach kann das Fahrzeug bis zur Blockiergrenze abgebremst werden. Die ermittelten Werte sind zu notieren. Dieser Vorgang wird mit der Betriebsbremsanlage sowie mit der Feststellbremsanlage durchgeführt.

Die ermittelten Bremswerte werden für die Berechnung der Abbremsung sowie zur Beurteilung der Bremskraftdifferenz benötigt.

Zur Berechnung der Abbremsung ist ebenfalls die Fahrzeugmasse zum Zeitpunkt der Bremsenprüfung zu ermitteln. Hilfreich ist hier ein Blick in den Fahrzeugschein unter 14 „Leergewicht“. Zu diesem Wert muss noch das Gewicht des Prüfers addiert werden. Ergebnis kann jetzt zur Berechnung hinzugezogen werden.

Abbremsung

Unter Abbremsung versteht man das prozentuale Verhältnis aus der Summe der erzeugten Bremskräfte $F_{BRadges}$ zur zulässigen Fahrzeuggewichtskraft F_{Gzul}. Die Bremskräfte in N werden auf dem Rollenbremsenprüfstand für jedes einzelne Rad gemessen.

Für die Abbremsung gilt

$$a = \frac{F_{BRadges}}{F_{Gzul}} \cdot 100\ \%$$

In dieser Formel ist $F_B = m \cdot a$ und $F_{Gzul} = m \cdot g$.
Daraus folgt:

$$z = \frac{m \cdot a}{m \cdot g} \cdot 100\ \%$$

$$z = \frac{a}{g} \cdot 100\ \%$$

Größe	Formelzeichen	Einheit
Abbremsung	z	%
Summe der Bremskräfte	$F_{BRadges}$	N
zulässige Gewichtskraft	F_{Gzul}	N
Umrechnungszahl	100	%
Bremsverzögerung	a	m/s²
Erdbeschleunigung	g	m/s²
Masse	m	kg

Beispielrechnung

Bremsanlage		Bremskräfte		Σ	z	a	Δ Li/Re	iO/niO
BBA	VA	2,96 kN	2,84 kN	8,15 kN	53,1 %	5,31 m/s²	0,12 kN	iO
	HA	1,25 kN	1,10 kN				0,15 kN	iO
FBA		1,57 kN	1,74 kN	3,31 kN	21,6 %	2,16 m/s²	0,17 kN	iO

Prüfmasse: 1 535 kg

Erläuterungen zur Berechnung:
Abbremsung z = Prüfgewicht des Fahrzeugs im Verhältnis zur Gesamtbremskraft
Verzögerung a = Abbremsung im Verhältnis zur Erdbeschleunigung (Faktor 10)

Die zulässige Links-/Rechtsabweichung beträgt zzt. bei der BBA 25 % vom höheren Wert einer Achse, bei der FBA 50 % bei herkömmlicher Bauart und 95 % bei der elektronischen Parkbremse.

19.8.4 Schwingungsdämpferprüfung

Schwingungsdämpfer sind eigentlich wartungsfrei. Dennoch sollten sie einer regelmäßigen Prüfung unterzogen werden. Dabei ist auf jeden Fall eine Sichtprüfung vorzunehmen. Bestandteil einer Sichtprüfung sollte sein:

- Prüfen auf Undichtigkeiten,
- Prüfen auf Beschädigungen,
- Prüfen auf Verschleißspuren.

Das Reifenverschleißbild kann ebenfalls Hinweise auf die Funktionstüchtigkeit der Schwingungsdämpfer geben (Auswaschungen im Reifenprofil). Während einer Probefahrt können auch Poltergeräusche der Radaufhängung von defekten Schwingungsdämpfern herrühren.

Eine genaue Aussage über den Zustand der Schwingungsdämpfer ist mithilfe der „Wippmethode“ nicht zu erreichen. Dazu müssen rechnergesteuerte Systeme verwendet werden.

Schwingungsdämpferprüfung mit rechnergesteuerten Systemen

Bei einigen Systemen werden die Schwingungsdämpfer nicht separat gemessen, sondern die komplette Radaufhängung. Dabei ist jedoch zu beachten, dass der Reifenluftdruck dann auch auf den beiden zu prüfenden Seiten gleich ist, da es ansonsten zu Unterschieden der Bewertung kommen kann.

Für einen solchen Prüfstand werden zwei Plattformen verwendet, die für die Messung nacheinander von einem Motor bis zur maximalen Frequenz beschleunigt werden. Bei der Messung, die nach dem Ausschalten des Motors beginnt, wird die jeweilige Plattform nur noch von der Schwungmasse angetrieben. Jetzt wird über die eingebauten Kraftsensoren während des Schwingvorgangs die Radaufstandskraft ermittelt. Das Ergebnis wird als minimale Bodenhaftung in Prozent angegeben. Dieser Wert zeigt an, wie gut oder schlecht die Radaufhängung in der Lage ist, den Kontakt mit der Straße zu gewährleisten.

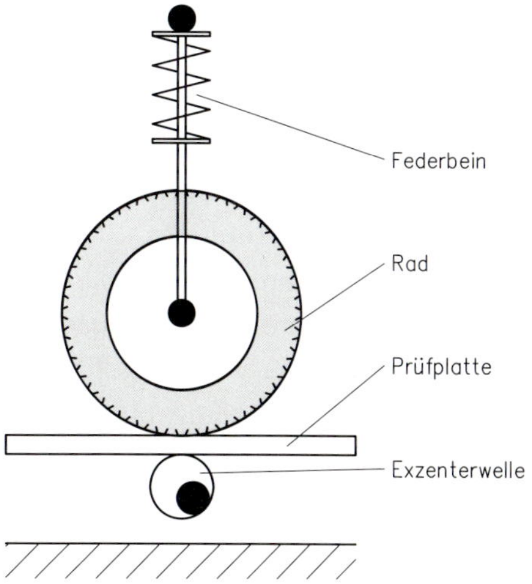

Radaufhängungstester nach dem EUSAMA-Prinzip

Ablauf der Schwingungsdämpferprüfung

Das zu prüfende Fahrzeug wird mittig auf die Prüfplattformen gefahren. Es wird zuerst das Achsgewicht gemessen, dies ist zur Berechnung notwendig. Anschließend beginnt der Prüfablauf. Während des Prüfablaufs muss die Bremse gelöst sein.

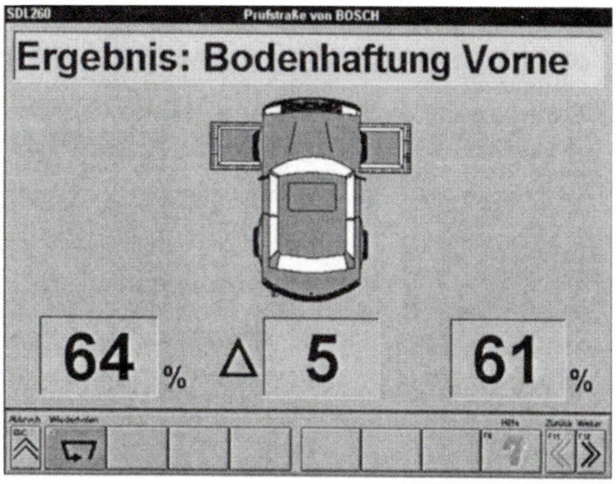

Nach dem Prüfablauf wird das Ergebnis berechnet und dem Prüfer angezeigt. Schwingungsdämpfer, die als in Ordnung bezeichnet werden, weisen eine minimale Bodenhaftung von mindestens 45 % auf. Als defekt ist ein Schwingungsdämpfer anzusehen, wenn dieser einen Wert von unter 25 % bringt. Die Abweichung zwischen den Schwingungsdämpfern einer Achse sollte nicht größer als 15 % sein.

Bei Fahrzeugen mit einer geringen Masse kann es jedoch vorkommen, dass auch neue Schwingungsdämpfer einen Wert unter 45 % aufweisen. Dies kommt durch die Berechnung der Leistungsfähigkeit unter Berücksichtigung der Fahrzeugmasse zustande.

19.8.5 Achsvermessung

Die verschiedenen Stellungen eines Rads tragen zur Fahrstabilität des Fahrzeugs bei. Aus diesem Grund sollen die achsgeometrischen Einstellungen des Fahrwerks eines Fahrzeugs in regelmäßigen Abständen kontrolliert werden. Insbesondere nach Arbeiten am Fahrwerk sind diese Messungen vorzunehmen.

Vor der Achsvermessung sind zu kontrollieren:

- gleiche Reifen- und Felgengröße,
- Reifenfülldruck und Profiltiefe,
- Zustand der Federung,
- Zustand der Lenkhebel, Radlager und Spurstangengelenke,
- Prüflasten im Fahrzeug (sofern gefordert),
- Prüfen der Räder auf Felgenschlag.

Beim Auffahren des Fahrzeugs auf die Vermessungsbühne muss darauf geachtet werden, dass das Fahrzeug möglichst nur in Geradeaus-Stellung auf die Bühne gefahren wird, da sich das Fahrzeug beim Einlenken bzw. bei Kurvenfahrt innerhalb der Aufhängung (Traggelenke) minimal verziehen kann, was sich bei der Achsvermessung negativ auswirkt. Ein Freiheben des Fahrzeugs sollte nach Möglichkeit nicht durchgeführt werden. Mithilfe von Schnellspanneinrichtungen ist dies auch gar nicht mehr notwendig. Sollte ein Freiheben des Fahrzeugs unumgänglich sein, so ist danach ein Einfedern des Fahrzeugs durch „Wippen" zu gewährleisten.

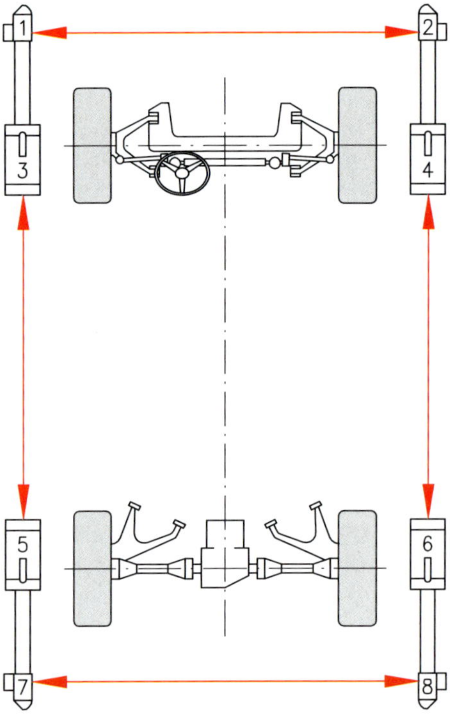

Eine Achsvermessung beruht auf dem Prinzip des optischen Rechtecks. Hierbei wird mithilfe der Messwertköpfe um das Fahrzeug herum mit Infrarotstrahlen ein Rechteck aufgebaut. Abweichungen von dem Rechteck werden gemessen und daraus die einzelnen Radstellungen berechnet. Anhand einer Anzeige werden dem Benutzer diese Radmesswerte angezeigt.

Ablauf der Achsvermessung

Nach der Vorbereitung des Fahrzeugs wird es vermessen. Das Fahrzeug wird dabei mithilfe eines Bremspedalspanners festgestellt. Der eigentliche Messablauf ist computergesteuert und wird für den Benutzer menügeführt dargestellt. Dabei ist zu beachten, dass sich niemand im Bereich der Infrarotstrahlen aufhält, da ansonsten die Messung unterbrochen wird. Zur eigentlichen Messung müssen die gelenkten Räder eingeschlagen werden. Dabei werden gezielt die Abweichungen aus dem optischen Rechteck gemessen und berechnet.

Wenn die Achsvermessung durchgeführt wurde, wird dem Benutzer ein Achsmessprotokoll ausgedruckt, das dem Kunden für die Dokumentation vorgelegt werden kann.

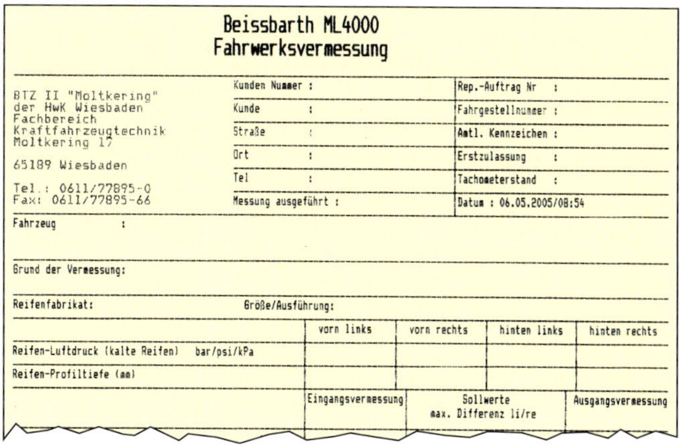
Beissbarth ML4000
Fahrwerksvermessung

BTZ II "Moltkering"
der HwK Wiesbaden
Fachbereich
Kraftfahrzeugtechnik
Moltkering 17

65189 Wiesbaden

Tel.: 0611/77895-0
Fax: 0611/77895-66

Kunden Nummer :	Rep.-Auftrag Nr :
Kunde :	Fahrgestellnummer :
Straße :	Amtl. Kennzeichen :
Ort :	Erstzulassung :
Tel :	Tachometerstand :
Messung ausgeführt :	Datum : 06.05.2005/08:54

Fahrzeug :

Grund der Vermessung:

Reifenfabrikat: Größe/Ausführung:

	vorn links	vorn rechts	hinten links	hinten rechts
Reifen-Luftdruck (kalte Reifen) bar/psi/kPa				
Reifen-Profiltiefe (mm)				

	Eingangsvermessung	Sollwerte max. Differenz li/re	Ausgangsvermessung

19.8.6 Auswuchten

19.8.6.1 Unwucht

Bei allen drehenden Teilen tritt eine hersteller- und montagebedingte Unwucht auf, die den Rundlauf stört und den Verschleiß der Räder und Bereifung, der Radaufhängung und der Lenkungsteile erhöht.

Laufunruhe kann durch ungleiche Masseverteilung bei Felge und Reifen und durch Formfehler der Felge bzw. Ungleichmäßigkeiten im inneren Aufbau des Reifens erzeugt werden.

Wir unterscheiden zwischen statischer und dynamischer Unwucht, die jedoch meist zusammen auftreten.

Statische Unwucht

Eine statische Unwucht entsteht durch ungleiche Massenverteilung (schwere Stellen). Würde ein solches Rad auspendeln, kommt die schwere Stelle immer unten zur Ruhe. Ein Rad mit statischer Unwucht neigt im Fahrbetrieb zum Springen.

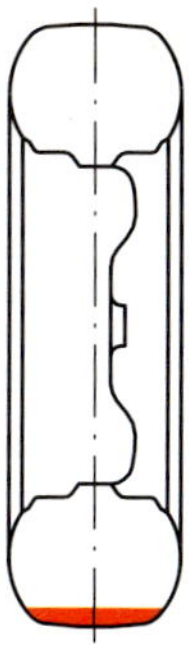

Dynamische Unwucht

Bei einer dynamischen Unwucht hat der Reifen zwei schwere Stellen, die sich diagonal gegenüberliegen.
Sind beide schweren Stellen gleichgroß, heben sie sich in Ruhe gegenseitig auf.
Ein Rad mit dynamischer Unwucht neigt zum Taumeln.

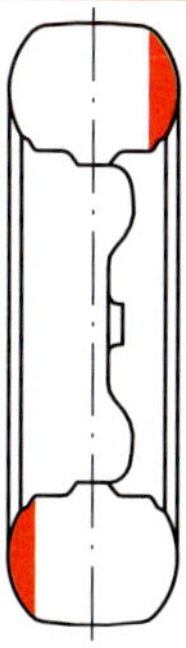

Beseitigen von statischer oder dynamischer Unwucht

Die Radauswuchtmaschine teilt das Rad in zwei Hälften. Die Ebenentrennung kommt bei einer dynamischen Unwucht zum Tragen.

Beseitigen einer statischen Unwucht

Bei einem Rad mit statischer Unwucht wird ein Ausgleich durch Ausgleichsgewichte auf der gegenüberliegenden Seite erreicht

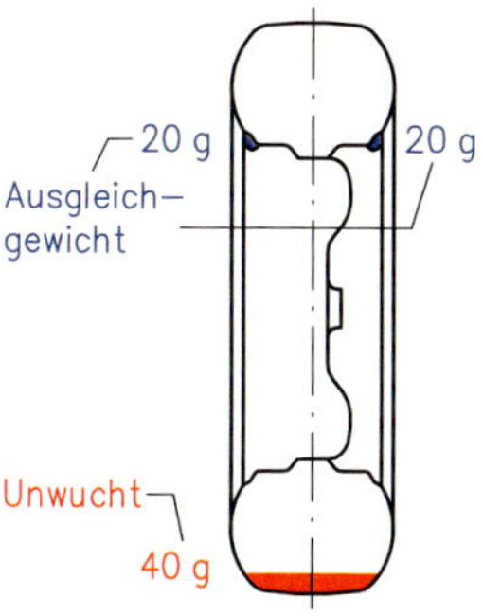

Beseitigen einer dynamischen Unwucht

Ein dynamischer Unwuchtanteil lässt sich nur auf der gleichen Radseite ausgleichen.
Bei einem Rad mit dynamischer Unwucht wird daher jede Radhälfte für sich betrachtet.

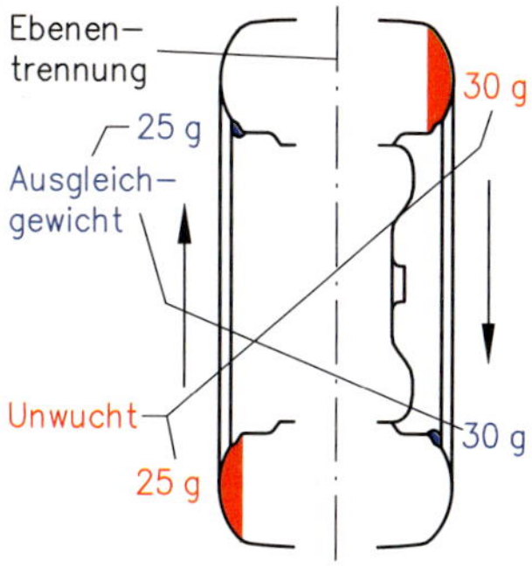

Verfahren zur Beseitigung von Laufunruhe

Die Beseitigung der Laufunruhe kann auf zwei Arten erfolgen:

- Auswuchten
  Die Unwuchten von Reifen und Felge werden beim Messlauf ermittelt und mit Ausgleichgewichten beseitigt.
- Matchen
  Der Reifen wird soweit auf der Felge verdreht, bis sich die Unwuchten von Reifen und Felge gegenüberliegen und damit teilweise aufheben. Die noch verbliebene Restunwucht wird anschließend mit Ausgleichgewichten beseitigt.

19.8.6.2 Auswuchtmaschine

Eine moderne Auswuchtmaschine mit automatischer Korrektur und Diagnose der Radexzentrizität ermöglicht u. a. folgende Funktionen:

- Automatische Messung der Radgeometrie (Exzentrizität).
- Automatische Messung von Abstand, Durchmesser und Breite.
- Nach Schließen der Radschutzhaube automatischer Start, Messung der Unwucht und automatische Beendigung des Messlaufes.
- Nach Beendigung des Messlaufes automatische Korrekturposition des Rades für innen und außen.
- Automatische Ausgabe für selbstklebende Ausgleichs-Gewichte.
- Automatische Anbringung der Klebegewichte auf der Innenseite der Felge.

Beispiel für einen automatischen Korrekturverlauf

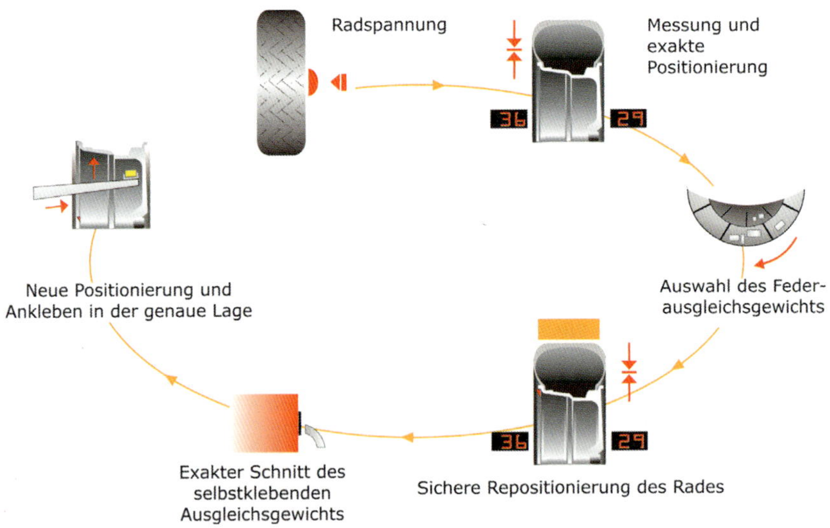

20 Vernetzte Systeme

20.1 Grundinformationen

20.1.1 Vernetzung von Steuergeräten

Die Zahl der elektronischen Systeme im Kfz nimmt ständig zu. In einem modernen Pkw können 30 und mehr Steuergeräte mit den entsprechenden Sensoren und Aktoren eingebaut sein. Zwischen den Steuergeräten ist ein Informationsaustausch erforderlich. So muss das elektronische Stabilitätsprogramm/ESP Daten mit der Motorsteuerung und Getriebesteuerung austauschen, um die Fahrstabilität zu gewährleisten. Der Informationsaustausch bei der herkömmlichen Kabelbaumtechnik kann nur über eine Vielzahl von Leitungen und Steckverbindungen hergestellt werden. Zum Beispiel besitzt der Kabelbaum eines Mittelklassewagens bei konventioneller Datenübertragung etwa 300 Stecker mit insgesamt 2000 Steckerpins und ist 1,6 km lang.

Zur besseren Vernetzung von Steuergeräten und zum schnelleren und sicheren Austausch von größeren Datenmengen wurde ein serielles Bussystem CAN (Control Area Network) entwickelt.

Konventionelle Datenübertragung	Datenbussystem
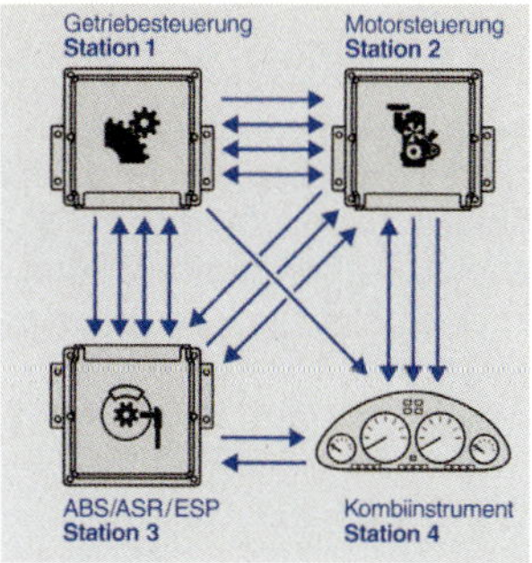	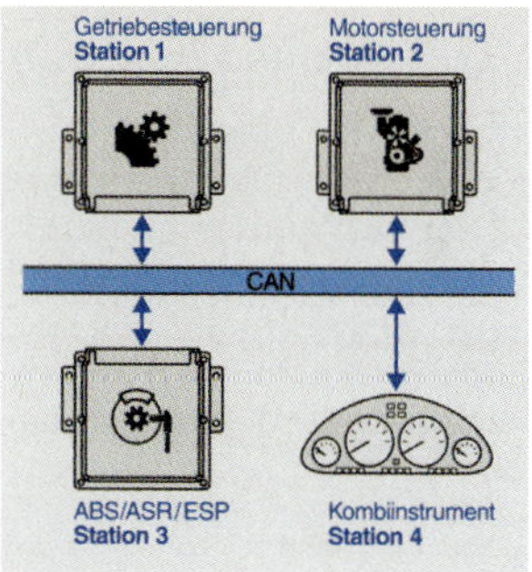
Jede Information wird über eine Einzelleitung ausgetauscht. Hierdurch steigt mit jeder zusätzlichen Information auch die Anzahl der Leitungen und der Pins. Signale eines Sensors sind nur schwer mehrfach nutzbar. Die Ausführung ist aufwändig und fehleranfällig. Die Datenübertragung ist nur bei einer begrenzten Anzahl von auszutauschenden Daten möglich. Weiterhin lässt sich bei komplexen Steuergeräten die Anzahl der Anschlüsse nicht beliebig erweitern.	Sämtliche Informationen werden über zwei Leitungen, den CAN-Datenbus, zwischen den Steuergeräten ausgetauscht. Durch die Vernetzung werden wesentlich weniger Leitungen benötigt, da auf einer Busleitung eine Vielzahl von Daten ausgetauscht und Daten mehrfach genutzt werden. Durch weltweite Normung des CAN-Datenbus können Steuergeräte unterschiedlicher Hersteller miteinander kommunizieren.

Die beiden Darstellungen zeigen den Vorteil einer Vernetzung der Steuergeräte durch den CAN-Datenbus:

- Umfangreiche Funktionen sind mit wenigen Leitungen nutzbar
- Weniger Steckverbindungen und damit weniger Fehlermöglichkeiten
- Gewichtsersparnis durch weniger Leitungen
- Signale der Sensoren sind mehrfach nutzbar
- Platzgewinn durch kleinere Steuergeräte
- Erweiterungen des Systems sind leicht möglich durch Software-Änderungen
- Einfachere Diagnosearbeiten

unvernetztes Fahrzeug

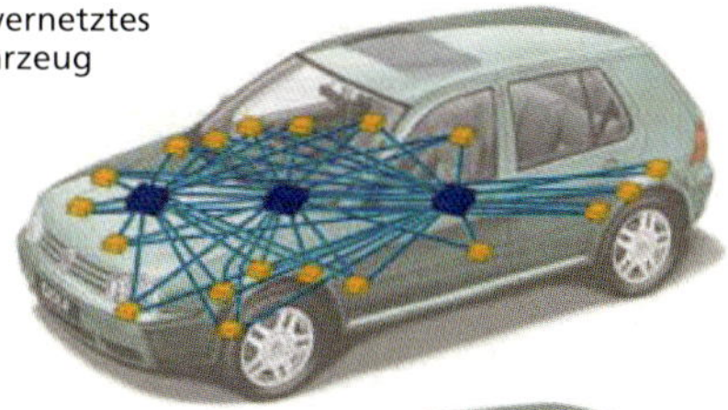

vernetztes Fahrzeug

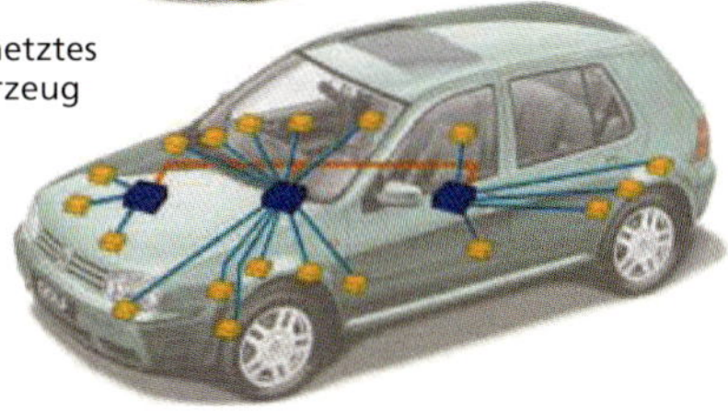

20.1.2 Datenbussysteme/Funksystem

CAN-Bus (Control Area Network)

Der CAN-Bus dient vorwiegend der Vernetzung von Steuergeräten. Um Störungen zu vermeiden, ist das System mit zwei Leitungen ausgestattet.

Die Datenbusleitungen sind bidirektional. Aufgrund der unterschiedlichen Anforderungen gibt es folgende Systeme:

CAN-Datenbus-Antrieb zur Vernetzung von Steuergeräten im Antriebsstrang, CAN-Datenbus-Komfort zur Vernetzung von Steuergeräten des Komfortsystems, CAN-Datenbus-Infotainment zur Vernetzung von Radio, Telefon und Navigationssystem.

Die Übertragungsgeschwindigkeit im CAN-BUS-Antrieb ist 500 kbit/s, im CAN-Bus-Komfort/Infotainment 100 kbit/s.

LIN-Bus (Local Interconnect Network)

LIN-Bussysteme befinden sich innerhalb eines begrenzten Bauraums, z. B. LIN-Slave-Steuergerät Schiebedachmotor oder LIN-Slave-Steuergerät Frischluftgebläse. Ein LIN-Master-Steuergerät übernimmt dabei die Übersetzungsfunktion zwischen dem LIN-Slave-Steuergerät des lokalen LIN-Bussystems und dem Datenbus. Beim LIN-Bussystem handelt es sich um einen Eindraht-Bus.

Die Übertragungsgeschwindigkeit beträgt 20 kbit/s.

MOST-Bus (Media Oriented Systems Transport)

MOST-Bus ist ein optisches Bussystem. Die Daten werden mithilfe von Lichtwellen in einem Lichtwellenleiter übertragen. Der MOST-Bus ermöglicht, im Gegensatz zum CAN-Bus, Daten sehr schnell und damit in einer großen Menge zu übertragen, wie sie z. B. bei Video- und Audioanwendungen erforderlich sind.
Die Übertragungsgeschwindigkeit beträgt maximal 21,2 Mbit/s.

Bluetooth (nach Wikingerkönig Blauzahn)

Die Bluetooth-Technologie ermöglicht den Austausch von Informationen zwischen mobilen Geräten durch eine standardisierte Funkverbindung, z. B. von Mobiltelefon, Notebook, Freisprecheinrichtung, Funkfernbedienung der Standheizung. Die Übertragungsrate beträgt 1 Mbit/s.

Die Darstellung zeigt die Struktur (Topologie) der Vernetzungsmöglichkeiten in einem Fahrzeug.

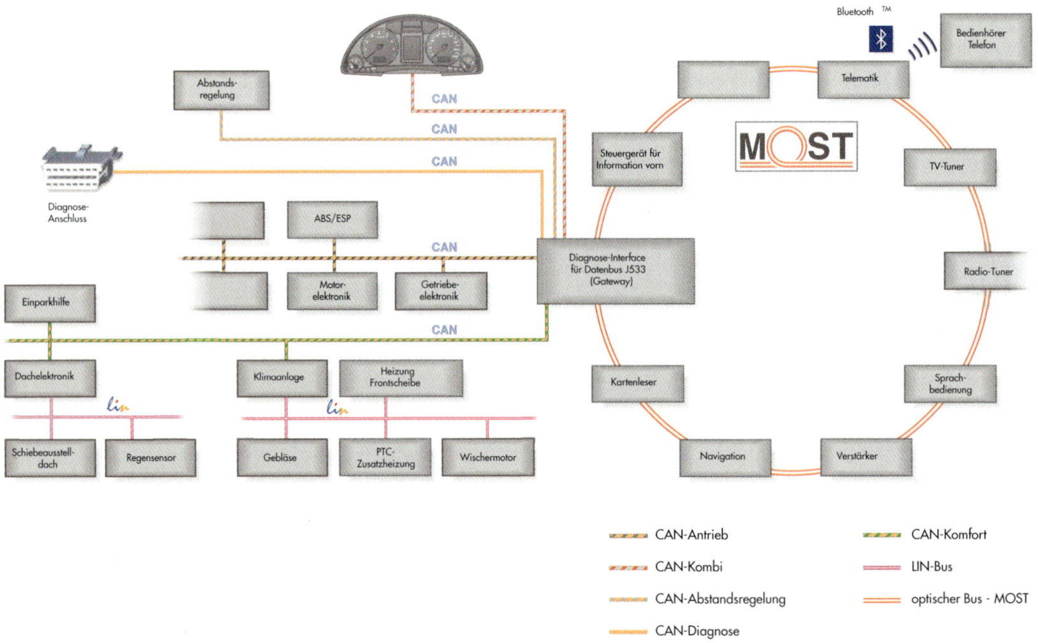

20.2 CAN-Datenbus

20.2.1 Grundsystem

Das Grundsystem besteht aus mehreren Steuergeräten, die parallel an der Busleitung über Transceiver angeschlossen sind. Alle Steuergeräte haben damit die gleichen Bedingungen. Der Informationsaustausch erfolgt seriell (der Reihe nach). Ein Empfänger wird nicht benannt. Die auszutauschenden Daten werden Botschaften genannt. Botschaften können von jedem Steuergerät gesendet und empfangen werden. Der grundsätzliche Ablauf der Datenübertragung läuft in 4 Schritten ab:

Vereinfachter Ablauf der Datenübertragung

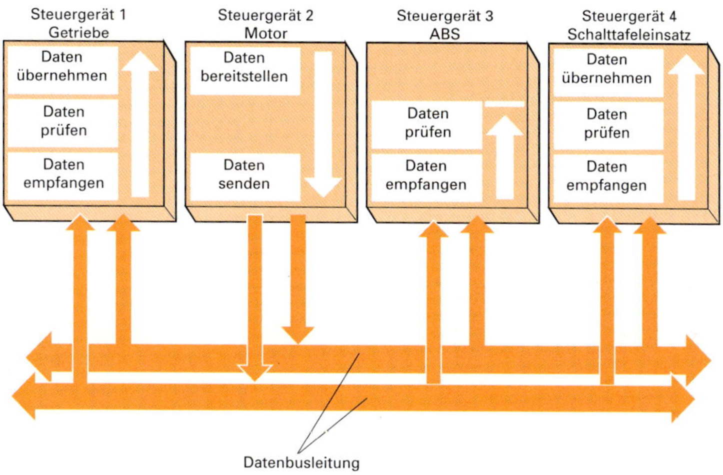

- **Daten bereitstellen und senden**
  Steuergerät 2 stellt Daten zum Senden zur Verfügung, z. B. die Motordrehzahl.
- **Daten empfangen**
  Alle Steuergeräte, die nicht senden, gehen automatisch auf Empfang.
- **Daten überprüfen**
  Die Steuergeräte überprüfen, ob sie die empfangenen Daten für ihre Funktion benötigen oder nicht. Die Motordrehzahl ist z. B. für den Schalttafeleinsatz und das Getriebesteuergerät von Bedeutung, jedoch nicht für das ABS-Steuergerät. Es sperrt daher die Daten zur Weiterverarbeitung.
- **Daten übernehmen**
  Der Schalttafeleinsatz und das Getriebesteuergerät benötigen den Drehzahlwert. Die Daten sind also wichtig, sie werden übernommen und verarbeitet.

Die Datenübertragung erfolgt entweder seriell oder parallel.

Serielle Datenübertragung	Parallele Datenübertragung
Beim CAN- und LIN-Bus erfolgt die Datenübertragung seriell als zeitlich nacheinander folgende Spannungsimpulse auf den Bus-Leitungen.	Bei der parallelen Datenübertragung liegen die Spannungsimpulse parallel auf dem Bus. Diese Übertragungsart wird überwiegend im Bereich der Mikrocontroller- und PC-Technik eingesetzt.
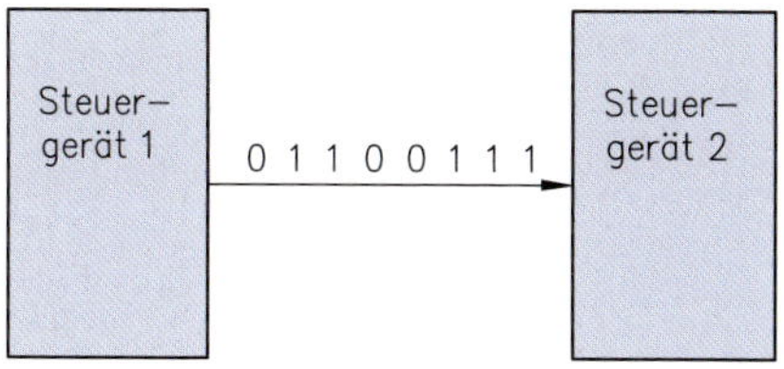	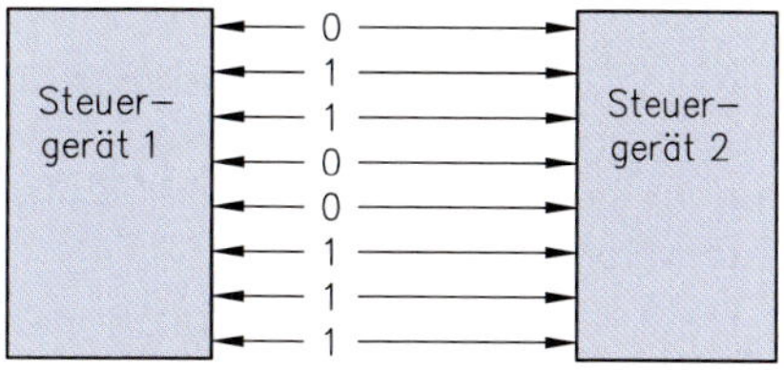

20.2.2 Funktionseinheiten

Das Steuergerät besteht aus

- Mikrocontroller mit Eingangs- und Ausgangsspeicher sowie einem Programmspeicher,
- dem CAN-Baustein,
- dem Transceiver.

Steuergerät

Das Steuergerät empfängt die Signale der Sensoren und legt sie im Eingangsspeicher ab. Der Mikrocontroller verarbeitet die Eingangsinformationen aufgrund des gespeicherten Programms. Das Ergebnis dieser Verarbeitung wird im jeweiligen Ausgangsspeicher abgelegt. Von hier aus gelangt es an die entsprechenden Aktoren.

Werden die Daten auch von anderen Steuergeräten benötigt, werden sie auf den CAN-Controller über eine parallele Schnittstelle übertragen.

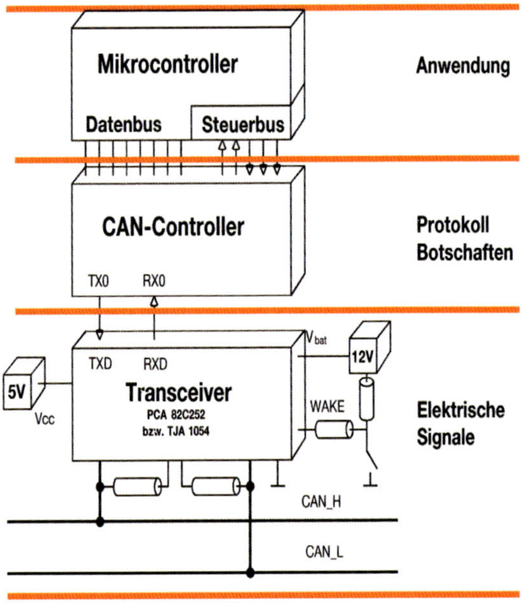

CAN-Controller

Der CAN-Controller erhält die Daten vom Mikrocontroller, die gesendet werden sollen. Er wandelt die Daten in eine CAN-spezifische Form gemäß dem Datenprotokoll um und gibt ihn an den CAN-Transceiver weiter.

Genauso erhält er Daten vom Transceiver, bereitet sie auf und gibt sie an den Mikrocontroller weiter.

Transceiver

Der Transceiver ist ein Sender (Transmitter) und Empfänger (Receiver). Er wandelt den seriellen Bitstrom des CAN-Controller in elektrische Spannungswerte um bzw. umgekehrt. Die Anbindung des Transceiver an den CAN-Controller erfolgt über die TX-Leitung (Sendeleitung) oder über die RX-Leitung (Empfangsleitung) .

Sendeseitig verstärkt der Transceiver die relativ schwachen Signale des CAN-Controllers und spielt die Signale in beide Leitungen des CAN-Datenbuses.

Datenbusleitung

Der CAN-Datenbus ist ein Zweidraht-Datenbus aus Kupferdraht. Die beiden Leitungen des Datenbus werden CAN-High- und CAN-Low-Leitung genannt. Die Leitungen werden miteinander verdrillt (Twisted-Pair-Leitung), um Störeinflüsse auf die Datenübertragung zu verhindern.

Auf beiden Leitungen ist die Spannung entgegengesetzt. Ist auf der einen Datenbusleitung eine Spannung von ca. 0 Volt, dann ist auf der anderen Leitung eine Spannung von ca. 5 Volt und umgekehrt. Damit ist die Spannungssumme immer konstant und die elektromagnetischen Einflüsse der beiden Datenbusleitungen heben sich gegenseitig auf.

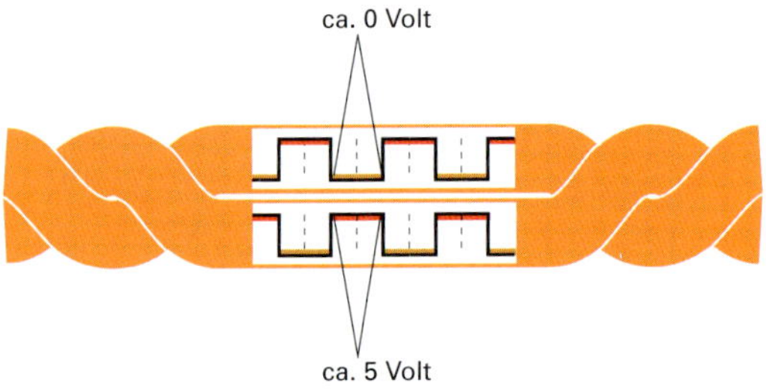

Die Datenbusleitung ist nach außen nahezu neutral.

Abschlusswiderstände

An den Enden der Datenbusleitung zwischen CAN-High und CAN-Low sind Abschlusswiderstände angeschlossen. Durch sie werden Reflexionen verhindert. Die Widerstandswerte betragen 120 Ohm. Zunehmend werden Lastwiderstände verwendet, die auf die Steuergeräte verteilt sind.

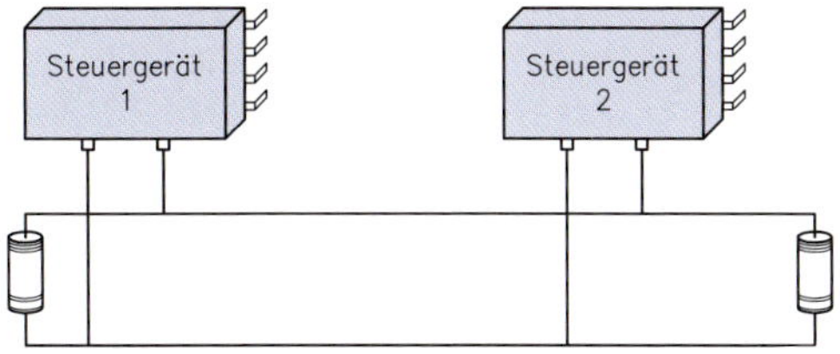

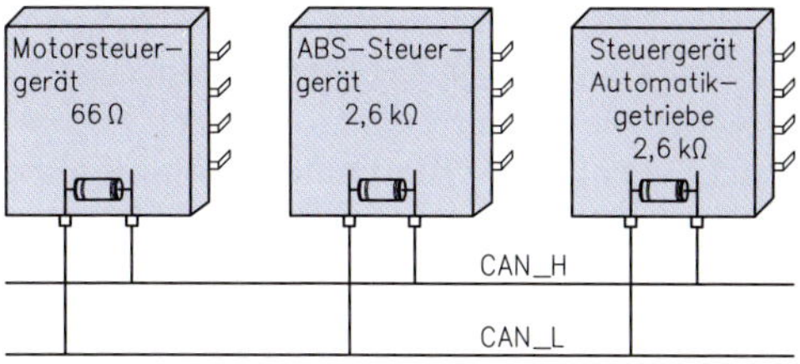

Vernetzung der Steuergeräte

Im Antriebsbereich befinden sich die Knotenpunkte der Datenleitungen meist außerhalb der Steuergeräte im Kabelbaum. Die Knotenpunkte können allerdings auch im Motorsteuergerät angeordnet sein.

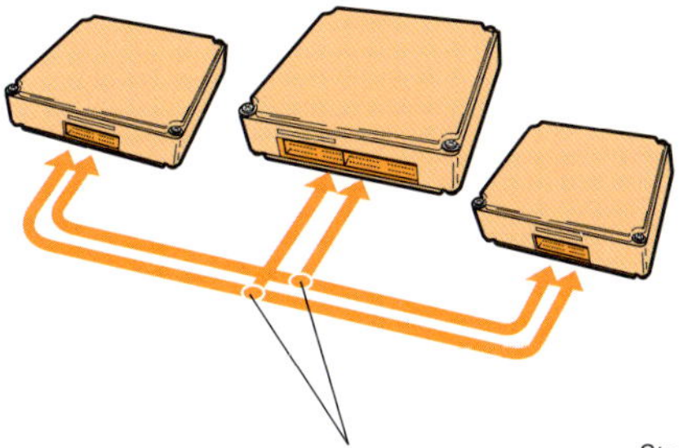

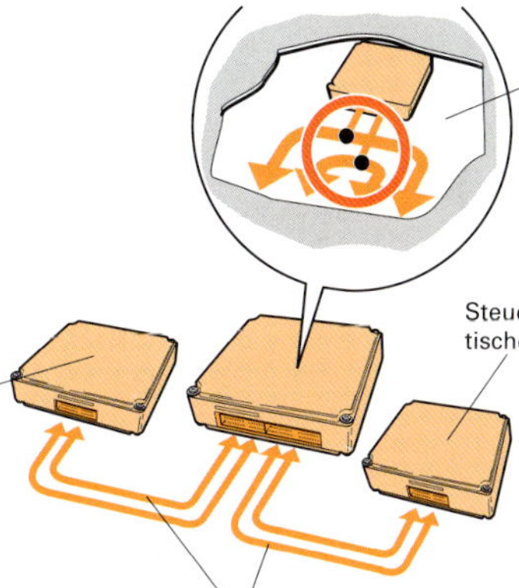

Im Komfortbereich laufen die CAN-Datenbusleitungen sternförmig an einem Punkt zusammen. Damit können bei Ausfall eines Steuergerätes die anderen Steuergeräte weiterhin ihre Datenprotokolle senden.

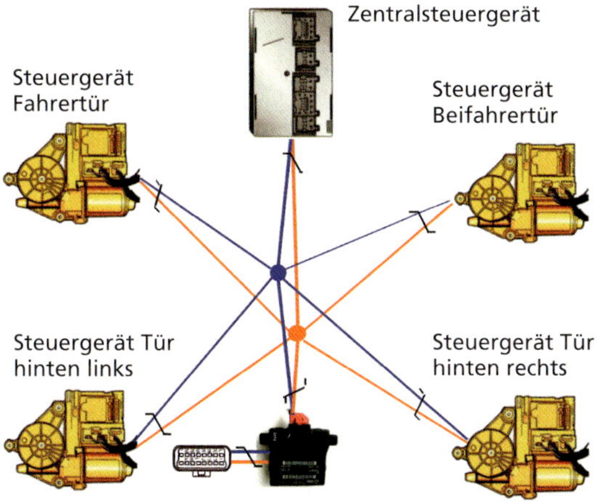

20.2.3 Datenverarbeitung

20.2.3.1 Darstellung von Daten

In Kfz werden die Nutzdaten in sogenannten Botschaften, Nachrichten oder Frames eingebettet. Die Botschaftsübertragung erfolgt durch Spannungsänderung auf den Datenleitungen. Die Pegel wechseln dabei zwischen einem niedrigen Wert (low) und einem hohen Wert (high). Diese beiden Zustände lassen sich in binärer Form darstellen und werden als Bit (binary digit) bezeichnet. Elektrisch lassen sich die Signale mit einem Widerstand und einem Transistor erzeugen. Zur Veranschaulichung werden eine Glühlampe sowie ein Oszilloskop angeschlossen und jeweils die Reaktion beobachtet.

Signalerzeugung

Transistor nicht angesteuert

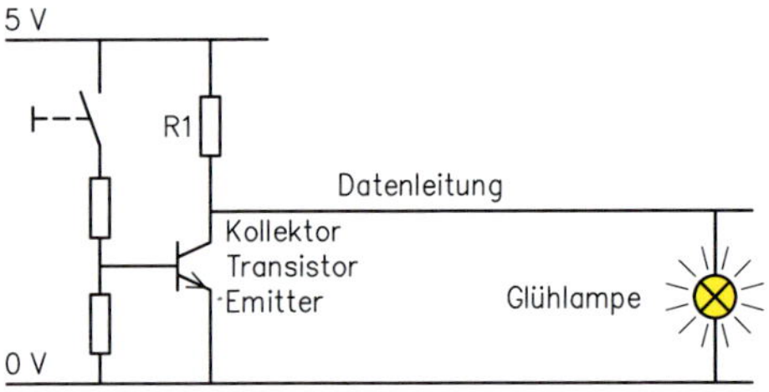

Der Widerstand bildet mit der Glühlampe eine Reihenschaltung. Der Spannungsfall am Widerstand ist auf den Glühlampenwert (z. B. 2,5 Volt) abgestimmt. Die Lampe leuchtet auf. Auf der Datenleitung ergibt sich der binäre Zustand 1.

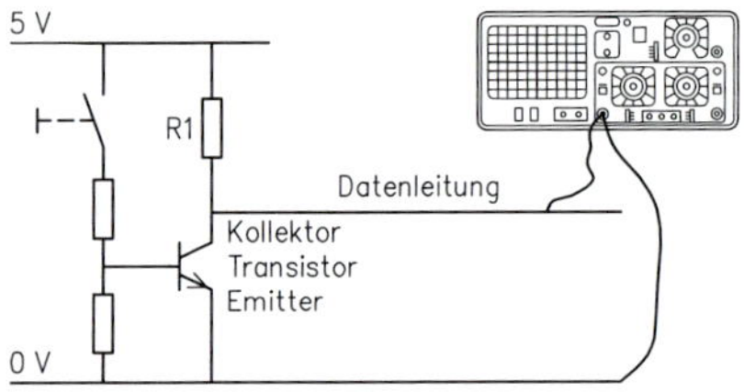

Oszillogramm Zustand 1

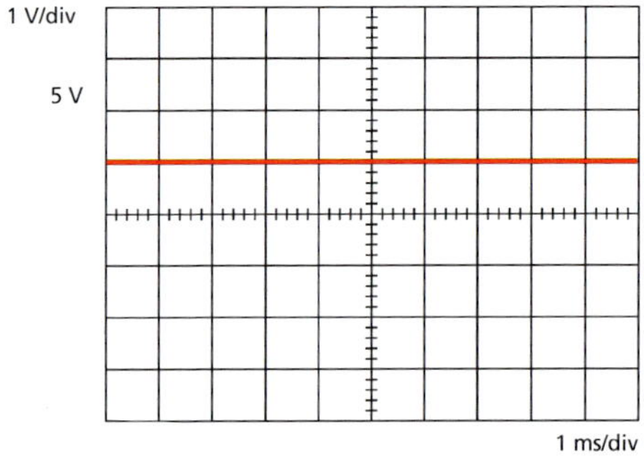

Am Oszilloskop ist ein Spannungswert von 5 V abzulesen. Binär entspricht dies dem Zustand 1.

Transistor angesteuert

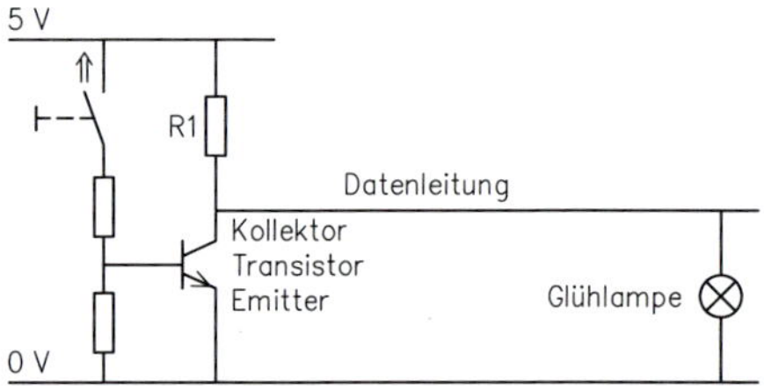

Durch die leitende Kollektor-Emitter-Strecke entsteht ein weiterer Stromkreis. Die Spannung fällt auf der Datenleitung von 2,5 Volt auf ca. 0 Volt. Die Lampe leuchtet nicht. Auf der Datenleitung stellt sich der binäre Zustand 0 ein.

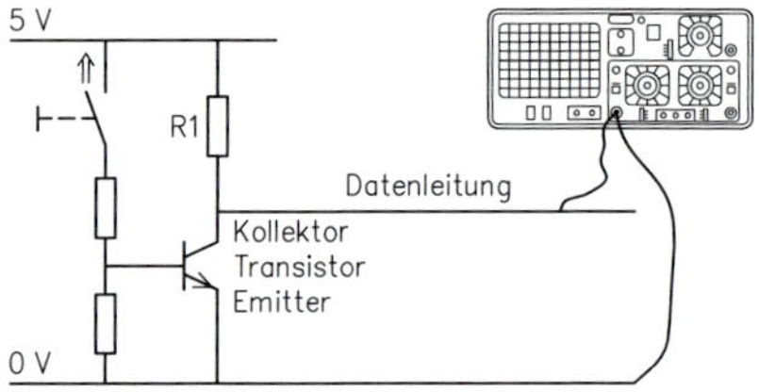

Oszillogramm Zustand 0

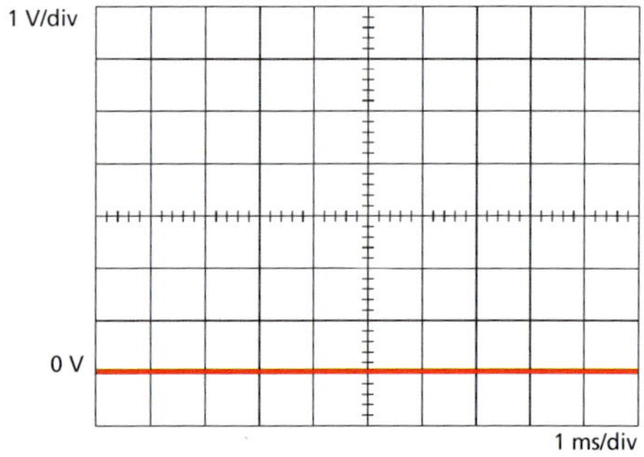

Am Oszilloskop ist ein Spannungswert von 0 V abzulesen. Binär entspricht dies dem Zustand 0.

Erfolgt der Wechsel der Spannungspegel auf der Busleitung im gleichen Takt, lassen sich in gleichen Abschnitten binär codierte Zahlen darstellen. Die Abschnitte werden als Bits bezeichnet.

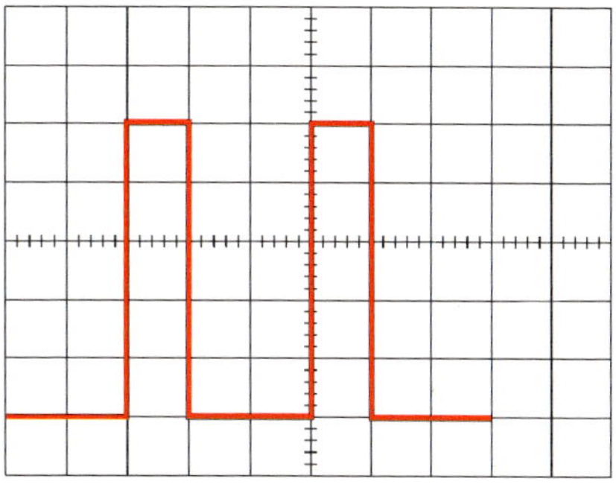

Das Oszillogramm zeigt die Dualzahl 1 001.

1 001 bedeutet:

$\rightarrow 1 \cdot 2^0 = 1$

$\rightarrow 1 \cdot 2^1 = 0$

$\rightarrow 1 \cdot 2^2 = 0$

$\rightarrow 1 \cdot 2^3 = 8$

1 001 = 9

Die Zeit für 1 Bit ist die Taktfrequenz des Systems. Je kürzer die Zeit, desto schneller müssen die Datensender und -empfänger arbeiten, denn um so schneller wird die Information übertragen und die Übertragungsgeschwindigkeit ist höher. Im dargestellten Oszillogramm mit einem Zeitmaßstab 50 µs/div gilt:

$$\frac{1 \text{ bit}}{0{,}000050 \text{ s}} = 20\,000 \text{ bit/s} = 20 \text{ kbit/s}$$

Nach ISO werden die Systeme eingeteilt:

- Low-Speed-Kommunikationsbereich: Bitraten unter 125 kbit/s
- High-Speed-Kommunikationsbereich: Bitraten oberhalb 125 kbit/s

20.2.3.2 Zuordnung der Systemfunktionen

Die folgende Tabelle zeigt, wie eine Temperaturinformation durch aneinander gereihte Bits übertragen werden kann. Je mehr Bits aneinandergereiht werden, um so mehr Informationen können übertragen werden. Mit 3 Bits können bis zu 8 Informationen (2^3) übertragen werden.

Beispiel Variante 1:
Der Transceiver erzeugt wie der Transistor die zwei Zustände eines Bits: 0 und 1

Es gilt hier:

- Transceiver geschlossen, Spannung auf der Datenbusleitung 0 Volt
- Transceiver geöffnet, Spannung auf der Datenbusleitung 5 Volt

Variante	Bit 1	Bit 2	Bit 3	Grafische Darstellung	Temperatur
1	0				10 °C
	5				20 °C
2	0	0			10 °C
	0	5			20 °C
	5	0			30 °C
	5	5			40 °C
3	0	0	0		10 °C
	0	0	5		20 °C
	0	5	0		30 °C
	5	0	0		40 °C
	0	5	5		50 °C
	5	0	5		60 °C
	5	5	0		70 °C
	5	5	5		80 °C

Angaben in Volt

20.2.3.3 Datenprotokoll (Standardformat)

In das Datenprotokoll sind Nutzdaten in sogenannten Botschaften eingebettet. Das Datenprotokoll besteht aus einer Anzahl aneinander gereihter Bits, die sieben Feldern zuzuordnen sind.

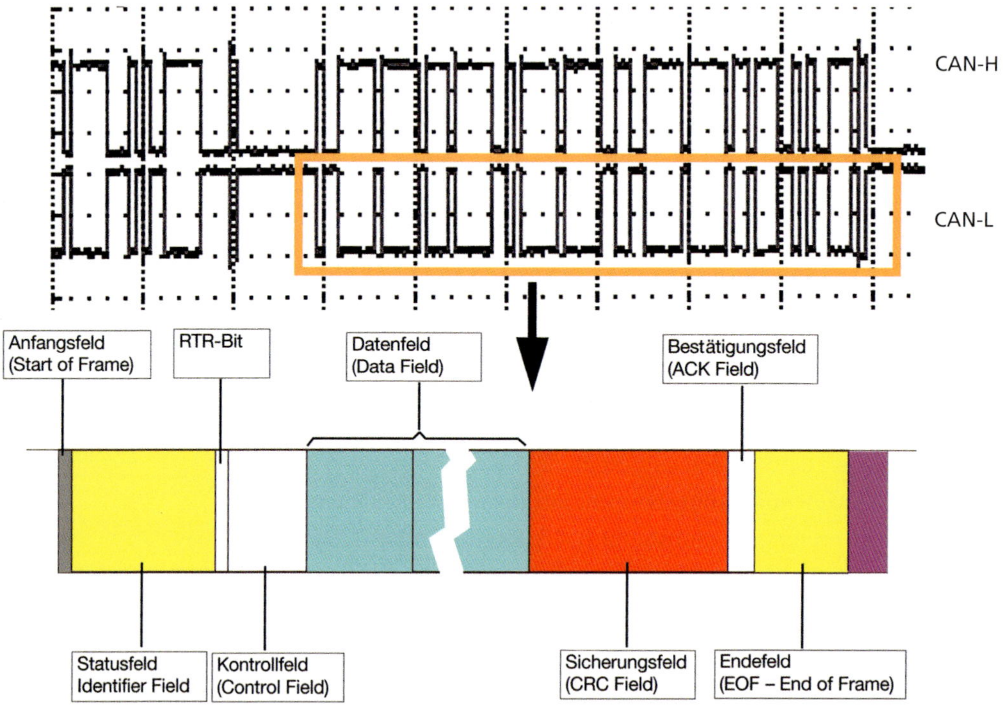

Das Datenprotokoll besteht aus 7 Bereichen:

- **Anfangsbereich (SOF 1 Bits)**
  Es markiert den Beginn des Datenprotokolls.
- **Statusfeld (Identifier Field ID mit 11 Bits)**
  Es dient der Identifizierung der Botschaft. In ihm ist die Priorität des Datenprotokolls festgelegt. An das Statusfeld schließt ein RTR-Bit (1 Bit) an, das ein Datenprotokoll zur Datenübertragung oder zur Anforderung von Daten kennzeichnet.
- **Kontrollfeld (CF 6 Bits)**
  Es enthält die Anzahl der im Datenfeld stehenden Informationen. Jeder Empfänger kann damit überprüfen, ob er alle Informationen empfangen hat.
- **Datenfeld (8 x 8 Bits)**
  Es enthält den Inhalt der Botschaft, d. h. die Informationen für die anderen Steuergeräte.
- **Sicherungsfeld (CRC-Field mit 16 Bits)**
  Der Empfänger einer Botschaft kann die Daten auf Korrektheit prüfen und Übertragungsstörungen erkennen.
- **Bestätigungsfeld (ACK (Acknowledgement) – Field mit 2 Bits)**
  In diesem Feld signalisieren die Empfänger dem Sender, dass sie das Datenprotokoll korrekt empfangen haben. Fehler teilen sie dem Sender mit, der die Übertragung wiederholt.
- **Endefeld (EOF (End of Frame) – Field mit 7 Bits)**
  Mit diesem Feld endet das Datenprotokoll.

Der CAN-Controller wandelt die Botschaft des Mikrocontrollers in eine CAN-spezifische Form entsprechend dem Datenprotokoll um.

Damit beim CAN die Busteilnehmer beim Auswerten größerer Bitfolgen mit gleicher Wertigkeit nicht aus dem Takt kommen, wird beim Senden einer Botschaft nach fünf gleichen Bits automatisch ein Bit mit entgegengesetztem Pegel eingefügt. Man bezeichnet dieses Verfahren als Bit-Stuffing. Das zusätzlich eingefügte Bit, das nicht zum Inhalt der Botschaft gehört, wird vom Empfänger wieder aus dem Bitstrom herausgefiltert.

20.2.3.4 Analyse einer CAN-Botschaft

Das Auslesen der Botschaften aus dem Oszillogramm ist nur bei Oszilloskopen sinnvoll, die eine Triggerung auf den Identifier zulassen. Zum besseren Verständnis der Botschaft wird die Analyse durchgeführt, um auch Einblicke in die funktionsbezogenen Biteinträge in den Datenbytes der Botschaften zu gewinnen.

Die „Übersetzung" der Busprotokolle mit der binären Schreibweise ist sehr umständlich. Das Dualsystem hat einen Zeichenvorrat 0 und 1 mit der Basis 2.

Die Dualzahl 11100 entspricht der Dezimalzahl 28.

$$\begin{pmatrix} \mathbf{1} \cdot 2^4 + \mathbf{1} \cdot 2^3 + \mathbf{1} \cdot 2^2 + \mathbf{0} \cdot 2^1 + \mathbf{0} \cdot 2^0 \\ 16 \quad + \quad 8 \quad + \quad 4 \quad + \quad 0 \quad + \quad 0 \quad = 28 \end{pmatrix}$$

Zur Vereinfachung arbeitet man mit dem Hexadezimalsystem. Im Hexadezimalsystem stehen insgesamt 16 Zeichen zur Verfügung. Basis ist die 16. Da das Dezimalsystem nach dem 10. Zeichen (0 bis 9) zweistellig ist, verwendet man für die restlichen sechs Zeichen die Buchstaben A bis F (siehe Tabelle):

Die Hexadezimalzahl 1C entspricht der Dezimalzahl 28

$(1 \cdot 16^1 + C \cdot 16^0 = 1 \cdot 16^1 + 12 \cdot 16^0 = 16 + 12 = 28)$

Im Oszillogramm fasst man zur Vereinfachung immer 4 Bits zu einer Ziffer zusammen. Die Zusammenfassung der Bits in Vierergruppen erfolgt immer von rechts.

Beispiel Identifier (s. folgende Seite): Bei der Umwandlung des Identifiers stehen für die dritte Gruppe nur drei Bits zur Verfügung.

Bitmuster	Hexadezimalzahl
1000	8
0001	1
X110	6

Anhand der Tabelle kann eine hexadezimale Zahl in eine Dualzahl oder umgekehrt umgewandelt werden.

Dezimal-system	Dualsystem				Hexa-dezimal-system
0	0	0	0	0	0
1	0	0	0	1	1
2	0	0	1	0	2
3	0	0	1	1	3
4	0	1	0	0	4
5	0	1	0	1	5
6	0	1	1	0	6
7	0	1	1	1	7
8	1	0	0	0	8
9	1	0	0	1	9
10	1	0	1	0	A
11	1	0	1	1	B
12	1	1	0	0	C
13	1	1	0	1	D
14	1	1	1	0	E
15	1	1	1	1	F

16	1	0	0	0	0	10
17	1	0	0	0	1	11
18	1	0	0	1	0	12
19	1	0	0	1	1	13
20	1	0	1	0	0	14
21	1	0	1	0	1	15
22	1	0	1	1	0	16
23	1	0	1	1	1	17
24	1	1	0	0	0	18
25	1	1	0	0	1	19
26	1	1	0	1	0	1A
27	1	1	0	1	1	1B
28	1	1	1	0	0	1C
29	1	1	1	0	1	1D
30	1	1	1	1	0	1E
usw.						

Zur Unterscheidung von anderen Zahlensystemen erhalten Hexadezimalzahlen den Index 16 oder h oder H:

$1FE_{16}$ bzw. $1FE_h$ bzw. $1FE_H$ bzw. $1FE_h$ bedeutet: $1 \cdot 16^2 + 15 \cdot 16^1 + 14 \cdot 16^0 = 256 + 240 + 16 = 512$

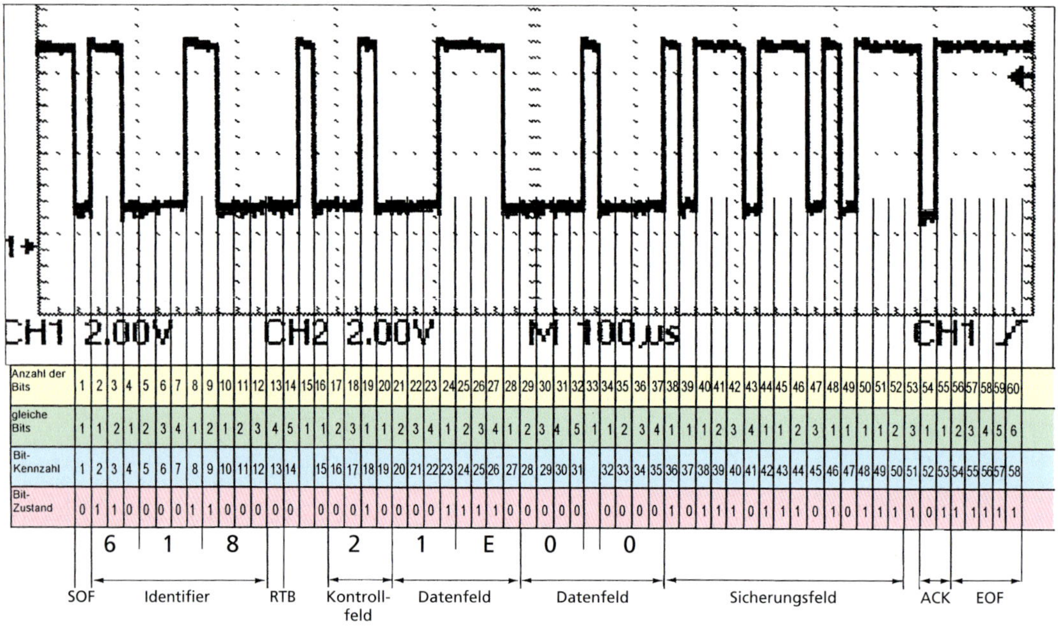

1. Zeile: Anzahl der Bits; 2. Zeile: Zahl der gleichen Bits: 3. Zeile: Anzahl der Bits ohne Stuff-Bits; 4. Zeile: Bitzustand, 5. Zeile: Codierung des Bitmusters in das hexadezimale Format.

20.2.4 Ablauf der Datenübertragung

Die Bereitstellung von Daten auf den Datenleitungen des Busses kann synchron oder asynchron erfolgen. Bei der synchronen Übertragung werden die Daten in festen Zeitabständen übertragen. In bestimmten Zeiten wird eine Botschaft übermittelt, z. B. Motordrehzahl. Bei der asynchronen Datenübertragung erfolgt die Bereitstellung der Botschaften nach einem Auswahlverfahren. Die zeitliche Abfolge der Informationen ist deshalb nicht genau festzulegen.

Beim CAN-Datenbus wird das synchrone Übertragungsverfahren verwendet. Da die Zeiten für die Botschaftsbereitstellung nicht genau festgelegt sind, ist das Verfahren für sicherheitsrelevante Systeme nicht einsetzbar.

20.2.4.1 Sendevorgang

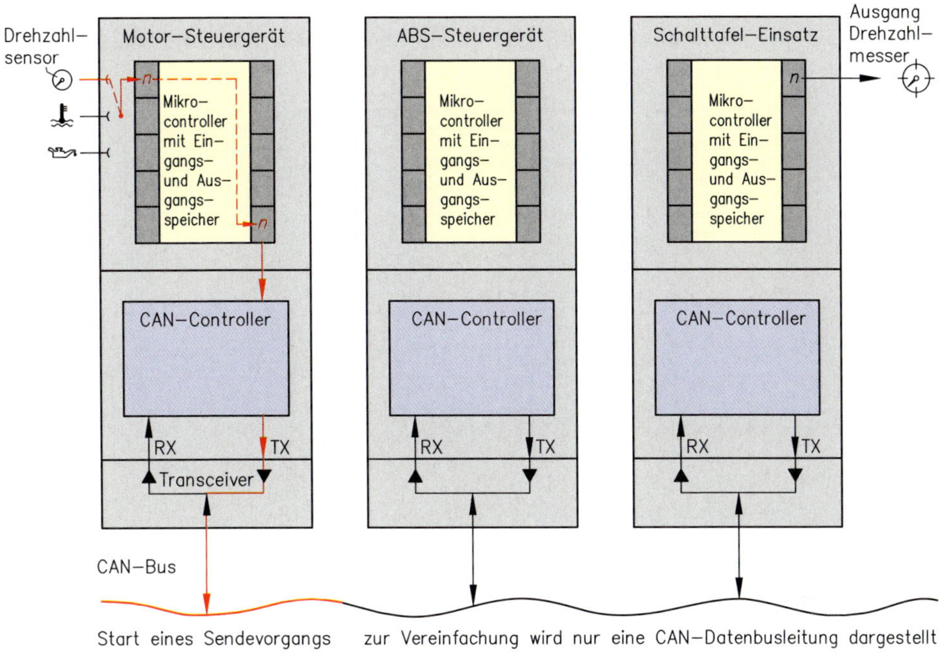

- **Betriebsdatenerfassung durch Sensoren, Betriebsdatenverarbeitung im Microcontroller, Ansteuerung der Aktoren**
  Das Motorsteuergerät erfasst regelmäßig z. B. die Motordrehzahl durch den Drehzahlsensor und legt die Daten im Eingangsspeicher des Mikrocontrollers ab. Der Mikrocontroller verarbeitet die Drehzahlinformation und die Daten des Luftmassenmessers und bestimmt aus dem gespeicherten Einspritzkennfeld die Ansteuerzeit für das Einspritzventil. Das Ergebnis der Verknüpfung wird im Ausgangsspeicher abgelegt und gelangt von dort zu den entsprechenden Aktoren, in unserem Fall das Einspritzventil.

- **Übertragen der Nachricht in den CAN-Controller**
  Da der momentane Drehzahlwert auch von anderen Steuergeräten, z. B. vom Schalttafeleinsatz, benötigt wird, soll er auf den CAN-Bus übertragen werden. Der Drehzahlwert wird daher in den Sendespeicher des Motor-Steuergeräts kopiert und von hier über eine parallele Schnittstelle auf den CAN-Controller übertragen.

- **CAN-Controller verarbeitet Nachricht in CAN-Format**
  Der CAN-Controller beginnt mit der Aufarbeitung der Nachricht in das CAN-Format und fügt die erforderlichen Bitfelder hinzu (ID-Field, RTB-Bit, CF-, CRC-, ACK-Field).

- **Abfrage, ob Busleitung frei ist**
  Danach überprüft der Controller über den RX-Anschluss, ob der Bus aktiv ist. Ist dies der Fall, wartet er mit dem Senden so lange, bis das EOF- und IFS-Field das Ende der Nachricht signalisieren. Ist der Bus frei, wird die Motorbotschaft gesendet. Für das Senden erfolgt die Umwandlung der aus Binärwerten bestehenden CAN-Botschaft in einen seriellen Bitstrom. Der Bitstrom wird über die TX-Leitung (Sendeleitung) auf den Transceiver gelegt.

- **Umwandeln des Bitstromes in Spannungswerte, Übertragen auf die Busleitung**
  Der Transceiver wandelt den Bitstrom in geeignete Spannungswerte um, die zeitlich nacheinander auf die Busleitung übertragen werden.

20.2.4.2 Empfangsvorgang

Alle angeschlossenen Stationen erhalten die vom Motorsteuergerät gesendete Botschaft. Sie gelangt über die RX-Leitung in den jeweiligen Empfangsbereich des CAN-Controllers.

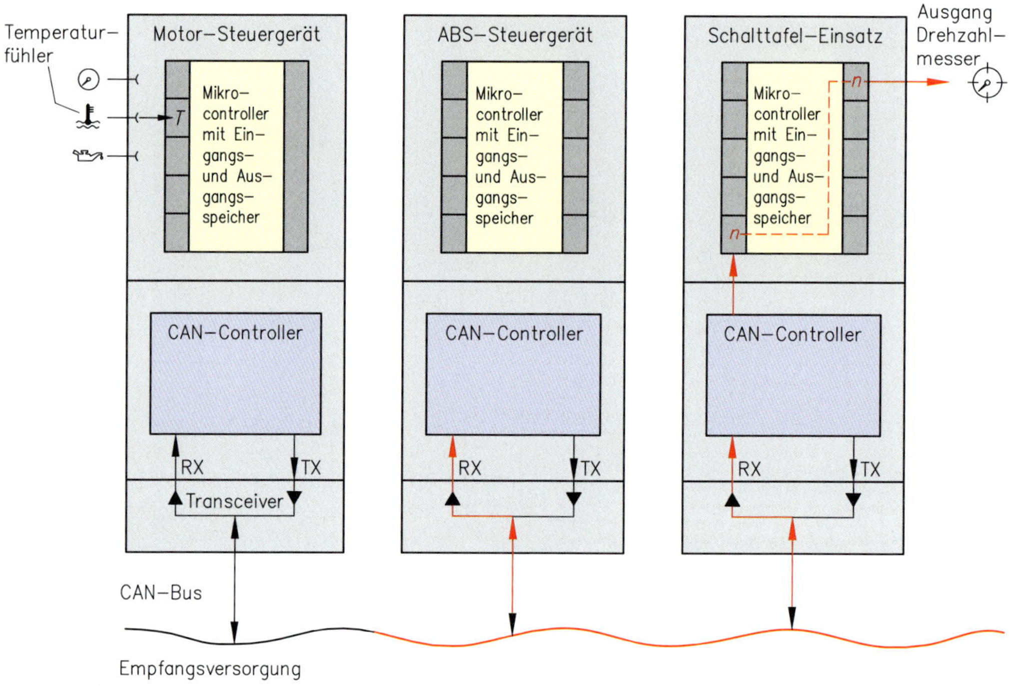

Der Empfangsvorgang erfolgt in folgenden Schritten:

- **Überprüfung der Botschaft auf Fehlerfreiheit**
  Die Steuergeräte können in der Überwachungsebene über die sogenannte CRC-Prüfsumme Übertragungsfehler feststellen. Beim Senden jeder Botschaft wird eine 16-Bit-Prüfsumme über alle Bits gebildet und übertragen. Die Empfänger berechnen die Prüfsumme aus allen empfangenen Bits und vergleichen die empfangene Prüfsumme mit der berechneten Prüfsumme.

- **Bestätigung der Fehlerfreiheit (Acknowledge) an den Sender**
  Stimmen die Prüfsummen überein, antworten alle Stationen dem Sender mit einer Bestätigung, dass sie das Datenprotokoll korrekt empfangen haben. Ist dies nicht der Fall, wiederholt der Sender seine Übertragung.

- **Überprüfen der Botschaft auf Brauchbarkeit**
  In den sogenannten Akzeptanzebenen der CAN-Controller wird entschieden, ob die Botschaft für die Funktion des Steuergeräts benötigt wird. Im ABS-Steuergerät wird sie nicht benötigt und daher verworfen.
  Der Schalttafeleinsatz braucht die Motordrehzahl für den Drehzahlmesser. Der Drehzahlwert wird daher in den Eingangsspeicher des Mikrocontrollers kopiert.

- **Verarbeitung im Microcontroller und Ansteuerung des Aktors**
  Im Schalttafeleinsatz gelangt die Drehzahl nach einer Verarbeitung im Mikrocontroller an den Aktor und schließlich auf den Drehzahlmesser.

20.2.4.3 Arbitrierung (CAN-Datenbus-Zuteilung)

Wenn mehrere Steuergeräte gleichzeitig ihr Datenprofil senden wollen, muss entschieden werden, wer zuerst an der Reihe ist. Jedem Datenprotokoll sind entsprechend seiner Priorität im Statusfeld 11 Bits zugeordnet. Jedes Bit hat einen Wert, der einer bestimmten Wertigkeit entspricht.

Bit mit	Wert	Wertigkeit
0 Volt	0	höherwertig
5 Volt	1	niederwertig

Mit der Anzahl der führenden Nullen im Statusfeld wird die Wertigkeit der Botschaften geregelt. Je kleiner die Nummer im Statusfeld (meiste führende Nullen), desto wichtiger ist die Botschaft.

Aus der Darstellung wird deutlich, dass bei gleichzeitigen Sendeversuchen mehrerer Steuergeräte der Lenkwinkelsensor höchste Priorität hat. Seine Botschaft wird zuerst gesendet. Die Vorgehensweise nennt man Arbitrierung.

Datenprotokoll	Statusfeld
Motor	010_1000_0000
Bremse	010_1010_0000
Kombi-Instrument	011_0010_0000
Lenkwinkel	000_1100_0000
Getriebe	100_0100_0000

20.2.5 Signalverlauf auf den CAN-Bus-Leitungen

20.2.5.1 Rezessiver und dominanter Zustand

Sind mehrere Transceiver am Bus angeordnet, kommt es bei gleichzeitigem Senden zu Überlagerungen.

- Ist keiner der drei Sender aktiv, sind die Transistoren nicht angesteuert. Es fließt kein Strom. Am Widerstand fällt keine Spannung an. Auf der Busleitung stellt sich eine Spannung von 5 Volt ein. Der Bus-Pegel ist 1. Es gilt: Bei nicht durchgeschalteten Transistor entsteht auf dem Bus ein rezessives Bit.
- Ist ein Transistor angesteuert, fließt über die Widerstände ein Strom. Auf der Busleitung stellt sich eine Spannung von 0 Volt ein. Der Bus-Pegel ist 0. Es gilt: Beim Durchschalten des Transistors entsteht auf der Datenleitung ein dominantes Bit.

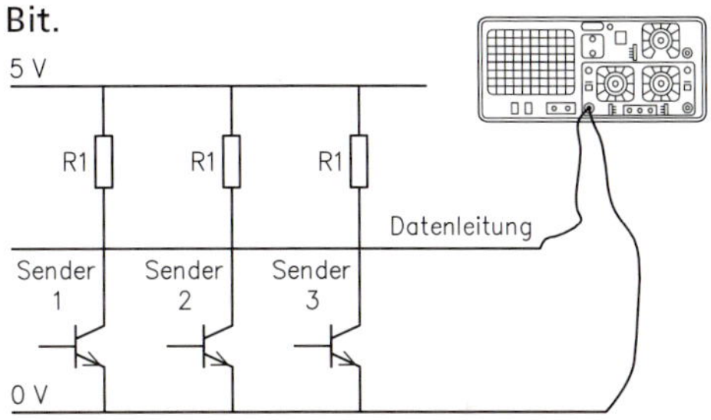

Am Beispiel – 3 Transceiver an der Busleitung – können sich die in der Tabelle dargestellten Zustände ergeben. Es gilt: Transistor sperrt bedeutet Zustand 1, Transistor durchgeschaltet bedeutet Zustand 0.
Aufgrund der Tabelle ergibt sich:

- Der Zustand 1 (high) kann sofort von irgendeiner aktiven Station mit dem Zustand 0 (low) überschrieben werden.

Transceiver/Sender			Pegel Busleitung
1	2	3	
1	1	1	1 (5 Volt)
1	1	0	0 (0 Volt)
1	0	1	0
1	0	0	0
0	1	1	0
0	1	0	0
0	0	1	0
0	0	0	0

Der Zusammenhang ist bei der Signalisierung von Übertragungsstörungen und zur Kollisionserkennung von Bedeutung.
Auf der Zweidrahtleitung erfolgen die Spannungsänderungen zwischen dominanten und rezessiven Zustand.
Beim CAN-Bus-Antrieb (s. Abb. unten) liegen beide Leitungen auf dem voreingestellten Wert von etwa 2,5 Volt, dem Ruhepegel. Der Ruhepegel wird auch als rezessiver Zustand bezeichnet, der von jedem angeschlossenen Steuergerät geändert werden kann. Im dominanten Zustand steigt die Spannung auf der CAN-High-Leitung um den voreingestellten Wert von 1 Volt, während die Spannung auf der CAN-Low-Leitung um den gleichen Wert sinkt.

Signalverlauf auf dem CAN-Datenbus-Antrieb:

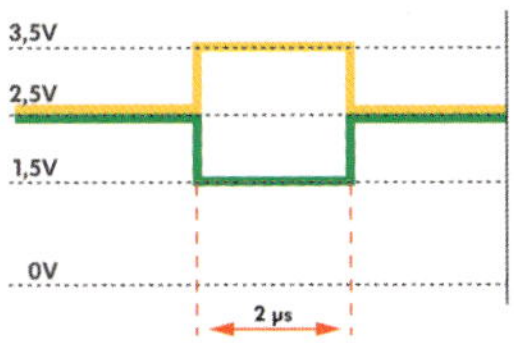

Im **dominanten** Zustand geht die **CAN-High-Leitung** auf ca. **3,5V**

Im **rezessiven** Zustand liegt **beide Leitungen** bei ca. **2,5V** (Ruhepegel)

Im **dominanten** Zustand fällt die **CAN-Low-Leitung** auf ca. **1,5V**

Im CAN-Datenbus Komfort/Infotainment besteht keine gemeinsame Mittelspannung. Das CAN-High-Signal liegt im rezessiven Zustand (Ruhepegel) auf 0 Volt, im dominanten Zustand bei ca. 3,6 Volt. Das CAN-Low-Signal liegt im rezessiven Zustand bei 5 Volt, im dominanten Zustand bei etwa 1,4 Volt.

Signalverlauf des CAN-Datenbus Komfort/Infotainment

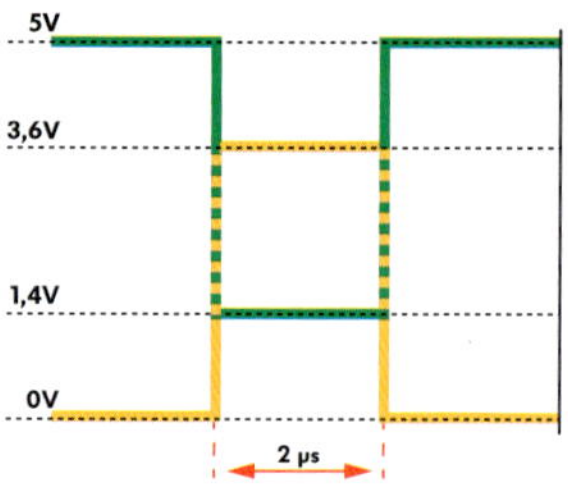

Im **dominanten** Zustand fällt die **CAN-Low-Leitung** auf ca. **1,4V** ab.

Im **rezessiven** Zustand liegt die **CAN-High-Leitung** auf ca. **0V**, die **CAN-Low-Leitung** auf ca. **5V**.

Im **dominanten** Zustand geht die **CAN-High-Leitung** auf ca. **3,6V**.

20.2.5.2 Differenzielle Datenübertragung

Zur Erreichung einer hohen Übertragungsgeschwindigkeit werden in den CAN-Datenbussystemen zwei verdrillte Leitungen (Twisted Pair) mit differenzieller Datenübertragung eingesetzt. Die Datenbusleitungen werden mit CAN-High und CAN-Low bezeichnet. Der Empfänger im Transceiver besitzt einen Differenzverstärker. Der Differenzverstärker wertet die eintreffenden Signale von CAN-High und CAN-Low aus. Er bestimmt die Ausgangsspannung, indem er die Spannung auf der CAN-Leitung von der Spannung der CAN-High-Leitung abzieht.

Differenzspannung = $U_{\text{CAN-High}} - U_{\text{CAN-Low}}$

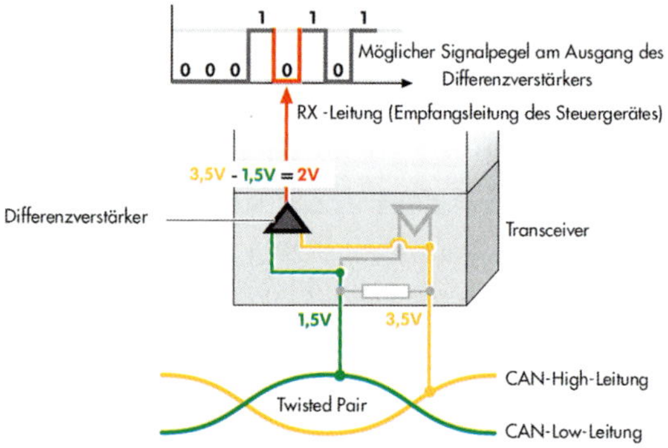

20.2.5.3 Signalumwandlung im Differenzverstärker des CAN-Datenbus-Antrieb

Die Übertragungsgeschwindigkeit beträgt 500 kbit/s
Notlauf ist nicht möglich, weil beide Leitungen durch Abschlusswiderstände verbunden sind und die Sendetransistoren im Transceiver auf eine gemeinsame Mittelspannung zugreifen.

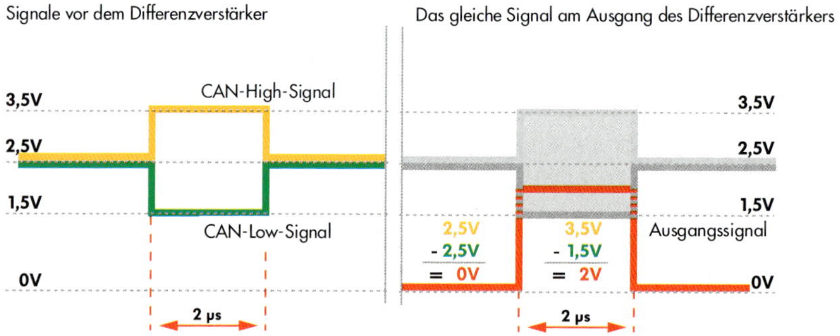

CAN-High-Leitung	CAN-Low-Leitung
Rezessiver Zustand: 2,5 Volt Dominanter Zustand: 2,5 Volt + 1 Volt = 3,5 Volt	Rezessiver Zustand: 2,5 Volt Dominanter Zustand: 2,5 Volt – 1 Volt = 1,5 Volt
Spannungsdifferenz	
Rezessiver Zustand: 0 Volt Dominanter Zustand: 3,5 Volt – 1,5 Volt = 2 Volt Spannungsdifferenz: 2 Volt	

20.2.5.4 Ausfilterung von Störungen im Differenzverstärker am Beispiel des CAN-Datenbus-Antrieb

Mechanische Erschütterungen können an den Datenbus-Leitungen durch defekte Isolierungen, Kabelbrüche, Kontaktfehler in den Steckern zu Kurzschlüssen gegen Masse und Batteriespannung, Unterbrechungen, Überschläge aus der Zündanlage und statische Entladungen bei der Wartung führen. Diese Störungen werden durch die differenzielle Übertragungstechnik weitgehend ausgeschlossen. Auch Bordnetzschwankungen wirken sich nicht auf die Datenübertragung aus.

Durch die miteinander verdrillten Leitungen wirkt sich ein Störimpuls auf beide Leitungen gleichmäßig aus. Bei der Auswertung im Differenzverstärker fällt der Störimpuls heraus und erscheint nicht im Differenzsignal:

$$(3{,}5\text{ Volt} - X) - (1{,}5\text{ Volt} - X) = 2\text{ Volt}$$

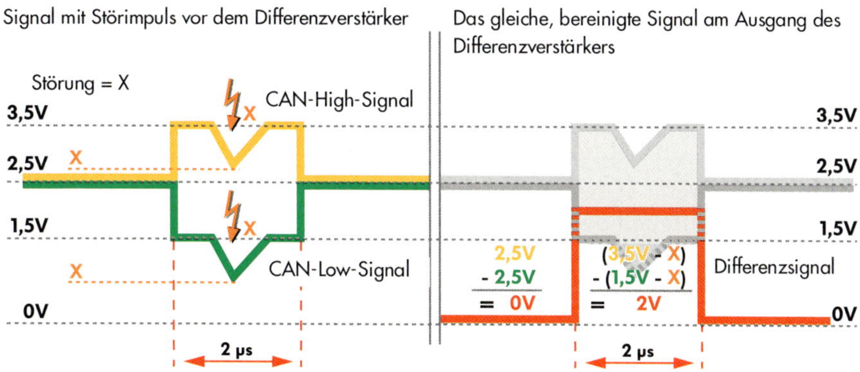

20.2.5.5 Signalumwandlung im Differenzverstärker des CAN-Datenbus-Komfort/Infotainment

Die Übertragungsgeschwindigkeit beträgt 100 kbit/s.
Beim CAN-Datenbus-Komfort besteht keine gemeinsame Mittelspannung. Im Gegensatz zum CAN-Datenbus-Antrieb sind beim CAN-Datenbus-Komfort/Infotainment die CAN-H- und die CAN-L-Leitung nicht durch Widerstände miteinander verbunden.
Jede Leitung hat ihren eigenen Leistungsverstärker. Eine Fehlerlogik überwacht den Datenverkehr auf beiden Leitungen. Wird ein Fehler erkannt, z. B. Unterbrechung einer Datenleitung, wird zur Auswertung nur die jeweils intakte Leitung verwendet. Der CAN-Datenbus-Komfort/Infotainment ist eindrahtfähig.
Im Normalbetrieb wird die differenzielle Datenübertragung eingesetzt. Störungen werden ausgefiltert wie beim CAN-Datenbus-Antrieb.

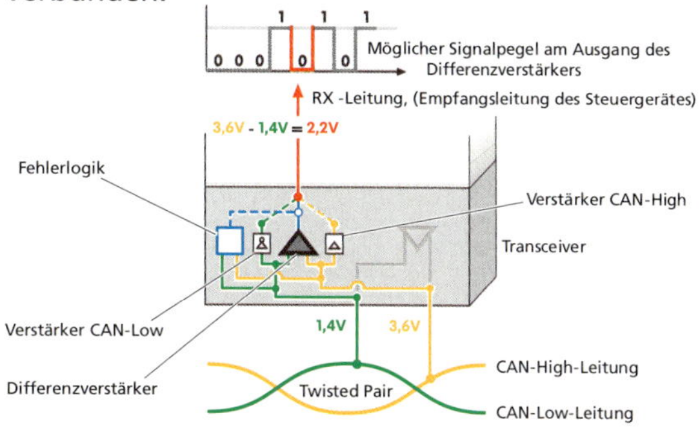

CAN-High-Leitung	CAN-Low-Leitung
Rezessiver Zustand: 0 Volt Dominanter Zustand: 3,6 Volt	Rezessiver Zustand: 5 Volt Dominanter Zustand: 1,4 Volt
Spannungsdifferenz	
Rezessiver Zustand: 0 Volt – 5 Volt = – 5 Volt Dominanter Zustand: 3,6 Volt – 1,4 Volt = 2,2 Volt Spannungsdifferenz: 7,2 Volt	

Beispiel einer Differenzbildung auf dem CAN-Datenbus-Komfort

a) U_{diff} = 0 Volt – 5 Volt = – 5 Volt; b) U_{diff} = 4 Volt – 1 Volt = 3 Volt

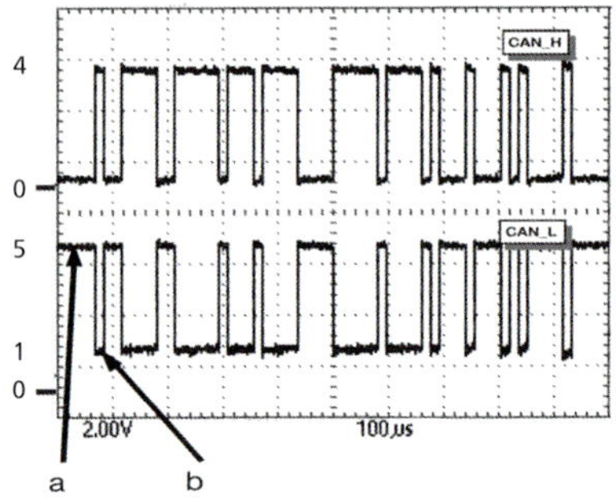

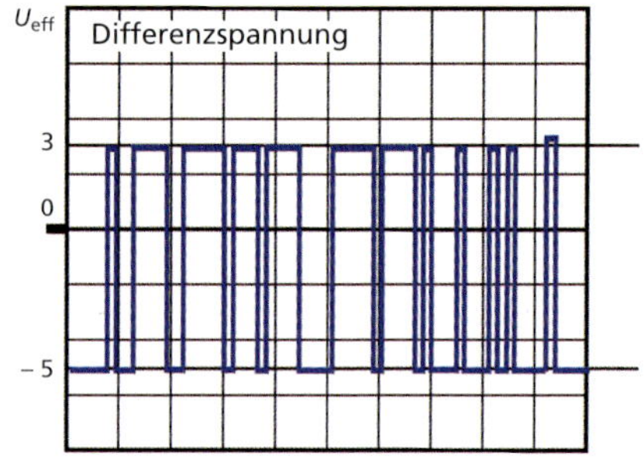

20.2.6 Vernetzung der Systeme über das Gateway

Merkmal der Vernetzung ist die Mehrfachnutzung der Daten. So benötigt die Klimaanlage Daten über die Außentemperatur vom Steuergerät mit Anzeigeeinheit im Schalttafeleinsatz und Informationen über Kühlmitteltemperatur und Motordrehzahl vom Motorsteuergerät. Beide Steuergeräte sind in den CAN-Datenbus-Antrieb integriert, während die Klimaanlage dem CAN-Datenbus-Komfort angeschlossen ist. Eine direkte Kommunikation zwischen CAN-Datenbus-Antrieb und CAN-Datenbus-Komfort ist aufgrund der unterschiedlichen Übertragungsgeschwindigkeiten nicht möglich.

Zwischen beiden Systemen übernimmt ein Gateway die Umsetzung. Seine Aufgabe ist es, die von einem Bussystem ankommenden Daten zu übersetzen und diese Daten an das jeweilige andere Bussystem weiterzugeben. Das Steuergerät für die Klimaanlage ist nun in der Lage, die Botschaften des CAN-Bus-Antrieb zu lesen und für die Regelung der Klimaanlage zu nutzen.

Da dem Gateway alle Informationen über beide Bussysteme zur Verfügung stehen, wird es auch als Diagnoseschnittstelle genutzt.

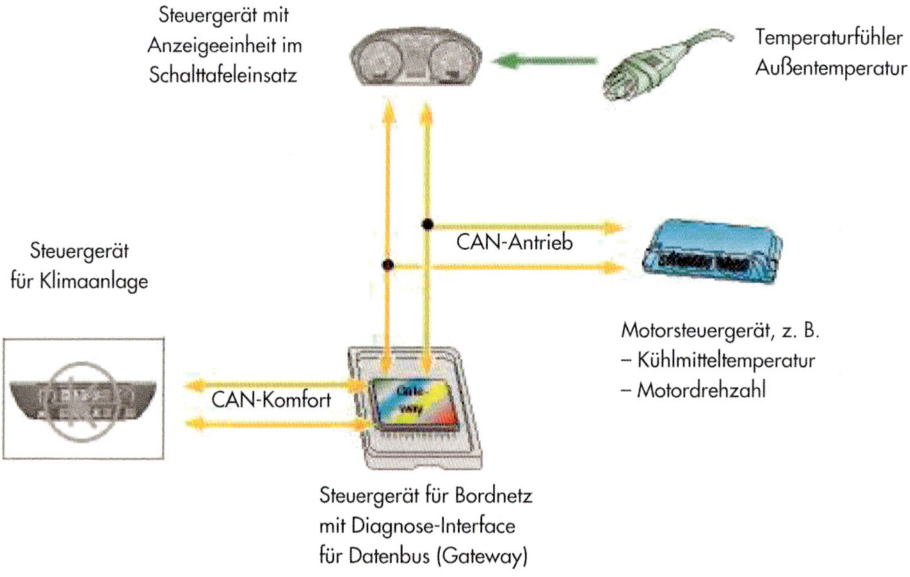

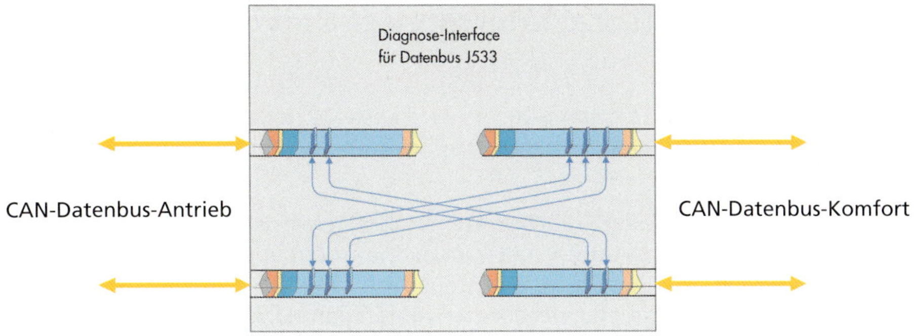

20.2.7 Sleep- und Wake-up-Modus

Im Gegensatz zum CAN-Antrieb, der nach Wegschalten der Klemme 15 nach kurzer Nachlaufzeit abschaltet, bleiben der Komfort- und Infotainmentbus in Bereitschaft bzw. weckfähig. Dies ist möglich, weil alle Steuergeräte weiterhin über Klemme 30 mit Batteriespannung versorgt werden. Es besteht die Gefahr, dass bei längerer Standzeit die Batterie entladen ist.

Die Funktionen, die das Einleiten des Sleep- und des Wake-up-Modus ermöglichen, übernimmt ein eigenes Netzwerkmanagement, das mithilfe von Softwarefunktionen in jedem Steuergerät des CAN-Komfort und CAN-Infotainment implementiert ist.

Wenn alle Steuergeräte des CAN-Datenbus-Komfort und -Infotainment ihre Schlafbereitschaft gemeldet haben, gibt ein Steuergerät ein Signal zum Schlafen. Die Pegelspannung des Low-Signals beträgt 12 Volt, die des High-Signals 0 Volt. Durch den Sleep-Modus ist es möglich, den Ruhestrombedarf der in Bereitschaft gehaltenen Systeme so weit abzusenken, dass ein Fahrzeug auch nach längerer Standzeit zu öffnen und zu starten ist.

Beim CAN-Datenbus-Komfort setzt der Schlafzustand nach Ausschalten der Zündung und bei folgenden Bedingungen ein:

- Warnlichtanlage aus
- Funktionserhalt abgelaufen
- Keine Diagnoseübertragung
- Außenbeleuchtung aus

Die Einleitung des Wake-up-Modus erfolgt als Reaktion auf Sensorsignale und CAN-Botschaften. Das Aufwachen erfolgt beim CAN-Datenbus-Antrieb immer nach Einschalten der Zündung. Beim CAN-Datenbus-Komfort erfolgt das Aufwachen nach folgenden Aktionen:

- Einschalten der Zündung
- Warnlichtanlage aktiv
- Zustandsänderung der Türen, Heckklappe, Motorhaube, Zündschloss
- Außenbeleuchtung an

Oszillogramm des Wecksignals

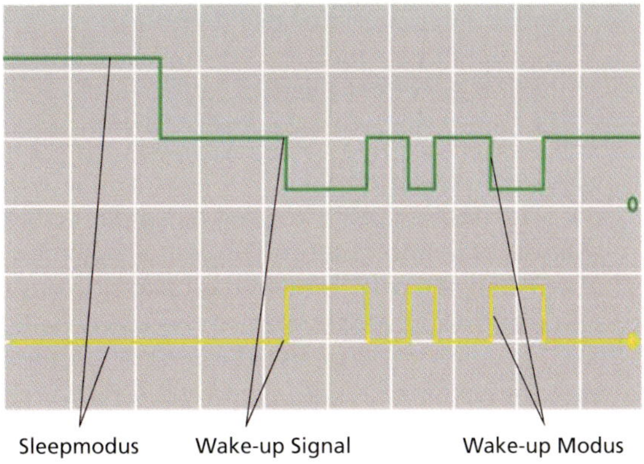

20.3 LIN-Datenbus (Local Interconnect Network)

20.3.1 Grundsystem

Das LIN-Datenbussystem ist ein Eindraht-Bus. Es wird auch als „lokales Subsystem" bezeichnet, da sich alle Steuergeräte innerhalb eines bestimmten begrenzten Bereichs des Fahrzeugs befinden, z. B. Frischluftgebläse, Schiebedach.

Das LIN-Datenbussystem verbindet Steuergeräte mit ihren elektrischen Komponenten. Zu diesen Komponenten gehören Steuergeräte, Schalter, aktive Sensoren und Aktoren (Funktionselemente mit eigener Stromversorgung, Auswerte- und Steuerelektronik). In einem Fahrzeug können mehrere LIN-Datenbussysteme eingesetzt werden. Sie führen dann unterschiedliche Funktionen aus.

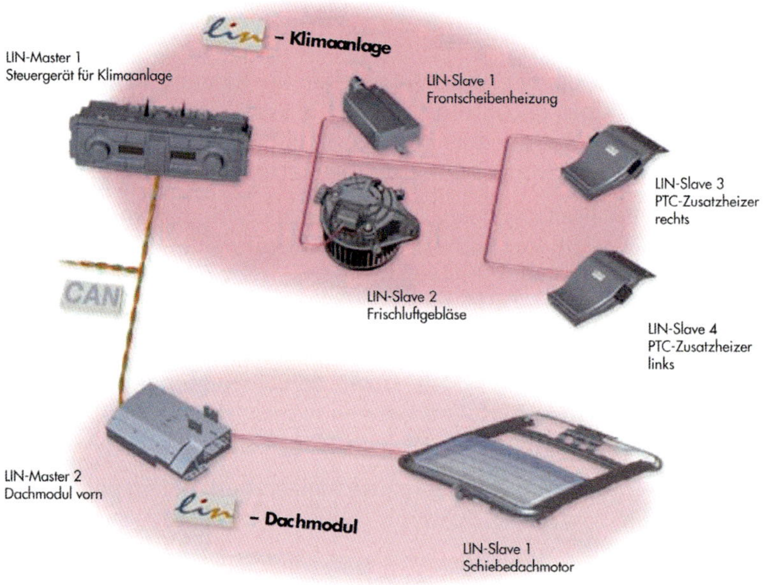

20.3.2 Funktionseinheiten

Das LIN-Datenbussystem besteht aus einem Master-Steuergerät und einem oder mehreren Slave-Steuergeräten.

- **LIN-Master-Steuergerät**
  Das LIN-Master-Steuergerät ist das einzige am CAN-Datenbus angeschlossene Steuergerät im LIN-Datenbussystem. Es führt die Masterfunktionen aus. Das LIN-Master-Steuergerät
  - kontrolliert den Datentransfer und die Datenübertragungsgeschwindigkeit,
  - sendet den Botschaftskopf (Header),
  - übernimmt die Übersetzungsfunktion zwischen den LIN-Slave-Steuergeräten im LIN-Datenbus und dem CAN-Datenbus,
  - ermöglicht die Diagnose der angeschlossenen LIN-Slave-Steuergeräte.

- **LIN-Slave-Steuergerät**
  LIN-Slave-Steuergeräte können einzelne Steuergeräte sein, z. B. Frischluftgebläse oder auch aktive Sensoren und Aktoren. Die Sensoren haben eine eigene Stromversorgung und besitzen eine Auswerteelektronik, die ein digitales Signal zum Master-Steuergerät sendet. Die LIN-Aktoren sind elektronische oder elektro-mechanische Funktionsgruppen mit integrierten Sensoren. Sie werden vom LIN-Master-Steuergerät angesteuert und abgefragt.
  Eine Datenkommunikation zwischen Master und Slave geht immer vom Master aus. Ein Slave kann nicht selbstständig kommunizieren.

20.3.3 Datenübertragung

Eine Botschaft im LIN-Bussystem besteht aus dem Botschaftskopf (Header) und dem Antwortfeld oder Botschaftsinhalt (Response).

- **Header**
  Er besteht aus vier Bereichen:
  - Synchronisationspause (mindestens 13 Bits), um allen LIN-Slave-Steuergeräten den Start einer Botschaft mitzuteilen.
  - Synchronisationsbegrenzung (1 Bit)
  - Synchronisationsfeld mit der Bitfolge 0101010101, damit sich die Slave-Steuergeräte auf den Systemtakt einstellen können
  - Identifier-Feld (8 Bits) zur Botschaftskennung und die Anzahl der Datenfelder in der Response

  Der Botschaftskopf enthält keine Nutzdaten.
- **Botschaftsinhalt (Response)**
  Das Response-Feld enthält die eigentlichen Nutzdaten. Das Response-Feld besteht aus 1 bis 8 Datenfeldern (Datafields), wobei jedes Datafield aus 10 Bits besteht. Jedes Datafield wiederum setzt sich aus einem dominanten Startbit, den Bits, welche die Informationen enthalten, und einem rezessiven Stoppbit zusammen.

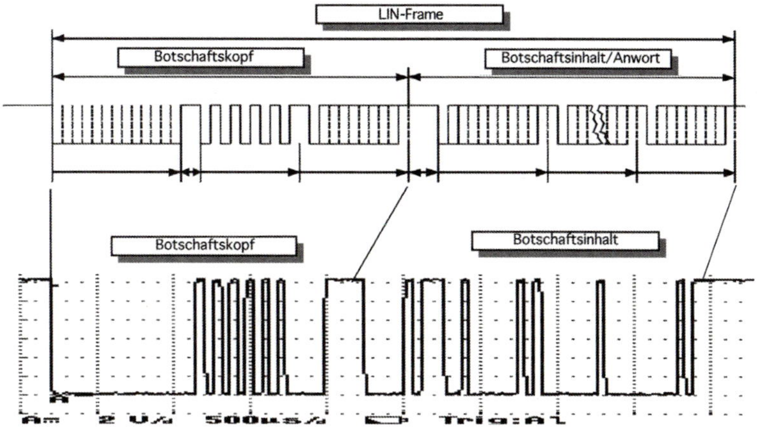

Bei den Botschaften lassen sich Botschaften mit Slave-Antwort und mit Datenanforderung unterscheiden.

Botschaften

Botschaft mit Slave-Antwort

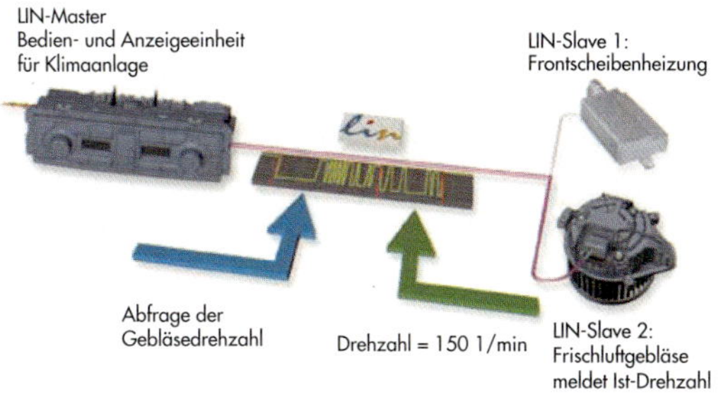

Das LIN-Master-Steuergerät fordert im Botschaftskopf ein Slave-Steuergerät auf, Informationen über z. B. die Gebläsedrehzahl zu senden. Die vom Slave gesendete Response schließt direkt am Header an: z. B. 150 1/min

Botschaft mit Datenanforderung

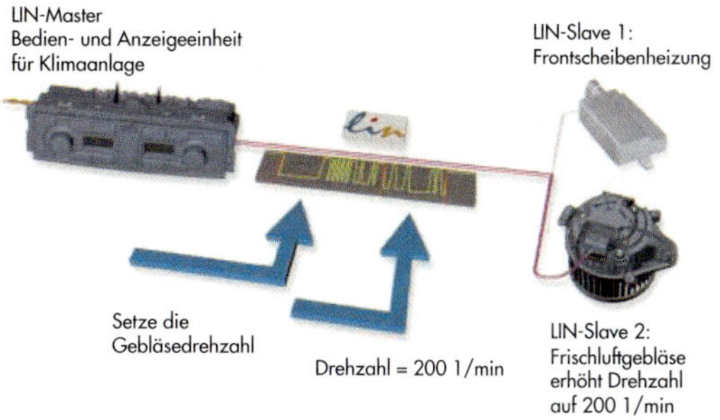

Das LIN-Master-Steuergerät teilt dem Slave mit, dass es die im Response enthaltenen Daten z. B. Erhöhung der Drehzahl auf 200 1/min umsetzen soll. Die Response wird in diesem Fall vom Master selbst gesendet.

20.4 Diagnose

20.4.1 Fehlertabelle nach ISO

Durch mechanische Erschütterungen am Fahrzeug kann es zu Kabelbrüchen, defekten Isolierungen oder Kontaktfehlern kommen. In der ISO-Fehlertabelle sind für den CAN-Datenbus mögliche Fehler zusammengestellt.

ISO	CAN-High	CAN-Low
1		Unterbrechung
2	Unterbrechung	
3		Schluss nach Plus
4	Schluss nach Masse	
5		Schluss nach Minus
6	Schluss nach Plus	
7	Schluss nach CAN-Low	Schluss nach CAN-High
8	Fehlender Abschlusswiderstand	Fehlender Abschlusswiderstand

Die Fehler 3 bis 8 lassen sich beim CAN-Datenbus-Antrieb mit dem Multi-/Ohmmeter eindeutig feststellen. Für die Fehlerfälle 1, 2 (Fehler 9: vertauschen der Leitungen) muss ein Oszilloskop eingesetzt werden. CAN-Systeme Komfort und Infotainment besitzen keine Abschlusswiderstände, bei denen die Schaltstufen für die Bussignale miteinander verbunden sind. CAN-H- und CAN-L-Leitungen sind daher unabhängig voneinander zu betreiben. Bei Kurzschlüssen schaltet das System auf Eindrahtbetrieb um. Der ISO-Fehler 8 tritt beim CAN-Datenbus-Komfort/Infotainment nicht auf.

20.4.2 Überprüfen mit dem Diagnosetester

Die am CAN- und LIN-Bus angeschlossenen Steuergeräte enthalten in ihrer Software Eigendiagnosefunktionen, die busrelevante Fehler wie Leitungsfehler, Botschafts-, Time-out- und Hardwarefehler erkennen. Die Fehler werden im Fehlerspeicher abgespeichert. Der Fehlerspeicher ist grundsätzlich bei der ersten Fehlerfeststellung auszulesen. Als Prüf- und Messmittel kommt z. B. ein Fahrzeugdiagnose-Mess- und Informationssystem in Betracht. Der zur Diagnose erforderliche Datenaustausch erfolgt über das Diagnose-Interface für Datenbus.

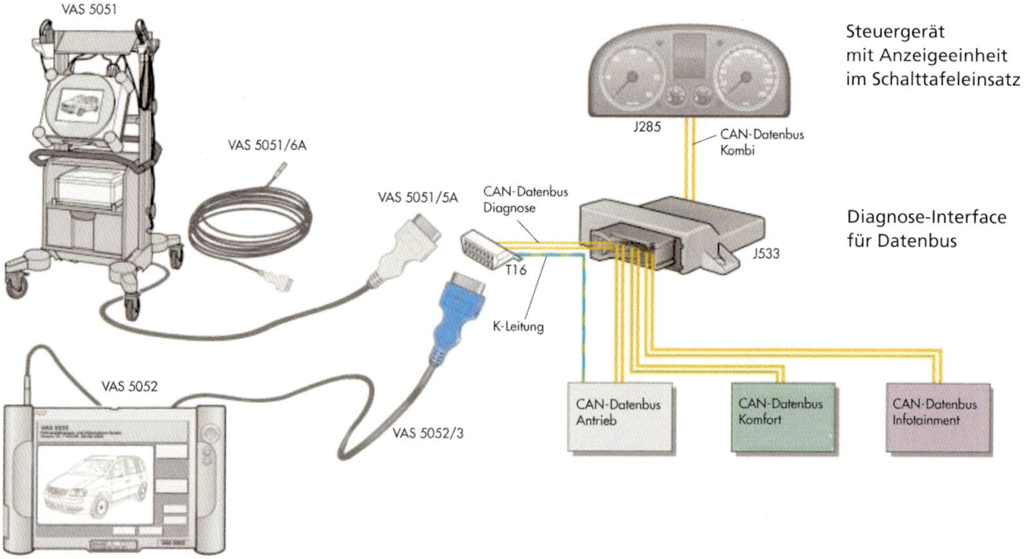

20.4.3 Überprüfen mit dem Multimeter

Bei den Messungen mit dem Multimeter ist zu beachten:

- Bei Widerstandsmessungen müssen die Datenleitungen spannungsfrei sein.
- Die Batterie ist abzuklemmen, wenn das zu untersuchende System in einen Sleep-Modus geht und Spannungen an den Datenleitungen auch nach dem Ausschalten des Zündstartschalters anliegen. Vor dem Abklemmen der Batterie ist eine Wartezeit von einigen Minuten einzuhalten, da die Steuergeräte nach Ausschalten der Zündung noch Daten austauschen.
- Mindestens 5 Minuten sind zu warten, damit sich alle Kondensatoren entladen können.
- Für das zu untersuchende Fahrzeug ist der Vernetzungsplan mit der Angabe der Knotenpunkte erforderlich.

Messschaltungen (Prinzipschaltung)

Bestimmung der Abschlusswiderstände am CAN-Bus Antrieb

Prinzipdarstellung der Messschaltung

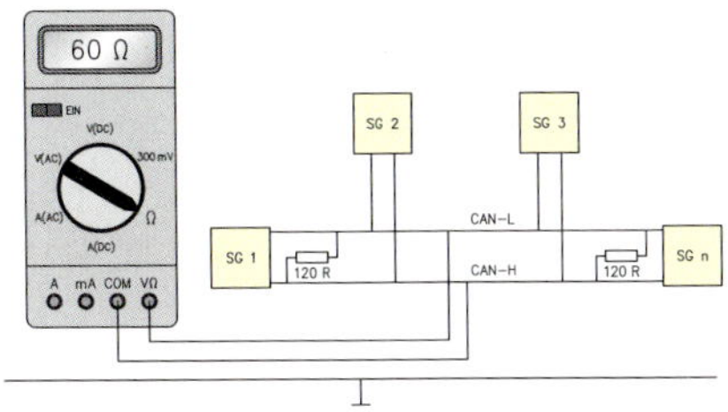

Da beide Widerstände parallel geschaltet sind, muss der Gesamtwiderstand berechnet werden:

$$R_{ges} = \frac{R_1 \cdot R_2}{R_1 + R_2} = \frac{120\ \Omega \cdot 120\ \Omega}{120\ \Omega + 120\ \Omega} = 60\ \Omega$$

Widerstandsmessung zwischen den Leitungen des CAN-Datenbusses und den Klemmen 15, 30, 31

Prinzipdarstellung der Messschaltung

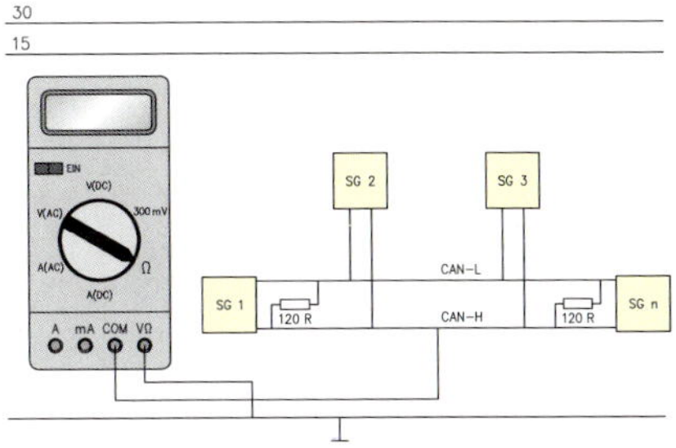

Nach Ausschalten der Spannungsversorgung ist das Messgerät nacheinander an die Klemmen 15, 30, 31 und eine Datenleitung anzuschließen.

Überprüfen der Datenleitung mit einem Spannungsmesser

Bei den Messungen müssen der Zündfahrschalter betätigt sein und es dürfen keine weiteren Prüfgeräte am Bus angeschlossen sein.

CAN

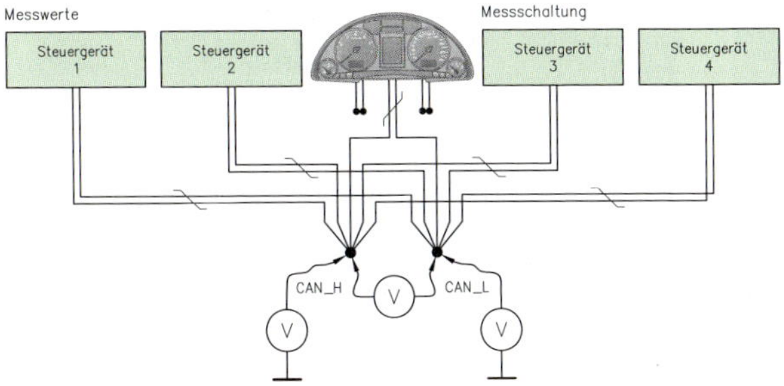

LIN

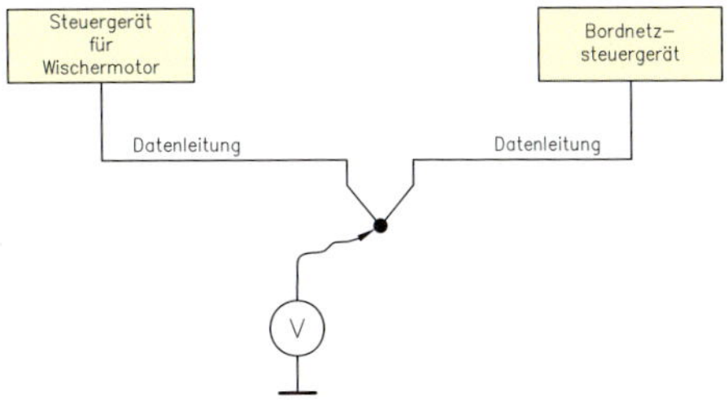

	CAN-Antrieb	CAN-Komfort	CAN-Infotainment	LIN-Bus
Messpunkte zwischen	Spannungswerte	Spannungswerte	Spannungswerte	Spannungswerte
CAN-H und Kl. 31	2,6 bis 2,9 Volt	3,2 bis 4,6 Volt	3,2 bis 4,6 Volt	Bis 10,65 Volt
CAN-L und Kl. 31	2,4 bis 2,1 Volt	4,1 bis 4,8 Volt	4,1 bis 4,8 Volt	
CAN-L und CAN-H	0,2 bis 0,8 Volt	0,2 bis 0,9 Volt	0,2 bis 0,9 Volt	

20.4.4 Signalüberprüfung mit dem Oszilloskop

Mit einem normalen Werkstattoszilloskop können am Datenbus

- die Signalform,
- die Signalfolge,
- der Spannungspegel

untersucht werden.

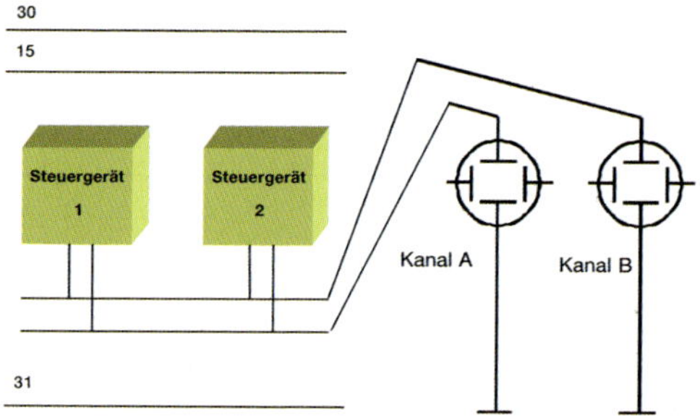

Unterbrechung einer Datenleitung

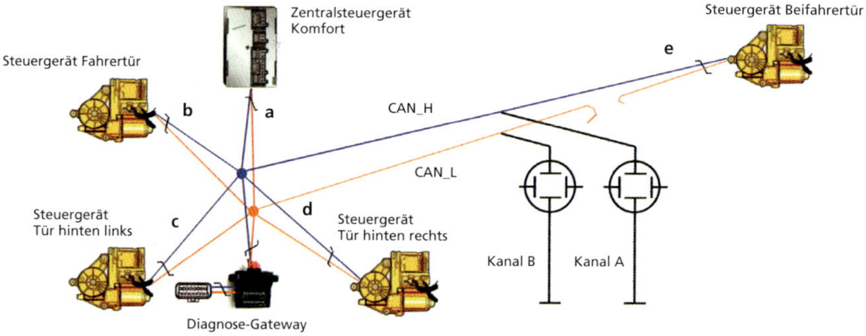

Fällt eine der beiden Leitungen durch Unterbrechung aus, wird auf Eindrahtbetrieb umgeschaltet. Dem Steuergerät wird mitgeteilt, ob der Transceiver im Normalbetrieb oder Eindrahtbetrieb arbeitet.

Ungestörter Signalverlauf des CAN-Datenbus-Komfort	Signalverlauf bei Unterbrechung der Datenleitung
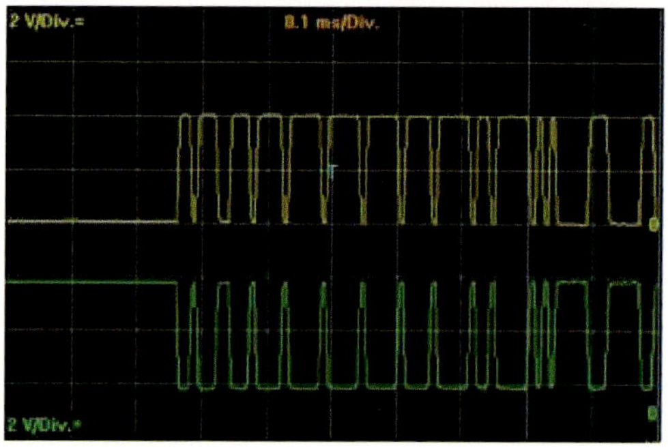	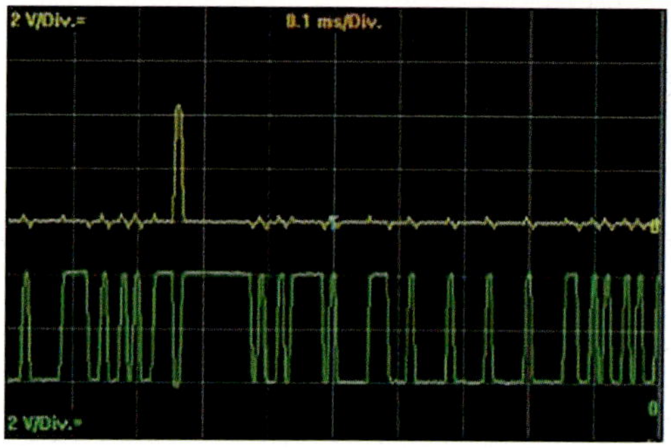

20.5 Reparatur der Datenleitungen

Nach der Lokalisierung der Fehlerstelle sind die Datenleitungen zu reparieren. Dabei sind die jeweiligen Herstellervorgaben zu beachten. Beim Golf V schreibt der Hersteller die Reparatur wie folgt vor:

Vor dem Beginn der Reparatur ist zuerst die Ursache für den Fehler zu beseitigen. So sind zum Beispiel scharfkantige Karosserieteile zu entgraten, spitze Schrauben abzufeilen oder Leitungsstränge günstiger zu verlegen.

Unterbrochene Leitungen dürfen beim Golf V (gilt auch für andere Fahrzeuge des Fahrzeugherstellers) nicht gelötet, sondern nur mithilfe von speziellen Quetschverbindern verbunden werden. Alle dafür notwendigen Ersatzteile und Werkzeuge stehen in einem Leitungsreparaturkoffer bereit.

Nach dem Quetschen wird die Kunststoffhülle der Verbinder mit einer Heißluftpistole geschrumpft. Dabei kommt es zu einer Verschweißung des Verbinderkunststoffes und der Leitungsisolierung. Die Reparaturstelle ist dadurch wasser- und gasdicht. Zur Kennzeichnung ist sie abschließend mit gelbem Isolierband zu umwickeln.

Die für die Reparatur verwendeten Leitungsstücke müssen beim CAN-Datenbus für die H- und für die L-Leitung gleich lang sein. Zusätzlich sind sie mit einer gleichmäßigen Schlaglänge von 20 Millimeter zu verdrillen. Besonders im Bereich der Quetschverbinder ist darauf zu achten, dass kein Leitungsstück entsteht, bei dem die Verdrillung mehr als 50 Millimeter fehlt.

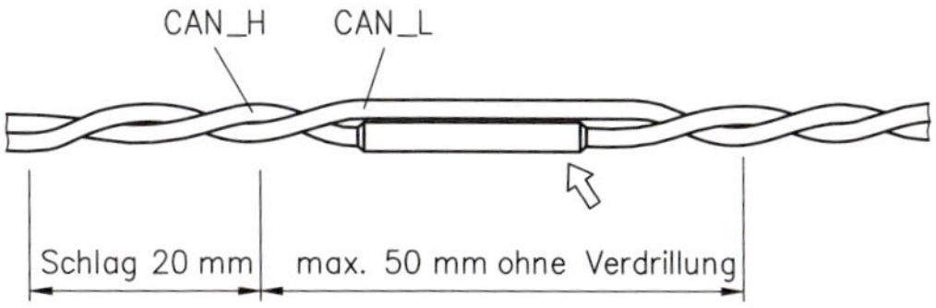

Um spätere Reflexionen auf dem Datenbus auszuschließen, dürfen die Leitungsverbinder an den Knotenstellen beim Abtrennen von Steuergeräten zur Fehlersuche nicht geöffnet werden. Unterbrechungen sind deshalb mindestens 100 Millimeter davon entfernt auszuführen.

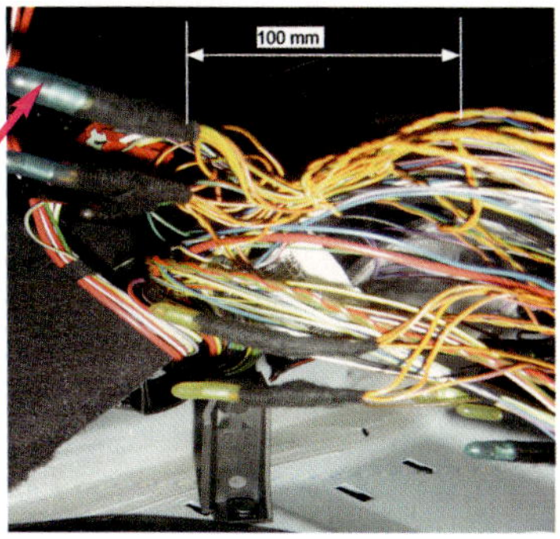

Knotenstelle
oder
Knotenpunkt

20.6 MOST-Datenbussystem (Media Oriented Systems Transportation)

Durch Video- und Audioanwendungen ergeben sich Übertragungsgeschwindigkeiten von vielen Mbit/s (1 000 000 bit). Die Übertragung eines digitalen TV-Signals mit Stereo-Ton erfordert eine Übertragungsgeschwindigkeit von etwa 6 Mbit/s.

Übertragungsraten der Medien

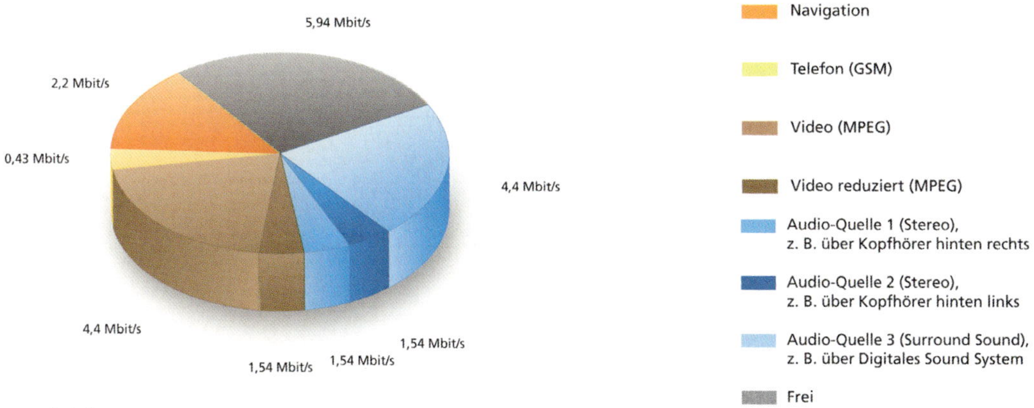

Vergleich:
CAN-Antrieb: 500 000 bit/s, CAN-Komfort/Infotainment: 100 000 bit/s, LIN-Datenbus: 20 000b bit/s

CAN-Datenbussysteme können Daten nicht schnell genug und damit auch nicht in der entsprechenden Menge übertragen. Für ein komplexes Infotainmentsystem (siehe Übersicht) ist daher die optische Datenübertragung sinnvoll.

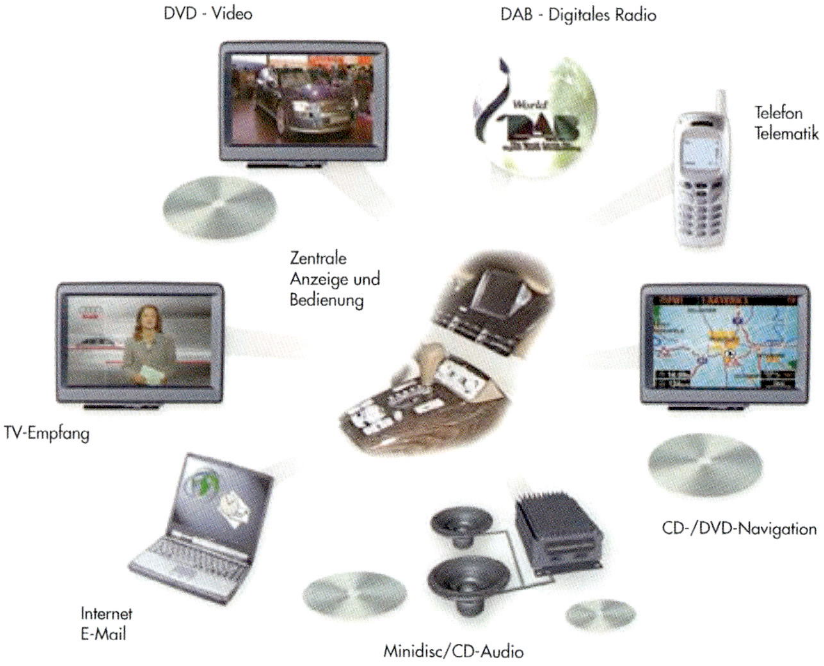

Die Datenübertragung mithilfe von Lichtwellen ermöglicht bei geringem Leistungsbedarf eine hohe Datenübertragungsrate. Das optische Datenbussystem MOST ermöglicht es 21,2 Mbit/s zu übertragen.

Lichtwellen erzeugen keine elektromagnetischen Störwellen und sind gleichzeitig gegen Störungen von außen unempfindlich. Sie zeichnen sich daher durch eine hohe Störsicherheit aus.

20.6.1 Grundsystem

Ein wesentliches Merkmal des MOST-Datenbussystems ist der ringförmige Aufbau. Der Transport der Daten findet in einer Richtung statt. Die Steuergeräte senden ihre Daten über den Lichtwellenleiter zum nächsten Steuergerät im Ring. Die Daten werden solange weitergesendet, bis sie wieder in dem Steuergerät empfangen werden, welches die Daten zuerst gesendet hat.

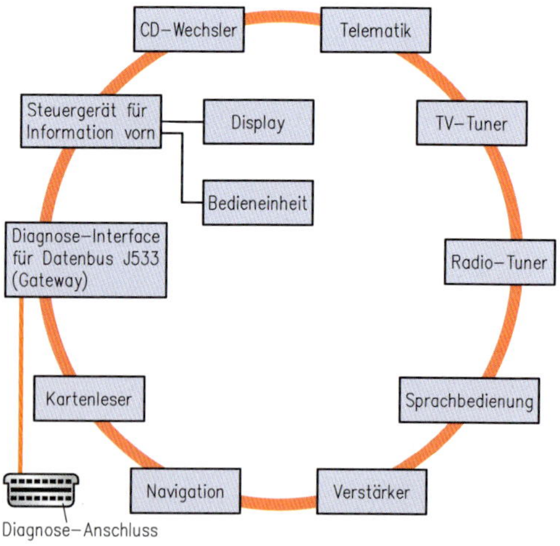

20.6.2 Funktionseinheiten

Das MOST-Datenbussystem besteht aus einer Sende- und Empfangseinheit und dem Lichtwellenleiter.

Über eine elektrische Steckverbindung werden die Ein- und Ausgangssignale und die Versorgungsspannung gewährleistet. Die Lichtwellen gelangen über den Lichtwellenleiter mit optischen Steckverbindungen in das Steuergerät.

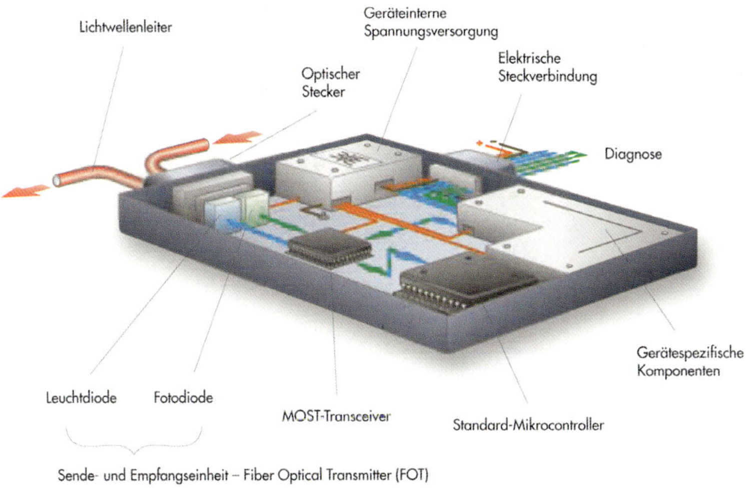

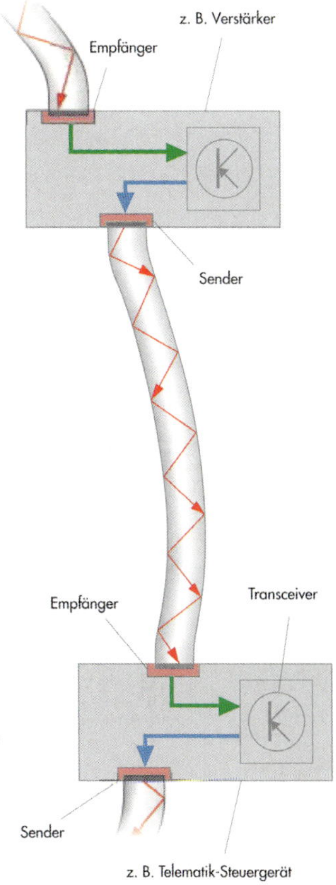

Das Steuergerät besteht aus folgenden Komponenten:

- **Sende- und Empfangseinheit (Fiber Optical Transmitter FOT)**
  - Fotodiode: In ihr werden die ankommenden Signale in ein Spannungssignal umgewandelt. Dieses wird zum MOST-Transceiver weitergeleitet.
  - Leuchtdiode: Sie wandelt die Spannungssignale des MOST-Transceiver in Lichtsignale um. Die erzeugten Lichtwellen werden über den Lichtwellenteiler zum nächsten Bus-Teilnehmer gesendet.

- **MOST-Transceiver**
  Der MOST-Transceiver umfasst die beiden Komponenten Transmitter (Sender) und Receiver (Empfänger).
  - Receiver: Der Receiver übernimmt die Spannungssignale vom FOT. Er leitet die benötigten Daten an den Standard-Mikrocontroller des Steuergerätes weiter.
  - Transmitter: Der Transmitter sendet die zu sendenden Botschaften als Spannungssignale an die Sende- und Empfangseinheit.

  Nicht benötigte Botschaften anderer Steuergeräte werden durch den Transceiver ohne Änderungen zum nächsten Steuergerät geleitet.

- **Mikrocontroller**
  Der Standard-Mikrocontroller (CPU) ist die zentrale Steuereinheit des Steuergeräts. Sein Mikroprozessor steuert alle wesentlichen Funktionen des Steuergerätes.

- **Gerätespezifische Komponenten**
  Sie führen steuergerätespezifische Funktionen für z. B. das CD-Laufwerk durch.

Die von der Leuchtdiode erzeugten Lichtwellen werden über den Lichtwellenleiter zum Empfänger (Fotodiode) geleitet. Der Lichtwellenleiter besteht aus mehreren Schichten:

- Den Kern bildet der eigentliche Lichtwellenleiter. Er besteht aus Polymethylmethacrylat.
- Um den Kern ist eine transparente Beschichtung aufgebracht.
- Ein schwarzer Mantel aus Polyamid schützt den Kern vor Lichteinwirkung von außen.
- Der farbige Mantel dient der Kennzeichnung, dem Schutz vor Beschädigung und Temperaturen.

Die Lichtwellen werden zum Teil gerade durch den Kern, zum größten Teil durch Totalreflexion an der Grenzfläche der transparenten Beschichtung des Kerns reflektiert. Sie werden damit auch durch eine Biegung reflektiert. Dies ist allerdings vom Winkel der innen auf die Grenzfläche treffenden Lichtwellen abhängig.

Ist dieser Winkel zu steil, treten die Lichtwellen aus dem Kern aus und es kommt zu größeren Verlusten.

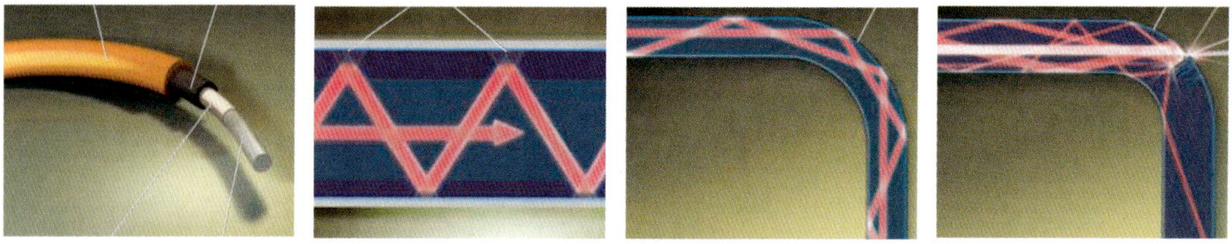

20.6.3 Datenübertragung von Ton und Video

Die Darstellung zeigt die Komponenten zum Abspielen einer Musik-CD.

Übertragung von Ton und Video als synchrone Daten

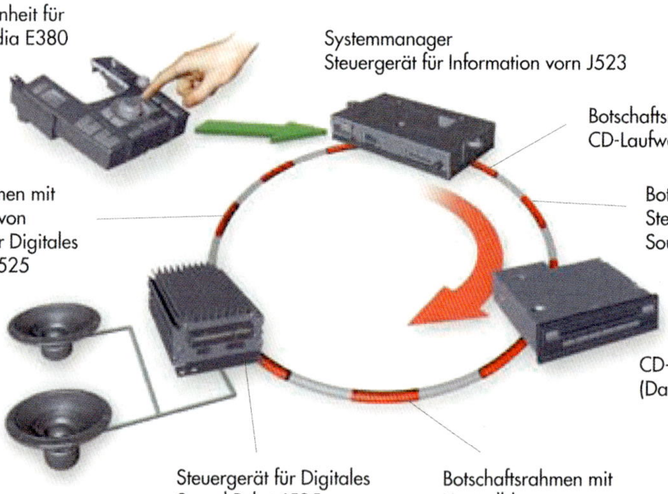

Ablauf der Datenübertragung vom Fahrer bis zur Wiedergabe der Musik:

- Auswahl mithilfe der Bedieneinheit
  Der Fahrer wählt mit der Hilfe der Bedieneinheit für Multimedia und der Anzeige für Information den gewünschten Titel. Die Bedieneinheit sendet die Steuersignale zum Systemmanager/Steuergerät für Information.
- Systemmanager sendet den Botschaftsrahmen
  Das Steuergerät für Information führt die Funktionen eines Systemmanagers aus. Der Systemmanager fügt in den ständig gesendeten Botschaftsrahmen einen Botschaftsblock mit Kontrolldaten ein. Der Systemmanager sendet den Botschaftsrahmen (Frames) mit einer bestimmten Taktfrequenz (44,1 kHz) zum CD-Laufwerk.

Aufbau eines Frames (Botschaftsrahmen)

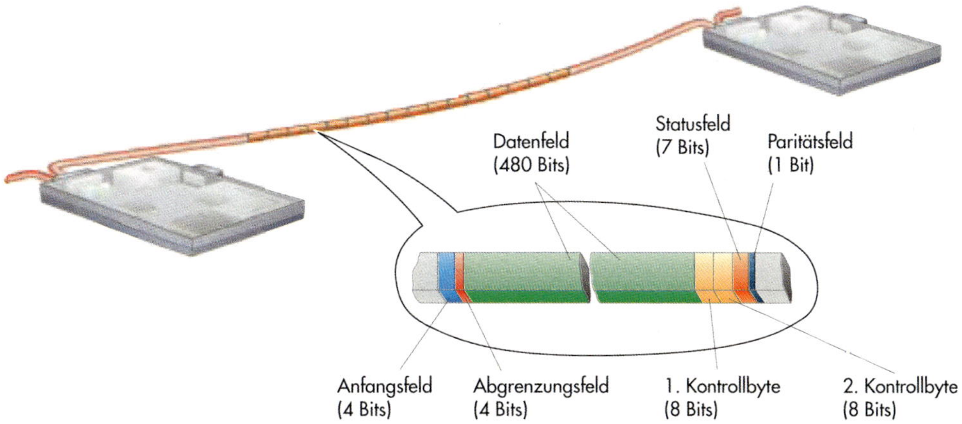

Der Botschaftsrahmen besteht aus Anfangsfeld, Abgrenzungsfeld, Kontrollbytes, Statusfeld und Paritätsfeld. Im Datenfeld stehen 480 Bits für Nutzdaten zur Verfügung.
Man unterscheidet zwei Datentypen:
- Synchrone Daten für Ton und bewegte Bilder (Video)
  Sie übertragen Informationen, die in gleichen Zeitabständen gesendet werden.
- Asynchrone Daten für Navigation, Internetseiten
  Die Datenquellen senden die Daten in unregelmäßigen Abständen.

- Das CD-Laufwerk ergänzt den Botschaftsrahmen
  Das CD-Laufwerk (Datenquelle) ermittelt, welche Bytes im Datenfeld für die Übertragung zur Verfügung stehen und fügt ebenfalls einen Block mit Kontrolldaten ein.
- Anweisung an das Steuergerät für Digitales Sound Paket
  Das Steuergerät für Information erteilt nun nach Ergänzung der Kontrolldaten dem Steuergerät für Digitales Sound Paket (Datenempfänger) die Anweisung die Musik wiederzugeben.

Die Daten der Musik-CD bleiben im Datenfeld erhalten, bis der Botschaftsrahmen die Datenquelle (CD-Laufwerk) wieder erreicht. Erst dort werden die Daten durch neue ersetzt und der Kreislauf wird fortgesetzt.

20.6.4 Ringbruchdiagnose

Die Ursache von Ausfall der Ton- und Bildwiedergabe bzw. der Bedienung und Einstellung kann eine Unterbrechung des Lichtwellenleiters, eine defekte Spannungsversorgung oder ein defektes Sender- und Empfängergerät sein. Aufgrund der Ringstruktur werden diese Störungen als Ringbruch bezeichnet. Sie können mithilfe der Ringbruchdiagnose eingesetzt werden.

Da bei einem Ringbruch die Datenübertragung im MOST-Bus ausfällt, ist zur Ringbruchdiagnose eine Diagnoseleitung erforderlich. Sie ist über eine zentrale Leitungsverbindung an jedem Steuergerät des MOST-Busses angeschlossen. Die Diagnosefunktion führt das Diagnose-Interface für den Datenbus aus, das den Datenaustausch zwischen Diagnosegerät und den einzelnen Steuergeräten ermöglicht.

Nach Einleitung der Ringbruchdiagnose durch den Kfz-Mechatroniker sendet der Diagnosemanager/Diagnose-Interface einen Impuls über die Diagnoseleitung an die Steuergeräte. Die Steuergeräte senden daraufhin Lichtsignale mit der Sende- und Empfangseinheit (FOT). Die Steuergeräte überprüfen dabei ihre Spannungsversorgung, interne Funktionen und den Empfang der Lichtsignale vom vorhergehenden Steuergerät. Ergebnis dieser Überprüfung ist z. B. „Steuergerät elektrisch in Ordnung", „Steuergerät optisch in Ordnung" oder „nicht in Ordnung". Aus diesen Informationen erkennt der Diagnosemanager, ob ein elektrischer Fehler im System vorliegt oder zwischen welchen Steuergeräten der Lichtwellenleiter defekt ist. Zusätzlich führt der Diagnosemanager eine Ringbruchdiagnose mit reduzierter Lichtleistung durch. Hierdurch erkennt er, ob das Licht zu schwach beim Empfänger ankommt (erhöhte Dämpfung des Lichtwellenleiters). Der Austausch der Steuergeräte-Diagnosedaten an das Diagnosegerät erfolgt über das Diagnose-Interface.

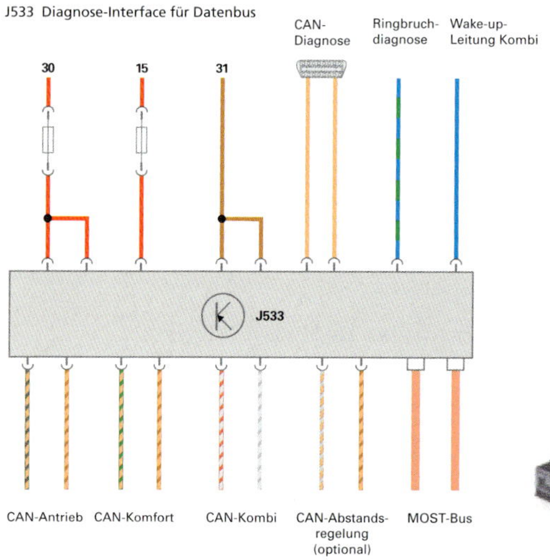

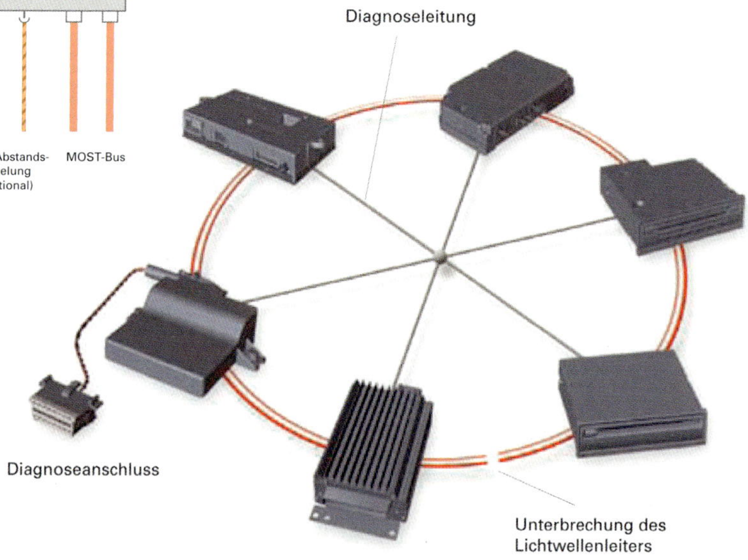

20.6.5 Reparatur und Verlegung von Lichtwellenleitern

Zur Reparatur oder Konfektionierung von Lichtwellenleitern sind spezielle Schneid-, Abisolier- und Crimpzangen erforderlich. Für die einzelnen Arbeitsschritte sind die Vorschriften der Fahrzeughersteller genau zu beachten. Nur wenn alle Vorgaben eingehalten werden, erhält man einen Lichtwellenleiter mit geringer Dämpfung.

Zum Abschneiden muss der Lichtwellenleiter (1) zum Beispiel sorgfältig in die Ablängvorrichtung einer Spezialzange (2) eingelegt werden. Ein besonderes Messer trennt den Lichtwellenleiter ohne Riefenbildung gerade durch. Das Messer (3) ist vor jedem Schneidvorgang auszuwechseln. Für das Entfernen der Lichtwellenleiter-Ummantelung gibt es an der Zange ein weiteres Messer mit einer eigenen Vorrichtung zum Einlegen des Lichtwellenleiters. Hier ist das Messer für mehrere Vorgänge nutzbar.

Nach dem Ablängen der Lichtwellenleiter ist es erforderlich, die Enden mit einem Stift- bzw. Buchsenkontakt zu versehen. Dafür wird auf die universelle Handzange (2) der Crimpkopf (4) gesetzt. Nach dem Einlegen und Verriegeln des Stift- bzw. Buchsenkontaktes (5) kann man den abisolierten Lichtwellenleiter (1) bis zum Anschlag in den Stift- bzw. Buchsenkontakt einlegen. Nach dem Schließen und Öffnen der Handzange ist der Crimpvorgang abgeschlossen und der Stift- bzw. Buchsenkontakt fest mit dem Lichtleiterende verbunden.

Hat man im Verlauf der Fehlersuche einen beschädigten Lichtwellenleiter gefunden, ist die Reparatur möglich, wenn sichergestellt ist, dass nicht mehr als eine Reparaturstelle zwischen zwei Steuergeräten entsteht. Ist zwischen den Steuergeräten eine Steckverbindung angeordnet, ist die Reparatur des Lichtwellenleiters nicht zulässig.

Beim Umgang mit Lichtwellenleitern sind die folgenden Vorgaben zur Sicherung der Arbeitsqualität unbedingt zu beachten:

- Lichtwellenleiter oder ihre Komponenten nicht mit thermischen Reparaturmethoden wie zum Beispiel mit einer Heißklebepistole instand setzen.
- Lichtwellenleiter nicht mit chemischen Verfahren, zum Beispiel durch Kleben, verbinden.
- Zwei Lichtwellenleiter nicht miteinander verdrillen. Dies gilt auch für eine LWL-Leitung und eine Kupferleitung.
- Die vorgeschriebenen Schutzkappen auf den Enden der LWL erst beim Einbau entfernen. Verschmutzte Stirnflächen führen sonst zu erhöhter Dämpfung.
- Die LWL-Leitung nicht mit Knoten oder Schlaufen verlegen.
- Knickschutzhüllen und Montagehilfen benutzen, damit der Mindestradius eingehalten wird.
- Die Steckverbindungen für LWL stets gerade und ohne Gewalt trennen oder schließen.
- Die Lichtwellenleiter nicht über scharfe oder spitze Kanten oder Bauteile verlegen, da sonst die Ummantelung zerstört wird.

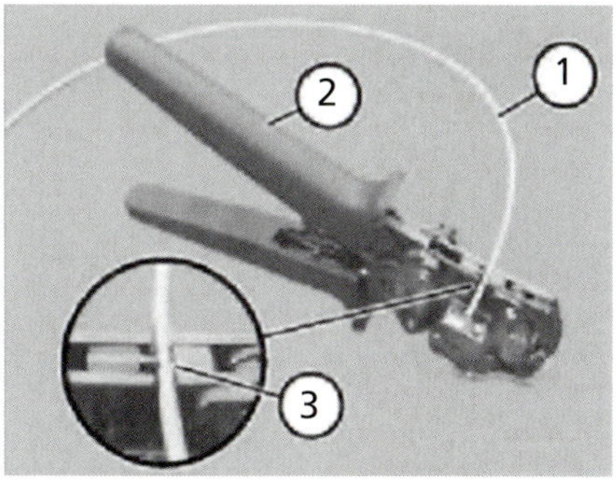

Ablängen des Lichtwellenleiters

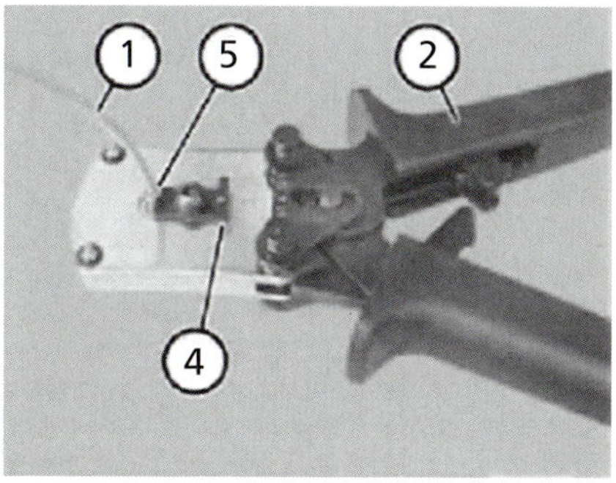

Crimpen des Lichtwellenleiters

20.7 Vernetzung im Golf V

Beim Golf erfolgt der Datenaustausch zwischen den Steuergeräten auf dem CAN-Antrieb und dem CAN-Kombi, mit einer Übertragungsgeschwindigkeit von 500 kbit/s sowie auf dem CAN-Komfort und CAN-Infotainment mit einer Übertragungsgeschwindigkeit von 100 kbit/s. Der CAN-Diagnose ist ein physikalisch getrennter Zugang nach außen. Im Zusammenspiel mit dem Gateway ermöglicht er einen schnellen Zugriff auf alle Datenbusse.
Der LIN-Bus als lokales Subsystem arbeitet mit einer Übertragungsgeschwindigkeit von 20 kbit/s.

Am CAN-Antrieb sind die Steuergeräte für Motor, Getriebe und Bremse angeschlossen. Hinzu kommen die Steuergeräte für Airbag, Lenkwinkelsensor, Wählhebel, Lenkhilfe und Leuchtweitenregelung. Am CAN-Kombi ist das Steuergerät im Schalttafeleinsatz mit dem Gateway verbunden. Auf dem Display und aus den Anzeigen des Schalttafeleinsatzes erhält der Fahrer Informationen aus allen Netzwerken. Am CAN-Komfort sind die Steuergeräte in den Türen, das Zentralsteuergerät für das Komfortsystem, das Bordnetzsteuergerät sowie die Steuergeräte für Sitzverstellung, Anhängererkennung und die Lenksäulenelektronik angeschlossen. Am CAN-Infotainment sind das Steuergerät mit der Anzeigeeinheit für das Radio und Navigationssystem, das Steuergerät für das Digitale Sound Paket, das Radio, der CD-Wechsler, der TV-Tuner und das Telefon angeschlossen. Die wichtigsten Funktionen der Komponenten sind über die Schaltereinheiten im Multifunktionslenkrad zu beeinflussen. Als Master-Steuergeräte im LIN-Bus sind das Steuergerät für die Lenksäulenelektronik, das Zentralsteuergerät für das Komfortsystem und das Bordnetzsteuergerät verbaut. Als Slave der Lenksäulenelektronik arbeitet die Lenkradbedieneinheit. Am Zentralsteuergerät sind der Innenraumüberwachungssensor, der Fahrzeugneigungsgeber sowie das Signalhorn für die Diebstahlwarnanlage angeschlossen. Am Bordnetzsteuergerät arbeiten das Steuergerät für den Wischermotor und der Regen/Lichterkennungssensor als Slaves.

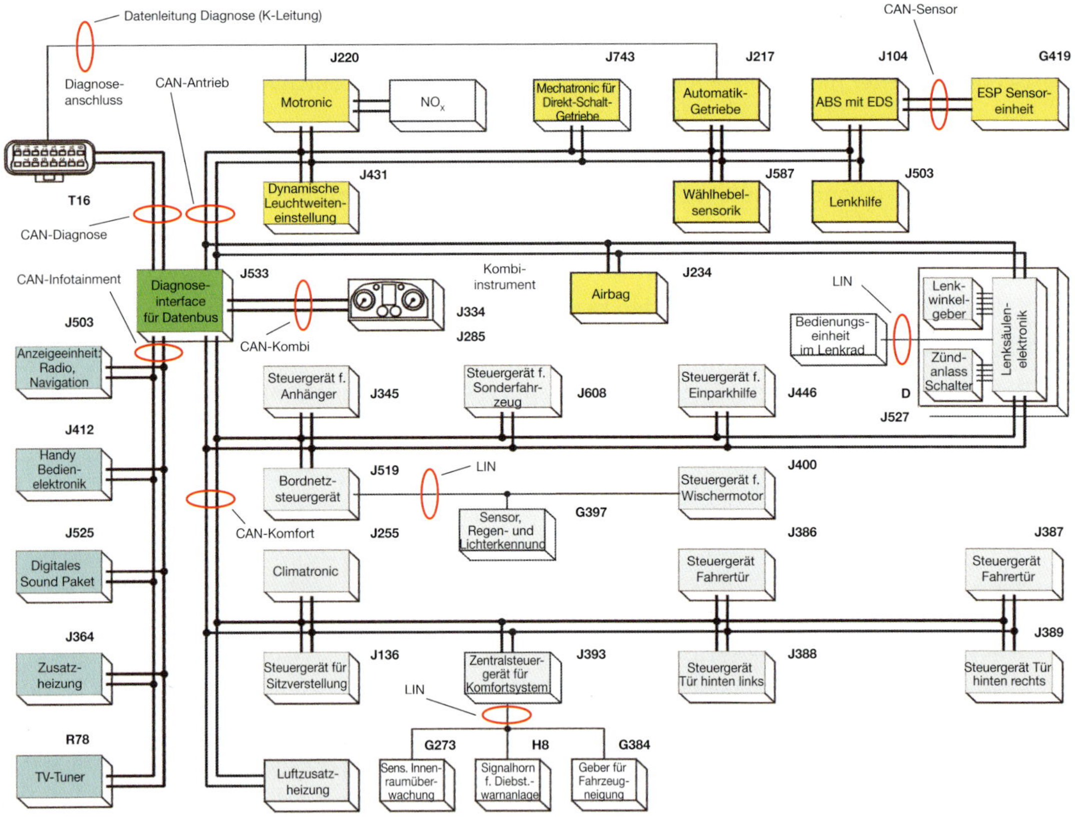

21 Ausgeführte vernetzte Systeme

21.1 Komfortsysteme

21.1.1 Heizungs- und Klimaanlage

Eine Heizungs- und Klimaanlage soll

- im Innenraum eines Fahrzeugs bei unterschiedlichen Außentemperaturen ein angenehmes, behagliches Klima schaffen,
- die Luftfeuchtigkeit verringern, damit eine gute Sicht durch alle Scheiben gewährleistet ist,
- die Klimatisierungsluft von Pollen, Stäuben usw. reinigen.

21.1.1.1 Grundprinzip Klimaanlage

Um etwas zu kühlen, muss Wärme abgegeben werden. Dies wird durch das Kältemittel R 134 a erreicht, das in einem geschlossenen Kreislauf zirkuliert. Es besteht aus einem Fluor-Kohlen-Wasserstoff (FKW), der bei normalem Druck (Umgebungsdruck) bei –26,5 °C verdunstet und zu Dampf wird. Im Kältemittelkreislauf wechselt das Kältemittel ständig zwischen einem flüssigen und gasförmigen Zustand:

- Der Kompressor verdichtet das gasförmige Kältemittel.
- Im Kondendator kondensiert das gasförmige Kältemittel zur Flüssigkeit und gibt dabei Wärme an die Kühlluft ab.
- Im Verdampfer verdampft das flüssige Kältemittel und nimmt dabei Wärme auf und kühlt so die Innenraumluft des Fahrzeugs.

Den Ablaufprozess zeigt die Darstellung.

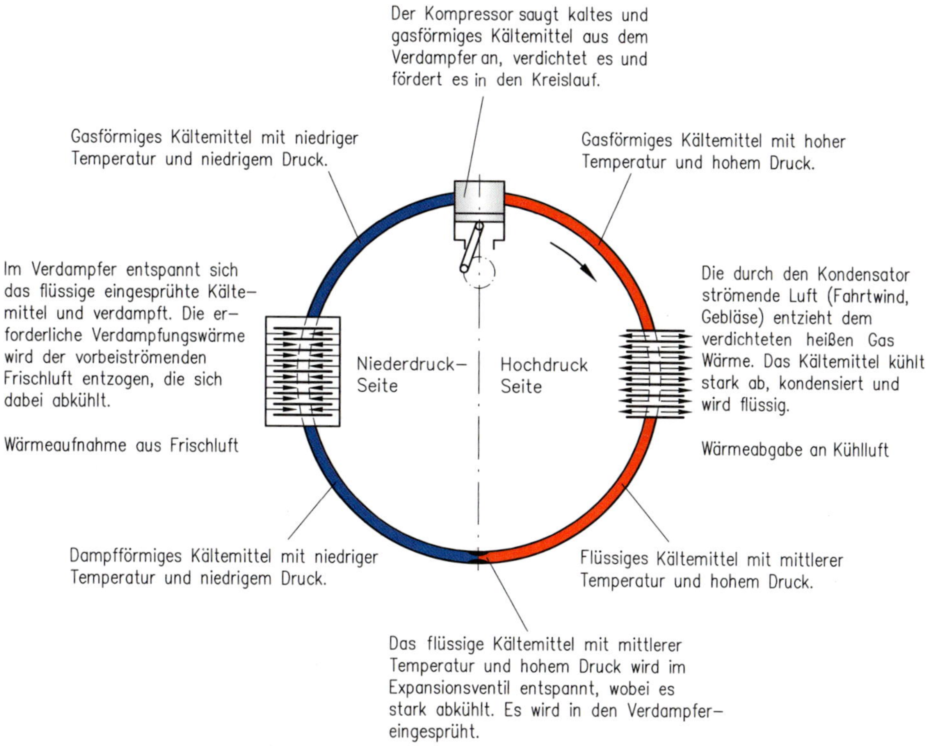

21.1.1.2 Konventionelle Klimaanlage

Funktionseinheiten

Die Umsetzung des o. a. Ablaufprozesses zeigt die Darstellung einer einfachen, manuellen Klimaanlage.

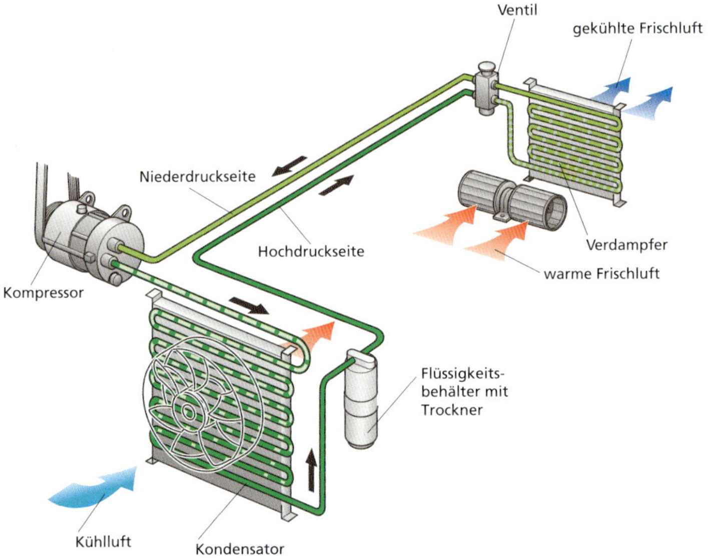

Die Anlage besteht aus folgenden Systemkomponenten:

- Intern geregelter Kompressor
  Als Kompressor werden Taumelscheibenkompressoren verwendet. Eine Taumelscheibe setzt die Drehbewegung der Antriebswelle in eine Axialbewegung der Kolben um. Durch veränderliche Schrägstellung der Taumelscheibe wird der Hub der Kolben und damit die Förderleistung verändert. Die Schrägstellung ist vom Kammerdruck abhängig. Der Kammerdruck wird durch den am Regelventil herschenden Hoch- und Niederdruck und durch die kalibrierte Drosselbohrung bestimmt.
  Der Kompressor wird über Keilrippenriemen vom Motor angetrieben. Er arbeitet nur, wenn die Klimaanlage eingeschaltet ist. Die Verbindung des Antriebs zwischen Kompressor und Fahrzeugmotor wird bei laufendem Motor durch eine Magnetkupplung hergestellt.
  Der Kompressor verdichtet das gasförmige Kältemittel auf ca. 14 bar. Die Temperatur steigt auf ca. 65 °C.

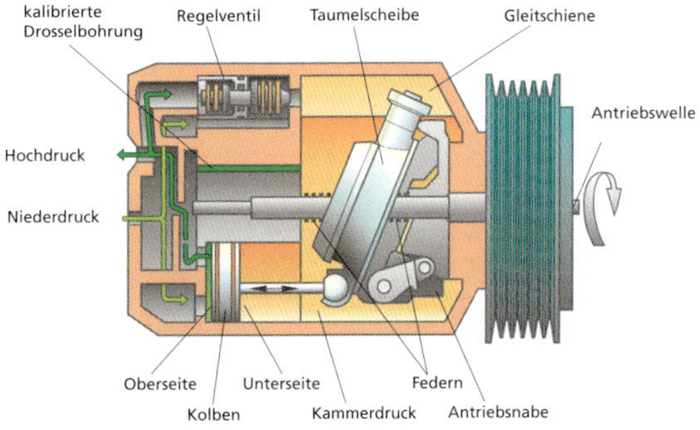

- Kondensator
  Der Kondensator ist der „Kühler" der Klimaanlage. Er besitzt eine serpentinartige Rohrschlange mit Lamellen. Er ist grundsätzlich vor dem Kühler angeordnet. Die Kühlung des heißen gasförmigen Kältemittels (50–70 °C) wird durch die Außenluft und den Kühlerlüfter – häufig auch Zusatzlüfter – erreicht. Beim Abkühlen kondensiert das Kältemittel und wird flüssig. Der Kondensator kühlt das Kältemittel um 10 °C ab. Der Druck beträgt noch ca. 14 bar.

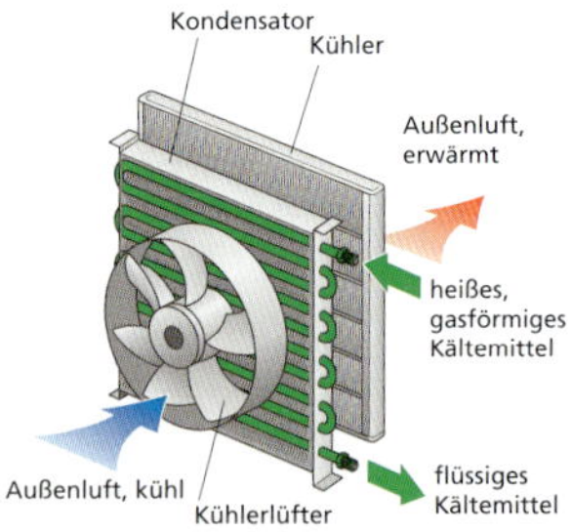

- Flüssigkeitsbehälter und Trockner
  Der Flüssigkeitsbehälter dient als Ausgleichs- und Vorratsbehälter für das Kältemittel, da bei unterschiedlichen Betriebsbedingungen unterschiedlich viel Kältemittel durch den Kreislauf gepumpt wird.
  Der Trockner entzieht dem Kältemittelkreislauf Feuchtigkeit, die eventuell bei Montagearbeiten eingedrungen ist.
  Das Kältemittel durchströmt den Trockner und fließt durch das Steigrohr blasenfrei zum Expansionsventil.

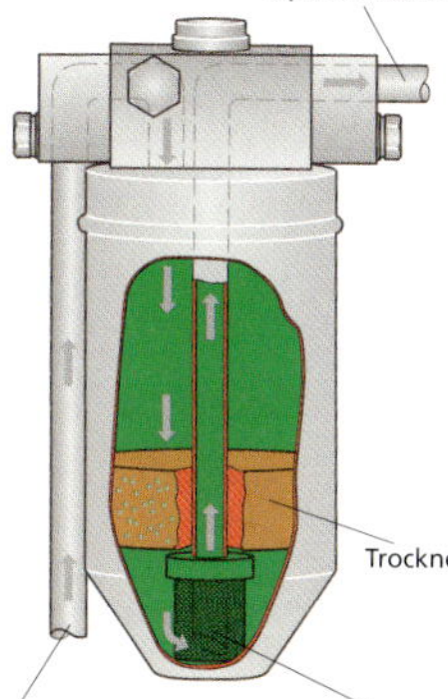

- Expansionsventil
  Das Expansionsventil ist unmittelbar vor dem Verdampfer angeordnet. Über das Ventil wird das flüssige Kältemittel in den Verdampfer eingespritzt. Es bildet die Trennstelle zwischen Hochdruck- und Niederdruckseite. Das Expansionsventil reguliert temperaturabhängig den Kältemittelfluss.
  Der Druck fällt von ca. 14 bar auf ca. 1,2 bar, die Temperatur von ca. 55 °C auf bis –7 °C.

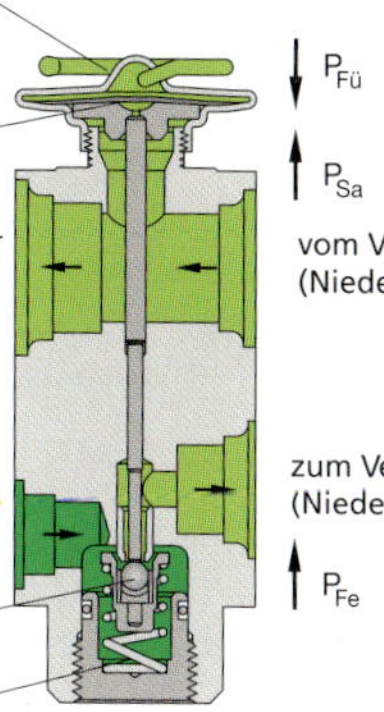

- Verdampfer
  Der Verdampfer ist ein Wärmetauscher, durch dessen Rohrleitung das dampfförmige Kältemittel strömt. Das Kältemittel wird im Verdampfer entspannt und kühlt dabei stark ab. Es geht in den gasförmigen Zustand über und siedet. Beim Sieden im Verdampfer werden Temperaturen unter dem Gefrierpunkt von Wasser erreicht. Die zum Verdampfen notwendige Wärme entzieht das Kältemittel der Luft, die durch den Verdampfer strömt. Diese kühle Luft wird in den Fahrgastraum geleitet. Feuchtigkeit der abgekühlten Luft setzt sich am Verdampfer ab und kondensiert. Die Luft wird damit getrocknet und verbessert das Raumklima im Fahrzeug. Mit dem Kondenswasser setzen sich auch Schwebestoffe der Luft ab, sodass zusätzlich die Luft gereinigt wird.

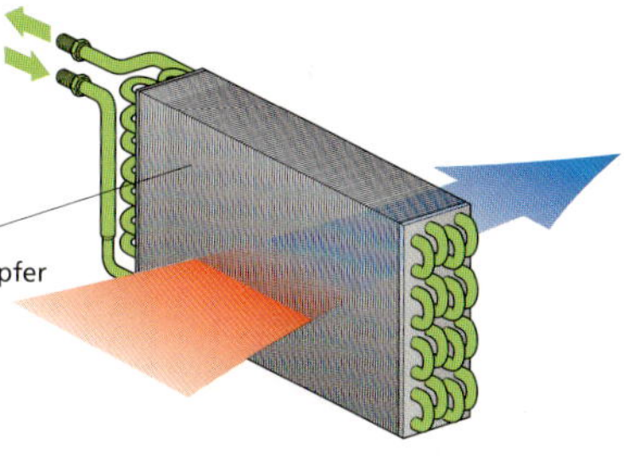

Systemregelung

Eingehende Signale vom Schalter für die Klimaanlage, vom Thermoschalter für den Lüfter, vom Geber für das Kühlmittel und für die Verdampfungstemperatur sowie vom Druckschalter im geschlossenen Kältemittelkreislauf werden im Steuergerät verarbeitet und in Signale zum Ein- und Ausschalten der Kühlerlüfter und zum Ein- und Ausschalten der Magnetkupplung des Kompressors umgesetzt.

Die Darstellung zeigt die Systemregelung einer einfachen manuellen Klimaanlage.

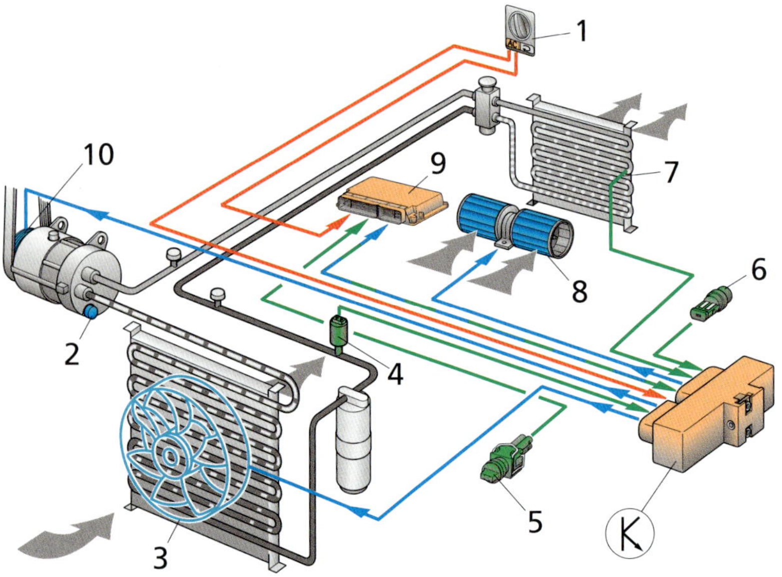

1 Schalter für Klimaanlage
2 Überdruckablassventil am Kompressor
3 Lüfter für Kühlmittel
4 Druckschalter für Klimaanlage
5 Geber für Kühlmitteltemperatur
6 Thermoschalter für Lüfter für Kühlmittel
7 Geber für Verdampfertemperatur
8 Frischluftgebläse
9 Motorsteuergerät
10 Magnetkupplung

(K) Steuergerät für Klimaanlage (und/oder Steuergerät für Lüfter für Kühlmittel, je nach Bauart der Anlage)

Automatische Temperaturregelung

Alle Klimaanlagen besitzen

- ein Steuergerät,
- Temperaturfühler für die Außentemperatur,
- Temperaturfühler für die Innentemperatur,
- Zusatzgeber z. B. als Korrekturgröße für Sonneneinstrahlung,
- Stellmotoren am Heizungs-/Klimagerät.

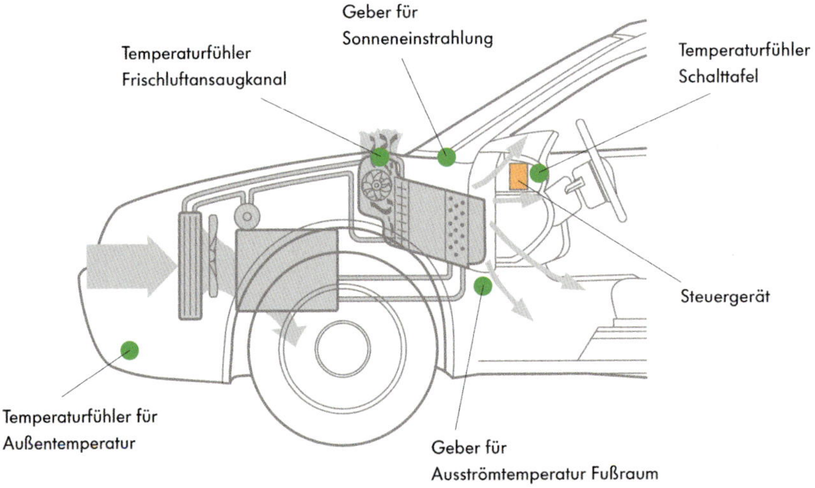

Das Steuergerät für die Klimaanlage wertet alle Signale der Sensoren aus, berechnet die Ausgangssignale entsprechend den vorprogrammierten Sollwerten und steuert über Endstufen die Stellmotoren am Heizungs-/Klimagerät an. Den Stellmotoren sind entsprechende Klappen zugeordnet.

Den Weg der Luft bei Klima- bzw. Heizungsbetrieb zeigen die folgenden Darstellungen.

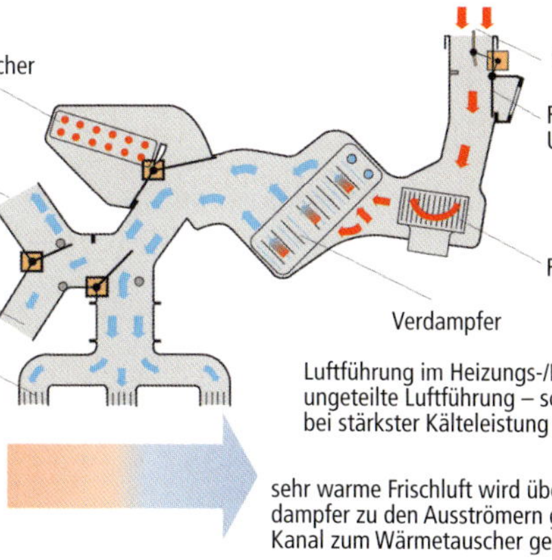

Luftführung im Heizungs-/Klimagerät ungeteilte Luftführung – schematisch – bei stärkster Kälteleistung

sehr warme Frischluft wird über den Verdampfer zu den Ausströmern geführt. Kanal zum Wärmetauscher geschlossen.

Klimabetrieb

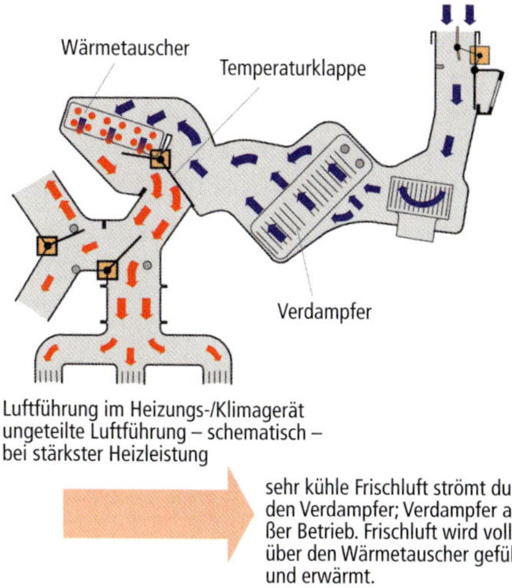

Luftführung im Heizungs-/Klimagerät ungeteilte Luftführung – schematisch – bei stärkster Heizleistung

sehr kühle Frischluft strömt durch den Verdampfer; Verdampfer außer Betrieb. Frischluft wird voll über den Wärmetauscher geführt und erwärmt.

Klimaanlage aus, Heizung ein

21.1.1.3 Klimaanlage mit automatischer Regelung (Climatronic)

Vom Prinzip her ist die automatisch geregelte Klimaanlage identisch mit der vorher beschriebenen Klimaanlage.
Die wesentlichen Unterschiede sind: ein extern geregelter Kompressor, ein Geber für Ausströmtemperatur und ein vernetztes Steuergerät.

- Extern geregelter Kompressor
  Dieser Kompressor besitzt ein Regelventil, das stufenlos angesteuert werden kann. Die Einstellung der Wunschtemperatur, Außen- und Innentemperatur, Verdampfertemperatur und Kältemitteldruck im Kältekreislauf wird über eine Steuerspannung durch Veränderung der Druckverhältnisse auf der Saugseite erreicht. Die Schrägstellung der Taumelscheibe ändert sich und damit das Hubvolumen und bestimmt so die Kälteleistung. Soll die Kühlleistung erhöht werden, wird das Regelventil vom Steuergerät für Klimaanlage angesteuert. Über Keilrippen-Riemenantrieb läuft der Kompressor auch bei ausgeschalteter Klimaanlage, allerdings mit reduziertem Fördervolumen des Kältemittels (2 %).

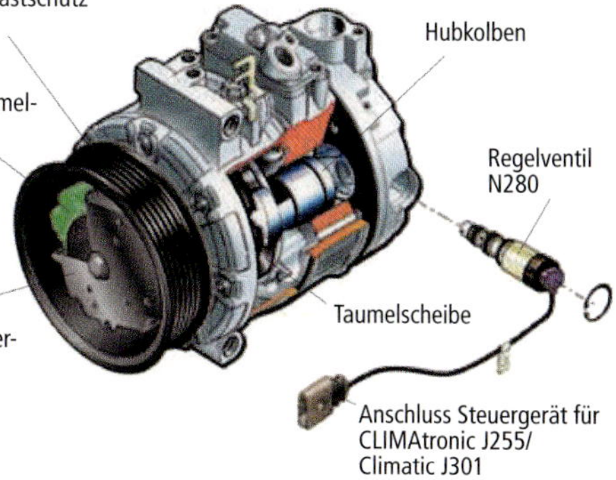

- Geber für Ausströmtemperatur
  Der Geber für die Ausströmtemperatur ist in den Luftkanal hinter dem Verdampfer eingebaut und erfasst die Ausströmtemperatur. Er verhindert eine Vereisung, indem er bei 0 °C die Klimaanlage abschaltet. Weiterhin kann die Ausströmtemperatur hinter dem Verdampfer zwischen 0 °C und ca. 10 °C eingeregelt werden.

- Steuergerät für Klimaanlage (Climatronic)
  Das Steuergerät ist mit anderen Steuergeräten vernetzt.

  Die Steuergeräte kommunizieren über die drei CAN-Datenbusse miteinander:
  - CAN-Datenbus-Infotainment: Steuergerät für Zusatzwasserheizung,
  - CAN-Datenbus-Komfort: Steuergerät für Lenksäulenelektronik, Anzeige- und Bedieneinheit, Komfortelektronik, Bordnetz,
  - CAN-Datenbus-Antrieb: Motorsteuergerät.

  Der Datenaustausch erfolgt über das Diagnose-Interface für Datenbus, das im Steuergerät für Anzeigeeinheit im Schalttafelsatz integriert ist.

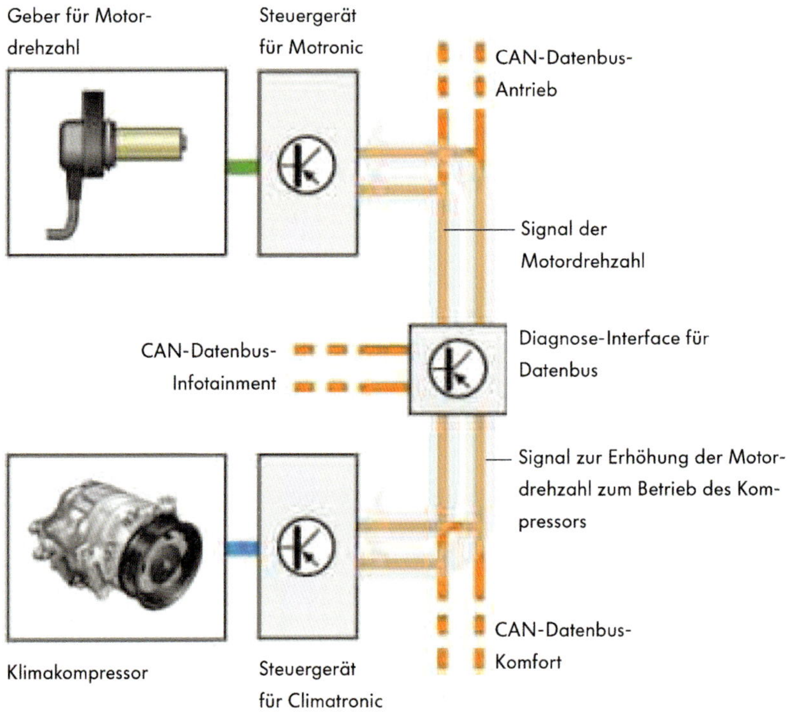

- 2-Zonen-Klimatisierung
  Die Klimaanlage ermöglicht eine 2-Zonen-Klimatisierung, d. h. unterschiedliche Temperaturen für Fahrer- und Beifahrerseite. Die Teilung in zwei Klimazonen erfolgt durch zwei Klappen im Inneren des Klimagerätes.

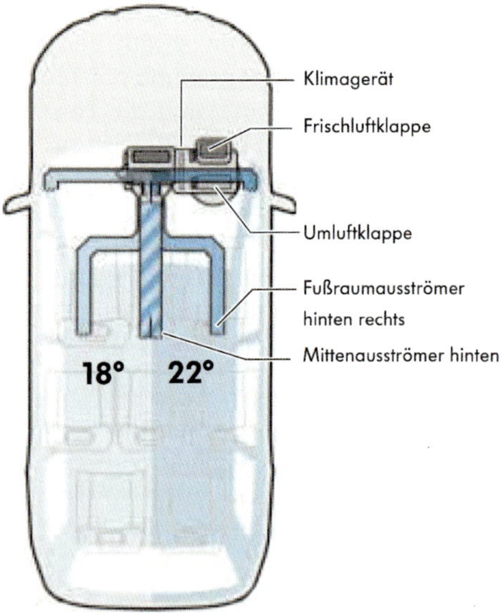

Die dargestellten Komponenten bilden einen Regelkreis und ermöglichen eine bedarfsgerechte Temperaturregelung.
In der Bedieneinheit sind alle temperatur- und belüftungsrelevanten Bedienelemente und das Steuergerät zusammengefasst:
Soll die Kaltleistung erhöht werden, wird das Regelventil vom Steuergerät angesteuert.

Es bewirkt über den Kolbenhub eine größere Schrägstellung der Trommelscheibe. Der Geber für Außentemperatur sorgt dafür, dass

- die Klimaanlage bei 0 °C nach Verdampfer abgeschaltet wird und dass
- in Verbindung mit dem extern geregelten Kompressor die Ausströmtemperatur nach Verdampfer zwischen 0 °C und 10 °C eingeregelt werden kann.

Ein Nachheizen der kalten Luft durch den Wärmetauscher entfällt damit.

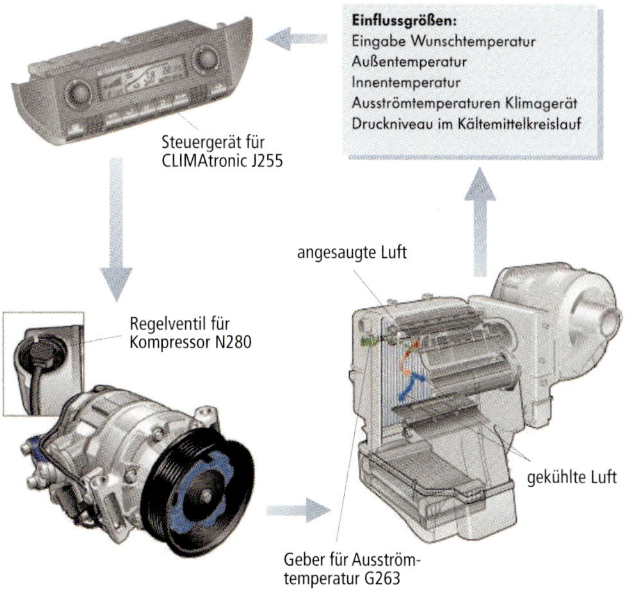

Systemübersicht 2C-Climatronic/ Climatic

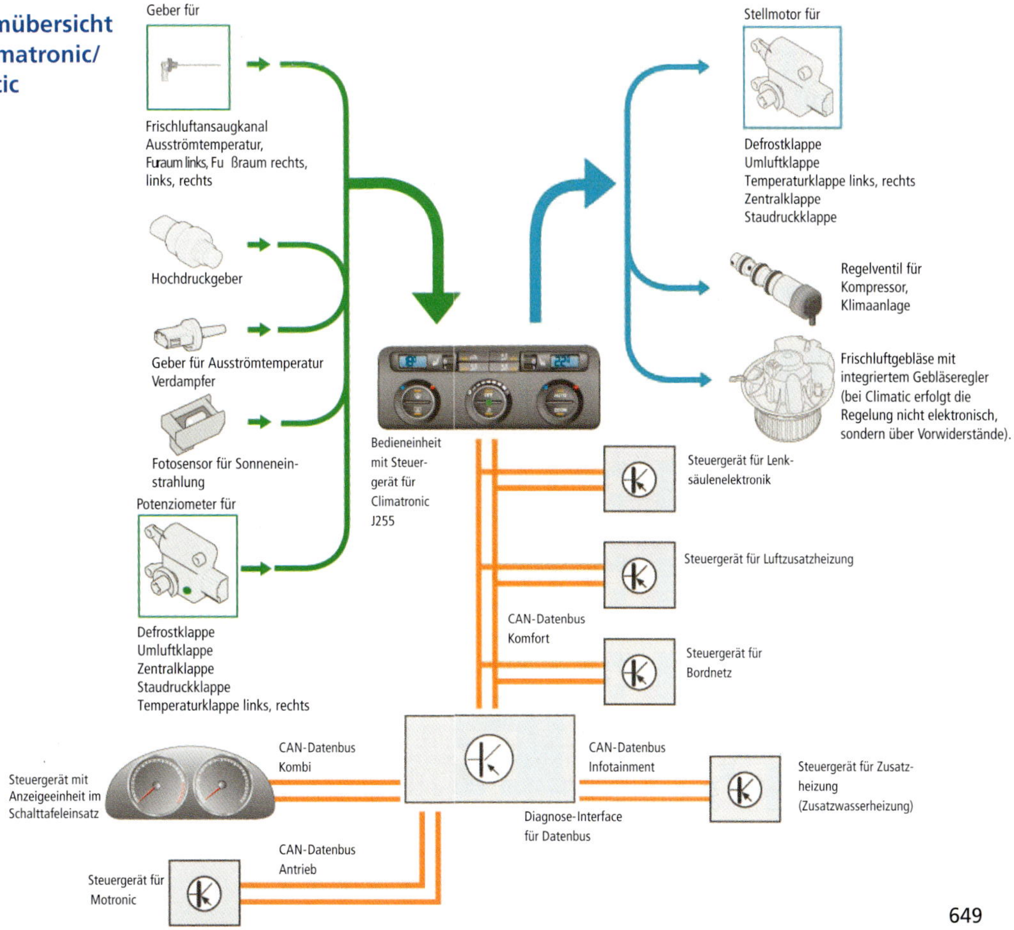

Elektrischer Schaltplan Klimaanlage

G89 Temperaturfühler – Frischluftansaugkanal
G261 Geber für Ausströmtemperatur, Fußraum links
G262 Geber für Ausströmtemperatur, Fußraum rechts
G263 Geber für Ausströmtemperatur Verdampfer
G150 Geber für Ausströmtemperatur links
G151 Geber für Ausströmtemperatur rechts
G134 Fotosensor für Sonneneinstrahlung
J255 Steuergerät für Climatronic
V70 Stellmotor für Zentralklappe (Schalttafel/Fußraum)
G112 Potenziometer – Stellmotor für Zentralklappe
V71 Stellmotor für Staudruckklappe
G113 Potenziometer – Stellmotor für Staudruckklappe
V107 Stellmotor für Defrostklappe
G135 Potenziometer im Stellmotor für Defrostklappe

Eingangssignal
Ausgangssignal
Plus
Masse
CAN-Datenbus

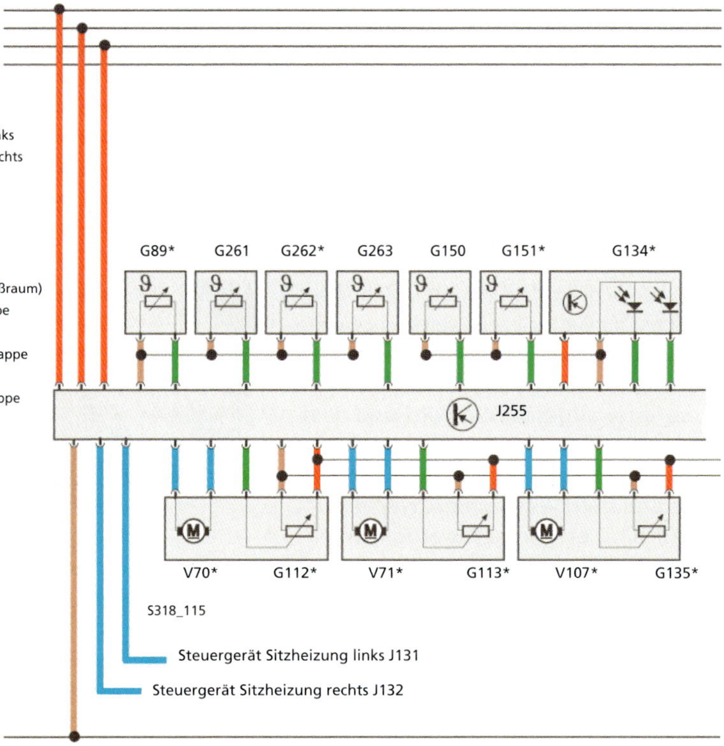

N280 Regelventil für Kompressor, Klimaanlage
G65 Hochdruckgeber
V2 Frischluftgebläse
J533 Diagnose-Interface für Datenbus
V154 Stellmotor für Umluftklappe
G143 Potenziometer im Stellmotor für Umluftklappe
V158 Stellmotor für Temperaturklappe links
G220 Potenziometer –
Stellmotor für Temperaturklappe links
V159 Stellmotor für Temperaturklappe rechts
G221 Potenziometer –
Stellmotor für Temperaturklappe rechts

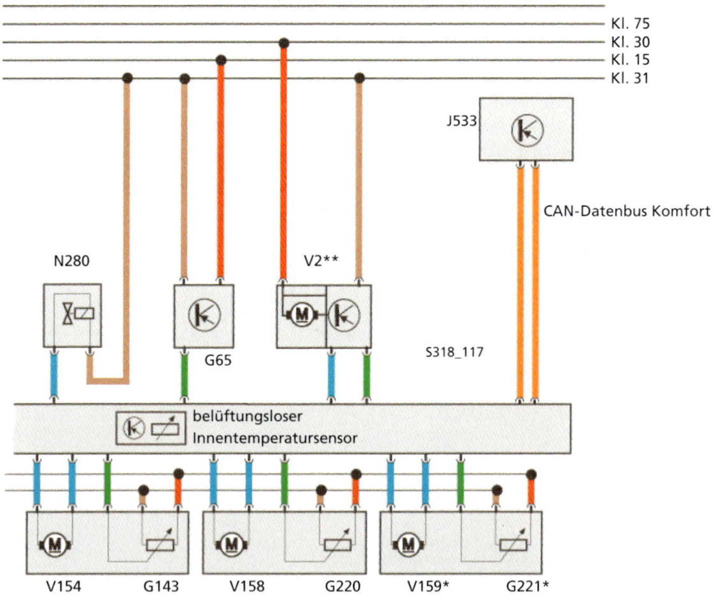

21.1.1.4 Arbeitssicherheit, Umweltschutz

Arbeiten am Kühlmittelkreislauf erfordern

- Spezialkenntnisse zur fachgerechten Reparatur,
- Kenntnisse der Sicherheitsvorschriften,
- Sachkundenachweis,
- eine gesonderte Gerätetechnik.

Die Klimaanlage wird durch Service-Recycling-Stationen entleert, evakuiert und befüllt. Das abgesaugte Kältemittel wird in der Station recycelt (getrocknet und von Schwebestoffen befreit) und nach der Reparatur wieder befüllt. Stark verschmutztes Kältemittel wird mit einer speziellen Station mit Recyclingflasche abgesaugt und der Entsorgung zugeführt.

Bei allgemeinen Reparaturen am Fahrzeug, z. B. Kühlerausbau, Motorausbau, darf der Kältemittelkreislauf nicht geöffnet werden. Der unmittelbare Kontakt mit Kältemittel ist zu vermeiden, damit keine Erfrierungen auf der Haut entstehen. Ist Kältemittel unkontrolliert ausgetreten, sind die folgenden Verhaltensanforderungen notwendig:

- Hautkontakt: Benetzte Kleidung sofort entfernen, Hautstellen mit viel Wasser abspülen.
- Augenkontakt: Augen mit Wasser 15 Minuten ausspülen, Arzt aufsuchen.

21.1.1.5 Elektrische Luftzusatzheizung

In Dieselmotoren wird eine elektrische Luftzusatzheizung eingebaut.

Die elektrische Luftzusatzheizung ist eine Kombination aus einem PTC-Heizelement und einem integrierten Steuergerät. Das PTC-Heizelement erwärmt sich auf maximal 160 °C. Der PTC-Widerstand besitzt eine selbstregelnde Eigenschaft, d. h. mit steigender Temperatur nimmt der Widerstand zu, wodurch der Stromfluss verringert und eine Überhitzung verhindert wird. Die elektrische Luftzusatzheizung erwärmt direkt die in den Innenraum eintretende Luft.

Sie bezieht alle Informationen für den Betrieb über den CAN-Datenbus Komfort.

Die Aktivierung der elektrischen Luftzusatzheizung erfolgt

- automatisch über CAN-Datenbus oder bei Anforderung durch die Bedieneinheit,
- wenn die Wassertemperatur kälter als 75 °C ist,
- die Drehzahl höher als 500 1/min ist,
- kein Lastmanagement aktiv ist.

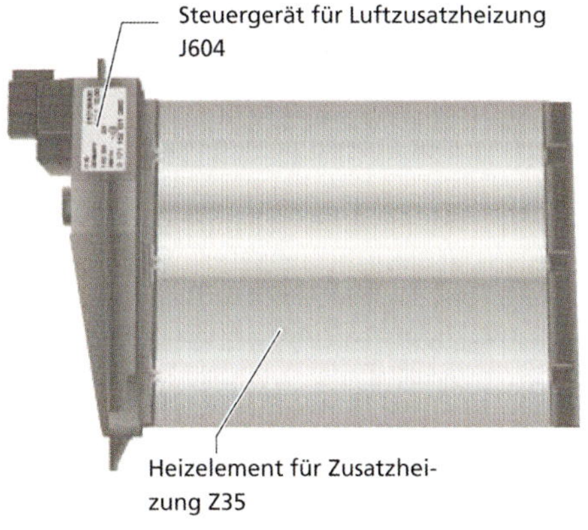

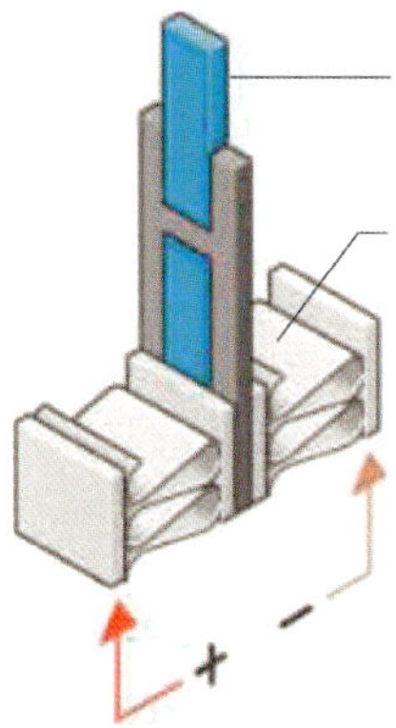

Funktionsablauf der elektrischen Luftzusatzheizung

Das Steuergerät für Luftzusatzheizung kommuniziert mit anderen Steuergeräten über den CAN-Datenbus-Komfort.

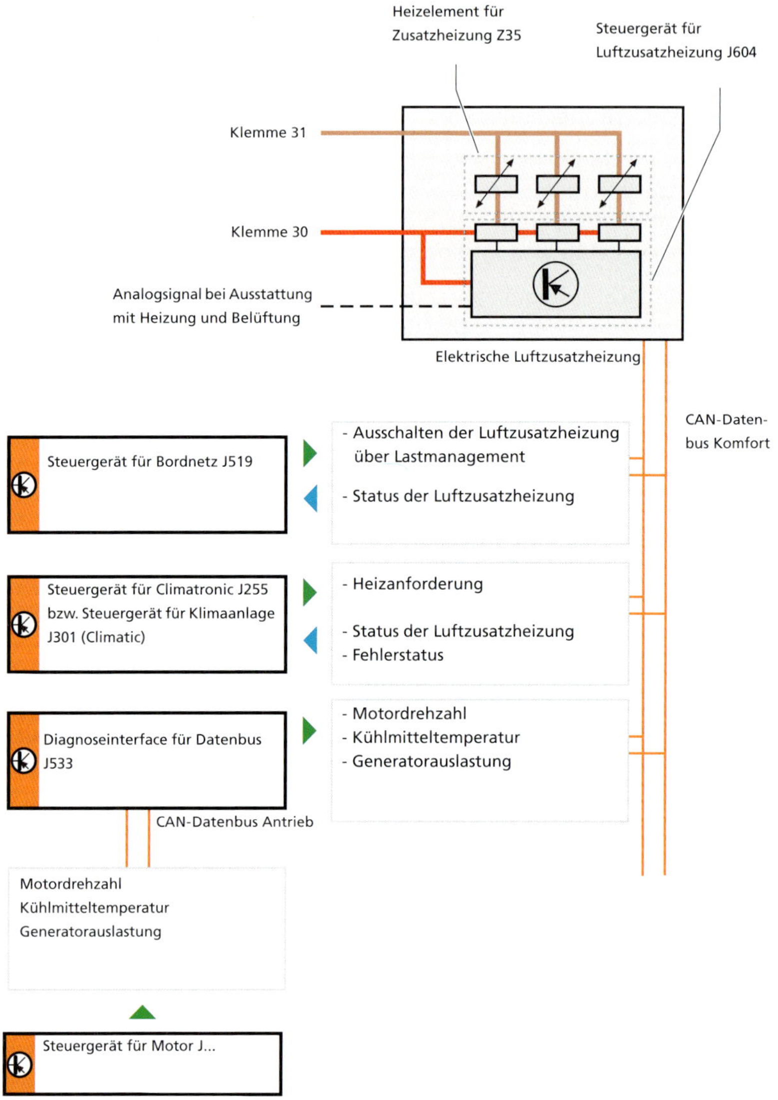

21.1.1.6 Zusatzwasserheizung

Die Zusatzwasserheizung dient als

- Standheizung zum Heizen des Fahrzeuginnenraumes und zum Entfrosten der Fahrzeugscheiben,
- Standlüftung zum Senken der Innentemperatur, wenn das Fahrzeug längere Zeit in der Sonne gestanden hat,
- Zuheizung bei Otto- und Dieselmotoren.

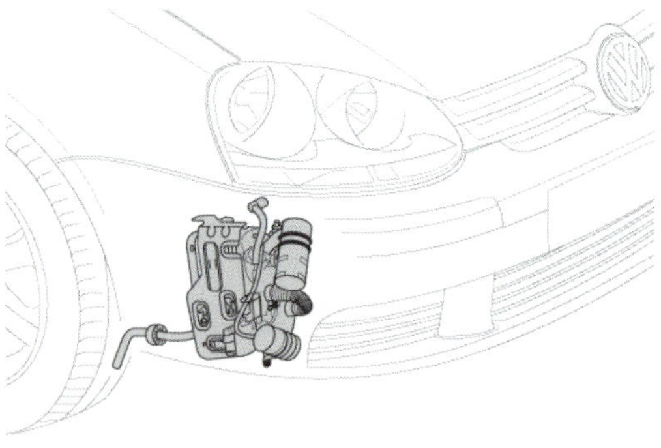

Die Zusatzwasserheizung wird aktiviert
- über die Sofortheiztaste an der Bedieneinheit,
- durch Programmierung über die Multifunktionsanzeige über das Display im Schalttafeleinsatz,
- mit einer separaten Funkfernbedienung.

Komponenten der Zusatzwasserheizung

Die Zusatzwasserheizung besteht aus folgenden Komponenten:

- Umwälzpumpe
  Sie sorgt für die Kühlmittelzirkulation. Die Ansteuerung der Umwälzpumpe wird getaktet vom Steuergerät für Zusatzwasserheizung.
- Absperrventil
  Das Absperrventil trennt während des Heizbetriebs den Kühlmittelkreislauf des Motors von den Heizungs-Wärmetauschern im Fahrzeug-Innenraum. Der Fahrzeug-Innenraum wird vorgewärmt und nicht der Motor.
- Dosierpumpe
  Sie übernimmt die Förderung des Kraftstoffes vom Kraftstoffbehälter zum Heizgerät. Sie dosiert den Kraftstoff im Heizbetrieb und sperrt den Zufluss nach Ausschalten des Heizgerätes.
- Verbrennungsluftgebläse
  Die Ansaugluft wird über ein Keramikgehäuse, das als Venturidüse geformt ist, geleitet. Sie unterstützt die Kraftstoffeinspritzung durch die Sogwirkung. Der Kraftstoff wird direkt vor dem Einspritzen vorgewärmt. Dazu wird ein PTC-Heizelement bei Betrieb der Zusatzwasserheizung bei Außentemperaturen unter 5 °C für ca. eine Minute vorgewärmt.
- Steuergerät
  Das Steuergerät ist im Heizgerät integriert. Zwei NTC-Temperaturfühler überwachen die Wassertemperatur.

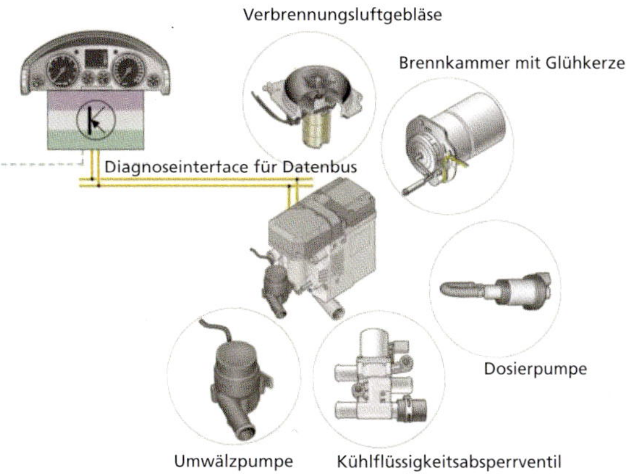

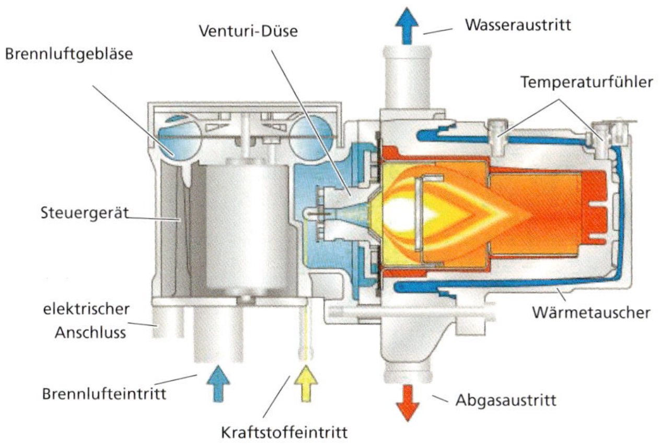

Einbindung der Zusatzwasserheizung

Die Darstellung zeigt die Einbindung der Zusatzwasserheizung in den Kühlmittelkreislauf eines Ottomotors. Der Kühlmittelfluss wird durch das Absperrventil gesteuert:

- Wird das Absperrventil angesteuert, ist die Pumpenventileinheit mit der Zusatzwasserheizung verbunden. Die Umwälzpumpe fördert das Kühlmittel durch den Wassermantel der Zusatzwasserheizung zur Pumpenventileinheit und von hier zu den Wärmetauschern, die den Fahrzeuginnenraum erwärmen. Anschließend fließt das Kühlmittel zurück zur Zusatzwasserheizung.
- Wird das Ventil nicht angesteuert, fließt das Kühlmittel von der Pumpenventileinheit zum Motor.

Bei Dieselmotoren entfällt das Absperrventil. Das Heizgerät ist ständig mit dem Kühlmittelkreislauf des Motors verbunden.

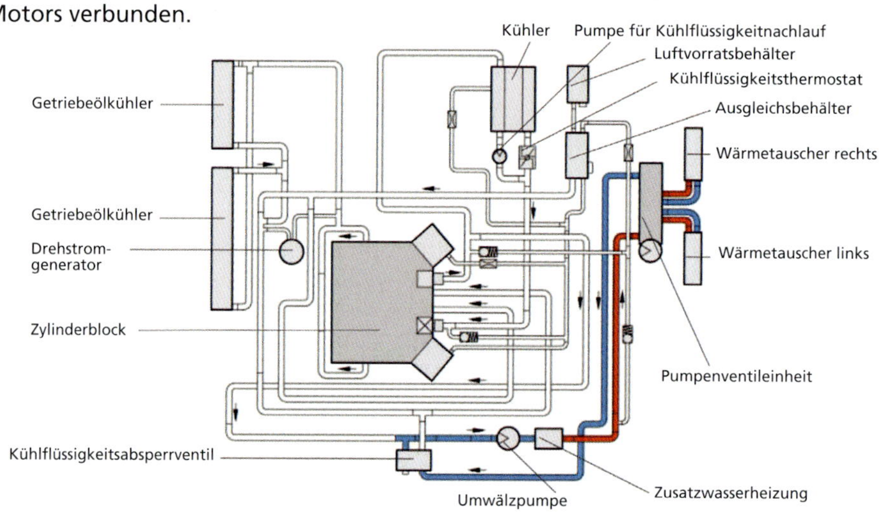

Systemübersicht

Das Steuergerät für Zusatzwasserheizung ist für CAN-Datenbus-Infotainment mit den anderen Steuergeräten verbunden, z. B. Steuergerät für Dachelektronik, Klimaanlage, Bedien- und Anzeigeeinheit für Klimaanlage, Bordnetz, Bedien- und Anzeigeeinheit für Information und Türsteuergeräte.

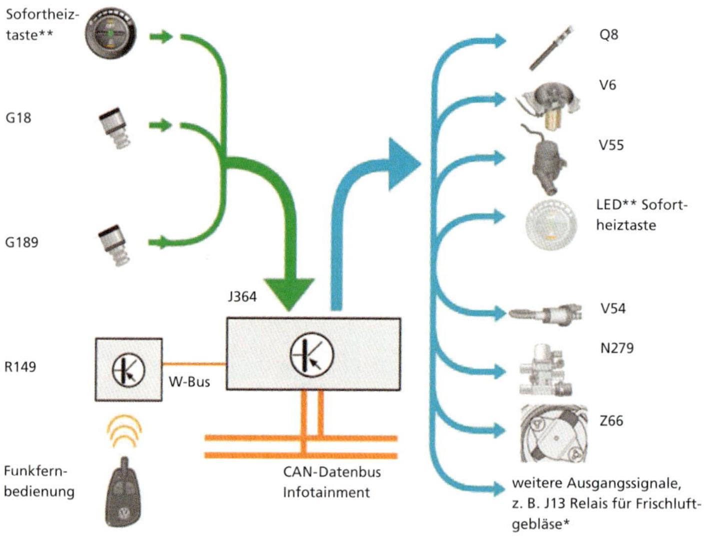

G18	Temperaturfühler
G189	Überhitzungsfühler
R149	Funkempfänger Zusatzwasserheizung
Q8	Glühkerze mit Flammenüberwachung
V6	Verbrennungsluftgebläse
V55	Umwälzpumpe
W-Bus	spezielle Datenleitung des Herstellers Webasto
J364	Steuergerät für Zusatzheizung (Zusatzwasserheizung)
V54	Dosierpumpe
N279	Absperrventil für Kühlmittel, Heizung
Z66	Heizelement für Kraftstoffvorwärmung (nur bei Diesel)

* nur bei Climatic und Heizung
** nur bei Heizung als Analogsignal, sonst über CAN-Datenleitung

Elektrischer Schaltplan Zusatzwasserheizung

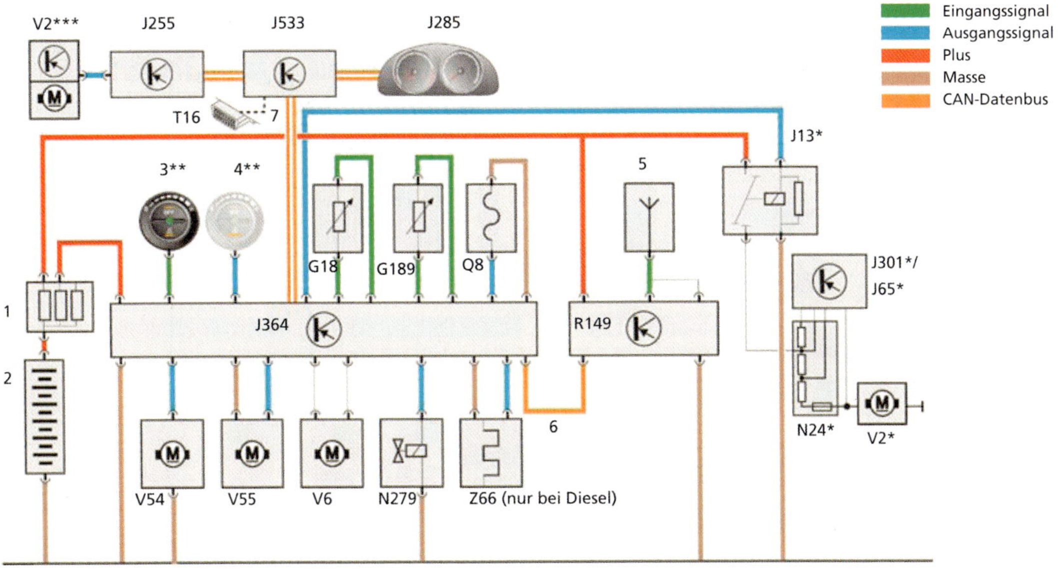

* nur bei Climatic und Heizung
** nur bei Heizung als Analogsignal, sonst über CAN-Datenleitung
*** Bei 2C-Climatronic wird das Frischluftgebläse V2 mit elektronischem Regler eingesetzt

1	Sicherung
2	Batterie
3	Sofortheiztaste
4	LED-Sofortheiztaste
5	Antenne
6	W-Bus, spezielle Datenleitung des Herstellers Webasto
7	CAN-Datenbus Infotainment
V2	Frischluftgebläse
J255	Steuergerät mit Anzeigeeinheit im Schalttafeleinsatz
T16	Diagnose-Stecker
G18	Temperaturfühler
G189	Überhitzungsfühler
Q8	Glühkerze mit Flammenüberwachung
J364	Steuergerät für Zusatzheizung (Zusatzwasserheizung)
R149	Funkempfänger Zusatzwasserheizung
V54	Dosierpumpe
V55	Umwälzpumpe
V6	Verbrennungsluftgebläse
N279	Absperrventil für Kühlmittel, Heizung
J13	Relais für Frischluftgebläse
Z66	Heizelement für Kraftstoffvorwärmung (nur bei Diesel)
J301	Steuergerät für Klimaanlage
J65	Steuergerät für Heizung
N24	Vorwiderstand für Frischluftgebläse mit Überhitzungssicherung

21.1.2 Sitzverstellung (Memoryfunktion)

Über die Memorytaster stellt das Steuergerät für die Sitzverstellung den Fahrersitz auf unterschiedliche Fahrerpositionen ein. Es können z. B. die folgenden Funktionen abgespeichert werden:

1 Längsverstellung
2 Höhenverstellung
3 Lehnenverstellung
4 Neigungsverstellung
5 auf/ab, vor/zurück

Hierzu sind im Sitz 7 Motoren eingebaut.

Die Sitze werden über Taster bedient, die sich am Vordersitz befinden. Über die Speichertaste wird die Position gespeichert. Sie kann über die Memory-Taster wieder abgerufen werden.

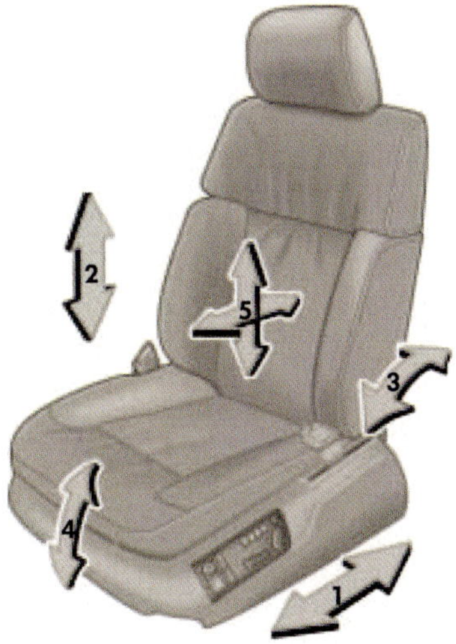

Systemübersicht Memoryfunktionen

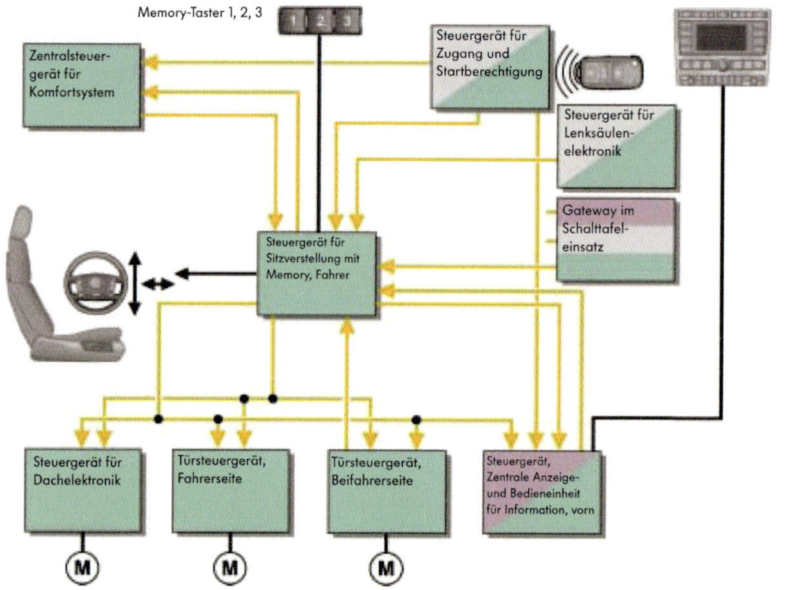

21.1.3 Komfortsystem einschließlich Fahrzeugsicherheitssystem

Das Komfortsystem besteht aus einem Zentralsteuergerät und mindestens zwei Türsteuergeräten.

Das Zentralsteuergerät hat folgende Funktionen:

- Zentralverriegelung
- Schließfunktionen für Fensterheber und Schiebedach
- Diebstahlwarnanlage überwacht Türen, Motor- und Heckklappe, Zündung auf unberechtigtes Öffnen und Betätigen
- Innenraumüberwachung mit Ultraschall
- Ansteuerung der Kontrolllampe für die Zentralverriegelung

Das Zentralsteuergerät stellt innerhalb des Komfortsystems die Verbindung zum Bordnetz und der Eigendiagnose dar.

Funktionen des Türsteuergerätes sind:

- Elektrisch einstellbare Außenspiegel mit Anklappfunktion
- Elektrische Fensterheber mit Überschusskraftbegrenzung

Übersicht Komfortsystem (schematisch)

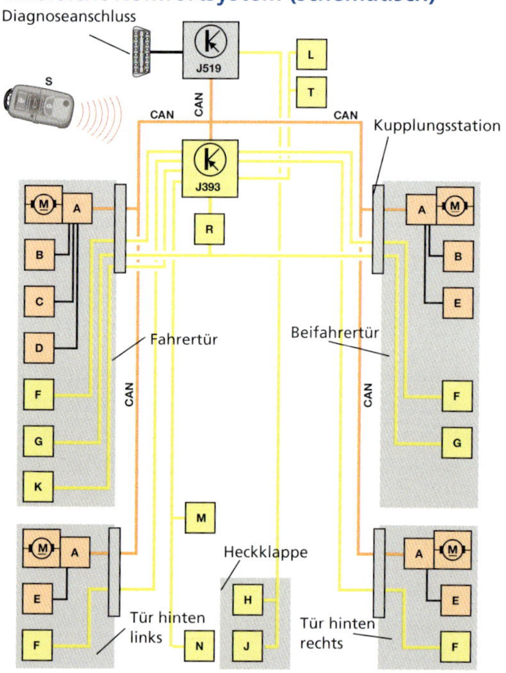

J393 Zentralsteuergerät für Komfortsystem
J519 Steuergerät für Bordnetz
A Türsteuergerät
B elektrisch verstellbarer Rückblickspiegel
C Spiegel- und Heizungsverstellschalter
D Bedienteil Fahrertür
E Schalter Fensterheber
F Türschloss-Zentralverriegelung
G Einstiegswarnleuchte
H Drehfallenschalter Heckklappe
J Grifftaste Heckklappe
K Kontrolllampe für Zentralverriegelung – SAFE –
L Sensoreinheit für Innenraumüberwachung
M Taster für Innenraumüberwachung
N Alarmhorn
R Relais für Warnleuchten, Türen
S Funkfernbedienung
T Steuergerät für Schiebedachverstellung

21.2 Fahrerassistenzsysteme

21.2.1 Einparkhilfe

Die Einparkhilfe soll dem Fahrer beim Einfahren in Parklücken helfen. Das System arbeitet mit Ultraschall. Die Sensoren sind vorn und hinten im Stoßfänger verbaut. Das System besteht aus folgenden Komponenten und Funktionen:

- je sechs Sensoren vorn und hinten
- Erkennen eines Hindernisses links und rechts
- LED-Anzeigemodule vorn und hinten
- optische und akustische Warnung

Je mehr sich der Abstand verringert, desto mehr Segmente werden aktiviert.

Das akustische Signal wird auf dem CAN-Datenbus-Komfort gesendet und vom Steuergerät für das Digitale Sound Paket empfangen, verarbeitet und über die Lautsprecher ausgegeben.

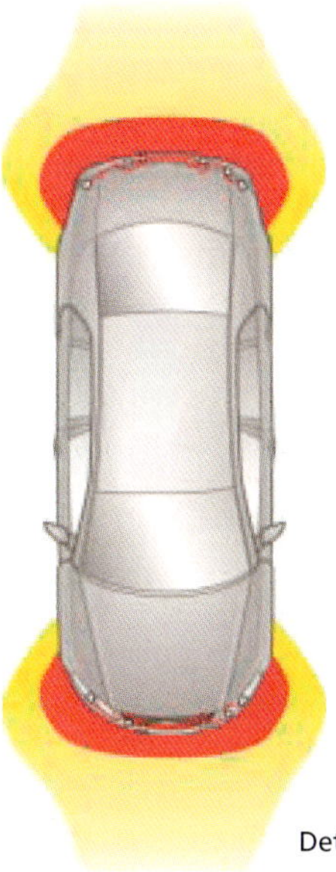

Detektionsbereiche

Die Einparkhilfe wird automatisch bei Einschalten der Zündung aktiviert und kann manuell mit dem Taster am Schalttafelsatz deaktiviert werden.

Systemübersicht Einparkhilfe

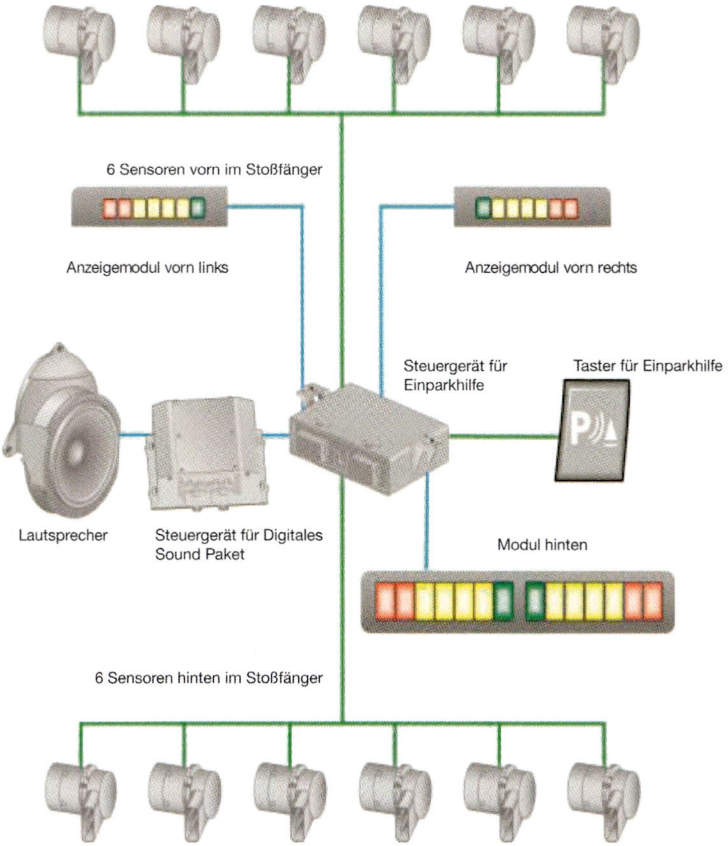

21.2.2 Automatische Distanzregelung (ADR)

Die automatische Distanzregelung ist ein Fahrerassistenzsystem zur Komfortsteigerung. Es entlastet den Fahrer beim Fahren und trägt damit zur aktiven Sicherheit bei. ADR ist eine Weiterentwicklung der Geschwindigkeitsregelanlage.

Systemübersicht Automatische Distanzregelung

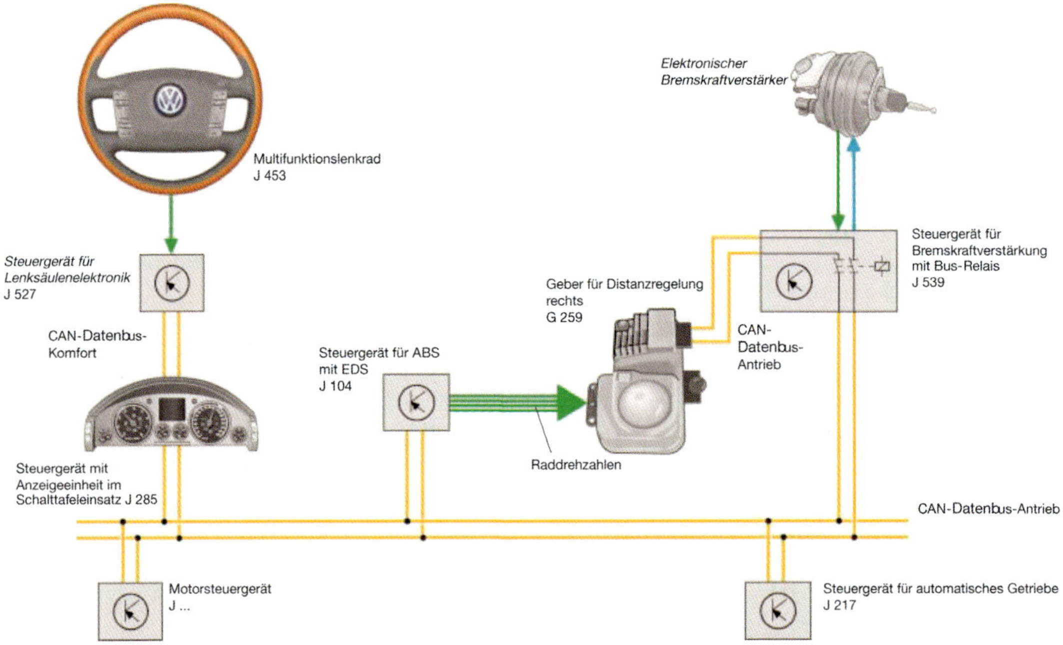

Kernstück der ADR ist ein im Stoßfänger eingebauter Geber für die Distanzregelung. Er sendet Radarimpulse aus und erfasst ein bis 120 m vorausfahrendes Fahrzeug. Treffen die Radarimpulse auf das Fahrzeug, werden sie reflektiert und die Werte von einem im Radargeber integrierten Rechner mit hoher Rechenleistung ausgewertet. Dazu gehören folgende Berechnungen:

- Fahrspurvorhersage
- Auswahl des relevanten Objekts
- Abstands- und Geschwindigkeitsregelung
- Ansteuerung des Motorsteuergerätes, Bremskraftverstärkers und des Schalttafeleinsatzes

Der elektronische Bremskraftverstärker kann mittels eines elektronischen Ventils die Bremse betätigen. Ein zugehöriges elektronisches Steuergerät sorgt für eine feinfühlige Dosierung der Bremse. Die Bedienung des ADR-Systems erfolgt hauptsächlich über die Tasten des Multifunktionslenkrades. Die Lenkradtasten sind an das Steuergerät für die Lenksäulenelektronik angeschlossen, das die Daten über den CAN-Datenbus-Komfort an den Schalttafeleinsatz sendet. Im Schalttafeleinsatz werden dem Fahrer Informationen zum ADR-Status, zu den Fahrereingaben und Warnhinweise angezeigt und teilweise durch akustische Signale unterstützt. Der Datenaustausch mit der Motorelektronik, dem ESP und der Getriebesteuerung erfolgt über den CAN-Datenbus-Antrieb. Die Drehzahlsignale der Radsensoren werden dem Geber für die Distanzregelung aus dem Steuergerät für ABS mit EDS direkt zugeführt.

Im aktiven Zustand des ADR-Systems kann durch Betätigen des Fahrpedals die ADR-Funktion unterbrochen und das Fahrzeug beschleunigt werden. Das Treten des Bremspedals führt zum sofortigen Abschalten der ADR-Funktion.

21.3 Insassensicherheitssysteme

21.3.1 Sicherheit im Fahrzeug

Durch Maßnahmen der aktiven und passiven Sicherheit soll der Fahrgast vor Verletzungen durch Unfälle geschützt werden.

Aktive Sicherheit	Passive Sicherheit
Aktive Sicherheit bieten technische Hilfsmittel bzw. Konstruktionen, die dazu beitragen, einen Unfall zu verhindern. Dazu gehören: • Zweikreisbremssystem mit ABS und ASR • Fahrdynamikregelung ESP • Leistungsstarker Motor • Fahrsichere Bereifung • Lichtstarke Scheinwerfer • Heizbare Heckscheibe • Bremsassistent	Passive Sicherheit bieten Hilfsmittel und konstruktive Maßnahmen, die bei einem Unfall die Unfallfolgen für die Fahrzeuginsassen so gering wie möglich halten. Dazu gehören: • Sicherheitsgurte • Kopfstützen • Airbag, Gurtstraffer • Sicherheitslenkung • Sicherheitsfahrgastzelle • Gepolsterte Instrumentenanlage • Maßnahmen zum Brandschutz

21.3.2 Airbag

Airbagsysteme sind dem passiven Sicherheitsbereich des Fahrzeugs zuzuordnen und haben die Aufgabe, die Unfallrisiken für die Fahrzeuginsassen möglichst gering zu halten.

Frontairbag

Frontairbags sollen Fahrer und Beifahrer vor Kopf- und Brustverletzungen bei einem Aufprall auf feste Hindernisse bis zu 60 km/h schützen. Pyrotechnische Gasgeneratoren blasen nach einem von Sensoren erkannten Fahrzeugaufprall Fahrer- und Beifahrerairbag in ca. 40 ms auf.

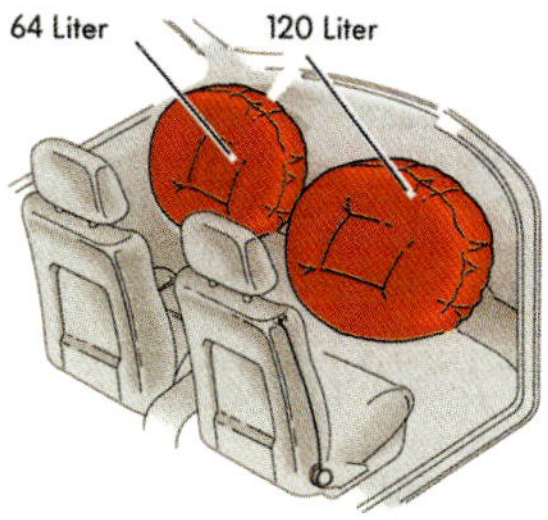

Thoraxairbag/Seitenairbag

Airbags für den Thorax wirken bei einem Seitenaufprall und sind in den Verkleidungen der Türen eingebaut. Sie schützen die Fahrzeuginsassen im Bereich des Brustkorbs und Beckens gegen seitliche Quetschungen, Rippenbrüche und Verletzungen der Lungen. Ihre Auslösung erfolgt nur auf der dem Crash zugewandten Seite. In Verbindung mit dem Kopfairbag wird der Thoraxairbag zu einem effizienten Schutz für die Insassen bei Seiten- und Mehrfachkollisionen, da das Füllgas nur langsam entweichen kann.

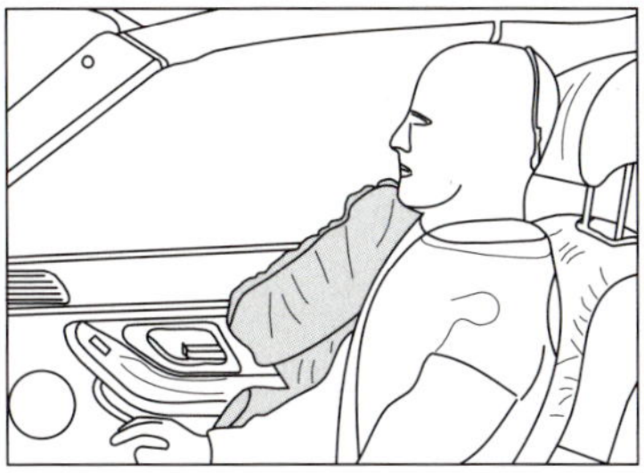

Kopfairbag

Durch Kopfairbags ist das nach außen Pendeln des Kopfes selbst bei schweren Seitencrashs sicher zu verhindern. Dies führt zu geringeren Halsscherkräften und damit weniger Kopfverletzungen. Das ebenfalls ausgefaltete Segel schützt gegen Glassplitter und eindringende Teile. Die Abbildung zeigt einen Kopfairbag für Front- und Fondinsassen.

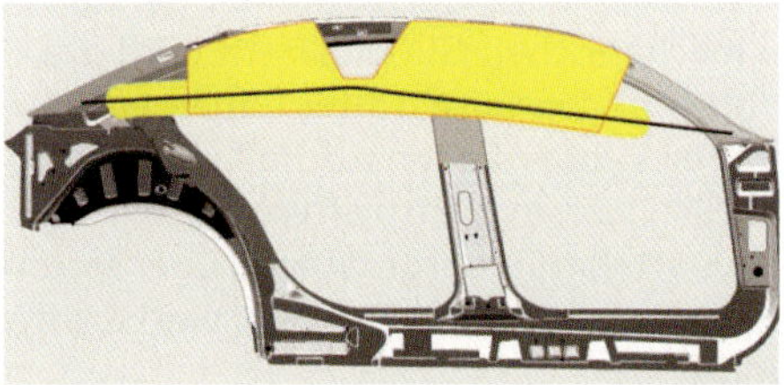

21.3.3 Sensoren

Beschleunigungssensor

Heute finden überwiegend mikromechanische Beschleunigungssensoren Anwendung. Der Sensor besteht aus einem Feder-Masse-System, dessen Masse beim Aufprall die Feder verbiegt. Die auf der Feder angeordneten Dehnmessstreifen (Widerstände) oder Piezoelemente verändern beim Biegen ihren Widerstand und damit auch den Strom bzw. die Spannung.

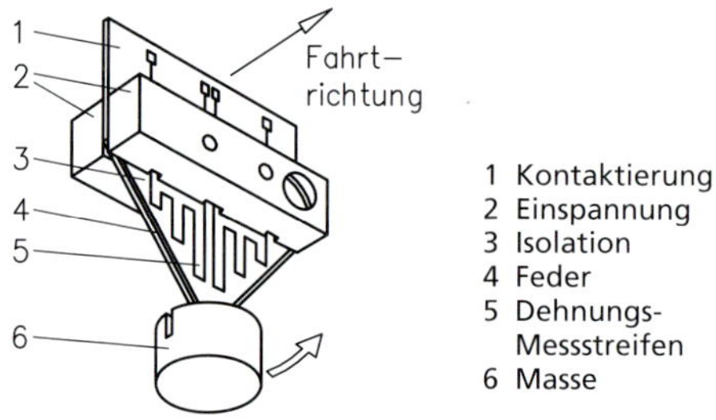

Das Spannungssignal wird abgegriffen und von der Auswerteelektronik ausgewertet.

Druck- oder Infrarotsensoren zur Sitzbelegungserkennung

Um das unnötige Auslösen eines Airbags zu verhindern, benötigt das Auslösegerät Informationen über die Belegung der Sitze im Fahrzeug. Hierzu werden Drucksensoren oder Infrarotsensoren in die Sitze eingearbeitet.

21.3.4 Gasgeneratoren

Gasgenerator (einstufige Auslösung)

Beim Gasgenerator benutzt man die Verbrennungsgase eines Festtreibstoffs aus Natriumazid in Tablettenform, um den Luftsack aufzublasen. Zum Zünden des Treibsatzes dient der im Zentrum eingebaute Zünder.

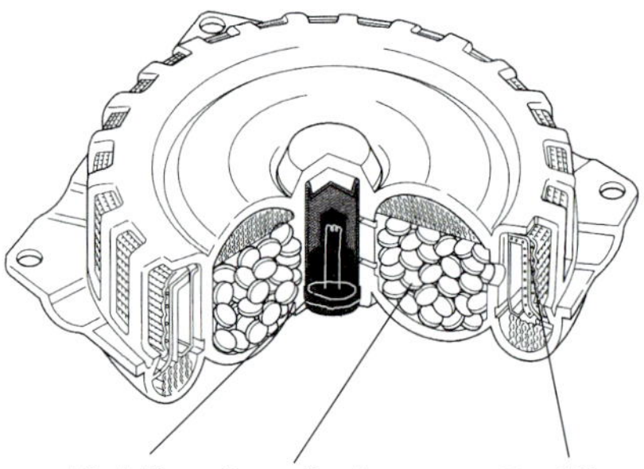

Hybrid-Generator

Der Hybrid-Generator enthält komprimiertes Gas, das durch eine Membran vom Luftsack getrennt ist. Beim Zünden einer Primärladung wird diese zerstört und das unter hohem Druck stehende Füllgas kann in den Luftsack einströmen.

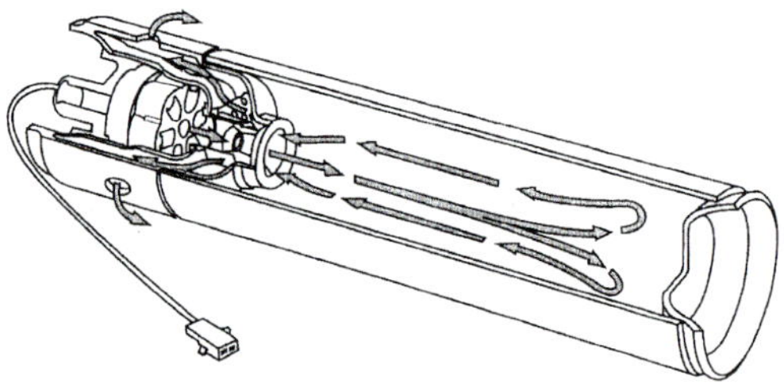

21.3.5 Gurtstraffer

Gurtstraffer, auch Gurtstrammer genannt, arbeiten auf mechanischer oder pyrotechnischer Basis. Bei mechanischen Gurtstraffern wird das Gurtschloss durch die Kraft einer Feder zurückgezogen. Pyrotechnische Gurtstraffer haben aufgrund höherer Straffleistung, Auslösemöglichkeiten bei einem Heck- oder Seitenaufprall und geringeren Fehlauslösungen ein erheblichen Vorteil. Bei den pyrotechnischen Gurtstraffern werden durch Beschleunigungssensoren die Verzögerungswerte erfasst, und vom Steuergerät wird über einen elektrischen Impuls die Zündung eines Treibsatzes durch eine Zündpille eingeleitet. Die Gurtstraffer sind über eine Aufrollvorrichtung mit dem Gurt verbunden.

Gurtstraffersysteme

Rotationsgurtstraffer mit Kugelbetätigung

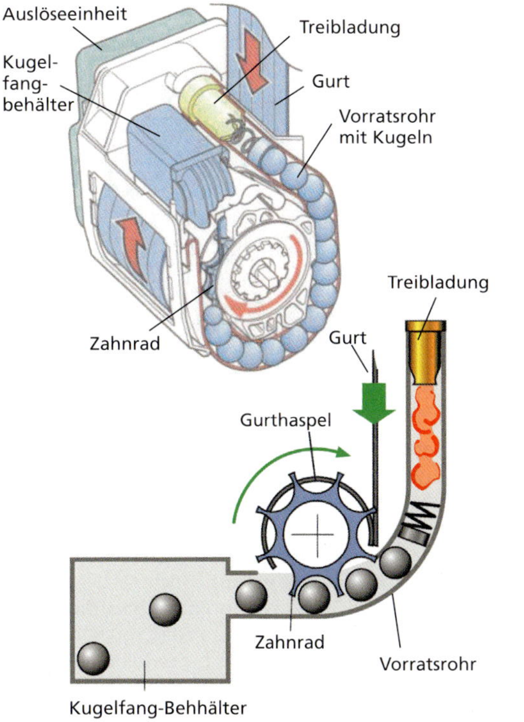

Die Gurthaspel wird durch die Bewegungsenergie der Kugeln angetrieben. Wird die Treibladung gezündet, setzt sie die Kugeln in Bewegung und treibt sie über das Zahnrad in den Kugelfang-Behälter.

Gurtstraffer mit Wankelmotor

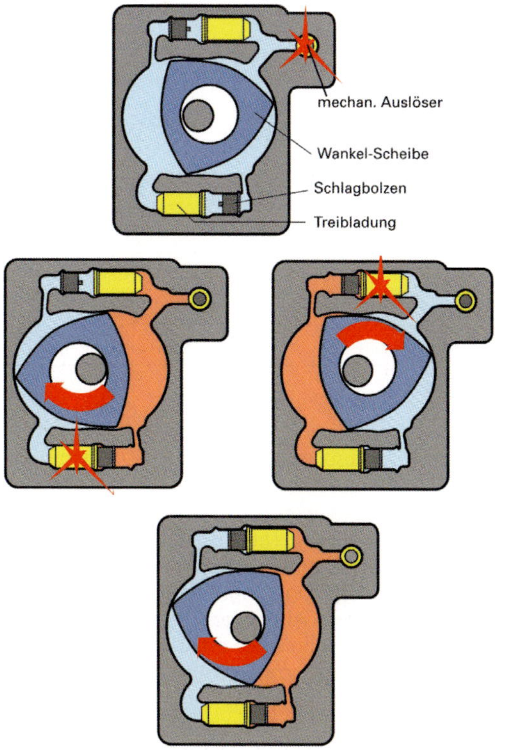

Der „Wankelmotor" wird durch drei Treibladungen angetrieben, die nacheinander gezündet werden.

21.3.6 Gurtkraftbegrenzer

Gurtkraftbegrenzer begrenzen während eines Unfalls die Zugkraft des Gurtes und vermindern das Risiko von Quetschungen und Knochenbrüchen. Erreicht wird dies durch eine Torsionswelle in der Gurtrolle bzw. Gurthaspel, die wie eine Feder arbeitet.

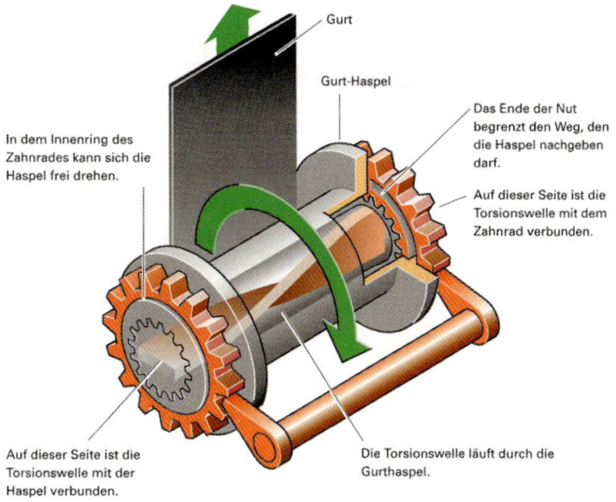

21.3.7 Auslösevorgänge

Damit die Auslöseelektronik nach spätestens zehn Millisekunden eine qualifizierte Entscheidung über das Zünden der Sicherheitseinrichtungen treffen kann, sind möglichst genaue Werte der Verzögerungsvorgänge während des Crashs notwendig. Diese Werte werden von Beschleunigungssensoren erfasst, die die Verzögerung des Fahrzeuges während der Kollision in elektrische Signale umsetzen. Die Verzögerungsvorgänge laufen nicht linear ab, sondern sind zum Beispiel abhängig vom Fahrzeugtyp, von der Karosseriestruktur und der Art der Kollision.

Auslösungsstrategie

Verzögerungskurven bei einem Frontalaufprall und verschiedenen Geschwindigkeiten

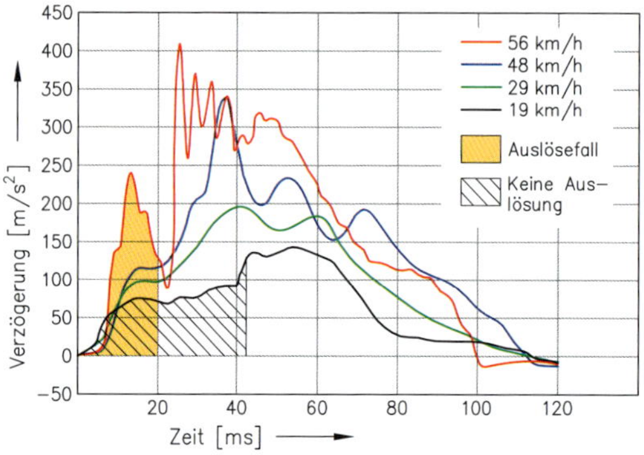

Damit die Auslösevorgänge des Sicherheitssystems möglichst früh bestimmbar sind und tödliche Verletzungen verhindert werden können, liegen im Speicher der Airbagsteuergeräte ausgewertete Daten von mehreren hundert Unfalltypen bereit. Erst dadurch ist die beginnende Verzögerungskurve vom Airbagrechner bereits vor dem Ablauf von zehn Millisekunden nach dem Crashereignis bewert- und auf das zu erwartende Ergebnis hochrechenbar. Selbst wenn der Fahrer bzw. Beifahrer seiner Anschnallpflicht nicht nachgekommen ist, wird dies vom System über den Gurtschlosskontakt erkannt und die Auslösestrategie der Airbags entsprechend variiert. Der Airbag wird dann einige Millisekunden früher ausgelöst.

Verzögerungskurve bei einem Unterfahrcrash

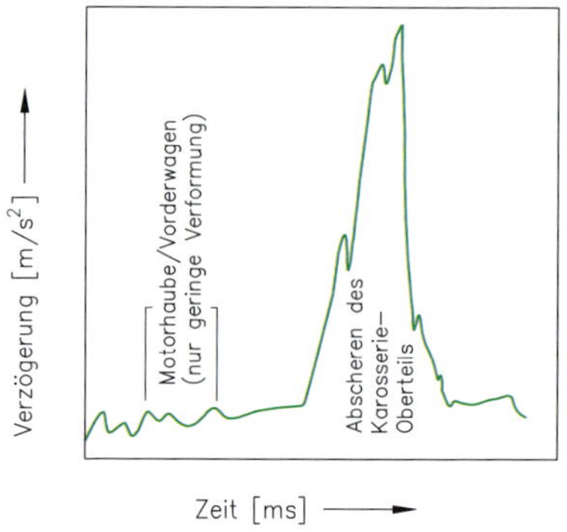

Die folgende Abbildung zeigt den Ablauf der Auslösezeitpunkte bei einem frontalen Maueraufprall und angegurtetem Fahrer und Beifahrer. Nach etwa zehn Millisekunden lösen gleichzeitig der Fahrer-, Beifahrerairbag, die Gurtstrammer und die Endbeschlagstrammer links und rechts aus. Nach ca. 50 Millisekunden folgt der Gurtkraftbegrenzer links, die Stufen 2 für den Fahrer- und Beifahrerairbag sowie der Auslöseimpuls für die Sicherheitsbatterieklemme. Der Gurtkraftbegrenzer für den Beifahrer reagiert erst nach ca. 60 Millisekunden, da der Beifahrer einen größeren Weg als der Fahrer zum Luftsack des Airbags zurücklegt.

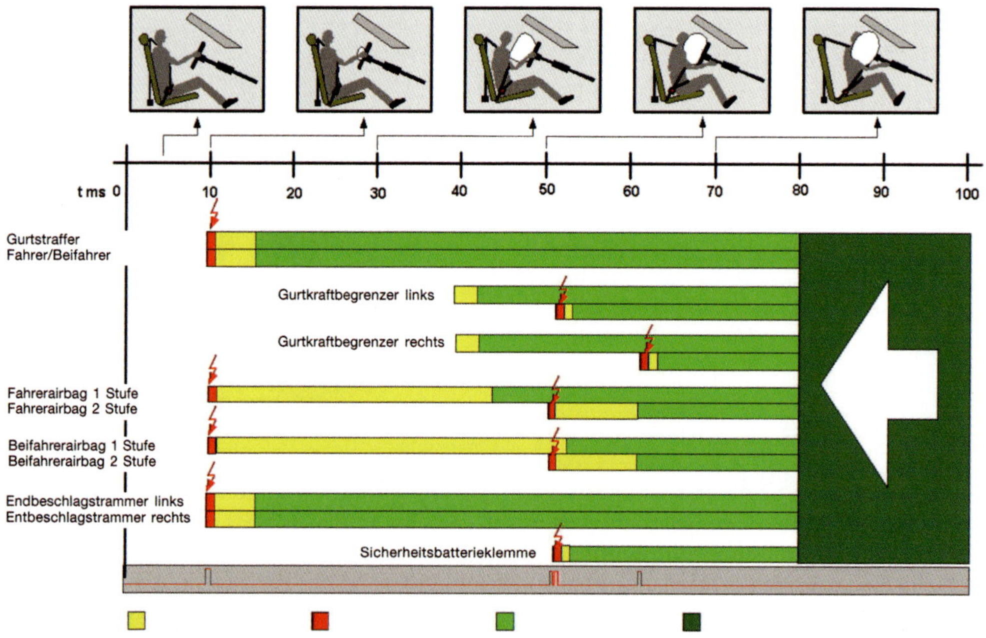

21.3.8 Systemübersicht Insassenschutz

Das System verfügt über Fahrer-, Beifahrer und Seitenairbags, Dreipunktgurte mit Kugelstraffer und Gurtbegrenzung. Sechs Beschleunigungsaufnehmer – 2 Crashsensoren für den Frontairbag, 2 Crashsensoren für Seiten-/Kopfairbag vorn, 2 Crashsensoren für den Seiten-/Kopfairbag hinten – liefern digitalisierte Beschleunigungsdaten an das Steuergerät für den Airbag. Die Daten werden vom Steuergerät für den Airbag ausgewertet. Die jeweiligen Komponenten des Rückhaltesystems werden ausgelöst.

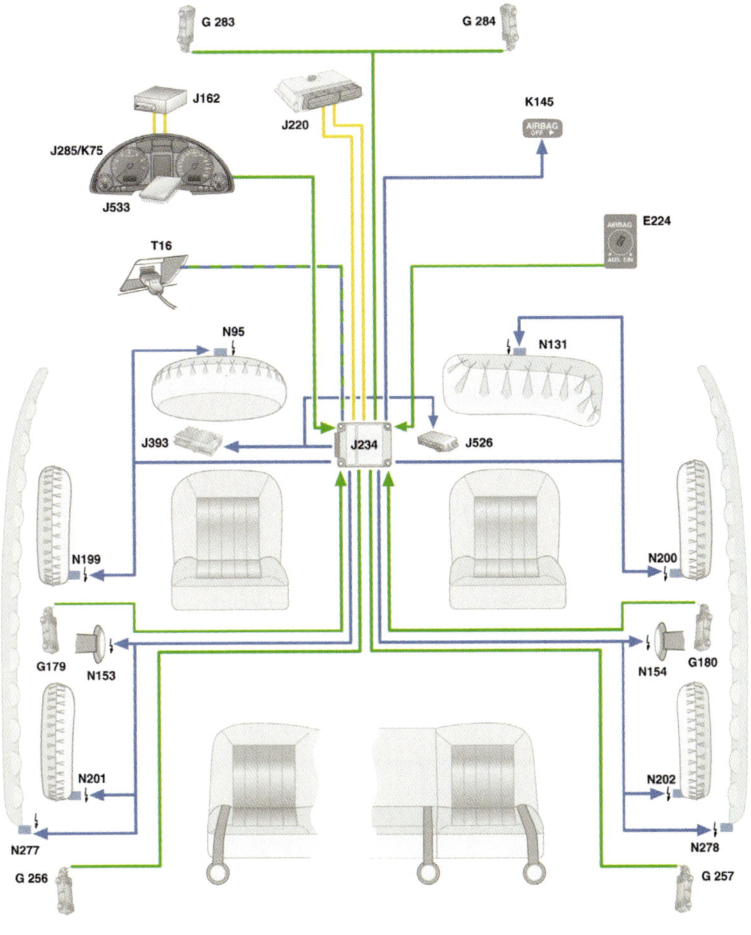

Legende

E224 Schlüsselschalter für Abschaltung Airbag, Beifahrerseite
G179 Crashsensor für Seitenairbag, Fahrerseite (B-Säule)
G180 Crashsensor für Seitenairbag, Beifahrerseite (B-Säule)
G256 Crashsensor für Seitenairbag hinten, Fahrerseite
G257 Crashsensor für Seitenairbag hinten, Beifahrerseite
G283 Crashsensor für Frontairbag, Fahrerseite
G284 Crashsensor für Frontairbag, Beifahrerseite
J162 Steuergerät für Heizung
J220 Steuergerät für Motronic
J234 Steuergerät für Airbag
J285 Steuergerät mit Anzeigeeinheit im Kombiinstrument
J393 Zentralsteuergerät für Komfortsystem
J526 Steuergerät für Telefon/ Telematik
J533 Diagnose-Interface für Datenbus (Gateway)
K75 Kontrolllampe für Airbag
K145 Kontrolllampe für Airbag aus, Beifahrerseite
N95 Zünder für Airbag, Fahrerseite
N131 Zünder 1 für Airbag, Beifahrerseite
N153 Zünder für Gurtstraffer, Fahrerseite
N154 Zünder für Gurtstraffer, Beifahrerseite
N199 Zünder für Seitenairbag, Fahrerseite
N200 Zünder für Seitenairbag, Beifahrerseite
N201 Zünder für Seitenairbag hinten, Fahrerseite
N202 Zünder für Seitenairbag hinten, Beifahrerseite
N277 Zünder für Kopfairbag in B-Säule, Fahrerseite
N278 Zünder für Kopfairbag in B-Säule, Beifahrerseite
T16 Steckverbindung, 16-fach, Diagnosekupplung

21.3.9 Sonderfunktionen im Crashfall

Wenn im Crashfall die Airbags ausgelöst werden, gibt das Steuergerät für den Airbag gleichzeitig ein „Crashsignal" über den CAN-Datenbus-Antrieb an das Motorsteuergerät und an das Gateway aus (Steuergerät für Bordnetz mit integriertem Interface für Datenbus). Das Motorsteuergerät schaltet über das Kraftstoffpumpenrelais die Kraftstoffzufuhr ab. Das Gateway leitet das Crashsignal zum CAN-Datenbus-Komfort weiter. Es entriegelt alle Türen, das Steuergerät für das Bordnetz schaltet die Innenbeleuchtung und die Warnblinkanlage ein.

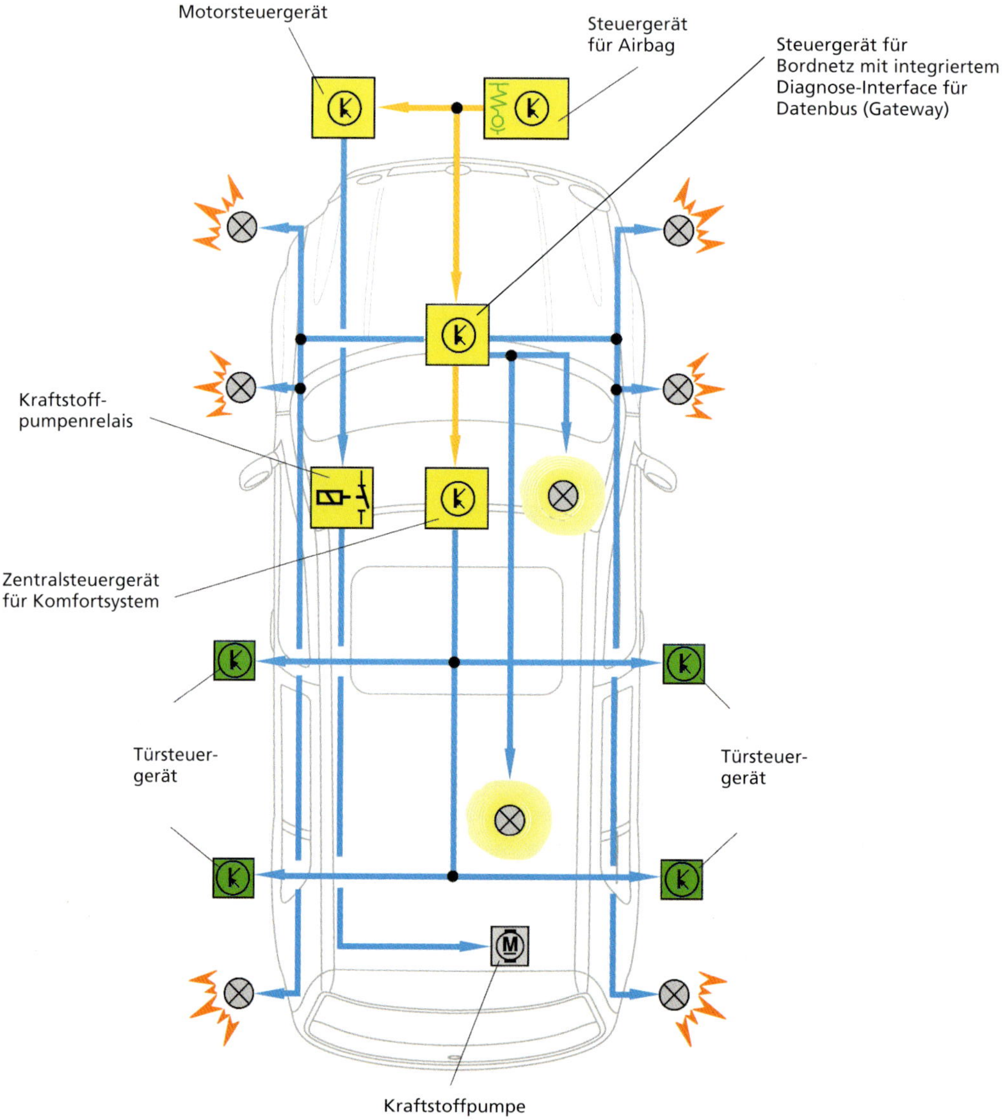

21.3.10 Arbeits- und Gesundheitsschutz

Die Fehlersuche an Airbag-Systemen beschränkt sich auf die Abfrage der Fehlerspeicher und überwiegend auf die Überprüfung der Steckverbindungen, der Leitungen für die Spannungsversorgung und zu den Sensoren und Aktoren. Ist hier kein Fehler zu finden, liegt die Fehlerursache im Steuergerät. Prüf-, Montage- und Instandsetzungsarbeiten an Airbag-Sytemen dürfen nur von geschulten Personal durchgeführt werden. Im Umgang mit pyrotechnischen Systemen ist die Betriebsanweisung zu beachten.

Firma:
Namen der Firma hier einsetzen

Betriebsanweisung
gem. GefStoffV § 14

Nummer: 7.3.21

1. Anwendungsbereich

Handhabung von Airbags und Gurtstraffern in der Fahrzeuginstandhaltung

Abteilung: ______________________ Arbeitsplatz: ______________________

2. Gefahrstoffbezeichnung

Pyrotechnische Airbags und Gurtstraffer

(Treibsatz auf Basis von ....)

3. Gefahren für Mensch und Umwelt

- Verletzungsgefahr durch Wegschleudern z. B. der ganzen Einheit.
- Verbrennungsgefahr beim Berühren der heißen Oberflächen.
- Gehörschaden durch Knall beim Gasaustritt.
- Umweltgefahr durch quecksilberhaltige Zünder.

Zusätzlich bei acidhaltigen Treibsätzen:
- Vergiftungsgefahr beim Einatmen von Explosionsstaub.
- Verätzungsgefahr durch die bei der Explosion entstandenen Rückstände.

4. Schutzmaßnahmen und Verhaltensregeln

- Vor allen Arbeiten und Prüfungen an Airbags und Gurtstraffern oder Arbeiten am Fahrzeug mit Erschütterungen Zündung ausschalten, Minuspol der Batterie abklemmen und Steckverbindung für Stromversorgung von Airbag und Gurtstraffer trennen.
- Airbageinheiten nur einzeln und mit dem Prallpolster nach oben ablegen.
- Prüfungen nur mit Spezialgeräten des Fahrzeugherstellers durchführen.
- Achtung: Prüfung nicht mit Prüflampe, Volt- oder Ohmmeter durchführen.
- Airbags und Gurtstraffer nicht mit Fett oder Reinigungsmitteln behandeln.
- Nach allen Arbeiten und Prüfungen zuerst Zündung ausschalten, dann Steckverbindung(en) für Airbag und Gurtstraffer stecken, zuletzt Batterie anklemmen. Hierbei darf sich niemand im Fahrzeuginneren aufhalten.
- Gezündeten Airbag und Prallsack nicht öffnen.
- Airbags und Gurtstraffer nur in geprüfter Originalverpackung transportieren.
- Niemals mehr als ... Originalverpackungen zusammen transportieren.
- Der Transport im Fahrgastraum ist verboten.
- Lagervorschriften des Sprengstoffgesetztes (LR 240) beachten; Maßnahmen sind mengenabhängig.

5. Verhalten bei Störungen und im Gefahrfall Notruf: 112

- Mechanisch beschädigte oder aus eine Höhe größer 0,5 m herabgefallene Airbags und Gurtstraffer nicht einbauen; den Vorgesetzten informieren.
- Gezündeten Airbag mit zerstörtem Prallsack nicht mit bloßen Händen berühren.
- Schutzhandschuhe aus Nitrilkautschuk benutzen.
- Ausgetretene Rückstände sind berührungsfrei mit dem bereitgestellten Staubsauger aufzunehmen.

6. Verhalten bei Unfällen – Erste Hilfe Notruf: 112

- Ersthelfer und Vorgesetzten verständigen.
- Mit Rückständen behaftete Hautpartien sofort mit viel Wasser abwaschen.

7. Instandhaltung, Entsorgung

- Vor Arbeitsbeginn Werkzeuge und Arbeitsmittel prüfen.
- Quecksilberhaltige Zünder in besonders gekennzeichneten Behältern sammeln.
- Die Entsorgung erfolgt durch: ....

Datum: xx.08.00

Unterschrift:

21.3.11 Entsorgung

Entsprechend der Unfallverhütungsvorschriften müssen nicht gezündete Airbag-Systeme vor dem Entsorgen entschärft werden. Das Zünden von Airbagsystemen außerhalb eines Fahrzeuges ist nicht zulässig.

Lohnt sich die Reparatur eines beschädigten Fahrzeugs nicht mehr, werden die eingebauten Airbageinheiten bei geschlossenen Türen und Fenstern ferngezündet und anschließend mit dem Fahrzeug entsorgt.

Beschädigte oder defekte Airbagmodule können ebenfalls in einem zur Entsorgung vorgesehenen Fahrzeug ferngezündet werden. Die ausgebaute Airbageinheit wird dabei mit der Prallplatte nach oben im Fußraum auf den Fahrzeugboden gelegt. Bei geschlossenen Fenstern und Türen wird ferngezündet.

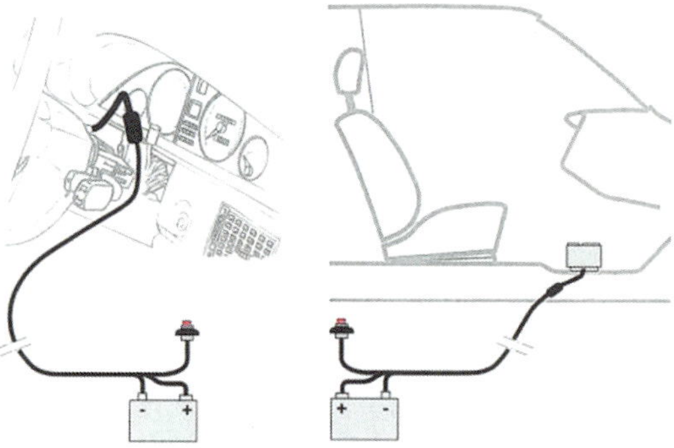

21.4 Fahrzeug-Sicherheitssysteme

21.4.1 Zentralverriegelung

Die Zentralverriegelung ermöglicht dem Fahrer, von einem bestimmten Schließpunkt alle Türen, den Kofferraum und die Tankklappe zu verriegeln oder zu entriegeln. Nach der Auslöseart des Schließimpulses unterscheiden wir:

- Mechanische Zentralverriegelung durch Schlüsseldrehung im Zündschloss
- Infrarot-Zentralverriegelung durch einen Sender im Zündschlüssel und Empfänger im Bereich A- oder B-Säule
- Funk-Zentralverriegelung durch Funkwellen

Im letzten Fall ist der Empfänger im elektronischen Zündschloss integriert. Dort werden die Signale decodiert. Die Ansteuerwünsche werden vom elektronischen Zündschloss auf dem CAN-Datenbus-Komfort übertragen und z. B. vom Türsteuergerät der Fahrerseite eingelesen. In diesem Fall steuert das Türsteuergerät den Motor für die Zentralverriegelung in der Fahrertür direkt an. Das Bordnetzsteuergerät übernimmt die Ansteuerung aller Verriegelungen, wenn das Türsteuergerät der Fahrerseite eine entsprechende Botschaft auf dem CAN-Datenbus-Komfort sendet.

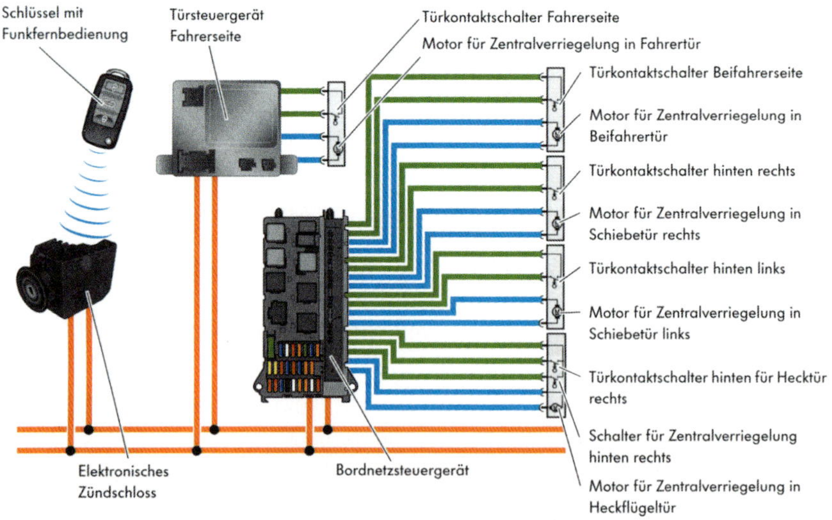

21.4.2 Diebstahlwarnanlage (DWA)

Die Diebstahlwarnanlage soll bei einem unbefugten Eingriff an einem Fahrzeug Warnsignale auslösen. Die rechtlichen Grundlagen für Alarmanlagen sind im § 38b StVZO und der EU-Richtlinie ECE-R48 festgelegt.

Zulässige Warnsignale sind:

- Intermittierende Schallsignale maximal 30 Sekunden lang über das Signalhorn
- Optische Blinksignale maximal 5 Minuten lang über Fahrtrichtungsanzeiger (StVZO) oder 30 Sekunden Blinken des Abblendlichtes (ECE)

Die DWA überwacht Türen durch Türkontaktschalter, zusätzlich wird der Motorraum durch den Kontaktschalter für die Motorhaube abgesichert. Eingelesen werden die folgenden Signale:

- Türsteuergerät: Türkontaktschalter Fahrerseite
- Steuergerät für Schalttafeleinsatz: Kontaktschalter für Motorhaube
- Bordnetzsteuergerät: alle anderen Türkontaktschalter

Die Aktivierung der DWA ist nur bei ausgeschalteter Zündung durch die Funkfernbedienung möglich. Die Deaktivierung erfolgt ebenfalls durch die Funkfernbedienung. Die erfolgreiche Ver- bzw. Entriegelung wird durch Signale der Blinkleuchten angezeigt.

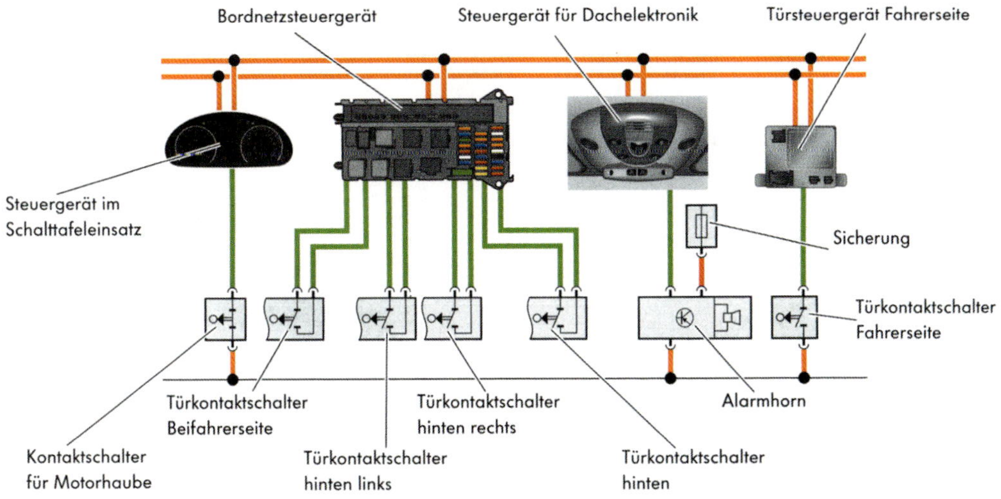

21.4.3 Wegfahrsperre

Wegfahrsperren schützen ein Fahrzeug gegen unbefugtes Benutzen.

Das Starten des Fahrzeugs erfolgt durch Kommunikation der Wegfahrsperre im elektronischen Zündschloss mit dem Zündschlüssel, dem Motorsteuergerät sowie dem Steuergerät für die elektrische Lenkradverriegelung. Durch das Stecken des Schlüssels in das elektronische Zündschloss wird die Elektronik aktiviert und der Schlüssel induktiv mit Energie versorgt. Es erfolgt die Aufnahme der Transponderspule zur Abfrage der Zündschlüsselidentifikation und der Transponderdaten des Schlüssels.

Hierbei generiert das Steuergerät mit einem Algorithmus eine Herausforderung (Challenge), die an den Schlüssel übertragen wird. Der Transponder im Schlüssel ermittelt nach einem Algorithmus die richtige Antwort (Response), die an das Steuergerät übertragen wird. Mit dem Challenge/Response-Transponder wird bei jedem Start eine neue Abfrage erzeugt, auf die der Transponder die richtige Antwort berechnet. Bei nicht autorisiertem Schlüssel erfolgt eine Drehverriegelungssperre.

Das Fahrberechtigungssystem im Zündschloss gibt über den CAN-Datenbus die Steuergeräte frei. Gleichzeitig wird die mechanische Lenkradsperre über eine serielle Schnittstelle freigeschaltet.

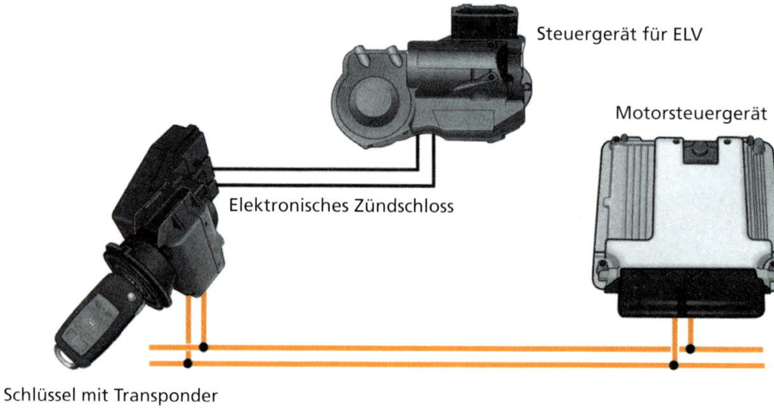

21.5 Infotainmentsysteme

21.5.1 Systemübersicht

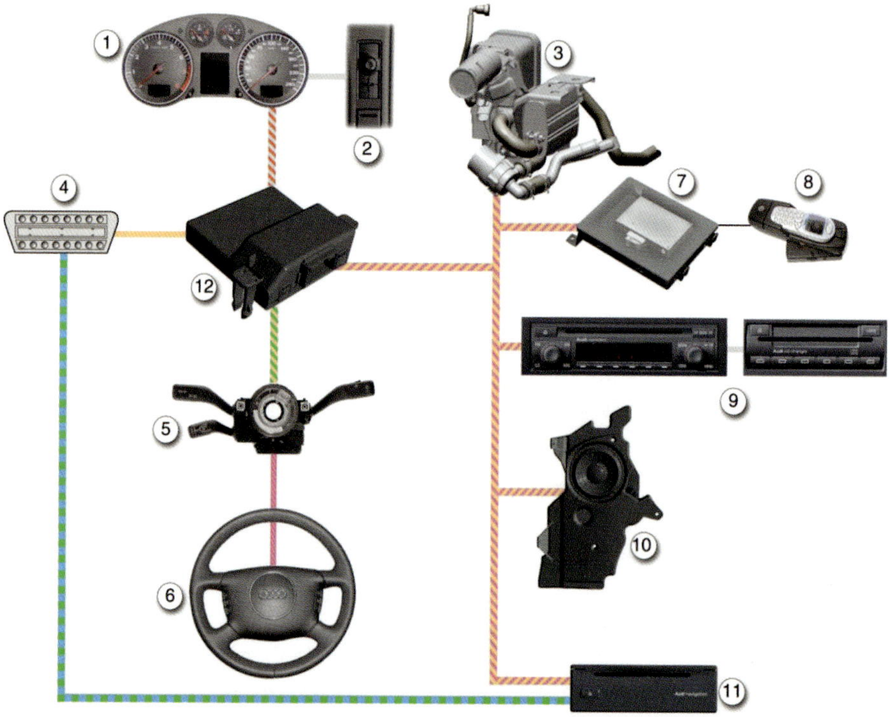

1 Schalttafeleinsatz J285
2 Funktionswahlschalter II E272
3 Zusatzheizung J364
4 Diagnoseanschluss T16
5 Lenksäulenelektronik J527
6 Multifunktionslenkrad E221 (optional)
7 Sende- und Empfangsgerät für Telefon R36
8 Halterung für Telefon R126
9 Radio R und CD-Wechsler R41, verbunden über eigenen Datenbus
10 Verstärker mit Basslautsprecher R44
11 Steuergerät für Navigation mit CD-Laufwerk J401
12 Diagnoseinterface für Datenbus J533

21.5.2 Navigationssystem im Fahrzeug

21.5.2.1 Aufgabe von Navigationssystemen

Ein Navigationssystem führt den Fahrer aktiv durch Bildausgabe über ein Display und Sprachausgabe über Lautsprecher zu einem vorher eingegebenen Ziel.

Es übernimmt dabei die Bestimmung der Eigenposition, berechnet die optimale Streckenführung, berücksichtigt die aktuelle Verkehrssituation und führt durch Fahrtrichtungsempfehlungen den Fahrer zum Ziel.

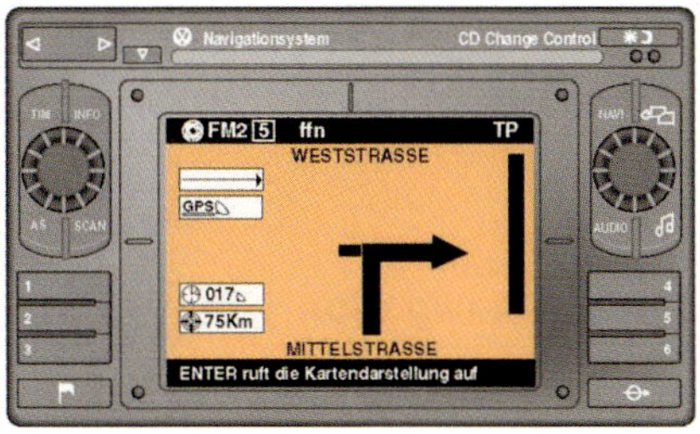

21.5.2.2 Aufbau des GPS (Global Positioning System)

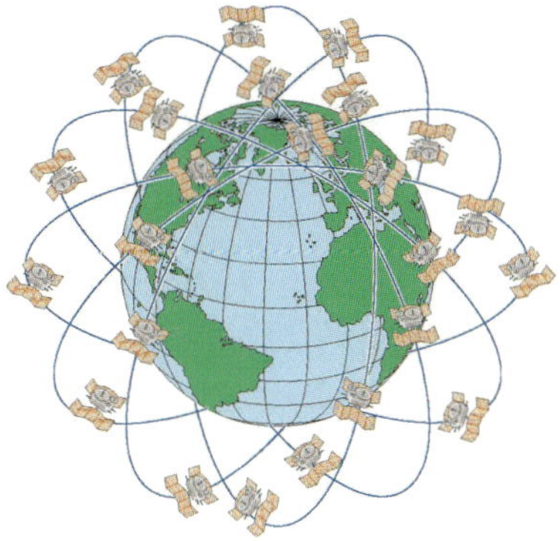

Das GPS ist ein satellitengestütztes Navigationssystem. Es besteht aus 24 Satelliten, die in 20 000 km Höhe auf 6 Umlaufbahnen die Erde in jeweils 12 Stunden umkreisen. Bei dem Satellitensystem GPS handelt es sich um ein System für militärische Zwecke des amerikanischen Verteidigungsministeriums, das die Genauigkeit im Bedarfsfall ändern kann.

21.5.2.3 Aufbau des Navigationssystems

Wir unterscheiden:

- Navigationssysteme mit fest eingebautem Monitor
  Der Monitor erlaubt die vollständige Darstellung der Karte.
- Radio-Navigationssysteme
  Die Routenführung erfolgt durch akustische Führung und Pfeildarstellung.
- Mobile Navigationssysteme

Das Steuergerät mit Bedienteil eines Radio-Navigationssystems umfasst:

- Bedien- und Funktionstasten
- Farb-Multifunktionsdisplay
- Radio
- GPS-Empfänger
- CD-ROM Laufwerk
- Drehwinkelsensor

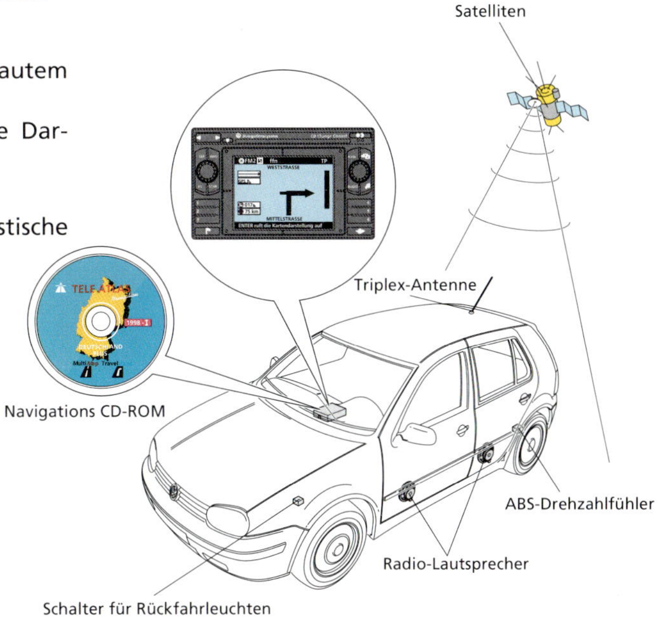

21.5.2.4 Positionsbestimmung

Die Satelliten funken in gleichen Zeitabständen einen Identifizierungscode, ihre Position und die exakte Uhrzeit zur Erde. Das Navigationssteuergerät empfängt die Satellitendaten und berechnet durch Vergleich mit der eigenen exakten Uhrzeit die Zeit, die die Daten unterwegs waren. Für eine eindeutige Positionsbestimmung ist der Empfang von mindestens drei Satelliten erforderlich. Erst dann kann die Position des Empfängers auf jedem Punkt der Erdoberfläche berechnet werden.

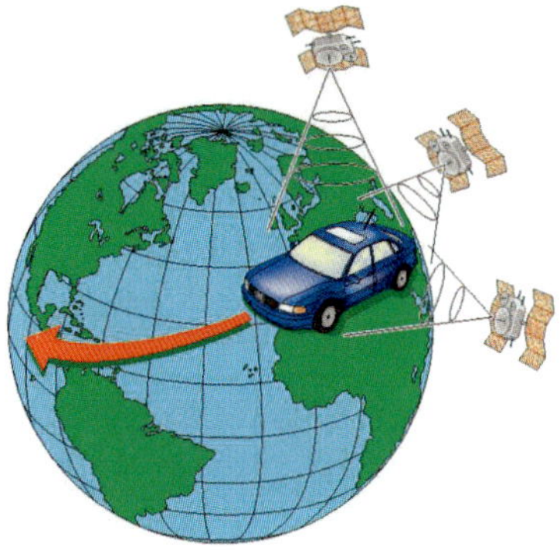

21.5.2.5 Koppelnavigation

Zur Erhöhung der Genauigkeit der Positionsbestimmung werden die Systemkomponenten Drehwinkelsensor, Tachosignal und Radsensor in die Berechnung einbezogen.

Das Zusammenspiel der Signale der o. a. Sensoren ergibt die Koppelnavigation. Aus den Signalen der Sensoren berechnet das Navigationssteuergerät das Streckenprofil.

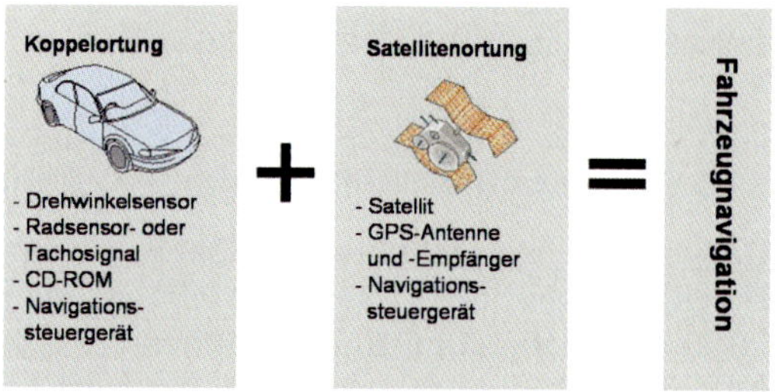

Das Streckenprofil wird vom Navigationssteuergerät mehrmals pro Sekunde mit den auf der CD-ROM gespeicherten Straßenkarten verglichen. Diesen Vergleich nennt man Map Matching.

Die Genauigkeit der Positionsbestimmung liegt
- innerhalb von Städten bei ±5 m,
- auf langen geraden Landstraßen oder Autobahnen bei ± 50 m.

21.5.2.6 Offroad-Navigation

Die „Offroad-Funktion" wird über eine Software realisiert, die die bisher beschriebenen Systemkomponenten verwendet. Auswählen lässt sich die Offroad-Funktion durch eine Funktionstaste „Offroad-Tour". Die Offroad-Funktion beinhaltet folgende Auswahlmöglichkeiten:

- Aufzeichnen, Abrufen und Bearbeiten von GPS-codierten Offroad-Touren,
- Setzen von Wegpunkten (1 bis 5) innerhalb der Touren, um besondere Orte zu markieren z. B. Stein, Baum, Brücke, Hochstand, Jagdhütte
- Displaydarstellung des nächsten Wegpunktes durch ein rotes Fähnchen und Richtungspfeil
- Kompassdarstellung mit Positionsangabe

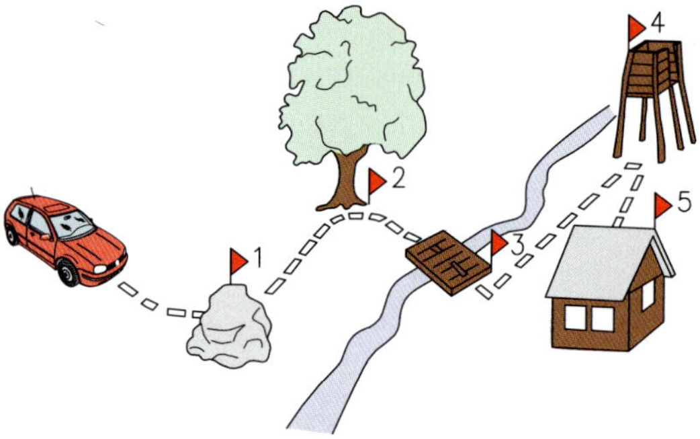

21.5.2.7 Störungen der GPS-Signale

Zu Empfangsstörungen kann es kommen, wenn die Funkverbindung vom Sender des Satelliten zum Empfänger gestört oder unterbrochen ist. Störungen können erfolgen durch:

- Störungen in der Ionosphäre
  Elektrisch geladene Teilchen vermindern die Signalgeschwindigkeit. Im Navigationsrechner kann dies durch Vergleichsmessungen mit Kontrollsignalen des Satelliten ausgeglichen werden.
- Störungen in der Atmosphäre
  Luftfeuchtigkeit oder vereiste GPS-Antennen können das GPS-Signal verkleinern.
- Störungen durch Häuserschluchten, Täler, Tunnel, Parkhäuser usw.

Das GPS-System kann kurzzeitige Empfangsstörungen ausgleichen. Dazu wird die Fahrtrichtung und Wegstrecke nur über den Drehwinkel und die Drehzahlimpulse berechnet. Sobald die GPS-Signale wieder empfangen werden, erfolgt eine Korrektur der bis dahin berechneten Position.

21.5.2.8 Systemübersicht Fahrzeugnavigation

Tachosignal, Signal des Radsensors, Signal des Schalters für das Rückfahrlicht, des Drehwinkelsensors und GPS-Signale über Antennen werden im Navigationsrechner verarbeitet, durch Map Matching mit den Straßenkarten verglichen und die Ergebnisse optisch über Bildschirm und akustisch über Lautsprecher ausgegeben.

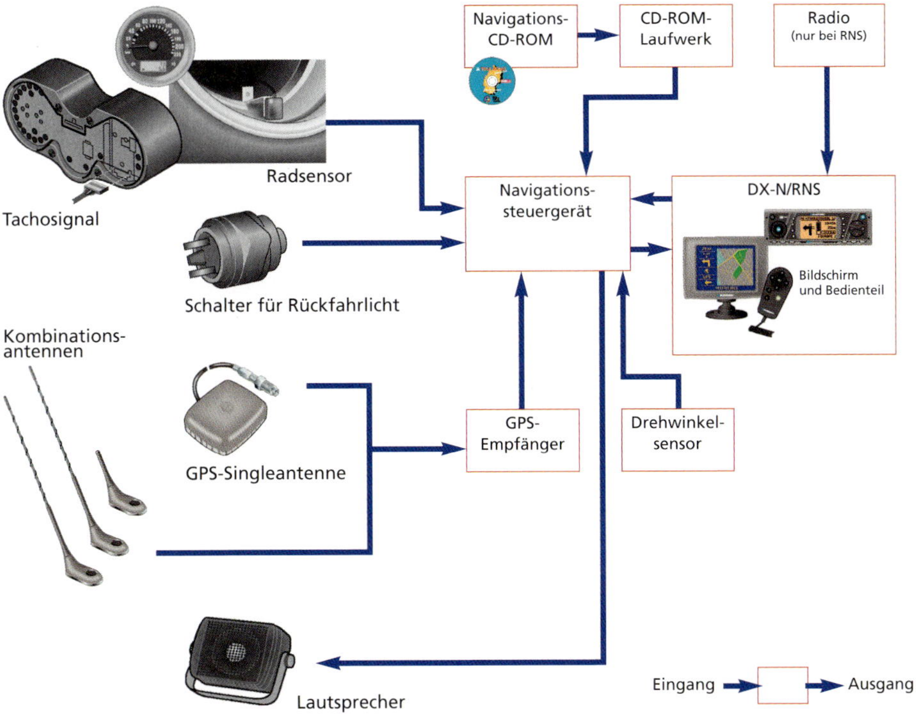

21.5.2.9 Sensoren

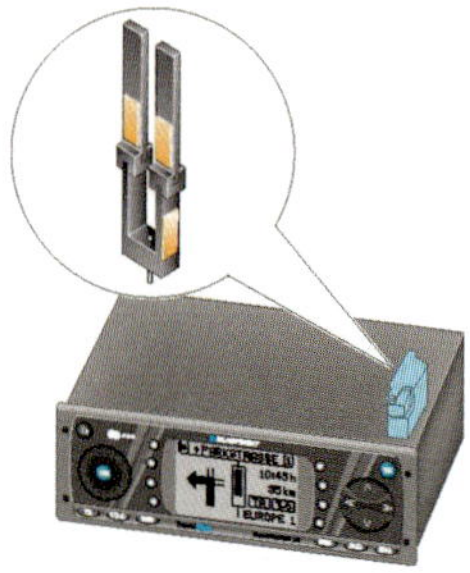

Zur Wegstreckenmessung werden entweder die Impulse des elektronischen Wegstreckenzählers im Tachometer oder die Signale der ABS-Drehzahlsensoren verwendet.

Drehwinkelsensor

Der Drehwinkelsensor erfasst die Fahrtrichtungsänderungen nach links und rechts. Er besitzt einen Schwingkörper mit Piezoelementen. Wenn die Zündung eingeschaltet wird und Spannung anliegt, beginnen die Schenkel zu schwingen.

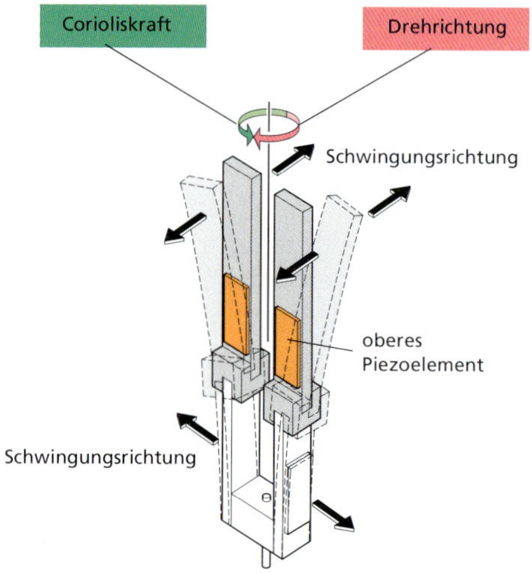

Wenn das Fahrzeug seine Fahrtrichtung ändert, dreht es sich um seine Hochachse. Bei Richtungsänderung wirkt auf die schwingenden Schenkel des Sensors die Corioliskraft (Kraft, die den Schenkel entgegen der Erdrotation beschleunigt). Sie wirkt entgegen der Drehrichtung, in der sich das Fahrzeug um seine Hochachse dreht.

Hierdurch werden die oberen Teile der bereits seitlich schwingenden Schenkel gebogen. In den oberen Piezoelementen des Sensors wird eine Spannung erzeugt. Die Höhe der Spannung ist abhängig von der Fahrtrichtungsänderung und dient dem Navigationssteuergerät zur Berechnung der Fahrtrichtungsänderung.

Antenne für Radio-, Mobiltelefon und Navigation

Die Antenne wird als Kombinationsantenne für Satellitenempfang, Mobiltelefon und Radio entweder auf der Hutablage, auf dem Kofferraum oder dem Fahrzeugdach befestigt. Eine weitere Möglichkeit ist die Heckscheibenantenne.

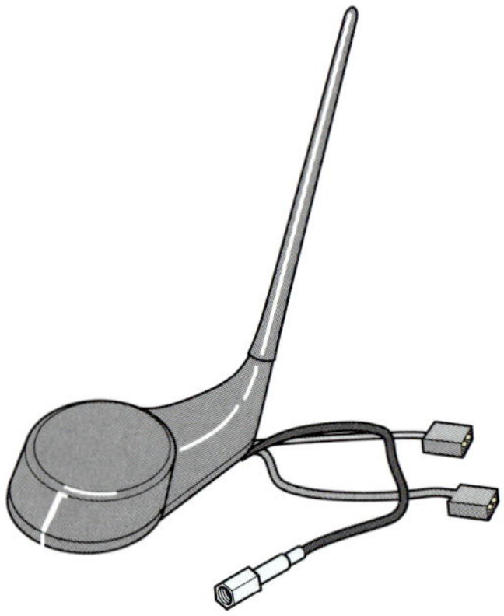

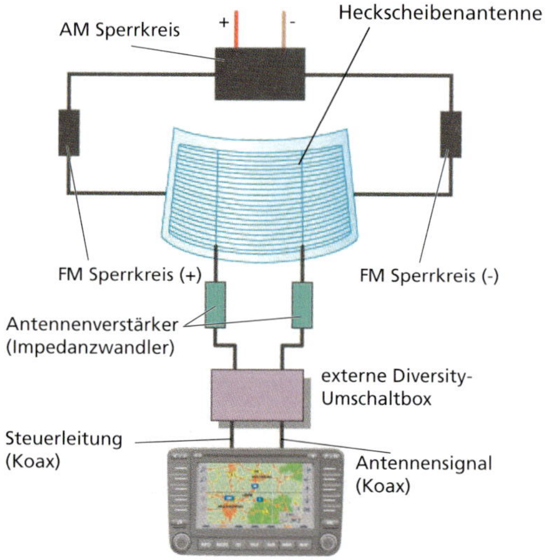

21.5.2.10 Dynamische Routenführung

Aktuelle Verkehrstörungen können durch den Empfang von Kommunikationseinrichtungen (z. B. RDS: Service der Radiofunkanstalten, TMC: Digitaler Verkehrsfunk-Datenkanal) in die Routenplanung einbezogen werden.

Die Informationen dienen zur Berechnung einer Ausweichroute.

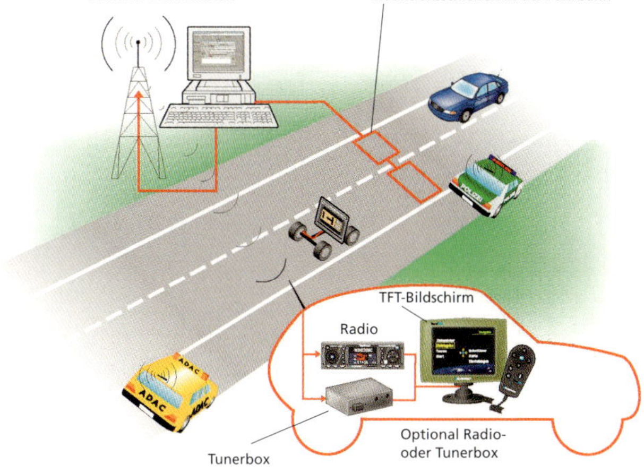

Signalverlauf bei TMC-Empfang

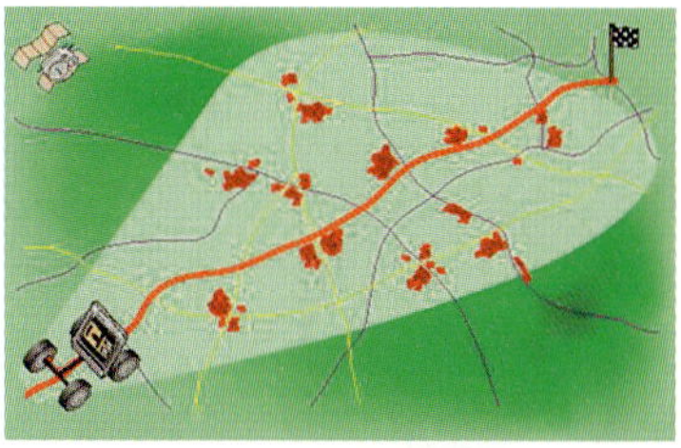

Dynamische Routenführung ohne Verkehrsbehinderung

Dynamische Routenführung mit Verkehrsbehinderung

21.5.2.11 Datenbus-Vernetzung

Radio-Navigationssystem, Radio, CD-Wiedergabe und Handy werden über ein optisches Datenbussystem (MOST = Media Oriented Systems Transport) mit dem CAN-Datenbus-Komfort verbunden. So können Telefondaten und Navigationsdaten im Display angezeigt werden. Mithilfe der Tasten des Multifunktionslenkrades können Anrufe getätigt oder entgegengenommen werden. Das Mikrofon befindet sich im Steuergerät für Dachelektronik. Zum Hören werden die Lautsprecher der Audioanlage verwendet. Bei einem Anruf wird die Radio- oder CD-Wiedergabe auf stumm geschaltet. Meldungen des Navigationssystems haben Vorrang.

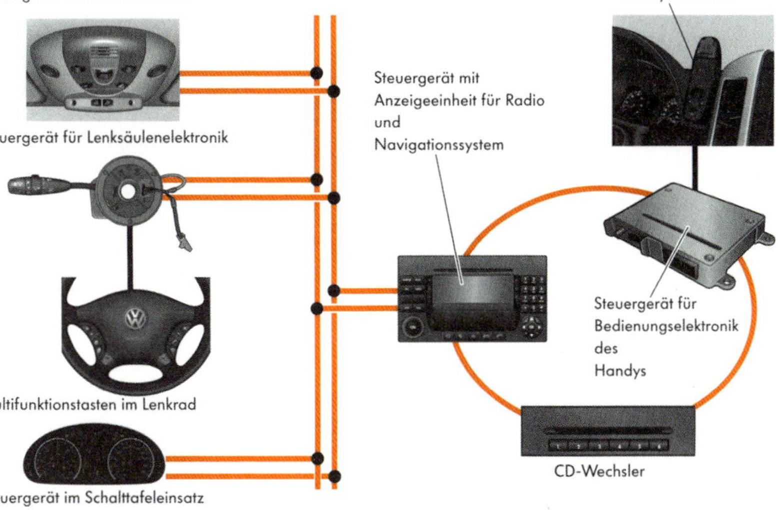

21.5.3 Mobiltelefon im Fahrzeug

Durch die Bluetooth-Technologie werden die Audio-Daten via Bluethooth vom Mobiltelefon zum Steuergerät für die Bedienungselektronik des Handys übertragen. Für nicht bluetoothfähige Handys erfolgt der Datenaustausch über eine Draht-Schnittstelle. Das Steuergerät für die Bedienungselektronik des Handys kommuniziert über den CAN-Datenbus mit anderen Steuergeräten. Es besteht eine CAN-Datenbus-Schnittstelle zum CAN-Datenbus Infotainment. Zur Aufnahme des Handys im Halter und zum Betrieb der Freisprecheinrichtung dient eine spezielle Mobiltelefonaufnahme.

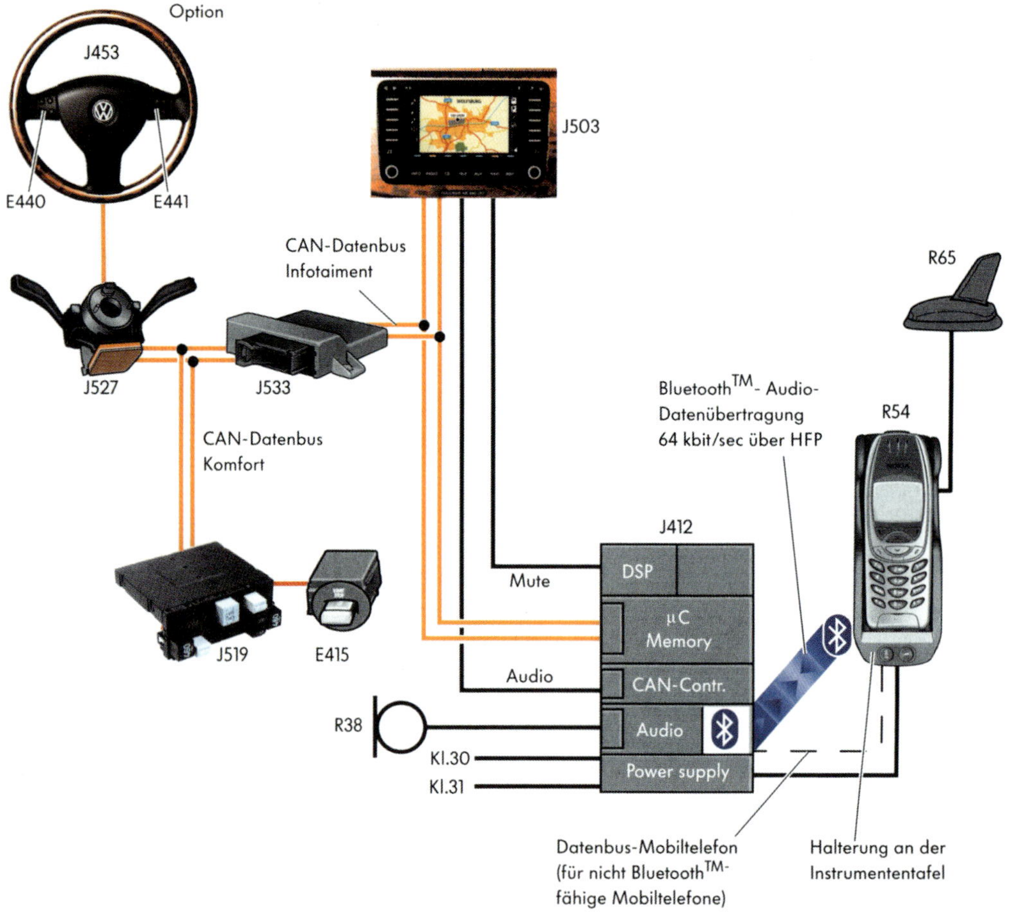

Legende

E415 Schalter für Zugang und Startberechtigung
E440 Multifunktionstasten im Lenkrad links (optional)
E441 Multifunktionstasten im Lenkrad rechts (optional)
J412 Steuergerät für Bedienungselektronik des Handys
J453 Steuergerät für Multifunktionslenkrad (optional)
J519 Bordnetzsteuergerät
J503 Steuergerät mit Anzeigeeinheit für Radio und Navigationssystem
J527 Steuergerät für Lenksäulenelektronik
J533 Diagnose-Interface für Datenbus
R38 Mikrofon für Telefon
R54 Mobilfunktelefon
R65 Telefonantenne

21.6 Beleuchtungssysteme

21.6.1 Konventionelle Fahrzeugbeleuchtung

Beleuchtungsanlage

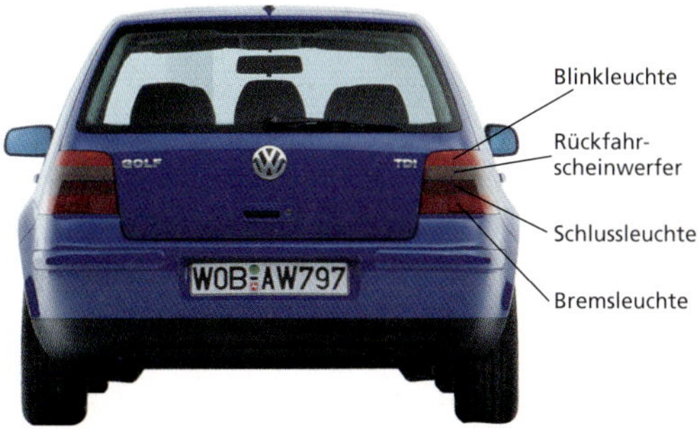

Gesetzlich vorgeschriebene und zusätzlich erlaubte Leuchten sind in der StVZO in den §§ 49a bis 55 festgelegt.

Ort	Leuchte	Anzahl	Leistung in Watt	Gesetzliche Vorschriften
Fahrzeug vorn	Abblendscheinwerfer	2	55	Standlicht und Schlussleuchten müssen mitleuchten
	Fernscheinwerfer	2	60	dito
	Standlicht (Begrenzungsleuchten)	2	5	leuchten bei Fahrlicht mit
	Nebelscheinwerfer	2	35–55	Standlicht und Schlussleuchten leuchten mit
	Blinkleuchte	2	21	
Fahrzeug hinten	Schlussleuchte	2	5	leuchtet bei Fahrlicht mit
	Rückstrahler	2	5–10	leuchten mit Kennzeichenleuchten und Standlicht
	Kennzeichenleuchte	1 oder 2	21	leuchtet zusammen mit Fahrlicht
	Nebelschlussleuchte	2	18/21	Standlicht und Schlussleuchten leuchten mit
	Bremsleuchte	1 oder 2	bis 35	bei eingelegtem Rückwärtsgang und eingeschalteter Zündung
	Rückfahrscheinwerfer			
Fahrzeug seitlich	Parkleuchte	1 pro Seite	5	weiß nach vorn, rot nach hinten

21.6.2 Scheinwerfer

Scheinwerfer mit Parabolreflektor

Die Wendel für das Abblendlicht liegt vor dem Brennpunkt des Reflektors. Eine Abdeckkappe hindert den Lichtaustritt zur unteren Reflektorhälfte. Es entsteht eine scharfe Hell-Dunkel-Grenze. Durch die Abschrägung der Abdeckkappe um 15° auf der linken Seite entsteht ein Knick in der Hell-Dunkel-Grenze. Die nach oben austretenden Lichtstrahlen werden nach unten gerichtet reflektiert.

Die Glühwendel für das Fernlicht liegt im Brennpunkt des Reflektors. Das Licht wird parallel zur Reflektorachse reflektiert.

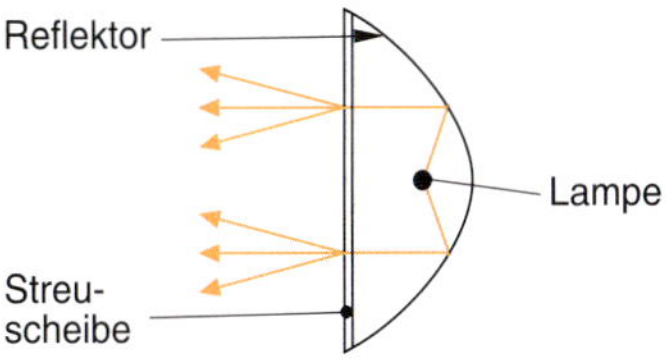

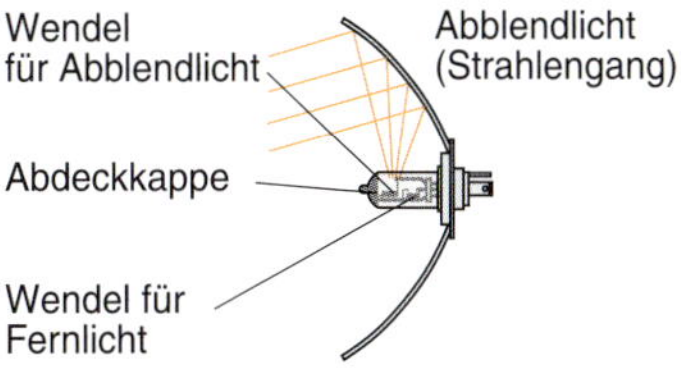

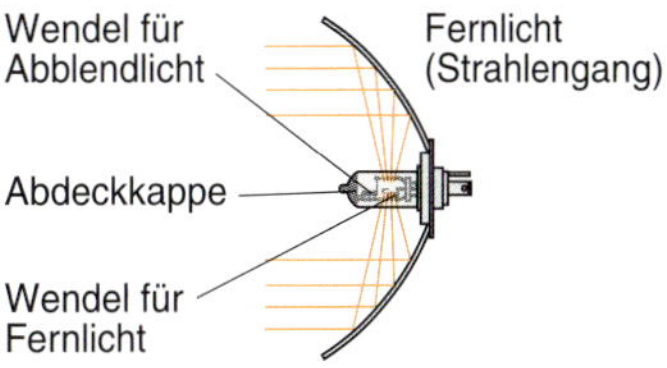

Streuscheiben bestehen aus optischem Glas mit Linsen-, Prismenelementen, kombinierten Elementen sowie Planflächen auf der Innenseite. Sie haben die Aufgabe, das von den Reflektoren ausgesandte Licht so abzulenken, zu streuen oder zu bündeln, dass die Fahrbahn gut ausgeleuchtet wird.

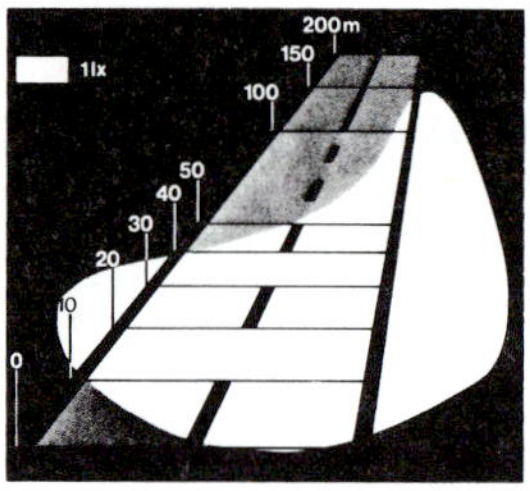

PES-Scheinwerfer

Der Ellipsoid-Abblendscheinwerfer besteht aus 4 Elementen:

- Lichtquelle
- Ellipsoid-Reflektor
  Der Reflektor ist in 3 Ebenen ellipsenförmig aufgebaut.
- Blende
  Die Blende zwischen Lampe und Linse sorgt für eine Abbildung der Hell-Dunkel-Grenze.
- Sammellinse
  Sie bündelt die Lichtstrahlen und übernimmt eine gezielte Lichtverteilung auf der Straße. Eine Streuscheibe ist nicht erforderlich.

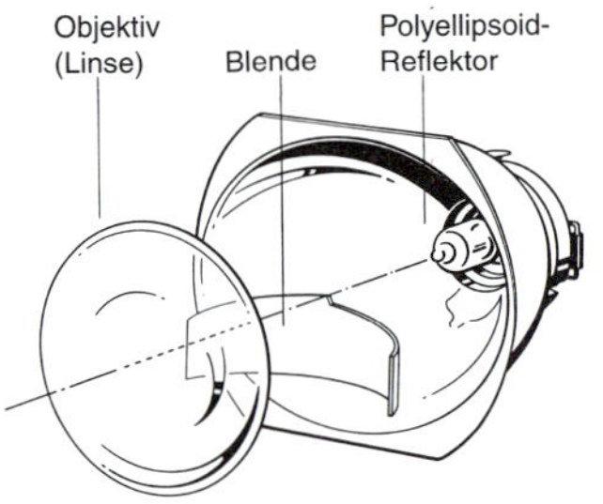

Ein dreiachsiger Ellipsoid-Abblendscheinwerfer oder auch Polyellipsoid-Abblendscheinwerfer (PES) genannt, erzielt, z.B. bei nur 60 mm Durchmesser der Lichtaustrittsfläche, Reichweiten, die bisher nur mit einem viermal breiteren Lichtaustritt erreicht wurden. Er wird daher bei Fahrzeugen mit flacher Frontpartie eingesetzt.

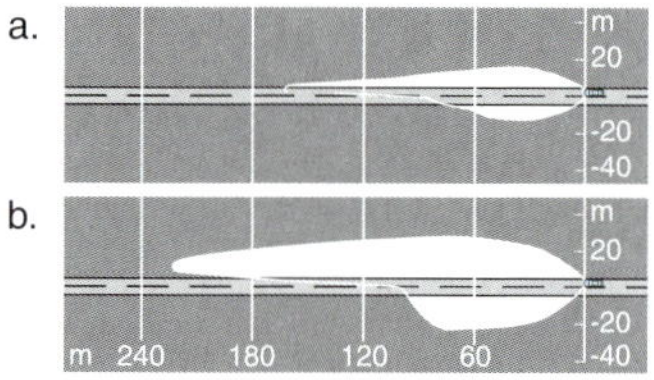

Lichtverteilung a. PES H1-Lampe, b. Litronic PES D2S-Lampe

Scheinwerfer mit Freiflächenreflektor

Der Reflektor besitzt einen stufenlos variablen Brennpunkt. Jedem Bereich des punktweise frei berechneten Reflektors wird dabei ein bestimmter Teil der Straße zur Ausleuchtung zugeordnet. Damit können fast alle Reflektorflächen für Abblendlicht genutzt werden.

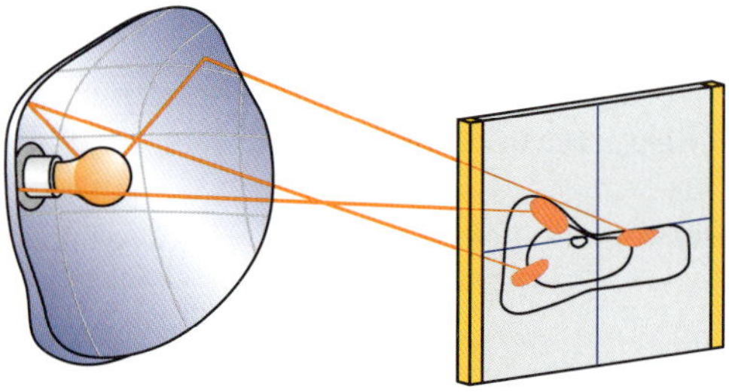

Die Gestaltung der Reflektorfläche wird durch die Anforderung des Fahrzeugherstellers an die Lichtverteilung und Ausleuchtung vorgegeben. Eine Anwendung ist der HNS-Reflektor (Homogeneous Numerically calculated Surface). Bei diesem Reflektor werden die Flächen geglättet, um stufenlose Übergänge der Reflektorflächen zu erreichen. Die komplette Lichtverteilung aus dem Reflektor ermöglicht eine Streuscheibe ohne Profilierung.

Vorteile sind:

- Optimale Lichtverteilung
- Volle Lichtausbeute
- Wirkungsgrad von bis 50 %

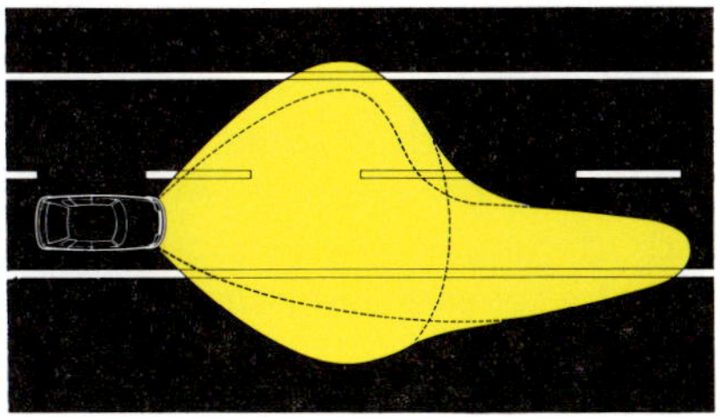

21.6.3 Lampen

Frontbeleuchtung

Halogen-Lampe

Die Halogenlampe besteht aus einem Quarzkolben, der mit Halogen (Jod oder Brom) gefüllt ist. Die Halogenfüllung lässt eine Wendeltemperatur bis nahe an den Schmelzpunkt des Wolframs (3 400 °C) und damit eine hohe Lichtausbeute zu. Das zum Teil verdampfende Wolfram geht mit dem Halogen eine Verbindung ein, die in der Nähe der heißen Glühwendel aufgespalten wird. Das Wolfram setzt sich am Glühfaden ab, der Glaskolben bleibt klar.

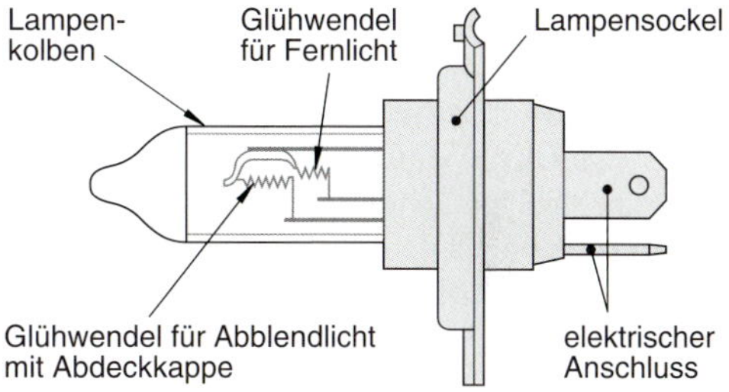

Halogenlampen H1, H3 und H7 haben nur eine Glühwendel und werden für Abblendlicht und Nebelscheinwerfer eingesetzt. Die Halogenlampe H4 besitzt zwei Glühwendel und ist für Fern- und Abblendlicht geeignet.

Gasentladungslampe (Xenon-Lampe)

Die Gasentladungslampe besteht aus dem Lampenkörper aus Quarzglas und der Füllsubstanz mit dem Edelgas Xenon und einer Mischung aus Metallsalzen (Metallhalogenide). Bei einer Zündspannung von 10 bis 20 kV bildet sich zwischen den Elektroden ein Gasplasma-Lichtbogen. Durch die Zufuhr von hochfrequentem Wechselstrom (400 Hz) verdampfen die Metallsalze aufgrund des Temperaturanstiegs und geben dabei Licht ab. Sobald die volle Lichtleistung erreicht ist, genügt nur noch eine Betriebsspannung von 85 V. Im Kfz werden verwendet: 2S-Lampe für Scheinwerfer in PES-Bauart und D2R-Lampe mit integriertem Schatter zur Erzeugung der Helldunkel-Grenze.

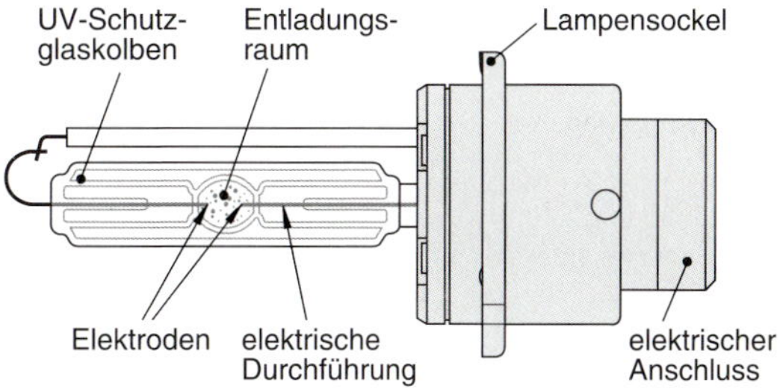

Die Xenon-Lampe liefert doppelt soviel Licht wie eine moderne H7-Lampe, benötigt aber nur 2/3 der Leistung. Die Xenon-Lampe ist auf Fahrzeuglebensdauer ausgelegt.

Heckbeleuchtung

Leuchtdioden

Leuchtdioden finden zunehmend Einsatz im Signalleuchtenbereich. Vorteile: Hohe Betriebssicherheit, unempfindlich gegen Vibrationen und Erschütterungen, sehr geringer Energieverbrauch, hohe Lebensdauer, schnelles Einschaltverhalten.

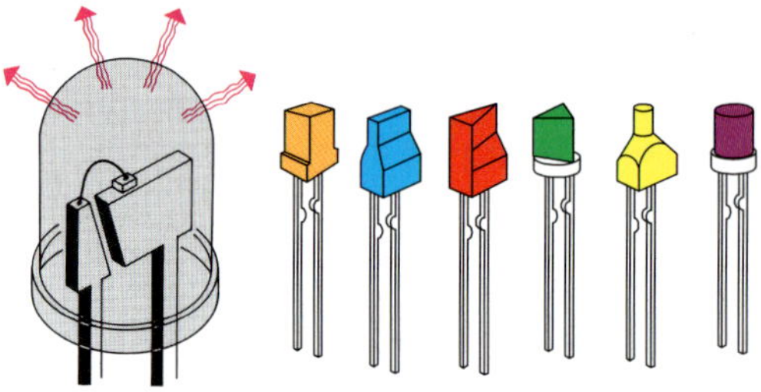

Bei einer ausgeführten Heckleuchte ist das Schlusslicht mit 30, das Bremslicht mit 25 roten LEDs und das Blinklicht mit 23 gelben LEDs bestückt. Die Intensität passt sich den Sichtbedingungen und der Umgebungshelligkeit automatisch an, sodass eine Nebelschlussleuchte als Einzelfunktion entfallen kann. Das Bremslicht wird verzögerungsabhängig in drei Stufen aktiviert: je stärker die Verzögerung, umso mehr LEDs leuchten auf. Bei einer Vollbremsung sorgt ein blinkendes Teilfeld des roten Bremslichts für zusätzliche Warnfunktion (Hella).

Glühlampen

Glühlampen besitzen eine Glühwendel aus Wolfram, die in einem luftleeren Raum angeordnet ist. Durch das Glühen verdampft Wolfram, das sich als Schwärzung des Glaskolbens bemerkbar macht. Die Lichtleistung ist gering. Glühlampen werden nicht mehr für Scheinwerfer verwendet.

Glühlampen finden heute noch für Brems-, Blink-, Schluss-, Begrenzungs-, Rückfahr- und Kennzeichenleuchten Anwendung. Es gibt Einfadenlampen und Zweifadenglühlampen (Bremslicht/Schlusslicht).

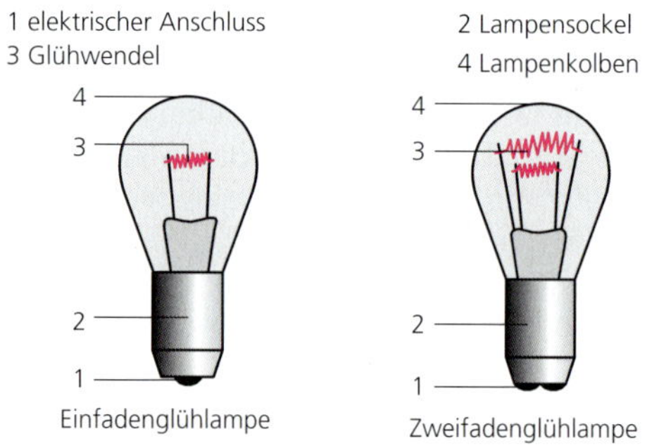

Einfadenglühlampe
Zweifadenglühlampe

21.6.4 Außenlichtsteuerung

Das Steuergerät für das Bordnetz wertet die Signale des Lichtschalters aus. Die Signale über das Einschalten des Blinkers, des Fernlichtes und die Betätigung der Lichthupe werden über das Steuergerät für die Lenksäulenelektronik über den CAN-Datenbus-Komfort gesendet.

Funktionsplan

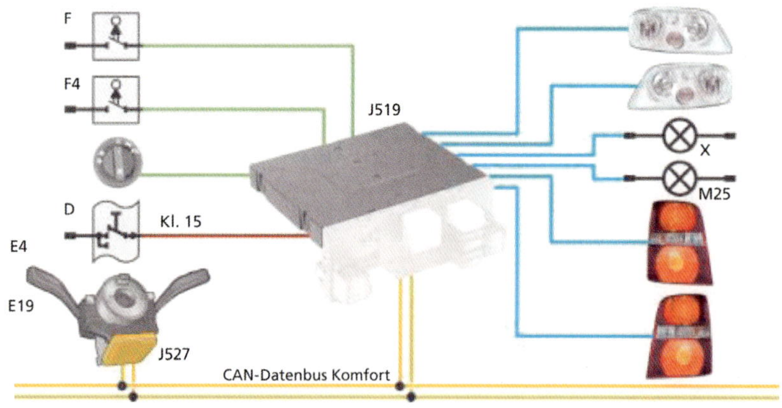

Legende

D	Zündanlassschalter Klemme 15
E1	Lichtschalter
E4	Schalter für Handabblendung und Lichthupe
E19	Schalter für Parklicht
F	Bremslichtschalter
F4	Schalter für Rückfahrleuchten
J519	Steuergerät für Bordnetz
J527	Steuergerät für Lenksäulenelektronik
M25	Lampe für hochgesetztes Bremslicht
X	Kennzeichenleuchte

21.6.5 Glühlampenüberwachung

Die Glühlampen werden vom Bordnetzsteuergerät überwacht. Die Überwachung findet statt als

- Kaltüberwachung
  Die Kaltüberwachung erfolgt im ausgeschalteten Zustand. Die einzelnen Glühlampen werden nach Einschalten der Zündung viermal kurz an den Strom angeschlossen. Durch den Stromwert erkennt das Bordnetzsteuergerät eine defekte Glühlampe.
- Warmüberwachung
  Bei der Warmüberwachung erfolgt die Ansteuerung der einzelnen Glühlampen durch Halbleiter-Bausteine des Bordnetzsteuergeräts. Sie erkennen, ob eine Überlast, ein Kurzschluss oder eine Unterbrechung vorliegt.

Erkannte Fehler werden im Fehlerspeicher eingetragen und im Schalttafeleinsatz angezeigt.

21.6.6 Rückleuchten mit Leuchtdioden (LED)

In Schlussleuchteneinheiten mit Blink-, Schluss- und Bremsleuchten sind teilweise LEDs eingebaut. Zur Ansteuerung ist jeweils ein Mikroprozessor integriert. Der Mikroprozessor steuert durch PWM-Signale, ob die roten LEDs als Schlussleuchte oder Bremsleuchte arbeiten. Blink-Leuchtdioden werden wie die Schlusslicht-Leuchtdioden angesteuert. Es entfällt allerdings die PWM-Steuerung.

Fehlfunktionen werden vom Mikroprozessor erkannt und an das Zentralsteuergerät für das Komfortsystem gesendet.

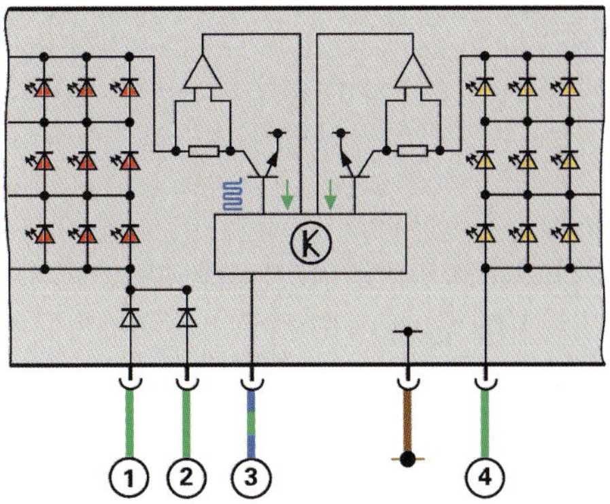

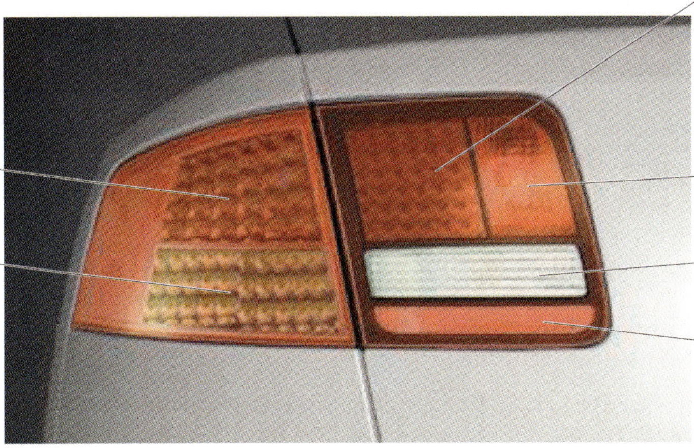

21.6.7 Leuchtweitenregelung

Automatisch-statische Leuchtweitenregelung

Die automatisch-statische Leuchtweitenregelung korrigiert nur Neigungsänderung durch Beladung des Fahrzeugs. Das System Leuchtweitenregelung besteht aus Sensoren an den Fahrzeugachsen, die den Neigungswinkel der Karosserie erfassen, und dem Steuergerät, das aus den Sensorsignalen den Fahrzeugnickwinkel berechnet und mit dem Sollwert vergleicht. Bei Abweichungen steuert das Steuergerät Schrittmotoren an, die die exakte Einstellung der Scheinwerfer durchführen.

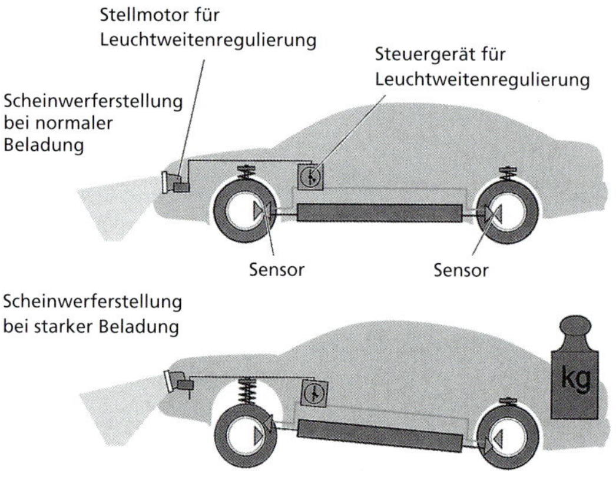

Automatisch-dynamische Leuchtweitenregelung

Zusätzlich zum Beladungszustand werden Leuchtweitenveränderungen, hervorgerufen durch dynamische Fahrzeugveränderungen z. B. beim Bremsen und Beschleunigen, ausgeregelt. Das Steuergerät erhält die Signale der Geber für das Fahrzeugniveau und das Geschwindigkeitssignal. Im Steuergerät werden die Signale ausgewertet und die Schrittmotoren in den Scheinwerfern angesteuert. Sie gleichen das Fahrzeugniveau ständig aus.

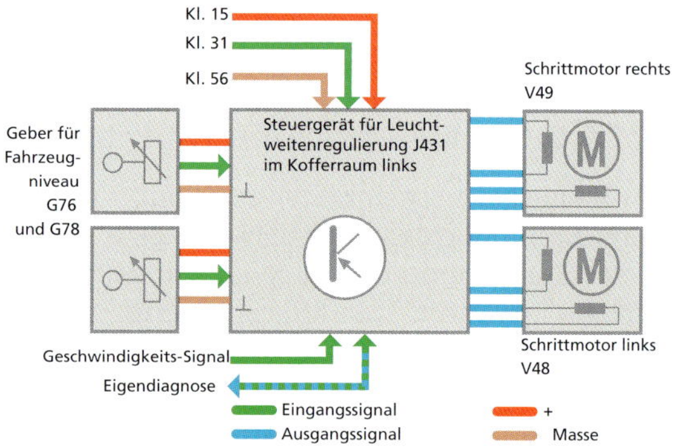

21.6.8 Scheinwerfersysteme mit Gasentladungslampe

Xenon-Licht-Steuerteil

Für Zündung, Betrieb und Überwachung wird ein elektronisches Vorschaltgerät verwendet. Das Vorschaltgerät besteht aus

- Steuerteil
  Es erhöht den Lampenstrom in der kurzen Anlaufphase, damit die Lampe sofort aufleuchtet. Es begrenzt weiterhin den Lampenstrom während des Betriebs und regelt die Betriebsspannung für eine gleichmäßige Lichtausstrahlung.
- Zündteil
  Es erzeugt die erforderliche Hochspannung (10 bis 20 kV) zum Zünden der Gasentladungslampe. Danach bringt ein Wechselstrom von 200 V und 400 Hertz die Lampe zum Leuchten. Ist die Lampe richtig heiß, reicht eine Spannung von 85 V aus.

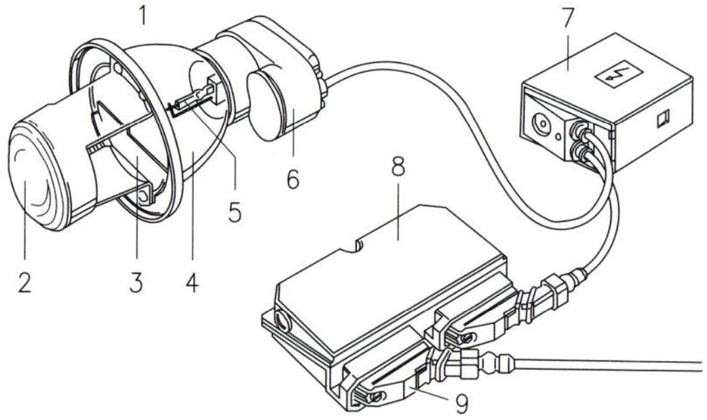

1 Polyellipsoid-Abblendscheinwerfer (PES)
2 Linse
3 Blende
4 Reflektor
5 D1-Gasentladungslampe
6 Lampenträger
7 Zündteil
8 Steuerteil
9 Kabelbaumstecker

Gemäß den Anforderung nach ECE-R48 werden Xenon-Scheinwerfer stets mit einer automatischen Leuchtweitenregelung und einer Scheinwerfer-Reinigungsanlage kombiniert.

Vier-Scheinwerfer-System

Beim Vier-Scheinwerfer-System werden kombiniert:

- Ellipsoid-Scheinwerfer mit Gasentladungslampe für Abblendlicht
- Fernlichtscheinwerfern mit Halogenlampe im eigenen herkömmlichen Reflektor.

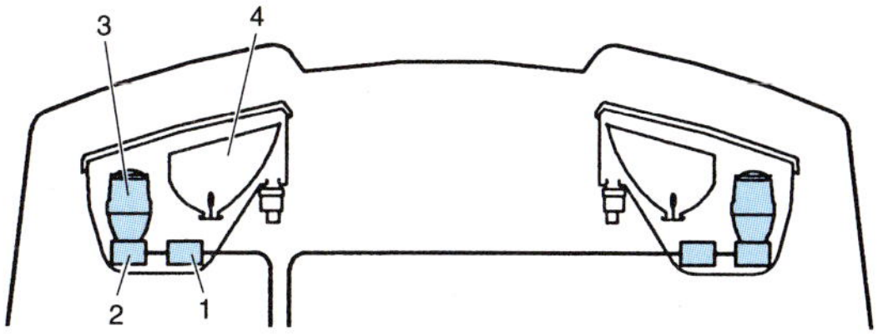

1 Elektronisches Vorschaltgerät mit Steuerteil
2 Zündteil
3 PES-Abblendlicht mit D1-Lampe
4 konventionelles Fernlicht

Zwei-Scheinwerfer-System

Das System ermöglicht mit einer Gasentladungslampe mit einem Zwei-Scheinwerfer-System das Abblendlicht und das Fernlicht (Herstellerbezeichnung Bi-Xenon, Bi-Litronic).

- Ein elektromechanischer Steller bringt beim Betätigen des Fern-/Abblendlichtschalters die Gasentladungslampe im Reflektor in die Position für das Fern- und Abblendlicht.
- Durch Verschieben eines Schatters wird das Fernlicht bzw. Abblendlicht eingestellt.

a) Xenon-Reflexionsscheinwerfer

b) Xenon-Projektionsscheinwerfer

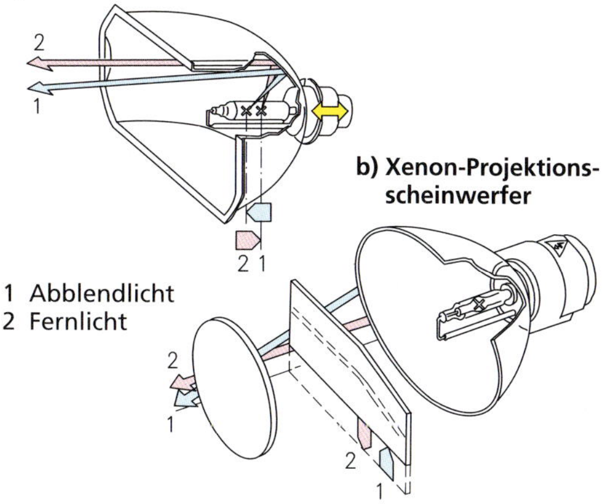

1 Abblendlicht
2 Fernlicht

21.6.9 Lichtfunktionen und Scheinwerfersysteme

21.6.9.1 Kurvenlicht

Kurvenlicht ermöglicht eine deutlich bessere Fahrbahnausleuchtung bei einer Kurvenfahrt oder beim Abbiegen als ein konventioneller Scheinwerfer. Wir unterscheiden dabei zwei Lichtfunktionen:

Lichtfunktionen

Statisches Kurvenlicht

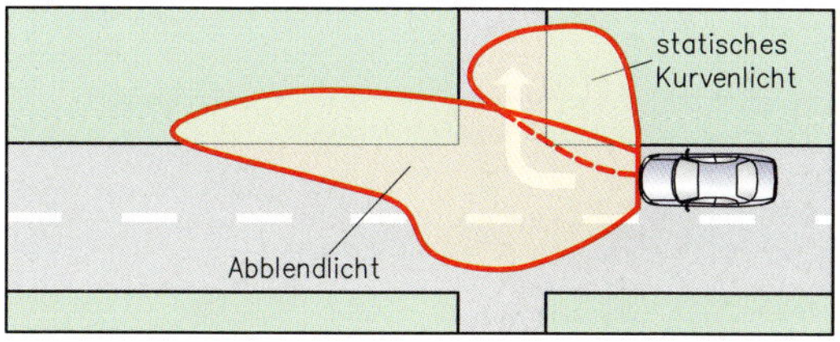

Der Scheinwerfer besitzt ein Kurven- oder Abbiegelicht. Das Kurvenlicht wird dem Abblendlicht automatisch in Abhängigkeit von der Geschwindigkeit zugeschaltet, wenn der Fahrer den Blinker betätigt oder durch enge Kurven fährt. Hierzu wertet ein Steuergerät die Größen Geschwindigkeit, Lenkwinkel und Blinksignal aus. Das Ein- und Ausschalten erfolgt durch Auf- und Abdimmen der Systeme.

Dynamisches Kurvenlicht

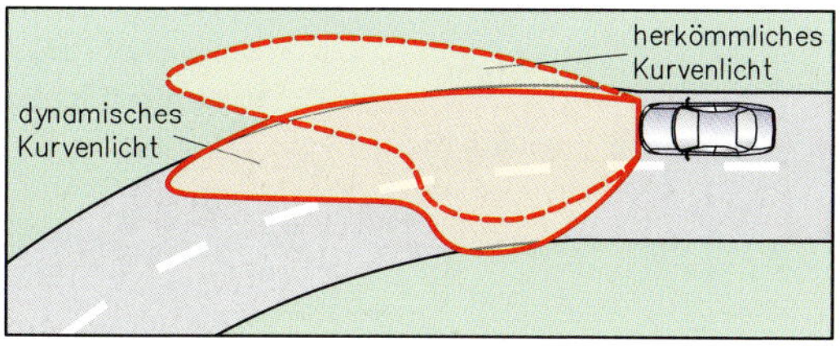

Beim dynamischen Kurvenlicht wird das Abblendlicht in Abhängigkeit vom durchfahrenen Kurvenradius geschwenkt. Hierzu ist der Scheinwerfer in einem Rahmen eingebaut, der um die senkrechte Achse drehbar ist. Das Kurvenlicht arbeitet sowohl in der Abblend- als auch in der Fernlichtfunktion und passt sich der jeweiligen Fahrgeschwindigkeit an.

Lichtfunktionen

Fortsetzung

Scheinwerfer mit statischer Kurvenlichtfunktion

Für das statische Kurvenlicht wird im Scheinwerfer ein zusätzlicher Reflektor angeordnet.
Die Halogenlampe wird situationsgerecht bei Geschwindigkeiten < 50 km/h angesteuert. Das Kurvenlicht wird gedimmt ein- und ausgeschaltet. Das statische Kurvenlicht darf nur mit dem Abblendlicht betrieben werden.

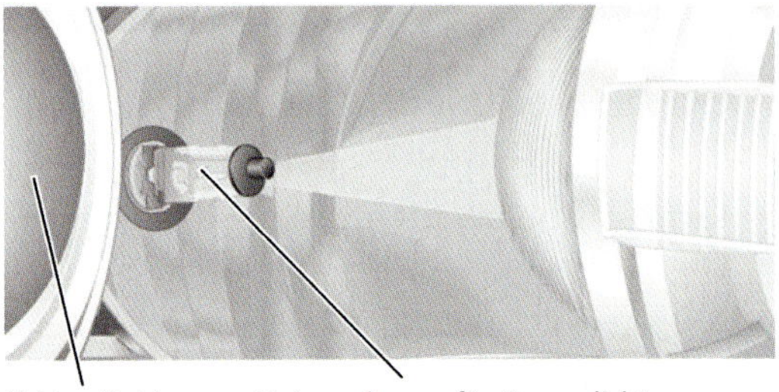

Lampenmodul für dynamisches Kurvenlicht

Das Lampenmodul für dynamisches Kurvenlicht enthält das Abblend- und Fernlicht. Das Modul ist in einem Schwenkrahmen zur Realisierung der horizontalen Schwenkung gelagert. Über einen Stellmotor wird das Lampenmodul geschwenkt. Ein Sensor dient zur Erkennung des Schwenkwinkels.

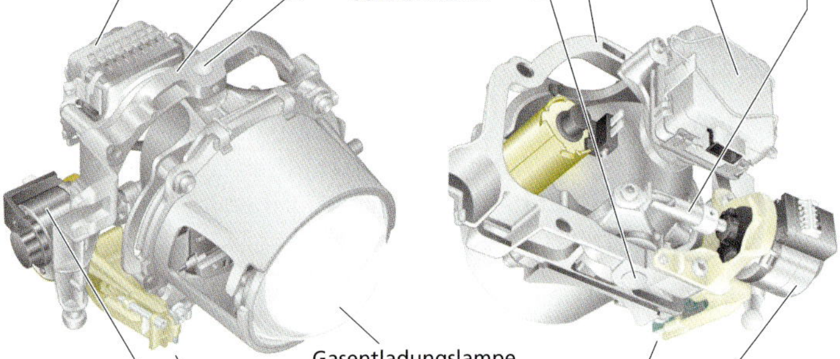

21.6.9.2 Scheinwerfer mit statischer und dynamischer Kurvenlichtfunktion

Der Scheinwerfer besitzt 4 Lampen:

- Gasentladungslampe für Abblend-, Fern- und dynamisches Kurvenlicht
- Halogenlampe für statisches Kurvenlicht
- Lampe für Blinklicht
- Lampe für Standlicht

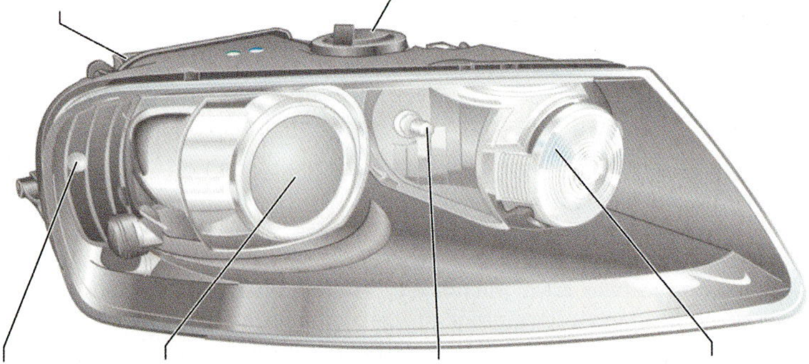

Die Leistungsmodule für Scheinwerfer links und rechts J667 und J668 befinden sich jeweils an der Unterseite der Schweinwerfermodule

21.6.9.3 Systemübersicht dynamisches Kurvenlicht

Die Systemübersicht zeigt die an der Realisierung der Kurvenlichtfunktion beteiligten Sensoren, Steuergeräte und Aktoren sowie deren Vernetzung (▬ CAN-Datenbusleitung)

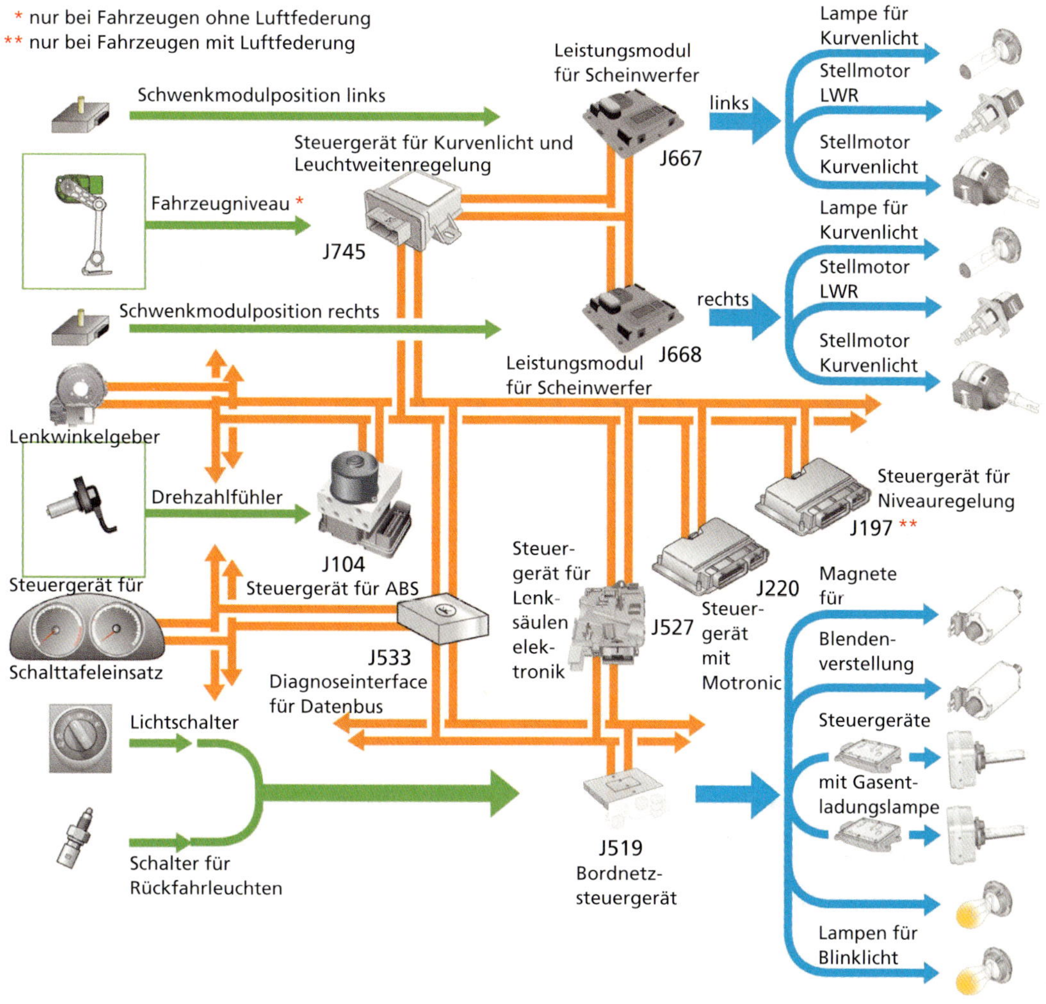

Die Vernetzung der Steuergeräte (▬)

Der Datenaustausch zwischen dem Steuergerät für die Leuchtweitenregelung J745 und den Leistungsmodulen in den Scheinwerfern (J667, J668) erfolgt über einen CAN-Datenbus-Licht, ein separater Datenbus ohne Verbindung zum CAN-Datenbus-Antrieb, auch nicht über das Diagnose-Interface für Datenbus J533.

Eingangsgrößen zur Berechnung der Kurven-Lichtfunktionen für das Steuergerät für Leuchtweitenregelung sind:

Lenkradwinkel (Lenkwinkelgeber J85), Lenkradgeschwindigkeit (Lenkwinkelgeber J85), Radgeschwindigkeit (Steuergerät für ABS J104), Fahrtrichtung (Bordnetzsteuergerät J519, Schalter für Rückfahrleuchten F4), Giergeschwindigkeit (Steuergerät für ABS J104), Abblendlicht ein (Bordnetzsteuergerät J519).

21.6.9.4 Elektrischer Schaltplan für dynamisches Kurvenlicht (rechter Scheinwerfer)

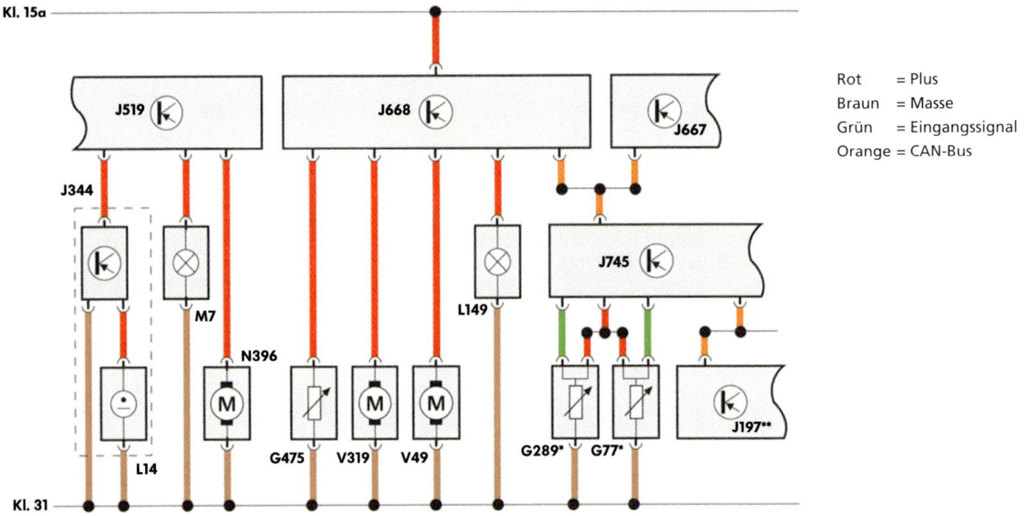

G 77 Höhenstandssensor hinten rechts
G289 Höhenstandssensor vorne rechts
G475 Schwenkmodulpositionssensor
N396 Magnet zur Blendenverstellung
J197 Steuergerät Niveauregelung
J344 Steuergerät Gasentladungslampe
J519 Bordnetzsteuergerät
J667 Scheinwerferleistungsmodul links
J668 Scheinwerferleistungsmodul rechts
J745 Steuergerät für Kurvenlicht und Leuchtweitenregelung
V319 Schrittmotor Kurvenlicht rechts
V49 Schrittmotor Leuchtweitenregelung rechts
L14 Gasentladungslampe rechts
L149 Kurvenlichtlampe rechts
M7 Lampe für Blinklicht rechts

21.6.10 Scheinwerferreinigungsanlage

Zur Reinigung der Scheinwerferscheiben werden Wirbelkammerdüsen eingesetzt, deren Wasserkegel unterschiedlich dicke Tropfen aufweisen: dicke energiereiche Tropfen im Außenbereich für weite Strahlwege und ungünstige Auftreffpunkte, dünnere Tropfen für den Nahbereich. Die Wirbelkammerdüsen sitzen in Düsenstöcken und können dort kugelig verstellt werden. Einzel- oder Doppeldüsen werden auf der Plattform so vor dem Scheinwerfer angeordnet, dass die Wasserkegel die zu reinigenden Flächen treffen. Für Fahrzeuge ohne geeignete Plattform vor dem Scheinwerfer gibt es Teleskop-Düsenanlagen. Die Düsen werden bei Bedarf für kurze Zeit mit Wasserdruck herausgefahren. Der Wasserdruck wird mit einer elektrischen Kreiselpumpe erzeugt. Der Arbeitsdruck liegt bei 2,5 bar.

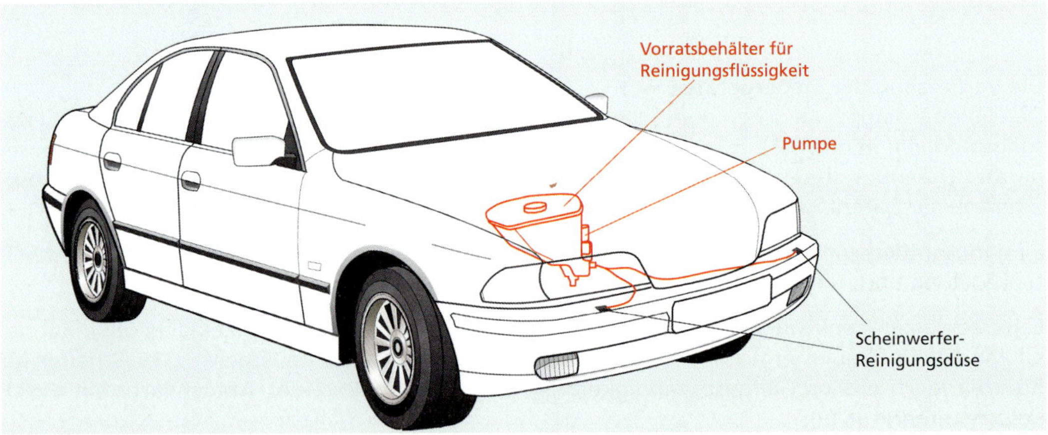

21.6.11 Scheinwerfereinstellung

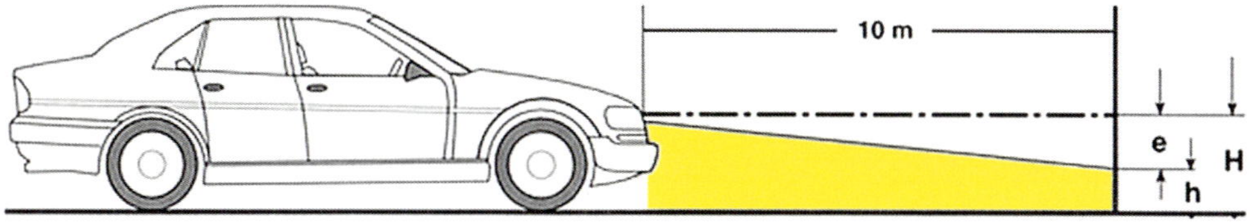

Nach Arbeiten am Scheinwerfer, nach Lampenwechsel ist eine Scheinwerfereinstellung durchzuführen:

- Streuscheiben dürfen weder beschädigt noch verschmutzt sein.
- Bei Fahrzeugen mit manueller Leuchtweitenregelung ist die Verstelleinrichtung auf die Grundstellung einzustellen.
- Bei Fahrzeugen mit automatischer Leuchtweitenregelung und bei Scheinwerfern mit Xenonlampen ist die Grund- bzw. Justiereinstellung mithilfe eines Diagnosetesters durchzuführen.
- Scheinwerfereinstellgerät im Abstand von ca. 30 cm zum Scheinwerfer.
- Neigung nach Herstellerangaben prüfen (sie steht in der Nähe des Scheinwerfers). Prozentangabe auf dem Scheinwerfer beachten: Neigungswinkel z. B. 12 % = *H* – 12 cm.
- Einstellmaß *e* nach Herstellerangabe (12 cm für Scheinwerfer).

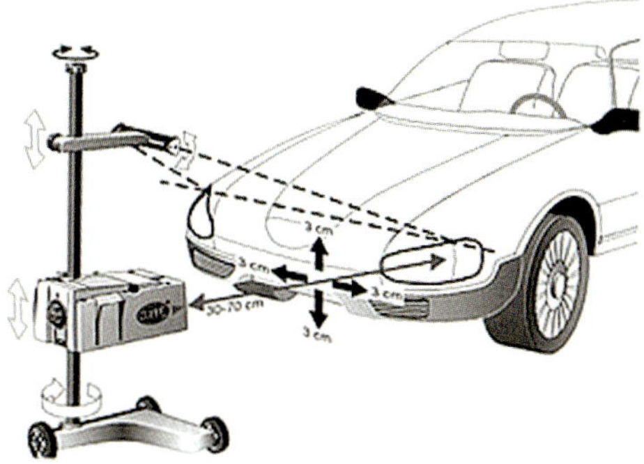

PKW min. 4 m, NKW min. 8,5 m
Bodenunebenheit nicht > 1 mm/m

Ein ebener Untergrund ist die Voraussetzung für die richtige Einstellung der Scheinwerfer.

Vorbereitung des Fahrzeuges nach StVZO:

- Die Reifen müssen den vorgeschriebenen Luftdruck aufweisen.
- Der Fahrersitz ist mit 75 kg oder einer Person zu belasten.
- Bodenunebenheit nicht größer als 1 mm/m.

Bei Arbeiten an einem Xenon-Scheinwerfersystem ist genau nach dem Reparaturleitfaden vorzugehen, da an den Xenon-Lampen sehr hohe elektrische Spannungen anliegen. Die Bauteile sind daher mit Warnschildern ausgestattet.

Die Scheinwerfergrundeinstellung erfolgt z. B. mit dem Fahrzeugdiagnose-, Mess- und Informationssystem.

Der Motor ist zu starten und danach das Licht einzuschalten, damit die Stellmotore ihren Referenzlauf starten. Dieser Referenzlauf ist notwendig, damit der Stellmotor aus seiner momentanen Stellung über den unteren Wendepunkt zu seiner Grundeinstellung fahren kann.

Nach Auswahl „Leuchtweitenregulierung" und „Grundeinstellung" wird der Scheinwerfer eingestellt. Durch Eingabe einer Tastenkombination wird die neue Regellage vom Steuergerät gelernt.

21.7 Signalsysteme

21.7.1 Warnblinken, Richtungsblinken

Das Signal zum Warnblinken erhält das Bordnetzsteuergerät von der Bedienungseinheit für die Schalttafel. Das Bordnetzsteuergerät steuert alle Blinkleuchten an.

Das Signal zum Richtungsblinken erhält das Bordnetzsteuergerät vom Steuergerät für die Lenksäulenelektronik, das die Spannungssignale vom Blinklichtschalter spannungscodiert einliest. Das elektronische Zündschloss – es übernimmt die Aufgaben eines Vernetzungsgateways – überträgt die Signale vom CAN-Datenbus Antrieb auf den CAN-Datenbus Komfort. Das Bordnetzsteuergerät steuert dann die Lampen für das Blinklicht an. Die Ansteuerung der Kontrollleuchten für das Blinklicht erfolgt über den CAN-Datenbus Komfort und das Steuergerät für den Schalttafeleinsatz.

Bei einem Lampenausfall wird die Blinkfrequenz der Lampen verdoppelt.

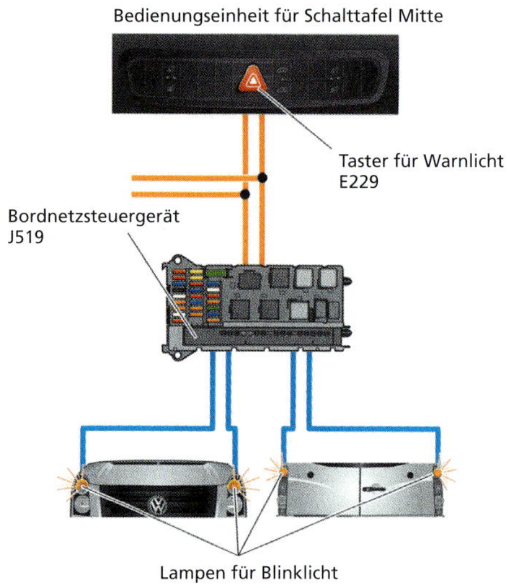

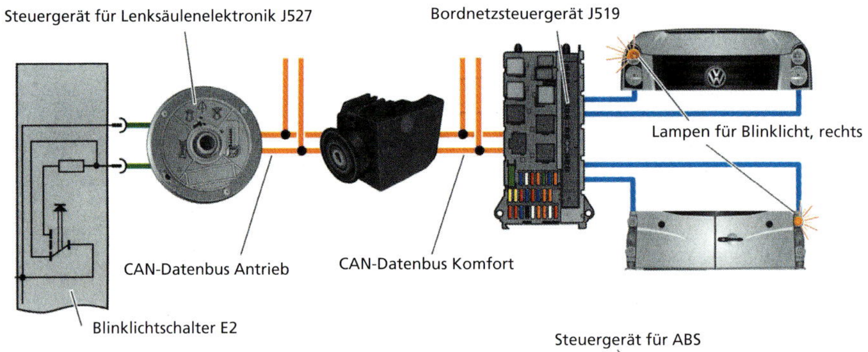

21.7.2 Bremslichtsteuerung

Die Lampen für das Bremslicht werden vom Bordnetzsteuergerät angesteuert.

Die Anforderung zum Einschalten der Bremslichter erfolgt

- direkt über den Bremslichtschalter,
- per CAN-Datenbus über das elektronische Zündschloss vom Steuergerät für ABS.

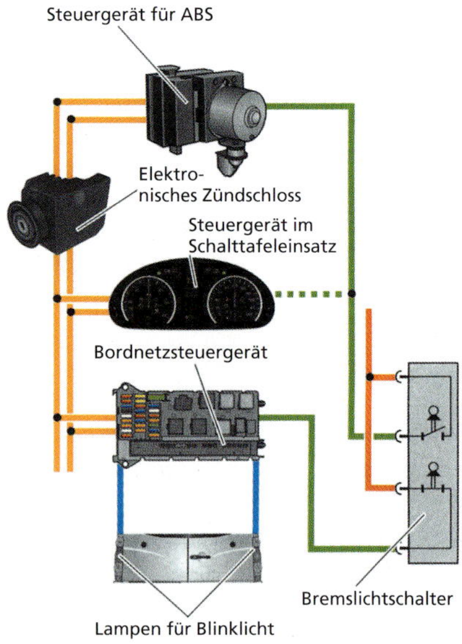

21.8 Wischersteuerung

Am Scheibenwischer-Schalter lassen sich die verschiedenen Wischstufen und -funktionen für den Wischermotor einstellen. Die Ansteuerung erfolgt durch das Bordnetzsteuergerät, indem die Schalterstellungen des Wischerschalters vom Steuergerät für Lenksäulenelektronik eingelesen und über den CAN-Datenbus Komfort zum Bordnetzsteuergerät übertragen werden. Diese übersetzt die CAN-Botschaften in LIN-Botschaften, die dann auf dem LIN-Datenbus zum Steuergerät des Wischermotors gelangen. Besitzt das Fahrzeug einen Regensensor bzw. Regen- und Lichtsensor, ergeben sich weitere Ansteuerungsmöglichkeiten.
Befindet sich auf der Scheibe ein Hindernis oder blockiert der Wischerantrieb, wird dies vom Wischersteuergerät durch die erhöhte Stromaufnahme des Wischermotors erkannt. Lässt sich das Hindernis nach fünf vergeblichen Versuchen nicht wegschieben, bleiben die Wischerarme in der Ruhelage stehen. Die Beseitigung des Hindernisses muss manuell erfolgen.
Weitere Funktionen sind z. B. Service- und Winterstellung, geschwindigkeitsabhängige Wischerstufenrückstellung und Intervallstufen, Vorwaschen, Nachwaschen nach einer Wasch-Wisch-Funktion.

Ansteuerung der Wischermotoren

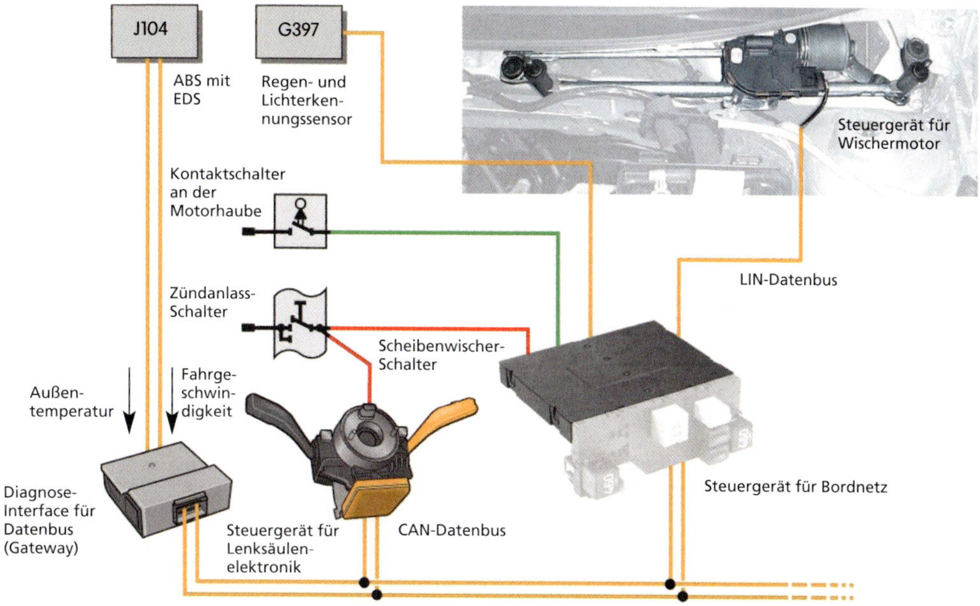

Regensensor

Der Regensensor sendet über Leuchtdioden einen Lichtstrahl aus. Bei trockener Scheibe wird der gesamte Lichtstrahl von der Scheibenoberfläche reflektiert. Ist die Scheibe nass, ändert sich die Lichtbrechung. Es wird weniger Licht von der Scheibenoberfläche in die Fotodiode reflektiert. Sie sendet ein Signal an das Bordnetz und die Scheibenwischer werden eingeschaltet.

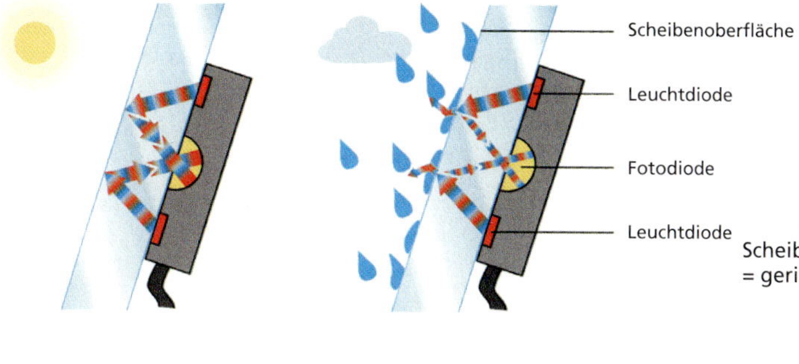

Scheibe trocken = starke Lichtreflektion

Scheibe nass = geringe Lichtreflektion

22 Gesetzliche Untersuchungen

22.1 Hauptuntersuchung

Der Gesetzgeber schreibt vor: Alle Fahrzeuge mit einem eigenen amtlichen Kennzeichen müssen gemäß § 29 der StVZO in regelmäßigen Abständen auf Verkehrssicherheit und Vorschriftsmäßigkeit überprüft werden:

22.1.1 Fristen

Hauptuntersuchungen (HU) an PKW, Motorrädern, Wohnmobilen und Anhängern (Anlage VIII zu § 29 StVZO)		
Fahrzeugart		Zeitabstand der HU in Monaten
Krafträder		24
PKW	nach der ersten Zulassung danach	36 24
Wohnmobile	mit einem zulässigen Gesamtgewicht bis 3,5 t nach der ersten Zulassung danach	 36 24
Wohnmobile	mit einem zulässigen Gesamtgewicht über 3,5 t bis 7,5 t Fahrzeugalter bis 6 Jahre danach	24 12
Wohnmobile	bis zu einem zulässigen Gesamtgewicht über 7,5 t	12
Anhänger	mit einem zulässigen Gesamtgewicht bis 0,75 t oder ohne eigene Bremsanlage nach der ersten Zulassung danach	36 24
Anhänger	mit einer zulässigen Höchstgeschwindigkeit bis 40 km/h oder mit einem zulässigen Gesamtgewicht über 0,75 t bis 3,5 t	24

Abgasuntersuchungen (AU) an PKW und Wohnmobilen (Anlage XIa zu § 47a StVZO)	
PKW oder Wohnmobile	Zeitabstand der AU in Monaten
Mit Ottomotor ohne Katalysator oder mit ungeregeltem Katalysator	12
Mit Ottomotor und geregeltem Katalysator nach der ersten Zulassung danach	36 24
Mit Dieselmotor und einem zulässigen Gesamtgewicht bis 3,5 t nach der ersten Zulassung danach	36 24
Mit Dieselmotor und einem zulässigen Gesamtgewicht über 3,5 t	12

22.1.2 Untersuchungskriterien

Bei einer Hauptuntersuchung wird die Einhaltung der StZVO und der Verordnung über die EG-Typgenehmigung für Fahrzeuge und Fahrzeugteile überprüft.

Der Überprüfungsumfang beschränkt sich auf eine eingehende Sicht- und Funktions- bzw. Wirkungsprüfung ohne weitere Zerlegungsarbeiten.

Untersuchung			
Zustand	Funktion	Ausführung	Wirkung
• Beschädigung, Korrosion, Alterung • Übermäßiger Verschleiß und übermäßiges Spiel • Sachgemäße Befestigung, Sicherung, Montage und Verlegung • Freigängigkeit und Leichtgängigkeit	Prüfen, ob nach der Betätigung von Pedalen, Hebeln, Schaltern oder sonstigen Bedienungseinrichtungen, die einen Vorgang auslösen, dieser Vorgang zeitlich und funktionell richtig abläuft	Untersuchung der Ausführung auf • eine vorgegebene Gestaltung • eine vorgegebene Anbringung/Anzahl • eine vorgegebene Schaltung • eine erforderliche Kennzeichnung	Einhalten von vorgegebenen Grenzwerten
Untersuchungsvorgang			
Visuell und/oder manuell und/oder elektronisch	Visuell und/oder manuell und/oder elektronisch	Visuell und/oder elektronisch	Grundsätzlich messtechnisch, sie beinhaltet auch Rechenvorgänge

Untersucht werden alle sicherheitsrelevanten Systeme, Baugruppen und Bauteile wie z. B. Bremsanlage, Lenkanlage, Reifen, Scheinwerfer und Beleuchtung, aber auch Karosserie, Unterboden, Auspuff und Sicht aus dem Fahrzeug heraus. Bei Fahrzeugen mit elektronischen Komponenten umfasst die Untersuchung auch die Prüfung dieser Systeme auf Einhaltung von Systemdaten. Systemdaten beinhalten die Informationen zum tatsächlichen Verbau der Fahrzeugsysteme und der entsprechenden Untersuchungsverfahren.

22.1.3 Fahrzeugteile in einer amtlich genehmigten Bauart

Fahrzeugteile, die in einer amtlich genehmigten Bauart ausgeführt sein müssen, dürfen nur eingebaut werden, wenn sie mit einem amtlich vorgeschriebenen und zugeteilten Prüfzeichen gekennzeichnet sind. Die Verwendung von nicht genehmigten Bauteilen kann zum Erlöschen der Betriebserlaubnis für das Fahrzeug führen. Die Betriebserlaubnis für ein Kraftfahrzeug ist eine Bestätigung, dass das Fahrzeug verkehrssicher ist und den einschlägigen Vorschriften entspricht. Die Betriebserlaubnis wird vom Kraftfahrzeug-Bundesamt oder entsprechenden Behörden der Europäischen Union ausgestellt. Man unterscheidet:

- Allgemeine Betriebserlaubnis (§ 20 StVZO)
  Sie wird nach Prüfung dem Hersteller für Serienfahrzeuge erteilt. Die Betriebserlaubnis erlischt, wenn Veränderungen am Fahrzeug, z. B. Verkürzen der Federn, Verändern der Auspuffanlage usw., vorgenommen werden. Solche Änderungen müssen unverzüglich von der Technischen Prüfstelle oder einer amtlich anerkannten Überwachungsorganisation (DEKRA, TÜV, GTÜ usw.) begutachtet werden. Insbesondere gilt dies bei Änderungen des Hubraumes oder der Leistung, des Abgasverhaltens oder der Fahrzeug- und Aufbauart.
- Betriebserlaubnis für Fahrzeugteile (§ 21/22a StVZO)
  Die Betriebserlaubnis für Fahrzeugteile wird für ein bestimmtes Bauteil, z. B. Alu-Felgen, erteilt. Fahrzeugteile, die in einer amtlich genehmigten Bauart ausgeführt werden müssen, dürfen nur ein- oder angebaut werden, wenn sie mit einem amtlich vorgeschriebenen und zugeteilten Prüfzeichen gekennzeichnet sind.
  Genehmigte Teile sind an folgender Kennzeichnung zu erkennen (Auszug VkBl, Amtlicher Teil):

Teile mit allgemeiner Bauartgenehmigung	Teile mit allgemeiner Betriebserlaubnis	Teile mit Einzelbetriebserlaubnis
Das Prüfzeichen besteht aus einer Wellenlinie von drei Perioden, einem oder zwei Kennbuchstaben, einer Nummer und soweit erforderlich, zusätzliche Zeichen: z. B. Kupplungskugel mit Halterung ∿∿∿ **M 4280**	Das Prüfzeichen besteht aus den Buchstaben „KBA" und einer Ziffernfolge: z. B. Sonderrad **KBA 40986**	Das Prüfzeichen besteht aus einer Nummer der Prüfstelle und einer Prüfnummer z. B.: **TP 28 123456**
Teile mit EWG-Bauartgenehmigung	**Teile mit ECE-Genehmigung**	**Teile mit EG-Typgenehmigung/ EWG-Betriebserlaubnis als technische Einheit**
Das Prüfzeichen besteht aus einem Rechteck mit dem Buchstaben **e1** **88-563**	Das Genehmigungszeichen besteht aus einem Kreis mit dem Buchstaben „E", der Kennzahl des genehmigenden Staats, einer Genehmigungsnummer, ggf. dem Buchstaben „R" und/ oder der Nummer der entsprechenden ECE-Regelung und ggf. zusätzlichen Zeichen z. B. Nebelschlussleuchte: **F-00** **E4** **2439**	Das Betriebserlaubniszeichen besteht aus einem Rechteck mit dem Buchstaben „e" mit einer Kennzahl oder den Kennbuchstaben des genehmigenden Mitgliedstaates und einer Ziffernfolge z. B. Austauschschalldämpfer **e9** **030148**

Alle Teile, für die eine EG-Betriebserlaubnis bzw. EG-Bauartgenehmigung erteilt wurde und die mit entsprechendem EG-Prüfzeichen versehen sind, brauchen nicht mehr eingetragen zu werden. Eine Mitführpflicht der entsprechenden Dokumentation besteht nicht. Die Eintragsfreiheit bezieht sich auf Anhängerkupplungen, Zusatzheizungen und Anbauteile (Spoiler, Frontschutzbügel) sowie Austauschschalldämpferanlagen mit EG-Prüfzeichen.
Durch den Wegfall der Pflicht zur Durchführung einer Änderungsabnahme ist die Verantwortung für den Halter und vor allem für die Werkstatt, die den Einbau bzw. Anbau vornimmt, gestiegen.

22.1.4 Prüfung gemäß § 29 StVZO

22.1.4.1 Prüfung mechanischer Systeme und Sonstiges

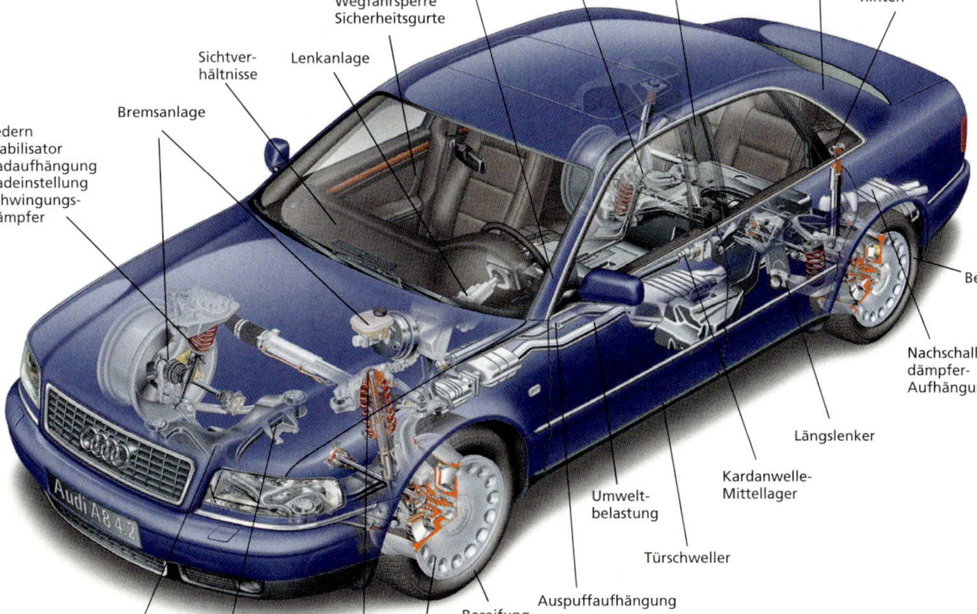

Bremsanlage StVZO § 41	Mindestabbremsung der Betriebs-/Feststellbremsanlage, Bremsbeläge, Bremsscheibe/Bremstrommel, Bremsgestänge/Bremsseile, Bremspedal, Bremskraftverstärker/Hauptzylinder, Bremszylinder/Staubmanschetten
Lenkanlage StVZO § 38	Lenkanlage, Lenkrad, Lenkkopflager/Lenksäule, Lenkgelenke/Lenkscheiben, Lenkgetriebe/Staubmanschetten, Schubstangen/Spurstangen, Lenkhebel/Lenkgestänge, Lenkungsdämpfer, Lenkhilfe/Leitungen/Schläuche.
Vorder-/Hinterachse StVZO § 41	Achskörper, Radaufhängung, Federn/Stabilisator, Radlager, Schwingungs--dämpfer, Radeinstellung
Bereifung StVZO § 36	Reifen, Räder
Sichtverhältnisse StVZO § 40, § 56	Scheiben, Scheibenwischer, Scheibenwascher, Entfrostungs- und Trocknungsanlagen für Scheiben, Spiegel
Fahrgestell, Rahmen, Aufbau, tragende Teile	Fahrgestell, Rahmen, Aufbau, daran befestigte Teile wie Motor, Antrieb, Sitze
Sonstige Ausstattungen StVZO § 38a, b, § 53a	Alarmanlage, Wegfahrsperre, Sicherheitsgurte, Hupe, Warndreieck
Umweltbelastungen StVZO § 45, 46, 47c, 49, 55a	Auspuffanlage, Geräuschentwicklung, Abgassystem, Kraftstoffleitungen, Kraftstoffbehälter, Öl-, Hydraulik-, Flüssigkeitsverluste, elektro-magnetische Verträglichkeit
Fahrzeugidentifizierung StVZO § 59	Fabrikschilder, Fahrzeug-Identifizierungsnummer

22.1.4.2 Prüfung lichttechnischer Systeme

Für die lichttechnischen Einrichtungen und Signalanlagen hat der Gesetzgeber umfangreiche Bestimmungen festgelegt:

- Art und Anzahl der Leuchten und Signale (§§ 49a bis 55 StVZO)
- Mindestabstände der Leuchten vom Fahrzeugumriss zu anderen Leuchten und zur Fahrbahn (§§ 49a bis 55 StVZO)
- Beleuchtungs- und Signalstärken sowie Signalfrequenzen
- Benutzung der Beleuchtungs- und Signalanlage (§§ 9, 10, 15, 15a, 16, 17 StVO)
- Betriebserlaubnis und Bauartgenehmigungspflicht für Bauteile der Beleuchtungs- und Signalanlage (§§ 22, 22a StVZO)

An Kraftfahrzeugen und ihren Anhängern dürfen nur die vorgeschriebenen und die für zulässig erklärten lichttechnischen Einrichtungen angebracht sein. Die lichttechnischen Einrichtungen müssen vorschriftsmäßig und fest angebracht sowie ständig betriebsbereit sein. Sind lichttechnische Einrichtungen gleicher Art paarweise angebracht, so müssen sie in gleicher Höhe über der Fahrbahn und symmetrisch zur Längsmittelebene des Fahrzeugs angebracht sein. Sie müssen gleichfarbig sein, gleich stark – mit Ausnahme der Parkleuchten und der Fahrtrichtungsanzeige – gleichzeitig leuchten. Alle nach vorn wirkenden lichttechnischen Einrichtungen dürfen nur zusammen mit den Schlussleuchten und der Kennzeichenbeleuchtung einschaltbar sein. In den Scheinwerfern und Leuchten dürfen nur die nach ihrer Bauart dafür bestimmten Lichtquellen verwendet werden. Scheinwerfer dürfen nur gleichzeitig aus- und eingeschaltet werden. Abblendlicht darf bei eingeschaltetem Fernlicht eingeschaltet bleiben. Die Einschaltung des Fernlichts muss durch eine blau leuchtende Lampe im Blickfeld des Fahrers angezeigt werden. Kfz mit Scheinwerfern für Fern- und Abblendlicht, die mit Gasentladungslampen ausgestattet sind, müssen mit einer automatischen Leuchtweitenregelung, einer Scheinwerferreinigungsanlage und einem System ausgestattet sein, das das ständige Eingeschaltetsein des Abblendlichtes auch bei Fernlicht sicherstellt.

Aktive lichttechnische Systeme	**Vorgeschriebene lichttechnische Einrichtungen:** Scheinwerfer für Fern- und Abblendlicht, Schlussleuchten, Bremsleuchten, Begrenzungsleuchten (Standlicht), Kennzeichenbeleuchtung, Nebelschlussleuchten, Rückfahrscheinwerfer, Fahrtrichtungsanzeiger, Warnblinkanlage, Rückstrahler **Zusätzliche Scheinwerfer, Leuchten:** Nebelscheinwerfer, Suchscheinwerfer, Parkleuchten

Bauartgenehmigung für Fahrzeugteile § 22a StVZO, Kennzeichnung der Scheinwerfer und Leuchten

Die oben angegebenen lichttechnischen Einrichtungen müssen in einer amtlich genehmigten Bauart ausgeführt sein.

Für alle lichttechnischen Einrichtungen gibt es nationale Bauvorschriften und Bauvorschriften der EU. Für jeden Typ einer lichttechnischen Einrichtung ist ein besonderes Genehmigungszeichen festgelegt. Dieses Genehmigungszeichen ist z. B. auf den Streuscheiben von Scheinwerfern bzw. auf den Lichtscheiben von Leuchten sichtbar. Teile mit ECE-Genehmigung haben ein Genehmigungszeichen, bestehend aus

- einem Kreis mit dem Buchstaben E,
- der Kennzahl des genehmigenden Staates.

Die dem Buchstaben beigefügte Zahl ist einem Land zugeordnet, welche die Typzulassungsprüfung erteilt hat, z. B. 1: Deutschland; 2: Frankreich; 3: Italien usw.

Die Kennzeichnung E 1 besagt, dass die lichttechnische Einrichtung durch das Kraftfahrt-Bundesamt in Flensburg zugelassen worden ist.

Bei einer Abschlussscheibe eines Scheinwerfers ist z. B. die folgende Bezeichnung zu finden:
HC/R25 E1 A 44457:

HC/R : H ≙ Halogenlicht, C ≙ Abblendlicht und R ≙ Fernlicht. Der Querstrich bedeutet, dass Abblend- und Fernlicht nicht gleichzeitig eingeschaltet werden können.
25 : Lichtstärke des Scheinwerfers für Fernlicht
E1 : Typprüfzulassung in Deutschland
02 A : gibt an, dass sich im Scheinwerfergehäuse eine Begrenzungsleuchte befindet
44457 : Typprüfnummer

22.1.4.3 Elektronik-Check

Bisher wurden in der Hauptuntersuchung die Kontrollleuchten und das Vorhandensein der einzelnen Bauteile überprüft. Seit 01. 04. 2006 werden bei Fahrzeugen mit OBD die Systemdaten von 8 elektronischen Fahrzeugbaugruppen/-systemen im Rahmen der HU überprüft.

Elektronische Systeme

Bremsanlage: Antiblockiersystem, elektromechanische Feststellbremse, Bremsassistent

Lenkanlage: Elektronisch gesteuerte, variable Übersetzung (Aktivlenkung), elektromechanische Lenkung

Aktive lichttechnische Anlagen: Kurvenfahrlicht, Abbiegelicht, automatische Leuchtweitenregelung, adaptives Bremslicht, automatische Lichteinschaltung

Sicherheitsgurte oder andere Rückhaltesysteme: Kurvenfahrlicht, Abbiegelicht, automatische Leuchtweitenregelung, adaptives Bremslicht, automatische Lichteinschaltung

Airbag: Front-, Seiten-, Kopf- und Knieairbag, Airbagsteuerung bzw. An-/Abschaltung in Abhängigkeit von der Sitzbelegung

Dynamischer Überrollschutz: Bei Unfallgefahr (Parameter: Verzögerung, Wank- und Nickwinkel) automatisch ausfahrender Überrollbügel bei Cabrios

Geschwindigkeitsbegrenzer: v_{max}-Begrenzer, Geschwindigkeitsregelsysteme

Fahrdynamische Regelsysteme mit Eingriff in die Bremsanlage: Elektronisches Stabilitätsprogramm (ESP), Automatisches Sperrdifferenzial (ASD), aktive Geschwindigkeitsregelung, Antriebs-Schlupfregelung (ASR)

Zur Überprüfung auf Einhaltung der Systemdaten führt der TÜV-Nord aus:
„Systemdaten können sein:

- Verbau- und Lageinformationen sowie Identifizierungsmerkmale,
- Fehlercodes,
- definierte Prüfabläufe,
- Messwerte physikalischer Größen,
- manipulatorische Anzeigen.

Für elektronische Baugruppen/Systeme gibt es folgende Prüfmöglichkeiten:

- Identifizierung und Versionskontrolle von Komponenten (Steuergeräte, OBD, Bussysteme),
- Vergleich mit Referenzdaten (Messwerte, Anzeigen),
- Abarbeiten eines vorgesehenen Prüfalgorithmus, z. B.
  - Ein- und Ausstellen der Zündung in bestimmter Reihenfolge unter Beachtung des definierten Aufleuchtens/Erlöschens von Kontrollleuchten,
  - Betätigen von Pedalen, Lenkrad und Schaltern in bestimmter Reihenfolge,
  - Beachten von Reaktionen der Anzeigen im Bord-Display und des Aufleuchtens/Erlöschens von Kontrollleuchten,
  - Durchführen einer Testfahrt mit Schrittgeschwindigkeit (8 km/h).

Das Auslesen von Fehlerspeichern ist bei der HU zurzeit noch nicht vorgesehen.
Ziel der Systemdatenprüfung ist es, sicherzustellen, dass

- alle sicherheitstechnisch erforderlichen Systeme verbaut sind,
- die korrekte Elektronik- und Programmversion vorhanden ist,
- die Systeme sicher und einwandfrei arbeiten.

Die Systemdaten werden von den Fahrzeugherstellern/-importeuren für jedes Fahrzeug, mindestens für jede Fahrzeugausführung geliefert. Die so anfallende Datenmenge wird aufbereitet, in Form von Verbauinformationen und Prüfangaben digital bereitgestellt und über das TÜV-NORD-EDV-System für jeden Sachverständigen bei jeder HU angeboten".

22.1.4.4 Beurteilung der Mängel

Die bei der HU festgestellten Mängel werden in Mängelklassen eingeordnet. Es gelten folgende Kriterien:

- OM – ohne erkennbare Mängel
  Zuteilung der Plakette

- GM – Geringe Mängel
  Mängel, bei denen eine kurzzeitige Abweichung von den Vorschriften der Richtlinien hingenommen werden kann und mit denen zum Zeitpunkt der Mängelbeseitigung eine Verkehrsgefährdung kurzzeitig nicht zu erwarten ist. Eine Nachprüfung ist nicht erforderlich, wenn die unverzügliche Beseitigung dieser Mängel durch den Halter des Fahrzeugs zu erwarten ist. Zuteilung einer Plakette ist möglich. Geringe Mängel trägt der Sachverständige in den Untersuchungsbericht ein.

- EM – Erhebliche Mängel
  Mängel, die auf Abweichungen von den Vorschriften und den hierzu ergangenen Richtlinien beruhen; das sind Mängel, die eine Verkehrsgefährdung erwarten lassen. Eine Nachprüfung ist erforderlich.
  Eine Plakette wird nicht zugeteilt.

- VU – Verkehrsunsicher
  Mängel, die eine unmittelbare Verkehrsgefährdung darstellen. Entfernen der Prüfplakette und unverzügliche Benachrichtigung der Zulassungsstelle. Der Fahrzeugführer/-halter ist darauf hinzuweisen, dass das Fahrzeug so nicht mehr am öffentlichen Straßenverkehr teilnehmen darf. Eine erneute Hauptuntersuchung entfällt.

Der Kunde ist darauf hinzuweisen, dass auch bei GM und EM der Weiterbetrieb des Fahrzeugs vor Beseitigung der Mängel gegen die StVZO verstößt.

22.1.4.5 Untersuchungsbericht

Der Fahrzeughalter erhält nach erfolgter Hauptuntersuchung einen Untersuchungsbericht, in dem u. a. festgestellte Mängel, Messwerte bei der Bremsenprüfung und das Untersuchungsergebnis enthalten sind.

Der Fahrzeughalter hat den Untersuchungsbericht bis zur nächsten Hauptuntersuchung aufzubewahren.

Untersuchungsbericht Nr.: H740410417
Untersuchungsart: HU
Untersuchungsdatum: 03.08.2004

Kunde:
Fahrzeug: PKW
amtl. Kennzeichen:
Fz.Ident.-Nr.: WDB2100371A380140

Hersteller: DAIMLERCHRYSLER (D) (0710)
Typ: 210-110KW (304)
Erstzul.: 1997

zul. Gesamtgewicht: 1950 kg
Kilometerstand: 92762 km
letzte HU-Prüfung: 07.02

Festgestellte Mängel:
123 Bremsschläuche Mitte und hinten: links rechts porös
128 Bremstrommeln/Bremsscheiben: hinten Korrosion Innenseite

Messwerte:

	Betriebsbr. (daN) links	Betriebsbr. (daN) rechts	Feststellbr. (daN) links	Feststellbr. (daN) rechts
Achse 1:	230	230	—	—
Achse 2:	110	120	160	200
Achse 3:	—	—	—	—
Achse 4:	—	—	—	—
Achse 5:	—	—	—	—

Bemerkungen: keine

Untersuchungsergebnis: **erhebliche Mängel**
Plakette: **keine**
Wiedervorführung: **zur Nachkontrolle**

Prüfingenieur
Stempel

Untersuchungsbericht Nr.: H585410872
Untersuchungsart: NK / HU
Nachunters. zu Prüfber. Nr.: H740410417; HU vom 03.08.04
Untersuchungsdatum: 04.08.2004

Kunde:
Fahrzeug: PKW
amtl. Kennzeichen:
Fz.Ident.-Nr.: WDB2100371A380140

Hersteller: MERCEDES-BENZ (D) (0710)
Typ: 210-110KW (304)
Erstzul.: 0797

zul. Gesamtgewicht: 1950 kg
Kilometerstand: 92762 km
letzte HU-Prüfung: 07.02
AU fällig: 07.06

Festgestellte Mängel:
keine

Messwerte:

	Betriebsbr. (daN) links	Betriebsbr. (daN) rechts	Feststellbr. (daN) links	Feststellbr. (daN) rechts
Achse 1:	230	230	—	—
Achse 2:	110	120	160	200
Achse 3:	—	—	—	—
Achse 4:	—	—	—	—
Achse 5:	—	—	—	—

Bemerkungen: keine

Untersuchungsergebnis: **ohne Mängel**
Plakette: **Juli 06**
Wiedervorführung: **—**

Prüfingenieur
Stempel

22.2 Abgasuntersuchung AU

Nationale Regelungen der technischen Fahrzeugüberwachung sind eng an die EU-Gesetzgebung gebunden. Die Abgasuntersuchung ist eine Prüfung, die europaweit durchgeführt wird. Die Praxis der Durchführung ist jedoch unterschiedlich und liegt an der Infrastruktur der Überwachungsorganisationen und Kfz-Verbandsorganisationen.

In Deutschland wird bei der regelmäßigen Abgasuntersuchung u. a. die Einhaltung eines bestimmten CO-Grenzwertes überwacht. Jeder Pkw muss drei Jahre nach der Erstzulassung und dann alle zwei Jahre zur Abgasuntersuchung.

Die AU-Verordnung (34. Änderungsverordnung zur StVZO) vom Dezember 2001 bezieht die europäischen Vorschriften (Euro 3/4, OBD) ein (siehe www.verkehrsportal.de oder www.fahrlehrer-verband-bw.de).

Darin werden u. a. festgeschrieben:
- einheitliche Mindestanforderungen an die Einrichtung und Ausstattung der AU-Werkstätten,
- einheitliche AU-Gerätesoftware/Bedienerführung,
- Qualitätssicherungssystem für alle AU-Werkstätten,
- Schulungsverpflichtung für alle mit der AU-Durchführung betrauten Personen,
- Untersuchungsverfahren für Kfz.

Die AU-Werkstätten müssen sicherstellen, dass sie die Anforderungen des Gesetzgebers hinsichtlich Ausstattung, Betriebsorganisation und Personalqualifikation erfüllen.

Ausstattung

Das Abgasgerät, das für die AU eingesetzt wird, muss dem festgelegten Ablauf des Prüfverfahrens (Bedienerführung) genügen. Die ermittelten Messwerte müssen aufgenommen, gespeichert und in Form einer einheitlichen Prüfbescheinigung ausgedruckt werden. Um eine Abfrage der OBD-Funktionen bei der Durchführung der AU zu ermöglichen, ist ein universelles Auslesegerät, das sogenannte Scan-Tool, erforderlich. Von dem Scan-Tool werden die OBD-Daten und die gespeicherten Daten mit ihren Fehlercodes ausgelesen und in das AU-Gerät übertragen und mittels angepasster AU-Software verarbeitet.

Betriebsorganisation

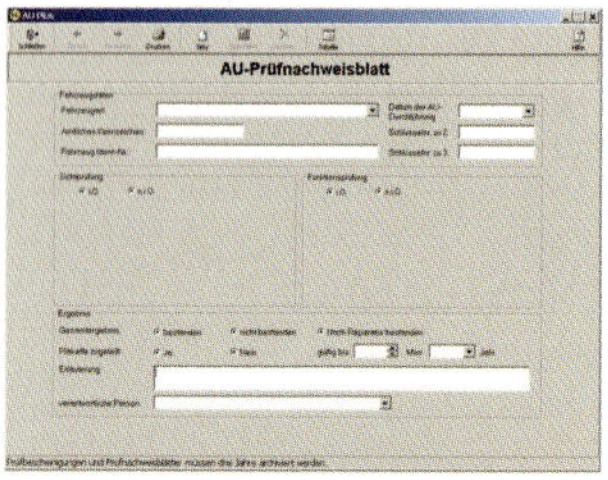

AU-Prüfnachweisblatt

AU-Betriebe müssen eine Dokumentation der Betriebsorganisation nachweisen. Sie umfasst im Wesentlichen:
- Benennung des qualifizierten Personals,
- Schulungen,
- statistische Erfassung der festgestellten Mängel,
- aktuelle Übersicht über die verwendeten Prüfplaketten,
- Überwachung der Eich- und Wartungsfristen der AU-Geräte,
- Maßnahmen zur Aufrechterhaltung der Qualität bei der Durchführung und Dokumentation der AU.

Personalqualifikation

Alle mit der Durchführung der AU beauftragten Fachkräfte müssen an einer Erstschulung und danach im Rhythmus von jeweils 36 Monaten an Wiederholungsschulungen teilnehmen.
In jeder AU-Werkstatt ist ein AU-Beauftragter zu benennen, der für die Pflege der Dokumentation in der AU-Werkstatt verantwortlich ist.

22.2.1 Durchführung der AU

In der AU-Verordnung werden neben den bisherigen AU-pflichtigen Fahrzeugen auch Kraftfahrzeuge mit OBD-System in die AU einbezogen.

Die Abgasuntersuchung für alle Fahrzeuge gliedert sich in
- eine Sichtprüfung und
- eine Funktionsprüfung.

Beide Prüfungen unterscheiden sich hinsichtlich Antriebs- oder Motorart des Gemischaufbereitungssystems oder der Systeme der Abgasnachbehandlung:
- Kraftfahrzeuge mit Fremdzündungsmotor ohne Katalysator oder mit Katalysator, jedoch ohne lambdageregelte Gemischaufbereitung,
- Kraftfahrzeuge mit Fremdzündungsmotor, mit Katalysator und lambdageregelter Gemischaufbereitung,
- Kraftfahrzeuge mit Fremdzündungsmotor, mit Katalysator und lambdageregelter Gemischaufbereitung und mit On-Board-Diagnosesystem (OBD),
- Kraftfahrzeuge mit Kompressionszündungsmotor,
- Kraftfahrzeuge mit Fremd- oder Kompressionszündungsmotor und alternativem Antrieb oder Kraftstoff.

22.2.1.1 Verzeichnis der Schlüsselnummern

Für jedes der o. a. fünf Fahrzeugsysteme hat der Verordnungsgeber ein eigenes Prüfverfahren vorgeschrieben. Für eine ordnungsgemäße AU muss daher zuerst das zu untersuchende Fahrzeug anhand der Fahrzeugdaten im Fahrzeugschein identifiziert werden.

Das Untersuchungsverfahren lässt sich aus dem Text und der Schlüssel-Nummer zu Feld 1 und zu Feld 5 des Fahrzeugscheins ermitteln.

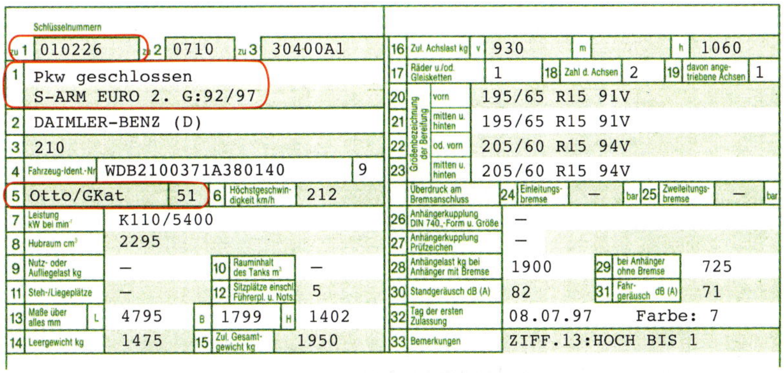
Schlüsselnummern
zu 1 010226 zu 2 0710 zu 3 30400A1
1 Pkw geschlossen S-ARM EURO 2. G:92/97
2 DAIMLER-BENZ (D)
3 210
4 Fahrzeug-Ident.-Nr. WDB2100371A380140 9
5 Otto/GKat 51 6 Höchstgeschwindigkeit km/h 212
7 Leistung kW bei min⁻¹ K110/5400
8 Hubraum cm³ 2295
9 Nutz- oder Aufliegelast kg – 10 Rauminhalt des Tanks m³ –
11 Steh-/Liegeplätze – 12 Sitzplätze einschl. Führerpl. u. Nots. 5
13 Maße über alles mm L 4795 B 1799 H 1402
14 Leergewicht kg 1475 15 Zul. Gesamtgewicht kg 1950
16 Zul. Achslast kg v 930 m h 1060
17 Räder u./od. Gleisketten 1 18 Zahl d. Achsen 2 19 davon angetriebene Achsen 1
20 Größenbezeichnung der Bereifung vorn 195/65 R15 91V
21 mitten u. hinten 195/65 R15 91V
22 od. vorn 205/60 R15 94V
23 mitten u. hinten 205/60 R15 94V
Überdruck am Bremsanschluss 24 Einleitungsbremse – bar 25 Zweileitungsbremse – bar
26 Anhängerkupplung DIN 740.-Form u. Größe –
27 Anhängerkupplung Prüfzeichen –
28 Anhängelast kg bei Anhänger mit Bremse 1900 29 bei Anhänger ohne Bremse 725
30 Standgeräusch dB (A) 82 31 Fahrgeräusch dB (A) 71
32 Tag der ersten Zulassung 08.07.97 Farbe: 7
33 Bemerkungen ZIFF.13:HOCH BIS 1

Auszug zu Feld 5

Antriebsart	Kurzbezeichnung im Kfz-Brief zu 5	Schlüssel-Nummer zu 5
Ottomotor GKAT	OTTO/GKAT	51
Ottomotor mit Direkteinspritzung	OTTO-D	09
Ottomotor mit OBD	OTTO/OBD	04
Ottomotor mit Direkteinspritzung und OBD	OTTO-D/OBD	05
Dieselmotor mit Direkteinspritzung	DIESEL-D	22
Dieselmotor mit OBD	DIESEL/OBD	14

Auszug zu Feld 1

Schlüssel-Nummer zu 1	Text zu 1
XXXX01	GESCHL. SCHADSTOFFARM
XXXX25	SCHADSTOFFARM EURO 2
XXXX26	S-Arm EURO 2, G: 92/97
XXXX44	EURO 3
XXXX62	EURO 4

Zulassungsbescheinigung Teil I (bisher Fahrzeugschein)

Ab 1. Oktober 2005 gelten neue Zulassungsdokumente, Fahrzeugschein und Fahrzeugbrief gibt es nicht mehr. Statt diesen gelten für die Kfz-Zulassung die **Zulassungsbescheinigung Teil I und Teil II**. Zulassungsbescheinigung Teil I ist der Fahrzeugschein und die Zulassungsbescheinigung Teil II ist der Fahrzeugbrief.

Hintergrund der Änderung ist eine europäische Richtlinie, die eine Harmonisierung der Zulassungsdokumente für Kfz/Auto vorschreibt. Statt „Leistung" oder „Höchstgeschwindigkeit" werden nach dieser Zulassungsbestimmung für die europäischen Länder einheitliche Codes verwendet.

Erläuterungen zum Code stehen auf der Rückseite (Zulassungsdokument). Zulassungsbescheinigung Teil II hat nur Platz für Kfz-Halter. Jedes Zulassungsdokument beinhaltet eine Vordrucknummer. Die Zulassungsbescheinigung enthält außerdem Sicherheitsmerkmale wie ein Wasserzeichen, um eine Fälschung zu erschweren.

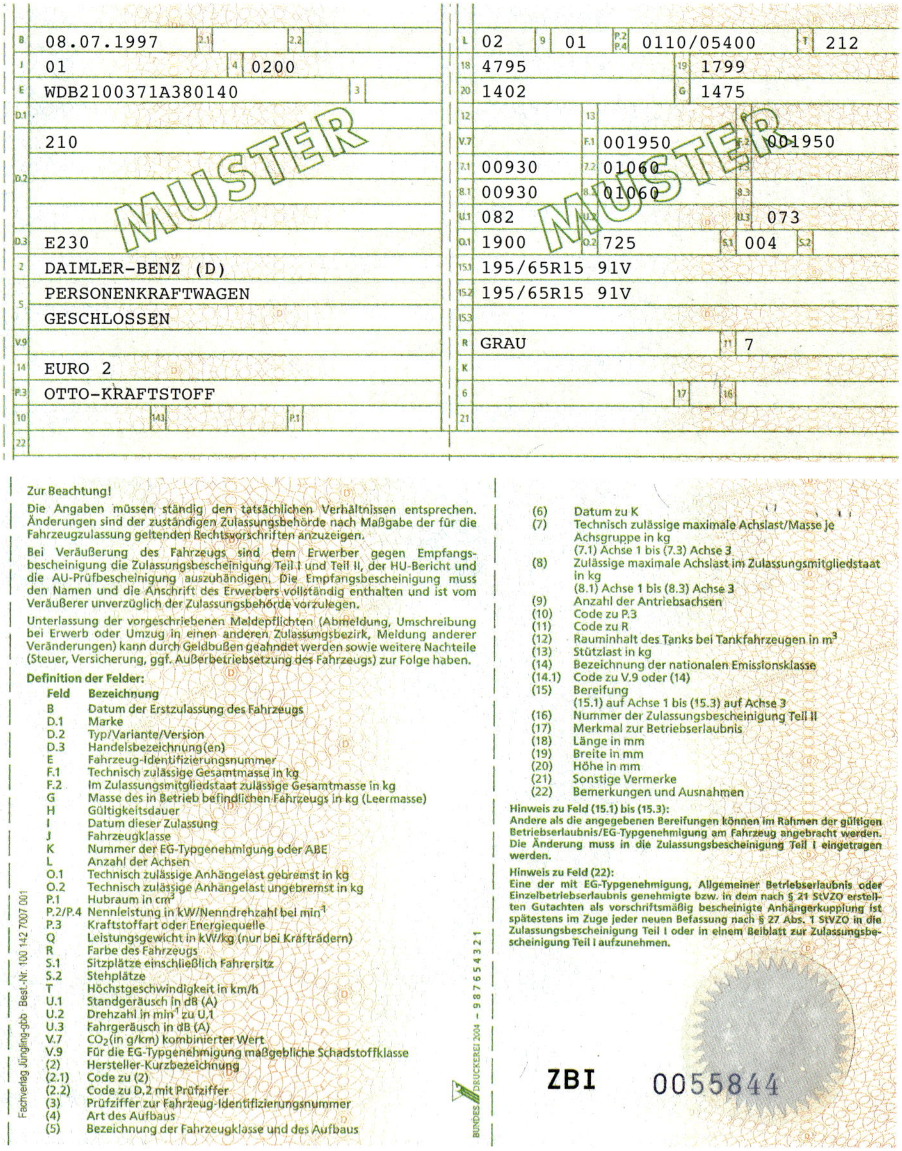

B 08.07.1997	2.1	2.2	
J 01	4 0200		
E WDB2100371A380140	3		
D.1			
D.2 210			
D.3 E230			
2 DAIMLER-BENZ (D)			
5 PERSONENKRAFTWAGEN GESCHLOSSEN			
V.9			
14 EURO 2			
P.3 OTTO-KRAFTSTOFF			
10	14.1	P.1	
22			

L 02	9 01	P.2 P.4 0110/05400	T 212
18 4795	19 1799		
20 1402	G 1475		
12	13	Q	
V.7	F.1 001950	F.2 001950	
7.1 00930	7.2 01060	7.3	
8.1 00930	8.2 01060	8.3	
U.1 082	U.2	U.3 073	
O.1 1900	O.2 725	S.1 004	S.2
15.1 195/65R15 91V			
15.2 195/65R15 91V			
15.3			
R GRAU	11 7		
K			
6	17	16	
21			

MUSTER

MUSTER

Zur Beachtung!

Die Angaben müssen ständig den tatsächlichen Verhältnissen entsprechen. Änderungen sind der zuständigen Zulassungsbehörde nach Maßgabe der für die Fahrzeugzulassung geltenden Rechtsvorschriften anzuzeigen.

Bei Veräußerung des Fahrzeugs sind dem Erwerber gegen Empfangsbescheinigung die Zulassungsbescheinigung Teil I und Teil II, der HU-Bericht und die AU-Prüfbescheinigung auszuhändigen. Die Empfangsbescheinigung muss den Namen und die Anschrift des Erwerbers vollständig enthalten und ist vom Veräußerer unverzüglich der Zulassungsbehörde vorzulegen.

Unterlassung der vorgeschriebenen Meldepflichten (Abmeldung, Umschreibung bei Erwerb oder Umzug in einen anderen Zulassungsbezirk, Meldung anderer Veränderungen) kann durch Geldbußen geahndet werden sowie weitere Nachteile (Steuer, Versicherung, ggf. Außerbetriebsetzung des Fahrzeugs) zur Folge haben.

Definition der Felder:

Feld	Bezeichnung
B	Datum der Erstzulassung des Fahrzeugs
D.1	Marke
D.2	Typ/Variante/Version
D.3	Handelsbezeichnung(en)
E	Fahrzeug-Identifizierungsnummer
F.1	Technisch zulässige Gesamtmasse in kg
F.2	Im Zulassungsmitgliedstaat zulässige Gesamtmasse in kg
G	Masse des in Betrieb befindlichen Fahrzeugs in kg (Leermasse)
H	Gültigkeitsdauer
I	Datum dieser Zulassung
J	Fahrzeugklasse
K	Nummer der EG-Typgenehmigung oder ABE
L	Anzahl der Achsen
O.1	Technisch zulässige Anhängelast gebremst in kg
O.2	Technisch zulässige Anhängelast ungebremst in kg
P.1	Hubraum in cm^3
P.2/P.4	Nennleistung in kW/Nenndrehzahl bei min^{-1}
P.3	Kraftstoffart oder Energiequelle
Q	Leistungsgewicht in kW/kg (nur bei Krafträdern)
R	Farbe des Fahrzeugs
S.1	Sitzplätze einschließlich Fahrersitz
S.2	Stehplätze
T	Höchstgeschwindigkeit in km/h
U.1	Standgeräusch in dB (A)
U.2	Drehzahl in min^{-1} zu U.1
U.3	Fahrgeräusch in dB (A)
V.7	CO_2 (in g/km) kombinierter Wert
V.9	Für die EG-Typgenehmigung maßgebliche Schadstoffklasse
(2)	Hersteller-Kurzbezeichnung
(2.1)	Code zu (2)
(2.2)	Code zu D.2 mit Prüfziffer
(3)	Prüfziffer zur Fahrzeug-Identifizierungsnummer
(4)	Art des Aufbaus
(5)	Bezeichnung der Fahrzeugklasse und des Aufbaus
(6)	Datum zu K
(7)	Technisch zulässige maximale Achslast/Masse je Achsgruppe in kg (7.1) Achse 1 bis (7.3) Achse 3
(8)	Zulässige maximale Achslast im Zulassungsmitgliedstaat in kg (8.1) Achse 1 bis (8.3) Achse 3
(9)	Anzahl der Antriebsachsen
(10)	Code zu P.3
(11)	Code zu R
(12)	Rauminhalt des Tanks bei Tankfahrzeugen in m^3
(13)	Stützlast in kg
(14)	Bezeichnung der nationalen Emissionsklasse
(14.1)	Code zu V.9 oder (14)
(15)	Bereifung (15.1) auf Achse 1 bis (15.3) auf Achse 3
(16)	Nummer der Zulassungsbescheinigung Teil II
(17)	Merkmal zur Betriebserlaubnis
(18)	Länge in mm
(19)	Breite in mm
(20)	Höhe in mm
(21)	Sonstige Vermerke
(22)	Bemerkungen und Ausnahmen

Hinweis zu Feld (15.1) bis (15.3):
Andere als die angegebenen Bereifungen können im Rahmen der gültigen Betriebserlaubnis/EG-Typgenehmigung am Fahrzeug angebracht werden. Die Änderung muss in die Zulassungsbescheinigung Teil I eingetragen werden.

Hinweis zu Feld (22):
Eine der mit EG-Typgenehmigung, Allgemeiner Betriebserlaubnis oder Einzelbetriebserlaubnis genehmigte bzw. in dem nach § 21 StVZO erstellten Gutachten als vorschriftsmäßig bescheinigte Anhängerkupplung ist spätestens im Zuge jeder neuen Befassung nach § 27 Abs. 1 StVZO in die Zulassungsbescheinigung Teil I oder in einem Beiblatt zur Zulassungsbescheinigung Teil I aufzunehmen.

Fachverlag Jüngling-gbb · Best.-Nr. 100 142 7007 001

BUNDESDRUCKEREI 2004 – 9 8 7 6 5 4 3 2 1

ZBI 0055844

22.2.1.2 Fahrzeuge mit G-Kat-Motor und lambdageregelter Gemischaufbereitung

Die StVZO schreibt bei der Abgasuntersuchung an diesen Fahrzeugen folgende Prüfungen vor:

1. Sichtprüfung
   - der schadstoffrelevanten Bauteile einschließlich Auspuffanlage auf Vorhandensein, Vollständigkeit, Dichtheit und auf Beschädigung,
   - des verengten Tankeinfüllstutzens, sofern dazu vom Hersteller keine Ausnahmeregelung angegeben ist.
2. Kontrolle
   der schadstoffrelevanten Einstelldaten auf Einhaltung der vom Fahrzeughersteller anzugebenden Sollwerte nach den Anleitungen des Fahrzeugherstellers. Bei betriebswarmem Motor und Katalysator sind zu prüfen
   - der Zündzeitpunkt (soweit darstellbar),
   - die Leerlaufdrehzahl,
   - die Funktion des Lambda-Regelkreises nach drei Alternativverfahren gemäß den Angaben des Fahrzeugherstellers:
     a) Grundverfahren: einfache Störgrößenaufschaltung,
     b) Ersatzverfahren: Einsatz einfacher Messgeräte,
     c) Alternativverfahren: Einsatz eines Herstellertestgeräts.

   Bei der Regelkreisprüfung wird durch eine gezielte Störgrößenaufschaltung (z. B. Grundverfahren: Abziehen eines Schlauchs) bei einer vorgebenen Drehzahl (mindestens 2500 1/min) geprüft, ob die Lambdaregelung Abweichungen vom Sollwert in einer bestimmten Zeit ausgleichen kann.

   Durch die Störgrößenaufschaltung verändert sich die Konzentration der Abgaskomponenten und damit der Lambdawert. Vom AU-Messgerät werden am Auspuffende die Abgaskomponenten Kohlenstoffmonoxid, Kohlenstoffdioxid, Kohlenwasserstoff und Sauerstoff gemessen und daraus der Lambdawert berechnet. Bei Überschreiten einer zulässigen Abweichung muss das Gemischaufbereitungssystem die aufgeschaltete Störgröße innerhalb von 60 Sekunden ausregeln. Nach dem Ausregeln wird die Störgröße wieder zurückgenommen. Es erfolgt eine erneute Ausregelung in maximal 60 Sekunden bis zum Lambdaausgangswert.

   Eine Fehlersuche ist damit nicht möglich. Es lässt sich nur feststellen, ob der Regelkreis einwandfrei oder nicht einwandfrei arbeitet.

Prüfbescheinigung über die Durchführung der Abgasuntersuchung
nach § 47a in Verbindung mit Anlage IXa und Anlage XIa StVZO.

Pierburg Instruments GmbH, Werk Hermann Electronic, Fürth — Datum: 03.08.2004
HGA 400 / DiGas 440 AU-Programm-Version: 02/06/01 von 02/2003 — Uhrzeit: 08:56

Autohaus Müller

Fahrzeug-Identdaten

Amtl. Kennzeichen:	XX-XX-XXX		
Fzg.-Herst. (2):	DAIMLER-CHRYSLER	HSN Schlüsselnr. (zu 2):	0710
Fahrzeugtyp (3):	210	TSN Schlüsselnr. (zu 3):	304
Fzg.-Identnr. (4):	WDB2100371A380140	Kilometerstand:	92760

Messprogramm: G-KAT

Bezeichung	Sollwerte (min/max)	Istwerte	Soll/Ist-Vergleich
Motortemperatur [°C]:	Alternativ	80	# i.O.
Erhöhter Leerlauf [1/min]:	2500/3500	2933	i.O.
CO bei erh. LL [% vol]:	max 0,3	0,01	i.O.
Lambda bei erh. LL:	0,970/1,030	1,001	i.O.
Leerlaufdrehzahl [1/min]:	600/750	749	i.O.
CO bei Leerlauf [% vol]:	max 0,5	0,01	i.O.

Regelkreisprüfung

Alternativverfahren	# i.O.

Sichtprüfung: # i.O. Soll/Ist-Vergleich: i.O. Bewertung Regelkreis: # i.O.

Abweichungen/Erläuterungen zur AU:

Gesamtergebnis:

Prüfung:	AU bestanden.	Prüfer:	HARALD SCHÖDTER
Plakette:	Zugeteilt.		
Termin nächste AU:	2006/07		
Kontroll-Nr. nach § 47b:	HE-3-05-0002-1	Unterschrift:	

22.2.1.3 Fahrzeuge mit Dieselmotor

Der Prüfungsablauf umfasst folgende Stationen:

- Sichtprüfung
  - der schadstoffrelevanten Bauteile, einschließlich Auspuffanlage auf Vorhandensein, Vollständigkeit, Dichtheit und Beschädigung,
  - des Volllastanschlags bei durchgetretenem Fahrpedal, soweit durchführbar.
- Fahrzeugsolldaten und Toleranzwerte eingeben, falls im Prüfgerät nicht gespeichert:
  - Mindestöltemperatur,
  - Leerlaufdrehzahl,
  - Abregeldrehzahl,
  - Messzeitanteil (Zeit, bei der n = Abregeldrehzahl),
  - Messmodus (messgeräteabhängig),
  - Sonde 1 oder 2 (abhängig vom Durchmesser des Auspuffrohrs),
  - Trübungswert.
- Motor (und Abgasreinigungssystem) auf Betriebstemperatur bringen, Abgasprüfgerät anschließen.
- Aufnahme der Istwerte:
  - Motordrehzahl,
  - Leerlaufdrehzahl,
  - Abregeldrehzahl,
  - freie Beschleunigung
    - zunächst Leerlaufdrehzahl,
    - Fahrpedal schnell und stoßfrei durchtreten,
    - Stellung nach Erreichen der Abregeldrehzahl ausreichend lange beibehalten,
    - Fahrpedal loslassen, bis Leerlaufdrehzahl wieder erreicht ist,
    - Vorgang viermal wiederholen,
    - Trübungswert jeweils ab dem zweiten Vorgang erfassen.
      Spitzenwerte der Rauchgasprüfung:
      - bis zu Trübungskoeffizienten von 2,5 1/m in einer Bandbreite von 0,5 1/m,
      - Trübungskoeffizient mehr als 2,5 1/m in einer Bandbreite von 0,7 1/m.
    - Aus den letzten drei Messungen wird der arithmetische Mittelwert gebildet.
    - Der arithmethische Mittelwert der Trübung bei den einzelnen Gasstößen darf den vom Hersteller vorgegebenen Sollwert nicht überschreiten.

Prüfbescheinigung
über die Durchführung der Abgasuntersuchung
nach § 47a in Verbindung mit Anlage XIa und Anlage IXa StVZO

Ausführende Stelle:
TAK **Bonn**

Prüfungsart **Diesel** Prüfberichtsnummer **00000000000105** BOSCH ESA V 3.1 deu 9/2002

Kennzeichen		**XX-XX-XXX**		
Fzg.-Hersteller	Feld Nr.2	**Mercedes**	Schlüsselnr.2	**710**
Fahrzeugtyp	Feld Nr.3	**E 320 CDI**	Schlüsselnr.3	**423**
Fzg.-Identnummer	Feld Nr.4	**WDB210026A892931**		
Wegstreckenzähler		**92456**		

Messergebnisse	Einheit	Min.	Max.	Gemessen	Ergebnis
Sichtprüfung				**#**	**i.O.**
Konditionierung					
Öltemp.	°C	70		**71.5**	**i.O.**
Leerlauf-Drehz.	1/min	600	800	**710**	**i.O.**
Abregel-Drehz.	1/min	4500	4900	**4580**	**i.O.**
Gasstoßmessung					
Messzeitanteil	s	1.0			
Messmodus	B (Ansprechzeit t = 0.9 - 1.1s)				
Sonde	1 (Durchmesser 10mm, Auspuff <= 70mm)				

Gasstoß Nr.	Trübungswert 1/m	Leerlauf-Drehzahl 1/min	Abregel-Drehzahl 1/min	Beschl. Zeit tB s	
k2 :	**0.23**	**710**	**4580**	**1.14**	**i.O.**
k3 :	**0.19**	**710**	**4570**	**1.14**	**i.O.**
k4 :	**0.22**	**710**	**4580**	**1.12**	**i.O.**

	Einheit	Min.	Max.	Gemessen	Ergebnis
Trübungs-Bandbreite	1/m		0.5	**0.04**	**i.O.**
Arithm. Mittelwert der Trübung	1/m		2.1	**0.21**	**i.O.**

Gesamtergebnis: Abgasuntersuchung **bestanden**
Plakette Fristablauf **7/2006** **erteilt #**

Erläuterungen: **#**

Kontrollnummer nach §47b
BZ 1-23-4567-01

Datum der Prüfung: 22.07.2004 09:56
Prüfer: Schmidt, G.

Unterschrift der verantwortlichen Person

Stempel

22.2.1.4 Fahrzeuge mit OBD-System

Für Fahrzeuge mit OBD-System sind folgende Untersuchungsbereiche vorgesehen:

- Sichtprüfung
  - Sichtprüfung der Abgas-Warnleuchte (MIL)
    Der Untersuchungspunkt ist als i.O. zu bewerten: Beim Einschalten der Zündung leuchtet die Abgas-Warnleuchte auf und erlischt wieder nach dem Start des Motors.
  - Überprüfung der schadstoffrelevanten Bauteile und der Auspuffanlage auf Vorhandensein, Vollständigkeit und Dichtheit.

- Funktionsprüfung
  Das AU-Gerät wird mithilfe des Scan-Tools mit dem OBD-System über die Diagnoseschnittstelle im Fahrzeug verbunden. Die Fachkraft wird über die zugelassene Software durch die Funktionsprüfung (Bedienerführung) geführt. Das Auslesen der Ist-Werte über die OBD-Schnittstelle ersetzt im Wesentlichen die Regelkreisprüfung.

- Abgasprüfung
  Die Abgasprüfung umfasst die CO-Messung und den Wert für Lambda bei erhöhtem Leerlauf.

Abgasrelevante Fehler und Daten, die innerhalb der EOBD vom Motorsteuergerät erfasst werden, müssen mit einem OBD-Datensichtgerät (Scan-Tool) auslesbar sein. Die erkannten Fehler werden mithilfe eines SAE-Codes abgespeichert. Nach dem Anschluss eines OBD-Datensichtgeräts an die OBD-Diagnoseschnittstelle stellt das Testgerät automatisch die Kommunikation mit dem Motorsteuergerät her.

Abgasuntersuchung an OBD-Fahrzeugen

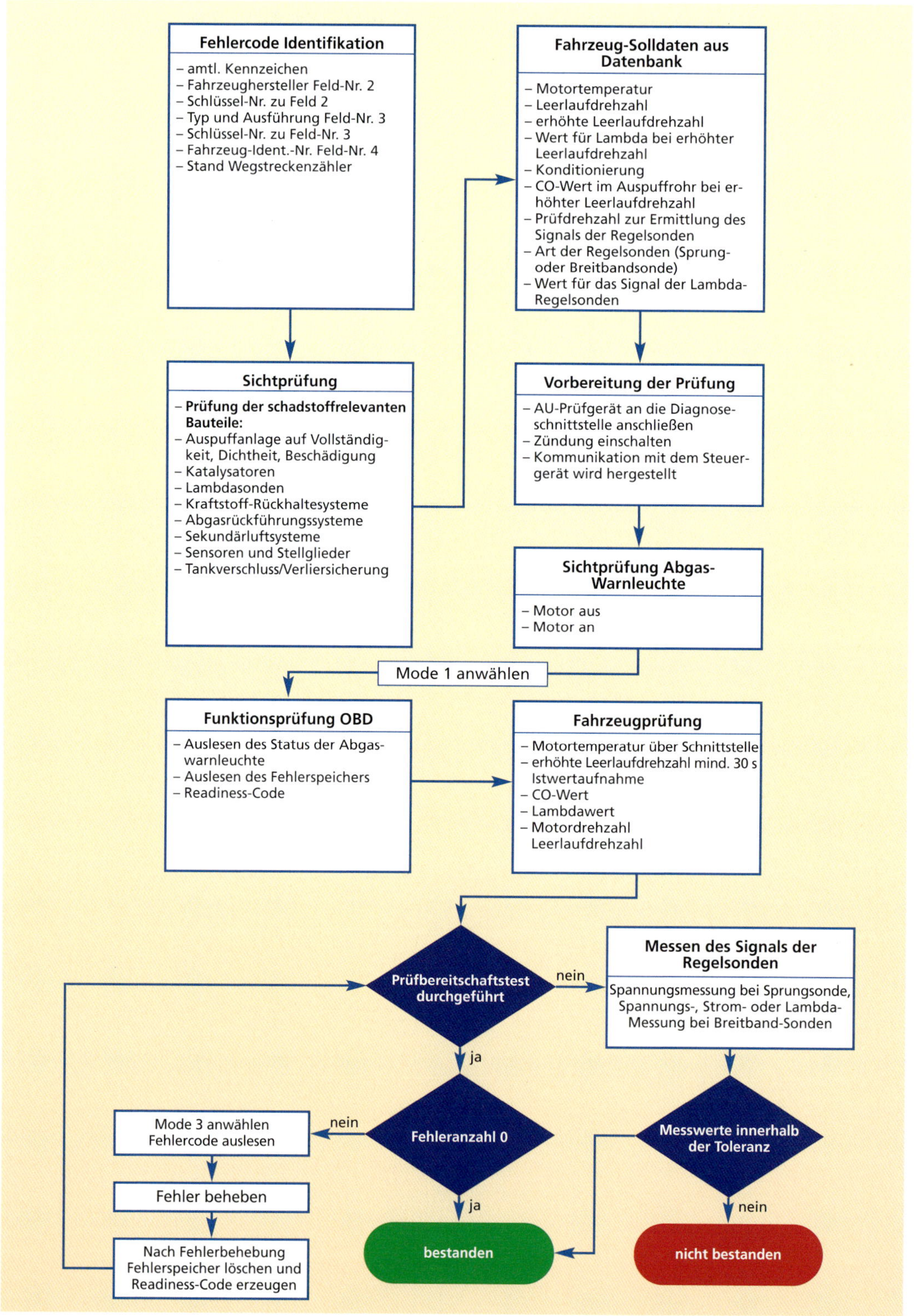

22.2.1.5 Prüfbescheinigungen

Fahrzeuge mit Kat, lambdageregelter Gemischaufbereitung und OBD-System

Prüfbescheinigung 1: Alle Prüfbereitschaftstests sind abgeschlossen. Eine Überprüfung der Regelsonden ist nicht erforderlich. Der Fehlerspeicher muss nicht mehr ausgelesen werden, da kein abgasrelevanter Fehler erkannt wurde. Die AU wurde bestanden, die Plakette erteilt.

Prüfbescheinigung 2: Die Funktionsprüfung des Katalysators, der Lambda-Sonde und der Lambda-Sondenheizung ist noch nicht abgeschlossen. Damit wird die Funktionsprüfung der Regelsonde nach Herstellervorgabe erforderlich. Sie wird automatisch von der Software aufgerufen und verarbeitet.

Prüfbescheinigung 3: Es wurden abgasrelevante Fehler erkannt und hinterlegt. Der Fehlerspeicher muss über Prüfmodus 3 ausgelesen werden. Die Abgasuntersuchung wurde nicht bestanden.

Prüfbescheinigung 1
über die Durchführung der Abgasuntersuchung
nach § 47a in Verbindung mit Anlage XIa und Anlage IXa StVZO

Ausführende Stelle:
TAK **Bonn**

Prüfungsart: **G-Kat mit OBD** Prüfberichtsnummer: **00000000000104** BOSCH ESA V 3.1 deu 9/2002 KTS520 Version 1.00

Kennzeichen		**XX-XX-XXX**		
Fzg.-Hersteller	Feld Nr.2	**VOLKSWAGEN-VW**	Schlüsselnr.2	**0603**
Fahrzeugtyp	Feld Nr.3	**Lupo**	Schlüsselnr.3	**450**
Fzg.-Identnummer	Feld Nr.4	**WVWZZZ6B72B016288**		
Wegstreckenzähler		**198**	OBD-Status	**EOBD**

Messergebnisse	Einheit	Min.	Max.	Gemessen	Ergebnis
Sichtprüfung Bauteile und Systeme				**#**	i.O.
MI-Status: Sichtprüfung bei Motor aus				**#An**	i.O.
MI-Status: Ausgelesen bei Motor an				**Aus**	i.O.
MI-Status: Sichtprüfung bei Motor an				**#Aus**	i.O.
Konditionierung Motortemp.	°C	80		**96**	i.O.
Konditionierung Katalysator	mm:ss	----		—	
bei Drehzahl	/min	----	----	—	
Erhöhte Leerlaufdrehz.	/min	2500	3000	**2562**	i.O.
CO bei erh. Leerlauf	%vol		0.3	**0.013**	i.O.
Lambda bei erh. Leerl.		0.97	1.03	**1.001**	i.O.
Leerlaufdrehzahl	/min	600	800	**696**	i.O.
OBD-Prüfbereitschaft Unterstützt:				**11111100101**	
Gesetzt:	**Alle Systemtests durchgeführt**			**00000000000**	
OBD-Fehlerspeicher ----	Abgasrelevante Fehler			**0**	i.O.

Gesamtergebnis Abgasuntersuchung **bestanden** Plakette Fristablauf **7/2006** **#** **erteilt**
Erläuterungen **#**

Kontrollnummer nach §47b **BZ 1-23-4567-01**
Datum der Prüfung: 14.07.2004 15:10
Prüfer: Schmidt, G.
Unterschrift der verantwortlichen Person Stempel

Prüfbescheinigung 2
über die Durchführung der Abgasuntersuchung
nach § 47a in Verbindung mit Anlage XIa und Anlage IXa StVZO

Ausführende Stelle:
TAK **Bonn**

Prüfungsart: **G-Kat mit OBD** Prüfberichtsnummer: **00000000000101** BOSCH ESA V 3.1 deu 9/2002 KTS520 Version 1.00

Kennzeichen		**XX-XX-XXX**		
Fzg.-Hersteller	Feld Nr.2	**VOLKSWAGEN-VW**	Schlüsselnr.2	**0603**
Fahrzeugtyp	Feld Nr.3	**Lupo**	Schlüsselnr.3	**450**
Fzg.-Identnummer	Feld Nr.4	**WVWZZZ6B72B016288**		
Wegstreckenzähler		**195**	OBD-Status	**EOBD**

Messergebnisse	Einheit	Min.	Max.	Gemessen	Ergebnis
Sichtprüfung Bauteile und Systeme				**#**	i.O.
MI-Status: Sichtprüfung bei Motor aus				**#An**	i.O.
MI-Status: Ausgelesen bei Motor an				**Aus**	i.O.
MI-Status: Sichtprüfung bei Motor an				**#Aus**	i.O.
Konditionierung Motortemp.	°C	80		**85**	i.O.
Konditionierung Katalysator	mm:ss	----		—	
bei Drehzahl	/min	----	----	—	
Erhöhte Leerlaufdrehz.	/min	2500	3000	**2892**	i.O.
CO bei erh. Leerlauf	%vol		0.3	**0.003**	i.O.
Lambda bei erh. Leerl.		0.97	1.03	**1.053**	n.i.O.
Leerlaufdrehzahl	/min	600	800	**735**	i.O.
OBD-Prüfbereitschaft Unterstützt:				**11111100101**	
Gesetzt:	**Nicht alle Systemtests durchgeführt**			**00001100001**	
Regelsondenprüfung Drehzahl	/min	615	815	**694**	i.O.
Sig-S1B1	mA	-3.000	3.000	**0.726**	i.O.
OBD-Fehlerspeicher ----	Abgasrelevante Fehler			**0**	i.O.

Gesamtergebnis Abgasuntersuchung **nicht bestanden** Plakette **#** **nicht erteilt**
Erläuterungen **#**

Kontrollnummer nach §47b **BZ 1-23-4567-01**
Datum der Prüfung: 14.07.2004 13:44
Prüfer: Schmidt, G.
Unterschrift der verantwortlichen Person Stempel

Prüfbescheinigung 3
über die Durchführung der Abgasuntersuchung
nach § 47a in Verbindung mit Anlage XIa und Anlage IXa StVZO

Ausführende Stelle:
TAK **Bonn**

Prüfungsart: **G-Kat mit OBD** Prüfberichtsnummer: **00000000000103** BOSCH ESA V 3.1 deu 9/2002 KTS520 Version 1.00

Kennzeichen		**XX-XX-XXX**		
Fzg.-Hersteller	Feld Nr.2	**VOLKSWAGEN-VW**	Schlüsselnr.2	**0603**
Fahrzeugtyp	Feld Nr.3	**Lupo**	Schlüsselnr.3	**450**
Fzg.-Identnummer	Feld Nr.4	**WVWZZZ6B72B016288**		
Wegstreckenzähler		**195**	OBD-Status	**EOBD**

Messergebnisse	Einheit	Min.	Max.	Gemessen	Ergebnis
Sichtprüfung Bauteile und Systeme				**#**	i.O.
MI-Status: Sichtprüfung bei Motor aus				**#An**	i.O.
MI-Status: Ausgelesen bei Motor an				**An**	n.i.O.
MI-Status: Sichtprüfung bei Motor an				**#An**	i.O.
Konditionierung Motortemp.	°C	80		**93**	i.O.
Konditionierung Katalysator	mm:ss	----		—	
bei Drehzahl	/min	----	----	—	
Erhöhte Leerlaufdrehz.	/min	2500	3000	**2872**	i.O.
CO bei erh. Leerlauf	%vol		0.3	**0.006**	i.O.
Lambda bei erh. Leerl.		0.97	1.03	**1.051**	n.i.O.
Leerlaufdrehzahl	/min	600	800	**703**	i.O.
OBD-Prüfbereitschaft Unterstützt:				**11111100101**	
Gesetzt:	**Nicht alle Systemtests durchgeführt**			**00001100001**	
Regelsondenprüfung Drehzahl	/min	594	794	**700**	i.O.
Sig-S1B1	-	0.970	1.030	**1.002**	i.O.
OBD-Fehlerspeicher *P0030 Lambdasonden-Heizung (Bank 1, Sensor 1)	Abgasrelevante Fehler			**1**	n.i.O.

Gesamtergebnis Abgasuntersuchung **nicht bestanden** Plakette **#** **nicht erteilt**
Erläuterungen **#**

Kontrollnummer nach §47b **BZ 1-23-4567-01**
Datum der Prüfung: 14.07.2004 14:25
Prüfer: Schmidt, G.
Unterschrift der verantwortlichen Person Stempel

22.3 Arbeits- und Gesundheitsschutz

Um eine gesundheitliche Gefährdung des Kfz-Mechatronikers bei der Vorbereitung des Fahrzeugs auf die Hauptuntersuchung und bei der Durchführung der Abgasuntersuchung zu vermeiden, müssen Kfz-Betrieb und die Mitarbeiter die einschlägigen Vorschriften aus dem Bereich Arbeits- und Gesundheitsschutz beachten. Im Wesentlichen sind diese Vorschriften für die normale Werkstattarbeit in der BG-Regel „Fahrzeuginstandhaltung" und für HU- und AU-Abnahmen im Besonderen in den BG-Informationen „Arbeitssystem Kfz-Prüfanlagen" aufgeführt.

Im Folgenden sind aus den BG-Informationen „Arbeitssystem Kfz-Prüfanlagen" einige Auszüge dargestellt.

Arbeitsanweisung
Hauptuntersuchung (HU) und Sicherheitsprüfung (SP)

- Durch den Prüfbetrieb dürfen Personen nicht gefährdet werden. Auf unbefugte Personen achten.
- Prüfeinrichtungen auf Schäden und Funktion der Sicherheitseinrichtungen prüfen.
- Verkehrswege und Fluchttüren freihalten.
- Vorhandene Grubenbelüftung einschalten.
- Nicht vor einfahrenden Fahrzeugen aufhalten.
- Hallentore und Hebebühnen bei der Bewegung beobachten.
- Vor dem Anheben von Fahrzeugen mit Grubenheber oder Hebebühne Feststellbremse betätigen, keine Person im Fahrzeug mit anheben.
- Grubenheber nur an vorgesehenen Punkten ansetzen – gegebenenfalls Zweipunktauflage verwenden, nach Benutzung ganz absenken.
- Fahrzeuge so auf der Prüfgrube abstellen, dass die Zugänge sicher benutzt werden können. Keinesfalls dürfen beide Zugänge gleichzeitig verstellt werden.
- Fahrzeugmotoren während der Prüfung abschalten und Fahrzeug gegen Wegrollen sichern (Feststellbremse).
- Beleuchtungsprüfung mit Hilfe der Kunden nur bei stehendem Motor und Leerlauf.
- Bei der Bremsprüfung auf dem Rollenprüfstand:
  - Mechanisches Getriebe auf Leerlauf, Automatikgetriebe auf „Neutral"
  - Keine Personen vor oder hinter dem Fahrzeug
  - Bei Allrad-Fahrzeugen Sonderprüfvorschriften beachten
  - Beim Prüfen der Feststellbremse an Anhängern, Zug-Fahrzeug mit Feststellbremse sichern
- Kompressorleistung außerhalb der Halle prüfen.
- Bei der Funktionsprüfung der Druckluftbremse Absauganlage oder DME-Filter benutzen, ansonsten außerhalb der Halle prüfen.
- Vor Betätigung der Rüttelplatte Kunden warnen.
- Wiederanlassen des Motors im Rahmen der Prüfung nur durch den Prüfer.
- Nicht über die Prüfgrube gehen, steigen oder springen.
- Die zur Verfügung gestellten Persönlichen Schutzausrüstungen und Hautschutzcreme benutzen.
- Probefahrt mit Krad nur mit angemessener Geschwindigkeit.
- Bei Unfällen Erste Hilfe leisten, bei Bedarf Ersthelfer hinzuziehen, gegebenenfalls Notruf absetzen – Notruf 112 (Alarmplan).
- Ausgelaufenes Öl, Kraftstoffe usw. sofort mit Bindemittel aufnehmen. Sachgerecht entsorgen.
- Ölgetränkte Putzlappen oder Einwegpapiertücher in dafür vorgesehenen Behältern sammeln und nach Vorgabe entsorgen.

Arbeitsanweisung
Arbeitsverfahren Abgasuntersuchung (AU)

Um Belastungen der Mitarbeiter bei Abgasuntersuchungen so gering wie möglich zu halten, ist nach Möglichkeit folgender Ablauf der Prüfung vorzusehen:

1. Öffnen des Tors, Kfz an Prüfplatz fahren und Motor abstellen. Das Einfahrtstor erst nach Stillstand des Motors schließen.
2. Fahrzeugdaten vergleichen und in den PC eingeben.
3. Sichtprüfung.
4. Messgerät am Motor anschließen.
5. Messsonde in den Auspuff schieben, bei Dieselprüfungen erst unmittelbar vor dem Messzyklus. Absaugtrichter gemäß BG/BIA-Empfehlungen möglichst dicht und zentriert in Strömungsrichtung zum Endrohr positionieren. Keine Prallflächen bilden. Absaugung einschalten.
6. Bei Diesel-AU Motorhaube, wenn möglich, bis auf einen kleinen Spalt für die Messleitung auflegen.
7. Wegen der Lärmentwicklung kann bei Diesel-AU das Schließen des Tores erforderlich sein.
8. Bei Diesel-AU setzt sich der Prüfer mit aufgesetztem Gehörschutz in das Fahrzeug und startet den Motor.
9. Prüfung durchführen.
10. Unmittelbar nach Beendigung der Prüfung Motor abstellen.
11. Tor für Fahrzeugausfahrt öffnen.
12. Messgerät abklemmen, Sonde aus dem Auspuff nehmen und Prüfbescheinigung ausstellen.
13. Motor anlassen und hinausfahren.
14. Falls keine weitere Fahrzeugprüfung ansteht, Absaugung abstellen.

Zusätzlich sind folgende Sicherheitshinweise zu beachten:

- Bei Durchführung der AU über der Prüfgrube: Arbeitsbereich über der Grube ausreichend absichern.
- Fahrzeug gegen Wegrollen sichern.
- Prüfeinrichtungen auf Schäden und Funktion der Sicherheitseinrichtungen prüfen.
- Verkehrswege und Fluchttüren freihalten.
- Nicht vor einfahrenden Autos aufhalten.
- Ausgelaufenes Öl, Kraftstoffe usw. sofort mit Bindemittel aufnehmen und der Entsorgung als Sondermüll zuführen.
- Kunden auf Gefahren hinweisen, Gehörschutz anbieten und vom Gefahrbereich fernhalten.
- Wiederanlassen des Fahrzeugs im Rahmen der Prüfung nur durch den Prüfer.

Arbeitsanweisung
Arbeiten mit DME-Filter bei HU und SP

Die Filter scheiden die Rußpartikel ab und tragen zur Gefahrstoffminimierung für die Mitarbeiter bei. Die Filter wirken sofort beim Anlassen, ermöglichen ein flexibles Fahren und sind unempfindlich gegen Feuchtigkeit.

Filter

- Nur Partikelfilter verwenden, die die Bestimmungen der TRGS 554 „Dieselmotoremissionen" erfüllen. Sie sollen als Abgasfilter eingesetzt werden, wenn keine (mitgeschleppte) Abgasabsauganlage zur Verfügung steht oder die Auspuffkonstruktion eine Adaption verhindert (Lage unterhalb des Chassis, Karosseriebündigkeit, Anfahrschutz).

Montage und Demontage

- Passenden DME-Filter verwenden. Für die unterschiedlichen Auspuffdurchmesser stehen passende DME-Filter zur Verfügung.
- Bei den Filtern für Pkw/Kleintransporter den passenden Gummikegel auf das Filtergehäuse aufschrauben und den Filter danach von Hand vor der Prüfhalle über den Auspuff stecken. Filter nach durchgeführter Prüfung außerhalb der Prüfhalle entfernen.
- Die Lkw-Filter mit einer pneumatischen Innenspannvorrichtung entsprechend der Betriebsanleitung mit wenigen Handgriffen im Auspuff des Fahrzeugs montieren. Die Spannvorrichtung vor der Prüfhalle in den Auspuff einführen und den Gummibalg mit Druckluft über das Ventil mit Schnellkupplung aufpumpen, so dass der Filter fest und luftdicht im Auspuff befestigt ist. Sicherheitsstraps einhängen.
- Zur Demontage nach der Prüfung: außerhalb der Prüfhalle Schalter umlegen, Filter entfernen.

Prüfung

- Maximale Drehzahl 1200 U/min beachten.

Wartung

- Filterpatrone bei Bedarf wechseln:
  - Die Standzeit der Filterpatrone ist abhängig von Motorleistung, Umgebungs- und Witterungsbedingungen.
  - Ein Wechsel der Filterpatrone ist erforderlich, wenn durch den Abgasgegendruck die Membrane in dem eingebauten Ventil platzt und dort Abgase austreten.
  - Zum Wechsel der Filterpatrone werden bei den Lkw-Filtern die drei Schnellverschlüsse am Deckel gelöst, bei dem Filter für Pkw/Kleintransporter das Filtergehäuse aufgeschraubt, die volle Patrone entnommen und eine neue eingesetzt.
  - Die geborstene Membrane im Ventil muss ebenfalls erneuert werden.

Sachwortverzeichnis